O Senhor é o meu pastor; de nada terei falta. Em verdes pastagens
me faz repousar e me conduz a águas tranquilas; restaura-me o
vigor. Guia-me nas veredas da justiça por amor do seu nome.
Mesmo quando eu andar por um vale de trevas e morte,
não temerei perigo algum, pois tu estás comigo;
a tua vara e o teu cajado me protegem.
Preparas um banquete para mim à vista dos meus inimigos.
Tu me honras, ungindo a minha cabeça com óleo
e fazendo transbordar o meu cálice.
Sei que a bondade e a fidelidade me acompanharão todos os dias
da minha vida, e voltarei à casa do Senhor enquanto eu viver.

Salmos 23

CONTABILIDADE GERAL

Teoria e mais de 550 questões propostas

CONTABILIDADE GERAL

Teoria e mais de 550 questões propostas

Justino Oliveira

CONTABILIDADE GERAL

Teoria e mais de 550 questões propostas

2ª edição, revista e atualizada

Coordenação: Alexandre Meirelles

Editora Impetus

Niterói, RJ
2017

© 2017, Editora Impetus Ltda.

Editora Impetus Ltda.
Rua Alexandre Moura, 51 – Gragoatá – Niterói – RJ
CEP: 24210-200 – Telefax: (21) 2621-7007

CONSELHO EDITORIAL:
Ana Paula Caldeira • Benjamin Cesar de Azevedo Costa
Ed Luiz Ferrari • Eugênio Rosa de Araújo • Fábio Zambitte Ibrahim
Fernanda Pontes Pimentel • Izequias Estevam dos Santos
Marcelo Leonardo Tavares • Renato Monteiro de Aquino
Rogério Greco • Vitor Marcelo Aranha Afonso Rodrigues • William Douglas

PROJETO: EDITORA IMPETUS LTDA.
EDITORAÇÃO ELETRÔNICA: SBNigri Artes e Textos Ltda.
CAPA: Wilson Cotrim
REVISÃO DE PORTUGUÊS: Hugo Corrêa / Carmem Becker
IMPRESSÃO E ENCADERNAÇÃO: Prol Gráfica e Editora

F427c

Oliveira, Justino
Contabilidade geral / Justino Oliveira. 2. ed. – Niterói, RJ: Impetus, 2017.

1.284 p.; 17x24cm. – (Série Impetus concursos) Inclui bibliografia.

ISBN 978-85-7626-939-7

1. Serviço público – Brasil – Concursos. 2. Contabilidade – Problemas, questões, exercícios. I. Título. II. Série.

CDD- 351.81076

O autor é seu professor; respeite-o: não faça cópia ilegal.

TODOS OS DIREITOS RESERVADOS – É proibida a reprodução, salvo pequenos trechos, mencionando-se a fonte. A violação dos direitos autorais (Lei nº 9.610/98) é crime (art. 184 do Código Penal). Depósito legal na Biblioteca Nacional, conforme Decreto nº 1.825, de 20/12/1907.

A **Editora Impetus** informa que se responsabiliza pelos defeitos gráficos da obra. Quaisquer vícios do produto concernentes aos conceitos doutrinários, às concepções ideológicas, às referências, à originalidade e à atualização da obra são de total responsabilidade do autor/atualizador.

www.impetus.com.br

Agradecimentos

A DEUS, em primeiro lugar.

À minha esposa Adriana, que comigo caminha por anos, sendo minha fonte de inspiração em tudo o que realizo.

Aos meus pais Justino (*in memoriam*) e Elvira, pelo amor e pela educação que a mim dedicaram.

Aos meus familiares pelo amor, carinho e incessante apoio que sempre me proporcionaram.

A todos os meus alunos, pelo incentivo que sempre me deram e pela alegria que sinto em tê-los comigo em sala de aula, ensinando e, também, aprendendo com cada um em especial.

Ao Professor Libânio Madeira, que revisou o capítulo referente à Constituição de Reservas de Lucros. Agradeço imensamente a este ilustre Professor pela inestimável contribuição para esta obra.

Aos integrantes de Cursos Preparatórios para Concursos Públicos em que leciono no País, por abrirem as portas de seus respectivos estabelecimentos de ensino, proporcionando-me excelentes oportunidades de lecionar, atingindo os mais distintos e seletos públicos, motivo de grande orgulho e prazer para mim.

Aos integrantes da Editora Impetus, pelo belíssimo trabalho desenvolvido para que esta obra tomasse a forma que ora apresenta.

Ao coordenador desta obra, Alexandre Meirelles, pela amizade e pelo profissionalismo com que conduz suas atividades, visando à obtenção do melhor resultado possível em tudo o que realiza, sendo respeitado no meio acadêmico como orientador e fonte de inspiração para milhares de leitores e alunos.

Ao leitor, que ora lê estes agradecimentos, pela confiança em mim depositada ao adquirir este livro. Tenha pleno êxito nos estudos!

Justino Oliveira

O Autor

- Auditor Fiscal da Receita Federal do Brasil.
- Formado em Engenharia de Fortificação e Construção pelo Instituto Militar de Engenharia (IME).
- Mestre em Engenharia Civil pela COPPE/UFRJ.
- Professor de Introdução à Contabilidade, Contabilidade Geral, Contabilidade Avançada, Contabilidade de Custos, Análise das Demonstrações Financeiras e Auditoria de diversos cursos preparatórios do país.
- Foi Professor do Instituto Militar de Engenharia (IME).
- Servidor Público Federal há 28 anos.

Autor dos livros:
- *Introdução à Contabilidade*, pela Editora Impetus.
- *Contabilidade Geral*, pela Editora Impetus.

Redes Sociais:
- Facebook: http://www.facebook.com/justino.oliveira.71

Justino Oliveira

Apresentação da Série

Uma boa preparação é fundamental, razão pela qual é decisiva a escolha do material certo para o estudo de cada disciplina. Pensando nisso, a Editora Impetus elaborou a *Série Impetus Concursos*.

A série traz o melhor e mais completo conteúdo de todas as matérias de forma clara e concisa, evitando que o candidato perca tempo estudando assuntos que não são cobrados pelas bancas. A qualidade do material é garantida pelo alto nível dos autores, que usaram sua experiência no dia a dia dos concursos para selecionar e desenvolver o tema de cada livro. Além disso, os volumes trazem, ao final de cada capítulo, questões com gabarito para que o candidato possa testar seus conhecimentos e fixar a matéria.

A *Série Impetus Concursos* é uma ferramenta indispensável para você se tornar um servidor público.

Boas provas! E boa sorte!
Editora Impetus

Palavras do Coordenador

Conheci o Justino no Curso de Formação de Auditor-Fiscal da Receita Federal, em 2005. Logo de cara se mostrou uma pessoa comprometida e competente, além de possuir um ótimo caráter.

Ele comentou que queria se tornar professor de Contabilidade, e eu disse que ele era louco, pois essa disciplina requer uma dedicação muito grande, devido à complexidade do assunto e à dificuldade dos alunos para entendê-la. Mas não duvidei, porque ele tinha cara mesmo de quem iria levar isso a sério.

Logo em seguida fui morar em São Paulo, ele no Rio, mas mantivemos algum contato, pois ele começou a dar aulas da mais temida disciplina dos concursos fiscais, a Contabilidade, e toda hora eu ouvia falar bem sobre essa sua mais nova ocupação.

Confesso que não me surpreendeu, pois eu já sabia da seriedade com que ele levava tudo em sua vida. Bem, pelo currículo dele dá para perceber isso, pois não é qualquer um que se forma no IME e ainda por cima vira professor dessa nobre instituição, que é sem dúvida nenhuma uma das mais bem faladas e difíceis do país há décadas.

Até que um dia vejo seu livro de Introdução à Contabilidade vendendo nas livrarias. Peguei um, folheei e na mesma hora recomendei aos amigos mais próximos que estavam começando nesta vida louca de concurseiro. Recebi só elogios novamente pelo seu trabalho, dessa vez como autor, não me deixando nenhuma dúvida de que é o melhor livro para quem nunca viu Contabilidade antes.

Só que faltava dar prosseguimento ao livro introdutório, pois a matéria é imensa e sempre cobrada profundamente nos concursos. Aqui ressalto que se engana quem espera encontrar em um livro só todo o conteúdo de Contabilidade que cai nos concursos mais concorridos, pois este tal livro milagroso necessitaria ter umas duas mil páginas. Então veio este segundo livro, que ainda renderá um terceiro, com a parte mais avançada da matéria.

Bem, eu avisei: esta disciplina tornou-se gigantesca, então para se sair bem nos concursos que a cobram, vai ser necessário um longo estudo, mas, seguindo os três livros do Justino, com certeza sua boa nota estará garantida.

Tive o prazer de ser chamado para coordenar o segundo livro, este que você tem em suas mãos, que possui um conteúdo de altíssimo nível, com centenas de questões resolvidas, totalmente atualizado de acordo com as novas normas contábeis.

Tenho a plena convicção de que este é um livro daqueles que vieram para fazer sucesso no mundo dos concursos e que contribuirá bastante para a aprovação de muitas pessoas.

É mais um daqueles livros que me fizeram pensar: "Por que eu não tinha um livro destes quando eu estudava?"

Desejo a você uma ótima leitura e sucesso em seus concursos.

Alexandre Meirelles
Autor dos livros *Como Estudar para Concursos e Concursos Fiscais*,
pela Editora Método/GEN.
Aprovado em cinco concursos da área fiscal.
Palestrante sobre técnicas de estudo para concursos.

Apresentação do Autor

Olá, Nobre Leitor!

Esta obra surge do propósito de continuar apresentando os conceitos contábeis em relação aos assuntos dela constantes.

Devo aqui ressaltar que o leitor, para poder estudar e compreender os conceitos nesta obra introduzidos, deverá ter conhecimento introdutório da matéria, já tendo estudado: os conceitos iniciais da Contabilidade; Ativo, Passivo e Patrimônio Líquido; as técnicas contábeis; a escrituração contábil; lançamentos contábeis; contas patrimoniais e contas de resultado; balancetes de verificação; teorias das contas; atos administrativos relevantes e fatos contábeis. Estes conceitos foram apresentados em nossa obra *Introdução à Contabilidade*.

Por meio de uma linguagem direta e objetiva, este livro destina-se a todos aqueles que necessitam adquirir sólidos conhecimentos em Contabilidade, tratando daquilo que o leitor deve obrigatoriamente saber para que venha a lograr êxito em suas respectivas aspirações.

Utilizamos moderna metodologia de ensino, que permite ao leitor ter a apresentação dos assuntos de maneira coordenada e inter-relacionada, encerrando cada capítulo, sempre que possível, com a apresentação e a resolução de questões destinadas à maturação do aprendizado.

Convém destacar que a Contabilidade, no Brasil, vem passando por um processo de transformação, com a finalidade maior de torná-la um eficaz instrumento de administração, de acordo com as atuais condições econômicas apresentadas no mundo moderno. Este livro já se encontra atualizado em relação aos novos rumos contábeis adotados, ou seja, está atualizado em relação à Lei nº 6.404/76 (Lei das Sociedades por Ações) e em relação aos Pronunciamentos Técnicos divulgados pelo Comitê de Pronunciamentos Contábeis (CPC).

Procuramos enfocar casos práticos sempre que possível, pois acreditamos que quanto mais exemplos de aplicações, ricos em detalhes, melhor será para a absorção do conhecimento.

Ressaltamos aqui que, sempre que necessário for, iremos ao Direito (Constitucional, Tributário, Civil, Empresarial etc.) e à legislação devidamente comentada e atualizada, a fim de trazermos ao leitor aquilo que ele precisa saber sobre determinado tópico. Acreditamos que, com isso, o estudo fluirá melhor, e a prática contábil será absorvida de maneira muito mais suave, isto é, sem traumas!

Desde já, somos muito agradecidos pela confiança em nós depositada.

Quaisquer observações ou críticas que venham a contribuir para o aperfeiçoamento desta obra serão muito bem recebidas.

Esperamos que todos possam fazer excelente proveito dos conhecimentos ora adquiridos!

Muito boa sorte a todos!

Justino Oliveira

Sumário

Capítulo 1 A Elaboração das Demonstrações Contábeis 1
    1.1. Considerações Iniciais 1
    1.2. Exercícios Resolvidos para a Fixação de Conteúdo 19

Capítulo 2 As Demonstrações Contábeis e a Legislação Correspondente ... 37
    2.1. O Exercício Social 37
    2.2. As Demonstrações Contábeis e a Lei das Sociedades por Ações 38
    2.3. A Transcrição das Demonstrações Contábeis no Livro Diário 42
    2.4. Considerações Gerais sobre as Demonstrações Contábeis.... 42
        2.4.1. Considerações gerais sobre as demonstrações contábeis de acordo com o Comitê de Pronunciamentos Contábeis 45
            2.4.1.1. Definições diversas 46
            2.4.1.2. O objetivo das demonstrações contábeis 47
            2.4.1.3. Conjunto completo de demonstrações contábeis 47
            2.4.1.4. Considerações gerais 49
            2.4.1.5. Continuidade 51
            2.4.1.6. Regime de competência 52
            2.4.1.7. Materialidade e agregação 52
            2.4.1.8. Compensação de valores 53
            2.4.1.9. Frequência de apresentação das demonstrações contábeis 53
            2.4.1.10. Informação comparativa 54

	2.4.1.11.	Informação comparativa adicional.....54
	2.4.1.12.	Mudança na política contábil, demonstração retrospectiva ou reclassificação...................................55
	2.4.1.13.	Consistência de apresentação............56
	2.4.1.14.	Estrutura e conteúdo das demonstrações contábeis...................56

2.5. As Demonstrações Financeiras das Sociedades de Grande Porte 57

2.6. As Notas Explicativas...58

    2.6.1. As Notas Explicativas e a *Deliberação CVM 488, de 03 de outubro de 2005*...59

    2.6.2. As Notas Explicativas e o *Pronunciamento Técnico CPC 26 (R1) – Apresentação das Demonstrações Contábeis* 60

        2.6.2.1. Estrutura das notas explicativas..........60

        2.6.2.2. Divulgação de políticas contábeis......61

        2.6.2.3. Fontes de incerteza na estimativa......63

        2.6.2.4. Capital 65

        2.6.2.5. Instrumentos financeiros com opção de venda classificados no patrimônio líquido 66

        2.6.2.6. Outras divulgações.............................66

2.7. O Código Penal e a Contabilidade 69

2.8. A Realização de Assembleia Geral Ordinária nas Sociedades por Ações 70

2.9. A Escrituração Contábil 72

2.10. Exercícios Resolvidos para a Fixação de Conteúdo 77

Capítulo 3   A Estrutura do Balanço Patrimonial – Considerações Iniciais ... 95

3.1. A Representação Gráfica do Patrimônio de uma Entidade Econômico-Administrativa 95

3.2. A Estrutura do Balanço Patrimonial – Considerações Iniciais...100

3.3. A Apresentação das Divisões do Balanço Patrimonial......101

3.4. A Compensação de Saldos Credores e Devedores 105

3.5. A Apresentação do Balanço Patrimonial de Acordo com o Comitê de Pronunciamentos Contábeis 106

    3.5.1. Informações a serem apresentadas no Balanço Patrimonial 106

    3.5.2. Distinção entre circulante e não circulante 108

    3.5.3. Ativo circulante 109

    3.5.4. Passivo circulante 110

    3.5.5. Informações a serem apresentadas no balanço patrimonial ou em notas explicativas 111

3.6. Exercícios Resolvidos para a Fixação de Conteúdo 113

Capítulo 4   O Ativo Circulante 125

4.1. O Ativo Circulante – Considerações Iniciais 125

4.2. As Disponibilidades 126

    4.2.1. A conta caixa 127

        4.2.1.1. O sistema de fundo fixo de caixa 128

        4.2.1.2. O sistema de caixa flutuante 133

    4.2.2. As contas bancárias 133

    4.2.3. Os numerários em trânsito 134

    4.2.4. As aplicações financeiras de liquidez imediata 135

    4.2.5. Disponibilidades em moeda estrangeira 135

    4.2.6. O plano de contas e o subgrupo disponibilidades 135

4.3. Os Direitos Realizáveis no Curso do Exercício Social Subsequente 136

    4.3.1. As operações com duplicatas e as perdas estimadas (antiga Provisão) com Créditos de liquidação duvidosa 136

    4.3.2. Algumas contas constantes do subgrupo direitos realizáveis no curso do exercício social subsequente 137

    4.3.3. O plano de contas e o subgrupo direitos realizáveis no curso do exercício social subsequente 141

4.4.		As Aplicações de Recursos em Despesas do Exercício Seguinte...... 144
	4.4.1.	As Operações com Seguros............ 144
	4.4.2.	O Plano de Contas e o Subgrupo Aplicações de Recursos em Despesas do Exercício Seguinte 152
4.5.		A Classificação das Contas Conforme o Ciclo Operacional................ 152
4.6.		As Demonstrações Contábeis Intermediárias............. 156
4.7.		Exercícios Resolvidos para a Fixação de Conteúdo 159

Capítulo 5   As Operações com Duplicatas e as Perdas Estimadas com Créditos de Liquidação Duvidosa 179

5.1.		As Operações com Duplicatas – Considerações Iniciais..... 179	
	5.1.1.	A fatura comercial............ 179	
	5.1.2.	A duplicata............ 180	
	5.1.3.	O processo comumente utilizado para a cobrança de duplicatas...... 181	
5.2.		As Principais Operações com Duplicatas............ 182	
	5.2.1.	As duplicatas em carteira............ 183	
	5.2.2.	As duplicatas em simples cobrança bancária 183	
	5.2.3.	O desconto de duplicatas........ 186	
	5.2.4.	A classificação da conta duplicatas descontadas............ 192	
		5.2.4.1.	Nova classificação da conta duplicatas descontadas no passivo circulante............ 192
		5.2.4.2.	Antiga classificação da conta duplicatas descontadas no ativo circulante (Conta Retificadora) 194
	5.2.5.	As duplicatas em cobrança vinculada ou caucionada............ 197	
	5.2.6.	As operações de duplicatas com empresas de *factoring*............ 203	
5.3.		Perdas Estimadas com Créditos de Liquidação Duvidosa ou Perdas Estimadas com Devedores Duvidosos............. 204	

		5.3.1.	O cálculo das perdas estimadas com créditos de liquidação duvidosa 206
		5.3.2.	Estudo de caso referente às perdas estimadas com créditos de liquidação duvidosa 207
			5.3.2.1. A constituição do ajuste para o exercício seguinte 207
			5.3.2.2. Baixa de títulos incobráveis ao longo do exercício seguinte 209
			5.3.2.3. Tratamento a ser utilizado quando ocorrer excesso de ajuste 209
			5.3.2.4. Tratamento a ser utilizado quando ocorrer insuficiência de ajuste 211
			5.3.2.5. Tratamento a ser utilizado quando a estimativa corresponder ao exato valor incobrável 212
			5.3.2.6. Tratamento a ser utilizado quando um crédito baixado for recebido 213
	5.4.	A Conciliação Bancária 214	
		5.4.1.	Breves noções de contabilidade de instituições financeiras 214
			5.4.1.1. Os depósitos à vista 215
		5.4.2.	Resolução de questões de conciliação bancária ... 216
	5.5.	Exercícios Resolvidos para a Fixação de Conteúdo 229	

Capítulo 6	O Ativo Não Circulante 255	
	6.1.	O Ativo Não Circulante – Considerações Iniciais 255
	6.2.	O Ativo Não Circulante Ativo Realizável a Longo Prazo (ANC ARLP) 256
		6.2.1. As operações de longo prazo com despesas pagas antecipadamente 261
	6.3.	O Ativo Permanente 266
	6.4.	O Ativo Não Circulante Investimentos 267
		6.4.1. As propriedades para investimento 270
		6.4.2. As florestas 270
	6.5.	Exercícios Resolvidos para a Fixação de Conteúdo 271

6.6. O Ativo Não Circulante Imobilizado 273
    6.6.1. O reconhecimento de ativos imobilizados e a aplicação do regulamento do imposto de renda 275
    6.6.2. O custo de um item de ativo imobilizado 278
    6.6.3. A mensuração de ativos imobilizados após o reconhecimento inicial 281
    6.6.4. Os gastos com manutenção e reparos e a comissão de valores mobiliários 282
    6.6.5. Os gastos com manutenção e reparos e o regulamento do imposto de renda 283
    6.6.6. A baixa de bens do ativo não circulante imobilizado 287
    6.6.7. Benfeitorias em propriedades de terceiros 287
        6.6.7.1. Os registros contábeis de benfeitorias em propriedades de terceiros 288
        6.6.7.2. O ressarcimento de benfeitorias em propriedades de terceiros 290
    6.6.8. Construções em andamento 290
    6.6.9. Ferramentas 290
6.7. Considerações Iniciais sobre Depreciação, Amortização e Exaustão 290
6.8. A Lei das Sociedades por Ações e os Critérios de Avaliação de Ativos Não Circulantes Permanentes 291
6.9. O Custo de Aquisição de um Ativo Imobilizado 292
6.10. Depreciação 294
    6.10.1. O registro dos encargos de depreciação 297
    6.10.2. Taxas anuais de depreciação 301
    6.10.3. Registros dos encargos de depreciação 302
    6.10.4. As taxas especiais de depreciação 302
    6.10.5. Utilização de taxas inferiores às admitidas pela legislação 303
    6.10.6. Depreciação acelerada normal 303
    6.10.7. Depreciação acelerada incentivada 303
    6.10.8. Depreciação de bens usados 304

	6.10.9.	Métodos de depreciação 305
	6.10.10.	O Processo de depreciação 308
	6.10.11.	Depreciação em atividade rural 314
	6.10.12.	Reparo e conservação de bens corpóreos 315
	6.10.13.	A Depreciação de edificações.........................319
	6.10.14.	O tratamento do valor residual a partir de 2010..320
6.11.	Exercícios resolvidos para a fixação de conteúdo 320	
6.12.	O ativo não circulante intangível 337	
	6.12.1.	Considerações gerais sobre ativos intangíveis 338
	6.12.2.	A identificação de ativos intangíveis 339
	6.12.3.	Os benefícios econômicos futuros gerados por ativo intangível 340
	6.12.4.	O reconhecimento e a mensuração de ativos intangíveis...340
	6.12.5.	O custo de ativos intangíveis separadamente adquiridos...341
	6.12.6.	O tratamento referente aos gastos com pesquisa e desenvolvimento para ativos intangíveis 342
	6.12.7.	A mensuração de ativos intangíveis após o reconhecimento inicial 344
	6.12.8.	Considerações básicas sobre a vida útil de ativos intangíveis...345
	6.12.9.	Baixa e alienação de ativos intangíveis..............346
	6.12.10.	Apresentação de exemplos sobre ativos intangíveis..346
6.13.	Amortização 350	
	6.13.1.	O registro dos encargos de amortização............352
	6.13.2.	A taxa anual de amortização............................352
	6.13.3.	As quotas de amortização 353
6.14.	Exaustão 353	
	6.14.1.	O registro dos encargos de exaustão.................354
	6.14.2.	A exaustão de recursos minerais.......................355
	6.14.3.	A exaustão de recursos florestais próprios 357

6.15. Exercícios Resolvidos para a Fixação de Conteúdo 358
6.16. O Ativo Permanente Diferido... 366
      6.16.1. Os juros pagos ou creditados aos acionistas durante a fase pré-operacional......................... 367
      6.16.2. Os resultados obtidos durante a fase pré-operacional 368
      6.16.3. A avaliação e a amortização do ativo permanente diferido.. 368
      6.16.4. A Alteração do ativo permanente diferido pela Lei nº 11.638/07 370
      6.16.5. A proibição de registros no ativo permanente diferido a partir da Lei nº 11.941/2009 370
      6.16.6. As despesas diferidas e as despesas pagas antecipadamente 372
      6.16.7. O tratamento atualmente efetuado em relação aos antigos ativos diferidos 373
6.17. Informações Complementares.. 373
6.18. Ganhos ou Perdas de Capital 374
6.19. Exercícios Resolvidos para a Fixação de Conteúdo 375
6.20. O Plano de Contas e o Ativo Não Circulante.................... 377
6.21. Exercícios Resolvidos para a Fixação de Conteúdo 381

CAPÍTULO 7   OPERAÇÕES COM MERCADORIAS E SERVIÇOS............................. 421
    7.1. Informações Iniciais.. 421
    7.2. Os Estoques... 422
    7.3. Os Ativos Especiais.. 425
        7.3.1. Os ativos especiais e o plano de contas............ 426
    7.4. Os Critérios de Avaliação de Estoques 427
        7.4.1. A composição dos custos dos estoques de produtos ou mercadorias.................................. 428
        7.4.2. A Composição de custos de estoques de um prestador de serviços................................ 431
        7.4.3. A apuração dos custos de aquisição de estoques 431

- 7.4.4. Método do varejo (preço de venda menos margem de lucro).. 440
- 7.4.5. Método da média ponderada fixa (MPF).......... 443
- 7.4.6. Os produtos em elaboração e os produtos acabados.. 446
- 7.5. O Cálculo do Valor Realizável Líquido........................... 449
  - 7.5.1. O valor realizável líquido de matérias-primas, produtos em fabricação e bens em almoxarifado... 449
  - 7.5.2. O valor realizável líquido de produtos acabados e mercadorias Destinadas à Revenda................. 451
- 7.6. Exercícios Resolvidos para a Fixação de Conteúdo 452
- 7.7. Conceitos Básicos e Indispensáveis às Operações com Mercadorias 455
  - 7.7.1. As compras de mercadorias............................. 456
  - 7.7.2. Mercadorias disponíveis para venda em um período 456
  - 7.7.3. As vendas do período...................................... 456
  - 7.7.4. Receita bruta de vendas e serviços................... 457
  - 7.7.5. Receita líquida de vendas e serviços 457
  - 7.7.6. O custo das mercadorias vendidas (CMV) no período 457
  - 7.7.7. O resultado com mercadorias (RCM) 458
- 7.8. A Apuração do Valor do Estoque Final........................... 458
  - 7.8.1. O regime de inventário permanente 459
  - 7.8.2. Como registrar as operações no sistema de inventário permanente?............................... 461
  - 7.8.3. As fichas de controle de estoques 462
  - 7.8.4. Critérios utilizados para avaliação de estoques no regime de inventário permanente 463
  - 7.8.5. O regime de inventário periódico.................... 473
  - 7.8.6. Inventário periódico x inventário permanente.... 490
- 7.9. Exercícios Resolvidos para a Fixação de Conteúdo 491
- 7.10. Procedimentos que Afetam Compras e Vendas – Conceitos Gerais... 495

7.10.1.	Fatores que alteram as compras	496
7.10.2.	Fatores que alteram as vendas	497
7.10.3.	A demonstração do resultado do exercício (DRE) – apresentação inicial	498
7.10.4.	Descontos comerciais (ou incondicionais)	498
7.10.5.	Os descontos financeiros (ou condicionais)	502
7.10.6.	Descontos financeiros x descontos comerciais	505
7.10.7.	Os abatimentos sobre compras e vendas	506
7.10.8.	As devoluções e os cancelamentos de vendas	510
7.10.9.	As devoluções e os cancelamentos de vendas de períodos anteriores	512
7.10.10.	As devoluções de compras	514

7.11. Considerações sobre Juros e Despesas Financeiras 519
7.12. Considerações sobre Variações Monetárias Passivas 519
7.13. Exercícios Resolvidos para a Fixação de Conteúdo 519
7.14. A Incidência dos Tributos nas Operações com Mercadorias 528

- 7.14.1. O imposto sobre produtos industrializados (IPI) 528
  - 7.14.1.1. O IPI é não cumulativo 530
  - 7.14.1.2. A base de cálculo do IPI 533
  - 7.14.1.3. O mecanismo de apuração do saldo do IPI 535
  - 7.14.1.4. A utilização da conta-corrente de IPI 537
  - 7.14.1.5. As relações básicas entre IPI e ICMS 538
  - 7.14.1.6. Imunidades referentes ao IPI 538
  - 7.14.1.7. O IPI não integra a receita bruta de vendas 538
  - 7.14.1.8. A estrutura da demonstração do resultado do exercício com o faturamento bruto 539
  - 7.14.1.9. Formas de registro do IPI 539

7.14.2. O imposto sobre operações relativas à circulação de mercadorias e serviços de transporte intermunicipal e interestadual e de comunicações (ICMS) 544

    7.14.2.1. O mecanismo de apuração do saldo do ICMS 546

    7.14.2.2. A utilização da conta-corrente de ICMS 548

    7.14.2.3. As incidências referentes ao ICMS.....550

    7.14.2.4. As não incidências referentes ao ICMS 551

    7.14.2.5. Considerações gerais sobre o IPI e o ICMS 552

    7.14.2.6. O crédito de ICMS referente à aquisição de bens para o ativo não circulante imobilizado 556

    7.14.2.7. Possibilidades de incidência de tributos nas operações com mercadorias 560

    7.14.2.8. Resumo das condições de recuperação de IPI e ICMS 561

7.14.3. Tipos de incidência de tributos 562

7.14.4. O PIS/Pasep e a Cofins 563

    7.14.4.1. O PIS/Pasep e a Cofins apurados pelo regime cumulativo 564

    7.14.4.2. O PIS/Pasep e a Cofins apurados pelo regime não cumulativo 568

7.14.5. Registros referentes à aquisição de produtos e mercadorias 573

7.14.6. Exemplos diversos 584

7.14.7. Como calcular o valor total de uma nota fiscal? 598

7.14.8. Os regimes de tributação e a recuperação de IPI, ICMS, PIS e Cofins 599

7.14.9. As operações com serviços 600

7.14.10. O imposto sobre serviços de qualquer natureza (ISS ou ISSQN) 601

7.14.11. A realização de inventário de mercadorias 601

7.15. Exercícios Resolvidos para a Fixação de Conteúdo 603

| Capítulo 8 | O Passivo Exigível | 691 |

8.1. Considerações Iniciais 691
8.2. A Disposição das Contas no Passivo Exigível 692
8.3. O Passivo Circulante 695
8.4. O Passivo Não Circulante 696
8.5. As Dívidas Contraídas pela Entidade a Partir de Operações Não Usuais com Pessoas a Ela Ligadas 696
8.6. A Apresentação de Algumas Contas Constantes do Passivo Exigível 696
8.7. Os Resultados de Exercícios Futuros – Passivo Não Circulante 701
8.8. O Passivo Exigível e o Plano de Contas 704
8.9. Exercícios Resolvidos para a Fixação de Conteúdo 707

| Capítulo 9 | As Operações Financeiras | 723 |

9.1. Considerações Iniciais 723
9.2. A Empresa e sua Necessidade de Recursos 724
    9.2.1. Empréstimos com correção monetária prefixada 725
    9.2.2. Empréstimos com correção monetária posfixada 730
9.3. As Aplicações Financeiras 732
    9.3.1. Aplicações financeiras de liquidez imediata 732
    9.3.2. Aplicações financeiras prefixadas 734
    9.3.3. Aplicações financeiras posfixadas 744
9.4. As Variações Cambiais Passivas 746
    9.4.1. O reconhecimento de variações cambiais ativas e passivas 747
        9.4.1.1. Variações cambiais passivas 747
        9.4.1.2. Variações cambiais ativas 748
9.5. Os Encargos Financeiros 750
9.6. Operações Financeiras com Encargos Financeiros Conjugados 750

        9.6.1.   Operações financeiras em moeda estrangeira....751

        9.6.2.   Operações financeiras em moeda nacional.......755

   9.7.   Operações com Duplicatas..757

   9.8.   O Desconto de Notas Promissórias 757

   9.9.   Os Credores por Financiamento 760

   9.10. Exercícios Resolvidos para a Fixação de Conteúdo 761

Capítulo 10   Operações com Folha de Pagamento de Salários.....................785

   10.1. As Operações com Folhas de Pagamento de Salários – Considerações Iniciais 785

   10.2. Estudo de Caso sobre Folha de Pagamento de Salários......789

   10.3. Exercícios Resolvidos para a Fixação de Conteúdo 797

   10.4. Apresentação de Conceitos sobre Folha de Pagamento de Salários *para Consulta*...811

Capítulo 11   Provisões, Passivos e Ativos Contingentes.........................819

   11.1. Considerações Iniciais 819

   11.2. Definições Importantes...819

   11.3. Provisões *versus* Passivos...820

   11.4. Provisões *versus* Passivos Contingentes 821

   11.5. O Reconhecimento de Provisões.................................821

        11.5.1.   Obrigação presente 822

        11.5.2.   Evento passado 823

        11.5.3.   Saída provável de recursos que incorporam benefícios econômicos...................................824

        11.5.4.   Estimativa confiável da obrigação 825

   11.6. A Mensuração das Provisões 826

        11.6.1.   A melhor estimativa 826

        11.6.2.   Risco e incerteza..827

        11.6.3.   O valor presente...827

        11.6.4.   Os eventos futuros 828

        11.6.5.   A alienação esperada de ativo........................828

        11.6.6.   Reembolso 828

11.7.	Mudanças na Provisão	829
11.8.	O Uso de Provisões	830
11.9.	Aplicações de regra de reconhecimento e de mensuração de provisões	830
	11.9.1. A perda operacional futura	830
	11.9.2. Os contratos onerosos	830
11.10.	A Reestruturação e as Provisões	831
11.11.	Exemplos sobre a Possibilidade de Constituição de Provisões	834
11.12.	A Divulgação das Provisões	841
11.13.	Passivo Contingente	843
11.14.	Provisão e Passivo Contingente – Quadro-Resumo	844
11.15.	Ativo Contingente	844
11.16.	Ativo Contingente – Quadro-Resumo	845
11.17.	Reembolso – Quadro-Resumo	845
11.18.	A Árvore de Decisão para Provisões e Passivos Contingentes	846
11.19.	Exercícios Resolvidos para a Fixação de Conteúdo	847

Capítulo 12 — O Patrimônio Líquido e a Constituição de Reservas 867

12.1.	Considerações Iniciais	867
12.2.	O Capital Social	869
12.3.	O Capital Autorizado	878
	12.3.1. O registro contábil do capital autorizado	878
12.4.	Exercícios Resolvidos para a Fixação de Conteúdo	879
12.5.	As Provisões	893
12.6.	As Reservas	894
12.7.	Breves Noções sobre Ações	896
	12.7.1. O ágio (ou valor excedente) na emissão de ações	896
	12.7.2. O reembolso de ações	897
	12.7.3. O resgate de ações	898

	12.7.4.	A amortização de ações 899
	12.7.5.	Os gastos incorridos na emissão de ações 899
12.8.	As Reservas de Capital 900	
	12.8.1.	O ágio (ou valor excedente) na emissão de ações 901
	12.8.2.	A alienação de partes beneficiárias 903
	12.8.3.	A alienação de bônus de subscrição 904
	12.8.4.	A reserva de capital decorrente do resultado da correção monetária do capital realizado 905
	12.8.5.	As possibilidades de utilização das reservas de capital 905
12.9.	As Reservas de Reavaliação 906	
12.10.	Os Ajustes de Avaliação Patrimonial 908	
	12.10.1.	Os tipos de instrumentos financeiros 908
12.11.	As Reservas de Lucros 915	
12.12.	As Ações em Tesouraria 916	
12.13.	Os Lucros ou Prejuízos Acumulados 920	
12.14.	Exercícios Resolvidos para a Fixação de Conteúdo 921	

Capítulo 13 A Demonstração do Resultado do Exercício e a Demonstração do Resultado Abrangente 963

13.1. Considerações Iniciais 963

13.2. Considerações Gerais sobre Receitas e Despesas 964

    13.2.1. As receitas 965

    13.2.2. As despesas 967

13.3. O Resultado (ou Rédito) do Período 968

13.4. A Apuração do Resultado do Período 968

13.5. Exercícios Resolvidos para Fixação do Conteúdo 978

13.6. Considerações Iniciais Sobre a Demonstração do Resultado do Exercício 983

13.7. A Demonstração do Resultado e a Demonstração do Resultado Abrangente 984

13.8. A Estrutura da Demonstração do Resultado do Exercício de Acordo com a Lei das Sociedades por Ações 985

13.9. A Estrutura da Demonstração do Resultado do Exercício de Acordo com o Pronunciamento Técnico CPC 26 (R1) – Apresentação das Demonstrações Contábeis 988

13.10. O Faturamento Bruto e As Receitas de Vendas de Produtos e Serviços.. 992

13.11. O Imposto sobre Produtos Industrializados (IPI) 993

    13.11.1. As formas de registro do IPI 998

13.12. As Deduções das Vendas 1000

    13.12.1. As vendas canceladas ou devolvidas 1000

    13.12.2. As devoluções de vendas de períodos anteriores 1002

    13.12.3. Os descontos incondicionais ou comerciais 1003

    13.12.4. Os tributos incidentes sobre as vendas e os serviços 1004

        13.12.4.1. O imposto sobre serviços de qualquer natureza (ISSQN ou ISS) ... 1004

        13.12.4.2. O imposto sobre operações relativas à circulação de mercadorias e sobre prestações de serviços de transporte interestadual, intermunicipal e de comunicação (ICMS) 1005

        13.12.4.3. O PIS/Pasep e a Cofins 1010

    13.12.5. Os abatimentos sobre as vendas 1019

    13.12.6. Dedução do ajuste a valor presente 1021

13.13. A Receita Líquida de Vendas 1023

13.14. O Custo dos Produtos Vendidos e dos Serviços Prestados 1025

13.15. O Lucro Operacional Bruto 1026

13.16. Exercícios Resolvidos para a Fixação de Conteúdo 1027

13.17. As Despesas Operacionais 1043

    13.17.1. As despesas de vendas e administrativas 1043

13.17.2. Representação das despesas de vendas e das despesas administrativas no plano de contas 1044

13.17.3. Os resultados financeiros líquidos 1048

13.17.4. Representação do resultado financeiro líquido no plano de contas 1050

13.17.5. Outras receitas operacionais e outras despesas operacionais 1053

13.18. O Lucro ou Prejuízo Operacional 1054

13.19. Outras Receitas e Outras Despesas 1056

13.19.1. Os resultados não operacionais 1057

13.20. A Contribuição Social sobre o Lucro Líquido e o Imposto de Renda das Pessoas Jurídicas 1061

13.21. A Contribuição Social sobre o Lucro Líquido – CSLL 1062

13.21.1. A Alíquota da CSLL 1063

13.21.2. O lucro real e a base de cálculo da CSLL 1063

13.21.3. A CSLL com base no lucro presumido ou no lucro arbitrado 1066

13.22. A Provisão para o Imposto de Renda – PIR 1067

13.22.1. A alíquota do IR 1069

13.22.2. O lucro real 1069

13.22.3. O lucro Presumido 1077

13.22.4. O lucro Arbitrado 1083

13.23. As Participações de Terceiros nos Lucros 1088

13.23.1. A dedução de prejuízos acumulados do resultado do exercício 1088

13.23.2. O cálculo das participações de terceiros nos lucros 1090

13.24. O Resultado Líquido do Exercício 1094

13.25. O Lucro por Ação 1094

13.26. A EsAF e o Imposto de Renda 1095

13.27. O EBITDA ou LAJIDA 1101

13.28. A Demonstração do Resultado Abrangente 1103

13.29. Exercícios Resolvidos para a Fixação de Conteúdo 1106

CAPÍTULO 14   AS RESERVAS DE LUCROS 1161

    14.1. Considerações Iniciais 1161

    14.2. A Reserva Legal..1162

        14.2.1. Exemplos de constituição e utilização da reserva legal...1164

    14.3. As Reservas Estatutárias..1171

        14.3.1. Exemplos de constituição e utilização das reservas estatutárias..............................1173

    14.4. As Reservas para Contingências................................1174

        14.4.1. Reserva para contingências x provisão para contingências..1177

        14.4.2. Exemplos de constituição e utilização das reservas para contingências.................1177

    14.5. As Reservas de Incentivos Fiscais...............................1180

        14.5.1. Exemplos de constituição e utilização das reservas de incentivos fiscais..................1182

    14.6. As Reservas de Retenção de Lucros............................1187

        14.6.1. Exemplos de constituição e utilização das reservas de retenção de lucros...................1188

    14.7. As Reservas de Lucros a Realizar................................1190

        14.7.1. Exemplos de constituição e utilização das reservas de lucros a realizar......................1192

    14.8. As Reservas Especiais para Dividendos Obrigatórios Não Distribuídos 1195

        14.8.1. Exemplos de constituição e utilização das reservas especiais para dividendos obrigatórios não distribuídos..........................1196

    14.9. O Limite da Constituição de Reservas e Retenção de Lucros..1197

    14.10. O Limite do Saldo das Reservas de Lucros 1197

    14.11. Proposta de Destinação Hierárquica dos Lucros............1199

    14.12. Exercícios Resolvidos para a Fixação de Conteúdo 1200

BIBLIOGRAFIA 1247

CAPÍTULO 1

A Elaboração das Demonstrações Contábeis

1.1. CONSIDERAÇÕES INICIAIS

Quando e como elaborar as demonstrações contábeis?

As demonstrações contábeis podem ser elaboradas a qualquer momento, porém devem ser elaboradas, regra geral, ao final de cada exercício social, que poderá ou não coincidir com o ano civil calendário. Para que sejam elaboradas, existe uma série de medidas preliminares a serem adotadas, as quais denominaremos *operações de encerramento do exercício social*.

Podemos assim resumir as operações de encerramento do exercício social, <u>nesta sequência</u>:

a) Elaboração do Balancete de Verificação Inicial;
b) Realização de ajustes nas contas, ou seja, os ajustes contábeis a realizar;
c) Apuração do resultado do período (e consequente encerramento das contas de resultado);
d) Elaboração do Balancete de Verificação Final; e
e) Elaboração das Demonstrações Contábeis.

Passaremos, então, a apresentar estas etapas.

a) A Elaboração do Balancete de Verificação Inicial

O **balancete de verificação** ou **balancete de verificação do Razão** consiste em uma relação de todas as contas utilizadas na contabilidade da entidade econômico-administrativa, levando em consideração os seus correspondentes saldos credores ou devedores. Convém ressaltarmos que *as contas com saldo zero* poderão ou não constar do balancete de verificação, de acordo com o interesse das informações constantes do balancete para os seus usuários (internos à entidade ou externos a ela).

As contas, sejam elas patrimoniais ou de resultado, e seus respectivos saldos são obtidos a partir do Livro Razão da entidade, percorrendo-se cada folha deste livro e anotando-se a conta e seu saldo atual, visando à elaboração do balancete de verificação. Convém ressaltarmos que as contas devem estar dispostas segundo seus saldos devedores ou credores, conforme apresentado no exemplo a seguir descrito.

Exemplo

Balancete de Verificação Inicial da Empresa Juliurius Comercial Ltda.:

Balancete de Verificação Inicial – Em 31/12/2009
Empresa Juliurius Comercial Ltda.

Conta	Saldo	
	Devedor	Credor
Caixa	10.000,00	
Bancos Conta Movimento	135.000,00	
Clientes	25.000,00	
Perdas Estimadas para Devedores Duvidosos – (antiga "Provisão" no Ativo)		3.000,00
Móveis e Utensílios	25.000,00	
Imóveis	120.000,00	
Veículos	30.000,00	
Fornecedores		30.000,00
Contas a Pagar		20.000,00
Impostos a Recolher		15.000,00
Capital Social		160.000,00
Receitas de Vendas		240.000,00
Custo das Mercadorias Vendidas	95.000,00	
Despesas de Salários	35.000,00	
Despesas com Perdas Estimadas para Devedores Duvidosos	3.000,00	
Receitas de Aluguel		40.000,00
Receitas de Juros		10.000,00
Despesas com Alimentação	28.000,00	
Despesas com Transporte	12.000,00	
Saldos	**518.000,00**	**518.000,00**

O leitor deve observar que elaboramos o Balancete de Verificação Inicial registrando cada conta com o seu respectivo saldo (devedor ou credor). No exemplo ora apresentado, as contas Caixa, Bancos Conta Movimento e Clientes estão apresentadas com os seus respectivos saldos devedores. Em seguida, apresentamos a conta Perdas Estimadas para Devedores Duvidosos (nova denominação de "Provisão para Devedores Duvidosos") com seu saldo credor. Apesar de, no Balanço Patrimonial, a conta Perdas Estimadas para Devedores Duvidosos ser retificadora da conta Clientes e, por isso, nele aparecer com valor negativo, aqui estamos apenas interessados em seu saldo e na natureza dele, ou seja, se devedor ou credor, deixando de levar em consideração sinais negativos.

Como a Contabilidade emprega o método das partidas dobradas para a formalização dos registros contábeis, então podemos afirmar que o total de saldos credores deve ser igual ao total de saldos devedores, já que a todo débito corresponde um crédito de igual valor. Se não ocorrer esta igualdade, deverá ser verificado o erro ocorrido, a fim de corrigi-lo.

Quando o Balancete de Verificação Inicial é elaborado, necessitamos verificar se os saldos das contas estão corretos. **Todos os saldos de contas são verificados!** Os saldos das diversas contas constantes do Livro Razão são confrontados com os saldos constantes dos Livros Caixa, Contas-Correntes, Registro de Duplicatas etc., assim como com os saldos das fichas de controles de estoques, fichas de identificação de móveis, imóveis, máquinas, equipamentos, veículos etc. Se tiver ocorrido algum erro, então deveremos providenciar o acerto respectivo, conforme o exemplo a seguir apresentado.

Exemplo

A conta Caixa da Empresa Juliurius Comercial Ltda. possuía saldo devedor igual a R$ 10.000,00. Verificou-se, fisicamente, que havia R$ 12.000,00 com a empresa. Logo, resta claro que um ou mais lançamentos podem ter deixado de ser realizados no período ou pode ter ocorrido erro em um ou mais lançamentos efetuados ao longo do período em análise. Conferindo-se o ocorrido com a conta Bancos Conta Movimento, foi detectado que ocorreu um saque de R$ 2.000,00 em conta corrente da empresa, não registrado no momento adequado. Como proceder, então?! O lançamento deve ser registrado nos Livros Diário e Razão, fazendo-se menção no histórico à data correta do evento. Com isso, o saldo da conta Caixa passa a ser de R$ 12.000,00 e o saldo da conta Bancos Conta Movimento passa, então, a ser de R$ 133.000,00.

Balancete de Verificação Inicial – Em 31/12/2009 (após as correções)
Empresa Juliurius Comercial Ltda.

Conta	Saldo	
	Devedor	Credor
Caixa	12.000,00	
Bancos Conta Movimento	133.000,00	
Clientes	25.000,00	
Perdas Estimadas para Devedores Duvidosos – (antiga "Provisão" no Ativo)		3.000,00
Móveis e Utensílios	25.000,00	
Imóveis	120.000,00	
Veículos	30.000,00	
Fornecedores		30.000,00
Contas a Pagar		20.000,00
Impostos a Recolher		15.000,00
Capital Social		160.000,00
Receitas de Vendas		240.000,00
Custo das Mercadorias Vendidas	95.000,00	
Despesas de Salários	35.000,00	
Despesas com Perdas Estimadas para Devedores Duvidosos	3.000,00	
Receitas de Aluguel		40.000,00
Receitas de Juros		10.000,00
Despesas com Alimentação	28.000,00	
Despesas com Transporte	12.000,00	
Saldos	**518.000,00**	**518.000,00**

Nesta fase de verificações de saldos de contas devem ser elaborados inventários de tudo o que constar do patrimônio e puder ser inventariado. Logo, procede-se o inventário de produtos fabricados, mercadorias, duplicatas a receber, duplicatas a pagar, imóveis, veículos, móveis, máquinas, equipamentos etc. Após a realização dos inventários, então os saldos ora obtidos são confrontados com os saldos constantes das respectivas contas. Em havendo divergência, deve ser esclarecido o ocorrido e, então, realizado o ajuste necessário, atualizando o correspondente balancete de verificação.

O balancete de verificação deve ser elaborado, pelo menos, mensalmente. Portanto, ao final de cada exercício social, como em todos os demais meses, o balancete de verificação deve ser elaborado.

b) Os Ajustes Contábeis a Realizar

Após a elaboração do Balancete de Verificação Inicial e a conferência das contas dele constantes, são efetuados os denominados **ajustes contábeis**.

As demonstrações contábeis devem apresentar a situação patrimonial, econômica e financeira da entidade o mais próximo possível da realidade. Ocorre que nem sempre as contas patrimoniais ou de resultado apresentam a realidade da entidade no momento considerado, já que os registros contábeis não costumam seguir as mudanças patrimoniais no ritmo em que elas ocorrem. Alguns dos componentes patrimoniais podem aumentar ou diminuir seus respectivos valores sem que tenha havido a devida atualização, ou melhor, sem que tenha ocorrido o devido registro dessas alterações. Contas de resultado, recebidas ou pagas ao longo do período em análise, também podem não corresponder às receitas e aos gastos do período. Em virtude do que estamos relatando, existe a necessidade de se proceder aos ajustes das contas patrimoniais e de resultado, tendo por objetivo fazer com que tais contas representem os verdadeiros componentes patrimoniais e as verdadeiras variações do exercício social em comento.

Serão, então, efetuados lançamentos de ajuste, de complementação e de correção das contas que compõem o Balancete de Verificação Inicial, a fim de que todas expressem seus respectivos saldos corretamente.

b.1) Apresentação de Medidas a Adotar para Adequação das Contas à Realidade Patrimonial da Entidade

Tendo por base os ensinamentos do ilustre Mestre Hilário Franco, apresentamos, com a finalidade de melhor esclarecimento, medidas consideradas necessárias à adequação das contas da entidade à realidade patrimonial desta. *Não se preocupe com o fato de não conhecer algum dos tópicos a seguir elencados, pois, em momento oportuno de seu estudo, serás apresentado a cada um deles.*

Visando à elaboração das demonstrações contábeis, entendemos ser necessário proceder à realização das seguintes operações:

i) O Balancete de Verificação Inicial deve ser elaborado tendo por referência a data de encerramento do exercício social;

ii) Ao tratarmos do Balancete de Verificação Inicial, dissemos que ele deve apresentar total de saldos devedores igual ao total de saldos credores. Trata-se, portanto, da chamada ***exatidão quantitativa***. Porém, isto não significa dizer que a contabilidade da entidade está correta, pois podem ocorrer equívocos, tais qual o a seguir apresentado.

Se debitarmos a conta Caixa ao invés da conta Bancos Conta Movimento em um lançamento, verificaremos ter ocorrido o que se denomina exatidão quantitativa, pois as contas Caixa e Bancos Conta Movimento funcionam da mesma maneira (débitos para as entradas e créditos para as saídas de numerário). Ocorre que os saldos finais das contas restarão apresentados em desacordo com o Livro Caixa e com o extrato bancário!

A fim de repararmos situações como a que foi apresentada, devem ser conferidos os saldos de cada conta com os saldos dos registros auxiliares a elas ligados. Realizando este procedimento, passaremos a ter o que se denomina ***exatidão específica*** de cada conta, contribuindo para a correta apresentação da situação patrimonial da entidade;

iii) Todo e qualquer elemento patrimonial suscetível de ser inventariado deve passar por este procedimento. Logo, devem ser realizados diversos inventários. Citamos, por exemplo, inventários dos seguintes elementos patrimoniais a serem realizados: mercadorias em estoque; materiais diversos; imóveis; móveis e utensílios; máquinas; equipamentos; duplicatas a receber; duplicatas a pagar etc.

Após terem sido realizados os diversos inventários, conforme ora citado, necessário se faz confrontar os saldos apurados para cada elemento com os saldos de suas respectivas contas, assim como dos registros específicos de cada bem ora inventariado;

iv) Os cálculos referentes aos procedimentos de depreciação, amortização e exaustão são procedidos, conforme planejamento prévio e, em seguida, são efetuados os registros contábeis respectivos. Convém ressaltar que cada bem costuma possuir sua respectiva *ficha de identificação*. Desta ficha constam o planejamento previsto para o registro dos seus encargos e seus respectivos cálculos;

v) Procede-se o batimento e a consequente regularização de todas as contas de despesas e receitas diferidas. São, então, conferidas as contas referentes: às despesas pagas e não vencidas (por exemplo, as referentes aos seguros pagos antecipadamente); às despesas vencidas e ainda não quitadas (por exemplo, as que demonstram aluguéis a pagar, contas a pagar, e salários a pagar); receitas vencidas e ainda não recebidas (por exemplo, juros reconhecidos e não recebidos); e receitas recebidas antecipadamente (por exemplo, juros recebidos antecipadamente);

vi) Apura-se o resultado referente às mercadorias, transferindo-o para a conta Apuração do Resultado do Exercício;

vii) Se permitido for, efetua-se a correção monetária das contas do ativo dito permanente e do Patrimônio Líquido conforme o que consta do Art. 185 da Lei das Sociedades por Ações (Lei nº 6.404/76). Deve ser ressaltado que a correção monetária está atualmente <u>proibida</u> pelas Leis nos 7.730/89 e 9.249/95;

viii) Todas as contas de receitas e de despesas são, então, encerradas, apurando-se o resultado do exercício, por meio da utilização da conta Apuração do Resultado do Exercício, conta esta utilizada especificamente para este fim. O resultado encontrado será transferido para a conta Lucros ou Prejuízos Acumulados, conta esta a partir da qual posteriormente ocorrerão as destinações de lucros porventura existentes. O encerramento das contas de resultado é realizado por lançamentos contábeis efetuados no Livro Diário da entidade;

ix) Tendo sido apurado o resultado do exercício, todas as contas de resultado apresentarão saldo zero e, em consequência, haverá apenas contas patrimoniais. Em seguida, elabora-se o segundo balancete de verificação, denominado Balancete de Verificação Final, que apresentará apenas contas patrimoniais, dentre elas a conta Lucros ou Prejuízos Acumulados, pertencente ao Patrimônio Líquido, já devidamente atualizada pelo resultado obtido no exercício em comento;

x) O saldo existente em termos de lucros acumulados deverá ser destinado conforme proposta da administração da empresa, no pressuposto da aprovação dos acionistas ou dos sócios dela em assembleia ou reunião para tal finalidade. O lucro poderá ser destinado para: formação de reservas de lucros; aumento do capital social; e/ou destinação como lucros ou dividendos aos sócios ou acionistas, respectivamente. Deve ser esclarecido que os lucros também podem ser utilizados para a compensação de prejuízos por acaso acumulados;

xi) Elabora-se a Demonstração do Resultado do Exercício, apresentando de que forma foi apurado o resultado do período em tela, por meio do confrontamento de receitas e despesas;

xii) As contas patrimoniais, constantes do Balancete de Verificação Final, devem ser separadas, classificadas e posicionadas no Ativo e no Passivo patrimoniais da entidade, dando origem ao seu Balanço Patrimonial. Serão dispostas contas principais e retificadoras no Ativo e no Passivo do Balanço Patrimonial;

xiii) São elaboradas as demais demonstrações contábeis da entidade (Demonstração dos Lucros ou Prejuízos Acumulados; Demonstração dos Fluxos de Caixa etc.), conforme as necessidades de cada entidade; e

xiv) Conforme citado na alínea viii, o encerramento das contas de resultado é efetuado no Livro Diário. Em seguida, são transcritas neste livro as demonstrações contábeis então elaboradas pela entidade. Deve conter assinatura do(s) administrador(es) e do(s) responsável(eis) pela escrituração contábil.

b.2) As Contas de Natureza Transitória e As Contas de Natureza Permanente

Existem contas que são iniciadas em um período contábil e não são encerradas ao seu final; outras, por outro lado, são iniciadas e encerradas dentro do período contábil em análise.

As **contas transitórias** ou **contas de natureza transitória** são aquelas que possuem registros iniciados e terminados dentro de um mesmo período contábil. *Elas não são repassadas de um período para outro.*

As contas de receitas e de despesas iniciam o período contábil com saldo inicial igual a zero. À medida que o período transcorre, são efetuados registros nestas contas. Ao final do período contábil, seus saldos são encerrados, visando à apuração do resultado do exercício. No período seguinte, tais contas são novamente iniciadas com saldo igual a zero.

A conta Apuração do Resultado do Exercício, como o próprio nome indica, tem por única função apurar, de maneira simplificada, o resultado obtido no período contábil. Portanto, ela surge quando ocorre o término do período, é utilizada para a obtenção do resultado desejado e, em seguida, é encerrada, tendo como contrapartida a conta Lucros ou Prejuízos Acumulados, que é conta integrante do Patrimônio Líquido. Observe que a conta Apuração do Resultado do Exercício é iniciada e encerrada dentro do mesmo período contábil!

As **contas permanentes** ou **contas de natureza permanente** são aquelas que conservam seus saldos de um período contábil para outro. As contas patrimoniais são consideradas contas permanentes. **Os saldos obtidos para as contas patrimoniais ao final de um período contábil são os saldos iniciais destas mesmas contas no início de novo período contábil.**

b.3) O Resultado (ou Rédito) do Período

Denominamos **RESULTADO ou RÉDITO apurado no período** a diferença existente entre a soma das receitas e a soma das despesas apuradas em certo período.

> **Resultado (ou Rédito) do Período = Total das Receitas do Período − Total das Despesas do Período**

As receitas serão somadas à Situação Líquida, enquanto as despesas diminuirão a Situação Líquida da entidade.

Se a soma das receitas for *maior* que a soma das despesas no período, então o resultado obtido será um **LUCRO**. Nesta situação, dizemos que foi obtido um **resultado positivo**, já que houve acréscimo patrimonial.

Se a soma das receitas for *menor* que a soma das despesas no período, então o resultado obtido será um **PREJUÍZO**. Nesta situação, dizemos que foi obtido um **resultado negativo**, já que houve diminuição patrimonial.

Se a soma das receitas for *igual* à soma das despesas no período, então o resultado obtido será **NULO**. Nesta situação, não houve acréscimo, nem diminuição patrimonial.

c) A Apuração do Resultado do Período

Um dos objetivos de uma entidade é apurar, ao final de cada período contábil, o **resultado** por ela obtido a partir de suas atividades. Além disso, existe a necessidade de elaboração das demonstrações contábeis, sendo a Demonstração do Resultado do Exercício uma das demonstrações contábeis de elaboração obrigatória.

Apresentaremos, em seguida, a apuração do resultado do exercício de uma empresa. Utilizaremos, neste momento, uma *forma simplificada* para a apuração do resultado almejado, utilizando a conta Apuração do Resultado do Exercício. Quando da apresentação da *Demonstração do Resultado do Exercício*, faremos o aprofundamento deste estudo.

Ao final de um período contábil, a empresa possuirá contas de despesas e contas de receitas registradas em seus livros contábeis. Para efetuarmos a apuração do resultado obtido no exercício, todas as contas de receitas e de despesas deverão ser **encerradas**, com os seus respectivos saldos sendo, então, transferidos para uma *conta de natureza transitória* denominada Apuração do Resultado do Exercício (ARE). Quando da transferência dos saldos das contas de receitas e despesas para a conta ARE, seus saldos finais estarão "*zerados*", **pois as receitas e as despesas pertencem ao período em que ocorrem!** Com isso, no exercício seguinte, todas as contas de receitas e de despesas iniciarão tal período com saldo inicial igual a zero.

As contas de resultado somente poderão ser encerradas após todos os ajustes contábeis realizados no Balancete de Verificação Inicial. Logo, parte-se do Balancete de Verificação Inicial, ***devidamente revisado e ajustado***, para proceder-se ao encerramento das contas de resultado.

Este procedimento ora apresentado será adotado ao final de cada período contábil!

Exemplo

Apresentamos o Balancete de Verificação Inicial da Empresa Juliurius Comercial Ltda.

Balancete de Verificação Inicial – Em 31/12/2009
Empresa Juliurius Comercial Ltda.

Conta	Saldo	
	Devedor	Credor
Caixa	12.000,00	
Bancos Conta Movimento	133.000,00	
Clientes	25.000,00	
Perdas Estimadas para Devedores Duvidosos – (antiga "Provisão" no Ativo)		3.000,00
Móveis e Utensílios	25.000,00	
Imóveis	120.000,00	
Veículos	30.000,00	
Fornecedores		30.000,00
Contas a Pagar		20.000,00
Impostos a Recolher		15.000,00
Capital Social		160.000,00
Receitas de Vendas		240.000,00
Custo das Mercadorias Vendidas	95.000,00	
Despesas de Salários	35.000,00	
Despesas com Perdas Estimadas para Devedores Duvidosos	3.000,00	
Receitas de Aluguel		40.000,00
Receitas de Juros		10.000,00
Despesas com Alimentação	28.000,00	
Despesas com Transporte	12.000,00	
Saldos	**518.000,00**	**518.000,00**

Observe que o Balancete de Verificação Inicial contém contas patrimoniais e contas de resultado. Normalmente, existe uma etapa referente a ajustes a serem efetuados neste balancete, conforme anteriormente citado, etapa esta que deixaremos de apresentar neste momento. Iremos, então, diretamente à apuração do resultado, que é o nosso objetivo imediato.

As contas designativas de receitas possuem saldo credor. Portanto, o encerramento dos saldos dessas contas será efetuado a débito delas! A contrapartida será um registro efetuado a crédito da conta Apuração do Resultado do Exercício.

<u>Encerramento das Contas de Receitas:</u>

D – Receita
C – Apuração do Resultado do Exercício

Logo, de acordo com o balancete de verificação apresentado:

D – Receitas de Vendas
C – Apuração do Resultado do Exercício   240.000,00

D – Receitas de Aluguel
C – Apuração do Resultado do Exercício   40.000,00

D – Receitas de Juros
C – Apuração do Resultado do Exercício   10.000,00

(ou)

D – Receitas de Vendas   240.000,00
D – Receitas de Aluguel   40.000,00
D – Receitas de Juros   10.000,00
C – Apuração do Resultado do Exercício   290.000,00

Receitas de Vendas	
(1) 240.000,00	240.000,00

Receitas de Aluguel

(2)40.000,00	40.000,00

Receitas de Juros

(3)10.000,00	10.000,00

Apuração do Resultado do Exercício

	240.000,00 (1)
	40.000,00 (2)
	10.000,00 (3)

As contas designativas de despesas possuem saldo devedor. Portanto, o encerramento dos saldos dessas contas será efetuado a crédito delas! A contrapartida será um registro efetuado a débito da conta Apuração do Resultado do Exercício.

<u>Encerramento das Contas de Despesas:</u>

D – Apuração do Resultado do Exercício
C – Despesa

Logo, de acordo com o balancete de verificação:

D – Apuração do Resultado do Exercício
C – Custo das Mercadorias Vendidas   95.000,00

D – Apuração do Resultado do Exercício
C – Despesas de Salários   35.000,00

D – Apuração do Resultado do Exercício
C – Despesas com Alimentação   28.000,00

D – Apuração do Resultado do Exercício
C – Despesas com Transporte   12.000,00

D – Apuração do Resultado do Exercício
C – Despesas com Perdas Estimadas para Devedores Duvidosos   3.000,00

(ou)

D – Apuração do Resultado do Exercício   173.000,00
C – Custo das Mercadorias Vendidas   95.000,00
C – Despesas de Salários   35.000,00
C – Despesas com Alimentação   28.000,00
C – Despesas com Transporte   12.000,00
C – Despesas com Perdas Estimadas para Devedores Duvidosos   3.000,00

Despesas com Alimentação

28.000,00	*28.000,00 (6)*

Despesas com Transporte

12.000,00	*12.000,00 (7)*

Custo das Mercadorias Vendidas

95.000,00	*95.000,00 (4)*

Despesas de Salários

35.000,00	35.000,00 (5)

Despesas com Perdas Estimadas para Devedores Duvidosos

3.000,00	3.000,00 (8)

Apuração do Resultado do Exercício

(4) 95.000,00	240.000,00 (1)
(5) 35.000,00	40.000,00 (2)
(6) 28.000,00	10.000,00 (3)
(7) 12.000,00	
(8) 3.000,00	

Registro da CSLL e do IR do Período:

Os valores da Provisão para a Contribuição Social sobre o Lucro Líquido (CSLL) e da Provisão para o Imposto de Renda (IR) são extracontabilmente determinados. O valor da Provisão para o Imposto de Renda é obtido via Livro de Apuração do Lucro Real (LALUR), livro este de escrituração obrigatória para todos os contribuintes do Imposto de Renda que tenham por base a apuração deste imposto pelo *lucro real*. O mesmo ocorre com a CSLL.

Logo, assim procedemos:

D – Contribuição Social sobre o Lucro Líquido (Despesa)
C – Provisão para a CSLL (conta do Passivo Exigível)   18.000,00 (valor exemplificativo)

D – Imposto de Renda (Despesa)
C – Provisão para o IR (conta do Passivo Exigível)   25.000,00 (valor exemplificativo)

Em seguida (encerramento de contas de resultado):
D – Apuração do Resultado do Exercício
C – Contribuição Social sobre o Lucro Líquido (Despesa)   18.000,00

D – Apuração do Resultado do Exercício
C – Imposto de Renda (Despesa)   25.000,00

Contribuição Social sobre o Lucro Líquido

(9) 18.000,00	
18.000,00	18.000,00 (11)

Provisão para a CSLL

	18.000,00 (9)

Imposto de Renda

(10) 25.000,00	
25.000,00	25.000,00 (12)

Provisão para o IR

	25.000,00 (10)

Apuração do Resultado do Exercício

(4) 95.000,00	240.000,00 (1)
(5) 35.000,00	40.000,00 (2)
(6) 28.000,00	10.000,00 (3)
(7) 12.000,00	
(8) 3.000,00	
(11) 18.000,00	
(12) 25.000,00	

Registro das Participações e Contribuições a Distribuir no Período:

Os valores das participações e contribuições a distribuir também são extracontabilmente determinados. Tais valores são obtidos a partir das cláusulas estipuladas nos estatutos ou contratos sociais.

Logo, assim procedemos:

D – Participação de Debenturistas (Despesa)
C – Participação de Debenturistas a Distribuir (conta do Passivo Exigível) 2.000,00
(valor exemplificativo)

D – Apuração do Resultado do Exercício
C – Participação de Debenturistas (Despesa)   2.000,00

Participação de Debenturistas a Distribuir

	2.000,00 (13)

Participação de Debenturistas

(13) 2.000,00	
2.000,00	*2.000,00 (14)*

Apuração do Resultado do Exercício

(4) 95.000,00	240.000,00 (1)
(5) 35.000,00	40.000,00 (2)
(6) 28.000,00	10.000,00 (3)
(7) 12.000,00	
(8) 3.000,00	
(11) 18.000,00	
(12) 25.000,00	
(14) 2.000,00	

Apuração de Lucro ou Prejuízo e Transferência para a conta Lucros ou Prejuízos Acumulados:

Observe que todas as contas de receitas e de despesas tiveram seus saldos zerados. O saldo da conta ARE, no valor de R$ 72.000,00, é credor, representando **LUCRO** no exercício. Se fosse devedor, representaria **PREJUÍZO** no exercício.

Ocorrendo lucro ou prejuízo, o saldo encontrado deverá ser transferido para a conta **Lucros ou Prejuízos Acumulados,** *pertencente ao Patrimônio Líquido*. É a partir da conta Lucros ou Prejuízos Acumulados que são efetuadas as ***destinações*** dos lucros porventura obtidos.

A movimentação da conta Lucros ou Prejuízos Acumulados dá origem a uma das demonstrações contábeis obrigatórias de acordo com a Lei das Sociedades por Ações: **a Demonstração dos Lucros ou Prejuízos Acumulados.**

Apuração do Resultado do Exercício

(4) 95.000,00	240.000,00 (1)
(5) 35.000,00	40.000,00 (2)
(6) 28.000,00	10.000,00 (3)
(7) 12.000,00	
(8) 3.000,00	
(11) 18.000,00	
(12) 25.000,00	
(14) 2.000,00	
218.000,00	290.000,00
(15) 72.000,00	**72.000,00**

Lucros ou Prejuízos Acumulados
72.000,00 (15)

No caso de terem sido obtidos lucros, estes serão destinados de acordo com a proposta de destinação dos lucros elaborada pela administração da sociedade. Esta proposta será formalmente aprovada pelos sócios, acionistas ou proprietários da entidade.

Registros Efetuados para a Destinação dos Lucros:

D – Lucros ou Prejuízos Acumulados
C – Reservas de Lucros (ou) Capital Social (ou) Dividendos Propostos / Dividendos a Distribuir

Observe que, após a apuração do resultado do exercício e da proposta de destinação dos lucros porventura obtidos aprovada, restarão apenas contas patrimoniais para compor o balancete de verificação.

A conta Lucros ou Prejuízos Acumulados poderá apresentar saldo credor ou devedor, de acordo com o saldo alcançado. Se for alcançado saldo credor, a conta Lucros ou Prejuízos Acumulados poderá ser chamada **Lucros Acumulados** (como dissemos, conta de saldo credor); se for obtido saldo devedor, a conta Lucros ou Prejuízos Acumulados poderá ser chamada **Prejuízos Acumulados** (conforme informamos, conta de saldo devedor), que reduz o saldo do Patrimônio Líquido.

Convém ser ressaltado que os resultados alcançados por uma entidade podem ser apurados para qualquer período (mensal, trimestral, semestral etc.), sem haver a necessidade de encerramento das contas de resultado. Neste caso, o resultado final alcançado pela entidade será aquele acumulado ao longo do exercício. Se houver necessidade de saber qual o resultado alcançado pela entidade em determinado período (mês, trimestre, semestre etc.), bastará efetuar a diferença entre os resultados alcançados no final e no início do período em análise.

A Demonstração do Resultado do Exercício evidencia, de uma maneira organizada, como foi apurado o resultado do período contábil, confrontando receitas e despesas para esta finalidade. Este estudo será aprofundado em momento oportuno.

d) A Elaboração do Balancete de Verificação Final

Efetuado o balancete de verificação inicial, vimos que são efetuados os lançamentos de ajustes nas contas, o encerramento das contas de resultado (com a apuração do resultado do exercício), e a destinação do resultado porventura apurado a partir da conta Lucros Acumulados ou Lucros ou Prejuízos Acumulados. A partir daí, existem apenas contas patrimoniais, que dão origem ao **balancete de verificação final**, devidamente ajustado para a confecção do *Balanço Patrimonial*, uma das demonstrações contábeis obrigatórias.

Exemplo

Apresentamos o Balancete de Verificação Final da Empresa Juliurius Comercial Ltda.

Balancete de Verificação Final – Em 31/12/2009
Empresa Juliurius Comercial Ltda.

Conta	Saldo	
	Devedor	Credor
Caixa	12.000,00	
Bancos Conta Movimento	133.000,00	
Clientes	25.000,00	
Perdas Estimadas para Devedores Duvidosos – (antiga "Provisão" no Ativo)		3.000,00
Móveis e Utensílios	25.000,00	
Imóveis	120.000,00	
Veículos	30.000,00	
Fornecedores		30.000,00
Contas a Pagar		20.000,00
Impostos a Recolher (inclusive CSLL e IR)		58.000,00
Participação de Debenturistas a Distribuir		2.000,00
Capital Social		160.000,00
Lucros ou Prejuízos Acumulados		72.000,00
Saldos	**345.000,00**	**345.000,00**

e) A Elaboração das Demonstrações Contábeis

Após a confecção do Balancete de Verificação Final, já é possível elaborar e transcrever, no Livro Diário, as demonstrações contábeis da entidade. As principais demonstrações contábeis são:

- Balanço Patrimonial;
- Demonstração do Resultado do Exercício;
- Demonstração dos Lucros ou Prejuízos Acumulados (ou Demonstração das Mutações do Patrimônio Líquido);
- Demonstração dos Fluxos de Caixa;
- Demonstração do Valor Adicionado.

São, também, elaboradas e transcritas as *notas explicativas* necessárias ao esclarecimento das demonstrações contábeis.

Mais adiante, trataremos da obrigatoriedade de apresentação das demonstrações contábeis de acordo com o tipo societário.

1.2. Exercícios Resolvidos para a Fixação de Conteúdo

Questão 01 – (Ciências Contábeis – SEJUS – DF – Fundação Universa – 2010)
A empresa Vende Fácil Ltda. levantou seu balancete de verificação no encerramento do exercício, encontrando as seguintes contas e valores:

Conta	Valor
Receitas de vendas	R$ 20.000,00
CMV	R$ 6.000,00
Despesa de depreciação	R$ 6.000,00
Depreciação acumulada	R$ 12.000,00
Caixa	R$ 10.000,00
Estoques	R$ 14.000,00
Salários a pagar	R$ 4.000,00
Veículos	R$ 30.000,00
Patrimônio líquido	R$ 34.000,00

Considerando que o contador se esqueceu de listar uma conta, a soma dos saldos credores é de
a) R$ 136.000,00.
b) R$ 70.000,00.
c) R$ 66.000,00.
d) R$ 50.000,00.
e) R$ 46.000,00.

Resolução e Comentários

Analisemos as contas e seus respectivos saldos (credores ou devedores):

Conta	Saldo Devedor	Saldo Credor
Receitas de vendas		R$ 20.000,00
CMV	R$ 6.000,00	
Despesa de depreciação	R$ 6.000,00	
Depreciação acumulada		R$ 12.000,00
Caixa	R$ 10.000,00	
Estoques	R$ 14.000,00	
Salários a pagar		R$ 4.000,00
Veículos	R$ 30.000,00	
Patrimônio líquido		R$ 34.000,00
Total:	*R$ 66.000,00*	*R$ 70.000,00*

Se o Método das Partidas Dobradas foi corretamente aplicado, então o somatório dos saldos devedores deve ser igual ao somatório dos saldos credores. Neste caso, entendemos estar faltando apresentar no Balancete de Verificação uma conta com saldo devedor de R$ 4.000,00. Logo, o total de saldos credores é igual a R$ 70.000,00.

Gabarito – B

Questão 02 – (TRT – 21ª Região – Analista Judiciário – Contabilidade – CESPE/UnB – 2010)

Com relação à escrituração contábil, julgue os itens que se seguem.

Considere que uma empresa tenha vendido uma parte do maquinário que usava para a produção de suas mercadorias e que ainda não estava inteiramente depreciado, mas o contabilista se enganou e registrou a venda em duplicidade. Nessa situação, o balancete de verificação do mês em que a venda foi registrada não poderá ser fechado.

Resolução e Comentários

Apesar de ainda não ter sido apresentado o assunto "depreciação", entendemos que não prejudique a resolução da presente questão.

Observe que um lançamento efetuado em duplicidade prejudicará a contabilidade da entidade, pois haverá dois lançamentos referentes a um mesmo evento.

Quanto ao Balancete de Verificação, se o Método das Partidas Dobradas foi corretamente aplicado, então aquele poderá ser fechado, sem qualquer problema.

Gabarito – Errado

conta	valor (R$)
capital social	440.000
terrenos	180.000
máquinas e equipamentos	120.000
empréstimos obtidos (longo prazo)	105.000
veículos	100.000
banco conta movimento	80.500
clientes	80.000
mercadorias	75.000
fornecedores	45.000
duplicatas descontadas	40.000

depreciação acumulada de máquinas e equipamentos	39.200
ativos intangíveis	30.000
participações permanentes em outras empresas	25.000
contas a pagar	23.600
títulos a receber (curto prazo)	20.000
reserva de lucros	14.700
perdas estimadas para crédito de liquidação duvidosa	3.000

Considerando apenas os dados constantes da tabela acima, julgue os itens a seguir (questões 03 a 05).

Questão 03 – (TRE – Bahia – Área Administrativa – Contabilidade – CESPE/UnB – Adaptada – 2010)
    O ativo total é superior a R$ 650.000,00.

Resolução e Comentários
São contas do Ativo as seguintes:

conta	valor (R$)
terrenos	180.000
máquinas e equipamentos	120.000
veículos	100.000
banco conta movimento	80.500
clientes	80.000
mercadorias	75.000
depreciação acumulada de máquinas e equipamentos	(39.200)
ativos intangíveis	30.000
participações permanentes em outras empresas	25.000
títulos a receber (curto prazo)	20.000
perdas estimadas para créditos de liquidação duvidosa	(3.000)
Total do Ativo:	**668.300**

Observe que a conta Duplicatas Descontadas foi considerada conforme as novas regras contábeis, ou seja, como conta constante do Passivo Circulante.
Gabarito – Certo

Questão 04 – (TRE – Bahia – Área Administrativa – Contabilidade – CESPE/UnB – Adaptada – 2010)

A soma dos saldos a crédito é superior a R$ 650.000,00.

Resolução e Comentários

Analisemos as contas e seus respectivos saldos (credores ou devedores):

Conta	Saldo Devedor	Saldo Credor
capital social		440.000
terrenos	180.000	
máquinas e equipamentos	120.000	
empréstimos obtidos (longo prazo)		105.000
veículos	100.000	
banco conta movimento	80.500	
clientes	80.000	
mercadorias	75.000	
fornecedores		45.000
duplicatas descontadas		40.000
depreciação acumulada de máquinas e equipamentos		39.200
ativos intangíveis	30.000	
participações permanentes em outras empresas	25.000	
contas a pagar		23.600
títulos a receber (curto prazo)	20.000	
reserva de lucros		14.700
perdas estimadas com créditos de liquidação duvidosa		3.000
Totais:	*710.500*	*710.500*

Gabarito – Certo

Questão 05 – (TRE – Bahia – Área Administrativa – Contabilidade – CESPE/UnB – Adaptada – 2010)

A soma dos saldos devedores excede em mais de R$ 600.000,00 a soma dos saldos credores.

Resolução e Comentários

Analisemos as contas e seus respectivos saldos (credores ou devedores):

Conta	Saldo Devedor	Saldo Credor
capital social		440.000
terrenos	180.000	
máquinas e equipamentos	120.000	
empréstimos obtidos (longo prazo)		105.000
veículos	100.000	
banco conta movimento	80.500	
clientes	80.000	
mercadorias	75.000	
fornecedores		45.000
duplicatas descontadas		40.000
depreciação acumulada de máquinas e equipamentos		39.200
ativos intangíveis	30.000	
participações permanentes em outras empresas	25.000	
contas a pagar		23.600
títulos a receber (curto prazo)	20.000	
reserva de lucros		14.700
perdas estimadas com créditos de liquidação duvidosa		3.000
Totais:	*710.500*	*710.500*

Gabarito – Errado

Questão 06 – (Analista – Normas Contábeis e de Auditoria – CVM – EsAF – Adaptada – 2010)

A empresa Comercial de Bolas e Balas Ltda. mandou elaborar um balancete de verificação com as seguintes contas e saldos constantes do livro Razão Geral:

Contas	Saldos
Caixa	13.000,00
Depreciação Acumulada	2.000,00
Títulos a Pagar	80.000,00
Salários e Ordenados	1.600,00
Bancos – Conta Movimento	74.000,00
Receitas de Serviços	14.400,00
Computadores e Periféricos	16.000,00
Despesas de Transporte	700,00
Salários a Pagar	1.000,00
Capital Social	160.000,00

Perdas Estimadas com Créditos de Liquidação Duvidosa	600,00
Capital a Realizar	18.000,00
Duplicatas Descontadas	10.000,00
Provisão p/FGTS	800,00
Aluguéis Passivos a Vencer	1.500,00
Imóveis	110.000,00
Clientes	34.000,00

Elaborada referida peça contábil de acordo com a solicitação, foi constatado o fechamento do balancete com o seguinte saldo total:

a) R$ 537.600,00
b) R$ 268.800,00
c) R$ 223.300,00
d) R$ 233.300,00
e) R$ 134.400,00

Resolução e Comentários

Analisemos as contas e seus respectivos saldos (credores ou devedores):

Conta	Saldo Devedor	Saldo Credor
Caixa	13.000,00	
Depreciação Acumulada		2.000,00
Títulos a Pagar		80.000,00
Salários e Ordenados	1.600,00	
Bancos – Conta Movimento	74.000,00	
Receitas de Serviços		14.400,00
Computadores e Periféricos	16.000,00	
Despesas de Transporte	700,00	
Salários a Pagar		1.000,00
Capital Social		160.000,00
Perdas Estimadas com Créditos de Liquidação Duvidosa		600,00
Capital a Realizar	18.000,00	
Duplicatas Descontadas		10.000,00
Provisão p/FGTS		800,00
Aluguéis Passivos a Vencer		1.500,00
Imóveis	110.000,00	
Clientes	34.000,00	
Totais:	**268.800,00**	**268.800,00**

Gabarito – B

Com relação a balancetes de verificação, julgue os itens a seguir (questões 07 a 09).

Questão 07 – (TRE – Técnico de Contabilidade – Espírito Santo – CESPE/UnB – 2011)
O balancete de verificação possibilita indicar erros na escrituração contábil mesmo no caso de igualdade entre os somatórios das colunas de débito e de crédito, como, por exemplo, quando o saldo de determinada conta é incompatível com a sua natureza.

Resolução e Comentários
Considere, por exemplo, a conta Caixa. Tal conta apresenta saldo devedor. Se, por algum motivo, apresentar saldo credor em um balancete de verificação, então será constatado erro por intermédio dele.
Gabarito – Certo

Questão 08 – (TRE – Técnico de Contabilidade – Espírito Santo – CESPE/UnB – 2011)
Lançamentos omitidos ou em duplicidade não alteram os totais das colunas de débito e de crédito.

Resolução e Comentários
A afirmativa está errada, pois lançamentos omitidos ou em duplicidade realmente alteram os totais das colunas de débito e de crédito. Alteram, também, a contabilidade da empresa, que deverá ser corrigida, realizando-se o registro (no caso de omissão) ou o estorno de um dos registros (no caso de lançamento em duplicidade).
Gabarito – Errado

Questão 09 – (TRE – Técnico de Contabilidade – Espírito Santo – CESPE/UnB – 2011)
No balancete de verificação, é possível identificar os lançamentos que devem ser objeto de estorno, em razão da diferença que estará nele evidenciada entre os somatórios dos saldos devedores e credores.

Resolução e Comentários
No balancete de verificação você poderá apenas constatar se o Método das Partidas Dobradas foi ou não corretamente aplicado. Para saber os lançamentos que contêm erros, somente analisando os registros contábeis, constantes do livro Diário.
Gabarito – Errado

Questão 10 – (Analista de Finanças e Controle – AFC – CGU – EsAF – Adaptada – 2003)
A Cia. de Comércio Zinho apresenta a relação de contas abaixo, com respectivos saldos, para organizar o balancete, balanço e resultado.

Contas	Saldos em R$
Adiantamentos a Fornecedores	90
Adiantamentos de Clientes	50
Ações de Coligadas	800
Amortização Acumulada	60
Aluguéis Passivos	250
Caixa	100
Clientes	180
Capital Social	2.500
Capital a Realizar	350
Custo das Mercadorias Vendidas	900
Duplicatas a Receber	400
Duplicatas Descontadas	220
Duplicatas a Pagar	290
Depreciação Acumulada	110
Despesa de Comissões	200
Fornecedores	400
Impostos a Recolher	40
ICMS sobre Vendas	340
Impostos e Taxas	180
Juros Ativos	130
Lucros Acumulados	133
Mercadorias	300
Móveis e Utensílios	1.000
Marcas e Patentes	250
Perdas Estimadas com Créditos de Liquidação Duvidosa	17
Provisão para FGTS	120
Reservas de Lucros	320
Receitas de Vendas	1.800
Receitas Financeiras	50
Salários a Pagar	200
Salários e Ordenados	300
Veículos	800

Considerando apenas os saldos devedores da relação apresentada, teremos o valor de
a) R$ 3.513,00.
b) R$ 5.683,00.
c) R$ 6.033,00.
d) R$ 6.400,00.
e) R$ 6.440,00.

Resolução e Comentários

Contas	Saldos Devedores em R$
Adiantamentos a Fornecedores	90
Ações de Coligadas	800
Aluguéis Passivos	250
Caixa	100
Clientes	180
Capital a Realizar	350
Custo das Mercadorias Vendidas	900
Duplicatas a Receber	400
Despesa de Comissões	200
ICMS sobre Vendas	340
Impostos e Taxas	180
Mercadorias	300
Móveis e Utensílios	1.000
Marcas e Patentes	250
Salários e Ordenados	300
Veículos	800

Total = R$ 6.440,00

Gabarito – E

Questão 11 – (Administrador Pleno – PETROBRAS – CESGRANRIO – 2005)

A Cia. Beta apresentou o seguinte Balancete em janeiro de 2005:

	Em reais
Contas	Saldos
Depreciação Acumulada	4.000,00
Caixa	2.000,00
Capital Social	110.000,00
Adiantamento de Salários	18.000,00
Duplicatas a Pagar	3.000,00
Móveis e Utensílios	15.000,00
Fornecedores a Pagar	20.000,00
Adiantamento a Fornecedores	20.000,00
Instalações	75.000,00
Salários e Encargos a Pagar	5.000,00
Estoque de Mercadorias	25.000,00
Empréstimos a Pagar (LP)	15.000,00
Bancos Conta Movimento	12.000,00
Lucros Acumulados	10.000,00

Com base nos dados acima, a soma, em reais, do saldo das contas que possuem natureza devedora será de:
a) 167.000,00.
b) 163.000,00.
c) 155.000,00.
d) 152.000,00.
e) 132.000,00.

Resolução e Comentários

São contas que possuem saldo devedor:

Contas	Em reais Saldos
Caixa	2.000,00
Adiantamento de Salários	18.000,00
Móveis e Utensílios	15.000,00
Adiantamento a Fornecedores	20.000,00
Instalações	75.000,00
Estoque de Mercadorias	25.000,00
Bancos Conta Movimento	12.000,00
Total:	**R$ 167.000,00**

Gabarito – A

Questão 12 – (Agente Tributário Estadual – MS – EsAF – 2001)
As contas e saldos listados a seguir foram extraídos, entre outras contas, do Livro Razão da Cia. Comercindústria, no último dia do exercício social:

Contas (em ordem alfabética)	Saldos (R$)
Ações de Coligadas	100,00
Aluguéis a Pagar	150,00
Aluguéis a Receber	200,00
Caixa	250,00
Capital a Integralizar	300,00
Capital Social	950,00
Clientes	900,00
Duplicatas Aceitas	850,00
Duplicatas Emitidas	800,00
Fornecedores	750,00
Juros Ativos	700,00
Juros Passivos	650,00
Máquinas e Equipamentos	600,00
Materiais	550,00
Mercadorias	500,00
Notas Promissórias Aceitas	450,00

Notas Promissórias Emitidas   400,00
Receitas a Receber   350,00
Receitas a Vencer   300,00

Considerando, exclusivamente, as contas acima listadas, podemos verificar que os saldos devedores e os créditos da empresa estão nelas evidenciados, respectivamente, pelos valores de:

a) R$ 5.650,00 e R$ 4.100,00.
b) R$ 2.700,00 e R$ 3.800,00.
c) R$ 2.900,00 e R$ 4.200,00.
d) R$ 5.300,00 e R$ 4.450,00.
e) R$ 5.650,00 e R$ 3.000,00.

Resolução e Comentários

Contas de *saldos devedores*:

Contas (em ordem alfabética)	Saldos (R$)
Ações de Coligadas	100,00
Aluguéis a Receber	200,00
Caixa	250,00
Capital a Integralizar	300,00
Clientes	900,00
Duplicatas Emitidas	800,00
Juros Passivos	650,00
Máquinas e Equipamentos	600,00
Materiais	550,00
Mercadorias	500,00
Notas Promissórias Aceitas	450,00
Receitas a Receber	350,00
Total	**5.650,00**

Contas que representam *créditos*:

Contas (em ordem alfabética)	Saldos (R$)
Aluguéis a Receber	200,00
Capital a Integralizar	*300,00*
Clientes	900,00
Duplicatas Emitidas	800,00
Notas Promissórias Aceitas	450,00
Receitas a Receber	350,00
Total	**3.000,00**

A conta Capital a Integralizar (retificadora do Patrimônio Líquido) também representa um crédito para a entidade, apesar de constar do Patrimônio Líquido, retificando-o, conforme dito.

Gabarito – E

Questão 13 – (Auditor-Fiscal da Receita Federal – EsAF – 2002)
A empresa Andaraí S/A extraiu de seu balancete o seguinte elenco resumido de contas patrimoniais:

Conta	Valor
Ações e Participações	R$ 3.000,00
Adiantamento a Diretores	R$ 500,00
Bancos Conta Movimento	R$ 2.000,00
Caixa	R$ 500,00
Despesas com Pesquisa	R$ 2.500,00
Duplicatas a Pagar	R$ 300,00
Duplicatas a Receber	R$ 3.000,00
Empréstimos e Financiamentos Obtidos	R$ 10.000,00
Fornecedores	R$ 5.000,00
Imóveis	R$ 6.000,00
Mercadorias	R$ 3.000,00
Máquinas e Equipamentos	R$ 1.700,00
Poupança	R$ 1.000,00
Receitas Antecipadas	R$ 6.500,00
Seguros a Vencer	R$ 800,00
Títulos a Pagar	R$ 2.000,00
Veículos	R$ 1.000,00

Se agruparmos as contas acima por natureza contábil, certamente encontraremos uma diferença entre a soma dos saldos credores e devedores. Assinale a opção que indica o valor correto.

a) R$ 1.200,00 é a diferença devedora.
b) R$ 1.200,00 é a diferença credora.
c) R$ 1.800,00 é a diferença credora.
d) R$ 17.300,00 é a soma dos saldos credores.
e) R$ 22.000,00 é a soma dos saldos devedores.

Resolução e Comentários

Analisemos as contas e seus respectivos saldos (credores ou devedores):

Conta	Saldo Devedor	Saldo Credor
Ações e Participações	R$ 3.000,00	
Adiantamento a Diretores	R$ 500,00	
Bancos Conta Movimento	R$ 2.000,00	
Caixa	R$ 500,00	
Despesas com Pesquisa	R$ 2.500,00	

Duplicatas a Pagar		R$ 300,00
Duplicatas a Receber	R$ 3.000,00	
Empréstimos e Financiamentos obtidos		R$ 10.000,00
Fornecedores		R$ 5.000,00
Imóveis	R$ 6.000,00	
Mercadorias	R$ 3.000,00	
Máquinas e Equipamentos	R$ 1.700,00	
Poupança	R$ 1.000,00	
Receitas Antecipadas		R$ 6.500,00
Seguros a Vencer	R$ 800,00	
Títulos a Pagar		R$ 2.000,00
Veículos	R$ 1.000,00	
	R$ 25.000,00	R$ 23.800,00

Diferença: devedora = R$ 1.200,00 (= R$ 25.000,00 – R$ 23.800,00)

Gabarito – A

Questão 14 – (Analista de Finanças e Controle – CGU – EsAF – Adaptada – 2006)
A empresa Yazimonte Industrial S/A levantou os seguintes saldos para o balancete de 31/12/2005:

Aluguéis Ativos	R$ 500,00
Caixa	R$ 1.800,00
Capital a Realizar	R$ 2.000,00
Capital Social	R$ 18.000,00
Clientes	R$ 5.400,00
Custo das Mercadorias Vendidas	R$ 2.500,00
Depreciação	R$ 1.000,00
Depreciação Acumulada	R$ 3.000,00
Despesas a Vencer	R$ 200,00
Fornecedores	R$ 9.000,00
Juros Passivos	R$ 800,00
Mercadorias	R$ 4.000,00
Móveis e Utensílios	R$ 8.000,00
Prejuízos Acumulados	R$ 600,00
Perdas Estimadas p/ Créd. de Liquid. Duvidosa	R$ 600,00
Provisão para IR e CSLL	R$ 1.000,00
Receitas a Receber	R$ 300,00
Receitas de Vendas	R$ 6.000,00
Salários	R$ 1.500,00
Veículos	R$ 10.000,00

Fazendo a correta classificação das contas acima, certamente, vamos encontrar saldos devedores no valor de
a) R$ 31.900,00.
b) R$ 32.500,00.
c) R$ 38.100,00.
d) R$ 38.400,00.
e) R$ 39.200,00.

Resolução e Comentários

Contas de *saldos devedores*:

Caixa	R$ 1.800,00
Capital a Realizar	R$ 2.000,00
Clientes	R$ 5.400,00
Custo das Mercadorias Vendidas	R$ 2.500,00
Depreciação	R$ 1.000,00
Despesas a Vencer	R$ 200,00
Juros Passivos	R$ 800,00
Mercadorias	R$ 4.000,00
Móveis e Utensílios	R$ 8.000,00
Prejuízos Acumulados	R$ 600,00
Receitas a Receber	R$ 300,00
Salários	R$ 1.500,00
Veículos	R$ 10.000,00
Total	***R$ 38.100,00***

Gabarito: C

Questão 15 – (Contador – COMLURB – CEPERJ – 2008)
O Balanço Patrimonial de uma determinada empresa, em 31 de dezembro, era constituído das seguintes
contas (valores em R$):
Duplicatas a Pagar ------------------------------- 3.200
Móveis e Utensílios ----------------------------- 10.400
Reservas de Lucros ----------------------------- 1.000
Disponibilidades -------------------------------- 4.000
Salários a Pagar -------------------------------- 1.000
Prejuízos Acumulados --------------------------- 1.200
Capital Social --------------------------------- 16.000
Reservas de Capital ---------------------------- 1.600

Empréstimos Obtidos ---------------------------- 4.000
Capital a Integralizar ------------------------------ 400
Duplicatas a Receber ----------------------------- 8.800
Estoques --- 2.000

Com base nessas informações, considera-se como o montante das contas de natureza devedora:

a) R$ 25.600.
b) R$ 25.200.
c) R$ 26.800.
d) R$ 28.000.

Resolução e Comentários

Contas de *saldos devedores*:

Móveis e Utensílios ------------------------------ 10.400
Disponibilidades ---------------------------------- 4.000
Prejuízos Acumulados ---------------------------- 1.200
Capital a Integralizar ------------------------------ 400
Duplicatas a Receber ----------------------------- 8.800
Estoques --- 2.000
Total   **26.800**

Gabarito – C

Questão 16 – (Técnico em Contabilidade – Ministério Público Estadual – Rondônia – CESGRANRIO – 2005)

Antes do encerramento do resultado, uma empresa apresentou os seguintes dados no fechamento do balancete de 2004:
• Total de Contas Devedoras R$ 500,00
• Total de Contas Credoras R$ 500,00

Sabe-se que o lucro líquido no ano foi de R$10,00, sendo R$110,00 de receitas e R$100,00 de despesas. Qual o total do Ativo da empresa, em reais, no encerramento do exercício de 2004?

a) 290,00.
b) 390,00.
c) 400,00.
d) 600,00.
e) 610,00.

Resolução e Comentários

Se o total de contas devedoras foi de 500 e há despesas no valor de 100, então as contas do Ativo somam 400.

Quanto à natureza do saldo, as contas são assim denominadas:
- **Contas Devedoras** – contas do Ativo, contas de Despesas, contas retificadoras do Passivo Exigível e contas retificadoras do Patrimônio Líquido.
- **Contas Credoras** – contas do Passivo Exigível, contas do Patrimônio Líquido, contas de Receitas, contas retificadoras do Ativo.

Deve ser mencionado que a banca não citou a existência de contas retificadoras do Passivo Exigível, tampouco do Patrimônio Líquido.

Gabarito – C

Questão 17 – (Analista de Planejamento e Orçamento – MPOG – EsAF – 2008)
As contas listadas a seguir, em ordem alfabética, representam o livro Razão da empresa Empório Comercial Ltda., em 31.12.x1, e serão utilizadas na elaboração do balancete geral do exercício.

Contas	Saldos
Aluguéis Ativos a Vencer	R$ 140,00
Amortização Acumulada	R$ 40,00
Bancos c/Movimento	R$ 300,00
Caixa	R$ 180,00
Capital a Realizar	R$ 500,00
Capital Social	R$ 3.000,00
Clientes	R$ 800,00
Custo das Mercadorias Vendidas	R$ 2.100,00
Depreciação Acumulada	R$ 650,00
Depreciação e Amortização	R$ 230,00
Despesas de Aluguel	R$ 140,00
Despesas Gerais	R$ 310,00
Despesas Pré-Operacionais	R$ 160,00
Duplicatas a Pagar	R$ 1.300,00
Duplicatas a Receber	R$ 1.200,00
FGTS	R$ 20,00
FGTS a Recolher	R$ 90,00
Fornecedores	R$ 900,00
ICMS s/Vendas	R$ 800,00
Imóveis	R$ 1.000,00
Impostos a Recolher	R$ 250,00
INSS a Recolher	R$ 300,00
Juros Ativos	R$ 220,00
Juros a Pagar	R$ 170,00
Juros a Receber	R$ 200,00
Juros Passivos	R$ 180,00
Juros Passivos a Vencer	R$ 30,00

Lucros Acumulados	R$ 150,00
Mercadorias	R$ 1.800,00
Móveis e Utensílios	R$ 700,00
Previdência Social	R$ 30,00
Reserva Legal	R$ 110,00
Reserva Estatutária	R$ 70,00
Salários e Ordenados	R$ 250,00
Veículos	R$ 800,00
Vendas	R$ 4.000,00

O balancete não deverá fechar por razões didáticas, mas a soma dos saldos devedores será de:
a) R$ 11.330,00.
b) R$ 11.140,00.
c) R$ 10.640,00.
d) R$ 11.830,00.
e) R$ 11.940,00.

Resolução e Comentários

Conta	Devedora	Credora	Classificação
Aluguéis Ativos a Vencer		140	EsAF → Passivo Não Circulante (antigo REF)
Amortização Acumulada	40	40	Ativo Não Circulante – Retificadora
Bancos c/ Movimento	300		Ativo Circulante
Caixa	180		Ativo Circulante
Capital a Realizar	500		Patrimônio Líquido – Retificadora
Capital Social		3.000	Patrimônio Líquido
Clientes	800		Ativo Circulante
Custo das Mercadorias Vendidas	2.100		Despesa – Resultado
Depreciação Acumulada		650	Ativo Não Circulante – Retificadora
Depreciação e Amortização	230		Despesa – Resultado
Despesas de Aluguel	140		Despesa – Resultado
Despesas Gerais	310		Despesa – Resultado
Despesas Pré-Operacionais	160		Despesa – Resultado
Duplicatas a Pagar		1.300	Passivo Circulante

Duplicatas a Receber	1.200		Ativo Circulante
FGTS	20		Despesa – Resultado
FGTS a Recolher		90	Passivo Circulante
Fornecedores		900	Passivo Circulante
ICMS s/ Vendas	800		Dedução da Receita Bruta de Vendas – Resultado
Imóveis	1.000		Ativo Não Circulante
Impostos a Recolher		250	Passivo Circulante
INSS a Recolher		300	Passivo Circulante
Juros Ativos		220	Receita – Resultado
Juros a Pagar		170	Passivo Circulante
Juros a Receber	200		Ativo Circulante
Juros Passivos	180		Despesa – Resultado
Juros Passivos a Vencer	30		Ativo Circulante
Lucros Acumulados		150	Patrimônio Líquido
Mercadorias	1.800		Ativo Circulante
Móveis e Utensílios	700		Ativo Não Circulante
Previdência Social	30		Despesa – Resultado
Reserva Legal		110	Patrimônio Líquido
Reserva Estatuária		70	Patrimônio Líquido
Salários e Ordenados	250		Despesa – Resultado
Veículos	800		Ativo Não Circulante
Vendas		4.000	Receita – Resultado

Saldos Devedores: 11.730

Saldos Credores: 11.390

Gabarito – Questão Anulada

Capítulo 2

As Demonstrações Contábeis e a Legislação Correspondente

2.1. O Exercício Social

Conforme nos apresenta o Art. 175 da Lei das Sociedades por Ações, o **exercício social** é o período contábil considerado para, ao final dele, serem elaboradas as demonstrações contábeis de uma entidade:

> "O **exercício social terá duração de um ano** e *a data do* término *será fixada no estatuto*."

Repare que a Lei nº 6.404/76 não cita "datas de início e de término", porém apenas **data de término**! Isto costuma ser solicitado em provas, principalmente em questões do tipo *marque a alternativa correta* ou do tipo *certo ou errado*.

Se estivermos tratando de sociedades limitadas, então a data de término constará do *contrato social*.

Este período poderá ou não coincidir com o *ano civil calendário* (01/01 a 31/12), porém, obrigatoriamente, terá a duração de um ano, salvo as exceções previstas na referida Lei.

Devido ao fato de as empresas necessitarem cumprir obrigações de ordem tributária, a maioria maciça adota seu exercício social coincidente com o ano civil calendário, tendo por finalidade facilitar o cumprimento de tais obrigações mencionadas (tributárias, contábeis e fiscais).

O dia de início de um exercício social é coincidente com o dia imediatamente seguinte ao de término do exercício social anterior.

O exercício social é o tempo compreendido entre elaborações de dois conjuntos de demonstrações financeiras.

Se o estatuto ou o contrato social for omisso, deve-se considerar o *ano civil calendário* como sendo o exercício social.

A finalidade do exercício social é julgar/analisar as demonstrações financeiras da entidade dentro do período contábil.

Ao final do exercício social, a administração da entidade presta contas aos seus sócios, acionistas ou proprietários, mostrando os fatos relevantes ocorridos, apurando o resultado alcançado no exercício e fazendo a partilha dos lucros porventura obtidos. Deve ser ressaltado que, enquanto ocorre a citada prestação de contas, a entidade permanece e continua naturalmente seus negócios.

A Lei das Sociedades por Ações permite que o exercício social tenha duração diferente de um ano nos seguintes casos:

- quando da constituição da companhia; e
- nos casos em que ocorram alterações no estatuto da companhia.

Exemplo

Uma empresa, que definiu em seu estatuto o exercício social terminando em "31 de dezembro", é constituída em 01 de agosto de 2007. Logo, seu primeiro exercício social poderá ter a duração de cinco meses (agosto a dezembro de 2007) ou de dezessete meses (agosto de 2007 a dezembro de 2008), já que a Lei das Sociedades por Ações não disciplina como serão as situações em que o exercício social tenha duração diferente de um ano. Todos os demais exercícios sociais terão duração de um ano, até que haja alteração estatutária, que possa provocar modificação (momentânea) na duração do exercício social, conforme foi aqui explicado.

2.2. As Demonstrações Contábeis e a Lei das Sociedades por Ações

Após ter sido apurado o resultado do exercício, com a consequente destinação dos lucros porventura obtidos, e elaborado o *balancete de verificação final*, deve-se, então, proceder à **elaboração das demonstrações contábeis** (denominadas ***demonstrações financeiras***, de acordo com a Lei das Sociedades por Ações).

Quem administra bens alheios deve prestar contas deles! Os administradores, portanto, devem prestar contas de sua atuação aos sócios, proprietários ou acionistas de uma entidade econômico-administrativa! Esta prestação de contas constitui um conjunto de informações, contemplando as demonstrações financeiras e seus complementos, assim como pareceres de auditores independentes (se houver necessidade) e pareceres de Conselhos Fiscais (se estiverem em funcionamento). Estas informações (regra geral, anualmente obtidas) são submetidas à aprovação dos sócios, proprietários ou acionistas. A partir de tais informações, pode ser verificado se houve boa ou má gestão administrativa, assim como se os resultados alcançados pela entidade são satisfatórios!

Visando ao controle patrimonial e com a finalidade de fornecer informações e orientação quanto à sua composição e quanto às variações nele ocorridas, a contabilidade cria demonstrações desse patrimônio e de suas variações, em obediência à legislação contábil em vigor.

Portanto, de acordo com o Art. 176 da Lei das Sociedades por Ações, ao final de cada exercício social, a diretoria fará elaborar, com base na escrituração mercantil da companhia, as seguintes demonstrações financeiras, que deverão exprimir com clareza a situação do patrimônio dela e as mutações ocorridas no exercício:

I – Balanço Patrimonial (BP);

II – Demonstração dos Lucros ou Prejuízos Acumulados (DLPA);

III – Demonstração do Resultado do Exercício (DRE);

IV – Demonstração dos Fluxos de Caixa (DFC); e

V – *se companhia aberta*, Demonstração do Valor Adicionado (DVA).

Logo, se for **companhia fechada**, deverá elaborar as seguintes demonstrações contábeis:

- Balanço Patrimonial;
- Demonstração do Resultado do Exercício;
- Demonstração dos Lucros ou Prejuízos Acumulados (que pode ser substituída pela Demonstração das Mutações do Patrimônio Líquido – DMPL, conforme consta do Art. 186 da Lei nº 6.404/76); e
- Demonstração dos Fluxos de Caixa (com a ressalva a seguir mencionada).

Para as companhias fechadas, a Demonstração do Valor Adicionado é opcional!

> **Ressalva**: a partir de 01/01/2008, a companhia fechada com Patrimônio Líquido, na data do balanço, inferior a R$ 2.000.000,00 (dois milhões de reais) não será obrigada à elaboração e à publicação da Demonstração dos Fluxos de Caixa. (*Isto tem sido muito cobrado em provas!!!*)

Exemplo

Questão 01 – (Contador – Fundação de Ciência e Tecnologia – RS – MSCONCURSOS – 2010)

De acordo com a Lei nº 6.404/76 e alterações posteriores, uma Companhia de capital fechado com Patrimônio Líquido, na data do balanço, inferior a R$ 2.000.000,00 (dois milhões de reais), será obrigada à elaboração e publicação das seguintes **Demonstrações Contábeis**:

a) Balanço Patrimonial, Demonstração dos Lucros ou Prejuízos Acumulados, Demonstração do Resultado do Exercício e Demonstração dos Fluxos de Caixa.

b) Balanço Patrimonial, Demonstração das Origens e Aplicação de Recursos, Demonstração do Resultado do Exercício e Demonstração das Mutações do Patrimônio Líquido.

c) Balanço Patrimonial, Demonstração do Valor Adicionado e Demonstração do Resultado do Exercício.

d) Balanço Patrimonial, Demonstração dos Fluxos de Caixa e Demonstração do Resultado do Exercício.

e) Balanço Patrimonial, Demonstração dos Lucros ou Prejuízos Acumulados e Demonstração do Resultado do Exercício.

Resolução e Comentários

De acordo com o Art. 176 da Lei das Sociedades por Ações, ao final de cada exercício social, a diretoria fará elaborar, com base na escrituração mercantil da companhia, as seguintes demonstrações financeiras, que deverão exprimir com clareza a situação do patrimônio dela e as mutações ocorridas no exercício:

I – Balanço Patrimonial (BP);

II – Demonstração dos Lucros ou Prejuízos Acumulados (DLPA);

III – Demonstração do Resultado do Exercício (DRE);

IV – Demonstração dos Fluxos de Caixa (DFC); e

V – *se companhia aberta*, Demonstração do Valor Adicionado (DVA).

§ 6º do Art. 176 da Lei nº 6.404/76: "A companhia fechada com patrimônio líquido, na data do balanço, inferior a R$ 2.000.000,00 (dois milhões de reais) *não será obrigada* à elaboração e publicação da demonstração dos fluxos de caixa."

Gabarito – E

Por outro lado, *__conforme a Lei nº 6.404/76__*, a **companhia aberta** deverá elaborar e publicar as seguintes demonstrações contábeis:

- Balanço Patrimonial;
- Demonstração do Resultado do Exercício;
- Demonstração dos Lucros ou Prejuízos Acumulados (que pode ser substituída pela Demonstração das Mutações do Patrimônio Líquido – DMPL, conforme consta do art. 186 da Lei nº 6.404/76);
- Demonstração dos Fluxos de Caixa; e
- Demonstração do Valor Adicionado.

Convém ser ressaltado que, *de acordo com a Comissão de Valores Mobiliários (CVM)*, a **companhia aberta** deverá elaborar e publicar as seguintes demonstrações contábeis:

- Balanço Patrimonial;
- Demonstração do Resultado do Exercício;
- Demonstração do Resultado Abrangente (em conformidade com o CPC 26 [R1]);
- Demonstração das Mutações do Patrimônio Líquido (devido a uma imposição da *Instrução CVM nº 59/86*);
- Demonstração dos Fluxos de Caixa; e
- Demonstração do Valor Adicionado.

De acordo com o § 6º do art. 176 da Lei nº 6.404/76: "A companhia fechada com patrimônio líquido, na data do balanço, inferior a R$ 2.000.000,00 (dois milhões de reais) não será obrigada à elaboração e publicação da demonstração dos fluxos de caixa".

> A partir de 01/01/2008, a **Demonstração das Origens e Aplicações de Recursos** (DOAR) deixou de ser obrigatória, tendo sido substituída pela **Demonstração dos Fluxos de Caixa**!

Exemplo

Questão 02 – (Contador – UFPR – UFPR – 2010)

De acordo com o Art. 176 da Lei nº 6.404/76, "ao fim de cada exercício social, a diretoria fará elaborar, com base na escrituração mercantil da companhia, as seguintes demonstrações financeiras, que deverão exprimir com clareza a situação do patrimônio da companhia e as mutações ocorridas no exercício". Em se tratando de companhias abertas, as demonstrações financeiras exigidas são:

a) Balanço patrimonial – demonstração do resultado do exercício – demonstração dos fluxos de caixa – demonstração dos lucros ou prejuízos acumulados.

b) Balanço patrimonial – demonstração do resultado do exercício – demonstração dos fluxo de caixa.

c) Balanço patrimonial – demonstração do resultado do exercício – demonstração dos lucros ou prejuízos acumulados.

d) Balanço patrimonial – demonstração do resultado do exercício – demonstração do valor adicionado – demonstração dos lucros ou prejuízos acumulados.

e) Balanço patrimonial – demonstração dos lucros ou prejuízos acumulados – demonstração do resultado do exercício – demonstração dos fluxos de caixa – demonstração do valor adicionado.

Resolução e Comentários

De acordo com o Art. 176 da Lei das Sociedades por Ações, ao final de cada exercício social, a diretoria fará elaborar, com base na escrituração mercantil da companhia, as seguintes demonstrações financeiras, que deverão exprimir com clareza a situação do patrimônio dela e as mutações ocorridas no exercício:

I – Balanço Patrimonial (BP);

II – Demonstração dos Lucros ou Prejuízos Acumulados (DLPA);

III – Demonstração do Resultado do Exercício (DRE);

IV – Demonstração dos Fluxos de Caixa (DFC); e

V – *se companhia aberta*, Demonstração do Valor Adicionado (DVA).

Gabarito – E

As sociedades por ações deverão publicar suas demonstrações contábeis no órgão oficial da União ou do Estado ou do Distrito Federal, conforme o lugar em que esteja situada a sede da companhia, e em outro jornal de grande circulação editado na localidade em que está situada a sua sede. A companhia deve fazer as publicações previstas na Lei das Sociedades por Ações sempre no mesmo jornal, e qualquer mudança deverá ser precedida de aviso aos acionistas no extrato da ata da assembleia geral ordinária. Se no lugar em que estiver situada a sede da companhia não for editado jornal, a publicação far-se-á em órgão de grande circulação local. As companhias abertas poderão, ainda, disponibilizar as referidas publicações pela rede mundial de computadores.

As demonstrações contábeis devem ser publicadas com a indicação dos saldos das demonstrações do exercício anterior (ou seja, *as demonstrações contábeis são comparativas!*), e poderão ser elaboradas adotando-se como expressão monetária o milhar de reais.

A divulgação das demonstrações financeiras tem por objetivo fornecer informações de natureza patrimonial, econômica, financeira, social, legal e, até mesmo, física, a todos os que por elas (pelas demonstrações financeiras) tenham interesse, possibilitando o conhecimento e a análise da situação da entidade como um todo.

2.3. A Transcrição das Demonstrações Contábeis no Livro Diário

> O Balanço Patrimonial e as demais demonstrações contábeis deverão ser elaboradas e transcritas no **Livro Diário**, observando todas as determinações constantes das leis comerciais e fiscais. Serão complementadas por notas explicativas e por outros quadros analíticos ou demonstrações contábeis necessários para esclarecimento da situação patrimonial e dos resultados do exercício. Após a transcrição das demonstrações contábeis no Livro Diário, deverão constar deste Livro as assinaturas do contabilista e do representante legal da empresa.

As demonstrações financeiras serão assinadas pelos administradores e por contabilistas legalmente habilitados, conforme consta do Art. 177 da Lei das Sociedades por Ações.

2.4. Considerações Gerais sobre as Demonstrações Contábeis

As demonstrações de cada exercício serão publicadas com a indicação dos valores correspondentes das demonstrações do exercício anterior. O objetivo de apresentar **demonstrações comparativas** é facilitar a análise da evolução ocorrida no patrimônio de uma entidade em todos os seus aspectos (econômicos, financeiros etc.), fazendo com que todos os usuários das demonstrações da entidade disponham de *informações suficientes* para as suas respectivas tomadas de decisão.

De acordo com Iudicibus, Martins e Gelbecke: "O grande objetivo da *comparação* é que a análise de uma empresa é feita sempre com vista no futuro. Por isso, é fundamental verificar a evolução passada, e não apenas a situação de um momento."

Exemplo

Balanços Patrimoniais – Cia. Estrela Guia (em Reais)

Ativo	2009	2010
Caixa	10.000,00	8.000,00
Bancos Conta Movimento	120.000,00	160.000,00
Clientes	35.000,00	42.000,00
(-) Perdas Estimadas para Devedores Duvidosos	(5.000,00)	(6.000,00)
Mercadorias	28.000,00	52.000,00
Terrenos	100.000,00	100.000,00
Veículos	40.000,00	40.000,00
(-) Depreciação Acumulada	(8.000,00)	(16.000,00)
Total do Ativo	**320.000,00**	**380.000,00**

Passivo	2009	2010
Fornecedores	29.000,00	40.000,00
Contas a Pagar	11.000,00	15.000,00
Impostos a Recolher	17.000,00	20.000,00
Dividendo a Pagar	13.000,00	25.000,00
Empréstimos e Financiamentos	50.000,00	65.000,00
Capital Social	180.000,00	180.000,00
Reserva Legal	5.000,00	5.000,00
Reservas Estatutárias	15.000,00	30.000,00
Total do Passivo	**320.000,00**	**380.000,00**

Nas demonstrações, as contas semelhantes poderão ser agrupadas; os pequenos saldos poderão ser agregados, desde que indicada a sua natureza e não ultrapassem 0,1 (um décimo) do valor do respectivo grupo de contas. Portanto, as contas de saldos reduzidos poderão ser agrupadas, desde que:

- Seja indicada a natureza dos elementos patrimoniais; e
- Não ultrapassem dez por cento do valor do grupo de contas a que pertençam.

Tal permissão de procedimento visa a dar ao usuário das informações contábeis informações suficientes, sem entrar em detalhes tidos como insignificantes, porém sem prejudicar a clareza de tais informações.

Exemplo

A **conta Empréstimos e Financiamentos** poderá representar o agrupamento das contas Empréstimos Bancários e Financiamentos Bancários, devido à semelhança existente entre ambas. Neste caso, deverá ser elaborada *nota explicativa*, que deverá esclarecer a composição ora apresentada, dividida em empréstimos e financiamentos.

Exemplo

Verificaremos, em capítulo posterior, que o subgrupo *Disponibilidades*, constante do Ativo Circulante, contempla as *contas Caixa, Bancos Conta Movimento, Aplicações Financeiras de Liquidez Imediata e Numerários em Trânsito*. Se o total destas contas não ultrapassar o limite de 0,1 (um décimo), ou seja, de 10% do valor do Ativo Circulante, então poderemos apresentar tais contas de uma maneira resumida, utilizando a simples denominação **Disponibilidades**. Isto é muito comum ocorrer em questões de Concursos Públicos.

É vedada a utilização de designações genéricas, como "diversas contas" ou "contas correntes". Todas as contas relevantes devem ser discriminadas, sendo que os títulos dessas contas devem revelar os elementos patrimoniais ou de resultado nelas registrados. Os valores apresentados nas demonstrações contábeis devem ser transparentes, de tal forma que evitem o disfarce e/ou a ocultação de valores relevantes, necessários aos sócios, proprietários ou acionistas, assim como ao FISCO.

As demonstrações financeiras registrarão a destinação dos lucros segundo a proposta dos órgãos da administração, no pressuposto de sua aprovação pela assembleia geral. A Comissão de Valores Mobiliários poderá, a seu critério, disciplinar de forma diversa este registro.

Os órgãos de administração devem indicar, de modo fundamentado, a destinação dos lucros obtidos durante o exercício social. Sendo a assembleia geral soberana, a ela caberá aceitar ou não a proposta de destinação então apresentada, podendo deliberar em sentido contrário.

As demonstrações serão complementadas por **notas explicativas** e outros quadros analíticos ou demonstrações contábeis (acessórias ou complementares) necessários para esclarecimento da situação patrimonial e dos resultados do exercício.

Exemplo

Uma demonstração complementar às demonstrações financeiras é o ***Balanço Social***.

O **Balanço Social** é uma demonstração (facultativa, complementar, auxiliar), publicada anualmente pela empresa, que reúne um conjunto de informações sobre os projetos, benefícios e ações sociais dirigidas aos mais diversos segmentos, tais como aos empregados, investidores, analistas de mercado, acionistas e, também, à comunidade em geral.

A partir do Balanço Social, a empresa mostra o que faz por seus profissionais, dependentes, colaboradores, assim como pela comunidade em que se encontra inserida, dando transparência às atividades que buscam melhorar a qualidade de vida de todos. Sua principal função é tornar pública a responsabilidade social empresarial, construindo maiores vínculos entre a empresa, a sociedade e o meio ambiente.

Exemplo

Questão 03 – (Auditor Junior – PETROBRAS – CESGRANRIO – 2011)
O conjunto de informações divulgado pela Companhia, cujo objetivo é demonstrar o resultado da interação da empresa com o meio em que ela está inserida, é denominado
a) Balanço Social.
b) Balanço Patrimonial.
c) Nota Explicativa.
d) Fato relevante.
e) Demonstração do Valor Adicionado.

Resolução e Comentários

O conjunto de informações divulgado pela Companhia, cujo objetivo é demonstrar o resultado da interação da empresa com o meio em que ela está inserida, é denominado Balanço Social.

Gabarito – A

2.4.1. Considerações gerais sobre as demonstrações contábeis de acordo com o Comitê de Pronunciamentos Contábeis

O *Pronunciamento Técnico CPC 26 (R1) – Apresentação das Demonstrações Contábeis* – tem por objetivo definir a base para a apresentação das demonstrações contábeis, para assegurar a comparabilidade tanto com as demonstrações contábeis de períodos anteriores da mesma entidade quanto com as demonstrações contábeis de outras entidades. Nesse cenário, esse Pronunciamento estabelece requisitos gerais para a apresentação das demonstrações contábeis, diretrizes para a sua estrutura e os requisitos mínimos para seu conteúdo.

O Pronunciamento CPC 26 (R1) deve ser aplicado em todas as demonstrações contábeis elaboradas e apresentadas de acordo com os Pronunciamentos, Orientações e Interpretações do Comitê de Pronunciamentos Contábeis (CPC). Contudo, não se aplica à estrutura e ao conteúdo de demonstrações contábeis intermediárias condensadas elaboradas segundo o Pronunciamento Técnico CPC 21 – Demonstração Intermediária. Contudo, os itens 13 a 35 do CPC 26 (R1) aplicam-se às referidas demonstrações contábeis intermediárias. Esse Pronunciamento aplica-se igualmente a todas as entidades, inclusive àquelas que apresentem demonstrações contábeis consolidadas ou demonstrações contábeis separadas, conforme definido nos Pronunciamentos Técnicos CPC 35 – Demonstrações Separadas e CPC 36 – Demonstrações Consolidadas.

A seguir, apresentamos considerações gerais sobre as demonstrações contábeis de acordo com esta norma.

Observação: Se o Nobre Leitor não entender todo o conteúdo a seguir apresentado, não fique preocupado, pois, ao longo do tempo, à medida que for avançando nos estudos contábeis, os assuntos serão devidamente apresentados e, com isso, as lacunas então existentes serão corretamente preenchidas.

2.4.1.1. Definições diversas

Demonstrações contábeis de propósito geral (referidas simplesmente como demonstrações contábeis) – são aquelas cujo propósito reside no atendimento das necessidades informacionais de usuários externos que não se encontram em condições de requerer relatórios especificamente planejados para atender às suas necessidades peculiares.

Aplicação impraticável – a aplicação de um requisito é impraticável quando a entidade não pode aplicá-lo depois de ter feito todos os esforços razoáveis nesse sentido.

Práticas contábeis brasileiras – compreendem a legislação societária brasileira, os Pronunciamentos, as Interpretações e as Orientações emitidos pelo *CPC* homologados pelos órgãos reguladores, e práticas adotadas pelas entidades em assuntos não regulados, desde que atendam ao Pronunciamento Conceitual Básico Estrutura Conceitual para Elaboração e Divulgação de Relatório Contábil-Financeiro emitido pelo *CPC* e, por conseguinte, em consonância com as normas contábeis internacionais.

Omissão material ou divulgação distorcida material – As omissões ou divulgações distorcidas são materiais se puderem, individual ou coletivamente, influenciar as decisões econômicas que os usuários das demonstrações contábeis tomam com base nessas demonstrações. A materialidade depende do tamanho e da natureza da omissão ou da divulgação distorcida, julgada à luz das circunstâncias que a rodeiam. O tamanho ou a natureza do item, ou combinação de ambos, pode ser o fator determinante para a definição da materialidade.

Avaliar se a omissão ou a divulgação distorcida pode influenciar a decisão econômica do usuário das demonstrações contábeis, e nesse caso, se são materiais, requer que sejam levadas em consideração as características desses usuários. A Estrutura Conceitual para Elaboração e Divulgação de Relatório Contábil-Financeiro, contida no Pronunciamento Conceitual Básico do Comitê de Pronunciamentos Contábeis, assim se manifesta no item QC 32: "Relatórios contábil-financeiros são elaborados para usuários que têm conhecimento razoável de negócios e de atividades econômicas e que revisem e analisem a informação diligentemente." Dessa forma, a avaliação deve levar em conta como se espera que os usuários, com seus respectivos atributos, sejam influenciados na tomada de decisão econômica.

Notas explicativas – contêm informação adicional em relação à apresentada nas demonstrações contábeis. As notas explicativas oferecem descrições narrativas ou segregações e aberturas de itens divulgados nessas demonstrações e informação acerca de itens que não se enquadram nos critérios de reconhecimento nas demonstrações contábeis.

Outros resultados abrangentes – compreendem itens de receita e despesa (incluindo ajustes de reclassificação) que não são reconhecidos na demonstração do resultado como requerido ou permitido pelos Pronunciamentos, Interpretações e Orientações emitidos pelo *CPC*.

Proprietário – é o detentor de instrumentos classificados como patrimoniais (de capital próprio, no patrimônio líquido).

Resultado do período – é o total das receitas deduzido das despesas, exceto os itens reconhecidos como outros resultados abrangentes no patrimônio líquido.

Ajuste de reclassificação – é o valor reclassificado para o resultado no período corrente que foi inicialmente reconhecido como outros resultados abrangentes no período corrente ou em período anterior.

Resultado abrangente – é a mutação que ocorre no patrimônio líquido durante um período que resulta de transações e outros eventos que não sejam derivados de transações com os sócios na sua qualidade de proprietários.

Resultado abrangente compreende todos os componentes da "demonstração do resultado" e da "demonstração dos outros resultados abrangentes".

2.4.1.2. O objetivo das demonstrações contábeis

As demonstrações contábeis são uma representação estruturada da posição patrimonial e financeira e do desempenho da entidade. O *objetivo* das demonstrações contábeis é o de proporcionar informação acerca da posição patrimonial e financeira, do desempenho e dos fluxos de caixa da entidade que seja útil a um grande número de usuários em suas avaliações e tomadas de decisões econômicas. As demonstrações contábeis *também objetivam* apresentar os resultados da atuação da administração, em face de seus deveres e responsabilidades na gestão diligente dos recursos que lhe foram confiados. Para satisfazer a esse objetivo, as demonstrações contábeis proporcionam informação da entidade acerca do seguinte:

(a) ativos;

(b) passivos;

(c) patrimônio líquido;

(d) receitas e despesas, incluindo ganhos e perdas;

(e) alterações no capital próprio mediante integralizações dos proprietários e distribuições a eles; e

(f) fluxos de caixa.

Essas informações, juntamente com outras informações constantes das notas explicativas, ajudam os usuários das demonstrações contábeis a prever os futuros fluxos de caixa da entidade e, em particular, a época e o grau de certeza de sua geração.

2.4.1.3. Conjunto completo de demonstrações contábeis

O conjunto completo de demonstrações contábeis inclui:

(a) balanço patrimonial ao final do período;

    (b1) demonstração do resultado do período;

    (b2) demonstração do resultado abrangente do período (exigida pelo *Pronunciamento Técnico CPC 26(R1)* e pela CVM, por meio da *Deliberação CVM 676/11*);

(c) demonstração das mutações do patrimônio líquido do período;

(d) demonstração dos fluxos de caixa do período;

(e) notas explicativas, compreendendo um resumo das políticas contábeis significativas e outras informações elucidativas;

    (e1) informações comparativas com o período anterior;

(f) balanço patrimonial do início do período mais antigo, comparativamente apresentado, quando a entidade aplicar uma política contábil retrospectivamente ou proceder à reapresentação retrospectiva de itens das demonstrações contábeis, ou quando proceder à reclassificação de itens de suas demonstrações contábeis; e

    (f1) demonstração do valor adicionado do período, conforme Pronunciamento Técnico CPC 09, se exigido legalmente ou por algum órgão regulador ou mesmo se apresentada voluntariamente.

A entidade pode, se permitido legalmente, apresentar uma única demonstração do resultado do período e outros resultados abrangentes, com a demonstração do resultado e outros resultados abrangentes apresentados em duas seções. As seções devem ser apresentadas juntas, com o resultado do período apresentado em primeiro lugar seguido pela seção de outros resultados abrangentes. A entidade pode apresentar a demonstração do resultado como uma demonstração separada. Nesse caso, a demonstração separada do resultado do período precederá imediatamente a demonstração que apresenta o resultado abrangente, que se inicia com o resultado do período.

Deve-se atentar para o fato importante de que a legislação societária brasileira requer que seja apresentada a demonstração do resultado do período como uma seção separada.

A entidade deve apresentar com igualdade de importância todas as demonstrações contábeis que façam parte do conjunto completo de demonstrações contábeis.

Muitas entidades apresentam, fora das demonstrações contábeis, comentários da administração que descrevem e explicam as características principais do desempenho e da posição financeira e patrimonial da entidade e as principais incertezas às quais está sujeita. Esse relatório pode incluir a análise:

(a) dos principais fatores e influências que determinam o desempenho, incluindo alterações no ambiente em que a entidade opera, a resposta da entidade a essas alterações e o seu efeito e a política de investimento da entidade para manter e melhorar o desempenho, incluindo a sua política de dividendos;

(b) das fontes de financiamento da entidade e a respectiva relação pretendida entre passivos e o patrimônio líquido; e

(c) dos recursos da entidade não reconhecidos nas demonstrações contábeis de acordo com os Pronunciamentos Técnicos, Interpretações e Orientações do *CPC*.

Muitas entidades apresentam, também, fora das demonstrações contábeis, relatórios e demonstrações, tais como relatórios ambientais e sociais, sobretudo nos setores em que os fatores ambientais e sociais sejam significativos e quando os empregados são considerados um importante grupo de usuários. Os relatórios e demonstrações apresentados fora das demonstrações contábeis estão fora do âmbito dos Pronunciamentos emitidos pelo *CPC*.

2.4.1.4. Considerações gerais

As demonstrações contábeis devem representar apropriadamente a posição financeira e patrimonial, o desempenho e os fluxos de caixa da entidade. Para apresentação adequada, é necessária a representação fidedigna dos efeitos das transações, outros eventos e condições de acordo com as definições e critérios de reconhecimento para ativos, passivos, receitas e despesas como estabelecidos na Estrutura Conceitual para Elaboração e Divulgação de Relatório Contábil-Financeiro. Presume-se que a aplicação dos Pronunciamentos Técnicos, Interpretações e Orientações do *CPC*, com divulgação adicional quando necessária, resulta em demonstrações contábeis que se enquadram como representação apropriada.

A entidade, cujas demonstrações contábeis estão em conformidade com os Pronunciamentos Técnicos, Interpretações e Orientações do *CPC*, deve declarar de forma explícita e sem reservas essa conformidade nas notas explicativas. A entidade não deve afirmar que suas demonstrações contábeis estão de acordo com esses Pronunciamentos Técnicos, Interpretações e Orientações a menos que cumpra todos os seus requisitos.

Em praticamente todas as circunstâncias, a representação apropriada é obtida pela conformidade com os Pronunciamentos Técnicos, Interpretações e Orientações do *CPC* aplicáveis. A representação apropriada também exige que a entidade:

(a) selecione e aplique políticas contábeis de acordo com o *Pronunciamento Técnico CPC 23 – Políticas Contábeis, Mudança de Estimativa e Retificação de Erro*. Esse Pronunciamento estabelece uma hierarquia na orientação que a administração deve seguir na ausência de Pronunciamento Técnico, Interpretação e Orientação que se aplique especificamente a um item;

(b) apresente informação, incluindo suas políticas contábeis, de forma que proporcione informação relevante, confiável, comparável e compreensível;

(c) proporcione divulgações adicionais quando o cumprimento dos requisitos específicos contidos nos Pronunciamentos Técnicos, Interpretações e Orientações do *CPC* for insuficiente para permitir que os usuários compreendam o impacto de determinadas transações, outros eventos e condições sobre a posição financeira e patrimonial e o desempenho da entidade.

A entidade não pode retificar políticas contábeis inadequadas por meio da divulgação das políticas contábeis utilizadas ou por meio de notas explicativas ou qualquer outra divulgação explicativa.

Em circunstâncias extremamente raras, nas quais a administração vier a concluir que a conformidade com um requisito de Pronunciamento Técnico, Interpretação ou Orientação do *CPC* conduziria a uma apresentação tão enganosa que entraria em conflito com o objetivo das demonstrações contábeis estabelecido na Estrutura Conceitual para Elaboração e Divulgação de Relatório Contábil-Financeiro, a entidade não aplicará esse requisito e seguirá o que está a seguir disposto, a não ser que esse procedimento seja terminantemente vedado do ponto de vista legal e regulatório.

Quando a entidade não aplicar um requisito de um Pronunciamento Técnico, Interpretação ou Orientação do *CPC*, deve divulgar:

(a) que a administração concluiu que as demonstrações contábeis apresentam de forma apropriada a posição financeira e patrimonial, o desempenho e os fluxos de caixa da entidade;

(b) que aplicou os Pronunciamentos Técnicos, Interpretações e Orientações do *CPC* aplicáveis, exceto pela não aplicação de um requisito específico com o propósito de obter representação apropriada;

(c) o título do Pronunciamento Técnico, Interpretação ou Orientação do *CPC* que a entidade não aplicou, a natureza dessa exceção, incluindo o tratamento que o Pronunciamento Técnico, Interpretação ou Orientação do *CPC* exigiria, a razão pela qual esse tratamento seria tão enganoso e entraria em conflito com o objetivo das demonstrações contábeis, estabelecido na Estrutura Conceitual para Elaboração e Divulgação de Relatório Contábil-Financeiro e o tratamento efetivamente adotado; e

(d) para cada período apresentado, o impacto financeiro da não aplicação do Pronunciamento Técnico, Interpretação ou Orientação do *CPC* vigente em cada item nas demonstrações contábeis que teria sido informado caso tivesse sido cumprido o requisito não aplicado.

Quando a entidade não aplicar um requisito de um Pronunciamento Técnico, Interpretação ou Orientação do *CPC* em período anterior, e esse procedimento afetar os montantes reconhecidos nas demonstrações contábeis do período corrente, ela deve proceder à divulgação estabelecida nos itens (c) e (d) anteriormente dispostos. Este conteúdo se aplica, por exemplo, quando a entidade deixa de adotar em um período anterior determinado requisito para a mensuração de ativos ou passivos, contido em um Pronunciamento Técnico, Interpretação ou Orientação do *CPC*, e esse procedimento tem impactos na mensuração de alterações de ativos e passivos reconhecidos nas demonstrações contábeis do período corrente.

Em circunstâncias extremamente raras, nas quais a administração vier a concluir que a conformidade com um requisito de um Pronunciamento Técnico, Interpretação ou Orientação do *CPC* conduziria a uma apresentação tão enganosa que entraria em conflito com o objetivo das demonstrações contábeis estabelecido na Estrutura Conceitual para Elaboração e Divulgação de Relatório Contábil-Financeiro, mas a estrutura regulatória vigente proibir a não aplicação do requisito, a entidade deve, na maior extensão possível, reduzir os aspectos inadequados identificados no cumprimento estrito do Pronunciamento Técnico, Interpretação ou Orientação do *CPC* divulgando:

(a) o título do Pronunciamento Técnico, Interpretação ou Orientação do *CPC* em questão, a natureza do requisito e as razões que levaram a administração a concluir que o cumprimento desse requisito tornaria as demonstrações contábeis tão enganosas e entraria em conflito com o objetivo das demonstrações contábeis estabelecido na Estrutura Conceitual para Elaboração e Divulgação de Relatório Contábil-Financeiro; e

(b) para cada período apresentado, os ajustes de cada item nas demonstrações contábeis que a administração concluiu serem necessários para se obter uma representação apropriada.

Um item de informação entra em conflito com o objetivo das demonstrações contábeis quando não representa fidedignamente as transações, outros eventos e condições que se propõe representar, ou que se poderia esperar razoavelmente que representasse e, consequentemente, seria provável que influenciasse as decisões econômicas tomadas pelos usuários das demonstrações contábeis. Ao avaliar se o cumprimento de requisito específico de um Pronunciamento Técnico, Interpretação ou Orientação do *CPC* resultaria em divulgação tão distorcida a ponto de entrar em conflito com o objetivo das demonstrações contábeis, estabelecido na Estrutura Conceitual para Elaboração e Divulgação de Relatório Contábil-Financeiro, a administração deve considerar:

(a) a razão pela qual o objetivo das demonstrações contábeis não é alcançado nessa circunstância particular; e

(b) como as circunstâncias da entidade diferem das circunstâncias de outras entidades que cumprem o requisito. Se outras entidades em circunstâncias similares cumprem o requisito, há um pressuposto refutável de que o cumprimento do requisito por parte da entidade não resultaria em divulgação tão enganosa e, portanto, não entraria em conflito com o objetivo das demonstrações contábeis, estabelecido na Estrutura Conceitual para Elaboração e Divulgação de Relatório Contábil-Financeiro.

2.4.1.5. Continuidade

Quando da elaboração das demonstrações contábeis, a administração deve fazer a avaliação da capacidade da entidade continuar em operação no futuro previsível. *As demonstrações contábeis devem ser elaboradas no pressuposto da continuidade, a menos que a administração tenha intenção de liquidar a entidade ou cessar seus negócios, ou ainda não possua uma alternativa realista senão a descontinuidade de suas atividades.* Quando a administração tiver ciência, ao fazer a sua avaliação, de incertezas relevantes relacionadas com eventos ou condições que possam lançar dúvidas significativas acerca da capacidade da entidade continuar em operação no futuro previsível, essas incertezas devem ser divulgadas. *Quando as demonstrações contábeis não forem elaboradas no pressuposto da continuidade, esse fato deve ser divulgado, juntamente com as bases sobre as quais as demonstrações contábeis foram elaboradas e a razão pela qual não se pressupõe a continuidade da entidade.*

Ao avaliar se o pressuposto de continuidade é apropriado, a administração deve levar em consideração toda a informação disponível sobre o futuro, que é o período mínimo (mas não limitado a esse período) de doze meses a partir da data do balanço. O grau de consideração depende dos fatos de cada caso. Quando a entidade tiver histórico de operações lucrativas e pronto acesso a recursos financeiros, a conclusão acerca da adequação do pressuposto da continuidade pode ser atingida sem análise pormenorizada. Em outros casos, a administração pode necessitar da análise de vasto conjunto de fatores relacionados com a rentabilidade corrente e esperada, cronogramas de liquidação de dívidas e potenciais fontes alternativas de financiamentos para que possa suportar sua conclusão de que o pressuposto de continuidade no futuro previsível é adequado para essa entidade.

2.4.1.6. Regime de competência

A entidade deve elaborar as suas demonstrações contábeis, <u>exceto para a demonstração dos fluxos de caixa</u>, utilizando-se do <u>regime de competência</u>.

Quando o regime de competência é utilizado, os itens são reconhecidos como ativos, passivos, patrimônio líquido, receitas e despesas (os elementos das demonstrações contábeis) quando satisfazem as definições e os critérios de reconhecimento para esses elementos contidos na Estrutura Conceitual para Elaboração e Divulgação de Relatório Contábil-Financeiro.

2.4.1.7. Materialidade e agregação

A entidade deve apresentar separadamente nas demonstrações contábeis cada classe material de itens semelhantes. A entidade deve apresentar separadamente os itens de natureza ou função distinta, a menos que sejam imateriais.

As demonstrações contábeis resultam do processamento de grande número de transações ou outros eventos que são agregados em classes de acordo com a sua natureza ou função. A fase final do processo de agregação e classificação é a apresentação de dados condensados e classificados que formam itens das demonstrações contábeis. Se um item não for individualmente material, deve ser agregado a outros itens, seja nas demonstrações contábeis, seja nas notas explicativas. Um item pode não ser suficientemente material para justificar a sua apresentação individualizada nas demonstrações contábeis, mas pode ser suficientemente material para ser apresentado de forma individualizada nas notas explicativas.

A entidade deve decidir, levando em consideração todos os fatos e circunstâncias relevantes, como ela agrega informações nas demonstrações contábeis, que incluem as notas explicativas. A entidade não deve reduzir a compreensibilidade das suas demonstrações contábeis, ocultando informações materiais com informações irrelevantes ou por meio da agregação de itens materiais que têm diferentes naturezas ou funções.

Alguns pronunciamentos especificam as informações que devem ser incluídas nas demonstrações contábeis, que incluem as notas explicativas. A entidade não precisa fornecer uma divulgação específica, requerida por Pronunciamento Técnico, Interpretação ou Orientação do CPC, se a informação resultante da divulgação não for material. Esse é o caso mesmo que o pronunciamento contenha uma lista de requisitos específicos ou descreva-os como requisitos mínimos. A entidade deve também considerar a possibilidade de fornecer divulgações adicionais quando o cumprimento de requisitos específicos nos pronunciamentos é insuficiente para permitir que os usuários das demonstrações contábeis compreendam o impacto de determinadas transações, outros eventos e condições sobre a posição e o desempenho financeiros da entidade.

2.4.1.8. Compensação de valores

A entidade não deve compensar ativos e passivos ou receitas e despesas, a menos que a compensação seja exigida ou permitida por um Pronunciamento Técnico, Interpretação ou Orientação do *CPC*.

A entidade deve informar separadamente os ativos e os passivos, as receitas e as despesas. A compensação desses elementos no balanço patrimonial ou na demonstração do resultado, exceto quando refletir a essência da transação ou outro evento, prejudica a capacidade dos usuários de compreender as transações, outros eventos e condições que tenham ocorrido e de avaliar os futuros fluxos de caixa da entidade. A mensuração de ativos líquidos de provisões relacionadas, como, por exemplo, provisões de obsolescência nos estoques ou provisões de créditos de liquidação duvidosa nas contas a receber de clientes, não é considerada compensação.

O *Pronunciamento Técnico CPC 30 – Receitas* define o que são receitas e requer que estas sejam mensuradas pelo valor justo do montante recebido ou a receber, levando em consideração a quantia de quaisquer descontos comerciais e abatimentos de volume concedidos pela entidade. A entidade desenvolve, no decurso das suas atividades ordinárias, outras transações que não geram propriamente receitas, mas que são incidentais às atividades principais geradoras de receitas. Os resultados de tais transações devem ser apresentados, quando esta apresentação refletir a essência da transação ou outro evento, compensando-se quaisquer receitas com as despesas relacionadas resultantes da mesma transação. Por exemplo:

(a) ganhos e perdas na alienação de ativos não circulantes, incluindo investimentos e ativos operacionais, devem ser apresentados de forma líquida, deduzindo-se seus valores contábeis dos valores recebidos pela alienação e reconhecendo-se as despesas de venda relacionadas; e

(b) despesas relacionadas com uma provisão reconhecida de acordo com o *Pronunciamento Técnico CPC 25 – Provisões, Passivos Contingentes e Ativos Contingentes* e que tiveram reembolso segundo acordo contratual com terceiros (por exemplo, acordo de garantia do fornecedor) podem ser compensadas com o respectivo reembolso.

Adicionalmente, ganhos e perdas provenientes de grupo de transações semelhantes devem ser apresentados em base líquida, por exemplo, ganhos e perdas de diferenças cambiais ou ganhos e perdas provenientes de instrumentos financeiros classificados como para negociação. Não obstante, esses ganhos e perdas devem ser apresentados separadamente se forem materiais.

2.4.1.9. Frequência de apresentação das demonstrações contábeis

O conjunto completo das demonstrações contábeis deve ser apresentado pelo menos anualmente (inclusive informação comparativa). Quando se altera a data de encerramento das demonstrações contábeis da entidade e as demonstrações contábeis são apresentadas para um período mais longo ou mais curto do que um ano, a entidade deve divulgar, além do período abrangido pelas demonstrações contábeis:

(a) a razão para usar um período mais longo ou mais curto; e

(b) o fato de que não são inteiramente comparáveis os montantes comparativos apresentados nessas demonstrações.

2.4.1.10. Informação comparativa

A menos que um Pronunciamento Técnico, Interpretação ou Orientação do CPC permita ou exija de outra forma, a entidade deve divulgar informação comparativa com respeito ao período anterior para todos os montantes apresentados nas demonstrações contábeis do período corrente. Também deve ser apresentada de forma comparativa a informação narrativa e descritiva que vier a ser apresentada quando for relevante para a compreensão do conjunto das demonstrações do período corrente.

A entidade deve apresentar como informação mínima dois balanços patrimoniais, duas demonstrações do resultado e do resultado abrangente, duas demonstrações do resultado (se apresentadas separadamente), duas demonstrações dos fluxos de caixa, duas demonstrações das mutações do patrimônio líquido e duas demonstrações dos fluxos de caixa (se apresentadas), bem como as respectivas notas explicativas.

Em alguns casos, as informações narrativas disponibilizadas nas demonstrações contábeis do(s) período(s) anterior(es) continuam a ser relevantes no período corrente. Por exemplo, a entidade divulga no período corrente os detalhes de uma disputa legal, cujo desfecho era incerto no final do período anterior e ainda está para ser resolvido. Os usuários podem se beneficiar da divulgação da informação de que a incerteza existia no final do período anterior e da divulgação de informações sobre as medidas que foram tomadas durante o período para resolver a incerteza.

2.4.1.11. Informação comparativa adicional

A entidade pode apresentar informações comparativas adicionais ao mínimo exigido pelos Pronunciamentos Técnicos para as demonstrações contábeis, contanto que a informação seja elaborada de acordo com os mesmos. Essa informação comparativa pode consistir de uma ou mais demonstrações, mas não precisa compreender o conjunto completo das demonstrações contábeis. Quando este for o caso, a entidade deve apresentar em nota explicativa a informação quanto a estas demonstrações adicionais.

Por exemplo, a entidade pode apresentar comparativamente uma terceira demonstração do resultado e de outros resultados abrangentes (apresentando assim o período atual, o período anterior e um período adicional comparativo). No entanto, a entidade não é obrigada a apresentar uma terceira demonstração do balanço patrimonial, da demonstração dos fluxos de caixa, das mutações do patrimônio líquido, ou da demonstração do valor adicionado (se apresentado), (ou seja, uma demonstração contábil comparativa adicional). A entidade é obrigada a apresentar, nas notas explicativas às demonstrações contábeis, a informação comparativa adicional relativa à demonstração do resultado e à demonstração de outros resultados abrangentes.

2.4.1.12. Mudança na política contábil, demonstração retrospectiva ou reclassificação

A entidade deve apresentar um terceiro balanço patrimonial no início do período anterior, adicional aos comparativos mínimos das demonstrações contábeis exigidas, se:

(a) aplicar uma política contábil retrospectivamente, fizer uma reapresentação retrospectiva de itens nas suas demonstrações contábeis ou reclassificar itens de suas demonstrações contábeis; e

(b) a aplicação retrospectiva, a reapresentação retrospectiva ou a reclassificação tiverem efeito material sobre as informações do balanço patrimonial no início do período anterior.

Nas circunstâncias aqui descritas, a entidade deve apresentar três balanços patrimoniais no:

(a) final do período corrente;
(b) final do período anterior; e
(c) no início do período precedente.

Quando a entidade for requerida a apresentar um balanço patrimonial adicional, deve divulgar a informação a seguir exigida. No entanto, não precisará apresentar as notas explicativas relacionadas com o balanço patrimonial de abertura no início do período anterior.

A data do balanço patrimonial de abertura deve ser igual à data do período anterior, independentemente de as demonstrações contábeis da entidade apresentarem informação comparativa para períodos mais antigos.

Quando a apresentação ou a classificação de itens nas demonstrações contábeis forem modificadas, os montantes apresentados para fins comparativos devem ser reclassificados, a menos que a reclassificação seja impraticável. Quando os montantes apresentados para fins comparativos são reclassificados, a entidade deve divulgar:

(a) a natureza da reclassificação;
(b) o montante de cada item ou classe de itens que foi reclassificado; e
(c) a razão para a reclassificação.

Quando for impraticável reclassificar montantes apresentados para fins comparativos, a entidade deve divulgar:

(a) a razão para não reclassificar os montantes; e
(b) a natureza dos ajustes que teriam sido feitos se os montantes tivessem sido reclassificados.

Aperfeiçoar a comparabilidade de informação entre períodos ajuda os usuários a tomar decisões econômicas, sobretudo porque lhes permite avaliar as tendências na informação financeira para finalidades de previsão. Em algumas circunstâncias torna-se impraticável reclassificar a informação comparativa para um período anterior a fim de obter a comparabilidade com o período corrente. Por exemplo, podem não ter sido coletados os dados necessários para a apresentação comparativa do período anterior com o período corrente, de modo a permitir a reclassificação, e, consequentemente, pode não ser praticável reconstruir essa informação.

O *Pronunciamento Técnico CPC 23 – Políticas Contábeis, Mudança de Estimativa e Retificação de Erro* define os ajustes requeridos para as informações comparativas quando a entidade altera uma política contábil ou corrige um erro.

2.4.1.13. Consistência de apresentação

A apresentação e a classificação de itens nas demonstrações contábeis devem ser mantidas de um período para outro, salvo se:

(a) for evidente, após uma alteração significativa na natureza das operações da entidade ou uma revisão das respectivas demonstrações contábeis, que outra apresentação ou classificação seja mais apropriada, tendo em vista os critérios para a seleção e aplicação de políticas contábeis contidos no *Pronunciamento Técnico CPC 23*; ou

(b) outro Pronunciamento Técnico, Interpretação ou Orientação do *CPC* requerer alteração na apresentação.

Por exemplo, a aquisição ou alienação significativa, ou a revisão da apresentação das demonstrações contábeis pode indicar que estas devam ser apresentadas diferentemente. A entidade deve alterar a apresentação das suas demonstrações contábeis apenas se a modificação na apresentação proporcionar informação que seja confiável e mais relevante para os usuários das demonstrações contábeis e se for provável que a estrutura revista continue, de modo que a comparabilidade não seja prejudicada. Ao efetuar tais alterações na apresentação, a entidade deve reclassificar a informação comparativa apresentada de acordo com o anteriormente exposto.

2.4.1.14. Estrutura e conteúdo das demonstrações contábeis

As demonstrações contábeis devem ser claramente identificadas e distinguidas de qualquer outra informação que porventura conste do mesmo documento publicado.

As práticas contábeis brasileiras são aplicáveis apenas às demonstrações contábeis e não necessariamente à informação apresentada em outro relatório anual, relatório regulatório ou qualquer outro documento. Por isso, é importante que os usuários possam distinguir a informação elaborada utilizando-se das práticas contábeis brasileiras de qualquer outra informação que possa ser útil aos seus usuários, mas que não são objeto dos requisitos das referidas práticas.

Cada demonstração contábil e respectivas notas explicativas devem ser claramente identificadas. Além disso, as seguintes informações devem ser divulgadas de forma destacada e repetidas quando necessário para a devida compreensão da informação apresentada:

(a) o nome da entidade às quais as demonstrações contábeis dizem respeito ou outro meio que permita sua identificação, bem como qualquer alteração que possa ter ocorrido nessa identificação desde o término do período anterior;

(b) se as demonstrações contábeis se referem a uma entidade individual ou a um grupo de entidades;

(c) a data de encerramento do período de reporte ou o período coberto pelo conjunto de demonstrações contábeis ou notas explicativas;

(d) a moeda de apresentação, tal como definido no *Pronunciamento Técnico CPC 02 – Efeitos das Mudanças nas Taxas de Câmbio e Conversão de Demonstrações Contábeis*; e

(e) o nível de arredondamento usado na apresentação dos valores nas demonstrações contábeis.

Os requisitos anteriormente descritos são normalmente satisfeitos pela apresentação apropriada de cabeçalhos de página, títulos de demonstração, de nota explicativa, de coluna e similares em cada página das demonstrações contábeis. Na determinação da melhor forma de apresentar tais informações, é necessário o exercício de julgamento. Por exemplo, quando as demonstrações contábeis são apresentadas eletronicamente, nem sempre podem ser usadas páginas separadas; os itens acima devem ser então apresentados com frequência suficiente de forma a assegurar a devida compreensão das informações incluídas nas demonstrações contábeis.

As demonstrações contábeis tornam-se muitas vezes mais compreensíveis pela apresentação de informação em milhares ou milhões de unidades da moeda de apresentação. Esse procedimento é aceitável desde que o nível de arredondamento na apresentação seja divulgado e não seja omitida informação material.

2.5. As Demonstrações Financeiras das Sociedades de Grande Porte

A Lei nº 11.638, de 28 de dezembro de 2007, apresentou o conceito de **sociedades de grande porte**, atribuindo a elas a necessidade de escrituração e elaboração das demonstrações financeiras de acordo com os preceitos da Lei das Sociedades por Ações, mesmo que não sejam constituídas como sociedades por ações. Também foi estendida às sociedades de grande porte a necessidade de auditoria por auditor independente registrado na Comissão de Valores Mobiliários (CVM).

Considera-se **sociedade de grande porte** a sociedade ou o conjunto de sociedades sob controle comum que tiver, no exercício social anterior, ativo total superior a R$ 240.000.000,00 (duzentos e quarenta milhões de reais) ou receita bruta anual superior a R$ 300.000.000,00 (trezentos milhões de reais).

Estas sociedades, devido ao porte que apresentam e a sua importância dos pontos de vista econômico e social, devem ter suas informações contábeis mais expostas, de acordo com a visão dos legisladores.

Aplicam-se às sociedades de grande porte, ainda que não constituídas sob a forma de sociedades por ações, as disposições da Lei das Sociedades por Ações, sobre escrituração e elaboração de demonstrações financeiras, e a obrigatoriedade de auditoria independente por auditor registrado na Comissão de Valores Mobiliários.

2.6. AS NOTAS EXPLICATIVAS

As demonstrações contábeis serão complementadas por **notas explicativas** e por outros quadros analíticos ou demonstrações contábeis (acessórias ou complementares) necessários para esclarecimento da situação patrimonial e dos resultados do exercício. Observe que as notas explicativas *complementam* as demonstrações contábeis; portanto, não são demonstrações contábeis, porém apenas parte integrante delas!

As notas explicativas são elaboradas com a finalidade de pormenorizar fatos patrimoniais considerados relevantes, assim como atos administrativos também relevantes. Objetivam dar clareza às informações, assim como torná-las completas e confiáveis! Somente devem ser criadas quando houver necessidade!

De acordo com o Art. 176 da Lei das Sociedades por Ações, as notas explicativas devem:

> I – apresentar informações sobre a base de preparação das demonstrações financeiras e das práticas contábeis específicas selecionadas e aplicadas para negócios e eventos significativos;
>
> II – divulgar as informações exigidas pelas práticas contábeis adotadas no Brasil que não estejam apresentadas em nenhuma outra parte das demonstrações financeiras;
>
> III – fornecer informações adicionais não indicadas nas próprias demonstrações financeiras e consideradas necessárias para uma apresentação adequada; e
>
> IV – indicar:
>
> a) os principais critérios de avaliação dos elementos patrimoniais, especialmente estoques, dos cálculos de depreciação, amortização e exaustão, de constituição de provisões para encargos ou riscos, e dos ajustes para atender a perdas prováveis na realização de elementos do ativo;
>
> b) os investimentos em outras sociedades, quando relevantes (Art. 247, parágrafo único, da Lei nº 6.404/76);
>
> c) o aumento de valor de elementos do ativo resultante de novas avaliações (Art. 182, § 3º, da Lei nº 6.404/76);

d) os ônus reais constituídos sobre elementos do ativo, as garantias prestadas a terceiros e outras responsabilidades eventuais ou contingentes;

e) a taxa de juros, as datas de vencimento e as garantias das obrigações a longo prazo;

f) o número, espécies e classes das ações do capital social;

g) as opções de compra de ações outorgadas e exercidas no exercício;

h) os ajustes de exercícios anteriores (Art. 186, § 1º, da Lei nº 6.404/76); e

i) os eventos subsequentes à data de encerramento do exercício que tenham, ou possam vir a ter, efeito relevante sobre a situação financeira e os resultados futuros da companhia.

2.6.1. As Notas Explicativas e a *Deliberação CVM 488, de 03 de outubro de 2005*

A *Deliberação CVM nº 488, de 03 de outubro de 2005*, trata das regras gerais a serem aplicadas quando da utilização de notas explicativas.

De acordo com esta *Deliberação*, as notas explicativas às demonstrações contábeis de uma entidade devem:

- apresentar informações sobre a base de preparação das demonstrações contábeis e das práticas contábeis específicas selecionadas e aplicadas para transações e eventos significativos;
- divulgar as informações exigidas pelas práticas contábeis adotadas no Brasil que não estejam apresentadas em nenhum outro lugar das demonstrações contábeis; e
- fornecer informações adicionais que não são indicadas nas próprias demonstrações contábeis consideradas necessárias para uma apresentação adequada.

As notas explicativas às demonstrações contábeis devem ser apresentadas de maneira sistemática. Cada rubrica constante do próprio balanço patrimonial e das demonstrações do resultado, das mutações no patrimônio líquido e das origens e aplicações de recursos (ou dos fluxos de caixa) deve ter referência cruzada com qualquer informação relacionada nas notas explicativas.

As notas explicativas às demonstrações contábeis incluem narrações ou análises mais detalhadas de montantes apresentados no próprio balanço, na demonstração do resultado, na demonstração das mutações do patrimônio líquido e na demonstração das origens e aplicações de recursos (ou dos fluxos de caixa), bem como informações adicionais, tais como passivo contingente e detalhes de obrigações a longo prazo. Elas incluem as informações exigidas pelas práticas contábeis adotadas no Brasil e outras divulgações necessárias para atingir uma apresentação adequada.

As notas explicativas são normalmente apresentadas na seguinte ordem, que ajuda os usuários no entendimento das demonstrações contábeis e na comparação com as de outras entidades:

a. contexto operacional;
b. declaração quanto à base de preparação das demonstrações contábeis;
c. menção das bases de avaliação de ativos e passivos e práticas contábeis aplicadas;
d. informações adicionais para itens apresentados nas demonstrações contábeis, divulgadas na mesma ordem.
e. outras divulgações, incluindo:
   i. contingências e outras divulgações de caráter financeiro; e
   ii. divulgações não financeiras, tais como riscos financeiros da entidade, as correspondentes políticas e os objetivos da administração, que não se confundam com as informações a divulgar no relatório da administração, incluindo, mas não se limitando a, políticas de proteção cambial ou de mercado, "*hedge*" etc.

Em algumas circunstâncias, pode ser necessário ou desejável modificar a sequência de itens específicos dentro das notas explicativas. Por exemplo, informações sobre taxas de juros e ajustes a valor de mercado podem ser combinadas com informações sobre vencimento de instrumentos financeiros, apesar de os primeiros serem divulgações de demonstração do resultado e os últimos referirem-se ao balanço. Não obstante, uma estrutura sistemática para as notas explicativas deve ser mantida sempre que praticável.

2.6.2. As Notas Explicativas e o *Pronunciamento Técnico CPC 26 (R1) – Apresentação das Demonstrações Contábeis*

O *Pronunciamento Técnico CPC 26 (R1) – Apresentação das Demonstrações Contábeis* – versa sobre as características gerais das notas explicativas.

2.6.2.1. Estrutura das notas explicativas

As notas explicativas devem:

(a) apresentar informação acerca da base para a elaboração das demonstrações contábeis e das políticas contábeis específicas utilizadas;

(b) divulgar a informação requerida pelos Pronunciamentos Técnicos, Orientações e Interpretações do *CPC* que não tenha sido apresentada nas demonstrações contábeis; e

(c) prover informação adicional que não tenha sido apresentada nas demonstrações contábeis, mas que seja relevante para sua compreensão.

As notas explicativas devem ser apresentadas, tanto quanto seja praticável, de forma sistemática. Na determinação de forma sistemática, a entidade deve considerar os efeitos sobre a compreensibilidade e comparabilidade das suas demonstrações contábeis. Cada item das demonstrações contábeis deve ter referência cruzada com a respectiva informação apresentada nas notas explicativas.

Exemplos de ordenação ou agrupamento sistemático das notas explicativas incluem:
(a) dar destaque para as áreas de atividades que a entidade considera mais relevantes para a compreensão do seu desempenho financeiro e da posição financeira, como agrupar informações sobre determinadas atividades operacionais;
(b) agrupar informações sobre contas mensuradas de forma semelhante, como os ativos mensurados ao valor justo; ou
(c) seguir a ordem das contas das demonstrações do resultado e de outros resultados abrangentes e do balanço patrimonial, tais como:
   (i) declaração de conformidade com os Pronunciamentos Técnicos, Orientações e Interpretações do CPC;
   (ii) políticas contábeis significativas aplicadas;
   (iii) informação de suporte de itens apresentados nas demonstrações contábeis pela ordem em que cada demonstração e cada rubrica sejam apresentadas; e
   (iv) outras divulgações, incluindo:
      (1) passivos contingentes (ver Pronunciamento Técnico CPC 25) e compromissos contratuais não reconhecidos; e
      (2) divulgações não financeiras, por exemplo, os objetivos e as políticas de gestão do risco financeiro da entidade (ver Pronunciamento Técnico CPC 40).

As notas explicativas que proporcionam informação acerca da base para a elaboração das demonstrações contábeis e as políticas contábeis específicas podem ser apresentadas como seção separada das demonstrações contábeis.

2.6.2.2. Divulgação de políticas contábeis

A entidade deve divulgar suas políticas contábeis significativas que compreendem:
(a) a base (ou bases) de mensuração utilizada(s) na elaboração das demonstrações contábeis; e
(b) outras políticas contábeis utilizadas que sejam relevantes para a compreensão das demonstrações contábeis.

É importante que os usuários estejam informados sobre a base ou bases de mensuração utilizada(s) nas demonstrações contábeis (por exemplo, custo histórico, custo corrente, valor realizável líquido, valor justo ou valor recuperável) porque a base sobre a qual as demonstrações contábeis são elaboradas afeta significativamente a análise dos usuários. Quando mais de uma base de mensuração for utilizada nas demonstrações contábeis, por exemplo, quando determinadas classes de ativos são reavaliadas (se permitido legalmente), é suficiente divulgar uma indicação das categorias de ativos e de passivos à qual cada base de mensuração foi aplicada.

Ao decidir se determinada política contábil deve ou não ser divulgada, a administração deve considerar se sua divulgação proporcionará aos usuários melhor compreensão da forma em que as transações, outros eventos e condições estão refletidos no desempenho e na posição financeira relatados. Cada entidade deve considerar a natureza das suas operações e as políticas que os usuários das suas demonstrações contábeis esperam que sejam divulgadas para o respectivo tipo. A divulgação de determinadas políticas contábeis é especialmente útil para os usuários quando são selecionadas entre alternativas permitidas em Pronunciamento Técnico, Interpretação e Orientação Técnica emitidos pelo CPC. Um exemplo é a divulgação se a entidade aplica o valor justo ou modelo de custo para suas propriedades de investimento (ver Pronunciamento Técnico CPC 28 – Propriedade para Investimento). Alguns Pronunciamentos Técnicos, Orientações ou Interpretações Técnicas emitidos pelo CPC exigem especificamente a divulgação de determinadas políticas contábeis, incluindo escolhas feitas pela administração entre diferentes políticas permitidas. Por exemplo, o Pronunciamento Técnico CPC 27 – Ativo Imobilizado requer a divulgação das bases de mensuração utilizadas para as classes do ativo imobilizado.

Uma política contábil pode ser significativa devido à natureza das operações da entidade, mesmo que os montantes associados a períodos anteriores e ao atual não sejam materiais. É também apropriado divulgar cada política contábil significativa que não seja especificamente exigida pelos Pronunciamentos Técnicos, Orientações e Interpretações do *CPC*, mas que tenha sido selecionada e aplicada de acordo com o *Pronunciamento Técnico CPC 23 – Políticas Contábeis, Mudança de Estimativa e Retificação de Erro*.

A entidade deve divulgar, juntamente com suas políticas contábeis significativas ou em outras notas explicativas, os julgamentos realizados, com a exceção dos que envolvem estimativas que a administração fez no processo de aplicação das políticas contábeis da entidade e que têm efeito mais significativo nos montantes reconhecidos nas demonstrações contábeis.

No processo de aplicação das políticas contábeis da entidade, a administração exerce diversos julgamentos, com a exceção dos que envolvem estimativas, que podem afetar significativamente os montantes reconhecidos nas demonstrações contábeis. Por exemplo, a administração exerce julgamento ao definir:

(a) se os ativos financeiros são instrumentos mantidos até o vencimento;

(b) quando os riscos e benefícios significativos sobre a propriedade de ativos financeiros e de ativos arrendados são substancialmente transferidos para outras entidades; e

(c) se, em essência, determinadas vendas de bens decorrem de acordos de financiamento e, portanto, não dão origem a receitas de venda.

Algumas divulgações feitas são requeridas por outros Pronunciamentos Técnicos, Orientações e Interpretações Técnicas emitidos pelo CPC. Por exemplo, o Pronunciamento Técnico CPC 45 – Divulgação de Participações em Outras Entidades requer que a entidade divulgue os julgamentos que foram feitos ao determinar se a entidade controla outra entidade. O Pronunciamento Técnico CPC 28 – Propriedade para Investimento requer a divulgação dos critérios utilizados pela entidade para distinguir a propriedade de investimento da propriedade ocupada pelo proprietário e da propriedade mantida para venda no curso ordinário dos negócios, nas situações em que a classificação das propriedades é difícil.

2.6.2.3. Fontes de incerteza na estimativa

A entidade deve divulgar, nas notas explicativas, informação acerca dos pressupostos relativos ao futuro e outras fontes principais de incerteza nas estimativas ao término do período de reporte que possuam risco significativo de provocar ajuste material nos valores contábeis de ativos e passivos ao longo do próximo exercício social. Com respeito a esses ativos e passivos, as notas explicativas devem incluir detalhes elucidativos acerca:

(a) da sua natureza; e

(b) do seu valor contábil ao término do período de reporte.

Definir os montantes de alguns ativos e passivos exige a estimativa dos efeitos de eventos futuros incertos sobre esses ativos e passivos ao término do período de reporte. Por exemplo, na ausência de preços de mercado recentemente observados, passam a ser necessárias estimativas orientadas para o futuro para mensurar o valor recuperável de ativos do imobilizado, o efeito da obsolescência tecnológica nos estoques, provisões sujeitas ao futuro resultado de litígio em curso e passivos de longo prazo de benefícios a empregados, tais como obrigações de pensão. Essas estimativas envolvem pressupostos sobre esses assuntos, como o risco associado aos fluxos de caixa ou taxas de desconto, futuras alterações em salários e futuras alterações nos preços que afetam outros custos.

Os pressupostos e outras principais fontes da incerteza das estimativas divulgados de acordo com o anteriormente descrito relacionam-se com as estimativas cujos julgamentos são os mais difíceis de serem feitos por parte da administração, subjetivos ou mesmo complexos. À medida que o número de variáveis e pressupostos que afetam a possível futura solução das incertezas aumenta, esses julgamentos tornam-se mais subjetivos e complexos, aumentando, por consequência, a probabilidade de ajuste material nos valores contábeis de ativos e passivos.

As divulgações da incerteza de estimativas descritas não são requeridas para ativos e passivos que tenham risco significativo de que seus valores contábeis possam sofrer alteração significativa ao longo do próximo exercício social se, ao término do período das demonstrações contábeis, forem mensurados pelo valor justo com base em preço cotado em mercado ativo para ativo ou passivo idêntico. Nesse caso, os valores justos podem alterar-se materialmente ao longo do próximo exercício social, mas essas alterações não serão fruto de pressupostos ou de outras fontes da incerteza das estimativas ao término do período das demonstrações contábeis.

As divulgações da incerteza de estimativas devem ser apresentadas de forma a ajudar os usuários das demonstrações contábeis a compreender os julgamentos que a administração fez acerca do futuro e sobre outras principais fontes de incerteza das estimativas. A natureza e a extensão da informação a ser divulgada variam de acordo com a natureza dos pressupostos e outras circunstâncias. Exemplos desses tipos de divulgação são os que seguem:

(a) a natureza dos pressupostos ou de outras incertezas nas estimativas;

(b) a sensibilidade dos valores contábeis aos métodos, pressupostos e estimativas subjacentes ao respectivo cálculo, incluindo as razões para essa sensibilidade;

(c) a solução esperada de incerteza e a variedade de desfechos razoavelmente possíveis ao longo do próximo exercício social em relação aos valores contábeis dos ativos e passivos impactados; e

(d) uma explicação de alterações feitas nos pressupostos adotados no passado no tocante a esses ativos e passivos, caso a incerteza permaneça sem solução.

Não há necessidade de divulgação de projeções ou orçamentos ao fazer as divulgações referentes à incerteza nas estimativas.

Por vezes, é impraticável divulgar a extensão dos possíveis efeitos de um pressuposto ou de outra fonte principal de incerteza das estimativas ao término do período de reporte. Nessas circunstâncias, a entidade deve divulgar que é razoavelmente possível, com base no conhecimento existente, que os valores dos respectivos ativos ou passivos ao longo do próximo exercício social tenham que sofrer ajustes materiais em função da observação de uma realidade distinta em relação àqueles pressupostos assumidos. Em todos os casos, a entidade deve divulgar a natureza e o valor contábil do ativo ou passivo específico (ou classe de ativos ou passivos) afetado por esses pressupostos.

As divulgações acerca de julgamentos específicos feitos pela administração no processo de aplicação das políticas contábeis da entidade não se relacionam com as divulgações das principais fontes da incerteza das estimativas.

A divulgação de alguns dos pressupostos da incerteza das estimativas é requerida por outros Pronunciamentos Técnicos, Interpretações ou Orientações Técnicas emitidos pelo CPC. Por exemplo, o Pronunciamento Técnico CPC 25 – Provisões, Passivos Contingentes e Ativos Contingentes requer a divulgação, em circunstâncias específicas, de pressupostos importantes relativos a futuros eventos que afetem determinadas provisões. O Pronunciamento Técnico CPC 46 – Mensuração do Valor Justo requer a divulgação de pressupostos significativos (incluindo as técnicas de avaliação e as informações) que a entidade aplica na mensuração do valor justo de ativos e de passivos que sejam avaliados pelo valor justo.

2.6.2.4. Capital

A entidade deve divulgar informações que permitam aos usuários das demonstrações contábeis avaliar seus objetivos, políticas e processos de gestão de capital.

A fim de dar cumprimento ao disposto no parágrafo anterior, a entidade deve divulgar as seguintes informações:

(a) informações qualitativas sobre os seus objetivos, políticas e processos de gestão do capital, incluindo, sem a elas se limitar, as seguintes:

  (i) descrição dos elementos abrangidos pela gestão do capital;

  (ii) caso a entidade esteja sujeita a requisitos de capital impostos externamente, a natureza desses requisitos e a forma como são integrados na gestão de capital; e

  (iii) como está cumprindo os seus objetivos em matéria de gestão de capital.

(b) dados quantitativos sintéticos sobre os elementos incluídos na gestão do capital. Algumas entidades consideram alguns passivos financeiros (como, por exemplo, algumas formas de empréstimos subordinados) como fazendo parte do capital, enquanto outras consideram que devem ser excluídos do capital alguns componentes do capital próprio (como, por exemplo, os componentes associados a operações de *hedge* de fluxos de caixa);

(c) quaisquer alterações dos elementos referidos nas alíneas (a) e (b) em relação ao período precedente;

(d) indicação do cumprimento ou não, durante o período, dos eventuais requisitos de capital impostos externamente a que a entidade estiver ou esteve sujeita;

(e) caso a entidade não tenha atendido a esses requisitos externos de capital, as consequências dessa não observância.

Essas informações devem basear-se nas informações prestadas internamente aos principais dirigentes da entidade.

A entidade pode gerir o seu capital de várias formas e pode estar sujeita a diferentes requisitos no que diz respeito ao seu capital. Por exemplo, um conglomerado pode incluir entidades que exercem a atividade de seguro, em paralelo com outras que exercem a atividade bancária, e essas entidades podem desenvolver a sua atividade em vários países diferentes. Caso a divulgação agregada dos requisitos de capital e da forma como este é gerido não proporcione uma informação adequada ou contribua para distorcer o entendimento acerca dos recursos de capital da entidade pelos usuários das demonstrações contábeis, a entidade deve divulgar informações distintas relativamente a cada requerimento de capital a que está sujeita.

2.6.2.5. Instrumentos financeiros com opção de venda classificados no patrimônio líquido

No caso de instrumentos financeiros com opção de venda (*puttable*) classificados como instrumentos patrimoniais, a entidade deve divulgar (na extensão em que não tiver divulgado em outro lugar nas demonstrações contábeis):

(a) dados quantitativos resumidos sobre os valores classificados no patrimônio líquido;

(b) seus objetivos, políticas e os processos de gerenciamento de sua obrigação de recompra ou resgate dos instrumentos quando requerido a fazer pelos detentores desses instrumentos, incluindo quaisquer alterações em relação a período anterior;

(c) o fluxo de caixa de saída esperado na recompra ou no resgate dessa classe de instrumentos financeiros; e

(d) informação sobre como esse fluxo de caixa esperado na recompra ou no resgate dessa classe de instrumentos financeiros foi determinado.

2.6.2.6. Outras divulgações

A entidade deve divulgar nas notas explicativas:

(a) o montante de dividendos propostos ou declarados antes da data em que as demonstrações contábeis foram autorizadas para serem emitidas e não reconhecido como uma distribuição aos proprietários durante o período abrangido pelas demonstrações contábeis, bem como o respectivo valor por ação ou equivalente;

(b) a quantia de qualquer dividendo preferencial cumulativo não reconhecido.

A entidade deve divulgar, caso não seja divulgado em outro local entre as informações publicadas com as demonstrações contábeis, as seguintes informações:

(a) o domicílio e a forma jurídica da entidade, o seu país de registro e o endereço da sede registrada (ou o local principal dos negócios, se diferente da sede registrada);

(b) a descrição da natureza das operações da entidade e das suas principais atividades; e

(c) o nome da entidade controladora e a entidade controladora do grupo em última instância.

(d) se uma entidade constituída por tempo determinado, informação a respeito do tempo de duração.

> Observação: Se o Nobre Leitor não tiver entendido alguma parte do conteúdo ora apresentado, não fique preocupado, pois, ao longo do tempo, à medida que for avançando nos estudos contábeis, os assuntos serão devidamente apresentados e, com isso, as lacunas então existentes serão corretamente preenchidas.

Exemplo

Nota Explicativa Nº 01 – Contexto Operacional

Esta empresa atua no ramo de comércio de calçados de diversas marcas, atuando como distribuidora no atacado para todos os estados do país, assim como no comércio varejista dos Estados de São Paulo, Minas Gerais e Rio de Janeiro.

Exemplo

Nota Explicativa Nº 01 – Contexto Operacional (outro exemplo!)

A Companhia, suas controladas e coligadas atuam na distribuição de derivados de petróleo e produtos correlatos, assim como em transportes, lojas de conveniência e no ramo petroquímico.

Exemplo

Nota Explicativa Nº 02 – Apresentação das Demonstrações Contábeis

As demonstrações contábeis estão sendo apresentadas de acordo com as disposições do Comitê de Pronunciamentos Contábeis, da Lei das Sociedades por Ações e das normas da Comissão de Valores Mobiliários – CVM. Estamos apresentando, como informação suplementar, com o propósito de permitir análises adicionais, a Demonstração das Origens e Aplicações de Recursos.

Exemplo

Nota Explicativa Nº 03 – Detalhamento da conta Clientes

	Ano 2006	Ano 2007
Duplicatas a Receber	R$ 10.500,00	R$ 8.800,00
(-) Duplicatas Descontadas (*retificadora do Ativo até o ano 2007*)	(R$ 5.000,00)	(R$4.800,00)
(-) Provisão para Créditos de Liquidação Duvidosa (*provisão até o ano 2007*)	(R$ 500,00)	(R$ 400,00)
(=) Valor Contábil	R$ 5.000,00	R$ 3.600,00

Exemplo

Nota Explicativa Nº 04 – Sobre as Práticas Contábeis

a) Estoques – Avaliados pelo critério "Primeiro que Entra, Primeiro que Sai", por seu valor nominal de aquisição, ajustado a valor de mercado, quando inferior, com base no valor líquido de realização que considera, deduzidos os impostos e demais despesas necessárias para a venda, assim como a margem de lucro.

b) Perdas Estimadas com Créditos de Liquidação Duvidosa – Constituída em montante considerado suficiente, tendo por base a média aritmética experimentada nos últimos três anos, prevendo um acréscimo de inadimplência da ordem de 10% em relação à média ora alcançada.

c) Investimentos Permanentes – Os investimentos na Coligada Alphaville Comercial Ltda. são avaliados pelo Método da Equivalência Patrimonial; já os investimentos nas Empresas FGT Comercial Ltda. e Chystion Comercial Ltda. são avaliados pelo Método do Custo de Aquisição. Não há ágio, tampouco deságio a amortizar.

d) Ativo Intangível – As patentes foram adquiridas de terceiros e são linearmente amortizadas em dez anos.

e) Empréstimos e Financiamentos – Estão apresentados pelo valor do principal, acrescido dos encargos financeiros incorridos *pro rata temporis* até a data das demonstrações.

f) Participações no Resultado – Os debenturistas têm direito a 8% de participação nos lucros, após os encargos fiscais; já os empregados têm direito a 5% de participação nos lucros, após os encargos fiscais. As participações são calculadas e pagas a cada semestre.

Exemplo

Nota Explicativa Nº 05 – Transações com Partes Relacionadas

As transações realizadas entre as controladas e coligadas da Companhia e desta com outras partes relacionadas são efetuadas em condições de preços e prazos iguais aos praticados com terceiros e estão demonstrados no Anexo XIII, ao final das notas explicativas.

Exemplo

Nota Explicativa Nº 06 – Provisões para Contingências

Em 30 de setembro de 2007 foi constituída Provisão para Contingências com respeito às perdas prováveis oriundas dos seguintes processos:

	30/12/2007	30/12/2008
Processos Trabalhistas	R$ 15.000,00	R$ 15.000,00
Passivo Circulante	R$ 15.000,00	R$ 15.000,00
Passivo Não Circulante	R$ 0,00	R$ 0,00
Total	R$ 15.000,00	R$ 15.000,00

Os processos trabalhistas são relativos às questões propostas por empregados e pessoal terceirizado, versando sobre verbas de cunho salarial, dentre elas horas extras, adicional noturno, adicional de periculosidade, adicional de insalubridade etc.

2.7. O Código Penal e a Contabilidade

O Código Penal (Decreto-Lei nº 2.848/1940) trata, em seu Art. 177, das fraudes e abusos na fundação ou administração de sociedade por ações. Reproduzimos, a seguir, a íntegra deste Artigo, pela sua importância para o nosso estudo.

> Art. 177 da Decreto-Lei nº 2.848, de 07 de dezembro de 1940
>
> Art. 177 – Promover a fundação de sociedade por ações, fazendo, em prospecto ou em comunicação ao público ou à assembleia, afirmação falsa sobre a constituição da sociedade, ou ocultando fraudulentamente fato a ela relativo: Pena – reclusão, de um a quatro anos, e multa, se o fato não constitui crime contra a economia popular.
>
> § 1º – **Incorrem na mesma pena, se o fato não constitui crime contra a economia popular:**
>
> I – **o diretor, o gerente ou o fiscal de sociedade por ações, que, em prospecto, relatório, parecer, balanço ou comunicação ao público ou à assembleia, faz afirmação falsa sobre as condições econômicas da sociedade, ou oculta fraudulentamente, no todo ou em parte, fato a elas relativo;**
>
> II – o diretor, o gerente ou o fiscal que promove, por qualquer artifício, falsa cotação das ações ou de outros títulos da sociedade;
>
> III – o diretor ou o gerente que toma empréstimo à sociedade ou usa, em proveito próprio ou de terceiro, dos bens ou haveres sociais, sem prévia autorização da assembleia geral;
>
> IV – o diretor ou o gerente que compra ou vende, por conta da sociedade, ações por ela emitidas, salvo quando a lei o permite;
>
> V – o diretor ou o gerente que, como garantia de crédito social, aceita em penhor ou em caução ações da própria sociedade;
>
> VI – o diretor ou o gerente que, na falta de balanço, em desacordo com este, ou mediante balanço falso, distribui lucros ou dividendos fictícios;
>
> VII – o diretor, o gerente ou o fiscal que, por interposta pessoa, ou conluiado com acionista, consegue a aprovação de conta ou parecer;
>
> VIII – o liquidante, nos casos dos nºs I, II, III, IV, V e VII;
>
> IX – o representante da sociedade anônima estrangeira, autorizada a funcionar no País, que pratica os atos mencionados nos nºs I e II, ou dá falsa informação ao Governo.
>
> § 2º – Incorre na pena de detenção, de seis meses a dois anos, e multa, o acionista que, a fim de obter vantagem para si ou para outrem, negocia o voto nas deliberações de assembleia geral.

Observe que no Inciso I deste Art. 177 é posto que aquele que presta informação falsa em balanço incorre em crime!

Diz a Lei das Sociedades por Ações que as demonstrações financeiras devem ser assinadas pelos administradores e pelos contabilistas legalmente habilitados. A exigência de assinaturas possui por finalidade definir e, até mesmo, individualizar as responsabilidades nos campos civil, penal e fiscal.

2.8. A Realização de Assembleia Geral Ordinária nas Sociedades por Ações

O Art. 132 da Lei nº 6.404/76 (Lei das Sociedades por Ações) determina que a Assembleia Geral Ordinária reunir-se-á uma vez ao ano, nos quatro primeiros meses seguintes ao término do exercício social, para deliberar *exclusivamente* sobre as seguintes matérias:

    I – **tomar as contas dos administradores, examinar, discutir e votar as demonstrações financeiras**;
    II – deliberar sobre a destinação do lucro líquido do exercício e a distribuição de dividendos;
    III – eleger os administradores e os membros do conselho fiscal, quando for o caso;
    IV – aprovar a correção da expressão monetária do capital social (Art. 167 da Lei nº 6.404/76) – atualmente, este item está impossibilitado de ser cumprido, tendo em vista o conteúdo do Art. 4º da Lei nº 9.249/95, que vedou a utilização de qualquer sistema de correção monetária de demonstrações financeiras.

Assembleia – caracteriza a reunião de pessoas em semelhante ou igual situação, estando ligadas por interesses comuns e que sejam convocadas para a tal reunião a fim de deliberarem sobre determinadas situações de acordo com regras previamente estatuídas para este fim (De Plácido e Silva).
Assembleia Geral Ordinária (AGO) – aquela periodicamente reunida devido às exigências normais da vida social.
Assembleia Geral Extraordinária (AGE) – aquela que se reúne quando ocorrem circunstâncias não costumeiramente previstas. A competência da Assembleia Geral Extraordinária é *residual*, isto é, poderá ocorrer reunião em AGE para todo e qualquer caso não previsto para AGO.

O Art. 131 da Lei das Sociedades por Ações define a **Assembleia Geral Ordinária** como sendo aquela que se reúne para tratar dos assuntos constantes do Art. 132 da Lei das Sociedades por Ações, conforme anteriormente apresentados; por outro lado, é dita **Assembleia Geral Extraordinária** quando houver reunião nos demais casos, não previstos no citado Art. 132.

Apenas para exemplificar, o art. 136 da Lei das Sociedades por Ações trata de alguns casos que serão deliberados por **Assembleia Geral Extraordinária**:

I – criação de ações preferenciais ou aumento de classe de ações preferenciais existentes, sem guardar proporção com as demais classes de ações preferenciais, salvo se já previstos ou autorizados pelo estatuto;

II – alteração nas preferências, vantagens e condições de resgate ou amortização de uma ou mais classes de ações preferenciais, ou criação de nova classe mais favorecida;

III – redução do dividendo obrigatório;

IV – fusão da companhia, ou sua incorporação em outra;

V – participação em grupo de sociedades (Art. 265 da Lei nº 6.404/76);

VI – mudança do objeto da companhia;

VII – cessação do estado de liquidação da companhia;

VIII – criação de partes beneficiárias;

IX – cisão da companhia; e

X – dissolução da companhia.

Quanto à **Assembleia Geral Ordinária**, de acordo com o Art. 133 da citada Lei nº 6.404/76, os administradores devem comunicar, até um mês antes da data marcada para a realização da AGO, por anúncios publicados por 03 (três) vezes, no mínimo, que se acham à disposição dos acionistas os seguintes documentos:

I – o relatório da administração sobre os negócios sociais e os principais fatos administrativos do exercício findo;

II – a cópia das demonstrações financeiras;

III – o parecer dos auditores independentes, se houver.

IV – o parecer do conselho fiscal, inclusive votos dissidentes, se houver; e

V – demais documentos pertinentes a assuntos incluídos na ordem do dia.

Os anúncios indicarão o local ou locais onde os acionistas poderão obter cópias desses documentos.

A companhia remeterá cópia desses documentos aos acionistas que o pedirem por escrito.

Os documentos acima referidos, à exceção dos constantes dos incisos IV e V, serão publicados até 05 (cinco) dias, pelo menos, antes da data marcada para a realização da AGO. Deve ser ressaltado que a AGO que reunir a totalidade dos acionistas poderá considerar sanada a falta de publicação dos anúncios ou a inobservância dos prazos aqui referidos; mas é obrigatória a publicação dos documentos antes da realização da assembleia. A publicação dos anúncios é dispensada quando os documentos ora citados são publicados até 01 (um) mês antes da data marcada para a realização da AGO.

Os administradores da companhia, ou ao menos um deles, e o auditor independente, se houver, deverão estar presentes à assembleia para atender aos pedidos de esclarecimentos de acionistas, mas os administradores não poderão votar, como acionistas ou procuradores, os documentos anteriormente referidos.

Se a assembleia tiver necessidade de outros esclarecimentos, poderá adiar a deliberação e ordenar diligências; também será adiada a deliberação, salvo dispensa dos acionistas presentes, na hipótese de não comparecimento de administrador, membro do conselho fiscal ou auditor independente.

A aprovação, sem reserva, das demonstrações financeiras e das contas, exonera de responsabilidade os administradores e fiscais, salvo erro, dolo, fraude ou simulação.

Se a assembleia aprovar as demonstrações financeiras com modificação no montante do lucro do exercício ou no valor das obrigações da companhia, os administradores promoverão, dentro de 30 (trinta) dias, a republicação das demonstrações, com as retificações deliberadas pela assembleia; se a destinação dos lucros proposta pelos órgãos de administração não lograr aprovação, as modificações introduzidas constarão da ata da assembleia.

A ata da AGO será arquivada no registro do comércio e publicada.

2.9. A Escrituração Contábil

Neste tópico, teceremos comentários a respeito da escrituração da entidade e sua correspondência com a elaboração das demonstrações financeiras. Estamos, agora, tratando do Art. 177 da Lei das Sociedades por Ações.

> A escrituração da entidade será mantida em registros permanentes, com obediência aos preceitos da legislação comercial e da Lei das Sociedades por Ações e aos princípios de contabilidade geralmente aceitos, devendo observar métodos ou critérios contábeis uniformes no tempo e registrar as mutações patrimoniais segundo o *regime de competência*.

A manutenção da escrita da entidade em registros permanentes, por meio de livros, fichas ou de outros critérios de escrituração, visa à pronta recuperação dos atos administrativos e dos fatos contábeis então registrados, caso haja necessidade.

De acordo com o Código Civil Brasileiro vigente (Lei nº 10.406, de 10 de janeiro de 2002), a escrituração será feita em idioma e moeda corrente nacionais e em forma contábil, por ordem cronológica de dia, mês e ano, sem intervalos em branco, nem entrelinhas, borrões, rasuras, emendas ou transportes para as margens. É permitido o uso de código de números ou de abreviaturas, que constem de livro próprio, regularmente autenticado.

Quando são mencionados os *princípios de contabilidade geralmente aceitos*, devemos considerar tais princípios como sendo o conjunto formado por conceitos, princípios propriamente ditos e procedimentos desenvolvidos pela doutrina contábil e utilizados como elementos disciplinadores da escrituração de todo e qualquer evento, assim como da elaboração das demonstrações contábeis. Estes conceitos e procedimentos são formalizados a partir da prática adquirida à medida que os negócios se desenvolvem em um determinado contexto econômico.

Ao disciplinar que a escrituração da entidade *deve seguir métodos ou critérios contábeis uniformes no tempo*, a legislação em vigor faz menção à *Convenção da Consistência*, também denominada *Convenção da Uniformidade*. A Convenção da Consistência nos informa que, uma vez adotado determinado procedimento, dentre os vários possíveis procedimentos que podem atender a um mesmo princípio, ele deverá ser aplicado de modo constante, a fim de permitir a comparabilidade das demonstrações contábeis. Trata-se da aplicação uniforme de critérios contábeis ao longo do tempo.

Caso ocorra a necessidade de modificação de determinado critério contábil até então adotado, deverá ser criada nota explicativa, em que restará expressa a explicação necessária à mudança do referido critério, assim como o resultado que seria alcançado caso não fosse efetuada tal modificação.

As constantes mudanças de critérios contábeis poderiam acarretar fraudes e este é um dos motivos da aplicação da Convenção da Consistência. Apenas para elucidar o assunto, suponha que, às vésperas de ocorrer substituição na administração de determinada empresa, ocorram mudanças de critérios contábeis que provoquem aumento nos seus lucros. Neste caso, a administração seguinte poderia ser tributariamente onerada, e a entidade poderia estar indevidamente comprometida no que se refere às obrigações que tenham especial vínculo com os lucros apurados, tais como pagamento de parcela do lucro aos sócios, participações diversas nos lucros etc.

Outro bom motivo é permitir a todos aqueles que se interessam pelas informações contábeis da entidade enxergar a sua evolução pela comparação das demonstrações contábeis elaboradas no momento em análise com as de anos anteriores.

As demonstrações financeiras do exercício em que houver modificação de métodos ou critérios contábeis, de efeitos relevantes, deverão indicá-la em nota e ressaltar esses efeitos.

Exemplo

Dentre os vários critérios de avaliação de estoques, uma empresa vem utilizando o PEPS ("Primeiro que Entra é o Primeiro que Sai"). Em determinado exercício social, necessita modificar tal critério para o CMP ("Custo Médio Ponderado"). Neste caso, quando efetuar tal modificação de critério, deverá elaborar nota explicativa, explanando por que ocorreu tal modificação e quais os efeitos relevantes ocorridos em função da modificação efetuada, para que todos os interessados nas informações contábeis da entidade possam saber o que ocorreu.

Quando a legislação fala da aplicação do **regime de competência** ao ser realizada a escrituração, está disciplinando o registro das modificações patrimoniais pelo *regime econômico*, ao invés de aplicar o **regime de caixa**, também conhecido como *regime financeiro*.

Quando se aplica o regime de competência, as receitas e as despesas são registradas quando ocorrem seus respectivos fatos geradores, independentemente de ter havido recebimento ou pagamento.

O reconhecimento simultâneo das receitas e despesas, quando correlatas, é consequência natural do respeito ao período em que ocorrer sua geração.

Exemplo

Ocorreu uma transação de compra e venda de mercadorias. Neste caso, a empresa vendedora deverá registrar a receita então auferida quando ocorrer a *tradição*, ou seja, a entrega das mercadorias ao comprador. Se o regime aplicado fosse o de caixa, então apenas quando houvesse o pagamento por parte do comprador, o vendedor iria registrar a receita correspondente.

> A entidade observará exclusivamente em livros ou registros auxiliares, sem qualquer modificação da escrituração mercantil e das demonstrações reguladas na Lei das Sociedades por Ações, as disposições da lei tributária, ou de legislação especial sobre a atividade que constitui seu objeto, que prescrevam, conduzam ou incentivem a utilização de métodos ou critérios contábeis diferentes ou determinem registros, lançamentos ou ajustes ou a elaboração de outras demonstrações financeiras.

Os elaboradores do anteprojeto de lei referente à Lei das Sociedades por Ações assim justificaram o assunto em tela: "A omissão, na lei comercial, de um mínimo de normas sobre demonstrações financeiras levou à crescente regulação da matéria pela legislação tributária, orientada pelo objetivo da arrecadação de impostos. A proteção dos interesses dos acionistas, credores e investidores do mercado recomenda que essa situação seja corrigida, restabelecendo-se a prevalência – para efeitos comerciais – da Lei das Sociedades por Ações na disciplina das demonstrações financeiras da companhia."

Segrega-se, então, na escrituração contábil, a escrita fiscal e a escrita mercantil, prevendo a Lei que as determinações da legislação tributária sejam observadas em livros e registros auxiliares próprios.

Não é demais ressaltar que determinadas entidades, como as instituições financeiras, por estarem submetidas à legislação especial, devido às atividades que constituem seu objeto, estão submetidas a métodos e critérios contábeis próprios, que costumam divergir daqueles que são disciplinados pelas leis comerciais em geral.

> As demonstrações financeiras das **companhias abertas** observarão, ainda, as normas expedidas pela Comissão de Valores Mobiliários e **serão obrigatoriamente submetidas à auditoria por auditores independentes nela registrados.**
>
> As normas expedidas pela Comissão de Valores Mobiliários deverão ser elaboradas em consonância com os padrões internacionais de contabilidade adotados nos principais mercados de valores mobiliários.

A Comissão de Valores Mobiliários (CVM) possui poder regulamentar referente às demonstrações contábeis das sociedades por ações de capital aberto, isto é, companhias abertas. Neste caso, conforme o anteriormente exposto, as normas expedidas pela Comissão de Valores Mobiliários deverão ser elaboradas em consonância com os padrões internacionais de contabilidade adotados nos principais mercados de valores mobiliários. As normas contábeis brasileiras devem ser convergentes com as normas contábeis internacionais.

Observe que as demonstrações financeiras das companhias abertas devem ser auditadas por auditores independentes registrados na Comissão de Valores Mobiliários. Segundo consta de um processo administrativo sancionador da CVM, de acordo com o voto da Diretora-Relatora, a Sra. Norma Jonssen Parente, "o parecer dos auditores independentes é parte integrante das demonstrações financeiras das companhias abertas e não pode ser suprimido pela companhia ou dispensado pela CVM".

A companhia aberta não pode alegar nenhum pretexto para não realizar auditoria independente em suas demonstrações financeiras. Caso não sejam contratados auditores independentes para o fim ora exposto, a responsabilidade recairá sobre o *Conselho de Administração*, nos termos do Inciso IX do Art. 142 da Lei nº 6.404/76 (Lei das Sociedades por Ações).

As demonstrações financeiras das sociedades por ações de capital aberto serão *sempre* auditadas por auditores independentes; por outro lado, as companhias fechadas serão auditadas quando se enquadrarem no conceito de sociedade de grande porte, no caso companhia fechada de grande porte.

> *As demonstrações financeiras serão assinadas pelos administradores e por contabilistas legalmente habilitados.*

No caso ora apresentado, a legislação ordena a aposição das assinaturas com a intenção de definir responsabilidades nas esferas *civil* (Arts. 158 e 159 da Lei nº 6.404/76), *administrativa* (Comissão de Valores Mobiliários e Conselho Federal de Contabilidade) e *penal*.

A responsabilidade dos administradores é referente à situação patrimonial e aos resultados constantes das demonstrações contábeis; já no caso dos contabilistas, a responsabilidade está restrita à elaboração técnica das demonstrações, aplicando a ciência contábil. Vejamos de maneira mais objetiva: os administradores impulsionam a sociedade e, por meio de seus atos, geram as operações necessárias à ocorrência das modificações patrimoniais na entidade, ou seja, respondem pelo patrimônio e pelas modificações neste ocorridas; os contabilistas, por sua vez, aplicam a ciência contábil com a finalidade de registrar todos os eventos ocorridos na entidade, dando origem, ao final de cada exercício social, às demonstrações contábeis da referida entidade.

> As companhias fechadas **poderão** optar por observar as normas sobre demonstrações financeiras expedidas pela Comissão de Valores Mobiliários para as companhias abertas.

De acordo com o que vimos anteriormente, a Comissão de Valores Mobiliários elabora normas voltadas para as companhias abertas. As sociedades por ações de capital fechado (companhias fechadas) **poderão** se utilizar das normas emitidas pela CVM para as companhias abertas. Esta opção, uma vez efetuada pela companhia fechada, poderá ser desfeita, tendo a companhia fechada que emitir nota explicativa a esse respeito no exercício em que desistir da utilização dessas normas.

Se a companhia fechada efetuar a opção pelo uso das normas da CVM, *estará sujeita a todas as normas emitidas pela CVM para as companhias abertas, ou seja, não poderá escolher apenas aquelas que lhe satisfaçam.*

Exemplo
Questão 04 – (Contador – Fundação de Ciência e Tecnologia – RS – MSCONCURSOS – 2010)
Com relação à escrituração das Companhias, conforme prevê a Lei nº 6.404/76 e alterações posteriores, observe as seguintes afirmações:
I – A escrituração da companhia será mantida em registros permanentes, com obediência aos preceitos da legislação comercial e da Lei nº 6.404/76 e aos princípios de contabilidade geralmente aceitos, devendo observar métodos ou critérios contábeis uniformes no tempo e registrar as mutações patrimoniais segundo o regime de caixa.
II – As demonstrações financeiras do exercício em que houver modificação de métodos ou critérios contábeis, de efeitos relevantes, deverão indicá-las em nota e ressaltar esses efeitos.
III – As demonstrações financeiras das companhias abertas observarão, ainda, as normas expedidas pela Comissão de Valores Mobiliários e serão obrigatoriamente submetidas a auditoria por auditores independentes nela registrados.
IV – As demonstrações financeiras serão assinadas pelos diretores da Companhia e por contadores legalmente habilitados.
Assinale a alternativa abaixo que julga corretamente as afirmações supracitadas:
a) Apenas as afirmativas II e III são verdadeiras.
b) Apenas as afirmativas III e IV são verdadeiras.
c) Apenas as afirmativas I, II e III são verdadeiras.
d) Apenas a afirmativa I é falsa.
e) Todas as afirmativas são verdadeiras.

Resolução e Comentários

Analisando as afirmativas:

I – A escrituração da companhia será mantida em registros permanentes, com obediência aos preceitos da legislação comercial e da Lei nº 6.404/76 e aos princípios de contabilidade geralmente aceitos, devendo observar métodos ou critérios contábeis uniformes no tempo e registrar as mutações patrimoniais segundo o regime de caixa.

Errado. Deverá ser adotado regime de competência.

II – As demonstrações financeiras do exercício em que houver modificação de métodos ou critérios contábeis, de efeitos relevantes, deverão indicá-las em nota e ressaltar esses efeitos.

Certo.

III – As demonstrações financeiras das companhias abertas observarão, ainda, as normas expedidas pela Comissão de Valores Mobiliários e serão obrigatoriamente submetidas a auditoria por auditores independentes nela registrados.

Certo.

IV – As demonstrações financeiras serão assinadas pelos diretores da Companhia e por contadores legalmente habilitados.

Errado. As demonstrações financeiras serão assinadas pelos administradores e por contabilistas legalmente habilitados.

Gabarito – A

2.10. Exercícios Resolvidos para a Fixação de Conteúdo

Questão 05 – (TJ – Analista Judiciário – Contabilidade – SE – FCC – 2009)

No processo de elaboração das demonstrações contábeis, as contas de natureza semelhantes que apresentam pequenos saldos

a) devem ser evidenciadas em observância ao princípio da confiabilidade no balanço patrimonial pelos saldos individuais verificados por ocasião da preparação dessa demonstração.

b) só poderão ser agrupadas se os pequenos saldos, quando agregados, não ultrapassarem 20% do valor total do respectivo grupo de contas e evidenciadas sob a nomenclatura de Diversas Contas, desde que a composição do saldo seja apresentada também em notas explicativas.

c) devem ser baixadas em contrapartida de conta de resultado desde que a soma de seus saldos não ultrapasse 10% do valor do grupo e devem ser evidenciadas em demonstrações complementares.

d) não devem ser agrupadas sob títulos genéricos e nem evidenciadas no Balanço Patrimonial, em razão do custo benefício serão ajustadas contra conta de resultado de período.
e) podem ser agrupadas e os saldos imateriais podem ser agregados desde que não ultrapassem 10% do valor do respectivo grupo de contas, sendo vedada a utilização de designações genéricas, como diversas contas ou contas correntes.

Resolução e Comentários

Eis o teor do § 2º do Art. 176 da Lei das Sociedades por Ações:

> "Nas demonstrações, as contas semelhantes poderão ser agrupadas; os pequenos saldos poderão ser agregados, desde que indicada a sua natureza e não ultrapassem 0,1 (um décimo) do valor do respectivo grupo de contas; mas é vedada a utilização de designações genéricas, como "diversas contas" ou "contas-correntes"."

Gabarito – E

Questão 06 – (Especialista em Regulação – Contabilidade – Anatel – CESPE/UnB – 2009)
Com base nos conceitos e aplicações da contabilidade comercial e da análise econômico-financeira, julgue os seguintes itens.

Para as companhias abertas, além da apresentação e publicação de demonstração das origens e aplicações de recursos, passou a ser obrigatória também a demonstração do fluxo de caixa, nesse caso, porém, apenas quando o patrimônio líquido exceder R$ 2 milhões.

Resolução e Comentários

A DOAR deixou de ser obrigatória a partir da vigência da Lei nº 11.638/2007, que alterou a Lei das Sociedades por Ações. Já no caso da Demonstração dos Fluxos de Caixa, a restrição ora citada refere-se às companhias fechadas.

Gabarito – Errado

Questão 07 – (Tribunal de Contas – Técnico de Controle Externo – Sergipe – FCC – 2011)
A partir de 1º de janeiro de 2008, tornou-se obrigatória, para as companhias abertas, a elaboração da Demonstração
a) do Valor Adicionado.
b) das Variações Patrimoniais.
c) de Origens e Aplicações de Recursos.
d) do Resultado do Exercício.
e) de Lucros e Prejuízos Acumulados.

Resolução e Comentários

A Demonstração do Valor Adicionado passou a ser obrigatória a partir da vigência da Lei nº 11.638/2007, que alterou a Lei das Sociedades por Ações.

Gabarito – A

Capítulo 2 — As Demonstrações Contábeis e a Legislação Correspondente ■ 79

Questão 08 – (Assessor Técnico – Contabilidade – Detran – RN – FGV – 2010)
Os demonstrativos adotados internacionalmente pelas empresas e que, a partir da Lei nº 11638/07 representam também os demonstrativos contábeis obrigatórios para as empresas brasileiras, além do Balanço Patrimonial, Demonstração do Resultado do Exercício e a Demonstração das Mutações do Patrimônio Líquido, são:
a) Demonstração dos Lucros Acumulados e Demonstração das Origens e Aplicações de Recursos.
b) Demonstração dos Fluxos de Caixa e Demonstração do Valor Adicionado.
c) Demonstração das Origens e Aplicações de Recursos e Demonstração do Valor Adicionado.
d) Demonstração das Reservas de Lucros e Demonstração do Fluxo de Caixa.
e) Notas Explicativas e Demonstração de Lucros e Prejuízos.

Resolução e Comentários

De acordo com o *Pronunciamento Técnico CPC 26 (R1) – Apresentação das Demonstrações Contábeis*, o conjunto completo de demonstrações contábeis inclui:

(a) balanço patrimonial ao final do período;

(b1) demonstração do resultado do período;

(b2) demonstração do resultado abrangente do período (exigida pelo *Pronunciamento Técnico CPC 26(R1)* e pela CVM, por meio da *Deliberação CVM 676/11*);

(c) demonstração das mutações do patrimônio líquido do período;

(d) demonstração dos fluxos de caixa do período;

(e) notas explicativas, compreendendo um resumo das políticas contábeis significativas e outras informações elucidativas;

(f) balanço patrimonial do início do período mais antigo, comparativamente apresentado, quando a entidade aplica uma política contábil retrospectivamente ou procede à reapresentação retrospectiva de itens das demonstrações contábeis, ou ainda quando procede à reclassificação de itens de suas demonstrações contábeis; e

(g) demonstração do valor adicionado do período, conforme *Pronunciamento Técnico CPC 09*, se exigido legalmente ou por algum órgão regulador ou mesmo se apresentada voluntariamente.

Gabarito – B

Questão 09 – (Especialista em Assistência Social – Contabilidade – SEJUS – DF – FUNDAÇÃO UNIVERSA – 2010 – Adaptada)
Acerca da elaboração de demonstrações contábeis pela legislação societária, assinale a alternativa incorreta.
a) De acordo com a Lei nº 6.404/1976, ao fim de cada exercício social, a diretoria fará elaborar, com base na escrituração mercantil da companhia, entre outras demonstrações contábeis, o balanço patrimonial e, posteriormente, irá publicá-lo juntamente com as demais demonstrações contábeis.

b) Na demonstração do resultado do exercício (DRE), as receitas e despesas apresentadas lá figuram porque seus fatos geradores ocorreram, independentemente de ter havido pagamento ou recebimento, ou seja, de acordo com o regime de competência.

c) As demonstrações contábeis de cada exercício serão publicadas com a indicação dos valores correspondentes das demonstrações do exercício anterior.

d) O resultado apurado pelo regime de caixa pode ser diferente do resultado apurado pelo regime de competência. Por exemplo, a empresa pode apurar lucro financeiro (apresentado na DRE) e prejuízo econômico (evidenciado na demonstração dos fluxos de caixa).

e) Nas demonstrações contábeis, as contas semelhantes poderão ser agrupadas, e os pequenos saldos poderão ser agregados, desde que indicada a sua natureza e não ultrapassem um décimo do valor do respectivo grupo.

Resolução e Comentários

O resultado apurado pelo regime de caixa pode ser diferente do resultado apurado pelo regime de competência. Por exemplo, a empresa pode apurar lucro financeiro (apresentado na Demonstração dos Fluxos de Caixa) e prejuízo econômico (evidenciado na Demonstração do Resultado do Exercício).

Gabarito – D

Questão 10 – (Especialista em Assistência Social – Contabilidade – SEJUS – DF – Fundação Universa – 2010)

De acordo com as disposições contidas na Lei nº 6.404/1976, assinale a alternativa **incorreta**.

a) O acionista controlador responde pelos danos causados por atos praticados com abuso de poder.

b) Uma das competências do conselho de administração é fixar a orientação geral dos negócios da companhia.

c) O estatuto pode conter autorização para aumento do capital social, independentemente de reforma estatutária.

d) As demonstrações de cada exercício serão publicadas com a indicação dos valores correspondentes das demonstrações do exercício anterior.

e) Todas as empresas deverão elaborar anualmente as seguintes demonstrações financeiras: balanço patrimonial, demonstração dos lucros ou prejuízos acumulados, demonstração do resultado do exercício, demonstração dos fluxos de caixa e demonstração do valor adicionado.

Resolução e Comentários

Na alternativa "e)", afirma-se que todas as empresas deverão elaborar as demonstrações então citadas. Ocorre que, de acordo com a Lei das Sociedades por Ações, apenas as companhias abertas estão obrigadas a apresentar as seguintes demonstrações: balanço patrimonial, demonstração dos lucros ou prejuízos acumulados, demonstração do resultado do exercício, demonstração dos fluxos de caixa e demonstração do valor adicionado.

Gabarito – E

Capítulo 2 — As Demonstrações Contábeis e a Legislação Correspondente 81

Questão 11 – (TRT – 21ª Região – Analista Judiciário – Contabilidade – CESPE/UnB – 2010)

Julgue os itens subsequentes, relativos aos demonstrativos contábeis previstos para empresas submetidas às normas da Lei nº 6.404/1976 e alterações posteriores.

Se uma empresa elaborar e publicar a demonstração das mutações do patrimônio líquido, pode incluir nesse documento a demonstração de lucros e prejuízos acumulados.

Resolução e Comentários

Se uma empresa elaborar e publicar a Demonstração das Mutações do Patrimônio Líquido, pode incluir nesse documento a Demonstração dos Lucros ou Prejuízos Acumulados.

Gabarito – Certo

Questão 12 – (BDMG – Analista de Desenvolvimento – FUMARC – 2011)
Assinale a alternativa VERDADEIRA:
a) A DOAR foi extinta pela Lei nº 11.638/2007.
b) É obrigatória a elaboração, mas não a publicação, da Demonstração dos Fluxos de Caixa e da Demonstração do Valor Adicionado.
c) O Ativo Permanente é formado pelos grupos "Investimentos", "Imobilizado" e "Diferido".
d) A DVA – Demonstração do Valor Adicionado – não é exigida para todas as companhias abertas.

Resolução e Comentários

Analisando as alternativas:
a) A DOAR foi extinta pela Lei nº 11.638/2007.

Certo. A Demonstração dos Fluxos de Caixa tornou-se obrigatória no lugar da Demonstração das Origens e Aplicações de Recursos (DOAR).

b) É obrigatória a elaboração, mas não a publicação, da Demonstração dos Fluxos de Caixa e da Demonstração do Valor Adicionado.

Errado. Devem ser elaboradas e publicadas as demonstrações citadas, conforme anteriormente apresentado na teoria deste capítulo.

c) O Ativo Permanente é formado pelos grupos "Investimentos", "Imobilizado" e "Diferido".

Errado. O ativo "dito" permanente é composto pelos subgrupos: Investimentos, Imobilizado e Intangível.

d) A DVA – Demonstração do Valor Adicionado – não é exigida para todas as companhias abertas.

Errado. A DVA é obrigatória para todas as companhias abertas.

Gabarito – A

Questão 13 – (Contador Junior – Auditoria Interna – Transpetro – CESGRANRIO – 2011)
Nos termos da nova redação dada à Lei nº 6.404/76 pelas Leis nºs 11.638/2007 e 11.941/2009, uma das demonstrações indicará "o valor da riqueza gerada pela companhia e a sua distribuição entre os elementos que contribuíram para a geração dessa riqueza". Este conceito está evidenciado na demonstração
- a) do Valor Adicionado.
- b) do Resultado do Exercício.
- c) do Lucro ou Prejuízos Acumulados.
- d) dos Fluxos de Caixa.
- e) das Mutações do Patrimônio Líquido.

Resolução e Comentários

O valor da riqueza gerada pela companhia e a sua distribuição entre os elementos que contribuíram para a geração dessa riqueza está evidenciado na Demonstração do Valor Adicionado.

Gabarito – A

Questão 14 – (Contador Junior – Área Contábil – Transpetro – CESGRANRIO – 2011)
Em 05 fev. 2010, uma empresa que comercializa água mineral em embalagens plásticas, antes de publicar as demonstrações contábeis do exercício findo em 31 dez. 2009, convocou a Assembleia Geral Ordinária para 10 mar. 2010, com a ordem do dia contemplando, dentre outros assuntos, a aprovação das contas da Diretoria e das Demonstrações Contábeis do exercício social encerrado em 31 dez. 2009.
Na noite do mesmo dia 5, um incêndio destruiu os galpões da empresa, onde se armazenava o estoque da mercadoria, que foi totalmente perdido. O incêndio gerou elevadas perdas, minimizadas pela existência de seguro.
Sob o enfoque das providências que a empresa deverá adotar, em termos contábeis, considere as afirmativas a seguir.

I – Será preciso fazer uma declaração à praça informando o fato relevante ocorrido.

II – Deve-se modificar as demonstrações contábeis, inserindo nelas o reconhecimento dos reflexos das perdas futuras, mediante as provisões pertinentes.

III – Faz-se necessário manter as demonstrações contábeis já elaboradas, uma vez que o sinistro ocorreu depois do encerramento do exercício, não as afetando.

IV – Deve-se elaborar nota explicativa, no conjunto das notas, reportando o sinistro, os prejuízos estimados, os reflexos prováveis na continuidade das operações e a cobertura de seguros existentes a respeito.

São corretas APENAS as afirmativas
- a) I e II.
- b) II e IV.
- c) III e IV.
- d) I, II e III.
- e) I, III e IV.

Resolução e Comentários

Neste caso, não haverá necessidade de efetuar declaração à praça com o objetivo de informar o evento então ocorrido.

Já que o sinistro ocorreu após o encerramento do exercício social, as demonstrações contábeis não necessitam ser modificadas em consequência deste.

Faz-se necessário manter as demonstrações contábeis já elaboradas, uma vez que o sinistro ocorreu depois do encerramento do exercício, não as afetando.

Deve-se elaborar nota explicativa, no conjunto das notas, reportando o sinistro, os prejuízos estimados, os reflexos prováveis na continuidade das operações e a cobertura de seguros existentes a respeito.

Gabarito – C

Questão 15 – (Técnico de Contabilidade – PETROBRAS – CESGRANRIO – 2011)
A Lei nº 6.404/76 estabelece, no art. 176, as demonstrações contábeis que devem ser elaboradas pelas sociedades anônimas. O Comitê de Pronunciamentos Contábeis editou o CPC 26 – Apresentação das Demonstrações Contábeis –, estabelecendo o conjunto completo das demonstrações a ser apresentado por tais sociedades. De acordo com os termos do CPC 26, DEIXOU de ter obrigatoriedade de apresentação a demonstração
a) do Valor Adicionado.
b) do Lucro ou Prejuízo Acumulado.
c) do Resultado do Exercício.
d) dos Fluxos de Caixa.
e) das Mutações do Patrimônio Líquido.

Resolução e Comentários

De acordo com o *Pronunciamento Técnico CPC 26 (R1) – Apresentação das Demonstrações Contábeis*, o conjunto completo de demonstrações contábeis inclui:

(b) balanço patrimonial ao final do período;

(b1) demonstração do resultado do período;

(b2) demonstração do resultado abrangente do período (exigida pelo *Pronunciamento Técnico CPC 26(R1)* e pela CVM, por meio da *Deliberação CVM 676/11*);

(h) demonstração das mutações do patrimônio líquido do período;

(i) demonstração dos fluxos de caixa do período;

(j) notas explicativas, compreendendo um resumo das políticas contábeis significativas e outras informações elucidativas;

(k) balanço patrimonial do início do período mais antigo, comparativamente apresentado, quando a entidade aplica uma política contábil retrospectivamente ou procede à reapresentação retrospectiva de itens das demonstrações contábeis, ou ainda quando procede à reclassificação de itens de suas demonstrações contábeis; e

(l) demonstração do valor adicionado do período, conforme *Pronunciamento Técnico CPC 09*, se exigido legalmente ou por algum órgão regulador ou mesmo se apresentada voluntariamente.

Gabarito – B

Questão 16 – (Analista de Correios – Contador – Correios – CESPE/UnB – 2011)
Acerca da estrutura conceitual para elaboração e apresentação de demonstrações contábeis, conhecida como CPC 00 e recepcionada pelo Conselho Federal de Contabilidade, julgue os itens a seguir.

O conjunto completo de demonstrações contábeis inclui o balanço patrimonial, a demonstração do resultado do exercício, a demonstração de mutações do patrimônio líquido, a demonstração de fluxo de caixa, a demonstração de valor adicionado e as demonstrações e relatórios de análise gerencial.

Resolução e Comentários

De acordo com o *Pronunciamento Técnico CPC 26 (R1) – Apresentação das Demonstrações Contábeis*, o conjunto completo de demonstrações contábeis inclui:

(c) balanço patrimonial ao final do período;

(b1) demonstração do resultado do período;

(b2) demonstração do resultado abrangente do período (exigida pelo *Pronunciamento Técnico CPC 26(R1)* e pela CVM, por meio da *Deliberação CVM 676/11*);

(m) demonstração das mutações do patrimônio líquido do período;

(n) demonstração dos fluxos de caixa do período;

(o) notas explicativas, compreendendo um resumo das políticas contábeis significativas e outras informações elucidativas;

(p) balanço patrimonial do início do período mais antigo, comparativamente apresentado, quando a entidade aplica uma política contábil retrospectivamente ou procede à reapresentação retrospectiva de itens das demonstrações contábeis, ou ainda quando procede à reclassificação de itens de suas demonstrações contábeis; e

(q) demonstração do valor adicionado do período, conforme *Pronunciamento Técnico CPC 09*, se exigido legalmente ou por algum órgão regulador ou mesmo se apresentada voluntariamente.

As demonstrações e relatórios de análise gerencial não estão constando do conjunto completo de demonstrações contábeis.

Gabarito – Errado

Questão 17 – (Contador – FUB – CESPE/UnB – 2011)
Acerca da Lei nº 6.404/1976 e suas alterações recentes, julgue os itens que se seguem.
As demonstrações contábeis obrigatórias para as sociedades anônimas de capital aberto incluem o balanço patrimonial, a demonstração do resultado do exercício e, para algumas empresas, a demonstração de fluxo de caixa.

Resolução e Comentários

Observe que a assertiva leva o candidato ao erro, se este não tiver o devido cuidado ao analisá-la. A primeira parte da afirmação trata das sociedades anônimas de capital aberto. Na segunda parte da afirmativa, entendemos que estejam tratando das sociedades anônimas de capital fechado. Também está correta a segunda parte da afirmativa, pois nem todas as sociedades anônimas de capital fechado devem elaborar e publicar a DFC, conforme consta da teoria então apresentada neste capítulo.

§ 6º do Art. 176 da Lei nº 6.404/76: "A companhia fechada com patrimônio líquido, na data do balanço, inferior a R$ 2.000.000,00 (dois milhões de reais) não será obrigada à elaboração e publicação da demonstração dos fluxos de caixa."

Gabarito – Certo

Questão 18 – (Contador – Ministério do Turismo – Fundação Universa – 2010)
Com base na Lei nº 6.404/1976, é obrigatória a demonstração financeira
a) das origens e das aplicações de recursos, apenas para as companhias abertas.
b) dos lucros ou dos prejuízos acumulados, para todas as companhias.
c) do valor adicionado, exceto para as companhias fechadas com patrimônio líquido inferior a R$ 2 milhões na data do balanço.
d) dos fluxos de caixa, para as companhias tributadas com base no lucro real.
e) das mutações do patrimônio líquido, para todas as companhias com patrimônio líquido igual ou superior a R$ 2 milhões na data do balanço.

Resolução e Comentários
De acordo com o Art. 176 da Lei das Sociedades por Ações, ao final de cada exercício social, a diretoria fará elaborar, com base na escrituração mercantil da companhia, as seguintes demonstrações financeiras, que deverão exprimir com clareza a situação do patrimônio dela e as mutações ocorridas no exercício:
I – Balanço Patrimonial (BP);
II – Demonstração dos Lucros ou Prejuízos Acumulados (DLPA);
III – Demonstração do Resultado do Exercício (DRE);
IV – Demonstração dos Fluxos de Caixa (DFC); e
V – *se companhia aberta*, Demonstração do Valor Adicionado (DVA).

Gabarito – B

Questão 19 – (Analista – Normas Contábeis e de Auditoria – CVM – ESAF – 2010)
As demonstrações contábeis, quando corretamente elaboradas, satisfazem as necessidades comuns da maioria dos seus usuários, uma vez que quase todos eles as utilizam para a tomada de decisões de ordem econômica. Sob esse aspecto, pode-se dizer que, entre outras finalidades, os usuários baseiam-se nas demonstrações contábeis para praticar as seguintes ações, exceto:
a) decidir quando comprar, manter ou vender um investimento em ações.
b) avaliar a capacidade da entidade de pagar seus empregados e proporcionar-lhes outros benefícios.
c) determinar a distribuição de lucros e dividendos.
d) regulamentar as atividades das entidades.
e) fiscalizar a lisura dos atos administrativos.

Resolução e Comentários

Apenas os atos administrativos relevantes serão apresentados com o conjunto de demonstrações contábeis. Podem ser utilizadas notas explicativas ou contas de compensação para este fim.

Gabarito – E

Questão 20 – (Auditor Júnior – PETROBRAS – CESGRANRIO – 2011)
A Lei nº 11.638/07 alterou, revogou e inseriu novos dispositivos à Lei nº 6.404/76, que dispõe sobre as sociedades por ações, trazendo implicações diretas no campo societário e contábil e, de modo indireto, no tributário. Em relação à elaboração das demonstrações financeiras, uma das principais alterações foi a
a) exclusão da obrigatoriedade da elaboração da demonstração do valor adicionado.
b) inclusão da obrigatoriedade da elaboração da demonstração dos lucros ou prejuízos acumulados.
c) inclusão da obrigatoriedade da elaboração das demonstrações de liquidez financeira.
d) substituição da elaboração da demonstração do valor adicionado pela elaboração da demonstração das origens e aplicações de recursos.
e) substituição da elaboração da demonstração das origens e aplicações de recursos pela elaboração da demonstração de fluxo de caixa.

Resolução e Comentários

A DOAR deixou de ser obrigatória a partir da vigência da Lei nº 11.638/07, que alterou a Lei das Sociedades por Ações. Passou a ser obrigatória em seu lugar, ressalvadas algumas exceções, a Demonstração dos Fluxos de Caixa.

Gabarito – E

Questão 21 – (Técnico da Receita Federal – ESAF – 2006)
Assinale abaixo a opção que contém a afirmativa incorreta.
Em relação à Escrituração, a Lei nº 6.404/76 e alterações pertinentes determinam que
a) a escrituração da companhia será mantida em registros permanentes.
b) os registros devem observar métodos ou critérios contábeis uniformes no tempo.
c) as mutações patrimoniais devem ser registradas de acordo com o regime de competência.
d) as diferenças entre os princípios contábeis e as determinações de leis fiscais serão observadas em registros auxiliares.
e) as demonstrações financeiras serão assinadas pelos administradores, por contabilistas legalmente habilitados e pelos proprietários da companhia.

Resolução e Comentários

Art. 177 da Lei nº 6.404/76 (Lei das Sociedades por Ações):

Escrituração

Art. 177. A escrituração da companhia será mantida em registros permanentes, com obediência aos preceitos da legislação comercial e desta Lei e aos princípios de contabilidade geralmente aceitos, devendo observar métodos ou critérios contábeis uniformes no tempo e registrar as mutações patrimoniais segundo o regime de competência.

§ 1º As demonstrações financeiras do exercício em que houver modificação de métodos ou critérios contábeis, de efeitos relevantes, deverão indicá-la em nota e ressaltar esses efeitos.

§ 2º A companhia observará exclusivamente em livros ou registros auxiliares, sem qualquer modificação da escrituração mercantil e das demonstrações reguladas nesta Lei, as disposições da lei tributária, ou de legislação especial sobre a atividade que constitui seu objeto, que prescrevam, conduzam ou incentivem a utilização de métodos ou critérios contábeis diferentes ou determinem registros, lançamentos ou ajustes ou a elaboração de outras demonstrações financeiras. (Redação dada pela Lei nº 11.941, de 2009)

I – (revogado); (Redação dada pela Lei nº 11.941, de 2009)

II – (revogado). (Redação dada pela Lei nº 11.941, de 2009)

§ 3º As demonstrações financeiras das companhias abertas observarão, ainda, as normas expedidas pela Comissão de Valores Mobiliários e serão obrigatoriamente submetidas a auditoria por auditores independentes nela registrados. (Redação dada pela Lei nº 11.941, de 2009)

§ 4º **As demonstrações financeiras serão assinadas pelos administradores e por contabilistas legalmente habilitados.**

§ 5º As normas expedidas pela Comissão de Valores Mobiliários a que se refere o § 3º deste artigo deverão ser elaboradas em consonância com os padrões internacionais de contabilidade adotados nos principais mercados de valores mobiliários. (Incluído pela Lei nº 11.638, de 2007)

§ 6º As companhias fechadas poderão optar por observar as normas sobre demonstrações financeiras expedidas pela Comissão de Valores Mobiliários para as companhias abertas. (Incluído pela Lei nº 11.638, de 2007)

§ 7º (Revogado). (Redação dada pela Lei nº 11.941, de 2009)

Gabarito – E

Questão 22 – (Técnico de Contabilidade – CESGRANRIO – PETROBRAS – 2008)
Segundo o art. 176 da Lei das Sociedades Anônimas, após as alterações da Lei nº 11.638/2007, as companhias abertas com ações negociadas em bolsa de valores devem elaborar e publicar, além do Balanço Patrimonial e da Demonstração do Resultado do Exercício, as seguintes demonstrações financeiras:

a) Demonstração de Mutações do Patrimônio Líquido e Demonstração de Origens e Aplicações de Recursos.

b) Demonstração de Mutações do Patrimônio Líquido; Demonstração dos Fluxos de Caixa e Demonstração de Origens e Aplicações de Recursos.

c) Demonstração de Mutações do Patrimônio Líquido; Balanço Social e Demonstração dos Fluxos de Caixa.

d) Demonstração dos Lucros ou Prejuízos Acumulados; Demonstração de Mutações do Patrimônio Líquido e Demonstração de Origens e Aplicações de Recursos.

e) Demonstração dos Lucros ou Prejuízos Acumulados; Demonstração dos Fluxos de Caixa e Demonstração do Valor Adicionado.

Resolução e Comentários

Art. 176 da Lei nº 6.404/76 (Lei das Sociedades por Ações) – alterada pela Lei nº 11.941, de 27 de maio de 2009

SEÇÃO II
Demonstrações Financeiras
Disposições Gerais

Art. 176. Ao fim de cada exercício social, a diretoria fará elaborar, com base na escrituração mercantil da companhia, as seguintes demonstrações financeiras, que deverão exprimir com clareza a situação do patrimônio da companhia e as mutações ocorridas no exercício:

I – balanço patrimonial;
II – demonstração dos lucros ou prejuízos acumulados;
III – demonstração do resultado do exercício; e
~~IV – demonstração das origens e aplicações de recursos.~~
IV – demonstração dos fluxos de caixa; e (Redação dada pela Lei nº 11.638, de 2007)
V – se companhia aberta, demonstração do valor adicionado. (Incluído pela Lei nº 11.638, de 2007)

Gabarito – E

Questão 23 – (Contador Júnior – PETROBRAS – Fundação CESGRANRIO – 2008)

Ao fim de cada exercício social, com base na escrituração mercantil da Companhia, a Diretoria fará elaborar as seguintes demonstrações financeiras:

I – Balanço Patrimonial;
II – Demonstração dos Lucros ou Prejuízos Acumulados;
III – Demonstração do Resultado do Exercício;
IV – Demonstração dos Fluxos de Caixa;
V – Demonstração do Valor Adicionado, se Companhia aberta.

Esse procedimento visa a exprimir com clareza a situação

a) financeira da Companhia.
b) econômica, patrimonial e financeira da Companhia.
c) do patrimônio da Companhia e as mutações ocorridas no exercício.
d) do patrimônio e dos resultados auferidos pela Companhia, no exercício.
e) patrimonial, o resultado do exercício e a movimentação financeira da Companhia, ocorridas no exercício.

Resolução e Comentários

Visando ao controle patrimonial e com a finalidade de fornecer informações e orientação quanto à sua composição e quanto às variações nele ocorridas, a contabilidade cria demonstrações desse patrimônio e de suas variações, em obediência à legislação contábil em vigor.

Capítulo 2 — As Demonstrações Contábeis e a Legislação Correspondente ▪ 89

Portanto, de acordo com o Art. 176 da Lei das Sociedades por Ações, ao final de cada exercício social, a diretoria fará elaborar, com base na escrituração mercantil da companhia, as seguintes demonstrações financeiras, que deverão exprimir com clareza a situação do patrimônio dela e as mutações ocorridas no exercício:

I – Balanço Patrimonial (BP);
II – Demonstração dos Lucros ou Prejuízos Acumulados (DLPA);
III – Demonstração do Resultado do Exercício (DRE);
IV – Demonstração dos Fluxos de Caixa (DFC); e
V – *se companhia aberta*, Demonstração do Valor Adicionado (DVA).
Gabarito – C

Questão 24 – (Contador Júnior – PETROBRAS – Fundação CESGRANRIO – 2006)
A padronização das demonstrações financeiras consiste em:
a) realizar uma crítica às contas das demonstrações financeiras, bem como transcrevê-las para um modelo previamente definido.
b) realizar uma crítica às contas que sofrem ajustes no final do exercício, tais como: Imobilizações, Diferido, Investimentos e Resultados de Exercícios Futuros.
c) realizar uma avaliação prévia das contas de receitas e despesas, visando a verificar se o lucro contábil corresponde ao lucro financeiro.
d) transferir as contas de depreciações acumuladas, amortizações e exaustões para o Patrimônio Líquido, como contas redutoras.
e) segregar as contas do Ativo Permanente em financeiras e operacionais.

Resolução e Comentários
A padronização das demonstrações financeiras consiste em realizar uma crítica às contas das demonstrações financeiras, bem como transcrevê-las para um modelo previamente definido.
Gabarito – A

Questão 25 – (Perito Criminal – Contabilidade – Polícia Civil SP – VUNESP/2014)
As demonstrações contábeis são uma representação estruturada da posição patrimonial e financeira e de desempenho. O objetivo das demonstrações contábeis é o de proporcionar informação acerca da posição patrimonial, financeira e de desempenho. Para satisfazer a esse objetivo, o conjunto completo das demonstrações contábeis, de acordo com Resolução CFC nº 1.185/2009, são, além do balanço patrimonial e das notas explicativas do período:
a) demonstração do resultado; demonstração do resultado abrangente; demonstração das mutações do patrimônio líquido; demonstração de lucros e prejuízos acumulados e demonstração das origens e aplicações de recursos;
b) demonstração das mutações do patrimônio líquido; demonstração de lucros e prejuízos acumulados; demonstração das origens e aplicações de recursos; demonstração dos fluxos de caixa e demonstração do valor adicionado;

c) demonstração do resultado; demonstração do resultado abrangente; demonstração de lucros e prejuízos acumulados; demonstração das origens e aplicações de recursos e demonstração do valor adicionado;

d) demonstração do resultado; demonstração do resultado abrangente; demonstração das mutações do patrimônio líquido; demonstração dos fluxos de caixa e demonstração do valor adicionado;

e) demonstração do resultado abrangente; demonstração de lucros e prejuízos acumulados; demonstração das mutações do patrimônio líquido; demonstração dos fluxos de caixa e demonstração do valor adicionado.

Resolução e Comentários

Conforme o Pronunciamento Técnico CPC 26 (R1) – Apresentação das Demonstrações Contábeis, temos:

O conjunto completo de demonstrações contábeis inclui:

(a) balanço patrimonial ao final do período;

   (b1) demonstração do resultado do período;

   (b2) demonstração do resultado abrangente do período;

(c) demonstração das mutações do patrimônio líquido do período;

(d) demonstração dos fluxos de caixa do período;

(e) notas explicativas, compreendendo um resumo das políticas contábeis significativas e outras informações elucidativas;

   (e1) informações comparativas com o período anterior;

(f) balanço patrimonial do início do período mais antigo, comparativamente apresentado, quando a entidade aplicar uma política contábil retrospectivamente ou proceder à reapresentação retrospectiva de itens das demonstrações contábeis, ou quando proceder à reclassificação de itens de suas demonstrações contábeis; e

   (f1) demonstração do valor adicionado do período, conforme Pronunciamento Técnico CPC 09, se exigido legalmente ou por algum órgão regulador ou mesmo se apresentada voluntariamente.

Gabarito – D

Questão 26 – (Analista de Gestão Corporativa – Contabilidade – EPE – Fundação CESGRANRIO – 2014)

A Lei Societária nº 6.404/76 estabelece que, ao final de cada exercício social, a diretoria fará elaborar, com base na escrituração mercantil, as demonstrações financeiras, que deverão exprimir com clareza a situação do patrimônio e as mutações ocorridas no exercício social.

Nesse contexto, estão obrigadas a elaborar todas as demonstrações contábeis determinadas na legislação societária, as Sociedades Anônimas de:

a) capital aberto;

b) capital fechado;

c) capital aberto e fechado;
d) grande porte econômico;
e) responsabilidade limitada.

Resolução e Comentários

Consta da Lei nº 6.404/76 (Lei das Sociedades por Ações) o seguinte:

SEÇÃO II
Demonstrações Financeiras
Disposições Gerais

Art. 176. Ao fim de cada exercício social, a diretoria fará elaborar, com base na escrituração mercantil da companhia, as seguintes demonstrações financeiras, que deverão exprimir com clareza a situação do patrimônio da companhia e as mutações ocorridas no exercício:
I – balanço patrimonial;
II – demonstração dos lucros ou prejuízos acumulados;
III – demonstração do resultado do exercício;
IV – demonstração dos fluxos de caixa; e
V – se companhia aberta, demonstração do valor adicionado.

Gabarito – A

Questão 27 – (Analista – Contador – **PREFEITURA DE PORTO VELHO – FUNCAB – 2014**)

Uma das demonstrações contábeis, relacionadas nas alternativas abaixo, deixou de ser exigida, a partir das mudanças introduzidas na contabilidade brasileira pelo processo de convergência ao padrão internacional. Identifique-a.
a) Do Valor Adicionado.
b) Das Origens e Aplicações de Recursos.
c) Dos Fluxos de Caixa.
d) Do Resultado Abrangente.
e) Das Mutações do Patrimônio Líquido.

Resolução e Comentários

A Demonstração das Origens e Aplicações de Recursos (DOAR) deixou de ser exigida após as mudanças introduzidas na contabilidade brasileira pelo processo de convergência ao padrão internacional.

Gabarito – B

Questão 28 – (Analista – Contador – PREFEITURA DE PORTO VELHO – FUNCAB – 2014)

Uma das grandes novidades da Lei nº 11.638/2007 é a contida no seu art. 3º, estendendo às sociedades de grande porte a obrigatoriedade de aplicarem os mesmos procedimentos adotados pelas companhias abertas, mesmo que não constituídas sob a forma de sociedades por ações. São consideradas de grande porte a sociedade ou conjunto de sociedades sobre controle comum que tenham:

a) o ativo total superior a R$ 240.000.000,00 e receita bruta superior a R$ 300.000.000,00;
b) o ativo total superior a R$ 300.000.000,00 e receita bruta superior a R$ 240.000.000,00;
c) o ativo total igual a R$ 240.000.000,00 e receita bruta igual a R$ 300.000.000,00;
d) o ativo total igual a R$ 300.000.000,00 e receita bruta igual a R$ 240.000.000,00;
e) o ativo e a receita bruta, pelo menos um deles, superiores a R$ 270.000.000,00.

Resolução e Comentários

Consta da Lei nº 11.638/2007 o seguinte texto:

Demonstrações Financeiras de Sociedades de Grande Porte

> Art. 3º Aplicam-se às sociedades de grande porte, ainda que não constituídas sob a forma de sociedades por ações, as disposições da Lei nº 6.404, de 15 de dezembro de 1976, sobre escrituração e elaboração de demonstrações financeiras e a obrigatoriedade de auditoria independente por auditor registrado na Comissão de Valores Mobiliários.
>
> Parágrafo único. Considera-se de grande porte, para os fins exclusivos desta Lei, a sociedade ou conjunto de sociedades sob controle comum que tiver, no exercício social anterior, ativo total superior a R$ 240.000.000,00 (duzentos e quarenta milhões de reais) ou receita bruta anual superior a R$ 300.000.000,00 (trezentos milhões de reais).

Gabarito – A

Questão 29 (Ciências Contábeis – Defensoria Pública RJ – FGV/2014)

Assinale a alternativa que melhor descreve as características das notas explicativas.

a) Fazem parte das demonstrações contábeis e são obrigatórias. Devem, entre outras coisas, prover informação adicional que não tenha sido apresentada nas demonstrações contábeis, mas que seja relevante para sua compreensão.

b) Fazem parte das demonstrações contábeis, mas, assim como o relatório da administração, não são obrigatórias e seu conteúdo fica a critério da empresa.

c) Não fazem parte das demonstrações contábeis, mas são obrigatórias e devem apresentar informação acerca da base para a elaboração das demonstrações contábeis e das políticas contábeis específicas utilizadas.

d) Não fazem parte das demonstrações contábeis, mas são obrigatórias. Contêm informação adicional em relação à apresentada nas demonstrações contábeis. Oferecem descrições narrativas ou segregações e aberturas de itens divulgados nessas demonstrações e informação acerca de itens que não se enquadram nos critérios de reconhecimento nas demonstrações contábeis.

e) São um importante instrumento de informação e são obrigatórias. Nelas ainda devem constar o relatório dos auditores independentes e o parecer do conselho fiscal.

Resolução e Comentários

Os §§ 4º e 5º do art. 176 da Lei das Sociedades por Ações trata das notas explicativas. Eis a íntegra do citado artigo:

> Art. 176. Ao fim de cada exercício social, a diretoria fará elaborar, com base na escrituração mercantil da companhia, as seguintes demonstrações financeiras, que deverão exprimir com clareza a situação do patrimônio da companhia e as mutações ocorridas no exercício:
>
> I – balanço patrimonial;
>
> II – demonstração dos lucros ou prejuízos acumulados;
>
> III – demonstração do resultado do exercício; e
>
> IV – demonstração dos fluxos de caixa; e (Redação dada pela Lei nº 11.638, de 2007)
>
> V – se companhia aberta, demonstração do valor adicionado. (Incluído pela Lei nº 11.638, de 2007)
>
> § 1º As demonstrações de cada exercício serão publicadas com a indicação dos valores correspondentes das demonstrações do exercício anterior.
>
> § 2º Nas demonstrações, as contas semelhantes poderão ser agrupadas; os pequenos saldos poderão ser agregados, desde que indicada a sua natureza e não ultrapassem 0,1 (um décimo) do valor do respectivo grupo de contas; mas é vedada a utilização de designações genéricas, como "diversas contas" ou "contas-correntes".
>
> § 3º As demonstrações financeiras registrarão a destinação dos lucros segundo a proposta dos órgãos da administração, no pressuposto de sua aprovação pela assembleia-geral.
>
> § 4º As demonstrações serão complementadas por notas explicativas e outros quadros analíticos ou demonstrações contábeis necessários para esclarecimento da situação patrimonial e dos resultados do exercício.
>
> § 5º As notas explicativas devem: (Redação dada pela Lei nº 11.941, de 2009)
>
> I – apresentar informações sobre a base de preparação das demonstrações financeiras e das práticas contábeis específicas selecionadas e aplicadas para negócios e eventos significativos; (Incluído pela Lei nº 11.941, de 2009)
>
> II – divulgar as informações exigidas pelas práticas contábeis adotadas no Brasil que não estejam apresentadas em nenhuma outra parte das demonstrações financeiras; (Incluído pela Lei nº 11.941, de 2009)
>
> III – fornecer informações adicionais não indicadas nas próprias demonstrações financeiras e consideradas necessárias para uma apresentação adequada; e (Incluído pela Lei nº 11.941, de 2009)
>
> IV – indicar: (Incluído pela Lei nº 11.941, de 2009)
>
> a) os principais critérios de avaliação dos elementos patrimoniais, especialmente estoques, dos cálculos de depreciação, amortização e exaustão, de constituição de provisões para encargos ou riscos, e dos ajustes para atender a perdas prováveis na realização de elementos do ativo; (Incluído pela Lei nº 11.941, de 2009)

b) os investimentos em outras sociedades, quando relevantes (art. 247, parágrafo único); (Incluído pela Lei nº 11.941, de 2009)

c) o aumento de valor de elementos do ativo resultante de novas avaliações (art. 182, § 3º); (Incluído pela Lei nº 11.941, de 2009)

d) os ônus reais constituídos sobre elementos do ativo, as garantias prestadas a terceiros e outras responsabilidades eventuais ou contingentes; (Incluído pela Lei nº 11.941, de 2009)

e) a taxa de juros, as datas de vencimento e as garantias das obrigações a longo prazo; (Incluído pela Lei nº 11.941, de 2009)

f) o número, espécies e classes das ações do capital social; (Incluído pela Lei nº 11.941, de 2009)

g) as opções de compra de ações outorgadas e exercidas no exercício; (Incluído pela Lei nº 11.941, de 2009)

h) os ajustes de exercícios anteriores (art. 186, § 1º); e (Incluído pela Lei nº 11.941, de 2009)

i) os eventos subsequentes à data de encerramento do exercício que tenham, ou possam vir a ter, efeito relevante sobre a situação financeira e os resultados futuros da companhia. (Incluído pela Lei nº 11.941, de 2009)

§ 6º A companhia fechada com patrimônio líquido, na data do balanço, inferior a R$ 2.000.000,00 (dois milhões de reais) não será obrigada à elaboração e publicação da demonstração dos fluxos de caixa. (Redação dada pela Lei nº 11.638,de 2007)

§ 7º A Comissão de Valores Mobiliários poderá, a seu critério, disciplinar de forma diversa o registro de que trata o § 3º deste artigo. (Incluído pela Lei nº 11.941, de 2009)

Diante do que está aqui exposto, ao analisarmos as alternativas da presente questão, verificamos que as notas explicativas fazem parte das demonstrações contábeis e são obrigatórias. Devem, entre outras coisas, prover informação adicional que não tenha sido apresentada nas demonstrações contábeis, mas que seja relevante para sua compreensão.

Gabarito – A

Capítulo 3

A Estrutura do Balanço Patrimonial – Considerações Iniciais

3.1. A Representação Gráfica do Patrimônio de uma Entidade Econômico-Administrativa

O **patrimônio** de uma entidade pode ser representado, a qualquer tempo, **por convenção contábil**, por um **gráfico em forma de "T"**. Este gráfico recebe o nome de **Balanço Patrimonial** e consiste em um meio de apresentar de maneira detalhada e, ao mesmo tempo, objetiva, o patrimônio de uma entidade.

PATRIMÔNIO – O BALANÇO PATRIMONIAL	
PARTE POSITIVA	PARTE NEGATIVA
ATIVO	PASSIVO
BENS E DIREITOS	OBRIGAÇÕES

O **Ativo** é composto pelos **bens e direitos** da entidade econômico-administrativa **que possam ser expressos em moeda**. Exemplos de alguns bens e direitos que possam pertencer a uma entidade são: móveis, veículos, valores a receber, computadores, imóveis, dinheiro em caixa, dinheiro depositado nos bancos, mercadorias em estoque etc.

O Ativo compreende o **conjunto de recursos aplicados na entidade**, recursos estes a partir dos quais se espera a geração de benefícios econômicos futuros para a entidade, ou seja, a partir dos quais se espera a apuração de resultados favoráveis à entidade fruto da aplicação desses bens e direitos nesta ao longo de seu tempo de vida útil econômica.

Os elementos do Ativo constam do lado esquerdo do Balanço Patrimonial.

O **Passivo** ou **Passivo Exigível** é a parte do Balanço Patrimonial que compreende as obrigações financeiras de uma entidade com relação a terceiros. Nesta área do Balanço Patrimonial deverão ser apresentadas todas as obrigações que, uma vez vencidas, serão cobradas por seus respectivos credores junto à entidade, ou seja, nesta parte do gráfico em forma de "T" (lado direito do gráfico) serão lançadas todas as dívidas contraídas pela entidade em relação a terceiros.

A entidade, para realizar suas mais diversas operações, poderá se utilizar de parcelas do patrimônio de terceiros, gerando, então, obrigações da própria entidade junto a estes (por exemplo: quando uma empresa adquire mercadorias a prazo, uma parcela do patrimônio de um terceiro – as mercadorias da transação – é entregue à entidade para a prática de suas operações; em consequência disto, surge a obrigação de a entidade pagar por estas mercadorias na data do vencimento da fatura respectiva, obrigação esta que é registrada, conforme adiante será mostrado, na parte do Passivo Exigível).

Conforme mencionamos, o Passivo ou Passivo Exigível consiste basicamente nas dívidas da entidade econômico-administrativa com terceiros. É no Passivo que costumam ser registradas as **obrigações de pagar** a terceiros pela entidade, isto é, costumam ser registradas as dívidas da entidade para com terceiros. Também são registradas no Passivo as **obrigações de fazer** pela entidade.

O Passivo Exigível representa as fontes ou origens de recursos provenientes de terceiros para a entidade. Podemos dizer que é o capital fornecido por terceiros à entidade. Representa, então, o **Capital de Terceiros** utilizado pela entidade em suas operações.

Os elementos do Passivo constam do lado direito do Balanço Patrimonial.

Define-se **Situação Líquida** como a diferença existente entre o Ativo e o Passivo Exigível de uma entidade em um determinado momento. Caso seja encontrado um **valor positivo** para esta diferença, então a situação líquida receberá o nome de **Patrimônio Líquido**.

Se for encontrada diferença entre o Ativo Total e o Passivo Exigível, tal diferença, quando positiva (Patrimônio Líquido), será representada do mesmo lado do Passivo Exigível (lado direito do Balanço Patrimonial).

Repare que o gráfico em forma de "T" *sofrerá* um *pequeno corte* do lado direito, a fim de promover a separação entre as parcelas do Passivo Exigível e do Patrimônio Líquido.

BALANÇO PATRIMONIAL

	PASSIVO EXIGÍVEL
ATIVO	
	PATRIMÔNIO LÍQUIDO

Por convenção contábil, o lado direito do gráfico em forma de "T" (Balanço Patrimonial) representa as FONTES OU ORIGENS DE RECURSOS de uma entidade (ou seja, de que maneira surgiram os recursos a serem utilizados pela entidade); já o lado esquerdo deste gráfico representa as APLICAÇÕES DE RECURSOS na entidade (isto é, em que foram aplicados os recursos obtidos pela entidade).

Convém ressaltar que não existe a menor possibilidade de algo ter sido aplicado no Ativo de uma entidade sem ter havido uma fonte ou origem de recursos para tal fim (por exemplo: se um veículo é adquirido por uma empresa à vista, significa que, por algum meio, a empresa obteve recursos tais que proporcionaram a aquisição do veículo à vista; de outra forma, se a empresa adquire um veículo a prazo, utiliza-se do capital de um terceiro para este fim, contraindo obrigação com este – terceiro – em seu Passivo Exigível).

O nome Balanço Patrimonial tem sua razão de ser. **Em um patrimônio, como não pode haver aplicação de recursos sem que haja uma origem correspondente para tal aplicação, então o total de aplicações de recursos será SEMPRE igual ao total de origens de recursos! Balanço**, neste caso, significa posição de equilíbrio, tal qual uma **balança de pratos** (aplicações e origens de recursos SEMPRE em equilíbrio, ou seja, sempre se equivalendo!).

Como o total das origens SEMPRE será igual ao total das aplicações, surge, então, a **equação fundamental do patrimônio**:

> Ativo = Passivo Exigível + Patrimônio Líquido

O Ativo, que representa as aplicações de recursos, será SEMPRE igual à soma "Passivo Exigível + Patrimônio Líquido", que representa as fontes ou origens de recursos de uma entidade, **pois não há aplicação de recursos em uma entidade sem que haja uma fonte ou origem de recursos correspondente à aplicação!**

> O Ativo também é conhecido como Patrimônio Bruto ou Capital Aplicado ou Recursos Aplicados!

Observando a equação fundamental do patrimônio, poderemos chegar à seguinte conclusão:

> Sendo o Ativo maior que o Passivo Exigível (situação mais comum), se do patrimônio bruto (Ativo) forem diminuídas as obrigações para com terceiros (Passivo Exigível), então teremos o patrimônio líquido destas obrigações (Patrimônio Líquido)!

Exemplo

Questão 01 – (Administrador Júnior – Área Contábil – TRANSPETRO – Fundação CESGRANRIO – 2006)

Se uma empresa possuir os seguintes elementos: bens, R$ 800,00; direitos, R$ 350,00 e obrigações, R$ 1.110,00, pode-se afirmar que sua riqueza líquida, em reais, será:
a) 760,00.
b) 310,00.
c) 80,00.
d) 40,00.
e) 20,00.

Resolução e Comentários

De acordo com a Equação Fundamental do Patrimônio, tem-se:

Ativo = Passivo Exigível + Patrimônio Líquido

Ativo = Bens + Direitos = R$ 800,00 + R$ 350,00 = R$ 1.150,00

Passivo Exigível = Obrigações = R$ 1.110,00

Ativo = Passivo Exigível + Patrimônio Líquido → PL = R$ 1.150,00 – R$ 1.110,00
= R$ 40,00

Gabarito – D

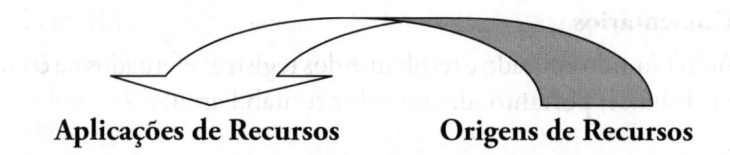

Aplicações de Recursos   Origens de Recursos

BALANÇO PATRIMONIAL

ATIVO

PASSIVO EXIGÍVEL

PATRIMÔNIO LÍQUIDO

Exemplo
Questão 02 – (Técnico de Contabilidade I – TRANSPETRO – CESGRANRIO – 2006)
O Patrimônio Líquido (PL) de R$ 120.000,00, apresentado no Balanço Patrimonial de 31 dez. 2005, pela Companhia Sernambetiba S/A, pode ser considerado por esta empresa como um valor:
a) de mercado.
b) de saída.
c) de liquidação.
d) real.
e) contábil.

Resolução e Comentários

O Patrimônio Líquido apurado é resultante dos registros efetuados na contabilidade da Companhia. Trata-se, portanto, de um valor contábil apurado.

Gabarito – E

Passaremos, agora, a apresentar a estrutura do Balanço Patrimonial, que, conforme vimos, é uma das demonstrações contábeis obrigatórias para as entidades em geral.

3.2. A Estrutura do Balanço Patrimonial – Considerações Iniciais

O **Balanço Patrimonial** consiste na mais importante demonstração contábil apresentada por uma entidade, pois, pela forma como é apresentado, consegue, de uma maneira ordenada, resumida e objetiva, cumprir com sua *finalidade*, que é a de apresentar a situação patrimonial e financeira da entidade em um dado momento, dentro de determinados critérios de avaliação, representando, assim, uma posição considerada **estática** de seu patrimônio. Segundo Tavares Borba, o Balanço Patrimonial pode ser visto como uma *radiografia* da entidade em um determinado momento.

Costumamos dizer que o Balanço Patrimonial é *elaborado* ou *levantado* em determinada data.

O Balanço Patrimonial assume elevado grau de importância para aqueles que o leem, tendo em vista apresentar o total de recursos aplicados (Ativo), assim como o total de recursos devidos a terceiros (Passivo Exigível). Serve, portanto, como importantíssimo instrumento de análise gerencial, pois, a partir do Balanço Patrimonial, poderemos verificar: qual o nível de endividamento da entidade; que proporção existe entre o capital de terceiros e o capital próprio; qual a liquidez da entidade etc. Se forem observados dois balanços consecutivos, facilmente poderemos verificar qual foi a evolução ocorrida em cada parcela do Balanço Patrimonial. Daí surge a necessidade de apresentar as contas com seus respectivos valores de maneira clara e concisa! De acordo com Coelho & Lins, "diz-se que uma empresa é *líquida* quando consegue quitar suas obrigações nos prazos previamente acordados sem que isso crie impeditivos de se continuar investindo a contento no seu processo operacional".

Por intermédio do Balanço Patrimonial, poderemos mostrar a situação da riqueza dos proprietários, sócios ou acionistas em relação ao Ativo Total e ao Passivo Exigível. O *aspecto financeiro do patrimônio* nos mostra as relações de dívidas e de direitos de recebimento em relação a terceiros, assim como de quais recursos poderemos dispor para liquidar tais responsabilidades. O Ativo representa um conjunto de **direitos reais** (bens) e **direitos pessoais** (direitos de recebimento ou créditos) e o Passivo representa um conjunto de obrigações junto a terceiros.

A partir da análise do Balanço Patrimonial, poderemos identificar variações ocorridas em algumas de suas partes, porém nem sempre poderemos saber o que acarretou tais modificações lendo apenas o Balanço. Eis, então, a necessidade de elaboração do conjunto de demonstrações contábeis, para poder elucidar modificações ocorridas, de acordo com eventos específicos. No caso de variações ocorridas na situação financeira da entidade, uma importante demonstração contábil é a Demonstração dos Fluxos de Caixa, que faz parte do conjunto de demonstrações contábeis obrigatórias para a maior parte das sociedades por ações.

Regra geral, o Balanço Patrimonial é mensalmente elaborado, com finalidade gerencial.

Deve ser ressaltado que, de acordo com o tipo jurídico da sociedade, como é o caso, por exemplo, das instituições financeiras e das instituições seguradoras, pode ocorrer padronização do Balanço patrimonial, conforme normas específicas, elaboradas para tais entidades, consideradas especiais. As sociedades por ações e outras sociedades que apresentem características especiais, devidamente reguladas, devem apresentar demonstrações contábeis trimestralmente.

3.3. A APRESENTAÇÃO DAS DIVISÕES DO BALANÇO PATRIMONIAL

O Balanço Patrimonial é dividido em Ativo e Passivo, isto é, *o Ativo e o Passivo constituem divisões do Balanço Patrimonial.* O Ativo e o Passivo são divididos em **grupos**, que são divididos em **subgrupos**, que são divididos em **contas**, que são divididas em **subcontas**.

Exemplo

Seja a seguir apresentada uma parcela de um plano de contas devidamente codificado e estruturado.

Código	Nome (ou Título)
1.	Ativo
1.1.	Ativo Circulante
1.1.01.	Disponibilidades
1.1.01.001	Caixa
1.1.01.001.001	Caixa – Filial 01
1.1.01.001.002	Caixa – Filial 02
1.1.01.002	Bancos Conta Movimento
1.1.01.002.001	Banco do Brasil
1.1.01.002.002	Banco Bradesco
1.1.01.002.003	Caixa Econômica Federal
1.1.01.003	Aplicações Financeiras de Liquidez Imediata
1.1.01.004	Numerários em Trânsito

"Ativo", "Ativo Circulante" e "Disponibilidades" **não são contas**, apesar de receberem seus respectivos códigos.

No presente exemplo, temos:
- Ativo – uma das divisões do Balanço Patrimonial;
- Ativo Circulante – um dos grupos do Ativo;
- Disponibilidades – subgrupo do Ativo Circulante;
- Caixa – conta;
- Caixa – Filial 01 – subconta;
- Caixa – Filial 02 – subconta;
- Bancos Conta Movimento – conta;
- Banco do Brasil – subconta;
- Banco Bradesco – subconta;
- Caixa Econômica Federal – subconta;
- Aplicações Financeiras de Liquidez Imediata – conta; e
- Numerários em Trânsito – conta.

De acordo com o Art. 178 da Lei das Sociedades por Ações, no Balanço Patrimonial as contas serão classificadas segundo os elementos do patrimônio que registrem, e **agrupadas** *de modo a facilitar o conhecimento e a análise da situação financeira da companhia*. Observe que o legislador optou por colocar as contas em **grupamentos**. Esta escolha tem por finalidade fazer com que o Balanço Patrimonial exponha a situação patrimonial e financeira da entidade, conforme posteriormente veremos.

No **Ativo**, as contas serão dispostas em **ordem decrescente do grau de liquidez** dos elementos nelas registrados, nos seguintes grupos:
- Ativo Circulante; e
- Ativo Não Circulante, composto por:
  - Ativo Realizável a Longo Prazo;
  - Investimentos;
  - Imobilizado; e
  - Intangível.

Liquidez – Facilidade ou capacidade com a qual um Ativo pode ser convertido em moeda.

As contas no Ativo serão dispostas de acordo com a ordem decrescente de seu grau de liquidez, isto é, dispondo as contas de maior para as de menor liquidez (de cima para baixo). *A conta Caixa representa o dinheiro propriamente dito e, por isso, é a primeira conta a ser apresentada no Ativo.*

Observe que o **Ativo** é dividido em dois grandes *grupos*: Ativo Circulante e Ativo Não Circulante. O Ativo Não Circulante incorporou o Ativo Realizável a Longo Prazo.

O **Ativo Não Circulante** é composto por quatro *subgrupos*, a saber:
- Ativo Realizável a Longo Prazo;
- Investimentos;
- Imobilizado; e
- Intangível.

Foi extinto o subgrupo diferido, conforme oportunamente veremos.

No Balanço Patrimonial, o Ativo apresenta os ***bens e direitos líquidos*** da entidade, ou seja, já sendo levada em consideração a possibilidade de perdas ou redução de valores das contas principais. Tal perda ou redução de valor é representada por contas retificadoras (regra geral, por perdas estimadas ou ajustes).

No **Passivo**, as contas serão classificadas nos seguintes grupos:
- Passivo Circulante;
- Passivo Não Circulante; e
- Patrimônio Líquido, dividido em:
  - Capital Social;
  - Reservas de Capital;
  - Ajustes de Avaliação Patrimonial;
  - Reservas de Lucros;
  - Ações em Tesouraria; e
  - Prejuízos Acumulados.

Deve ser observado que o legislador não definiu a forma de disposição das contas do Passivo. Por analogia à disposição das contas no Ativo, as contas do Passivo devem ser dispostas em **ordem decrescente do grau de exigibilidade**, ou seja, de acordo com a data de vencimento das obrigações. Quanto mais próxima do vencimento estiver uma obrigação, mais acima ela estará posicionada no Passivo, aparecendo primeiro.

O **Passivo** está dividido em três *grupos*, a saber:
- Passivo Circulante;
- Passivo Não Circulante; e
- Patrimônio Líquido.

O antigo Grupo Resultado de Exercícios Futuros foi extinto e as contas que dele faziam parte estão agora inseridas no Passivo Não Circulante, conforme será posteriormente exposto.

O Patrimônio Líquido é dividido nos seguintes subgrupos:
- Capital Social;
- Reservas de Capital;
- Ajustes de Avaliação Patrimonial;
- Reservas de Lucros;
- Ações em Tesouraria; e
- Prejuízos Acumulados.

Devemos ressaltar que o Ativo e o Passivo são divididos em dois grandes grupos: *circulante* e *não circulante*. Tal divisão tem por finalidade separar os recursos da entidade que estão constantemente sendo movimentados daqueles que possuem caráter mais duradouro em seu âmbito.

Exemplo

Questão 03 – (Técnico de Contabilidade – PETROBRAS – CESGRANRIO – 2011)
No balanço patrimonial, a diferença entre o valor dos ativos e o dos passivos representa o Patrimônio Líquido, que é o valor contábil pertencente aos acionistas ou sócios. O Patrimônio Líquido das sociedades por ações é dividido em Capital Social, Ajustes de Avaliação Patrimonial, Ações em Tesouraria,
a) Reservas de Capital, Reservas Estatutárias e Lucros Acumulados.
b) Reservas de Capital, Reservas de Lucros e Prejuízos Acumulados.
c) Reservas de Capital, Reservas para Contingências e Lucros Acumulados.
d) Reserva Legal, Reservas para Contingências e Prejuízos Acumulados.
e) Reserva Legal, Reserva de Lucros a Realizar e Prejuízos Acumulados.

Resolução e Comentários

No **Passivo**, as contas serão classificadas nos seguintes grupos:
- Passivo Circulante;
- Passivo Não Circulante; e
- Patrimônio Líquido, dividido em:
  - Capital Social;
  - Reservas de Capital;
  - Ajustes de Avaliação Patrimonial;
  - Reservas de Lucros;
  - Ações em Tesouraria; e
  - Prejuízos Acumulados.

Gabarito – B

3.4. A COMPENSAÇÃO DE SALDOS CREDORES E DEVEDORES

O Art. 178 da Lei das Sociedades por Ações trata da possibilidade de compensação entre saldos credores e devedores. Diz o parágrafo terceiro do referido artigo que "**os saldos devedores e credores que a companhia não tiver direito de compensar serão classificados separadamente**".

Segundo consta dos Arts. 368 e 369 do Código Civil Brasileiro (Lei nº 10.406/02), **se duas pessoas forem ao mesmo tempo credor e devedor uma da outra, as duas obrigações extinguem-se, até onde se compensarem**. A compensação efetua-se entre dívidas líquidas, vencidas e de coisas fungíveis. *Fungível* é a coisa que pode ser substituída por outra da mesma espécie, com características idênticas. É exemplo de coisa fungível o dinheiro. A compensação é total se as dívidas se equivalem; caso contrário, é parcial e subsistirá a maior delas pelo saldo existente após a compensação com a de menor saldo.

Exemplo costumeiramente apresentado sobre a possibilidade de compensação de saldos é o que diz respeito aos impostos ditos recuperáveis (ICMS e IPI).

Exemplo

Se uma entidade possui saldo de ICMS a Recuperar (conta do Ativo) igual a R$ 12.200,00 e saldo de ICMS a Recolher (conta do Passivo Exigível) com valor igual a R$ 16.300,00, seus saldos poderão ser compensados, já que existe permissão na legislação em vigor para tal compensação. Como procederemos, então?! A conta de menor saldo será encerrada, em contrapartida à de maior saldo e, com isso, apenas a de maior saldo subsistirá no Balanço Patrimonial. O valor apresentado pela conta cujo saldo inicial era o maior corresponderá à diferença existente entre o maior e o menor saldos inicialmente apresentados.

ICMS a Recuperar (Valores em R$)

(saldo devedor) 12.200,00	12.200,00 (1)

ICMS a Recolher (Valores em R$)

(1) 12.200,00	16.300,00 (saldo credor)
	4.100,00

Logo, o Balanço Patrimonial apresentará apenas a conta ICMS a Recolher (conta do Passivo Exigível), com saldo final igual a R$ 4.100,00.

O próximo exemplo trata de itens que não podem ser compensados e, portanto, deverão constar separadamente do Balanço Patrimonial, com os seus respectivos saldos.

Exemplo

A Empresa A tem uma dívida com a Empresa B, seu fornecedor de mercadorias. A Empresa B, por sua vez, é inquilina da Empresa A, pois aluga um galpão industrial seu. Neste caso, a Empresa A é devedora da empresa B, pelas mercadorias adquiridas; por sua vez, é, também, credora da Empresa B, pelo fato de ter uma edificação sua alugada a Empresa B. Na data de elaboração do Balanço Patrimonial, as Empresas A e B são, ao mesmo tempo, credora e devedora uma da outra, porém não podem compensar seus respectivos saldos, já que são itens totalmente distintos os que originaram cada crédito/débito. Neste caso, o Balanço Patrimonial da Empresa A deverá apresentar cada conta em separado: Fornecedores (Passivo Exigível), com seu respectivo saldo, e Aluguéis a Receber (Ativo), com seu respectivo saldo.

3.5. A Apresentação do Balanço Patrimonial de Acordo com o Comitê de Pronunciamentos Contábeis

O *Pronunciamento Técnico CPC 26 (R1) – Apresentação das Demonstrações Contábeis –* trata da apresentação das demonstrações contábeis.

A seguir, apresentamos considerações gerais sobre a apresentação do Balanço Patrimonial de acordo com esta norma.

3.5.1. Informações a serem apresentadas no Balanço Patrimonial

O Balanço Patrimonial deve apresentar, respeitada a legislação, no mínimo, as seguintes contas:

(a) caixa e equivalentes de caixa;

(b) clientes e outros recebíveis;

(c) estoques;

(d) ativos financeiros (exceto os mencionados nas alíneas "a", "b" e "g");

(e) total de ativos classificados como disponíveis para venda (*Pronunciamento Técnico CPC 38 – Instrumentos Financeiros: Reconhecimento e Mensuração*) e ativos à disposição para venda de acordo com o *Pronunciamento Técnico CPC 31 – Ativo Não Circulante Mantido para Venda e Operação Descontinuada*;

(f) ativos biológicos dentro do alcance do Pronunciamento Técnico CPC 29;

(g) investimentos avaliados pelo método da equivalência patrimonial;

(h) propriedades para investimento;

(i) imobilizado;
(j) intangível;
(k) contas a pagar comerciais e outras;
(l) provisões;
(m) obrigações financeiras (exceto as referidas nas alíneas "k" e "l");
(n) obrigações e ativos relativos à tributação corrente, conforme definido no *Pronunciamento Técnico CPC 32 – Tributos sobre o Lucro*;
(o) impostos diferidos ativos e passivos, como definido no *Pronunciamento Técnico CPC 32*;
(p) obrigações associadas a ativos à disposição para venda de acordo com o *Pronunciamento Técnico CPC 31*;
(q) participação de não controladores apresentada de forma destacada dentro do patrimônio líquido; e
(r) capital integralizado e reservas e outras contas atribuíveis aos proprietários da entidade.

A entidade deve apresentar contas adicionais, cabeçalhos e subtotais nos balanços patrimoniais sempre que sejam relevantes para o entendimento da posição financeira e patrimonial da entidade.

Na situação em que a entidade apresente separadamente seus ativos e passivos circulantes e não circulantes, os impostos diferidos ativos (passivos) não devem ser classificados como ativos circulantes (passivos circulantes).

Não há prescrição de ordem ou do formato que deva ser utilizado na apresentação das contas do Balanço Patrimonial, mas a ordem legalmente instituída no Brasil deve ser observada. Adicionalmente:

(a) contas do balanço patrimonial devem ser incluídas sempre que o tamanho, natureza ou função de um item ou agregação de itens similares apresentados separadamente seja relevante na compreensão da posição financeira da entidade;
(b) a nomenclatura de contas utilizada e sua ordem de apresentação ou agregação de itens semelhantes podem ser modificadas de acordo com a natureza da entidade e de suas transações, no sentido de fornecer informação que seja relevante na compreensão da posição financeira e patrimonial da entidade. Por exemplo, uma instituição financeira pode ter que modificar a nomenclatura acima referida no sentido de fornecer informação relevante no contexto das operações de instituições financeiras.

A entidade deve julgar a adequação da apresentação de contas adicionais separadamente com base na avaliação:

(a) da natureza e liquidez dos ativos;
(b) da função dos ativos na entidade; e
(c) dos montantes, natureza e prazo dos passivos.

A utilização de distintos critérios de mensuração de classes diferentes de ativos sugere que suas naturezas ou funções são distintas e, portanto, devem ser apresentadas em contas separadas. Por exemplo, diferentes classes de imobilizado podem ser reconhecidas ao custo ou pelo valor de reavaliação, quando permitido legalmente, em conformidade com o *Pronunciamento Técnico CPC 27 – Ativo Imobilizado*.

3.5.2. Distinção entre circulante e não circulante

A entidade deve apresentar ativos circulantes e não circulantes, e passivos circulantes e não circulantes, como grupos de contas separados no Balanço Patrimonial, exceto quando uma apresentação baseada na liquidez proporcionar informação confiável e mais relevante. Quando essa exceção for aplicável, todos os ativos e passivos devem ser apresentados por ordem de liquidez.

Qualquer que seja o método de apresentação adotado, a entidade deve divulgar o montante esperado a ser recuperado ou liquidado em até doze meses ou mais do que doze meses, após o período de reporte, para cada item de ativo e passivo.

Quando a entidade fornece bens ou serviços dentro de um ciclo operacional claramente identificável, a classificação separada de ativos e passivos circulantes e não circulantes no Balanço Patrimonial proporciona informação útil ao distinguir os ativos líquidos que estejam continuamente em circulação como capital circulante dos que são utilizados nas operações de longo prazo da entidade. Essa classificação também deve destacar os ativos que se espera sejam realizados dentro do ciclo operacional corrente, bem como os passivos que devam ser liquidados dentro do mesmo período.

Para algumas entidades, tais como instituições financeiras, a apresentação de ativos e passivos por ordem crescente ou decrescente de liquidez proporciona informação que é confiável e mais relevante do que a apresentação em circulante e não circulante pelo fato de que tais entidades não fornecem bens ou serviços dentro de um ciclo operacional claramente identificável.

Conforme anteriormente dito, a entidade deve apresentar ativos circulantes e não circulantes, e passivos circulantes e não circulantes, como grupos de contas separados no Balanço Patrimonial, exceto quando uma apresentação baseada na liquidez proporcionar informação confiável e mais relevante. Quando essa exceção for aplicável, todos os ativos e passivos devem ser apresentados por ordem de liquidez. É permitido à entidade apresentar alguns dos seus ativos e passivos, utilizando-se da classificação em circulante e não circulante e outros por ordem de liquidez quando esse procedimento proporcionar informação confiável e mais relevante. A necessidade de apresentação em base mista pode surgir quando a entidade tem diversos tipos de operações.

A informação acerca das datas previstas para a realização de ativos e para a liquidação de passivos é útil na avaliação da liquidez e solvência da entidade. O *Pronunciamento Técnico CPC 40 – Instrumentos Financeiros: Evidenciação* requer divulgação das datas de vencimento de ativos financeiros e de passivos financeiros. Os ativos financeiros incluem recebíveis comerciais e outros recebíveis e os passivos financeiros incluem dívidas a pagar comerciais e outras. A informação sobre a data esperada para a recuperação e liquidação de ativos e de passivos não monetários, tais como estoques e provisões, é também útil, qualquer que seja a classificação desses ativos e passivos como circulantes ou não circulantes. Por exemplo, a entidade deve divulgar o montante de estoques que se espera seja recuperado após doze meses da data do balanço.

3.5.3. Ativo circulante

O ativo deve ser classificado como circulante quando satisfizer qualquer dos seguintes critérios:

(a) espera-se que seja realizado, ou pretende-se que seja vendido ou consumido no decurso normal do ciclo operacional da entidade;

(b) está mantido essencialmente com o propósito de ser negociado;

(c) espera-se que seja realizado até doze meses após a data do balanço; ou

(d) é caixa ou equivalente de caixa (conforme definido no *Pronunciamento Técnico CPC 03 – Demonstração dos Fluxos de Caixa*), a menos que sua troca ou uso para liquidação de passivo se encontre vedada durante pelo menos doze meses após a data do balanço.

Todos os demais ativos devem ser classificados como não circulantes.

A expressão "não circulante" inclui ativos tangíveis, intangíveis e ativos financeiros de natureza de longo prazo. Não se proíbe o uso de descrições alternativas desde que seu sentido seja claro.

O **ativo não circulante** *deve ser subdividido em realizável a longo prazo, investimentos, imobilizado e intangível.*

O **ciclo operacional da entidade** é o tempo entre a aquisição de ativos para processamento e sua realização em caixa ou seus equivalentes. **Quando o ciclo operacional normal da entidade não for claramente identificável, pressupõe-se que sua duração seja de doze meses.** Os ativos circulantes incluem ativos (tais como estoque e contas a receber comerciais) que são vendidos, consumidos ou realizados como parte do ciclo operacional normal, mesmo quando não se espera que sejam realizados no período de até doze meses após a data do balanço. Os ativos circulantes também incluem ativos essencialmente mantidos com a finalidade de serem negociados (por exemplo, ativos financeiros dentro dessa categoria classificados como disponíveis para venda de acordo com o *Pronunciamento Técnico CPC 38 – Instrumentos Financeiros: Reconhecimento e Mensuração*) e a parcela circulante de ativos financeiros não circulantes.

3.5.4. Passivo circulante

O passivo deve ser classificado como <u>circulante</u> quando satisfizer qualquer dos seguintes critérios:

(a) espera-se que seja liquidado durante o ciclo operacional normal da entidade;
(b) está mantido essencialmente para a finalidade de ser negociado;
(c) deve ser liquidado no período de até doze meses após a data do balanço; ou
(d) a entidade não tem direito incondicional de diferir a liquidação do passivo durante pelo menos doze meses após a data do balanço. Os termos de um passivo que podem, à opção da contraparte, resultar na sua liquidação por meio da emissão de instrumentos patrimoniais não devem afetar a sua classificação.

Todos os outros passivos devem ser classificados como não circulantes.

Alguns passivos circulantes, tais como contas a pagar comerciais e algumas apropriações por competência relativas a gastos com empregados e outros custos operacionais são parte do capital circulante usado no ciclo operacional normal da entidade. Tais itens operacionais são classificados como passivos circulantes mesmo que estejam para ser liquidados em mais de doze meses após a data do balanço patrimonial. *O mesmo ciclo operacional normal aplica-se à classificação dos ativos e passivos da entidade. Quando o ciclo operacional normal da entidade não for claramente identificável, pressupõe-se que a sua duração seja de doze meses.*

Outros passivos circulantes não são liquidados como parte do ciclo operacional normal, mas está prevista a sua liquidação para o período de até doze meses após a data do balanço ou estão essencialmente mantidos com a finalidade de serem negociados. Exemplos disso são os passivos financeiros classificados como disponíveis para venda, de acordo com o *Pronunciamento Técnico CPC 38*, saldos bancários a descoberto e a parcela circulante de passivos financeiros não circulantes, dividendos a pagar, imposto de renda e outras dívidas a pagar não comerciais. Os passivos financeiros que proporcionem financiamento a longo prazo (ou seja, não façam parte do capital circulante usado no ciclo operacional normal da entidade) e cuja liquidação não esteja prevista para o período de até doze meses após a data do balanço são passivos não circulantes.

A entidade deve classificar os seus passivos financeiros como circulantes quando a sua liquidação estiver prevista para o período de até doze meses após a data do balanço, mesmo que:

(a) o prazo original para sua liquidação tenha sido por período superior a doze meses; e
(b) um acordo de refinanciamento, ou de reescalonamento de pagamento a longo prazo seja completado após a data do balanço e antes de as demonstrações contábeis serem autorizadas para sua publicação.

Se a entidade tiver a expectativa, e tiver poder discricionário, para refinanciar ou substituir (roll over) *uma obrigação por pelo menos doze meses após a data do balanço segundo dispositivo contratual do empréstimo existente, deve classificar a obrigação como não circulante, mesmo que de outra forma fosse devida dentro de período mais curto. Contudo, quando o refinanciamento ou a substituição* (roll over) *da obrigação não depender somente da entidade (por exemplo, se não houver um acordo de refinanciamento), o simples potencial de refinanciamento não é considerado suficiente para a classificação como não circulante e, portanto, a obrigação é classificada como circulante.*

Quando a entidade quebrar um acordo contratual (*covenant*) de um empréstimo de longo prazo (índice de endividamento ou de cobertura de juros, por exemplo) ao término ou antes do término do período de reporte, tornando o passivo vencido e pagável à ordem do credor, o passivo deve ser classificado como circulante mesmo que o credor tenha concordado, após a data do balanço e antes da data da autorização para emissão das demonstrações contábeis, em não exigir pagamento antecipado como consequência da quebra do *covenant*. O passivo deve ser classificado como circulante porque, à data do balanço, a entidade não tem o direito incondicional de diferir a sua liquidação durante pelo menos doze meses após essa data.

Entretanto, o passivo deve ser classificado como não circulante se o credor tiver concordado, até a data do balanço, em proporcionar uma dilação de prazo, a terminar pelo menos doze meses após a data do balanço, dentro do qual a entidade poderá retificar a quebra de *covenant* contratual (reenquadramento nos índices de endividamento e cobertura de juros, por exemplo) e durante o qual o credor não poderá exigir a liquidação imediata do passivo em questão.

Com respeito a empréstimos classificados como passivo circulante, se os eventos que se seguem ocorrerem entre a data do balanço e a data em que as demonstrações contábeis forem autorizadas para serem emitidas, esses eventos serão qualificados para divulgação como eventos que não originam ajustes de acordo com o *Pronunciamento Técnico CPC 24 – Evento Subsequente*:

(a) refinanciamento para uma base de longo prazo;

(b) retificação de quebra de *covenant* de empréstimo de longo prazo; e

(c) concessão por parte do credor de dilação de prazo para retificar a quebra de *covenant* contratual (reenquadramento nos índices de endividamento e cobertura de juros, por exemplo) de empréstimo de longo prazo, que termine pelo menos doze meses após a data do balanço.

3.5.5. Informações a serem apresentadas no balanço patrimonial ou em notas explicativas

A entidade deve divulgar, seja no Balanço Patrimonial, seja nas notas explicativas, rubricas adicionais às contas apresentadas (subclassificações), classificadas de forma adequada às operações da entidade.

O detalhamento proporcionado nas subclassificações depende dos requisitos dos Pronunciamentos Técnicos, Interpretações e Orientações do *CPC* e da dimensão, natureza e função dos montantes envolvidos. As divulgações variam para cada item, por exemplo:

(a) os itens do ativo imobilizado são segregados em classes de acordo com o *Pronunciamento Técnico CPC 27 – Ativo Imobilizado*;

(b) as contas a receber são segregadas em montantes a receber de clientes comerciais, contas a receber de partes relacionadas, pagamentos antecipados e outros montantes;

(c) os estoques são segregados, de acordo com o *Pronunciamento Técnico CPC 16 – Estoques*, em classificações tais como mercadorias para revenda, insumos, materiais, produtos em processo e produtos acabados;

(d) as provisões são segregadas em provisões para benefícios dos empregados e outros itens; e

(e) o capital e as reservas são segregados em várias classes, tais como capital subscrito e integralizado, prêmios na emissão de ações e reservas.

A entidade deve divulgar o seguinte, seja no balanço patrimonial, seja na demonstração das mutações do patrimônio líquido ou nas notas explicativas:

(a) para cada classe de ações do capital:

  (i) a quantidade de ações autorizadas;

  (ii) a quantidade de ações subscritas e inteiramente integralizadas, e subscritas mas não integralizadas;

  (iii) o valor nominal por ação, ou informar que as ações não têm valor nominal;

  (iv) a conciliação entre as quantidades de ações em circulação no início e no fim do período;

  (v) os direitos, preferências e restrições associados a essa classe de ações, incluindo restrições na distribuição de dividendos e no reembolso de capital;

  (vi) ações ou quotas da entidade mantidas pela própria entidade (ações ou quotas em tesouraria) ou por controladas ou coligadas; e

  (vii) ações reservadas para emissão em função de opções e contratos para a venda de ações, incluindo os prazos e respectivos montantes; e

(b) uma descrição da natureza e da finalidade de cada reserva dentro do patrimônio líquido.

A entidade sem capital representado por ações, tal como uma sociedade de responsabilidade limitada ou um truste, deve divulgar informação equivalente à anteriormente exigida, mostrando as alterações durante o período em cada categoria de participação no patrimônio líquido e os direitos, preferências e restrições associados a cada categoria de instrumento patrimonial.

Se a entidade tiver reclassificado

(a) um instrumento financeiro com opção de venda classificado como instrumento patrimonial, ou

(b) um instrumento que impõe à entidade a obrigação de entregar à contraparte um valor *pro rata* dos seus ativos líquidos (patrimônio líquido) somente na liquidação da entidade e é classificado como instrumento patrimonial entre os passivos financeiros e o patrimônio líquido, ela deve divulgar o montante reclassificado para dentro e para fora de cada categoria (passivos financeiros ou patrimônio líquido), e o momento e o motivo dessa reclassificação.

Observação: Se o Nobre Leitor não tiver entendido alguma parte do conteúdo ora apresentado, não fique preocupado, pois, ao longo do tempo, à medida que for avançando nos estudos contábeis, os assuntos serão devidamente apresentados e, com isso, as lacunas então existentes serão corretamente preenchidas.

3.6. Exercícios Resolvidos para a Fixação de Conteúdo

Questão 04 – (Contador – SEJUS – RO – FUNCAB – 2010)
A Lei nº 6.404 atualizada determina um conjunto de grupos de contas que integram o patrimônio líquido. Qual alternativa apresenta adequadamente o conjunto de todos os grupos que integram o patrimônio líquido?
a) reservas de capital, reservas de lucros, ações em tesouraria, lucros acumulados e prejuízos acumulados.
b) reservas de lucros, reservas de reavaliação, ações em tesouraria e prejuízos acumulados.
c) reservas de capital, ajustes de avaliação patrimonial, reservas de lucros, ações em tesouraria e prejuízos acumulados.
d) reservas de capital, ajustes de avaliação patrimonial, reservas de lucros e lucros ou prejuízos acumulados.
e) reservas de capital, reservas de lucros, reservas de reavaliação, ações em tesouraria e prejuízos acumulados.

Resolução e Comentários

No **Passivo**, as contas serão classificadas nos seguintes grupos:
- Passivo Circulante;
- Passivo Não Circulante; e
- Patrimônio Líquido, dividido em:
  - Capital Social;
  - Reservas de Capital;
  - Ajustes de Avaliação Patrimonial;
  - Reservas de Lucros;

- Ações em Tesouraria; e
- Prejuízos Acumulados.

Deve ser ressaltado que a alternativa que mais se aproxima da resposta correta é a letra "c". E o Capital Social?!
Gabarito – C

Questão 05 – (Técnico em Metrologia e Qualidade – Contabilidade – INMETRO – CESPE/UnB – 2011)
De acordo com a Lei nº 6.404/1976 e a Lei nº 11.638/2007, assinale a opção que relaciona apenas contas integrantes do patrimônio líquido.
a) capital social, reserva de contingência, ações em tesouraria e debêntures emitidas.
b) dividendos a pagar, ajuste de avaliação patrimonial e reserva de lucros.
c) prejuízos acumulados, ações em tesouraria, lucros acumulados e resultados de exercícios futuros.
d) reservas de capital, ações em tesouraria, ajuste de avaliação patrimonial e prejuízos acumulados.
e) reserva legal, reserva de lucros, reserva de contingência, reserva ambiental e reserva de capital.

Resolução e Comentários

No **Passivo**, as contas serão classificadas nos seguintes grupos:
- Passivo Circulante;
- Passivo Não Circulante; e
- Patrimônio Líquido, dividido em:
  - Capital Social;
  - Reservas de Capital;
  - Ajustes de Avaliação Patrimonial;
  - Reservas de Lucros;
  - Ações em Tesouraria; e
  - Prejuízos Acumulados.

Gabarito – D

Questão 06 – (Técnico em Contabilidade – CFC – 2011)
Assinale a opção que apresenta apenas contas integrantes do Patrimônio Líquido.
a) Ações em Tesouraria, Reserva Legal e Custo das Mercadorias Vendidas.
b) Capital Subscrito, Prejuízos Acumulados e Reserva de Lucros.
c) Lucros Acumulados, Ações em Tesouraria e Despesas Antecipadas.
d) Reserva Legal, Dividendos a Pagar e Capital a Integralizar.

Capítulo 3 — A Estrutura do Balanço Patrimonial – Considerações Iniciais

Resolução e Comentários

No **Passivo**, as contas serão classificadas nos seguintes grupos:
- Passivo Circulante;
- Passivo Não Circulante; e
- Patrimônio Líquido, dividido em:
  - Capital Social;
  - Reservas de Capital;
  - Ajustes de Avaliação Patrimonial;
  - Reservas de Lucros;
  - Ações em Tesouraria; e
  - Prejuízos Acumulados.

Quanto à conta Capital Social, observe que:

Capital Social = Capital Nominal = Capital Subscrito = Capital Registrado

Gabarito – B

Questão 07 – (Técino de Contabilidade – CESPE – TJ-ES – 2011)
Com base na atual legislação societária e considerando as técnicas contábeis, julgue o item que se segue.
Divide-se o patrimônio líquido em capital social, reservas de capital, ajustes de avaliação patrimonial, reservas de lucros, ações em tesouraria e prejuízos acumulados.

Resolução e Comentários

No **Passivo**, as contas serão classificadas nos seguintes grupos:
- Passivo Circulante;
- Passivo Não Circulante; e
- Patrimônio Líquido, dividido em:
  - Capital Social;
  - Reservas de Capital;
  - Ajustes de Avaliação Patrimonial;
  - Reservas de Lucros;
  - Ações em Tesouraria; e
  - Prejuízos Acumulados.

Gabarito – Certo

Questão 08 – (Técnico em Contabilidade – TJ – ES – CESPE/UnB – 2011)
De acordo com a técnica de registro de fatos contábeis, a natureza da conta determina o lado em que devem ser descritos, no balanço, os aumentos e as diminuições dos saldos de contas contábeis. A esse respeito, julgue os itens seguintes.
O patrimônio líquido tanto pode apresentar saldo credor quanto devedor.

Resolução e Comentários
De acordo com a Equação Fundamental do Patrimônio, tem-se:

Ativo = Passivo Exigível + Patrimônio Líquido

De acordo com os saldos do Ativo e do Passivo Exigível, o Patrimônio Líquido poderá apresentar saldo positivo (credor) ou negativo (devedor). Portanto, a afirmativa está correta.

Gabarito – Certo

Questão 09 – (Técnico de Contabilidade I – PETROBRAS – CESGRANRIO – 2008)
De acordo com a Lei das Sociedades Anônimas, após alterações introduzidas pela Lei nº 11.638/2007, o Patrimônio Líquido divide-se em Capital Social;
a) Reservas de Reavaliação; Reservas de Lucros e Lucros ou Prejuízos Acumulados.
b) Reservas de Reavaliação; Reservas de Capital; Reservas de Lucros; Ações em Tesouraria e Prejuízos Acumulados.
c) Reservas de Capital; Ajustes de Avaliação Patrimonial; Reservas de Lucros; Ações em Tesouraria e Prejuízos Acumulados.
d) Reservas de Capital; Reservas de Lucros e Lucros ou Prejuízos Acumulados.
e) Capital a Integralizar; Capital Integralizado; Reservas de Variações Patrimoniais; Reservas de Lucros; Ações em Tesouraria e Lucros Acumulados.

Resolução e Comentários
Art. 178 da Lei nº 6.404/76 (Lei das Sociedades por Ações) – Alterada pela Lei nº 11.941, de 27 de maio de 2009

SEÇÃO III
Balanço Patrimonial
Grupo de Contas

Art. 178. No balanço, as contas serão classificadas segundo os elementos do patrimônio que registrem, e agrupadas de modo a facilitar o conhecimento e a análise da situação financeira da companhia.

§ 1º No ativo, as contas serão dispostas em ordem decrescente de grau de liquidez dos elementos nelas registrados, nos seguintes grupos:

I – ativo circulante; e (Incluído pela Lei nº 11.941, de 2009)

II – ativo não circulante, composto por ativo realizável a longo prazo, investimentos, imobilizado e intangível. (Incluído pela Lei nº 11.941, de 2009)

Capítulo 3 — A Estrutura do Balanço Patrimonial – Considerações Iniciais ▪ 117

§ 2º No passivo, as contas serão classificadas nos seguintes grupos:
I – passivo circulante; (Incluído pela Lei nº 11.941, de 2009)
II – passivo não circulante; e (Incluído pela Lei nº 11.941, de 2009)
III – **patrimônio líquido,** dividido em capital social, reservas de capital, ajustes de avaliação patrimonial, reservas de lucros, ações em tesouraria e prejuízos acumulados. (Incluído pela Lei nº 11.941, de 2009)
§ 3º Os saldos devedores e credores que a companhia não tiver direito de compensar serão classificados separadamente.

Gabarito – C

Questão 10 – (Administrador Pleno – PETROBRAS – Fundação CESGRANRIO – 2006)
As contas pertencentes ao grupo do Patrimônio Líquido deverão ser:
a) transferidas para o grupo Resultados de Exercícios Futuros, se houver prejuízo.
b) debitadas pelos aumentos e creditadas pelas reduções.
c) creditadas pelos aumentos e debitadas pelas reduções.
d) registradas como contas redutoras do Ativo Permanente.
e) atualizadas monetariamente, sempre segundo Resolução da CVM nº 253/99.

Resolução e Comentários

As contas principais do Patrimônio Líquido aumentam por crédito e diminuem por débito.

Gabarito – C

Questão 11 – (Técnico de Contabilidade Júnior – PETROBRAS – Fundação CESGRANRIO – 2010)
Considerando exclusivamente a Lei nº 6.404/76, com a nova redação dada pelas Leis nºs 10.303/01, 11.638/07 e 11.941/09, para facilitar o conhecimento e a análise financeira das companhias abertas, a classificação das contas bem como seu agrupamento são feitos no(a)
a) Balanço Patrimonial.
b) Demonstração do Valor Agregado.
c) Demonstração dos Fluxos de Caixa.
d) Demonstração do Resultado do Exercício.
e) Demonstração das Mutações do Patrimônio Líquido.

Resolução e Comentários

A classificação das contas e seu agrupamento são feitos no Balanço Patrimonial.

Gabarito – A

Questão 12 – (Técnico de Contabilidade I – TRANSPETRO – CESGRANRIO – 2006)

A Empresa Sinai Ltda. foi adquirida pela Cia. Canaã S/A (incluindo ativos e passivos) por R$ 180.000,00, tendo os sócios recebido a importância em dinheiro.

Sabendo-se que, na mesma data, os Ativos da Empresa Sinai montavam a R$ 300.000,00 e o Capital de Terceiros a R$140.000,00, pode-se afirmar que a operação gerou para os seus sócios, em reais, um(a):
a) ganho de 20.000,00.
b) ganho de 40.000,00.
c) ganho de 320.000,00.
d) perda de 120.000,00.
e) perda de 140.000,00.

Resolução e Comentários

A = PE + PL → PL = A − PE = R$ 300.000,00 − R$ 140.000,00 = R$ 160.000,00

Logo, o valor pertencente aos sócios é igual a R$ 160.000,00, ou seja, trata-se do valor que os sócios obteriam caso fossem reembolsados pela empresa.

Como os sócios resolveram vender a Empresa Sinai para a Canaã, recebendo R$ 180.000,00, verifica-se que alcançaram um ganho de R$ 20.000,00 na transação:

R$ 180.000,00 − R$ 160.000,00 = R$ 20.000,00 (ganho)

Gabarito – A

Questão 13 – (Técnico de Contabilidade I – TRANSPETRO – CESGRANRIO – 2006)

A Cia. ABC apresentou o seguinte Balancete em abril de 2005:

Em reais

CONTAS	SALDO DEVEDOR	SALDO CREDOR
Caixa	5.000,00	
Bancos Conta Movimento	25.000,00	
Duplicatas a Receber	20.000,00	
Estoques	26.000,00	
ICMS a Recuperar	2.500,00	
Móveis e Utensílios	26.500,00	
Máquinas e Equipamentos	30.000,00	
Edificações	60.000,00	
Depreciação Acumulada		8.000,00
Fornecedores a Pagar		30.000,00
Salários e Encargos a Pagar		5.000,00
ICMS a Recolher		3.500,00
Contas a Pagar		6.500,00
Empréstimos a Pagar (LP)		18.000,00
Capital		120.000,00
Lucros ou Prejuízos Acumulados		4.000,00
TOTAL	195.000,00	195.000,00

Em maio de 2005, a empresa realizou as seguintes operações:
- pagamento, através de cheque, dos salários e encargos provisionados;
- pagamento, através de cheque, do ICMS devido;
- compra de uma caminhonete usada, por R$ 8.000,00, sendo R$ 2.000,00 à vista, pagos em cheque, e o restante em 6 prestações mensais de R$ 1.000,00;
- recebimento de clientes, através de cobrança bancária: R$ 15.000,00;
- pagamento de despesas, em dinheiro:
    - condomínio R$ 400,00
    - luz e telefone R$ 200,00
    - despesas diversas R$ 300,00

Com base nos dados acima e considerando as normas contábeis e a legislação em vigor, o saldo da conta Bancos Conta Movimento, após as operações, será, em reais, de:

a) 33.000,00.
b) 32.500,00.
c) 32.000,00.
d) 29.500,00.
e) 24.500,00.

Resolução e Comentários

Em maio de 2005, a empresa realizou as seguintes operações:
- pagamento, através de cheque, dos salários e encargos provisionados;

D – Salários e Encargos a Pagar
C – Bancos Conta Movimento 5.000,00

- pagamento, através de cheque, do ICMS devido;

ICMS a Recuperar – 2.500,00
ICMS a Recolher – 3.500,00

A conta de menor saldo deve ser encerrada tendo como contrapartida a de maior saldo. A partir daí, apura-se o saldo a recuperar ou a recolher. Neste caso, ICMS a Recuperar tem saldo menor que ICMS a Recolher; logo, ICMS a Recuperar deve ter seu saldo encerrado contra ICMS a Recolher. Em seguida, apura-se na conta ICMS a Recolher o saldo a ser efetivamente recolhido aos cofres públicos.

ICMS a Recuperar	
2.500	2.500 (1)

```
          ICMS a Recolher
         2.500 (1) | 3.500
                   |─────
                   | 1.000
```

D – ICMS a Recolher
C – Bancos Conta Movimento   1.000,00

- compra de uma caminhonete usada, por R$ 8.000,00, sendo R$ 2.000,00 à vista, pagos em cheque, e o restante em 6 prestações mensais de R$ 1.000,00;

D – Veículos   8.000,00
C – Bancos Conta Movimento   2.000,00
C – Financiamentos a Pagar   6.000,00

- recebimento de clientes, através de cobrança bancária: R$ 15.000,00;

D – Bancos Conta Movimento
C – Duplicatas a Receber   15.000,00

- pagamento de despesas, em dinheiro:
  - condomínio R$ 400,00
  - luz e telefone R$ 200,00
  - despesas diversas R$ 300,00

D – Despesas de Condomínio   400,00
D – Luz e Telefone   200,00
D – Despesas Diversas   300,00
C – Caixa   900,00

```
        Bancos Conta Movimento
         25.000,00 | 5.000,00 (1)
    (4)  15.000,00 | 1.000,00 (2)
                   | 2.000,00 (3)
         ─────────────────────
         40.000,00 | 8.000,00
         32.000,00 |
```

Gabarito – C

Questão 14 – (Profissional Júnior – Administração – PETROBRAS Distribuidora – Fundação CESGRANRIO – 2008)

O balanço patrimonial de uma empresa é um demonstrativo financeiro que mostra o valor do(a)
a) custo médio de produção.
b) lucro projetado para o próximo exercício.
c) ativo fixo da empresa, incluindo as instalações e os equipamentos.
d) despesa com matéria-prima no último exercício.
e) despesa com juros no último exercício.

Resolução e Comentários

O Balanço Patrimonial apresenta os bens, os direitos, as obrigações e o Patrimônio Líquido da empresa. Portanto, dentre outros, o ativo fixo da empresa, incluindo as instalações e os equipamentos, é apresentado por meio desta demonstração contábil obrigatória.

Gabarito – C

Questão 15 – (Contador – Ministério do Turismo – ESAF – 2013)
Assinale a opção correta.
a) Na representação gráfica do patrimônio, devem constar os grupos Ativo Circulante, Ativo Permanente, Passivo Circulante e Patrimônio Líquido.
b) Capital Social é o mesmo que o capital aplicado pelos sócios na atividade empresarial.
c) O capital próprio mais o capital de terceiros é o capital aplicado no patrimônio.
d) O valor dos bens, dos direitos e das obrigações é o valor do patrimônio líquido da empresa.
e) Dá-se o nome de patrimônio bruto ao valor dos ativos aplicados na atividade empresarial.

Resolução e Comentários

Analisando as alternativas, de acordo com a Lei das Sociedades por Ações (Lei nº 6.404/76), temos:

a) Na representação gráfica do patrimônio, devem constar os grupos Ativo Circulante, Ativo Permanente, Passivo Circulante e Patrimônio Líquido.
Errada.
Art. 178. No balanço, as contas serão classificadas segundo os elementos do patrimônio que registrem, e agrupadas de modo a facilitar o conhecimento e a análise da situação financeira da companhia.
§ 1º No ativo, as contas serão dispostas em ordem decrescente de grau de liquidez dos elementos nelas registrados, nos seguintes grupos:
I – ativo circulante; e (Incluído pela Lei nº 11.941, de 2009)

II – ativo não circulante, composto por ativo realizável a longo prazo, investimentos, imobilizado e intangível. (Incluído pela Lei nº 11.941, de 2009)
§ 2º No passivo, as contas serão classificadas nos seguintes grupos:
I – passivo circulante; (Incluído pela Lei nº 11.941, de 2009)
II – passivo não circulante; e (Incluído pela Lei nº 11.941, de 2009)
III – patrimônio líquido, dividido em capital social, reservas de capital, ajustes de avaliação patrimonial, reservas de lucros, ações em tesouraria e prejuízos acumulados. (Incluído pela Lei nº 11.941, de 2009)
§ 3º Os saldos devedores e credores que a companhia não tiver direito de compensar serão classificados separadamente.

b) Capital Social é o mesmo que o capital aplicado pelos sócios na atividade empresarial.
Errada.
Capital Social é o valor previsto em contrato ou em estatuto social que forma a participação (em dinheiro, bens e/ou direitos) dos sócios ou acionistas na entidade.
Capital aplicado corresponde ao conjunto de ativos das entidade.

c) O capital próprio mais o capital de terceiros é o capital aplicado no patrimônio.
Errada.
O capital próprio mais o capital de terceiros constituem o capital total à disposição de uma entidade.
Capital aplicado corresponde ao conjunto de ativos da entidade.

d) O valor dos bens, dos direitos e das obrigações é o valor do patrimônio líquido da empresa.
Errada.
O conjunto de bens e direitos menos o conjunto de obrigações é igual ao valor do Patrimônio Líquido da entidade.

e) Dá-se o nome de patrimônio bruto ao valor dos ativos aplicados na atividade empresarial.
Correta.

Gabarito – E

Questão 16 – (Contador – CEFET – FUNDAÇÃO CESGRANRIO – 2014)

No balanço patrimonial, nos termos do CPC 26 (R1), o ativo deve ser classificado como circulante quando satisfizer um ou mais dos critérios específicos nele estabelecidos. Nesse contexto, analise as afirmativas a seguir.

I – Classifica-se no ativo circulante o ativo cuja venda for pretendida no decurso normal do ciclo operacional.

II – Classifica-se no ativo circulante o ativo que está mantido essencialmente com o propósito de ser negociado.

III – Classifica-se no ativo circulante o ativo com expectativa de que seja realizado até doze meses após a data do balanço.

É correto o que se afirma em:
a) I, apenas;
b) II, apenas;
c) I e III, apenas;
d) II e III, apenas;
e) I, II e III.

Resolução e Comentários

Conforme o Pronunciamento Técnico CPC 26 (R1) – Apresentação das Demonstrações Contábeis, temos:

> O ativo deve ser classificado como circulante quando satisfizer qualquer dos seguintes critérios:
> (a) espera-se que seja realizado, ou pretende-se que seja vendido ou consumido no decurso normal do ciclo operacional da entidade;
> (b) está mantido essencialmente com o propósito de ser negociado;
> (c) espera-se que seja realizado até doze meses após a data do balanço; ou
> (d) é caixa ou equivalente de caixa (conforme definido no Pronunciamento Técnico CPC 03 – Demonstração dos Fluxos de Caixa), a menos que sua troca ou uso para liquidação de passivo se encontre vedada durante pelo menos doze meses após a data do balanço.

Todos os demais ativos devem ser classificados como não circulantes.

Gabarito – E

Questão 17 (ICMS – PR – COPS UEL – 2012)

Assinale a alternativa que apresenta, corretamente, a conta que representa um elemento do passivo quando do registro da sua origem.
a) Ações de outras companhias.
b) Adiantamento a fornecedores.
c) Adiantamento de clientes.
d) Adiantamento de férias.
e) Adiantamento de viagens.

Resolução e Comentários

a) Ações de outras companhias.

Se houver finalidade especulativa, deve ser classificada no Ativo Circulante (regra geral); por outro lado, caso a aquisição tenha característica de permanência, deve ser classificada no ANC Investimentos.

b) Adiantamento a fornecedores.
Classificação no Ativo Circulante (regra geral).

c) Adiantamento de clientes.
Gera obrigação. Classificação no Passivo Circulante (regra geral).

d) Adiantamento de férias.
Classificação no Ativo Circulante.

e) Adiantamento de viagens.
Classificação no Ativo Circulante.

Gabarito – C

CAPÍTULO 4

O Ativo Circulante

4.1. O Ativo Circulante – Considerações Iniciais

O **Ativo Circulante** *compreende os bens e os direitos conversíveis em moeda (dinheiro) ao longo do exercício social subsequente ou do ciclo operacional, caso este tenha duração maior que o exercício social,* conforme será adiante apresentado.

A Lei nº 6.404/76 (Lei das Sociedades por Ações) trata de bens e direitos, sendo que a palavra ***direitos*** para esta Lei possui significado abrangente, englobando:

- Contas a Receber;
- Títulos a Receber;
- Créditos;
- Valores a Receber etc.

De acordo com o Pronunciamento Técnico CPC 26 (R1) – Apresentação das Demonstrações Contábeis:

O ativo deve ser classificado como circulante quando satisfizer qualquer dos seguintes critérios:
a) espera-se que seja realizado, ou pretende-se que seja vendido ou consumido no decurso normal do ciclo operacional da entidade;
b) está mantido essencialmente com o propósito de ser negociado;
c) espera-se que seja realizado até doze meses após a data do balanço; ou

d) é caixa ou equivalente de caixa (conforme definido no Pronunciamento Técnico CPC 03 – Demonstração dos Fluxos de Caixa), a menos que sua troca ou uso para liquidação de passivo se encontre vedada durante pelo menos doze meses após a data do balanço.

Todos os demais ativos devem ser classificados como não circulantes.

O **ciclo operacional da entidade** é o tempo entre a aquisição de ativos para processamento e sua realização em caixa ou seus equivalentes. *Quando o ciclo operacional normal da entidade não for claramente identificável, pressupõe-se que sua duração seja de doze meses.* Os ativos circulantes incluem ativos (tais como estoque e contas a receber comerciais) que são vendidos, consumidos ou realizados como parte do ciclo operacional normal, mesmo quando não se espera que sejam realizados no período de até doze meses após a data do balanço. Os ativos circulantes também incluem ativos essencialmente mantidos com a finalidade de serem negociados (por exemplo, ativos financeiros dentro dessa categoria classificados como disponíveis para venda de acordo com o Pronunciamento Técnico CPC 38 – Instrumentos Financeiros: Reconhecimento e Mensuração) e a parcela circulante de ativos financeiros não circulantes.

Segundo consta do Art. 179 da Lei das Sociedades por Ações, o Ativo Circulante é composto pelos seguintes subgrupos:

- Disponibilidades;
- Direitos realizáveis no curso do exercício social subsequente; e
- Aplicações de recursos em despesas do exercício seguinte.

4.2. AS DISPONIBILIDADES

Conforme anteriormente exposto, no **Ativo** as contas serão dispostas em **ordem decrescente do grau de liquidez** dos elementos nelas registrados e o primeiro subgrupo do Ativo Circulante denomina-se **Disponibilidades**. Podemos, então, concluir que as ***disponibilidades*** constituem o subgrupo de maior liquidez do Ativo e ***designam recursos cuja disponibilidade é imediata***! As disponibilidades incluem o dinheiro propriamente dito, que está em caixa e/ou em bancos, assim como valores ao dinheiro equivalentes, tais como cheques em mãos ou em trânsito, para os quais não haja restrição ao seu uso imediato nas operações da entidade, representando recursos desta com livre movimentação. Podemos, ainda, citar, dentro de disponibilidades, as aplicações financeiras de liquidez imediata, também conhecidas como aplicações financeiras de resgate imediato ou de curtíssimo prazo.

As Normas Internacionais de Contabilidade costumam trabalhar com o conceito de **Caixa e Equivalentes de Caixa**. **Caixa** compreende numerário em espécie (dinheiro) e depósitos bancários disponíveis. **Equivalentes de Caixa *são aplicações financeiras de curto prazo, de alta liquidez, que são prontamente conversíveis em um montante conhecido de caixa e que estão sujeitas a um insignificante risco de mudança de valor.***

Os *equivalentes de caixa* são mantidos com a finalidade de atender a compromissos de caixa de curto prazo e não para investimento ou outros fins. Para ser considerada equivalente de caixa, uma aplicação financeira deve ter conversibilidade imediata em um montante conhecido de caixa e estar sujeita a um insignificante risco de mudança de valor. Por conseguinte, um investimento, normalmente, qualifica-se como equivalente de caixa quando tem vencimento de curto prazo, por exemplo, três meses ou menos, a contar da data da contratação. Os investimentos em ações de outras entidades devem ser excluídos dos equivalentes de caixa a menos que eles sejam, em essência, um equivalente de caixa, como, por exemplo, nos casos de ações preferenciais resgatáveis que tenham prazo definido de resgate e cujo prazo atenda a definição de curto prazo.

O Subgrupo Disponibilidades é comumente composto pelas seguintes contas:

- Caixa;
- Bancos Conta Movimento;
- Aplicações Financeiras de Liquidez Imediata; e
- Numerários em Trânsito.

Neste momento, trataremos dessas importantes contas que compõem as Disponibilidades.

4.2.1. A Conta Caixa

A **conta Caixa** inclui o dinheiro de posse da entidade e todos os cheques de posse dela, recebidos e ainda não depositados, porém imediatamente pagáveis, pois não há nenhuma restrição ao seu imediato uso.

Os cheques de posse da entidade, recebidos por ela e ainda não depositados, figurarão no Subgrupo Disponibilidades, na conta Caixa, se não houver nenhum tipo de limitação ao seu imediato uso. Por outro lado, cheques que tenham sido recebidos de terceiros e que somente possam ser posteriormente recebidos, como no caso de cheques oriundos de outras praças, deverão figurar no Subgrupo Direitos Realizáveis ao Longo do Exercício Social Subsequente, conforme adiante apresentado.

Conforme consta do Manual de Contabilidade Societária, há, basicamente, dois tipos de controles da conta Caixa: o **Sistema de Fundo Fixo de Caixa** e o **Sistema de Caixa Flutuante**.

4.2.1.1. O Sistema de Fundo Fixo de Caixa

O **Sistema de Fundo Fixo de Caixa** é instituído com a definição de um *valor fixo definido*, que servirá para o pagamento de despesas diversas ao longo de um determinado intervalo de tempo (por exemplo, para o período de sete dias corridos). A quantia definida é sacada de um banco da entidade pelo *responsável pelo fundo*, mediante a emissão e o recebimento de um cheque, que resultará na constituição do **fundo fixo de caixa inicial**. A partir daí, os pagamentos são realizados, tendo como contrapartida a entrega dos comprovantes dos gastos efetuados ao responsável pelo fundo. Ao final do período previamente determinado, a pessoa responsável pelo fundo fixo de caixa presta contas dos gastos por ele pagos; em seguida, emite-se novo cheque da entidade, nominal ao responsável pelo controle do citado fundo fixo, repondo-se o valor por ele pago no período constante da prestação de contas e, com isso, o responsável pelo fundo fixo tem novamente o valor inicial definido para o fundo fixo em sua posse, para o pagamento de despesas que ocorram em novo período. E, então, tal procedimento novamente é efetuado.

Uma vez definido o valor do fundo fixo de caixa, a conta a ele referida somente será novamente movimentada caso ocorra modificação nesse valor (para mais ou para menos), pois a prestação de contas faz surgir na contabilidade da entidade um registro a débito de Despesas e a crédito de Bancos Conta Movimento, conforme será adiante mostrado em exemplo.

Todos os pagamentos não efetuados pelo fundo fixo serão diretamente creditados na conta Bancos Conta Movimento. Todos os recebimentos, sejam eles efetuados em dinheiro ou em cheques, serão diretamente depositados na conta corrente da entidade sem, portanto, alterar a conta Caixa.

Na data de elaboração do Balanço Patrimonial, necessário se faz que haja apenas dinheiro constando deste fundo fixo, ou seja, necessário se faz que as despesas tenham sido contabilmente registradas para a elaboração da referida demonstração.

Exemplo

Uma empresa constituiu um fundo fixo de caixa, com montante igual a R$ 15.000,00, pela emissão de um cheque seu em nome do responsável pelo fundo fixo. Ao longo da semana, o responsável pelo fundo fixo pagou despesas em valor equivalente a R$ 9.800,00. Foi, então, reposto o valor definido para o fundo fixo de caixa da entidade, emitindo-se cheque seu nominal ao responsável pelo fundo fixo em valor igual a R$ 9.800,00.

Efetue os registros contábeis necessários.

Criação do Fundo Fixo de Caixa

D – Fundo Fixo de Caixa
C – Bancos Conta Movimento 15.000,00

Fundo Fixo de Caixa (Valores em R$)	
(1) 15.000,00	

Bancos Conta Movimento (Valores em R$)	
Saldo Inicial	15.000,00 (1)

Utilização do Fundo Fixo de Caixa

As despesas são normalmente pagas utilizando-se o dinheiro constante do fundo fixo, mediante a entrega dos comprovantes delas ao responsável pelo fundo fixo de caixa. **Não há registro contábil a ser efetuado neste momento.**

Prestação de Contas e Reconstituição do Saldo do Fundo Fixo de Caixa

Foram pagas as seguintes despesas no período, em valor total igual a R$ 9.800,00:
- Despesas com Material de Limpeza – R$ 1.200,00
- Despesas com Brindes – R$ 300,00
- Despesas com os Correios – R$ 2.300,00
- Despesas com Transportes – R$ 400,00
- Despesas com Refeições – R$ 1.100,00
- Despesas com Material de Escritório – R$ 1.600,00
- Despesas Diversas – R$ 2.900,00

Foi efetuado o seguinte registro contábil:

D – Despesas com Material de Limpeza – 1.200,00
D – Despesas com Brindes – 300,00
D – Despesas com os Correios – 2.300,00
D – Despesas com Transportes – 400,00
D – Despesas com Refeições – 1.800,00
D – Despesas com Material de Escritório – 1.900,00
D – Despesas Diversas – 1.900,00
C – Bancos Conta Movimento – 9.800,00

Fundo Fixo de Caixa (Valores em R$)	
(1) 15.000,00	

Bancos Conta Movimento (Valores em R$)		
Saldo Inicial	15.000,00	(1)
	9.800,00	(2)

Despesas com Material de Limpeza (Valores em R$)	
(2) 1.200,00	

Despesas com Brindes (Valores em R$)	
(2) 300,00	

Despesas com os Correios (Valores em R$)	
(2) 2.300,00	

Despesas com Transportes (Valores em R$)	
(2) 400,00	

Despesas com Refeições (Valores em R$)	
(2) 1.800,00	

Despesas com Material de Escritório (Valores em R$)	
(2) 1.900,00	

Despesas Diversas (Valores em R$)	
(2) 1.900,00	

Aproveitando o exemplo, caso seja necessário aumentar o saldo do Fundo Fixo de Caixa para R$ 18.000,00, o seguinte lançamento deverá ser efetuado:

D – Fundo Fixo de Caixa
C – Bancos Conta Movimento   3.000,00

Fundo Fixo de Caixa (Valores em R$)	
(1) 15.000,00	
(3) 3.000,00	
18.000,00	

Bancos Conta Movimento (Valores em R$)	
Saldo Inicial	15.000,00 (1)
	3.000,00 (3)

Por outro lado, caso seja necessário diminuir o saldo do Fundo Fixo de Caixa para R$ 11.000,00, o seguinte lançamento deverá ser efetuado:

D – Bancos Conta Movimento
C – Fundo Fixo de Caixa   4.000,00

Fundo Fixo de Caixa (Valores em R$)	
(1) 15.000,00	4.000,00 (4)
11.000,00	

Bancos Conta Movimento (Valores em R$)	
Saldo Inicial	15.000,00 (1)
(4) 4.000,00	

Exemplo

Questão 01 – (Auditor-Fiscal do Tesouro Nacional – EsAF – 1994)

Em 30/11/x2, a composição do fundo fixo de caixa sempre suprido pela tesouraria em moeda corrente, era a seguinte:
- moeda corrente 10.000,00
- comprovante de despesa 90.000,00
- total 100.000,00

Naquela data foi feita a reconstituição do fundo e, concomitantemente, a redução do valor em moeda corrente de 100.000,00 para 50.000,00.

Em função dos registros contábeis concernentes, o somatório das contas do Ativo Circulante:

a) diminuiu em 90000,00.
b) aumentou em 40000,00.
c) aumentou em 50000,00.
d) aumentou em 130000,00.
e) diminuiu em 50000,00.

Resolução e Comentários

Criação do fundo fixo de caixa (mostramos este lançamento apenas para fins didáticos):

D – Fundo Fixo de Caixa (AC)
C – Caixa ou Bancos Conta Movimento (AC) – 100.000,00

Em 30/11/X2:
- moeda corrente 10.000,00
- **comprovante de despesa 90.000,00**
- total 100.000,00

Comprovação das Despesas:

D – Despesas (Resultado)
C – Fundo Fixo de Caixa (AC) – 90.000,00

Reposição do fundo fixo de caixa para 50.000,00:

D – Fundo Fixo de Caixa (AC)
C – Caixa ou Bancos Conta Movimento (AC) – 40.000,00

O Ativo Circulante foi reduzido em 90.000,00 (valor correspondente às despesas):

D – Despesas (Resultado)
C – Fundo Fixo de Caixa (AC) – 90.000,00 (redução do AC)
Gabarito – A

4.2.1.2. O Sistema de Caixa Flutuante

No Sistema de Caixa Flutuante todos os recebimentos e pagamentos efetuados em dinheiro são registrados utilizando-se a conta Caixa. Dessa forma, o saldo da conta Caixa contemplará o dinheiro existente, assim como adiantamentos para despesas de viagens, vales, cheques recebidos a depositar, outras despesas diversas etc.

Na data de elaboração do Balanço Patrimonial deverá haver apenas dinheiro constando da conta Caixa, ou seja, os cheques recebidos pela entidade sem restrição de depósito deverão estar registrados no Subgrupo Disponível; já os vales, os adiantamentos para despesas de viagens, os cheques com restrição de depósito e outros devem ter sido contabilmente registrados no Subgrupo Direitos Realizáveis no Exercício Social Subsequente, em contas apropriadas, para a elaboração da referida demonstração.

4.2.2. As Contas Bancárias

As contas bancárias de livre movimentação mantidas pela entidade poderão ser criadas para:

- Movimentação irrestrita de conta corrente ou de depósitos sem limitações;
- Pagamentos específicos, tais como os de folha de pagamento de salários, dividendos a pagar a acionistas etc.;
- Facilitação de cobrança de duplicatas e outros títulos.

As contas bancárias de livre movimentação fazem parte do Subgrupo Disponibilidades.

A conta **Bancos Conta Movimento** ou simplesmente **Bancos** representa conta bancária de livre movimentação. Por outro lado, há inúmeras situações em que uma entidade necessita efetuar a abertura de *conta bancária especial*, contendo depósito em banco vinculado à finalidade específica, tais como:
- Depósito vinculado à liquidação de empréstimo;
- Depósito vinculado à substituição de garantia de empréstimo;
- Depósito vinculado à liquidação de contrato de câmbio ou à liquidação de importação;
- Depósito com restrição de movimentação devida à cláusula contratual estipulada para a obtenção de linha especial de crédito etc.

A conta **Bancos Conta Vinculada** (*conta bancária especial*) é utilizada para representar contas bancárias utilizadas em situações especiais como as que estão sendo apresentadas.

A entidade deverá classificar os Depósitos Bancários Vinculados no Balanço Patrimonial de acordo com as características específicas que apresentem. Tais depósitos *não poderão* ser registrados no Subgrupo Disponibilidades, devido às características especiais e às restrições que possuem.

Se um banco estiver em liquidação ou sob intervenção, os saldos das contas da entidade nesse banco deverão ser classificados como *Contas a Receber* no Ativo Circulante ou no Ativo Não Circulante Ativo Realizável a Longo Prazo. Nessas situações, deverá ser registrada uma estimativa adequada para possíveis perdas. Se houver valores significativos em tais contas, convém ser efetuada *nota explicativa* a esse respeito.

4.2.3. Os Numerários em Trânsito

A conta **Numerários em Trânsito** representa dinheiro em trânsito quando da elaboração do Balanço Patrimonial. Tal fato pode ocorrer devido ao que se segue:
- Remessas de recursos para filiais, depósitos e outros, por meio de cheques, ordens de pagamento etc.;
- Recebimentos de recursos remetidos por filiais, por meio de cheques, ordens de pagamento etc.;
- Recebimentos de recursos remetidos por clientes ou terceiros, se conhecidos até a data da elaboração do Balanço Patrimonial.

4.2.4. As Aplicações Financeiras de Liquidez Imediata

A conta **Aplicações Financeiras de Liquidez Imediata** representa aplicações financeiras de curto prazo, de alta liquidez, que são prontamente conversíveis em um montante conhecido de caixa e que estão sujeitas a um insignificante risco de mudança de valor. São consideradas *equivalentes de caixa*, conforme anteriormente apresentado.

4.2.5. Disponibilidades em Moeda Estrangeira

Caso uma entidade possua recursos em moeda estrangeira, estejam eles em caixa ou depositados em contas bancárias, no país ou no exterior, *deverão ser separados dos recursos existentes em moeda nacional*. A conversão da moeda estrangeira para a moeda nacional deve ser efetuada, como regra geral, pela taxa cambial de compra existente na data da elaboração do Balanço Patrimonial.

Caso ocorram restrições à utilização dos recursos em moeda estrangeira, deverá ser criada conta cujo título evidencie tais restrições, acompanhada ou não de *nota explicativa* a esse respeito.

Será lançado como **Variação Cambial Ativa** (receita) ou **Variação Cambial Passiva** (despesa), no grupo de Receitas e Despesas Financeiras, o valor correspondente à variação cambial decorrente do ajuste do saldo em moeda nacional quando da conversão do saldo de moedas estrangeiras de posse da entidade.

4.2.6. O Plano de Contas e o Subgrupo Disponibilidades

O Plano de Contas deve conter, no mínimo, as seguintes contas constantes do Subgrupo Disponibilidades:

1	ATIVO
1.1	Ativo Circulante
1.1.01	*Disponível*
1.1.01.001	Caixa
1.1.01.001.001	Caixa – Filial 01
1.1.01.001.002	Caixa – Filial 02
1.1.01.002	Bancos Conta Movimento
1.1.01.002.001	Banco do Brasil
1.1.01.002.002	Caixa Econômica Federal
1.1.01.002.003	Banco Bradesco
1.1.01.003	Numerários em Trânsito
1.1.01.004	Aplicações Financeiras de Liquidez Imediata

4.3. Os Direitos Realizáveis no Curso do Exercício Social Subsequente

Os **Direitos Realizáveis no Curso do Exercício Social Subsequente** constituem o segundo subgrupo do Ativo Circulante. Constituem os direitos que se tornam realizáveis ao longo do exercício social seguinte ou do *ciclo operacional* da entidade, caso este seja maior que o exercício social.

Quanto aos direitos realizáveis, poderemos ter **direitos realizáveis reais** (bens) e **direitos realizáveis pessoais** (créditos).

Podemos citar, como exemplos de *direitos realizáveis reais*, os estoques de matérias-primas, produtos em elaboração, produtos acabados, mercadorias, materiais diversos etc.

Os *direitos realizáveis reais* geralmente são realizados por sua alienação ou consumo.

Farão parte do Ativo da entidade as mercadorias em estoque que lhe pertençam, assim como aquelas que sejam de propriedade da entidade, porém estejam armazenadas em estabelecimentos de terceiros ou estejam na posse de terceiros em consignação. *Não farão parte do Ativo da entidade as mercadorias armazenadas em seus estoques que sejam de propriedade de terceiros.*

Como exemplo de *direitos realizáveis pessoais* podemos citar os valores a receber a prazo, fruto de vendas efetuadas pela entidade, que serão realizados ao longo do exercício social seguinte ou do ciclo operacional, caso este seja maior que o exercício social. Outros exemplos de *direitos realizáveis pessoais* são: adiantamentos efetuados a fornecedores (Adiantamento a Fornecedores), os títulos de crédito a receber (Letras de Câmbio a Receber, Notas Promissórias a Receber), o direito de recuperação de tributos (IPI a Recuperar, ICMS a Recuperar, PIS a Recuperar, Cofins a Recuperar) etc.

Os *direitos realizáveis pessoais* geralmente são realizados pelo recebimento dos recursos constantes dos documentos que os caracterizam, como no caso de Notas Promissórias a Receber; também podem ser realizados por intermédio do recebimento das mercadorias ou da efetiva prestação de serviços por terceiros, quando ocorrem adiantamentos a fornecedores; podem ser, ainda, realizados pelo instituto da compensação, como no caso dos tributos a recuperar.

4.3.1. As Operações com Duplicatas e as Perdas Estimadas (antiga Provisão) com Créditos de Liquidação Duvidosa

Devido à importância destes assuntos, decidimos apresentá-los no Capítulo 5, com a finalidade de dar o merecido destaque a estas operações.

4.3.2. Algumas Contas Constantes do Subgrupo Direitos Realizáveis no Curso do Exercício Social Subsequente

Apresentaremos, agora, algumas contas com suas respectivas funções, a fim de facilitar o entendimento do leitor.

- Títulos a Receber

Representa títulos de crédito a receber, tais como *Notas Promissórias a Receber* e *Letras de Câmbio a Receber*. Regra geral, surgem a partir de negócios não usuais da entidade, tais como empréstimos feitos a terceiros (pessoas físicas ou jurídicas), vendas de investimentos ou de itens constantes do Ativo Não Circulante Imobilizado, tais como automóveis, edificações etc.

- Cheques em Cobrança

Esta conta engloba cheques recebidos pela entidade por meio de depósito bancário, porém devolvidos por falta de fundos, em relação aos quais a entidade efetua cobrança judicial ou extrajudicial. Aparecem, também, nesta conta cheques recebidos, porém pagáveis em outras praças. Caso ocorra qualquer outra restrição aos recebimentos dos valores constantes dos cheques, eles devem ser apresentados nesta conta.

- Dividendos Propostos a Receber

Uma empresa (*investidora*) pode adquirir participação no capital social de outra empresa (*investida*). Tendo participação em outra empresa (investida), terá direito a uma parcela dos lucros porventura obtidos por esta, que denominamos **dividendos**. Quando a investida registra em sua contabilidade a conta Dividendos Propostos a Pagar, a investidora pode, então, registrar seu direito de recebimento à parcela que lhe cabe, a partir da conta Dividendos Propostos a Receber.

De acordo com o Novo Dicionário Aurélio da Língua Portuguesa, **dividendo** consiste na parcela do lucro de uma sociedade anônima atribuída a cada ação em que se subdivide seu capital.

- Bancos Conta Vinculada

Conforme apresentamos anteriormente, a conta Bancos Conta Vinculada é utilizada para representar contas bancárias utilizadas em situações especiais.

A entidade deverá classificar os Depósitos Bancários Vinculados no Balanço Patrimonial de acordo com as características específicas que apresentem. Tais depósitos *não poderão* ser registrados no Subgrupo Disponibilidades, devido às características especiais e às restrições que possuem.

Se um banco estiver em liquidação ou sob intervenção, os saldos das contas da entidade nesse banco deverão ser classificados como *Contas a Receber* no Ativo Circulante ou no Ativo Não Circulante Ativo Realizável a Longo Prazo. Nessas situações, deverá ser registrada uma estimativa adequada para possíveis perdas.

Se houver valores significativos em tais contas, convém ser efetuada *nota explicativa* a esse respeito.

- Juros a Receber

Os juros a serem recebidos pela entidade, fruto de suas mais diversas operações, tais como empréstimos efetuados a terceiros, devem ser registrados a partir da conta Juros a Receber. Convém ressaltarmos que os juros serão reconhecidos conforme o regime de competência, à medida que ocorrerem os seus respectivos fatos geradores!

<u>Registros a efetuar quando do reconhecimento dos juros:</u>

D – Juros a Receber
C – Receitas de Juros ou Juros Ativos ou Receitas Financeiras

- Adiantamentos a Terceiros

A conta Adiantamentos a Terceiros evidencia a entrega de numerário a terceiros, sem vinculação específica ao fornecimento de bens ou à prestação de serviços.

- Créditos de Funcionários

Todo e qualquer adiantamento concedido a um funcionário deverá ser registrado nesta conta, que poderá ser desmembrada em tantas subcontas quantas forem necessárias.

- Tributos a Compensar e a Recuperar

A conta Tributos a Compensar e a Recuperar engloba todos os créditos que possam ser gerados a partir de operações que envolvam tributos, tais como IPI, ICMS, PIS, Cofins etc. Esta conta pode ser desmembrada em várias subcontas, com cada uma destas tratando do controle referente aos créditos obtidos em operações que envolvam um tributo em particular (por exemplo: ICMS a Recuperar, IPI a Recuperar etc.).

Conforme o Manual de Contabilidade Societária, temos:
- *Tributos a compensar ou a restituir* representam o crédito que constitui moeda de pagamento de tributos da mesma espécie ou não e que, se não houver débito com o qual compensar, tal crédito pode gerar solicitação de sua restituição em dinheiro.
- *Tributos a recuperar* constituem os tributos pagos quando da aquisição de bens, embutidos no preço, que poderão ser deduzidos dos tributos devidos sobre vendas ou prestação de serviços, sendo essa dedução normalmente a única forma possível de sua recuperação.

- Perdas Estimadas (antiga Provisão para Perdas) – (retificadora)

A conta Perdas Estimadas deverá ser utilizada para corrigir, ou seja, para retificar, caso haja necessidade, o saldo de cada conta constante do Subgrupo Direitos Realizáveis no Curso do Exercício Social Subsequente. Caso seja necessário, será estimada a perda provável em determinada conta e seu saldo será apresentado contendo seu valor provável de realização.

Exemplo

   Títulos a Receber – R$ 100.000,00

(-) Perdas Estimadas em Títulos a Receber – (R$ 25.000,00)

(=) Saldo – R$ 75.000,00

- Estoques de Matérias-Primas

A conta Estoques de Matérias-Primas engloba todos os materiais principais e essenciais a serem utilizados no processo produtivo.

- Estoques de Materiais Auxiliares

A conta Estoques de Materiais Auxiliares engloba todos os materiais secundários, isto é, menos importantes, a serem utilizados no processo produtivo.

- Estoques de Materiais Semiacabados

Esta conta representa os estoques de produtos fabricados, beneficiados ou modificados, que serão posteriormente vendidos, porém que necessitam de algum procedimento fabril para que estejam prontos para a comercialização.

- Estoques de Materiais de Acondicionamento e Embalagem

A conta Estoques de Materiais de Acondicionamento e Embalagem mostra todos os insumos destinados ao acondicionamento dos produtos para remessa, assim como aqueles destinados a sua embalagem. Estes materiais devem ser classificados em conta própria, não sendo permitido classificá-los como matérias-primas.

- Estoques de Produtos em Elaboração

Tal conta apresenta o total já empregado na forma de custos diretos e indiretos na fabricação de *produtos ainda não finalizados*. Quando os produtos são ditos acabados, os custos ora apresentados são transferidos para a conta Estoques de Produtos Acabados.

- Estoques de Produtos Acabados

   A conta Estoques de Produtos Acabados apresenta o valor correspondente a todos os produtos cuja fabricação foi tida como completada. Abriga todos os produtos de posse da empresa em seus depósitos ou em suas filiais, assim como todos os produtos da empresa em consignação com terceiros.

- Estoques de Mercadorias

   A conta Estoques de Mercadorias evidencia o valor correspondente à aquisição de produtos de terceiros que serão apenas e tão somente revendidos, sem passar por nenhum processo de transformação na empresa adquirente.

- Estoques de Materiais de Manutenção e Suprimento Gerais

   Esta conta engloba todos os estoques de materiais utilizados para a manutenção de máquinas, equipamentos, edificações, veículos, computadores etc., assim como todos os materiais utilizados para lubrificação, reparos, consertos, pinturas, manutenções etc.

- Mercadorias em Trânsito

   A conta Mercadorias em Trânsito engloba todas as mercadorias que ainda não estão em poder da empresa, mas que pertencem a algum processo de produção que requeira movimentação para elas.

- Mercadorias Entregues em Consignação

   Esta conta engloba todas as mercadorias que não estão em poder da empresa por estarem fisicamente consignadas em outros estabelecimentos.

- Importações em Andamento

   Esta conta mostra os gastos já incorridos em relação às importações de insumos efetuadas. Quando do término da importação, os itens adquiridos devem ser transferidos para suas contas definitivas.

- Adiantamentos a Fornecedores

   Tal conta abriga todos os adiantamentos em moeda efetuados a fornecedores de matérias-primas e mercadorias. Convém separar os adiantamentos efetuados para aquisição de matérias-primas daqueles que sejam realizados para a aquisição de mercadorias, visando a facilitar o controle de cada estoque em particular.

Registros a efetuar quando do adiantamento efetuado:

D – Adiantamentos a Fornecedores
C – Caixa ou Bancos Conta Movimento

Registros a efetuar quando do recebimento de mercadorias, por exemplo:
D – Estoques de Mercadorias
C – Adiantamentos a Fornecedores
C – Caixa ou Bancos Conta Movimento ou Fornecedores (pelo saldo porventura existente a pagar ao fornecedor)

• Perdas Estimadas para Redução ao Valor Realizável Líquido (conta retificadora)

O *valor realizável líquido* compreende o preço de venda estimado no curso normal dos negócios deduzido dos custos estimados para a sua conclusão e dos gastos necessários estimados para concretizar a sua venda.

A conta Perdas Estimadas para Redução ao Valor Realizável Líquido deve ser classificada como redutora do agrupamento de estoques, mostrando o valor dos estoques que porventura apresentem registro a um custo superior ao seu respectivo valor realizável líquido.

• Perdas Estimadas em Estoques

A conta Perdas Estimadas em Estoques deve registrar as estimativas de perdas em estoques devidas a estoques obsoletos, danificados ou deteriorados, que não possam ser utilizados pela empresa. Aqui também são registradas as diferenças físicas apuradas nos diversos estoques por meio de estimativas.

Registros a efetuar quando do reconhecimento de perdas por estimativas:

D – Despesas com Perdas Estimadas em Estoques de Mercadorias
C – Perdas Estimadas em Estoques de Mercadorias

4.3.3. O Plano de Contas e o Subgrupo Direitos Realizáveis no Curso do Exercício Social Subsequente

O Plano de Contas deve conter, no mínimo, as seguintes contas constantes do Subgrupo Direitos Realizáveis no Curso do Exercício Social Subsequente:

1.1	Ativo Circulante
...	...
1.1.02	*Clientes*
1.1.02.001	Duplicatas a Receber
1.1.02.001.001	Duplicatas a Receber de Clientes
1.1.02.001.002	Duplicatas a Receber de Controladas e Coligadas – Transações Operacionais
1.1.02.002	Perdas Estimadas com Créditos de Liquidação Duvidosa (retificadora – conta credora) – (antiga "Provisão para Créditos de Liquidação Duvidosa")
1.1.02.003	Faturamento para Entrega Futura (retificadora – conta credora)
1.1.02.004	Ajuste a Valor Presente (retificadora – conta credora)
1.1.02.005	Saques de Exportação
1.1.03	*Outros Créditos*
1.1.03.001	Títulos a Receber
1.1.03.001.001	Clientes – Renegociação de Títulos a Receber
1.1.03.001.002	Devedores Mobiliários
1.1.03.001.003	Empréstimos a Receber de Terceiros
1.1.03.002	Cheques em Cobrança
1.1.03.003	Dividendos Propostos a Receber
1.1.03.004	Bancos – Contas Vinculadas
1.1.03.005	Juros a Receber
1.1.03.006	Adiantamentos a Terceiros
1.1.03.007	Créditos de Funcionários
1.1.03.007.001	Adiantamentos para Viagens
1.1.03.007.002	Adiantamentos para Despesas
1.1.03.007.003	Antecipação de Salários e Ordenados
1.1.03.007.004	Empréstimos a Funcionários
1.1.03.007.005	Antecipação de 13º Salário
1.1.03.007.006	Antecipação de Férias
1.1.03.008	Tributos a Compensar e a Recuperar
1.1.03.008.001	IPI a Recuperar
1.1.03.008.002	ICMS a Recuperar
1.1.03.008.003	IRRF a Recuperar
1.1.03.008.004	IR e CS a Restituir / Compensar

1.1.03.008.005	PIS / PASEP a Recuperar
1.1.03.008.006	Cofins a Recuperar
1.1.03.008.007	Outros Tributos a Recuperar
1.1.03.009	Operações em Bolsa
1.1.03.009.001	Depósitos para Garantia de Operação a Termo
1.1.03.009.002	Prêmios Pagos – Mercado de Opções
1.1.03.010	Depósitos Restituíveis e Valores Vinculados
1.1.03.011	Perdas Estimadas para Créditos de Liquidação Duvidosa (retificadora – conta credora) – (antiga "Provisão para Perdas")
11.03.012	Perdas Estimadas para Redução ao Valor Recuperável (retificadora – conta credora)
1.1.03.013	Ajuste a Valor Presente (retificadora – conta credora)
1.1.04	***Investimentos Temporários***
1.1.04.001	Aplicação Temporária em Ouro
1.1.04.002	Títulos e Valores Mobiliários
1.1.04.003	Perda Estimada para Redução ao Valor Recuperável (retificadora – conta credora)
1.1.04.004	Perdas Estimadas (retificadora – conta credora)
1.1.05	***Estoques***
1.1.05.001	Produtos Acabados
1.1.05.002	Mercadorias para Revenda
1.1.05.003	Produtos em Elaboração
1.1.05.004	Matérias-Primas
1.1.05.005	Materiais de Acondicionamento e Embalagem
1.1.05.006	Materiais Auxiliares
1.1.05.007	Materiais Semiacabados
1.1.05.008	Manutenção e Suprimentos Gerais
1.1.05.009	Importações em Andamento
1.1.05.010	Mercadorias em Trânsito
1.1.05.011	Mercadorias Entregues em Consignação
1.1.05.012	Adiantamentos a Fornecedores
1.1.05.013	Perda Estimada para Redução ao Valor Recuperável (retificadora – conta credora)
1.1.05.015	Ajuste a Valor Presente (retificadora – conta credora)

4.4. As Aplicações de Recursos em Despesas do Exercício Seguinte

O Subgrupo **Aplicações de Recursos em Despesas do Exercício Seguinte** contempla despesas que foram reconhecidas antecipadamente, ou seja, surgiram as obrigações a elas referentes ou os recursos para pagá-las foram antecipados, porém ainda não ocorreu o fato gerador dessas despesas, conforme preconiza o *regime de competência*. Deste subgrupo constam as denominadas **despesas reconhecidas antecipadamente** ou **despesas antecipadas**. Convém ser ressaltado que tais despesas antecipadas podem ou não ter sido antecipadamente pagas.

São exemplos de *despesas reconhecidas antecipadamente*: o prêmio de seguro a apropriar; a assinatura de jornais e revistas; os juros reconhecidos antecipadamente; os serviços reconhecidos antecipadamente; os salários pagos antecipadamente; os bilhetes de passagem adquiridos, porém ainda não utilizados; os aluguéis pagos antecipadamente; as comissões comerciais pagas, referentes a benefícios ainda não usufruídos etc.

De acordo com o conceito de *liquidez*, utilizado para a classificação das contas no Ativo, este subgrupo ora apresentado constitui o último do Ativo Circulante.

Convém ressaltar que, de acordo com o prazo de realização das despesas, poderemos ter a classificação destas tanto no Ativo Circulante, quanto no Ativo Não Circulante Ativo Realizável a Longo Prazo.

4.4.1. As Operações com Seguros

Para melhor apresentar o assunto, faremos um primeiro exemplo, referente ao período segurado de apenas um ano. Quando analisarmos o Ativo Não Circulante Ativo Realizável a Longo prazo, faremos outro exemplo, com período segurado maior. Mostraremos agora duas formas possíveis de registrar contabilmente os contratos de seguros.

Costumamos chamar **prêmio de seguro** o valor a ser reconhecido quando da contratação do seguro.

Exemplo

A Empresa FGT Comercial Ltda. contratou seguro contra incêndio para as suas instalações pelo período de um ano. Foi acordado o valor do prêmio de seguro igual a R$ 2.400,00. O seguro foi contratado e entrou em vigor em 01/11/2008. Seu pagamento foi acertado da seguinte maneira: 50% pagos trinta dias após a assinatura do contrato; já os outros 50% foram pagos à vista. Realize os registros contábeis necessários.

Neste caso, é aconselhável fazermos um *reconhecimento didático* das principais informações apresentadas no exemplo, que aconselhamos ser utilizado pelo leitor quando resolver questões dessa natureza.

- Data de entrada em vigor do seguro: 01/11/2008;
- Vigência constante da apólice do contrato de seguro: de 01/11/2008 a 31/10/2009;
- Prazo de cobertura do seguro: 12 meses;
- Quantidade de meses de utilização do seguro em 2008: 02 (novembro e dezembro);
- Quantidade de meses de utilização do seguro em 2009: 10 (janeiro a outubro);
- Valor da parcela mensal do seguro contratado: R$ 2.400,00 / 12 meses = R$ 200,00 / mês.

Registros contábeis a efetuar em 2008 e 2009:

Em 01/11/2008, quando da entrada em vigor do seguro:

D – Prêmios de Seguros a Apropriar ou Seguros a Vencer – 2.400,00
C – Disponibilidades – 1.200,00
C – Seguros a Pagar – 1.200,00

Prêmios de Seguros a Apropriar = Seguros a Vencer = Seguros Antecipados = Seguros Pagos Antecipadamente ou Seguros Reconhecidos Antecipadamente = Despesas de Seguros Antecipados (conta do Ativo Circulante)

Seguros a Vencer (Valores em R$)

(1) 2.400,00	

Disponibilidades (Valores em R$)

Saldo Inicial	1.200,00 (1)

Seguros a Pagar (Valores em R$)

	1.200,00 (1)

Em 30/11/2008, quando do reconhecimento do primeiro mês de seguro efetivamente utilizado:

D – Despesas de Seguros
C – Seguros a Vencer – 200,00

Despesas de Seguros (Valores em R$)	
(2) 200,00	

Seguros a Vencer (Valores em R$)	
(1) 2.400,00	200,00 (2)
2.000,00	

Em 01/12/2008, quando do pagamento dos 50% restantes:

D – Seguros a Pagar
C – Disponibilidades – 1.200,00

Disponibilidades (Valores em R$)	
Saldo Inicial	1.200,00 (1)
	1.200,00 (3)

Seguros a Pagar (Valores em R$)	
(3) 1.200,00	1.200,00 (1)

Em 31/12/2008, estão reconhecidos os primeiros dois meses de seguro utilizados:

Observe que já se passaram 02 meses de seguro efetivamente utilizado. Neste caso, deveremos reconhecer como despesas propriamente ditas do exercício em tela (2008) os valores referentes aos meses de novembro e dezembro (seguro efetivamente utilizado).

Reconhecimento da despesa de seguro referente a dezembro de 2008:

D – Despesas de Seguros
C – Seguros a Vencer – 200,00

Despesas de Seguros (Valores em R$)	
(2) 200,00	
(4) 200,00	

Seguros a Vencer (Valores em R$)	
(1) 2.400,00	200,00 (2)
	200,00 (4)
2.000,00	

Observe que há um saldo de R$ 2.000,00 no razonete de Seguros a Vencer. Neste caso, este saldo é referente aos meses de seguro ainda não utilizados, o que ocorrerá apenas em 2009.

No Ativo da empresa, quando da elaboração do Balanço Patrimonial em 31/12/2008, teremos:

Balanço Patrimonial
ATIVO
Ativo Circulante
...
Aplicações de Recursos em Despesas do Exercício Seguinte
Seguros a Vencer – R$ 2.000,00

Em 31/12/2009, estão reconhecidos os últimos meses de seguro utilizado:

Observe que se passaram os 10 meses de seguro restantes do contrato em 2009. Neste caso, deveremos reconhecer como despesas propriamente ditas do exercício de 2009 os valores referentes aos meses de janeiro a outubro de 2009, devido à efetiva utilização do seguro.

Mês a mês deve ser reconhecida a despesa de seguro correspondente ao período transcorrido:

D – Despesas de Seguros
C – Seguros a Vencer – 200,00

Despesas de Seguros (Valores em R$)	
[(5) a (14)] 200,00	

Seguros a Vencer (Valores em R$)	
(1) 2.400,00	200,00 (2)
	200,00 (4)
	200,00 [(5) a (14)]
0,00	

Com isso, o seguro foi efetivamente utilizado ao longo do prazo constante do exemplo.

Exemplo

Questão 02 – (Auditor-Fiscal do Tesouro Nacional – ESAF – 1998 – Adaptada)

A Empresa Jasmim S/A, cujo exercício social coincide com o ano-calendário, pagou, em 30/04/97, o prêmio correspondente a uma apólice de seguro contra incêndio de suas instalações para viger no período de 01/05/97 a 30/04/98. O valor pago de R$ 30.000,00 foi contabilizado como despesa operacional do exercício de 1997.

Observando o regime de competência, o lançamento de ajuste, feito em 31/12/1997, provocou, no resultado do exercício de 1998, uma:

a) redução de R$ 10.000,00.
b) redução de R$ 30.000,00.
c) redução de R$ 20.000,00.
d) majoração de R$ 20.000,00.
e) majoração de R$ 10.000,00.

Resolução e Comentários:

Esta questão é muito interessante e trata da segunda maneira de registrar contabilmente operações com seguros!

- Data de entrada em vigor do seguro: 01/05/1997;
- Vigência constante da apólice do contrato de seguro: de 01/05/1997 a 30/04/1998;

- Prazo de cobertura do seguro: 12 meses;
- Quantidade de meses de utilização do seguro em 1997: 08 (maio a dezembro);
- Quantidade de meses de utilização do seguro em 1998: 04 (janeiro a abril);
- Valor da parcela mensal do seguro contratado: R$ 30.000,00 / 12 meses = R$ 2.500,00 / mês.

Observe esta parte da questão: "O valor pago de R$ 30.000,00 foi contabilizado como **despesa operacional** do exercício de 1997."

Como isso ocorreu? A empresa utilizou o regime de caixa, ao invés de utilizar o regime de competência. Ao invés de lançar a conta Seguros a Vencer, utilizou a conta Despesas de Seguros, reconhecendo o pagamento do seguro como se tivesse efetivamente utilizado o seguro! Mas o fato gerador do seguro ocorre de acordo com o regime de competência! Neste caso, então, apresentamos a segunda forma de registrar os valores referentes ao contrato de seguro.

<u>Em 30/04/1997, quando do pagamento do seguro:</u>

D – Despesas de Seguros
C – Disponibilidades – 30.000,00

Disponibilidades (Valores em R$)	
Saldo Inicial	30.000,00 (1)

Despesas de Seguros (Valores em R$)	
(1) 30.000,00	

<u>Em 31/12/1997, quando do reconhecimento dos primeiros 08 meses de seguro utilizados:</u>

A despesa referente à utilização do seguro foi a correspondente a 08 meses e não a 12 meses, conforme inicialmente registrado. Neste momento, necessitamos fazer, então, um registro de *ajuste*, que evidenciará o que ocorreu em termos de despesa de seguros e quanto ficou para ocorrer no exercício seguinte (neste caso, o correspondente a 04 meses de utilização do contrato).

08 meses x R$ 2.500,00/mês = R$ 20.000,00 de despesas de seguros de 1997; e
04 meses x R$ 2.500,00/mês = R$ 10.000,00 (cujo fato gerador ainda não ocorreu, pois são despesas de 1998)

D – Seguros a Vencer
C – Despesas de Seguros 10.000,00

```
            Despesas de Seguros (Valores em R$)
              (1) 30.000,00 | 10.000,00 (2)
                            |
                  20.000,00 |
                            |
            Seguros a Vencer (Valores em R$)
              (2) 10.000,00 |
                            |
```

No Ativo da empresa, quando da elaboração do Balanço Patrimonial em 31/12/1997, teremos:

Balanço Patrimonial
ATIVO
Ativo Circulante
...
Aplicações de Recursos em Despesas do Exercício Seguinte
   Seguros a Vencer – R$ 10.000,00

Observe que o lançamento de ajuste ora efetuado provocou aumento do lucro em 1997 em R$ 10.000,00, pois os tais R$ 10.000,00 serão reconhecidos como despesas de 1998. Por outro lado, o exercício de 1998 terá seu resultado reduzido em R$ 10.000,00.

Em 30/04/1998, estão reconhecidos os últimos meses de seguro utilizado:

Observe que se passaram os 04 meses de seguro restantes do contrato em 1998. Neste caso, deveremos reconhecer como despesas propriamente ditas do exercício de 1998 os valores referentes aos meses de janeiro a abril de 1998, devido à efetiva utilização do seguro.

04 meses x R$ 2.500,00/mês = R$ 10.000,00 de despesas de seguros

Mês a mês deve ser reconhecida a despesa de seguro correspondente ao período transcorrido:

D – Despesas de Seguros
C – Seguros a Vencer – 2.500,00

Despesas de Seguros (Valores em R$)	
[(3) a (6)] 2.500,00	
10.000,00	

Seguros a Vencer (Valores em R$)	
(2) 10.000,00	2.500,00 [(3) a (6)]
	0,00

Gabarito – A

Exemplo

Questão 03 – (Analista Judiciário – Contabilidade – TST – CESPE/UnB – 2008)
As despesas antecipadas, classificáveis no ativo circulante, geram benefícios a serem usufruídos no exercício seguinte. Em geral, representam pagamentos antecipados, mas há casos em que não significam desembolso imediato de recursos, e, sim, valores ainda a pagar a curto prazo.

Resolução e Comentários

As despesas reconhecidas antecipadamente podem gerar desembolso imediato ou não. Se gerarem desembolso imediato, ocorrerá o seguinte lançamento:

D – Despesas Antecipadas
C – Caixa ou Bancos Conta Movimento

Se não ocorrer desembolso imediato, então haverá uma obrigação:

D – Despesas Antecipadas
C – Valores a Pagar
Gabarito – Certo

4.4.2. O Plano de Contas e o Subgrupo Aplicações de Recursos em Despesas do Exercício Seguinte

O Plano de Contas deve conter, no mínimo, as seguintes contas constantes do Subgrupo Aplicações de Recursos em Despesas do Exercício Seguinte:

1.1	Ativo Circulante
...	...
1.1.06	**Despesas do Exercício Seguinte Pagas Antecipadamente**
1.1.06.001	Prêmios de Seguros a Apropriar
1.1.06.002	Encargos Financeiros a Apropriar
1.1.06.003	Assinaturas e Anuidades a Apropriar
1.1.06.004	Comissões e Prêmios Pagos Antecipadamente
1.1.06.005	Aluguéis Pagos Antecipadamente
1.1.06.006	Outros Custos e Despesas Pagos Antecipadamente

4.5. A CLASSIFICAÇÃO DAS CONTAS CONFORME O CICLO OPERACIONAL

O **ciclo operacional** da entidade é o tempo transcorrido entre a aquisição de ativos para processamento e sua realização em caixa ou seus equivalentes. *Quando o ciclo operacional normal da entidade não for claramente identificável, pressupõe-se que sua duração seja de* **doze meses**. Os ativos circulantes incluem ativos (tais como estoque e contas a receber comerciais) que são vendidos, consumidos ou realizados como parte do ciclo operacional normal, mesmo quando não se espera que sejam realizados no período de até doze meses após a data do balanço.

Conforme o Art. 179 da Lei das Sociedades por Ações, **na companhia em que o ciclo operacional da empresa tiver duração maior que o exercício social, a classificação no circulante ou longo prazo terá por base o prazo desse ciclo.**

Regra geral, o ciclo operacional de uma entidade é menor que um ano. Neste caso, todos os créditos que forem realizáveis ao longo do exercício social seguinte deverão constar do Ativo Circulante, quando da elaboração do Balanço Patrimonial. Se os vencimentos dos créditos ocorrerem após o término do exercício social seguinte, então deverão ser classificados no Ativo Não Circulante Ativo Realizável a Longo Prazo.

No caso de o ciclo operacional da entidade ser superior a um ano, valerá, para fins de classificação no Ativo Circulante ou no Ativo Não Circulante Ativo Realizável a Longo Prazo, o prazo do ciclo operacional.

> **Qualquer que seja o prazo do ciclo operacional, o exercício social terá, regra geral, a duração de um ano!**

Exemplos esclarecerão melhor este tópico.

Exemplo

Considere uma empresa cujo exercício social coincida com o ano calendário civil e cujo ciclo operacional seja de até um ano. O saldo da conta Duplicatas a Receber constante de seu Livro Razão em 31/12/2004 é igual a R$ 53.000,00, com a empresa possuindo os seguintes valores a receber, em suas respectivas datas prováveis de recebimento:

Duplicatas a Receber (valores em Reais)	Datas Previstas para Recebimento
5.400,00	05/03/2005
10.000,00	01/06/2005
6.600,00	31/12/2005
4.000,00	06/07/2006
7.500,00	22/04/2007
8.300,00	30/11/2007
11.200,00	02/02/2008

Observe o seguinte: estamos em 31/12/2004, elaborando as demonstrações contábeis referentes a 2004. ***Olhando para a frente***, a partir de 01/01/2005, tudo o que for recebível ao longo do exercício social de 2005, ou seja, entre 01/01/2005 e 31/12/2005, será classificado no Ativo Circulante; caso contrário, constará do Ativo Não Circulante Ativo Realizável a Longo Prazo.

Logo, teremos:

- Ativo Circulante

Duplicatas a Receber (valores em Reais)	Datas Previstas para Recebimento
5.400,00	05/03/2005
10.000,00	01/06/2005
6.600,00	31/12/2005

Balanço Patrimonial
ATIVO
Ativo Circulante
...
    Clientes
        Duplicatas a Receber – R$ 22.000,00

- Ativo Não Circulante Ativo Realizável a Longo Prazo

Duplicatas a Receber (valores em Reais)	Datas Previstas para Recebimento
4.000,00	06/07/2006
7.500,00	22/04/2007
8.300,00	30/11/2007
11.200,00	02/02/2008

Balanço Patrimonial
ATIVO
Ativo Não Circulante Ativo Realizável a Longo Prazo
    Clientes
        Duplicatas a Receber – R$ 31.000,00

Observe atentamente: haverá duas contas no Balanço Patrimonial com o mesmo nome (Duplicatas a Receber), porém com valores obtidos em função do prazo de realização, de acordo com a classificação aqui apresentada.

Exemplo

Considere, agora, uma empresa cujo exercício social coincida com o ano calendário civil e cujo ciclo operacional seja igual a dois anos. O saldo da conta Duplicatas a Receber constante de seu Livro Razão em 31/12/2004 é igual a R$ 53.000,00, com a empresa possuindo os seguintes valores a receber, em suas respectivas datas prováveis de recebimento:

Duplicatas a Receber (valores em Reais)	Datas Previstas para Recebimento
5.400,00	05/03/2005
10.000,00	01/06/2005
6.600,00	31/12/2005
4.000,00	06/07/2006
7.500,00	22/04/2007
8.300,00	30/11/2007
11.200,00	02/02/2008

Observe o seguinte: estamos em 31/12/2004, elaborando as demonstrações contábeis referentes a 2004. **Olhando para a frente**, a partir de 01/01/2005, tudo o que for recebível ao longo do ciclo operacional, ou seja, entre 01/01/2005 e 31/12/2006, será classificado no Ativo Circulante; caso contrário, constará do Ativo Não Circulante Ativo Realizável a Longo Prazo.

Logo, teremos:

- Ativo Circulante

Duplicatas a Receber (valores em Reais)	Data Prevista para o Recebimento
5.400,00	05/03/2005
10.000,00	01/06/2005
6.600,00	31/12/2005
4.000,00	06/07/2006

Balanço Patrimonial
ATIVO
Ativo Circulante
...
Clientes
   Duplicatas a Receber – R$ 26.000,00

- Ativo Não Circulante Ativo Realizável a Longo Prazo

Duplicatas a Receber (valores em Reais)	Data Prevista para o Recebimento
7.500,00	22/04/2007
8.300,00	30/11/2007
11.200,00	02/02/2008

Balanço Patrimonial
ATIVO
Ativo Não Circulante Ativo Realizável a Longo Prazo
...
Clientes
   Duplicatas a Receber – R$ 27.000,00

Observe atentamente: haverá duas contas no Balanço Patrimonial com o mesmo nome (Duplicatas a Receber), porém com valores obtidos em função do prazo de realização, de acordo com a classificação aqui apresentada.

Se nada for dito na questão, considere o prazo para classificação no Ativo Circulante igual ao *exercício social*, ou seja, igual a um ano!

4.6. As Demonstrações Contábeis Intermediárias

Demonstração contábil intermediária significa uma demonstração contábil contendo um conjunto completo de demonstrações contábeis (assim como descrito no *Pronunciamento Técnico CPC 26 (R1) – Apresentação das Demonstrações Contábeis*) ou um conjunto de demonstrações contábeis condensadas de período intermediário. Este conceito foi obtido a partir do *Pronunciamento Técnico CPC 21 (R1) – Demonstração Intermediária*.

Período intermediário é um período inferior àquele do exercício social completo.

A demonstração contábil intermediária tem como objetivo prover atualização com base nas últimas demonstrações contábeis anuais completas. Portanto, elas focam em novas atividades, eventos e circunstâncias e não duplicam informações previamente reportadas.

Podemos dizer que um *balanço patrimonial intermediário* ou, simplesmente, *balanço intermediário* é aquele elaborado em qualquer data anterior ao término do exercício social. O balanço intermediário pode ser efetuado por determinação legal ou por determinação estatutária ou contratual.

Caso seja elaborado um balanço intermediário, o critério de classificação das contas no Ativo Circulante e no Ativo Realizável a Longo Prazo obedecerá ao prazo dos doze meses seguintes ou ao prazo do ciclo operacional, caso seja maior.

Exemplos esclarecerão melhor este tópico.

Exemplo

Considere uma empresa cujo exercício social coincida com o ano calendário civil e cujo ciclo operacional seja menor que um ano. Tal empresa necessita elaborar um balanço intermediário, datado de 10/02/2005. O saldo da conta Duplicatas a Receber constante de seu Livro Razão, em 10/02/2005, é igual a R$ 53.000,00, com a empresa possuindo os seguintes valores a receber, em suas respectivas datas prováveis de recebimento:

Duplicatas a Receber (valores em Reais)	Datas Previstas para Recebimento
5.400,00	05/03/2005
10.000,00	01/06/2005
6.600,00	31/12/2005
4.000,00	02/01/2006
7.500,00	22/04/2006
8.300,00	30/11/2007
11.200,00	02/02/2008

Observe o seguinte: estamos em 10/02/2005, elaborando um balanço intermediário. *Olhando para a frente*, a partir de 11/02/2005, tudo o que for recebível ao longo dos próximos doze meses, ou seja, entre 11/02/2005 e 10/02/2006, será classificado no Ativo Circulante; caso contrário, constará do Ativo Não Circulante Ativo Realizável a Longo Prazo.

Logo, teremos:

- Ativo Circulante

Duplicatas a Receber (valores em Reais)	Datas Previstas para Recebimento
5.400,00	05/03/2005
10.000,00	01/06/2005
6.600,00	31/12/2005
4.000,00	02/01/2006

Balanço Patrimonial Intermediário
ATIVO
Ativo Circulante
...
Clientes
   Duplicatas a Receber – R$ 26.000,00

- Ativo Não Circulante Ativo Realizável a Longo Prazo

Duplicatas a Receber (valores em Reais)	Datas Previstas para Recebimento
7.500,00	22/04/2006
8.300,00	30/11/2007
11.200,00	02/02/2008

Balanço Patrimonial Intermediário
ATIVO
Ativo Não Circulante Ativo Realizável a Longo Prazo
...
Clientes
   Duplicatas a Receber – R$ 27.000,00

Observe atentamente: haverá duas contas no Balanço Patrimonial com o mesmo nome (Duplicatas a Receber), porém com valores obtidos em função do prazo de realização, de acordo com a classificação aqui apresentada.

Exemplo
   Considere, agora, uma empresa cujo exercício social coincida com o ano calendário civil e cujo ciclo operacional seja igual a dois anos. Esta empresa necessita elaborar um balanço intermediário, datado de 10/02/2005. O saldo da conta Duplicatas a Receber constante de seu Livro Razão em 10/02/2005 é igual a R$ 53.000,00, com a

empresa possuindo os seguintes valores a receber, em suas respectivas datas prováveis de recebimento:

Duplicatas a Receber (valores em Reais)	Datas Previstas para Recebimento
5.400,00	05/03/2005
10.000,00	01/06/2005
6.600,00	31/12/2005
4.000,00	02/01/2006
7.500,00	22/04/2006
8.300,00	30/11/2007
11.200,00	02/02/2008

Observe o seguinte: estamos em 10/02/2005, elaborando um balanço intermediário nesta data. **Olhando para a frente**, a partir de 11/02/2005, tudo o que for recebível ao longo do período correspondente a um ciclo operacional, ou seja, entre 11/02/2005 e 10/02/2007, será classificado no Ativo Circulante; caso contrário, constará do Ativo Não Circulante Ativo Realizável a Longo Prazo.

Logo, teremos:

- Ativo Circulante

Duplicatas a Receber (valores em Reais)	Datas Previstas para Recebimento
5.400,00	05/03/2005
10.000,00	01/06/2005
6.600,00	31/12/2005
4.000,00	02/01/2006
7.500,00	22/04/2006

Balanço Patrimonial
ATIVO
Ativo Circulante
...
Clientes
    Duplicatas a Receber – R$ 33.500,00

- Ativo Não Circulante Ativo Realizável a Longo Prazo

Duplicatas a Receber (valores em Reais)	Datas Previstas para Recebimento
8.300,00	30/11/2007
11.200,00	02/02/2008

Balanço Patrimonial
ATIVO
Ativo Não Circulante Ativo Realizável a Longo Prazo

...

Clientes
   Duplicatas a Receber – R$ 19.500,00

Observe atentamente: haverá duas contas no Balanço Patrimonial com o mesmo nome (Duplicatas a Receber), porém com valores obtidos em função do prazo de realização, de acordo com a classificação aqui apresentada.

4.7. Exercícios Resolvidos para a Fixação de Conteúdo

Questão 04 – (Técnico de Contabilidade I – PETROBRAS – CESGRANRIO – 2008)
Considere os dados extraídos do Balancete de Verificação da Empresa Transparentes S/A, em 31.12.2007, em reais.

CONTAS	SALDOS
Caixa	5.000,00
Banco conta Movimento	25.000,00
Duplicatas a Receber	20.000,00
Estoques	30.000,00
Móveis e Utensílios	25.000,00
Máquinas e Equipamentos	30.000,00
Instalações	60.000,00
Depreciação Acumulada	8.000,00
Fornecedores a Pagar	30.000,00
Salários e Encargos a Pagar	5.000,00
Contas a Pagar	10.000,00
Empréstimos a Pagar (LP)	18.000,00
Capital	120.000,00
Reserva Legal	4.000,00

Em janeiro de 2008, a empresa realizou as seguintes operações:
- Compra de uma caminhonete usada, por R$ 18.000,00, sendo R$ 2.000,00 à vista, pagos em cheque, e o restante em 8 prestações de R$ 2.000,00;
- Recebimento de clientes, em cheque: R$ 15.000,00;
- Pagamento de fornecedores, em cheque: R$ 20.000,00;
- Aquisição de mercadorias para revenda, a prazo: R$ 40.000,00.

O montante do Ativo Circulante, após as operações de janeiro de 2008, em reais, será de
a) 120.000,00.
b) 118.000,00.
c) 116.000,00.
d) 113.000,00.
e) 98.000,00.

Resolução e Comentários

Antes dos eventos, havia o seguinte Balanço Patrimonial:

Balanço Patrimonial

Caixa – 5.000	Fornecedores a Pagar – 30.000
Bancos – 25.000	Salários e Encargos a Pagar – 5.000
Duplicatas a Receber – 20.000	Contas a Pagar – 10.000
Estoques – 30.000	Empréstimos a Pagar (LP) – 18.000
Móveis e Utensílios – 25.000	
Máquinas e Equipamentos – 30.000	
Instalações – 60.000	Capital – 120.000
Depreciação Acumulada – (8.000)	Reserva Legal – 4.000
187.000	187.000

Eventos Ocorridos:

- Compra de uma caminhonete usada, por R$18.000,00, sendo R$2.000,00 à vista, pagos em cheque, e o restante em 8 prestações de R$2.000,00;

D – Veículos – 18.000
C – Bancos – 2.000
C – Contas a Pagar – 16.000

Balanço Patrimonial

Caixa – 5.000	Fornecedores a Pagar – 30.000
Bancos – 23.000	Salários e Encargos a Pagar – 5.000
Duplicatas a Receber – 20.000	Contas a Pagar – 26.000
Estoques – 30.000	Empréstimos a Pagar (LP) – 18.000
Móveis e Utensílios – 25.000	
Máquinas e Equipamentos – 30.000	
Instalações – 60.000	Capital – 120.000
Depreciação Acumulada – (8.000)	Reserva Legal – 4.000
Veículos – 18.000	
203.000	203.000

- Recebimento de clientes, em cheque: R$15.000,00;

D – Caixa
C – Duplicatas a Receber – 15.000

Balanço Patrimonial

Caixa – 20.000	Fornecedores a Pagar – 30.000
Bancos – 23.000	Salários e Encargos a Pagar – 5.000
Duplicatas a Receber – 5.000	Contas a Pagar – 26.000
Estoques – 30.000	Empréstimos a Pagar (LP) – 18.000
Móveis e Utensílios – 25.000	
Máquinas e Equipamentos – 30.000	
Instalações – 60.000	Capital – 120.000
Depreciação Acumulada – (8.000)	Reserva Legal – 4.000
Veículos – 18.000	
203.000	**203.000**

- Pagamento de fornecedores, em cheque: R$20.000,00;

D – Fornecedores a Pagar
C – Bancos – 20.000

Balanço Patrimonial

Caixa – 20.000	Fornecedores a Pagar – 10.000
Bancos – 3.000	Salários e Encargos a Pagar – 5.000
Duplicatas a Receber – 5.000	Contas a Pagar – 26.000
Estoques – 30.000	Empréstimos a Pagar (LP) – 18.000
Móveis e Utensílios – 25.000	
Máquinas e Equipamentos – 30.000	
Instalações – 60.000	Capital – 120.000
Depreciação Acumulada – (8.000)	Reserva Legal – 4.000
Veículos – 18.000	
183.000	**183.000**

- Aquisição de mercadorias para revenda, a prazo: R$40.000,00.

D – Estoques
C – Fornecedores a Pagar – 40.000

Balanço Patrimonial

Caixa – 20.000	Fornecedores a Pagar – 50.000
Bancos – 3.000	Salários e Encargos a Pagar – 5.000
Duplicatas a Receber – 5.000	Contas a Pagar – 26.000
Estoques – 70.000	Empréstimos a Pagar (LP) – 18.000
Móveis e Utensílios – 25.000	
Máquinas e Equipamentos – 30.000	
Instalações – 60.000	Capital – 120.000
Depreciação Acumulada – (8.000)	Reserva Legal – 4.000
Veículos – 18.000	
223.000	**223.000**

Ativo Circulante:

Caixa – 20.000
Bancos – 3.000
Duplicatas a Receber – 5.000
Estoques – 70.000
Total = 98.000
Gabarito – E

Questão 05 – (Administrador Pleno – PETROBRAS – Fundação CESGRANRIO – 2005)
João e José Silva resolveram constituir a Empresa Irmãos Silva Ltda., em 01 jul. 2004, com capital social de R$ 10.000,00, totalmente integralizado em dinheiro.
As primeiras operações da empresa foram:
- aquisição de móveis e utensílios por R$ 8.000,00, sendo pagos no ato R$ 2.000,00 e o restante a ser pago em três prestações mensais iguais e sucessivas;
- aquisição de um computador usado, à vista, por R$ 1.000,00;
- aquisição de mercadorias para revenda, a prazo, por R$ 5.000,00;
- obtenção de um empréstimo bancário de R$ 3.000,00, recebido em dinheiro, na "boca" do caixa;
- pagamento, em dinheiro, de uma das três parcelas da compra de móveis e utensílios descrita acima.

Após estas operações, o saldo da conta Caixa da empresa, em reais, passou a ser de:
a) 6.000,00, credor.
b) 6.000,00, devedor.
c) 8.000,00, devedor.
d) 8.000,00, credor.
e) 10.000,00, devedor.

Resolução e Comentários

Lançamentos a realizar:

i) integralização do Capital Social:

D – Caixa
C – Capital Social   10.000,00

ii) aquisição de móveis e utensílios por R$ 8.000,00, sendo pagos no ato R$ 2.000,00 e o restante a ser pago em três prestações mensais iguais e sucessivas:

D – Móveis e Utensílios – 8.000,00
C – Caixa – 2.000,00
C – Fornecedores – 6.000,00

iii) aquisição de um computador usado, à vista, por R$ 1.000,00:

D – Computadores
C – Caixa   1.000,00

iv) aquisição de mercadorias para revenda, a prazo, por R$ 5.000,00:

D – Mercadorias
C – Fornecedores   5.000,00

v) obtenção de um empréstimo bancário de R$ 3.000,00, recebido em dinheiro, na "boca" do caixa:

D – Caixa
C – Empréstimos Bancários   3.000,00

vi) pagamento, em dinheiro, de uma das três parcelas da compra de móveis e utensílios descrita acima:
D – Fornecedores
C – Caixa   2.000,00

Qual o saldo final da conta Caixa?!
conta Caixa: 10.000,00 (i) − 2.000,00 (ii) − 1.000,00 (iii) + 3.000,00 (v) − 2.000,00 (vi) = 8.000,00 (*devedor*)
Gabarito – C

Questão 06 – (Técnico de Contabilidade Júnior – PETROBRAS – Fundação CESGRANRIO – 2010)
Analise o lançamento a seguir, sem os elementos Data, Histórico e Valor.
D: Banco Conta Movimento
D: Imposto de Renda Retido na Fonte
C: Aplicação Financeira
C: Receita Financeira
O registro contábil acima indica que a Empresa fez uma operação financeira com retenção de imposto de renda na fonte e crédito em conta corrente bancária, decorrente de
a) venda de duplicata a receber.
b) aplicação financeira com juros prefixados.
c) recebimento de juros de aplicação financeira.
d) capitalização de juros da aplicação feita no mês anterior.
e) resgate de aplicação financeira feita no próprio mês.

Resolução e Comentários
Deve ser observado que há débito na conta Bancos Conta Movimento e crédito na conta Aplicação Financeira. Entendemos, então, que está ocorrendo o resgate de uma aplicação financeira. Há, ainda, o reconhecimento de uma receita financeira, fruto da aplicação então realizada, assim como da retenção de Imposto de Renda na Fonte. Logo, foi efetuado o resgate de uma aplicação feita no próprio mês.
Gabarito – E

Questão 07 – (Técnico de Suprimento de Bens e Serviços Júnior / Administração – PETROBRAS – Fundação CESGRANRIO – 2010)
Um desfalque de caixa é uma ocorrência que afeta o patrimônio da empresa, uma vez que diminui o
a) Ativo e diminui o Passivo.
b) Ativo e diminui o Patrimônio Líquido.
c) Ativo e aumenta o Passivo.
d) Patrimônio Líquido e aumenta o Passivo.
e) Patrimônio Líquido e diminui o Passivo.

Resolução e Comentários

Um desfalque de caixa corresponde a uma perda. Logo, diminui o Ativo e o Patrimônio Líquido.

D – Perda (resultado → Patrimônio Líquido)
C – Caixa (Ativo)
Gabarito – B

Questão 08 – (Técnico de Contabilidade – Agência Nacional de Petróleo – ANP – CESGRANRIO – 2005)
   SEGUROS A VENCER
   a CAIXA
   O registro contábil acima indica que a empresa:
   a) contratou um seguro, para o ano seguinte, para pagamento futuro.
   b) pagou antecipadamente o prêmio de um seguro para o ano seguinte.
   c) pagou um seguro com o transporte de um bem para o Imobilizado.
   d) pagou o prêmio de um seguro vencido, contratado no ano anterior.
   e) recebeu o prêmio de seguro, por cancelamento do seguro do ano seguinte.

Resolução e Comentários

A empresa pagou antecipadamente o prêmio de um seguro para o ano seguinte. "Seguros a Vencer" significa despesas reconhecidas antecipadamente (conta do Ativo!).
Gabarito – B

Questão 09 – (Técnico de Contabilidade – Agência Nacional de Petróleo – ANP – CESGRANRIO – 2008)
   Admita que a empresa Ramos Flores Ltda. apresentou as seguintes informações:
   • 28/09/2007 – contratação de um seguro anual contra incêndio;
   • 30/09/2007 – pagamento do prêmio do seguro anual contratado = 21.000,00;
   • Na contagem de prazos é adotado o ano comercial.
   Considerando exclusivamente as informações apresentadas acima, no Balanço Patrimonial de 30/12/2007, o valor do Ativo Circulante, em reais, é
   a) 5.250,00.
   b) 7.000,00.
   c) 14.000,00.
   d) 15.750,00.
   e) 21.000,00.

Resolução e Comentários
   • 28/09/2007 – contratação de um seguro anual contra incêndio;
   • 30/09/2007 – pagamento do prêmio do seguro anual contratado = 21.000,00;
   • Na contagem de prazos é adotado o ano comercial.

Parcela do seguro: 21.000 / 12 = 1.750/mês
Registro do pagamento do seguro anual:

D – Seguros a Vencer (AC)
C – Caixa / Bancos Conta Movimento – 21.000

Em 30/12/2007:
Três meses de seguro já efetivamente ocorreram. Logo:

D – Despesas de Seguros
C – Seguros a Vencer – 1.750 x 3 – 5.250

Ainda haverá a conta Seguros a Vencer no Ativo Circulante com o seguinte saldo:
Seguros a Vencer = 9 x 1.750 = 15.750

Gabarito – D

Questão 10 – (Agente Tributário Estadual – ATE – MS – EsAF – 2001 – Adaptada)
A Nossa empresa fecha o exercício social e faz balanços a cada 31 de agosto. Em 31 de agosto de 2000, o balancete elaborado com vistas à realização de ajustes ao resultado do exercício apresentou a conta "Aluguéis Passivos a Vencer" com saldo remanescente de R$ 36.000,00, relativo ao contrato de aluguel do Depósito Geral celebrado no montante de R$ 135.000,00 para o período de 01/10/98 a 31/03/01.
A fim de atender ao regime de competência, o contador da empresa deverá fazer a seguinte partida de diário:
a) Aluguéis Passivos
   a Aluguéis Passivos a Vencer R$ 4.500,00
b) Aluguéis Passivos a Vencer
   a Aluguéis Passivos R$ 4.500,00
c) Aluguéis Passivos
   a Aluguéis Passivos a Vencer R$ 22.500,00
d) Aluguéis Passivos a Vencer
   a Aluguéis Passivos R$ 22.500,00
e) Aluguéis Passivos
   a Aluguéis Passivos a Vencer R$ 31.500,00

Resolução e Comentários
Período do aluguel: 01/10/98 a 31/03/01 → 3 meses (1998) + 12 meses (1999) + 12 meses (2000) + 3 meses (2001) = 30 meses

Valor do aluguel: R$ 135.000,00

Parcela mensal do aluguel = R$ 135.000,00 / 30 meses = R$ 4.500,00

Quando do registro do aluguel pago antecipadamente:

Aluguéis Passivos a Vencer

a Caixa / Bancos Conta Movimento / Aluguéis a Pagar (se foi concedido algum prazo para pagamento) – R$ 135.000,00

Até 31/agosto/2000 quantos meses de aluguel transcorreram? 3 meses (1998) + 12 meses (1999) + 8 meses (2000) = 23 meses

Já houve despesas efetivas no valor de: R$ 4.500,00/ mês x 23 meses = R$ 103.500,00

Por mês de aluguel transcorrido, é feito o seguinte lançamento:

Aluguéis Passivos

a Aluguéis Passivos a Vencer – R$ 4.500,00

Se já houve despesas efetivas no valor de R$ 103.500,00, deveria haver saldo em Aluguéis Passivos a Vencer no valor de R$ 31.500,00. Porém, a conta Aluguéis Passivos a Vencer apresenta saldo igual a R$ 36.000,00. Por algum motivo, deixou de ser realizado o registro correspondente a um mês de aluguel transcorrido. Logo, o registro a ser realizado como ajuste desta conta é:

Aluguéis Passivos

a Aluguéis Passivos a Vencer – R$ 4.500,00

Gabarito – A

Questão 11 – **(Técnico de Contabilidade – PETROBRAS – CESGRANRIO – Adaptada)**
Qual é a situação em que uma conta de natureza devedora pode apresentar saldo credor?
   a) Quando o total de lançamentos a crédito é superior ao total de lançamentos a débito.
   b) Quando as contas do Ativo Não Circulante Imobilizado passam a apresentar natureza credora em virtude da situação conhecida como "Passivo a Descoberto".
   c) Quando, somente no início das operações, o valor existente na conta Caixa é transferido para a conta Bancos Conta Movimento.
   d) Na rara situação em que, num mesmo lançamento, a conta é debitada e creditada, sendo o valor do crédito superior ao valor do débito.
   e) Em condições normais, sob nenhuma hipótese isto pode ocorrer.

Resolução e Comentários

Em condições normais, uma conta de natureza devedora deverá apresentar saldo devedor! Logo, sob nenhuma hipótese isto pode ocorrer.

Gabarito – E

Questão 12 – (Analista Judiciário – Contabilidade – TST – CESPE/UnB – 2008)
Na escrituração relativa ao fundo fixo de caixa, a cada desembolso realizado vão sendo efetuados lançamentos do tipo apresentado a seguir.

D – despesas gerais
C – bancos – conta movimento

Resolução e Comentários

Quando há fundo fixo de caixa, as despesas são pagas à medida que seus respectivos comprovantes são apresentados ao responsável pelo fundo fixo. Quando ocorre a prestação de contas junto ao pessoal responsável pela contabilidade da empresa, apenas um lançamento é efetuado, a saber:

D – despesas gerais
C – bancos – conta movimento

Observe que não há lançamento efetuado a cada desembolso, conforme menciona a questão.

Gabarito – Errado

Questão 13 – (Analista Legislativo – Contabilidade – Senado Federal – FGV – Adaptada – 2008)
A Companhia Z apresentava os seguintes saldos das contas patrimoniais em 31/12/X0:

Caixa	50.000;
Provisão para Riscos de Contingências	10.000;
Perdas Estimadas para Créditos de Liquidação Duvidosa	15.000;
Contas a Receber	80.000;
Reserva de Lucros	45.000;
Contas a Pagar	18.000;
Estoques	100.000;
Despesas Antecipadas	20.000.

Considerando que todas as contas serão realizadas dentro de um ano, o valor do Ativo Circulante, em 31/12/X0, é de:
a) 235.000.
b) 250.000.
c) 245.000.
d) 225.000.
e) 260.000.

Resolução e Comentários

Ativo Circulante:
- Caixa: 50.000
- Perdas Estimadas para Créditos de Liquidação Duvidosa: (15.000)
- Contas a Receber 80.000
- Estoques: 100.000
- Despesas Antecipadas: 20.000

Total: R$ 235.000

- Provisão para Riscos de Contingências: 10.000 (PC)
- Reservas de Lucros: 45.000 (PL)
- Contas a Pagar: 18.000 (PC)

Gabarito – A

Questão 14 – (Assistente Financeiro – FURP-SP – FUNRIO – 2010)
Classificam-se como despesas antecipadas, de acordo com a Lei nº 6.404, de 15 de dezembro de 1976 e atualizações,
a) as comissões pagas relativas a benefícios usufruídos antes do Balanço.
b) os prêmios de seguros pagos para cobertura durante o exercício posterior.
c) os adiantamentos a empregados para despesas diversas.
d) os materiais de escritório e materiais de limpeza ainda não utilizados.
e) os aluguéis pagos relativos a períodos de utilização do imóvel anteriores ao Balanço.

Resolução e Comentários

Os prêmios de seguros pagos para cobertura durante o exercício posterior representam despesas antecipadas.

Gabarito – B

Questão 15 – (Assistente Administrativo – CFA – IADES – 2010)
O que são ativos de alta liquidez?
a) São aqueles que permitem a falência da organização muito rapidamente.
b) Ativos de alta liquidez influenciam alta volatilidade nas reservas financeiras da organização.
c) São ativos que permitem ser vendidos rapidamente sem que haja perda significativa de valor.
d) Eles se opõem contabilmente aos ativos sólidos e bens móveis.

Resolução e Comentários
Os ativos de alta liquidez são aqueles que podem ser facilmente convertidos em moeda sem perda significativa de valor.
Gabarito – C

Questão 16 – (Auditor-Fiscal Tributário Municipal I – Prefeitura de São Paulo – FCC – 2007)
Uma companhia contratou, em 01.09.2005, um seguro contra incêndio para sua fábrica, com prazo de três anos e vigência imediata, tendo pago, pela respectiva apólice, a importância de R$ 115.200,00. Em 31.12.2005, deverá constar no grupo do Ativo Circulante, do Balanço Patrimonial da companhia, como despesa do exercício seguinte, a importância correspondente a, em R$:
a) 38.400,00.
b) 32.000,00.
c) 25.600,00.
d) 19.200,00.
e) 12.800,00.

Resolução e Comentários
- Seguro contra incêndios
- Prazo: 03 anos ou 36 meses
- Vigência: a partir de 01/09/2005
- Utilização do seguro:
    - 2005: 04 meses
    - 2006: 12 meses
    - 2007: 12 meses
    - 2008: 08 meses
- Valor mensal do seguro:
    R$ 115.200,00 / 36 meses = R$ 3.200,00/mês

Em 31/12/2005, deverá reconhecer no Ativo Circulante as parcelas do seguro que serão reconhecidas como despesas propriamente ditas ao longo do exercício social seguinte, ou seja, ao longo de 2006. Logo:
→ 12 meses x R$ 3.200,00/mês = R$ 38.400,00

Gabarito – A

Questão 17 – (Exame de Suficiência – Ciências Contábeis – CFC – 2011)
Uma entidade apresenta, em 31.12.2010, os seguintes saldos de contas:

CONTAS	Saldos (R$)
Ações de Outras Empresas – Para Negociação Imediata	400,00
Ações em Tesouraria	300,00
Ajustes de Avaliação Patrimonial (saldo devedor)	900,00
Aplicações em Fundos de Investimento com Liquidez Diária	2.600,00
Bancos Conta Movimento	6.000,00
Caixa	700,00
Capital Social	40.000,00
Clientes – Vencimento em março/2011	12.000,00
Clientes – Vencimento em março/2012	6.600,00
Clientes – Vencimento em março/2013	4.000,00
Depreciação Acumulada	8.800,00
Despesas Pagas Antecipadamente (prêmio de seguro com vigência até dezembro/2011)	300,00
Estoque de Matéria-Prima	5.000,00
Financiamento Bancário (a ser pago em 12 parcelas mensais de igual valor, vencendo a primeira em janeiro de 2011)	30.000,00
Fornecedores	19.000,00
ICMS a Recuperar	600,00
Imóveis de Uso	26.000,00
Impostos a Pagar (Vencimento em janeiro/2011)	6.400,00
Máquinas	18.000,00
Obras de Arte	4.000,00
Participação Societária em Empresas Controladas	14.000,00
Participações Permanentes no Capital de Outras Empresas	1.000,00
Reserva Legal	4.000,00
Reservas de Capital	2.200,00
Veículos	8.000,00

No Balanço Patrimonial, o saldo do Ativo Circulante é igual a:
a) R$ 24.300,00.
b) R$ 25.000,00.
c) R$ 27.200,00.
d) R$ 27.600,00.

Resolução e Comentários

São contas do Ativo Circulante:

CONTAS	Saldos (R$)
Ações de Outras Empresas – Para Negociação Imediata	400,00
Aplicações em Fundos de Investimento com Liquidez Diária	2.600,00
Bancos Conta Movimento	6.000,00
Caixa	700,00
Clientes – Vencimento em março/2011	12.000,00
Despesas Pagas Antecipadamente (prêmio de seguro com vigência até dezembro/2011)	300,00
Estoque de Matéria-Prima	5.000,00
ICMS a Recuperar	600,00
Total	**27.600,00**

Gabarito – D

Questão 18 – (Técnico de Contabilidade – TRE – ES – CESPE/UnB – 2011)
Com referência ao balanço patrimonial, julgue os itens que se seguem.
Na empresa cujo ciclo operacional tiver duração menor que o exercício social, a classificação no circulante ou longo prazo terá por base a duração do exercício social.

Resolução e Comentários

Conforme o Art. 179 da Lei das Sociedades por Ações, na companhia em que o seu ciclo operacional tiver duração maior que o exercício social, a classificação no circulante ou longo prazo terá por base o prazo desse ciclo. Por outro lado, na empresa cujo ciclo operacional tiver duração menor que o exercício social, a classificação no circulante ou longo prazo terá por base a duração do exercício social.

Gabarito – Certo

Questão 19 – (Contador – CIENTEC – RS – MSCONCURSOS – 2010)
Observe as contas informadas pela Companhia Ômega S/A no encerramento do exercício de 2009:
- Caixa – R$ 15.000,00
- Banco conta aplicação – R$ 25.000,00
- Ações de coligadas – R$ 8.000,00
- Ações em tesouraria – R$ 50.000,00
- Imóveis – R$ 50.000,00
- Capital Social – R$ 120.000,00
- Vendas – R$ 90.000,00
- Compras – R$ 40.000,00

- Estoque em 31.12.2008 – R$ 15.000,00
- Estoque atual – R$ 30.000,00
- Descontos incondicionais concedidos – R$ 12.000,00
- Despesas administrativas – R$ 10.000,00
- Fornecedores – R$ 70.000,00
- Ajustes de avaliação patrimonial (natureza devedora) – R$ 55.000,00

Obs.: Desconsidere a tributação incidente.

Apure: O Total do Ativo Circulante:

a) R$ 40.000,00.
b) R$ 70.000,00.
c) R$ 90.000,00.
d) R$ 98.000,00.
e) R$ 48.000,00.

Resolução e Comentários

São contas do Ativo Circulante:
- Caixa – R$ 15.000,00
- Banco conta aplicação – R$ 25.000,00
- Estoque atual – R$ 30.000,00

Total – R$ 70.000,00
Gabarito – B

Questão 20 – (Analista Pericial – Contabilidade – MPU – FCC – 2007)

Uma companhia comercial adquiriu mercadorias no valor de R$ 1.950, pagando 20% desse valor à vista e aceitando uma duplicata pelo valor restante. Após essa transação, o valor total dos ativos da sociedade.

a) Permaneceu inalterado.
b) Aumentou em R$ 650.
c) Aumentou em R$ 1.560.
d) Aumento em R$ 1.950.
e) Diminuiu em R$ 390.

Resolução e Comentários

Quando da aquisição das mercadorias, ocorreu o seguinte registro:

D – Mercadorias – 1.950,00

C – Caixa ou Bancos Conta Movimento – 390,00

C – Fornecedores – 1.560,00

Logo, o Ativo sofreu a seguinte variação:

+ 1.950,00 – 390,00 = + 1.560,00

Gabarito – C

Questão 21 – (Auditor do Estado – CGE MA – FGV – 2014)
Em 31/12/2013, o balancete da Cia. Rosa apresentava os seguintes saldos (em reais):

Estoques com previsão de venda de 90 dias:	40.000
Aluguel pago antecipadamente com apropriação mensal e linear por 18 meses:	36.000
Caixa e Equivalente de Caixa:	12.000
Clientes com vencimento em 180 dias:	60.000
Contas de Ajuste a valor presente a apropriar sobre clientes:	3.000
Provisão para Crédito de Liquidação Duvidosa sobre cliente:	9.000
Contas a receber em 270 dias por venda de ativo imobilizado:	55.000
Empréstimo a sócio para recebimento em 30 dias:	8.000
Adiantamento de salários de janeiro a empregados:	13.000
Provisão para 13º salário:	80.000
Receita de vendas recebida antecipadamente:	36.000

Com base somente nos dados acima, o Ativo Circulante apresentado no Balanço Patrimonial da Cia. Rosa em 31/12/2013 era de:
a) R$ 179.000,00;
b) R$ 192.000,00;
c) R$ 200.000,00;
d) R$ 204.000,00;
e) R$ 228.000,00.

Resolução e Comentários

Ativo Circulante em 31/12/2013:

Estoques: 40.000

Aluguéis Pagos Antecipadamente (12 meses): 24.000

Caixa e Equivalentes de Caixa: 12.000

Clientes: 60.000

Ajuste a Valor Presente de Clientes: (3.000)

PCLD: (9.000)

Contas a Receber: 55.000

Adiantamento de Salários: 13.000

Total: 192.000

Gabarito – B

Questão 22 – (ICMS – PR – COPS UEL – 2012)
A empresa W&K, que adota o regime de competência para a contabilização de seus atos e fatos, contratou a locação de um imóvel por 18 meses, a partir de 1º/07/X1, pagando antecipadamente o valor do contrato correspondente a R$ 18.000,00.
O contador, no encerramento do exercício social de X1, deve registrar esse pagamento da seguinte forma:
a) R$ 6.000,00 como Despesa e R$ 12.000,00 como Ativo Circulante;
b) R$ 9.000,00 como Despesa e R$ 9.000,00 como Ativo Circulante;
c) R$ 18.000,00 como Despesa;
d) R$ 6.000,00 como Ativo Circulante e R$ 12.000,00 com Ativo de Longo Prazo;
e) R$ 18.000,00 como Ativo Circulante.

Resolução e Comentários:

* Locação de um imóvel
* Início: 1º/07/X1
* Prazo: 18 meses
* Valor pago antecipadamente: R$ 18.000,00
* Regime de competência para registro dos eventos ocorridos

Quando da locação efetuada, o seguinte registro deve ser efetuado:

D – Aluguéis a Vencer
C – Disponibilidades .... R$ 18.000,00

Em 31/12/X1, os seguintes registros devem ser efetuados:

D – Despesas de Aluguel
C – Aluguéis a Vencer .... R$ 6.000,00

A conta Aluguéis a Vencer passará a ter saldo de R$ 12.000,00, saldo este que será realizado ao longo do exercício social subsequente. Logo, deverá ser registrado no Ativo Circulante.
Gabarito – A

Questão 23 – (Auditor-Fiscal da Receita Estadual – SEFAZ/RS – FUNDATEC –2014)
A Companhia Industrial Rio Tucuruí possui um maquinário avaliado em R$ 240.000,00 e esse maquinário foi segurado em 1º de setembro de 2012. A companhia pagou um prêmio equivalente a 10% do valor de avaliação das máquinas, com vigência pelo prazo de um ano, a partir da assinatura do contrato. A partir desses dados, podemos concluir que o saldo da conta Seguros Pagos Antecipadamente, em 31/dez/2012, é de:
a) R$ 4.000,00;
b) R$ 8.000,00;
c) R$ 16.000,00;
d) R$ 80.000,00;
e) R$ 160.000,00.

Resolução e Comentários:
* Prêmio: 10% x R$ 240.000,00 = R$ 24.000,00
* Vigência: 1 ano = 12 meses
* Valor da parcela mensal: R$ 24.000,00 / 12 = R$ 2.000,00/mês

* Quando da contratação do seguro:

D – Seguros Antecipados
C – Disponibilidades ou Passivo R$ 24.000,00

* Reconhecimento dos meses de utilização do seguro em 2012:

Setembro a dezembro: 4 meses
4 x R$ 2.000,00 = R$ 8.000,00

D – Despesas de Seguros
C – Seguros Antecipados R$ 8.000,00

Portanto, ainda existe um saldo na conta Seguros Antecipados igual a R$ 16.000,00.
Gabarito – C

Questão 24 (Analista Judiciário – Contabilidade – TSE – Consulplan/2011)
Em março de 2010, uma empresa adquiriu uma apólice de seguro anual, com vigência entre 1º de abril de 2010 e 31 de março de 2011, no valor de R$ 1.800,00. O pagamento da apólice será feito em três parcelas de R$ 600,00, em 31 de março de 2010, 30 de abril de 2010 e 31 de maio de 2010. Considerando o regime de competência, como deve ser contabilizada a despesa de seguros da empresa em relação à apólice vendida?

a) Despesa de R$ 1.800,00 no mês de março de 2010.
b) Despesa de R$ 1.800,00 no mês de abril de 2010.
c) Despesa de R$ 600,00 nos meses de março de 2010, abril de 2010 e maio de 2010.
d) Despesa de R$ 150,00 nos meses de abril de 2010 a março de 2011.

Resolução e Comentários

Vigência do seguro: abril de 2010 a março de 2011 (12 meses)
Pagamento do seguro: realizado em três parcelas de R$ 600,00
Valor mensal do seguro a apropriar: R$ 1.800,00 / 12 meses = R$ 150,00/mês

Registros contábeis:
* Em março de 2010, quando da assinatura do contrato de seguro:

D – Seguros a Vencer
C – Seguros a Pagar .... R$ 1.800,00

* Pagamento do seguro em março de 2010:

D – Seguros a Pagar
C – Disponibilidades .... R$ 600,00

* Reconhecimento da despesa de seguro em abril de 2010:

D – Despesas de Seguros
C – Seguros a Vencer .... R$ 150,00

* Pagamento do seguro em abril de 2010:

D – Seguros a Pagar
C – Disponibilidades .... R$ 600,00

* Reconhecimento da despesa de seguro em maio de 2010:

D – Despesas de Seguros
C – Seguros a Vencer .... R$ 150,00

* Pagamento do seguro em maio de 2010:

D – Seguros a Pagar
C – Disponibilidades .... R$ 600,00

* Reconhecimento da despesa mensal de seguro a partir de junho de 2010 até março de 2011 (registros contábeis mensalmente repetidos):

D – Despesas de Seguros
C – Seguros a Vencer .... R$ 150,00

Gabarito – D

CAPÍTULO 5

As Operações com Duplicatas e as Perdas Estimadas com Créditos de Liquidação Duvidosa

5.1. AS OPERAÇÕES COM DUPLICATAS – CONSIDERAÇÕES INICIAIS

Iniciaremos este capítulo apresentando as principais características da fatura e da duplicata, para que o leitor venha a se familiarizar com este assunto.

5.1.1. A Fatura Comercial

Toda vez que houver compra e venda mercantil entre partes domiciliadas em território nacional, haverá **emissão obrigatória da fatura** *quando o prazo para pagamento pelo comprador for igual ou superior a 30 dias*, pois, neste caso, a legislação vigente presume *venda realizada a prazo*. Por outro lado, se a operação de compra e venda for realizada para pagamento em até 29 dias, a emissão da fatura será *facultativa*, uma vez que o legislador presume tratar-se de venda à vista. No caso de venda considerada à vista, a fatura poderá ser substituída pela nota fiscal, que é um documento de mais simples e fácil emissão.

A fatura também **poderá** ser emitida quando houver prestação de serviços para recebimento a prazo, conforme consta dos Arts. 20 a 22 da Lei nº 5.474/68 (Lei das Duplicatas).

Da fatura referente à operação de compra e venda de produtos ou mercadorias deverão constar, dentre outros elementos que se façam necessários: a indicação do produto ou da mercadoria transacionada, incluindo suas características básicas (espécie, tipo, marca, quantidade, qualidade etc.); os principais dados do vendedor; os principais dados do comprador etc. No caso de prestação de serviços, a fatura deverá conter, pelo menos, a natureza dos serviços prestados e o preço dos serviços.

No caso de profissionais liberais e de pessoas que prestem serviço de natureza eventual (sem caracterizar empresa), a legislação vigente permite que estes emitam fatura como credores, devendo da fatura constar a natureza e o preço dos serviços prestados, assim como a data e o local do pagamento. Também poderá constar da fatura o vínculo contratual que originou os serviços executados. *Convém ressaltar que esta específica fatura não é título de crédito negociável, servindo apenas como instrumento de cobrança executiva.*

A fatura referente à prestação de serviços é sempre facultativa; por outro lado, a fatura correspondente à operação de compra e venda mercantil é sempre obrigatória se o prazo de pagamento é igual ou superior a 30 dias.

A fatura mercantil é um documento acessório da operação de compra e venda de produtos ou mercadorias ou da prestação de serviços, emitida com a finalidade de comprovar que a operação de compra e venda ou de prestação de serviços foi realizada. A fatura não constitui título representativo dos produtos ou das mercadorias.

Regra geral, a fatura não é negociável, não pode ser objeto de protesto em Cartório e não corresponde a título de execução extrajudicial.

Uma mesma fatura pode incluir várias notas fiscais!

No caso de profissionais liberais e de pessoas que prestem serviço de natureza eventual (sem caracterizar empresa), somente poderão emitir fatura, que poderá ser protestada e embasar ações de execução, já que não lhes é permitida a emissão de duplicata. O legislador, neste específico caso, quis proporcionar a esta fatura um valor jurídico semelhante ao da duplicata.

5.1.2. A Duplicata

A duplicata é um título de crédito que surge a partir de uma operação de compra e venda mercantil ou de prestação de serviços, conforme se pode observar a partir da atenta leitura dos Arts. 2º e 20 da Lei nº 5.474 (Lei das Duplicatas), de 18 de julho de 1968, que rege a emissão de duplicatas.

> A duplicata NÃO CORRESPONDE à segunda via da fatura. Trata-se de um título autônomo e separado da fatura. A duplicata é título de crédito de emissão FACULTATIVA!

A duplicata é um título causal, ou seja, somente pode ser emitida para documentar determinadas relações jurídicas (*compra e venda mercantil ou contrato de prestação de serviços*).

A duplicata é documento de emissão FACULTATIVA; contudo, para ser emitida, deve ter obrigatoriamente ocorrido a emissão da fatura ou da nota fiscal-fatura.

O aceite, no caso da duplicata, é ato obrigatório. Somente pode haver recusa no aceite nos casos constantes do Art. 8º da Lei nº 5.474/68, isto é, verifica-se que o sacado está, em regra, vinculado à aceitação da duplicata, somente podendo recusar o aceite de acordo com as hipóteses elencadas na Lei das Duplicatas.

Uma duplicata não pode corresponder a mais de uma fatura. Porém, uma série de duplicatas, das quais constem prestações do valor global acertado, pode ser emitida. Neste caso, ao número de ordem da duplicata será acrescentada uma letra do alfabeto (por exemplo: 133-A, 133-B, 133-C etc.).

Os requisitos essenciais da duplicata constam do § 1º do Art. 2º da Lei nº 5.474, de 18 de julho de 1968. São eles:

>I – a denominação "duplicata", a data de sua emissão e o número de ordem;
>II – o número da fatura;
>III – a data certa do vencimento ou a declaração de ser a duplicata à vista;
>IV – o nome e domicílio do vendedor e do comprador;
>V – a importância a pagar, em algarismos e por extenso;
>VI – a praça de pagamento;
>VII – a cláusula à ordem;
>VIII – a declaração do reconhecimento de sua exatidão e da obrigação de pagá-la, a ser assinada pelo comprador, como aceite, cambial; e
>IX – a assinatura do emitente.

Todo comerciante que desejar extrair duplicatas deverá possuir o **Livro de Registro de Duplicatas**, em que serão escrituradas, em ordem cronológica, as duplicatas por ele (comerciante) emitidas, com suas principais características, conforme consta do Art. 19 da Lei nº 5.474/68.

A duplicata somente poderá ser emitida em moeda nacional, sob pena de nulidade de emissão, de acordo com o Art. 318 da Lei nº 10.406/2002 (novo Código Civil).

Os Arts. 13 e 14 da Lei nº 5.474/68 tratam dos casos em que há possibilidade de protesto das duplicatas. **O protesto das duplicatas poderá ser efetuado por falta de aceite, de devolução ou de pagamento delas.**

5.1.3. O Processo Comumente Utilizado para a Cobrança de Duplicatas

Os Arts. 15 a 18 da Lei das Duplicatas tratam do processo para a cobrança de duplicatas.

Vamos aproveitar este momento e tratar de um dos assuntos mais interessantes em relação às duplicatas: **a cobrança judicial das duplicatas**.

Analisaremos, em primeiro lugar, o caso em que apenas faturas são emitidas. Depois, trataremos do caso em que as faturas e as correspondentes duplicatas são emitidas.

Quando apenas a fatura for emitida, ou seja, quando não for emitida a duplicata correspondente àquela, o detentor da fatura, não tendo recebido o valor que lhe competir na data de vencimento, deverá seguir, na Justiça, um rito processual comum, que, por sinal, parece bastante demorado.

O Juiz, após analisar a reclamação realizada pelo credor, devido ao não pagamento de uma suposta dívida contraída pelo devedor junto a ele (o credor), convocará o suposto inadimplente (devedor) para ouvi-lo em relação ao caso em comento. Após ouvir o devedor, o Juiz fará seu juízo em relação ao caso em tela e decidirá quanto à existência ou a não existência da dívida reclamada pelo credor. Se houver decisão pela existência da dívida e pelo consequente pagamento dela pelo inadimplente, o devedor poderá entrar com recurso em relação à decisão proferida pelo Juiz do caso em evidência, e nova decisão será proferida. E assim segue o rito...

Quando não houver mais a possibilidade de recurso por parte do devedor, ou seja, quando o *Processo* for considerado *transitado em julgado*, poderá ocorrer a situação em que o devedor não pague o que foi decidido em juízo como sendo devido ao credor. Em consequência, *poderá o credor ajuizar uma nova ação*, ação esta denominada *ação de execução*. A partir do ajuizamento desta nova ação (ação de execução), o Juiz dará prazo certo para o pagamento da dívida; não tendo sido respeitado o prazo para pagamento pelo devedor, caberá ao Juiz determinar a penhora de bens do devedor para que este honre seu compromisso com o credor.

Quando a fatura e a duplicata forem emitidas, então o caminho a ser seguido pelo credor será mais célere (mais rápido).

O credor aguardará prazo para pagamento da duplicata (até a data do vencimento). Não tendo sido efetuado o pagamento, caberá a ele (o credor) efetuar o protesto (obrigatório) do título, no prazo de até 30 dias, a contar da data de vencimento do título, conforme prevê o Art. 13 da Lei nº 5.474/68 (Lei das Duplicatas). Uma vez caracterizado o protesto e reconhecida a dívida, que não tenha sido paga pelo inadimplente, *o credor poderá ingressar na Justiça diretamente na fase de execução*, pois, por se tratar de um título de crédito e, por conseguinte, servir como elemento de prova da dívida, *a duplicata possui força executiva*. A partir do ajuizamento desta ação (ação de execução), o Juiz dará prazo certo para o pagamento da dívida; não tendo sido respeitado o prazo para pagamento pelo devedor, caberá ao Juiz determinar a penhora de bens do devedor para que este honre seu compromisso com o credor.

Repare que a duplicata, por possuir força executiva, acelera muito o processo de cobrança judicial da dívida, sendo cada vez mais empregada em nosso país, apesar de ser de emissão facultativa.

5.2. AS PRINCIPAIS OPERAÇÕES COM DUPLICATAS

Apresentaremos, em seguida, as principais operações realizadas com duplicatas. Convém ser ressaltado que daremos ênfase à **posse** (física) e à ***propriedade*** (que caracteriza o direito de recebimento) das duplicatas.

5.2.1. As Duplicatas em Carteira

Denominamos **duplicatas em carteira** as duplicatas que se encontram **de posse da empresa** e é a empresa quem cobra de seus clientes os valores que estes devem a ela, ou seja, *a propriedade das duplicatas também é da empresa em tela*.

Registros efetuados quando do recebimento do valor de uma duplicata em carteira:

D – Caixa ou Bancos Conta Movimento
C – Duplicatas a Receber

Devemos ressaltar que nenhum serviço bancário foi necessário neste caso, ou seja, tudo foi realizado pela empresa.

Exemplo

A Empresa GTHX Comercial Ltda. cobrou do cliente Sebastião Roupino Comércio de Roupas uma duplicata no valor de R$ 1.000,00.

Registros efetuados quando do recebimento do valor de uma duplicata em carteira:

D – Caixa / Bancos Conta Movimento
C – Duplicatas a Receber 1.000,00

Caixa ou Bancos Conta Movimento (Valores em R$)	
Saldo Inicial	
(1) 1.000,00	

Duplicatas a Receber (Valores em R$)	
Saldo Inicial	1.000,00 (1)

5.2.2. As Duplicatas em Simples Cobrança Bancária

Denominamos **duplicatas em simples cobrança bancária** aquelas que são remetidas ao banco, que presta serviço à empresa, sendo por este serviço remunerado. O banco cobra as duplicatas a ele enviadas de seus respectivos devedores em nome da empresa.

Neste tipo de operação, **a empresa transfere a posse dos títulos aos bancos**, porém **a propriedade continua sendo da referida empresa**. Para remeter os títulos ao banco, a empresa os relaciona por meio de um borderô, ao qual **anexa** os respectivos títulos.

Borderô – relação de títulos de crédito entregues a um banco para cobrança ou desconto.

<u>Registros efetuados pela empresa quando do envio de duplicatas para cobrança bancária ou para simples cobrança bancária:</u>

Neste momento nenhum registro é efetuado, pois estamos diante de um ato administrativo.

<u>Registros efetuados pela empresa quando do recebimento de uma duplicata em cobrança:</u>

A empresa recebe um aviso bancário referente ao êxito na cobrança efetuada pelo banco.

D – Bancos Conta Movimento
C – Duplicatas a Receber

<u>Registros efetuados pela empresa quando o banco cobra a taxa bancária referente ao serviço de cobrança realizado:</u>

D – Despesas Bancárias
C – Bancos Conta Movimento

<u>Registros efetuados pela empresa quando da devolução das duplicatas para ela, por não ter sido obtido êxito pelo banco:</u>

Neste momento, nenhum registro é efetuado, pois estamos diante de um ato administrativo.

Resta claro que o banco efetuou o serviço e deve receber por aquilo que prestou, conforme anteriormente mostrado.

<u>Exemplo</u>

A Empresa Vende Tudo Comercial Ltda. enviou três duplicatas para o Banco Mordomia S/A. Este banco cobra R$ 20,00 por cada serviço de cobrança bancária. As duplicatas possuem os seguintes valores: R$ 1.000,00, R$ 3.000,00 e R$ 2.500,00.

<u>Registros efetuados pela empresa quando do envio de duplicatas para cobrança bancária:</u>

Neste momento, nenhum registro é efetuado, pois estamos diante de um ato administrativo.

Registros efetuados pela empresa quando o banco cobra a taxa bancária referente ao serviço de cobrança realizado:

D – Despesas Bancárias
C – Bancos Conta Movimento 60,00

Bancos Conta Movimento (Valores em R$)	
Saldo Inicial	60,00 (1)

Despesas Bancárias (Valores em R$)	
(1) 60,00	

Registros efetuados pela empresa quando do recebimento de uma duplicata em cobrança:

A empresa recebe um aviso bancário referente ao êxito na cobrança efetuada pelo banco. Suponhamos que as duplicatas de valores iguais a R$ 3.000,00 e R$ 2.500,00 tenham sido recebidas.

D – Bancos Conta Movimento
C – Duplicatas a Receber 5.500,00

Bancos Conta Movimento (Valores em R$)	
Saldo Inicial	60,00 (1)
(2) 3.000,00	
(2) 2.500,00	

Duplicatas a Receber (Valores em R$)	
Saldo Inicial	2.500,00 (2)
	3.000,00 (2)

Registros efetuados pela empresa quando da devolução das duplicatas para ela, por não ter sido obtido êxito pelo banco:

Neste momento, nenhum registro é efetuado, pois estamos diante de um ato administrativo.

Resta claro que o banco efetuou o serviço e deve receber pelo serviço prestado, conforme anteriormente mostrado.

5.2.3. O Desconto de Duplicatas

Analisaremos, agora, uma operação muito interessante e comumente realizada com duplicatas: **o desconto bancário das duplicatas**.

A duplicata, por ser um título de crédito, pode ser transferida a terceiros mediante endosso.

O ***desconto de duplicatas*** é comumente utilizado para *suprir insuficiências momentâneas de caixa para o cumprimento de obrigações de curto prazo*; podemos, portanto, enxergar o desconto como um *empréstimo de curto prazo com garantia*. A possibilidade de transferência de duplicatas mediante endosso facilita a obtenção de recursos por parte do credor ("comerciante"), que, muitas vezes, necessita imediatamente de recursos para honrar suas dívidas junto a terceiros, não podendo aguardar o prazo de vencimento das duplicatas e o consequente pagamento, no prazo acordado, pelo devedor (cliente do "comerciante").

Na operação de desconto de duplicatas ocorre o que se segue.

O credor ("comerciante"), de posse de parte ou de todas as suas duplicatas a receber, conforme sua necessidade de recursos, vai a uma instituição financeira e efetua a operação que chamamos ***desconto bancário de duplicatas***: consiste, basicamente, na entrega de duplicatas, mediante endosso delas, à instituição financeira, que passa a ter o direito de recebimento dos valores referentes às duplicatas, isto é, passa a ter a posse e a propriedade das duplicatas; por outro lado, um agente da instituição financeira deposita na conta corrente do credor o valor das *duplicatas descontadas* (ou seja, entregues à instituição financeira), excluindo do depósito os juros cobrados por esta instituição na *operação de desconto de duplicatas. O valor do desconto é determinado em função do número de dias que faltam para que os títulos sejam liquidados.* A responsabilidade da empresa somente termina quando ocorre o pagamento do título pelo devedor.

Como dissemos, podemos enxergar esta operação como um "empréstimo com garantia", constituindo as duplicatas emitidas a garantia do empréstimo efetuado pelo comerciante junto à instituição financeira.

Quando ocorre o desconto das duplicatas, o banco adianta recursos à empresa, cobrando, antecipadamente, os juros referentes ao período de empréstimo, que termina quando dos vencimentos das duplicatas. Na data do vencimento das duplicatas, ocorre o vencimento do empréstimo efetuado pela entidade junto ao banco, caracterizado pelo desconto ora descrito. A empresa espera que seus clientes honrem seus compromissos junto ao banco, pagando os valores constantes das duplicatas que o banco detém em sua posse e propriedade. Caso algum cliente não pague ao banco, então o banco deverá receber da empresa que, subsidiariamente, assume o compromisso de quitação do empréstimo junto àquele.

Vamos analisar contabilmente o que ocorre por meio de um exemplo.

Exemplo

A Empresa Zyentar Comercial Ltda. possui em sua posse, em 10/03/2010, as seguintes duplicatas a receber, com seus respectivos prazos de recebimento:

Duplicatas a Receber (Valores em Reais)	Data de Vencimento dos Títulos
2.300,00	10/06/2010
1.900,00	10/06/2010
3.100,00	10/06/2010
5.000,00	05/07/2010
7.700,00	08/08/2010

Tendo em vista a momentânea necessidade de caixa para liquidar obrigações de curto prazo, um de seus administradores resolveu ir ao banco em que a empresa possui conta-corrente, no sentido de negociar o desconto bancário das três primeiras duplicatas, que vencem em 10/06/2010, ou seja, três meses após a data em referência. O desconto dessas três duplicatas supre as necessidades atuais da empresa em tela.

Chegando ao banco, o gerente recebe o administrador, que informa a sua necessidade de recursos de curto prazo para a empresa. O gerente, então, informa que, devido ao fato de o dinheiro possuir um custo, ele aceita as três duplicatas, de valor total igual a R$ 7.300,00, cobrando juros de R$ 1.200,00 pelos três meses de desconto ("empréstimo"). O administrador aceita a realização da operação de desconto, entregando as três duplicatas ao gerente que, por sua vez, faz depósito na conta corrente da empresa, em valor igual a R$ 6.100,00. Observe que os juros são cobrados pelo banco antecipadamente, porém a empresa deve reconhecer tais juros de acordo com o *regime de competência*, à medida que o tempo transcorre!

> *A fim de facilitar os cálculos, consideraremos parcelas fixas e lineares de juros (juros simples) sendo mensalmente reconhecidas, procedimento este que vem sendo utilizado pelas Bancas Examinadoras, APESAR DE SABERMOS QUE OCORRE DE FATO A INCIDÊNCIA DE JUROS COMPOSTOS NA OPERAÇÃO, de acordo com os Pronunciamentos Técnicos publicados pelo Comitê de Pronunciamentos Contábeis (CPC).*
>
> *Portanto, deve ser ressaltado que nada impede que as Bancas Examinadoras passem a considerar a incidência de juros compostos na operação apresentada, procedimento este atualmente correto.*

Registros efetuados na empresa quando do desconto das duplicatas junto ao banco:

D – Bancos Conta Movimento – 6.100,00
D – Encargos Financeiros a Transcorrer (conta retificadora do Passivo Circulante) – 1.200,00
C – Duplicatas Descontadas (conta do Passivo Circulante) – 7.300,00

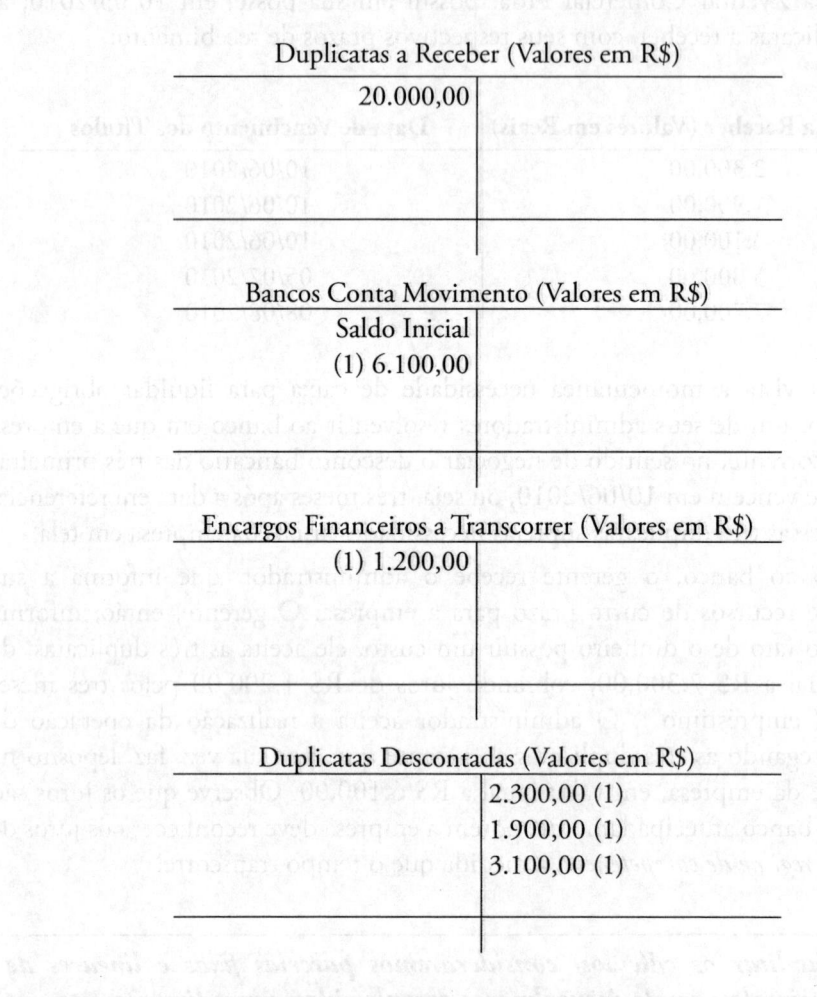

Duplicatas a Receber (Valores em R$)	
20.000,00	

Bancos Conta Movimento (Valores em R$)	
Saldo Inicial	
(1) 6.100,00	

Encargos Financeiros a Transcorrer (Valores em R$)	
(1) 1.200,00	

Duplicatas Descontadas (Valores em R$)	
	2.300,00 (1)
	1.900,00 (1)
	3.100,00 (1)

Analisemos os registros agora efetuados: a conta Bancos Conta Movimento aumentou o seu saldo em R$ 6.100,00, devido ao depósito efetuado pelo gerente; já a conta Encargos Financeiros a Transcorrer, com valor igual a R$ 1.200,00, evidencia os juros que foram imediatamente cobrados pelo banco e que a empresa deve reconhecer de acordo com o regime de competência, ou seja, no presente exemplo, ao longo dos três próximos meses; por outro lado, a conta Duplicatas Descontadas, cujo registro ora realizado é de R$ 7.300,00, representa o valor total das duplicatas que foram descontadas no banco. A conta Duplicatas Descontadas é uma conta do Passivo

Circulante, de acordo com as novas regras contábeis. Antes era conta retificadora do Ativo Circulante, corrigindo o valor da conta Duplicatas a Receber.

Convém ressaltar que faremos comentários a respeito da classificação da conta Duplicatas Descontadas no próximo tópico deste capítulo.

Se elaborarmos o Balanço Patrimonial logo após este evento, assim o enxergaremos:

Balanço Patrimonial
ATIVO
Ativo Circulante
    Duplicatas a Receber – R$ 20.000,00

PASSIVO
Passivo Circulante
    Duplicatas Descontadas – R$ 7.300,00
  (-) Encargos Financeiros a Transcorrer – (R$ 1.200,00)

Observe que a empresa continua tendo a propriedade de R$ 12.700,00 (= R$ 20.000,00 – R$ 7.300,00).

Registros efetuados na empresa quando do reconhecimento das despesas financeiras mensais:

D – Despesas Financeiras
C – Encargos Financeiros a Transcorrer   400,00 (registro efetuado mês a mês, no período de três meses)

Despesas Financeiras (Valores em R$)	
(2) 400,00	
(3) 400,00	
(4) 400,00	

Encargos Financeiros a Transcorrer (Valores em R$)	
(1) 1.200,00	400,00 (2)
	400,00 (3)
	400,00 (4)
0,00	

Mensalmente, de acordo com o regime de competência, a empresa registra em sua contabilidade o reconhecimento dos juros então transcorridos. Conforme informamos anteriormente, trata-se do reconhecimento de juros de R$ 1.200,00, em parcelas fixas de R$ 400,00/mês (= R$ 1.200,00 / 3 meses).

Na data de vencimento das duplicatas, os encargos financeiros a transcorrer já foram devidamente registrados e reconhecidos!

Chega a data de vencimento das duplicatas! Duas possibilidades ocorrem: quem deve o valor constante da duplicata paga ou não paga! Analisaremos, agora, cada uma delas em detalhes.

Registros efetuados na empresa quando o devedor paga a duplicata em seu vencimento:

Convém ser ressaltado que, neste tipo de operação, a empresa transfere a *posse* e a *propriedade* dos títulos para o banco.

Se quem deve paga o que deve, como a empresa recebeu adiantadamente os recursos, nada mais tem a receber, já que o direito de recebimento das duplicatas passou para o banco quando ocorreu a operação de desconto!

O banco recebe o valor da duplicata do cliente da empresa e todo o valor recebido pertence à instituição financeira! O referido banco, então, faz um aviso de liquidação de duplicata descontada, para que a empresa baixe de seus registros o valor então descontado e já quitado pelo cliente.

Consideremos, no presente exemplo, que as duplicatas de valores iguais a R$ 2.300,00 e R$ 1.900,00 foram quitadas no vencimento por seus devedores.

D – Duplicatas Descontadas
C – Duplicatas a Receber 4.200,00

Duplicatas a Receber (Valores em R$)	
20.000,00	4.200,00 (5)

Duplicatas Descontadas (Valores em R$)	
(5) 2.300,00	2.300,00 (1)
(5) 1.900,00	1.900,00 (1)
	3.100,00 (1)

Quando ocorre a informação do recebimento pelo banco das duplicatas em comento, a empresa deixa de ter junto ao banco a responsabilidade subsidiária de quitação delas, pois foram honradas por seus respectivos devedores. Com isso, verificamos a diminuição do saldo da conta Duplicatas Descontadas no valor de R$ 4.200,00, já que duplicatas foram quitadas e, em consequência, não há mais obrigação junto ao banco devida a esses valores. Extinguiu-se, também, o direito de recebimento da empresa referente às duplicatas ora quitadas; com isso, a conta Duplicatas a Receber também vai ter seu saldo diminuído em R$ 4.200,00.

Registros efetuados na empresa quando o devedor não paga a duplicata em seu vencimento:

A empresa solicitou dinheiro ao banco, dando como garantia as duplicatas por ela emitidas. Por outro lado, o banco efetuou um empréstimo à empresa e deve ser ressarcido em seu vencimento, que coincide com o vencimento das duplicatas emitidas pela empresa a seus clientes, que compraram a prazo. Deve ser ressaltado que há duas operações ocorrendo em paralelo: uma das operações é referente ao empréstimo bancário e a outra é referente à quitação das duplicatas pelos clientes da empresa.

Se quem deve a duplicata não paga o que deve, o banco cobra o valor não quitado da empresa! Caso o cliente não pague, o banco emite um aviso de débito na conta bancária da empresa, isto é, o banco saca da conta corrente da empresa o *valor cheio* da duplicata não honrada, pois o empréstimo precisa ser honrado junto ao banco.

Pode acontecer de o banco esperar alguns dias após o vencimento da duplicata, na tentativa de receber o pagamento do cliente. Caso isto ocorra, o banco tem direito de recebimento do valor principal da duplicata, assim como dos juros reconhecidos devido ao atraso no pagamento.

Consideremos, no presente exemplo, que a duplicata de valor igual a R$ 3.100,00 não foi quitada no vencimento por seu devedor.

D – Duplicatas Descontadas
C – Bancos Conta Movimento 3.100,00

Bancos Conta Movimento (Valores em R$)	
Saldo Inicial	3.100,00 (6)
(1) 6.100,00	

Duplicatas Descontadas (Valores em R$)	
(5) 2.300,00	2.300,00 (1)
(5) 1.900,00	1.900,00 (1)
(6) 3.100,00	3.100,00 (1)
	0,00

Analisando estes registros, verificamos o que se segue. Neste caso, o banco informa à empresa que quem devia a duplicata não quitou seu compromisso. O banco, então, devolve a duplicata à empresa, para que volte a ser dela o direito de cobrar do devedor o valor em questão. Isto faz com que a conta Duplicatas Descontadas tenha seu saldo reduzido em R$ 3.100,00, já que a duplicata referente a esse valor foi devolvida à empresa e, em consequência, não se encontra mais descontada junto ao banco. Por outro lado, existe um empréstimo a ser quitado junto ao banco no valor de R$ 3.100,00. Como o cliente não pagou e quem deve o empréstimo, ao final, é a empresa, é desta que o banco cobra, fazendo o saldo da conta-corrente da empresa ser reduzido em R$ 3.100,00.

Se elaborarmos o Balanço Patrimonial logo após este evento, assim o enxergaremos:

Balanço Patrimonial
ATIVO
Ativo Circulante
    Duplicatas a Receber – R$ 15.800,00

Repare que a empresa continua a ter o direito de recebimento referente às duplicatas ainda não recebidas. Ela incorreu nas despesas financeiras já contabilizadas porque obteve empréstimo junto ao banco e o banco cobra juros por isso!

Convém ressaltarmos que a operação de desconto ora apresentada serve para títulos de crédito em geral, principalmente para duplicatas e notas promissórias.

5.2.4. A Classificação da Conta Duplicatas Descontadas

Apresentaremos neste tópico a nova e a antiga classificação da conta Duplicatas Descontadas. Acreditamos que seja cobrada a nova possibilidade de registro.

5.2.4.1. Nova Classificação da Conta Duplicatas Descontadas no Passivo Circulante

O Manual de Contabilidade Societária (FIPECAFI) apresenta breve comentário sobre a conta Financiamentos Bancários a Curto Prazo, conta esta do Passivo Circulante.

A conta Financiamentos Bancários a Curto Prazo tem por finalidade registrar empréstimos de curto prazo obtidos junto às instituições financeiras. Dentre esses empréstimos, destacam-se: desconto de duplicatas; desconto de notas promissórias; empréstimos garantidos por caução de duplicatas a receber ou estoques; e outros.

Nas operações de desconto de duplicatas, regra geral, o valor dos títulos já inclui todos os encargos financeiros (juros, correção monetária prefixada e outras despesas). Logo, a diferença entre o valor do título negociado e o valor efetivamente recebido representa os encargos financeiros, que devem ser deduzidos do valor do passivo e somente acrescidos à medida que o tempo transcorra (regime de competência).

Como proceder, então? Registra-se o valor total do título descontado no Passivo e os encargos financeiros que transcorrerão como Encargos Financeiros a Transcorrer, conta retificadora do Passivo. A conta Encargos Financeiros a Transcorrer será amortizada durante o período de empréstimo.

A modificação ora proposta leva em consideração a essência econômica da transação, que em verdade constitui-se num verdadeiro empréstimo com garantia. A instituição financeira realiza operação de empréstimo junto à entidade, que apresenta duplicatas a receber em garantia da citada operação. A responsabilidade pelo pagamento dos valores devidos à instituição financeira é da entidade que tomou o empréstimo, caso o cliente da entidade não efetue os devidos pagamentos.

Exemplo (anteriormente apresentado)

A Empresa Zyentar Comercial Ltda. possui em sua posse, em 10/03/2010, as seguintes duplicatas a receber, com seus respectivos prazos de recebimento:

Duplicatas a Receber (Valores em Reais)	Data de Vencimento dos Títulos
2.300,00	10/06/2010
1.900,00	10/06/2010
3.100,00	10/06/2010
5.000,00	05/07/2010
7.700,00	08/08/2010

Registros efetuados na empresa quando do desconto das duplicatas junto ao banco:

D – Bancos Conta Movimento – 6.100,00

D – Encargos Financeiros a Transcorrer (conta retificadora do Passivo Circulante) – 1.200,00

C – Duplicatas Descontadas (conta do Passivo Circulante) – 7.300,00

Se elaborarmos o Balanço Patrimonial logo após este evento, assim o enxergaremos:

Balanço Patrimonial
ATIVO
Ativo Circulante
    Duplicatas a Receber – R$ 20.000,00

PASSIVO

Passivo Circulante

Duplicatas Descontadas – R$ 7.300,00

(-) Encargos Financeiros a Transcorrer – (R$ 1.200,00)

Registros efetuados na empresa quando do reconhecimento das despesas financeiras mensais:

D – Despesas Financeiras

C – Encargos Financeiros a Transcorrer   400,00 (registro efetuado mês a mês, no período de três meses)

Registros efetuados na empresa quando o devedor paga a duplicata em seu vencimento:

D – Duplicatas Descontadas

C – Duplicatas a Receber 4.200,00

Registros efetuados na empresa quando o devedor não paga a duplicata em seu vencimento:

D – Duplicatas Descontadas

C – Bancos Conta Movimento 3.100,00

5.2.4.2. Antiga Classificação da Conta Duplicatas Descontadas no Ativo Circulante (Conta Retificadora)

Antes da convergência contábil às normas internacionais, a conta Duplicatas Descontadas era registrada como retificadora da conta Duplicatas a Receber, no Ativo Circulante. Os juros antecipadamente descontados eram tratados como Juros a Vencer (despesas reconhecidas antecipadamente no Ativo Circulante).

A justificativa para o tratamento contábil aqui apresentado é o controle da concessão de crédito da entidade aos seus clientes.

As duplicatas cedidas em operação de desconto ficavam retificando o total de duplicatas a receber pela entidade. Quando o banco recebesse o valor objeto da operação de desconto, então a entidade dava baixa dele (debitando Duplicatas Descontadas), tendo como contrapartida crédito em Duplicatas a Receber, baixando o valor da duplicata cedida e recebida.

Exemplo (anteriormente apresentado)

A Empresa Zyentar Comercial Ltda. possui em sua posse, em 10/03/2010, as seguintes duplicatas a receber, com seus respectivos prazos de recebimento:

Duplicatas a Receber (Valores em Reais)	Data de Vencimento dos Títulos
2.300,00	10/06/2010
1.900,00	10/06/2010
3.100,00	10/06/2010
5.000,00	05/07/2010
7.700,00	08/08/2010

Registros efetuados na empresa quando do desconto das duplicatas junto ao banco:

D – Bancos Conta Movimento – 6.100,00
D – Juros a Vencer (despesas reconhecidas antecipadamente) – 1.200,00
C – Duplicatas Descontadas (conta retificadora do Ativo Circulante) – 7.300,00

Se elaborarmos o Balanço Patrimonial logo após este evento, assim o enxergaremos:

Balanço Patrimonial
ATIVO
Ativo Circulante
    Duplicatas a Receber – R$ 20.000,00
    (-) Duplicatas Descontadas – (R$ 7.300,00)
    ...
    Juros a Vencer – R$ 1.200,00

Registros efetuados na empresa quando do reconhecimento das despesas financeiras mensais:

D – Despesas Financeiras
C – Juros a Vencer   400,00 (registro efetuado mês a mês, no período de três meses)

Registros efetuados na empresa quando o devedor paga a duplicata em seu vencimento:

D – Duplicatas Descontadas
C – Duplicatas a Receber   4.200,00

Registros efetuados na empresa quando o devedor não paga a duplicata em seu vencimento:

D – Duplicatas Descontadas
C – Bancos Conta Movimento   3.100,00

Exemplo

Questão 01 – (Agente Tributário – MT – EsAF – 2001)
A empresa Carente S/A recebeu aviso do Banco da Casa, comunicando o recebimento de uma duplicata com ele descontada anteriormente. O Contador, acertadamente, promoveu o seguinte lançamento:
a) Bancos c/Movimento
   a Duplicatas a Receber
b) Duplicatas a Receber
   a Bancos c/Movimento
c) Títulos Descontados
   a Duplicatas a Receber
d) Duplicatas a Receber
   a Títulos Descontados
e) Títulos Descontados
   a Bancos c/Movimento

Resolução e Comentários

Quando ocorre o desconto:

D – Bancos c/ Movimento (AC)
D – Juros Passivos (D) ou Juros a Vencer (AC)
C – Duplicatas Descontadas (Retificadora do AC)

Quando o banco recebe a duplicata do cliente, é remetido um aviso do fato à empresa, que só então efetua a baixa na conta Duplicatas a Receber, mediante o seguinte lançamento:

D – Duplicatas Descontadas
C – Duplicatas a Receber
Gabarito – C

Exemplo

Questão 02 – (Auditor-Fiscal Tributário Municipal I – Prefeitura de São Paulo – FCC – 2007)
A devolução pelo banco de uma duplicata descontada, cujo pagamento não foi honrado pelo devedor, deve ser contabilizada na escrituração da empresa emitente a débito na conta:
a) Bancos Conta Movimento.
b) Duplicatas a Receber.
c) Duplicatas a Pagar.
d) Duplicatas Descontadas.
e) Perdas de Créditos.

Resolução e Comentários
Quando ocorre o desconto:

D – Bancos c/ Movimento (AC)
D – Juros Passivos (D) ou Juros a Vencer (AC)
C – Duplicatas Descontadas (Retificadora do AC)

Como o devedor principal não pagou o título, o banco cancelou a operação de desconto e cobrou da empresa, em sua conta-corrente, o valor nominal do título:

D – Duplicatas Descontadas
C – Bancos c/ Movimento
Gabarito – D

5.2.5. As Duplicatas em Cobrança Vinculada ou Caucionada

Denominamos **empréstimo para capital de giro** o empréstimo efetuado por uma entidade junto a um banco, regra geral com data única de vencimento, seis meses a um ano após a sua obtenção, utilizando títulos de crédito em garantia, por exigência do banco. Quando da realização do empréstimo, Notas Promissórias são assinadas e a entidade fica obrigada, mediante contrato, a manter *permanentemente em garantia duplicatas em cobrança caucionada ou vinculada no banco*, em valor acima do que foi emprestado.

Como as duplicatas em cobrança normalmente possuem prazo inferior ao do empréstimo a que se vinculam, elas são naturalmente recebidas pelo banco e creditadas para a entidade (tais valores recebidos pertencem à entidade). O banco, então, cria uma conta dita *vinculada*, ou seja, Conta Vinculada. Observe que esta conta (vinculada) é diferente da conta de livre movimentação pela entidade. A conta vinculada é movimentada apenas pelo banco! À medida que as duplicatas são cobradas e os valores a elas correspondentes são recebidos, são depositados pelo banco nesta conta vinculada, o que faz com que o total de duplicatas dadas em garantia diminua. Necessário se faz, então, repor as duplicatas ao nível mínimo exigido para a manutenção da garantia do empréstimo.

Depois de reposta a garantia do empréstimo no nível exigido, o banco faz a transferência da conta vinculada para a conta de livre movimentação da entidade, liberando, então, os valores que estavam creditados para a entidade.

Convém ser ressaltado que o valor dos títulos caucionados é sempre superior ao valor liberado pelo empréstimo (regra geral, o empréstimo é efetuado em torno de 70% a 80% dos valores dos títulos caucionados).

Neste tipo de operação, a empresa transfere a posse e a propriedade dos títulos ao banco.

Vamos analisar contabilmente o que ocorre por meio de um exemplo.

Exemplo

Em 15/01/2010, a Empresa Pruder Comercial Ltda. efetuou empréstimo de R$ 7.000,00 junto a um banco, com vencimento em 15/07/2010, *entregando as seguintes duplicatas ao empréstimo vinculadas*:

Duplicatas a Receber (Valores em Reais)	Data de Vencimento dos Títulos
1.500,00	02/03/2010
2.700,00	02/03/2010
1.100,00	10/04/2010
4.100,00	10/04/2010

Observe que o empréstimo com as duplicatas vinculadas foi efetuado em 15/01/2010, com vencimento em 15/07/2010. Neste período, todas as duplicatas caucionadas vencerão e, portanto, deverão ser substituídas por novos títulos de crédito em garantia do empréstimo efetuado.

Registros efetuados na empresa quando da realização do empréstimo junto ao banco:

D – Bancos Conta Movimento (AC)
C – Empréstimos Bancários (PC)   7.000,00

Paralelamente a este registro, a empresa efetua um controle das duplicatas que foram entregues em garantia:

Duplicata nº 121 – R$ 1.500,00 – Vencimento em 02/03/2010

Duplicata nº 122 – R$ 2.700,00 – Vencimento em 02/03/2010
Duplicata nº 127 – R$ 1.100,00 – Vencimento em 10/04/2010
Duplicata nº 128 – R$ 4.100,00 – Vencimento em 10/04/2010
Total no banco em garantia = R$ 9.400,00

Bancos Conta Movimento (Valores em R$)	
Saldo Inicial	
(1) 7.000,00	

Empréstimos Bancários (Valores em R$)	
	7.000,00 (1)

Em 02/03/2010, as duplicatas nº 121 e 122 vencem e são pagas pelos clientes da empresa junto ao banco.

Registros efetuados na empresa quando do recebimento das duplicatas pelo banco:

D – Bancos Conta Vinculada (AC)
C – Duplicatas a Receber (AC) 4.200,00

Bancos Conta Vinculada (Valores em R$)	
(2) 4.200,00	

Duplicatas a Receber (Valores em R$)	
Saldo Inicial	4.200,00 (2)

Paralelamente a este registro, a empresa efetua um controle das duplicatas que foram entregues em garantia:

Duplicata nº 127 – R$ 1.100,00 – Vencimento em 10/04/2010
Duplicata nº 128 – R$ 4.100,00 – Vencimento em 10/04/2010
Total no banco em garantia = R$ 5.200,00

A empresa, então, providencia a substituição da garantia anterior, já vencida, por novas duplicatas, conforme a seguir apresentado:

Duplicata nº 142 – R$ 1.800,00 – Vencimento em 20/07/2010
Duplicata nº 145 – R$ 3.100,00 – Vencimento em 25/07/2010

Quando o banco recebe as novas duplicatas em garantia, que geram valor garantido de, no mínimo R$ 9.400,00, conforme acordado em contrato, o banco libera para a empresa o valor das duplicatas que recebeu.

<u>Registros efetuados na empresa quando do depósito efetuado pelo banco em sua conta corrente de livre movimentação:</u>

D – Bancos Conta Movimento (AC)
C – Bancos Conta Vinculada (AC)   4.200,00

Bancos Conta Movimento (Valores em R$)	
Saldo Anterior	
(3) 4.200,00	

Bancos Conta Vinculada (Valores em R$)	
(2) 4.200,00	4.200,00 (3)

Paralelamente a este registro, a empresa efetua um controle das duplicatas que foram entregues em garantia:

Duplicata nº 127 – R$ 1.100,00 – Vencimento em 10/04/2010
Duplicata nº 128 – R$ 4.100,00 – Vencimento em 10/04/2010
Duplicata nº 142 – R$ 1.800,00 – Vencimento em 20/07/2010
Duplicata nº 145 – R$ 3.100,00 – Vencimento em 25/07/2010
Total no banco em garantia = R$ 10.100,00

Em 10/04/2010, as duplicatas nº 127 e 128 vencem e são pagas pelos clientes da empresa junto ao banco.

Registros efetuados na empresa quando do recebimento das duplicatas pelo banco:

D – Bancos Conta Vinculada (AC)
C – Duplicatas a Receber (AC)   5.200,00

Bancos Conta Vinculada (Valores em R$)	
(2) 4.200,00	4.200,00 (3)
(4) 5.200,00	

Duplicatas a Receber (Valores em R$)	
Saldo Anterior	5.200,00 (4)

Paralelamente a este registro, a empresa efetua um controle das duplicatas que foram entregues em garantia:

Duplicata nº 142 – R$ 1.800,00 – Vencimento em 20/07/2010
Duplicata nº 145 – R$ 3.100,00 – Vencimento em 25/07/2010
Total no banco em garantia = R$ 4.900,00

A empresa, então, providencia a substituição da garantia anterior, já vencida, por novas duplicatas, conforme a seguir apresentado:

Duplicata nº 158 – R$ 2.900,00 – Vencimento em 25/08/2010
Duplicata nº 167 – R$ 3.700,00 – Vencimento em 25/08/2010

Quando o banco recebe as novas duplicatas em garantia, que geram valor garantido de, no mínimo R$ 9.400,00, conforme acordado em contrato, o banco libera para a empresa o valor das duplicatas que recebeu.

Registros efetuados na empresa quando do depósito efetuado pelo banco em sua conta--corrente de livre movimentação:

D – Bancos Conta Movimento (AC)
C – Bancos Conta Vinculada (AC)   5.200,00

Bancos Conta Movimento (Valores em R$)	
Saldo Anterior	
(5) 5.200,00	

Bancos Conta Vinculada (Valores em R$)	
(2) 4.200,00	4.200,00 (3)
(4) 5.200,00	5.200,00 (5)

Paralelamente a este registro, a empresa efetua um controle das duplicatas que foram entregues em garantia:

Duplicata nº 142 – R$ 1.800,00 – Vencimento em 20/07/2010
Duplicata nº 145 – R$ 3.100,00 – Vencimento em 25/07/2010
Duplicata nº 158 – R$ 2.900,00 – Vencimento em 25/08/2010
Duplicata nº 167 – R$ 3.700,00 – Vencimento em 25/08/2010
Total no banco em garantia = R$ 11.500,00

Em 15/07/2010, o empréstimo da empresa junto ao banco vence e é quitado. Suponhamos que o banco tenha cobrado R$ 800,00 de juros pelo período de empréstimo.

Registros efetuados na empresa quando da quitação do empréstimo junto ao banco, incluindo os juros do empréstimo:

D – Empréstimos Bancários (PC)   7.000,00
D – Despesas de Juros (despesa)   800,00
C – Bancos Conta Movimento (AC)   7.800,00

Bancos Conta Movimento (Valores em R$)	
Saldo Anterior	7.800,00 (6)

Despesas de Juros (Valores em R$)	
(6) 800,00	

Empréstimos Bancários (Valores em R$)	
(6) 7.000,00	7.000,00 (1)

A partir do momento em que o empréstimo é quitado, não há mais a necessidade de manter as duplicatas em garantia. Portanto, a partir deste momento, as duplicatas passam à situação de *duplicatas em cobrança simples* pelo banco. O banco, então, cobra dos clientes pela empresa, recebendo apenas pelo serviço de cobrança prestado, conforme anteriormente apresentado (simples cobrança bancária).

5.2.6. As Operações de Duplicatas com Empresas de *Factoring*

Factoring é uma atividade comercial, mista e atípica, que soma prestação de serviços à compra de ativos financeiros.

A *operação de factoring* é um mecanismo de fomento mercantil que possibilita à *empresa fomentada* vender seus créditos, gerados a partir de suas vendas a prazo, a uma empresa de fomento. O resultado disso é o recebimento imediato desses créditos futuros. O que diferencia a *operação de factoring* da *operação de desconto bancário* é que a *empresa de factoring* **compra o título sem direito de regresso**; em consequência disto, os juros cobrados pela *empresa de factoring* costumam ser maiores que os juros cobrados na operação de desconto bancário, uma vez que a *empresa de factoring* assume integralmente o risco do crédito.

Convém ressaltar que a *empresa de factoring* não pode fazer captação de recursos de terceiros, nem intermediar para emprestar estes recursos, como os bancos fazem. A *empresa de factoring* não desconta títulos, tampouco faz financiamentos.

Vamos analisar contabilmente o que ocorre por meio de um exemplo.

Exemplo

A Empresa Vende Tudo Comercial Ltda. necessita urgentemente de recursos para quitar obrigações de curto prazo. Um de seus administradores entra em contato com uma empresa de fomento, a fim de realizar uma *operação de factoring*. São utilizadas duplicatas a serem recebidas pela empresa fomentada em valor total igual a R$ 12.000,00. A *empresa de factoring* negocia estas duplicatas com a empresa comercial e oferece à empresa fomentada R$ 7.000,00 pelas duplicatas em tela. O administrador da empresa comercial aceita a realização da operação.

Neste caso, os seguintes registros contábeis são efetuados pela Empresa Vende Tudo Comercial Ltda.:

D – Bancos Conta Movimento / Caixa – 7.000,00
D – Despesas de Juros – 5.000,00
C – Duplicatas a Receber – 12.000,00

Observe que a empresa comercial repassa as duplicatas para a *empresa de factoring*, que passa a assumir o total risco referente aos créditos negociados, não podendo regressar contra a citada empresa comercial. A Empresa Vende Tudo Comercial Ltda., por sua vez, dá baixa nas duplicatas, pois recebeu antecipadamente o valor referente a elas, excetuando-se os juros cobrados pela empresa de fomento.

5.3. Perdas Estimadas com Créditos de Liquidação Duvidosa ou Perdas Estimadas com Devedores Duvidosos

Nem sempre aquele que compra a prazo honra seu compromisso, liquidando sua obrigação junto ao credor (vendedor). Em consequência, as empresas que realizam operações de vendas a prazo e que assumem o risco referente a eventuais perdas quando do recebimento de seus créditos devem efetuar um ajuste denominado **Perdas Estimadas** com **Créditos de Liquidação Duvidosa** ou **Perdas Estimadas com Devedores Duvidosos** ou **Perdas Estimadas no Recebimento de Créditos**. Trata-se da antiga *Provisão para Devedores Duvidosos* ou *Provisão para Créditos de Liquidação Duvidosa*. Esta antiga provisão é, muitas vezes, carinhosamente conhecida como "***provisão do calote***".

O ajuste em comento é uma conta retificadora do Ativo Circulante e/ou do Ativo Não Circulante Ativo Realizável a Longo Prazo. Quando do registro contábil deste ajuste, a sua contrapartida é uma *despesa*, que afetará o resultado em que for registrado. ***A despesa lançada em contrapartida à perda estimada*** não é dedutível da base de cálculo do Imposto de Renda, tampouco da base de cálculo da Contribuição Social sobre o Lucro Líquido. Apenas as perdas efetivamente ***confirmadas poderão ser deduzidas destas bases de cálculo.***

Já sabemos que o Balanço Patrimonial deve apresentar de maneira fiel a situação patrimonial e financeira de uma entidade. Este ajuste, então, faz com que o Ativo constante do Balanço Patrimonial seja apresentado de acordo com o menor valor para ele possível.

Os devedores que se veem comprovadamente impossibilitados de quitar suas respectivas dívidas são contabilmente chamados ***devedores insolváveis***.

A conta Perdas Estimadas com Créditos de Liquidação Duvidosa não deve ser constituída caso a entidade possua reserva de domínio, alienação fiduciária em garantia, ou garantia real, tal como hipoteca, penhor ou anticrese.

De Plácido e Silva assim descreve alguns dos conceitos ora apresentados:

- Alienação Fiduciária em Garantia – é a operação pela qual se transfere ao credor o domínio resolúvel e a posse indireta da coisa móvel alienada, independentemente da tradição efetiva do bem, tornando-se o alienante ou devedor um possuidor direto e depositário, com todas as possibilidades e encargos civis e penais.
- Garantia Real – é a garantia que se funda no oferecimento ou entrega de um bem móvel, imóvel ou semovente, para que nele se cumpra a exigência ou execução da obrigação, quando não é cumprida ou paga pelo devedor. São espécies de garantia real:
  - Penhor – trata-se de uma obrigação acessória, segundo a qual o devedor entrega coisa móvel sua ou de outrem (que o autoriza a dá-la em garantia), para nela ser cumprida a obrigação principal quando não resgata a dívida. *Portanto, nesta situação, temos um bem móvel sendo dado em garantia do devedor ao credor de uma dívida.*
  - Hipoteca – trata-se de um contrato acessório, pressupondo a existência de uma obrigação principal, por ele garantida. Constitui-se um direito real sobre coisa dada em garantia. E esta coisa deve ser imóvel. *Neste caso, o bem imóvel de posse do devedor garante a dívida junto ao credor.*

- Anticrese – contrato em que um devedor, conservando ou não a posse do imóvel, dá ou destina ao credor, para segurança, pagamento ou compensação de dívida, os frutos e rendimentos produzidos pelo mesmo imóvel. *O devedor cede o bem ao credor, para seu próprio uso ou aluguel, até que receba rendimentos tais que cubram a dívida.*

Marcus Acquaviva nos apresenta o conceito de reserva de domínio:

- Reserva de Domínio – cláusula contratual do contrato de compra e venda de bem móvel, que permite ao vendedor permanecer na propriedade até que o preço seja integralmente pago.

De acordo com o art. 183 da Lei nº 6.404/76 (Lei das Sociedades por Ações), as aplicações mantidas até o vencimento e *os direitos e títulos de crédito que não se enquadrem como aplicações destinadas à negociação ou aplicações disponíveis para a venda* serão avaliadas pelo valor de custo de aquisição ou valor de emissão, atualizado conforme disposições legais ou contratuais, *ajustado ao valor provável de realização, quando este for inferior.* Quando a lei diz que os direitos e títulos de crédito devem ser *ajustados ao seu valor provável de realização, quando este for inferior,* entendemos estar aí a exigência para a constituição do ajuste denominado Perdas Estimadas com Créditos de Liquidação Duvidosa ou Perdas Estimadas com Devedores Duvidosos.

Balanço Patrimonial
ATIVO
Ativo Circulante
    Duplicatas a Receber – R$ 15.000,00
    (-) Perdas Estimadas com Créditos de Liquidação Duvidosa – (R$ 600,00)
    (=) ***Valor Provável de Efetiva Realização Financeira*** – R$ 14.400,00

5.3.1. O Cálculo das Perdas Estimadas com Créditos de Liquidação Duvidosa

Do ponto de vista contábil, a estimativa do valor do ajuste deve ser feita dentro da melhor técnica contábil, sendo embasada por critérios que levem em consideração o passado de perdas dessa natureza pela entidade.

As empresas costumam adotar um *percentual* considerado aceitável (normal) para perdas decorrentes do não recebimento de créditos de clientes. Um dos critérios mais utilizados na prática contábil é *verificar a média ocorrida em perdas com clientes ao longo dos últimos três anos de atividade da entidade.*

5.3.2. Estudo de Caso referente às Perdas Estimadas com Créditos de Liquidação Duvidosa

Faremos, em seguida, um *estudo de caso* detalhado, com o intuito de apresentar como são efetuados os registros contábeis referentes a este tópico. Esta apresentação será complementada com a resolução de questões de provas.

Tem-se os seguintes dados referentes à Empresa Comercial Agrap Ltda.:

Data	Exercício em Análise	Créditos a Receber em Cada Exercício (R$)	Perdas Efetivas em Cada Exercício (R$)
31/12/2004	2005	13.000,00	500,00
31/12/2005	2006	8.000,00	300,00
31/12/2006	2007	4.000,00	200,00
Totais		**25.000,00**	**1.000,00**

Observando os valores efetivamente perdidos em relação ao total de créditos da empresa, ano a ano, podemos calcular o percentual médio de perdas ao longo dos seus últimos três anos de atividade.

Percentual Médio de Perdas = (1.000,00 / 25.000,00) x 100 = **4,00%**

Logo, para o cálculo do ajuste a ser constituído em 31/12/2007, que servirá para utilização em 2008, deverá ser observado o percentual de perdas de 4,00% dos valores a receber.

O ajuste deverá ser registrado ao final do período, lançado a débito de uma conta de resultado e a crédito da conta Perdas Estimadas com Créditos de Liquidação Duvidosa ou Perdas Estimadas com Devedores Duvidosos. A conta Perdas Estimadas com Créditos de Liquidação Duvidosa (ou Perdas Estimadas com Devedores Duvidosos) é *retificadora* do total de valores a receber (Clientes ou Títulos a Receber).

5.3.2.1. A Constituição do Ajuste para o Exercício Seguinte

Suponhamos que, no final de 2007, o saldo da conta Duplicatas a Receber tenha sido igual a R$ 15.000,00. Ao aplicarmos o percentual de 4,00%, anteriormente obtido, tem-se a constituição de um ajuste do tipo Perdas Estimadas com Devedores Duvidosos no valor de:

4,00% x R$ 15.000,00 = R$ 600,00

Registros a efetuar quando da constituição das Perdas Estimadas com Devedores Duvidosos:

D – Despesas com Créditos de Liquidação Duvidosa (Despesa de Vendas)
C – Perdas Estimadas com Créditos de Liquidação Duvidosa (PECLD)   600,00

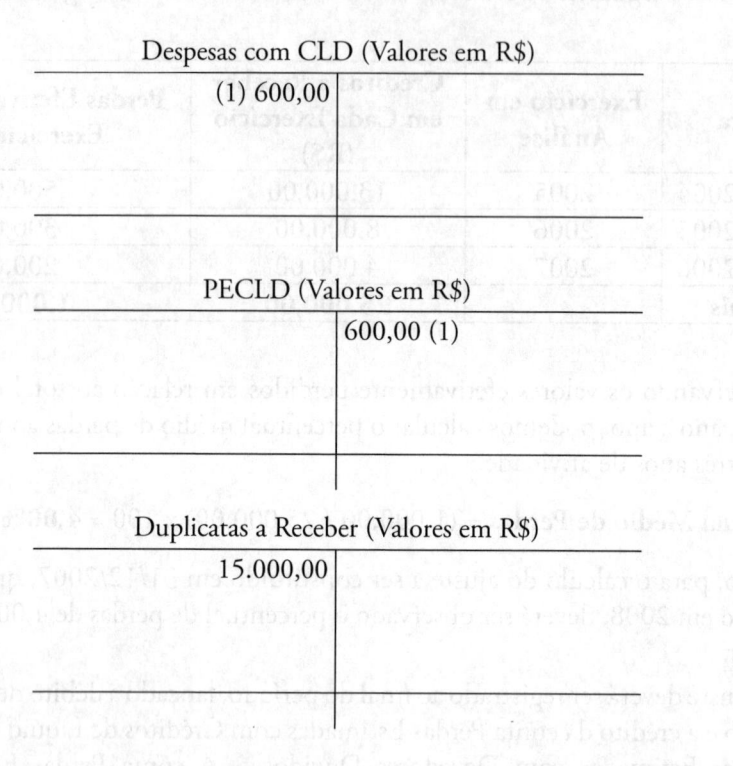

```
            Despesas com CLD (Valores em R$)
              (1) 600,00    |
                            |
```

```
                 PECLD (Valores em R$)
                            |   600,00 (1)
                            |
```

```
            Duplicatas a Receber (Valores em R$)
               15.000,00    |
                            |
```

Observe que foi feita estimativa de perdas para o ano seguinte (2008) no valor de R$ 600,00. Não significa dizer que serão efetivamente perdidos os R$ 600,00. Como dissemos, trata-se de uma *estimativa*, que poderá ser, ou não, confirmada.

Balanço Patrimonial
ATIVO
Ativo Circulante
   Duplicatas a Receber – R$ 15.000,00
   (-) Perdas Estimadas com Créditos de Liquidação Duvidosa – (R$ 600,00)
   (=) *Valor Provável de Efetiva Realização Financeira* – R$ 14.400,00

5.3.2.2. Baixa de Títulos Incobráveis ao Longo do Exercício Seguinte

No período subsequente, ou seja, em 2008, tem-se a chamada **Baixa de Títulos Incobráveis**.

Suponhamos que, após terem sido utilizados todos os meios existentes para a cobrança dos créditos, tenha havido perdas (ou seja, não recebimento de títulos a receber) no valor de R$ 350,00.

Lançamento correspondente à baixa dos títulos incobráveis:

D – Perdas Estimadas com Créditos de Liquidação Duvidosa
C – Duplicatas a Receber   350,00

PECLD (Valores em R$)	
	600,00 (1)
(2) 350,00	

Duplicatas a Receber (Valores em R$)	
15.000,00	350,00 (2)

5.3.2.3. Tratamento a Ser Utilizado Quando Ocorrer Excesso de Ajuste

Há um saldo de R$ 250,00 (= R$ 600,00 – R$ 350,00) na conta Perdas Estimadas com Créditos de Liquidação Duvidosa.

Duas são as alternativas a serem seguidas pela empresa:
- Reverter o saldo da conta Perdas Estimadas com Créditos de Liquidação Duvidosa para Outras Receitas Operacionais; (ou)
- Complementar o saldo até o valor do novo ajuste a ser instituído.

a) Reverter o saldo da conta Perdas Estimadas com Créditos de Liquidação Duvidosa para Outras Receitas Operacionais

Suponhamos que tenha sido efetuado o cálculo do novo ajuste em 31/12/2008 (para o período de 2009) no valor de R$ 1.000,00.

Reversão do saldo existente de PECLD e constituição de nova PECLD:

D – Perdas Estimadas com Créditos de Liquidação Duvidosa
C – Outras Receitas Operacionais   250,00
   (e)
D – Despesa com Créditos de Liquidação Duvidosa (Despesa de Vendas)
C – Perdas Estimadas com Créditos de Liquidação Duvidosa   1.000,00

PECLD (Valores em R$)

	600,00 (1)
(2) 350,00	
(3) 250,00	
0,00	

Outras Receitas Operacionais (Valores em R$)

	250,00 (3)

(e)

Despesas com CLD (Valores em R$)

(4) 1.000,00	

PECLD (Valores em R$)

	600,00 (1)
(2) 350,00	
(3) 250,00	
	1.000,00 (4)

b) Complementar o saldo até o valor da nova provisão a ser constituída.

Complemento do saldo da provisão para 2009:

D – Despesa com Créditos de Liquidação Duvidosa (Despesa de Vendas)
C – Perdas Estimadas com Créditos de Liquidação Duvidosa   750,00

```
          Despesas com CLD (Valores em R$)
          (4) 750,00 |
                     |
                     |
                     |
               PECLD (Valores em R$)
                     | 750,00 (4)
                     |
                     |
```

> Quando a Banca for a Escola de Administração Fazendária (**ESAF**), esta costuma cobrar a **COMPLEMENTAÇÃO!**

5.3.2.4. Tratamento a Ser Utilizado Quando Ocorrer Insuficiência de Ajuste

Se, no período seguinte ao da constituição do ajuste, *ocorrer perdas em valor superior ao estimado no ano anterior*, será efetuado o que se segue:
- Dar baixa em PECLD até o valor nela existente;
- Debitar uma conta que represente despesas incobráveis com clientes; e
- Baixar tais duplicatas a receber.

Suponhamos terem sido considerados incobráveis créditos em valor igual a R$ 1.300,00. Nesta situação, daremos baixa em todo o saldo de PECLD anteriormente constituída e lançaremos como perda do período em que estamos o excesso ocorrido em relação à estimativa inicialmente realizada, ou seja, constituiremos uma despesa do período em que se confirmou o excesso de créditos incobráveis.

Lançamento a ser realizado neste caso:

D – Perdas Estimadas com Créditos de Liquidação Duvidosa – 600,00
D – Perdas no Recebimento de Créditos – 700,00
C – Duplicatas a Receber – 1.300,00

PECLD (Valores em R$)	
(4) 600,00	600,00 (1)

Perdas no Recebimento de Créditos (Valores em R$)	
(4) 700,00	

Duplicatas a Receber (Valores em R$)	
15.000,00	1.300,00 (4)

5.3.2.5. Tratamento a Ser Utilizado Quando a Estimativa Corresponder ao Exato Valor Incobrável

Se o total de créditos considerados incobráveis for igual à estimativa inicialmente efetuada, baixaremos todo o saldo da conta PECLD constituída.

Lançamento correspondente à baixa dos títulos incobráveis:

D – Perdas Estimadas com Créditos de Liquidação Duvidosa
C – Duplicatas a Receber   600,00

PECLD (Valores em R$)	
	600,00 (1)
(2) 600,00	

Duplicatas a Receber (Valores em R$)	
15.000,00	600,00 (2)

5.3.2.6. Tratamento a Ser Utilizado Quando Um Crédito Baixado For Recebido

Suponhamos que um devedor pague o título de crédito após a empresa ter dado baixa nele. Como realizar os registros contábeis neste caso?

O valor recebido deverá ser contabilizado como *receita* do período em que ocorrer o recebimento.

Suponhamos que uma empresa tenha recebido a duplicata nº 107, de valor igual a R$ 100,00, no exercício de 2010. Como a baixa desta duplicata deu-se em 2009, o tratamento contábil, nesta situação, é o que se segue:

D – Caixa / Bancos Conta Movimento
C – Recuperação de Créditos Baixados – Outras Receitas Operacionais   100,00

Caso a recuperação do crédito se dê dentro do período em que tenha ocorrido a baixa, poderá ser utilizada a conta Perdas Estimadas com Créditos de Liquidação Duvidosa.

Suponhamos que uma empresa tenha recebido a duplicata nº 107, de valor igual a R$ 100,00, no exercício de 2009. Como a baixa desta duplicata também se deu em 2009, o tratamento contábil, nesta situação, é o que se segue:

D – Caixa / Bancos Conta Movimento
C – Perdas Estimadas com Créditos de Liquidação Duvidosa   100,00

Exemplo
Questão 03 – (**Analista de Nível Superior – Contabilidade – Casa da Moeda – Fundação CESGRANRIO – 2009**)
   A conta redutora do Ativo Circulante vinculada a Duplicatas a Receber é constituída pela expectativa de virem a ocorrer prováveis perdas futuras na cobrança das aludidas Duplicatas a Receber. Afirma-se que essa conta
   a) ajusta o ativo circulante a valor presente.
   b) aumenta o ativo circulante quando constituída.
   c) aumenta o seu saldo pelos débitos realizados.
   d) reduz o valor do saldo de duplicatas a receber.
   e) reduz pelos débitos e aumenta pelos créditos.

Resolução e Comentários
A conta Perdas Estimadas com Devedores Duvidosos é a conta de que trata esta questão. Ela aumenta por crédito e diminui por débito.
Gabarito – E

5.4. A CONCILIAÇÃO BANCÁRIA

Conciliação bancária é um comparativo entre as movimentações ocorridas em uma conta-corrente bancária e as movimentações registradas via controle contábil (Livro Razão da entidade).

Um cheque, uma vez emitido em nome de uma pessoa física ou jurídica, gera por si só um fato contábil, passível de registro em sua contabilidade. O dever profissional determina que o cheque seja contabilizado assim que tiver sido emitido. Ocorre, porém, um atraso natural entre a emissão de um cheque e sua efetiva compensação bancária, em determinada conta-corrente. Este atraso causa um *saldo temporariamente incorreto*, que a conciliação bancária tem por objetivo demonstrar e corrigir.

Há outros eventos que podem ser observados quando ocorre conciliação bancária, a saber:

- Cheque depositado em conta-corrente e devolvido por insuficiência de fundos;
- Cobrança de despesas bancárias pela instituição financeira, sem que o cliente desta tenha sido informado;
- Vencimento de duplicatas descontadas, com recebimento do valor acordado;
- Vencimento de duplicatas descontadas, sem recebimento do valor acordado etc.

Em seguida apresentaremos breves noções de Contabilidade de Instituições Financeiras para que o Leitor possa ter maior facilidade de entendimento do presente assunto. Depois resolveremos algumas questões de concursos, mostrando como deve ser desenvolvida a resolução de questões referentes ao assunto ora exposto.

5.4.1. Breves Noções de Contabilidade de Instituições Financeiras

As instituições financeiras realizam operações ativas e passivas. Neste momento, as operações que nos interessam são aquelas em que as instituições financeiras assumem a posição de devedor do cliente ou de outras instituições financeiras, isto é, as **operações passivas**.

As principais *operações passivas* são as seguintes:

a) recebimentos de depósitos à vista ou a prazo, depósitos de poupança e outros;

b) obrigações geradas em consequência de emissão ou aceite de letras de câmbio, letras hipotecárias, debêntures etc.; e

c) obtenção de empréstimos, financiamentos e repasses.

Capítulo 5 — *As Operações com Duplicatas e as Perdas Estimadas com Créditos de Liquidação Duvidosa* ■ **215**

Trataremos rapidamente dos depósitos efetuados à vista em instituição financeira, para que o leitor entenda o mecanismo de registro destas quando contraem obrigações junto a seus clientes.

5.4.1.1. Os depósitos à vista

Os depósitos à vista efetuados por pessoas físicas ou jurídicas em geral são conhecidos como ***depósitos de livre movimentação.*** São realizados em dinheiro ou em cheque. Convém ser ressaltado que a instituição financeira somente apresenta valor correspondente a cheque depositado após sua compensação.

<u>*Registro efetuado quando do depósito realizado por pessoa física ou jurídica:*</u>

D – Caixa
C – Depósitos de Pessoas Físicas (PC ou PNC)

(ou)

D – Caixa
C – Depósitos de Pessoas Jurídicas (PC ou PNC)

<u>*Registro efetuado quando do saque ou da retirada realizada por pessoa física ou jurídica:*</u>

D – Depósitos de Pessoas Físicas (PC ou PNC)
C – Caixa

(ou)

D – Depósitos de Pessoas Jurídicas (PC ou PNC)
C – Caixa

Deve ser observado que ao ser efetuado depósito em conta-corrente, a instituição financeira passa a ter ***obrigação*** junto à pessoa física ou jurídica. Logo, se houver saldo favorável à pessoa física ou jurídica em conta-corrente, tal saldo será ***credor****!*

5.4.2. Resolução de Questões de Conciliação Bancária

Resolveremos algumas questões de prova apresentando o modo de lidar com a conciliação bancária.

Exemplo

Questão 04 – (Técnico da Receita Federal – EsAF – 2002–2)

O Mercado de Artesanato Local mantém conta-corrente no Banco da Terra S/A. Em 31 de agosto recebeu o extrato do mês com saldo credor de R$ 38.800,00. Como o livro razão apresentava na conta Bancos c/Movimento um saldo devedor de R$ 24.000,00, a empresa mandou fazer uma conciliação. Os dados colhidos para conciliação constaram dos seguintes fatos:

1. um cheque de R$ 600,00, recebido de clientes e depositado em 20.08, foi devolvido por insuficiência de fundos;
2. três cheques de R$ 1.200,00, 5.500,00 e 2.000,00, emitidos para pagamentos a terceiros, não foram apresentados;
3. um cheque de R$ 700,00 foi debitado ao Mercado, por engano do banco;
4. um depósito de R$ 200,00 foi erroneamente creditado a outro correntista;
5. uma cobrança de duplicatas, emitidas pelo Mercado, no valor de R$ 8.000,00 fora feita pelo banco, mas não houve emissão de aviso a tempo;
6. no extrato aparecem despesas bancárias de R$ 400,00, ainda não contabilizadas pelo Mercado.

Após analisar todos esses fatos, o Contador comunicou à administração que a conta Bancos c/ Movimento deverá ir a balanço com o saldo de

a) R$ 16.400,00.
b) R$ 23.300,00.
c) R$ 31.000,00.
d) R$ 38.800,00.
e) R$ 46.600,00.

Resolução e Comentários

A empresa (cliente do banco) é o Mercado de Artesanato Local; o banco, por sua vez, é o Banco da Terra. A questão diz que o extrato bancário apresentava saldo credor de R$ 38.800,00. Já a conta Bancos Conta Movimento, constante do Livro Razão do Mercado de Artesanato Local, apresentava saldo devedor igual a R$ 24.000,00. Necessário se faz realizar a conciliação bancária, para que possamos saber o real saldo da empresa no Banco da Terra.

Orientamos o leitor a utilizar ambos os razonetes, facilitando, assim, a convergência para o saldo a ser obtido. Entendemos ser bem mais seguro resolver tais questões da maneira ora apresentada.

Capítulo 5 — *As Operações com Duplicatas e as Perdas Estimadas com Créditos de Liquidação Duvidosa* ■ **217**

Convém ressaltarmos que efetuaremos controle extracontábil, identificando apenas as alterações porventura ocorridas, partindo dos saldos inicialmente apresentados por cada entidade.

Nomes das contas constantes dos razonetes:
- *Banco da Terra – Livro Razão* → Trata-se da conta bancária constante do Livro Razão da Empresa Mercado de Artesanato Local.
- *Mercado de Artesanato Local – Controle Bancário* → Trata-se do controle efetuado pelo Banco da Terra, controle este referente à conta-corrente da Empresa Mercado de Artesanato Local.

Banco da Terra – Livro Razão (Valores em R$)

24.000,00	

Mercado de Artesanato Local – Controle Bancário
(Valores em R$)

	38.800,00

Analisaremos, agora, fato a fato, mostrando o que cada um deles provocou nos controles contábeis da empresa e do banco.

1. um cheque de R$ 600,00, recebido de clientes e depositado em 20.08, foi devolvido por insuficiência de fundos;

Um cheque, quando depositado, deve ser registrado na contabilidade da empresa. Por outro lado, o banco somente reconhece a existência do valor então depositado quando ocorre a compensação bancária. Como o cheque foi devolvido por insuficiência de fundos, então o banco nada registrou em sua contabilidade. Já a empresa, por ter reconhecido o valor depositado, que foi devolvido, deve reduzir seu saldo em função da devolução. Portanto:

Banco da Terra – Livro Razão (Valores em R$)	
24.000,00	600,00 (1)

Mercado de Artesanato Local – Controle Bancário (Valores em R$)	
	38.800,00

2. três cheques de R$ 1.200,00, 5.500,00 e 2.000,00, emitidos para pagamentos a terceiros, não foram apresentados;

A empresa, ao emitir os cheques para pagamentos a terceiros, baixa tais valores do saldo existente em sua conta bancária. O banco, por sua vez, somente saberá da ocorrência de tais cheques quando forem apresentados para saque ou via depósito bancário, para compensação. Logo, apenas o saldo da conta controlada pelo banco deve ser alterado. Deve ser aqui observado que os valores dos cheques ainda não reconhecidos pelo banco justificam boa parte da diferença de saldos inicialmente existente.

Banco da Terra – Livro Razão (Valores em R$)	
24.000,00	600,00 (1)

Mercado de Artesanato Local – Controle Bancário
(Valores em R$)

(2) 8.700,00	38.800,00

3. um cheque de R$ 700,00 foi debitado ao Mercado, por engano do banco;

Ora, se o banco cometeu o erro, cabe ao banco corrigi-lo. Neste caso, nada ocorreu com o saldo da conta controlada pela empresa. Apenas o banco deve fazer a correção do erro ora cometido. Se foi debitado da conta, então deve, agora, ser creditado nela, a fim de corrigir o erro aqui comentado.

Banco da Terra – Livro Razão (Valores em R$)

24.000,00	600,00 (1)

Mercado de Artesanato Local – Controle Bancário
(Valores em R$)

(2) 8.700,00	38.800,00
	700,00 (3)

4. um depósito de R$ 200,00 foi erroneamente creditado a outro correntista;

Mais uma vez ocorreu erro do banco, por ter creditado valor pertencente à empresa a outro correntista. Logo, apenas o banco deve corrigir o erro, creditando a conta da empresa, que é a conta a ser corretamente creditada.

Banco da Terra – Livro Razão (Valores em R$)

24.000,00	600,00 (1)

Mercado de Artesanato Local – Controle Bancário
(Valores em R$)

(2) 8.700,00	38.800,00
	700,00 (3)
	200,00 (4)

5. uma cobrança de duplicatas, emitidas pelo Mercado, no valor de R$ 8.000,00 fora feita pelo banco, mas não houve emissão de aviso a tempo;

Se a cobrança foi efetuada pelo banco, coube a ele efetuar o reconhecimento do citado valor na conta-corrente da empresa. Por outro lado, a empresa não tomou conhecimento de tal valor recebido. Devemos, então, corrigir o saldo da conta controlada pela empresa pela entrada de R$ 8.000,00.

Banco da Terra – Livro Razão (Valores em R$)

24.000,00	600,00 (1)
(5) 8.000,00	

Mercado de Artesanato Local – Controle Bancário
(Valores em R$)

(2) 8.700,00	38.800,00
	700,00 (3)
	200,00 (4)

6. no extrato aparecem despesas bancárias de R$ 400,00, ainda não contabilizadas pelo Mercado.

Se ocorreu a cobrança de despesas bancárias pelo banco, então coube a ele efetuar o reconhecimento do citado valor na conta-corrente da empresa. Por outro lado, a empresa não tomou conhecimento de tal cobrança. Devemos, então, corrigir o saldo da conta controlada pela empresa pela saída de R$ 400,00.

Banco da Terra – Livro Razão (Valores em R$)

24.000,00	600,00 (1)
(5) 8.000,00	400,00 (6)
31.000,00	

Mercado de Artesanato Local – Controle Bancário
(Valores em R$)

(2) 8.700,00	38.800,00
	700,00 (3)
	200,00 (4)
	31.000,00

Apurando os saldos existentes após todas as correções efetuadas, verificamos que ambos convergem para o valor de *R$ 31.000,00*.

Gabarito – C

Exemplo

Questão 05 – (Analista de Normas Contábeis e Auditoria – CVM – FCC – 2003)

A Cia. Caminho do Norte tem uma conta-corrente no Banco América do Oeste. Em 31-12-2002, o extrato bancário emitido pela instituição financeira acusava um saldo credor de R$ 28.800,00. Em contraposição, o livro Razão acusava, para a mesma conta, um saldo devedor de R$ 26.500,00. O auditor independente, por meio da análise do extrato bancário, apurou os seguintes fatos não registrados na contabilidade.

I. Aviso de lançamento à débito, efetuado pelo banco, de R$ 450,00, relativo a contas de luz e de telefone.

II. Aviso de lançamento à débito de R$ 3.000,00, em virtude de devolução de duplicata descontada por falta de pagamento do sacado.

III. Devolução de cheques de terceiros, depositados pela companhia, no valor de R$ 1.850,00, em virtude de insuficiência de fundos.

IV. Aviso de crédito de duplicata de emissão da companhia em cobrança no banco, no valor de R$ 6.800,00, mais os juros pelo atraso no pagamento de R$ 100,00.

No processo de conciliação bancária, o auditor verificou, também, que havia cheques emitidos pela companhia, ainda não descontados junto ao banco, no valor de R$ 700,00. Logo, o saldo correto da mencionada conta-corrente, em 31-12-2002, encontrado pelo auditor após a conciliação bancária, em R$, é de

a) 28.800,00.
b) 28.100,00.
c) 25.100,00.
d) 24.800,00.
e) 23.500,00.

Resolução e Comentários

A empresa (cliente do banco) é a Cia. Caminho do Norte; o banco, por sua vez, é o Banco América do Oeste. A questão diz que o extrato bancário apresentava saldo credor de R$ 28.800,00. Já a conta Bancos Conta Movimento, constante do Livro Razão da Cia. Caminho do Norte, apresentava saldo devedor igual a R$ 26.500,00. Necessário se faz realizar a conciliação bancária, para que possamos saber o real saldo da empresa no Banco América do Oeste.

Orientamos o leitor a utilizar ambos os razonetes, facilitando, assim, a convergência para o saldo a ser obtido. Entendemos ser bem mais seguro resolver tais questões da maneira ora apresentada.

Convém ressaltarmos que efetuaremos controle extracontábil, identificando apenas as alterações porventura ocorridas, partindo dos saldos inicialmente apresentados para cada controle.

Banco América do Oeste – Livro Razão (Valores em R$)

26.500,00	

Cia. Caminho do Norte – Controle Bancário
(Valores em R$)

	28.800,00

Analisaremos, agora, fato a fato, mostrando o que cada um deles provocou nos controles contábeis da empresa e do banco.

I. Aviso de lançamento a débito, efetuado pelo banco, de R$ 450,00, relativo a contas de luz e de telefone.

Se ocorreu a cobrança de despesas de luz e de telefone pelo banco, então coube ao banco efetuar o reconhecimento do citado valor na conta-corrente da empresa, diminuindo o respectivo saldo. Por outro lado, a empresa não tomou conhecimento a tempo de tal cobrança. Devemos, então, corrigir o saldo da conta controlada pela empresa pela saída de R$ 450,00.

Banco América do Oeste – Livro Razão (Valores em R$)	
26.500,00	450,00 (1)

Cia. Caminho do Norte – Controle Bancário (Valores em R$)	
	28.800,00

II. Aviso de lançamento a débito de R$ 3.000,00, em virtude de devolução de duplicata descontada por falta de pagamento do sacado.

Neste caso, o banco diminuiu o saldo da conta-corrente da empresa, tendo em vista não ter sido quitada pelo responsável (sacado ou cliente da empresa). Já a empresa ainda não efetuou a diminuição do saldo da conta constante de seu Livro Razão.

Banco América do Oeste – Livro Razão (Valores em R$)	
26.500,00	450,00 (1)
	3.000,00 (2)

Cia. Caminho do Norte – Controle Bancário
(Valores em R$)

	28.800,00

III. Devolução de cheques de terceiros, depositados pela companhia, no valor de R$ 1.850,00, em virtude de insuficiência de fundos.

Um cheque, quando depositado, deve ser registrado na contabilidade da empresa. Por outro lado, o banco somente reconhece a existência do valor então depositado quando ocorre a compensação bancária. Como o cheque foi devolvido por insuficiência de fundos, então o banco nada registrou em sua contabilidade. Já a empresa, por ter reconhecido o depósito, que foi devolvido, deve reduzir seu saldo em função da devolução. Portanto:

Banco América do Oeste – Livro Razão (Valores em R$)

26.500,00	450,00 (1)
	3.000,00 (2)
	1.850,00 (3)

Cia. Caminho do Norte – Controle Bancário
(Valores em R$)

	28.800,00

IV. Aviso de crédito de duplicata de emissão da companhia em cobrança no banco, no valor de R$ 6.800,00, mais os juros pelo atraso no pagamento de R$ 100,00.

Se a cobrança foi efetuada pelo banco, coube ao banco efetuar o reconhecimento do citado valor na conta-corrente da empresa. Os juros, neste caso, também pertencem à empresa, já que estamos tratando de simples cobrança bancária. Por outro lado, a empresa não tomou conhecimento de tal valor recebido. Devemos, então, corrigir o saldo da conta controlada pela empresa pela entrada de R$ 6.900,00 (= R$ 6.800,00 + R$ 100,00).

Banco América do Oeste – Livro Razão (Valores em R$)

26.500,00	450,00 (1)
(4) 6.800,00	3.000,00 (2)
(4) 100,00	1.850,00 (3)

Cia. Caminho do Norte – Controle Bancário (Valores em R$)

	28.800,00

V. No processo de conciliação bancária, o auditor verificou, também, que havia cheques emitidos pela companhia, ainda não descontados junto ao banco, no valor de R$ 700,00.

A empresa, ao emitir os cheques para pagamentos a terceiros, baixa tais valores do saldo existente em sua conta bancária. O banco, por sua vez, somente saberá da ocorrência de tais cheques quando forem apresentados para saque ou via depósito bancário, nas contas de seus respectivos credores. Logo, apenas o saldo da conta controlada pelo banco deve ser alterado.

Banco América do Oeste – Livro Razão (Valores em R$)

26.500,00	450,00 (1)
(4) 6.800,00	3.000,00 (2)
(4) 100,00	1.850,00 (3)
28.100,00	

Cia. Caminho do Norte – Controle Bancário
(Valores em R$)

(5) 700,00	28.800,00
	28.100,00

Apurando os saldos existentes após todas as correções efetuadas, verificamos que ambos convergem para o valor de *R$ 28.100,00*.

Gabarito – B

Exemplo
Questão 06 – (Auditor do Tesouro Municipal – Prefeitura do Recife – EsAF – 2003)
A empresa Grandeza Ltda., ao providenciar a conciliação bancária, constatou os seguintes fatos:
- O saldo da conta do Banco do Brasil, no extrato, era de R$ 255,00;
- Cheques emitidos pela empresa e não apresentados ao Banco, no valor de R$ 200,00;
- Cheques depositados pela empresa e não consignados em conta pelo Banco, no valor de R$ 150,00;
- Despesas apropriadas pelo Banco e não informadas em tempo hábil para contabilização, no valor de R$ 10,00.

Considerando as informações acima, o valor do saldo contábil na escrituração da empresa era de:
a) R$ 95,00.
b) R$ 215,00.
c) R$ 295,00.
d) R$ 315,00.
e) R$ 595,00.

Resolução e Comentários

Esta questão é um pouco diferente das demais. São informados o valor inicial constante do extrato bancário e alguns eventos ocorridos. O que se deseja aqui é saber qual o saldo inicial da conta-corrente da empresa em seu Livro Razão.

A empresa (cliente do banco) é a Grandeza; o banco, por sua vez, é o Banco do Brasil. A questão diz que o extrato bancário apresentava saldo credor de R$ 255,00. Já a conta Bancos Conta Movimento, constante do Livro Razão da Grandeza, apresentava saldo inicial desconhecido. Vamos, então, chamá-lo "X". Necessário se faz realizar a conciliação bancária, para que possamos saber o real saldo da empresa no Banco do Brasil.

Orientamos o leitor a utilizar ambos os razonetes, facilitando, assim, a convergência para o saldo a ser obtido. Entendemos ser bem mais seguro resolver tais questões da maneira ora apresentada.

Convém ressaltarmos que efetuaremos controle extracontábil, identificando apenas as alterações porventura ocorridas, partindo dos saldos inicialmente apresentados para cada controle.

Banco do Brasil – Livro Razão (Valores em R$)
Saldo Inicial = X

Empresa Grandeza – Controle Bancário (Valores em R$)
255,00

Analisaremos, agora, fato a fato, mostrando o que cada um deles provocou nos controles contábeis da empresa e do banco.

1. Cheques emitidos pela empresa e não apresentados ao Banco, no valor de R$ 200,00;

A empresa, ao emitir os cheques para pagamentos a terceiros, baixa tais valores do saldo existente em sua conta bancária. O banco, por sua vez, somente saberá da ocorrência de tais cheques quando forem apresentados para saque ou via depósito bancário, nas contas de seus respectivos credores. Logo, apenas o saldo da conta controlada pelo banco deve ser alterado.

Banco do Brasil – Livro Razão (Valores em R$)
Saldo Inicial = X

Empresa Grandeza – Controle Bancário (Valores em R$)	
(1) 200,00	255,00

2. Cheques depositados pela empresa e não consignados em conta pelo Banco, no valor de R$ 150,00;

Um cheque, quando depositado, deve ser registrado na contabilidade da empresa. Por outro lado, o banco somente reconhece a existência do valor então depositado quando ocorre a compensação bancária. Neste caso, o banco deve reconhecer a entrada dos recursos após a compensação. Portanto:

Banco do Brasil – Livro Razão (Valores em R$)	
Saldo Inicial = X	

Empresa Grandeza – Controle Bancário (Valores em R$)	
(1) 200,00	255,00
	150,00 (2)

3. Despesas apropriadas pelo Banco e não informadas em tempo hábil para contabilização, no valor de R$ 10,00.

Se ocorreu a cobrança de despesas pelo banco, então coube ao banco efetuar o reconhecimento do citado valor na conta-corrente da empresa, diminuindo o respectivo saldo. Por outro lado, a empresa não tomou conhecimento a tempo de tal cobrança. Devemos, então, corrigir o saldo da conta controlada pela empresa pela saída de R$ 10,00.

Banco do Brasil – Livro Razão (Valores em R$)

Saldo Inicial = X	10,00 (3)
"X – 10,00"	

Empresa Grandeza – Controle Bancário (Valores em R$)

(1) 200,00	255,00
	150,00 (2)
	205,00

Tendo efetuado o reconhecimento das modificações ocorridas por cada evento, entendemos que os saldos devam convergir para um valor comum. Logo:

X – R$ 10,00 = R$ 205,00 → *X = 215,00*

Gabarito – B

5.5. Exercícios Resolvidos para a Fixação de Conteúdo

Questão 07 – (Técnico de Contabilidade I – Refinaria Alberto Pasqualini – REFAP – CESGRANRIO – Adaptada – 2007)

Considere que, em uma empresa,
- em nov /2006, o saldo na conta de Perdas Estimadas com Devedores Duvidosos foi R$ 12.000,00;
- em dez/2006, a empresa fez as seguintes operações com Duplicatas a Receber:
- Duplicata A, de R$ 14.000,00, dada em pagamento a outro fornecedor;
- Duplicata B, de R$ 12.000,00, remetida para cobrança;
- Duplicata C, de R$ 8.000,00, baixada por falta de pagamento;
- Duplicata D, de R$ 16.000,00, vencimento prorrogado para março/2007.

Desconsiderando-se os aspectos tributários, no Balanço de 31.12.2006, com os atos praticados, e não havendo nova estimativa de perdas, a empresa irá registrar, em reais:

a) baixa de 38.000,00 de duplicatas.
b) baixa de 50.000,00 de duplicatas.
c) ganho de 4.000,00.
d) perda de 8.000,00.
e) perda de 22.000,00.

Resolução e Comentários

- Duplicata A, de R$ 14.000,00, dada em pagamento a outro fornecedor: continua constando do Balanço Patrimonial da empresa como Duplicatas a Receber.
- Duplicata B, de R$ 12.000,00, remetida para cobrança: continua constando do Balanço Patrimonial da empresa como Duplicatas a Receber.
- Duplicata C, de R$ 8.000,00, baixada por falta de pagamento:

Será utilizado saldo parcial da conta Perdas Estimadas com Devedores Duvidosos:

D – Perdas Estimadas com Devedores Duvidosos
C – Duplicatas a Receber   R$ 8.000,00

- Duplicata D, de R$ 16.000,00, vencimento prorrogado para março/2007: continua constando do Balanço Patrimonial da empresa como Duplicatas a Receber.

Logo, não foi utilizado todo o saldo da conta Perdas Estimadas com Devedores Duvidosos, restando R$ 4.000,00 de saldo nela. Com isso, como não há nova estimativa de perdas, este saldo deverá ser encerrado (baixado) em contrapartida a uma Receita, o que provocará um ganho de R$ 4.000,00.

Gabarito – C

Questão 08 – (Auditor-Fiscal da Receita Federal – EsAF – 2003)
   Assinale abaixo a opção que contém a asserção verdadeira.
   a) A Nota Promissória é um título de crédito autônomo, próprio para operações mercantis de compra e venda entre pessoas físicas.
   b) O sacado na Nota Promissória é o credor, enquanto que na Duplicata o sacado é o devedor.
   c) A Duplicata é um título de crédito próprio para transações financeiras, que só é emitido por pessoas jurídicas.
   d) A Nota Promissória e a Duplicata são títulos de crédito, sendo que na primeira o emitente é também chamado sacado; e na segunda, o emitente é também chamado sacador.
   e) A Triplicata é um título de crédito de emissão obrigatória, mas apenas quando houver o extravio da segunda Duplicata.

Resolução e Comentários
a) A Nota Promissória é um título de crédito autônomo, próprio para operações mercantis de compra e venda entre pessoas físicas.

Errado! A Nota Promissória é um título de crédito autônomo, ou seja, independente do motivo que a originou; porém, é utilizada para operações de natureza financeira.

b) O sacado na Nota Promissória é o credor, enquanto que na Duplicata o sacado é o devedor.

Errado! A Nota Promissória é emitida pelo devedor (sacado). A Duplicata é emitida pelo credor (sacador).

c) A Duplicata é um título de crédito próprio para transações financeiras, que só é emitido por pessoas jurídicas.

Errado! A Duplicata é um título de crédito próprio para operações de compra e venda e prestações de serviços.

d) A Nota Promissória e a Duplicata são títulos de crédito, sendo que na primeira o emitente é também chamado sacado; e na segunda, o emitente é também chamado sacador.

Certo! A Nota Promissória é emitida pelo devedor (sacado). A Duplicata é emitida pelo credor (sacador).

e) A Triplicata é um título de crédito de emissão obrigatória, mas apenas quando houver o extravio da segunda Duplicata.

Errado! A Duplicata é um título de crédito de emissão facultativa. Logo, a Triplicata, que é uma cópia da Duplicata, emitida em caso de extravio desta, também é de emissão facultativa. Somente será obrigatória a emissão da triplicata se houver extravia da duplicata.

Gabarito – D

Questão 09 – (Técnico de Contabilidade I – PETROBRAS – CESGRANRIO – Adaptada – 2005)

Em abril.2004, a companhia Notas S/A baixou de sua carteira uma duplicata a receber, considerada incobrável, no valor de R$ 12.000,00, contra a respectiva perda estimada.

Em novembro do mesmo ano o cliente compareceu na companhia Notas e pagou a aludida duplicata em dinheiro.

O registro contábil deste recebimento será feito a Débito de Caixa e a crédito de:
a) Duplicatas a Receber.
b) Perdas Estimadas com Devedores Duvidosos.
c) Despesa de Devedores Duvidosos.
d) Clientes.
e) Outras Receitas Operacionais.

Resolução e Comentários

Quando a empresa considerou a duplicata incobrável, realizou o seguinte lançamento:

D – Perdas Estimadas com Devedores Duvidosos
C – Duplicatas a Receber   12.000,00

Ou seja, deu baixa na duplicata a receber por ter sido considerada incobrável.

Em seguida, o cliente aparece e paga o que deve. Neste caso, a utilização da perda estimada deverá ser revertida.

D – Caixa
C – Perdas Estimadas com Devedores Duvidosos   12.000,00
Gabarito – B

Questão 10 – (Técnico de Contabilidade – Agência Nacional de Petróleo – ANP – CESGRANRIO – Adaptada – 2005)
A empresa Júlia & Irmás Ltda. constituiu uma Perda Estimada com Devedores Duvidosos de R$ 155.200,00, no encerramento do Balanço de 31 de dezembro de 2003.
Em janeiro de 2004 a Júlia & Irmás Ltda. foi informada de que a empresa Rosa Ltda., contra quem emitiu uma Duplicata a Receber no valor de R$ 12.000,00 cujo pagamento está atrasado desde outubro de 2002, foi declarada insolvável.
Considerando, exclusivamente, as informações acima, o registro contábil, em reais, de tal situação, na Júlia & Irmás, deve ser feito da seguinte forma:
a) PERDAS ESTIMADAS COM DEVEDORES DUVIDOSOS
   a DUPLICATAS A RECEBER   12.000,00
b) PERDAS COM DEVEDORES DUVIDOSOS
   a DEVEDORES DUVIDOSOS   12.000,00
c) PERDAS COM DEVEDORES DUVIDOSOS
   a DUPLICATAS A RECEBER   12.000,00
d) PERDAS COM DEVEDORES DUVIDOSOS
   a PERDAS ESTIMADAS COM DEVEDORES DUVIDOSOS   12.000,00
e) DEVEDORES DUVIDOSOS
   a DUPLICATAS A RECEBER   12.000,00

Resolução e Comentários

Será utilizado saldo parcial da conta Perdas Estimadas com Devedores Duvidosos:

D – Perdas Estimadas com Devedores Duvidosos
C – Duplicatas a Receber   R$ 12.000,00
Gabarito – A

Questão 11 – (Técnico de Contabilidade Júnior – PETROBRAS Distribuidora S/A– CESGRANRIO – 2008)

A Comercial Panamá levou ao Banco da Matriz, para serem descontadas, 10 Duplicatas a Receber, com vencimento para 25 dias, no montante de R$ 250.000,00.

O Banco propôs a cobrança de juros simples de 2,4% ao mês e despesas de cobrança de 0,10% sobre o montante dessas duplicatas.

A empresa aceitou as condições do Banco, e o valor líquido da operação foi creditado, pelo Banco, na sua conta-corrente.

Com base, exclusivamente, nas informações acima, o lançamento desta operação, sem data e histórico, realizado na Empresa Panamá no dia do crédito do valor líquido, em reais, feito pelo Banco em sua conta-corrente, é

a) Diversos
   a Duplicatas Descontadas
   Bancos c/Movimento   244.750,00
   Juros e Descontos a Vencer   5.000,00
   Despesas Bancárias   250,00   250.000,00

b) Diversos
   a Duplicatas Descontadas
   Bancos c/Movimento   250.000,00
   Juros e Descontos a Vencer   5.000,00
   Despesas Bancárias   250,00   255.250,00

c) Diversos
   a Diversos
   Bancos c/Movimento   242.250,00
   Despesas de Juros a Apropriar   7.750,00   250,000,00
   a Duplicatas Descontadas   244.750,00
   a Juros Passivos   5.250,00   250.000,00

d) Duplicatas Descontadas
   a Diversos
   a Duplicatas a Receber   250.000,00
   a Juros Passivos   5.250,00   255.250,00

e) Duplicatas a Receber
   a Duplicatas Descontadas
   Bancos c/Movimento   244.750,00
   Despesas Bancárias   5.250,00   250.000,00

Resolução e Comentários

A Comercial Panamá levou ao Banco da Matriz, para serem descontadas, 10 Duplicatas a Receber, com vencimento para 25 dias, no montante de R$ 250.000,00.

O Banco propôs a cobrança de juros simples de 2,4% ao mês e despesas de cobrança de 0,10% sobre o montante dessas duplicatas.

Quando do desconto das duplicatas:

Duplicatas a Receber – R$ 250.000,00

Juros a Vencer – 2,4% → 0,024 x R$ 250.000,00 = R$ 5.000,00

Despesas Bancárias – 0,1% → 0,001 x R$ 250.000,00 = R$ 250,00

Diversos
a Duplicatas Descontadas

Bancos c/Movimento	244.750,00	
Juros e Descontos a Vencer	5.000,00	
Despesas Bancárias	250,00	250.000,00

Gabarito – A

Questão 12 – (Técnico da Receita Federal – EsAF – 2003)

A empresa Espera Ltda. determinou ao Banco do Brasil que protestasse um título, que estava em seu poder para cobrança, no valor de R$ 25.000,00; não suficiente, envidou esforços judiciais sem sucesso. A venda que originou o título havia acontecido no exercício anterior. Ao final do exercício anterior, a empresa possuía o seguinte Balanço Patrimonial:

ATIVO	Valores em R$
Ativo Circulante	**330.000,00**
Disponibilidades	**10.000,00**
Caixa e Bancos	10.000,00
Realizável a Curto Prazo	**320.000,00**
Duplicatas a Receber	200.000,00
Devedores Duvidosos	-30.000,00
Estoques	150.000,00
Ativo Permanente	**180.000,00**
Imobilizado	200.000,00
Depreciação acumulada	-20.000,00
Ativo Total	**510.000,00**
PASSIVO	
Passivo Circulante	**220.000,00**
Fornecedores	220.000,00
Patrimônio Líquido	**290.000,00**

Capital Social 200.000,00
Reserva Legal 10.000,00
Lucros Acumulados 80.000,00
Total do Passivo **510.000,00**

Assinale a opção em que o registro contábil da operação, de baixa do título, está correto.

Valores em R$

Contas	Débito	Crédito
a) Despesas com Títulos Incobráveis	25.000,00	
a Duplicatas Descontadas		25.000,00
b) Devedores Duvidosos	25.000,00	
a Duplicatas a Receber		25.000,00
c) Despesas com Títulos Incobráveis	25.000,00	
a Duplicatas a Receber		25.000,00
d) Ajuste de Exercícios Anteriores	25.000,00	
a Duplicatas a Receber		25.000,00
e) Despesas com Títulos Incobráveis	25.000,00	
a Bancos Conta Movimento		25.000,00

Resolução e Comentários

Devedores Duvidosos = Perdas Estimadas para Devedores Duvidosos

Quando da constituição da provisão:
Despesa com Créditos de Liquidação Duvidosa
a Devedores Duvidosos 30.000,00

Quando da baixa do título considerado incobrável:
Devedores Duvidosos
a Duplicatas a Receber 25.000,00

Gabarito – B

Questão 13 – (Auditor-Fiscal da Receita Federal – EsAF – 2000)

A firma Duplititus opera com vendas a prazo alternando a cobrança em carteira e em bancos, mediante desconto de duplicatas. Em primeiro de abril mantinha as duplicatas de sua emissão nº 03, 05 e 08 em carteira de cobrança e as de nº 04, 06 e 07, descontadas no banco. Cada uma dessas letras tinha valor de face de R$ 60,00, exceto a nº 07, cujo valor era R$ 70,00.

Durante o mês de abril ocorreram os seguintes fatos:
- vendas a prazo com emissão das duplicatas nº 09, 10 e 11 (3x50): R$ 150,00
- vendas à vista mediante notas fiscais: R$ 200,00
- desconto bancário das duplicatas nº 09 e 10; R$ 100,00
- recebimento em carteira das duplicatas nº 03 e 05; R$ 120,00

– devolução pelo banco da duplicata nº 04, sem cobrar; R$ 60,00
– recebimento pelo banco da duplicata nº 07. R$ 70,00

Com essas informações podemos concluir que, após a contabilização, o saldo final das contas Duplicatas a Receber e Duplicatas Descontadas será, respectivamente, de:

a) R$ 160,00 e R$ 330,00.
b) R$ 200,00 e R$ 220,00.
c) R$ 140,00 e R$ 160,00.
d) R$ 330,00 e R$ 160,00.
e) R$ 330,00 e R$ 220,00.

Resolução e Comentários

Duplicatas a Receber

Duplicatas 03 a 08 – **R$ 370** (= 5 x R$ 60 + 1 x R$ 70)	
Vendas a Prazo (Duplicatas 09, 10 e 11) – **R$ 150**	
	Recebimento das Duplicatas 03 e 05 – **R$ 120**
	Recebimento da Duplicata 07 – **R$ 70**
Saldo = R$ 330	

Duplicatas Descontadas

	Duplicatas 04, 06 e 07 – **R$ 190**
	Duplicatas 09 e 10 – **R$ 100**
Devolução pelo Banco da Duplicata 04 – **R$ 60**	
Recebimento da Duplicata 07 – **R$ 70**	
	Saldo = R$ 160

Gabarito – D

Questão 14 – (Analista – Mercado de Capitais – CVM – FCC – 2003)
O Banco Mercantil devolveu uma duplicata de emissão da Cia. Antares, que tinha sido por ele descontada, porque o sacado não efetuou o pagamento. Na contabilidade da companhia, o lançamento que deve ser feito para registrar adequadamente este fato contábil é:

a) Duplicatas Descontadas
   a Bancos Conta Movimento
b) Duplicatas a Receber
   a Duplicatas Descontadas

c) Bancos Conta Movimento
   a Duplicatas Descontadas
d) Duplicatas a Receber
   a Bancos Conta Movimento
e) Bancos Conta Movimento
   a Duplicatas a Receber

Resolução e Comentários

Quando ocorre o desconto:

D – Bancos c/ Movimento (AC)
D – Juros Passivos (D) ou Juros a Vencer (AC)
C – Duplicatas Descontadas (Retificadora do AC)

Como o Banco Mercantil não conseguiu receber o título do sacado, cobrou o valor nominal na conta da Cia. Antares (o desconto foi cancelado), e a companhia lançou:

D – Duplicatas Descontadas
C – Bancos c/ Movimento

Gabarito – A

Questão 15 – (Técnico da Receita Federal – EsAF – 2003)

A empresa Comercial Luna Ltda. descontou uma duplicata em 01.07.2003, pelo prazo de 25 dias, no valor de R$ 1.000,00. O Banco deduziu do valor a importância de R$ 50,00, referentes a Despesas Financeiras. Assinale a opção em que o registro contábil da operação está correto.

Valores em R$

a)
Diversos
a Duplicatas a Receber
Bancos Conta Movimento   950,00
Despesas Financeiras   50,00   1.000,00

b)
Diversos
a Duplicatas Descontadas
Bancos Conta Movimento   950,00
Despesas Financeiras   50,00   1.000,00

c)
Duplicatas a Receber   1.000,00

a Diversos
a Bancos Conta Movimento   950,00
a Despesas Financeiras   50,00
d)
Duplicatas Descontadas   1.000,00
a Diversos
a Bancos Conta Movimento   950,00
a Despesas Financeiras   50,00
e)
Bancos Conta Movimento   1.000,00
a Diversos
a Duplicatas a Receber   950,00
a Despesas Financeiras   50,00

Resolução e Comentários

Quando do desconto realizado:

- Duplicatas Descontadas – R$ 1.000,00
- Despesas Financeiras – R$ 50,00
- Valor efetivamente recebido: R$ 1.000,00 – R$ 50,00 = R$ 950,00

Logo:

Diversos
a Duplicatas Descontadas
Bancos Conta Movimento   950,00
Despesas Financeiras   50,00   1.000,00

Gabarito – B

Questão 16 – (Analista – Área Pericial – Contabilidade – MPU – EsAF – Adaptada – 2004)
A empresa comercial Cintra Theves, em primeiro de março, contratou no Banco do Brasil o desconto de uma duplicata no valor de R$ 22.390,00.
Em 30 de março recebeu o aviso de recebimento desse título de crédito e efetuou os lançamentos contábeis cabíveis.
No dia seguinte, a empresa recebeu aviso bancário comunicando que houvera um lapso no aviso anterior: a duplicata não fora efetivamente quitada no vencimento, ainda estava em cobrança.
Para corrigir corretamente o lançamento, que se tornou indevido em razão do erro bancário, a firma deverá fazer o seguinte lançamento no livro Diário:
a) Duplicatas a Receber
    a Duplicatas Descontadas R$ 22.390,00
b) Bancos c/Movimento
    a Duplicatas Descontadas R$ 22.390,00

c) Duplicatas Descontadas
   a Duplicatas a Receber   R$ 22.390,00
d) Duplicatas a Receber
   a Bancos c/Movimento   R$ 22.390,00
e) Duplicatas Descontadas
   a Bancos c/Movimento   R$ 22.390,00

Resolução e Comentários

Pelo desconto da(s) duplicata(s):

Diversos
a Duplicatas Descontadas

Bancos	1.520,00	
Despesas Bancárias	100,00	
Encargos Financeiros a Transcorrer	180,00	1.800,00

Se houver recebimento pelo banco:
Duplicatas Descontadas
a Duplicatas a Receber   1.800,00

Caso não ocorra o pagamento dentro do prazo de vencimento, o banco devolverá a duplicata à empresa, que lançará:
Duplicatas Descontadas
a Bancos   1.800,00

Pelo reconhecimento mensal das despesas de juros:
Despesas de Juros (ou Despesas Financeiras)
a Encargos Financeiros a Transcorrer   45,00

Caso o pagamento da duplicata seja efetuado pelo devedor com juros, **os juros serão do banco** e não da empresa.

Em 30 de março, em razão do aviso equivocado do banco, foi feito o seguinte lançamento:

D – Duplicatas Descontadas
C – Duplicatas a Receber

Porém, o lançamento correto seria o de cancelamento do desconto (foi cobrado o valor nominal do título):

D – Duplicatas Descontadas
C – Bancos Conta Movimento

Logo, apesar do equívoco, a conta Duplicatas Descontadas foi corretamente baixada em 30/03, restando à empresa reduzir o saldo bancário e estornar o crédito indevidamente lançado na conta Duplicatas a Receber (que continuará registrando o valor a receber até que a duplicata seja recebida ou considerada incobrável).

D – Duplicatas a Receber
C – Bancos Conta Movimento
Gabarito – D

Questão 17 – (Inspetor Externo – Área Administrativa – TCE-RN – EsAF – 2001)
Tendo certa empresa recebido aviso do banco, comunicando o recebimento, e respectiva quitação, de uma duplicata descontada com ele, a Contabilidade dessa empresa deverá fazer o seguinte lançamento:
a) Bancos c/ Movimento
   a Duplicatas a Receber
b) Duplicatas a Receber
   a Bancos c/ Movimento
c) Títulos Descontados
   a Duplicatas a Receber
d) Títulos Descontados
   a Bancos c/ Movimento
e) Duplicatas a Receber
   a Títulos Descontados

Resolução e Comentários
Se houver recebimento pelo banco (o banco deve comunicar à empresa):
Duplicatas Descontadas
a Duplicatas a Receber
Gabarito – C

Questão 18 – (Auditor-Fiscal da Receita Federal – EsAF – 2002 – 2)
Em 01.10.2001 foram descontadas duplicatas em banco. Uma duplicata no valor de R$ 10.000,00, com vencimento para 10.11.2001, não foi liquidada e o banco transferiu para cobrança simples, no dia do vencimento.

Em 01.12.2001, após conseguir um abatimento de 30% no valor da duplicata, o cliente liquidou a dívida junto ao banco, pagando, ainda, juros de R$ 70,00.

O registro contábil da operação realizada no dia 01.12.2001 foi assim feito pelo emitente da duplicata:

a) Diversos
   a Diversos
   Abatimentos Concedidos   3.000,00
   Bancos c/ Movimento   7.070,00   10.070,00
   a Duplicatas a Receber   10.000,00
   a Juros Ativos   70,00   10.070,00

b) Diversos
   a Diversos
   Duplicatas Descontadas   10.000,00
   Juros Ativos   70,00   10.070,00
   a Bancos c/ Movimento   7.070,00
   a Abatimentos Concedidos   3.000,00   10.070,00

c) Diversos
   a Diversos
   Bancos c/ Movimento   7.070,00
   Abatimentos Auferidos   3.000,00   10.070,00
   a Duplicatas Descontadas   10.000,00
   a Juros Ativos   70,00   10.070,00

d) Duplicatas Descontadas   10.000,00   10.000,00
   a Diversos
   a Bancos c/ Movimento   7.000,00
   a Abatimentos Auferidos   3.000,00   10.000,00

e) Diversos
   a Diversos
   Duplicatas a Receber   10.000,00
   Juros Ativos   70,00   10.070,00
   a Abatimentos Obtidos   3.000,00
   a Bancos c/ Movimento   7.070,00   10.070,00

Resolução e Comentários

Em 01/10/2001, devido ao desconto das duplicatas, tem-se o seguinte lançamento:

D – Bancos Conta Movimento

D – Encargos Financeiros a Transcorrer

C – Duplicatas Descontadas

Em 10/11/2001, ocorre o registro da transferência de duplicata para cobrança simples. Neste caso, o banco cobra, na conta-corrente da empresa emitente, o valor nominal do título:

D – Duplicatas Descontadas
C – Bancos Conta Movimento   R$ 10.000,00

Em 01/12/2001, há o registro do recebimento da duplicata, com desconto de 30% e juros de R$ 70,00:

D – Abatimentos Concedidos   3.000,00
D – Bancos c/ Movimento   7.070,00   10.070,00
C – Duplicatas a Receber   10.000,00
C – Juros Ativos   70,00   10.070,00
Gabarito – A

Questão 19 – (Analista Judiciário – Área Administrativa – Contabilidade – TRE – TO – CESPE/UnB – Adaptada – 2007)
O correto registro de perdas estimadas para devedores duvidosos afeta o saldo do ativo circulante. Quando uma empresa considera que seu direito não se realizará, ocorre a perda com devedores duvidosos, que já foi provisionada anteriormente. No caso de perda efetiva, o contador deve efetuar um débito na conta
a) clientes e um crédito na conta de perdas estimadas para devedores duvidosos.
b) despesa com perdas estimadas para devedores duvidosos e um crédito na conta clientes.
c) clientes e um crédito na conta de despesa com perdas estimadas para devedores duvidosos.
d) perdas estimadas para devedores duvidosos e um crédito na conta clientes.
e) despesa com perdas estimadas para devedores duvidosos e um crédito na conta de perdas estimadas para devedores duvidosos.

Resolução e Comentários
Quando da constituição da estimativa de perda:
Despesa com Perdas Estimadas (Despesa)
a Perdas Estimadas para Créditos de Liquidação Duvidosa (retificadora do Ativo Circulante)

No caso de o valor constituído pela estimativa de perda ter a sua perda confirmada:
Perdas Estimadas para Créditos de Liquidação Duvidosa (PECLD) – (retificadora do Ativo Circulante)
a Duplicatas a Receber (ou Clientes) – (Ativo Circulante)

Ou seja, ocorre um débito na conta "Perdas Estimadas para Devedores Duvidosos" ou "PECLD" e um crédito na conta "Clientes".

Caso não haja utilização da PECLD, isto é, caso os devedores ditos duvidosos tenham honrado seus compromissos junto à entidade:

Perdas Estimadas para Créditos de Liquidação Duvidosa (retificadora do Ativo Circulante)

a Reversão de Provisão (Receita)

Gabarito – D

Questão 20 – (Analista de Finanças e Controle – STN – EsAF – Adaptada – 2008)

A empresa Dúbias Cobranças S/A tinha créditos no valor de R$ 160.000,00 em 31.12.2006 e de R$ 110.000,00 em 31.12.2007.

Durante o exercício de 2007, houve a baixa de perdas no valor de R$ 3.200,00, referente a créditos já existentes em 2006 e de R$ 1.100,00, referente a créditos de 2007.

A conta perdas estimadas para créditos de liquidação duvidosa foi a balanço em 2006 com saldo de R$ 4.800,00 e deverá ir a balanço em 2007 com saldo equivalente a 3% dos créditos cabíveis.

Após a contabilização dos ajustes para o balanço de 2007, pode-se dizer que essa empresa contabilizou, no exercício de 2007, perdas com créditos de liquidação duvidosa no valor de

a) R$ 2.800,00.
b) R$ 3.300,00.
c) R$ 3.900,00.
d) R$ 7.100,00.
e) R$ 7.600,00.

Resolução e Comentários

Saldo inicial de Perdas Estimadas com Devedores Duvidosos (PEDD) = 4.800

(-) Baixa (2006) = (3200)

(-) Baixa (2007) = (1100)

(=) Saldo da PEDD após as baixas = 500

Novo valor da PEDD: 110.000 x 3% = 3.300

Perdas registradas em 2007: 3.300 – 500 = 2.800

Convém ressaltarmos que a EsAF solicita a complementação!

Gabarito – A

Questão 21 – (Técnico da Receita Federal – EsAF – Adaptada – 2000)
Em 31.12.1999 a firma Dubitatia Ltda. fez a estimativa de que, provavelmente, perderia no ano seguinte R$ 670,00 no recebimento das duplicatas de sua emissão. Nessa mesma data havia saldo anterior de R$ 320,00 na conta Perdas Estimadas para Devedores Duvidosos.

Considerando válida a expectativa de perda e corretos os cálculos efetuados, essa empresa deverá, para adequar seu balanço à legislação em vigor, mandar fazer o seguinte lançamento:

a) Devedores Duvidosos
   a Perdas Estimadas para Devedores Duvidosos   350,00
b) Perdas Estimadas para Devedores Duvidosos
   a Duplicatas a Receber   320,00
c) Devedores Duvidosos
   a Perdas Estimadas para Devedores Duvidosos   670,00
d) Devedores Duvidosos
   a Duplicatas a Receber   670,00
e) Devedores Duvidosos
   a Perdas Estimadas para Devedores Duvidosos   990,00

Resolução e Comentários

Para a EsAF, deve ser efetuado um lançamento de complementação da perda estimada não utilizada no valor de:

R$ 670,00 – R$ 320,00 = R$ 350,00.

Logo:
Despesa com Créditos de Liquidação Duvidosa
a Perdas Estimadas para Créditos de Liquidação Duvidosa   350,00

Gabarito – A

Questão 22 – (Gestor Fazendário – GEFAZ – MG – EsAF – Adaptada – 2005)
A empresa ABC Ltda. apura os resultados anualmente em 31 de dezembro. Em 27/03/x5, verifica que um cliente seu, com dívida vencida de R$ 10.000,00, tornou-se inadimplente contumaz e que a dívida já pode ser considerada incobrável. Não tendo sido constituída a "Perdas Estimadas para Créditos de Liquidação Duvidosa", em 31/12/x4, podemos dizer que o lançamento adequado no dia 27/3/x5 será:

a) Créditos de Liquidação Duvidosa
   a Clientes   R$ 10.000,00
b) Perdas Estimadas para Créditos de Liquidação Duvidosa
   a Clientes   R$ 10.000,00
c) Clientes
   a Perdas Estimadas para Créditos de Liquidação Duvidosa   R$ 10.000,00

d) Apuração do Resultado do Exercício
   a Perdas Estimadas para Créditos de Liquidação Duvidosa   R$ 10.000,00
e) Créditos de Liquidação Duvidosa
   a Perdas Estimadas para Créditos de Liquidação Duvidosa   R$ 10.000,00

Resolução e Comentários

Como não foi constituída a estimativa de perdas no ano anterior para o corrente ano, tem-se:

Despesas com Créditos de Liquidação Duvidosa

a Duplicatas a Receber ou Clientes   R$ 10.000,00

Créditos de Liquidação Duvidosa = Despesas com Créditos de Liquidação Duvidosa

Se tivesse sido constituída a conta Perdas Estimadas para Créditos de Liquidação Duvidosa, o lançamento seria:

Perdas Estimadas para Créditos de Liquidação Duvidosa

a Clientes   R$ 10.000,00

Gabarito – A

Questão 23 – (Auditor-Fiscal da Receita Federal – EsAF – Adaptada – 2003)

Ao examinarmos a carteira de cobrança da empresa Gaveteiro S/A, encontramos diversas duplicatas a receber, algumas ainda a vencer, no valor de R$ 120.000,00; outras já vencidas, no valor de R$ 112.000,00; mais algumas em fase de cobrança, já protestadas, no valor de R$ 111.000,00 e outras descontadas em Bancos, no valor de R$ 98.000,00.

Também havia a conta Perdas Estimadas para Créditos Incobráveis com saldo credor de R$ 4.000,00.

Pelo conhecimento que temos da empresa e de sua carteira de cobrança, sabemos que a experiência de perda com esses créditos tem sido de cerca de 4%, sendo correta uma estimativa de perdas deste porte.

Feita estimativa de perdas e contabilizada corretamente, com base em 4% dos devedores duvidosos, é correto dizer que a Demonstração do Resultado do Exercício conterá como despesa dessa natureza o valor de

a) R$ 9.720,00.
b) R$ 9.640,00.
c) R$ 8.760,00.
d) R$ 5.800,00.
e) R$ 5.280,00.

Resolução e Comentários

Duplicatas a Receber – R$ 120.000,00

Duplicatas a Receber – R$ 112.000,00

Duplicatas Protestadas – R$ 111.000,00

Duplicatas a Receber Descontadas em Banco – R$ 98.000,00

As duplicatas descontadas em banco não são consideradas no cálculo das Perdas Estimadas com Devedores Duvidosos (PEDD)!

Logo:

Duplicatas a Receber – R$ 120.000,00

Duplicatas a Receber – R$ 112.000,00

Duplicatas Protestadas – R$ 111.000,00

Soma = R$ 343.000,00

→   R$ 343.000,00 x 4% = R$ 13.720,00

Como havia saldo de R$ 4.000,00, tem-se o seguinte complemento: R$ 13.720,00 – R$ 4.000,00 = R$ 9.720,00

Gabarito – A

Questão 24 – (Auditor-Fiscal do Tesouro Estadual – AFTE – RN – Adaptada – 2005)

A firma Linhas de Comércio Ltda. tem no livro razão uma conta intitulada "Perdas Estimadas para Créditos de Liquidação Duvidosa" com saldo credor de R$ 9.000,00, oriundo do Balanço Patrimonial de 2002, mas que permanece inalterado ao final do exercício de 2003.

No Balanço Patrimonial, que será elaborado com data de 31.12.2003, a empresa deverá demonstrar as contas "Duplicatas a Receber" e "Clientes", com saldo devedor de R$ 350 mil e R$ 200 mil, respectivamente.

Considerando-se que está comprovada a expectativa de perda provável de 3% dos créditos a receber, a empresa deverá contabilizar uma estimativa de perdas.

Este fato, aliado às outras informações constantes do enunciado, fará com que o lucro da empresa, referente ao exercício de 2003, seja reduzido no valor de

a) R$ 7.500,00.
b) R$ 9.000,00.
c) R$ 16.290,00.
d) R$ 16.500,00.
e) R$ 25.500,00.

Resolução e Comentários

A conta Perdas Estimadas com Créditos de Liquidação Duvidosa (PECLD) é retificadora do Ativo.

As contas Duplicatas a Receber e Clientes são contas do Ativo.

Logo, representa-se, assim, o que ocorre no Ativo da entidade:

Ativo	Passivo Total
Clientes – 200.000,00	
Duplicatas a Receber – 350.000,00	
(=) Subtotal = 550.000,00	
(-) PECLD = (9.000,00)	

Ora, se a perda prevista é de 3% sobre o valor a receber (R$ 550.000,00), então alcança o valor de R$ 16.500,00.

Ocorre que já há estimativa de perdas no valor de R$ 9.000,00. Logo, falta efetuar registro de R$ 7.500,00. A EsAF somente vem reconhecendo complementação de estimativa de perdas.

Despesas com PECLD

a PECLD   7.500,00

Gabarito – A

Questão 25 – (Analista Judiciário – Contabilidade – TRT – 4ª Região – RS – FCC – 2011)
Os cheques emitidos, registrados contabilmente e entregues pela empresa para quitação de obrigações, mas ainda não apresentados ao banco pelo portador, devem ter o seu valor
a) estornado da conta de Disponibilidades da empresa.
b) creditado na conta Banco Conta Movimento.
c) registrado no grupo de Compensação do Ativo.
d) identificado e conciliado de forma extracontábil.
e) registrado em conta do ativo como Cheques a Receber.

Resolução e Comentários

Quando realizamos a conciliação bancária, os cheques emitidos, registrados contabilmente e entregues pela empresa para quitação de obrigações, mas ainda não apresentados ao banco pelo portador, devem ter o seu valor identificado e conciliado de forma extracontábil.

Gabarito – D

A empresa ABC possui, no banco Y, a conta-corrente de número 888-x. A movimentação financeira dessa conta no mês de janeiro/x1 consta no extrato bancário apresentado a seguir. A empresa mantém, ainda, controle auxiliar da movimentação dessa conta bancária, para fins de acompanhamento diário e conciliação bancária.

extrato bancário da c/c nº 888-x			
data	nº documento	valor	saldo
2/1/x1	112	20,00	20,00
3/1/x1	120	−10,00	10,00
5/1/x1	998	50,00	60,00
10/1/x1	774	60,00	120,00
11/1/x1	992	1.180,00	1.300,00
11/1/x1	993	−1.000,00	300,00
12/1/x1	995	−100,00	200,00
12/1/x1	666	2.400,00	2.600,00
20/1/x1	888	−200,00	2.400,00
25/1/x1	999	−30,00	2.370,00
31/1/x1	22	480,00	2.850,00

controle auxiliar da c/c nº 888-x (uso interno da empresa)			
data	nº documento	valor	saldo
2/1/x1	112	20,00	20,00
3/1/x1	120	−10,00	10,00
5/1/x1	998	50,00	60,00
11/1/x1	992	1.180,00	1.240,00
12/1/x1	995	−100,00	1.140,00
12/1/x1	666	2.400,00	3.540,00
20/1/x1	888	−200,00	3.340,00
25/1/x1	999	−30,00	3.310,00
31/1/x1	22	480,00	3.790,00

A partir das informações apresentadas acima, em que os valores estão em reais, acerca da movimentação expressa no extrato bancário e da registrada pela empresa no controle auxiliar da conta-corrente nº 888-x, julgue os itens a seguir (questões 26 a 28).

Questão 26 – (Contabilidade – Técnico Judiciário – TRE – BA – CESPE/UnB – 2010)
A movimentação líquida ocorrida no dia 11/1/x1, e registrada no extrato bancário, totaliza R$ 180,00.

Resolução e Comentários
Analisando o extrato bancário e o controle interno da conta-corrente da empresa, apuramos o seguinte:

- Há dois valores apresentados no extrato bancário que não constam do controle da conta-corrente, a saber:
  - 10/01/x1 – "+ R$ 60,00"
  - 11/01/x1 – "– R$ 1.000,00"

Em consequência disto, o controle da conta-corrente deverá ser *extracontabilmente* ajustado:

Bancos Conta Movimento	
Saldo Inicial: R$ 3.790,00	R$ 1.000,00 (11/01/x1)
10/01/x1: R$ 60,00	
Saldo = R$ 2.850,00	

- Quanto ao dia 11/01/x1, observamos as seguintes movimentações via extrato bancário:
  - Uma entrada de recursos de R$ 1.180,00; e
  - Uma saída de recursos no valor de R$ 1.000,00.

Logo, ocorreu uma movimentação líquida no valor de R$ 180,00.

Gabarito – Certo

Questão 27 – (Contabilidade – Técnico Judiciário – TRE – BA – CESPE/UnB – 2010)
O valor do débito registrado no extrato bancário no dia 20/1/x1 corresponde a 11% do crédito registrado no extrato bancário no dia 12/1/x1.

Resolução e Comentários

Observando o extrato bancário, apuramos o seguinte:
- Valor do débito registrado em 12/01/x1: R$ 100,00
- Valor do crédito registrado em 12/01/x1: R$ 2.400,00

→ (R$ 100,00 / R$ 2.400,00) x 100% = 4,17%

Gabarito – Errado

Questão 28 – (Contabilidade – Técnico Judiciário – TRE – BA – CESPE/UnB – 2010)
A principal finalidade da conciliação bancária é verificar se a movimentação bancária corresponde à movimentação registrada nos controles da empresa. Sendo assim, quando o saldo do extrato bancário não confere com o saldo do controle auxiliar, é necessária a elaboração de uma composição de saldo contendo a explicação da diferença existente entre as duas fontes de informações.

Resolução e Comentários
Perfeita a assertiva. Estamos diante da correta apresentação da finalidade da conciliação bancária.
Gabarito – Certo

Considerando que a conciliação bancária confronta o razão banco, que mantém os registros contábeis da empresa, e o extrato bancário, que evidencia os registros contábeis da instituição bancária, julgue os próximos itens (questões 29 a 31).

Questão 29 – (Técnico de Contabilidade – TRE – ES – CESPE/UnB – 2011)
Um depósito bancário ainda não contabilizado pela empresa depositante gera uma diferença a maior na conciliação bancária a favor da empresa — razão banco.

Resolução e Comentários
Errado! Foi efetuado um depósito bancário e não houve tempo hábil para informação à empresa. Neste caso, o razão da empresa referente à conta-corrente apresentará saldo *menor* que deveria.
Gabarito – Errado

Questão 30 – (Técnico de Contabilidade – TRE – ES – CESPE/UnB – 2011)
Um cheque emitido pela empresa a favor de cliente por motivo de devolução de venda, ainda não sacado pelo favorecido, gera uma diferença a maior na conciliação bancária a favor da instituição bancária — extrato bancário.

Resolução e Comentários
Certo! A empresa emitiu um cheque, que ainda não foi apresentado ao banco. Neste caso, o extrato bancário apresentará saldo maior que deveria no caso de ter ocorrido a apresentação daquele.
Gabarito – Certo

Questão 31 – (Técnico de Contabilidade – TRE – ES – CESPE/UnB – 2011)
Um aviso da instituição bancária referente à liquidação de duplicata descontada, contabilizada pela empresa a débito do razão banco, gera uma divergência na conciliação bancária entre o razão banco e o extrato bancário.

Resolução e Comentários

Se houve o aviso da instituição bancária referente ao recebimento de uma duplicata descontada e a empresa contabilizou corretamente tal valor, não há que se falar em divergência na conciliação bancária entre o razão banco e o extrato bancário, pois ambos fizeram os registros correspondentes.

Ocorre que quando uma duplicata descontada é recebida pela instituição bancária, os seguintes registros são efetuados pela empresa:

D – Duplicatas Descontadas
C – Duplicatas a Receber

Cuidado com a armadilha lançada pela presente questão! Como é afirmado que a empresa fez lançamento a débito na conta-corrente, ou seja, que houve lançamento a débito em Bancos Conta Movimento, isto gerará divergência na conciliação bancária, já que, conforme anteriormente demonstrado, não há lançamento algum na conta Bancos Conta Movimento quando a duplicata descontada é recebida pela instituição bancária.

Gabarito – Certo

Questão 32 – (Analista Judiciário – Contabilidade – TRE-RO – FCC – 2014)
Considere os seguintes dados contábeis da Cia. DZB:
Duplicatas a Receber em 31/12/2012 .... R$ 200.000,00
Provisão para Crédito de Liquidação Duvidosa (PCLD) em 31/12/2012 ..... R$ 4.000,00
Em janeiro de 2013, um cliente considerado incobrável em outubro de 2012 pagou uma duplicata no valor de R$ 3.000,00. O lançamento contábil referente ao pagamento do cliente gerou um:
a) débito em PCLD;
b) crédito em PCLD;
c) crédito em Duplicatas a Receber;
d) crédito em Receita de Vendas;
e) crédito em Outras Receitas Operacionais.

Resolução e Comentários

* Um cliente considerado incobrável em outubro de 2012 pagou uma duplicata no valor de R$ 3.000,00.

D – Disponibilidades
C – Outras Receitas Operacionais ..... R$ 3.000,00

Gabarito – E

Questão 33 – (Contador – MINISTÉRIO DO TURISMO – ESAF – 2013)
Em 2012 a Empresadenada S.A. tinha créditos a receber no valor de R$ 150.000,00 e mandou provisionar 3% deles para prevenir possíveis perdas na sua liquidação que, àquele momento, já era duvidosa. Entretanto, durante o exercício de 2013, só foram confirmadas perdas de 2% daqueles créditos.
Em 31 de dezembro de 2013, a empresa possuía créditos a receber no montante de 120% do valor anterior e mandou fazer a provisão para perdas prováveis em 2014 à mesma taxa de 3%.
Mesmo reconhecendo eventual reversão ou complementação, o saldo da provisão para perdas, no balanço de 2013, deverá ser de:
a) R$ 2.400,00;
b) R$ 3.600,00;
c) R$ 3.900,00;
d) R$ 4.500,00;
e) R$ 5.400,00.

Resolução e Comentários

* Valores a receber: R$ 150.000,00
* Perdas Estimadas com Devedores Duvidosos (PEDD): 3%

3% x R$ 150.000,00 = R$ 4.500,00

Registro contábil a efetuar em 2012:

D – Despesas com PEDD
C – Perdas Estimadas com Devedores Duvidosos .... R$ 4.500,00

Em 2013, tivemos a confirmação de 2% dos R$ 150.000,00 como perdas efetivas. Logo:

2% x R$ 150.000,00 = R$ 3.000,00

D – PEDD
C – Clientes .... R$ 3.000,00

Saldo de PEDD: R$ 4.500,00 – R$ 3.000,00 = R$ 1.500,00 (credor)

Em 31/12/2013, temos:

* Valores a receber: 120% x R$ 150.000,00 = R$ 180.000,00
* Perdas Estimadas com Devedores Duvidosos (PEDD): 3%

3% x R$ 180.000,00 = R$ 5.400,00

Portanto, o saldo da conta PEDD será de R$ 5.400,00

Registro por complementação:

R$ 5.400,00 – R$ 1.500,00 = R$ 3.900,00

D – Despesas com PEDD
C – Perdas Estimadas com Devedores Duvidosos .... R$ 3.900,00

Como dissemos, o saldo da conta PEDD será de R$ 5.400,00
Gabarito – E

Questão 34 (AFRFB – RFB – ESAF/2014)
A Cia. XYZ, em 1º/03/2012, apresenta ao Banco Valioso o fluxo de duplicatas a seguir:

Título	Prazo	Valores
Duplicatas 1 (D1)	30 dias	1.500.000
Duplicatas 2 (D2)	60 dias	1.500.000
Duplicatas 3 (D3)	90 dias	1.000.000

Na ocasião, contrata uma operação de desconto a uma taxa mensal de 8% ao mês (juros simples) além de taxas administrativas de R$ 5.000 cobradas pela instituição financiadora.
De acordo com as normas contábeis atualizadas, os juros cobrados sobre a operação de desconto devem ser:
a) lançados como despesa financeira após o recebimento do último título descontado;
b) contabilizados pelo montante total dos juros descontados como despesas no momento inicial da operação;

c) registrados como despesas financeiras no momento da quitação de cada um dos títulos descontados;
d) registrados como despesa financeira em três parcelas iguais através de rateio do total por 90 dias;
e) transferidos para o resultado como despesa financeira de acordo com o regime de competência.

Resolução e Comentários

De acordo com as normas contábeis atualizadas, os juros cobrados na operação de desconto devem ser reconhecidos como despesa financeira de acordo com o regime de competência.

Gabarito – E

CAPÍTULO 6

O Ativo Não Circulante

6.1. O Ativo Não Circulante – Considerações Iniciais

Vimos que o *Ativo Circulante* compreende as disponibilidades, os direitos realizáveis dentro do *ciclo operacional da entidade* e a aplicação de recursos em despesas do exercício seguinte.

A Lei nº 6.404/76 (Lei das Sociedades por Ações) foi modificada pela Lei nº 11.638/2007 e passou a apresentar a seguinte divisão para o Ativo:

- **Ativo Circulante**: as disponibilidades, os direitos realizáveis no curso do exercício social subsequente e as aplicações de recursos em despesas do exercício seguinte;
- **Ativo Não Circulante**, composto por:
  - *Ativo Realizável a Longo Prazo*: os direitos realizáveis após o término do exercício seguinte, assim como os derivados de vendas, adiantamentos ou empréstimos a sociedades coligadas ou controladas (Art. 243 da Lei das Sociedades por Ações), diretores, acionistas ou participantes no lucro da companhia, que não constituírem negócios usuais na exploração do objeto da companhia;
  - *Investimentos*: as participações permanentes em outras sociedades e os direitos de qualquer natureza, não classificáveis no Ativo Circulante, e que não se destinem à manutenção da atividade da companhia;
  - *Imobilizado*: os direitos que tenham por objeto bens corpóreos destinados à manutenção das atividades da companhia ou exercidos com essa finalidade, inclusive os decorrentes de operações que transfiram à companhia os benefícios, riscos e controle desses bens;
  - *Intangível*: os direitos que tenham por objeto bens incorpóreos destinados à manutenção da companhia ou exercidos com essa finalidade, inclusive o fundo de comércio adquirido.

Agora estudaremos o *Ativo Não Circulante* e sua composição.

6.2. O Ativo Não Circulante Ativo Realizável a Longo Prazo (ANC ARLP)

O Inciso II do Art. 179 da Lei das Sociedades por Ações disciplina que do Ativo Não Circulante – Ativo Realizável a Longo Prazo deverão constar:
- os direitos realizáveis após o término do exercício seguinte (levando-se em consideração o *ciclo operacional*, conforme anteriormente mostrado); e
- os direitos derivados de vendas, adiantamentos ou empréstimos a sociedades coligadas ou controladas (cujas definições constam do Art. 243 da referida Lei), diretores, acionistas ou participantes no lucro da companhia, que não constituírem negócios usuais na exploração do objeto da companhia.

Observando a composição do Ativo Não Circulante Ativo Realizável a Longo Prazo, podemos dizer que a diferença de classificação entre Ativo Circulante (AC) e Ativo Não Circulante Ativo Realizável a Longo Prazo (ANC ARLP) reside no tempo previsto para realização do direito em moeda. Podemos, portanto, encontrar a mesma estrutura de contas no AC e no ANC ARLP, ou seja, nada impede, por exemplo, que tenhamos a conta Duplicatas a Receber constando do AC e do ANC ARLP. Nada impede, também, que tenhamos a conta Despesas Pagas Antecipadamente constando do AC e do ANC ARLP, em função do prazo de realização.

Exemplo

Contas que podem constar do Ativo Não Circulante Ativo Realizável a Longo Prazo:
- Contas a Receber (LP);
- Bancos – Contas Vinculadas (LP);
- Títulos a Receber (LP);
- Adiantamentos a Terceiros (LP);
- Estoques (LP);
- Impostos e Contribuições a Recuperar (LP);
- Créditos de Sociedades Controladas, Sociedades Coligadas, Diretores, Acionistas e Participantes nos Lucros da Entidade – Transações Não Usuais;
- Aplicações em Títulos e Valores Mobiliários (LP);
- Investimentos Temporários a Longo Prazo;
- Aplicações em Instrumentos Patrimoniais de Outras Sociedades;
- Despesas Pagas Antecipadamente (LP);
- Perdas Estimadas com Créditos de Liquidação Duvidosa (natureza credora) etc.

LP – Longo Prazo

Outra diferença entre o Ativo Circulante e o Ativo Não Circulante Ativo Realizável a Longo Prazo reside na conceituação dos negócios jurídicos realizados pela entidade com pessoas a ela ligadas, isto é, com as denominadas **pessoas ligadas à entidade**.

Já apresentamos em capítulo anterior a classificação das contas no Ativo Circulante e no Ativo Não Circulante Ativo Realizável a Longo Prazo a partir do critério referente ao prazo de realização do direito em moeda. Vamos analisar, agora, o segundo critério, qual seja, o de negócios efetuados com pessoas ligadas à entidade.

Existem operações realizadas entre a entidade e pessoas consideradas a ela diretamente ligadas que possuem elevado grau de importância para os seus acionistas, sócios ou proprietários. Cuidou a Lei, então, de dar o devido destaque a estas operações, quando de sua apresentação no Balanço Patrimonial. **Para que a classificação seja efetuada no Ativo Não Circulante Ativo Realizável a Longo Prazo, *independentemente do prazo de realização*, necessário se faz que o *negócio seja não usual*. Neste caso, será irrelevante o prazo de realização!** As vendas, adiantamentos ou empréstimos efetuados não podem constituir negócios usuais na exploração do objeto social da entidade. Caso constituam atividade usual, a classificação será efetuada em função do prazo de realização do direito em moeda.

Se o negócio for não usual, a classificação dar-se-á no Ativo Não Circulante Ativo Realizável a Longo Prazo, independentemente do prazo de realização apresentado. Se o negócio for usual, sua classificação no Balanço Patrimonial dependerá do seu prazo de realização.

Para facilitar o entendimento do leitor, apresentamos o critério de classificação de negócios não usuais com pessoas ligadas por meio de conectivos lógicos, desta forma:

| Adiantamentos (ou) Vendas (ou) Empréstimos | (e) | Sociedades Coligadas (ou) Sociedades Controladas (ou) Diretores (ou) Acionistas (ou) Participantes nos lucros da Empresa | (e) | Atividade Não Usual |

Se afirmarmos, por exemplo: Sandra e Beatriz foram ao cinema! Quando tal afirmação será verdadeira? Apenas se Sandra e Beatriz tiverem ido ao cinema. Se apenas Sandra ou Beatriz tiver ido ou se nenhuma das duas tiver ido ao cinema, então a afirmação será falsa.

Observe, então, o quadro ora apresentado. Temos três caixas ligadas por conectivo lógico "e". O que podemos afirmar a partir daí? Que a classificação no Ativo Não Circulante Ativo Realizável a Longo Prazo, *independentemente do prazo de realização*, será efetuada caso tudo se confirme, ou seja, caso o conteúdo dos três quadros seja verdadeiro, a fim de que os conectivos "e" possam valer!

Exemplo

Questão 01 – (Profissional de Ciências Contábeis – BNDES – CESGRANRIO – Adaptada – 2008)

A Comercial de Papéis S/A, em dezembro de 2006, praticou os seguintes atos:
- venda de veículo do Imobilizado, para acionista, por R$ 80.000,00, vencimento 30/06/2007;
- venda de condicionador de ar do Imobilizado, para empregado, por R$ 50.000,00, vencimento 30/06/2007;
- venda de mercadoria, para sociedade controlada, por R$ 120.000,00, vencimento 30/06/2007;
- adiantamento de R$ 60.000,00 a empregados, a título de 13º salário, vencimento 20/11/2007;
- adiantamento de R$ 40.000,00 a diretores, vencimento 20/11/2007;
- venda de imóvel do Ativo Não Circulante Investimentos, para sociedade coligada, para pagamento em 4 parcelas de R$ 250.000,00, com vencimento para 30/06/2007; 30/12/2007; 30/06/2008 e 30/12/2008.

Considerando, exclusivamente, as informações recebidas e as determinações da Lei das Sociedades por Ações, no balanço de 31/12/06, os direitos a receber, classificados no Ativo Realizável a Longo Prazo, atingiram, em reais, o montante de

a) 500.000,00.
b) 620.000,00.
c) 1.120.000,00.
d) 1.240.000,00.
e) 1.290.000,00.

Resolução e Comentários

Observe que a questão ora apresentada trata de uma empresa comercial de papéis, ou seja, sua atividade usual é comercializar papéis! Vamos, então, analisar item a item de acordo com o que foi anteriormente apresentado, visando à classificação das operações no Ativo Circulante ou no Ativo Não Circulante Ativo Realizável a Longo Prazo.

> Aproveitamos este momento para chamar a atenção do leitor para algo muito importante. **Não seja rigoroso com a Banca Examinadora!** *Assuma o nome da empresa como o verdadeiro indicativo de seu ramo de negócios. Se a Banca nada disser ao longo do enunciado, então é assim que deve ser interpretado o nome da empresa.*

a) venda de veículo do Imobilizado, para acionista, por R$ 80.000,00, vencimento 30/06/2007;

Trata-se de uma venda; logo, o primeiro quadro foi validado. A venda foi efetuada a um acionista; portanto, o segundo quadro também se confirmou. Como foi efetuada a venda de um veículo, que não constitui atividade usual da empresa, temos o terceiro quadro validado, também. Com isso, tudo se confirmou! Em consequência, a classificação desta operação será efetuada no Ativo Não Circulante Ativo Realizável a Longo Prazo, independentemente do prazo de realização.

Classificação: Ativo Não Circulante Ativo Realizável a Longo Prazo – R$ 80.000,00

b) venda de condicionador de ar do Imobilizado, para empregado, por R$ 50.000,00, vencimento 30/06/2007;

Trata-se de uma venda; logo, o primeiro quadro foi validado. A venda foi efetuada a um empregado. Como a questão não afirma que os empregados participam dos lucros da empresa, não podemos utilizar tal afirmação. Portanto, o segundo quadro falhou! A classificação será, então, efetuada em função do prazo de realização. Como estamos em 31/12/2006, aquilo que se realizar até o final do exercício seguinte será classificado no Ativo Circulante!

Classificação: Ativo Circulante – R$ 50.000,00

> Somente podemos assumir que os empregados participam dos lucros da empresa se a questão assim afirmar!

c) venda de mercadoria, para sociedade controlada, por R$ 120.000,00, vencimento 30/06/2007;

Trata-se de uma venda; logo, o primeiro quadro foi validado. A venda foi efetuada para uma sociedade controlada; portanto, o segundo quadro também foi validado! Porém, foi efetuada a venda de mercadorias, o que constitui atividade usual da empresa; em consequência, o terceiro quadro falhou! A classificação será, então, efetuada em função do prazo de realização. Como estamos em 31/12/2006, aquilo que se realizar até o final do exercício seguinte será classificado no Ativo Circulante!

Classificação: Ativo Circulante – R$ 120.000,00

d) adiantamento de R$ 60.000,00 a empregados, a título de 13º salário, vencimento 20/11/2007;

Estamos diante de um adiantamento; logo, o primeiro quadro foi confirmado! Foi efetuado um adiantamento a empregados. Como a questão não afirma que os empregados participam dos lucros da empresa, não podemos utilizar tal afirmação. Portanto, o segundo quadro falhou! A classificação será, então, efetuada em função do prazo de realização. Como estamos em 31/12/2006, aquilo que se realizar até o final do exercício seguinte será classificado no Ativo Circulante!

Classificação: Ativo Circulante – R$ 60.000,00

e) adiantamento de R$ 40.000,00 a diretores, vencimento 20/11/2007;

Foi efetuado um adiantamento; portanto, o primeiro quadro foi confirmado. O adiantamento foi efetuado a diretores; logo, o segundo quadro também foi confirmado. Como adiantar recursos não constitui atividade usual da empresa em tela, temos o terceiro quadro validado, também. Com isso, tudo se confirmou! Em consequência, a classificação desta operação será efetuada no Ativo Não Circulante Ativo Realizável a Longo Prazo, independentemente do prazo de realização.

Classificação: Ativo Não Circulante Ativo Realizável a Longo Prazo – R$ 40.000,00

f) venda de imóvel do Ativo Não Circulante Investimentos, para sociedade coligada, para pagamento em 4 parcelas de R$ 250.000,00, com vencimento para 30/06/2007; 30/12/2007; 30/06/2008 e 30/12/2008.

Trata-se de uma venda; logo, o primeiro quadro foi validado. A venda foi efetuada para uma sociedade coligada; portanto, o segundo quadro também foi validado! Vender imóveis não constitui atividade usual da empresa aqui considerada. Temos, então, o terceiro quadro validado. Com isso, tudo se confirmou! Em consequência, a classificação desta operação será efetuada no Ativo Não Circulante Ativo Realizável a Longo Prazo, independentemente do prazo de realização.

Classificação: Ativo Não Circulante Ativo Realizável a Longo Prazo – R$ 1.000.000,00

Logo, o total em direitos a ser registrado no Ativo Não Circulante Ativo Realizável a Longo Prazo é de **R$ 1.120.000,00** *(= R$ 80.000,00 + R$ 40.000,00 + R$ 1.000.000,00).*
Gabarito – C

6.2.1. As Operações de Longo Prazo com Despesas Pagas Antecipadamente

As despesas pagas antecipadamente que forem realizadas após o término do exercício social subsequente ou do ciclo operacional, caso este seja maior que o exercício social, constarão do Ativo Não Circulante Ativo Realizável a Longo Prazo.

Por meio de um exemplo, apresentaremos o reconhecimento de despesas pagas antecipadamente em função do prazo de realização.

Exemplo

A Empresa FGT Comercial Ltda. contratou seguro contra incêndio para as suas instalações pelo período de três anos. Foi acordado o valor do prêmio de seguro igual a R$ 7.200,00. O seguro foi contratado e entrou em vigor em 01/11/2008. Seu pagamento foi acertado da seguinte maneira: 50% pagos trinta dias após a assinatura do contrato; já os outros 50% foram pagos à vista. Realize os registros contábeis necessários.

Neste caso, é aconselhável fazermos um *reconhecimento didático* das principais informações apresentadas no exemplo, que aconselhamos ser utilizado pelo leitor quando resolver questões desta natureza.

- Data de entrada em vigor do seguro: 01/11/2008;
- Vigência constante da apólice do contrato de seguro: de 01/11/2008 a 30/10/2011;
- Prazo de cobertura do seguro: 36 meses;
- Quantidade de meses de utilização do seguro em 2008: 02 (novembro e dezembro);
- Quantidade de meses de utilização do seguro em 2009: 12 (janeiro a dezembro);
- Quantidade de meses de utilização do seguro em 2010: 12 (janeiro a dezembro);
- Quantidade de meses de utilização do seguro em 2011: 10 (janeiro a outubro);
- Valor da parcela mensal do seguro contratado: R$ 7.200,00 / 36 meses = R$ 200,00 / mês.

Registros contábeis a efetuar em 2008, 2009, 2010 e 2011:

Em 01/11/2008, quando da entrada em vigor do seguro:

D – Prêmios de Seguros a Apropriar / Seguros a Vencer – 7.200,00

C – Disponibilidades – 3.600,00

C – Seguros a Pagar – 3.600,00

Prêmios de Seguros a Apropriar = Seguros a Vencer = Seguros Antecipados = Seguros Reconhecidos Antecipadamente = Despesas de Seguros Antecipados (conta do Ativo Circulante ou do ANC ARLP)

Seguros a Vencer (Valores em R$)	
(1) 7.200,00	

Disponibilidades (Valores em R$)	
Saldo Inicial 3.600,00	(1)

Seguros a Pagar (Valores em R$)	
	3.600,00 (1)

Em 01/12/2008, quando do pagamento dos 50% restantes:

D – Seguros a Pagar
C – Disponibilidades – 3.600,00

Disponibilidades (Valores em R$)	
Saldo Inicial 3.600,00	(1)
	3.600,00 (2)

Seguros a Pagar (Valores em R$)	
(2) 3.600,00	3.600,00 (1)

Em 31/12/2008, quando do reconhecimento dos primeiros meses de seguro utilizados:

Observe que já se passaram 02 meses de seguro efetivamente utilizado. Neste caso, deveremos reconhecer como despesas propriamente ditas do exercício em tela (2008) os valores referentes aos meses de novembro e dezembro.

02 meses x R$ 200,00/mês = R$ 400,00 de despesas de seguros

D – Despesas de Seguros
C – Seguros a Vencer 400,00

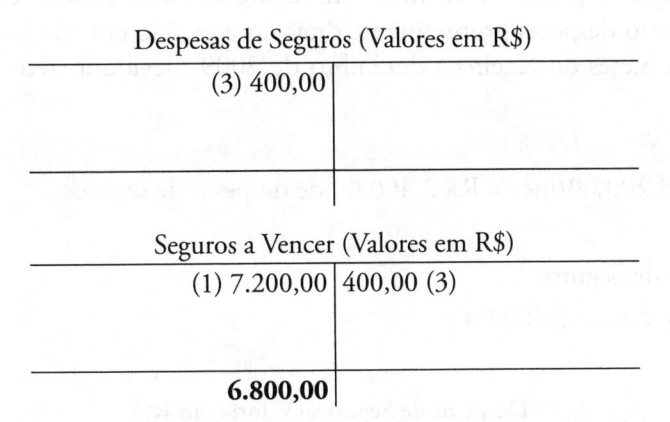

Despesas de Seguros (Valores em R$)	
(3) 400,00	

Seguros a Vencer (Valores em R$)	
(1) 7.200,00	400,00 (3)
6.800,00	

Observe que há um saldo de R$ 6.800,00 no razonete de Seguros a Vencer. Neste caso, este saldo é referente aos meses de seguro ainda não utilizados, o que ocorrerá apenas em 2009, 2010 e 2011.

No Ativo da empresa, quando da elaboração do Balanço Patrimonial em 31/12/2008, teremos:

Balanço Patrimonial
ATIVO
Ativo Circulante
Aplicações de Recursos em Despesas do Exercício Seguinte
Seguros a Vencer – R$ 2.400,00

Ativo Não Circulante – Ativo Realizável a Longo Prazo
Aplicações de Recursos em Despesas após o Exercício Seguinte
Seguros a Vencer – R$ 4.400,00

Não é demais ressaltarmos que, de acordo com o regime de competência, deve ser mensalmente efetuado o registro equivalente ao período de seguro transcorrido. Conforme o presente exemplo, teremos o seguinte registro mensal, correspondente à utilização do seguro:

D – Despesas de Seguros
C – Seguros a Vencer 200,00

Na solução deste exemplo, estamos apresentando o que ocorreu ao final de cada ano de seguro utilizado, otimizando a solução apresentada.

Em 31/12/2009, quando do reconhecimento dos próximos 12 meses de seguro utilizados:

Observe que se passaram 12 meses de seguro em 2009. Neste caso, deveremos reconhecer como despesas propriamente ditas do exercício em tela (2009) os valores referentes aos meses de janeiro a dezembro de 2009, devido à efetiva utilização do seguro.

12 meses x R$ 200,00/mês = R$ 2.400,00 de despesas de seguros

D – Despesas de Seguros
C – Seguros a Vencer 2.400,00

Despesas de Seguros (Valores em R$)	
(4) 2.400,00	

Seguros a Vencer (Valores em R$)	
(1) 7.200,00	400,00 (3)
	2.400,00 (4)
4.400,00	

No Ativo da empresa, quando da elaboração do Balanço Patrimonial em 31/12/2009, teremos:

Balanço Patrimonial
ATIVO
Ativo Circulante
Aplicações de Recursos em Despesas do Exercício Seguinte
    Seguros a Vencer – R$ 2.400,00

Ativo Não Circulante – Ativo Realizável a Longo Prazo
Aplicações de Recursos em Despesas após o Exercício Seguinte
    Seguros a Vencer – R$ 2.000,00

Em 31/12/2010, quando do reconhecimento dos próximos 12 meses de seguro utilizados:

Observe que se passaram 12 meses de seguro em 2010. Neste caso, deveremos reconhecer como despesas propriamente ditas do exercício em tela (2010) os valores referentes aos meses de janeiro a dezembro de 2010, devido à efetiva utilização do seguro.

12 meses x R$ 200,00/mês = R$ 2.400,00 de despesas de seguros

D – Despesas de Seguros
C – Seguros a Vencer 2.400,00

Despesas de Seguros (Valores em R$)	
(5) 2.400,00	

Seguros a Vencer (Valores em R$)	
(1) 7.200,00	400,00 (3)
	2.400,00 (4)
	2.400,00 (5)
2.000,00	

No Ativo da empresa, quando da elaboração do Balanço Patrimonial em 31/12/2010, teremos:

Balanço Patrimonial
ATIVO
Ativo Circulante
Aplicações de Recursos em Despesas do Exercício Seguinte
Seguros a Vencer – R$ 2.000,00

Observe que há um saldo de R$ 2.000,00 no razonete de Seguros a Vencer. Neste caso, este saldo é referente aos meses de seguro ainda não utilizados, o que ocorrerá apenas em 2011.

Em 31/10/2011, quando do reconhecimento dos últimos meses de seguro utilizados:

Observe que se passaram os 10 meses de seguro restantes do contrato em 2011. Neste caso, deveremos reconhecer como despesas propriamente ditas do exercício em tela (2011) os valores referentes aos meses de janeiro a outubro de 2011, devido à efetiva utilização do seguro.

10 meses x R$ 200,00/mês = R$ 2.000,00 de despesas de seguros

D – Despesas de Seguros
C – Seguros a Vencer 2.000,00

Despesas de Seguros (Valores em R$)	
(6) 2.000,00	

Seguros a Vencer (Valores em R$)	
(1) 7.200,00	400,00 (3)
	2.400,00 (4)
	2.400,00 (5)
	2.000,00 (6)
0,00	

Com isso, o seguro foi efetivamente utilizado no prazo constante do exemplo.

6.3. O Ativo Permanente

Entendemos como **ativo permanente** a parcela do Ativo que não se destina à venda ou à realização a curto ou longo prazo. Os recursos aplicados no ativo dito permanente, como o próprio nome sugere, englobam todas as aplicações de recursos feitas pela empresa de forma **permanente** (*fixa*), isto é, sem a intenção de realização imediata ou quase imediata em moeda.

Constam do ativo permanente os bens e os direitos de uso permanente, regra geral, de propriedade da entidade, que não estejam destinados à venda ou à realização imediata ou quase imediata, conforme dissemos.

Os **créditos** não constam do ativo dito permanente, devendo constar do Ativo Circulante ou do Ativo Não Circulante Ativo Realizável a Longo Prazo, conforme seus prazos de realização.

6.4. O Ativo Não Circulante Investimentos

De acordo com a Lei das Sociedades por Ações, *deverão constar do **Ativo Não Circulante Investimentos** as participações permanentes em outras sociedades e os direitos de qualquer natureza, não classificáveis no Ativo Circulante, nem no Ativo Não Circulante Ativo Realizável a Longo Prazo, e que não se destinem à manutenção da atividade da companhia ou da empresa.*

Investimentos permanentes são aqueles que visam a produzir benefícios para a entidade que os contêm devido ao fato de eles (tais investimentos) a ela (à entidade) pertencerem.

As **participações societárias** ocorrem quando ações ou quotas de uma sociedade (***investida***) são adquiridas por outra (***investidora***), isto é, a *investidora* **participa do capital social** da *investida* adquirindo ações ou quotas desta. **As participações societárias podem ser *temporárias* ou *permanentes*.** São consideradas *temporárias* quando são adquiridas com a clara intenção de aliená-las, seja no curto ou no longo prazo; verifique que há *finalidade especulativa*, neste caso. São consideradas *permanentes* quando existe a intenção de permanência, ou seja, não existe, a princípio, a intenção de alienar as ações ou cotas então adquiridas.

Como critério para classificação das participações em temporárias ou permanentes, costuma-se utilizar *a intenção ou não de alienação*, o que a seguir é descrito.

Considere uma participação societária adquirida no corrente exercício social. A partir do término do corrente exercício social:

- se a intenção da investidora é alienar a participação societária até o final do exercício social subsequente, a classificação da participação societária será efetuada no *Ativo Circulante*;
- se existir a intenção de alienação da participação, porém após o término do exercício social seguinte, a classificação será efetuada no *Ativo Não Circulante Ativo Realizável a Longo Prazo*;
- por outro lado, se a intenção for a de permanecer com a participação societária, então a classificação será efetuada no *Ativo Não Circulante Investimentos*.

Participações societárias permanentes costumam ocorrer, regra geral, quando há coligação, controle ou a existência de uma subsidiária integral. A Lei das Sociedades por Ações conceitua coligação (art. 243), controle (art. 243) e subsidiária integral (art. 251) da seguinte forma:

Sociedades Coligadas

São **coligadas** as sociedades nas quais a investidora tenha *influência significativa*. Considera-se que há *influência significativa* quando a investidora detém ou exerce o poder de participar nas decisões das políticas financeira ou operacional da investida, sem controlá-la. É *presumida influência significativa* quando a investidora for titular de **20% (vinte por cento) ou mais do capital votante da investida**, sem controlá-la.

Sociedades Controladas

Considera-se **controlada** a sociedade na qual a controladora, diretamente ou por meio de outras controladas, é titular de direitos de sócio que lhe assegurem, *de modo permanente*, preponderância nas deliberações sociais e o poder de eleger a maioria dos administradores.

Subsidiária Integral

A *companhia* pode ser constituída, mediante escritura pública, *tendo como único acionista* sociedade brasileira. A *companhia* pode ser convertida em **subsidiária integral** mediante aquisição, por sociedade brasileira, de todas as suas ações.

De acordo com a Lei das Sociedades Anônimas, em seu art. 3º, a companhia pode ter por objeto participar de outras sociedades; ainda que não prevista no estatuto, a participação é facultada como meio de realizar o objeto social, ou para beneficiar-se de incentivos fiscais.

Quando uma empresa participa do capital social de outra, poderá realizá-lo de maneira voluntária ou com a finalidade de obter incentivos fiscais.

Regra geral, as participações voluntárias de umas empresas em outras ocorrem com a finalidade de ampliar ou estender as atividades econômicas das investidoras utilizando-se das operações realizadas pelas investidas, trazendo benefícios operacionais para as primeiras (investidoras). Ocorrem, também, quando as investidoras desejam diversificar suas atividades econômicas, atuando em diversos ramos de trabalho, muitas vezes totalmente distintos uns dos outros.

Exemplo

Constituem exemplos de investimentos voluntários:

- Uma empresa (investidora) participa de outra (investida), que produz peças a serem utilizadas na produção de bens pela investidora;
- A investidora, do ramo calçadista, resolve diversificar suas atividades econômicas, investindo em uma empresa que atua no mercado financeiro;
- Uma fábrica investe em um banco com o objetivo de ter melhor relacionamento com ele, facilitando as transações existentes entre ambos;
- Uma empresa investe em outra com a finalidade maior de auferir dividendos, assim como a valorização das ações ou quotas da investida no mercado etc.

Empresas que sejam tributadas com base no lucro real podem ter investimentos por meio de incentivos fiscais, destinando parcela de seu Imposto de Renda para aplicação em investimentos regionais, tais como:

- Fundo de Investimento da Amazônia (FINAM);
- Fundo de Investimentos do Nordeste (FINOR);
- Fundo de Reestruturação do Espírito Santo (FUNRES) etc.

Devem ser classificados no Ativo Não Circulante Investimentos *os direitos de qualquer natureza, não classificáveis no Ativo Circulante, nem no Ativo Não Circulante Ativo Realizável a Longo Prazo, e que não se destinem à manutenção da atividade da companhia ou da empresa.* Os direitos que se destinam à manutenção das atividades da empresa, conforme veremos em seguida, constam do Ativo Não Circulante Imobilizado e do Ativo Não Circulante Intangível. Se assim ocorre, **podemos afirmar que a classificação no Ativo Não Circulante Investimentos dá-se de maneira residual! Podemos dizer que vai constar do Ativo Não Circulante Investimentos aquilo que não possa ser classificado no Ativo Circulante, nem no Ativo Não Circulante Ativo Realizável a Longo Prazo, tampouco no Ativo Não Circulante Imobilizado, nem no Ativo Não Circulante Intangível.** A empresa classifica no ANC Investimentos aquilo que não tem correlação com as suas atividades!

Exemplo

São considerados exemplos de investimentos do tipo permanente:

- Participações Societárias em Sociedades Controladas;
- Participações Societárias em Sociedades Coligadas;
- Obras de Arte;

- Antiguidades;
- Terrenos (que não estejam em uso pela entidade, ou seja, por exemplo, alugados);
- Marcas e Patentes (fora de uso pela entidade);
- Edificações (fora de uso pela entidade) etc.

Enquanto os bens não estiverem em uso pela entidade, deverão constar do ANC Investimentos; assim que forem postos em uso, serão reclassificados, passando a constar do ANC Imobilizado ou do ANC Intangível, conforme a seguir descrito.

6.4.1. As Propriedades para Investimento

O *Pronunciamento Técnico CPC 28 – Propriedade para Investimento* trata das propriedades para investimento. De acordo com este Pronunciamento Técnico, a **propriedade para investimento** é a propriedade (terreno ou edifício – ou parte de edifício – ou ambos) mantida (pelo dono ou pelo arrendatário em arrendamento financeiro) para obter rendas ou para valorização do capital ou para ambas, e não para:

(a) uso na produção ou no fornecimento de bens ou serviços ou para finalidades administrativas; ou

(b) venda no curso ordinário do negócio.

No presente caso, os ativos identificados como *propriedades para investimento* devem ser classificados no (grupo) Ativo Não Circulante (subgrupo) Investimentos, devido ao fato de produzirem benefícios econômicos futuros para a entidade à qual pertençam.

As reclassificações de ou para propriedade para investimento somente podem ser efetuadas quando da mudança de uso desses ativos formalmente definida pela administração. As reclassificações não devem ser casuísticas e devem ser efetuadas quando a entidade tiver segurança de que tal ação aprimora a capacidade preditiva das demonstrações contábeis em relação à estimativa de resultado e fluxo de caixa futuros.

6.4.2. As Florestas

As florestas que sejam destinadas à proteção do solo ou à preservação do meio ambiente, sem que tenham correlação com as atividades da entidade, devem ser classificadas no Ativo Não Circulante Investimentos.

As florestas mantidas com a finalidade de revenda, assim como as de produção de matérias-primas para o processo industrial da entidade, são classificadas no Ativo Circulante ou no Ativo Não Circulante Ativo Realizável a Longo Prazo, de acordo com o critério de classificação que tem por base o ciclo operacional da entidade.

6.5. Exercícios Resolvidos para a Fixação de Conteúdo

Questão 02 – (Técnico de Contabilidade – Agência Nacional de Petróleo – ANP – CESGRANRIO – 2005)

A empresa Silva & Amigos Ltda., no ramo de plásticos, em 30 de dezembro de 2003, realizou as seguintes operações, em reais, com vencimento para 30 de janeiro de 2004:
- venda de plásticos para uma coligada, NF nº 2222 – R$ 20.000,00
- venda de 1 veículo do Imobilizado para um diretor – R$ 5.000,00
- venda de 1 computador do Imobilizado para um empregado – R$ 800,00
- adiantamento a empregados – R$ 1.200,00
- adiantamento a uma coligada – R$ 3.000,00

No Balanço de 31 de dezembro de 2003, a classificação de tais valores, em reais, teve de ser feita da seguinte forma:

Ativo Circulante   Ativo Realizável a Longo Prazo

a) 30.000,00.
b) 27.000,00 3.000,00.
c) 25.800,00 4.200,00.
d) 22.000,00 8.000,00.
e) 20.000,00 10.000,00.

Resolução e Comentários

- venda de plásticos para uma coligada, NF nº 2222 – R$ 20.000,00
  Venda de mercadorias → Ativo Circulante

- venda de 1 veículo do Imobilizado para um diretor – R$ 5.000,00
  Regra do ANC ARLP → Ativo Não Circulante Ativo Realizável a Longo Prazo

- venda de 1 computador do Imobilizado para um empregado – R$ 800,00
  Os empregados, a princípio, não fazem parte da regra específica do ANC ARLP → Ativo Circulante

- adiantamento a empregados – R$ 1.200,00
  Os empregados, a princípio, não fazem parte da regra específica do ANC ARLP → Ativo Circulante

- adiantamento a uma coligada – R$ 3.000,00
  Regra do ANC ARLP → Ativo Não Circulante Ativo Realizável a Longo Prazo

Ativo Circulante – R$ 22.000,00
Ativo Não Circulante Ativo Realizável a Longo Prazo – R$ 8.000,00
Gabarito – D

Questão 03 – (Analista de Nível Superior – Contabilidade – Casa da Moeda – Fundação CESGRANRIO – 2009)

Uma sociedade anônima de capital fechado, atuando na área comercial, em 30 de junho de 2009, realizou as seguintes operações com vencimento para 30 de agosto de 2009:
I – Adiantamento a empregados – R$ 50.000,00;
II – Adiantamento a diretores – R$ 50.000,00;
III – Venda de mercadorias para uma coligada – R$ 50.000,00.
No balanço de 30 de julho de 2009, de acordo com a Lei das Sociedades Anônimas vigente, essas operações são classificadas como

	Ativo Circulante	Ativo Realizável a Longo Prazo
a)	I, II e III	-
b)	I e II	III
c)	I e III	II
d)	II e III	I
e)	-	I, II e III

Resolução e Comentários

Vamos analisar cada operação:

I – Adiantamento a empregados – R$ 50.000,00;

Se nada for dito na questão, os empregados não devem ser considerados participantes dos lucros da empresa. Portanto, a classificação da operação I deve ser efetuada no Ativo Circulante.

II – Adiantamento a diretores – R$ 50.000,00;

Adiantar recursos a diretores não constitui atividade usual da empresa. Logo, a classificação desta operação deve ser efetuada no ANC Ativo Realizável a Longo Prazo.

III – Venda de mercadorias para uma coligada – R$ 50.000,00.

A venda de mercadorias constitui atividade usual da empresa. Logo, a classificação da operação III deve ser efetuada no Ativo Circulante.

Portanto:
- Operação I – Classificação no AC
- Operação II – Classificação no ANC ARLP
- Operação III – Classificação no AC

Gabarito – C

Questão 04 – (Analista Judiciário – Contabilidade – TST – CESPE/UnB – 2008)

De acordo com a legislação societária, adiantamentos de viagem para tratar dos negócios da empresa, efetuados a diretores, são classificados no ativo realizável a longo prazo.

Resolução e Comentários

Adiantamentos de viagem para tratar de negócios da empresa, efetuados a diretores, constituem atividade usual dela. Portanto, a classificação correta do direito ora apresentado é no Ativo Circulante.

Gabarito – Errado

6.6. O Ativo Não Circulante Imobilizado

A Lei nº 6.404/76 foi modificada pela Lei nº 11.638/2007, passando a classificar no Ativo Não Circulante Imobilizado *os direitos que tenham por objeto* **bens corpóreos** *destinados à manutenção das atividades da companhia ou da empresa ou exercidos com essa finalidade, inclusive os decorrentes de operações que transfiram à companhia os benefícios, riscos e controle desses bens.*

Ativo imobilizado é o item **tangível** que:
a) é mantido para uso na produção ou fornecimento de mercadorias ou serviços, ou para fins administrativos; e
b) *se espera utilizar por mais de um período.*

Observe, então, que no Ativo Não Circulante Imobilizado deverão estar registrados todos os **bens corpóreos** (**tangíveis**) *que se encontrem em uso pela entidade*. Todos os bens tangíveis, móveis ou imóveis, *destinados à manutenção das atividades da companhia ou da empresa ou exercidos com essa finalidade* farão parte do ANC Imobilizado!

Os bens do Ativo Não Circulante Imobilizado também são conhecidos como **ativos fixos**.

Classe de ativo imobilizado é um agrupamento de ativos de natureza e uso semelhantes nas operações da entidade. São exemplos de classes individuais:

- terrenos;
- terrenos e edifícios;
- máquinas;
- navios;
- aviões;
- veículos a motor;
- móveis e utensílios;
- equipamentos de escritório etc.

Exemplo

São exemplos de bens (corpóreos) registrados no Ativo Não Circulante Imobilizado:
- Terrenos;
- Edificações;
- Veículos;

- Computadores e Demais Equipamentos de Informática;
- Semoventes (animais de tração utilizados pela entidade);
- Instalações em Geral (hidráulicas, sanitárias, elétricas, telefônicas, de gás etc.);
- Máquinas e Equipamentos;
- Móveis e Utensílios;
- Ferramentas;
- Equipamentos de Escritório;
- Aviões;
- Navios etc.

A *depreciação acumulada*, conforme será posteriormente apresentada, deverá estar retificando o valor da conta principal a que se refira. As denominadas perdas estimadas por redução ao valor recuperável também deverão estar retificando a conta principal a que se refiram.

Exemplo
Balanço Patrimonial
Ativo
    Ativo Não Circulante Imobilizado
        Veículos – R$ 350.000,00
        (-) Depreciação Acumulada – (R$ 70.000,00)
        (-)Perdas Estimadas por Redução ao Valor Recuperável – (R$ 20.000,00)
        (=) Valor Contábil – R$ 260.000,00

Também farão parte do Ativo Não Circulante Imobilizado os bens corpóreos *decorrentes de operações que transfiram à companhia os benefícios, riscos e controle desses bens.* Quis o legislador incluir no ANC Imobilizado os bens que sejam objeto de **leasing financeiro**, também conhecido como **arrendamento mercantil financeiro**, operação que, na prática, é entendida como um verdadeiro financiamento!

Os princípios contábeis internacionais, ao reconhecer ativos, passivos e receitas, levam em consideração o momento da operação em que são transferidos à entidade três elementos a seguir identificados:

- *Benefícios* – a entidade tem a posse e a utilização do bem;
- *Riscos* – a entidade assume total responsabilidade pelo bem; e
- *Controle* – a entidade decide em que será utilizado o bem, assim como com que finalidade e a partir de quando será utilizado.

A essência econômica da operação prevalece sobre a sua forma. Considera-se, então, que, quando ocorre a transferência para o arrendatário dos riscos, benefícios e controle dos bens objeto de arrendamento financeiro, o que acontece é um contrato de financiamento para aquisição de bens para o Ativo Não Circulante Imobilizado. As prestações pagas, decorrentes do contrato ora citado, são entendidas como pagamentos da dívida gerada por meio desses contratos.

6.6.1. O Reconhecimento de Ativos Imobilizados e a Aplicação do Regulamento do Imposto de Renda

De acordo com o *Pronunciamento Técnico CPC 27 – Ativo Imobilizado* – deve ser adotado o seguinte ***princípio de reconhecimento*** visando ao reconhecimento de ativos imobilizados:

O custo de um item de ativo imobilizado *deve ser reconhecido como ativo* **se, e apenas se**:

a) for provável que futuros benefícios econômicos associados ao item fluirão para a entidade; e

b) o custo do item puder ser confiavelmente mensurado.

CPC – Comitê de Pronunciamentos Contábeis

O *Pronunciamento Técnico CPC 27 – Ativo Imobilizado* não prescreve a unidade de medida para o reconhecimento, ou seja, aquilo que constitui um item do ativo imobilizado. Assim, segundo o citado Pronunciamento Técnico, é necessário exercer julgamento ao aplicar os critérios de reconhecimento às circunstâncias específicas da entidade. Pode ser apropriado agregar itens individualmente insignificantes, tais como moldes, ferramentas e bases, e aplicar os critérios ao valor do conjunto.

A entidade avalia segundo esse princípio de reconhecimento todos os seus custos de ativos imobilizados no momento em que eles são incorridos. Esses custos incluem custos incorridos inicialmente para adquirir ou construir um item do ativo imobilizado e os custos incorridos posteriormente para renová-lo, substituir suas partes, ou dar manutenção a ele.

As peças de reposição e de manutenção são costumeiramente registradas como itens de estoques, sendo diretamente reconhecidas como despesa quando são utilizadas. Sobressalentes, peças de reposição, ferramentas e equipamentos de uso interno ***são classificados como ativo imobilizado*** *quando a entidade espera usá-los por mais de um período*. Da mesma forma, *se puderem ser utilizados somente em conexão com itens do ativo imobilizado*, também são contabilizados como ativo imobilizado.

Itens do ANC Imobilizado podem ser adquiridos por razões de segurança ou ambientais. A aquisição de tal ativo imobilizado, embora não aumentando diretamente os futuros benefícios econômicos de qualquer item específico já existente do ativo imobilizado, pode ser necessária para que a entidade obtenha os benefícios econômicos futuros dos seus outros ativos. Esses itens do ativo imobilizado qualificam-se para o reconhecimento como ativo porque permitem à entidade obter benefícios econômicos futuros dos ativos relacionados acima dos benefícios que obteria caso não tivesse adquirido esses itens.

Exemplo

Uma indústria química pode instalar novos processos químicos de manuseamento a fim de atender às exigências ambientais para a produção e armazenamento de produtos químicos perigosos; os melhoramentos e as benfeitorias nas instalações são reconhecidos como ativo porque, sem eles, a entidade não estaria em condições de fabricar e vender tais produtos químicos. Entretanto, o valor contábil resultante desse ativo e dos ativos relacionados deve ter a redução ao valor recuperável revisada de acordo com o *Pronunciamento Técnico CPC 01 (R1) – Redução ao Valor Recuperável de Ativos.*

Como a legislação comercial não define o que é **material de consumo**, a fim de distingui-lo dos ativos imobilizados, costuma-se fazer menção ao Regulamento do Imposto de Renda – RIR (Decreto nº 3000/99) para tal fim.

De acordo com o art. 301 do RIR/99, tem-se:

"O custo de aquisição de bens do ativo permanente não poderá ser deduzido como despesa operacional, salvo se o bem adquirido tiver valor unitário não superior a trezentos e vinte e seis reais e sessenta e um centavos, ou prazo de vida útil que não ultrapasse um ano.

...

Salvo disposições especiais, o custo dos bens adquiridos ou das melhorias realizadas, cuja vida útil ultrapasse o período de um ano, deverá ser ativado para ser depreciado ou amortizado."

Ocorre que o art. 15 do Decreto-Lei nº 1.598, de 26 de dezembro de 1977, alterado pela Lei nº 12.973, de 13 de maio de 2014, trata do presente tópico nos seguintes termos:

> *"O custo de aquisição de bens do ativo não circulante imobilizado e intangível não poderá ser deduzido como despesa operacional, salvo se o bem adquirido tiver valor unitário não superior a R$ 1.200,00 (mil e duzentos reais) ou prazo de vida útil não superior a 1 (um) ano." (vigência a partir de 1o de janeiro de 2015)*

O que significa o conteúdo desses artigos?! Vejamos...

Para ser considerado *componente do Ativo Não Circulante Imobilizado*, o item deverá atender às seguintes alíneas:

a) **deverá ter custo superior a:**

   a.1) **R$ 326,61, se adquirido até 31 de dezembro de 2014; ou**

   a.2) **R$ 1.200,00, se adquirido a partir de 1º de janeiro de 2015;**

   e

b) **deverá ter prazo de vida útil superior a um ano.**

Será considerado *material de uso* ou *material de consumo* se atender a uma das seguintes características:

a) **deverá ter custo não superior a:**
   a.1) **R$ 326,61, se adquirido até 31 de dezembro de 2014; ou**
   a.2) **R$ 1.200,00, se adquirido a partir de 1º de janeiro de 2015;**
   ou
b) **deverá ter prazo de vida útil não superior a um ano.**

Contabilmente, o registro de materiais de uso ou consumo é efetuado conforme a seguir exposto:

Quando da aquisição de materiais de uso ou consumo:

D – Materiais de Consumo ou Materiais de Uso ou Consumo ou Estoques de Materiais de Uso ou Consumo (Ativo Circulante)
C – Caixa (Ativo Circulante) / Bancos Conta Movimento (Ativo Circulante) / Fornecedores (Passivo Circulante)

Quando do consumo de materiais de uso ou consumo:

D – Material Consumido ou Despesas com Materiais de Consumo (conta de resultado)
C – Materiais de Consumo ou Materiais de Uso ou Consumo ou Estoques de Materiais de Uso ou Consumo (Ativo Circulante)

Se a quantidade de material para uso ou consumo adquirida for considerada inexpressiva, poder-se-á lançá-la diretamente contra conta de resultado quando de sua aquisição.

Quando da aquisição de materiais de uso ou consumo considerados inexpressivos:

D – Material Consumido ou Despesas com Materiais de Consumo (conta de resultado)
C – Caixa (Ativo Circulante) / Bancos Conta Movimento (Ativo Circulante) / Fornecedores (Passivo Circulante)

Atenção!!!
Para a Escola de Administração Fazendária – EsAF:
Material de Consumo – conta do Ativo Circulante
Material Consumido – conta de resultado

6.6.2. O Custo de um Item de Ativo Imobilizado

Um item do Ativo Não Circulante Imobilizado que seja classificado para reconhecimento como ativo deve ser mensurado pelo seu **custo**.

Conforme foi anteriormente mencionado, o **custo de um item de ativo imobilizado** deve ser reconhecido como ativo se, e apenas se:

a) for provável que futuros benefícios econômicos associados ao item fluirão para a entidade; e
b) o custo do item puder ser mensurado confiavelmente.

O ativo imobilizado deverá estar limitado a sua capacidade de geração de benefícios econômicos futuros para a entidade que o contém. Isto significa dizer que o ativo em tela não poderá estar registrado na contabilidade da entidade que o contém por valor superior ao seu *valor recuperável*.

Valor Recuperável

Valor recuperável de um ativo ou de unidade geradora de caixa é o maior montante entre o seu valor justo líquido de despesa de venda e o seu valor em uso.

Unidade Geradora de Caixa

Unidade geradora de caixa é o menor grupo identificável de ativos que gera as entradas de caixa, que são em grande parte independentes das entradas de caixa de outros ativos ou de grupos de ativos.

Valor em Uso

Valor em uso é o valor presente de fluxos de caixa futuros esperados que devem advir de um ativo ou de unidade geradora de caixa.

Valor Justo

Valor justo é o preço que seria recebido pela venda de um ativo ou que seria pago pela transferência de um passivo em uma transação não forçada entre participantes do mercado na data de mensuração (Ver CPC 46 – Mensuração do Valor Justo).

Despesas de Venda

Despesas de venda ou de baixa são despesas incrementais diretamente atribuíveis à venda ou à baixa de um ativo ou de uma unidade geradora de caixa, excluindo as despesas financeiras e de impostos sobre o resultado gerado.

Vida útil

A **vida útil** é:

(a) o período de tempo durante o qual a entidade espera utilizar o ativo; ou

(b) o número de unidades de produção ou de unidades semelhantes que a entidade espera obter pela utilização do ativo.

Valor Contábil

Valor contábil é o montante pelo qual o ativo está reconhecido no balanço depois da dedução de toda respectiva depreciação, amortização ou exaustão acumulada e ajuste para perdas.

Custo

É o montante de caixa ou equivalente de caixa pago ou o valor justo de qualquer outro recurso dado para adquirir um ativo na data da sua aquisição ou construção, ou ainda, se for o caso, o valor atribuído ao ativo quando inicialmente reconhecido de acordo com as disposições específicas de outros Pronunciamentos, como, por exemplo, o *Pronunciamento Técnico CPC 10 – Pagamento Baseado em Ações*.

Depreciação

É a alocação sistemática do valor depreciável de um ativo ao longo da sua vida útil.

Valor Depreciável

É o custo de um ativo ou outro valor que substitua o custo, menos o seu valor residual.

Perda por Desvalorização ou Perda por Redução ao Valor Recuperável

É o valor pelo qual o valor contábil de um ativo ou de uma unidade geradora de caixa excede seu valor recuperável.

Para determinar se um item do Ativo Não Circulante Imobilizado *está com parte de seu valor irrecuperável*, a entidade aplica o *Pronunciamento Técnico CPC 01 (R1) – Redução ao Valor Recuperável de Ativos*. Esse Pronunciamento determina como a entidade deve revisar o valor contábil de seus ativos, como determinar o seu valor recuperável e quando reconhecer ou reverter perda por redução ao valor recuperável.

O tópico "Testes de Recuperabilidade de Custos" é assunto de *Contabilidade Avançada*.

O custo de um item do ativo imobilizado compreende:
a) seu preço de aquisição, acrescido de impostos de importação e impostos não recuperáveis sobre a compra, depois de deduzidos os descontos comerciais e abatimentos;
b) quaisquer custos diretamente atribuíveis para colocar o ativo no local e condição necessárias para ser capaz de funcionar da forma pretendida pela administração;
c) a estimativa inicial dos custos de desmontagem e remoção do item e de restauração do local (sítio) no qual este está localizado. Tais custos representam a obrigação em que a entidade incorre quando o item é adquirido ou como consequência de usá-lo durante determinado período para finalidades diferentes da produção de estoque durante esse período.

Exemplos de *custos diretamente atribuíveis* são:
a) custos de benefícios aos empregados (tal como definidos na NBC TS sobre Benefícios a Empregados) decorrentes diretamente da construção ou aquisição de item do ativo imobilizado;
b) custos de preparação do local;
c) custos de frete e de manuseio (para recebimento e instalação);
d) custos de instalação e montagem;
e) custos com testes para verificar se o ativo está funcionando corretamente, após dedução das receitas líquidas provenientes da venda de qualquer item produzido enquanto se coloca o ativo nesse local e condição (tais como amostras produzidas quando se testa o equipamento); e
f) honorários profissionais.

Exemplos que *não são custos de um item do ativo imobilizado* são:
a) custos de abertura de nova instalação;
b) custos incorridos na introdução de novo produto ou serviço (incluindo propaganda e atividades promocionais);
c) custos da transferência das atividades para novo local ou para nova categoria de clientes (incluindo custos de treinamento); e
d) custos administrativos e outros custos indiretos.

O reconhecimento dos custos no valor contábil de um item do ativo imobilizado cessa quando o item está no local e nas condições operacionais pretendidas pela administração. Portanto, os custos incorridos no uso ou na transferência ou reinstalação de um item não são incluídos no seu valor contábil, como, por exemplo, os seguintes custos:

a) custos incorridos durante o período em que o ativo capaz de operar nas condições operacionais pretendidas pela administração não é utilizado ou está sendo operado a uma capacidade inferior à sua capacidade total;
b) prejuízos operacionais iniciais, tais como os incorridos enquanto a demanda pelos produtos do ativo é estabelecida; e
c) custos de realocação ou reorganização de parte ou de todas as operações da entidade.

Algumas operações realizadas em conexão com a construção ou o desenvolvimento de um item do ativo imobilizado não são necessárias para deixá-lo no local e nas condições operacionais pretendidas pela administração. Essas atividades eventuais podem ocorrer antes ou durante as atividades de construção ou desenvolvimento. Por exemplo, o local de construção pode ser usado como estacionamento e gerar receitas até que a construção se inicie. Como essas atividades não são necessárias para que o ativo fique em condições de funcionar no local e nas condições operacionais pretendidas pela administração, as receitas e as despesas relacionadas devem ser reconhecidas no resultado e incluídas nas respectivas classificações de receita e despesa.

O custo de um item de ativo imobilizado é equivalente ao preço à vista na data do reconhecimento. Se o prazo de pagamento excede os prazos normais de crédito, a diferença entre o preço equivalente à vista e o total dos pagamentos deve ser reconhecida como ***despesa com juros*** durante o período.

6.6.3. A Mensuração de Ativos Imobilizados após o Reconhecimento Inicial

A Lei nº 11.638/2007, ao alterar a Lei das Sociedades por Ações, **proibiu a reavaliação de ativos**. Em capítulo posterior, mostraremos como era efetuada a reavaliação de ativos e quais as implicações destas reavaliações no patrimônio de uma entidade.

Quando a opção pelo método de reavaliação for permitida por lei, a entidade deverá optar pelo **método do custo** ou pelo **método da reavaliação** como sua política contábil e deverá aplicar essa política a uma classe inteira de ativos imobilizados. Logo, observe que há dois possíveis métodos a utilizar para mensuração de ativos após o seu reconhecimento inicial: o *método do custo* (*atualmente permitido por lei*) e o *método da reavaliação* (*atualmente proibido por lei*).

O *Pronunciamento Técnico CPC 27 – Ativo Imobilizado* faz menção ao método da reavaliação no pressuposto de algum dia vir a ser permitido pela nossa legislação.

- **Método do Custo**

Após o reconhecimento como ativo, um item do Ativo Não Circulante Imobilizado deve ser apresentado ao custo menos qualquer depreciação e perda por redução ao valor recuperável acumuladas (*Pronunciamento Técnico CPC 01 (R1) – Redução ao Valor Recuperável de Ativos*).

- **Método da Reavaliação**

Após o reconhecimento como um ativo, o item do Ativo Não Circulante Imobilizado cujo valor justo possa ser mensurado confiavelmente pode ser apresentado, *se permitido por lei*, pelo seu valor reavaliado, correspondente ao seu *valor justo* à data da reavaliação menos qualquer depreciação e perda por redução ao valor recuperável acumuladas subsequentes. A reavaliação deve ser realizada com suficiente regularidade para assegurar que o valor contábil do ativo não apresente divergência relevante em relação ao seu valor justo na data do balanço. *Convém ser ressaltado que, atualmente, não há permissão para a utilização deste Método.* A proibição está disciplinada na Lei nº 6.404/76 *(Lei das Sociedades por Ações).*

Os itens 31 a 42 do *Pronunciamento Técnico CPC 27 – Ativo Imobilizado* tratam da reavaliação de ativos, desde que seja permitida por lei.

6.6.4. Os Gastos com Manutenção e Reparos e a Comissão de Valores Mobiliários

Segundo o princípio de reconhecimento anteriormente apresentado, *a entidade não reconhece no valor contábil de um item do Ativo* Não Circulante *Imobilizado os custos da manutenção periódica do item*. Pelo contrário, *esses custos são reconhecidos no resultado quando incorridos*. Os custos da manutenção periódica são principalmente os custos de mão de obra e de produtos consumíveis, e podem incluir o custo de pequenas peças. A finalidade desses gastos é muitas vezes descrita como sendo para "*reparo e manutenção*" de item do Ativo Não Circulante Imobilizado.

De acordo com o *Pronunciamento Técnico CPC 27 – Ativo Imobilizado*, partes de alguns itens do Ativo Não Circulante Imobilizado podem requerer substituição em intervalos regulares. Por exemplo, um forno pode requerer novo revestimento após um número específico de horas de uso; ou o interior dos aviões, como bancos e equipamentos internos, pode exigir substituição diversas vezes durante a vida da estrutura. Itens do ANC Imobilizado também podem ser adquiridos para efetuar substituição recorrente menos frequente, tal como a substituição das paredes interiores de edifício, ou para efetuar substituição não recorrente. Segundo o princípio de reconhecimento anteriormente apresentado, a entidade reconhece no valor contábil de um item do ANC Imobilizado o custo da peça reposta desse item quando o custo é incorrido se os critérios de reconhecimento forem atendidos. Se, de acordo com o princípio do reconhecimento então apresentado, a entidade reconhecer no valor contábil de um item do ANC Imobilizado o custo de substituição de parte do item, deve baixar o valor contábil da parte substituída, independentemente de a parte substituída estar sendo depreciada separadamente ou não. Se a apuração desse valor contábil não for praticável para a entidade, esta pode utilizar o custo de substituição como indicador do custo da parcela substituída na época em que foi adquirida ou construída. Os ganhos ou perdas decorrentes da baixa de um item do ANC Imobilizado devem ser determinados pela diferença entre o valor líquido da alienação, se houver, e o valor contábil do item.

Uma condição para continuar a operar um item do ANC Imobilizado (por exemplo, uma aeronave) pode ser a realização regular de inspeções importantes em busca de falhas, independentemente de as peças desse item serem ou não substituídas. Quando cada inspeção importante for efetuada, o seu custo é reconhecido no valor contábil do item do ANC Imobilizado como uma substituição se os critérios de reconhecimento forem satisfeitos. Qualquer valor contábil remanescente do custo da inspeção anterior (distinta das peças físicas) é baixado. Isso ocorre independentemente do custo da inspeção anterior ter sido identificado na transação em que o item foi adquirido ou construído. Se necessário, o custo estimado de futura inspeção semelhante pode ser usado como indicador de qual é o custo do componente de inspeção existente, quando o item foi adquirido ou construído.

6.6.5. Os Gastos com Manutenção e Reparos e o Regulamento do Imposto de Renda

Conforme o art. 346 do Regulamento do Imposto de Renda (Decreto nº 3.000/99), tem-se:

"Se dos reparos, da conservação ou da substituição de partes e peças resultar aumento da vida útil prevista no ato de aquisição do respectivo bem, as despesas correspondentes, quando aquele aumento for superior a um ano, deverão ser capitalizadas, a fim de servirem de base a depreciações futuras.

Os gastos incorridos com reparos, conservação ou substituição de partes e peças de bens do Ativo Imobilizado, de que resulte aumento da vida útil superior a um ano, deverão ser incorporados ao valor do bem, para fins de depreciação do novo valor contábil, no novo prazo de vida útil previsto para o bem recuperado, ou, alternativamente, a pessoa jurídica poderá:

I – aplicar o percentual de depreciação correspondente à parte não depreciada do bem sobre os custos de substituição das partes ou peças;

II – apurar a diferença entre o total dos custos de substituição e o valor determinado no inciso anterior;

III – escriturar o valor apurado no inciso I a débito das contas de resultado;

IV – escriturar o valor apurado no inciso II a débito da conta do ativo imobilizado que registra o bem, o qual terá seu novo valor contábil depreciado no novo prazo de vida útil previsto."

Exemplo

"Primeira Maneira"

A Empresa Confeccionando Tecidos Industrial Ltda. possui em seu Ativo Não Circulante Imobilizado uma máquina com as seguintes características:

- Valor da máquina – R$ 250.000,00
- Depreciação acumulada da máquina – R$ 200.000,00
- Tempo de vida útil remanescente – 2 anos

Peças foram substituídas nesta máquina, acarretando aumento de sua vida útil de 3 anos. O custo de substituição destas peças chegou ao valor de R$ 30.000,00.

Antes da substituição das peças:
Balanço Patrimonial
Ativo
    Ativo Não Circulante Imobilizado
        Máquinas – R$ 250.000,00
        (-) Depreciação Acumulada – (R$ 200.000,00)
        (=) Valor Contábil – R$ 50.000,00

São os seguintes os registros contábeis a realizar quando da substituição das peças:

Baixa da depreciação acumulada:

D – Depreciação Acumulada
C – Máquinas 200.000,00

Máquinas (Valores em R$)	
250.000,00	200.000,00 (1)

Depreciação Acumulada (Valores em R$)	
(1) 200.000,00	200.000,00

Aumento do valor do ativo devido à substituição das peças:

D – Máquinas (ANC Imob)
C – Caixa (AC) / Bancos Conta Movimento (AC) / Valores a Pagar (PC) 30.000,00

Máquinas (Valores em R$)	
250.000,00	200.000,00 (1)
(2) 30.000,00	
80.000,00	

Valores a Pagar (Valores em R$)
30.000,00

Observe que a máquina passou a ter valor igual a R$ 80.000,00, a ser depreciado em 5 anos (isto é, 2 anos de vida útil remanescente, mais 3 anos obtidos a partir da substituição de peças).

Exemplo
"Maneira Alternativa ou *Segunda Maneira"*
A Empresa Confeccionando Tecidos Industrial Ltda. possui em seu Ativo Não Circulante Imobilizado uma máquina com as seguintes características:
- Valor da máquina – R$ 250.000,00
- Depreciação acumulada da máquina – R$ 200.000,00
- Tempo de vida útil remanescente – 2 anos

Peças foram substituídas nesta máquina, acarretando aumento de sua vida útil de 3 anos. O custo de substituição destas peças chegou ao valor de R$ 30.000,00.

Antes da substituição das peças:
Balanço Patrimonial
 Ativo
  Ativo Não Circulante Imobilizado
   Máquinas – R$ 250.000,00
   (-) Depreciação Acumulada – (R$ 200.000,00)
   (=) Valor Contábil – R$ 50.000,00

São os seguintes os registros contábeis a realizar quando da substituição das peças:

Cálculo do percentual correspondente à parte não depreciada da máquina:
Parte não depreciada = R$ 50.000,00 = R$ 250.000,00 – R$ 200.000,00
(R$ 50.000,00 / R$ 250.000,00) x 100 = 20%

Aplicação do percentual ora obtido em relação ao valor das peças substituídas e registros correspondentes:
20% x R$ 30.000,00 = R$ 6.000,00

D – Despesas com Manutenção
C – Fornecedores (PC) 6.000,00

```
        Despesas com Manutenção (Valores em R$)
        (1) 6.000,00        |
                            |
```

```
        Fornecedores (Valores em R$)
                            | 6.000,00 (1)
                            |
```

<u>Parcela que irá ser incorporada ao custo de aquisição do bem, no Ativo Não Circulante Imobilizado:</u>

R$ 30.000,00 – R$ 6.000,00 = R$ 24.000,00

D – Máquinas
C – Fornecedores (PC) 24.000,00

```
        Máquinas (Valores em R$)
        250.000,00          |
        (2) 24.000,00       |
        ──────────          
        274.000,00          |
```

```
        Fornecedores (Valores em R$)
                            | 6.000,00 (1)
                            | 24.000,00 (2)
                            | ──────────
                            | 30.000,00
```

```
        Depreciação Acumulada (Valores em R$)
                            | 200.000,00
```

<u>Baixa da depreciação acumulada do bem:</u>

D – Depreciação Acumulada
C – Máquinas 200.000,00

Máquinas (Valores em R$)	
250.000,00	200.000,00 (3)
(2) 24.000,00	
74.000,00	

Depreciação Acumulada (Valores em R$)	
(3) 200.000,00	200.000,00
	0,00

Após da substituição das peças:

Balanço Patrimonial
   Ativo
      Ativo Não Circulante Imobilizado
         Máquinas – R$ 74.000,00
         (-) Depreciação Acumulada – (R$ 0,00)
         (=) Valor Contábil – R$ 74.000,00

- Novo valor contábil do bem – R$ 74.000,00
- Novo prazo de depreciação – 5 anos (isto é, 2 anos de vida útil remanescente, mais 3 anos obtidos a partir da substituição de peças)

6.6.6. A Baixa de Bens do Ativo Não Circulante Imobilizado

O valor contábil de um item do ativo imobilizado deve ser **baixado**:

- por ocasião de sua alienação; ou
- quando não há expectativa de benefícios econômicos futuros com a sua utilização ou alienação.

6.6.7. Benfeitorias em Propriedades de Terceiros

Podemos afirmar que **benfeitoria** é a despesa, o aumento e/ou a obra realizadas em uma propriedade, com o objetivo de conservá-la, melhorá-la ou torná-la mais agradável, ou seja, embelezá-la.

De acordo com o Novo Código Civil Brasileiro, as **benfeitorias** podem ser: **voluptuárias**, úteis ou **necessárias**.

São **voluptuárias** as de mero deleite ou recreio, que não aumentam o uso habitual do bem, ainda que o tornem mais agradável ou sejam de elevado valor.

São úteis as que aumentam ou facilitam o uso do bem.

São **necessárias** as que têm por fim conservar o bem ou evitar que se deteriore.

Não se consideram benfeitorias os melhoramentos ou acréscimos sobrevindos ao bem sem a intervenção do proprietário, possuidor ou detentor.

Exemplo

Constituem exemplos de benfeitorias os melhoramentos realizados em imóveis, tais como muros, muros de arrimo, pistas de acesso, jardins, terraplanagens em geral, asfaltamentos, revestimentos de solo com pedras britadas etc.

São consideradas **benfeitorias em propriedades de terceiros** as construções em terrenos alugados e as instalações e outras benfeitorias em prédios e edifícios alugados, de uso administrativo ou de produção, desde que atendam aos critérios de reconhecimento de um ativo imobilizado.

6.6.7.1. Os registros contábeis de benfeitorias em propriedades de terceiros

Conforme apresentado, a Lei nº 6.404/76 foi modificada pela Lei nº 11.638/2007, passando a classificar no Ativo Não Circulante Imobilizado *os direitos que tenham por objeto* **bens corpóreos** *destinados à manutenção das atividades da companhia ou da empresa ou exercidos com essa finalidade, inclusive os decorrentes de operações que transfiram à companhia os benefícios, riscos e controle desses bens.*

Sabemos, também, que a essência de uma transação deve prevalecer sobre a forma utilizada para caracterizá-la. Em relação às benfeitorias em propriedades de terceiros, estas traduzem bens incorpóreos (intangíveis); apesar disto, a entidade que realiza tais benfeitorias em propriedade pertencente a terceiros detém os benefícios, riscos e controle desta propriedade. Em consequência, seguindo as diretrizes da Lei das Sociedades por Ações, classifica as benfeitorias aqui tratadas como parte do Ativo Não Circulante Imobilizado.

Como regra geral, as benfeitorias realizadas em propriedades de terceiros, as quais se destinem à atividade objeto da empresa, devem ser contabilizadas no **Ativo Não Circulante Imobilizado**. Convém ressaltarmos que somente serão reconhecidas como ativos pertencentes ao ANC Imobilizado as benfeitorias que atendam aos critérios de reconhecimento de ativos imobilizados.

> **Cuidado! As BENFEITORIAS EM PROPRIEDADES DE TERCEIROS são registradas no ATIVO NÃO CIRCULANTE IMOBILIZADO e, regra geral, sofrem AMORTIZAÇÃO.**

> Segundo o Manual de Contabilidade Societária, as **benfeitorias em propriedades de terceiros** devem ter sua **amortização** apropriada ao resultado ou a algum outro ativo em função de sua *vida útil estimada* ou do *prazo do aluguel, dos dois o* **menor** ou **mais curto**.

Os bens efetivos que se destinem à atividade objeto da entidade devem ser registrados no ANC Imobilizado; por outro lado, se a entidade incorrer em outros gastos, que não sejam em bens físicos e que atendam às condições de reconhecimento de despesas, deverá registrá-los no resultado do período.

Exemplo

Tratemos, agora, de uma benfeitoria não indenizável e contrato por prazo determinado.

Uma empresa comercial alugou um imóvel pelo prazo de cinco anos. O contrato de locação determina que o locador não indenizará nenhuma benfeitoria realizada pela locatária.

A empresa locatária necessita construir um salão, a fim de adequar as instalações existentes as suas necessidades. Tal salão será incorporado ao imóvel alugado. O salão possui tempo de vida útil maior que o estipulado em contrato para a locação do imóvel como um todo. Em consequência disto, os gastos realizados com a construção do salão poderão ser amortizados ao longo do prazo de vigência do contrato de locação.

Os seguintes dados foram obtidos em relação ao problema em análise:
- Custo da construção do salão: R$ 60.000,00
- Prazo do contrato de locação: 05 (cinco) anos
- Tempo gasto na construção do salão: 03 (três) meses

Ao longo do prazo de construção do salão (três meses), os gastos devem ser apropriados na conta Construções em Andamento, conta esta do Ativo Não Circulante Imobilizado.

Concluída a obra, teremos o custo da construção do salão sendo definitivamente transferido para a conta Benfeitorias em Propriedades de Terceiros (ANC Imobilizado), conforme o lançamento a seguir apresentado:

D – Benfeitorias em Propriedades de Terceiros – Salão
C – Construções em Andamento   60.000,00

Observe que a obra teve a duração de três meses. Como o prazo de locação é de 60 meses, o salão poderá ser utilizado por 57 meses.

Registros efetuados quando da amortização mensal dos gastos com a benfeitoria:
Quota mensal de amortização: R$ 60.000,00 / 57 meses = R$ 1.052,63

D – Amortização de Benfeitorias em Propriedades de Terceiros (Despesa Administrativa)
C – Amortização Acumulada em Benfeitorias em Propriedades de Terceiros 1.052,63

As benfeitorias em propriedades de terceiros constituem bens efetivos que se destinam às atividades da entidade, devendo ser registrados no ANC Imobilizado. Por outro lado, caso a empresa incorra em outros gastos que não originem bens físicos, então estaremos diante de despesas do exercício em que ocorrerem.

Exemplo

A pintura de um imóvel deve ser tratada como uma despesa do período para quem a reconheceu.

O simples reparo de um imóvel deve ser tratado como despesa do período em que ocorreu.

6.6.7.2. O ressarcimento de benfeitorias em propriedades de terceiros

No caso de benfeitoria efetuada em propriedade de terceiros *com previsão expressa de ressarcimento*, o valor gasto poderá ser contabilizado no Ativo Circulante ou no Ativo Não Circulante Ativo Realizável a Longo Prazo, conforme seja o prazo estipulado para o pagamento, pelo locador, da respectiva indenização. Trata-se do reconhecimento de direito de recebimento.

Devemos registrar no ANC Imobilizado as benfeitorias em propriedades de terceiros cujo valor não seja restituível e que possam ser enquadradas na definição de ativo.

6.6.8.   Construções em Andamento

A conta *Construções em Andamento* registra todas as obras efetuadas desde o início de cada construção até o momento em que são consideradas prontas para operação, quando são reclassificadas de acordo com as contas que contêm os bens em operação.

6.6.9.   Ferramentas

Para ser considerada *componente do Ativo Não Circulante Imobilizado*, a ferramenta deverá atender às seguintes alíneas:

a) deverá ter custo superior a:
   a.1) R$ 326,61, se adquirida até 31 de dezembro de 2014; ou
   a.2) R$ 1.200,00, se adquirida a partir de 1º de janeiro de 2015;
   e
b) deverá ter prazo de vida útil superior a um ano.

Caso não se enquadre nas condições ora apresentadas, o custo da ferramenta, quando de sua aquisição, deverá ser diretamente lançado como despesa.

6.7. Considerações Iniciais sobre Depreciação, Amortização e Exaustão

A Contabilidade tem por preocupação evidenciar a situação econômica da empresa da melhor forma possível.

A maioria dos ativos que compõem a parte permanente do Ativo Não Circulante de uma entidade possui vida útil limitada no tempo. Regra geral, estes ativos passam a valer cada vez menos, à medida que são utilizados. Com isso, uma significativa parcela do valor neles investido não é recuperada quando ocorre a alienação (venda) destes bens; apenas um valor, conhecido como *valor residual*, costuma ser recuperado, *se existir*. Por que, então, adquirir tais bens?

O que se espera é que, por meio da utilização dos bens conhecidos como permanentes da entidade, eles gerem receitas para esta e, com isso, superem as despesas provenientes de suas respectivas utilizações.

Exemplo

A Empresa Gringo Comercial de Tecidos Ltda. possuía um veículo em seu Ativo Não Circulante Imobilizado. Este veículo foi adquirido por R$ 50.000,00 e a empresa o utilizou por cinco anos. Após este período de utilização, resolveu vendê-lo, obtendo apenas R$ 7.000,00 por ele.

Neste caso, a utilização do veículo por cinco anos gerou, para a empresa que o possuía, *despesas* anuais, cujo valor total foi igual a R$ 43.000,00. Esta despesa deve ser periodicamente calculada e apropriada, conforme veremos em seguida. O valor obtido quando da venda do veículo é conhecido como *valor residual do bem*.

Observe que a despesa periodicamente calculada e registrada a que ora nos referimos reduz o resultado de cada período de apuração ao qual pertence. Parte das receitas geradas pelas diversas operações da empresa por período de apuração serve para recuperar parte do custo investido no ativo imobilizado.

Costumamos dizer que a transformação de parte do custo de aquisição do bem em despesa, por não ser possível recuperá-lo pela sua venda, consiste em sua *depreciação*. Podemos, portanto, afirmar que *a **depreciação** consiste no processo de transformar uma significativa parcela do custo de aquisição do ativo imobilizado destinado ao uso em despesa, tendo em vista a impossibilidade de recuperação de tal custo quando da alienação do bem*. O *valor depreciável* equivale à diferença entre o custo de aquisição do bem e seu valor residual.

A equipe de professores da FEA/USP foi muito inspirada ao apresentar o processo de depreciação, que reproduzimos a seguir: "*...Assim, a depreciação é a **transformação de um dinheiro** saído pela compra de um ativo, originalmente destinado ao uso, **em despesa**, para que do dinheiro que entra pela receita de serviço ou de venda ou qualquer outra se separe a parte que é mera recuperação de dinheiro outrora investido no ativo e que não seja recuperada pela venda do próprio ativo.*"

6.8. A Lei das Sociedades por Ações e os Critérios de Avaliação de Ativos Não Circulantes Permanentes

O § 2º do art. 183 da Lei das Sociedades por Ações disciplina que a diminuição do valor dos elementos do Ativo Não Circulante Imobilizado/Intangível será periodicamente registrada nas contas de:

a) **depreciação**, quando corresponder à perda do valor dos direitos que têm por objeto bens físicos sujeitos a desgaste ou perda de utilidade por uso, ação da natureza ou obsolescência;

b) **amortização**, quando corresponder à perda do valor do capital aplicado na aquisição de direitos da propriedade industrial ou comercial e quaisquer outros com existência ou exercício de duração limitada, ou cujo objeto sejam bens de utilização por prazo legal ou contratualmente limitado; e
c) **exaustão**, quando corresponder à perda do valor, decorrente da sua exploração, de direitos cujo objeto seja recursos minerais ou florestais, ou bens aplicados nessa exploração.

Deve ser ressaltado que a **depreciação** se refere aos *bens físicos* (*materiais, tangíveis, tocáveis*); por sua vez, a **amortização** se refere aos bens *intangíveis* (*imateriais*); já a **exaustão**, esta se refere aos *bens que se esgotarão*.

O registro da *depreciação* deve levar em consideração o número de anos que se espera ter o bem economicamente utilizado, até que ele não mais sirva para a entidade em que esteja sendo objeto de uso.

A *amortização* é registrada tendo por base o tempo em que o bem ou o direito pode ser utilizado ou exercido pela entidade, conforme a proteção legal que houver (por exemplo, nos casos em que há direitos relacionados à propriedade industrial) ou por terem utilização por tempo limitado (por exemplo, quando ocorre o aluguel por prazo determinado).

A *exaustão* diz respeito aos recursos florestais e minerais e, regra geral, leva em consideração para o seu registro a capacidade que a floresta ou a jazida mineral apresenta para extração/exploração ao longo de determinado prazo (estipulado para este fim).

À medida que a vida útil dos bens diminui, tem-se o registro de uma despesa, que fará parte do resultado do exercício ao qual pertença. O registro da despesa será sempre efetuado do mesmo modo: o reconhecimento da despesa de depreciação/amortização/exaustão será sempre registrado a débito de uma conta de resultado (Encargos/Despesas de Depreciação ou Encargos/Despesas de Amortização ou Encargos/Despesas de Exaustão) e a crédito de uma conta retificadora do ativo ao qual se refira (Depreciação Acumulada/Amortização Acumulada/Exaustão Acumulada).

6.9. O Custo de Aquisição de um Ativo Imobilizado

O **custo de um item do ativo imobilizado** compreende:
a) seu preço de aquisição, acrescido de impostos de importação e impostos não recuperáveis sobre a compra, depois de deduzidos os descontos comerciais e abatimentos;
b) quaisquer custos diretamente atribuíveis para colocar o ativo no local e condição necessários para ser capaz de funcionar da forma pretendida pela administração;
c) a estimativa inicial dos custos de desmontagem e remoção do item e de restauração do local (sítio) no qual este está localizado. Tais custos representam a obrigação em que a entidade incorre quando o item é adquirido ou como consequência de usá-lo durante determinado período para finalidades diferentes da produção de estoque durante esse período.

Exemplo

Exemplos de ***custos diretamente atribuíveis*** são:

a) custos de benefícios aos empregados (tais como definidos no Pronunciamento Técnico CPC 33 – Benefícios a Empregados) decorrentes diretamente da construção ou aquisição de item do ativo imobilizado;
b) custos de preparação do local;
c) custos de frete e de manuseio (para recebimento e instalação);
d) custos de instalação e montagem;
e) custos com testes para verificar se o ativo está funcionando corretamente, após dedução das receitas líquidas provenientes da venda de qualquer item produzido enquanto se coloca o ativo nesse local e condição (tais como amostras produzidas quando se testa o equipamento); e
f) honorários profissionais.

Exemplo

Exemplos que ***não são custos de um item do ativo imobilizado*** são:

a) custos de abertura de nova instalação;
b) custos incorridos na introdução de novo produto ou serviço (incluindo propaganda e atividades promocionais);
c) custos da transferência das atividades para novo local ou para nova categoria de clientes (incluindo custos de treinamento); e
d) custos administrativos e outros custos indiretos.

O reconhecimento dos custos no valor contábil de um item do ativo imobilizado cessa quando o item está no local e nas condições operacionais pretendidas pela administração. Portanto, os custos incorridos no uso ou na transferência ou reinstalação de um item não são incluídos no seu valor contábil, como, por exemplo, os seguintes custos:

a) custos incorridos durante o período em que o ativo capaz de operar nas condições operacionais pretendidas pela administração não é utilizado ou está sendo operado a uma capacidade inferior à sua capacidade total;
b) prejuízos operacionais iniciais, tais como os incorridos enquanto a demanda pelos produtos do ativo é estabelecida; e
c) custos de realocação ou reorganização de parte ou de todas as operações da entidade.

Algumas operações realizadas em conexão com a construção ou o desenvolvimento de um item do ativo imobilizado não são necessárias para deixá-lo no local e nas condições operacionais pretendidas pela administração. Essas atividades eventuais podem ocorrer antes ou durante as atividades de construção ou desenvolvimento. Por exemplo, o local de construção pode ser usado como estacionamento e gerar receitas, até que a construção se inicie. Como essas atividades não são necessárias para que o ativo fique em condições de funcionar no local e nas condições operacionais pretendidas pela administração, as receitas e as despesas relacionadas devem ser reconhecidas no resultado e incluídas nas respectivas classificações de receita e despesa.

O custo de ativo construído pela própria empresa determina-se utilizando os mesmos princípios de ativo adquirido. Se a entidade produz ativos idênticos para venda no curso normal de suas operações, o custo do ativo é geralmente o mesmo que o custo de construir o ativo para venda (ver o Pronunciamento Técnico CPC 16 (R1) – Estoques). Por isso, quaisquer lucros gerados internamente são eliminados para determinar tais custos. De forma semelhante, o custo de valores anormais de materiais, de mão de obra ou de outros recursos desperdiçados incorridos na construção de um ativo não é incluído no custo do ativo. O Pronunciamento Técnico CPC 20 (R1) – Custos de Empréstimos estabelece critérios para o reconhecimento dos juros como componente do valor contábil de um item do ativo imobilizado construído pela própria empresa.

O custo de um item de ativo imobilizado é equivalente ao preço à vista na data do reconhecimento. Se o prazo de pagamento excede os prazos normais de crédito, a diferença entre o preço equivalente à vista e o total dos pagamentos deve ser reconhecida como *despesa com juros* durante o período.

6.10. Depreciação

Conforme anteriormente apresentado, a **depreciação** corresponde à diminuição do valor dos direitos que têm por objeto *bens físicos* sujeitos a desgaste ou perda de utilidade por uso, ação da natureza ou obsolescência.

O art. 305 do Decreto nº 3.000/99 (Regulamento do Imposto de Renda – RIR) determina que poderá ser computada, como custo ou encargo, em cada período de apuração, a importância correspondente à diminuição do valor dos bens do Ativo resultante do desgaste pelo uso, ação da natureza e obsolescência normal.

Exemplo
São bens depreciáveis:
- Computadores e Periféricos;
- Instalações;
- Móveis e Utensílios;
- Veículos;
- Edificações etc.

São *causas* que provocam a depreciação:
- *Desgaste pelo uso* – com o decorrer do tempo, à medida que o bem vai sendo utilizado, desgasta-se e perde a sua capacidade de produção.
- *Ação da natureza* – quando são expostos às variações atmosféricas (frio, calor, vento, chuva, umidade, maresia etc.), os bens de uso se desgastam e perdem capacidade de produção.
- *Obsolescência* – como consequência natural da evolução tecnológica, os bens tornam-se ultrapassados e, com isso, caem em desuso, cedendo seus lugares aos novos bens, mais modernos (tecnologicamente mais avançados).

O art. 307 do Regulamento do Imposto de Renda – RIR – nos informa que podem ser objeto de depreciação todos os bens sujeitos a desgaste pelo uso ou por causas naturais ou obsolescência normal, inclusive:

I – edifícios e construções, observando-se que:
   a) a quota de depreciação é dedutível a partir da época da conclusão e início da utilização;
   b) o valor das edificações deve estar destacado do valor do custo de aquisição do terreno, admitindo-se o destaque baseado em laudo pericial;

II – projetos florestais destinados à exploração dos respectivos frutos.

Também são considerados bens depreciáveis os projetos florestais não renováveis, destinados à exploração dos respectivos frutos, isto quando forem de propriedade da empresa.

As florestas devem ser próprias, destinadas à exploração e cultivadas, não podendo ser renováveis.

As florestas nativas devem sofrer exaustão.

Se houver o *direito de exploração*, ter-se-á, então, amortização ou exaustão.

Existem bens corpóreos (tangíveis) permanentes do Ativo Não Circulante que não estão sujeitos à depreciação, pelo fato de, ao invés de perderem valor, conseguirem valorização com o decorrer do tempo ou possuírem vida útil econômica indefinida, como é o caso dos terrenos.

De acordo com o RIR, **não será admitida quota de depreciação referente a**:

I – terrenos, salvo em relação aos melhoramentos ou construções;

II – prédios ou construções não alugados nem utilizados pelo proprietário na produção dos seus rendimentos ou destinados a revenda;

III – bens que normalmente aumentam de valor com o tempo, como obras de arte ou antiguidades;

IV – bens para os quais seja registrada quota de exaustão (ou entenda, também, nesta situação, quota de amortização).

Exemplo

Bens **não** depreciáveis:
- Terrenos;
- Antiguidades;
- Obras de arte.

Quando forem citadas construções e benfeitorias, o valor do terreno deverá estar contabilmente segregado do valor da edificação que no terreno existir, a fim de que se possa contabilmente evidenciar a quota de depreciação relativa às construções e a quota de amortização referente às benfeitorias. Tal segregação contábil deve estar baseada em laudo de avaliação do bem.

Não estão sujeitos à depreciação os bens móveis ou imóveis que não estejam intrinsecamente relacionados com a produção ou a comercialização de bens e serviços.

Exemplo

Apenas a título exemplificativo, consideram-se intrinsecamente relacionados com a produção ou a comercialização:
- Os bens móveis e imóveis utilizados no desempenho das atividades de contabilidade;
- Os bens imóveis utilizados como estabelecimento da administração;
- Os bens móveis utilizados nas atividades operacionais, instalados em estabelecimento da empresa;
- Os veículos do tipo caminhão, caminhoneta de cabine simples ou utilitário, utilizados no transporte de mercadorias e produtos adquiridos para revenda, de matéria-prima, produtos intermediários e de embalagem aplicados na produção;
- Os veículos do tipo caminhão, caminhoneta de cabine simples ou utilitário, as bicicletas e motocicletas utilizados pelos cobradores, compradores e vendedores nas atividades de cobrança, compra e venda;
- Os veículos do tipo caminhão, caminhoneta de cabine simples ou utilitário, as bicicletas e motocicletas utilizados nas entregas de mercadorias e produtos vendidos;
- Os veículos de transporte coletivo de empregados;
- Os bens móveis e imóveis utilizados em pesquisa e desenvolvimento de produtos ou processos;
- Os bens móveis e imóveis próprios, locados pela pessoa jurídica que tenha a locação como objeto de sua atividade;
- Os bens móveis e imóveis objeto de arrendamento mercantil nos termos da Lei nº 6.099, de 1974, pela pessoa jurídica arrendadora; e
- Os veículos utilizados na prestação de serviços de vigilância móvel, pela pessoa jurídica que tenha por objeto essa espécie de atividade.

Os imóveis alugados, classificados no Grupo Ativo Não Circulante, Subgrupo Investimentos, podem ser normalmente depreciados.

Prédios ou construções não alugados, que estejam na condição de meros investimentos, sem a produção de rendimentos, não são depreciáveis.

A depreciação deve ser contabilizada por aquele que suporta o encargo econômico da perda de valor do bem, de acordo com as condições de propriedade, posse ou uso dele.

Exemplo

Se considerarmos um bem alugado, teremos:

Bem alugado → A depreciação será registrada pelo locador.

→ O locatário registrará a despesa do aluguel correspondente.

Convém ressaltar que, diante do que foi anteriormente exposto, o processo de depreciação pode ocorrer com alguns bens do Ativo Não Circulante, dos Subgrupos Investimentos e Imobilizado.

A depreciação deve deixar de ser reconhecida quando o bem for classificado como mantido para a venda ou quando for baixado, o que ocorrer primeiro.

Quanto aos bens do Ativo Não Circulante Imobilizado, estes podem sofrer depreciação ou exaustão, conforme adiante apresentado.

6.10.1. O Registro dos Encargos de Depreciação

É costume ser realizado o seguinte lançamento referente à depreciação:

D – Despesa/Encargo/Custo de Depreciação
C – Depreciação Acumulada

Despesa de Depreciação / Encargo de Depreciação / Custo de Depreciação

Conta de resultado. Conta de natureza devedora. Representa o encargo econômico que a empresa suporta. Trata-se de uma Despesa Operacional.

Depreciação é a alocação sistemática do valor depreciável de um ativo ao longo da sua vida útil (Pronunciamento Técnico CPC 27 – Ativo Imobilizado).

Depreciação Acumulada

Conta retificadora do bem sujeito à depreciação, possuindo saldo credor.

Custo ou Valor de Aquisição do Bem

Consiste no valor pelo qual o bem foi adquirido de terceiros. Representa o valor original (ou histórico) do bem.

Custo é o montante de caixa ou equivalente de caixa pago ou o valor justo de qualquer outro recurso dado para adquirir um ativo na data da sua aquisição ou construção, ou ainda, se for o caso, o valor atribuído ao ativo quando inicialmente reconhecido de acordo com as disposições específicas de outros Pronunciamentos, como, por exemplo, o Pronunciamento Técnico CPC 10 – Pagamento Baseado em Ações (Pronunciamento Técnico CPC 27 – Ativo Imobilizado).

Tempo de Vida Útil de um Bem

Período durante o qual é possível a utilização econômica do bem. Tempo associado ao prazo em que o bem apresenta capacidade de produção.

Os benefícios econômicos futuros incorporados no ativo são consumidos pela entidade principalmente por meio do seu uso. Porém, outros fatores, tais como obsolescência técnica ou comercial e desgaste normal enquanto o ativo permanece ocioso, muitas vezes dão origem à diminuição dos benefícios econômicos que poderiam ter sido obtidos do ativo. Consequentemente, todos os seguintes fatores são considerados na determinação da vida útil de um ativo:

- uso esperado do ativo que é avaliado com base na capacidade ou produção física esperadas do ativo;
- desgaste físico normal esperado, que depende de fatores operacionais tais como o número de turnos durante os quais o ativo será usado, o programa de reparos e manutenção e o cuidado e a manutenção do ativo enquanto estiver ocioso;
- obsolescência técnica ou comercial proveniente de mudanças ou melhorias na produção, ou de mudança na demanda do mercado para o produto ou serviço derivado do ativo; e
- limites legais ou semelhantes no uso do ativo, tais como as datas de término dos contratos de arrendamento mercantil relativos ao ativo.

Vida útil é:
(a) o período de tempo durante o qual a entidade espera utilizar o ativo; ou
(b) o número de unidades de produção ou de unidades semelhantes que a entidade espera obter pela utilização do ativo (Pronunciamento Técnico CPC 27 – Ativo Imobilizado).

Taxa de Depreciação

Percentual fixado em função do prazo durante o qual possa vir o bem a ser utilizado, produzindo os seus rendimentos.

$$\text{Taxa de Depreciação (\%)} = 100\% \;/\; \text{Vida útil do bem}$$

Valor Residual do Bem

Valor que não sofrerá os efeitos da depreciação ao longo deste processo. É justificado pelo fato de, ao final da vida útil, o bem ainda possuir algum valor, dito residual. Também é conhecido como *"valor da sucata"*.

Valor residual de um ativo é o valor estimado que a entidade obteria com a venda do ativo, após deduzir as despesas estimadas de venda, caso o ativo já tivesse a idade e a condição esperadas para o fim de sua vida útil (Pronunciamento Técnico CPC 27 – Ativo Imobilizado).

Base de Cálculo da Depreciação

É igual à diferença entre o custo de aquisição de um bem e seu valor residual.

Exemplo

Valor de aquisição de um veículo	R$ 45.000,00
(-) Valor residual	(R$ 8.000,00)
(=) Valor depreciável	R$ 37.000,00

Quotas de Depreciação

A quota de depreciação registrável na escrituração como custo ou despesa operacional será determinada mediante a aplicação da taxa anual de depreciação sobre o custo de aquisição dos bens depreciáveis.

A quota anual de depreciação será ajustada proporcionalmente no caso de período de apuração com prazo de duração inferior a doze meses, e de bem acrescido ao Ativo, ou dele baixado, no curso do período de apuração.

A depreciação poderá ser apropriada em quotas mensais, dispensado o ajuste da taxa para os bens postos em funcionamento ou baixados no curso do mês.

A quota de depreciação, registrável em cada período de apuração, dos bens aplicados exclusivamente na exploração de minas, jazidas e florestas, cujo período de exploração total seja inferior ao tempo de vida útil desses bens, poderá ser determinada, opcionalmente, em função do prazo da concessão ou do contrato de exploração ou, ainda, do volume da produção de cada período de apuração e sua relação com a possança conhecida da mina ou dimensão da floresta explorada.

Quota de Depreciação (R$) = Taxa de Depreciação (%) x Custo do Bem (R$)

A **quota de depreciação** poderá ser registrada a partir da época em que o bem for instalado, posto em serviço ou em condições de produzir. ***Observe que independe da data de aquisição do bem!***

Exemplo

Um bem está sujeito a encargos de depreciação de 12% ao ano (ou seja, o equivalente a 1% ao mês). Foi posto em funcionamento em 31 de março de X1. Logo, em março de X1, estará sujeito à depreciação à base de 1%, apesar de ter sido utilizado apenas um dia.

Se a pessoa jurídica desejar e for possível a estimativa do valor residual do bem, a quota de depreciação poderá ser ajustada para levá-lo em consideração.

$$\text{Quota de Depreciação} = \frac{\text{Custo de Aquisição do Bem - Valor Residual do Bem}}{\text{Tempo de Vida Útil do Bem}}$$

Exemplo

Valor de aquisição de um veículo	R$ 45.000,00
(-) Valor residual	(R$ 8.000,00)
(=) Valor depreciável	R$ 37.000,00

Tempo de vida útil – 05 anos

→ Quota de Depreciação = R$ 37.000,00 / 5 = R$ 7.400,00

Registros:

D – Despesa/Encargo/Custo de Depreciação
C – Depreciação Acumulada 7.400,00

Despesas de Depreciação (Valores em R$)	
	7.400,00

Depreciação Acumulada (Valores em R$)	
	7.400,00

Valor ou Custo Contábil do Bem

Valor ou custo contábil do bem é o valor pelo qual um ativo é reconhecido após a dedução da depreciação e da perda por redução ao valor recuperável acumuladas.

O valor da depreciação acumulada não poderá ultrapassar o valor do custo de aquisição do bem a que estiver se referindo. Quando for atingido o valor do custo de aquisição, considerar-se-á o valor do bem como sendo zero. O bem deve continuar integrando o patrimônio da empresa, com a conta Depreciação Acumulada contendo igual valor ao do bem, enquanto tal bem permanecer na empresa.

Exemplo
Considerando os dados do exemplo anterior, tem-se:

No Balanço Patrimonial:
Ativo Não Circulante
Imobilizado
Veículos – R$ 45.000,00
(-) Depreciação Acumulada – (R$ 7.400,00)
(=) Valor Contábil – R$ 37.600,00

Caso a empresa venda o bem por valor superior ao seu custo contábil, então a contabilidade registrará um lucro (**ganho de capital**); caso contrário, será registrado um prejuízo (**perda de capital**).

6.10.2. Taxas Anuais de Depreciação

Por se tratar de uma despesa operacional e dedutível do Imposto de Renda, o Regulamento do Imposto de Renda estabelece percentuais máximos para a depreciação de bens utilizados em um turno de 08 (oito) horas. A Secretaria da Receita Federal do Brasil (RFB) costuma publicar periodicamente o prazo de vida útil admissível, em condições normais ou médias, para cada espécie de bem. A *Instrução Normativa SRF nº 162, de 31/12/1998*, aprovou um extenso rol de bens, com os seus respectivos prazos normais de vida útil e taxas anuais de depreciação admitidos. Tal rol foi ampliado pela *Instrução Normativa SRF nº 130, de 10/11/1999*.

A taxa anual de depreciação será fixada em função do prazo durante o qual se possa esperar utilização econômica do bem pela entidade, na produção de seus rendimentos.

A Receita Federal do Brasil publicará periodicamente o prazo de vida útil admissível, em condições normais ou médias, para cada espécie de bem, ficando assegurado ao contribuinte o direito de computar a quota efetivamente adequada às condições de depreciação de seus bens, desde que faça a prova dessa adequação, quando adotar taxa diferente.

A legislação fiscal admite que a empresa adote taxas diferentes de depreciação, quando suportadas por laudo pericial do Instituto Nacional de Tecnologia (INT) ou de outra entidade oficial de pesquisa científica ou tecnológica.

Quando o registro do imobilizado for feito por conjunto de instalação ou equipamentos, sem especificação suficiente para permitir aplicar as diferentes taxas de depreciação de acordo com a natureza do bem, e a entidade não tiver elementos para justificar as taxas médias adotadas para o conjunto, será obrigada a utilizar as taxas aplicáveis aos bens de maior vida útil que integrem o conjunto.

Os prazos usualmente admitidos e as respectivas taxas de depreciação dos bens de uso mais comuns são:

Bens	Prazos Admitidos	Taxas Anuais de Depreciação
Computadores e periféricos	5 anos	20% a.a.
Edifícios e benfeitorias	25 anos	4% a.a.
Motocicletas	4 anos	25% a.a.
Automóveis de passageiros	5 anos	20% a.a.
Móveis e utensílios	10 anos	10% a.a.
Máquinas	10 anos	10% a.a.
Instalações	10 anos	10% a.a.
Semoventes (animais de tração)	5 anos	20% a.a.

6.10.3. Registros dos Encargos de Depreciação

Os encargos de depreciação poderão ser mensal, trimestral ou anualmente lançados, de acordo com o desejo da entidade.

No caso de a pessoa jurídica optar por lançar mensalmente os encargos de depreciação, deverá fazer um ajuste na taxa anual de depreciação do bem, dividindo-a por 12 (doze).

Se um encargo for lançado trimestralmente, a taxa trimestral corresponderá à 3/12 da taxa anual.

Exemplo

Para uma máquina, a taxa máxima anual permitida pelo Fisco é de 10%. Caso haja o desejo de lançar mensalmente os encargos de depreciação de tal máquina, assim deverá ser feito:

Taxa anual permitida (01 turno de 08 horas) = 10% a.a.

Taxa mensal = 10% / 12 = 0,8333% ao mês

Se uma empresa tiver adquirido o bem durante o exercício, deve proceder ao ajuste da taxa pelo período em que o bem foi utilizado.

Exemplo

Uma máquina foi adquirida em maio e colocada em funcionamento em junho de X7.

Portanto, será depreciada por 07 (sete) meses em X7 (ou seja, junho a dezembro deste ano).

Taxa anual = 10%

Taxa anual ajustada = 10% x (07 meses / 12 meses) = 5,833%

6.10.4. As Taxas Especiais de Depreciação

Poderão ser adotadas *taxas especiais de depreciação*, associadas aos bens que estejam sendo colocados em uso intensivo ou anormal. Para tanto, deverá a entidade comprovar tal procedimento, podendo adotar, inclusive, laudos técnicos expedidos por instituições oficiais competentes.

Exemplo

São exemplos que podem levar à utilização de taxas especiais de depreciação:
- Máquinas operando com materiais corrosivos; e
- Veículos utilizados em mineradoras ou pedreiras.

6.10.5. Utilização de Taxas Inferiores às Admitidas pela Legislação

Caso a entidade adote taxa inferior à admitida, *o valor que deixar de ser contabilizado em um período não poderá ser posteriormente recuperado, por meio de taxas superiores às máximas taxas admitidas para cada período. Logo, em consequência desta adoção, haverá uma dilatação no prazo durante o qual poderia o bem ser depreciado.*

Exemplo

Uma empresa possui um veículo de sua propriedade. Num determinado ano, utilizou um percentual de 10% para depreciar o bem. Logo, no ano seguinte, *não poderá depreciá-lo em 30%* (isto é, 20% + 10% que "sobraram" do ano anterior). Deverá depreciar o veículo em, no máximo, 20% a.a. Com isso, o prazo de depreciação do bem deverá ser prolongado por, no mínimo, mais um ano (10% – 1º ano; 20% – 2º ano; 20% – 3º ano; 20% – 4º ano; 20% – 5º ano; 10% – 6º ano).

6.10.6. Depreciação Acelerada Normal

*Consiste no registro contábil da diminuição do valor dos **bens móveis**, resultantes do desgaste pelo uso em regime de operação superior ao normal.*

Coeficientes a Adotar	
01 turno de 08 horas	1,0
02 turnos de 08 horas	1,5
03 turnos de 08 horas	2,0

Repare que a depreciação acelerada contábil é válida apenas para **bens móveis**.

Exemplo

Bem: Máquina

Taxa normal de depreciação anual = 10%

Taxa para uso em 02 turnos de 08 horas: 1,5 x 10% = 15% ao ano

Taxa para uso em 03 turnos de 08 horas: 2,0 x 10% = 20% ao ano

6.10.7. Depreciação Acelerada Incentivada

Com a finalidade de incentivar a implantação, renovação ou modernização de instalações e equipamentos, poderão ser adotados coeficientes de depreciação acelerada, a vigorar durante prazo certo para determinadas indústrias ou atividades.

A **Depreciação Acelerada Incentivada** independe do desgaste do bem. Constitui um mero incentivo fiscal exclusivamente registrado e controlado no Livro de Apuração do Lucro Real (LALUR). Gera o diferimento do Imposto de Renda.

O objetivo do Governo ao conceder este tipo de benefício é incentivar as empresas a ampliar e modernizar seus equipamentos industriais, tornando-os mais eficientes, tecnologicamente falando.

As empresas que exerçam, simultaneamente, atividades comerciais e industriais poderão utilizar o benefício em relação aos bens destinados exclusivamente à atividade industrial.

Na contabilidade, registra-se a depreciação efetiva e normal. O complemento, a título de incentivo, é computado somente para fins de apuração do Imposto de Renda, devendo o citado ajuste ser controlado à parte via Livro de Apuração do Lucro Real (LALUR).

O total da depreciação acumulada, incluindo a normal e a acelerada, não poderá ultrapassar o custo de aquisição do bem.

A Depreciação Acelerada Incentivada consiste na adoção de uma taxa percentual adicional de depreciação, além daquela comumente registrada na contabilidade. Esta taxa adicional constituirá, nos primeiros períodos, exclusões no LALUR, reduzindo o lucro real e favorecendo a empresa com um Imposto de Renda menor. O valor da Depreciação Acelerada Incentivada é controlado na parte "B" do LALUR.

O total de depreciação acumulada (depreciação normal + depreciação acelerada incentivada) não poderá ultrapassar o custo de aquisição do bem. Logo, a partir do mês ou do ano em que o valor do custo de aquisição do bem for atingido, o valor equivalente à depreciação normal registrada na contabilidade deverá ser baixado na parte "B" e adicionado ao lucro líquido do período de apuração na parte "A" do LALUR, para a determinação do lucro real correspondente.

6.10.8. Depreciação de Bens Usados

No caso da aquisição de **bens usados**, o art. 311 do RIR cita que *a empresa deverá optar pelo método que resultar no maior prazo de vida útil*, dentre as seguintes opções:

- Metade do tempo de vida útil de bem similar adquirido novo;
- O restante do tempo de vida útil, em relação à primeira instalação ou utilização do bem.

Exemplo

Bem Usado Adquirido	Tempo de Vida Útil	Tempo de Utilização	Tempo a Ser Depreciado
Máquina	10 anos	06 anos	**05 anos** / 04 anos
Edificação	25 anos	10 anos	12,5 anos / **15 anos**
Veículo	05 anos	01 ano	2,5 anos / **04 anos**
Móveis e Utensílios	10 anos	04 anos	05 anos / **06 anos**

6.10.9. Métodos de Depreciação

São a seguir apresentados alguns métodos de depreciação comumente utilizados.

- **Método Linear ou Método das Quotas Constantes**

Consiste na aplicação de taxas percentuais constantes ao longo do tempo de vida útil estimado para o bem. A taxa e a base de cálculo são fixas. O valor do encargo de depreciação será o mesmo em todos os períodos.

Exemplo

- Bem = Veículo
- Valor do bem = R$ 60.000,00
- Não há valor residual.
- Tempo de vida útil = 5 anos
- Taxa de depreciação = 100% / 5 = 20% a.a.

Valor depreciável = R$ 60.000,00
Valor do encargo anual de depreciação = 20% x R$ 60.000,00 = R$ 12.000,00

Ano de Utilização do Bem	Encargo de Depreciação	Valor Contábil do Bem
1º Ano	R$ 12.000,00	R$ 48.000,00
2º Ano	R$ 12.000,00	R$ 36.000,00
3º Ano	R$ 12.000,00	R$ 24.000,00
4º Ano	R$ 12.000,00	R$ 12.000,00
5º Ano	R$ 12.000,00	R$ 0,00

Valor do encargo trimestral de depreciação = 20% x R$ 60.000,00 x (1/4) = R$ 3.000,00

Valor do encargo mensal de depreciação = 20% x R$ 60.000,00 x (1/12) = R$ 1.000,00

- **Método de Depreciação da Soma dos Dígitos ou Método de Cole**

Utiliza-se este método quando o desgaste do bem não ocorre de forma linear ao longo de sua vida útil. As taxas são variáveis a cada ano, sendo a base de cálculo sempre a mesma.

A taxa de cada ano é composta por uma fração, onde o denominador é sempre a soma dos dígitos dos anos de vida útil do bem. Já o numerador poderá ser crescente, iniciando em 1 (um) – caso o desgaste seja maior no final da vida útil do bem, ou decrescente, iniciando com o prazo de vida útil e terminando em 1 (um) – caso o desgaste seja maior no início da vida útil do bem.

Exemplo

- Bem = Veículo.
- Valor do bem = R$ 60.000,00
- Não há valor residual.
- Tempo de vida útil = 5 anos

1º Ano	1
2º Ano	2
3º Ano	3
4º Ano	4
5º Ano	5
Soma dos Dígitos	15

Depreciação Crescente:

Ano	Taxa de Depreciação	Base de Cálculo	Encargo de Depreciação	Valor Contábil do Bem
1	1/15	R$ 60.000,00	R$ 4.000,00	R$ 56.000,00
2	2/15	R$ 60.000,00	R$ 8.000,00	R$ 48.000,00
3	3/15	R$ 60.000,00	R$ 12.000,00	R$ 36.000,00
4	4/15	R$ 60.000,00	R$ 16.000,00	R$ 20.000,00
5	5/15	R$ 60.000,00	R$ 20.000,00	R$ 0,00

Depreciação Decrescente:

Ano	Taxa de Depreciação	Base de Cálculo	Encargo de Depreciação	Valor Contábil do Bem
1	5/15	R$ 60.000,00	R$ 20.000,00	R$ 40.000,00
2	4/15	R$ 60.000,00	R$ 16.000,00	R$ 24.000,00
3	3/15	R$ 60.000,00	R$ 12.000,00	R$ 12.000,00
4	2/15	R$ 60.000,00	R$ 8.000,00	R$ 4.000,00
5	1/15	R$ 60.000,00	R$ 4.000,00	R$ 0,00

Este método (na depreciação decrescente) promove uma depreciação maior nos primeiros anos de vida útil do bem que o método da linha reta.

Embora o método da soma dos dígitos decrescentes seja considerado melhor que o da linha reta, pois, em muitos casos, a depreciação do bem é maior nos primeiros anos, a legislação fiscal brasileira não o aceita. Se a empresa quiser utilizá-lo, a menos que possua laudo de instituição técnica oficial, que venha a comprovar a adoção de tais valores de taxas de depreciação, ela (a empresa) deverá adicionar a diferença de valor nos primeiros anos na parte A do LALUR e controlá-la na parte B, para deduzi-la da parte A nos últimos anos.

- *Método de Depreciação das Unidades Produzidas ou das Unidades de Tempo Trabalhadas*

    Consiste numa variação do método da linha reta em que, ao invés de supor que a depreciação do bem se opera em igual intensidade em todos os períodos de sua vida útil, o valor da quota respectiva é proporcionalmente determinado ao número de unidades produzidas no período (ou ao número de horas trabalhadas no período) em relação à produção total do bem ao longo de sua vida útil (ou em relação à quantidade total de horas trabalhadas ao longo de sua vida útil).

> Taxa de Depreciação = Quantidade de Unidades Produzidas no Período/Quantidade Total de Produção do Bem
>
> (ou)
>
> Taxa de Depreciação = Quantidade de Horas Trabalhadas no Período/Quantidade de Horas Totais de Vida Útil

A legislação fiscal não aceita este método para apuração de encargos de depreciação. Porém, ele é aceito para fins de determinação de quotas de exaustão.

Exemplo

Uma máquina foi adquirida por R$ 45.000,00. Seu limite de funcionamento é de 20.000 horas. Sabendo-se que, no primeiro ano de utilização, a máquina trabalhou durante 4.000 horas, calcule o valor do encargo de depreciação deste ano.
- Valor do Bem (base de cálculo) = R$ 45.000,00
- Taxa de depreciação no primeiro ano = 4.000 / 20.000 = 0,20 = 20%
- Valor do encargo de depreciação no primeiro ano = 20% x R$ 45.000,00 = R$ 9.000,00

- *Método de Depreciação do Saldo Decrescente ou Método de Matheson ou Método Exponencial ou Método da Percentagem Fixa sobre o Valor Contábil*

    Neste método, a base de cálculo da depreciação é o saldo da conta a depreciar, ou seja, o valor contábil do bem, no lugar do custo de aquisição. *Somente se aplica a bens que possuam valor residual.*

A taxa de depreciação é obtida a partir da seguinte fórmula:

$$\text{Taxa anual (\%)} = 1 - \sqrt[n]{\frac{\text{Valor Residual dos Bens}}{\text{Custo dos Bens}}}, \text{ em que:}$$

n = tempo de vida útil dos bens

Exemplo

Há veículos em Nossa Empresa Comercial Ltda., no valor de R$ 130.000,00. Possuem valor residual de R$ 30.000,00. O tempo de vida útil estimado para estes bens é de 03 anos.

Custo de aquisição dos veículos = R$ 130.000,00

Valor residual dos veículos = R$ 30.000,00

Valor a ser depreciado = R$ 100.000,00

Tempo de vida útil = 03 anos

Logo:

$$\text{Taxa anual (\%)} = 1 - \sqrt[3]{\frac{30.000}{130.000}} = 38{,}66\%$$

Ano	Taxa Anual (%)	Saldo da Conta a Depreciar	Depreciação
1º	38,66	R$ 130.000,00	R$ 50.261,27
2º	38,66	R$ 79.738,73	R$ 30.826,99
3º	38,66	R$ 48.911,74	R$ 18.909,28
	Valor Residual		≈ R$ 30.000,00

6.10.10. O Processo de Depreciação

Faremos um exemplo referente à demonstração do processo de depreciação.

Exemplo

Um veículo foi adquirido em 30/06/2005 pela Empresa VDZ Comercial Ltda. pelo valor de R$ 35.000,00. Foi utilizado a partir de 15/07/2005 até 10/07/2007, quando foi vendido.

Considere as seguintes hipóteses de venda:
a) Venda por R$ 22.000,00.
b) Venda por R$ 17.000,00.

Utilize o método da linha reta para o cálculo da depreciação. Não há valor residual para o veículo.

Balanço Patrimonial da empresa antes do início do processo de depreciação:

Balanço Patrimonial	
Caixa – R$ 65.000,00 Mercadorias – R$ 60.000,00 Terrenos – R$ 10.000,00 Veículos – R$ 35.000,00	Fornecedores – R$ 45.000,00 Contas a Pagar – R$ 50.000,00
	Capital Social – R$ 65.000,00 Lucros (a serem destinados) – R$ 10.000,00

1) Cálculo da quota anual de depreciação:
R$ 35.000,00 x 20% = R$ 7.000,00

2) Encargos de depreciação em 2005:
Período de 15/07/2005 a 31/12/2005: 06 meses → Logo: R$ 7.000,00 x (6/12) = R$ 3.500,00

Registros:

D – Despesas de Depreciação (Despesa Operacional)
C – Depreciação Acumulada (Retificadora do Ativo Não Circulante)   R$ 3.500,00

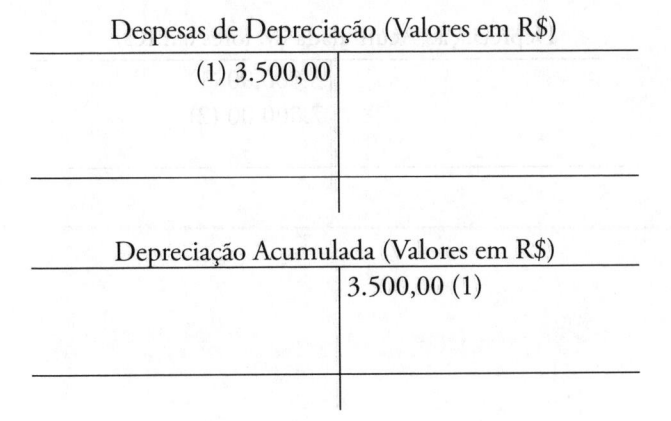

Despesas de Depreciação (Valores em R$)

(1) 3.500,00	

Depreciação Acumulada (Valores em R$)

	3.500,00 (1)

Balanço Patrimonial da empresa após o início do reconhecimento do processo de depreciação, em 2005:

Balanço Patrimonial

Caixa – R$ 65.000,00	Fornecedores – R$ 45.000,00
Mercadorias – R$ 60.000,00	Contas a Pagar – R$ 50.000,00
Terrenos – R$ 10.000,00	
Veículos – R$ 35.000,00	
Depreciação Acumulada – (R$ 3.500,00)	
	Capital Social – R$ 65.000,00
	Lucros (a serem destinados) – R$ 6.500,00

3) Encargos de Depreciação em 2006:

Período de 01/01/2006 a 31/12/2006: 12 meses → Logo: R$ 7.000,00

Registros:

D – Despesas de Depreciação (Despesa Operacional)
C – Depreciação Acumulada (Retificadora do Ativo Não Circulante)   R$ 7.000,00

Despesas de Depreciação (Valores em R$)	
(2) 7.000,00	

Depreciação Acumulada (Valores em R$)	
	3.500,00 (1)
	7.000,00 (2)

Balanço Patrimonial da empresa após o registro da depreciação, em 2006:

Balanço Patrimonial

Veículos – R$ 35.000,00
Depreciação Acumulada – (R$ 10.500,00)

4) Venda do veículo por R$ 22.000,00, em 10/07/2007:

Período de 01/01/2007 a 10/07/2007: 06 meses (pois o último mês não é levado em consideração). Logo: R$ 7.000,00 x (6 / 12) = R$ 3.500,00

Registros:

D – Despesas de Depreciação (Despesa Operacional)
C – Depreciação Acumulada (Retificadora do Ativo Não Circulante)   R$ 3.500,00

Despesas de Depreciação (Valores em R$)

(3) 3.500,00	

Depreciação Acumulada (Valores em R$)

	3.500,00 (1)
	7.000,00 (2)
	3.500,00 (3)
	14.000,00

Balanço Patrimonial da empresa após o registro da depreciação, em 2007:

Balanço Patrimonial

Veículos – R$ 35.000,00
Depreciação Acumulada – (R$ 14.000,00)

Depreciação acumulada total (15/07/2005 a 10/07/2007) = R$ 14.000,00

Registros correspondentes à venda do veículo:

D – Bancos Conta Movimento / Caixa – R$ 22.000,00
D – Depreciação Acumulada – R$ 14.000,00
C – Veículos – R$ 35.000,00
C – **Outras Receitas** (antigas Receitas Não Operacionais) – R$ 1.000,00

Veículos (Valores em R$)	
35.000,00	35.000,00 (4)

Depreciação Acumulada (Valores em R$)	
	3.500,00 (1)
	7.000,00 (2)
	3.500,00 (3)
(4) 14.000,00	14.000,00

Bancos Conta Movimento (Valores em R$)	
Saldo Inicial	
(4) 22.000,00	

Outras Receitas (Valores em R$)	
	1.000,00 (4)

Com isso, o veículo e sua respectiva depreciação acumulada foram baixados quando dos registros correspondentes à alienação. Esta operação gerou lucro (*ganho de capital*) para a empresa de R$ 1.000,00.

5) Venda do veículo por R$ 17.000,00, em 10/07/2007:
Período de 01/01/2007 a 10/07/2007: 06 meses. Logo: R$ 7.000,00 x (6 / 12) = R$ 3.500,00

Registros:

D – Despesas de Depreciação (Despesa Operacional)
C – Depreciação Acumulada (Retificadora do Ativo Não Circulante)   R$ 3.500,00

Despesas de Depreciação (Valores em R$)

(3) 3.500,00	

Depreciação Acumulada (Valores em R$)

	3.500,00 (1)
	7.000,00 (2)
	3.500,00 (3)
	14.000,00

Balanço Patrimonial da empresa após o registro da depreciação, em 2007:

Balanço Patrimonial

Veículos – R$ 35.000,00 Depreciação Acumulada – (R$ 14.000,00)	

Depreciação acumulada total (15/07/2005 a 10/07/2007) = R$ 14.000,00

Registros correspondentes à venda do veículo:

D – Caixa – R$ 17.000,00
D – Depreciação Acumulada – R$ 14.000,00
D – **Outras Despesas** (antigas Despesas Não Operacionais) – R$ 4.000,00
C – Veículos – R$ 35.000,00

Veículos (Valores em R$)	
35.000,00	35.000,00 (4)

Depreciação Acumulada (Valores em R$)	
	3.500,00 (1)
	7.000,00 (2)
	3.500,00 (3)
(4) 14.000,00	14.000,00

Bancos Conta Movimento (Valores em R$)	
Saldo Inicial	
(4) 17.000,00	

Outras Despesas (Valores em R$)	
(4) 4.000,00	

Com isso, o veículo e sua respectiva depreciação acumulada foram baixados quando dos registros correspondentes à alienação. Esta operação gerou prejuízo (***perda de capital***) para a empresa de R$ 4.000,00.

6.10.11. Depreciação em Atividade Rural

Os bens do Ativo Não Circulante Imobilizado, exceto a terra nua, adquiridos por pessoa jurídica que explore atividade rural, para uso nesta atividade, poderão ser integralmente depreciados no próprio ano de aquisição.

6.10.12. Reparo e Conservação de Bens Corpóreos

Os gastos com reparo, conservação ou substituição de partes e peças de bens do Ativo Não Circulante Imobilizado da pessoa jurídica, destinados a mantê-los em condições eficientes de operação, **caso não aumentem o tempo de vida útil do bem**, poderão ser lançados como custo ou despesa operacional. Porém, *se tais melhorias elevarem o tempo de vida útil do bem em valor superior a um ano*, os respectivos gastos deverão ser ativados (registrados no Ativo) para servirem de base para futuras depreciações ou amortizações.

Será considerado *material de uso* ou *material de consumo* se atender a uma das seguintes características:

a) deverá ter custo não superior a:
   a.1) R$ 326,61, se adquirido até 31 de dezembro de 2014; ou
   a.2) R$ 1.200,00, se adquirido a partir de 1º de janeiro de 2015;
   ou
b) deverá ter prazo de vida útil não superior a um ano.

Para ser considerado *componente do Ativo Não Circulante Imobilizado*, o item deverá atender às seguintes alíneas:

a) deverá ter custo superior a:
   a.1) R$ 326,61, se adquirido até 31 de dezembro de 2014; ou
   a.2) R$ 1.200,00, se adquirido a partir de 1º de janeiro de 2015;
   e
b) deverá ter prazo de vida útil superior a um ano.

Conforme o art. 346 do Regulamento do Imposto de Renda, tem-se:

"Se dos reparos, da conservação ou da substituição de partes e peças resultar aumento da vida útil prevista no ato de aquisição do respectivo bem, as despesas correspondentes, quando aquele aumento for superior a um ano, deverão ser capitalizadas, a fim de servirem de base a depreciações futuras.

Os gastos incorridos com reparos, conservação ou substituição de partes e peças de bens do Ativo Imobilizado, de que resulte aumento da vida útil superior a um ano, deverão ser incorporados ao valor do bem, para fins de depreciação do novo valor contábil, no novo prazo de vida útil previsto para o bem recuperado, ou, alternativamente, a pessoa jurídica poderá:

I – aplicar o percentual de depreciação correspondente à parte não depreciada do bem sobre os custos de substituição das partes ou peças;

II – apurar a diferença entre o total dos custos de substituição e o valor determinado no inciso anterior;

III – escriturar o valor apurado no inciso I a débito das contas de resultado;

IV – escriturar o valor apurado no inciso II a débito da conta do ativo imobilizado que registra o bem, o qual terá seu novo valor contábil depreciado no novo prazo de vida útil previsto."

Exemplo

"Primeira Maneira"

A Empresa Confeccionando Tecidos Industrial Ltda. possui em seu Ativo Não Circulante Imobilizado uma máquina com as seguintes características:

- Valor da máquina – R$ 250.000,00
- Depreciação acumulada da máquina – R$ 200.000,00
- Tempo de vida útil remanescente – 2 anos

Peças foram substituídas nesta máquina, acarretando aumento de sua vida útil de 3 anos. O custo de substituição destas peças chegou ao valor de R$ 30.000,00.

Antes da substituição das peças:
Balanço Patrimonial
Ativo
   Ativo Não Circulante Imobilizado
      Máquinas – R$ 250.000,00
      (-) Depreciação Acumulada – (R$ 200.000,00)
      (=) Valor Contábil – R$ 50.000,00

São os seguintes os registros contábeis a realizar quando da substituição das peças:

Baixa da depreciação acumulada:

D – Depreciação Acumulada
C – Máquinas   200.000,00

Máquinas (Valores em R$)	
250.000,00	200.000,00 (1)

Depreciação Acumulada (Valores em R$)	
(1) 200.000,00	200.000,00

Aumento do valor do ativo devido à substituição das peças:

D – Máquinas (ANC Imob)
C – Caixa (AC) / Bancos Conta Movimento (AC) / Valores a Pagar (PC) 30.000,00

Máquinas (Valores em R$)

250.000,00	200.000,00 (1)
(2) 30.000,00	
80.000,00	

Valores a Pagar (Valores em R$)

	30.000,00

Observe que a máquina passou a ter valor igual a R$ 80.000,00, a ser depreciado em 5 anos (isto é, 2 anos de vida útil remanescente, mais 3 anos obtidos a partir da substituição de peças).

Exemplo
"Maneira Alternativa"

A Empresa Confeccionando Tecidos Industrial Ltda. possui em seu Ativo Não Circulante Imobilizado uma máquina com as seguintes características:

- Valor da máquina – R$ 250.000,00
- Depreciação acumulada da máquina – R$ 200.000,00
- Tempo de vida útil remanescente – 2 anos

Peças foram substituídas nesta máquina, acarretando aumento de sua vida útil de 3 anos. O custo de substituição destas peças chegou ao valor de R$ 30.000,00.

Antes da substituição das peças:
Balanço Patrimonial
 Ativo
  Ativo Não Circulante Imobilizado
   Máquinas – R$ 250.000,00
   (-) Depreciação Acumulada – (R$ 200.000,00)
   (=) Valor Contábil – R$ 50.000,00

São os seguintes os registros contábeis a realizar quando da substituição das peças:

Cálculo do percentual correspondente à parte não depreciada da máquina:
Parte não depreciada = R$ 50.000,00 = R$ 250.000,00 – R$ 200.000,00
(R$ 50.000,00 / R$ 250.000,00) x 100 = 20%

Aplicação do percentual ora obtido em relação ao valor das peças substituídas e registros correspondentes:
20% x R$ 30.000,00 = R$ 6.000,00

D – Despesas com Manutenção
C – Fornecedores (PC) 6.000,00

Despesas com Manutenção (Valores em R$)	
(1) 6.000,00	

Fornecedores (Valores em R$)	
	6.000,00 (1)

Parcela que irá ser incorporada ao custo de aquisição do bem, no Ativo Não Circulante Imobilizado:
R$ 30.000,00 – R$ 6.000,00 = R$ 24.000,00

D – Máquinas
C – Fornecedores (PC) 24.000,00

Máquinas (Valores em R$)	
250.000,00	
(2) 24.000,00	
274.000,00	

Fornecedores (Valores em R$)	
	6.000,00 (1)
	24.000,00 (2)
	30.000,00

Depreciação Acumulada (Valores em R$)	
	200.000,00

Baixa da depreciação acumulada do bem:

D – Depreciação Acumulada
C – Máquinas 200.000,00

Máquinas (Valores em R$)	
250.000,00	200.000,00 (3)
(2) 24.000,00	
74.000,00	

Depreciação Acumulada (Valores em R$)	
(3) 200.000,00	200.000,00
	0,00

Após a substituição das peças:
Balanço Patrimonial
   Ativo
      Ativo Não Circulante Imobilizado
         Máquinas – R$ 74.000,00
         (-) Depreciação Acumulada – (R$ 0,00)
         (=) Valor Contábil – R$ 74.000,00

- Novo valor contábil do bem – R$ 74.000,00
- Novo prazo de depreciação – 5 anos (isto é, 2 anos de vida útil remanescente, mais 3 anos obtidos a partir da substituição de peças)

6.10.13. A Depreciação de Edificações

Quanto à depreciação de edifícios e construções, devem ser observadas as seguintes normas:
- A depreciação deve ser registrada a partir da conclusão da obra e do início da utilização do bem; e
- O valor das edificações deve estar destacado do valor do custo de aquisição do terreno, admitindo-se o destaque baseado em laudo pericial.

6.10.14. O Tratamento do Valor Residual a Partir de 2010

A partir de 2010, a entidade deverá estimar o valor residual de cada um dos seus bens, de acordo com todas as informações para ela disponíveis no momento da estimativa. Se, no futuro, houver alguma alteração nas premissas que deram base à estimativa, tal alteração deverá ser considerada *mudança de estimativa contábil* e os seus efeitos deverão ser reconhecidos de forma *prospectiva*, conforme consta do *Pronunciamento Técnico CPC 23 – Políticas Contábeis, Mudança de Estimativa e Retificação de Erro.*

> Remetemos o leitor ao Pronunciamento Técnico CPC 27 – Ativo Imobilizado, para que tenha esclarecimentos adicionais a respeito do tópico "depreciação".

6.11. Exercícios Resolvidos para a Fixação de Conteúdo

Questão 05 – (Administrador Júnior – Área Contábil – TRANSPETRO – Fundação CESGRANRIO – 2006)

A principal dedução do Ativo Imobilizado é a depreciação. Entende-se depreciação como a(o):

a) parcela, estimada pela empresa, que não será recebida em decorrência da existência de maus pagadores.

b) perda do valor do capital aplicado em valores intangíveis, provenientes do tempo decorrido entre o fato gerador e a avaliação.

c) perda de capacidade de um Imobilizado, pelo desgaste ou deterioração, produzir eficientemente.

d) valor correspondente ao prejuízo obtido no exercício que pode ser atribuído a um Ativo Imobilizado específico.

e) valor correspondente ao imposto sobre operações, incidente sobre um bem adquirido, que somente é contabilizado quando este bem é substituído por um novo.

Resolução e Comentários

Conforme anteriormente apresentado, a **depreciação** corresponde à diminuição do valor dos direitos que têm por objeto **bens físicos** sujeitos a desgaste ou perda de utilidade por uso, ação da natureza ou obsolescência.

Entende-se depreciação como a perda de capacidade de um Imobilizado, pelo desgaste ou deterioração, de produzir eficientemente.

Gabarito – C

Questão 06 – (Técnico de Contabilidade Júnior – PETROBRAS – Fundação CESGRANRIO – 2010)

A Comercial Alvorada S.A. vendeu por R$ 600.000,00 para a Comercial Capital S.A. um equipamento de seu ativo imobilizado depois de usá-lo durante 4 anos.
Sabe-se que:
- a vida útil original do equipamento é 10 anos.
- a Comercial Capital utilizou o equipamento no regime de turnos, sendo, no 1º ano, turno único e no 2º ano, dois turnos.

- a Comercial Capital adota o método das quotas constantes para calcular a depreciação do seu imobilizado.
- a legislação fiscal do imposto de renda recomenda um tratamento especial para o cálculo da depreciação dos bens usados, adquiridos para o imobilizado.

Nesse contexto, qual o saldo contábil, em reais, do equipamento, evidenciado no Balanço Patrimonial da Comercial Capital, elaborado ao final do seu segundo ano?

a) 150.000,00.
b) 250.000,00.
c) 350.000,00.
d) 360.000,00.
e) 450.000,00.

Resolução e Comentários

Depreciação de bens usados!

Vida útil a considerar: metade da vida útil de um bem novo equivalente ou tempo de vida útil restante para o bem, dos dois valores o maior.

Vida útil a considerar: 05 anos ou 06 anos? → Vida útil = 6 anos

Depreciação anual: R$ 600.000,00 / 6 anos = R$ 100.000,00/ano

1 turno → coeficiente = 1,0
2 turnos → coeficiente = 1,5
3 turnos → coeficiente = 2,0

Depreciação no primeiro ano: 1,0 x R$ 100.000,00 = R$ 100.000,00
Depreciação no segundo ano: 1,5 x R$ 100.000,00 = R$ 150.000,00

Valor Contábil = Valor de Registro − Depreciação Acumulada = R$ 600.000,00 − R$ 250.000,00 = R$ 350.000,00

Gabarito − C

Questão 07 − Técnico de Contabilidade Júnior − PETROBRAS − CESGRANRIO − 2010 − Adaptada)

Em 28/02/2009, a Companhia Ferrão vendeu uma máquina de seu imobilizado para o ferro velho por R$ 10.000,00. Sobre essa máquina, a Companhia prestou as seguintes informações:
- foi adquirida nova por R$ 168.000,00, diretamente do fabricante;
- nada foi gasto com o transporte e a sua instalação;
- a vida útil original da máquina é 8 anos;
- a depreciação é calculada pelo método das quotas constantes;
- a depreciação acumulada é de R$ 155.750,00, no balanço de 31/12/2008.

Considerando as informações acima sobre a máquina, a legislação contábil em vigor e a boa técnica contábil, a venda desta máquina gerou, para a Companhia Ferrão, em reais:

a) ganho de 10.000,00.
b) ganho de 2.450,00.
c) ganho de 1.250,00.
d) perda de 2.450,00.
e) perda de 12.250,00.

Resolução e Comentários

08 anos → 96 meses

Depreciação mensal: R$ 168.000,00 / 96 = R$ 1.750,00/mês

Depreciação acumulada até 28/02/2009: R$ 155.750,00 + 2 meses x R$ 1.750,00/mês = R$ 159.250,00

Valor Contábil = Valor de Registro − Depreciação Acumulada = R$ 168.000,00 − R$ 159.250,00 = R$ 8.750,00

Ganho ou Perda? → Valor de Venda − Valor Contábil = R$ 10.000,00 − R$ 8.750,00 = R$ 1.250,00 (positivo → ganho!)

Gabarito − C

Questão 08 − (Técnico de Suprimento de Bens e Serviços Júnior / Administração − PETROBRAS − Fundação CESGRANRIO − 2010)

A loja Saquarema Ltda. adquiriu, em 01/10/2009, um balcão por R$ 24.000,00. Sabendo-se que não foi considerado o valor residual e que a taxa de depreciação relativa a móveis e utensílios é de 10% ao ano, o valor da despesa de depreciação desse balcão, pelo método das quotas constantes, referente ao exercício a se encerrar em 31/12/2009, em reais, será

a) 600,00.
b) 800,00.
c) 1.000,00.
d) 1.800,00.
e) 2.400,00.

Resolução e Comentários

- Balcão adquirido em 01/10/2009
- Utilização do balcão em 2009: 03 meses
- Valor do balcão − R$ 24.000,00
- Taxa de depreciação: 10% a.a.

Cálculo do valor da despesa de depreciação em 2009:

R$ 24.000,00 x (10% a.a. / 12 meses) x 3 meses = R$ 600,00

Registros efetuados em 31/12/2009:

D – Despesas de Depreciação
C – Depreciação Acumulada R$ 600,00
Gabarito – A

Questão 09 – (Contador Pleno – PETROBRAS – Fundação CESGRANRIO – 2005)
Uma empresa se utiliza de uma máquina que sofre sérios problemas de corrosão. Por esse motivo, a depreciação da máquina é realizada em função da matéria-prima processada. Ela foi adquirida por R$ 425.000,00 e sua vida útil é limitada ao processamento de 250.000 kg de matéria-prima. Em determinado exercício, a empresa extraiu 5.000 kg de matéria-prima, processados pela mesma máquina. Utilizando-se o método de depreciação das unidades produzidas, o valor da depreciação no exercício, em reais, será:
a) 850,00.
b) 2.125,00.
c) 8.500,00.
d) 17.000,00.
e) 21.250,00.

Resolução e Comentários
Cálculo da depreciação no exercício:
(5.000 kg / 250.000 kg) x R$ 425.000,00 = R$ 8.500,00
Gabarito – C

Questão 10 – (Engenheiro de Produção Júnior – PETROBRAS – Fundação CESGRANRIO – 2010)
A depreciação consiste no registro contábil relativo ao desgaste sofrido pelos bens produtivos. Dentre os métodos de cálculo, há aqueles denominados acelerados, como o método da soma dos dígitos anuais. Supondo-se um bem produtivo cuja vida útil seja de 5 anos, o custo de aquisição, de R$ 180.000,00 e o valor residual, de R$ 25.000,00, a depreciação contábil, em reais, pelo método citado acima, será de, aproximadamente,
a) 72.000,00 no 1º ano e de 43.200,00 no 2º ano.
b) 60.000,00 no 1º ano e de 48.000,00 no 2º ano.
c) 60.000,00 no 1º ano e de 31.000,00 no 4º ano.
d) 52.000,00 no 1º ano e de 21.000,00 no 4º ano.
e) 31.000,00 no 1º ano e de 31.000,00 no 5º ano.

Resolução e Comentários

Depreciação acelerada → Soma dos dígitos decrescente!

Método da soma dos dígitos:
Vida Útil = 5 anos
Soma dos dígitos: 1, 2, 3, 4, 5 = 15

Primeiro ano: método "decrescente": "5/15"
Valor de Aquisição = R$ 180.000,00
(-) Valor Residual = (R$ 25.000,00)
(=) Valor Depreciável = R$ 155.000,00
depreciação = (5/15) x R$ 155.000,00 = R$ 51.667,00

Segundo ano: método "decrescente": "4/15"
depreciação = (4/15) x R$ 155.000,00 = R$ 41.333,00

Terceiro ano: método "decrescente": "3/15"
depreciação = (3/15) x R$ 155.000,00 = R$ 31.000,00

Quarto ano: método "decrescente": "2/15"
depreciação = (2/15) x R$ 155.000,00 = R$ 20.667,00

Quinto ano: método "decrescente": "1/15"
depreciação = (1/15) x R$ 155.000,00 = R$ 10.333,00

Gabarito – D

Questão 11 – (Auditor-Fiscal do Tesouro Estadual – RN – ESAF – 2005 – Adaptada)
A empresa Comércio de Linhas S/A promove, anualmente, a depreciação de seus ativos permanentes segundo o costume mercantil, mas sempre observando o valor residual de 15%.
Este ativo está composto das contas:
– Móveis e Utensílios R$ 120.000,00
– Veículos R$ 200.000,00
– Edificações R$ 300.000,00
– Terrenos R$ 100.000,00
Todos esses elementos foram adquiridos há mais de dois anos, mas estão contabilizados pelo valor original de aquisição, respeitando a legislação contábil em vigor.

No exercício de 2003, para fins de encerramento do exercício social, a empresa deverá contabilizar encargos de depreciação no valor de:
a) R$ 68.000,00.
b) R$ 64.000,00.
c) R$ 57.800,00.
d) R$ 54.400,00.
e) R$ 46.800,00.

Resolução e Comentários

Cálculo dos valores residuais:
- Móveis e Utensílios R$ 120.000,00 → 15% x R$ 120.000,00 = R$ 18.000,00
- Veículos R$ 200.000,00 → 15% x R$ 200.000,00 = R$ 30.000,00
- Edificações R$ 300.000,00 → 15% x R$ 300.000,00 = R$ 45.000,00
- Terrenos R$ 100.000,00 (não se depreciam)

Cálculo dos valores depreciáveis:
- Móveis e Utensílios: R$ 120.000,00 – R$ 18.000,00 = R$ 102.000,00
- Veículos: R$ 200.000,00 – R$ 30.000,00 = R$ 170.000,00
- Edificações: R$ 300.000,00 – R$ 45.000,00 = R$ 255.000,00
- Terrenos R$ 100.000,00 (não se depreciam)

Observe que a questão não informa os prazos de vida útil dos bens. Deveremos, então, conhecer os seguintes prazos de vida útil:
- Móveis e Utensílios: 10 anos
- Veículos: 05 anos
- Edificações: 25 anos

Cálculo das taxas de depreciação anuais:
- Móveis e Utensílios: 100% / 10 anos = 10% a.a.
- Veículos: 100% / 05 anos = 20% a.a.
- Edificações: 100% / 25 anos = 4% a.a.

Cálculo da depreciação dos bens em 2003:
- Móveis e Utensílios: 10% a.a. x R$ 102.000,00 = R$ 10.200,00
- Veículos: 20% a.a. x R$ 170.000,00 = R$ 34.000,00
- Edificações: 4% a.a. x R$ 255.000,00 = R$ 10.200,00
- Total = R$ 54.400,00

Gabarito – D

Questão 12 – (Auditor-Fiscal do Tesouro Estadual – RN – EsAF – 2005)
Considere os seguintes dados e informações sobre determinado bem de uso.
- valor de mercado na data da compra R$ 25.000,00
- valor de mercado em 31/12/2004 R$ 21.000,00
- valor de aquisição R$ 20.000,00
- valor residual estimado R$ 2.000,00
- data de aquisição 01/07/2003
- vida útil estimada: cinco anos
- data de encerramento de exercício social 31 de dezembro

No exercício de 2004 o aludido bem de uso vai gerar encargos de depreciação no valor de:
a) R$ 5.400,00.
b) R$ 5.000,00.
c) R$ 4.000,00.
d) R$ 3.600,00.
e) R$ 1.800,00.

Resolução e Comentários

Várias são as informações fornecidas que não são utilizadas para a resolução da questão. Utilizaremos, apenas, o que se segue:
- valor de aquisição R$ 20.000,00
- valor residual estimado R$ 2.000,00
- data de aquisição 01/07/2003
- vida útil estimada: cinco anos

O valor depreciável do veículo é:
Valor depreciável = R$ 20.000,00 − R$ 2.000,00 = R$ 18.000,00

Vida útil = 05 anos → Taxa de depreciação anual = 100% / 5 anos = 20% a.a.

Cálculo da depreciação referente ao ano 2004:
Depreciação = R$ 18.000,00 x 20% a.a. = R$ 3.600,00

Registro:

D – Encargos de Depreciação
C – Depreciação Acumulada – R$ 3.600,00
Gabarito – D

Questão 13 – (Técnico de Contabilidade I – TRANSPETRO – CESGRANRIO – 2006)

A Empresa Comercial Garcia & Souza adquiriu e recebeu, em 30 set. 2005, uma máquina para ser utilizada no escritório central, por R$ 80.000,00. A máquina entrou em funcionamento no dia seguinte ao de sua chegada à empresa.

Sabendo-se que a empresa utiliza o método linear de depreciação e que a taxa de depreciação relativa a máquinas e equipamentos é de 10%, o valor da despesa de depreciação dessa máquina, em reais, referente ao exercício encerrado em 31 dez. 2005, foi:
a) 2.000,00.
b) 2.400,00.
c) 2.800,00.
d) 3.000,00.
e) 3.200,00.

Resolução e Comentários

A máquina foi adquirida em setembro e entrou em funcionamento em outubro! Por isso, serão registrados em 2005 apenas 3 meses de depreciação desta máquina.

Taxa de depreciação anual = 10%

Depreciação em 2005: (3/12) x 10% a.a. x R$ 80.000,00 = R$ 2.000,00

Registro:
Despesas de Depreciação
a Depreciação Acumulada 2.000,00

Gabarito – A

Questão 14 – (Técnico de Contabilidade I – PETROBRAS – CESGRANRIO – 2005)

Uma empresa adquiriu um determinado bem, cuja vida útil original é estimada em 5 anos, por R$ 200.000,00. Pagou ainda R$ 6.000,00 de frete e R$10.000,00 de instalações, indispensáveis para o bom funcionamento do bem.

A depreciação simples, no segundo ano de uso, calculada pelo Método da Soma dos Dígitos é, em reais, igual a:
a) 13.600,00.
b) 28.800,00.
c) 40.000,00.
d) 43.200,00.
e) 57.600,00.

Resolução e Comentários

Qual foi o custo total de aquisição do bem?!

Custo de aquisição = R$ 200.000,00 (valor do bem) + R$ 6.000,00 (frete) + R$ 10.000,00 (instalações, para funcionamento do bem) → Custo de Aquisição = R$ 216.000,00

Ano	1
Ano	2
Ano	3
Ano	4
Ano	5
Soma dos Dígitos	15

Depreciação Crescente:

Ano	Taxa de Depreciação	Base de Cálculo	Encargo de Depreciação	Valor Contábil do Bem
1	1/15	R$ 216.000,00	R$ 14.400,00	R$ 201.600,00
2	2/15	R$ 216.000,00	R$ 28.800,00	R$ 172.800,00
3	3/15	R$ 216.000,00	R$ 43.200,00	R$ 129.600,00
4	4/15	R$ 216.000,00	R$ 57.600,00	R$ 72.000,00
5	5/15	R$ 216.000,00	R$ 72.000,00	R$ 0,00

Depreciação Decrescente:

Ano	Taxa de Depreciação	Base de Cálculo	Encargo de Depreciação	Valor Contábil do Bem
1	5/15	R$ 216.000,00	R$ 72.000,00	R$ 144.000,00
2	4/15	R$ 216.000,00	R$ 57.600,00	R$ 86.400,00
3	3/15	R$ 216.000,00	R$ 43.200,00	R$ 43.200,00
4	2/15	R$ 216.000,00	R$ 28.800,00	R$ 14.400,00
5	1/15	R$ 216.000,00	R$ 14.400,00	R$ 0,00

Questão passível de anulação, tendo em vista que não foi informado o método a utilizar (crescente ou decrescente?!). Ambas as respostas possíveis são encontradas nas alternativas.

Gabarito – E

Capítulo 6 — O Ativo Não Circulante ■ 329

Questão 15 – (Técnico de Contabilidade Júnior – PETROBRAS Distribuidora S/A– CESGRANRIO – 2008)

A Usina Cana Doce Ltda. adquiriu um trator, com vida útil estimada em 4 anos, em 30.09.2007, por R$ 345.600,00. Sabendo-se que o trator começou a ser utilizado no dia seguinte, e que não foi determinado nenhum valor residual, o total da depreciação do trator, lançado no exercício de 2007, encerrado em 31 de dezembro, em reais, foi
a) 17.780,00.
b) 18.270,00.
c) 21.460,00.
d) 21.600,00.
e) 23.040,00.

Resolução e Comentários

Atenção!!! O trator começou a ser utilizado em outubro!

Valor de aquisição = 345.600,00

Vida útil = 4 anos

Taxa de depreciação anual = 100% / 4 anos = 25% a.a.

Em 2007:

Três meses de utilização. Logo:

Despesas de Depreciação = (3/12) x 25% x 345.600 = 21.600,00

Gabarito – D

Questão 16 – (Profissional Júnior – Administração – PETROBRAS Distribuidora – Fundação CESGRANRIO – 2010)

Uma empresa apresenta a conta Móveis e Utensílios com um saldo inicial de R$ 15.000,00. Durante o exercício, adquiriu mesas e cadeiras no valor de R$ 18.000,00, sendo 50% à vista e o restante, no prazo de 30 dias. Vendeu cadeiras usadas, a prazo, por R$ 4.000,00, sendo este o preço de custo e adquiriu, à vista, prateleiras por R$ 5.000,00. Com base nessas informações e sabendo-se que o saldo final da conta de depreciação acumulada a ela associada é de R$ 5.000,00, qual o saldo final, em reais, da conta Móveis e Utensílios?
a) 29.000,00.
b) 32.000,00.
c) 34.000,00.
d) 35.000,00.
e) 42.000,00.

Resolução e Comentários
- Saldo inicial da conta Móveis e Utensílios: R$ 15.000,00
- Eventos ocorridos ao longo do exercício:

Aquisição de mesas e cadeiras:

D – Móveis e Utensílios – R$ 18.000,00
C – Caixa – R$ 9.000,00
C – Fornecedores – R$ 9.000,00

Venda de cadeiras usadas:

D – Caixa ou Bancos Conta Movimento – R$ ... (não informado)
D – Depreciação Acumulada – R$ ... (não Informado)
C – Móveis e Utensílios – R$ 4.000,00

Aquisição de prateleiras à vista:

D – Móveis e Utensílios
C – Caixa R$ 5.000,00

- Saldo final da conta Depreciação Acumulada: R$ 5.000,00
- Movimentação ocorrida na conta Móveis e Utensílios:

Móveis e Utensílios (Valores em R$)	
SI – 15.000,00	4.000,00 (2)
(1) 18.000,00	
(3) 5.000,00	
34.000,00	

- Valor contábil de Móveis e Utensílios:

Móveis e Utensílios – R$ 34.000,00
(-) Depreciação Acumulada – (R$ 5.000,00)
(=) Valor Contábil – R$ 29.000,00
Gabarito – A

Questão 17 – (Técnico da Receita Federal – EsAF – 2002)

A empresa Andaraqui S/A possui no Ativo Imobilizado um imóvel adquirido por R$ 65.000,00 e Móveis e Utensílios adquiridos por R$ 20.000,00. O desgaste desses bens é contabilizado anualmente, calculado pelo método da linha reta.

No encerramento do exercício, em 31.12.2001, o imóvel completou exatos oito anos de uso e os móveis apenas quatro anos. A vida útil do imóvel (edificação) foi estimada em 25 anos e a dos móveis e utensílios em 10 anos. Os saldos não sofreram baixas, reavaliação, nem correção monetária.

O custo do terreno equivale a 60% do imóvel. Com as informações supra-alinhadas, feitos os cálculos corretos, podemos dizer que no balanço de 31.12.2001, a depreciação acumulada de imóveis e de móveis e utensílios estará com saldo credor de

a) R$ 4.600,00.
b) R$ 14.720,00.
c) R$ 16.320,00.
d) R$ 18.400,00.
e) R$ 28.800,00.

Resolução e Comentários

Terrenos não são depreciáveis. Logo:

Custo do terreno = 60% x imóvel = 60% x R$ 65.000,00 = R$ 39.000,00
Custo da edificação = 40% x imóvel = 40% x R$ 65.000,00 = R$ 26.000,00

As edificações são depreciáveis em 25 anos, isto é, possuem taxa de depreciação anual de 4% ao ano (= 100% / 25 anos). Em 31.12.01, este ativo completou oito anos na empresa. Logo, sua depreciação acumulada será igual a: 8 anos x 4% ao ano x R$ 26.000,00 = R$ 8.320,00.

Os móveis e utensílios são depreciáveis em 10 anos, isto é, possuem taxa de depreciação anual de 10% ao ano (= 100% / 10 anos). Em 31.12.2001, os móveis e utensílios completaram quatro anos na empresa. Logo, sua depreciação acumulada será igual a: 4 anos x 10% ao ano x R$ 20.000,00 = R$ 8.000,00.

→ Depreciação Acumulada de Imóveis e de Móveis e Utensílios = R$ 8.320,00 + R$ 8.000,00 = R$ 16.320,00.

Gabarito – C

Questão 18 – (Auditor-Fiscal do Tesouro Estadual – RN – EsAF – 2005)

Os móveis e utensílios usados, vendidos pelos Armazéns Alfa Ltda. por R$ 4.500,00, renderam um ganho de capital líquido de R$ 1.500,00. Como ditos objetos foram adquiridos por R$ 12.000,00 e tinham vida útil estimada em dez anos, sem valor residual, isto significa que, por ocasião da operação de venda, esses móveis já estavam depreciados em:

a) 12,5%.
b) 25,0%.
c) 33,3%.
d) 37,5%.
e) 75,0%.

Resolução e Comentários

Os móveis e utensílios foram vendidos, rendendo um lucro (ganho de capital) igual a R$ 1.500,00.

Obtenção do valor contábil dos bens:

Valor de Venda = R$ 4.500,00

(-) Valor Contábil = (VC)

(=) Ganho de Capital (Lucro) = R$ 1.500,00

→ R$ 4.500,00 – VC = R$ 1.500,00 → VC = R$ 3.000,00

A questão informa que os bens custaram R$ 12.000,00. Se o seu valor contábil, na época da venda, é igual a R$ 3.000,00, tem-se, então, a seguinte Depreciação Acumulada para os mesmos:

Valor de Registro = R$ 12.000,00

(-) Depreciação Acumulada = (DAcum)

(=) Valor Contábil = R$ 3.000,00

→ R$ 12.000,00 – DAcum = R$ 3.000,00 → R$ 9.000,00

R$ 9.000,00 representam **75%** (= R$ 9.000,00 / R$ 12.000,00) do custo de aquisição (valor de registro).

Gabarito – E

Questão 19 – (Gestor Fazendário – MG – EsAF – 2005)

No final do exercício de 2002, no ativo do balanço patrimonial da Cia. Art. Atinga, constavam as seguintes contas e saldos:

Veículos	R$ 7.000,00
Depreciação Acumulada	R$ 3.800,00

Sabemos que:
1. A conta de Veículos era constituída de:
    - automóvel X, incorporado em 02-01-2000 por R$ 3.000,00 e vendido, à vista, em primeiro de janeiro de 2004, por R$ 1.500,00.
    - automóvel Y, incorporado em 01-07-2000 por R$ 4.000,00.

2. Inicialmente, a vida útil dos bens havia sido estimada em 5 anos e o método de depreciação utilizado era o de linha reta.
3. Posteriormente, a vida útil do veículo foi reestimada para 2 anos, após dezembro de 2002.

Ao fazer os cálculos e a contabilização adequada da depreciação dos veículos o Setor de Contabilidade apresentou as seguintes informações. Assinale a única afirmativa que não é verdadeira.

a) A alienação do automóvel X rendeu um lucro de R$ 900,00.
b) O encargo de depreciação contabilizado no ano 2000 foi de R$ 1.000,00.
c) O encargo de depreciação contabilizado no ano de 2003 foi de R$ 1.600,00.
d) A depreciação acumulada em 30 de junho de 2003 foi de R$ 3.500,00.
e) A depreciação acumulada no final do ano de 2003 foi de R$ 5.400,00.

Resolução e Comentários

Vamos analisar veículo a veículo:

- Veículo X:
  - Valor de aquisição: R$ 3.000,00
  - Taxa de depreciação de veículos: 20% a.a.
  - Depreciação acumulada de 02/01/2000 a 31/12/2002: 3 anos x 20% a.a. x R$ 3.000,00 = R$ 1.800,00
  - Observe que o veículo X foi depreciado ao longo de três anos. Portanto, ainda há dois anos a levar em consideração para fins de depreciação. Em consequência, a informação de que um dos veículos teve vida útil reestimada para 2 anos ao final de 2002 não faz sentido para o veículo X.
  - Depreciação acumulada de 01/01/2003 a 01/01/2004: 1 ano x 20% a.a. x R$ 3.000,00 = R$ 600,00
  - Cálculo do ganho ou da perda de capital quando da venda do veículo X:

Preço de venda do veículo X = R$ 1.500,00
(-) Valor contábil em 01/01/2004: (R$ 600,00) = (R$ 3.000,00 – R$ 2.400,00)
(=) Ganho de capital = R$ 900,00

- Veículo Y:
  - Valor de aquisição: R$ 4.000,00
  - Taxa de depreciação de veículos: 20% a.a.
  - Depreciação acumulada de 01/07/2000 a 31/12/2002: 2,5 anos x 20% a.a. x R$ 4.000,00 = R$ 2.000,00

- Observe que o veículo Y foi depreciado ao longo de dois anos e meio. Portanto, ainda há dois anos e meio a levar em consideração para fins de depreciação. Em consequência, a informação de que um dos veículos teve vida útil reestimada para 2 anos ao final de 2002 faz sentido para o veículo Y.
- A partir do final de 2002, ainda haverá dois anos a levar em consideração para fins de depreciação.
- Depreciação acumulada de 01/01/2003 a 01/01/2004: R$ 1.000,00 (= R$ 2.000,00 / 2 anos).
- Valor contábil do veículo Y em 01/01/2004: R$ 1.000,00

Analisando as alternativas:

a) A alienação do automóvel X rendeu um lucro de R$ 900,00.
   Certo!

Preço de venda do veículo X = R$ 1.500,00
(-) Valor contábil em 01/01/2004: (R$ 600,00) = (R$ 3.000,00 − R$ 2.400,00)
(=) Ganho de capital = R$ 900,00

b) O encargo de depreciação contabilizado no ano 2000 foi de R$ 1.000,00.
   Certo!

Encargos de depreciação em 2000: R$ 600,00 (veículo X) + R$ 400,00 (veículo Y) = R$ 1.000,00

c) O encargo de depreciação contabilizado no ano de 2003 foi de R$ 1.600,00.
   Certo!

Encargos de depreciação em 2003: R$ 600,00 (veículo X) + R$ 1.000,00 (veículo Y) = R$ 1.600,00

d) A depreciação acumulada em 30 de junho de 2003 foi de R$ 3.500,00.
   Errado!

Veículo X: R$ 1.800,00 (até o final de 2002) + R$ 300,00 = R$ 2.100,00
Veículo Y: R$ 2.000,00 (até o final de 2002) + R$ 500,00 = R$ 2.500,00
→ Depreciação acumulada em 30 de junho de 2003 = R$ 4.600,00

e) A depreciação acumulada no final do ano de 2003 foi de R$ 5.400,00.

Veículo X: R$ 1.800,00 (até o final de 2002) + R$ 600,00 = R$ 2.400,00
Veículo Y: R$ 2.000,00 (até o final de 2002) + R$ 1.000,00 = R$ 3.000,00
→ Depreciação acumulada no final do ano de 2003 = R$ 5.400,00

Gabarito – D

Questão 20 – (Contador – Correios – Pernambuco – PERSONA)
Uma Empresa Comercial adquiriu um caminhão de entrega no valor de R$ 45.000,00, em janeiro de 2005. De acordo com informações da empresa que vendeu o veículo, estimou que a vida útil desse bem seria de 9.000 horas. Considerando que no ano de 2005 o caminhão tenha trabalhado 1.200 horas, a taxa e o valor da depreciação por horas trabalhadas seriam:
a) R$ 4,00/hora trabalhada e R$ 4.800,00 o valor da depreciação.
b) R$ 6,00/hora trabalhada e R$ 7.200,00 o valor da depreciação.
c) R$ 5,00/hora trabalhada e R$ 6.000,00 o valor da depreciação.
d) R$ 10,00/hora trabalhada e R$ 12.000,00 o valor da depreciação.
e) R$ 15,00/hora trabalhada e R$ 18.000,00 o valor da depreciação.

Resolução e Comentários

R$ 45.000,00 ↔ 9.000 horas

A taxa de depreciação por hora trabalhada é igual a R$ 45.000,00 / 9.000 horas = R$ 5,00 / hora

Se trabalhou 1.200 horas, então: 1.200 h x R$ 5,00/h = R$ 6.000,00

Gabarito – C

Questão 21 – (Auditor – INEA – CESGRANRIO – 2009)
Ao realizar a auditoria do Imobilizado da Cia. GLOBAL S/A, o auditor fez as seguintes anotações no seu PT:

Conta	Saldo 31.12.2006	Aquisições	Valor
Móveis e Utensílios	60.000,00	Julho/2006	25.000,00
Máquinas e equipamentos	50.000,00	Setembro/2006	30.000,00
Veículos	45.000,00	Fevereiro/2006	15.000,00

Informações adicionais:
- A taxa de depreciação é a seguinte:
  - Móveis e Utensílios 10% a.a
  - Máquinas e equipamentos 10% a.a
  - Veículos 20% a.a

Considerando-se
- exclusivamente as informações apresentadas na questão,
- a não incidência de qualquer tipo de imposto nas transações,
- que todas as aquisições ocorreram no último dia de cada mês,
- que os ativos adquiridos entraram em operação no 1º dia do mês seguinte ao da sua aquisição,
- que a companhia só comprou bens novos para o seu Imobilizado, o valor total da depreciação lançada no exercício de 2006, em reais, é:

a) 4.041,56.
b) 8.333,33.
c) 11.500,00.
d) 14.111,66.
e) 15.791,56.

Resolução e Comentários

Repare o que se segue:
- Em 31/12/2006, há R$ 60.000,00 na conta Móveis e Utensílios, sendo R$ 25.000,00 adquiridos em julho de 2006 e postos em operação em agosto do mesmo ano;
- Em 31/12/2006, há R$ 50.000,00 na conta Máquinas e Equipamentos, sendo R$ 30.000,00 adquiridos em setembro de 2006 e postos em operação em outubro do mesmo ano; e
- Em 31/12/2006, há R$ 45.000,00 na conta Veículos, sendo R$ 15.000,00 adquiridos em fevereiro de 2006 e postos em operação em março do mesmo ano.

Cálculo da depreciação de 2006:
- Móveis e Utensílios: (05/12) x 10% a. a. x R$ 25.000,00 + 10% a.a. x R$ 35.000,00 = R$ 4.541,67
- Máquinas e Equipamentos: (03/12) x 10% a. a. x R$ 30.000,00 + 10% a.a. x R$ 20.000,00 = R$ 2.750,00
- Veículos: (10/12) x 20% a. a. x R$ 15.000,00 + 20% a.a. x R$ 30.000,00 = R$ 8.500,00

Total = R$ 15.791,67

Gabarito – E

6.12. O Ativo Não Circulante Intangível

O Inciso VI do art. 179 da Lei das Sociedades por Ações, incluído pela Lei nº 11.638/2007, disciplinou a divisão do Ativo Não Circulante em mais uma parcela: a correspondente ao **Ativo Não Circulante Intangível**. Deverão constar do *Ativo Não Circulante Intangível* os direitos que tenham por objeto ***bens incorpóreos destinados à manutenção da companhia ou exercidos com essa finalidade***, inclusive o fundo de comércio adquirido.

Ativo intangível é um ativo não monetário identificável sem substância física. *Ativo monetário* é aquele representado por dinheiro ou por direitos a serem recebidos em uma quantia fixa ou determinável de dinheiro.

O *Pronunciamento Técnico CPC 04 (R1) – Ativo Intangível* – trata dos ativos intangíveis. Utiliza, dentre outras, as seguintes definições:

- ***Amortização*** é a alocação sistemática do valor amortizável de ativo intangível ao longo da sua vida útil.
- ***Ativo*** é um recurso:
  (a) controlado por uma entidade como resultado de eventos passados; e
  (b) do qual se espera que resultem benefícios econômicos futuros para a entidade.
- ***Valor contábil*** é o valor pelo qual um ativo é reconhecido no balanço patrimonial após a dedução da amortização acumulada e da perda por desvalorização.
- ***Custo*** é o montante de caixa ou equivalente de caixa pago ou o valor justo de qualquer outra contraprestação dada para adquirir um ativo na data da sua aquisição ou construção, ou ainda, se for o caso, o valor atribuído ao ativo quando inicialmente reconhecido de acordo com as disposições específicas de outro Pronunciamento como, por exemplo, o *Pronunciamento Técnico CPC 10 – Pagamento Baseado em Ações*.
- ***Valor amortizável*** é o custo de um ativo ou outro valor que substitua o custo, menos o seu valor residual.
- ***Desenvolvimento*** é a aplicação dos resultados da pesquisa ou de outros conhecimentos em um plano ou projeto visando à produção de materiais, dispositivos, produtos, processos, sistemas ou serviços novos ou substancialmente aprimorados, antes do início da sua produção comercial ou do seu uso.
- ***Valor específico para a entidade*** é o valor presente dos fluxos de caixa que uma entidade espera (i) obter com o uso contínuo de um ativo e com a alienação ao final da sua vida útil ou (ii) incorrer para a liquidação de um passivo.
- ***Valor justo*** é o preço que seria recebido pela venda de um ativo ou que seria pago pela transferência de um passivo em uma transação não forçada entre participantes do mercado na data de mensuração (ver CPC 46 – Mensuração do Valor Justo).

- **Perda por desvalorização** é o valor pelo qual o valor contábil de um ativo ou de uma unidade geradora de caixa excede seu valor recuperável (*Pronunciamento Técnico CPC 01 – Redução ao Valor Recuperável de Ativos*).
- **Ativo intangível** é um ativo não monetário identificável sem substância física.
- **Ativo monetário** é aquele representado por dinheiro ou por direitos a serem recebidos em uma quantia fixa ou determinável de dinheiro.
- **Pesquisa** é a investigação original e planejada realizada com a expectativa de adquirir novo conhecimento e entendimento científico ou técnico.
- **Valor residual de um ativo intangível** é o valor estimado que uma entidade obteria com a venda do ativo, após deduzir as despesas estimadas de venda, caso o ativo já tivesse a idade e a condição esperadas para o fim de sua vida útil.
- **Vida útil** é:
    a) o período de tempo no qual a entidade espera utilizar um ativo; ou
    b) o número de unidades de produção ou de unidades semelhantes que a entidade espera obter pela utilização do ativo.

6.12.1. Considerações Gerais sobre Ativos Intangíveis

Alguns *ativos intangíveis* podem estar contidos em elementos que possuem substância física, como um disco (como no caso de *software*), documentação jurídica (no caso de licença ou patente) ou em um filme. *Para saber se um ativo que contém elementos intangíveis e tangíveis deve ser tratado como ativo imobilizado ou como ativo intangível, a entidade avalia qual elemento é mais significativo.* Por exemplo, **um software de uma máquina-ferramenta controlada por computador que não funciona sem esse software específico é parte integrante do referido equipamento, devendo ser tratado como ativo imobilizado.** O mesmo se aplica ao sistema operacional de um computador. **Quando o software não é parte integrante do respectivo hardware, ele deve ser tratado como ativo intangível.**

As entidades frequentemente despendem recursos ou contraem obrigações com a aquisição, o desenvolvimento, a manutenção ou o aprimoramento de recursos intangíveis como conhecimento científico ou técnico, desenho e implantação de novos processos ou sistemas, licenças, propriedade intelectual, conhecimento mercadológico, nome, reputação, imagem e marcas registradas (incluindo nomes comerciais e títulos de publicações). Exemplos de itens que se enquadram nessas categorias amplas são: *softwares, patentes, direitos autorais, direitos sobre filmes cinematográficos, listas de clientes, direitos sobre hipotecas, licenças de pesca, quotas de importação, franquias, relacionamentos com clientes ou fornecedores, fidelidade de clientes, participação no mercado e direitos de comercialização.*

Nem todos os itens descritos no parágrafo anterior se enquadram na definição de *ativo intangível*, ou seja, são identificáveis, controlados e geradores de benefícios econômicos futuros. *Caso um item não atenda à definição de ativo intangível, o gasto incorrido na sua aquisição ou geração interna deve ser reconhecido como **despesa** quando incorrido.* No entanto, se o item for adquirido em uma combinação de negócios, passa a fazer parte do ágio derivado da expectativa de rentabilidade futura (*goodwill*) reconhecido na data da aquisição.

Exemplo

Constituem exemplos de bens que podem ser reconhecidos no Ativo Não Circulante Intangível:

- Marcas de Propaganda;
- *Softwares* (programas de computador);
- Patentes de fabricação de produtos;
- Licenças e franquias;
- Concessões obtidas de serviços públicos;
- Linhas telefônicas;
- Receitas;
- Fórmulas;
- Modelos;
- Protótipos;
- Direitos autorais;
- Gastos com desenvolvimento etc.

6.12.2. A Identificação de Ativos Intangíveis

A definição de ativo intangível requer que ele seja identificável, para diferenciá-lo do ágio derivado da expectativa de rentabilidade futura (*goodwill*). O ágio derivado da expectativa de rentabilidade futura (*goodwill*) reconhecido em uma combinação de negócios é um ativo que representa benefícios econômicos futuros gerados por outros ativos adquiridos em uma combinação de negócios, que não são identificados individualmente e reconhecidos separadamente. Tais benefícios econômicos futuros podem advir da sinergia entre os ativos identificáveis adquiridos ou de ativos que, individualmente, não se qualificam para reconhecimento em separado nas demonstrações contábeis.

Um ativo satisfaz o ***critério de identificação***, *em termos de definição de um **ativo intangível***, quando:

- for separável, ou seja, puder ser separado da entidade e vendido, transferido, licenciado, alugado ou trocado, individualmente ou junto com um contrato, ativo ou passivo relacionado, independente da intenção de uso pela entidade; ou
- resultar de direitos contratuais ou outros direitos legais, independentemente de tais direitos serem transferíveis ou separáveis da entidade ou de outros direitos e obrigações.

6.12.3. Os Benefícios Econômicos Futuros Gerados por Ativo Intangível

Os *benefícios econômicos futuros gerados por ativo intangível* podem incluir a receita da venda de produtos ou serviços, redução de custos ou outros benefícios resultantes do uso do ativo pela entidade.

Exemplo

O uso da propriedade intelectual em um processo de produção pode reduzir os custos de produção futuros em vez de aumentar as receitas futuras.

6.12.4. O Reconhecimento e a Mensuração de Ativos Intangíveis

O reconhecimento de um item como ativo intangível exige que a entidade demonstre que ele atende:

- à definição de ativo intangível; e
- aos critérios de reconhecimento a seguir apresentados.

Um ativo intangível deve ser *reconhecido* apenas se:

- for provável que os benefícios econômicos futuros esperados atribuíveis ao ativo serão gerados em favor da entidade; e
- o custo do ativo possa ser mensurado com segurança.

A entidade deve avaliar a probabilidade de geração dos benefícios econômicos futuros utilizando premissas razoáveis e comprováveis que representem a melhor estimativa da administração em relação ao conjunto de condições econômicas que existirão durante a vida útil do ativo.

A entidade utiliza seu julgamento para avaliar o grau de certeza relacionado ao fluxo de benefícios econômicos futuros atribuíveis ao uso do ativo, com base nas evidências disponíveis no momento do reconhecimento inicial, dando maior peso às evidências externas.

Um ativo intangível deve ser **reconhecido inicialmente ao custo**.

6.12.5. O Custo de Ativos Intangíveis Separadamente Adquiridos

Normalmente, o preço que a entidade paga para adquirir separadamente um ativo intangível reflete sua expectativa sobre a probabilidade de os benefícios econômicos futuros esperados, incorporados no ativo, serem gerados a seu favor. Em outras palavras, a entidade espera que haverá benefícios econômicos a seu favor, mesmo que haja incerteza em relação à época e ao valor desses benefícios econômicos.

Além disso, o custo de ativo intangível adquirido em separado pode normalmente ser mensurado com segurança, sobretudo quando o valor é pago em dinheiro ou com outros ativos monetários.

O custo de ativo intangível adquirido separadamente inclui:
a) seu preço de compra, acrescido de impostos de importação e impostos não recuperáveis sobre a compra, após deduzidos os descontos comerciais e abatimentos; e
b) qualquer custo diretamente atribuível à preparação do ativo para a finalidade proposta.

Exemplo

Exemplos de ***custos diretamente atribuíveis*** são:
(a) custos de benefícios aos empregados incorridos diretamente para que o ativo fique em condições operacionais (de uso ou funcionamento);
(b) honorários profissionais diretamente relacionados para que o ativo fique em condições operacionais; e
(c) custos com testes para verificar se o ativo está funcionando adequadamente.

Exemplo

Exemplos de ***gastos que não fazem parte do custo de ativo intangível***:
(a) custos incorridos na introdução de novo produto ou serviço (incluindo propaganda e atividades promocionais);
(b) custos da transferência das atividades para novo local ou para nova categoria de clientes (incluindo custos de treinamento); e
(c) custos administrativos e outros custos indiretos.

O reconhecimento dos custos no valor contábil de ativo intangível cessa quando esse ativo está nas condições operacionais pretendidas pela administração. Portanto, os custos incorridos no uso ou na transferência ou reinstalação de ativo intangível não são incluídos no seu valor contábil, como, por exemplo, os seguintes custos:

(a) custos incorridos durante o período em que um ativo capaz de operar nas condições operacionais pretendidas pela administração não é utilizado; e

(b) prejuízos operacionais iniciais, tais como os incorridos enquanto a demanda pelos produtos do ativo é estabelecida.

Algumas operações realizadas em conexão com o desenvolvimento de ativo intangível não são necessárias para deixá-lo em condições operacionais pretendidas pela administração. Essas atividades eventuais podem ocorrer antes ou durante as atividades de desenvolvimento. Como essas atividades não são necessárias para que um ativo fique em condições de funcionar da maneira pretendida pela administração, as receitas e as despesas relacionadas devem ser reconhecidas imediatamente no resultado e incluídas nas suas respectivas classificações de receita e despesa.

Se o prazo de pagamento de ativo intangível excede os prazos normais de crédito, seu custo é o equivalente ao preço à vista. *A diferença entre esse valor e o total dos pagamentos deve ser reconhecida como despesa com juros durante o período*, a menos que seja passível de capitalização, como custo financeiro diretamente identificável de ativo, durante o período em que esteja sendo preparado para o uso pretendido pela administração (quando se tratar de ativo que leva necessariamente um período substancial de tempo para ficar pronto para o seu uso). Nesse último caso, o custo financeiro deve ser capitalizado no valor do ativo.

6.12.6. O Tratamento Referente aos Gastos com Pesquisa e Desenvolvimento para Ativos Intangíveis

__Nenhum ativo intangível resultante de pesquisa (ou da fase de pesquisa de projeto interno) deve ser reconhecido.__ Os gastos com pesquisa (ou da fase de pesquisa de projeto interno) devem ser reconhecidos como __despesa__ quando incorridos.

Durante a fase de pesquisa de projeto interno, a entidade não está apta a demonstrar a existência de ativo intangível que gerará prováveis benefícios econômicos futuros. Portanto, tais gastos são reconhecidos como despesa quando incorridos.

Exemplo

São exemplos de atividades de pesquisa:
- atividades destinadas à obtenção de novo conhecimento;
- busca, avaliação e seleção final das aplicações dos resultados de pesquisa ou outros conhecimentos;
- busca de alternativas para materiais, dispositivos, produtos, processos, sistemas ou serviços; e
- formulação, projeto, avaliação e seleção final de alternativas possíveis para materiais, dispositivos, produtos, processos, sistemas ou serviços novos ou aperfeiçoados.

Um ativo intangível resultante de desenvolvimento (ou da fase de desenvolvimento de projeto interno) **deve ser reconhecido somente se a entidade puder demonstrar todos os aspectos a seguir enumerados:**

- viabilidade técnica para concluir o ativo intangível de forma que ele seja disponibilizado para uso ou venda;
- intenção de concluir o ativo intangível e de usá-lo ou vendê-lo;
- capacidade para usar ou vender o ativo intangível;
- forma como o ativo intangível deve gerar benefícios econômicos futuros. Entre outros aspectos, a entidade deve demonstrar a existência de mercado para os produtos do ativo intangível ou para o próprio ativo intangível ou, caso este se destine ao uso interno, a sua utilidade;
- disponibilidade de recursos técnicos, financeiros e outros recursos adequados para concluir seu desenvolvimento e usar ou vender o ativo intangível; e
- capacidade de mensurar com segurança os gastos atribuíveis ao ativo intangível durante seu desenvolvimento.

Na fase de desenvolvimento de projeto interno, a entidade pode, em alguns casos, identificar um ativo intangível e demonstrar que este gerará prováveis benefícios econômicos futuros, uma vez que a fase de desenvolvimento de um projeto é mais avançada do que a fase de pesquisa.

Exemplo

São exemplos de atividades de desenvolvimento:

- projeto, construção e teste de protótipos e modelos pré-produção ou pré-utilização;
- projeto de ferramentas, gabaritos, moldes e matrizes que envolvam nova tecnologia;
- projeto, construção e operação de fábrica-piloto, desde que já não esteja em escala economicamente viável para produção comercial; e
- projeto, construção e teste da alternativa escolhida de materiais, dispositivos, produtos, processos, sistemas e serviços novos ou aperfeiçoados.

Para demonstrar como um ativo intangível gerará prováveis benefícios econômicos futuros, a entidade avalia os benefícios econômicos a serem obtidos por meio desse ativo com base nos princípios do *Pronunciamento Técnico CPC 01 – Redução ao Valor Recuperável de Ativos*. Se o ativo gerar benefícios econômicos somente em conjunto com outros ativos, deve ser considerado o conceito de unidades geradoras de caixa previsto no *Pronunciamento Técnico CPC 01*.

A disponibilidade de recursos para concluir, usar e obter os benefícios gerados por um ativo intangível pode ser evidenciada, por exemplo, por um plano de negócios que demonstre os recursos técnicos, financeiros e outros recursos necessários, e a capacidade da entidade de garantir esses recursos. Em alguns casos, a entidade demonstra a disponibilidade de recursos externos ao conseguir junto a um financiador indicação de que ele está disposto a financiar o plano.

Os sistemas de custeio de uma entidade podem muitas vezes mensurar com segurança o custo da geração interna de ativo intangível e outros gastos incorridos para obter direitos autorais, licenças ou para desenvolver *software* de computadores.

Marcas, títulos de publicações, listas de clientes e outros itens similares, gerados internamente, não devem ser reconhecidos como ativos intangíveis.

Os gastos incorridos com marcas, títulos de publicações, listas de clientes e outros itens similares não podem ser separados dos custos relacionados ao desenvolvimento do negócio como um todo. Dessa forma, esses itens não são reconhecidos como ativos intangíveis.

Existem outros gastos que também devem ser reconhecidos como despesa quando incorridos. A seguir, apresentamos um exemplo contendo alguns deles.

Exemplo

Exemplos de outros gastos a serem reconhecidos como despesa quando incorridos:
- gastos com atividades pré-operacionais destinadas a constituir a empresa (ou seja, custo do início das operações), exceto se estiverem incluídas no custo de um item do Ativo Imobilizado. O custo do início das operações pode incluir custos de estabelecimento, tais como custos jurídicos e de secretaria, incorridos para constituir a pessoa jurídica, gastos para abrir novas instalações ou negócio (ou seja, custos pré-abertura) ou gastos com o início de novas unidades operacionais ou o lançamento de novos produtos ou processos;
- gastos com treinamento;
- gastos com publicidade e atividades promocionais (incluindo envio de catálogos); e
- gastos com remanejamento ou reorganização, total ou parcial, da entidade.

6.12.7. A Mensuração de Ativos Intangíveis após o Reconhecimento Inicial

A Lei nº 11.638/2007, ao alterar a Lei das Sociedades por Ações, **proibiu a reavaliação de ativos**. Em capítulo posterior, mostraremos como era efetuada a reavaliação de ativos e quais as implicações destas reavaliações no patrimônio de uma entidade.

Quando a opção pelo método de reavaliação for permitida por lei, a entidade deverá optar pelo **método do custo** ou pelo **método da reavaliação** como sua política contábil e deverá aplicar essa política a uma classe inteira de ativos intangíveis. Logo, observe que há dois possíveis métodos a utilizar para mensuração de ativos após o seu reconhecimento inicial: o **método do custo** (*atualmente permitido por lei*) e o **método da reavaliação** (*atualmente proibido por lei*).

O *Pronunciamento Técnico CPC 04 (R1) – Ativo Intangível* – faz menção ao método da reavaliação no pressuposto de algum dia vir a ser permitido pela nossa legislação.

- **Método do Custo**

Após o reconhecimento como ativo, um item do Ativo Não Circulante Intangível deve ser apresentado ao custo menos qualquer amortização e perda por redução ao valor recuperável acumuladas (*Pronunciamento Técnico CPC 01 – Redução ao Valor Recuperável de Ativos*).

- **Método da Reavaliação**

Após o seu reconhecimento inicial, **se permitido legalmente**, um ativo intangível pode ser apresentado pelo seu valor reavaliado, correspondente ao seu valor justo à data da reavaliação. Para efeitos de reavaliação, o valor justo deve ser mensurado em relação a um mercado ativo. A reavaliação deve ser realizada regularmente para que, na data do balanço, o valor contábil do ativo não apresente divergências relevantes em relação ao seu valor justo.

Os itens 75 a 87 do *Pronunciamento Técnico CPC 04 (R1) – Ativo Intangível* – tratam da reavaliação de ativos, desde que seja permitida por lei.

6.12.8. Considerações Básicas sobre a Vida Útil de Ativos Intangíveis

A entidade deve avaliar se a vida útil de ativo intangível é definida ou indefinida e, no primeiro caso, a duração ou o volume de produção ou unidades semelhantes que formam essa vida útil. A entidade deve atribuir *vida útil indefinida a um ativo intangível* quando, com base na análise de todos os fatores relevantes, não existe um limite previsível para o período durante o qual o ativo deverá gerar fluxos de caixa líquidos positivos para a entidade.

A contabilização de ativo intangível baseia-se na sua vida útil. Um **ativo intangível com vida útil definida** *deve ser amortizado*, enquanto a de um **ativo intangível com vida útil indefinida** *não deve ser amortizado*.

Muitos fatores são considerados na determinação da vida útil de ativo intangível, inclusive:

- a utilização prevista de um ativo pela entidade e se o ativo pode ser gerenciado eficientemente por outra equipe de administração;
- os ciclos de vida típicos dos produtos do ativo e as informações públicas sobre estimativas de vida útil de ativos semelhantes, utilizados de maneira semelhante;

- obsolescência técnica, tecnológica, comercial ou de outro tipo;
- a estabilidade do setor em que o ativo opera e as mudanças na demanda de mercado para produtos ou serviços gerados pelo ativo;
- medidas esperadas da concorrência ou de potenciais concorrentes;
- o nível dos gastos de manutenção requerido para obter os benefícios econômicos futuros do ativo e a capacidade e intenção da entidade para atingir tal nível;
- o período de controle sobre o ativo e os limites legais ou similares para a sua utilização, tais como datas de vencimento dos arrendamentos/locações relacionados; e
- se a vida útil do ativo depende da vida útil de outros ativos da entidade.

O termo "indefinida" não significa "infinita". A vida útil de ativo intangível deve levar em consideração apenas a manutenção futura exigida para mantê-lo no nível de desempenho avaliado no momento da estimativa da sua vida útil e capacidade e intenção da entidade para atingir tal nível. A conclusão de que a vida útil de ativo intangível é indefinida não deve estar fundamentada em uma previsão de gastos futuros superiores ao necessário para mantê-lo nesse nível de desempenho.

6.12.9. Baixa e Alienação de Ativos Intangíveis

O ativo intangível deve ser baixado:
- por ocasião de sua alienação; ou
- quando não há expectativa de benefícios econômicos futuros com a sua utilização ou alienação.

Os ganhos ou perdas decorrentes da baixa de ativo intangível devem ser determinados pela diferença entre o valor líquido da alienação, se houver, e o valor contábil do ativo. Esses ganhos ou perdas devem ser reconhecidos no resultado quando o ativo é baixado, mas os ganhos não devem ser classificados como receitas de venda.

Existem várias formas de alienação de ativo intangível (por exemplo: venda, arrendamento financeiro ou doação). Para determinar a data da alienação de ativo, a entidade deve aplicar, como regra geral, os mesmos critérios de reconhecimento de receitas de venda de produtos.

6.12.10. Apresentação de Exemplos sobre Ativos Intangíveis

Neste tópico procuramos apresentar uma série de exemplos a respeito de Ativos Intangíveis.

Exemplo

Lista de clientes adquirida

Uma entidade de marketing adquire uma lista de clientes e espera ser capaz de obter benefícios da informação contida na lista por pelo menos um ano, mas não mais do que três anos.

A lista de clientes deveria ser amortizada durante a melhor estimativa da administração em relação à sua vida útil econômica, por exemplo: 18 meses. Embora a entidade possa ter intenção de adicionar nomes de clientes e/ou outra informação à lista no futuro, os benefícios esperados da lista de clientes adquirida relacionam-se apenas com os clientes nessa lista na data em que foi adquirida. A lista de clientes também seria analisada quanto à necessidade de reconhecimento de perda por desvalorização de acordo com o *Pronunciamento Técnico CPC 01 – Redução ao Valor Recuperável de Ativos*, ao avaliar se há qualquer indicação de que a lista de clientes possa estar sujeita a uma perda.

Exemplo

Patente adquirida que expira após 15 anos

Espera-se que um produto protegido pela tecnologia patenteada seja fonte de geração de fluxos de caixa líquidos em benefício da entidade durante, pelo menos, 15 anos. A entidade tem o compromisso de um terceiro para comprar essa patente em cinco anos por 60% do justo valor da patente na data em que foi adquirida, e a entidade pretende vender a patente em cinco anos.

A patente seria amortizada durante os cinco anos de vida útil para a entidade, com um valor residual igual ao valor presente de 60% do valor justo da patente na data em que foi adquirida. A patente também seria analisada quanto à necessidade de reconhecimento de perda por desvalorização de acordo com o *Pronunciamento Técnico CPC 01 Redução ao Valor Recuperável de Ativos*.

Exemplo

***Copyright* adquirido que tem vida legal remanescente de 50 anos**

A análise dos hábitos dos consumidores e das tendências do mercado proporciona evidência de que o material com *copyright* irá gerar fluxos de caixa líquidos em benefício da entidade durante apenas mais 30 anos.

O *copyright* deve ser amortizado durante a sua vida útil estimada de 30 anos. O *copyright* também seria analisado quanto à necessidade de reconhecimento de perda por desvalorização de acordo com o *Pronunciamento Técnico CPC 01 Redução ao Valor Recuperável de Ativos*.

Exemplo

Licença de transmissão (*broadcasting*) adquirida que expira após cinco anos

A licença de transmissão *(broadcasting)* é renovável a cada 10 anos se a entidade proporcionar pelo menos um nível médio de serviço aos seus clientes e cumprir os requisitos legislativos relevantes. A licença pode ser renovada indefinidamente a baixo custo e foi renovada duas vezes antes da aquisição mais recente. A entidade adquirente pretende renovar a licença indefinidamente e as evidências existentes suportam a sua capacidade para o fazer. Historicamente, não tem havido qualquer contestação quanto à renovação da licença. Não se espera que a tecnologia usada na transmissão seja substituída por outra tecnologia em futuro previsível. Portanto, espera-se que a licença contribua para os fluxos de caixa líquidos em benefício da entidade indefinidamente.

A licença de transmissão seria tratada como tendo vida útil indefinida porque se espera que contribua para os fluxos de caixa líquidos em benefício da entidade indefinidamente. *Portanto, a licença não seria amortizada enquanto a sua vida útil não fosse determinada como definida.* A licença deve ser testada quanto à necessidade de reconhecimento de perda por desvalorização de acordo com o *Pronunciamento Técnico CPC 01 Redução ao Valor Recuperável de Ativos.*

Exemplo

Licença de transmissão do exemplo anterior

A autoridade licenciadora subsequentemente decide que vai deixar de renovar as licenças de transmissão e, em vez disso, vai leiloar essas licenças. No momento em que a autoridade licenciadora toma essa decisão, a licença de transmissão da entidade tem três anos até expirar. A entidade espera que a licença continue a contribuir para os fluxos de caixa líquidos em favor da entidade até expirar.

Dado que a licença de transmissão já não pode ser renovada, a sua vida útil deixou de ser indefinida. Assim, a licença adquirida seria amortizada durante os três anos de vida útil que faltam e imediatamente testada quanto à necessidade de reconhecimento de perda por desvalorização de acordo com o *Pronunciamento Técnico CPC 01 Redução ao Valor Recuperável de Ativos.*

Exemplo

Autorização de rota de linhas aéreas adquiridas entre duas cidades que expira após três anos

A autorização de rota pode ser renovada a cada cinco anos, e a entidade adquirente pretende cumprir as regras e regulamentos aplicáveis que envolvem a renovação. As renovações de autorizações de rota são rotineiramente concedidas a um custo mínimo e historicamente têm sido renovadas quando a linha aérea cumpre as regras e regulamentos aplicáveis. A entidade adquirente espera utilizar a rota entre as duas cidades indefinidamente a partir dos seus aeroportos centrais e espera que a infraestrutura de suporte relacionada (utilização de portões de aeroporto, *slots* e locações de instalações de terminais) continue a funcionar nesses aeroportos enquanto tiver a autorização de rota. Análises da procura e dos fluxos de caixa suportam esses pressupostos.

Dado que os fatos e as circunstâncias suportam a capacidade da entidade adquirente para continuar a fornecer serviços aéreos indefinidamente entre as duas cidades, o ativo intangível relacionado com a autorização de rota é tratado como tendo vida útil indefinida. Portanto, a autorização de rota não seria amortizada enquanto a sua vida útil não fosse determinada como definida. Seria testada quanto à necessidade de reconhecimento de perda por desvalorização de acordo com o *Pronunciamento Técnico CPC 01 Redução ao Valor Recuperável de Ativos*.

Exemplo

Marca comercial adquirida usada para identificar e distinguir um produto de consumo que tem sido líder de mercado nos últimos oito anos

A marca comercial tem vida legal restante de cinco anos, mas é renovável a cada 10 anos a baixo custo. A entidade adquirente pretende renovar a marca comercial continuamente e a evidência suporta a sua capacidade para fazê-lo. Uma análise de (1) estudos sobre o ciclo de vida do produto, (2) tendências de mercado, competitivas e ambientais, e (3) oportunidades de extensão da marca proporcionam evidência de que o produto com marca comercial irá gerar fluxos de caixa líquidos para a entidade adquirente durante um período indefinido.

A marca comercial seria tratada com tendo vida útil indefinida porque se espera que contribua para fluxos de caixa líquidos para a entidade indefinidamente. Portanto, a marca comercial não seria amortizada enquanto a sua vida útil não fosse determinada como definida. Seria testada quanto à necessidade de reconhecimento de perda por desvalorização de acordo com o *Pronunciamento Técnico CPC 01 Redução ao Valor Recuperável de Ativos*.

Exemplo

Marca comercial adquirida há 10 anos que distingue um produto de consumo líder

A marca comercial era considerada como tendo vida útil indefinida quando foi adquirida porque se esperava que o produto com a marca comercial gerasse fluxos de caixa líquidos para a entidade indefinidamente. Contudo, uma marca concorrente inesperada entrou recentemente no mercado e vai reduzir as futuras vendas do produto. A administração estima que os fluxos de caixa líquidos gerados pelo produto serão 20% inferiores no futuro previsível. Contudo, a administração espera que o produto continue a gerar fluxos de caixa líquidos para a entidade indefinidamente mesmo que por valores reduzidos.

Como resultado do decréscimo projetado nos futuros fluxos de caixa líquidos, a entidade determina que o valor recuperável estimado da marca comercial é inferior ao valor contábil, sendo reconhecida a perda por desvalorização. Dado que ainda é considerada como tendo a vida útil indefinida, a marca comercial não seria amortizada, mas continuaria sujeita ao teste quanto à necessidade de reconhecimento de perda por desvalorização de acordo com o *Pronunciamento Técnico CPC 01 Redução ao Valor Recuperável de Ativos*.

Exemplo

Marca comercial para uma linha de produtos que foi adquirida há vários anos em combinação de negócios.

No momento de uma combinação de negócios, a adquirida produzia a linha de produtos há 35 anos com muitos novos modelos desenvolvidos segundo a marca comercial. Na data de aquisição, a adquirente esperava continuar a produção da linha, e uma análise de vários fatores econômicos indicou que não havia limite para o período durante o qual a marca comercial iria contribuir para os fluxos de caixa líquidos da adquirente. Consequentemente, a marca comercial não foi amortizada pela adquirente. Contudo, a administração decidiu recentemente que a produção da linha de produtos será descontinuada em um prazo previsto de quatro anos.

Dado que a vida útil da marca comercial adquirida já não é mais considerada como indefinida, o valor contábil da marca comercial deve ser testado quanto à necessidade de reconhecimento de perda por desvalorização de acordo com o *Pronunciamento Técnico CPC 01 Redução ao Valor Recuperável de Ativos* e amortizado durante os quatro anos de vida útil remanescentes.

6.13. Amortização

É a diminuição de valor dos bens intangíveis que integram o Ativo Não Circulante Intangível e/ou o Ativo (Permanente) Diferido, se houver.

A **amortização** corresponde à perda de valor do capital aplicado na aquisição de direitos da propriedade industrial ou comercial e quaisquer outros com existência ou exercício de *duração limitada*, ou cujo objeto sejam bens de utilização *por prazo legal ou contratualmente limitado*.

Contabilmente, a **amortização** *constitui um processo muito semelhante ao da depreciação, porém aplicado aos itens imateriais (intangíveis).*

A amortização surge quando o limitante da vida útil é o tempo.

Vimos que deverão constar do *Ativo Não Circulante Intangível* os direitos que tenham por objeto **bens incorpóreos destinados à manutenção da companhia ou exercidos com essa finalidade**, inclusive o fundo de comércio adquirido (**goodwill**).

Fundo de comércio, neste caso, significa o ágio por espectativa de rentabilidade futura pago quando da aquisição de um investimento. Entendemos ser assunto de Contabilidade Avançada.

Ativo intangível é um ativo não monetário identificável sem substância física. *Ativo monetário* é aquele representado por dinheiro ou por direitos a serem recebidos em dinheiro.

Exemplo

A Empresa Litoral do Nordeste Distribuidora de Alimentos Ltda. possui Patrimônio Líquido (PL) igual a R$ 1.000.000,00. Seus sócios decidem vender a empresa e a oferecem no mercado pelo valor constante do PL. Aparecem compradores para esta empresa dispostos a pagar R$ 1.400.000,00 por ela, entendendo que tal empresa possua condições de operar no mercado realizando ainda melhores resultados. Os R$ 400.000,00 que os compradores estão interessados em pagar a mais que o valor do PL representam, nesta situação, o denominado "*goodwill*".

Ativos intangíveis sem vida útil definida não devem sofrer amortização.

Em qualquer hipótese, **o montante acumulado das quotas de amortização não poderá ultrapassar o custo de aquisição do bem ou direito, ou o valor das despesas.**

Se a existência ou o exercício do direito, ou a utilização do bem, terminar antes da amortização integral de seu custo, o saldo não amortizado constituirá encargo no período de apuração em que se extinguir o direito ou terminar a utilização do bem.

Somente será permitida a amortização de bens e direitos intrinsecamente relacionados com a produção ou a comercialização dos bens e serviços.

Exemplo

Dentre os bens que estão sujeitos à amortização no Ativo Não Circulante Intangível, citamos:

- Marcas e patentes;
- Franquias;
- Pontos Comerciais;
- Custos de Projetos Técnicos;
- Fórmulas ou processos de fabricação, direitos autorais, autorizações ou concessões; e
- Benfeitorias em propriedades de terceiros, quando vinculadas a contratos de duração limitada.

6.13.1. O Registro dos Encargos de Amortização

É costume ser realizado o seguinte lançamento referente à amortização:

D – Despesa/Encargo/Custo de Amortização
C – Amortização Acumulada

Despesa de Amortização / Encargo de Amortização / Custo de Amortização

Conta de resultado. Conta de natureza devedora. Representa o encargo econômico que a empresa suporta. Trata-se de uma Despesa Operacional.

Amortização Acumulada

Conta retificadora do item sujeito à amortização, possuindo saldo credor.

O valor da *amortização acumulada* **não poderá ultrapassar** o valor do custo de aquisição do item a que estiver se referindo. Quando for atingido o valor do custo de aquisição, considerar-se-á o valor contábil do item como sendo zero. O bem deve continuar integrando o patrimônio da empresa, com a conta Amortização Acumulada contendo igual valor ao do item, enquanto ele permanecer na empresa.

Se a existência ou o exercício do direito, ou a utilização do bem, terminar antes da amortização integral de seu custo, o saldo não amortizado constituirá encargo do período de apuração em que for extinto o direito ou em que houver o término da utilização do bem.

6.13.2. A Taxa Anual de Amortização

A *taxa anual de amortização* será fixada tendo em vista:

I – o número de anos restantes de existência do direito;

II – o número de períodos de apuração em que deverão ser usufruídos os benefícios decorrentes das despesas registradas no Ativo Diferido.

Costuma-se utilizar o *método linear* para o cálculo das taxas de amortização.

Exemplo

A Empresa Boi Gordo Comercial Ltda. possui uma marca no valor de R$ 100.000,00, adquirida em 10/02/2007. Esta marca será amortizada pelo prazo de 10 anos. Neste caso:

Taxa anual de amortização = 100% / 10 = 10% a.a.

Encargos de amortização anuais = R$ 100.000,00 x 10% a.a. = R$ 10.000,00

6.13.3. As Quotas de Amortização

A **quota de amortização** será determinada pela aplicação da taxa anual de amortização sobre o valor original do capital aplicado ou das despesas registradas no Ativo Diferido.

Se a amortização tiver início ou terminar no curso do período de apuração anual, ou se este tiver duração inferior a doze meses, a taxa anual será proporcionalmente ajustada ao período de amortização, quando for o caso.

A amortização poderá ser apropriada em quotas mensais, dispensado o ajuste da taxa para o capital aplicado ou baixado no curso do mês.

Observe que a amortização também poderá ser apropriada em quotas mensais, assim como ocorre com a depreciação. Considera-se sempre o mês integral, quando se tratar de início ou de término de período de apuração dos encargos de amortização.

Exemplo

A Empresa Duplicatus Comercial Ltda. possui um *software* em seu patrimônio registrado no valor de R$ 30.000,00. Considere a taxa anual de amortização a ser aplicada igual a 20%. Neste caso:

Quota anual de amortização = R$ 30.000,00 x 20% a.a. = R$ 6.000,00

No caso da amortização somente devem ser amortizados os intangíveis cujos valores se reduzem ao longo do tempo.

Exemplo

Uma empresa possui uma *marca* de grande valor e tudo faz para mantê-la válida jurídica e economicamente, logrando êxito. Neste caso, não há razão para amortizá-la.

Isto também ocorre com outros ativos, como no caso do ágio de fundo de comércio de investimentos.

6.14. Exaustão

A **exaustão** corresponde à perda de valor dos recursos naturais não renováveis (minerais ou florestais), registrados no Ativo Não Circulante, resultante de sua exploração (aproveitamento). Os equipamentos exclusivamente utilizados para a finalidade de exploração (aproveitamento) também compõem o citado valor.

Corresponde ao reconhecimento do custo dos recursos naturais, durante o período em que tais recursos são exauridos ou extraídos, transformando-se em matéria-prima.

Objetiva distribuir o custo dos recursos naturais durante o período em que tais recursos são extraídos ou exauridos.

Conforme o art. 330 do Regulamento do Imposto de Renda, poderá ser computada, como custo ou encargo, em cada período de apuração, a importância correspondente à diminuição do valor de recursos minerais ou florestais, resultante da sua exploração.

A quota de exaustão será determinada de acordo com os princípios de depreciação, com base no custo de aquisição ou prospecção, dos recursos minerais ou florestais explorados.

O montante da quota de exaustão será determinado tendo em vista o volume da produção no período e sua relação com a possança conhecida da mina, *ou* em função do prazo de concessão.

Somente os recursos não renováveis são passíveis de exaustão!

Os **equipamentos de extração mineral ou florestal** podem, opcionalmente, ser depreciados, utilizando-se, para tal finalidade, os critérios e taxas de depreciação. **Porém, normalmente devem ser exauridos juntamente com o objeto de exploração.**

São exemplos de equipamentos (montagens) de extração mineral ou florestal as construções (montagens) realizadas no interior das minas, tais como elevadores, canalizações, trilhos, além de outros materiais que não sejam retirados quando for finalizada a extração ou que não sejam posteriormente aplicados em outras atividades.

Exemplo

São exemplos de bens sujeitos à exaustão:

- Minas;
- Rios;
- Jazidas;
- Florestas etc.

A exploração de **jazidas minerais inesgotáveis *ou* de exaurimento indeterminável**, como as de água mineral, **não estão sujeitas à exaustão**, por não haver custo ativável (ou seja, que possa ser registrado no ativo) de direitos minerais. Caberá apenas a apropriação normal de quotas de amortização ou das despesas operacionais, conforme o caso.

6.14.1. O Registro dos Encargos de Exaustão

É costume ser realizado o seguinte lançamento referente à exaustão:

D – Despesa/Encargo/Custo de Exaustão
C – Exaustão Acumulada

Despesa de Exaustão / Encargo de Exaustão / Custo de Exaustão

Conta de resultado. Conta de natureza devedora. Representa o encargo econômico que a empresa suporta. Trata-se de uma Despesa Operacional.

Exaustão Acumulada

Conta retificadora do item sujeito à exaustão, possuindo saldo credor.

6.14.2. A Exaustão de Recursos Minerais

O art. 330 do Regulamento do Imposto de Renda cita as formas de obtenção das quotas de exaustão.

O montante da quota de exaustão de recursos minerais será determinado, em cada ano, de acordo com os princípios de depreciação, tendo como base de cálculo o valor do custo de aquisição ou de prospecção, por uma das duas maneiras a seguir apresentadas:

1) *Em função do prazo de concessão*:

A **concessão** corresponde à habilitação obtida pela empresa junto ao Governo, a fim de poder explorar o minério desejado.

O cálculo da quota de exaustão é realizado sobre o valor dos gastos efetuados para a obtenção da concessão. Estes gastos irão desde a análise do solo, passando pelos levantamentos aerofotogramétricos e pelas medições de jazidas, até o pagamento de taxas e encargos correspondentes.

Exemplo

Suponhamos a existência de uma mina de carvão com prazo de concessão igual a 20 anos. Logo, a taxa de exaustão será calculada sobre os gastos efetuados na obtenção do direito de exploração.

Taxa anual de exaustão = 100% / 20 anos = 5% a.a.

2) *Em função da relação existente entre o volume de produção do período e a* ***possança*** *(espessura das camadas geológicas de uma mina) conhecida da mina (método das unidades produzidas)*:

A taxa anual de exaustão será obtida mediante a relação existente entre o volume de minério extraído e a <u>reserva</u> potencial da mina (possança). <u>Reserva</u> é a capacidade estimada da mina.

Exemplo

Suponhamos a existência de uma mina de carvão com capacidade estimada igual a 1.000 toneladas. Num determinado período, houve a extração correspondente a 120 toneladas. Logo, a taxa de exaustão será igual a:

Taxa de exaustão para o referido ano = (quantidade extraída/possança estimada) x 100% = (120/1.000) x 100% = 12% a.a.

Exemplo

Item: jazida de carvão pertencente a terceiros
Valor de registro da jazida: R$ 1.000.000,00
Possança estimada da jazida: 1.000 toneladas
Extração realizada no período: 200 toneladas
Prazo de concessão para exploração: 10 anos

Como vimos, o montante da quota de exaustão de recursos minerais será determinado, em cada ano, de acordo com os princípios de depreciação, tendo como base de cálculo o valor do custo de aquisição ou de prospecção, a partir de uma das duas maneiras a seguir apresentadas:

1) Em função do prazo de concessão:
100% / 10 anos = 10% a.a.
Encargos de Exaustão = 10% x R$ 1.000.000,00 = R$ 100.000,00

Registro:

D – Encargos de Exaustão
C – Exaustão Acumulada 100.000,00

No Balanço Patrimonial:
Ativo Não Circulante
  Intangível
        Direitos sobre Jazidas de Carvão   1.000.000,00
        (-) Exaustão Acumulada   (100.000,00)

2) Em função da relação existente entre o volume de produção do período e a **possança** (espessura das camadas geológicas de uma mina) conhecida da mina:

Taxa anual de exaustão = (quantidade extraída/possança estimada) x 100% = (200/1.000) x 100% = 20% a.a.
Encargos de Exaustão = 20% x R$ 1.000.000,00 = R$ 200.000,00

Registro:

D – Encargos de Exaustão
C – Exaustão Acumulada 200.000,00

No Balanço Patrimonial:
Ativo Não Circulante
  Intangível
    Direitos sobre Jazidas de Carvão 1.000.000,00
    (-) Exaustão Acumulada (200.000,00)

O montante da quota de exaustão será determinado tendo em vista o volume da produção no período e sua relação com a possança conhecida da mina, ou em função do prazo de concessão.

Se o prazo de concessão for maior do que o prazo previsto para o esgotamento dos recursos, a entidade registrará os encargos de exaustão de acordo com os recursos efetivamente exauridos; por outro lado, se o prazo de concessão for menor que o prazo previsto para o esgotamento, a entidade registrará os encargos de exaustão em função do prazo da concessão.

6.14.3. A Exaustão de Recursos Florestais Próprios

Poderá ser computada, como custo ou encargo, em cada período de apuração, a importância correspondente à diminuição do valor de recursos florestais, resultante de sua exploração.

A quota de exaustão dos recursos florestais destinados a corte terá como base de cálculo o valor das florestas.

Para o cálculo do valor da quota de exaustão será observado o seguinte critério:

I – apurar-se-á, inicialmente, o percentual que o volume dos recursos florestais utilizados ou a quantidade de árvores extraídas durante o período de apuração representa em relação ao volume ou à quantidade de árvores que no início do período de apuração compunham a floresta;

II – o percentual encontrado será aplicado sobre o valor contábil da floresta, registrado no Ativo, e o resultado será considerado como custo dos recursos florestais extraídos.

As disposições acima expostas aplicam-se, também, às florestas objeto de direitos contratuais de exploração por prazo **indeterminado**, devendo as quotas de exaustão ser contabilizadas pelo adquirente desses direitos, **que tomará como valor da floresta o do contrato.**

Exemplo

Tem-se uma floresta com quantidade de árvores existentes no início do período de apuração igual a 1.000.000 de unidades. O valor contábil da floresta, registrado no Ativo Não Circulante Imobilizado é igual a R$ 12.000.000,00.

Foram extraídas durante o período de apuração 80.000 unidades.

Taxa percentual de exaustão = (80.000 / 1.000.000) x 100% = 8%

Custo dos recursos florestais extraídos = 8% x R$ 12.000.000,00 = R$ 960.000,00

6.15. Exercícios Resolvidos para a Fixação de Conteúdo

Questão 22 – (Contador Júnior – PETROBRAS – Fundação CESGRANRIO – 2008)
De acordo com as determinações da Lei nº 6.404/76, com a nova redação dada pelas Leis nº 9.457/97, nº 10.303/2001 e nº 11.638/2007, os direitos que tenham por objeto bens incorpóreos destinados à manutenção da Companhia, ou exercidos com essa finalidade, devem ser classificados no

a) Ativo Circulante.
b) Ativo Realizável a Longo Prazo.
c) Ativo imobilizado.
d) Diferido.
e) Intangível.

Resolução e Comentários

De acordo com o Art. 179 da Lei das Sociedades por Ações:

<u>Art. 179 da Lei nº 6.404/76</u>
Ativo
Art. 179. As contas serão classificadas do seguinte modo:
I – no ativo circulante: as disponibilidades, os direitos realizáveis no curso do exercício social subsequente e as aplicações de recursos em despesas do exercício seguinte;
II – no ativo realizável a longo prazo: os direitos realizáveis após o término do exercício seguinte, assim como os derivados de vendas, adiantamentos ou empréstimos a sociedades coligadas ou controladas (art. 243), diretores, acionistas ou participantes no lucro da companhia, que não constituírem negócios usuais na exploração do objeto da companhia;
III – em investimentos: as participações permanentes em outras sociedades e os direitos de qualquer natureza, não classificáveis no ativo circulante, e que não se destinem à manutenção da atividade da companhia ou da empresa;
IV – no ativo imobilizado: os direitos que tenham por objeto bens corpóreos destinados à manutenção das atividades da companhia ou da empresa ou exercidos com essa finalidade, inclusive os decorrentes de operações que transfiram à companhia os benefícios, riscos e controle desses bens; (Redação dada pela Lei nº 11.638, de 2007)
V – (Revogado pela Lei nº 11.941, de 2009)
VI – **no intangível: os direitos que tenham por objeto bens incorpóreos destinados à manutenção da companhia ou exercidos com essa finalidade, inclusive o fundo de comércio adquirido**. (Incluído pela Lei nº 11.638, de 2007)
Parágrafo único. Na companhia em que o ciclo operacional da empresa tiver duração maior que o exercício social, a classificação no circulante ou longo prazo terá por base o prazo desse ciclo.

Gabarito – E

Questão 23 – (Contador Pleno – PETROBRAS – Fundação CESGRANRIO – 2005)
A Cia. de Mineração Ouro Branco adquiriu, em janeiro de 2004, uma jazida no valor de R$ 450.000,00. Os gastos com pesquisa e estudos geológicos realizados na mesma época totalizaram R$ 150.000,00. O valor a ser considerado na base de cálculo, em reais, para fins de cálculo da exaustão, é:
a) 150.000,00.
b) 300.000,00.
c) 450.000,00.
d) 495.000,00.
e) 600.000,00.

Resolução e Comentários

Os gastos com pesquisa e estudos geológicos foram necessários à aquisição da jazida. Logo, devem fazer parte de seu custo de aquisição.

Em consequência disto, o valor a ser considerado para fins de exaustão deve ser igual a:

→   R$ 450.000,00 + R$ 150.000,00 = R$ 600.000,00

Gabarito – E

Questão 24 – (Técnico de Contabilidade I – PETROBRAS – CESGRANRIO – 2008)
A Companhia Alfa S/A possui os seguintes bens no Ativo Permanente:
- Móveis e utensílios
- Máquinas, aparelhos e equipamentos
- Instalações
- Veículos
- Terrenos
- Equipamentos de processamento eletrônico de dados
- Sistemas aplicativos – *Software*
- Marcas, direitos e patentes industriais
- Direitos sobre recursos naturais
- Benfeitorias em propriedades arrendadas
- Gastos de organização e administração

Da relação de bens acima, aqueles sujeitos à amortização são:
a) Marcas, direitos e patentes industriais; Direitos sobre recursos naturais; e Gastos de organização e administração.
b) Equipamentos de processamento eletrônico de dados; Marcas, direitos e patentes industriais; Sistemas aplicativos – *Software*; Direitos sobre recursos naturais e Gastos de organização e administração.
c) Sistemas aplicativos – *Software*; Marcas, direitos e patentes industriais; Benfeitorias em propriedades arrendadas; e Gastos de organização e administração.
d) Sistemas aplicativos – *Software*; Direitos sobre recursos naturais; e Gastos de organização e administração.
e) Gastos de organização e administração, apenas.

Resolução e Comentários

Amortização é a diminuição de valor dos bens intangíveis que integram o ativo permanente intangível ou diferido.

Compreende os valores correspondentes à recuperação do capital aplicado em bens incorpóreos (intangíveis) ou à recuperação dos recursos aplicados em despesas que contribuam para a formação do resultado de mais de um exercício social, a ser lançada como custo ou encargo, em cada exercício social.

Contabilmente, a amortização constitui um processo semelhante ao da depreciação, porém aplicado aos bens imateriais.

Direitos sobre recursos naturais – exaustão

Gabarito – C

Questão 25 – (Técnico de Contabilidade Júnior – PETROBRAS Distribuidora S/A– CESGRANRIO – 2008)

Dentre os itens abaixo, qual deve sofrer amortização?
a) Obras civis.
b) Obras de arte.
c) Ferramentas.
d) Direito de exploração.
e) Direitos sobre recursos naturais.

Resolução e Comentários

Direitos sobre recursos naturais – exaustão

Obras de arte – não sofrem depreciação

Obras civis; ferramentas – depreciação

Gabarito – D

Questão 26 – (Analista de Nível Superior – Contabilidade – Casa da Moeda – Fundação CESGRANRIO – 2009)

Uma jazida de minério de ferro está contabilizada no Ativo Imobilizado de uma mineradora por R$ 516.000,00. Os estudos e controles da mineradora indicam que há a possibilidade de a possança de 200.000 toneladas de minério de ferro estar totalmente exaurida em 15 anos e que, nos 3 primeiros anos de exploração desta mina, haviam sido extraídos e vendidos 25% da possança, por R$ 1.000.000,00. Considerando única e exclusivamente as informações dadas, o saldo contábil deste Ativo Imobilizado evidenciado no balanço levantado ao final do terceiro exercício social, contado do início da extração do minério de ferro desta jazida, em reais, é

a) 412.800,00.
b) 387.000,00.
c) 266.000,00.
d) 129.000,00.
e) 103.200,00.

Resolução e Comentários

A jazida de minério de ferro está sujeita à exaustão.

Valor de registro da jazida: R$ 516.000,00

Valor de exaustão acumulada nos três primeiros anos: 25% x R$ 516.000,00 = R$ 129.000,00

→ Valor contábil ao final do terceiro ano: R$ 516.000,00 − R$ 129.000,00 = R$ 387.000,00

Gabarito – B

Questão 27 – (Auditor-Fiscal da Receita Estadual – MG – EsAF – 2005)

A mina Etereal, após a aquisição e instalação, custara R$ 300.000,00 aos cofres da nossa empresa, mas tinha capacidade estimada em 500 mil metros cúbicos de minério e foi instalada com capacidade de exploração em 8 anos, mantendo-se o residual de proteção de 20% da capacidade produtiva. Ao fim do 5º ano de exploração bem-sucedida, a mina foi alienada por R$ 200.000,00, com quitação em vinte duplicatas mensais.

Analisando essas informações, assinale abaixo a única assertiva que não é verdadeira.

a) A exploração anual será de 50 mil m³ de minério.
b) A taxa de exaustão será de 10% do custo total por ano.
c) A taxa de exaustão será de 12,5% ao ano.
d) Ao fim do 5º ano, a exaustão acumulada será de 50% do custo da mina.
e) O custo a ser baixado no ato da venda será de R$ 90.000,00.

Resolução e Comentários

Informações iniciais da questão:

- Valor de aquisição da mina: R$ 300.000,00
- Capacidade de minério estimada: 500 mil metros cúbicos
- Capacidade de exploração: 8 anos → Exploração de 12,5% a.a. (= 100% / 8 anos)
- Valor residual: 20% da capacidade produtiva

Em consequência:

Valor residual: R$ 300.000,00 x 20% = R$ 60.000,00

(ou)

500.000 x 20% = 100.000 metros cúbicos

Valor exaurível: R$ 300.000,00 x 80% = R$ 240.000,00

(ou)

500.000 m³ x 80% = 400.000 m³

Analisando as alternativas:

a) A exploração anual será de 50 mil m³ de minério.
   Certo!
   400.000 m³ / 8 anos = 50.000 m³ / ano
   (ou)
   R$ 240.000,00 / 8 anos = R$ 30.000,00 / ano

b) A taxa de exaustão será de 10% do custo total por ano.
   Certo!
   A partir da alternativa "a", tem-se:
   50.000 m³ / 500.000 m³ = 10%
   (ou)
   R$ 30.000,00 / R$ 300.000,00 = 10%

c) A taxa de exaustão será de 12,5% ao ano.
   Certo!
   Valor exaurível: R$ 300.000,00 x 80% = R$ 240.000,00
   (ou)
   500.000 m³ x 80% = 400.000 m³

Logo:
(50.000 m³ / 400.000 m³) x 100% = 12,5%
   (ou)
(R$ 30.000,00 / R$ 240.000,00) x 100% = 12,5%

d) Ao fim do 5º ano, a exaustão acumulada será de 50% do custo da mina.
   Certo!

Exaustão acumulada em 5 anos:
50.000 m³/ano x 5 anos = 250.000 m³ → (250.000 m³ / 500.000 m³) x 100% = 50%
   (ou)
R$ 30.000,00 x 5 anos = R$ 150.000,00 → (R$ 150.000,00 / R$ 300.000,00) x 100% = 50%

e) O custo a ser baixado no ato da venda será de R$ 90.000,00.
   Errado!

Ao final do quinto ano deveremos baixar R$ 150.000,00 como custo, conforme consta da letra "d".
Gabarito – E

Questão 28 – (Ciências Contábeis – BNDES – CESGRANRIO – 2008)
Um dos critérios analisados pelos órgãos internacionais de contabilidade diz respeito aos gastos com pesquisa e desenvolvimento. Qual o tratamento contábil internacional recomendado para esses gastos?
a) Deverão ser capitalizados como Ativo e amortizados durante o período esperado de futuros benefícios econômicos, não superiores a 10 anos.
b) Deverão ser capitalizados como Ativo e amortizados durante o período esperado de benefícios futuros, sendo o prazo dos gastos com pesquisa de 5 anos, e o de gastos com desenvolvimento, de até 10 anos.
c) Devem ser levados a resultado do exercício imediatamente, quando incorridos, em razão da incerteza dos benefícios econômicos futuros.
d) Os gastos com pesquisa deverão ser capitalizados como Ativo durante o período mínimo de 5 anos, enquanto os gastos com desenvolvimento deverão ser levados a resultado, tão logo tenham sido incorridos.
e) Os gastos com pesquisa deverão ser reconhecidos como Despesa do Exercício, quando incorridos, e os gastos com desenvolvimento poderão ser capitalizados no Ativo, se atendidas certas condições.

Resolução e Comentários
Os gastos com pesquisa deverão ser reconhecidos como Despesa do Exercício, quando incorridos, e os gastos com desenvolvimento poderão ser capitalizados no Ativo, se atendidas certas condições.
Gabarito – E

Questão 29 – (Auditoria Governamental – TCE/AM – FCC – Alterada – 2008)
São contas pertencentes ao Ativo Não Circulante Intangível:
a) Concessões, Direitos sobre Recursos Minerais e Patentes.
b) Derivativos, Direitos sobre Recursos Minerais e Reflorestamento.
c) Reflorestamento, Benfeitorias em Propriedades de Terceiros e Patentes.
d) Benfeitorias em Propriedades de Terceiros, Derivativos e Concessões.
e) Sistemas e Aplicativos, Reflorestamento e Direitos sobre Recursos Minerais.

Resolução e Comentários
Derivativos – Ativo Circulante
Reflorestamento – Ativo Não Circulante Imobilizado
Benfeitorias em Propriedades de Terceiros – Ativo Não Circulante Imobilizado
Todas as demais contas são do Ativo Não Circulante Intangível.
Gabarito – A

Questão 30 – (Analista Judiciário – Área Administrativa – Contabilidade – TRT/18ª Região – FCC – 2008)

A Cia. Maracanã efetuou uma benfeitoria em imóvel alugado de terceiros, cujo valor será revertido ao proprietário do imóvel no final do contrato de locação. O valor contábil da benfeitoria está assim demonstrado em seu balanço patrimonial levantado em 31-12-2007:

Custo da benfeitoria R$ 120.000,00
(-) Amortização acumulada (R$ 66.000,00)
(=) Valor contábil R$ 54.000,00

Sabendo que o contrato de locação é de 10 anos, pode-se concluir que, em relação a 31-12-2007, o início da amortização ocorreu há

a) seis anos e quatro meses.
b) seis anos.
c) cinco anos e meio.
d) cinco anos e três meses.
e) quatro anos e meio.

Resolução e Comentários

Informações fornecidas pela questão:

- Prazo de amortização: 10 anos ou 120 meses
- Valor amortizável: R$ 120.000,00
- Quota mensal de amortização: R$ 120.000,00 / 120 meses = R$ 1.000,00 / mês

Se já existe amortização acumulada no valor de R$ 66.000,00, então podemos afirmar que já foi computado o seguinte total de meses de encargos de amortização:

R$ 66.000,00 / R$ 1.000,00/mês = 66 meses = 60 meses + 6 meses = 5 anos e 6 meses

Gabarito – C

Questão 31 – (Auditor-Fiscal da Receita Federal – EsAF – 2002)

A Cia. Poços & Minas possui uma máquina própria de sua atividade operacional, adquirida por R$ 30.000,00, com vida útil estimada em 5 anos e depreciação baseada na soma dos dígitos dos anos em quotas crescentes.

A mesma empresa possui também uma mina custeada em R$ 60.000,00, com capacidade estimada de 200 mil kg, exaurida com base no ritmo de exploração anual de 25 mil kg de minério.

O usufruto dos dois itens citados teve início na mesma data. As contas jamais sofreram correção monetária.

Analisando tais informações, podemos concluir que, ao fim do terceiro ano, essa empresa terá no Balanço Patrimonial, em relação aos bens referidos, o valor contábil de:

a) R$ 34.500,00.
b) R$ 40.500,00.
c) R$ 49.500,00.
d) R$ 55.500,00.
e) R$ 57.500,00.

Resolução e Comentários
- Máquina:
  - Valor: R$ 30.000,00
  - Vida útil: 5 anos
  - Depreciação baseada na soma dos dígitos em quotas crescentes

Soma dos dígitos dos anos: 1 + 2 + 3 + 4 + 5 = 15
Valor anual da depreciação:
1º ano: 1/15 x R$ 30.000,00 = R$ 2.000,00
2º ano: 2/15 x R$ 30.000,00 = R$ 4.000,00
3º ano: 3/15 x R$ 30.000,00 = R$ 6.000,00

Em consequência disto, a depreciação acumulada no terceiro ano vale R$ 12.000,00 (= R$ 2.000,00 + R$ 4.000,00 + R$ 6.000,00).
Cálculo do valor contábil da máquina:

Máquina – R$ 30.000,00
(-) Depreciação Acumulada – (R$ 12.000,00)
(=) Valor contábil = R$ 18.000,00

- Mina:
  - Valor: R$ 60.000,00
  - Capacidade estimada: 200.000 kg
  - Velocidade de exploração: 25.000 kg/ano
  - Taxa de exaustão anual: (25.000 kg / 200.000 kg) x 100% = 12,5% a.a.

Exaustão ocorrida em 3 anos:

Exaustão: 12,5% a.a. x 3 anos x R$ 60.000,00 = R$ 22.500,00

Cálculo do valor contábil da mina:

Mina – R$ 60.000,00
(-) Exaustão Acumulada – (R$ 22.500,00)
(=) Valor contábil = R$ 37.500,00

Valor contábil solicitado:
R$ 18.000,00 + R$ 37.500,00 = R$ 55.500,00
Gabarito – D

6.16. O Ativo Permanente Diferido

Antes das modificações ocorridas na Lei das Sociedades por Ações pela Lei nº 11.638/07, a divisão do Ativo compreendia o que é a seguir exposto, de acordo com a antiga redação do art. 178 da lei das Sociedades por Ações:

- Ativo Circulante;
- Ativo Realizável a Longo Prazo; e
- Ativo Permanente, dividido em Investimentos, Imobilizado e **Diferido**.

Constavam do ***Ativo Permanente Diferido*** *as aplicações de recursos em despesas que contribuirão para a formação do resultado de mais de um exercício social, inclusive os juros pagos ou creditados aos acionistas durante o período que anteceder o início das operações sociais.*

Apenas despesas que contribuíssem para a formação de mais de um resultado poderiam ser reconhecidas no Ativo Permanente Diferido. Se fossem despesas que contribuíssem para a formação de um único resultado, então despesas deste resultado seriam, não podendo ser *ativadas* (ou seja, reconhecidas no Ativo).

Constavam do Ativo Permanente Diferido *despesas já incorridas, correspondentes às receitas ainda não realizadas*. O regime de Competência disciplina que os efeitos das transações e outros eventos sejam reconhecidos nos períodos a que se referem, independentemente do recebimento ou pagamento, *pressupondo a simultaneidade da confrontação de receitas e de despesas correlatas*. Como as despesas diferidas eram efetuadas em períodos anteriores ao do reconhecimento das receitas a elas correspondentes, eram reconhecidas no Ativo Permanente Diferido, sendo consideradas equivalentes a bens incorpóreos, apesar de, de fato, serem apenas despesas a serem reconhecidas no Ativo até o momento de sua *amortização*. À medida que as receitas eram reconhecidas, as despesas diferidas eram *amortizadas*, fazendo parte do resultado do exercício ao qual pertenciam tais receitas.

Os ativos ditos diferidos possuíam como principal característica o fato de serem amortizados por apropriação das despesas operacionais ao longo do tempo em que se estivesse contribuindo para a formação do resultado da entidade.

Os ativos diferidos compreendiam despesas realizadas durante o período de planejamento, construção e implantação de projetos, período este anterior ao início das operações da entidade. Classificavam-se no Ativo Permanente Diferido todas as despesas executadas durante a *fase pré-operacional da entidade*, assim como aquelas que levassem à ampliação de seus empreendimentos.

Os bens corpóreos adquiridos para a entidade durante a fase pré-operacional eram diretamente classificados no Ativo Permanente Imobilizado. Por não representarem despesas, não poderiam ser considerados tais quais despesas diferidas.

Exemplo

São exemplos de despesas que poderiam ser reconhecidas no Ativo Permanente Diferido, de acordo com o Regulamento do Imposto de Renda e com o Manual de Contabilidade Societária:

- Gastos de organização e administração pré-operacionais ou pré-industriais;
- Despesas de juros durante a fase pré-operacional;
- Custos e despesas de desenvolvimento de jazidas e minas ou de expansão de atividades industriais, classificados como ativo diferido até o término da construção ou da preparação para exploração
- Estudos, projetos e detalhamentos;
- Despesas com pesquisas científicas ou tecnológicas, inclusive com experimentação para criação ou aperfeiçoamento de produtos, processos, fórmulas e técnicas de produção, administração ou venda;
- Despesas de expansão de empreendimentos;
- Despesas pré-operacionais referentes à implantação de novas atividades;
- Despesas com prospecção e cubagem de jazidas ou depósitos, realizadas por concessionárias de pesquisa ou lavra de minérios, sob a orientação técnica de engenheiro de minas;
- Gastos de implantação de sistemas e métodos;
- Gastos de reorganização etc.

O Inciso V do art. 179 da Lei das Sociedades por Ações, que trata do Ativo Permanente Diferido, *atualmente se encontra revogado.*

6.16.1. Os Juros Pagos ou Creditados aos Acionistas Durante a Fase Pré-Operacional

Constavam do ***Ativo Permanente Diferido*** *as aplicações de recursos em despesas que contribuirão para a formação do resultado de mais de um exercício social,* ***inclusive os juros pagos ou creditados (a pagar) aos acionistas durante o período que anteceder o início das operações sociais.***

Os citados juros deveriam ser registrados no Ativo Permanente Diferido.

Somente quando a entidade apura lucro em seu resultado tem condição de destinar parcela de tal lucro aos acionistas, na forma de *dividendos*. Como a entidade, na fase pré-operacional, regra geral não possuía condição de obter lucros, já que não costumava gerar receitas suficientes para tal fim, costumava remunerar seus investidores durante a fase pré-operacional pagando juros sobre o capital por eles investido, como se o capital fosse, nesse período, uma forma de empréstimo.

6.16.2. Os Resultados Obtidos Durante a Fase Pré-Operacional

Resultados porventura obtidos durante a fase pré-operacional deveriam ter seus valores registrados como ajustes das despesas pré-operacionais. O Manual de Contabilidade Societária cita o exemplo da aplicação financeira do capital obtido pela entidade e não utilizado na fase pré-operacional, gerando a apuração de receitas financeiras. Neste caso, o valor das receitas financeiras então obtidas deveria ser deduzido das despesas pré-operacionais incorridas no período. Em havendo despesas financeiras, tais despesas deveriam ser somadas às despesas diferidas ora obtidas. Se ocorressem variações monetárias durante este período, também seriam reconhecidas no Ativo Permanente Diferido.

Por outro lado, resultados obtidos pela entidade que não se relacionassem com a fase de implantação não poderiam ser reconhecidos no Ativo Permanente Diferido. Como exemplo, citamos a venda, com lucro, de veículos utilizados apenas para fins administrativos durante a fase pré-operacional. O resultado obtido faria parte da demonstração do resultado obtido no período, mostrando a confrontação de receitas e despesas correlatas, incorridas em tal fase pré-operacional.

6.16.3. A Avaliação e a Amortização do Ativo Permanente Diferido

Conforme o já revogado Inciso VI do art. 183 da Lei das Sociedades por ações, a avaliação do Ativo Permanente Diferido deveria ser feita pelo valor do capital aplicado, deduzido do saldo das contas que registrassem a sua amortização.

O *capital aplicado* correspondia ao total de gastos realizados pela entidade.

Quanto à amortização dos ativos diferidos, o art. 183 da Lei nº 6.404/76 assim disciplinava:

"Os recursos aplicados no Ativo Permanente Diferido serão amortizados periodicamente, **em prazo não superior a 10 (dez) anos***, a partir do início da operação normal ou do exercício em que passem a ser usufruídos os benefícios deles decorrentes, devendo ser registrada a perda do capital aplicado quando abandonados os empreendimentos ou atividades a que se destinavam, ou comprovado que essas atividades não poderão produzir resultados suficientes para amortizá-los."*

Já o Regulamento do Imposto de Renda, em seu art. 327, ao tratar dos ativos diferidos, determinava que a amortização deles não poderia ocorrer em prazo inferior a 5 anos.

Conclui-se, então, que **a amortização dos ativos diferidos deveria ser efetuada com prazo mínimo de 5 anos e máximo de 10 anos.**

A amortização era comumente efetuada pelo método linear, conforme adiante apresentado.

Exemplo

Uma empresa possui a conta Despesas Pré-Operacionais (Ativo Diferido) com saldo igual a R$ 180.000,00. Iniciou-se a amortização em 12/03/2001. O prazo estipulado para amortização é de 05 anos.

Taxa percentual anual de amortização: 100% / 5 = 20% a.a.

Em 2001:

20% x (10 meses / 12 meses) = 16,667% → Encargos de Amortização = 16,667% x R$ 180.000,00 = R$ 30.000,00

Ano	Taxa Percentual Anual	Encargos de Amortização Anuais	Saldo a Amortizar
2001			Saldo Inicial = R$ 180.000,00
2001	16,667%	R$ 30.000,00	R$ 150.000,00
2002	20,000%	R$ 36.000,00	R$ 114.000,00
2003	20,000%	R$ 36.000,00	R$ 78.000,00
2004	20,000%	R$ 36.000,00	R$ 42.000,00
2005	20,000%	R$ 36.000,00	R$ 6.000,00
2006	3,333%	R$ 6.000,00	R$ 0,00
Totais	**100,000%**	**R$ 180.000,00**	-

No Balanço Patrimonial de 2001:

Ativo Permanente
   Diferido
        Despesas Pré-Operacionais 180.000,00
        (-) Amortização Acumulada (30.000,00)
        (=) Valor Contábil = 150.000,00

Terminado o período de amortização do Ativo Diferido, teríamos a seguinte situação:

No Balanço Patrimonial de 2006:

Ativo Permanente
   Diferido
        Despesas Pré-Operacionais 180.000,00
        (-) Amortização Acumulada (180.000,00)
        (=) Valor Contábil = 0,00

Não haveria mais sentido deixar constar do Ativo da entidade tais registros, pois todas as despesas já foram reconhecidas em contrapartida as suas respectivas receitas anuais. Neste caso, procederíamos à baixa das despesas diferidas em comento:

D – Amortização Acumulada (retificadora do Ativo Diferido)
C – Despesas Pré-Operacionais (Ativo Diferido)   180.000,00

Convém ressaltar que as despesas diferidas devem constar dos resultados em que haja receitas a elas correspondentes, pois tais despesas contribuem para a formação de mais de um resultado.

6.16.4. A Alteração do Ativo Permanente Diferido pela Lei nº 11.638/07

A Lei nº 11.638/2007 modificou parcialmente a Lei das Sociedades por Ações. Dentre as modificações apresentadas, alterou a redação do Inciso V do art. 179 desta, permitindo, a partir de 2008, *apenas* os seguintes registros no Ativo Permanente Diferido:

No Ativo Permanente Diferido somente poderiam ser reconhecidas *"as despesas pré-operacionais e os gastos de reestruturação que contribuirão, efetivamente, para o aumento do resultado de mais de um exercício social e que não configurem tão somente uma redução de custos ou acréscimo na eficiência operacional."*

Esta alteração teve duração de apenas um ano (o exercício social de 2008). A partir desta alteração, somente poderiam ser reconhecidos no Ativo Permanente Diferido os gastos de reestruturação e as despesas pré-operacionais que tivessem a possibilidade de incrementar receitas, proporcionando novos benefícios econômicos futuros. A administração da entidade deveria ter elementos de prova suficientes referentes aos benefícios econômicos futuros trazidos por tais despesas. As despesas ora citadas não poderiam caracterizar meras reduções de custos, tampouco simples acréscimos na eficiência.

6.16.5. A Proibição de Registros no Ativo Permanente Diferido a Partir da Lei nº 11.941/2009

A Lei nº 11.941/2009 alterou a Lei das Sociedades por Ações, revogando o Inciso V do art. 179 desta. Com isso, **não é mais permitido realizar registros no Ativo Permanente Diferido**. Inclusive, o art. 178 da Lei nº 6.404/76 também teve o seu texto alterado pela Lei nº 11.941/2009, fazendo com que o Ativo seja dividido, a partir de então, da seguinte maneira:

- **Ativo Circulante; e**
- **Ativo Não Circulante, subdividido em:**
    - **Ativo Realizável a Longo Prazo;**
    - **Investimentos;**
    - **Imobilizado; e**
    - **Intangível.**

De acordo com o art. 299 da Lei das Sociedades por Ações, o saldo existente em 31 de dezembro de 2008 no Ativo Permanente Diferido que, pela sua natureza, não puder ser alocado a outro grupo de contas, poderá permanecer no Ativo sob essa classificação até sua completa amortização, sujeito à análise sobre a recuperação de valores (os denominados *testes de recuperabilidade de custos*).

A Resolução CFC 1.152, de 23 de janeiro de 2009, ao tratar da adoção inicial da Lei nº 11.638/2007 e da Medida Provisória 449/2008, convertida na Lei nº 11.941/2009, assim apresentou o tratamento a ser conferido aos ativos diferidos:

*"A Lei nº 11.638/2007 restringiu o lançamento de gastos no Ativo Permanente Diferido, mas, após isso, a Medida Provisória nº 449/2008 extinguiu esse grupo de contas. Assim, os ajustes iniciais de adoção das novas Lei e Medida Provisória devem ser assim registrados: **os gastos ativados que não possam ser reclassificados para outro grupo de ativos, devem ser baixados no balanço de abertura, na data de transição, mediante o registro do valor contra lucros ou prejuízos acumulados, líquido dos efeitos fiscais, ou mantidos nesse grupo até sua completa amortização, sujeito à análise sobre recuperação conforme a NBC T 19.10 – Redução ao Valor Recuperável de Ativos. No caso de ágio anteriormente registrado nesse grupo, análise meticulosa deve ser feita quanto à sua destinação: para o ativo intangível se relativo a valor pago a terceiros, independentes, por expectativa de rentabilidade futura** (goodwill)**; para investimentos, se pago por diferença entre valor contábil e valor justo dos ativos e passivos adquiridos; e para o resultado, como perda, se sem substância econômica.*"

CFC – Conselho federal de Contabilidade

São a seguir descritas as possibilidades de tratamento dos saldos existentes no Ativo Permanente Diferido em 31 de dezembro de 2008:

- ***Reclassificação do saldo em outro grupo do Balanço Patrimonial***

  A entidade deve avaliar os ativos diferidos, verificando se eles podem ser reclassificados em outro grupo do Balanço Patrimonial. Para que possam ser reclassificados, tais ativos diferidos devem atender aos critérios de reconhecimento estabelecidos para cada grupo ora citado.

  O Manual de Contabilidade Societária apresenta alguns ativos diferidos que podem ser reclassificados, caso atendam aos critérios mencionados para cada grupo do Ativo no Balanço Patrimonial:

  - Ágio relativo à expectativa de rentabilidade futura (*goodwill*) – pode ser reclassificado no Ativo Não Circulante Investimentos ou no Ativo Não Circulante Intangível;
  - *Gastos referentes às benfeitorias em propriedades de terceiros* – podem ser reclassificados no Ativo Não Circulante Imobilizado, caso atendam aos critérios de classificação nesta área do Ativo;

- *Gastos referentes a ativo intangível gerado internamente que se encontre na fase de desenvolvimento* – podem ser reclassificados no Ativo Não Circulante Intangível, caso atendam aos critérios de classificação nesta área do Ativo; e
- *Gastos referentes a* softwares, *programas, aplicativos e outros recursos de natureza semelhante* – podem ser reclassificados no Ativo Não Circulante Intangível, caso atendam aos critérios de classificação nesta área do Ativo; por outro lado, se estiverem diretamente ligados a bens do Ativo Não Circulante Imobilizado ou Investimentos, devem ser reclassificados nesta área do Ativo à qual estejam vinculados.

- ***Baixa dos ativos diferidos contra a conta Lucros ou Prejuízos Acumulados***

Caso os ativos diferidos não possam ser classificados em outra área do Ativo, devem ser baixados contra a conta Lucros ou Prejuízos Acumulados, líquidos de efeitos fiscais, ou devem ser mantidos no Ativo Permanente Diferido até a sua completa amortização.

Baixa contra a conta Lucros ou Prejuízos Acumulados:

D – Lucros ou Prejuízos Acumulados
C – Gastos Diferidos (Ativo Permanente Diferido)

- ***Manutenção das contas no Ativo Permanente Diferido até a completa amortização***

Caso os ativos diferidos não possam ser classificados em outra área do Ativo, devem ser baixados contra a conta Lucros ou Prejuízos Acumulados ou devem ser mantidos no Ativo Permanente Diferido até a sua completa amortização.

Conforme anteriormente citado, de acordo com o art. 299 da Lei das Sociedades por Ações, o saldo existente em 31 de dezembro de 2008 no Ativo Permanente Diferido que, pela sua natureza, não puder ser alocado a outro grupo de contas, poderá permanecer no Ativo sob essa classificação até sua completa amortização, sujeito à análise sobre a recuperação de valores (os denominados *testes de recuperabilidade de custos*).

6.16.6. As Despesas Diferidas e As Despesas Pagas Antecipadamente

Algo bastante cobrado em Concursos Públicos é a distinção existente entre *despesas diferidas* e *despesas pagas antecipadamente*.

As ***despesas pagas antecipadamente*** ou ***despesas antecipadas*** não constituem despesas incorridas. Trata-se de *gastos que foram pagos antecipadamente, antes do período ao qual pertencem*. **Os fatos geradores das despesas antecipadas ainda não ocorreram!** São geralmente classificadas no Ativo Circulante ou no Ativo Não Circulante Ativo

Realizável a Longo Prazo. À medida que ocorrem os fatos geradores destas despesas, são levadas à composição do resultado ao qual pertençam.

As *despesas diferidas* constituíam fato gerador ocorrido, *independentemente de ter ou não havido pagamento a elas correspondente*. Eram comumente classificadas no Ativo Permanente Diferido e, regra geral, amortizadas ao longo de vários exercícios.

6.16.7. O Tratamento Atualmente Efetuado em Relação aos Antigos Ativos Diferidos

Atualmente, os gastos porventura ocorridos em uma entidade, que anteriormente seriam reconhecidos no Ativo Permanente Diferido, *são imediatamente reconhecidos como despesas do período em que ocorrerem, integrando diretamente o resultado a que pertençam, caso não possam ser classificados em alguma área do Ativo no Balanço Patrimonial, em função dos critérios para cada área apresentados*.

6.17. Informações Complementares

O custo de formação de florestas ou de plantações de certas espécies de vegetais **que não se extingam com o primeiro corte**, voltando, depois deste, a produzir novos troncos ou ramos, permitindo um segundo ou até terceiro corte, deve ser objeto de **quotas de exaustão**, ao longo do período de vida do empreendimento, efetuando-se os cálculos em função do volume extraído em cada período, em confronto com a produção total esperada, englobando os diversos cortes. (Acórdão do Primeiro Conselho de Contribuintes nº 108 – 6.447/01 – DOU de 25/04/2001)

O seguinte resumo foi obtido a partir das notas de aula do Ilustre Prof. Libânio Madeira, resumo este que respeitosamente disponibilizamos a seguir:

Recursos Minerais:

- **Amortização** – Quando houver *contrato ou licença de exploração* por *tempo determinado*.
- **Exaustão** – Quando for uma *concessão ampla*, ou seja, **não houver prazo determinado para a sua exploração**.

Recursos Florestais:

- **Depreciação** – Quando se tratar da exploração de recursos naturais em projetos de plantios (colheitas de frutos).
- **Amortização** – Quando se tratar da exploração (corte) e o tempo de contrato ou de licença for **inferior** ao tempo de esgotamento do recurso natural.
- **Exaustão** – Quando se tratar da exploração (corte) e o tempo de contrato ou de licença for **superior** ao tempo de esgotamento do recurso natural.

Contas	Processos
Veículos	Depreciação
Máquinas	Depreciação
Benfeitorias em Prédios de Terceiros (contrato por prazo indeterminado)	Depreciação
Plantio de Café	Depreciação
Minas (concessão)	Exaustão
Jazidas (contrato)	Amortização
Extração de Madeira (esgotamento em 10 anos e contrato de exploração de 05 anos)	Amortização
Extração de Madeira (esgotamento em 20 anos e contrato de exploração de 50 anos)	Exaustão
Benfeitorias em Prédios de Terceiros (contrato por prazo determinado)	Amortização
Despesas Pré-Operacionais (diferido)	Amortização
Imóveis Arrendados	Depreciação
Terrenos	-----
Edificações	Depreciação
Equipamentos e Máquinas Aplicados aos Bens Naturais	Exaustão ou Depreciação

6.18. Ganhos ou Perdas de Capital

São classificados como ganhos ou perdas de capital os resultados obtidos a partir da alienação e liquidação de bens do Ativo Não Circulante permanente, inclusive por desapropriação, baixa por perecimento, extinção, desgaste, obsolescência ou exaustão.

A determinação do ganho ou da perda de capital dar-se-á pela diferença entre o valor de alienação dos bens e seu valor contábil, na data da baixa. Se a diferença for positiva, haverá **ganho**; se a diferença for negativa, então haverá **perda**.

Valor contábil do bem é o valor registrado na escrituração, corrigido monetariamente (se permitido for), ajustado para mais por reavaliação no valor desses ativos (se permitido for) ou para menos por contas retificadoras, tais como depreciação, amortização, exaustão, perda etc.

Logo:

Valor de Aquisição do Bem
(+) Correção Monetária *(bens adquiridos até 31/12/1995)*
(+) Ajuste para Reavaliação *(se permitido for)*
(-) Perdas
(-) Depreciação, Amortização ou Exaustão Acumulada
(=) **Valor Contábil do Bem**

Exemplo

Um imóvel foi adquirido por R$ 180.000,00. Alguns anos depois, foi reavaliado em mais R$ 200.000,00. Já sofreu depreciação no valor de R$ 120.000,00. Foi vendido por R$ 400.000,00.

Imóvel ---------------------------------- R$ 180.000,00
(+) Reavaliação do bem ---------------- R$ 200.000,00
(-) Depreciação Acumulada --------- (R$ 120.000,00)
(=) Valor Contábil do Bem ----------- R$ 260.000,00

Valor da Alienação --------------------- R$ 400.000,00
(-) Valor Contábil do Bem ------------ R$ 260.000,00
(=) **Ganho de Capital** ---------------- **R$ 140.000,00**

6.19. Exercícios Resolvidos para a Fixação de Conteúdo

Questão 32 – (Técnico de Contabilidade I – Refinaria Alberto Pasqualini – REFAP – CESGRANRIO – 2007)

Em determinado exercício social, a Industrial Matriz S/A fez os seguintes gastos, considerados elevados:

	Em reais
Gastos de Reorganização	1.200.000,00
Implantação de Sistema e Métodos	800.000,00
Marcas, Direitos e Patentes Industriais	2.100.000,00
Pesquisa e Desenvolvimento de Produtos	1.500.000,00

Admita que a Industrial Matriz amortiza todo o seu Diferido em 10 anos.

Assim, analisando cuidadosamente as contas acima, qual será o valor anual, em reais, da amortização do Diferido dessa sociedade?
a) 200.000,00.
b) 210.000,00.
c) 350.000,00.
d) 360.000,00.
e) 560.000,00.

Resolução e Comentários

Art. 179 da Lei nº 6.404/76

Ativo

Art. 179. As contas serão classificadas do seguinte modo:
I – no ativo circulante: as disponibilidades, os direitos realizáveis no curso do exercício social subsequente e as aplicações de recursos em despesas do exercício seguinte;

II – no ativo realizável a longo prazo: os direitos realizáveis após o término do exercício seguinte, assim como os derivados de vendas, adiantamentos ou empréstimos a sociedades coligadas ou controladas (art. 243), diretores, acionistas ou participantes no lucro da companhia, que não constituírem negócios usuais na exploração do objeto da companhia;

III – em investimentos: as participações permanentes em outras sociedades e os direitos de qualquer natureza, não classificáveis no ativo circulante, e que não se destinem à manutenção da atividade da companhia ou da empresa;

IV – no ativo imobilizado: os direitos que tenham por objeto bens destinados à manutenção das atividades da companhia e da empresa, ou exercidos com essa finalidade, inclusive os de propriedade industrial ou comercial;

V – no ativo diferido: as aplicações de recursos em despesas que contribuirão para a formação do resultado de mais de um exercício social, inclusive os juros pagos ou creditados aos acionistas durante o período que anteceder o início das operações sociais.

IV – no ativo imobilizado: os direitos que tenham por objeto bens corpóreos destinados à manutenção das atividades da companhia ou da empresa ou exercidos com essa finalidade, inclusive os decorrentes de operações que transfiram à companhia os benefícios, riscos e controle desses bens; (Redação dada pela Lei nº 11.638, de 2007)

V – no diferido: as despesas pré-operacionais e os gastos de reestruturação que contribuirão, efetivamente, para o aumento do resultado de mais de um exercício social e que não configurem tão somente uma redução de custos ou acréscimo na eficiência operacional; (Redação dada pela Lei nº 11.638, de 2007) (Revogado pela Medida Provisória nº 449, de 2008) (Revogado pela Lei nº 11.941, de 2009)

VI – no intangível: os direitos que tenham por objeto bens incorpóreos destinados à manutenção da companhia ou exercidos com essa finalidade, inclusive o fundo de comércio adquirido. (Incluído pela Lei nº 11.638, de 2007)

Parágrafo único. Na companhia em que o ciclo operacional da empresa tiver duração maior que o exercício social, a classificação no circulante ou longo prazo terá por base o prazo desse ciclo.

	Em reais
Gastos de Reorganização	1.200.000,00
Implantação de Sistema e Métodos	800.000,00
Pesquisa e Desenvolvimento de Produtos	1.500.000,00
Total	R$ 3.500.000,00

Repare que há R$ 3.500.000,00 conforme a antiga descrição do Ativo Permanente Diferido. Hoje, não existe mais a possibilidade de registro nesta antiga área do Balanço Patrimonial.

A amortização é anual e ocorrerá ao longo de 10 anos.

Logo: R$ 3.500.000,00 / 10 anos = R$ 350.000,00/ano

D – Despesas / Encargos de Amortização
C – Amortização Acumulada   R$ 350.000,00
Gabarito – C

6.20. O Plano de Contas e o Ativo Não Circulante

Estamos apresentando um *modelo de plano de contas para a parte não circulante do Ativo*, que poderá ser consultado a qualquer momento, sempre que houver dúvida em relação ao posicionamento de determinada conta no plano de contas.

1	ATIVO
1.2	**Ativo Não Circulante Ativo Realizável a Longo Prazo**
1.2.01	*Créditos e Valores*
1.2.01.001	Clientes
1.2.01.002	Títulos a Receber
1.2.01.003	Bancos – Contas Vinculadas
1.2.01.004	Créditos de Acionistas – Transações Não Operacionais
1.2.01.005	Créditos de Diretores – Transações Não Operacionais
1.2.01.006	Créditos de Coligadas e Controladas – Transações Não Operacionais
1.2.01.007	Adiantamentos a Terceiros
1.2.01.008	Perdas Estimadas para Créditos de Liquidação Duvidosa (retificadora – conta credora)
1.2.01.009	Tributos a Compensar e a Recuperar
1.2.01.010	Empréstimos Feitos com Incentivos Fiscais
1.2.01.011	Depósitos Restituíveis e Valores Vinculados
1.2.01.012	Perdas Estimadas (retificadora – conta credora) – *Antiga Provisão para Perdas*
1.2.01.013	Aplicações Financeiras
1.2.01.014	Ajuste a Valor Presente (retificadora – conta credora)
1.2.02	*Investimentos Temporários a Longo Prazo*
1.2.02.001	Títulos e Valores Mobiliários
1.2.02.002	Depósitos e Aplicações para Investimentos com Incentivos Fiscais

1.2.02.002.001	Fundo de Investimentos do Nordeste – FINOR
1.2.02.002.002	Fundo de Investimentos da Amazônia – FINAM
1.2.02.002.003	Fundo de Recuperação Econômica do Estado do Espírito Santo – FUNRES
1.2.02.003	Participações em Fundos de Investimento
1.2.02.003.001	Fundo de Investimentos do Nordeste – FINOR
1.2.02.003.002	Fundo de Investimentos da Amazônia – FINAM
1.2.02.003.003	Fundo de Recuperação Econômica do Estado do Espírito Santo – FUNRES
1.2.02.004	Perdas Estimadas (retificadora – conta credora) – *Antiga Provisão para Perdas*
1.2.03	***Despesas Pagas Antecipadamente***
1.2.03.001	Prêmios de Seguro a Apropriar a Longo Prazo
1.2.03.002	Assinaturas de Periódicos a Apropriar a Longo Prazo
1.2.04	***Tributos Diferidos***
1.2.04.001	IR e CS Diferidos
1.3	**Ativo Não Circulante Investimentos**
1.3.01	***Participações Permanentes em Outras Sociedades***
1.3.01.001	Avaliadas pelo Método da Equivalência Patrimonial
1.3.01.001.001	Valor da Equivalência Patrimonial
1.3.01.001.001.001	Em Sociedades Controladas (conta por empresa)
1.3.01.001.001.002	Em Sociedades Coligadas (conta por empresa)
1.3.01.001.001.003	Em Sociedades do Grupo (conta por empresa)
1.3.01.001.002	Mais-valia sobre os ativos líquidos das investidas
1.3.01.001.003	Ágio por Rentabilidade Futura (*Goodwill*) (conta por empresa)
1.3.01.001.004	Perdas Estimadas para Redução ao Valor Realizável Líquido (conta credora)
1.3.01.001.005	Lucros a Apropriar (conta credora)
1.3.01.001.005.001	Lucros em Vendas para Controladas
1.3.01.001.005.002	Lucros em Vendas para Coligadas
1.3.01.001.005.003	Lucros em Vendas para *Joint Ventures*
1.3.01.002	Avaliadas pelo Valor Justo
1.3.01.002.001	Participações em Outras Sociedades (conta por empresa)
1.3.01.003	Avaliadas pelo Método de Custo
1.3.01.003.001	Participações em Outras Empresas
1.3.01.003.002	Perdas Estimadas (conta credora)

1.3.02	***Outros Investimentos Permanentes***
1.3.02.001	Obras de Arte
1.3.02.002	Terrenos e Imóveis Adquiridos para Futura Utilização
1.3.02.004	Perdas Estimadas (retificadora – conta credora)
1.3.02.005	Depreciação Acumulada (retificadora – conta credora)
1.4	**Ativo Não Circulante Imobilizado**
1.4.01	***Bens em Operação – Custo***
1.4.01.001	Terrenos
1.4.01.002	Obras Preliminares e Complementares
1.4.01.003	Obras Civis
1.4.01.004	Instalações
1.4.01.005	Máquinas, Equipamentos e Aparelhos
1.4.01.006	Equipamentos de Processamento Eletrônico de Dados
1.4.01.007	Móveis e Utensílios
1.4.01.008	Veículos
1.4.01.009	Ferramentas
1.4.01.010	Peças e Conjuntos de Reposição
1.4.01.011	Florestamento e Reflorestamento
1.4.01.012	Benfeitorias em Propriedades de Terceiros
1.4.02	***Depreciação Acumulada (retificadora – conta credora)***
1.4.02.001	Obras Preliminares e Complementares – Depreciação
1.4.02.002	Obras Civis – Depreciação
1.4.02.003	Instalações – Depreciação
1.4.02.004	Máquinas, Aparelhos e Equipamentos – Depreciação
1.4.02.005	Equipamentos de Processamento Eletrônico de Dados – Depreciação
1.4.02.006	Móveis e Utensílios – Depreciação
1.4.02.007	Veículos – Depreciação
1.4.02.008	Ferramentas – Depreciação
1.4.02.009	Peças e Conjuntos de Reposição – Depreciação
1.4.02.010	Benfeitorias em Propriedades de Terceiros – ***Amortização***
1.4.02.011	Perdas Estimadas por Redução ao Valor Recuperável
1.4.03	***Imobilizado em Andamento – Custo***
1.4.03.001	Bens em Uso na Fase de Implantação
1.4.03.001.001	Custo (por conta)

1.4.03.001.002	Depreciação Acumulada (retificadora – conta credora)
1.4.03.001.003	Perdas Estimadas por Redução ao Valor Recuperável (contas credoras)
1.4.03.002	Construções em Andamento
1.4.03.003	Importações em Andamento de Bens do Imobilizado
1.4.03.004	Adiantamentos para Inversões Fixas
1.4.03.005	Almoxarifado de Inversões Fixas
1.4.04	***Imobilizado Arrendado***
1.4.04.001	Veículos Arrendados
1.4.04.002	Máquinas, Equipamentos e Aparelhos Arrendados
1.5	**Ativo Não Circulante Intangível**
1.5.01	*Custo (por conta)*
1.5.01.001	Marcas
1.5.01.002	Patentes
1.5.01.003	Concessões
1.5.01.004	Direitos Autorais
1.5.01.005	Direitos sobre Recursos Minerais – outros
1.5.01.006	Pesquisa e Desenvolvimento
1.5.02	*Amortização Acumulada (retificadora – conta credora)*
1.5.02.001	Amortização Acumulada (retificadora – conta credora)
1.6	**Ativo (Permanente) Diferido "(se houver registros na entidade referentes a Ativo diferido!)"**
1.6.01	*Gastos de Implantação e Pré-Operacionais*
1.6.01.001	Gastos de Organização e Administração
1.6.01.002	Estudos, Projetos e Detalhamentos
1.6.01.003	Juros a Acionistas na Fase de Implantação
1.6.01.004	Gastos Preliminares de Operação
1.6.01.005	Amortização Acumulada (retificadora – conta credora)
1.6.02	*Gastos de Implantação de Sistemas e Métodos*
1.6.02.001	Custo (por conta)
1.6.02.002	Amortização Acumulada (retificadora – conta credora)
1.6.03	*Gastos de Reorganização*
1.6.03.001	Custo (por conta)
1.6.03.002	Amortização Acumulada (retificadora – conta credora)

6.21. Exercícios Resolvidos para a Fixação de Conteúdo

Questão 33 – (Contador Pleno – PETROBRAS – Fundação CESGRANRIO – 2005)
Determinada empresa tem R$ 1.440,00 de Patrimônio Líquido, que representa 80% do total do Ativo. Sabe-se que o Ativo Realizável a Longo Prazo representa metade do Ativo Circulante e que estes dois grupos, juntos, representam metade do Ativo Permanente. O saldo do Ativo Circulante desta empresa, em reais, é:
a) 180,00.
b) 200,00.
c) 360,00.
d) 400,00.
e) 600,00.

Resolução e Comentários

80% x Ativo Total = PL $\rightarrow$ Ativo Total = PL / 0,80 = R$ 1.440,00 / 0,80 = R$ 1.800,00

ANC ARLP = 0,50 x AC

ANC ARLP + AC = 0,50 x A Perm

AC + ANC ARLP + A Perm = Ativo Total = R$ 1.800,00 $\rightarrow$ 0,50 x A Perm + A Perm = R$ 1.800,00

A Perm = R$ 1.200,00

AC + ARLP = 0,50 x R$ 1.200,00 = R$ 600,00 $\rightarrow$ AC + 0,50 x AC = R$ 600,00

$\rightarrow$ AC = 400,00

Gabarito – D

Questão 34 – (Técnico de Contabilidade Júnior – FAFEN ENERGIA S/A – CESGRANRIO – 2009)
A Empresa J. J. Morgan S/A, de capital fechado, atuando no ramo de comércio, apresentou o balancete abaixo em 31/12/2008.

Contas	Saldo Devedor	Saldo Credor
Caixa	2.000,00	
Bancos	14.000,00	
Duplicatas a receber	31.000,00	
Estoque de mercadorias	42.000,00	
Prêmios de seguros a vencer	3.000,00	
Empréstimos a receber de diretores	3.500,00	
Depósitos compulsórios de longo prazo	2.500,00	
Móveis e utensílios	10.000,00	
Máquinas e equipamentos	21.500,00	
Edificações	54.000,00	
Terrenos	12.000,00	
Marcas e patentes	8.000,00	

Provisão para créditos de liquidação duvidosa	1.500,00
Depreciações acumuladas	10.300,00
Fornecedores	49.000,00
Contas a pagar	5.000,00
Promissórias a pagar	3.500,00
Empréstimos a pagar de longo prazo	13.000,00
Capital	100.000,00
Reserva de capital	11.200,00
Reserva legal	10.000,00
Saldos	203.500,00

Com base nos dados acima e de acordo com a Lei nº 6.404/76, com a nova redação da Lei nº 11.941 de 2009, no levantamento do Balanço Patrimonial apurado em 31/12/2008, o total do Ativo Não Circulante da empresa, em reais, montaria a

a) 99.700,00.
b) 100.000,00.
c) 101.200,00.
d) 104.500,00.
e) 111.500,00.

Resolução e Comentários

Ativo Não Circulante:

Contas	Saldo Devedor	Saldo Credor
Empréstimos a receber de diretores	3.500,00	
Depósitos compulsórios de longo prazo	2.500,00	
Móveis e utensílios	10.000,00	
Máquinas e equipamentos	21.500,00	
Edificações	54.000,00	
Terrenos	12.000,00	
Marcas e patentes	8.000,00	
Depreciações acumuladas		10.300,00

Saldo = 101.200,00 (devedor)

Gabarito – C

Questão 35 – (Técnico Judiciário – Contabilidade – TRF 4ª Região – FCC – 2014)
A empresa Rumo Certo S.A. apresentava, em 30/06/2014, as seguintes informações a respeito de um equipamento:
– Custo de aquisição: R$ 500.000,00.
– Depreciação acumulada: R$ 150.000,00.
– Perda por desvalorização acumulada: R$ 70.000,00.

Sabendo-se que este equipamento foi vendido, em 1º/07/2014, pelo valor de R$ 300.000,00, tendo sido recebido 50% à vista, o valor contabilizado no resultado decorrente desta venda foi, em reais:
a) 50.000,00 (negativo);
b) 200.000,00 (negativo);
c) 20.000,00 (positivo);
d) 130.000,00 (negativo);
e) 50.000,00 (positivo).

Resolução e Comentários

* Apuração do Valor Contábil:

Valor de aquisição: R$ 500.000,00
(-) Depreciação Acumulada: (R$ 150.000,00)
(-) Perda por Desvalorização Acumulada: (R$ 70.000,00)
(=) Valor Contábil: R$ 280.000,00

* Resultado da venda:

Valor da venda: R$ 300.000,00
(-) Valor contábil: (R$ 280.000,00)
(=) Resultado: R$ 20.000,00

Gabarito – C

Questão 36 – (Analista Judiciário – Contabilidade – TRT 13ª Região – FCC – 2014)
A Cia. Compra, Conserta & Revende S.A. realizou as seguintes transações durante o mês de abril de 2014:
I. aquisição, à vista, de máquinas para serem revendidas;
II. aquisição, à vista, de máquinas para serem utilizadas na prestação de serviços;
III. aquisição, à vista, do direito de usar determinada marca por 5 anos;
IV. aquisição e pagamento de um seguro contra incêndio com vigência de 12 meses.
A Cia. Compra, Conserta & Revende S.A. reconheceu as transações I, II, III e IV, respectivamente, como ativo:
a) circulante, não circulante, não circulante e circulante;
b) circulante, circulante, não circulante e circulante;
c) não circulante, não circulante, não circulante e circulante;
d) circulante, não circulante, circulante e circulante;
e) não circulante, não circulante, não circulante e não circulante.

Resolução e Comentários

Analisando as alternativas:

I. Aquisição, à vista, de máquinas para serem revendidas.

Estamos tratando de mercadorias; em consequência o registro deve ser efetuado no Ativo Circulante.

II. Aquisição, à vista, de máquinas para serem utilizadas na prestação de serviços.

Trata-se do registro de Ativo Não Circulante Imobilizado.

III. Aquisição, à vista, do direito de usar determinada marca por 5 anos.

Neste caso, estamos tratando de um Ativo Não Circulante Intangível.

IV. Aquisição e pagamento de um seguro contra incêndio com vigência de 12 meses.

As despesas antecipadas de curto prazo pertencem ao Ativo Circulante.

Gabarito – A

Questão 37 – (Analista Previdenciário – Contabilidade – MANAUSPREV – FCC –2015)

Considere os elementos patrimoniais de uma sociedade anônima de capital aberto em 31/12/2014.

I. Direito de uso de uma marca por um período de 10 anos.
II. Participação permanente em outras empresas, sem detenção do controle acionário e sem influência significativa na administração.
III. Equipamentos adquiridos para revenda em conformidade com suas atividades e ciclo operacionais.
IV. Imóvel onde funciona o setor administrativo da empresa.

Os itens I, II, III e IV devem ser evidenciados no Balanço Patrimonial de 31/12/2014, respectivamente, no ativo:

a) intangível, investimentos, imobilizado e imobilizado;
b) realizável a longo prazo, investimentos, circulante e imobilizado;
c) intangível, realizável a longo prazo, circulante e imobilizado;
d) realizável a longo prazo, investimentos, imobilizado e imobilizado;
e) intangível, investimentos, circulante e imobilizado.

Resolução e Comentários

De acordo com o § 1º do art. 178 da Lei nº 6.404/76 (Lei das Sociedades por Ações), temos:

> Art. 178. No balanço, as contas serão classificadas segundo os elementos do patrimônio que registrem, e agrupadas de modo a facilitar o conhecimento e a análise da situação financeira da companhia.

§ 1º No ativo, as contas serão dispostas em ordem decrescente de grau de liquidez dos elementos nelas registrados, nos seguintes grupos:
I – ativo circulante; e
II – ativo não circulante, composto por ativo realizável a longo prazo, investimentos, imobilizado e intangível.

Analisando os elementos patrimoniais:

I. Direito de uso de uma marca por um período de 10 anos.
   Ativo Não Circulante Intangível.

II. Participação permanente em outras empresas, sem detenção do controle acionário e sem influência significativa na administração.
    Ativo Não Circulante Investimentos.

III. Equipamentos adquiridos para revenda em conformidade com suas atividades e ciclo operacionais.
     Ativo Circulante.

IV. Imóvel onde funciona o setor administrativo da empresa.
    Ativo Não Circulante Imobilizado.

Gabarito – E

Questão 38 (Analista Judiciário – Contabilidade – TRE-RO – FCC – 2013)
No reconhecimento inicial, o custo de ativo intangível adquirido separadamente inclui:
a) custos com testes para verificar se o ativo está funcionando adequadamente;
b) custos de transferência da atividade para nova categoria de clientes;
c) custos administrativos;
d) impostos recuperáveis sobre compra;
e) custos na introdução de novo produto ou serviço.

Resolução e Comentários

Consta do Pronunciamento Técnico CPC 04 (R1) – Ativo Intangível o que está a seguir exposto:

27. O custo de ativo intangível adquirido separadamente inclui:
(a) seu preço de compra, acrescido de impostos de importação e impostos não recuperáveis sobre a compra, depois de deduzidos os descontos comerciais e abatimentos; e
(b) qualquer custo diretamente atribuível à preparação do ativo para a finalidade proposta.

28. Exemplos de custos diretamente atribuíveis são:

(a) custos de benefícios aos empregados (conforme definido no Pronunciamento Técnico CPC 33 – Benefícios a Empregados) incorridos diretamente para que o ativo fique em condições operacionais (de uso ou funcionamento);

(b) honorários profissionais diretamente relacionados para que o ativo fique em condições operacionais; e

(c) custos com testes para verificar se o ativo está funcionando adequadamente.

29. Exemplos de gastos que não fazem parte do custo de ativo intangível:

(a) custos incorridos na introdução de novo produto ou serviço (incluindo propaganda e atividades promocionais);

(b) custos da transferência das atividades para novo local ou para nova categoria de clientes (incluindo custos de treinamento); e

(c) custos administrativos e outros custos indiretos.

Gabarito – A

Questão 39 – (Analista de Gestão – Contabilidade – SABESP – FCC – 2014)

A empresa Boas Ideias adquiriu, em 02/01/2013, uma Marca por R$ 300.000 à vista. Adicionalmente, a empresa incorreu em gastos de R$ 50.000 para registro dessa Marca. Na data da aquisição, a empresa Boas Ideias estimou que a vida útil da Marca era indefinida.

O ativo adquirido pela empresa Boas Ideias é mensurado, na data da aquisição, pelo:

a) valor pago pela aquisição da Marca;
b) custo amortizado;
c) custo incorrido;
d) valor de reposição;
e) valor de mercado.

Resolução e Comentários

Consta do Pronunciamento Técnico CPC 04 (R1) – Ativo Intangível o que está a seguir exposto:

24. Um ativo intangível deve ser reconhecido inicialmente ao **custo**.

27. O custo de ativo intangível adquirido separadamente inclui:

[...]

(c) seu preço de compra, acrescido de impostos de importação e impostos não recuperáveis sobre a compra, depois de deduzidos os descontos comerciais e abatimentos; e

(d) qualquer custo diretamente atribuível à preparação do ativo para a finalidade proposta.

28. Exemplos de custos diretamente atribuíveis são:

[...]

(d) custos de benefícios aos empregados (conforme definido no Pronunciamento Técnico CPC 33 – Benefícios a Empregados) incorridos diretamente para que o ativo fique em condições operacionais (de uso ou funcionamento);

(e) honorários profissionais diretamente relacionados para que o ativo fique em condições operacionais; e

(f) custos com testes para verificar se o ativo está funcionando adequadamente.

29. Exemplos de gastos que não fazem parte do custo de ativo intangível:

[...]

(d) custos incorridos na introdução de novo produto ou serviço (incluindo propaganda e atividades promocionais);

(e) custos da transferência das atividades para novo local ou para nova categoria de clientes (incluindo custos de treinamento); e

(f) custos administrativos e outros custos indiretos.

Gabarito – C

Questão 40 – (ICMS – PR – COPS UEL – 2012)

O custo de ativo intangível adquirido separadamente inclui seu preço de compra, acrescido de impostos de importação e impostos não recuperáveis sobre a compra, depois de deduzidos os descontos comerciais e os abatimentos, e qualquer custo diretamente atribuível à preparação do ativo para a finalidade proposta.

Com relação aos exemplos de custos diretamente atribuíveis, considere as afirmativas a seguir.

I. Custos com testes para verificar se o ativo está funcionando adequadamente.

II. Custos da transferência das atividades para novo local ou para nova categoria de clientes, incluindo custos de treinamento.

III. Custos incorridos na introdução de novo produto ou serviço, incluindo propaganda e atividades promocionais.

IV. Honorários profissionais diretamente relacionados para que o ativo fique em condições operacionais.

Assinale a alternativa correta.

a) Somente as afirmativas I e II são corretas.
b) Somente as afirmativas I e IV são corretas.
c) Somente as afirmativas III e IV são corretas.
d) Somente as afirmativas I, II e III são corretas.
e) Somente as afirmativas II, III e IV são corretas.

Resolução e Comentários

Consta do Pronunciamento Técnico CPC 04 (R1) – Ativo Intangível o que está a seguir exposto:

24. Um ativo intangível deve ser reconhecido inicialmente ao **custo**.

27. O custo de ativo intangível adquirido separadamente inclui:

(a) seu preço de compra, acrescido de impostos de importação e impostos não recuperáveis sobre a compra, depois de deduzidos os descontos comerciais e abatimentos; e

(b) qualquer custo diretamente atribuível à preparação do ativo para a finalidade proposta.

28. Exemplos de custos diretamente atribuíveis são:

(a) custos de benefícios aos empregados (conforme definido no Pronunciamento Técnico CPC 33 – Benefícios a Empregados) incorridos diretamente para que o ativo fique em condições operacionais (de uso ou funcionamento);

(b) honorários profissionais diretamente relacionados para que o ativo fique em condições operacionais; e

(c) custos com testes para verificar se o ativo está funcionando adequadamente.

29. Exemplos de gastos que não fazem parte do custo de ativo intangível:

(a) custos incorridos na introdução de novo produto ou serviço (incluindo propaganda e atividades promocionais);

(b) custos da transferência das atividades para novo local ou para nova categoria de clientes (incluindo custos de treinamento); e

(c) custos administrativos e outros custos indiretos.

Gabarito – B

Questão 41 (AFRFB – RFB – ESAF/2014)

A Cia. Mamoré vende a prazo por R$ 15.000 um imobilizado cujo valor de registro é R$ 140.000 e a depreciação acumulada, calculada até a data da venda, era de R$ 126.000. Para efetuar o registro desse evento, a empresa deve:

a) registrar um débito de R$ 140.000 em conta do imobilizado;
b) contabilizar um crédito de R$ 15.000 em Ganhos com Venda de Imobilizado;
c) reconhecer um débito de R$ 14.000 em conta de resultado;
d) lançar um crédito de R$ 126.000 na conta de Depreciação Acumulada;
e) efetuar um débito de R$ 140.000 em perdas com imobilizado.

Resolução e Comentários

Apuração do valor contábil do bem:

Custo de aquisição .... R$ 140.000
(–) Depreciação acumulada .... R$ 126.000
(=) Valor Contábil = R$ 14.000

Se o imóvel foi vendido por R$ 15.000, temos:

Valor da Venda: R$ 15.000
(–) Valor Contábil: R$ 14.000
(=) Saldo da operação: R$ 1.000 (ganho com venda de imobilizado)

Constam do *Pronunciamento Técnico CPC 27 – Ativo Imobilizado* as seguintes orientações:

> 68. Ganhos ou perdas decorrentes da baixa de um item do ativo imobilizado devem ser reconhecidos no resultado quando o item é baixado (a menos que o Pronunciamento Técnico CPC 06 – Operações de Arrendamento Mercantil exija de outra forma em operação de venda e *leaseback*). **Os ganhos não devem ser classificados como receita de venda.**
>
> 71. **Os ganhos ou perdas decorrentes da baixa de um item do ativo imobilizado devem ser determinados pela diferença entre o valor líquido da alienação, se houver, e o valor contábil do item.**

Registros contábeis a serem efetuados:

D – Valores a Receber ou Títulos a Receber – R$ 15.000,00
D – Depreciação Acumulada – R$ 126.000
C – Imobilizado – R$ 140.000
C – Ganho na Venda de Imobilizado – R$ 1.000,00

Não há resposta correta, porém a Banca não anulou a questão.
Gabarito – B

Questão 42 (Contador – CEFET – Fundação CESGRANRIO/2014)
O CPC 27, que trata do ativo imobilizado, estabelece que para um item ser classificado no ativo imobilizado deve ser mensurado pelo seu custo. Nesse contexto, uma companhia que adquiriu um bem (item) para o seu imobilizado, apresentou as seguintes informações relativas, exclusivamente, à compra desse mesmo bem (item):

Abatimento recebido	20,00
Honorários profissionais	35,00
Manuseio no recebimento	5,00
Preço de aquisição líquido de ICMS	500,00
Testes de funcionamento	25,00

Considerando exclusivamente os dados informados e as orientações do CPC 27 no que se refere à imobilização de um ativo, o custo do bem (item) imobilizado, em reais, é de:
a) 480,00;
b) 500,00;
c) 510,00;
d) 520,00;
e) 545,00.

Resolução e Comentários

De acordo com o *Pronunciamento Técnico CPC 27 – Ativo Imobilizado*, temos:

Mensuração no reconhecimento

15. Um item do ativo imobilizado que seja classificado para reconhecimento como ativo deve ser mensurado pelo seu custo.

Elementos do custo

16. O custo de um item do ativo imobilizado compreende:

(a) seu preço de aquisição, acrescido de impostos de importação e impostos não recuperáveis sobre a compra, depois de deduzidos os descontos comerciais e abatimentos;

(b) quaisquer custos diretamente atribuíveis para colocar o ativo no local e condição necessárias para o mesmo ser capaz de funcionar da forma pretendida pela administração;

(c) a estimativa inicial dos custos de desmontagem e remoção do item e de restauração do local (sítio) no qual este está localizado. Tais custos representam a obrigação em que a entidade incorre quando o item é adquirido ou como consequência de usá-lo durante determinado período para finalidades diferentes da produção de estoque durante esse período.

17. Exemplos de custos diretamente atribuíveis são:

(a) custos de benefícios aos empregados (tal como definidos no Pronunciamento Técnico CPC 33 – Benefícios a Empregados) decorrentes diretamente da construção ou aquisição de item do ativo imobilizado;

(b) custos de preparação do local;

(c) custos de frete e de manuseio (para recebimento e instalação);

(d) custos de instalação e montagem;

(e) custos com testes para verificar se o ativo está funcionando corretamente, após dedução das receitas líquidas provenientes da venda de qualquer item produzido enquanto se coloca o ativo nesse local e condição (tais como amostras produzidas quando se testa o equipamento); e

(f) honorários profissionais.

18. A entidade aplica o Pronunciamento Técnico CPC 16 – Estoques aos custos das obrigações de desmontagem, remoção e restauração do local em que o item está localizado que sejam incorridos durante determinado período como consequência de ter usado o item para produzir estoque durante esse período. As obrigações decorrentes de custos contabilizados de acordo com o Pronunciamento Técnico CPC 16 ou este Pronunciamento são reconhecidas e mensuradas de acordo com o Pronunciamento Técnico CPC 25 – Provisões e Passivos Contingentes e Ativos Contingentes.

19. Exemplos que não são custos de um item do ativo imobilizado são:

(a) custos de abertura de nova instalação;

(b) custos incorridos na introdução de novo produto ou serviço (incluindo propaganda e atividades promocionais);

(c) custos da transferência das atividades para novo local ou para nova categoria de clientes (incluindo custos de treinamento); e

(d) custos administrativos e outros custos indiretos.

[...]

Eis o custo de aquisição do imobilizado:

Abatimento recebido:	(20,00)
Honorários profissionais	35,00
Manuseio no recebimento:	5,00
Preço de aquisição líquido de ICMS:	500,00
Testes de funcionamento:	25,00

Total: 545,00
Gabarito – E

Questão 43 (Técnico de Contabilidade – COMPESA – FGV/2014)
Uma empresa de petróleo mantém uma plataforma em outra cidade. Essa empresa compra alguns imóveis perto da plataforma e os aluga para seus funcionários. Esses imóveis são classificados no grupo de ativos:
a) *investimento*;
b) *circulante*;
c) *realizável a Longo Prazo*;
d) *imobilizado*;
e) *intangível*.

Resolução e Comentários

Conforme o Pronunciamento Técnico CPC 27 – Ativo Imobilizado, temos:

Definições
6. Os seguintes termos são usados neste Pronunciamento, com os significados especificados:
[...]
Ativo imobilizado é o item tangível que:
(a) é mantido para uso na produção ou fornecimento de mercadorias ou serviços, para aluguel a outros, ou para fins administrativos; e
(b) se espera utilizar por mais de um período.
Correspondem aos direitos que tenham por objeto bens corpóreos destinados à manutenção das atividades da entidade ou exercidos com essa finalidade, inclusive os decorrentes de operações que transfiram a ela os benefícios, os riscos e o controle desses bens.

Gabarito – D

Questão 44 (Auditor do Tesouro Municipal – Prefeitura da Cidade do Recife – FGV/2014)
Uma entidade comprou, em 1º/07/2011, numerosas máquinas para utilizar em seu negócio, no valor de R$ 40.000,00. O frete da entrega foi de R$ 400,00, pagos pelo fornecedor. Adicionalmente, a entidade incorreu em R$ 800,00 para instalar as máquinas, R$ 500,00 para desmontar as máquinas que já estavam na fábrica e R$ 200,00 para um caminhão levar as máquinas antigas até um depósito.

Além disso, uma vez que as máquinas eram novas no mercado, a entidade contratou um especialista para orientar e treinar os funcionários sobre tal uso durante o primeiro mês de funcionamento. Os honorários foram de R$ 2.000,00.

Na data da compra, a entidade pretendia utilizar as máquinas por cinco anos e, depois desses anos, doá-las. É estimado que o valor da remoção das máquinas seja de R$ 1.400,00.

O valor contábil das máquinas em 31/12/2013 era de:

a) R$ 16.880,00;
b) R$ 21.100,00;
c) R$ 21.450,00;
d) R$ 22.100,00;
e) R$ 22.450,00.

Resolução e Comentários

De acordo com o *Pronunciamento Técnico CPC 27 – Ativo Imobilizado*, temos:

Mensuração no reconhecimento

15. Um item do ativo imobilizado que seja classificado para reconhecimento como ativo deve ser mensurado pelo seu custo.

Elementos do custo

16. O custo de um item do ativo imobilizado compreende:

(a) seu preço de aquisição, acrescido de impostos de importação e impostos não recuperáveis sobre a compra, depois de deduzidos os descontos comerciais e abatimentos;

(b) quaisquer custos diretamente atribuíveis para colocar o ativo no local e condição necessárias para o mesmo ser capaz de funcionar da forma pretendida pela administração;

(c) a estimativa inicial dos custos de desmontagem e remoção do item e de restauração do local (sítio) no qual este está localizado. Tais custos representam a obrigação em que a entidade incorre quando o item é adquirido ou como consequência de usá-lo durante determinado período para finalidades diferentes da produção de estoque durante esse período.

17. Exemplos de custos diretamente atribuíveis são:

(a) custos de benefícios aos empregados (tal como definidos no Pronunciamento Técnico CPC 33 – Benefícios a Empregados) decorrentes diretamente da construção ou aquisição de item do ativo imobilizado;

(b) custos de preparação do local;

(c) custos de frete e de manuseio (para recebimento e instalação);

(d) custos de instalação e montagem;

(e) custos com testes para verificar se o ativo está funcionando corretamente, após dedução das receitas líquidas provenientes da venda de qualquer item produzido enquanto se coloca o ativo nesse local e condição (tais como amostras produzidas quando se testa o equipamento); e

(f) honorários profissionais.

18. A entidade aplica o Pronunciamento Técnico CPC 16 – Estoques aos custos das obrigações de desmontagem, remoção e restauração do local em que o item está localizado que sejam incorridos durante determinado período como consequência de ter usado o item para produzir estoque durante esse período. As obrigações decorrentes de custos contabilizados de acordo com o Pronunciamento Técnico CPC 16 ou este Pronunciamento são reconhecidas e mensuradas de acordo com o Pronunciamento Técnico CPC 25 – Provisões e Passivos Contingentes e Ativos Contingentes.

19. Exemplos que não são custos de um item do ativo imobilizado são:
(a) custos de abertura de nova instalação;
(b) custos incorridos na introdução de novo produto ou serviço (incluindo propaganda e atividades promocionais);
(c) custos da transferência das atividades para novo local ou para nova categoria de clientes (incluindo custos de treinamento); e
(d) custos administrativos e outros custos indiretos.
[...]

Eis o custo de aquisição do imobilizado:

Valor de aquisição das máquinas: R$ 40.000,00
Instalação das máquinas: R$ 800,00
Remoção das máquinas: R$ 1.400,00
Total: R$ 42.200,00

* Aquisição: 1º/07/2011
* Depreciação pelo método linear
* Taxa de depreciação anual: 20% a.a.
* Uso até 31/12/2013: 2 anos e meio

Encargos de depreciação até 31/12/2013: 50% x R$ 42.200,00 = R$ 21.100,00

Valor de aquisição: R$ 42.200,00
(–) Depreciação Acumulada: (R$ 21.100,00)
(=) Valor contábil: R$ 21.100,00
Gabarito – B

Questão 45 (Analista Judiciário – Contabilidade – TRT 19ª Região – FCC – 2014)
Determinada empresa iniciou um projeto de pesquisa e desenvolvimento de um novo medicamento. Os gastos incorridos com a pesquisa e desenvolvimento deste novo produto, nos anos de 2010 a 2013, são:

Ano	Valor (R$)
2010	35.000
2011	50.000
2012	40.000
2013	70.000

Em 2010, o projeto estava na fase inicial de pesquisa. Em 2011, a empresa iniciou a fase de desenvolvimento, mas ainda não conseguiu demonstrar como o ativo iria gerar benefícios econômicos futuros para a empresa. Em 2012, a empresa conseguiu demonstrar que havia viabilidade técnica para concluir o projeto, mas ainda não conseguiu demonstrar que haveria demanda para tornar o produto economicamente viável. No início de 2013, a empresa conseguiu demonstrar que o produto é economicamente viável e concluiu o projeto, o qual começará a ser produzido em larga escala em 2014.

Com base nestas informações, o valor do ativo apresentado no Balanço Patrimonial da empresa em 2013, é, em reais, de:

a) 195.000,00;
b) 160.000,00;
c) 110.000,00;
d) 70.000,00;
e) 125.000,00.

Resolução e Comentários

O *Pronunciamento Técnico CPC 04 (R1) – Ativo Intangível* trata dos gastos com pesquisa e desenvolvimento para a obtenção de novos ativos.

> Eis o texto do presente CPC a respeito de gastos com pesquisa e desenvolvimento:
> 53. Caso a entidade não consiga diferenciar a fase de pesquisa da fase de desenvolvimento de projeto interno de criação de ativo intangível, o gasto com o projeto deve ser tratado como incorrido apenas na fase de pesquisa.
> Fase de pesquisa
> 54. Nenhum ativo intangível resultante de pesquisa (ou da fase de pesquisa de projeto interno) deve ser reconhecido. Os gastos com pesquisa (ou da fase de pesquisa de projeto interno) devem ser reconhecidos como despesa quando incorridos.
> 55. Durante a fase de pesquisa de projeto interno, a entidade não está apta a demonstrar a existência de ativo intangível que gerará prováveis benefícios econômicos futuros. Portanto, tais gastos devem ser reconhecidos como despesa quando incorridos.
> 56. São exemplos de atividades de pesquisa:
> (a) atividades destinadas à obtenção de novo conhecimento;

(b) busca, avaliação e seleção final das aplicações dos resultados de pesquisa ou outros conhecimentos;
(c) busca de alternativas para materiais, dispositivos, produtos, processos, sistemas ou serviços; e
(d) formulação, projeto, avaliação e seleção final de alternativas possíveis para materiais, dispositivos, produtos, processos, sistemas ou serviços novos ou aperfeiçoados.

Fase de desenvolvimento

57. Um ativo intangível resultante de desenvolvimento (ou da fase de desenvolvimento de projeto interno) deve ser reconhecido somente se a entidade puder demonstrar todos os aspectos a seguir enumerados:
(a) viabilidade técnica para concluir o ativo intangível de forma que ele seja disponibilizado para uso ou venda;
(b) intenção de concluir o ativo intangível e de usá-lo ou vendê-lo;
(c) capacidade para usar ou vender o ativo intangível;
(d) forma como o ativo intangível deve gerar benefícios econômicos futuros. Entre outros aspectos, a entidade deve demonstrar a existência de mercado para os produtos do ativo intangível ou para o próprio ativo intangível ou, caso este se destine ao uso interno, a sua utilidade;
(e) disponibilidade de recursos técnicos, financeiros e outros recursos adequados para concluir seu desenvolvimento e usar ou vender o ativo intangível; e
(f) capacidade de mensurar com confiabilidade os gastos atribuíveis ao ativo intangível durante seu desenvolvimento.

58. Na fase de desenvolvimento de projeto interno, a entidade pode, em alguns casos, identificar um ativo intangível e demonstrar que este gerará prováveis benefícios econômicos futuros, uma vez que a fase de desenvolvimento de um projeto é mais avançada do que a fase de pesquisa.

59. São exemplos de atividades de desenvolvimento:
(a) projeto, construção e teste de protótipos e modelos pré-produção ou pré-utilização;
(b) projeto de ferramentas, gabaritos, moldes e matrizes que envolvam nova tecnologia;
(c) projeto, construção e operação de fábrica-piloto, desde que já não esteja em escala economicamente viável para produção comercial; e
(d) projeto, construção e teste da alternativa escolhida de materiais, dispositivos, produtos, processos, sistemas e serviços novos ou aperfeiçoados.

Observe que o item 57 disciplina que apenas quando TODOS os itens forem atendidos poderemos registrar um ativo intangível, dentro da fase de desenvolvimento do projeto. Devemos ressaltar que na fase de pesquisa todos os gastos são despesas do período em que ocorrerem.

Na presente questão, apenas em 2013 as condições são atendidas em conjunto.

Gabarito – D

Questão 46 (ICMS – PR – COPS UEL – 2012)

A empresa MKW não possui, em sua contabilidade, qualquer valor registrado de sua marca. Ao receber uma oferta de compra, especificamente, de sua marca, toma conhecimento do seu valor de mercado.

Assinale a alternativa que apresenta, corretamente, o procedimento contábil que a MKW deve ter com relação à marca.

a) Registrar o valor da marca no Ativo Intangível.
b) Registrar o valor da oferta como Ativo Diferido.
c) Registrar o valor da oferta como Imobilizado.
d) Registrar o valor da oferta como Intangível em Andamento.
e) Manter sua contabilidade inalterada.

Resolução e Comentários

Consta do *Pronunciamento Técnico CPC 04 (R1) – Ativo Intangível* o que está a seguir exposto:

> Ativo intangível gerado internamente
> 51. Por vezes é difícil avaliar se um ativo intangível gerado internamente se qualifica para o reconhecimento, devido às dificuldades para:
> (a) identificar se, e quando, existe um ativo identificável que gerará benefícios econômicos futuros esperados; e
> (b) determinar com confiabilidade o custo do ativo. Em alguns casos não é possível separar o custo incorrido com a geração interna de ativo intangível do custo da manutenção ou melhoria do ágio derivado da expectativa de rentabilidade futura (*goodwill*) gerado internamente ou com as operações regulares (do dia a dia) da entidade.
> 64. Os gastos incorridos com marcas, títulos de publicações, listas de clientes e outros itens similares não podem ser separados dos custos relacionados ao desenvolvimento do negócio como um todo. Dessa forma, esses itens não devem ser reconhecidos como ativos intangíveis.
> Reconhecimento de despesa
> 68. Os gastos com um item intangível devem ser reconhecidos como despesa quando incorridos, exceto:
> (a) se fizerem parte do custo de ativo intangível que atenda aos critérios de reconhecimento (ver itens 18 a 67); ou
> (b) se o item é adquirido em uma combinação de negócios e não possa ser reconhecido como ativo intangível. Nesse caso, esse gasto (incluído no custo da combinação de negócios) deve fazer parte do valor atribuível ao ágio derivado da expectativa de rentabilidade futura (*goodwill*) na data de aquisição (ver Pronunciamento Técnico CPC 15).

Conforme consta do *Pronunciamento Técnico CPC 04 (R1) – Ativo Intangível*, os gastos incorridos com marcas, títulos de publicações, listas de clientes e outros itens similares não podem ser separados dos custos relacionados ao desenvolvimento do negócio como um todo. Dessa forma, esses itens não devem ser reconhecidos como ativos intangíveis.

Gabarito – E

Questão 47 (ICMS – PR – COPS UEL – 2012)

Para efeito de classificação contábil de um ativo para utilização, com vida útil de cinco anos e de valor contábil significativo, como, por exemplo, o software do sistema operacional de um computador, deve-se tratar o ativo como:

a) ativo de investimento, em conjunto com o hardware;
b) ativo imobilizado, em conjunto com o hardware;
c) ativo intangível, separadamente do hardware;
d) despesa, separadamente do hardware;
e) despesa, em conjunto com o hardware.

Resolução e Comentários

Consta do *Pronunciamento Técnico CPC 04 (R1) – Ativo Intangível* o que está a seguir exposto:

> 4. Alguns ativos intangíveis podem estar contidos em elementos que possuem substância física, como um disco (como no caso de software), documentação jurídica (no caso de licença ou patente) ou em um filme. Para saber se um ativo que contém elementos intangíveis e tangíveis deve ser tratado como ativo imobilizado de acordo com o Pronunciamento Técnico CPC 27 – Ativo Imobilizado ou como ativo intangível, nos termos do presente Pronunciamento, a entidade avalia qual elemento é mais significativo. Por exemplo, um software de uma máquina-ferramenta controlada por computador que não funciona sem esse software específico é parte integrante do referido equipamento, devendo ser tratado como ativo imobilizado. O mesmo se aplica ao sistema operacional de um computador. Quando o software não é parte integrante do respectivo *hardware*, ele deve ser tratado como ativo intangível.

Gabarito – B

Questão 48 (Ciências Contábeis – Defensoria Pública RJ – FGV/2014)

No dia 1º/01/X1 a empresa XYZ contratou a empresa ABC para desenvolver um sistema de informática integrado. O valor orçado inicialmente para o desenvolvimento do sistema foi de $ 600.000, com o prazo de 12 meses para a conclusão. O pagamento do serviço ocorrerá seis meses após a conclusão do trabalho e será feito em parcela única. No transcorrer da implantação do sistema, o valor foi reduzido para $ 580.000 e o sistema foi entregue em 31/10/X1.

No dia 1º/11/X1 foram identificados problemas em sua utilização, dado o envio incompleto de informações por parte da empresa XYZ. Isso gerará mais dois meses de trabalho para que o sistema funcione adequadamente. A empresa ABC cobrará mais R$ 30.000,00 pelos ajustes.

O registro da operação no mês de outubro é:

a) D – ativo intangível – R$ 580.000
   C – contas a pagar – R$ 580.000
b) D – ativo intangível – R$ 600.000
   C – contas a pagar – R$ 600.000

c) D – ativo intangível – R$ 610.000
   C – contas a pagar – R$ 610.000
d) D – ativo intangível – R$ 600.000
   C – outras despesas operacionais – R$ 10.000
   C – contas a pagar – R$ 610.000
e) D – ativo intangível – R$ 580.000
   C – outras despesas operacionais – R$ 30.000
   C – contas a pagar – R$ 610.000

Resolução e Comentários

Consta do *Pronunciamento Técnico CPC 04 (R1) – Ativo Intangível* o que está a seguir exposto:

> 24. Um ativo intangível deve ser reconhecido inicialmente ao **custo**.
> 27. O custo de ativo intangível adquirido separadamente inclui:
> (a) seu preço de compra, acrescido de impostos de importação e impostos não recuperáveis sobre a compra, depois de deduzidos os descontos comerciais e abatimentos; e
> (b) qualquer custo diretamente atribuível à preparação do ativo para a finalidade proposta.
> 28. Exemplos de custos diretamente atribuíveis são:
> (a) custos de benefícios aos empregados (conforme definido no Pronunciamento Técnico CPC 33 – Benefícios a Empregados) incorridos diretamente para que o ativo fique em condições operacionais (de uso ou funcionamento);
> (b) honorários profissionais diretamente relacionados para que o ativo fique em condições operacionais; e
> (c) custos com testes para verificar se o ativo está funcionando adequadamente.
> 29. Exemplos de gastos que não fazem parte do custo de ativo intangível:
> (a) custos incorridos na introdução de novo produto ou serviço (incluindo propaganda e atividades promocionais);
> (b) custos da transferência das atividades para novo local ou para nova categoria de clientes (incluindo custos de treinamento); e
> (c) custos administrativos e outros custos indiretos.

Observe que em 31/10/X1 o sistema foi entregue a um custo de R$ 580.000,00; logo, foi gerado um intangível por este valor. Os R$ 30.000,00 adicionais são referentes a correções que devem ser efetuadas para que o sistema funcione adequadamente; em consequência, estamos, agora, tratando de gastos adicionais, realizados após a entrega do ativo.

Registros contábeis a serem efetuados em 1º/11/X1:

D – Ativo Intangível
C – Contas a Pagar .... R$ 580.000,00
Gabarito – A

Questão 49 (Analista Judiciário – Contabilidade – TRT 13ª Região – FCC/2014)
Um ativo intangível adquirido com vida útil indefinida (por exemplo, Direito Autoral), é mensurado inicialmente pelo:
a) valor justo, não devendo ser amortizado ao longo da vida útil e não estando sujeito ao teste de recuperabilidade de custo ("*impairment*");
b) custo, não devendo ser amortizado ao longo da vida útil e não estando sujeito ao teste de recuperabilidade de custo ("*impairment*");
c) custo, devendo ser amortizado ao longo da vida útil e estando sujeito ao teste de recuperabilidade de custo ("*impairment*") anualmente e sempre que existirem indícios de que o ativo intangível possa ter perdido valor;
d) custo, não devendo ser amortizado ao longo da vida útil, mas estando sujeito ao teste de recuperabilidade de custo ("*impairment*") anualmente e sempre que existirem indícios de que o ativo intangível possa ter perdido valor;
e) valor justo, devendo ser amortizado ao longo da vida útil e estando sujeito ao teste de recuperabilidade de custo ("*impairment*") anualmente e sempre que existirem indícios de que o ativo intangível possa ter perdido valor.

Resolução e Comentários
Consta do *Pronunciamento Técnico CPC 04 (R1) – Ativo Intangível* o que está a seguir exposto:

> 24. Um ativo intangível deve ser reconhecido inicialmente ao custo.
> Ativo intangível com vida útil indefinida
> 107. Ativo intangível com vida útil indefinida não deve ser amortizado.
> 108. De acordo com o Pronunciamento Técnico CPC 01 – Redução ao Valor Recuperável de Ativos, a entidade deve testar a perda de valor dos ativos intangíveis com vida útil indefinida, comparando o seu valor recuperável com o seu valor contábil:
> (a) anualmente; e
> (b) sempre que existam indícios de que o ativo intangível pode ter perdido valor.

Gabarito – D

Questão 50 (Analista Judiciário – Contabilidade – TRE Rondônia – FCC/2014)
No reconhecimento inicial, o custo de ativo intangível adquirido separadamente inclui:
a) custos com testes para verificar se o ativo está funcionando adequadamente;
b) custos de transferência da atividade para nova categoria de clientes;
c) custos administrativos;
d) impostos recuperáveis sobre compra;
e) custos na introdução de novo produto ou serviço.

Resolução e Comentários

Consta do *Pronunciamento Técnico CPC 04 (R1) – Ativo Intangível* o que está a seguir exposto:

24. Um ativo intangível deve ser reconhecido inicialmente ao **custo**.
27. O custo de ativo intangível adquirido separadamente inclui:
(a) seu preço de compra, acrescido de impostos de importação e impostos não recuperáveis sobre a compra, depois de deduzidos os descontos comerciais e abatimentos; e
(b) qualquer custo diretamente atribuível à preparação do ativo para a finalidade proposta.
28. Exemplos de custos diretamente atribuíveis são:
(a) custos de benefícios aos empregados (conforme definido no Pronunciamento Técnico CPC 33 – Benefícios a Empregados) incorridos diretamente para que o ativo fique em condições operacionais (de uso ou funcionamento);
(b) honorários profissionais diretamente relacionados para que o ativo fique em condições operacionais; e
(c) custos com testes para verificar se o ativo está funcionando adequadamente.
29. Exemplos de gastos que não fazem parte do custo de ativo intangível:
(a) custos incorridos na introdução de novo produto ou serviço (incluindo propaganda e atividades promocionais);
(b) custos da transferência das atividades para novo local ou para nova categoria de clientes (incluindo custos de treinamento); e
(c) custos administrativos e outros custos indiretos.

Gabarito – A

Questão 51 (Auditor do Tesouro Municipal – Prefeitura da Cidade do Recife – FGV/2014)
Em 31/12/2011, uma entidade encerrou a criação de um software. Na criação, gastou R$ 100.000,00 em pesquisas e R$ 200.000,00 no desenvolvimento, já comprovada a viabilidade para produzir e utilizar o ativo. Depois de pronto o novo software, a entidade gastou R$ 80.000,00 em publicidade a fim de promovê-lo.
A entidade começou a utilizar o software em 1º/01/2012, estimando que ele seria utilizado por cinco anos. Já em 31/12/2012, a entidade constatou que poderia ter retorno de R$ 150.000,00 com o software.

Em 31/12/2013, o valor contábil do software era de:
a) R$ 112.500,00;
b) R$ 120.000,00;
c) R$ 150.000,00;
d) R$ 180.000,00;
e) R$ 228.000,00.

Resolução e Comentários

Consta do *Pronunciamento Técnico CPC 04 (R1) – Ativo Intangível* o que está a seguir exposto:

> 24. Um ativo intangível deve ser reconhecido inicialmente ao **custo**.
> 27. O custo de ativo intangível adquirido separadamente inclui:
> (a) seu preço de compra, acrescido de impostos de importação e impostos não recuperáveis sobre a compra, depois de deduzidos os descontos comerciais e abatimentos; e
> (b) qualquer custo diretamente atribuível à preparação do ativo para a finalidade proposta.
> 28. Exemplos de custos diretamente atribuíveis são:
> (a) custos de benefícios aos empregados (conforme definido no Pronunciamento Técnico CPC 33 – Benefícios a Empregados) incorridos diretamente para que o ativo fique em condições operacionais (de uso ou funcionamento);
> (b) honorários profissionais diretamente relacionados para que o ativo fique em condições operacionais; e
> (c) custos com testes para verificar se o ativo está funcionando adequadamente.
> 29. Exemplos de gastos que não fazem parte do custo de ativo intangível:
> (a) custos incorridos na introdução de novo produto ou serviço (incluindo propaganda e atividades promocionais);
> (b) custos da transferência das atividades para novo local ou para nova categoria de clientes (incluindo custos de treinamento); e
> (c) custos administrativos e outros custos indiretos.

Valor do ativo:

Gastos com desenvolvimento: R$ 200.000,00

Total: R$ 200.000,00

* Vida útil: 5 anos

* Taxa de amortização anual inicial: 20% a.a.

* Valor dos encargos de amortização de 2012:

20% x R$ 200.000,00 = R$ 40.000,00

Valor contábil em 31/12/2012:

Valor de registro: R$ 200.000,00
(–) Amortização Acumulada: (R$ 40.000,00)
(=) Valor Contábil: R$ 160.000,00

* Valor líquido de venda obtido em 31/12/2012: R$ 150.000,00
* Perda por desvalorização do ativo: R$ 10.000,00

Valor de registro: R$ 200.000,00
(–) Amortização Acumulada: (R$ 40.000,00)
(–) Perda por Desvalorização do Ativo: (R$ 10.000,00)
(=) Valor Contábil: R$ 150.000,00

Valor dos encargos de amortização de 2013:
25% x R$ 150.000,00 = R$ 37.500,00

Valor contábil em 31/12/2013:

Valor de registro: R$ 200.000,00
(–) Amortização Acumulada: (R$ 77.500,00)
(–) Perda por Desvalorização do Ativo: (R$ 10.000,00)
(=) Valor Contábil: R$ 112.500,00

Gabarito – A

Questão 52 (AFRFB – RFB – ESAF/2014)
A Cia. Solimões Industrial adquire um terreno por R$ 2.000.000 nas proximidades de suas instalações, para valorização. Na tomada de decisão pelo negócio, foi considerada a oportunidade das condições negociadas, o início de obras governamentais nas proximidades para ampliação da malha rodoviária e a construção de um entreposto de produtos agrícolas e a consequente valorização de imóveis naquela região.
Ao registrar a aquisição desse imóvel, a empresa deve classificar esse bem como Ativo:
a) Diferido,
b) Imobilizado,
c) Investimento,
d) Intangível,
e) Realizável de Longo Prazo.

Resolução e Comentários

De acordo com o *Pronunciamento Técnico CPC 28 – Propriedade para Investimento*, temos:

> Propriedade para investimento é a propriedade (terreno ou edifício – ou parte de edifício – ou ambos) mantida (pelo proprietário ou pelo arrendatário em arrendamento financeiro) para auferir aluguel ou para valorização do capital ou para ambas, e não para:
> (a) uso na produção ou fornecimento de bens ou serviços ou para finalidades administrativas; ou
> (b) venda no curso ordinário do negócio.

Observe que a propriedade para investimento é aquela mantida para valorização do capital, caso citado na presente questão.

Gabarito – C

Questão 53 (Contador – Agência de Desenvolvimento Paulista – Desenvolve SP – VUNESP/2014)

Uma empresa industrial "InduTudo Ltda.", aproveitando uma oportunidade de preço, decidiu adquirir um edifício comercial no centro da cidade onde está instalada sua fábrica. O pagamento foi feito com 50% a vista e 50% a prazo. Uma vez que esse edifício foi adquirido com o objetivo de valorização do capital investido, no pressuposto de se apresentar por um preço de oportunidade, a administração da Indústria resolveu auferir receita adicional com aluguel do bem. O contrato de aluguel foi gerado na mesma época em que ocorreu a aquisição do bem. Baseado nessas informações, o lançamento contábil para registro dessa operação será:

a) Caixa e Bancos
   a Títulos a pagar;
b) Imobilizado
   a Títulos a pagar;
c) Estoques
   a Contas a pagar;
d) Propriedade para investimentos
   a Bancos
   a Títulos a pagar;
e) Investimentos
   a bancos.

Resolução e Comentários

* A empresa adquiriu a edificação para investir, aproveitando uma oportunidade de negócio.

* Parte do pagamento efetuado à vista e parte a prazo.

Registros contábeis efetuados:

Propriedade para investimentos
a Bancos
a Títulos a pagar.
Gabarito – D

Questão 54 – (SABESP – Analista de Gestão – Contabilidade – FCC – 2014)
Em 31/12/2011, a empresa Reavaliação adquiriu uma máquina por R$ 650.000 à vista. Na data da aquisição, estimou-se que a vida útil econômica era 5 anos e o valor residual era R$ 200.000. Em 1º/01/2013, a empresa reavaliou a vida útil econômica remanescente da máquina para 8 anos e valor residual para R$ 0,00 (zero).
O valor contábil apresentado pela empresa Reavaliação, no Balanço Patrimonial de 31/12/2013, foi, em reais:
a) 487.500;
b) 490.000;
c) 315.000;
d) 337.500;
e) 650.000.

Resolução e Comentários
Aquisição em 31/12/2011:

Valor de aquisição: R$ 650.000
Valor residual: R$ 200.000
Valor depreciável: R$ 650.000 – R$ 200.000 = R$ 450.000
Vida útil estimada: 5 anos

Registro da depreciação em 31/12/2012:

Valor depreciável: R$ 450.000
Taxa de depreciação: 100% / 5 anos = 20% a.a.
Valor da depreciação estimada para 2012: R$ 450.000 x 20% = R$ 90.000

D – Despesas de Depreciação
C – Depreciação Acumulada   R$ 90.000

Valor contábil do bem após a depreciação estimada para 2012:

Valor de aquisição:	R$ 650.000
(–) Depreciação acumulada:	R$ 90.000
(=) Valor Contábil:	R$ 560.000

Em 1º/01/2013, a empresa reavaliou a vida útil econômica remanescente da máquina para 8 anos e valor residual para R$ 0,00 (zero). Em consequência disto, temos:

Valor residual: R$ 0
Valor depreciável: R$ 560.000
Vida útil reavaliada: 8 anos

Registro da depreciação em 31/12/2013:

Valor depreciável: R$ 560.000
Taxa de depreciação: 100% / 8 anos = 12,5% a.a.
Valor da depreciação estimada para 2013: R$ 560.000 x 12,5% = R$ 70.000

D – Despesas de Depreciação
C – Depreciação Acumulada   R$ 70.000

Valor contábil do bem após a depreciação estimada para 2013:

Valor de aquisição: R$ 650.000
(–) Depreciação acumulada: R$ 160.000
(=) Valor Contábil: R$ 490.000
Gabarito – B

Questão 55 (Contador – INSS – CESGRANRIO/2005)
A Cia. Gama, empresa de extração de areia, utiliza uma máquina que, por problemas de corrosão, tem sua depreciação alocada em função da matéria-prima processada. A máquina foi adquirida por R$ 850.000,00 e tem sua vida útil limitada ao processamento de 500.000.000 Kg de matéria-prima. Num determinado período, a empresa retirou 2.000.000 Kg de areia lavada e 500.000 Kg de areia de frigir,

tudo processado pela mesma máquina. Pelo método de depreciação das unidades produzidas, o valor da depreciação do período, em reais, será de:
a) 42.500,00;
b) 14.705,88;
c) 5.888,23;
d) 4.250,00;
e) 3.400,00.

Resolução e Comentários

Valor de aquisição da máquina: R$ 850.000,00

Vida útil: 500.000.000 kg

Não há valor residual.

Depreciação pelo método das unidades produzidas

2.000.000 kg + 500.000 kg = 2.500.000 kg de matéria-prima

* Taxa percentual de depreciação:

500.000.000 kg ---------- 100%
2.500.000 kg ------------ x

Logo: x = 0,5%

Valor da depreciação do período em reais:

Encargos de depreciação: 0,5% x R$ 850.000,00 = R$ 4.250,00

Gabarito – D

Questão 56 (Contador – Ministério do Turismo – ESAF/2013)

A empresa Máquinas, Móveis e Mercadorias S.A., em abril de 2009, adquiriu 4 máquinas de igual valor e pagou por elas, à vista, R$ 10.000,00. A vida útil foi estimada em 10 anos e o valor residual em 20%. Em 30 de setembro de 2013, a empresa vendeu uma dessas máquinas por R$ 1.000,00, a prazo.

Uma vez realizada esta operação, pode-se dizer que a empresa contabilizou perda de capital no valor de:
a) R$ 600,00;
b) R$ 375,00;
c) R$ 500,00;
d) R$ 100,00;
e) R$ 875,00.

Resolução e Comentários
* Aquisição das máquinas: abril de 2009
* Valor pago pelas 4 máquinas: R$ 10.000,00
* Valor pago por uma das máquinas: R$ 10.000,00 / 4 = R$ 2.500,00

* Vida útil estimada em 10 anos ou 120 meses
* Valor residual: 20%
* Valor depreciável: 80%

Valor depreciável: 80% x R$ 2.500,00 = R$ 2.000,00

Depreciação de abril/2009 a setembro/2013:
* 2009: 9 meses
* 2010: 12 meses
* 2011: 12 meses
* 2012: 12 meses
* 2013: 9 meses
Total: 54 meses = 4,5 anos

Encargos de depreciação ao longo do período de uso:
4,5/10,0 x R$ 2.000,00 = R$ 900,00

Existe, então, depreciação acumulada no valor de R$ 900,00.

* **Valor contábil do bem em setembro de 2013:**
Valor de aquisição: R$ 2.500,00
(–) Depreciação Acumulada: (R$ 900,00)
(=) Valor Contábil: R$ 1.600,00

Como o valor de venda foi de apenas R$ 1.000,00, ocorreu uma perda de capital no valor de: R$ 1.000,00 – R$ 1.600,00 = (R$ 600,00)
Gabarito – A

Questão 57 (Ciências Contábeis – Defensoria Pública RJ – FGV/2014)
A Companhia Lentidão S.A. adquiriu uma máquina para fabricação de meias para vender junto com os tênis que a empresa já vende. A máquina foi entregue na sede da empresa no dia 05/05/X1. No dia 12/05/X1 a máquina foi instalada e ficou pronta para ser utilizada. Como demorou para chegar a matéria-prima, a máquina

só foi utilizada pela primeira vez em 20/05/X1. A produção na capacidade máxima só ocorreu a partir do dia 1º/06/X1. As vendas ficaram acima do esperado. Então a administração da empresa, no dia 14/07/X1, decidiu terceirizar a produção e desativar a máquina. A produção do último lote de meias ocorreu no dia 30/07/X1, porém a máquina permaneceu instalada para atender pedidos adicionais até o dia 15/08/X1, quando a administração decidiu que o melhor negócio seria vender a máquina. A máquina permaneceu na empresa até o dia 20/11/X1, quando finalmente foi vendida e a propriedade foi repassada para outra empresa.

Considerando os fatos acima e que a empresa utiliza o critério de período de tempo para estimar a vida útil de seus imobilizados, a data inicial e a data final em que a empresa depreciou o ativo, respectivamente, são:

a) 05/05/X1 e 14/07/X1;
b) 05/05/X1 e 30/07/X1;
c) 12/05/X1 e 15/08/X1;
d) 20/05/X1 e 20/11/X1;
e) 1º/06/X1 e 20/11/X1.

Resolução e Comentários

Um ativo é submetido à depreciação a partir do momento em que está pronto para o uso. Na presente questão, isto ocorreu em 12/05/X1.

Enquanto o ativo estiver em condição de produção, deve ser depreciado. Observe que a máquina ficou instalada e em condição de produzir até o dia 15/08/X1.

Gabarito – C

Questão 58 (Ciências Contábeis – Defensoria Pública RJ – FGV/2014)

A empresa Gatunos S.A. adquiriu um elevador por R$ 12.000,00, com vida útil estimada de 10 anos. Para atender às exigências de segurança estabelecidas pela empresa, o elevador, apesar de recebido em 31 de março de 2014, só entrará em operação quando a equipe de TI da Gatunos S.A. concluir o projeto de um sistema capaz de reconhecer as intenções do usuário do elevador. Uma peculiaridade exigida para a finalização do software, e sua efetiva entrada em operação, é que ele seja capaz de alertar os diretores da empresa na eventualidade de um cão da raça Rottweiller entrar no elevador. Nesse caso, o software, além de avisar os diretores, deve ser capaz de desativar a movimentação do elevador, retendo-o no 13º andar. O contrato de trabalho com a equipe de TI, que conta com 10 engenheiros formados no M.I.T., vai até 31 de março de 2016, mas não há garantias de que poderá concluí-lo, sequer cogita-se entregá-lo parcialmente. Apesar disso, a empresa gastou em abril de 2014 o total de R$ 1.000.000,00 com o salário da equipe, além de outros R$ 1.000.000,00 com a parte física (câmera, infravermelho e fios de ouro, por ser um ótimo condutor) para elaboração do software. A empresa tem expectativa de que, se concluído, o projeto poderá ser vendido para uma das gigantes de tecnologia por R$ 100.000.000,00 e, inclusive, afirma que já possui compradores interessados. Em relação aos fatos aqui narrados, as demonstrações contábeis da Gatunos referentes ao dia 30 de abril de 2014, devem apresentar ao menos:

a) i) depreciação acumulada do elevador, no montante de R$ 100,00; ii) ativo intangível em elaboração, totalizando R$ 2.000.000,00;

b) i) ativo imobilizado em andamento – elevador, no montante de R$ 12.000,00; ii) despesa com salários da equipe de TI, no montante de R$ 1.000.000,00;

c) i) ativo intangível em elaboração, totalizando R$ 1.000.000,00; ii) despesa com salários da equipe de TI, no montante de R$ 1.000.000,00;
d) i) ativo imobilizado em andamento – elevador, no montante de R$ 12.000,00; ii) depreciação acumulada do elevador, no montante de R$ 100,00;
e) i) material de consumo (câmera, infravermelho e fios de ouro), totalizando R$ 1.000.000,00; ii) despesa com salários da equipe de TI, no montante de R$ 1.000.000,00.

Resolução e Comentários

* O elevador adquirido ainda não está pronto para utilização; logo, trata-se de um imobilizado em andamento, cujo valor de registro é igual a R$ 12.000,00;

* O elevador adquirido não está à disposição para uso; em consequência disto, não pode ser depreciado;

* Ocorreram gastos referentes aos salários da equipe no valor de R$ 1.000.000,00; e

* Ocorreram outros gastos no valor de R$ 1.000.000,00, gastos estes referentes à aquisição de câmera, infravermelho e fios de ouro.

Gabarito – B

Questão 59 (Analista – Mercado de Capitais – CVM – ESAF/2010)
A empresa ARPEC S/A, em 31 de dezembro de 2010, apresenta um saldo de R$ 84.210,00 na conta Veículos. A conta Depreciação Acumulada, nessa data, já tinha saldo de R$ 20.500,00, antes de se contabilizar os encargos do exercício.
A vida útil econômica dos veículos foi estimada em cinco anos e o seu valor residual foi estimado em 5%, dispensando-se os centavos, após o arredondamento matemático. O método de cálculo da depreciação utilizado é o linear.
Os veículos foram adquiridos e incorporados ao patrimônio, para uso, na forma como segue:
* em outubro de 2008   R$ 33.000,00;
* em junho de 2009   R$ 25.000,00;
* em abril de 2010   R$ 22.000,00.

Ao registrar na contabilidade os encargos de depreciação do exercício de 2010, a empresa vai encontrar o valor de:
a) R$ 26.650,00;
b) R$ 16.000,00;
c) R$ 14.900,00;
d) R$ 11.900,00;
e) R$ 10.800,00.

Resolução e Comentários
* depreciação: método linear
* valor residual: 5%
* Se somarmos os valores dos veículos de acordo com seus respectivos períodos de aquisição, teremos:

R$ 33.000,00 + R$ 25.000,00 + R$ 22.000,00 = R$ 80.000,00

Observe que o valor da conta veículos é igual a R$ 84.210,00; já o montante encontrado para a soma dos valores dos veículos adquiridos ao longo do tempo é igual a apenas R$ 80.000,00.

Calculemos o valor residual referente ao montante de registro dos veículos:
R$ 84.210,00 x 5% = R$ 4.210,00 (desconsiderando-se os centavos).

Em consequência disto, os valores apresentados em cada período de aquisição correspondem aos valores depreciáveis!

R$ 84.210,00 – R$ 4.210,00 = R$ 80.000,00

* valor dos encargos de depreciação referentes a 2010 para os veículos adquiridos em:

a) em outubro de 2008 R$ 33.000,00;
20% x R$ 33.000,00 = R$ 6.600,00

b) em junho de 2009 R$ 25.000,00;
20% x R$ 25.000,00 = R$ 5.000,00

c) em abril de 2010 R$ 22.000,00.
(9/12) x 20% x R$ 22.000,00 = R$ 3.300,00

R$ 6.600,00 + R$ 5.000,00 + R$ 3.300,00 = R$ 14.900,00
Gabarito – C

Questão 60 (Contador – CEFET – Fundação CESGRANRIO/2014)
Levantado o Balanço Patrimonial/2013, a companhia apresentou as seguintes informações referentes à única máquina registrada no seu Ativo Imobilizado:
- Aquisição e início de utilização: na mesma data.
- Modo de utilização: em turno único.
- Incentivos fiscais: não há.
- Vida útil: 10 anos.
- Valor residual: R$ 126.000,00.
- Método de depreciação: quotas constantes.
- Depreciação acumulada: R$ 584.400,00.
- Período de acumulação: 3 anos, completados na data do balanço/2013.
- Ajustes do valor (custo) da máquina: nenhum ajuste foi feito a qualquer título, no período.

Considerando exclusivamente as informações da companhia e as orientações do CPC 27 quanto à matéria, o valor dessa máquina evidenciado no Balanço Patrimonial/2013, em reais, é de:
a) 1.822.000,00;
b) 1.948.000,00;
c) 2.074.000,00;
d) 2.242.000,00;
e) 2.368.000,00.

Resolução e Comentários

* Depreciação acumulada: R$ 584.400,00
* Período de acumulação: 3 anos

Depreciação anual: R$ 584.400,00 / 3 anos = R$ 194.800,00 / ano

Valor depreciável: R$ 194.800,00/ano x 10 anos = R$ 1.948.000,00

Valor de registro do bem:
R$ 1.948.000,00 + R$ 126.000,00 = R$ 2.074.000,00
Gabarito – C

Questão 61 (Analista de Gestão Corporativa – Contabilidade – EPE – Fundação CESGRANRIO/2014)
Uma companhia apresentou as seguintes informações referentes a um determinado equipamento, no encerramento do balanço, antes do cálculo da respectiva depreciação anual:
Ativo Imobilizado
    Equipamento 440.000,00
    (–) Depreciação Acumulada 132.000,00

Informações adicionais, exclusivas do equipamento acima:
- Vida útil estimada para o equipamento: 10 anos
- Valor estimado para sua revenda, ao final da vida útil: R$ 110.000,00
- Utilização em turno único
- Critério de depreciação: método das quotas constantes

Considerando-se, exclusivamente, as informações recebidas e as normas contábeis vigentes relativas ao imobilizado, devidamente atendidas pela Companhia, o valor da depreciação anual desse equipamento, em reais, é de
a) 19.800,00;
b) 30.800,00;
c) 33.000,00;
d) 41.800,00;
e) 44.000,00.

Resolução e Comentários

* Valor de registro do equipamento: R$ 440.000,00
* Valor residual: R$ 110.000,00
* Valor depreciável: R$ 440.000,00 – R$ 110.000,00 = R$ 330.000,00
* Vida útil estimada: 10 anos
* Depreciação anual: R$ 330.000,00 / 10 anos = R$ 33.000,00/ano

Gabarito – C

Questão 62 (Analista de Gestão Corporativa – Contabilidade – EPE – Fundação CESGRANRIO/2014)

Uma indústria adquiriu uma patente de invenção para um novo item de sua linha de produtos, nas seguintes condições:
- Valor pago: 600.000,00
- 1990: Início da contagem do prazo de 20 anos da proteção do privilégio dessa patente de inovação
- 2005: ano da aquisição dessa patente de invenção (15 anos decorridos)

Considerando-se exclusivamente as informações recebidas e os procedimentos técnicos cabíveis, o valor anual da amortização desse processo, em reais, é de:
a) 30.000,00;
b) 40.000,00;
c) 60.000,00;
d) 120.000,00;
e) 150.000,00.

Resolução e Comentários

* Já decorreram 15 anos da contagem do prazo de proteção da patente
* Ainda faltam 5 anos para a correspondente amortização

* Valor pago: R$ 600.000,00
* Valor a amortizar anualmente: R$ 600.000,00 / 5 anos = R$ 120.000,00/ano
Gabarito – D

Questão 63 (Analista Judiciário – Contabilidade – TRE Rondônia – FCC/2014)
Em 1º/01/2011, determinada empresa adquiriu um imóvel pelo valor de R$ 600.000,00 para utilizá-lo em suas operações. Na data de aquisição, a estimativa feita da vida útil econômica para este imóvel foi de 25 anos e o valor residual de R$ 100.000,00. Em 1º/01/2012, a empresa reavaliou a vida útil do imóvel, cuja estimativa indicou uma vida útil remanescente de 25 anos, e, nesta mesma data, o valor residual reestimado foi de R$ 130.000,00. Em 31/12/2012, em função de uma oferta irrecusável, a empresa vendeu este imóvel por R$ 900.000,00 à vista. Com base nessas informações e sabendo que a empresa utiliza o método das quotas constantes, o resultado evidenciado na Demonstração de Resultados em função da venda deste imóvel foi, em reais:
a) 300.000,00;
b) 318.800,00;
c) 338.000,00;
d) 468.000,00;
e) 448.800,00.

Resolução e Comentários
* Valor de aquisição do imóvel em 1º/01/2011: R$ 600.000,00
* Vida útil inicialmente estimada: 25 anos
* Taxa de depreciação anual inicial: 4% a.a.
* Valor residual: R$ 100.000,00
* Valor depreciável: R$ 600.000,00 – R$ 100.000,00 = R$ 500.000,00
* Depreciação realizada via Método das Quotas Constantes

* Valor do encargo de depreciação anual em 2011:

R$ 500.000,00 x 4% a.a. = R$ 20.000,00

* Valor contábil do imóvel em 31/12/2011:

   Valor de aquisição: R$ 600.000,00
   (–) Depreciação Acumulada: (R$ 20.000,00)
   (=) Valor contábil: R$ 580.000,00

Em 2012:

* Valor contábil: R$ 580.000,00
* Vida útil reestimada: 25 anos
* Taxa de depreciação anual reestimada: 4% a.a.
* Valor residual: R$ 130.000,00
* Valor depreciável: R$ 580.000,00 – R$ 130.000,00 = R$ 450.000,00
* Depreciação realizada via Método das Quotas Constantes

* Valor do encargo de depreciação anual em 2012:

R$ 450.000,00 x 4% a.a. = R$ 18.000,00

* Valor contábil do imóvel em 31/12/2012:

   Valor de aquisição: R$ 600.000,00
   (–) Depreciação Acumulada: (R$ 38.000,00)
   (=) Valor contábil: R$ 562.000,00

   Venda do imóvel em 31/12/2012:

Valor de venda: R$ 900.000,00
(–) Valor contábil: (R$ 562.000,00)
(=) Ganho de Capital: R$ 338.000,00
Gabarito – C

Questão 64 (Analista Judiciário – Contadoria – TRF 3ª Região – FCC/2016)
Uma empresa adquiriu um equipamento de produção pelo valor de R$ 12.000.000,00 que foi pago à vista. A aquisição ocorreu em 30/06/2010, a empresa definiu a vida útil do equipamento em 10 anos de utilização e calcula sua despesa de depreciação em função do tempo decorrido (método das quotas constantes), tendo em vista que o mesmo funciona sem qualquer interrupção. No início do prazo de utilização do equipamento o valor residual estimado para sua venda no final da vida útil era R$ 1.500.000,00. No final de 2013, a empresa identificou que o valor residual no final da vida útil foi reduzido para R$ 1.175.000,00, em decorrência do aparecimento de novos equipamentos com tecnologia mais atual, o que fez com que o valor de mercado dos equipamentos utilizados pela empresa diminuísse. A análise feita pela empresa neste momento (final de 2013) identificou que não havia necessidade de redução do valor contábil do equipamento (o valor recuperável era maior que o valor contábil). Se a vida útil do equipamento para fins fiscais é definida em 8 anos, o valor

contábil que deveria ter sido evidenciado no Balanço Patrimonial de 31/12/2014 para este equipamento era, em reais:
a) 5.250.000,00;
b) 6.600.000,00;
c) 5.775.000,00;
d) 7.225.000,00;
e) 7.275.000,00.

Resolução e Comentários
Aquisição do equipamento: 30/06/2010
Valor pago à vista: R$ 12.000.000,00
Vida útil: 10 anos
Depreciação calculada pelo Método das Quotas Constantes
Valor residual inicial: R$ 1.500.000,00

Pede-se o valor contábil do bem no Balanço Patrimonial de 31/12/2014. Logo, estamos tratando da depreciação para fins contábeis.

Valor depreciável: R$ 12.000.000,00 − R$ 1.500.000,00 = R$ 10.500.000,00
Taxa de depreciação anual: 100% / 10 anos = 10% ao ano
Encargos de depreciação anuais: 10% x R$ 10.500.000,00 = R$ 1.050.000,00
Utilização do equipamento em 2010: julho a dezembro = 6 meses = ½ ano
Encargos de depreciação de 2010: (1/2) x R$ 1.050.000,00 = R$ 525.000,00
Encargos de depreciação de 2011: R$ 1.050.000,00
Encargos de depreciação de 2012: R$ 1.050.000,00
Encargos de depreciação de 2013: R$ 1.050.000,00
Depreciação acumulada de 2010 a 2013: R$ 3.675.000,00
Tempo transcorrido para fins de depreciação: 3 anos e meio

Valor contábil do bem no final de 2013:
R$ 12.000.000,00 − R$ 3.675.000,00 = R$ 8.325.000,00

No final de 2013, informa-se novo valor residual para o equipamento: R$ 1.175.000,00

A análise feita pela empresa no final de 2013 identificou que não havia necessidade de redução do valor contábil do equipamento (o valor recuperável era maior que o valor contábil).

Novo valor depreciável, válido a partir de 2014:
R$ 8.325.000,00 − R$ 1.175.000,00 = R$ 7.150.000,00

Nova taxa de depreciação anual, válida a partir de 2014:
100% / 6,5 anos

Encargos de depreciação anuais, válidos a partir de 2014:
(100% / 6,5 anos) x R$ 7.150.000,00 = R$ 1.100.000,00

Encargos de depreciação de 2014: R$ 1.100.000,00

Valor contábil do bem no final de 2014:
R$ 8.325.000,00 − R$ 1.100.000,00 = R$ 7.225.000,00
Gabarito − D

Questão 65 (Agente de Defensoria Pública − Contador − DPESP − FCC/2015)
Uma empresa adquiriu um equipamento de produção pelo valor de R$ 2.400.000,00 que foi pago à vista. A aquisição ocorreu em 30/06/2013, data em que o ativo foi colocado em uso, e a empresa definiu a vida útil do equipamento em 50.000 horas de produção. O valor residual do equipamento no final da vida útil definida era R$ 300.000,00. Sabendo que a empresa calcula a despesa de depreciação do equipamento em função das horas de produção, que até 31/12/2014 o equipamento havia sido utilizado na produção por 15.000 horas e que a vida útil para fins fiscais é definida em 10 anos, o valor contábil para este equipamento que deveria ser evidenciado no Balanço Patrimonial de 31/12/2014 para fins societários era, em reais:
a) 2.400.000,00;
b) 1.680.000,00;
c) 1.470.000,00;
d) 1.770.000,00;
e) 2.040.000,00.

Resolução e Comentários
* Valor de aquisição do equipamento: R$ 2.400.000,00
* Data da aquisição: 30/06/2013 (ativo colocado em uso nesta data)
* Vida útil contábil: 50.000 horas de produção
* Valor residual: R$ 300.000,00
* Depreciação calculada em função das horas de produção
* Utilização do equipamento na produção até 31/12/2014: 15.000 horas

Pede-se o valor contábil do bem no Balanço Patrimonial de 31/12/2014. Logo, estamos tratando da depreciação para fins contábeis.

Valor depreciável = Valor de aquisição − Valor residual
Valor depreciável = R$ 2.400.000,00 − R$ 300.000,00 = R$ 2.100.000,00
Taxa de depreciação: R$ 2.100.000,00 / 50.000 horas = R$ 42,00 / hora

Depreciação apurada pelas 15.000 horas de utilização:
15.000 horas x R$ 42,00/hora = R$ 630.000,00

Atenção!!!
Valor Contábil = Valor de Aquisição − Depreciação Acumulada =
= R$ 2.400.000,00 − R$ 630.000,00 = R$ 1.770.000,00
Gabarito − D

Questão 66 (Analista de Gestão − Contabilidade − SABESP − FCC − 2014)
O balancete de verificação da *Empresa Comunicativa S.A.*, em 31/12/2012, era composto das seguintes contas:

	R$
Estoque	90.000
Contas a Pagar (que se vencem em até 180 dias)	38.000
Clientes (para receber em até 120 dias)	300.000
Empréstimos a pagar (vencimento durante 2013)	70.000
Caixa e Equivalentes de Caixa	176.000
Receita de Vendas	1.150.000
Capital Social	390.000
Empréstimos a pagar (vencimento após 31/12/2013)	100.000
Custo das Mercadorias Vendidas	460.000
Despesa com Salários	44.000
Reserva Legal	20.000
Seguros Pagos Antecipadamente (vigência por mais 4 meses)	28.000
Investimentos em Coligadas	86.000
Devoluções de vendas	56.000
Salários a Pagar	26.000
Impostos sobre vendas	150.000
Impostos a Recolher (que se vencem em até 60 dias)	14.000
Lucro na venda de Imóvel	24.000
Despesa de Depreciação	30.000
Máquinas e equipamentos	260.000
Despesa com Estimativa de Perdas com Crédito de Liquidação Duvidosa	4.000

Reserva de Lucros a Realizar	8.000
Resultado de Equivalência Patrimonial (negativo)	6.000
Estimativa de perdas com Crédito de Liquidação Duvidosa	12.000
Despesa com Imposto de Renda e CSLL	10.000
Despesas Financeiras	4.000
Intangíveis	48.000
Despesa com Vendas	30.000
Contas a Receber (para receber em 2015)	70.000

O valor total do Ativo Não Circulante em 31/12/2012 era, em R$:
a) 70.000;
b) 394.000;
c) 346.000;
d) 330.000;
e) 464.000.

Resolução e Comentários

Ativo Não Circulante:

Investimentos em Coligadas: R$ 86.000

Máquinas e Equipamentos: 260.000

Intangíveis: R$ 48.000

Contas a Receber (para receber em 2015): R$ 70.000

Total: 464.000

Gabarito – E

Questão 67 (Analista Judiciário – Contadoria – TRF 3ª Região – FCC/2016)
Uma empresa industrial é proprietária de três imóveis evidenciados em seu Balanço Patrimonial, sendo que os objetivos definidos pela empresa para cada um são:
– Imóvel 1 – está sendo utilizado pela empresa para suas atividades administrativas.
– Imóvel 2 – é mantido pela empresa, mas não está sendo utilizado em suas atividades. Atualmente está alugado para terceiros em um contrato com prazo de 5 anos.
– Imóvel 3 – ainda é mantido pela empresa, mas está destinado para venda. Corresponde ao prédio onde a empresa concentrava anteriormente suas atividades administrativas. No entanto, a empresa ainda não iniciou um programa firme para localizar um comprador e concluir o plano de venda.
Na divulgação do seu Balanço Patrimonial, a empresa deve evidenciar o Imóvel 1, o Imóvel 2 e o Imóvel 3, respectivamente, no grupo do ativo:
a) imobilizado, imobilizado e imobilizado;
b) investimentos, imobilizado e realizável no longo prazo;
c) imobilizado, investimentos e realizável no longo prazo;
d) realizável a longo prazo, investimentos e investimentos;
e) imobilizado, investimentos e circulante.

Resolução e Comentários

Vamos analisar a situação de imóvel por imóvel:

– Imóvel 1 – está sendo utilizado pela empresa para suas atividades administrativas.

Nos termos do *Pronunciamento Técnico CPC 27 – Ativo Imobilizado*, temos:

> 6. Os seguintes termos são usados neste Pronunciamento, com os significados especificados:
> [...]
> Ativo imobilizado é o item tangível que:
> (a) é mantido para uso na produção ou fornecimento de mercadorias ou serviços, para aluguel a outros, ou para fins administrativos; e
> (b) se espera utilizar por mais de um período.
> Correspondem aos direitos que tenham por objeto bens corpóreos destinados à manutenção das atividades da entidade ou exercidos com essa finalidade, inclusive os decorrentes de operações que transfiram a ela os benefícios, os riscos e o controle desses bens.

– Imóvel 2 – é mantido pela empresa, mas não está sendo utilizado em suas atividades. Atualmente está alugado para terceiros em um contrato com prazo de cinco anos.

De acordo com o *Pronunciamento Técnico CPC 28 – Propriedade para Investimento*, temos:

> 5. Os termos que se seguem são usados neste Pronunciamento com os significados especificados:
> [...]
> Propriedade para investimento é a propriedade (terreno ou edifício – ou parte de edifício – ou ambos) mantida (pelo proprietário ou pelo arrendatário em arrendamento financeiro) para auferir aluguel ou para valorização do capital ou para ambas, e não para:
> (a) uso na produção ou fornecimento de bens ou serviços ou para finalidades administrativas; ou
> (b) venda no curso ordinário do negócio.

– Imóvel 3 – ainda é mantido pela empresa, mas está destinado para venda. Corresponde ao prédio onde a empresa concentrava anteriormente suas atividades administrativas. No entanto, a empresa ainda não iniciou um programa firme para localizar um comprador e concluir o plano de venda.

Eis o que disciplina o *Pronunciamento Técnico CPC 31 – Ativo Não Circulante Mantido para Venda e Operação Descontinuada*:

> **Classificação de ativo não circulante como mantido para venda**
> 6. A entidade deve classificar um ativo não circulante como mantido para venda se o seu valor contábil vai ser recuperado, principalmente, por meio de transação de venda em vez do uso contínuo.
> 7. Para que esse seja o caso, o ativo ou o grupo de ativos mantido para venda

deve estar disponível para venda imediata em suas condições atuais, sujeito apenas aos termos que sejam habituais e costumeiros para venda de tais ativos mantidos para venda. Com isso, a sua venda deve ser altamente provável.

8. Para que a venda seja altamente provável, o nível hierárquico de gestão apropriado deve estar comprometido com o plano de venda do ativo, e deve ter sido iniciado um programa firme para localizar um comprador e concluir o plano. Além disso, o ativo mantido para venda deve ser efetivamente colocado à venda por preço que seja razoável em relação ao seu valor justo corrente. Ainda, deve-se esperar que a venda se qualifique como concluída em até um ano a partir da data da classificação, com exceção do que é permitido pelo item 9, e as ações necessárias para concluir o plano devem indicar que é improvável que possa haver alterações significativas no plano ou que o plano possa ser abandonado.

8A. A entidade que estiver compromissada com um plano de venda para a alienação de controlada deve classificar todos os ativos e passivos dessa controlada (no balanço consolidado) como mantidos para venda quando os critérios estabelecidos nos itens 6 a 8 estiverem presentes, independentemente de a entidade passar a deter uma participação na investida como não controladora após a venda dessa controlada.

9. Acontecimentos ou circunstâncias podem estender o período de conclusão da venda para além de um ano. A extensão do período durante o qual se exige que a venda seja concluída não impede que o ativo seja classificado como mantido para venda se o atraso for causado por acontecimentos ou circunstâncias fora do controle da entidade e se houver evidência suficiente de que a entidade continua comprometida com o seu plano de venda do ativo. Esse é o caso quando os critérios do Apêndice B forem satisfeitos.

Gabarito – C

CAPÍTULO 7

Operações com Mercadorias e Serviços

7.1. INFORMAÇÕES INICIAIS

A Contabilidade tem por preocupação evidenciar a situação econômica das entidades da melhor forma possível.

Em entidades industriais e comerciais, as operações com produtos e mercadorias representam o núcleo central de suas atividades. O sucesso de uma entidade depende da utilização de um bom sistema de apuração de resultados em operações com mercadorias, assim como de um bom controle físico paralelo.

O *Resultado com Mercadorias* (também conhecido como *Lucro Bruto* ou *Lucro Operacional Bruto*) costuma responder por cerca de 80% (oitenta por cento) do Resultado Líquido do Exercício da maioria das entidades comerciais.

Produtos

Os *produtos* são o resultado daquilo que é fabricado em uma indústria e, regra geral, destinado à venda.

Mercadorias

As *mercadorias* representam tudo o que pode ser adquirido com a finalidade de revenda por uma entidade comercial.

As empresas em geral podem possuir estoques de ativos tangíveis e/ou de intangíveis, conforme será adiante apresentado. Os ativos intangíveis mantidos em estoque podem ter sido adquiridos de terceiros ou concebidos pela própria empresa. *A estes ativos intangíveis mantidos em estoque damos o nome de **ativos especiais**.*

7.2. Os Estoques

O *Pronunciamento Técnico CPC (R1) 16 – Estoques* – define que **estoques** são ativos:
a) mantidos para venda no curso normal dos negócios;
b) em processo de produção para essa venda; ou
c) na forma de materiais ou suprimentos, a serem consumidos ou transformados no processo de produção ou na prestação de serviços.

Os estoques compreendem bens adquiridos e destinados à venda, incluindo, por exemplo, mercadorias compradas por um varejista para revenda ou terrenos e outros imóveis para revenda. Os estoques também compreendem produtos acabados e produtos em processo de produção pela entidade e incluem matérias-primas e materiais aguardando utilização no processo de produção, tais como: componentes, embalagens e material de consumo.

Compreendem insumos constantes dos estoques os itens:
- que estão fisicamente sob a guarda da entidade, exceto os que são a esta entregues em consignação por qualquer que seja o motivo;
- adquiridos pela entidade, mas que se encontram em trânsito, a caminho da entidade, quando da data de elaboração do Balanço Patrimonial;
- que pertencem à entidade, porém foram enviados para terceiros em consignação;
- de propriedade da empresa, que se encontram em poder de terceiros para armazenagem, beneficiamento, embarque etc.

Consignação
Trata-se da entrega de produto ou mercadoria a um correspondente ou consignatário para vendê-la ou dar-lhe outro destino.

Os produtos (no caso das indústrias e suas equiparadas) ou as mercadorias (no caso de comércio) de propriedade de uma empresa serão enviados a um terceiro para vendê-los ou dar-lhes outro destino. Caso seja efetuada a venda dos itens ora citados, aquele que detém a posse destes receberá uma comissão pelas vendas efetuadas ("Comissões Ativas" ou "Receitas de Comissões"); já a empresa que detém a propriedade de tais itens deverá registrar o pagamento das comissões àquele que vendeu tais itens ("Comissões Passivas" ou "Despesas de Comissões").

Transferência
Movimentação de produtos ou mercadorias entre estabelecimentos de uma mesma empresa. Se ocorre a movimentação destes insumos, então deve ser emitida a nota fiscal correspondente!

Produtos ou mercadorias devem estar sempre acompanhados de suas correspondentes notas fiscais, mesmo que seja apenas para transporte.

As peças e as ferramentas de pequena vida útil, assim como os materiais de manutenção, devem ser registrados como estoques em conta à parte. À medida que forem sendo utilizados/consumidos, serão transformados em custos/despesas.

A conta **Almoxarifado de Inversões Fixas** registra todos os materiais utilizados para construção destinados às obras em andamento, que estejam em almoxarifado. *Tal conta pertence ao Ativo Não Circulante Imobilizado, no Subgrupo Obras em Andamento.*

Constituem contas de estoques:

- Estoques de Matérias-Primas

A conta Estoques de Matérias-Primas engloba todos os materiais principais e essenciais a serem utilizados no processo produtivo.

- Estoques de Materiais Auxiliares

A conta Estoques de Materiais Auxiliares engloba todos os materiais secundários, isto é, menos importantes, a serem utilizados no processo produtivo.

- Estoques de Materiais Semiacabados

Esta conta representa os estoques de produtos fabricados, beneficiados ou modificados, que serão posteriormente vendidos, porém que necessitam de algum procedimento fabril para que estejam prontos para a comercialização.

- Estoques de Materiais de Acondicionamento e Embalagem

A conta Estoques de Materiais de Acondicionamento e Embalagem mostra todos os insumos destinados ao acondicionamento dos produtos para remessa, assim como aqueles destinados a sua embalagem. Estes materiais devem ser classificados em conta própria, não sendo permitido classificá-los como matérias-primas.

- Estoques de Produtos em Elaboração

Tal conta apresenta o total já empregado na forma de custos diretos e indiretos na fabricação de produtos ainda não finalizados. Quando os produtos são ditos acabados, os custos ora apresentados são transferidos para a conta Estoques de Produtos Acabados.

- Estoques de Produtos Acabados

A conta Estoques de Produtos Acabados apresenta o valor correspondente a todos os produtos cuja fabricação foi tida como completada. Abriga todos os produtos de posse da empresa em seus depósitos ou em suas filiais, assim como todos os produtos da empresa em consignação com terceiros.

- Estoques de Mercadorias

    A conta Estoques de Mercadorias evidencia o valor correspondente à aquisição de produtos de terceiros que serão apenas e tão somente revendidos, sem passar por nenhum processo de transformação na empresa adquirente.

- Estoques de Materiais de Manutenção e Suprimento Gerais

    Esta conta engloba todos os estoques de materiais utilizados para a manutenção de máquinas, equipamentos, edificações, veículos, computadores etc., assim como todos os materiais utilizados para lubrificação, reparos, consertos, pinturas, manutenções etc.

- Mercadorias em Trânsito

    A conta Mercadorias em Trânsito engloba todas as mercadorias que ainda não estão em poder da empresa, mas que pertencem a algum processo de produção que requeira movimentação para ela.

- Mercadorias Entregues em Consignação

    Esta conta engloba todas as mercadorias que não estão em poder da empresa por estarem fisicamente consignadas em outros estabelecimentos.

- Importações em Andamento

    A conta ora citada mostra os gastos já incorridos em relação às importações de mercadorias efetuadas.

- Adiantamentos a Fornecedores

    Tal conta abriga todos os adiantamentos em moeda efetuados a fornecedores de matérias-primas e mercadorias. Convém separar os adiantamentos efetuados para aquisição de matérias-primas daqueles que sejam realizados para a aquisição de mercadorias, visando a facilitar o controle de cada estoque em particular.

Registros a efetuar quando do adiantamento efetuado:

D – Adiantamentos a Fornecedores
C – Caixa ou Bancos Conta Movimento

Registros a efetuar quando do recebimento de mercadorias, por exemplo:

D – Estoques de Mercadorias
C – Adiantamentos a Fornecedores
C – Caixa ou Bancos Conta Movimento ou Fornecedores (pelo saldo porventura existente a pagar ao fornecedor)

- Perdas Estimadas para Redução ao Valor Realizável Líquido (conta retificadora)

A conta Perdas Estimadas para Redução ao Valor Realizável Líquido deve ser classificada como redutora do agrupamento de estoques, mostrando o valor dos estoques que porventura apresentem registro a um custo superior ao seu respectivo valor realizável líquido.

O *valor realizável líquido* compreende o preço de venda estimado no curso normal dos negócios deduzido dos custos estimados para a sua conclusão e dos gastos necessários estimados para concretizar a sua venda.

- Perdas Estimadas em Estoques de Mercadorias

A conta Perdas Estimadas em Estoques de Mercadorias deve registrar as estimativas de perdas em estoques devidas a estoques obsoletos, danificados ou deteriorados, que não possam ser utilizados pela empresa. Aqui também são registradas as diferenças físicas apuradas nos diversos estoques por meio de estimativas.

Registros a efetuar quando do reconhecimento de perdas por estimativas:

D – Despesas com Perdas Estimadas em Estoques de Mercadorias
C – Perdas Estimadas em Estoques de Mercadorias (retificadora do AC)

- Serviços em Andamento

A conta Serviços em Andamento evidencia todos os gastos com materiais, mão de obra e quaisquer outros empregados quando da realização dos serviços.

7.3. Os Ativos Especiais

Existem ativos que, devido as suas características específicas, devem ser registrados à parte no Ativo. A esses ativos damos o nome de ***ativos especiais***.

Quando ocorre a venda de mercadorias, por exemplo, o que se observa?! São realizados registros correspondentes à receita auferida e à completa baixa das mercadorias vendidas dos estoques da empresa. Por que ocorre esta baixa integral? Porque a propriedade e o controle das mercadorias passam a ser integralmente efetuados pelo adquirente delas.

Quando estamos tratando de ativos especiais, algo um pouco diferente ocorre. Se um ativo especial é comercializado, temos, então, a geração da receita correspondente à transação, porém não realizamos a baixa integral do custo do ativo ora citado, devido ao fato de este ativo poder ser novamente transacionado. Logo, o que fazemos, na prática, é o reconhecimento da amortização parcial de seu custo.

Os ativos especiais podem ser tangíveis ou intangíveis (o que ocorre com a maioria deles). Quando um ativo especial é utilizado, não necessariamente está sendo imediata e integralmente consumido. Estes ativos costumam gerar receitas por determinado período pelo seu uso, possuindo, não raras vezes, valor relevante de venda. São baixados da contabilidade da empresa apenas quando deixam de possuir capacidade de geração de novas receitas.

Exemplo
Podemos citar alguns exemplos de ativos especiais:
- conteúdos artístico-culturais produzidos por produtoras cinematográficas (filmes);
- dados geofísicos;
- dados biotecnológicos;
- *softwares* produzidos ou adquiridos mediante a simples cessão de seus direitos etc.

Os ativos especiais não contemplam ativos gerados para o próprio uso, como no caso de marcas, patentes e outros.

Nada impede que ocorra a cessão definitiva dos direitos de utilização de um ativo especial. Neste caso, costumamos dizer que foi realizada a venda final do ativo especial.

7.3.1. Os Ativos Especiais e o Plano de Contas

Deve existir um subgrupo dentro do Ativo Circulante para a apresentação dos ativos especiais. Este subgrupo deve distingui-los dos demais ativos em estoque, constantes do Subgrupo Estoques.

BALANÇO PATRIMONIAL
ATIVO
  Ativo Circulante
    Ativos Especiais
    Ativos Especiais em Produção
    Ativos Especiais
    Amortização Acumulada (conta credora)
    Perda Estimada para Redução do Ativo Especial ao Valor de Mercado (conta credora)
    Perda Estimada (conta credora)

A conta *Ativos Especiais* contém todos os custos incorridos na produção do ativo até que ele seja declarado pronto para a obtenção de receitas. Enquanto ainda estiver em produção, costumamos utilizar a conta *Ativos Especiais em Produção* para o registro dos gastos até então incorridos para a produção destes ativos.

A amortização de ativos especiais pode ser calculada por uma das seguintes maneiras:

- pelo **método da efetiva utilização** (método mais indicado), ou seja, considerando-se a taxa de amortização igual ao percentual obtido conforme a seguir é exposto: o numerador da fração corresponde à receita efetivamente auferida no período e o denominador corresponde à receita total estimada para vir a ser auferida ao longo da vida útil do ativo especial; ou
- de acordo com o **método das quotas arbitradas**, isto é, arbitrando-se o percentual de amortização conforme a expectativa de geração de receita com a utilização do ativo ou pelo decurso do tempo de utilização.

A conta *Perda Estimada para Redução do Ativo Especial ao Valor de Mercado* possui funcionamento semelhante ao que será mostrado para conta de nome similar voltada para estoques em geral. Adiante trataremos da explicação referente a quando utilizar esta conta para registros contábeis. Podemos adiantar que esta conta costuma ser utilizada quando o ativo especial está registrado na contabilidade da empresa por um custo superior ao seu valor líquido de realização (que corresponde ao valor de mercado do ativo especial menos as despesas incorridas para a sua venda).

Os ativos especiais também estão sujeitos aos Testes de Recuperabilidade de Custos, conforme o *Pronunciamento Técnico CPC 01 – Redução ao Valor Recuperável de Ativos*, assunto que não consta do escopo desta Obra.

Os ativos especiais devem sempre constar das notas explicativas da empresa, devido as suas características especiais.

7.4. Os Critérios de Avaliação de Estoques

De acordo com o *Pronunciamento Técnico CPC (R1) 16 – Estoques*, quanto à mensuração dos estoques, estes devem ser mensurados pelo **valor de custo** ou pelo **valor realizável líquido**, *dos dois o menor*.

São, também, definições constantes do *Pronunciamento Técnico CPC (R1) 16 – Estoques*:

Valor realizável líquido

É o preço de venda estimado no curso normal dos negócios deduzido dos custos estimados para sua conclusão e dos gastos estimados necessários para se concretizar a venda.

Valor justo

É o preço que seria recebido pela venda de um ativo ou que seria pago pela transferência de um passivo em uma transação não forçada entre participantes do mercado na data de mensuração.

De acordo com a Lei das Sociedades por Ações, considera-se **valor justo** *das matérias-primas e dos bens em almoxarifado* o preço pelo qual possam ser repostos (custo de reposição), mediante compra no mercado; por outro lado, considera-se **valor justo** *dos bens ou direitos destinados à venda* o preço líquido de realização mediante venda no mercado, deduzidos os impostos e demais despesas necessárias para a venda, e a margem de lucro.

O valor realizável líquido refere-se à quantia líquida que a entidade espera realizar com a venda do estoque no curso normal dos negócios. O valor justo reflete o preço pelo qual uma transação ordenada para a venda do mesmo estoque no mercado principal (ou mais vantajoso) para esse estoque ocorreria entre participantes do mercado na data de mensuração. O primeiro é um valor específico para a entidade, ao passo que o segundo já não é. Por isso, o valor realizável líquido dos estoques pode não ser equivalente ao valor justo deduzido dos gastos necessários para a respectiva venda.

Quando se trata da avaliação de produtos adquiridos para revenda e de matérias-primas, o custo referenciado é o *custo de aquisição*; de outra forma, quando se fala em produtos em processo ou em produtos acabados, o custo em questão é o *custo de produção*.

O custo é a referência para a avaliação de estoques. Se houver qualquer tipo de redução no valor do item a ser avaliado, seja por perda de utilidade, ou por diminuição no preço de venda, ou por redução do valor de reposição do estoque, o preço de mercado (inferior ao custo, neste caso) será a referência para a avaliação; em consequência, deverá ser registrada uma perda estimada, conforme os seguintes registros:

D – Despesas com Perdas Estimadas para Redução ao Valor Realizável Líquido
C – Perdas Estimadas para Redução ao Valor Realizável Líquido (retificadora do AC)

7.4.1. A Composição dos Custos dos Estoques de Produtos ou Mercadorias

Quando se fala em apurar o custo de matérias-primas ou de mercadorias, devemos procurar saber o que está representado e inserido em tal custo. O custo destes itens é, regra geral, identificado a partir de suas respectivas Notas Fiscais de aquisição. Porém, o *Pronunciamento Técnico CPC (R1) 16 – Estoques,* ao tratar deste assunto, assim descreve o valor de custo dos estoques:

> O **valor de custo dos estoques** deve incluir todos os custos de aquisição e de transformação, bem como outros custos incorridos para trazer os estoques à sua condição e localização atuais.

O ***custo de aquisição*** dos estoques compreende o preço de compra, os impostos de importação e outros tributos (exceto os recuperáveis junto ao Fisco), bem como os custos de transporte, seguro, manuseio e outros diretamente atribuíveis à aquisição de produtos acabados, materiais e serviços. Descontos comerciais, abatimentos e outros itens semelhantes devem ser deduzidos na determinação do custo de aquisição.

Se houver custos de embalagem e/ou de transporte e seguro reconhecidos pelo comprador, tais custos serão adicionados aos custos de aquisição propriamente ditos dos estoques.

Se ocorrer importação de insumos para estoques, ao custo de aquisição deles haverá a soma do Imposto de Importação, do IOF incidente sobre a operação de câmbio, dos custos alfandegários e de quaisquer outras taxas, assim como também ocorrerá a soma do custo dos serviços de despachante necessários ao desembaraço aduaneiro. *A variação cambial incorrida até a data de entrada do insumo no estabelecimento do adquirente deverá ser acrescentada ao custo; a partir daí, passará a ser reconhecida como despesa financeira.*

Os ***custos de transformação*** de estoques incluem os custos diretamente relacionados com as unidades produzidas ou com as linhas de produção, tais como mão de obra direta. Também incluem a alocação sistemática de custos indiretos de produção, fixos e variáveis, que sejam incorridos para transformar os materiais em produtos acabados. Os custos indiretos de produção fixos são aqueles que permanecem relativamente constantes independentemente do volume de produção, tais como a depreciação e manutenção de edifícios e instalações fabris, máquinas e equipamentos e os custos de administração da fábrica. Os custos indiretos de produção variáveis são aqueles que, de acordo com a própria identificação, variam diretamente, ou quase diretamente, com o volume de produção, tais como materiais indiretos e certos tipos de mão de obra indireta.

A alocação de custos fixos indiretos de fabricação às unidades produzidas deve ser baseada na capacidade normal de produção. A capacidade normal é a produção média que se espera atingir ao longo de vários períodos em circunstâncias normais; com isso, leva-se em consideração, para a determinação dessa capacidade normal, a parcela da capacidade total não utilizada por causa de manutenção preventiva, de férias coletivas e de outros eventos semelhantes considerados normais para a entidade. O nível real de produção pode ser usado se aproximar-se da capacidade normal. Como consequência, o valor do custo fixo alocado a cada unidade produzida não pode ser aumentado por causa de um baixo volume de produção ou ociosidade. Os custos fixos não alocados aos produtos devem ser reconhecidos diretamente como despesa no período em que são incorridos. Em períodos de anormal alto volume de produção, o montante de custo fixo alocado a cada unidade produzida deve ser diminuído, de maneira que os estoques não são mensurados acima do custo. Os custos indiretos de produção variáveis devem ser alocados a cada unidade produzida com base no uso real dos insumos variáveis de produção, ou seja, na capacidade real utilizada.

Um processo de produção pode resultar em mais de um produto fabricado simultaneamente. Este é, por exemplo, o caso quando se fabricam produtos em conjunto ou quando há um produto principal e um ou mais subprodutos. *Quando os custos de transformação de cada produto não são separadamente identificáveis, eles são atribuídos aos produtos, numa base racional e consistente.* Essa alocação pode ser baseada, por exemplo, no valor relativo da receita de venda de cada produto, seja na fase do processo de produção em que os produtos se tornam separadamente identificáveis, seja no final da produção, conforme o caso. A maior parte dos subprodutos, em razão de sua natureza, geralmente é imaterial. Quando for esse o caso, eles são muitas vezes mensurados pelo valor realizável líquido e este valor é deduzido do custo do produto principal. Como resultado, o valor contábil do produto principal não é materialmente diferente do seu custo.

Outros custos que não sejam de aquisição nem de transformação são incluídos nos custos dos estoques somente na medida em que sejam incorridos para colocar os estoques no seu local e na sua condição atuais. Por exemplo, poderá ser apropriado incluir no custo dos estoques gastos gerais que não sejam da produção ou os custos de desenho de produtos para clientes específicos.

Constituem **exemplos de itens não incluídos no custo dos estoques e reconhecidos como despesa do período** em que são incorridos:

- valor anormal de desperdício de materiais, mão de obra ou outros insumos de produção;
- gastos com armazenamento, *a menos que sejam necessários ao processo produtivo, como entre uma ou outra fase de produção*;
- despesas administrativas que não contribuem para trazer os estoques ao seu local e condição atuais; e
- despesas de comercialização, incluindo a venda e a entrega dos bens e serviços aos clientes.

Uma entidade geralmente compra estoques com condição para pagamento a prazo. Quando a negociação contém efetivamente um elemento de financiamento, esse elemento, por exemplo, uma diferença entre o preço de aquisição em condição normal de pagamento e o valor pago, deve ser reconhecida como *despesa de juros* durante o período do financiamento.

O custo das mercadorias também é definido pelo Regulamento do Imposto de Renda. O art. 289 do Decreto nº 3.000/99 disciplina que *o* **custo de aquisição de mercadorias destinadas à revenda** *compreenderá os de transporte e seguro até o estabelecimento do contribuinte e os tributos devidos na aquisição ou importação.*

Trataremos dos tributos envolvidos nas operações com mercadorias adiante.

7.4.2. A Composição de Custos de Estoques de um Prestador de Serviços

Na medida em que os prestadores de serviços tenham *estoques de serviços em andamento*, eles os mensuram pelos custos da sua produção. Esses custos consistem principalmente em mão de obra e outros custos com o pessoal diretamente envolvido na prestação dos serviços, incluindo o pessoal de supervisão, o material utilizado e os custos indiretos atribuíveis. Os salários e outros gastos relacionados com as vendas e com o pessoal geral administrativo não são incluídos no custo, mas reconhecidos como despesas do período em que são incorridos. O custo dos estoques de um prestador de serviços não inclui as margens de lucro, nem os gastos gerais não atribuíveis que são frequentemente incluídos nos preços cobrados pelos prestadores de serviços.

7.4.3. A Apuração dos Custos de Aquisição de Estoques

Uma empresa industrial ou comercial contém insumos em estoque adquiridos em datas distintas e/ou por preços distintos. Como procederemos para apurar os custos de aquisição destes insumos, agora que já é de nosso conhecimento, a partir do tópico anterior, a composição dos custos de estoques de produtos ou mercadorias? Na data de elaboração do Balanço Patrimonial, que custo deverá ser apresentado para cada estoque de produto ou mercadoria em particular?

São métodos de apuração de estoques admitidos pelo Fisco, de acordo com o Regulamento do Imposto de Renda:

- *Método do Preço Específico*;
- *Método do Custo Médio Ponderado Móvel*; e
- *Método de Reconhecimento do Estoque Final pelas Aquisições Mais Recentes* (Primeiro que Entra, Primeiro que Sai – **PEPS** ou *First In First Out* – **FIFO**).

> O *Método de Reconhecimento do Estoque Final pelas Aquisições Mais Antigas* (Último que Entra, Primeiro que Sai – **UEPS** ou *Last In First Out* – **LIFO**) não é aceito pelo Fisco. E, também, não é mais contabilmente aceito. Isto ocorreu a partir da entrada em vigor do *Pronunciamento Técnico CPC 16 – Estoques*. Apesar disto, continua a ser cobrado em questões de Concursos Públicos. Por isso, apresentaremos este método adiante.

O *custo dos estoques de itens que não são normalmente intercambiáveis e de bens ou serviços produzidos e segregados para projetos específicos* deve ser atribuído pelo uso da identificação específica dos seus custos individuais.

A **identificação específica do custo** significa que são atribuídos custos específicos a itens identificados do estoque. Este é o tratamento apropriado para os itens que sejam segregados para um projeto específico, independentemente de eles terem sido comprados ou produzidos. Porém, quando há grandes quantidades de itens de estoque que sejam geralmente intercambiáveis, a identificação específica de custos não é apropriada. Em tais circunstâncias, um critério de valoração dos itens que permanecem nos estoques deve ser usado.

O custo dos estoques que não sejam tratados como itens específicos deve ser atribuído pelo uso do critério Primeiro a Entrar, Primeiro a Sair (PEPS) ou pelo critério do Custo Médio Ponderado (ou Média Ponderada Móvel).

Uma entidade deve usar o mesmo critério de custeio para todos os estoques que tenham natureza e uso semelhantes para a entidade. Para os estoques que tenham outra natureza ou uso, poderão justificar-se diferentes critérios de valoração.

Por exemplo, os estoques usados num segmento de negócio podem ter um uso para a entidade diferente do mesmo tipo de estoques usados num outro segmento de negócio. Porém, uma diferença na localização geográfica dos estoques (ou nas respectivas normas fiscais), por si só, não é suficiente para justificar o uso de diferentes critérios de valoração dos estoques.

O critério PEPS (primeiro a entrar, primeiro a sair) pressupõe que os itens de estoque que foram comprados ou produzidos primeiro sejam vendidos em primeiro lugar e, consequentemente, os itens que permanecerem em estoque no fim do período sejam os mais recentemente comprados ou produzidos. Pelo critério do custo médio ponderado, o custo de cada item é determinado a partir da média ponderada do custo de itens semelhantes no começo de um período e do custo dos mesmos itens comprados ou produzidos durante o período. A média pode ser determinada numa base periódica ou à medida que cada lote seja recebido, dependendo das circunstâncias da entidade.

Os métodos utilizados para a apuração do valor unitário de estoques, **baseados em seus custos ou valores de aquisição**, *são os seguintes:*

a) **Método PEPS (FIFO)**

"Primeiro que Entra é o Primeiro que Sai!" (*First In First Out*)

O Estoque Final é avaliado pelas últimas aquisições, ou seja, pelas aquisições mais recentes. O Custo das Mercadorias Vendidas fica onerado pelo custo das primeiras aquisições, ou seja, das aquisições mais antigas.

São vendidas as mercadorias mais antigas, permanecendo em estoque as mais recentes.

Este método de avaliação de estoques resulta nas seguintes situações em comparação com os demais:

- Economia Inflacionária (preços crescentes) – Produz Estoque Final maior que os outros métodos, CMV menor que os outros métodos, e RCM maior que os outros métodos;
- Inflação Zero (preços constantes) – Teoricamente, os métodos se comportam de maneira semelhante; e

- Economia Deflacionária (preços decrescentes) – Produz Estoque Final menor que os outros métodos, CMV maior que os outros métodos, e RCM menor que os outros métodos;

onde:

CMV – Custo das Mercadorias Vendidas; e

RCM – Resultado com Mercadorias.

Exemplo

A Empresa GTWI Comercial Ltda. revende o produto "ATG". Possui estoque inicial igual a 15 (quinze) unidades do referido produto, a um custo unitário de R$ 3,00. Possui, também, R$ 220,00 em caixa no início de janeiro. Considere as operações realizadas pela "GTWI" no mês de janeiro:

- Dia 05/01: compra de 50 (cinquenta) unidades, ao custo unitário de R$ 4,00;
- Dia 12/01: venda de 25 (vinte e cinco) unidades, a R$ 7,20 cada uma;
- Dia 17/01: compra de 12 (doze) unidades, ao custo unitário de R$ 4,20; e
- Dia 26/01: venda de 18 (dezoito) unidades, a R$ 7,80 cada uma.

Ficha de Controle de Estoque – Método PEPS

Mercadorias – Produto "ATG"									
	Entradas			Saídas			Saldo		
Data	Quantidade	Custo Unitário (R$)	Custo Total (R$)	Quantidade	Custo Unitário (R$)	Custo Total (R$)	Quantidade	Custo Unitário (R$)	Custo Total (R$)
Estoque Inicial							15	3,00	45,00
05/01	50	4,00	200,00				15	3,00	45,00
							50	4,00	200,00
12/01				15	3,00	45,00	40	4,00	160,00
				10	4,00	40,00			
17/01	12	4,20	50,40				40	4,00	160,00
							12	4,20	50,40
26/01				18	4,00	72,00	22	4,00	88,00
							12	4,20	50,40
Totais	62		250,40	43		157,00	34		138,40
Totais	Compras Líquidas		250,40	CMV		157,00	Estoque Final		138,40

As compras são sempre debitadas e as vendas são sempre creditadas.

As devoluções de compras são creditadas na coluna de entradas e as devoluções de vendas são debitadas na coluna de saídas.

$$CMV = EI + C - EF = 45 + 250,40 - 138,40 = 157,00$$

b) **Método UEPS (LIFO)**

"Último que Entra é o Primeiro que Sai!" (*Last In First Out*)

O Estoque Final é avaliado pelas primeiras aquisições, ou seja, pelas aquisições mais antigas. O Custo das Mercadorias Vendidas fica onerado pelo custo das últimas aquisições, ou seja, das aquisições mais recentes.

São vendidas as mercadorias mais novas, permanecendo em estoque as mais antigas.

A legislação fiscal NÃO ACEITA o UEPS como método de avaliação de estoques. A legislação contábil também não o aceita mais. Apesar disto, ainda é exigido em Concursos Públicos!

Este método de avaliação de estoques resulta nas seguintes situações em comparação com os demais:

- Economia Inflacionária (preços crescentes) – Produz Estoque Final menor que os outros métodos, CMV maior que os outros métodos, e RCM menor que os outros métodos;
- Inflação Zero (preços constantes) – Teoricamente, os métodos se comportam de maneira semelhante; e
- Economia Deflacionária (preços decrescentes) – Produz Estoque Final maior que os outros métodos, CMV menor que os outros métodos, e RCM maior que os outros métodos.

Exemplo

A Empresa GTWI Comercial Ltda. revende o produto "ATG". Possui estoque inicial igual a 15 (quinze) unidades do referido produto, a um custo unitário de R$ 3,00. Possui, também, R$ 220,00 em caixa no início de janeiro. Considere as operações realizadas pela "GTWI" no mês de janeiro:

- Dia 05/01: compra de 50 (cinquenta) unidades, ao custo unitário de R$ 4,00;
- Dia 12/01: venda de 25 (vinte e cinco) unidades, a R$ 7,20 cada uma;
- Dia 17/01: compra de 12 (doze) unidades, ao custo unitário de R$ 4,20; e
- Dia 26/01: venda de 18 (dezoito) unidades, a R$ 7,80 cada uma.

Ficha de Controle de Estoque – Método UEPS

Mercadorias – Produto "ATG"									
	Entradas			Saídas			Saldo		
Data	Quantidade	Custo Unitário (R$)	Custo Total (R$)	Quantidade	Custo Unitário (R$)	Custo Total (R$)	Quantidade	Custo Unitário (R$)	Custo Total (R$)
Estoque Inicial							15	3,00	45,00
05/01	50	4,00	200,00				15	3,00	45,00
							50	4,00	200,00
12/01				25	4,00	100,00	15	3,00	45,00
							25	4,00	100,00
17/01	12	4,20	50,40				15	3,00	45,00
							25	4,00	100,00
							12	4,20	50,40
26/01				12	4,20	50,40	15	3,00	45,00
				6	4,00	24,00	19	4,00	76,00
	62		250,40	43		174,40	34		121,00
Totais	Compras Líquidas		250,40	CMV		174,40	Estoque Final		121,00

As compras são sempre debitadas e as vendas são sempre creditadas.

As devoluções de compras são creditadas na coluna de entradas e as devoluções de vendas são debitadas na coluna de saídas.

CMV = EI + C – EF = 45,00 + 250,40 – 121,00 = 174,40

c) **Método da Média Ponderável Móvel ou do Custo Médio Ponderado (MPM ou CMP)**

Avalia o Estoque Final pelo preço médio ponderado.

Os estoques são avaliados pelo custo de aquisição apurado a cada entrada de mercadorias, sendo ponderado pelas mercadorias recém-entradas e pelas antigas. Todos os ingressos de mercadorias ocorridos afetam o valor do estoque existente; em consequência, afetam o valor unitário de cada unidade.

Pela MPM, o custo unitário das mercadorias vendidas em cada venda será único. Somente haverá uma única linha para cada compra ou para cada venda efetuada.

Exemplo

A Empresa GTWI Comercial Ltda. revende o produto "ATG". Possui estoque inicial igual a 15 (quinze) unidades do referido produto, a um custo unitário de R$ 3,00. Possui, também, R$ 220,00 em caixa no início de janeiro. Considere as operações realizadas pela "GTWI" no mês de janeiro:

- Dia 05/01: compra de 50 (cinquenta) unidades, ao custo unitário de R$ 4,00;
- Dia 12/01: venda de 25 (vinte e cinco) unidades, a R$ 7,20 cada uma;
- Dia 17/01: compra de 12 (doze) unidades, ao custo unitário de R$ 4,20; e
- Dia 26/01: venda de 18 (dezoito) unidades, a R$ 7,80 cada uma.

Ficha de Controle de Estoque – MPM ou CMP

Mercadorias – Produto "A"									
	Entradas			Saídas			Saldo		
Data	Quantidade	Custo Unitário (R$)	Custo Total (R$)	Quantidade	Custo Unitário (R$)	Custo Total (R$)	Quantidade	Custo Unitário (R$)	Custo Total (R$)
EI							15	3,00	45,00
05/01	50	4,00	200,00				65	3,77	245,00
12/01				25	3,77	94,25	40	3,77	150,80
17/01	12	4,20	50,40				52	3,87	201,25
26/01				18	3,87	69,70	34	3,87	131,60
	62		250,40	43		163,95	34		131,60
Totais	Compras Líquidas		250,40	CMV		163,95	Estoque Final		131,60

As compras são sempre debitadas e as vendas são sempre creditadas.

As devoluções de compras são creditadas na coluna de entradas e as devoluções de vendas são debitadas na coluna de saídas.

CMV = EI + C − EF = 45,00 + 250,40 − 131,60 = 163,80

Eis um resumo dos Métodos (em uma economia inflacionária):

Método	Custo	Lucro	Imposto de Renda
PEPS	Menor	Maior	Aceito
UEPS	Maior	Menor	**Não Aceito**
MPM	Médio	Médio	Aceito

d) **Preço de Custo Específico ou Custo Específico**

Cada venda é relacionada ao seu respectivo custo. Este método é utilizado quando é possível identificar claramente a mercadoria e seu custo (por exemplo, nas revendedoras de automóveis usados). **Para a aplicação deste método, necessita-se** conhecer o custo específico de cada item que está sendo vendido. É, na maioria das vezes, economicamente inviável aplicar este método.

Exemplo

Constituem exemplos de insumos aos quais pode ser aplicado o método do custo específico:
- automóveis usados;
- obras de arte;
- antiguidades;
- glebas de terra;
- joias feitas sob encomenda;
- aparelhos de precisão para laboratórios etc.

Exemplo

A Empresa Carluxo Comercial Ltda. é revendedora de automóveis. No início de janeiro de 2007, possuía R$ 150.000,00 em caixa e 03 (três) automóveis modelo Auto1 em estoque, ao custo de R$ 20.000,00 cada um.

Observe as operações abaixo (realizadas à vista e em dinheiro):

02/01/2007: Compra de três automóveis modelo Auto2 por R$ 22.000,00 cada um; (1)
06/01/2007: Venda de dois automóveis modelo Auto1 por R$ 40.000,00 cada um; (2 e 3)
13/01/2007: Venda de um automóvel modelo Auto2 por R$ 43.000,00; (4 e 5)
21/01/2007: Compra de dois automóveis modelo Auto3 por R$ 21.000,00 cada um; (6)
25/01/2007: Venda de um automóvel modelo Auto3 por R$ 40.000,00; (7 e 8) e
31/01/2007: Encerramento do período. (9 e 10)

Registros no Livro Diário:
Em 02/01/2007:

(1)
D – Mercadorias
C – Caixa 66.000,00

Em 06/01/2007:

(2)
D – Caixa
C – Vendas 80.000,00

(3)
D – Custo das Mercadorias Vendidas
C – Mercadorias 40.000,00

Em 13/01/2007:

(4)
D – Caixa
C – Vendas 43.000,00

(5)
D – Custo das Mercadorias Vendidas
C – Mercadorias 22.000,00

Em 21/01/2007:

(6)
D – Mercadorias
C – Caixa 42.000,00

Em 25/01/2007:

(7)
D – Caixa
C – Vendas 40.000,00

(8)
D – Custo das Mercadorias Vendidas
C – Mercadorias 21.000,00

Em 31/01/2007:

(9)
D – Resultado com Mercadorias (RCM)
C – Custo das Mercadorias Vendidas (CMV) 83.000,00

(10)
D – Vendas
C – Resultado com Mercadorias (RCM) 163.000,00

Registros no Livro Razão:

Caixa	
SI = 150.000	
80.000 (2)	66.000 (1)
43.000 (4)	42.000 (6)
40.000 (7)	
313.000	108.000
205.000	

Mercadorias	
SI = 60.000	40.000 (3)
66.000 (1)	22.000 (5)
42.000 (6)	21.000 (8)
168.000	83.000
85.000 = EF	

Vendas	
	80.000 (2)
	43.000 (4)
	40.000 (7)
	163.000
163.000 (10)	**163.000**

CMV	
40.000 (3)	
22.000 (5)	
21.000 (8)	
83.000	
83.000	**83.000 (9)**

RCM	
83.000 (9)	163.000 (10)
83.000	163.000
	80.000

Logo, criando um resumo do Método do Preço Específico:
- CMV = **R$ 83.000,00**
- Lucro = **R$ 80.000,00**
- Estoque Final = EF = **R$ 85.000,00** (1 modelo A1 + 2 modelo A2 + 1 modelo A3)

Apresentaremos, agora, dois outros métodos de avaliação de estoques que também costumam ser cobrados em provas.

7.4.4. Método do Varejo (preço de venda menos margem de lucro)

Este método, conhecido como ***Método do Varejo*** ou ***Método do Valor de Mercado***, é largamente utilizado pelas empresas que possuem elevado número de itens distintos em estoques destinados à venda (supermercados, lojas de departamentos etc.). *Para fins gerenciais, é o método mais adequado quando há elevado número de insumos a ter custos controlados.*

O Método do Varejo costuma ser aplicado quando não se consegue utilizar um dos métodos anteriormente apresentados para o controle de custos dos estoques.

O Manual de Contabilidade Societária apresenta vários motivos que indicam a adoção deste método:
- A impossibilidade de manter um controle permanente dos estoques devido ao elevado número de diferentes itens transacionados;
- A existência de vários pontos de estoque com as mesmas mercadorias;
- A dificuldade de valorização dos estoques ao custo, decorrente do elevado número de compras;
- Estoques à disposição dos consumidores, inviabilizando uma forma de controle mais rígida; e
- Custo de manutenção dos controles considerados superior aos benefícios oferecidos.

A avaliação dos estoques é realizada a valores de entrada, a partir da linha de custo, pela média ponderada móvel, apesar de os controles serem realizados a preços de venda.

Neste método, as empresas estipulam uma margem de lucro por departamento, calculada em percentual sobre o preço de aquisição das mercadorias e, em consequência disso, determinam seu preço de comercialização ou de venda.

O método consiste em avaliar o estoque final, apurado por contagem física ou por controles permanentes, pelo seu preço de venda multiplicado pelo índice (quociente) de custo/varejo.

O lucro bruto, calculado neste método, é obtido aplicando-se um percentual fixo sobre o preço de custo ou sobre o preço de venda, conforme adiante apresentado em exemplos ilustrativos. Portanto:

> Preço de Custo + Lucro Bruto = Preço de Venda

É permitida a avaliação do estoque com base no preço de venda, diminuído da margem de lucro (RIR – Regulamento do Imposto de Renda de 1999 – Decreto nº 3.000/99 – art. 295): *O valor dos bens existentes no encerramento do período de apuração poderá ser o custo médio ou o dos bens adquiridos ou produzidos mais recentemente,* ***admitida, ainda, a avaliação com base no preço de venda, subtraída a margem de lucro.*** A margem de lucro, na situação em tela, consiste no valor adicionado pela empresa ao custo de produção ou de aquisição, para compor o preço de venda.

Exemplo

A Empresa Mega Comércio Ltda. possui cem unidades da Mercadoria AZF adquiridas ao custo unitário de R$ 2,00. Esta empresa possui os seguintes encargos percentuais a serem levados em consideração para a obtenção do preço de venda:

- Comissões a pagar a vendedores – 2%
- Tributos a recolher sobre as vendas – 23%
- Demais despesas – 13%
- Lucro desejado – 10%
- **Encargos percentuais totais – 48%**

Para obtermos o índice de custo varejo, procedemos como a seguir apresentado:

i) Tudo o que se deseja cobrar no preço de venda, além do custo de aquisição do item, deve ser obtido em percentual referente ao próprio preço de venda. Observe que já calculamos este valor em percentual do preço de venda para o caso aqui tratado, alcançando 48%. Em consequência disto, o custo de aquisição deve alcançar 100% menos os encargos percentuais totais já calculados. Com isso, entendemos que R$ 2,00 equivalem a 52% do preço de venda a ser obtido;

ii) O índice (quociente) de custo/varejo será obtido mediante a divisão de 100% pelo percentual do preço de venda que corresponde ao custo de aquisição ou produção. Portanto:

I = 100% / 52% = 1,923

iii) O preço de venda será obtido mediante a multiplicação do preço de custo pelo índice ora encontrado:

Preço de Venda = 1,923 x R$ 2,00 = R$ 3,85

iv) Com isso, todas as mercadorias, cujos encargos percentuais totais cheguem a 48% ao longo do exercício social, deverão ser vendidas por um preço de venda obtido a partir da multiplicação do índice (1,923) pelo custo unitário do respectivo insumo.

v) Ao final do exercício social, se desejarmos saber o custo unitário do estoque, bastará dividir o preço de venda do item pelo índice (1,923):

Custo unitário ou preço de custo = R$ 3,85 / 1,923 = R$ 2,00/unidade

Este método deve ser aplicado com cautela, pois remarcações de preços influenciam a adoção do índice inicialmente calculado. Não é recomendado para empresas que efetuam grandes variações nos percentuais de lucros sobre as vendas.

Exemplo

A Empresa Mega Comércio Ltda. constatou a existência de 60 (sessenta) unidades em seu estoque, por meio de contagem física realizada ao final de um período, a um preço de venda de R$ 1.800,00. A empresa utiliza o Método do Varejo. Conforme as informações adicionais a seguir prestadas, calcule o valor do CMV e o valor do Estoque Final.

	Preço de Custo	Preço de Venda
Estoque Inicial	600,00	2.000,00
Compras	200,00	
Vendas		900,00

EF a preço de venda = R$ 1.800,00 (fornecido)

Total de mercadorias disponíveis para venda a preço de venda = R$ 1.800,00 + R$ 900,00 = R$ 2.700,00

EI a preço de venda = R$ 2.000,00 (fornecido)

Logo: Compras a preço de venda = R$ 2.700,00 − R$ 2.000,00 = R$ 700,00

O CMV a preço de venda é o próprio valor das vendas = R$ 900,00.

900 = 2000 + C − 1800   ⇒   C = R$ 700,00 (compras a preço de venda)

Os estoques são tratados pelo seu custo de aquisição. Pelos dados apresentados, tem-se que EI = R$ 600,00 pelo preço de custo. As compras tiveram preço de custo de R$ 200,00. Logo, as mercadorias disponíveis para venda tiveram valor a preço de custo igual a R$ 800,00.

Comparando-se o estoque disponível para venda a preços de custo e de venda, tem-se:

	Preço de Custo	Preço de Venda
Estoque Inicial	600,00	2.000,00
Compras	200,00	700,00
Disponível para Venda	800,00	2.700,00

O índice custo/varejo vale: I = 800/2700 = 0,296 ≈ 0,30

Isso quer dizer que o custo representa 30% do valor de venda.

Daí:

CMV = R$ 900,00 x 0,30 = **R$ 270,00**
EF = R$ 1.800,00 x 0,30 = **R$ 540,00**

7.4.5. Método da Média Ponderada Fixa (MPF)

Trata-se de um método simplificado de apuração de custos de estoques.

O CMV é calculado ao final do período (mês, bimestre, trimestre, semestre, exercício social etc.), quando se calcula a média ponderada referente às mercadorias compradas e ao estoque inicial, ou seja, referente às mercadorias disponíveis para venda. *O custo médio das compras é apurado para todo o período e se aplica a todas as vendas, independentemente de estas terem sido efetuadas antes ou depois da aquisição de novos lotes de mercadorias.*

O custo unitário calculado servirá para dar baixa nos estoques, como se houvesse apenas uma única venda no período, pela quantidade total vendida.

O CMV é obtido pela multiplicação da quantidade vendida pelo custo unitário, calculado pela média das entradas.

> A legislação fiscal NÃO ACEITA o Método da Média Ponderada Fixa como método de avaliação de estoques. Apesar disto, ainda é exigido em Concursos Públicos!

Exemplo

A Empresa GTWI Comercial Ltda. revende o produto "ATG". Possui estoque inicial igual a 15 (quinze) unidades do referido produto, a um custo unitário de R$ 3,00. Possui, também, R$ 220,00 em caixa no início de janeiro. Considere as operações realizadas pela "GTWI" no mês de janeiro:

- Dia 05/01: compra de 50 (cinquenta) unidades, ao custo unitário de R$ 4,00; (1)
- Dia 12/01: venda de 25 (vinte e cinco) unidades, a R$ 7,20 cada uma; (2)

- Dia 17/01: compra de 12 (doze) unidades, ao custo unitário de R$ 4,20; e (3)
- Dia 26/01: venda de 18 (dezoito) unidades, a R$ 7,80 cada uma. (4)

Ficha de Controle de Estoque (FCE) – MPF

	Mercadorias – Produto "A"								
	Entradas			Saídas			Saldo		
Data	Quantidade	Custo Unitário (R$)	Custo Total (R$)	Quantidade	Custo Unitário (R$)	Custo Total (R$)	Quantidade	Custo Unitário (R$)	Custo Total (R$)
EI	15	3,00	45,00				15	3,00	45,00
05/01	50	4,00	200,00				65		
12/01				25			40		
17/01	12	4,20	50,40				52		
26/01				18			34		
Totais	77	3,84	295,40	43	3,84	165,12	34	3,84	130,56

Custo Unitário = 295,40 / 77 = 3,84

$\Rightarrow$ CMV = 3,84 x 43 = 165,12

Logo: CMV = 165,12

(ou)

EF = 130,56 (obtido a partir da soma referente ao Saldo da FCE)
EI + C = 295,40 (obtido a partir da soma da coluna de entradas da FCE)
CMV = EI + C – EF = 295,40 – 130,56 = 164,84 ≈ 165,12

Registros no Livro Diário:

1) Aquisição de mercadorias em 05/01:

D – Mercadorias
C – Caixa   200,00   (= 50 x R$ 4,00)

2) Venda de mercadorias em 12/01:

D – Caixa
C – Vendas   180,00   (= 25 x R$ 7,20)

3) Aquisição de mercadorias em 17/01:

D – Mercadorias
C – Caixa   50,40   (= 12 x R$ 4,20)

4) Venda de mercadorias em 26/01:

D – Caixa
C – Vendas   140,40   (= 18 x R$ 7,80)

5) Registro do CMV

D – CMV
C – Mercadorias   165,12

6) Transferência do CMV para RCM

D – RCM
C – CMV   165,12

7) Transferência de Vendas para RCM

D – Receita de Vendas
C – RCM   320,40

Apuração do RCM:
RCM = V – CMV = 320,40 – 165,12 = **155,28**

Registros no Livro Razão:

Caixa	
SI = 220,00	
	200,00 (1)
180,00 (2)	50,40 (3)
140,40 (4)	
540,40	250,40
290,00	

Mercadorias	
EI = 45,00	165,12 (5)
200,00 (1)	
50,40 (3)	
295,40	165,12
Estoque Final = 130,28 ≈ 130,56	

CMV	
165,12 (5)	
165,12	165,12 (6)
165,12	**165,12 (6)**

Vendas	
	180,00 (2)
	140,40 (4)
	320,40
320,40 (7)	**320,40**

RCM	
165,12 (6)	320,40 (7)
165,12	320,40
	155,28 (Lucro)

7.4.6. Os Produtos em Elaboração e Os Produtos Acabados

Conforme disciplina o Regulamento do Imposto de Renda (Decreto nº 3.000/99), cada entidade deve promover o levantamento e a avaliação de seus estoques. Quando tratamos de matérias-primas e mercadorias, assim como de bens em almoxarifado, a avaliação é feita obedecendo-se ao critério do *custo de aquisição*. Porém, *os produtos em elaboração e os produtos acabados devem ser avaliados pelo* **custo de produção**, de acordo com o que está a seguir exposto.

O **custo de produção dos bens ou serviços vendidos compreenderá**, obrigatoriamente:

I – o custo de aquisição de matérias-primas e quaisquer outros bens ou serviços aplicados ou consumidos na produção;

II – o custo do pessoal aplicado na produção, inclusive de supervisão direta, manutenção e guarda das instalações de produção;

III – os custos de locação, manutenção e reparo e os encargos de depreciação dos bens aplicados na produção;

IV – os encargos de amortização diretamente relacionados com a produção; e

V – os encargos de exaustão dos recursos naturais utilizados na produção.

A aquisição de bens de consumo eventual, cujo valor não exceda a cinco por cento do custo total dos produtos vendidos no período de apuração anterior, poderá ser registrada diretamente como custo.

Integrará também o custo o valor:

I – das quebras e perdas razoáveis, de acordo com a natureza do bem e da atividade, ocorridas na fabricação, no transporte e manuseio;

II – das quebras ou perdas de estoque por deterioração, obsolescência ou pela ocorrência de riscos não cobertos por seguros, desde que comprovadas:

   a) por laudo ou certificado de autoridade sanitária ou de segurança, que especifique e identifique as quantidades destruídas ou inutilizadas e as razões da providência;

   b) por certificado de autoridade competente, nos casos de incêndios, inundações ou outros eventos semelhantes;

   c) mediante laudo de autoridade fiscal chamada a certificar a destruição de bens obsoletos, invendáveis ou danificados, quando não houver valor residual apurável.

Se o *contribuinte* mantiver um **sistema de contabilidade de custos integrado e coordenado com o restante da escrituração**, poderá, então, utilizar os custos apurados pela avaliação de estoques de produtos em fabricação e acabados. Caso contrário, deverá adotar as regras estabelecidas pela legislação do Imposto de Renda na avaliação.

Ao final de cada período de apuração do imposto, a entidade deverá promover o levantamento e avaliação dos seus estoques.

As mercadorias, as matérias-primas e os bens em almoxarifado serão avaliados pelo custo de aquisição.

Os produtos em fabricação e acabados serão avaliados pelo custo de produção.

O *contribuinte* que mantiver *sistema de contabilidade de custo integrado e coordenado com o restante da escrituração* poderá utilizar os custos apurados para avaliação dos estoques de produtos em fabricação e acabados.

Considera-se ***sistema de contabilidade de custo integrado e coordenado com o restante da escrituração*** aquele:

I – apoiado em valores originados da escrituração contábil (matéria-prima, mão-de-obra direta, custos gerais de fabricação);

II – que permite determinação contábil, ao fim de cada mês, do valor dos estoques de matérias-primas e outros materiais, produtos em elaboração e produtos acabados;

III – apoiado em livros auxiliares, fichas, folhas contínuas, ou mapas de apropriação ou rateio, tidos em boa guarda e de registros coincidentes com aqueles constantes da escrituração principal;

IV – que permite avaliar os estoques existentes na data de encerramento do período de apropriação de resultados segundo os custos efetivamente incorridos.

O valor dos bens existentes no encerramento do período de apuração poderá ser o custo médio ou o dos bens adquiridos ou produzidos mais recentemente, admitida, ainda, a avaliação com base no preço de venda, subtraída a margem de lucro.

De acordo com a legislação do Imposto de Renda, para que o sistema de contabilidade de custos seja integrado e coordenado com o restante da escrituração, o *contribuinte* deverá adotar o sistema de inventário permanente, além de ter de aplicar o método PEPS ou a média ponderada (Art. 295 do Regulamento do Imposto de Renda).

Conforme prescreve o Art. 296 do Regulamento do Imposto de Renda, se o sistema de contabilidade de custos não for coordenado e integrado com o restante da escrituração, os estoques de produtos em elaboração e acabados do *contribuinte* deverão ser avaliados com base nas seguintes regras:

1) Produtos acabados, em 70% do maior preço de venda no período-base, inclusive o ICMS embutido no preço;

2) Materiais em processamento, por uma vez e meia o maior custo das matérias-primas (excluídos os impostos recuperáveis) adquiridas no período-base, ou em 80% do valor apurado para os estoques de produtos acabados, de acordo com o item anterior, ou seja, 80% dos 70% do maior preço de venda, o que equivale a 56% do preço de venda.

Exemplo

Considere a Empresa Indústrias Leves S/A, que constatou, no encerramento do último exercício social, mediante inventário físico, um estoque de 1.000 unidades do Produto NGHX totalmente acabadas e outras 600 unidades do mesmo produto em elaboração, ou seja, ainda não declaradas totalmente acabadas.

Esta empresa não possui contabilidade de custos integrada e coordenada com o restante da escrituração.

O maior preço de venda deste produto, praticado durante o período em análise, foi de R$ 750,00 a unidade, onde está incluído o valor do ICMS de R$ 150,00.

Convém ressaltar, ainda, que a empresa não tem controle das matérias-primas já utilizadas nos produtos em elaboração, na data do encerramento do período em análise.

Cálculo do valor do estoque de produtos acabados:
Maior preço de venda – R$ 750,00
x 70%
Valor arbitrado para cada unidade acabada – R$ 525,00
Unidades do produto NGHX totalmente acabadas – 1.000
Valor arbitrado para cada unidade do produto acabada – R$ 525,00
Estoque de produtos acabados – R$ 525.000,00

Cálculo do valor do estoque de produtos em elaboração:
Valor arbitrado para cada unidade acabada – R$ 525,00
x 80%
Valor arbitrado para cada unidade em elaboração – R$ 420,00
Unidades do produto NGHX em elaboração – 600
Valor arbitrado para cada unidade do produto em elaboração – R$ 420,00
Estoque de produtos em elaboração – R$ 252.000,00

7.5. O CÁLCULO DO VALOR REALIZÁVEL LÍQUIDO

O Art. 183 da Lei das sociedades por Ações, ao tratar dos critérios de avaliação de ativos, assim disciplina: *os direitos que tiverem por objeto mercadorias e produtos do comércio da companhia, assim como matérias-primas, produtos em fabricação e bens em almoxarifado, serão avaliados pelo custo de aquisição ou de produção, deduzido de provisão para ajustá-lo ao valor de mercado, quando este for inferior.*

O critério de avaliação anteriormente apresentado deverá ser aplicado a cada item constante dos estoques em separado.

7.5.1. O Valor Realizável Líquido de Matérias-Primas, Produtos em Fabricação e Bens em Almoxarifado

O § 1º do art. 183 da Lei das Sociedades por Ações *define o valor justo das matérias-primas e dos bens em almoxarifado como sendo o preço pelo qual possam ser repostos, mediante compra no mercado.* Trata-se do **custo de reposição** de cada item. Entendemos como *custo de reposição* a aquisição de novas quantidades de determinado item em condições normais de aquisição no mercado. Este custo de reposição será considerado, neste caso, o *valor realizável líquido*, que deverá ser comparado ao custo de aquisição registrado para os itens constantes do Ativo Circulante da entidade. Caso o valor realizável líquido seja menor que o custo de aquisição, então deverá ser registrada *perda estimada para redução ao valor realizável líquido*, conforme o exemplo seguinte.

Exemplo

A Empresa Plana Comercial Ltda. possui em estoque os materiais AA, AB e AC. Foram obtidos os seguintes custos e valores de vendas para estes insumos:

Materiais	Quantidade	Custo Unitário (R$)	Custo Total (R$)	Valor Realizável Líquido (R$)	Valor Unitário acima do Valor de Mercado (R$)
AA	200	1,00	200,00	0,70	**0,30**
AB	350	1,20	420,00	1,35	---
AC	100	0,90	90,00	1,00	---

Se o valor realizável líquido do material AA é menor que o seu custo de aquisição, deverá ser reconhecida a seguinte perda estimada para este insumo:

Cálculo da perda total estimada: 200 unidades x R$ 0,30/unidade = R$ 60,00

Registros:

D – Despesas com Perdas Estimadas para Redução ao Valor Realizável Líquido
C – Perdas Estimadas para Redução ao Valor Realizável Líquido (retificadora do AC) 60,00

O Balanço Patrimonial será assim apresentado:

ATIVO
  Ativo Circulante
    Estoques de Materiais – R$ 710,00
    (-) Perdas Estimadas para Redução ao Valor Realizável Líquido – (R$ 60,00)
    (=) *Valor Contábil* – R$ 650,00

7.5.2. O Valor Realizável Líquido de Produtos Acabados e Mercadorias Destinadas à Revenda

O *valor realizável líquido*, neste caso, é obtido a partir da comparação do preço de venda com as despesas diretamente relacionadas com a venda dos produtos ou mercadorias. São consideradas despesas diretamente ligadas às vendas e à cobrança de seus valores, dentre outras, as seguintes:

- Comissões de vendas;
- Embalagens;
- Fretes e seguros referentes às vendas;
- Taxas e descontos de duplicatas etc.

Não se deve levar em consideração na obtenção do valor realizável líquido as despesas que beneficiam a obtenção de receitas para mais de um produto ou mercadoria da entidade, tais como: despesas gerais, despesas administrativas, propaganda e publicidade etc.

Exemplo

A Empresa Circulando Comercial Ltda. possui em estoque as mercadorias X, Y e Z. Foram obtidos os seguintes custos e preços de vendas para estes insumos:

Mercadorias	Quantidade	Custo Unitário (R$)	Custo Total (R$)	Preço de Venda (R$)
X	200	1,00	200,00	1,50
Y	350	1,20	420,00	2,00
Z	100	0,90	90,00	1,60

A apuração do valor realizável líquido ocorre conforme o que está a seguir exposto:

Itens de Referência / Mercadorias	X	Y	Z
Preço de Venda	1,50	2,00	1,60
Despesas referentes às vendas (somadas)	0,60	0,70	0,50
Valor realizável líquido	0,90 (= 1,50 – 0,60)	1,30 (= 2,00 – 0,70)	1,10 (= 1,60 – 0,50)
Custo unitário	1,00	1,20	0,90
Parcela do custo unitário acima do valor realizável líquido	0,10 (= 0,90 – 1,00)	---	---

Se o valor realizável líquido da mercadoria X é menor que o seu custo de aquisição, deverá ser reconhecida a seguinte perda para este insumo:

Cálculo da perda total estimada: 200 unidades x R$ 0,10/unidade = R$ 20,00

Registros:

D – Despesas com Perdas Estimadas para Redução ao Valor Realizável Líquido
C – Perdas Estimadas para Redução ao Valor Realizável Líquido (retificadora do AC) 20,00

O Balanço Patrimonial será assim apresentado:

ATIVO
Ativo Circulante
   Estoques de Mercadorias – R$ 710,00
   (-) Perdas Estimadas para Redução ao Valor Realizável Líquido – (R$ 20,00)
   (=) Valor Contábil – R$ 690,00

7.6. EXERCÍCIOS RESOLVIDOS PARA A FIXAÇÃO DE CONTEÚDO

Questão 01 – (Analista Legislativo – Contabilidade – Senado Federal – FGV – 2008)

Em 31/12/X0, a Companhia H tinha em seu estoque 10 unidades da mercadoria x, sendo seu estoque avaliado em $ 400.

Durante o mês de janeiro de X1 a Companhia H realizou as seguintes operações:
1. compra de 20 unidades de x por 840; o frete de $ 80 é pago pelo fornecedor;
2. venda de 15 unidades de x por $ 60 cada;
3. compra de 10 unidades de x por $ 450; o frete de $ 50 é pago pelo comprador;
4. venda de 20 unidades de x por $ 65 cada.

Em 31/01/X1, os valores do estoque final de acordo com os métodos PEPS e Custo Médio Ponderado Fixo são, respectivamente:
a) $ 1.570 e $ 1.592,50.
b) $ 230 e $ 223,75.
c) $ 250 e $ 217,50.
d) $ 250 e $ 223,75.
e) $ 250 e $ 227,50.

Resolução e Comentários
PEPS

Data	Mercadorias							
	Entradas			Saídas			Saldo		
	Quantidade	Custo Unitário (R$)	Custo Total (R$)	Quantidade	Custo Unitário (R$)	Custo Total (R$)	Quantidade	Custo Unitário (R$)	Custo Total (R$)
Saldo Inicial							10	40	400
Aquisição	20	42	840				10	40	
							20	42	
Venda				10	40		15	42	
				5	42				
Aquisição	10	50	500				15	42	
							10	50	
Venda				15	42		5	50	250
				5	50				
Totais	Compras Líquidas			CMV			Estoque Final		250

CMPF

EI = 10 x 40
Compra = 20 x 42
Compra = 10 x 50

CMPF = (10 x 40 + 20 x 42 + 10 x 50) / (10 + 20 + 10) = 43,50/unidade

Se sobraram apenas 5 unidades, tem-se: 43,50 x 5 = 217,50
Gabarito – C

Questão 02 – (Analista de Finanças e Controle – Auditoria e Fiscalização – CGU – EsAF – 2006)

A empresa Xestereo S/A apresentou a seguinte movimentação de mercadorias, isentas de tributação, referente à última semana do mês de outubro:
Estoque de mercadorias em 23/10 50 unidades a R$ 8,00
1ª compra realizada em 24/10 50 unidades a R$ 10,00
2ª compra realizada em 28/10 50 unidades a R$ 12,00

1ª venda realizada em 25/10 50 unidades a R$ 14,00
2ª venda realizada em 30/10 50 unidades a R$ 16,00
Considerando os dados fornecidos acima, pode-se dizer que, se for utilizado o critério de avaliação conhecido como preço médio, o estoque final de mercadorias terá o valor de

a) R$ 400,00.
b) R$ 450,00.
c) R$ 500,00.
d) R$ 525,00.
e) R$ 600,00.

Resolução e Comentários
PMP

	Mercadorias								
	Entradas			Saídas			Saldo		
Data	Quantidade	Custo Unitário (R$)	Custo Total (R$)	Quantidade	Custo Unitário (R$)	Custo Total (R$)	Quantidade	Custo Unitário (R$)	Custo Total (R$)
Saldo Inicial							50	8,00	400,00
1ª Compra	50	10,00	500,00				100	9,00	900,00
1ª Venda				50	9,00	450,00	50	9,00	450,00
2ª Compra	50	12,00	600,00				100	10,50	1.050,00
2ª Venda				50	10,50	525,00	50	10,50	525,00
Totais	Compras Líquidas		1.100,00	CMV		975,00	Estoque Final		525,00

Gabarito – D

Questão 03 – (Agente Fiscal de Rendas – SP – FCC – 2009)
A empresa Giroauto S.A. pretende controlar seus estoques de mercadorias, para fins de gestão, de forma que estejam o mais próximo do que ela desembolsaria para os repor. Considerando que o mercado em que a empresa atua tem um comportamento estável de preços e que seus fornecedores administram seus preços sempre reajustando-os para preços maiores, o critério de custeio que melhor atenderia a empresa para alcançar esse objetivo seria

a) qualquer um dos métodos, por não apresentarem diferenças ao preço de reposição.
b) o método do preço médio ponderado.
c) o método PEPS, que apresenta o custo mais próximo do preço de mercado.
d) o método do preço médio comparado ao preço de venda.
e) o método UEPS, que apresenta o custo de reposição do produto.

Resolução e Comentários

Em economia inflacionária, o método PEPS apresenta o custo mais próximo do preço de mercado.
Gabarito – C

Questão 04 – (Contador – MPE – RR – CESPE/UnB – Adaptada)
Julgue os próximos itens, acerca de elaboração e divulgação das demonstrações contábeis.
O registro da reversão das perdas estimadas para desvalorização de estoques proporciona acréscimo ao resultado do exercício e débito no ativo circulante.

Resolução e Comentários
Quando da constituição da Perda Estimada:

D – Despesa com Perdas Estimadas para Redução ao Valor Realizável Líquido
C – Perdas Estimadas para Redução ao Valor Realizável Líquido

Quando da reversão da Provisão:

D – Perdas Estimadas para Redução ao Valor Realizável Líquido (AC)
C – Receita referente à Reversão da Perda Estimada para Redução ao Valor Realizável Líquido (aumento do resultado)
Gabarito – Certo

7.7. Conceitos Básicos e Indispensáveis às Operações com Mercadorias

Apresentaremos, em seguida, os principais conceitos utilizados para a realização de registros de operações com mercadorias. São conceitos indispensáveis à correta compreensão das transações de compra e venda envolvendo produtos e mercadorias.

7.7.1. As Compras de Mercadorias

A entidade comerciante necessita adquirir mercadorias junto a seus fornecedores. A operação de aquisição de mercadorias junto a fornecedores é denominada **Compra (C)**.

Ocorre que **nem todo o valor cobrado quando da aquisição das mercadorias é registrado no estoque do adquirente**, conforme será visto adiante. São, então, definidas duas contas, a saber:

- **Compras Brutas (CB)** – representam o valor total constante da Nota Fiscal/Fatura de aquisição; e
- **Compras Líquidas (CL)** – valor efetivamente considerado como estoque na entidade adquirente.

7.7.2. Mercadorias Disponíveis para Venda em um Período

No início de um período, a entidade comerciante apresenta o que se denomina **Estoque Inicial (EI)** de mercadorias, estoque este correspondente ao **Estoque Final (EF)** do período anterior. Trata-se do total de mercadorias **não vendidas no período anterior**, que, em consequência, passam para o período seguinte, a fim de serem novamente disponibilizadas para a venda.

As **Mercadorias Disponíveis para Venda** em determinado período são compostas a partir da soma das mercadorias existentes em estoque no início do período com as compras (líquidas) realizadas ao longo do mesmo período.

> **Mercadorias Disponíveis para Venda = EI + CL**

7.7.3. As Vendas do Período

Regra geral, as **Vendas** representam o total faturado por uma entidade a seus clientes, seja à vista e/ou a prazo.

A conta Vendas (ou Receita de Vendas) representa o total de vendas do período, total este obtido a partir da soma de todas as vendas registradas ao longo do período em questão. Porém, o valor total das vendas pode conter o que chamamos de **Deduções sobre as Vendas**.

São consideradas *Deduções sobre as Vendas*:
- Cancelamento/Devoluções de Vendas
- Descontos Incondicionais Concedidos sobre Vendas
- Tributos sobre Vendas
- Abatimentos sobre Vendas

Portanto, quando nos referirmos à equação "RCM = V – CMV", estaremos tratando das vendas já descontadas as referidas deduções, ou seja, estaremos tratando das *Vendas Líquidas* ou da *Receita Líquida de Vendas*.

Vendas (totais) = **Receita Bruta de Vendas** = **Receita Operacional Bruta** = **Vendas de Mercadorias**

As receitas são geradas quando a entidade **transfere a propriedade dos produtos ou das mercadorias** a terceiros. Quando há a referida transferência, tem-se o registro na conta denominada **Receita Bruta de Vendas** ou **Vendas de Mercadorias** ou **Vendas**.

7.7.4. Receita Bruta de Vendas e Serviços

A **Receita Bruta de Vendas e Serviços** compreende:
- O produto das vendas de bens nas operações de conta própria; e
- O preço dos serviços prestados pela entidade.

7.7.5. Receita Líquida de Vendas e Serviços

Corresponde à Receita Bruta de Vendas e Serviços diminuída das Deduções sobre Vendas e Serviços, ou seja, diminuída:
- Das vendas canceladas/devolvidas;
- Dos descontos incondicionalmente concedidos sobre vendas e serviços;
- Dos tributos incidentes sobre vendas e serviços; e
- Dos abatimentos sobre vendas e serviços.

Posteriormente, estaremos explicando cada uma destas deduções ora apresentadas.

7.7.6. O Custo das Mercadorias Vendidas (CMV) no Período

O **Custo das Mercadorias Vendidas (CMV)** representa o valor atribuído às mercadorias negociadas pela entidade negociante com os seus clientes. O CMV identifica o valor de **custo** para a entidade comerciante, valor este que será confrontado com o **valor de venda** (Receita Líquida de Vendas) para a obtenção do **Resultado com Mercadorias – RCM**.

O CMV é formado pelo total de mercadorias existentes em estoque no início do período, adicionando-se as compras líquidas realizadas ao longo de tal período e diminuindo-se, desta soma, o total de mercadorias existentes ao final do período em questão (as mercadorias que não foram vendidas no período), ou seja, **o CMV informa o custo total de mercadorias saídas (vendidas).**

$$CMV = EI + CL - EF$$

CMV – Custo das Mercadorias Vendidas
CPV – Custo dos Produtos Vendidos

7.7.7. O Resultado com Mercadorias (RCM)

É calculado pela diferença entre o valor das Vendas (V) efetuadas em um determinado período e o valor do Custo das Mercadorias Vendidas (CMV) incorrido neste mesmo período.

$$RCM = V - CMV$$

O **Resultado com Mercadorias** é também conhecido como **Resultado Bruto** ou **Resultado Operacional Bruto**.
Lucro Operacional Bruto – Resultado com Mercadorias **positivo**
Prejuízo Operacional Bruto – Resultado com Mercadorias **negativo**

7.8. A Apuração do Valor do Estoque Final

Para sabermos o valor do Custo das Mercadorias Vendidas (CMV), necessário se faz sabermos o valor do *Estoque Final (EF)*. A obtenção do valor do Estoque Final é realizada por meio de uma das formas de controle de estoques existentes, denominadas **Regimes de Inventários** (*inventário = levantamento físico*):
- **Regime de Inventário Permanente**
- **Regime de Inventário Periódico**

Existem, pelo menos, três maneiras de registro e controle de operações com mercadorias, conforme o a seguir exposto:
- conta Mercadorias desdobrada, com inventário permanente;
- conta Mercadorias desdobrada, com inventário periódico; e
- conta Mista Mercadorias, com inventário periódico.

Explicaremos cada uma destas combinações em seguida.

A adoção do Regime de Inventário Periódico ou do Regime de Inventário Permanente pela entidade comerciante deve levar em consideração os seguintes fatores:

- O porte da entidade;
- A quantidade de itens negociados;
- O volume de transações;
- A intensidade das transações efetuadas;
- A profundidade e a periodicidade das informações desejadas do sistema contábil da entidade;
- O comportamento do custo de aquisição dos itens negociados etc.

Convém ser ressaltado que não há obrigatoriedade de a empresa seguir determinado regime de inventário para registro e controle de operações com mercadorias; sendo permitida a utilização de determinados regimes, geralmente ela (a empresa) o faz de acordo com o seu porte, assim como com seus interesses internos em especial.

7.8.1. O Regime de Inventário Permanente

Quando a entidade efetua controle de estoques a cada operação de compra ou de venda realizada, diz-se que ela possui **controle permanente ou diário de estoques**.

Em um regime de inventário permanente de estoques são utilizadas *Fichas de Controle de Estoque para cada produto ou mercadoria*. São apurados os custos de cada venda. Estas fichas são manualmente preenchidas ou preenchidas via processamento eletrônico de dados.

Ocorrem lançamentos a débito na conta **Mercadorias**, pela entrada de mercadorias, e lançamentos a crédito na mesma conta, pela saída de mercadorias. Dessa maneira, o saldo das mercadorias em estoque está sempre atualizado.

No **Regime de Inventário Permanente**, a cada compra e a cada venda efetuada a entidade possui o controle de estoque da mercadoria negociada. Após cada operação realizada, conhece-se o nível de seus estoques.

A adoção do Regime de Inventário Permanente implica a utilização de controles adicionais (Fichas de Controle de Estoques), que permitem acompanhar o que ocorre com cada insumo negociado.

Consiste num regime em que os lançamentos são efetuados de maneira sistemática (ou seja, de forma contínua ou permanente).

Os registros são comumente realizados em **Fichas de Controle de Estoque**, sendo utilizada uma para cada tipo de produto ou mercadoria.

Tal regime permite um controle maior para as empresas que o empregam. As médias e grandes empresas geralmente o adotam. Deve ser ressaltado que, apesar de haver o controle dos insumos via fichas de controle de estoques, os inventários físicos não são descartados. Por intermédio dos inventários físicos, atesta-se a veracidade das informações apresentadas via tais fichas.

Como funciona o Regime de Inventário Permanente?

O valor do Estoque Inicial (EI), que é o Estoque Final (EF) do período anterior, deve ser lançado na primeira linha da Ficha de Controle de Estoque.

A empresa deve contabilizar, imediatamente, todas as compras (na coluna Entrada) e baixar do estoque de mercadorias todas as vendas (na coluna Saída), **pelo seu custo**, a fim de conhecer o total das compras realizadas, o Custo das Mercadorias Vendidas (CMV), o Estoque Final (EF) e o Resultado com Mercadorias (RCM) a qualquer momento.

O controle deve ser sempre individual, por produto ou por mercadoria.

Tal controle permite obter:

- O valor e a quantidade do estoque de mercadorias existente em cada momento;
- O volume de compras efetuadas (por fornecedor, se necessário for); e
- O custo médio do estoque existente, após cada movimentação, permitindo a fixação do preço de maneira bem mais segura.

> *Num Regime de Inventário Permanente, as aquisições são lançadas na conta* **Mercadorias-Estoque** *ou* **Estoques** *ou* **Mercadorias**. *Já num Sistema de Inventário Periódico, utiliza-se a conta* **Compras** *ou* **Mercadorias-Compras** *ou* **Compras de Mercadorias**.

No **Sistema de Inventário Permanente** utilizam-se três contas ou grupos básicos de contas:

- **Mercadorias-Estoque** ou **Estoques** ou **Mercadorias** ou **Estoques de Mercadorias** – conta patrimonial, representativa de estoques.

Tal conta é debitada nas aquisições e creditada nas vendas das mercadorias.

O saldo desta conta **SEMPRE** informa o valor do estoque no momento referenciado.

- **Custo das Mercadorias Vendidas – CMV** – conta de resultado (custo/despesa).
  Tal conta é debitada pelo valor do custo de cada venda.
- **Vendas** ou **Receita de Vendas – V** – conta de resultado (receita).
  É creditada pelo valor vendido (valor bruto).

No final do período, os saldos das contas V e CMV são transferidos para a conta Resultado com Mercadorias (RCM). Com isso, o saldo da conta RCM mostrará o Resultado Bruto (Resultado Operacional Bruto) da entidade.

7.8.2. Como Registrar as Operações no Sistema de Inventário Permanente?

- **Operações de Compras**

Trata-se da coluna de **entrada** da Ficha de Controle de Estoques.

Registros:
Diversos
a Caixa ou Bancos Conta Movimento ou Fornecedores
Estoques
ICMS a Recuperar

- **Operações de Vendas**

A cada operação de venda correspondem **três registros contábeis**: um referente à venda, outro ao ICMS, e o outro referente ao Custo das Mercadorias Vendidas ou ao Custo dos Produtos Vendidos, *pois devem ser baixados do estoque as mercadorias ou os produtos comercializados.*

Registros:
Preço de Venda (preço pelo qual a mercadoria ou o produto foi vendido):
Caixa ou Bancos Conta Movimento ou Clientes ou Duplicatas a Receber
a Vendas ou Receitas de Vendas

Observe que o preço de venda não é registrado na ficha de controle de estoques. Porém, afeta a obtenção do resultado bruto com produtos, mercadorias e serviços.

Preço de Custo: (preço pago pela mercadoria vendida. Coluna de saídas da Ficha de Controle de Estoques. É obtido por um processo de avaliação de estoques, conforme anteriormente explicado):

CMV
a Estoques ou Mercadorias

$$CMV = EI + C - EF$$

e

$$RCM = V - CMV$$

Registro do ICMS: (se houver)
ICMS sobre Vendas
a ICMS a Recolher

Convém ser ressaltado que:
- **As vendas são SEMPRE creditadas pelo seu VALOR BRUTO ou INTEGRAL.**
- **As compras são levadas a estoque pelo seu VALOR LÍQUIDO de tudo o que puder ser recuperado.**
- **A Conta Mercadorias é sistematicamente movimentada com débitos e créditos no Regime de Inventário Permanente. Somente quando da realização de inventário físico, a conta Mercadorias é movimentada no Regime de Inventário Periódico (Método da Conta Mercadorias com Função Desdobrada, conforme posteriormente apresentado).**
- A Conta Compras compõe o CMV, funcionando, então, como conta de resultado.
- A soma do valor do estoque inicial com o valor das compras representa o valor das **mercadorias disponíveis para venda** durante o período.

7.8.3. As Fichas de Controle de Estoques

No regime de inventário permanente são utilizadas *fichas de controle de estoques*, sendo empregada uma para cada tipo de insumo (matéria-prima, produto ou mercadoria).

A ficha de controle de estoques é dividida em três áreas principais, a saber:
- Entradas – nesta área são registradas todas as aquisições de insumos efetuadas pela empresa. As devoluções de compras e os abatimentos sobre compras também são apresentados nesta área, com valores negativos;

- Saídas – nesta área são apurados os custos referentes aos insumos empregados nas transações. Se houver devoluções de insumos pelos clientes, também constarão desta área, com valores negativos; e
- Saldo Final ou Estoque Final – esta área da planilha apresenta o saldo em estoque após cada operação realizada.

Exemplo
Média Ponderada Móvel – MPM

	Mercadorias – Produto "ATG"								
	Entradas			Saídas			Saldo		
Data	Quanti-dade	Custo Unitário (R$)	Custo Total (R$)	Quanti-dade	Custo Unitário (R$)	Custo Total (R$)	Quanti-dade	Custo Unitário (R$)	Custo Total (R$)
Estoque Inicial							100	1,30	130,00
05/01	120	1,10	132,00				220	1,19	262,00
12/01	(20)	1,10	(22,00)				200	1,20	240,00
14/01	-	-	(20,00)				200	1,10	220,00
17/01				120	1,10	132,00	80	1,10	88,00
26/01				(30)	1,10	(33,00)	110	1,10	121,00
Totais									
Totais	Compras Líquidas		90,00	CMV		99,00	Estoque Final		121,00

No dia 12/01, houve devolução de parte da compra efetuada em 05/01, ou seja, 20 unidades foram devolvidas ao fornecedor. No dia 14/01, o fornecedor concedeu um abatimento à empresa no valor de R$ 20,00, referente à compra realizada no dia 05/01. Quanto às vendas, na coluna de saídas observa-se a devolução de 30 das 120 unidades vendidas. A venda ocorreu em 17/01 e a devolução parcial referente a ela ocorreu em 26/01.

7.8.4. Critérios Utilizados para Avaliação de Estoques no Regime de Inventário Permanente

São os seguintes os métodos mais utilizados para a avaliação de estoques no Regime de Inventário Permanente:
- PEPS (FIFO); e
- Média Ponderada Móvel ou Custo Médio Ponderado.

Estudaremos, também, o UEPS (LIFO), conforme anteriormente explicado.

Por que utilizar métodos distintos para registro e controle de operações com produtos ou mercadorias?

> *Devemos ressaltar que vários fatores influenciam os valores dos insumos, a saber: fatores climáticos, a sazonalidade da produção, a demanda pelos insumos, a influência da concorrência etc. Com isso, as empresas adquirem quantidades distintas de insumos, a preços distintos, em datas distintas. Se não tivéssemos inflação, nem deflação, ou seja, se os preços fossem mantidos constantes (também denominados estáveis), nenhuma necessidade haveria de termos diversos métodos de avaliação de estoques. Porém, como, regra geral, tem havido inflação ou deflação, então necessário se faz optar por um dos métodos permitidos pelas normas legais.*

- **Método PEPS (FIFO)**

Exemplo

A Empresa GTWI Comercial Ltda. revende o produto "ATG". Possui estoque inicial igual a 15 (quinze) unidades do referido produto, a um custo unitário de R$ 3,00. Possui, também, R$ 220,00 em caixa no início de janeiro. Considere as operações realizadas pela "GTWI" no mês de janeiro:

- Dia 05/01: compra de 50 (cinquenta) unidades, ao custo unitário de R$ 4,00; (1)
- Dia 12/01: venda de 25 (vinte e cinco) unidades, a R$ 7,20 cada uma; (2 e 3)
- Dia 17/01: compra de 12 (doze) unidades, ao custo unitário de R$ 4,20; e (4)
- Dia 26/01: venda de 18 (dezoito) unidades, a R$ 7,80 cada uma. (5 e 6)

Ficha de Controle de Estoque – Método PEPS

Mercadorias – Produto "ATG"									
	Entradas			Saídas			Saldo		
Data	Quantidade	Custo Unitário (R$)	Custo Total (R$)	Quantidade	Custo Unitário (R$)	Custo Total (R$)	Quantidade	Custo Unitário (R$)	Custo Total (R$)
Estoque Inicial							15	3,00	45,00
05/01	50	4,00	200,00				15	3,00	45,00
							50	4,00	200,00
12/01				15	3,00	45,00	40	4,00	160,00
				10	4,00	40,00			
17/01	12	4,20	50,40				40	4,00	160,00
							12	4,20	50,40
26/01				18	4,00	72,00	22	4,00	88,00
							12	4,20	50,40
Totais	62		250,40	43		157,00	34		138,40
Totais	Compras Líquidas		250,40	CMV		157,00	Estoque Final		138,40

As compras são sempre debitadas e as vendas são sempre creditadas.

As devoluções de compras são creditadas na coluna de entradas e as devoluções de vendas são debitadas na coluna de saídas.

$$CMV = EI + C - EF = 45 + 250{,}40 - 138{,}40 = 157{,}00$$

Registros no Livro Diário:

1) Aquisição de mercadorias em 05/01:

D – Mercadorias
C – Caixa   200,00   (= 50 x R$ 4,00)

2) Venda de mercadorias em 12/01:

D – Caixa
C – Vendas   180,00   (= 25 x R$ 7,20)

D – CMV
C – Mercadorias   85,00   (= 15 x R$ 3,00 + 10 x R$ 4,00)

3) Aquisição de mercadorias em 17/01:

D – Mercadorias
C – Caixa   50,40   (= 12 x R$ 4,20)

4) Venda de mercadorias em 26/01:

D – Caixa
C – Vendas   140,40   (= 18 x R$ 7,80)

D – CMV
C – Mercadorias   72,00   (= 18 x R$ 4,00)

5) Transferência do CMV para RCM

D – RCM
C – CMV   157,00

6) Transferência de Vendas para RCM

D – Receita de Vendas
C – RCM   320,40

Apuração do RCM:
$$RCM = V - CMV = 320{,}40 - 157{,}00 = \mathbf{163{,}40}$$

Registros no Livro Razão:

Caixa	
SI = 220,00	
180,00 (2)	200,00 (1)
140,40 (4)	50,40 (3)
540,40	250,40
290,00	

Mercadorias	
EI = 45,00	
200,00 (1)	85,00 (2)
50,40 (3)	72,00 (4)
295,40	157,00
Estoque Final = 138,40	

CMV	
85,00 (2)	
72,00 (4)	
157,00	
157,00	157,00 (5)

Vendas	
	180,00 (2)
	140,40 (4)
	320,40
320,40 (6)	320,40

	RCM	
157,00 (5)		320,40 (6)
157,00		320,40
		163,40 (Lucro)

- **Método UEPS (LIFO)**

Exemplo

A Empresa GTWI Comercial Ltda. revende o produto "ATG". Possui estoque inicial igual a 15 (quinze) unidades do referido produto, a um custo unitário de R$ 3,00. Possui, também, R$ 220,00 em caixa no início de janeiro. Considere as operações realizadas pela "GTWI" no mês de janeiro:

- Dia 05/01: compra de 50 (cinquenta) unidades, ao custo unitário de R$ 4,00; (1)
- Dia 12/01: venda de 25 (vinte e cinco) unidades, a R$ 7,20 cada uma; (2 e 3)
- Dia 17/01: compra de 12 (doze) unidades, ao custo unitário de R$ 4,20; e (4)
- Dia 26/01: venda de 18 (dezoito) unidades, a R$ 7,80 cada uma. (5 e 6)

Ficha de Controle de Estoque – Método UEPS

Mercadorias – Produto "ATG"									
	Entradas			Saídas			Saldo		
Data	Quantidade	Custo Unitário (R$)	Custo Total (R$)	Quantidade	Custo Unitário (R$)	Custo Total (R$)	Quantidade	Custo Unitário (R$)	Custo Total (R$)
Estoque Inicial							15	3,00	45,00
05/01	50	4,00	200,00				15	3,00	45,00
							50	4,00	200,00
12/01				25	4,00	100,00	15	3,00	45,00
							25	4,00	100,00
17/01	12	4,20	50,40				15	3,00	45,00
							25	4,00	100,00
							12	4,20	50,40
26/01				12	4,20	50,40	15	3,00	45,00
				6	4,00	24,00	19	4,00	76,00
	62		250,40	43		174,40	34		121,00
Totais	**Compras Líquidas**		**250,40**	**CMV**		**174,40**	**Estoque Final**		**121,00**

As compras são sempre debitadas e as vendas são sempre creditadas.

As devoluções de compras são creditadas na coluna de entradas e as devoluções de vendas são debitadas na coluna de saídas.

$$CMV = EI + C - EF = 45,00 + 250,40 - 121,00 = 174,40$$

Registros no Livro Diário:

1) Aquisição de mercadorias em 05/01:

D – Mercadorias
C – Caixa   200,00   (= 50 x R$ 4,00)

2) Venda de mercadorias em 12/01:

D – Caixa
C – Vendas   180,00   (= 25 x R$ 7,20)

D – CMV
C – Mercadorias   100,00   (= 25 x R$ 4,00)

3) Aquisição de mercadorias em 17/01:

D – Mercadorias
C – Caixa   50,40   (= 12 x R$ 4,20)

4) Venda de mercadorias em 26/01:

D – Caixa
C – Vendas   140,40   (= 18 x R$ 7,80)

D – CMV
C – Mercadorias   74,40   (= 12 x R$ 4,20 + 6 x R$ 4,00)

5) Transferência do CMV para RCM

D – RCM
C – CMV   174,40

6) Transferência de Vendas para RCM

D – Receita de Vendas
C – RCM   320,40

Apuração do RCM:

RCM = V – CMV = 320,40 – 174,40 = **146,00**

Registros no Livro Razão:

Caixa	
SI = 220,00	
180,00 (2)	200,00 (1)
140,40 (4)	50,40 (3)
540,40	250,40
290,00	

Mercadorias	
EI = 45,00	
200,00 (1)	100,00 (2)
50,40 (3)	74,40 (4)
295,40	174,40
Estoque Final = 121,00	

CMV	
100,00 (2)	
74,40 (4)	
174,40	174,40 (5)

Vendas	
	180,00 (2)
	140,40 (4)
	320,40
320,40 (6)	**320,40**

	RCM	
	174,40 (5)	320,40 (6)
	174,40	320,40
		146,00 (Lucro)

- **Método da Média Ponderável Móvel ou do Custo Médio Ponderado (MPM ou CMP)**

Exemplo

A Empresa GTWI Comercial Ltda. revende o produto "ATG". Possui estoque inicial igual a 15 (quinze) unidades do referido produto, a um custo unitário de R$ 3,00. Possui, também, R$ 220,00 em caixa no início de janeiro. Considere as operações realizadas pela "GTWI" no mês de janeiro:

- Dia 05/01: compra de 50 (cinquenta) unidades, ao custo unitário de R$ 4,00; (1)
- Dia 12/01: venda de 25 (vinte e cinco) unidades, a R$ 7,20 cada uma; (2 e 3)
- Dia 17/01: compra de 12 (doze) unidades, ao custo unitário de R$ 4,20; e (4)
- Dia 26/01: venda de 18 (dezoito) unidades, a R$ 7,80 cada uma. (5 e 6)

Ficha de Controle de Estoque – MPM ou CMP

Mercadorias – Produto "A"									
	Entradas			Saídas			Saldo		
Data	Quanti-dade	Custo Unitário (R$)	Custo Total (R$)	Quanti-dade	Custo Unitário (R$)	Custo Total (R$)	Quanti-dade	Custo Unitário (R$)	Custo Total (R$)
EI							15	3,00	45,00
05/01	50	4,00	200,00				65	3,77	245,00
12/01				25	3,77	94,25	40	3,77	150,80
17/01	12	4,20	50,40				52	3,87	201,25
26/01				18	3,87	69,70	34	3,87	131,60
	62		250,40	43		163,95	34		131,60
Totais	Compras Líquidas		250,40	CMV		163,95	Estoque Final		131,60

$$CMV = EI + C - EF = 45,00 + 250,40 - 131,60 = 163,80$$

Registros no Livro Diário:
1) Aquisição de mercadorias em 05/01:

D – Mercadorias
C – Caixa   200,00   (= 50 x R$ 4,00)

2) Venda de mercadorias em 12/01:

D – Caixa
C – Vendas   180,00   (= 25 x R$ 7,20)

D – CMV
C – Mercadorias   94,25   (= 25 x R$ 3,77)

3) Aquisição de mercadorias em 17/01:

D – Mercadorias
C – Caixa   50,40   (= 12 x R$ 4,20)

4) Venda de mercadorias em 26/01:

D – Caixa
C – Vendas   140,40   (= 18 x R$ 7,80)

D – CMV
C – Mercadorias   69,70   (= 18 x R$ 3,87)

5) Transferência do CMV para RCM

D – RCM
C – CMV   163,95

6) Transferência de Vendas para RCM

D – Receita de Vendas
C – RCM   320,40

Apuração do RCM:

$$RCM = V - CMV = 320,40 - 163,95 = \mathbf{156,45}$$

Registros no Livro Razão:

Caixa

SI = 220,00	
180,00 (2)	200,00 (1)
140,40 (4)	50,40 (3)
540,40	250,40
290,00	

Mercadorias

EI = 45,00	
200,00 (1)	94,25 (2)
50,40 (3)	69,70 (4)
295,40	163,95
Estoque Final = 131,45 ≈ 131,60	

CMV

94,25 (2)	
69,70 (4)	
163,95	
163,95	163,95 (5)

Vendas

	180,00 (2)
	140,40 (4)
	320,40
320,40 (6)	**320,40**

RCM

163,95 (5)	320,40 (6)
163,95	320,40
	156,45 (Lucro)

Resumo dos Métodos por Fichas

	PEPS	UEPS	MPM
Vendas Líquidas	320,40	320,40	320,40
(-) CMV	157,00	174,40	163,95
(=) RCM	163,40	146,00	156,45
Estoque Final	138,00	121,00	131,60

O Estoque Final é redutor do CMV. Logo, o método que gerar o maior EF também gerará o maior RCM. Ou seja:

$$RCM = V - (EI + C - EF) = V + EF - EI - C$$

Resumo dos Métodos (em uma economia inflacionária)

Método	Custo	Lucro	É aceito pelo Regulamento do Imposto de Renda?
PEPS	Menor Custo	Maior Lucro	Aceito
UEPS	Maior Custo	Menor Lucro	**Não** Aceito
MPM	Custo Médio	Lucro Médio	Aceito

7.8.5. O Regime de Inventário Periódico

Neste regime, *o Custo das Mercadorias Vendidas (CMV) é obtido apenas no final do período considerado*, por meio de contagem física das mercadorias em estoque (*apuração extracontábil*). Como o valor do estoque final é obtido por intermédio de inventário (levantamento físico) ao final do período, também **o CMV somente pode ser obtido ao final do período considerado**, já que leva em consideração no seu cálculo o valor do estoque final. *Não há registro do CMV à medida que as vendas vão sendo realizadas.*

Faz-se um **inventário físico** de todas as mercadorias existentes em estoque ao final do período. As mercadorias, então, recebem os seus respectivos valores. Estes valores, somados, passam-nos o valor do **Estoque Final (EF)**. Observe que o inventário físico de mercadorias (contagem física das mercadorias), realizado ao final de cada período, é *indispensável* para a correta aplicação do regime de inventário periódico.

Se já eram conhecidos o valor do **Estoque Inicial (EI)** e o valor das **Compras Líquidas (CL)**, após a apuração do **Estoque Final (EF)** tem-se o valor do Custo das Mercadorias Vendidas (CMV).

$$CMV = EI + CL - EF$$

Este regime costuma ser utilizado por empresas de pequeno e médio porte, ou por empresas de grande porte com elevada quantidade de itens em estoque.

*Devemos ressaltar que o regime de inventário periódico apresenta enorme desvantagem, quando comparado ao regime de inventário permanente: o controle dos estoques não é realizado de maneira permanente. Portanto, se ocorrer alguma saída de mercadorias não proveniente de vendas, ou seja, devido à perda por incêndio, ou furto, ou roubo, ou por enchente, ou por qualquer outro motivo, tal saída não será computada ao longo do exercício social. Ocorrerá, então, a apuração distorcida do Custo das Mercadorias Vendidas e, em consequ*ência, do Resultado com Mercadorias.

As empresas que utilizam o **Regime de Inventário Periódico** podem adotar os seguintes métodos para o registro de operações com mercadorias:

a) **Método da Conta Mercadorias com Função Desdobrada**

Neste método, são utilizadas, no mínimo, três contas, a saber:

- **Estoques** ou **Mercadorias para Revenda** – conta patrimonial
- **Compras – C** – conta de resultado
- **Vendas de Mercadorias – V** – conta de resultado

Os lançamentos na conta **Mercadorias** *são feitos apenas quando há inventário físico. Isto é, somente há movimento nesta conta quando há inventário físico.* **Não é feito nenhum lançamento entre um inventário físico e outro na conta Mercadorias.**

Há, no mínimo, três contas neste método: **Compras**, **Vendas** e **Estoques**.

i) **Compras de Mercadorias** ou **Compras** ou **Mercadorias-Compras (C)** – (conta de resultado)

Registram-se todas as compras efetuadas pela empresa nesta conta, mediante débito na referida conta. Ao final do período, esta conta é creditada e seu saldo é transferido para a conta Custo das Mercadorias Vendidas (CMV).

Velter & Missagia muito bem afirmam que os fretes, os seguros, as despesas de armazenagem, as embalagens, as despesas de conferência, as comissões diversas etc., quando assumidos pelo comprador, devem fazer parte do valor das compras.

Eventuais devoluções de compras devem ser lançadas a crédito em uma conta própria denominada **Devolução de Compras**.

Os valores de fretes, seguros etc., incorporados ao valor das compras, quando não puderem ser abatidos da conta Compras, por ocasião de devoluções de compras, serão lançados como **Despesas Operacionais**, pela impossibilidade de recuperação de tais valores quando da realização de novas vendas.

Os gastos não relacionados à aquisição das mercadorias não devem fazer parte do seu custo de aquisição.

Segundo Ricardo Ferreira, quando da apuração do Custo das Mercadorias Vendidas, *as compras devem ser ajustadas por devoluções, fretes, seguros, carga e descarga, abatimentos e demais valores relacionados às aquisições de mercadorias.*

ii) **Mercadorias–Estoque** ou **Estoque de Mercadorias** ou **Mercadorias** (conta patrimonial)

Representa o valor do estoque. É atualizada ao final de cada período, quando da realização do levantamento físico de mercadorias.

Seu saldo inicial (devedor) é o valor das mercadorias existentes no final do período anterior.

No Regime de Inventário Periódico, ***NESTE MÉTODO****, seu saldo fica inalterado enquanto não há nova contagem física dos estoques.*

Os lançamentos referentes ao estoque final são efetuados apenas no final do período, em uma conta denominada **Mercadorias**, por ocasião da realização do **inventário físico**, para fins de apuração do resultado, não sendo efetuados lançamentos na conta Mercadorias por ocasião das entradas e saídas de mercadorias. Esta conta registra, então, apenas o estoque final de um período, que será o estoque inicial do período seguinte.

iii) **Vendas** (conta de resultado)

Nesta conta são lançadas todas as vendas à vista ou a prazo existentes no período. O somatório destas vendas dará origem às **Vendas Brutas** ou à **Receita Bruta de vendas**.

Os lançamentos são efetuados a crédito quando da realização de vendas e a débito quando do encerramento do exercício.

NESTA CONTA NADA É DEDUZIDO!

DEDUÇÕES, ABATIMENTOS, DEVOLUÇÕES E OUTRAS RUBRICAS RETIFICADORAS SÃO LANÇADAS EM CONTAS PRÓPRIAS E O AJUSTE É FEITO QUANDO DA APURAÇÃO DO RESULTADO DO EXERCÍCIO.

Deduções das Vendas Brutas – A Receita Bruta de Vendas tem como deduções as Devoluções de Vendas, os Tributos sobre Vendas (ICMS, PIS/PASEP, COFINS), os Descontos Incondicionais (ou Descontos Comerciais) sobre Vendas e os Abatimentos sobre Vendas.

Portanto, qualquer fato que venha a modificar compras ou vendas deverá ser lançado em conta própria, tal como:

- Devoluções de Vendas
- Abatimentos sobre Vendas
- Descontos Incondicionais Concedidos
- Descontos Incondicionais Obtidos
- Devolução de Compras
- Abatimentos sobre Compras etc.

Como a conta Mercadorias somente é atualizada quando da realização de inventário físico, ao longo do período contábil em análise a mencionada conta representa o estoque inicial dele.

Ao final do período contábil em análise, o Estoque Inicial é encerrado a débito do CMV.

Exemplo

Saldos apurados:

Compras = R$ 400,00 (devedor)

Mercadorias = R$ 100,00 (devedor)

Vendas = R$ 1.000,00 (credor)

Devolução de Compras = R$ 20,00 (credor)

Devolução de Vendas = R$ 100,00 (devedor)

Inventário de Mercadorias: Saldo = R$ 200,00 (Estoque Final)

Apure o valor do Resultado com Mercadorias.

CMV = EI + CL − EF = 100,00 (EI) + [400,00 (compras) − 20,00 (devolução de compras)] − 200,00 (EF) = 280,00

RCM = 1.000,00 (vendas) − 100,00 (devolução de vendas) − 280,00 (CMV) = 620,00 → **RCM = R$ 620,00**

RCM − Resultado com Mercadorias

Exemplo

Método da Conta Mercadorias com Função Desdobrada

Considere as seguintes operações de compras e vendas de mercadorias realizadas pela Empresa 3H Mercadorias Ltda., que possuía saldo inicial de caixa igual a R$ 13.000,00:

Data	Informação / Operação Realizada
05/10	Estoque inicial registrado − R$ 2.000,00
06/10	Aquisição de mercadorias − R$ 6.000,00
12/10	Venda de mercadorias − R$ 12.000,00
17/10	Aquisição de mercadorias − R$ 9.000,00
22/10	Venda de mercadorias − R$ 14.000,00
30/10	Realização de inventário físico. Estoque final apurado − R$ 10.000,00

Todas as operações foram realizadas à vista. Apure o valor do Resultado com Mercadorias.

Registros no Livro Diário:

i) Compras e vendas efetuadas:

1) 06/10:
D – Compras
C – Caixa   6.000,00

2) 12/10:
D – Caixa
C – Vendas   12.000,00

3) 17/10:
D – Compras
C – Caixa   9.000,00

4) 22/10:
D – Caixa
C – Vendas   14.000,00

Apuração do Resultado:
Para a apuração do resultado, faremos uso das seguintes equações:

$$CMV = EI + C - EF$$

e

$$RCM = V - CMV$$

onde:
RCM – Resultado com Mercadorias
V – Vendas
CMV – Custo das Mercadorias Vendidas
EI – Estoque Inicial
C – Compras
EF – Estoque Final

Se houver algum fato que venha a alterar as compras ou as vendas realizadas, como, por exemplo, uma devolução de compras ou um desconto sobre vendas, tal fato deverá ser registrado, diminuindo o seu grupo de contas (COMPRAS ou VENDAS).

ii) Transferências de saldos para a conta CMV:
5)
D – CMV
C – Mercadorias (estoque inicial)   2.000,00

6)
D – CMV
C – Compras   15.000,00

7)
D – Mercadorias (contagem física, isto é, o estoque final)
C – CMV   10.000,00

iii) Transferências de saldos para a conta RCM:
8)
D – RCM
C – CMV   7.000,00

9)
D – Vendas
C – RCM   26.000,00

Registros no Livro Razão:

Mercadorias	
EI = 2.000,00	2.000,00 (5)
EF = 10.000,00 (7)	

Caixa

Saldo Inicial = 13.000,00	6.000,00 (1)
12.000,00 (2)	9.000,00 (3)
14.000,00 (4)	
29.000,00	15.000,00
24.000,00	

Compras

6.000,00 (1)	
9.000,00 (3)	
15.000,00	15.000,00 (6)

Vendas

	12.000,00 (2)
	14.000,00 (4)
26.000,00 (9)	26.000,00

CMV

2.000,00 (5)	10.000,00 (7)
15.000,00 (6)	
17.000,00	10.000,00
7.000,00	7.000,00 (8)

RCM

7.000,00 (8)	26.000,00 (9)
	19.000,00

Logo: **RCM = R$ 19.000,00** (Saldo Credor) → (Resultado Positivo = **Lucro**)

Exemplo

Método da Conta Mercadorias com Função Desdobrada (incluindo o ICMS)

Certa empresa apresentava Estoque Inicial igual a R$ 150,00 e realizou as seguintes operações na sequência ora apresentada:

- Compra a prazo de mercadorias – 1.600,00
- Venda à vista de mercadorias – 1.400,00
- Venda a prazo de mercadorias – 700,00
- Estoque final de mercadorias – 200,00 (obtido por meio de contagem física)

As compras e as vendas estão sujeitas a ICMS de 10%.

Apure o valor do Resultado com Mercadorias.

Lançamentos no Livro Diário:

Compra a prazo de mercadorias:

D – Compras de Mercadorias – 1.440,00 (= R$ 1.600,00 – R$ 160,00)
D – ICMS a Recuperar – 160,00 (= 10% x R$ 1.600,00)
C – Fornecedores – 1.600,00

Venda à vista de mercadorias:

D – Caixa
C – Receita de Vendas   1.400,00

D – ICMS sobre Vendas
C – ICMS a Recolher   140,00 (= 10% x R$ 1.400,00)

Venda a prazo de mercadorias:

D – Clientes
C – Receita de Vendas   700,00

D – ICMS sobre Vendas
C – ICMS a Recolher   70,00 (= 10% x R$ 700,00)

Sendo **imposto recuperável**, o ICMS **não é** lançado como parte do custo de aquisição das mercadorias. Trata-se de um direito (conta ICMS a Recuperar), a ser lançado no Ativo, para posterior compensação com a conta ICMS a Recolher. Ao final, será apresentado no Balanço Patrimonial apenas o saldo já compensado (a recolher ou a recuperar).

Razonetes após os lançamentos anteriores:

Mercadorias

Estoque Inicial = 150,00	

Compras de Mercadorias

1.440,00	

Fornecedores

	1.600,00

Caixa

1.400,00	

Clientes

700,00	

Receitas de Vendas

	1.400,00
	700,00
	2.100,00

ICMS a Recuperar

160,00	

ICMS a Recolher

	140,00
	70,00
	210,00

ICMS sobre Vendas

140,00	
70,00	
210,00	

Apuração do CMV:
CMV = EI + CL – EF
CMV = 150,00 + 1.440,00 – 200,00 = **1.390,00**

Apuração do lucro operacional bruto (ou RCM):
   Receita Bruta de Vendas ------------- 2.100,00
(-) ICMS sobre Vendas ----------------- (210,00)
(=) Receita Líquida de Vendas --------- 1.890,00
(-) CMV ------------------------------- (1.390,00)
(=) Lucro Bruto -------------------------- **500,00**

Exemplo

Uma empresa possuía um estoque inicial no valor de R$ 300,00.

Efetuou as seguintes operações nesta ordem sequencial:

1) compras a prazo, no valor de R$ 2.000,00
2) vendas a prazo, no valor de R$ 3.200,00

Sabendo-se que o estoque final do período é de R$ 1.000,00, apure o Resultado com Mercadorias desta empresa pelo *método da Conta Mercadorias com função desdobrada*.

Registros no Livro Diário:

a) Registro das compras a prazo:

Compras
a Fornecedores   2.000,00

b) Vendas a Prazo
Duplicatas a Receber
a Receita de Vendas   3.200,00

c) Transferência do Estoque Inicial (EI) e das Compras para o Custo das Mercadorias Vendidas (CMV)

CMV 2.300,00
a Mercadorias em Estoque (EI)   300,00
a Compras   2.000,00

d) Registro do Estoque Final (apurado via inventário físico)
Mercadorias em Estoque (EF)
a CMV   1.000,00

Apuração do CMV:

$$\mathbf{CMV} = EI + C - EF = 300,00 + 2.000,00 - 1.000,00 = \mathbf{1.300,00}$$

e) Transferência do CMV para RCM
RCM
a CMV   1.300,00

f) Transferência de Vendas para RCM
Receita de Vendas
a RCM   3.200,00

Apuração do RCM:
RCM = V − CMV = 3.200,00 − 1.300,00 = **1.900,00**

Registros no Livro Razão:

Mercadorias em Estoque
Estoque Inicial = 300,00	300,00 (c)

Estoque Final = 1.000,00 (d)

Receita de Vendas
3.200,00 (f)	3.200,00 (b)

Compras
2.000,00 (a)	2.000,00 (c)

Duplicatas a Receber
3.200,00 (b)	

Fornecedores	
	2.000,00 (a)

CMV	
2.300,00 (c)	1.000,00 (d)
2.300,00	1.000,00
1.300,00 (saldo)	1.300,00 (e)

RCM	
1.300,00 (e)	3.200,00 (f)
	1.900,00 (saldo = lucro)

b) Método da Conta Mercadorias com Função Mista

Este método é chamado "**método da conta mista**" pelo fato de *misturarem-se* na conta mista Mercadorias contas patrimoniais e de resultado.

Neste método, utiliza-se uma única conta para o registro de operações com mercadorias em um Livro Razão ou por meio de razonete. *Os estoques, as compras, as vendas, os descontos e as devoluções (sobre compras e vendas) são registrados na* **conta mista MERCADORIAS**.

Os estoques inicial e final, que correspondem a registros referentes às contas patrimoniais, são lançados na conta Mercadorias. Também são registradas na conta Mercadorias as compras, assim como suas devoluções, as vendas, assim como suas devoluções etc., *o que faz com que esta conta exerça, também, função de resultado, podendo, então, apresentar o resultado obtido no exercício.*

As compras, as vendas e o estoque inicial são lançados na **conta mista MERCADORIAS**.

As **compras**, *o* **estoque inicial**, *as* **devoluções de vendas**, *os* **abatimentos sobre vendas** *e os* **descontos incondicionais concedidos (descontos comerciais concedidos)** são **debitados**. *As compras são debitadas pelo* **custo de aquisição**.

As vendas brutas são **creditadas**. *As vendas são creditadas pelo* **preço de venda**. *As* **devoluções de compras** *e os* **abatimentos sobre compras** *também são creditados.*

Se houver devolução de compras e de vendas, haverá, então, tratamento inverso, pois serão contas do tipo retificadora. Logo, devoluções de vendas e abatimentos sobre vendas são debitados, e devoluções de compras e abatimentos sobre compras são creditados.

Os **descontos comerciais obtidos** (se assim forem registrados) serão lançados a crédito da conta mista Mercadorias. Não é costume fazer uso deste registro.

A CONTA **MERCADORIAS** PODERÁ APRESENTAR **SALDO CREDOR**, APESAR DE SER UMA CONTA DO ATIVO. ISTO É CONSEQUÊNCIA DA APLICAÇÃO DO MÉTODO ORA APRESENTADO.

Mercadorias (Conta Mista)	
Estoque Inicial – EI	
Compras	Vendas
Saldo Devedor	**Saldo credor**
(Mercadorias postas à venda)	

A fim de apurarmos o Resultado com Mercadorias, necessário será conhecermos o saldo da conta mista Mercadorias, que poderá ser credor ou devedor. Deveremos, também, apurar o valor do Estoque Final de mercadorias, pela realização de inventário físico (apuração extracontábil).

Conta Mista Mercadorias	
Estoque Inicial	Vendas
Estoque Final	Devolução de Compras
Compras	Descontos sobre Compras
Devolução de Vendas	
Abatimentos sobre Vendas	
Descontos sobre Vendas	

Tendo obtido os dois valores anteriormente citados (saldo da conta mista Mercadorias e valor do Estoque Final), há duas maneiras de apuração do Resultado com Mercadorias:

- **Conta mista Mercadorias funcionando como <u>Conta Patrimonial</u>**

    Neste caso, a conta mista Mercadorias mostra o valor do **Estoque Final**.

    Deve-se proceder conforme a seguir disposto:

    - Transferir o saldo da conta Mercadorias para a conta Resultado com Mercadorias;
    - Efetuar o registro do Estoque Final, mediante o seguinte lançamento:
        D – Mercadorias (conta mista)
        C – Resultado com Mercadorias

- Em seguida, apurar o resultado da conta Resultado com Mercadorias. Se o saldo for devedor, representará Prejuízo sobre Vendas. Se o saldo for credor, representará Lucro sobre Vendas (Lucro Bruto ou Lucro Operacional Bruto).

- ***Conta mista Mercadorias funcionando como <u>Conta de Resultado</u>***

  *Neste caso, a conta mista Mercadorias mostra o valor do **Resultado com Mercadorias**.*

  O estoque final, apurado por meio de inventário físico, deverá ser lançado em conta própria denominada Estoque de Mercadorias (por exemplo).

  Faremos um exemplo com o propósito de melhor explicar os conceitos até aqui apresentados. Entendemos que a observação das movimentações ocorridas nas contas pelos seus respectivos razonetes facilita o aprendizado. Em consequência, ressaltamos a observação dos razonetes apresentados no exemplo.

Exemplo

Uma empresa possuía um estoque inicial no valor de R$ 300,00.

Efetuou as seguintes operações:

1) compras a prazo, no valor de R$ 1.700,00
2) vendas a prazo, no valor de R$ 4.000,00

Sabendo-se que o estoque final do período é de R$ 1.000,00, apure o Resultado com Mercadorias por meio da conta mista Mercadorias.

<u>Conta mista Mercadorias como conta de resultado</u>

Registros no Livro Diário:

a) Transferência do estoque inicial para a conta mista Mercadorias:
Conta Mista Mercadorias
a Mercadorias em Estoque (EI)   300,00

b) Registro das compras a prazo:
Conta Mista Mercadorias
a Fornecedores   1.700,00

c) Vendas a prazo:
Duplicatas a Receber
a Conta Mista Mercadorias   4.000,00

d) Registro do estoque final apurado via inventário físico:
Mercadorias em Estoque
a Conta Mista Mercadorias   1.000,00

Registros no Livro Razão:

Mercadorias em Estoque

Estoque Inicial = 300,00	300,00 (a)
Estoque Final = 1.000,00 (d)	

Conta Mista Mercadorias

300,00 (a)	
1.700,00 (b)	4.000,00 (c)
2.000,00	4.000,00
	2.000,00 (saldo da conta mista)
	1.000,00 (d) (estoque final)
	3.000,00 (= RCM – conta mista tal qual conta de resultado)

Fornecedores

	1.700,00 (b)

Duplicatas a Receber

4.000,00 (c)	

RCM = R$ 3.000,00 = Lucro Bruto ou Lucro Operacional Bruto

Conta mista Mercadorias como conta patrimonial

Registros no Livro Diário:
a) Transferência do estoque inicial para a conta mista Mercadorias:
Mercadorias (conta mista)
a Mercadorias em Estoque   300,00

b) Registro das compras a prazo:
Mercadorias (conta Mista)
a Fornecedores   1.700,00

c) Vendas a prazo:
Duplicatas a Receber
a Mercadorias (conta mista)   4.000,00

d) Transferência do saldo da conta mista Mercadorias para a Conta Resultado com Mercadorias:
Mercadorias (conta mista)
a Resultado com Mercadorias   2.000,00

e) Registro do Estoque Final de mercadorias na Conta Mista Mercadorias, apresentando o estoque apurado via inventário físico:
Mercadorias (conta mista)
a Resultado com Mercadorias (RCM) 1.000,00

Registros no Livro Razão:

Mercadorias em Estoque
Estoque Inicial = 300,00	300,00 (a)

Conta Mista Mercadorias
300,00 (a)	
1.700,00 (b)	4.000,00 (c)
2.000,00	4.000,00
2.000,00 (d)	2.000,00 (saldo da conta mista)
Estoque Final = 1.000,00 (e)	

Duplicatas a Receber	
	4.000,00 (c)

Fornecedores	
	1.700,00 (b)

Resultado com Mercadorias	
2.000,00 (d)	
1.000,00 (e)	
	3.000,00 (saldo)

RCM = EF + Saldo da Conta Mista = 1.000,00 + 2.000,00 = **3.000,00**

Nas compras com ICMS, o valor do imposto, se recuperável for, não deverá ser lançado na conta Mercadorias, mas, sim, como ICMS a Recuperar. **Qualquer que seja o método adotado, na conta Mercadorias deverá ser lançado o valor do custo de aquisição, sem computar aquilo que for recuperável.**

7.8.6. Inventário Periódico X Inventário Permanente

O quadro seguinte apresenta as contas básicas a serem utilizadas para registros contábeis, conforme o regime de inventário a ser utilizado.

Inventário Periódico	*Inventário Permanente*
Compras	Mercadorias (Estoque)
Mercadorias (EI e EF)	CMV
Vendas	Vendas

7.9. Exercícios Resolvidos para a Fixação de Conteúdo

Questão 05 – (Auditor do Tesouro Municipal – Prefeitura do Recife – EsAF – 2003)
Referindo-se aos métodos de avaliação de estoques, considere as seguintes informações:
- O preço de mercado tende a diminuir, ou seja, o preço dos produtos repostos tem sido sempre menor que o dos produtos adquiridos anteriormente;
- O estoque inicial apresentava um valor de R$ 300,00, correspondente a 100 unidades do seu único produto para venda;
- No mês foram adquiridas mais 200 unidades ao preço de R$ 2,00 cada; e
- Foram vendidas 250 unidades.

Indique o saldo final do estoque, se avaliarmos corretamente este item do Ativo e o valor do Custo das Mercadorias Vendidas.

Valores em R$

Estoques	Custo das Mercadorias Vendidas
a) 100,00	600,00
b) 110,00	590,00
c) 120,00	580,00
d) 130,00	570,00
e) 150,00	550,00

Resolução e Comentários

Se o preço de mercado tende a diminuir, o correto é lançar mão do PEPS.

Logo:

EI = R$ 3,00 x 100 unidades
Compras: R$ 2,00 x 200 unidades

Saldo em estoque:
R$ 3,00 x 100 unidades
R$ 2,00 x 200 unidades

Foram vendidas 250 unidades. Aplicando o PEPS, tem-se:
R$ 3,00 x 100 unidades
R$ 2,00 x 150 unidades

Portanto, o CMV vale R$ 600,00.
Estoque Final = R$ 2,00 x 50 unidades = R$ 100,00
Gabarito – A

Questão 06 – (Analista de Normas Contábeis e Auditoria – CVM – FCC – 2003)

A Cia. Comercial do Norte utiliza o sistema de inventário permanente para o controle de estoque de suas mercadorias adquiridas para revenda. A ficha de estoque de uma mercadoria, representada a seguir, sofreu 4 movimentações no período de 01 a 05 de certo mês. Q, U e T representam, respectivamente, Quantidade, Custo Unitário e Custo Total em Reais.

Dia	Entradas			Saídas			Saldo		
	Q	U	T	Q	U	T	Q	U	T
01							10	100,00	1.000,00
02	15	120,00	1.800,00				?	112,00	?
03				?	?	1.456,00	?	?	?
04				(2)	?	?	?	?	?
05	(3)	?	?				?	?	?

Sabendo-se que as devoluções são relativas ao movimento do mesmo mês, o valor a ser encontrado na célula SALDO/T/05, isto é, o valor do estoque no dia 05, em R$, é

a) 1.568,00.
b) 1.456,00.
c) 1.344,00.
d) 1.208,00.
e) 1.200,00.

Resolução e Comentários

Convém ressaltar que os valores informados entre parênteses indicam devoluções de compras (Coluna de Entradas) ou de vendas (Coluna de Saídas).

No dia 02, foi obtido saldo único após as compras registradas. Tem-se, portanto, uso da Média Ponderada Móvel.

Dia	Entradas			Saídas			Saldo		
	Q	U	T	Q	U	T	Q	U	T
01							10	100,00	1.000,00
02	15	120,00	1.800,00				25	112,00	2.800,00
03				13	112,00	1.456,00	12	112,00	1.344,00
04				(2)	112,00	(224,00)	14	112,00	1.568,00
05	(3)	120,00	(360,00)				11	109,82	1.208,00

Gabarito – D

Questão 07 – (Agente Fiscal de Rendas – ICMS – SP – FCC – 2006)
Uma empresa, inserida em um contexto de economia inflacionária em que os preços são sempre crescentes ao longo dos períodos, tem o movimento de seus estoques conforme os dados abaixo:

Datas	Operação	Quantidade	Saldo	Valor Unitário de Compra
01/xx/06	Entrada	2.000	2.000	R$ 10,00
05/xx/06	Entrada	2.500	4.500	R$ 12,00
07/xx/06	Saída	(3.000)	1.500	
10/xx/06	Entrada	500	2.000	R$ 13,00
12/xx/06	Entrada	1.200	3.200	R$ 15,00
20/xx/06	Saída	(1.800)	1.400	
23/xx/06	Entrada	1.000	2.400	R$ 20,00
25/xx/06	Saída	(1.200)	1.200	
26/xx/06	Entrada	700	1.900	R$ 25,00
30/xx/06	Saída	(1.300)	600	

Com base nessas informações, em qual dos critérios de avaliação dos estoques o resultado bruto operacional será maior?
a) Média ponderada móvel.
b) Último que entra primeiro que sai.
c) Primeiro que entra primeiro que sai.
d) Média ponderada fixa.
e) Método do preço específico.

Resolução e Comentários

Havendo inflação (caso da presente questão), o PEPS resulta em menor CMV, maior Lucro Operacional Bruto e maior Estoque Final que os outros métodos indicados nesta questão.

Com deflação, o PEPS apresenta maior CMV, menor Lucro Operacional Bruto e menor Estoque Final.

Havendo inflação ou deflação, a média ponderada móvel situa-se entre o PEPS e o UEPS.

Gabarito – C

Questão 08 – (Fiscal de Tributos Estaduais – Alagoas – CESPE/UnB – 2002)
Considerando a contabilidade geral, julgue os itens a seguir.
01) Em uma empresa que adote o sistema de inventário periódico, o custo das mercadorias vendidas (CMV) pode ser encontrado pelo critério de cálculo:
CMV = Estoque Inicial + Compras – Devoluções – Estoque Final.

Resolução e Comentários

Certo! Pode ser apresentado desta maneira, pois poderá haver devoluções de compras realizadas. Deve-se levar em consideração o valor das compras líquidas para o cálculo do CMV.

Gabarito – Certo

Questão 09 – (Técnico da Receita Federal – SRF – EsAF – 2006)

No período selecionado para esse estudo, foi constatada a seguinte movimentação de mercadorias isentas de qualquer tributação:
1) estoques anteriores de 1.500 unidades, avaliados em R$ 30,00 por unidade;
2) entradas de 2.300 unidades, adquiridas a prazo a R$ 40,00 cada uma;
3) saídas de 2.100 unidades, vendidas à vista a R$ 50,00 cada uma.

Sabendo-se que sob o critério PEPS os estoques serão avaliados ao custo das últimas entradas e que no referido período houve a devolução de 200 unidades vendidas, podemos dizer que o CMV foi de
a) R$ 76.000,00.
b) R$ 69.000,00.
c) R$ 68.400,00.
d) R$ 61.000,00.
e) R$ 57.000,00.

Resolução e Comentários
PEPS

Data	Mercadorias								
	Entradas			Saídas			Saldo		
	Quantidade	Custo Unitário (R$)	Custo Total (R$)	Quantidade	Custo Unitário (R$)	Custo Total (R$)	Quantidade	Custo Unitário (R$)	Custo Total (R$)
Saldo Inicial							1500	30,00	45.000,00
Aquisição	2.300	40,00	92.000,00				1500	30,00	45.000,00
							2.300	40,00	92.000,00
Vendas				1.500	30,00	45.000,00	1.700	40,00	68.000,00
				600	40,00	24.000,00			
Devolução de Vendas				(200)	40,00	(8.000,00)	1.900	40,00	76.000,00
Totais	Compras Líquidas		92.000,00	CMV		61.000,00	Estoque Final		76.000,00

Gabarito – D

Questão 10 – (Analista Judiciário – Área Administrativa – Contabilidade – TRT / 10ª Região – CESPE/UnB – Adaptada)

Com base na legislação societária em vigor, julgue o item subsequente, relativo às sociedades comerciais em geral.

O custo das mercadorias vendidas pode ser calculado pelos sistemas do inventário periódico e do inventário permanente. No primeiro caso, as existências físicas devem ser ajustadas ao saldo contábil; no segundo, ajusta-se o saldo contábil às existências físicas.

Resolução e Comentários

É exatamente o contrário!

O custo das mercadorias vendidas pode ser calculado pelos sistemas do inventário periódico e do inventário permanente. No primeiro caso, ajusta-se o saldo contábil às existências físicas; no segundo, as existências físicas devem ser ajustadas ao saldo contábil.

Gabarito – Errado

7.10. PROCEDIMENTOS QUE AFETAM COMPRAS E VENDAS – CONCEITOS GERAIS

A seguir, apresentaremos conceitos referentes a procedimentos que afetam as operações de compra e venda em geral. Em seguida, faremos o estudo de cada um destes procedimentos em particular.

As compras e as vendas são, regra geral, afetadas pelos seguintes procedimentos: devolução ou cancelamento de compras ou vendas; descontos incondicionais ou comerciais concedidos ou obtidos; tributos incidentes em cada operação; e abatimentos em geral.

Faturamento Bruto

Designa o montante das vendas realizadas acrescido do valor do Imposto sobre Produtos Industrializados (IPI) incidente sobre elas.

Descontos Incondicionais (ou Comerciais) Obtidos ou Concedidos

São parcelas redutoras dos preços de compra e venda, constantes da nota fiscal ou da fatura, e não são dependentes de evento posterior à emissão desses documentos. Tais descontos são concedidos no ato da operação, quando fica estabelecido o seu valor.

Principais motivos que dão origem a tais descontos: quantidade comprada ou vendida, cliente especial, catálogo com preços aumentados etc.

Abatimentos sobre Compras ou Vendas

São concedidos ou obtidos **após a operação de compra ou de venda**, em função de avaria, que esteja em desacordo com o pedido ou com a nota fiscal. *Tais abatimentos são concedidos para evitar a devolução das mercadorias transacionadas.*

Principais motivos que dão origem a tais abatimentos: diferença no tipo, na qualidade, no preço ou qualquer outro motivo que o justifique.

Vendas Anuladas no Próprio Período de Apuração

Correspondem à anulação de valores registrados como Receita Bruta de Vendas no próprio período de apuração. *Existe uma conta própria, retificadora da conta Receita Bruta de Vendas, para este fim.*

Vendas Anuladas referentes a Períodos de Apuração Anteriores

Deverão ser registradas como **Despesas de Vendas (Despesas Operacionais)**, não afetando, portanto, o Resultado com Mercadorias (RCM).

Compras Anuladas

Correspondem à devolução parcial ou total de valores anteriormente registrados como compras. Podem ser contabilizadas, também, como Devolução de Compras ou Compras Canceladas.

Impostos Incidentes sobre as Vendas

Guardam proporcionalidade com o preço de venda ou dos serviços, mesmo quando o respectivo montante integre esse preço.

Estão, também, incluídos na conceituação de Impostos Incidentes sobre as Vendas:

- taxas que guardam proporcionalidade com o preço de venda;
- as parcelas de contribuição para a Cofins e para o PIS/PASEP, calculadas sobre a Receita Bruta de Vendas; e
- a quota de contribuição, ou retenção cambial, devida na exportação.

7.10.1. Fatores que Alteram as Compras

Para a obtenção do valor das compras líquidas, iniciamos o cálculo com as compras brutas, conforme o que é a seguir exposto:

	Compras Brutas (CB)
+	Fretes, seguros, armazenamento etc.
+	Tributos não recuperáveis
+	Gastos com desembaraço aduaneiro (no caso de importação de insumos)
−	Tributos recuperáveis
−	Descontos incondicionais ou comerciais obtidos
−	Devoluções e abatimentos
=	**Compras Líquidas (CL)**

- *Regime de Inventário Permanente*

O custo está SEMPRE **atualizado na conta Mercadorias**, registrado pelo valor da *compra líquida*, ou seja, excluindo-se da compra tudo o que puder ser recuperável.

- *Regime de Inventário Periódico*

O CMV necessita de diversas contas analíticas que apresentem todos os fatores que afetam as compras, tais como as que são a seguir citadas: Compras Brutas (natureza devedora); Fretes e Seguros sobre Compras (natureza devedora); Cancelamentos e Devoluções de Compras (natureza credora); Descontos Incondicionais Obtidos (natureza credora); Impostos a Compensar ou Impostos a Recuperar (natureza devedora) etc.

7.10.2. Fatores que Alteram as Vendas

Regra geral, as **Vendas** representam o total faturado por uma entidade a seus clientes, seja à vista ou a prazo.

A conta Vendas representa o total de vendas do período, total este obtido a partir da soma de todas as vendas registradas ao longo do período em questão. Porém, o valor total das vendas pode conter o que chamamos de **Deduções sobre as Vendas**.

São consideradas ***Deduções sobre as Vendas***:
- Cancelamento/Devoluções de Vendas
- Descontos Incondicionais (ou Comerciais) Concedidos sobre Vendas
- Tributos sobre Vendas
- Abatimentos sobre Vendas

Portanto, quando nos referirmos à equação "RCM = V – CMV", estaremos tratando das vendas já descontadas as referidas deduções, ou seja, estaremos tratando das *Vendas Líquidas* ou da *Receita Líquida de Vendas*.

Vendas (totais) = **Receita Bruta de Vendas** = **Receita Operacional Bruta** = **Vendas de Mercadorias**

As receitas são geradas quando a entidade **transfere a propriedade dos produtos ou das mercadorias** a terceiros. Quando há a referida transferência, tem-se o registro na conta denominada **Receita Bruta de Vendas** ou **Vendas de Mercadorias** ou **Vendas**.

	Receita Bruta de Vendas
(-)	Cancelamentos ou Devoluções de Vendas
(-)	Descontos incondicionais (ou comerciais) concedidos sobre as vendas
(-)	Tributos incidentes sobre as vendas
(-)	Abatimentos sobre as vendas
(=)	**Receita Líquida de Vendas**

7.10.3. A Demonstração do Resultado do Exercício (DRE) – Apresentação Inicial

Eis a apresentação de parte da *Demonstração do Resultado do Exercício (DRE)*, que trata das principais operações realizadas pela entidade, de acordo com o que disciplina a Lei das Sociedades por Ações:

      Receita Bruta de Vendas (RB)
(-)   Deduções sobre as vendas:
(-)   Cancelamentos de Vendas / Devoluções de Vendas
(-)   Descontos incondicionais (ou comerciais) concedidos sobre as vendas
(-)   Tributos incidentes sobre as vendas
(-)   Abatimentos sobre as vendas
(=)   **Receita Líquida de Vendas (RLV)**
(-)   Custo das Mercadorias Vendidas (CMV)
(=)   **Lucro Operacional Bruto (LOB)** ou **Lucro Bruto (LB)** ou **Resultado com Mercadorias (RCM)**
(-)   Despesas Operacionais
(+)   Receitas Operacionais
(=)   **Lucro Operacional Líquido (LOL)**
      Continua...

Portanto, conforme anteriormente apresentado:

$$RCM = RLV - CMV$$

Passaremos, agora, à apresentação de cada um dos procedimentos que alteram as compras e as vendas.

7.10.4. Descontos Comerciais (ou Incondicionais)

Quando o comprador negocia com o vendedor um desconto no ato da compra, este, uma vez proporcionado, recebe o nome de *desconto incondicional* (*concedido*, na visão do vendedor, que é quem o concede; *obtido*, na visão do comprador, que é quem o obtém).

São descontos registrados no momento da venda (na Nota Fiscal). *Não estão condicionados a nenhum evento futuro.*

São redutores da Receita Bruta de Vendas. São contratados no ato da operação.

Geralmente não são computados em contas específicas, pois as compras e as vendas costumam ser registradas pelos seus valores líquidos. Caso sejam computados, são utilizadas as seguintes contas para esta finalidade:

- **Descontos Incondicionais Obtidos = Descontos Comerciais Obtidos** (visão do comprador)
- **Descontos Incondicionais Concedidos = Descontos Comerciais Concedidos** (visão do vendedor)

Exemplo

Registro de uma compra a prazo de 500 unidades de pastas para revenda a R$ 10,00 cada uma, com desconto de 15%, concedido em função da quantidade adquirida e, também, devido à regularidade de aquisições pelo comprador, um cliente dos mais antigos do vendedor. A empresa compradora utiliza regime de inventário periódico.

Nota Fiscal

500 unidades x R$ 10,00 = R$ 5.000,00

(-) desconto de 15% = R$ 750,00 (este desconto consta da Nota Fiscal – NF)

(=) Valor total da NF = R$ 4.250,00

Lançamentos (no comprador):

Compras
a Diversos
a Fornecedores   4.250,00
a Descontos Comerciais Obtidos   750,00   5.000,00

O saldo da conta Descontos Incondicionais Obtidos deverá ser encerrado a débito tendo, como contrapartida, registro a crédito na conta Compras, obtendo, assim, o valor líquido das compras efetuadas.

Descontos Comerciais Obtidos
a Compras   750,00

Fornecedores	
	4.250,00 (1)

Descontos Comerciais Obtidos	
(2) 750,00	750,00 (1)

Compras	
(1) 5.000,00	750,00 (2)
4.250,00	

Lançamentos (no vendedor):
Diversos
a Receita Operacional Bruta (ROB)   5.000,00
Duplicatas a Receber   4.250,00
Descontos Incondicionais Concedidos   750,00

Receita Operacional Bruta	
	5.000,00 (1)

Duplicatas a Receber	
(1) 4.250,00	

Descontos Incondicionais Concedidos	
(1) 750,00	

Transferência da Receita Operacional Bruta (VB) para a Receita Operacional Líquida (VL):

Receita Operacional Bruta
a Receita Operacional Líquida   5.000,00

Receita Operacional Bruta	
(2) 5.000,00	5.000,00 (1)

Receita Operacional Líquida	
	5.000,00 (2)

Transferência de Descontos Incondicionais Concedidos para a Receita Operacional Líquida:

Receita Operacional Líquida
a Descontos Incondicionais Concedidos   750,00

Descontos Incondicionais Concedidos	
(1) 750,00	750,00 (3)

Receita Operacional Líquida	
(3) 750,00	5.000,00 (2)
4.250,00	

Deve ser ressaltado que em cada regime de inventário ocorre o que se segue:

- **Inventário Periódico** – Nas compras serão utilizadas a conta de resultado Compras e outras contas, tais como Descontos Incondicionais Obtidos, Fretes e Seguros sobre Compras, Devoluções de Compras etc.
- **Inventário Permanente** – Utiliza-se a conta Mercadorias, que será lançada pelo valor líquido da operação, já considerando fretes sobre compras, descontos obtidos e devoluções de compras. O valor líquido obtido, já considerando os procedimentos anteriores (transporte e seguro, desconto, abatimento etc.), será levado para a Ficha de Controle de Estoques correspondente ao insumo em comento.

7.10.5. Os Descontos Financeiros (ou Condicionais)

Considere um pagamento a ser efetuado por boleto bancário. O prazo de pagamento é de 30 dias, a contar desta data. Você já deve ter visto um boleto bancário contendo os seguintes termos:

- Conceder 20% de desconto, caso o pagamento seja efetuado até daqui a 10 dias;
- Conceder 10% de desconto, caso o pagamento seja efetuado até daqui a 20 dias;
- Não conceder desconto, caso o pagamento seja efetuado na data previamente acordada para o pagamento, constante do boleto bancário.

O boleto anteriormente citado apresenta o *desconto financeiro* ou *condicional*.

Trata-se de um desconto condicionado à antecipação do pagamento, ou seja, condicionado à liquidação antecipada da obrigação. Pode ser *obtido* (visão do comprador) ou *concedido* (visão do vendedor).

Não consta da Nota Fiscal. Regra geral, estão indicados na fatura comercial.

Ocorrem após a concretização da operação mercantil. Por isso, não são levados em consideração na apuração do Custo das Mercadorias Vendidas. Em consequência, não alteram o Lucro Bruto ou Resultado com Mercadorias. Alteram apenas o Resultado Líquido do Exercício, conforme veremos quando estudarmos a estrutura da Demonstração do Resultado do Exercício.

São contabilizados como **Receita Financeira** (receita operacional) na empresa adquirente e como **Despesa Financeira** (despesa operacional) na empresa vendedora.

Descontos Financeiros Obtidos = Descontos Financeiros Ativos = Receitas de Descontos = Descontos Condicionais Obtidos

Descontos Financeiros Concedidos = Descontos Financeiros Passivos = Despesas de Descontos = Descontos Condicionais Concedidos

Exemplo

A Empresa Omega Comercial Ltda. recebeu o pagamento de uma duplicata de R$ 10.000,00 em dinheiro, com 10% de desconto, em razão de pagamento antecipado.

Lançamentos (no vendedor):
Diversos
a Duplicatas a Receber
Caixa   9.000
Descontos Financeiros Concedidos   1.000   10.000

Duplicatas a Receber

Saldo Inicial 10.000,00 (1)

Caixa

| Saldo Inicial | |
| (1) 9.000,00 | |

Descontos Financeiros Concedidos

| (1) 1.000,00 | |

Encerramento da conta Descontos Financeiros Concedidos (Despesa Financeira):
Apuração do Resultado do Exercício (ARE)
a Descontos Financeiros Concedidos   1.000

Descontos Financeiros Concedidos	
(1) 1.000,00	1.000,00 (2)

Apuração do Resultado do Exercício (ARE)	
(2) 1.000,00	

Descontos Financeiros Concedidos: Conta de despesa operacional (despesa financeira)

Lançamentos (no comprador):

Fornecedores	10.000	
a Diversos		
a Bancos Conta Movimento		9.000
a Descontos Financeiros Obtidos		1.000

Bancos Conta Movimento	
Saldo Inicial	9.000,00 (1)

Fornecedores	
(1) 10.000,00	Saldo Inicial

Descontos Financeiros Obtidos

	1.000,00 (1)

Encerramento da conta Descontos Financeiros Obtidos (receita financeira):
Descontos Financeiros Obtidos
a Apuração do Resultado do Exercício (ARE) 1.000

Descontos Financeiros Obtidos

(2) 1.000,00	1.000,00 (1)

Apuração do Resultado do Exercício (ARE)

	1.000,00 (2)

Conforme foi anteriormente afirmado, os descontos condicionais ou financeiros ocorrem após a concretização da operação mercantil. Por isso, não são levados em consideração na apuração do Custo das Mercadorias Vendidas. Em consequência, não alteram o Lucro Bruto ou Resultado com Mercadorias. Alteram apenas o Resultado Líquido do Exercício.

São contabilizados como **Receita Operacional** na empresa adquirente e como **Despesa Operacional** na empresa vendedora.

7.10.6. Descontos Financeiros X Descontos Comerciais

Velter & Missagia muito bem resumiram as principais características dos descontos comerciais e dos descontos financeiros, apresentando o que se segue:

Descontos Incondicionais ou Comerciais	*Descontos Condicionais ou Financeiros*
Constam da nota fiscal	Não constam da nota fiscal
Independem de evento futuro	Dependem de evento futuro
Alteram o RCM	Não alteram o RCM
São contas retificadoras de compras e vendas	São receitas ou despesas

7.10.7. Os Abatimentos sobre Compras e Vendas

Considere o recebimento de mercadorias por um comprador. Ao verificar as mercadorias por ele recebidas, constata que estão, por exemplo, fora das especificações inicialmente apresentadas. Sua vontade é a de devolver todas as mercadorias ora adquiridas. O vendedor, porém, não desejando ter uma devolução da venda efetuada, entra em contato com o comprador e lhe oferece um *abatimento* sobre o valor acordado para pagamento. Observe que este procedimento está ocorrendo após a emissão da Nota Fiscal! Trata-se de mais um gasto para o vendedor e de mais uma receita para o comprador.

Os **abatimentos** são reduções de preço concedidas após a operação de compra e venda.

São decorrentes de fatores tais como mau atendimento, divergência de tipo, quantidade e/ou qualidade dos produtos ou mercadorias negociados entre o pedido e a entrega, divergência nas especificações técnicas, assim como quaisquer outros fatores que estejam em desacordo com o pedido efetuado ou com a Nota Fiscal.

Reduzem o valor da Receita Bruta de Vendas, sendo concedidos pelo vendedor, a fim de evitar devoluções de vendas. *Como são efetuados após a emissão da Nota Fiscal, o legislador não permite que tais abatimentos sejam considerados como deduções da base de cálculo dos tributos envolvidos na operação (ICMS, PIS/Pasep, Cofins).*

A empresa compradora registra a Conta **Abatimentos sobre Compras** (conta de resultado, de saldo credor, retificadora da Conta Compras); já a empresa vendedora registra a Conta **Abatimentos sobre Vendas** (conta de resultado, de saldo devedor, retificadora de Vendas).

Se for utilizado pela empresa compradora o Regime de Inventário Permanente, não será utilizada a conta Abatimentos sobre Compras, pois será lançado na Ficha de Controle de Estoques o valor líquido do bem adquirido, já deduzido do valor do abatimento.

Exemplo

Foi realizada uma venda de 100 pastas a R$ 10,00 cada uma, com pagamento em dinheiro. As pastas estavam em estoque, ao custo unitário de R$ 4,00. Ao receber a entrega, o cliente constatou que 10 pastas estavam com pequenos defeitos. Após acerto entre vendedor e comprador, o vendedor concedeu abatimento de R$ 20,00 no total da compra, a fim de que o comprador não devolvesse as pastas defeituosas.

100 unidades x R$ 10,00 = R$ 1.000,00
(-) Abatimento = R$ 20,00
(=) Total = R$ 980,00

Lançamentos (no vendedor):
Diversos
a Vendas
Abatimentos sobre Vendas   20,00
Caixa   980,00   1.000,00

CMV
a Estoques   400,00

Caixa	
Saldo Inicial	
(1) 980,00	

Abatimentos sobre Vendas	
(1) 20,00	

Vendas	
	1.000,00 (1)

Estoques	
Saldo Inicial	400,00 (2)

Custo das Mercadorias Vendidas

(2) 400,00	

O valor correspondente a esses abatimentos deverá ser encerrado tendo como contrapartida a conta Vendas Líquidas (ou Receita Líquida de Vendas), com o objetivo de determinar o seu valor líquido:

Vendas Líquidas
a Abatimentos sobre Vendas 20,00

Vendas Líquidas

(3) 20,00	

Abatimentos sobre Vendas

(1) 20,00	20,00 (3)

Abatimentos sobre Vendas: Conta de despesa, redutora da Receita Bruta de Vendas

<u>Lançamentos</u> (no comprador) – Regime de Inventário Periódico:

Compras	1.000,00	
a Caixa		980,00
a Abatimentos sobre Compras		20,00

Capítulo 7 — Operações com Mercadorias e Serviços

Compras

(1) 1.000,00	

Caixa

Saldo Inicial 980,00	(1)

Abatimentos sobre Compras

	20,00 (1)

O valor correspondente a esses abatimentos deverá ser encerrado a débito, tendo, como contrapartida, a conta Compras, com registro a crédito:

Abatimentos sobre Compras
a Compras   20,00

Abatimentos sobre Compras

(2) 20,00	20,00 (1)

Compras

(1) 1.000,00	20,00 (2)
980,00	

Abatimentos sobre Compras: Saldo credor, redutora de Compras

7.10.8. As Devoluções e os Cancelamentos de Vendas

Correspondem à anulação de valores registrados anteriormente como receita bruta no próprio período de apuração. As vendas canceladas de períodos de apuração anteriores deverão ser registradas como Despesas de Vendas (Despesas Operacionais).

O saldo da conta Devoluções de Vendas será utilizado para apurar o valor de Receita Operacional Líquida (Vendas Líquidas ou Receita Líquida de Vendas); logo, esta conta é considerada como redutora da Receita Bruta para fins de apuração da Receita Líquida de Vendas (RLV). Portanto, com a finalidade de apuração do resultado do exercício, devem ser excluídas do total de vendas efetuadas as devoluções de vendas.

Utiliza-se uma conta específica denominada Devoluções de Vendas (conta de despesa, saldo devedor, redutora da Receita Bruta de Vendas) para registrar as devoluções de vendas.

Exemplo

A Empresa Alfa Comercial Ltda. vendeu 100 pastas para a Empresa Beta Comercial Ltda. a R$ 10,00 cada pasta, conforme o pedido para pagamento em dinheiro. As pastas se encontravam em estoque, segundo o critério de avaliação da Empresa Alfa, a um custo de R$ 4,00 cada uma.

Nota Fiscal
100 unidades x R$ 10,00 = R$ 1.000,00
Total da NF = R$ 1.000,00

Se o enunciado do exemplo informou o custo de cada pasta, então o sistema (ou regime) de inventário adotado pela empresa é o permanente. Logo, o valor do custo a ser baixado do estoque é de:

Custo das Mercadorias Vendidas (CMV) = 100 unidades x R$ 4,00 = R$ 400,00

Lançamentos (na Empresa Alfa – vendedora):

Caixa
a Vendas   1.000,00
CMV
a Estoques   400,00

Caixa	
Saldo Inicial	
(1) 1.000,00	

Vendas
	1.000,00 (1)

Custo das Mercadorias Vendidas	
(2) 400,00	

Estoques	
Saldo Inicial	400,00 (2)

Três dias depois, a Empresa Beta devolveu 20 (vinte) pastas por se encontrarem com sérios defeitos, o que impossibilitaria as suas vendas.

<u>Lançamentos</u> (da Devolução):
Estoques
a CMV   80,00

Devoluções de Vendas
a Caixa   200,00

Caixa	
Saldo Inicial	200,00 (4)
(1) 1.000,00	

Vendas	
	1.000,00 (1)

Custo das Mercadorias Vendidas	
(2) 400,00	80,00 (3)

Estoques	
Saldo Inicial	400,00 (2)
(3) 80,00	

Devoluções de Vendas	
(4) 200,00	

Se houver Descontos Incondicionais Concedidos, deverá ser feito o seguinte registro quando da devolução:

Caixa / Bancos / Duplicatas a Receber
a Descontos Incondicionais Concedidos R$...

7.10.9. As Devoluções e os Cancelamentos de Vendas de Períodos Anteriores

Não afetam a apuração do resultado bruto do período atual.

Sabemos que as receitas e as despesas devem pertencer ao período em que efetivamente ocorrem seus respectivos fatos geradores, sendo apresentadas na Demonstração do Resultado do Exercício. *As devoluções de vendas de períodos anteriores não possuem relação com as vendas do período atual;* portanto, não podem ser consideradas redutoras da Receita Bruta de Vendas do período atual, mas devem ser consideradas **Despesas de Vendas (Despesas Operacionais),** correspondentes ao período em que se realizou a devolução.

Neves & Viceconti nos apresentam os registros a serem efetuados quando ocorrem devoluções de vendas nestas condições, incluindo o tratamento referente aos fretes sobre compras e vendas.

Lançamentos:

a) Devolução de vendas do período anterior:
Perdas com Devolução de Vendas do Período Anterior
a Duplicatas a Receber ou Caixa ou Bancos Conta Movimento

b) ICMS da devolução de vendas do período anterior:
ICMS a Recuperar ou C/C de ICMS
a Perdas com Devolução de Vendas do Período Anterior

c) PIS/PASEP não cumulativo a recuperar
PIS/PASEP a Recuperar
a Perdas com Devolução de Vendas do Período Anterior

d) COFINS não cumulativa a recuperar
COFINS a Recuperar
a Perdas com Devolução de Vendas do Período Anterior

e) Entrada de mercadorias no estoque (inventário permanente):
Mercadorias em Estoque
a Perdas com Devolução de Vendas do Período Anterior

f) Entrada de mercadorias no estoque (inventário periódico):
Caso seja adotado o inventário periódico, o lançamento "e" não deverá ser efetuado, pois, ao final do período atual, quando da contagem física do estoque final, tal apuração levará em conta a atual entrada da mercadoria correspondente à citada devolução.

Nas devoluções de vendas, o valor do frete a elas correspondente poderá ser assumido tanto pela empresa que vendeu, quanto pela que comprou (e está devolvendo as mercadorias).

Os fretes correspondentes às devoluções de vendas são tratados, *na empresa que assumiu tal encargo*, como **Despesas de Vendas (Despesas Operacionais)** do período em que ocorreram, independentemente da data em que as vendas ocorreram.

Lançamentos:

Despesas de Fretes (Despesas com Vendas)

a Caixa ou Bancos Conta Movimento ou Fretes a Pagar

Exemplo

Apresentaremos, agora, a Demonstração do Resultado do Exercício levando em consideração as perdas com devoluções de vendas de períodos anteriores.

Demonstração do Resultado do Exercício

```
    Receita Operacional Bruta ----------------------------------------- R$ 130.000,00
(-) Deduções da Receita Bruta
    Devoluções de Vendas ------------------------------ R$ 0,00
    Descontos Incondicionais Concedidos ---- R$ 10.000,00
    ICMS sobre Vendas ----------------------------- R$ 20.000,00      (R$ 30.000,00)
(=) Receita Operacional Líquida -------------------------------------- R$ 100.000,00
(-) Custo das Mercadorias Vendidas ----------------------------------(R$ 45.000,00)
(=) Lucro Operacional Bruto ------------------------------------------ R$ 55.000,00
(-) Despesas Operacionais:
    Despesas de Vendas
```
Perdas com Devolução de Vendas -------------------------------- ***(R$ 4.000,00)***

7.10.10. As Devoluções de Compras

Correspondem à anulação de valores anteriormente registrados como Compras.

Se a empresa devolveu parte das mercadorias compradas no período, a parcela correspondente a tais devoluções deve ser excluída do CMV, a fim de se obter o valor líquido de tal custo.

Exemplo

A Empresa Alfa Comercial Ltda. vendeu 100 pastas para a Empresa Beta Comercial Ltda., a R$ 10,00 cada pasta, conforme o pedido para pagamento em dinheiro. As pastas se encontravam em estoque, segundo o critério de avaliação da Empresa Alfa, a um custo de R$ 4,00 cada uma.

Nota Fiscal
100 unidades x R$ 10,00 = R$ 1.000,00
Total da NF = R$ 1.000,00

Se o enunciado informou o custo de cada pasta, então o sistema de inventário adotado pela empresa é o permanente. Logo, o valor do custo a ser baixado do estoque é de:
100 unidades x R$ 4,00 = R$ 400,00

A Empresa Beta utiliza Sistema de Inventário Periódico.

Lançamentos (na Empresa Beta – compradora):
Compras
a Caixa   1.000,00

Compras

(1) 1.000,00	

Caixa

Saldo Inicial	1.000,00 (1)

Três dias depois, a Empresa Beta devolveu 20 (vinte) pastas por se encontrarem com sérios defeitos, o que impossibilitaria as vendas das mesmas.

Lançamentos (da Devolução):
Caixa
a Devoluções de Compras 200,00

Caixa

Saldo Inicial	1.000,00 (1)
(2) 200,00	

Devoluções de Compras

	200,00 (2)

Se houver Descontos Incondicionais Obtidos, deverá ser realizado o seguinte registro quando da devolução:

Descontos Incondicionais Obtidos
a Caixa ou Bancos ou Fornecedores   R$ ...

Se a Empresa Beta utilizasse Sistema de Inventário Permanente, então seriam efetuados os seguintes lançamentos:

Lançamentos (na Empresa Beta – compradora):
Estoques ou Mercadorias em Estoque
a Caixa   1.000

Estoques

(1) 1.000,00	

Caixa

Saldo Inicial	1.000,00 (1)

Lançamentos (da Devolução):
Caixa
a Estoques ou Mercadorias em Estoque   200

Estoques

(1) 1.000,00	200,00 (2)

Caixa

Saldo Inicial	1.000,00 (1)
(2) 200,00	

Neste último caso, a devolução é diretamente registrada na Conta Estoques.

Se houver Descontos Incondicionais Obtidos, deverá ser realizado o seguinte registro:
Descontos Incondicionais Obtidos
a Caixa ou Bancos ou Fornecedores   R$ ...

Nos fretes correspondentes à devolução de compras, se a empresa compradora assumir o encargo, deverá efetuar o seguinte lançamento:
Despesas de Fretes (Despesas Gerais)
a Caixa ou Bancos Conta Movimento ou Fretes a Pagar

No caso do frete correspondente à compra original, assumiremos que a empresa que está devolvendo a sua compra arcou com o ônus do valor do frete na aquisição original da mercadoria (situação mais comum).

O valor desse frete está embutido no total de suas compras. Segundo Neves & Viceconti, ao devolver a compra, ela deve dar baixa não apenas no valor da mercadoria no estoque, mas, também, reconhecer como **Despesa Operacional** o valor do frete pago na aquisição original, já que este valor não lhe será ressarcido (restituído) pelo seu fornecedor, tampouco pela transportadora que efetuou o serviço.

No caso de inventário periódico, o procedimento será idêntico, creditando-se, porém, a conta Fretes sobre Compras ou, diretamente, a conta Compras.

Despesas de Fretes (Despesas Gerais)
a Fretes sobre Compras ou Compras

No caso de **baixa do frete incorporado ao estoque** (quando da aquisição de mercadorias), quando da devolução de compras, *se tal frete for ressarcido pelo fornecedor*, deverá ser efetuado o seguinte lançamento:

Caixa ou Bancos ou Contas a Receber
a Mercadorias em Estoque

Neste último caso, não houve perdas para o comprador.

Exemplo

Aplicação da Ficha de Controle de Estoques com o critério da **Média Ponderada Móvel**, envolvendo devoluções de compras e de vendas.

Média Ponderada Móvel – MPM

	Mercadorias – Produto "ATG"								
	Entradas			Saídas			Saldo		
Data	Quantidade	Custo Unitário (R$)	Custo Total (R$)	Quantidade	Custo Unitário (R$)	Custo Total (R$)	Quantidade	Custo Unitário (R$)	Custo Total (R$)
Estoque Inicial							100	1,30	130,00
05/01	120	1,10	132,00				220	1,19	262,00
12/01	(20)	1,10	(22,00)				200	1,20	240,00
14/01	-	-	(20,00)				200	1,10	220,00
17/01				120	1,10	132,00	80	1,10	88,00
26/01				(30)	1,10	(33,00)	110	1,10	121,00
Totais									
Totais	Compras Líquidas		90,00	CMV		99,00	Estoque Final		121,00

No dia 12/01, houve devolução de parte da compra efetuada em 05/01, ou seja, 20 unidades foram devolvidas ao fornecedor. No dia 14/01, o fornecedor concedeu um abatimento à empresa no valor de R$ 20,00, referente à compra realizada no dia 05/01. Quanto às vendas, na coluna de saídas observa-se a devolução de 30 das 120 unidades vendidas. A venda ocorreu em 17/01 e a devolução parcial dela ocorreu em 26/01.

7.11. Considerações sobre Juros e Despesas Financeiras

Os juros e as demais despesas financeiras, pagos ou a pagar, relativos às compras de estoque a prazo, não devem integrar o custo dos estoques por não caracterizarem valores necessários a sua aquisição. Caso a aquisição fosse à vista, não haveria esse valor a ser pago; portanto, os juros não são relativos aos estoques propriamente ditos, mas à forma de financiamento de sua aquisição, ou seja, os juros são referentes ao custo do dinheiro!

7.12. Considerações sobre Variações Monetárias Passivas

As variações monetárias, entretanto, têm outro tratamento:
(1) caso sejam incorridas **até a data da entrada do estoque no estabelecimento do adquirente**, deverão ser agregadas ao custo; e
(2) caso sejam incorridas **em data posterior a essa entrada**, passam a ter a natureza de Despesa Financeira.

As variações monetárias incorridas enquanto os estoques estão sendo enviados à empresa (mas ainda não entraram no estabelecimento), se não forem pagos pelo adquirente, impedem a aquisição do estoque e, assim, são valores necessariamente suportados para que se tenha o estoque. Ao contrário, depois de recebidos os estoques, quaisquer valores a mais, suportados pela empresa adquirente, não são mais decorrentes da necessidade de adquirir esse estoque, mas da forma de pagamento (a prazo) escolhida pela adquirente.

As variações cambiais passivas também possuem tal tratamento.

7.13. Exercícios Resolvidos para a Fixação de Conteúdo

<u>Questão 11</u> – (Fiscal de Tributos Municipais – Prefeitura de Maceió – AL – CESPE/UnB)
Em relação a fatos contábeis, contas e lançamentos contábeis, julgue os itens a seguir.
01) A venda de mercadoria com lucro é um fato contábil permutativo.
02) Pela venda de mercadorias, a conta de custo das mercadorias vendidas é debitada em contrapartida de um crédito em estoque de mercadorias, que constitui conta ativa, quando a empresa estiver utilizando o sistema de inventário permanente.

03) O sistema de contas corresponde a uma estrutura organizada das contas que podem ser utilizadas para registro das operações de uma entidade, que é elaborado respeitando-se as particularidades dela e atendendo-se às suas necessidades gerenciais, societárias e fiscais.

04) As contas de ativo, com exceção das retificadoras, devem apresentar sempre saldo credor.

05) A compra de uma mercadoria com parte do pagamento à vista e parte a prazo deve levar a um débito na conta de disponibilidades, a um crédito em estoques ou compras e a um débito na conta de fornecedores.

Resolução e Comentários
Analisando as afirmações:
01) A venda de mercadoria com lucro é um fato contábil permutativo.
A venda de mercadorias com lucro é fato misto aumentativo.
Se a venda fosse com prejuízo, então seria fato misto diminutivo.
Se não houvesse lucro nem prejuízo, então tratar-se-ia de fato permutativo.
Gabarito – Errado

02) Pela venda de mercadorias, a conta de custo das mercadorias vendidas é debitada em contrapartida de um crédito em estoque de mercadorias, que constitui conta ativa, quando a empresa estiver utilizando o sistema de inventário permanente.
No regime de inventário permanente, o CMV é apurado em cada venda realizada.

D – Bancos Conta Movimento / Caixa / Clientes
C – Receita de Vendas

D – CMV
C – Mercadorias
Gabarito – Certo

03) O sistema de contas corresponde a uma estrutura organizada das contas que podem ser utilizadas para registro das operações de uma entidade, que é elaborado respeitando-se as particularidades dela e atendendo-se às suas necessidades gerenciais, societárias e fiscais.
Trata-se da definição de um sistema de contas.
Gabarito – Certo

04) As contas de ativo, com exceção das retificadoras, devem apresentar sempre saldo credor.

As contas do Ativo são de natureza devedora! Já as contas retificadoras do Ativo são de natureza credora.

Quanto à natureza do saldo, algumas contas de ativo são classificadas como instáveis, podendo apresentar saldo ora devedor, ora credor. É o caso da conta Mercadorias, quando utilizada com função mista.

Gabarito – Errado

05) A compra de uma mercadoria com parte do pagamento à vista e parte a prazo deve levar a um débito na conta de disponibilidades, a um crédito em estoques ou compras e a um débito na conta de fornecedores.

Registro a realizar:

D – Estoques (regime de inventário permanente) / Compras (regime de inventário periódico)
C – Bancos Conta Movimento / Caixa (parte do pagamento à vista)
C – Fornecedores (parte do pagamento a prazo)

Gabarito – Errado

Questão 12 – (Analista Judiciário – Área Administrativa – Contabilidade – STF – CESPE/ UnB – 2008)

Acerca da composição do custo das mercadorias vendidas e de seus reflexos no resultado com mercadorias, julgue os itens que se seguem.

O montante pago a título de seguros e transportes sobre compras de mercadorias será incorporado ao valor do estoque de mercadorias disponíveis para revenda.

Resolução e Comentários

Como não há a possibilidade de recuperação do valor correspondente aos transportes e seguros sobre compras, então tais valores devem ser incorporados aos valores dos estoques de mercadorias disponíveis para revenda.

Gabarito – Certo

Questão 13 – (Contador – MPE – RR – CESPE/UnB – 2008)
Julgue os itens a seguir, acerca do registro de componentes do estoque de mercadorias de empresas comerciais.

Em uma economia inflacionária, há a tendência de aumento dos preços de aquisição de estoques. Caso a empresa tenha comercializado R$ 60.000 de mercadorias ao custo de R$ 30.000 e ocorra um aumento de 10% no preço de aquisição do estoque, o novo preço de venda, para que seja mantido o mesmo valor do resultado com mercadorias, deverá sofrer acréscimo também de 10%.

Resolução e Comentários

Situação inicial:
Receita Bruta de Vendas (RBV) = R$ 60.000
(-) Deduções sobre a RBV
(=) Receita Líquida de Vendas = R$ 60.000
(-) CMV = (R$ 30.000)
(=) Lucro Operacional Bruto = R$ 30.000

Situação proposta:
Receita Bruta de Vendas (RBV) = R$ 60.000 x 1,10 = R$ 66.000
(-) Deduções sobre a RBV
(=) Receita Líquida de Vendas = R$ 66.000
(-) CMV = (R$ 30.000 x 1,10 = R$ 33.000)
(=) Lucro Operacional Bruto = R$ 33.000

O Lucro Operacional Bruto não se mantém constante (variou de R$ 30.000 para R$ 33.000).

Gabarito – Errado

Questão 14 – (Técnico de Finanças e Controle – SFC – EsAF – 2000)
A Comercial S.A. T. Elite apresentava os saldos abaixo em primeiro de maio:

Caixa	1.500,00
Mercadorias	1.300,00
Clientes	1.000,00
Capital Social	4.200,00
Fornecedores	1.800,00
Móveis e utensílios	2.200,00

Durante o mês a empresa realizou as seguintes operações:
- Comprou a prazo 400 unidades de mercadorias a R$ 5,00 cada uma;
- vendeu a prazo 300 unidades dessa mercadoria a R$ 6,00 cada uma;
- pagou dívidas de R$ 1.000,00 com juros de 10%; e
- recebeu direitos de R$ 800,00 com desconto de 10%

Considerando que o estoque inicial continha 260 unidades, e que as mercadorias são isentas de tributação, essa empresa, sem realizar nenhum outro negócio, apresentará em 31 de maio:
a) lucro bruto de R$ 1.800,00.
b) lucro líquido R$ 300,00.
c) estoque final de R$ 1.500,00.
d) patrimônio bruto de R$ 6.000,00.
e) patrimônio líquido de R$ 4.320,00.

Resolução e Comentários

EI = 260 unidades x R$ 5,00 / unidade = R$ 1.300,00

- Comprou a prazo 400 unidades de mercadorias a R$ 5,00 cada uma;

Se ocorreu a compra de 400 unidades a R$ 5,00/unidade, então o estoque passou a ser de:

Estoque: (260 unidades + 400 unidades) x R$ 5,00 / unidade = 660 unidades x R$ 5,00 / unidade

Registros decorrentes da compra:

D – Mercadorias
C – Fornecedores – R$ 2.000,00

- vendeu a prazo 300 unidades dessa mercadoria a R$ 6,00 cada uma;

Se vendeu 300 unidades a R$ 6,00 cada uma, então:

O estoque passou a ser de (660 – 300) = 360 unidades x R$ 5,00 / unidade = R$ 1.800,00

Registros decorrentes da venda:

D – Clientes
C – Receita Bruta de Vendas – 300 unidades x R$ 6,00 / unidade = R$ 1.800,00

D – Custo das Mercadorias Vendidas
C – Mercadorias – 300 unidades x R$ 5,00 / unidade = R$ 1.500,00

- pagou dívidas de R$ 1.000,00 com juros de 10%; e

D – Fornecedores – R$ 1.000,00
D – Despesas Financeiras – R$ 100,00
C – Caixa – R$ 1.100,00

- recebeu direitos de R$ 800,00 com desconto de 10%

D – Caixa – R$ 720,00
D – Descontos Concedidos – R$ 80,00
C – Clientes – R$ 800,00

Analisando as alternativas:
a) lucro bruto de R$ 1.800,00
Receita Bruta de Vendas – R$ 1.800,00
(-) Deduções – R$ 0,00
(=) Receita Líquida de Vendas – R$ 1.800,00
(-) Custo das Mercadorias Vendidas – (R$ 1.500,00)
(=) Lucro Bruto = R$ 300,00
(-) Despesas Financeiras – (R$ 100,00)
(-) Descontos Concedidos – (R$ 80,00)
(=) Lucro Líquido do Exercício = R$ 120,00

b) lucro líquido R$ 300,00
Lucro Líquido do Exercício = R$ 120,00

c) estoque final de R$ 1.500,00
O estoque passou a ser de (660 – 300) = 360 unidades x R$ 5,00 / unidade = R$ 1.800,00

d) patrimônio bruto de R$ 6.000,00
Valor final do Ativo:

Caixa	1.500,00 – 1.100,00 + 720,00 = 1.120,00
Mercadorias	1.300,00 + 2.000,00 – 1.500,00 = 1.800,00
Clientes	1.000,00 + 1.800,00 – 800,00 = 2.000,00
Móveis e utensílios	2.200,00

Ativo = 7.120,00

e) patrimônio líquido de R$ 4.320,00
Passivo Exigível:
Fornecedores   1.800,00 + 2.000,00 – 1.000,00 = 2.800,00
Passivo Exigível = 2.800,00
Patrimônio Líquido = Ativo – Passivo Exigível = 7.120,00 – 2.800,00 = 4.320,00
Gabarito – E

Questão 15 – (Analista de Finanças e Controle – STN – EsAF – 2008)
A livraria Ávidos Leitores Ltda. revende apostilas e livros didáticos isentos de ICMS e pratica o sistema de controle permanente na conta Estoque.

Em 02/09 o estoque do item Apostilas para o Concurso de Analista, Editadas pela LDA, era de 25 unidades ao custo unitário de R$ 8,00.

O movimento no mês de setembro foi o seguinte:

<u>Compras</u>: dia 10, 10 unidades ao preço unitário de R$ 12;
dia 15, 15 unidades ao custo unitário de R$ 14;

<u>Vendas</u>: dia 08, 15 unidades;
dia 14, 15 unidades;
dia 23, 10 unidades.

Sabe-se que o proprietário da livraria vende cada apostila com uma margem de lucro de 30% sobre o custo médio dos livros em estoque na época da venda.

Pede-se, com base nas informações fornecidas, fazer a ficha de controle de estoques e indicar o valor da receita bruta alcançada na venda do dia 23/09.

a) R$ 182,00.
b) R$ 169,00.
c) R$ 147,30.
d) R$ 137,80.
e) R$ 118,80.

Resolução e Comentários

Atente para a ordem cronológica dos fatos ocorridos!

As Bancas costumam colocar compras e vendas fora da ordem cronológica a fim de confundir o candidato!

PMP

Mercadorias									
	Entradas			Saídas			Saldo		
Data	Quanti-dade	Custo Unitário (R$)	Custo Total (R$)	Quanti-dade	Custo Unitário (R$)	Custo Total (R$)	Quanti-dade	Custo Unitário (R$)	Custo Total (R$)
Saldo Inicial							25	8,00	200,00
08				15	8,00	120,00	10	8,00	80,00
10	10	12,00	120,00				20	10,00	200,00
14				15	10,00	150,00	5	10,00	50,00
15	15	14,00	210,00				20	13,00	260,00
23				10	13,00	130,00	10	13,00	130,00
Totais	Compras Líquidas		330,00	CMV		400,00	Estoque Final		130,00

Dia	Operação	CMV	Margem de Lucro	Receita Obtida
08	Venda	120,00	30%	120,00 x 1,30 = 156,00
14	Venda	150,00	30%	150,00 x 1,30 = 195,00
23	Venda	130,00	30%	**130,00 x 1,30 = 169,00**
Receita Bruta de Vendas				520,00

Receita Bruta de Vendas = R$ 520,00
(-) CMV = (R$ 400,00)
(=) Lucro Operacional Bruto = R$ 120,00
Gabarito – B

Questão 16 – (Fiscal de Tributos Estaduais – Pará – EsaF)
As despesas de fretes:
a) e seguros pagas na aquisição de mercadorias para revenda devem ser classificadas como custo de aquisição de mercadorias.
b) e seguros pagas na aquisição de mercadorias para revenda devem ser classificadas como despesas comerciais.
c) não pagas, devem ser classificadas no ativo diferido.
d) pagas na entrega de mercadorias vendidas devem ser classificadas como custo de mercadorias vendidas.
e) pagas na venda de mercadorias não alteram o resultado operacional.

Resolução e Comentários
As despesas de fretes e seguros pagas na aquisição de mercadorias para revenda devem ser classificadas como custo de aquisição de mercadorias.
Gabarito – A

Instruções: Para responder às questões de números 17 e 18, considere os dados fornecidos a seguir.
Dos livros de uma empresa, foram retirados as contas e seus respectivos saldos:

Conta	Saldos (R$)
Estoque inicial de 2008	1.200.000,00
Estoque final de 2008	800.000,00
Custo das mercadorias vendidas de 2008	1.400.000,00
Custo das mercadorias vendidas de 2009	1.050.000,00
Compras de 2009	300.000,00

Questão 17 – (Agente Fiscal de Rendas – SP – FCC – 2009)
O valor das compras de 2008 é, em R$,
a) 1.200.000,00.
b) 1.000.000,00.
c) 500.000,00.
d) 300.000,00.
e) 200.000,00.

Resolução e Comentários

CMV = EI + C – EF → CMV 2008 = 1.200.000,00 + C – 800.000,00 = 1.400.000,00

→ *Compras = R$ 1.000.000,00*

Gabarito – B

Questão 18 – (Agente Fiscal de Rendas – SP – FCC – 2009)
O valor do estoque final em 2009 é, em R$,
a) 1.000.000,00.
b) 800.000,00.
c) 500.000,00.
d) 150.000,00.
e) 50.000,00.

Resolução e Comentários

EF 2008 = EI 2009 = R$ 800.000,00

CMV = EI + C – EF → CMV 2009 = 800.000,00 + 300.000,00 – EF = 1.050.000,00

→ *EF 2009 = R$ 50.000,00*

Gabarito – E

Questão 19 – (Técnico de Contabilidade – PETROBRAS – Fundação CESGRANRIO – 2010)
Atente para o seguinte lançamento (sem histórico):
Rio de Janeiro, 23 de novembro de 2009
Diversos
a Vendas Brutas 40.000,00
Duplicatas a Receber 35.000,00
Descontos Incondicionais 5.000,00
Considerando, exclusivamente, os elementos acima, afirma-se que o lançamento representa a(o)
a) venda de mercadorias à vista com desconto obtido.
b) venda de mercadorias parte à vista, parte a prazo.
c) venda de mercadorias a prazo com desconto concedido.
d) recebimento de vendas de mercadorias com desconto concedido.
e) recebimento de vendas a prazo com devolução parcial.

Resolução e Comentários

Trata-se de uma venda de mercadorias a prazo com desconto concedido.

Gabarito – C

7.14. A Incidência dos Tributos nas Operações com Mercadorias

A **carga tributária** representa a parcela retirada da economia para o pagamento de tributos aos entes federativos, isto é, à União, aos Estados e ao Distrito Federal, e aos Municípios. Quando houver referência à carga tributária, estaremos falando dos tributos pagos no dia a dia pelos *contribuintes* aos diversos entes federativos.

Costumamos ter nas operações de compra e venda de matérias-primas, produtos e mercadorias a incidência de alguns tributos. Consideramos ***tributos incidentes sobre as vendas*** os **impostos**, as **taxas** e as **contribuições** que afetem o preço da venda realizada ou do serviço efetuado, guardando proporcionalidade com tal preço.

Convém ressaltar que os tributos podem integrar suas próprias bases de cálculo, conforme adiante apresentaremos!

Os tributos costumeiramente incidentes sobre as operações de vendas e de prestação de serviços são:

- Imposto sobre Produtos Industrializados – IPI;
- Imposto sobre Operações relativas à Circulação de Mercadorias e sobre Prestações de Serviços de Transporte Interestadual, Intermunicipal e de Comunicação – ICMS;
- Imposto de Exportação – IE;
- Imposto sobre serviços de Qualquer Natureza – ISS ou ISSQN;
- Contribuição referente ao Programa de Integração Social – PIS;
- Contribuição referente ao Programa de Formação do Patrimônio do Servidor Público – PASEP; e
- Contribuição para o Financiamento da Seguridade Social – Cofins.

Os tributos incidentes sobre as vendas costumam guardar proporcionalidade com os preços de venda. Podemos, então, afirmar que quanto maior for o volume de vendas efetuado, maior será o montante de tributos incidentes sobre essas vendas; de outra forma, se nada for vendido, nenhum tributo será gerado!

A partir de agora, falaremos dos diversos tributos incluídos nas operações com mercadorias.

7.14.1. O Imposto sobre Produtos Industrializados (IPI)

O art. 153 da Constituição da República Federativa do Brasil de 1988 (CF/88) institui, dentre outros, o ***Imposto sobre Produtos Industrializados (IPI)***. Trata-se de um imposto incidente sobre a produção. É de competência exclusiva da União.

Trata-se de um imposto:

I – *seletivo*, em função da essencialidade do produto;

II – *não cumulativo*, compensando-se o que for devido em cada operação com o montante cobrado nas anteriores;

III – *não incidente* sobre produtos industrializados destinados ao exterior; e

IV – *terá reduzido seu impacto sobre a aquisição de bens de capital* pelo contribuinte do imposto, na forma da lei.

Princípio da Seletividade

O IPI é necessariamente seletivo, de tal forma que suas alíquotas devem ser fixadas de acordo com a essencialidade do produto, vindo a ser menores para os gêneros essenciais e maiores para os gêneros considerados supérfluos.

O Imposto sobre Produtos Industrializados (IPI) tem como *contribuintes* os importadores, os estabelecimentos industriais, os equiparados a industriais e os arrematantes de produtos apreendidos ou abandonados, levados a leilão, conforme as definições para tais estabelecimentos constantes do Decreto nº 7.212, de 15 de junho de 2010 (Regulamento do IPI – RIPI).

O IPI é um imposto **não submetido** ao Princípio da Anterioridade, conforme o § 1º do art. 150 da CF/88. Desta forma, suas alíquotas podem ser alteradas a qualquer momento, inclusive ao longo do exercício financeiro. Porém, a Emenda Constitucional nº 42, de 19 de dezembro de 2003, acrescentou a alínea "c" ao Inciso III do art. 150 da CF/88, determinando a vedação da cobrança de tributos antes de decorrido o prazo de 90 dias da data em que haja sido publicada a lei que os instituiu ou majorou (aumentou). Portanto, **o IPI não está submetido ao** *Princípio da Anterioridade,* **porém está enquadrado no** *Princípio da Anterioridade Nonagesimal ou Noventena.*

Princípio da Anterioridade

É vedado à União, aos Estados, ao Distrito Federal e aos Municípios cobrar tributos no mesmo exercício financeiro em que haja sido publicada a lei que os instituiu ou majorou. Este princípio existe para a proteção do contribuinte, não impedindo, de forma alguma, a imediata aplicação das mudanças que venham a diminuir a carga tributária a que o contribuinte estiver sujeito (extinção ou redução de tributos) ou que não venham a ter qualquer impacto sobre esta carga tributária. O Princípio da Anterioridade tem por objetivo principal proteger o contribuinte da imediata aplicação de normas que venham a aumentar a carga tributária a que ele (contribuinte) está sujeito.

Princípio da Anterioridade Nonagesimal ou Noventena

É vedado à União, aos Estados, ao Distrito Federal e aos Municípios cobrar tributos antes de decorridos noventa dias da data em que haja sido publicada a lei que os instituiu ou aumentou.

Considera-se *fato gerador do Imposto sobre Produtos Industrializados*:

I – o desembaraço aduaneiro de produto de procedência estrangeira; ou

II – a saída de produto do estabelecimento industrial, ou equiparado a industrial.

Dizemos que o IPI é considerado um ***imposto por fora***, pois seu cálculo é efetuado sobre o valor definido para os produtos e é a este valor adicionado, conforme a seguir veremos.

Como é efetuado o cálculo do IPI? Aplica-se uma alíquota sobre o valor dos produtos. Conforme consta do RIPI, esta alíquota varia em função dos produtos e de suas principais características.

Exemplo

Um produto tem preço de venda igual a R$ 100,00. A alíquota de IPI a ser cobrada quando da venda do produto é de 5%. Neste caso:

IPI = 5% x R$ 100,00 = R$ 5,00

Preço final do produto = R$ 100,00 + R$ 5,00 = R$ 105,00

Viu por que o IPI é considerado por fora? O valor do IPI foi calculado sobre o valor definido para a venda do produto e a ele adicionado!

Já o ICMS é um imposto considerado por dentro, pois faz parte de sua própria base de cálculo. Quando dizemos que uma mercadoria vale R$ 10,00, o ICMS já se encontra embutido neste valor!

7.14.1.1. O IPI é Não Cumulativo

Dizemos que um tributo é ***cumulativo*** quando incide em mais de uma etapa de circulação de produtos ou mercadorias sem que na etapa posterior possa ser abatido ou compensado o montante pago na etapa anterior.

O tributo ***não cumulativo*** é aquele cujo montante pago numa etapa de circulação do produto ou da mercadoria pode ser abatido do montante devido (a ser pago) na etapa seguinte, ou seja, um tributo é ***não cumulativo*** quando a empresa tem a permissão de recuperar o valor pago do tributo nas operações de compra em relação ao montante do tributo constante das vendas (a recolher a partir das vendas efetuadas).

Exemplo

Se um tributo incide de maneira ***cumulativa***, ocorre o que se segue:

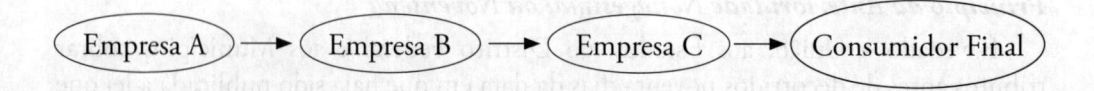

Empresa A → Empresa B → Empresa C → Consumidor Final

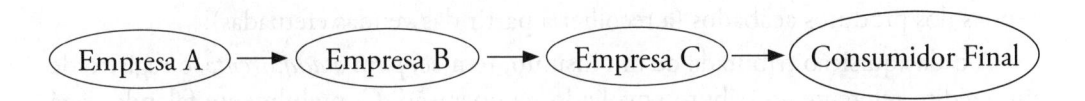

A empresa A vende mercadorias para a empresa B, que as revende para a empresa C. A empresa C vende as mercadorias para o consumidor final.

Empresa	A	B	C
Receita de Vendas (R$)	1.000,00	1.300,00	1.700,00
Alíquota do Tributo	10%	10%	10%
Valor do Tributo (R$)	100,00	130,00	170,00
Valor total do tributo ao longo da cadeia produtiva em regime de incidência cumulativa (R$)			**400,00 (= 100,00 + 130,00 + 170,00)**

Neste caso, costumamos dizer que ocorreu **tributação em cascata**! Por quê?! Porque o tributo, quando cumulativo, é calculado incidindo sobre as receitas de vendas de toda a cadeia produtiva e não apenas sobre o que é agregado à receita, após cada operação de compra e venda.

Por outro lado, se um tributo incide de maneira **não cumulativa**, ocorre o que se segue:

Empresa A → Empresa B → Empresa C → Consumidor Final

A empresa A vende mercadorias para a empresa B, que as revende para a empresa C. A empresa C vende as mercadorias para o consumidor final.

Empresa	A	B	C
Receita de Vendas (R$)	1.000,00	1.300,00	1.700,00
Alíquota do Tributo	10%	10%	10%
Valor do Tributo (R$)	100,00	30,00 [=(1.300,00 − 1.000,00) x 10%]	40,00 [=(1.700,00 − 1.300,00) x 10%]
Valor total do tributo ao longo da cadeia produtiva em regime de incidência não cumulativa (R$)			**170,00**

Quando ocorre tributação sobre as vendas, os tributos são repassados do vendedor para o comprador, até chegar ao consumidor final, que não tem para quem repassá-los e sofre o ônus! Poderemos destacar dois contribuintes nestas transações de compra e venda: o produtor ou vendedor é o **contribuinte de direito** e o comprador ou consumidor é o **contribuinte de fato**.

O Brasil, atualmente, possui dois impostos não cumulativos: o IPI e o ICMS!

Princípio da Não Cumulatividade

O IPI é obrigatoriamente não cumulativo, ou seja, deve-se compensar o que for devido em cada operação com o montante cobrado nas operações anteriores.

O Princípio da Não Cumulatividade tem por objetivo principal limitar a incidência tributária nas cadeias de produção e circulação mais extensas. Assim, o tributo somente incidirá sobre o valor agregado (adicionado) em cada etapa.

O *Código Tributário Nacional* (Lei nº 5.172, de 25 de outubro de 1966) disciplina, em seu Art. 49, a não cumulatividade do IPI, dispondo a lei de forma que o montante devido resulte da diferença a maior, em determinado período, entre o imposto referente aos produtos saídos do estabelecimento e o pago relativamente aos produtos nele entrados. O saldo verificado, em determinado período, em favor do contribuinte transfere-se para o período ou períodos seguintes.

As empresas industriais adquirem matérias-primas e materiais diversos, realizam a transformação destes insumos em produtos acabados, e os vendem.

O IPI é um imposto não cumulativo. Com isso, a empresa contribuinte do IPI tem permissão para *recuperar* o valor pago deste tributo nas operações de compra de matérias-primas e materiais diversos em relação ao montante do IPI constante das vendas dos produtos acabados (a recolher a partir das vendas efetuadas).

A cada aquisição tributada de um insumo, tem-se, *para o adquirente*, o registro de um crédito referente ao tributo envolvido na operação. Contabilmente falando, será feito um registro a **débito**, referente ao direito do contribuinte de recuperar o valor incidente nas operações subsequentes (conta **IPI a Recuperar**).

A cada venda tributada do insumo, o alienante registra em sua contabilidade uma obrigação, a **crédito**, que consiste no dever de recolher o valor devido aos entes federativos ou compensar tal valor com os créditos obtidos de operações anteriores (conta **IPI a Recolher**).

Periodicamente, é realizada uma comparação entre os valores devidos e os créditos havidos, devendo o contribuinte recolher a diferença devida aos cofres públicos, caso haja valores devidos em saldo maior que o de créditos obtidos. No caso de os créditos serem maiores que aquilo que se deve, a diferença obtida poderá ser posteriormente compensada ou, guardadas algumas particularidades, isto é, o atendimento a alguns requisitos previstos na legislação, ser objeto de ressarcimento.

De acordo com o Supremo Tribunal Federal, **a aquisição de insumo não tributado ou sujeito à alíquota zero não dá direito a crédito**.

No caso de insumo sujeito à ***isenção, há o direito a crédito***.

O IPI ***não incidirá sobre produtos industrializados destinados ao exterior***. Trata-se de uma imunidade! Tem-se como objetivo primordial a exportação de insumos, não de tributos. O legislador resolveu imunizar as exportações de produtos industrializados naquilo que se refere à incidência do IPI.

O IPI *terá reduzido seu impacto sobre a aquisição de bens de capital* pelo contribuinte do imposto, na forma da lei. O principal objetivo deste disciplinamento é o de incentivar as indústrias, que são o principal contribuinte do IPI, a adquirir bens de capital (máquinas, equipamentos etc.), renovando seus parques de produção. Quando são adquiridos equipamentos, máquinas etc., vê-se aflorado o desejo de desenvolvimento. A fim de alimentar este desenvolvimento, o Governo procura estimular a aquisição de bens de produção, conduzindo à inovação tecnológica dos parques de produção.

7.14.1.2. A Base de Cálculo do IPI

A *base de cálculo do IPI* é o valor da operação pela qual a mercadoria deixa o estabelecimento do industrial ou do comerciante a ele equiparado, em geral ensejando uma operação de compra e venda.

No caso de importação, a base de cálculo do IPI é acrescida do valor do Imposto de Importação (II) e das despesas aduaneiras efetivamente pagas, necessárias ao desembaraço das mercadorias.

Naquilo que se refere às mercadorias apreendidas ou abandonadas, arrematadas em leilão realizado por autoridades fiscais, a base de cálculo do IPI é o valor alcançado quando da realização do citado leilão, ou seja, o preço de arrematação.

O IPI deve ser acrescentado ao preço e cobrado do consumidor. O contribuinte de fato é o adquirente (isto é, o consumidor). O fabricante ou o comerciante a ele equiparado não suporta o ônus financeiro do tributo, devendo calcular o valor do imposto, cobrá-lo do consumidor e fazer o recolhimento do mesmo ao Governo.

Vamos, agora, apresentar exemplos que esclarecem o reconhecimento contábil do IPI nas operações de compra e venda de insumos.

Exemplo

A empresa Industrial Verdan Pauline Ltda. adquiriu matérias-primas da empresa Indústrias Tela Plena Ltda. para uso na fabricação do produto AXZ. As matérias-primas custaram R$ 1.000,00 e houve a incidência de IPI no valor de R$ 200,00, perfazendo um total de R$ 1.200,00 para esta aquisição.

Registros referentes à aquisição (inventário periódico):

D – Compras de Matérias-Primas – 1.000,00
D – IPI a Recuperar – 200,00
C – Caixa ou Bancos Conta Movimento ou Fornecedores – 1.200,00

Apenas R$ 1.000,00 representam o custo de aquisição das matérias-primas, já que existe permissão para a recuperação do IPI incidente na compra.

Registros referentes à aquisição (inventário permanente):

D – Estoques de Matérias-Primas ou Matérias-Primas – 1.000,00
D – IPI a Recuperar – 200,00
C – Caixa ou Bancos Conta Movimento ou Fornecedores – 1.200,00

Exemplo

A empresa Industrial Tenessee Ltda. vendeu produtos por ela fabricados para a empresa Comercial Revende Tudo Ltda. Os produtos tiveram preço de venda estipulado de R$ 1.500,00. O IPI incidente sobre o preço de venda foi de R$ 300,00. A Nota Fiscal foi preenchida pelo valor total de R$ 1.800,00.

Registros referentes à venda (inventário periódico):

D – Caixa ou Bancos Conta Movimento ou Clientes – 1.800,00
C – Receita de Vendas de Produtos – 1.500,00
C – IPI a Recolher – 300,00

*A base de cálculo do IPI é o valor bruto da venda, desconsiderando-se os descontos comerciais (incondicionais) concedidos e quaisquer outras deduções. **Isto significa que o IPI atinge o valor total definido para a venda**. Se houver frete constando destacadamente da Nota Fiscal de venda, ele integrará a base de cálculo do imposto (IPI).*

Exemplo

Venda à vista de 20 (vinte) unidades do produto "BBD", *isento de ICMS*, produzido pela Alpha Indústria S/A, ao preço unitário de R$ 60,00, sujeito à alíquota de IPI de 10%. Os produtos custavam R$ 400,00.

Nota Fiscal de Venda
20 unidades x R$ 60,00 = R$ 1.200,00
IPI (10%) = 10% x R$ 1.200,00 = R$ 120,00
→ Total da Nota Fiscal = R$ 1.320,00

Lançamento no vendedor (inventário periódico):

D – Caixa – 1.320,00
C – Receita de Vendas – 1.200,00
C – IPI a Recolher – 120,00

Lançamentos no vendedor (inventário permanente):

D – Caixa – 1.320,00
C – Receita de Vendas – 1.200,00
C – IPI a Recolher – 120,00

D – Custo dos Produtos Vendidos (CPV)
C – Estoques de Produtos Acabados   400,00

7.14.1.3. O Mecanismo de Apuração do Saldo do IPI

As operações de compras de insumos ensejam registros de IPI a Recuperar; já as operações de vendas de produtos acabados apresentam registros de IPI a Recolher. Como obter o saldo final (a recolher ou a recuperar)?

O § 3º do Art. 178 da Lei das Sociedades por Ações disciplina que *os saldos devedores e credores que a empresa não tiver direito de compensar serão classificados separadamente*. Porém, no caso do IPI, existe a permissão para esta compensação!

Considere os razonetes referentes às contas IPI a Recuperar e IPI a Recolher com as seguintes movimentações ao final de um período:

IPI a Recuperar	
(1) 300,00	
(4) 600,00	
(6) 100,00	
1.000,00	

IPI a Recolher	
	400,00 (2)
	900,00 (5)
	1.300,00

Qual destas contas apresenta o menor saldo? A conta IPI a Recuperar. Logo, *a conta de menor saldo terá seu saldo encerrado contra a conta de maior saldo*, conforme o que é a seguir exposto.

Registros:

D – IPI a Recolher
C – IPI a Recuperar 1.000,00

IPI a Recuperar	
(1) 300,00	
(4) 600,00	
(6) 100,00	
1.000,00	1.000,00 (7)

IPI a Recolher	
	400,00 (2)
	900,00 (5)
(7) 1.000,00	1.300,00

Agora, temos apenas a conta IPI a Recolher com ambos os saldos e temos permissão para compensá-los. Portanto:

IPI a Recolher	
	400,00 (2)
	900,00 (5)
(7) 1.000,00	1.300,00
	300,00

O saldo apresentado para a conta IPI a Recolher é credor em R$ 300,00. Em consequência, esta conta deverá ser apresentada no Passivo Circulante quando da elaboração do Balanço Patrimonial.

Se a conta de maior saldo fosse IPI a Recuperar, então, após as compensações de saldos, teríamos saldo devedor, o que faria com que esta conta (IPI a Recuperar) fosse apresentada no Ativo Circulante quando da elaboração do Balanço Patrimonial.

7.14.1.4. A Utilização da Conta-Corrente de IPI

Ao invés de utilizarmos as contas *IPI a Recuperar* e *IPI a Recolher*, poderemos utilizar apenas a conta *Conta-Corrente de IPI*, assim representada: **C/C IPI**. Neste caso, o IPI a ser recuperado quando dos registros das compras será lançado a débito na conta Conta-Corrente de IPI; por outro lado, o IPI a ser recolhido ao Governo quando dos registros das vendas será lançado a crédito na conta Conta-Corrente de IPI. Ao final do período, restará como saldo na conta C/C IPI o valor compensado dos débitos e dos créditos porventura reconhecidos.

Exemplo

Registro do IPI na aquisição de matérias-primas:

C/C IPI	
(1) 900,00	

Registro do IPI na venda de produtos acabados:

C/C IPI	
(1) 900,00	1.300,00 (2)

Compensação dos saldos existentes a débito e a crédito:

C/C IPI	
(1) 900,00	1.300,00 (2)
900,00	1.300,00
	400,00

Se o saldo da conta Conta-Corrente de IPI for credor, significará valor a recolher junto ao Governo (a conta Conta-Corrente de IPI será apresentada no Passivo Circulante); de outra forma, se o saldo da conta Conta-Corrente de IPI for devedor, representará valor a recuperar (sendo apresentada tal conta no Ativo Circulante), tendo o contribuinte o direito de recuperar este valor nos próximos períodos.

7.14.1.5. As Relações Básicas entre IPI e ICMS

Quando uma operação configurar fato gerador de ICMS e de IPI, o ICMS integrará a base de cálculo do IPI.

O IPI integrará a base de cálculo do ICMS quando forem realizadas operações de venda direta da indústria ao consumidor final.

Quando a venda for destinada à comercialização ou à industrialização, então o IPI não será incluído na base de cálculo do ICMS.

Voltaremos a estas regras básicas adiante.

7.14.1.6. Imunidades Referentes ao IPI

De acordo com o RIPI, são imunes da incidência do Imposto sobre Produtos Industrializados:

I – os livros, jornais, periódicos e o papel destinado à sua impressão (Constituição Federal, art. 150, inciso VI, alínea "d");

II – os produtos industrializados destinados ao exterior (Constituição Federal, art. 153, § 3º, inciso III);

III – o ouro, quando definido em lei como ativo financeiro ou instrumento cambial (Constituição Federal, art. 153, § 5º); e

IV – a energia elétrica, derivados de petróleo, combustíveis e minerais do País (Constituição Federal, art. 155, § 3º).

7.14.1.7. O IPI Não Integra a Receita Bruta de Vendas

O Art. 31 da Lei nº 8.981, de 20 de janeiro de 1995, ao tratar da receita bruta, disciplinou que *a receita bruta das vendas e serviços compreende o produto da venda de bens nas operações de conta própria, o preço dos serviços prestados e o resultado auferido nas operações de conta alheia*. O parágrafo único deste artigo determina que *na receita bruta*, **não se incluem** *as vendas canceladas, os descontos incondicionais concedidos e* **os impostos não cumulativos cobrados destacadamente do comprador ou contratante dos quais o vendedor dos bens ou o prestador dos serviços seja mero depositário.**

Tal situação criou um problema contábil. Conforme o entendimento da Lei nº 8.981/95, a legislação tributária disciplina que o *imposto sobre operações relativas à circulação de mercadorias e sobre prestações de serviços de transporte interestadual, intermunicipal e de comunicação (ICMS)* faz parte das Receitas Brutas, porém o *Imposto sobre Produtos Industrializados (IPI)* não faz parte delas. Já para a Lei das Sociedades por Ações ambos os impostos, que serão adiante estudados, fazem parte das Receitas Brutas. Como foi resolvido tal impasse?!

> Foi criada a conta **Faturamento Bruto**, que expressa a Receita Bruta somada ao IPI incluído na operação. A diferença entre o Faturamento Bruto e o IPI sobre o Faturamento recebe a denominação **Receita Bruta**.

O IPI é o único tributo incidente sobre as vendas que é calculado sobre o valor bruto cobrado do cliente e é a este valor bruto somado, ou seja, é denominado "por fora"; por outro lado, os demais tributos envolvidos na operação (ICMS, PIS/Pasep, Cofins e ISS) estão embutidos no preço cobrado do cliente, ou seja, são considerados "por dentro".

Exemplo

Apresentação do início de uma Demonstração do Resultado do Exercício.

Faturamento Bruto – 1.000.000,00
(-) IPI sobre o Faturamento Bruto – (100.000,00)
(=) Receita Bruta de Vendas – 900.000,00

7.14.1.8. A Estrutura da Demonstração do Resultado do Exercício com o Faturamento Bruto

Eis a estrutura básica do início da Demonstração do Resultado do Exercício (DRE), quando nela é incluído o Faturamento Bruto.

    Faturamento Bruto
\-   *IPI sobre o Faturamento Bruto*
=   **Receita Bruta de Vendas e Serviços**

7.14.1.9. Formas de Registro do IPI

Existem duas formas de registro do IPI.

A primeira delas utiliza o conceito de Faturamento Bruto, que soma o valor do IPI ao valor da Receita Bruta de Vendas.

Registros:
Pela venda realizada:

D – Caixa / Bancos Conta Movimento / Clientes
C – Faturamento Bruto

Quando do registro do IPI:

D – IPI Faturado / Encargos com IPI / IPI sobre o Faturamento
C – IPI a Recolher

Quando do registro do ICMS:

D – ICMS sobre Vendas
C – ICMS a Recolher

Quando do registro do Custo dos Produtos Vendidos (CPV):

D – CPV
C – Produtos Acabados

Na DRE, teremos:

Faturamento Bruto
- IPI no Faturamento Bruto
= **Receita Bruta de Vendas e Serviços**

A segunda maneira é optar por não registrar o IPI sobre o Faturamento Bruto. Contabiliza-se o IPI como IPI a Recolher, em contrapartida à conta do Ativo Circulante.

Registros:
Pela venda realizada:

D – Caixa / Bancos Conta Movimento / Clientes
C – Receita Bruta de Vendas
C – IPI a Recolher

Quando do registro do ICMS:

D – ICMS sobre Vendas
C – ICMS a Recolher

Quando do registro do Custo dos Produtos Vendidos (CPV):

D – CPV
C – Estoque de Produtos Acabados

Na DRE, teremos:

Receita Bruta de Vendas e Serviços		
	Receita Bruta de Vendas de Produtos	
		Mercado Nacional
		Exportação
	Receita Bruta de Prestação de Serviços	
		Mercado Nacional
		Exportação
– Deduções das Receitas Brutas		
	Vendas Canceladas ou Devolvidas	
	Descontos Incondicionais ou Comerciais Concedidos	
	Tributos Incidentes sobre Vendas e Serviços	ICMS, ISS, COFINS, PIS
	Abatimentos Concedidos sobre Vendas	
	Abatimentos Concedidos sobre Serviços	
= **Receita Líquida de Vendas e Serviços**		

Exemplo

Determinada empresa contribuinte do IPI adquiriu matérias-primas a serem utilizadas em sua produção por valor igual a R$ 200.000,00, com adição de 10% deste imposto.

Nota Fiscal referente à aquisição:

Valor definido para a venda: R$ 200.000,00

IPI (alíquota de 10%) = 10% x R$ 200.000,00 = R$ 20.000,00

Total da Nota Fiscal = R$ 200.000,00 + R$ 20.000,00 = R$ 220.000,00 (valor total a ser pago pelo comprador)

Lançamento (referente à aquisição):

D – Estoques de Matérias-Primas – 200.000,00
D – *IPI a Recuperar – 20.000,00*
C – Caixa ou Bancos Conta Movimento ou Fornecedores – 220.000,00

As matérias-primas são registradas em seus respectivos estoques sem o valor do IPI, que é recuperável. Quando são utilizadas, as matérias-primas passam a fazer parte dos custos de produção e, em consequência, fazem parte do custo dos produtos vendidos, sempre sem o valor do IPI. Deve ser ressaltado que isto ocorre apenas se pudermos recuperar o valor do IPI. Caso não seja possível recuperar o valor do imposto, então ele deverá constar do custo de aquisição dos insumos então adquiridos, integrando os custos de produção e o custo dos produtos vendidos.

Voltando ao exemplo, utilizando as matérias-primas, a empresa elaborou produtos, que custaram R$ 520.000,00 e foram vendidos por R$ 900.000,00. O IPI reconhecido nesta transação de venda alcançou o montante de R$ 145.000,00.

Nota Fiscal referente à venda:

Valor definido para a venda: R$ 900.000,00

IPI = R$ 145.000,00

Total da Nota Fiscal = R$ 900.000,00 + R$ 145.000,00 = R$ 1.045.000,00 (valor total a ser pago pelo comprador)

Lançamentos (referentes à venda):

D – Clientes ou Caixa ou Bancos Conta Movimento
C – Faturamento Bruto 1.045.000,00

D – IPI sobre o Faturamento Bruto
C – IPI a Recolher 145.000,00

D – Custo dos Produtos Vendidos
C – Estoque de Produtos Acabados 520.000,00

Supondo terem sido efetuadas apenas estas operações, ao final do período contábil temos:

IPI a Recuperar	
20.000,00	
20.000,00	

IPI a Recolher	
	145.000,00
	145.000,00

Para efetuarmos a compensação de saldos, encerraremos a conta que contém menor saldo em contrapartida à outra conta, a de maior saldo. Logo:

IPI a Recuperar	
20.000,00	
20.000,00	20.000,00 (1)

IPI a Recolher	
	145.000,00
(1) 20.000,00	145.000,00

Encontramos saldo de R$ 125.000,00 de IPI a recolher aos cofres públicos.

IPI a Recolher	
	145.000,00
(1) 20.000,00	145.000,00
	125.000,00

7.14.2. O Imposto sobre Operações Relativas à Circulação de Mercadorias e Serviços de Transporte Intermunicipal e Interestadual e de Comunicações (ICMS)

Conforme disciplina o Art. 155 da CF/88, *compete aos Estados e ao Distrito Federal a instituição do ICMS.*

O ICMS atenderá ao seguinte:

I – *será não cumulativo*, compensando-se o que for devido em cada operação relativa à circulação de mercadorias ou prestação de serviços com o montante cobrado nas anteriores pelo mesmo ou outro Estado ou pelo Distrito Federal;

II – *a isenção ou não incidência, salvo determinação em contrário da legislação*:

    a) não implicará crédito para compensação com o montante devido nas operações ou prestações seguintes; e

    b) acarretará a anulação do crédito relativo às operações anteriores; e

III – *poderá ser seletivo*, em função da essencialidade das mercadorias e dos serviços.

O ICMS, assim como o IPI, é não cumulativo. Isto significa que todo valor pago nas etapas anteriores gera crédito passível de compensação com os débitos existentes por ocasião de futura venda. Porém, o crédito não poderá ser utilizado nos casos em que a saída não seja tributada, exceção efetuada às vendas ao exterior, que são equiparadas às saídas tributadas.

Exemplo

A Companhia Alpha é uma indústria de embalagens. Alpha vende seus produtos à Companhia Beta, que fabrica o Produto XYZ, por R$ 1.000,00, com ICMS incluído de R$ 200,00 (alíquota = 20%). Este valor de ICMS será integralmente recolhido pela Companhia Alpha.

Suponhamos que a legislação discipline que a venda do produto XYZ ao comércio seja isenta de ICMS.

A Companhia Beta vende o produto embalado XYZ para o Supermercado Delta por R$ 2.000,00. Neste caso, não há cobrança de ICMS. Logo, o crédito de ICMS existente em Beta no valor de R$ 200,00 deve ser anulado, pois a saída de seu produto foi isenta. Delta, que adquiriu o produto de Beta, não possui crédito de ICMS.

O Supermercado Delta revende XYZ ao consumidor final por R$ 3.000,00. Com isso, Delta possui um valor a pagar de ICMS igual a R$ 600,00 (20% x R$ 3.000,00), pois não há crédito anterior de ICMS.

ICMS recolhido: R$ 200,00 + R$ 600,00 = R$ 800,00

Se houvesse constante não cumulatividade: 20% x R$ 3.000,00 = R$ 600,00

O valor agregado quando das operações de compra e venda de XYZ foi igual a R$ 3.000,00. Já o ICMS total recolhido foi igual a R$ 800,00. Isto nos dá uma alíquota efetiva de ICMS igual a 26,7% (= R$ 800,00 / R$ 3.000,00). Tal alíquota (efetiva) é diferente da alíquota nominal (20%). Isto ocorre por haver isenção ou não incidência durante o processo produtivo.

O ICMS *poderá ser seletivo*. Portanto, a seletividade, quanto ao ICMS, não é impositiva, como é para o IPI. O ICMS poderá ser cobrado em função da essencialidade das mercadorias. Os produtos considerados de primeira necessidade poderão ser tributados com alíquotas inferiores aos demais produtos.

> *O valor do ICMS é obtido ao aplicarmos uma alíquota percentual sobre o valor estipulado para as mercadorias ou para os serviços.*

Vamos, agora, apresentar exemplos que esclareçam o reconhecimento contábil do ICMS nas operações de compra e venda de insumos.

Exemplo

A empresa Comercial Pauline Valiom Ltda. adquiriu mercadorias da empresa Indústrias Tela Plena Ltda. para revenda. As mercadorias custaram R$ 1.000,00 e houve a incidência de ICMS no valor de R$ 200,00.

Registros referentes à aquisição (inventário periódico):

D – Compras – 800,00
D – ICMS a Recuperar – 200,00
C – Caixa ou Bancos Conta Movimento ou Fornecedores – 1.000,00

Apenas R$ 800,00 fazem parte do custo de aquisição das mercadorias, já que existe permissão para a recuperação do ICMS incidente na compra.

Registros referentes à aquisição (inventário permanente):

D – Estoques de Mercadorias ou Mercadorias – 800,00
D – ICMS a Recuperar – 200,00
C – Caixa ou Bancos Conta Movimento ou Fornecedores – 1.000,00

Neste caso, o registro da aquisição é diretamente efetuado na conta Mercadorias, líquido de tudo o que puder ser recuperado.

Exemplo

A empresa Terra Comercial Ltda. vendeu mercadorias para a empresa Comercial Revende Tudo Ltda. As mercadorias tiveram preço de venda estipulado de R$ 1.500,00. O ICMS incidente sobre o preço de venda foi de R$ 300,00. As mercadorias vendidas custaram R$ 600,00 (inventário permanente).

Registros referentes à venda (inventário permanente):

D – Caixa ou Bancos Conta Movimento ou Clientes
C – Receita de Vendas de Mercadorias 1.500,00

D – Custo das Mercadorias Vendidas
C – Mercadorias 600,00

D – ICMS sobre as Vendas
C – ICMS a Recolher 300,00

Por outro lado, se fosse utilizado regime de inventário periódico, os seguintes registros seriam efetuados:

Registros referentes à venda (inventário periódico):

D – Caixa ou Bancos Conta Movimento ou Clientes
C – Receita de Vendas de Mercadorias 1.500,00

D – ICMS sobre as Vendas
C – ICMS a Recolher 300,00

7.14.2.1. O Mecanismo de Apuração do Saldo do ICMS

Quando uma empresa compra mercadorias para revender, paga ao fornecedor o valor equivalente ao custo das mercadorias adquiridas juntamente com o ICMS incidente sobre tais compras; quando vende estas mercadorias para o cliente, este paga ao vendedor o valor equivalente à venda, que tem nele embutido o valor do ICMS, que deverá ser pago ao governo estadual. Contudo, a empresa que compra e revende as mercadorias tem a permissão do governo para compensar o valor "pago quando da aquisição das mercadorias" com o valor "recebido dos clientes a título de ICMS".

As operações de compras de mercadorias ensejam registros de ICMS a Recuperar; já as operações de vendas de mercadorias apresentam registros de ICMS a Recolher. Como obter o saldo final (a recolher ou a recuperar)?

O § 3º do Art. 178 da Lei das Sociedades por Ações disciplina que *os saldos devedores e credores que a empresa não tiver direito de compensar serão classificados separadamente*. Porém, no caso do ICMS, existe a permissão para esta compensação!

Considere os razonetes referentes às contas *ICMS a Recuperar* e *ICMS a Recolher* com as seguintes movimentações ao final de um período:

ICMS a Recuperar

(1) 200,00	
(4) 700,00	
(6) 100,00	
1.000,00	

ICMS a Recolher

	600,00 (2)
	700,00 (5)
	1.300,00

Qual destas contas apresenta o menor saldo? A conta ICMS a Recuperar. Logo, *a conta de menor saldo terá seu saldo encerrado contra a conta de maior saldo*, conforme o que é a seguir exposto.

Registros:

D – ICMS a Recolher
C – ICMS a Recuperar 1.000,00

ICMS a Recuperar

(1) 200,00	
(4) 700,00	
(6) 100,00	
1.000,00	1.000,00 (7)

ICMS a Recolher	
	600,00 (2)
	700,00 (5)
(7) 1.000,00	1.300,00

Agora, temos apenas a conta ICMS a Recolher com ambos os saldos e temos permissão para compensá-los. Portanto:

ICMS a Recolher	
	600,00 (2)
	700,00 (5)
(7) 1.000,00	1.300,00
	300,00

O saldo apresentado para a conta ICMS a Recolher é credor em R$ 300,00. Em consequência, esta conta deverá ser apresentada no Passivo Circulante quando da elaboração do Balanço Patrimonial.

Se a conta de maior saldo fosse ICMS a Recuperar, então, após as compensações de saldos, teríamos saldo devedor, o que faria com que esta conta (ICMS a Recuperar) fosse apresentada no Ativo Circulante quando da elaboração do Balanço Patrimonial.

7.14.2.2. A Utilização da Conta-Corrente de ICMS

Ao invés de utilizarmos as contas *ICMS a Recuperar* e *ICMS a Recolher*, poderemos utilizar apenas a conta *Conta-Corrente de ICMS*, assim representada: **C/C ICMS**. Neste caso, o ICMS a ser recuperado quando dos registros das compras será lançado a débito na conta Conta-Corrente de ICMS; por outro lado, o ICMS a ser recolhido ao Governo quando dos registros das vendas será lançado a crédito na conta Conta-Corrente de ICMS. Ao final do período, restará como saldo na conta C/C ICMS o valor compensado dos débitos e dos créditos porventura reconhecidos.

Exemplo
Registro do ICMS na aquisição de mercadorias:

C/C ICMS	
(1) 2.900,00	

Registro do ICMS na venda de mercadorias:

C/C ICMS	
(1) 2.900,00	3.300,00 (2)

Compensação dos saldos existentes a débito e a crédito:

C/C ICMS	
(1) 2.900,00	3.300,00 (2)
2.900,00	3.300,00
	400,00

Se o saldo da conta Conta-Corrente de ICMS for credor, significará valor a recolher junto ao Governo (a conta Conta-Corrente de ICMS será apresentada no Passivo Circulante); de outra forma, se o saldo da conta Conta-Corrente de ICMS for devedor, representará valor a recuperar (sendo apresentada tal conta no Ativo Circulante), tendo o contribuinte o direito de recuperar este valor nos próximos períodos.

7.14.2.3. As Incidências Referentes ao ICMS

O ICMS incide sobre:

I – operações relativas à circulação de mercadorias, inclusive o fornecimento de alimentação e bebidas em bares, restaurantes e estabelecimentos similares;

II – prestações de serviços de transporte interestadual e intermunicipal, por qualquer via, de pessoas, bens, mercadorias ou valores;

III – prestações onerosas de serviços de comunicação, por qualquer meio, inclusive a geração, a emissão, a recepção, a transmissão, a retransmissão, a repetição e a ampliação de comunicação de qualquer natureza;

IV – fornecimento de mercadorias com prestação de serviços não compreendidos na competência tributária dos Municípios;

V – fornecimento de mercadorias com prestação de serviços sujeitos ao imposto sobre serviços, de competência dos Municípios, quando a lei complementar aplicável expressamente o sujeitar à incidência do imposto estadual;

VI – sobre a entrada de mercadoria ou bem importados do exterior, por pessoa física ou jurídica, ainda que não seja contribuinte habitual do imposto, qualquer que seja a sua finalidade;

VII – sobre o serviço prestado no exterior ou cuja prestação se tenha iniciado no exterior;

VIII – sobre a entrada, no território do Estado destinatário, de petróleo, inclusive lubrificantes e combustíveis líquidos e gasosos dele derivados, e de energia elétrica, quando não destinados à comercialização ou à industrialização, decorrentes de operações interestaduais, cabendo o imposto ao Estado onde estiver localizado o adquirente.

No caso de importação, a base de cálculo do ICMS compreenderá a soma dos seguintes valores:

- O valor da mercadoria ou do bem constante dos documentos de importação;
- O Imposto de Importação (II), o Imposto sobre Produtos Industrializados (IPI) e o Imposto sobre Operações Financeiras (IOF);
- Quaisquer outros impostos, taxas, contribuições e despesas aduaneiras, assim entendidos todos os valores pagos ou devidos à Receita Federal até o momento do desembaraço das mercadorias, tais como taxas, e os decorrentes de diferenças de peso, erro na classificação fiscal ou multa por infração.

O preço de importação expresso em moeda estrangeira será convertido em moeda nacional pela mesma taxa de câmbio utilizada para o cálculo do Imposto de Importação (II), sem qualquer possibilidade de acréscimo ou de devolução posterior, caso ocorra variação na taxa de câmbio até o efetivo pagamento do preço.

Exemplo

A Companhia Cor do Mar importou um equipamento para utilização própria (a ser registrado em seu Ativo Não Circulante Imobilizado) por US$ 10.000,00. Este foi o preço declarado na documentação referente à importação. O valor estipulado pela autoridade aduaneira para a base de cálculo do Imposto de Importação (II) foi igual a US$ 13.000,00.

Consideraremos a alíquota do II igual a 10%. Há, também, IPI incidente em valor igual a R$ 2.000,00. Há R$ 1.500,00 em despesas aduaneiras. Considere a seguinte taxa de câmbio a utilizar: R$ 2,00.

Base de Cálculo do ICMS:

Valor estipulado como base de cálculo do II = US$ 13.000,00

Imposto de Importação = 10% x US$ 13.000,00 = US$ 1.300,00

Subtotal = US$ 14.300,00

Taxa de câmbio utilizada para o cálculo do II: 1 US$ = R$ 2,00

Subtotal = R$ 28.600,00 (= 14.300,00 x R$ 2,00)

IPI = R$ 2.000,00

Despesas Aduaneiras = R$ 1.500,00

Base de Cálculo do ICMS = R$ 32.100,00

Se houvesse frete da Alfândega do Porto até o estabelecimento do importador, tal frete não integraria a base de cálculo do ICMS, pois se trata de ocorrência após o desembaraço aduaneiro.

7.14.2.4. As Não Incidências Referentes ao ICMS

A Lei Complementar nº 87, de 13 de setembro de 1996, conhecida como *Lei Kandir*, estabelece as *não incidências* do ICMS. Algumas delas são verdadeiras *imunidades*, pois constam da CF/88.

O ICMS não incide sobre:

I – operações com livros, jornais, periódicos e o papel destinado a sua impressão;

II – operações e prestações que destinem ao exterior mercadorias, inclusive produtos primários e produtos industrializados semielaborados, ou serviços;

III – operações interestaduais relativas à energia elétrica e ao petróleo, inclusive lubrificantes e combustíveis líquidos e gasosos dele derivados, quando destinados à industrialização ou à comercialização;

IV – operações com ouro, quando definido em lei como ativo financeiro ou instrumento cambial;

V – operações relativas a mercadorias que tenham sido ou que se destinem a ser utilizadas na prestação, pelo próprio autor da saída, de serviço de qualquer natureza definido em lei complementar como sujeito ao imposto sobre serviços, de competência dos Municípios, ressalvadas as hipóteses previstas na mesma lei complementar;

VI – operações de qualquer natureza de que decorra a transferência de propriedade de estabelecimento industrial, comercial ou de outra espécie;

VII – operações decorrentes de alienação fiduciária em garantia, inclusive a operação efetuada pelo credor em decorrência do inadimplemento do devedor;

VIII – operações de arrendamento mercantil, não compreendida a venda do bem arrendado ao arrendatário;

IX – operações de qualquer natureza de que decorra a transferência de bens móveis salvados de sinistro para companhias seguradoras.

Equipara-se às operações de que trata o inciso II (anteriormente apresentado) a saída de mercadoria realizada com o fim específico de exportação para o exterior, destinada a:

I – empresa comercial exportadora, inclusive *tradings* ou outro estabelecimento da mesma empresa;

II – armazém alfandegado ou entreposto aduaneiro.

7.14.2.5. Considerações Gerais sobre o IPI e o ICMS

A aquisição de produtos de uma indústria por outra poderá acarretar a incidência do IPI e do ICMS ao mesmo tempo. Ocorre que o tratamento a ser dado a cada um desses impostos dependerá da operação de venda referente a tais produtos.

Se na operação de venda dos produtos ocorrer a incidência de ambos os impostos, então estes impostos não deverão fazer parte do custo de aquisição quando das compras efetuadas, por serem ambos recuperáveis.

Na venda de produtos com incidência de IPI e de ICMS, o ICMS fará parte da Receita Bruta de Vendas, enquanto o IPI será a ela adicionado.

Se na venda dos produtos ocorrer apenas a incidência do ICMS, então o valor total da Nota Fiscal equivalerá à Receita Bruta de Vendas.

A empresa somente poderá recuperar o valor do IPI nas operações de compra de insumos se ocorrer a incidência do IPI nas operações de venda, pois, se não houver incidência nas vendas, a empresa deverá considerar o IPI referente às compras de insumos como parte do seu custo de aquisição. Convém ressaltar que uma empresa pode adquirir insumos com incidência de IPI e vendê-las com isenção. Depende apenas da vontade do legislador federal.

A empresa somente poderá recuperar o valor do ICMS nas operações de compra se ocorrer a incidência do ICMS nas operações de venda, pois se não houver incidência nas vendas, a empresa deverá considerar o ICMS referente às compras como parte do seu custo de aquisição. Convém ressaltar que uma empresa pode adquirir mercadorias com incidência de ICMS e vendê-las com isenção. Depende apenas da vontade do legislador estadual.

> *O ICMS não compreenderá, em sua base de cálculo, o montante do Imposto sobre Produtos Industrializados, quando a operação, realizada entre contribuintes e relativa a produto destinado à industrialização ou à comercialização, configure fato gerador dos dois impostos.*
> ***Se os insumos adquiridos forem destinados à comercialização ou à industrialização, configurando fato gerador do IPI e do ICMS, então o IPI não fará parte da base de cálculo do ICMS.***

Exemplo

Venda à vista de 100 unidades do produto "BBD", destinadas à revenda, no valor total de R$ 50.000,00, com ICMS incidente à alíquota de 20% e IPI incidente à alíquota de 10%.

Nota Fiscal de Venda
Valor Bruto da Nota Fiscal = R$ 50.000,00
IPI (10%) = R$ 5.000,00 (= 10% x R$ 50.000,00)
Total da Nota Fiscal = R$ 55.000,00
ICMS incidente (20%) = R$ 10.000,00 (= 20% x R$ 50.000,00)

Se for destinada à revenda a mercadoria adquirida, então o IPI não fará parte da base de cálculo do ICMS.

Lançamentos (no vendedor):

D – Caixa – 55.000,00
C – Receita de Vendas – 50.000,00
C – IPI a Recolher – 5.000,00

D – CPV
C – Estoque de Produtos Acabados ... (custo não informado no exemplo!)

D – ICMS sobre Vendas (despesa)
C – ICMS a Recolher   10.000,00

> *Se as mercadorias vendidas forem destinadas a uso ou consumo pelo comprador, assim como se forem adquiridas para registro no ANC Imobilizado deste, então o IPI fará parte da base de cálculo do ICMS.*

Exemplo
Questão 20 – (Técnico de Contabilidade Júnior – FAFEN ENERGIA S/A – CESGRANRIO – 2009)

A Empresa Lojas Jovens Ltda. adquiriu mercadorias a prazo, para revenda, por R$ 50.000,00, incidindo sobre a operação ICMS de 18%.
Com base nesses dados, identifique o registro contábil que caracteriza esta operação.

a) Diversos
   a Fornecedores   50.000,00
   Estoque de mercadorias   41.000,00
   ICMS a recuperar   9.000,00
b) Diversos
   a Diversos
   Estoque de mercadorias   50.000,00
   ICMS a recuperar   9.000,00
   a Fornecedores   50.000,00
   a ICMS a pagar   9.000,00
c) Diversos
   a Estoque de mercadorias   50.000,00
   Fornecedores   41.000,00
   ICMS a recuperar   9.000,00
d) Estoque de mercadorias   59.000,00
   a Diversos
   a Fornecedores   50.000,00
   a ICMS a pagar   9.000,00
e) Estoque de mercadorias   50.000,00
   a Fornecedores   50.000,00
   Bancos conta movimento   9.000,00
   a ICMS a pagar   9.000,00

Resolução e Comentários
Compra:
Valor total da compra = R$ 50.000,00
ICMS incluído na compra = 18% x R$ 50.000,00 = R$ 9.000,00

Registro da compra:

D – Mercadorias – R$ 41.000,00 (custo das mercadorias adquiridas)

D – ICMS a Recuperar – R$ 9.000,00

C – Caixa / Bancos / Fornecedores – R$ 50.000,00

Gabarito – A

Exemplo

Questão 21 – (Analista de Planejamento e Orçamento – APO – MPOG – EsAF – 2008)
A empresa comercial Armazém Popular S.A. utiliza o controle permanente de estoques para contabilizar suas mercadorias. Em junho de 2007, a empresa adquiriu uma partida de raquetes de tênis para revender, tendo praticado a seguinte composição de custos: preço de compra: R$ 200.000,00; IPI incidente sobre a compra: R$ 10.000,00; ICMS incidente sobre a compra: R$ 18.000,00. Ao contabilizar essa operação de compra, a empresa deverá fazer o seguinte lançamento:

a) Diversos
   a Fornecedores
      pela compra efetuada n/d, como segue:
   Mercadorias
      pelo custo das compras 200.000,00
   IPI a Recuperar
      pelo IPI incidente 10.000,00
   ICMS a Recuperar
      pelo ICMS incidente 18.000,00   228.000,00

b) Diversos
   a Fornecedores
      pela compra efetuada n/d, como segue:
   Mercadorias
      pelo custo das compras 210.000,00
   ICMS a Recuperar
      pelo ICMS incidente 18.000,00   228.000,00

c) Diversos
   a Fornecedores
      pela compra efetuada n/d, como segue:
   Mercadorias
      pelo custo das compras 192.000,00
   ICMS a Recuperar
      pelo ICMS incidente 18.000,00   210.000,00

d) Diversos
   a Fornecedores
      pela compra efetuada n/d, como segue:
   Mercadorias
      pelo custo das compras 200.000,00
   IPI a Recuperar
      pelo IPI incidente 10.000,00   210.000,00
e) Diversos
   a Fornecedores
      pela compra efetuada n/d, como segue:
   Mercadorias
      pelo custo das compras 182.000,00
   IPI a Recuperar
      pelo IPI incidente 10.000,00
   ICMS a Recuperar
      pelo ICMS incidente 18.000,00   210.000,00

Resolução e Comentários

A empresa comprou para revenda. Logo, o IPI não faz parte da base de cálculo do ICMS.

O IPI não é recuperável, pois se trata de empresa do tipo comercial.

Valor total da Nota Fiscal = R$ 200.000,00 + R$ 10.000,00 = R$ 210.000,00

ICMS (recuperável) = R$ 18.000,00

Valor das mercadorias adquiridas = R$ 192.000,00

Portanto:

Diversos

a Fornecedores

pela compra efetuada n/d, como segue:

Mercadorias

pelo custo das compras 192.000,00

ICMS a Recuperar

pelo ICMS incidente 18.000,00 210.000,00

Gabarito – C

7.14.2.6. O Crédito de ICMS referente à Aquisição de Bens para o Ativo Não Circulante Imobilizado

Somente poderá aproveitar o crédito referente ao ICMS nas operações aqui apresentadas quem for contribuinte deste imposto.

A Lei Complementar nº 102/00 alterou o Art. 20 da Lei Complementar nº 87/96, inovando a disciplina do crédito de ICMS referente à aquisição de bens para o Ativo

Não Circulante Imobilizado. Repare que estamos falando do ANC Imobilizado, ou seja, de ativos em uso pela entidade! Se o ativo for alheio às atividades da entidade, não haverá direito ao referido crédito de ICMS ora apresentado.

Há a possibilidade de utilização do ICMS pago sobre as compras de bens para o Ativo Não Circulante Imobilizado, podendo o crédito ser utilizado no período de 48 (quarenta e oito) meses, a partir da data de aquisição. Porém, sua utilização está condicionada às receitas tributadas pelo contribuinte. Logo, se a entidade comprar produtos com saídas isentas ou não tributáveis, poderá utilizar o citado crédito apenas sobre o percentual de saídas tributadas em relação ao total de vendas. As vendas de produtos ao exterior são equiparadas às saídas tributadas, para fins de utilização deste crédito.

O crédito reconhecido não poderá ser imediatamente utilizado, mas apenas em 48 (quarenta e oito) parcelas iguais e sucessivas (1/48 por mês), sem que haja permissão para qualquer tipo de atualização.

Exemplo

Considere, no presente exemplo, as alíquotas de ICMS iguais a 20%. Desconsidere todos os demais tributos que possam ocorrer.

A empresa Progresso Comercial iniciou as suas atividades operacionais em fevereiro de 2008. O Balanço Patrimonial da empresa em fevereiro de 2008 possuía as seguintes contas:

Ativo	Passivo
AC	
Caixa – 100.000	
	PL
	Capital Social – 100.000

Em fevereiro de 2008, a Progresso Comercial efetuou as seguintes operações:
- Adquiriu 1000 unidades da mercadoria XYZ por R$ 35.000,00;
- Adquiriu máquinas à vista (para o seu ANC Imobilizado) por R$ 15.000,00;
- Vendeu 600 unidades da mercadoria XYZ por R$ 30.000,00.

Observemos o **Livro de Apuração de ICMS** no mês de fevereiro de 2008:

Histórico de Operações	Saídas	Entradas	Saldo (Acumulado)
1000 Unidades de XYZ – Aquisição	0	7.000 (= 20% x R$ 35.000,00)	7.000,00
Imobilizado – Aquisição	0	62,50 [=(20% x R$ 15.000,00) / 48]	7.062,50
600 Unidades de XYZ – Venda	6.000 (= 20% x R$ 30.000,00)	0	1.062,50

O crédito total referente à aquisição de imobilizado é de R$ 3.000,00 (= 20% x R$ 15.000,00), que somente poderá ser utilizado ao longo de 48 meses, isto é, R$ 62,50 por mês.

De acordo com a planilha anterior, no final de fevereiro de 2008 há ICMS a Recuperar no valor de R$ 1.062,50.

Em março de 2008, a Progresso Comercial efetuou as seguintes operações:
- Adquiriu 300 unidades da mercadoria XYZ por R$ 18.000,00;
- Adquiriu máquinas à vista (para o seu Imobilizado) por R$ 21.000,00;
- Vendeu 600 unidades da mercadoria XYZ por R$ 45.000,00.

Observemos o **Livro de Apuração de ICMS** no mês de março de 2008:

Histórico de Operações	Saídas	Entradas	Saldo (Acumulado)
Saldo de Fevereiro	0	0	1.062,50
300 Unidades de XYZ – Aquisição	0	3.600 (= 20% x R$ 18.000,00)	4.662,50
Imobilizado – Aquisição	0	150,00 (= 62,50 + 87,50)	4.812,50
600 Unidades de XYZ – Venda	9.000 (= 20% x R$ 45.000,00)	0	(4.187,50)

O crédito total referente à aquisição de imobilizado é de R$ 7.200,00 [(= 20% x R$ 15.000,00) + (20% x R$ 21.000,00)], que somente poderá ser utilizado ao longo de 48 meses, isto é, R$ 150,00 por mês.

De acordo com a planilha anterior, no final de março de 2008 há ICMS a Recolher no valor de R$ 4.187,50.

Em abril de 2008, a Progresso Comercial efetuou as seguintes operações:
- Adquiriu 100 unidades da mercadoria XYZ por R$ 8.000,00;
- Adquiriu máquinas à vista (para o seu Imobilizado) por R$ 12.000,00;
- Vendeu 200 unidades da mercadoria XYZ por R$ 15.000,00.

Observemos o **Livro de Apuração de ICMS** no mês de abril de 2008:

Histórico de Operações	Saídas	Entradas	Saldo (Acumulado)
Saldo de Março	0	0	0,00
100 Unidades de XYZ – Aquisição	0	1.600 (= 20% x R$ 8.000,00)	1.600,00
Imobilizado – Aquisição	0	200,00 (= 62,50 + 87,50 + 50,00)	1.800,00
200 Unidades de XYZ – Venda	3.000 (= 20% x R$ 15.000,00)	0	(1.200,00)

O crédito total referente à aquisição de imobilizado é de R$ 9.600,00 [= (20% x R$ 15.000,00) + (20% x R$ 21.000,00) + (20% x R$ 12.000,00)], que somente poderá ser utilizado ao longo de 48 meses, isto é, R$ 200,00 por mês.

De acordo com a planilha anterior, no final de abril de 2008 há ICMS a Recolher no valor de R$ 1.200,00.

Registros Contábeis do Imobilizado Adquirido:

Fevereiro:

D – Máquinas – R$ 12.000,00
D – ICMS sobre Imobilizado a Recuperar – R$ 3.000,00
C – Bancos Conta Movimento ou Caixa – R$ 15.000,00

Março:

D – Máquinas – R$ 16.800,00
D – ICMS sobre Imobilizado a Recuperar – R$ 4.200,00
C – Bancos Conta Movimento / Caixa – R$ 21.000,00

Abril:

D – Máquinas – R$ 9.600,00
D – ICMS sobre Imobilizado a Recuperar – R$ 2.400,00
C – Bancos Conta Movimento ou Caixa – R$ 12.000,00

A cada mês deverá ser feita a transferência de crédito da Conta ICMS sobre Imobilizado a Recuperar para a Conta ICMS a Recuperar, de acordo com o valor mensalmente apurado (1/48 do crédito total de ICMS). O saldo da Conta ICMS a Recuperar será confrontado com o saldo da Conta ICMS a Recolher, para que se verifique se há saldo a recolher aos cofres públicos ou saldo a recuperar nos meses posteriores.

> *Se um bem for alienado antes de decorrido o prazo para utilização do crédito de ICMS, o referido crédito deverá ser estornado e registrado como Perda com Venda de Bens do Imobilizado.*

7.14.2.7. Possibilidades de Incidência de Tributos nas Operações com Mercadorias

Apresentaremos, agora, possibilidades de incidência de tributos nas operações com mercadorias.

a) A empresa compra as mercadorias para uso próprio, ou seja, como consumidor final. Não é contribuinte de IPI, nem de ICMS.
   A empresa **não poderá** recuperar nenhum tributo.

Exemplo
Aquisição de 100 peças, ao custo unitário de R$ 40,00.

Lançamentos:
Material de Consumo
a Caixa ou Bancos ou Fornecedores   4.000,00

Pela utilização de uma peça:
Despesas com Material de Consumo ou Material Consumido
a Material de Consumo   40,00

b) A empresa compra a mercadoria para revenda, em atividade comercial.
   A empresa **poderá** recuperar o ICMS, mas **não poderá** recuperar o IPI.

Exemplo
Valor da Nota Fiscal: 4.000,00
ICMS: (400,00)
Valor líquido: 3.600,00

100 peças ..... R$ 36,00 por peça ..... R$ 3.600,00

Lançamentos:
Diversos
a Caixa ou Bancos ou Fornecedores
Mercadorias   3.600,00
ICMS a Recuperar   400,00   4.000,00

c) A empresa é uma indústria.
   *A empresa é contribuinte do ICMS e do IPI. Logo, **poderá** recuperar ambos os impostos.*

Exemplo
   Exemplo de lançamento a ser efetuado:

Lançamentos:
Diversos
a Caixa
Matéria-Prima   3.000,00
ICMS a Recuperar   500,00
IPI a Recuperar   600,00   4.100,00

7.14.2.8. Resumo das Condições de Recuperação de IPI e ICMS

Conforme a operação realizada, poderá ocorrer a recuperação de impostos, de acordo com o que a seguir se apresenta:

- No caso de aquisições para industrialização ou transformação, poderão ser recuperados o IPI e o ICMS;
- Se forem realizadas aquisições para comercialização ou revenda, o ICMS poderá ser recuperado;
- A energia elétrica consumida em um processo industrial dá direito à recuperação do ICMS incidente nesta operação (Lei Complementar nº 87/1996 e alterações posteriores); e
- Quando bens são destinados ao ANC Imobilizado da empresa, o ICMS poderá ser recuperado. Neste caso, a recuperação do ICMS deverá ser parcelada em 48 vezes (1/48 ao mês).

Os arts. 20, 21, 23 e 33 da Lei Complementar nº 87/1996 e suas alterações posteriores disciplinam, em linhas gerais, que o ICMS poderá gerar direito a crédito desde que as saídas sejam tributadas e a mercadoria ou o serviço adquirido não seja alheio à atividade da entidade. Caso tenha ocorrido crédito quando da entrada da mercadoria e a sua saída tenha sido realizada com isenção, então a empresa compradora deverá realizar estorno do crédito ora citado.

A Lei Complementar 138/2010 adiou para 1º/01/2020 a data de início da vigência dos créditos referentes às mercadorias utilizadas para uso ou consumo do adquirente (material de escritório, material de manutenção, material de limpeza etc.), assim como do crédito integral da energia elétrica e do recebimento dos serviços de telecomunicação.

Exemplo

Questão 22 – (Analista de Comércio Exterior – MDIC – EsAF – 2002)

A empresa Três Ramos de Trevo realizou apenas duas vendas em agosto. Uma de 300 unidades, no dia 15; e outra de 480 unidades, no dia 25. O valor apurado foi o mesmo em cada operação, sendo a primeira a prazo e a segunda à vista. O valor total cobrado foi de R$ 5.280,00, correspondente ao preço de venda com incidência de ICMS de 17% e de IPI de 10%.

Exclusivamente com base nas informações acima, podemos dizer que o preço unitário de venda alcançado na operação do dia

a) 25 de agosto foi de R$ 5,00.
b) 25 de agosto foi de R$ 5,50.
c) 15 de agosto foi de R$ 6,64.
d) 15 de agosto foi de R$ 7,92.
e) 15 de agosto foi de R$ 8,80.

Resolução e Comentários

Valor total cobrado nas duas vendas: R$ 5.280,00. Portanto, cada venda teve valor de:

R$ 5.280,00 / 2 = R$ 2.640,00

Venda de 15 de agosto:

R$ 2.640,00 / 300 unidades = R$ 8,80

Preço unitário de venda + 10% IPI = R$ 8,80

Preço unitário de venda = R$ 8,00

Venda de 25 de agosto:

R$ 2.640,00 / 480 unidades = R$ 5,50

Preço unitário de venda + 10% IPI = R$ 5,50

Preço unitário de venda = R$ 5,00

Gabarito – A

7.14.3. Tipos de Incidência de Tributos

- **Incidência Monofásica**

Ocorre quando o tributo incide apenas uma vez na cadeia produtiva.

- **Incidência Cumulativa**

Ocorre quando as contribuições incidem em todas as etapas da cadeia produtiva, em cascata.

- **Incidência Não Cumulativa**

Ocorre quando se abate em cada operação o montante das contribuições cobradas nas operações anteriores.

- **Substituição Tributária**

Ocorre quando terceira pessoa, não contribuinte, é investida por lei como sujeito passivo da obrigação tributária principal, devendo satisfazer o pagamento do tributo devido pelos substituídos.

- **Alíquotas Diferenciadas**

Representam as alíquotas com percentuais diferenciados das alíquotas normais, em razão, normalmente, de regime de substituição tributária, no qual é necessário arrecadar o valor dos tributos totais relativos a todas as etapas do processo produtivo em apenas uma etapa da cadeia produtiva.

7.14.4. O PIS/Pasep e a Cofins

A Constituição da República Federativa do Brasil (CF) de 1988 disciplina, em seu Art. 149, que compete exclusivamente à União instituir contribuições sociais, de intervenção no domínio econômico e de interesse das categorias profissionais ou econômicas, como instrumento de sua atuação nas respectivas áreas, devendo ser observado o disposto nos Arts. 146, Inciso III, 150, Incisos I e III, sem prejuízo do disposto no § 6º do Art. 195, naquilo que se refere às contribuições a que alude o dispositivo.

O Art. 195 da CF/88 elenca um rol de contribuições sociais que poderão ser instituídas pela União. São elas:

- Sobre os **empregadores ou empresas**, que podem incidir sobre a **folha de pagamentos**, a **receita** e o **lucro** (Inciso I do Art. 195);
- Sobre os **trabalhadores** (Inciso II do Art. 195);
- Sobre as **receitas dos concursos de prognósticos** (Inciso III do Art. 195);
- Sobre a **importação de bens e serviços** (Inciso IV do Art. 195); e
- A **contribuição social residual** (§ 4º do Art. 195).

A contribuição para o *Programa de Integração Social (PIS)* foi criada pela Lei Complementar 07, de 07 de setembro de 1970.

A contribuição para o *Programa de Formação do Patrimônio do Servidor Público (Pasep)* foi criada pela Lei Complementar 08, de 03 de dezembro de 1.970.

A *Contribuição Social sobre o Faturamento (Cofins)* – antigo Finsocial – foi instituída pela Lei Complementar 70, de 30 de dezembro de 1.991. *A Cofins também é reconhecida como Contribuição para o Financiamento da Seguridade Social.*

As contribuições referentes ao PIS/Pasep e a Cofins podem ser reconhecidas em dois grupos de despesas, a saber:

a) como Deduções da Receita Bruta, tendo o PIS/Pasep e a Cofins sendo calculados sobre a Receita Bruta de Vendas de Produtos ou Mercadorias ou de Prestação de Serviços; e

b) como Despesas Administrativas, quando devem ser reconhecidas as parcelas incidentes sobre as demais receitas operacionais (Receitas Financeiras, Variações Monetárias ou Cambiais Ativas e Outras Receitas Operacionais).

Quanto ao PIS/Pasep e à Cofins incidentes sobre as receitas financeiras de pessoas jurídicas sujeitas ao regime não cumulativo ou ao regime misto, temos o seguinte:

i) *de 1º de abril de 2005 até 30 de junho de 2015, as alíquotas de PIS/Pasep e Cofins incidentes sobre receitas financeiras foram reduzidas a zero, por força do Decreto nº 5.442, de 9 de maio de 2005; e*

ii) *a partir de 1º de julho de 2015, por força do Decreto nº 8.426, de 1º de abril de 2015, volta a haver cobrança de PIS/Pasep e Cofins sobre as receitas financeiras nas seguintes condições: ficam restabelecidas para 0,65% (sessenta e cinco centésimos por cento) e 4% (quatro por cento), respectivamente, as alíquotas da Contribuição para os Programas de Integração Social e de Formação do Patrimônio do Servidor Público – PIS/Pasep e da Contribuição para o Financiamento da Seguridade Social – Cofins incidentes sobre receitas financeiras, inclusive decorrentes de operações realizadas para fins de hedge, auferidas pelas pessoas jurídicas sujeitas ao regime de apuração não cumulativa das referidas contribuições e, também, pelas pessoas jurídicas que tenham apenas parte de suas receitas submetidas ao regime de apuração não cumulativa da Contribuição para o PIS/Pasep e da Cofins.*

> *Diante do anteriormente exposto, na Demonstração do Resultado do Exercício teremos o PIS/Pasep e a Cofins incidentes sobre a Receita Bruta apresentados como Deduções da Receita Bruta; já o PIS/Pasep e a Cofins incidentes sobre as demais receitas serão apresentados como despesa operacional. Maiores detalhes serão observados quando do estudo da Demonstração do Resultado do Exercício.*

Passaremos, agora, a tratar do PIS/Pasep e da Cofins no regime cumulativo. Em seguida, trataremos do regime não cumulativo destas contribuições sociais.

7.14.4.1. O PIS/Pasep e a Cofins apurados pelo regime cumulativo

Regime cumulativo é aquele em que os tributos **não são recuperáveis**, isto é, seus valores devem integrar os custos de aquisição de produtos, mercadorias, bens e serviços. Neste regime, não se tem direito a crédito dos tributos.

A Lei nº 9.175, de 25 de novembro de 1.998, dispõe sobre o **PIS/Pasep e a Cofins no regime cumulativo**.

De acordo com o Art. 2º da Lei nº 9.175/98, *a contribuição para o PIS/Pasep e a Cofins serão apuradas mensalmente:*

I – pelas pessoas jurídicas de direito privado e as que lhes são equiparadas pela legislação do Imposto de Renda, inclusive as empresas públicas e as sociedades de economia mista e suas subsidiárias, **com base no faturamento do mês**; e

II – pelas pessoas jurídicas de direito público interno, com base no valor mensal das receitas correntes arrecadadas e das transferências correntes e de capital recebidas.

Portanto, dentre outros, são *contribuintes do PIS/Pasep e da Cofins no regime cumulativo* as pessoas jurídicas de direito privado e as que lhes são equiparadas pela legislação do Imposto de Renda *que apurem o Imposto de Renda tendo por base o lucro presumido ou o lucro arbitrado.*

A base de cálculo do PIS/Pasep e da Cofins é o **Faturamento** mensal da entidade. Entende-se como **Faturamento** a **Receita Bruta**, *que compreende:*

I – *o produto da venda de bens nas operações de conta própria;*

II – *o preço da prestação de serviços em geral;*

III – *o resultado auferido nas operações de conta alheia; e*

IV – *as receitas da atividade ou objeto principal da pessoa jurídica, não compreendidas nos incisos I a III.*

A Receita Bruta compreende, portanto, a totalidade das receitas auferidas, independentemente da atividade pelas entidades exercida e da classificação contábil adotada para a escrituração das receitas.

Na Receita Bruta não se incluem:

I – as vendas canceladas e os descontos incondicionais concedidos;

II – as reversões de provisões e recuperações de créditos baixados como perda, que não representem ingresso de novas receitas, o resultado positivo da avaliação de investimento pelo valor do patrimônio líquido e os lucros e dividendos derivados de participações societárias, que tenham sido computados como receita bruta;

III – as receitas de que trata o inciso IV do *caput* do art. 187 da Lei nº 6.404, de 15 de dezembro de 1976, decorrentes da venda de bens do ativo não circulante, classificado como investimento, imobilizado ou intangível; e

IV – a receita reconhecida pela construção, recuperação, ampliação ou melhoramento da infraestrutura, cuja contrapartida seja ativo intangível representativo de direito de exploração, no caso de contratos de concessão de serviços públicos.

Estão *isentas* da contribuição para o PIS/Pasep e da Cofins, *dentre outras*, as receitas:

I – dos recursos recebidos a título de repasse, oriundos do Orçamento Geral da União, dos Estados, do Distrito Federal e dos Municípios, pelas empresas públicas e sociedades de economia mista;

II – da exportação de mercadorias para o exterior;

III – dos serviços prestados a pessoa física ou jurídica residente ou domiciliada no exterior, cujo pagamento represente ingresso de divisas;

IV – do fornecimento de mercadorias ou serviços para uso ou consumo de bordo em embarcações e aeronaves em tráfego internacional, quando o pagamento for efetuado em moeda conversível;

V – do transporte internacional de cargas ou passageiros;

VI – auferidas pelos estaleiros navais brasileiros nas atividades de construção, conservação, modernização, conversão e reparo de embarcações pré-registradas ou registradas no Registro Especial Brasileiro – REB, instituído pela Lei nº 9.432, de 8 de janeiro de 1997;

VII – de frete de mercadorias transportadas entre o País e o exterior pelas embarcações registradas no REB, de que trata o art. 11 da Lei nº 9.432, de 1997;

VIII – de vendas realizadas pelo produtor-vendedor às empresas comerciais exportadoras nos termos do Decreto-Lei nº 1.248, de 29 de novembro de 1972, e alterações posteriores, desde que destinadas ao fim específico de exportação para o exterior; e

IX – de vendas, com fim específico de exportação para o exterior, a empresas exportadoras registradas na Secretaria de Comércio Exterior do Ministério do Desenvolvimento, Indústria e Comércio Exterior.

Para as empresas em geral, regra geral, são aplicadas as seguintes **alíquotas para o cálculo da contribuição para o PIS/Pasep e da Cofins no regime cumulativo**:

- *0,65% para o PIS/Pasep; e*
- *3,00% para a Cofins.*

Nem sempre as questões de provas trazem estes percentuais. Portanto, aconselhamos o leitor a memorizar tais percentuais, evitando sustos desnecessários.

Importante!!!
No último dia 15 de março de 2017, apreciando o Recurso Especial nº 574.706, os Ministros do Egrégio Supremo Tribunal Federal fixaram, com repercussão geral, a seguinte tese:

> *"O ICMS não compõe a base de cálculo para a incidência do PIS e da Cofins."*

Exemplo

Certa empresa, que apura a contribuição para o PIS/Pasep e a Cofins pela sistemática cumulativa, apresentou as seguintes informações em seus registros contábeis ao final de determinado período:

- Receita Bruta de Vendas – R$ 150.000,00
- Receita Bruta de Prestação de Serviços – R$ 60.000,00
- Descontos Incondicionais Concedidos – R$ 10.000,00

- Devoluções de Vendas – R$ 20.000,00
- Abatimentos sobre Vendas – R$ 5.000,00
- Ganho (ou Resultado Positivo) de Equivalência Patrimonial – R$ 40.000,00
- ICMS sobre Vendas – R$ 18.000,00
- Despesas com ISS – R$ 3.000,00

As seguintes alíquotas são utilizadas para o cálculo da contribuição para o PIS/Pasep e da Cofins desta empresa:
- 0,65% para o PIS/Pasep; e
- 3,00% para a Cofins.

Base de cálculo do PIS/Pasep e da Cofins:
Receita Bruta de Vendas – R$ 150.000,00
Receita Bruta de Prestação de Serviços – R$ 60.000,00
(-) Devoluções de Vendas – (R$ 20.000,00)
(-) Descontos Incondicionais Concedidos – (R$ 10.000,00)
(-) ICMS sobre Vendas – (R$ 18.000,00)
(=) Base de cálculo do PIS/Pasep e da Cofins = R$ 162.000,00

→ *Contribuição para o PIS/Pasep: 0,65% x R$ 162.000,00 = R$ 1.053,00*
→ *Cofins: 3,00% x R$ 162.000,00 = R$ 4.860,00*

Registros contábeis:

D – PIS sobre o Faturamento
C – PIS sobre o Faturamento a Recolher   1.053,00

(e)

D – Cofins sobre o Faturamento
C – Cofins sobre o Faturamento a Recolher   4.860,00

Demonstração do Resultado do Exercício:
Receita Bruta de Vendas – R$ 150.000,00
Receita Bruta de Prestação de Serviços – R$ 60.000,00
(-) Devoluções de Vendas – (R$ 20.000,00)
(-) Descontos Incondicionais Concedidos – (R$ 10.000,00)
(-) PIS sobre o Faturamento – (R$ 1.053,00)

(-) Cofins sobre o Faturamento – (R$ 4.860,00)
(-) ICMS sobre Vendas – (R$ 18.000,00)
(-) Despesas com ISS – (R$ 3.000,00)
(-) Abatimentos sobre Vendas – (R$ 5.000,00)
(=) *Receita Líquida de Vendas e Serviços – R$ 148.087,00*

7.14.4.2. O PIS/Pasep e a Cofins apurados pelo regime não cumulativo

A Lei nº 10.637, de 30 de dezembro de 2002, instituiu a **não cumulatividade para o PIS e o Pasep**. Já a Lei nº 10.833, de 29 de dezembro de 2003, instituiu a **não cumulatividade para a Cofins**.

Dentre outros, são *contribuintes do PIS/Pasep e da Cofins incidentes sobre o faturamento, no **regime não cumulativo***, as pessoas jurídicas de direito privado e as que lhes são equiparadas pela legislação do Imposto de Renda que apurem o IRPJ tendo por base o **lucro real**, <u>exceto</u>, *dentre outros os(as)*:

I – bancos comerciais, bancos de investimentos, bancos de desenvolvimento, caixas econômicas, sociedades de crédito, financiamento e investimento, sociedades de crédito imobiliário, sociedades corretoras, distribuidoras de títulos e valores mobiliários, empresas de arrendamento mercantil, cooperativas de crédito, empresas de seguros privados e de capitalização, agentes autônomos de seguros privados e de crédito, entidades de previdência complementar abertas e fechadas e associações de poupança e empréstimo; e

II – as receitas decorrentes de prestação de serviços das empresas jornalísticas e de radiodifusão sonora e de sons e imagens;

III – as receitas decorrentes de operações de comercialização de pedra britada, de areia para construção civil e de areia de brita; e

IV – as receitas decorrentes da alienação de participações societárias.

A base de cálculo do PIS/Pasep e da Cofins é o **Faturamento** *mensal da entidade. Entende-se como* **Faturamento** *a* **Receita Bruta**, *que compreende*:

I – *o produto da venda de bens nas operações de conta própria;*
II – *o preço da prestação de serviços em geral;*
III – *o resultado auferido nas operações de conta alheia; e*
IV – *as receitas da atividade ou objeto principal da pessoa jurídica, não compreendidas nos incisos I a III.*

A Receita Bruta compreende, portanto, a totalidade das receitas auferidas, independentemente da atividade pelas entidades exercida e da classificação contábil adotada para a escrituração das receitas.

A contribuição para o PIS/Pasep e a Cofins *não incidirão sobre as receitas decorrentes das operações de*:

I – exportação de mercadorias para o exterior;

II – prestação de serviços para pessoa física ou jurídica residente ou domiciliada no exterior, cujo pagamento represente ingresso de divisas; e

III – vendas a empresa comercial exportadora com o fim específico de exportação.

Mencionando exclusões, a legislação disciplina que *não integram a base de cálculo da contribuição para o PIS/Pasep e da Cofins as receitas:*

I – decorrentes de saídas isentas da contribuição ou sujeitas à alíquota zero;

II – auferidas pela pessoa jurídica revendedora, na revenda de mercadorias em relação às quais a contribuição seja exigida da empresa vendedora, na condição de substituta tributária;

III – referentes a:

a) vendas canceladas e aos descontos incondicionais concedidos;

b) reversões de provisões e recuperações de créditos baixados como perda, que não representem ingresso de novas receitas, o resultado positivo da avaliação de investimentos pelo valor do patrimônio líquido e os lucros e dividendos derivados de participações societárias, que tenham sido computados como receita;

IV – de que trata o inciso IV do *caput* do art. 187 da Lei nº 6.404, de 15 de dezembro de 1976, decorrentes da venda de bens do ativo não circulante, classificado como investimento, imobilizado ou intangível;

V – decorrentes de transferência onerosa a outros contribuintes do Imposto sobre Operações relativas à Circulação de Mercadorias e sobre Prestações de Serviços de Transporte Interestadual e Intermunicipal e de Comunicação – ICMS de créditos de ICMS originados de operações de exportação, conforme o disposto no inciso II do § 1º do art. 25 da Lei Complementar nº 87, de 13 de setembro de 1996.

VI – financeiras decorrentes do ajuste a valor presente de que trata o inciso VIII do *caput* do art. 183 da Lei nº 6.404, de 15 de dezembro de 1976, referentes a receitas excluídas da base de cálculo da Contribuição para o PIS/Pasep;

VII – relativas aos ganhos decorrentes de avaliação de ativo e passivo com base no valor justo;

VIII – de subvenções para investimento, inclusive mediante isenção ou redução de impostos, concedidas como estímulo à implantação ou expansão de empreendimentos econômicos e de doações feitas pelo poder público;

IX – reconhecidas pela construção, recuperação, reforma, ampliação ou me-lhoramento da infraestrutura, cuja contrapartida seja ativo intangível representativo de direito de exploração, no caso de contratos de concessão de serviços públicos;

X – relativas ao valor do imposto que deixar de ser pago em virtude das isenções e reduções de que tratam as alíneas "a", "b", "c" e "e" do § 1º do art. 19 do Decreto-Lei nº 1.598, de 26 de dezembro de 1977; e

XI – relativas ao prêmio na emissão de debêntures.

Para as empresas em geral, regra geral, são aplicadas as seguintes **alíquotas para o cálculo da contribuição para o PIS/Pasep e da Cofins no regime não cumulativo**:

- **1,65% para o PIS/Pasep; e**
- **7,60% para a Cofins.**

Nem sempre as questões de provas trazem estes percentuais. Portanto, aconselhamos o leitor a memorizar tais percentuais, evitando sustos desnecessários.

Como efetuar a apuração dos valores referentes à contribuição para o PIS/Pasep e à Cofins via sistemática não cumulativa?!

a) Calcula-se o valor da contribuição para o PIS/Pasep e da Cofins incidente na Receita Bruta de Vendas e Serviços, já subtraídas as isenções e exclusões legais, aplicando-se as alíquotas de 1,65% para a contribuição para o PIS/Pasep e de 7,60% para a Cofins;

b) São apurados os valores correspondentes aos <u>créditos de contribuição para o PIS/Pasep e Cofins</u>, conforme dispõe a legislação neste tópico citada, regra geral, utilizando-se as alíquotas de 1,65% para a contribuição para o PIS/Pasep e de 7,60% para a Cofins, em relação a:

I – bens adquiridos para revenda, exceto o álcool para fins carburantes, as mercadorias e produtos sujeitos à substituição tributária e à incidência monofásica das referidas contribuições;

II – bens e serviços, utilizados como insumo na prestação de serviços e na produção ou fabricação de bens ou produtos destinados à venda, inclusive combustíveis e lubrificantes, exceto em relação ao pagamento de que trata o art. 2º da Lei nº 10.485, de 3 de julho de 2002, devido pelo fabricante ou importador, ao concessionário, pela intermediação ou entrega dos veículos classificados nas posições 87.03 e 87.04 da TIPI;

III – aluguéis de prédios, máquinas e equipamentos, pagos a pessoa jurídica, utilizados nas atividades da empresa;

IV – valor das contraprestações de operações de arrendamento mercantil de pessoa jurídica, exceto de optante pelo Sistema Integrado de Pagamento de Impostos e Contribuições das Microempresas e das Empresas de Pequeno Porte – SIMPLES;

V – máquinas, equipamentos e outros bens incorporados ao ativo imobilizado, adquiridos ou fabricados para locação a terceiros ou para utilização na produção de bens destinados à venda ou na prestação de serviços;

VI – edificações e benfeitorias em imóveis de terceiros, quando o custo, inclusive de mão de obra, tenha sido suportado pela locatária;

VII – bens recebidos em devolução, cuja receita de venda tenha integrado faturamento do mês ou de mês anterior, e tributada conforme o disposto na Lei nº 10.637/02 e na Lei nº 10.833/03;

VIII – energia elétrica consumida nos estabelecimentos da pessoa jurídica;

IX – energia elétrica e energia térmica, inclusive sob a forma de vapor, consumidas nos estabelecimentos da pessoa jurídica; e

X – vale-transporte, vale-refeição ou vale-alimentação, fardamento ou uniforme fornecidos aos empregados por pessoa jurídica que explore as atividades de prestação de serviços de limpeza, conservação e manutenção.

XI – bens incorporados ao ativo intangível, adquiridos para utilização na produção de bens destinados à venda ou na prestação de serviços.

c) Calcula-se a *diferença* entre os valores encontrados nas alíneas "a)" e "b)", apurando-se os valores porventura devidos de contribuição para o PIS/Pasep e de Cofins.

Importante!!!

No último dia 15 de março de 2017, apreciando o Recurso Especial nº 574.706, os Ministros do Egrégio Supremo Tribunal Federal fixaram, com repercussão geral, a seguinte tese:

> *"O ICMS não compõe a base de cálculo para a incidência do PIS e da Cofins."*

Exemplo

Certa empresa, que apura a contribuição para o PIS/Pasep e a Cofins pela sistemática não cumulativa, apresentou as seguintes informações em seus registros contábeis ao final de determinado período:

- Receita Bruta de Vendas – R$ 150.000,00
- Receita Bruta de Prestação de Serviços – R$ 60.000,00
- Descontos Incondicionais Concedidos – R$ 10.000,00
- Devoluções de Vendas – R$ 20.000,00
- Abatimentos sobre Vendas – R$ 5.000,00
- Ganho (ou Resultado Positivo) de Equivalência Patrimonial – R$ 40.000,00
- ICMS sobre Vendas – R$ 18.000,00
- Despesas com ISS – R$ 3.000,00
- Despesas de Aluguel (prédio pertencente a uma pessoa jurídica, utilizado nas atividades da empresa) – R$ 20.000,00
- Bens adquiridos para revenda – R$ 40.000,00
- Depreciação de imóvel próprio (utilizado nas atividades da empresa) – R$ 8.000,00

As seguintes alíquotas são utilizadas para o cálculo da contribuição para o PIS/Pasep e da Cofins desta empresa:

- 1,65% para o PIS/Pasep; e
- 7,60% para a Cofins.

Base de cálculo do PIS/Pasep e da Cofins:
   Receita Bruta de Vendas – R$ 150.000,00
   Receita Bruta de Prestação de Serviços – R$ 60.000,00
(-) Devoluções de Vendas – (R$ 20.000,00)
(-) Descontos Incondicionais Concedidos – (R$ 10.000,00)
(-) ICMS sobre Vendas – (R$ 18.000,00)
(=) *Base de cálculo do PIS/Pasep e da Cofins = R$ 162.000,00*

→   *Contribuição para o PIS/Pasep: 1,65% x R$ 162.000,00 = R$ 2.673,00*
→   *Cofins: 7,60% x R$ 162.000,00 = R$ 12.312,00*

Registros contábeis:

D – PIS sobre o Faturamento
C – PIS sobre o Faturamento a Recolher   2.673,00

(e)

D – Cofins sobre o Faturamento
C – Cofins sobre o Faturamento a Recolher   12.312,00

Cálculo dos créditos referentes ao PIS/Pasep e a Cofins:
Despesas de Aluguel (prédio pertencente a uma pessoa jurídica, utilizado nas atividades da empresa) – R$ 20.000,00
Bens adquiridos para revenda – R$ 40.000,00
Depreciação de imóvel próprio (utilizado nas atividades da empresa) – R$ 8.000,00
(=) Base de cálculo dos créditos referentes ao PIS/Pasep e a Cofins = R$ 68.000,00

→   *Créditos referentes a Contribuição para o PIS/Pasep: 1,65% x R$ 68.000,00 = R$ 1.122,00*
→   *Créditos referentes a Cofins: 7,60% x R$ 68.000,00 = R$ 5.168,00*

Apuração extracontábil dos valores referentes à contribuição para o PIS/Pasep e à Cofins:
- Contribuição para o PIS/Pasep: R$ 2.673,00 – R$ 1.122,00 = R$ 1.551,00 (valor efetivo a recolher)
- Cofins: R$ 12.312,00 – R$ 5.168,00 = R$ 7.144,00 (valor efetivo a recolher)

Demonstração do Resultado do Exercício:

Receita Bruta de Vendas – R$ 150.000,00

Receita Bruta de Prestação de Serviços – R$ 60.000,00

(-) Devoluções de Vendas – (R$ 20.000,00)

(-) Descontos Incondicionais Concedidos – (R$ 10.000,00)

(-) PIS sobre o Faturamento – (R$ 2.673,00)

(-) Cofins sobre o Faturamento – (R$ 12.312,00)

(-) ICMS sobre Vendas – (R$ 18.000,00)

(-) Despesas com ISS – (R$ 3.000,00)

(-) Abatimentos sobre Vendas – (R$ 5.000,00)

(=) Receita Líquida de Vendas e Serviços – R$ 139.015,00

Deve ser ressaltado que se a entidade estiver sujeita à incidência não cumulativa da contribuição para o PIS/Pasep e da Cofins em relação a apenas uma parte de suas receitas auferidas, então os créditos serão apurados, exclusivamente, em relação à parcela dos custos, encargos e despesas diretamente vinculados a essas receitas em que pode ser aplicada a não cumulatividade.

7.14.5. Registros Referentes à Aquisição de Produtos e Mercadorias

A seguir, são apresentados diversos exemplos que mostram a correta maneira de registrar contabilmente operações de compras de produtos e mercadorias.

Exemplo

A empresa Delta Industrial S/A adquiriu para industrialização R$ 210.000,00 em produtos. Houve a incidência de IPI, ICMS, PIS e Cofins, de acordo com as seguintes alíquotas:

- IPI = 10,00%
- ICMS = 20,00%
- PIS = 1,65%
- Cofins = 7,60%

Observação:

Os valores do ICMS, do PIS e da Cofins estão incluídos nos preços dos produtos adquiridos. O IPI é calculado por fora da Nota Fiscal, ou seja, acrescentado ao valor da Nota Fiscal. **Neste exemplo, o IPI, o ICMS, o PIS e a Cofins são recuperáveis.**

Nota Fiscal:

    Quantidade de Produtos x Preço dos Produtos = R$ 210.000,00

    IPI (calculado por fora) = 10,00% x R$ 210.000,00 = R$ 21.000,00

    Valor total da NF = R$ 231.000,00

    ICMS (embutido no valor da operação) = R$ 210.000,00 x 20% = R$ 42.000,00 (como o produto é destinado à industrialização, então o IPI não faz parte da base de cálculo do ICMS).

Cálculo dos Tributos Incluídos na Operação:

    Valor da aquisição = R$ 210.000,00

    IPI sobre a venda = 10% x R$ 210.000,00 = R$ 21.000,00

    Valor total da NF = R$ 210.000,00 + R$ 21.000,00 = R$ 231.000,00

    ICMS (20%) = 0,20 x R$ 210.000,00 = R$ 42.000,00

    PIS (1,65%) = 0,0165 x (R$ 210.000,00 − R$ 42.000,00) = R$ 2.772,00

    COFINS (7,60%) = 0,076 x (R$ 210.000,00 − R$ 42.000,00) = R$ 12.768,00

    IPI sobre a compra = 10% x R$ 210.000,00 = R$ 21.000,00

    Valor líquido da compra = R$ 231.000,00 − R$ 21.000,00 − R$ 42.000,00 − R$ 2.772,00 − R$ 12.768,00 = R$ 152.460,00

Observação:

    Quando o IPI é recuperável, seu valor não entra na base de cálculo do ICMS, de acordo com o disposto no Inciso XI do § 2º do Art. 155 da CF/88.

    Quando o IPI é recuperável, seu valor não entra na base de cálculo do PIS, conforme o disposto no § 3º do Art. 66 da Instrução Normativa SRF 247/02.

    Quando o IPI é recuperável, seu valor não entra na base de cálculo da Cofins, conforme o disposto no Inciso I do § 3º do Art. 8º da Instrução Normativa SRF 404/04.

Se a compra foi realizada à vista e em dinheiro, então são efetuados os seguintes lançamentos:

D − Mercadorias − R$ 152.460,00

D − IPI a Recuperar − R$ 21.000,00

D − ICMS a Recuperar − R$ 42.000,00

D − PIS a Recuperar − R$ 2.772,00

D − Cofins a Recuperar − R$ 12.768,00

C − Caixa − R$ 231.000,00

Se forem utilizadas contas-correntes para o IPI, para o ICMS, para o PIS e para a Cofins, tem-se os seguintes registros realizados:

D – Mercadorias – R$ 152.460,00
D – C/C IPI – R$ 21.000,00
D – C/C ICMS – R$ 42.000,00
D – C/C PIS – R$ 2.772,00
D – C/C Cofins – R$ 12.768,00
C – Caixa – R$ 231.000,00

Exemplo

A empresa Comercial Celta adquiriu para seu próprio uso alguns computadores no valor total de R$ 210.000,00. A compra foi realizada diretamente de uma indústria. Houve a incidência de IPI, ICMS, PIS e Cofins, de acordo com as seguintes alíquotas:

- IPI = 10,00%
- ICMS = 20,00%
- PIS = 1,65%
- Cofins = 7,60%

Observe que, neste caso, uma indústria vendeu para uma empresa comercial.

Observação:

Os valores do ICMS, do PIS e da Cofins estão incluídos nos preços dos produtos adquiridos. O IPI é calculado por fora da Nota Fiscal. *No presente exemplo, o ICMS, o PIS e a Cofins são recuperáveis; o IPI não é recuperável, devendo fazer parte do custo de aquisição dos insumos para o ANC Imobilizado.*

Nota Fiscal:

Quantidade de Computadores x Preço do Computador = R$ 210.000,00

IPI (calculado por fora) = 10,00% x R$ 210.000,00 = R$ 21.000,00

Valor total da NF = R$ 231.000,00

ICMS (embutido no valor da operação) = R$ 231.000,00 x 20% = R$ 46.200,00 (se o produto é adquirido para registro no ANC Imobilizado da empresa, isto é, para o seu próprio uso, então o IPI faz parte da base de cálculo do ICMS).

Cálculo dos Tributos Incluídos na Operação:

Valor da aquisição = R$ 210.000,00

IPI sobre a venda = 10% x R$ 210.000,00 = R$ 21.000,00

Valor total da NF = R$ 210.000,00 + R$ 21.000,00 = R$ 231.000,00

ICMS (20%) = 0,20 x R$ 231.000,00 = R$ 46.200,00

PIS (1,65%) = 0,0165 x (R$ 231.000,00 – R$ 46.200,00) = R$ 3.049,20

Cofins (7,60%) = 0,076 x (R$ 231.000,00 – R$ 46.200,00) = R$ 14.044,80

Valor líquido da compra = R$ 231.000,00 – R$ 46.200,00 – R$ 3.049,20 – R$ 14.044,80 = R$ 167.706,00

Observação:

Quando o IPI não é recuperável e o produto não é destinado à comercialização ou à industrialização, seu valor entra na base de cálculo do ICMS, de acordo com o disposto no Inciso XI do § 2º do Art. 155 da CF/88.

O ICMS poderá ser recuperado neste caso, tendo em vista tratar-se de bem adquirido para o Ativo Não Circulante Imobilizado da entidade, à proporção de 1/48 por mês (Lei Complementar 87/96 – "Lei Kandir").

Quando o IPI não é recuperável, seu valor entra na base de cálculo do PIS, conforme o disposto no § 3º do Art. 66 da Instrução Normativa SRF 247/02.

Quando o IPI não é recuperável, seu valor entra na base de cálculo da Cofins, conforme o disposto no Inciso I do § 3º do Art. 8º da Instrução Normativa SRF 404/04.

As máquinas e os equipamentos adquiridos a partir de 01/05/2004 dão direito a créditos de PIS e de Cofins, desde que sejam adquiridos para utilização na fabricação de produtos destinados à venda, conforme o que se observa na Lei nº 10.865/04. A utilização de tais créditos será realizada a partir da depreciação dos ativos que lhes deram origem ou (opcionalmente) no prazo de 04 (quatro) anos, a razão de 1/48 por mês.

Se a compra foi realizada à vista, serão efetuados os seguintes registros:

D – Máquinas – R$ 167.706,00

D – ICMS a Recuperar – R$ 46.200,00

D – PIS a Recuperar – R$ 3.049,20

D – Cofins a Recuperar – R$ 14.044,80

C – Caixa – R$ 231.000,00

Se forem utilizadas contas-correntes para o ICMS, para o PIS e para a Cofins, tem-se o seguinte lançamento contábil:

D – Mercadorias – R$ 167.706,00

D – C/C ICMS – R$ 46.200,00

D – C/C PIS – R$ 3.049,20

D – C/C Cofins – R$ 14.044,80

C – Caixa – R$ 231.000,00

Exemplo

A empresa Comercial Omega adquiriu para revenda R$ 210.000,00 em produtos industrializados. Houve a incidência de IPI, ICMS, PIS e Cofins, de acordo com as seguintes alíquotas:

- IPI = 10,00%
- ICMS = 20,00%
- PIS = 1,65%
- Cofins = 7,60%

Observação:

Os valores do ICMS, do PIS e da Cofins estão incluídos nos preços dos produtos adquiridos. O IPI é calculado por fora da Nota Fiscal. *No presente exemplo, o ICMS, o PIS e a Cofins são recuperáveis. O IPI não é recuperável, tendo em vista que o comprador não é contribuinte dele.*

Nota Fiscal:

Quantidade de Produtos x Preço dos Produtos = R$ 210.000,00

IPI (calculado por fora) = 10,00% x R$ 210.000,00 = R$ 21.000,00

Valor total da NF = R$ 231.000,00

ICMS (embutido no valor da operação) = R$ 210.000,00 x 20% = R$ 42.000,00 (as mercadorias são destinadas à comercialização; por isso, o IPI não faz parte da base de cálculo do ICMS).

Cálculo dos Tributos pelo Vendedor:

Valor definido para a venda = R$ 210.000,00

IPI sobre a venda = 10% x R$ 210.000,00 = R$ 21.000,00

Valor total da NF de venda = R$ 210.000,00 + R$ 21.000,00 = R$ 231.000,00

ICMS (20%) = 0,20 x R$ 210.000,00 = R$ 42.000,00
PIS (1,65%) = 0,0165 x (R$ 210.000,00 – R$ 42.000,00) = R$ 2.772,00
Cofins (7,60%) = 0,076 x (R$ 210.000,00 – R$ 42.000,00) = R$ 12.768,00

Registros efetuados pelo vendedor:

D – Bancos Conta Movimento ou Caixa ou Clientes – R$ 231.000,00
C – IPI a Recolher – R$ 21.000,00
C – Receita Bruta de Vendas – R$ 210.000,00

D – CPV
C – Estoque de Produtos Acabados ... (não informado no exemplo!)

D – ICMS sobre Vendas
C – ICMS a Recolher R$ 42.000,00

D – PIS sobre Vendas ou PIS sobre Faturamento
C – PIS a Recolher R$ 2.772,00

D – Cofins sobre Vendas ou Cofins sobre Faturamento
C – Cofins a Recolher R$ 12.768,00

Cálculo dos Tributos Incluídos na Operação de Compra:
    Valor da aquisição = R$ 210.000,00
    IPI sobre a compra = 10% x R$ 210.000,00 = R$ 21.000,00
    Valor total da NF = R$ 210.000,00 + R$ 21.000,00 = R$ 231.000,00

    ICMS (20%) = 0,20 x R$ 210.000,00 = R$ 42.000,00
    PIS (1,65%) = 0,0165 x (R$ 231.000,00 – R$ 42.000,00) = R$ 3.118,50
    Cofins (7,60%) = 0,076 x (R$ 231.000,00 – R$ 42.000,00) = R$ 14.364,00
    Valor líquido da compra = R$ 231.000,00 – R$ 42.000,00 – R$ 3.118,50 – R$ 14.364,00 = R$ 171.517,50

Observação:
    Quando o IPI não é recuperável, porém o produto é destinado à comercialização ou à industrialização, seu valor não entra na base de cálculo do ICMS, de acordo com o disposto no Inciso XI do § 2º do Art. 155 da CF/88.

Quando o IPI não é recuperável, seu valor entra na base de cálculo do PIS, conforme o disposto no § 3º do Art. 66 da Instrução Normativa SRF 247/02.

Quando o IPI não é recuperável, seu valor entra na base de cálculo da Cofins, conforme o disposto no Inciso I do § 3º do Art. 8º da Instrução Normativa SRF 404/04.

Se a compra foi realizada à vista:

D – Mercadorias – R$ 171.517,50

D – ICMS a Recuperar – R$ 42.000,00

D – PIS a Recuperar – R$ 3.118,50

D – Cofins a Recuperar – R$ 14.364,00

C – Caixa – R$ 231.000,00

Se forem utilizadas contas correntes para o IPI, para o ICMS, para o PIS e para a Cofins, tem-se:

D – Mercadorias – R$ 171.517,50

D – C/C ICMS – R$ 42.000,00

D – C/C PIS – R$ 3.118,50

D – C/C Cofins – R$ 14.364,00

C – Caixa – R$ 231.000,00

Observe que o vendedor, ao fazer os cálculos dos tributos, às vezes encontra valores diferentes do comprador. Isto ocorre porque temos regras básicas a serem respeitadas quando registramos operações de compras e de vendas.

No caso de operações de vendas, por exemplo, o PIS e a Cofins incidem APENAS sobre a Receita Bruta de Vendas, ou seja, quando das vendas, o IPI não integra a base de cálculo do PIS, tampouco da Cofins; já no caso do ICMS, a incidência ou não incidência do IPI dependerá da destinação a ser dada pelo comprador dos produtos ou mercadorias então adquiridos.

Exemplo

A empresa Alpha adquiriu para revenda R$ 180.000,00 em mercadorias. Houve a incidência de ICMS, PIS e Cofins, de acordo com as seguintes alíquotas:

- ICMS = 20,00%
- PIS = 1,65%
- Cofins = 7,60%

Observação:

Os valores do ICMS, do PIS e da Cofins estão incluídos nos preços das mercadorias adquiridas. **No presente exemplo, o ICMS, o PIS e a Cofins são recuperáveis.**

Nota Fiscal:

Quantidade de Mercadorias x Preço das Mercadorias = R$ 180.000,00

Valor total da NF = R$ 180.000,00

ICMS (embutido no valor da operação) = R$ 180.000,00 x 20% = R$ 36.000,00

Cálculo dos Tributos Incluídos na Operação:

Valor da aquisição = R$ 180.000,00

ICMS (20%) = 0,20 x R$ 180.000,00 = R$ 36.000,00

PIS (1,65%) = 0,0165 x (R$ 180.000,00 – R$ 36.000,00) = R$ 2.376,00

Cofins (7,60%) = 0,076 x (R$ 180.000,00 – R$ 36.000,00) = R$ 10.944,00

Valor líquido da compra = R$ 180.000,00 – R$ 36.000,00 – R$ 2.376,00 – R$ 10.944,00 = R$ 130.680,00

Se a compra foi realizada à vista, tem-se o seguinte registro contábil:

D – Mercadorias – R$ 130.680,00

D – ICMS a Recuperar – R$ 36.000,00

D – PIS a Recuperar – R$ 2.376,00

D – Cofins a Recuperar – R$ 10.944,00

C – Caixa – R$ 180.000,00

Se forem utilizadas contas-correntes para o ICMS, para o PIS e para a Cofins, tem-se o seguinte lançamento efetuado:

D – Mercadorias – R$ 130.680,00

D – C/C ICMS – R$ 36.000,00

D – C/C PIS – R$ 2.376,00

D – C/C Cofins – R$ 10.944,00

C – Caixa – R$ 180.000,00

Exemplo

A empresa Ametista Serviços de Consultoria Ltda. adquiriu móveis e utensílios à vista e em dinheiro no valor de R$ 4.000,00. Na nota fiscal correspondente, houve o registro de ICMS à alíquota de 10%.

Observe que, neste caso, a empresa adquirente é prestadora de serviços, ou seja, é contribuinte do ISS. Não é contribuinte do IPI, nem do ICMS.

Se a compra foi realizada à vista, tem-se o seguinte registro contábil:

D – Móveis e Utensílios
C – Caixa   R$ 4.000,00

A seguir, apresentaremos algumas questões que tratam das operações com tributos.

Exemplo

Atenção: Utilize as informações a seguir, para responder às questões de números 23 a 25.

A Cia. Comercial Varejista Moinho de Vento adquiriu um lote de 1.000 unidades de uma mercadoria para revenda, pagando R$ 500,00 por cada unidade. Posteriormente, vendeu 60% do referido lote por R$ 900,00 cada unidade. A companhia está sujeita à incidência do PIS e da Cofins no regime não cumulativo, com alíquotas, respectivamente, de 1,65% e 7,6%, bem como à incidência do ICMS à alíquota de 18% nas operações de compras e vendas.

Questão 23 – (Auditor do Tribunal de Contas dos Municípios do Estado do CE – FCC – 2003 – Adaptada)

Na compra, de acordo com as Normas Brasileiras de Contabilidade, o valor do estoque da companhia foi debitado pelo valor, em R$, de
a) 352.000,00.
b) 363.750,00.
c) 372.075,00.
d) 388.250,00.
e) 410.000,00.

Resolução e Comentários

Neste caso, o ICMS, o PIS e a Cofins, por serem tributos recuperáveis, não integram o custo de aquisição das mercadorias.

1.000 unidades x R$ 500,00 = R$ 500.000,00
ICMS já incluído = R$ 500.000,00 x 18% = (R$ 90.000,00)
PIS já incluído = (R$ 500.000,00 – R$ 90.000,00) x 1,65% = (R$ 6.765,00)
Cofins já incluída = (R$ 500.000,00 – R$ 90.000,00) x 7,60% = (R$ 31.160,00)
Custo de Aquisição = R$ 372.075,00

Custo Unitário da Mercadoria = R$ 372.075,00 / 1.000 unidades = R$ 372,08

D – Estoques   372.075
D – Tributos a Recuperar   127.925
C – Caixa   500.000

Gabarito – C

Questão 24 – (Auditor do Tribunal de Contas dos Municípios do Estado do CE – FCC – 2003 – Adaptada)

A receita líquida auferida pela companhia nessa operação de venda foi, em R$, de
a) 392.850,00.
b) 401.841,00.
c) 442.800,00.
d) 531.090,00.
e) 540.000,00.

Resolução e Comentários

Receita Bruta de Vendas = 1.000 unidades x 60% x R$ 900,00 = R$ 540.000,00
ICMS = R$ 540.000,00 x 18,00% = (R$ 97.200,00)
PIS = (R$ 540.000,00 – R$ 97.200,00) x 1,65% = (R$ 7.306,20)
Cofins = (R$ 540.000,00 – R$ 97.200,00) x 7,60% = (R$ 33.652,80)
Receita Líquida de Vendas = R$ 401.841,00

Gabarito – B

Questão 25 – (Auditor do Tribunal de Contas dos Municípios do Estado do CE – FCC – 2003 – Adaptada)

O lucro bruto auferido pela companhia nessa operação de compra e venda correspondeu, em R$, a
a) 179.400,00.
b) 174.600,00.
c) 152.800,00.
d) 41.520,00.
e) 178.596,00.

Resolução e Comentários

Receita Bruta de Vendas = 1.000 unidades x 60% x R$ 900,00 = R$ 540.000,00
ICMS = R$ 540.000,00 x 18,00% = (R$ 97.200,00)
PIS = (R$ 540.000,00 – R$ 97.200,00) x 1,65% = (R$ 7.306,20)
Cofins = (R$ 540.000,00 – R$ 97.200,00) x 7,60% = (R$ 33.652,80)

Receita Líquida de Vendas = R$ 401.841,00
CMV = 1.000 unidades x 60% x R$ 372,08 = (R$ 223.245,00)
Lucro Operacional Bruto = R$ 178.596,00
Gabarito – E

Exemplo
Instruções: Utilize as informações a seguir, para responder às questões de números 26 e 27.
A Cia. Flor do Charco adquiriu à vista um lote de mercadorias, revendendo, em seguida, metade do mesmo, por R$ 280.000,00. A companhia está sujeita, nas suas operações de compra e venda, à incidência do ICMS à alíquota de 18% e à do PIS e da Cofins, no regime não cumulativo, com alíquotas, respectivamente, de 1,65% e 7,6%. O lucro bruto auferido pela sociedade nessas transações foi de R$ 58.200,00.

Questão 26 – (Auditor-Fiscal Tributário Municipal I – ISS – São Paulo – FCC – 2007 – Adaptada)
O custo das mercadorias vendidas na mencionada operação de venda foi igual a, em R$:
a) 143.400,00.
b) 145.500,00.
c) 166.780,00.
d) 150.162,00.
e) 200.000,00.

Resolução e Comentários
Receita Bruta de Vendas = R$ 280.000,00
ICMS = R$ 280.000,00 x 18,00% = (R$ 50.400,00)
PIS = (R$ 280.000,00 – R$ 50.400,00) x 1,65% = (R$ 3.788,40)
Cofins = (R$ 280.000,00 – R$ 50.400,00) x 7,60% = (R$ 17.449,60)
Receita Líquida de Vendas = R$ 208.362,00
CMV = (???)
Lucro Operacional Bruto = R$ 58.200,00
Logo: CMV = R$ 208.362,00 – R$ 58.200,00 = R$ 150.162,00
Gabarito – D

Questão 27 – (Auditor-Fiscal Tributário Municipal I – ISS – São Paulo – FCC – 2007 – Adaptada)
O valor pago pela companhia ao fornecedor, ao efetuar a referida aquisição, foi equivalente a, R$:
a) 400.000,00.
b) 342.800,00.
c) 403.552,00.
d) 328.000,00.
e) 291.000,00.

Resolução e Comentários

A metade das mercadorias adquiridas foi vendida. Encontramos CMV = R$ 150.162,00.

Custo de Aquisição da metade das mercadorias vendidas = CAq
(-) ICMS = (18% x CAq)
(-) PIS = (CAq − 18% x CAq) x 1,65% = (1,35% x CAq)
(-) Cofins = (CAq − 18%xCAq) x 7,60% = (6,23% x CAq)
(=) CMV = R$ 150.162,00

Logo: CAq − 18% x CAq − 1,35% x CAq − 6,23% x CAq = R$ 150.162,00

... 74,42% x CAq = R$ 150.162,00 .... CAq = R$ 201.776,00

O valor pago ao fornecedor foi igual a: 2 x R$ 201.776,00 = R$ 403.552,00.

Gabarito − C

7.14.6. Exemplos Diversos

Apresentaremos agora diversos exemplos envolvendo os assuntos apresentados ao longo deste capítulo.

1) Foi efetuada uma compra, visando à revenda, de 40 peças, ao custo unitário de R$ 20,00. Houve, também, os seguintes encargos/despesas referentes a esta compra:
   − ICMS = R$ 80,00
   − IPI = R$ 100,00
   − Frete = R$ 50,00
   − Seguros = R$ 40,00
   − Descontos Incondicionais Obtidos = R$ 20,00

   A empresa vendeu 10 peças por R$ 400,00. Qual o Lucro Bruto obtido?

Resolução e Comentários
Compra:

Valor da compra = 40 peças x R$ 20,00/peça	= R$ 800,00
IPI	= R$ 100,00
Frete + Seguros	= R$ 90,00
Descontos Incondicionais Obtidos	= (R$ 20,00)
Valor total da compra	= R$ 970,00
ICMS a Recuperar	= (R$ 80,00)
Valor líquido da compra	**= R$ 890,00**

Custo unitário das mercadorias = R$ 890,00 / 40 peças = R$ 22,25/peça

Venda:

Receita Bruta de Vendas = R$ 400,00

(-) Deduções sobre as Vendas = (R$ 0,00)

(=) Receita Líquida de Vendas = R$ 400,00

(-) CMV = (R$ 222,50)

(=) Lucro Bruto = R$ 177,50

2) O Balanço Patrimonial de uma empresa apresentava as seguintes contas, com seus respectivos saldos:
   - Caixa – R$ 5.000,00
   - Máquinas e Equipamentos – R$ 6.000,00
   - Contas a Pagar = R$ 7.000,00
   - Capital Social = R$ 4.000,00

   Foram realizadas duas operações:
   - compra à vista: 200 peças por R$ 10,00 a peça, com 20% de ICMS
   - venda à vista: 150 peças por R$ 20,00 a peça, com 30% de ICMS

   Como ficou o Balanço Patrimonial após a realização dessas operações?

Resolução e Comentários

Compra: 200 peças x R$ 10,00/peça = R$ 2.000,00

ICMS (20%) = (R$ 400,00)

Compra líquida = R$ 1.600,00 ----- Custo unitário de cada peça = R$ 1.600,00 / 200 peças = R$ 8,00/peça

Registros da compra:

D – Mercadorias – R$ 1.600,00

D – ICMS a Recuperar – R$ 400,00

C – Caixa – R$ 2.000,00

Venda: 150 peças x R$ 20,00/peça = R$ 3.000,00

ICMS sobre Vendas (30%) = (R$ 900,00)

CMV = 150 peças x R$ 8,00/peça = R$ 1.200,00

Registros referentes à venda:

D – Caixa
C – Receita Bruta de Vendas – R$ 3.000,00

D – Despesas com ICMS
C – ICMS a Recolher – R$ 900,00

D – CMV
C – Mercadorias – R$ 1.200,00

Caixa	
5.000	
3.000	2.000
8.000	2.000
6.000	

Mercadorias	
1.600	1.200
1.600	1.200
400	

Máquinas e Equipamentos	
6.000	
6.000	
6.000	

Despesas com ICMS	
900	
900	
900	

C/C ICMS

400	900
400	900
	500

Vendas

	3.000
	3.000
	3.000

CMV

1.200	
1.200	
1.200	

Contas a Pagar

	7.000
	7.000
	7.000

Capital Social

	4.000
	4.000
	4.000

Receita Bruta de Vendas = R$ 3.000,00

(-) ICMS sobre Vendas = (R$ 900,00)

(=) Vendas Líquidas = R$ 2.100,00

(-) CMV = (R$ 1.200,00)

(=) Lucro Bruto = R$ 900,00

Balanço Patrimonial após a realização das operações:

Ativo	Passivo
AC	**PC**
Caixa – 6.000	Contas a Pagar – 7.000
Mercadorias – 400	ICMS a Recolher – 500
	PL
	Capital Social – 4.000
ANC – Imobilizado	Lucros acumulados – 900
Máquinas e Equipamentos – 6.000	
12.400	12.400

3) Uma empresa realizou a compra de 100 peças ao valor unitário de R$ 30,00, com 20% de ICMS. Realizou, também, a venda de 20 peças, ao valor unitário de R$ 50,00, com 20% de ICMS. O cliente, não satisfeito, devolveu a metade das compras. A empresa, por sua vez, devolveu 05 peças ao seu fornecedor.
Qual o valor do estoque final? Qual o valor do lucro bruto alcançado? Qual o valor final do ICMS? ICMS a recolher ou a recuperar?

Resolução e Comentários

Compra: 100 peças x R$ 30,00/peça = R$ 3.000,00

ICMS (20%) = (R$ 600,00)

Compra líquida = R$ 2.400,00 ----- Custo unitário de cada peça = R$ 2.400,00 / 100 peças = R$ 24,00/peça

Movimento de peças no estoque: "100 (compra) − 20 (venda) + 10 (devolução da venda) − 5 (devolução da compra)" = 85 peças → **Estoque final** = 85 peças x R$ 24,00/peça = **R$ 2.040,00**

(ou)

Movimento do estoque:
Entram 100 peças (compra)
Saem 20 peças (venda)
Entram novamente 10 peças (devolução da metade da venda)
Saem 5 peças (devolução da compra)
Total final = 85 peças

Apresentamos duas maneiras para a realização do cálculo do lucro bruto:
Receita Bruta de Vendas = 10 peças x R$ 50,00/peça = R$ 500,00
(−) ICMS sobre Vendas (20%)   = (R$ 100,00)
(=) Venda Líquida   = R$ 400,00
(−) CMV = 10 peças x R$ 24,00/peça   = (R$ 240,00)
(=) Lucro Bruto   = R$ 160,00

(ou)

Receita Bruta de Vendas = 20 peças x R$ 50,00/peça   = R$ 1.000,00
(−) ICMS sobre Vendas (20%)   = (R$ 200,00)
(−) Devolução de vendas = 10 peças x R$ 50,00/peça   = (R$ 500,00)
(+) Devolução de ICMS (20%) = R$ 500,00 x 20%   = R$ 100,00
(=) Venda Líquida   = R$ 400,00
(−) CMV = 20 peças x R$ 24,00/peça   = (R$ 480,00)
(+) Devolução de metade da venda = 10 peças x R$ 24,00/peça   = R$ 240,00
Lucro Bruto   = R$ 160,00

C/C ICMS	
Compra = 600	Venda = 200
Cliente devolveu = 100	Devolução ao fornecedor = 30
700	230
470	

→ *ICMS a Recuperar = R$ 470,00.*

4) Uma empresa realizou a compra de 01 peça ao valor unitário de R$ 500,00, com 20% de ICMS. Realizou, também, a venda desta mesma peça, pelo valor unitário de R$ 1.000,00, com 10% de desconto e 20% de ICMS. Qual o valor do lucro bruto alcançado?

Resolução e Comentários
Compra: 1 peça x 500,00/peça = R$ 500,00
ICMS (20%)   = (R$ 100,00)
Compra líquida   = R$ 400,00 ----- Custo unitário da peça = R$ 400,00

Venda:
Receita Bruta de Vendas = 1 peça x R$ 1.000,00/peça = R$ 1.000,00
(-) Desconto concedido = 10% x R$ 1.000,00   = (R$ 100,00)
(=) Venda – Descontos = Base de cálculo do ICMS   = R$ 900,00
(-) ICMS sobre Vendas (20%) = 20% x R$ 900,00   = (R$ 180,00)
(=) Venda Líquida   *= R$ 720,00*
(-) CMV = 1 peça x R$ 400,00/peça   = (R$ 400,00)
(=) Lucro Bruto   *= R$ 320,00*

5) Um cliente sempre recebe 20% de desconto, devido a sua assiduidade nas compras. A empresa compra um lote de remédios com 1.000 unidades. Paga R$ 30,00 por unidade, com incidência de 30% de ICMS. Também foi concedido um desconto de 20% para a empresa na compra. As vendas também possuem incidência de 30% de ICMS. Se a empresa desejar obter 30% de lucratividade (sobre o valor da venda ao cliente em tela), por que valor deverá vender cada unidade?

Resolução e Comentários
Venda --------------------------------- 100%
Desconto ----------------------------- (20%)
(=) Base de Cálculo do ICMS ------ 80%
ICMS (30%) = 30% x 80% = (24%)
CMV ---------------------------------- ???
Margem de lucro = 30%

   Logo: 100% – 20% – 24% – CMV = 30%   ⇒   **CMV = 26%**
CMV:
   Compra Bruta = 1.000 unid x R$ 30,00/unid = R$ 30.000,00
(-) Desconto Obtido = 20% x R$ 30.000   = (R$ 6.000,00)
(=) Compra líquida   = R$ 24.000,00
(-) ICMS (30%) = 30% x R$ 24.000,00   = (R$ 7.200,00)
(=) Valor da compra   = R$ 16.800,00

R$ 16.800,00 -------- 0,26
Venda ---------------- 1,00

→ Venda total = R$ 64.615,38 → **Cada peça deverá ser vendida por R$ 64,62.**

Estruturando a Demonstração do Resultado do Exercício, tem-se:

Receita Bruta de Vendas	= R$ 64.615,38
(-) Descontos Incondicionais Concedidos (20%)	= (R$ 12.923,08)
(=) RBV – DIC	= R$ 51.692,30
(-) ICMS (30%) = 30% x R$ 51.692,30	= (R$ 15.507,68)
(=) Receita Líquida de Vendas	= R$ 36.184,62
(-) CMV	= (R$ 16.800,00)
Lucro Bruto	**= R$ 19.384,62**

6) Um veículo foi comprado por R$ 40.000,00. Já estava depreciado em R$ 16.000,00. Para vendê-lo, seu dono concedeu um desconto de 10% sobre o preço de venda. Se a venda está sujeita à incidência de ICMS de 20% e o dono não quer obter lucro nem prejuízo, por quanto deverá vender o automóvel?

Resolução e Comentários

Valor contábil do veículo (VC) = R$ 40.000,00 – R$ 16.000,00 = R$ 24.000,00

Venda --------------------------------- 100%
Desconto ---------------------------- (10%)
(=) Base de Cálculo do ICMS ------ 90%
ICMS (20%) = 20% x 90% ------- (18%)
VC ----------------------------------- ???
Margem de lucro   = 0%

Logo: 100% – 10% – 18% – VC = 0%   ⇒   **VC = 72%**

R$ 24.000 -------------- 72%
Venda ------------------ 100%

→   ***Venda = R$ 33.333,33***

7) Uma empresa possuía em seu estoque 100 peças a R$ 20,00 cada peça. Efetuou as seguintes operações na sequência apresentada:
   Compra: 200 peças a um valor unitário de R$ 22,00, com ICMS de R$ 2,00 por peça
   Venda: 250 peças a um valor unitário de R$ 50,00, com 10% de ICMS
   Compra: 100 peças a um valor unitário de R$ 21,00, com ICMS de R$ 2,00 por peça e frete de R$ 1,00 por peça
   Venda: 70 peças a um valor unitário de R$ 50,00, com 10% de ICMS
   Qual o valor do estoque final? Qual o lucro bruto obtido?

Resolução e Comentários
EI = 100 peças x R$ 20,00/peça
C1 = 200 peças x R$ 20,00/peça
V1 = 250 peças x R$ 50,00/peça, c/ 10% ICMS
C2 = 100 peças x R$ 20,00/peça
V2 = 70 peças x R$ 50,00/peça, c/ 10% ICMS

Observe que as peças estão sempre sendo adquiridas pelo valor unitário líquido de R$ 20,00.

EF = 80 peças x R$ 20,00/peça = **R$ 1.600,00**.

Venda	= (250 + 70) peças x R$ 50,00/peça = R$ 16.000,00
(-) ICMS	= (10% x R$ 16.000,00) = (R$ 1.600,00)
(=) Receita Líquida de Vendas	= R$ 14.400,00
(-) CMV	= (250 + 70) peças x R$ 20,00/peça = (R$ 6.400,00)
(=) Lucro Bruto	= **R$ 8.000,00**

8) Uma empresa possuía, em seu estoque, 02 peças a R$ 4,00 cada peça. Efetuou as seguintes operações na sequência a seguir apresentada:
   Compra: 03 peças a um valor unitário de R$ 5,00
   Venda: 04 peças a um valor unitário de R$ 6,00
   Compra: 05 peças a um valor unitário de R$ 6,00
   Venda: 04 peças a um valor unitário de R$ 7,00
   Sabendo-se que o estoque final vale R$ 10,60, o critério adotado para a avaliação do estoque é:
   a) PEPS
   b) UEPS
   c) Média Ponderada Móvel
   d) Média Ponderada Fixa

Resolução e Comentários

Cálculo do estoque final por critério:

PEPS:

Data	Entradas			Saídas			Saldo		
	Quantidade	Custo Unitário (R$)	Custo Total (R$)	Quantidade	Custo Unitário (R$)	Custo Total (R$)	Quantidade	Custo Unitário (R$)	Custo Total (R$)
Estoque Inicial							02	4,00	8,00
	03	5,00	15,00				02	4,00	8,00
							03	5,00	15,00
				02	4,00	8,00	01	5,00	5,00
				02	5,00	10,00			
	05	6,00	30,00				01	5,00	5,00
							05	6,00	30,00
				01	5,00	5,00	02	6,00	12,00
				03	6,00	18,00			
Totais	Compras Líquidas		45,00	CMV		41,00	Estoque Final		12,00

UEPS:

Data	Entradas			Saídas			Saldo		
	Quantidade	Custo Unitário (R$)	Custo Total (R$)	Quantidade	Custo Unitário (R$)	Custo Total (R$)	Quantidade	Custo Unitário (R$)	Custo Total (R$)
Estoque Inicial							02	4,00	8,00
	03	5,00	15,00				02	4,00	8,00
							03	5,00	15,00
				03	5,00	15,00	01	4,00	4,00
				01	4,00	4,00			
	05	6,00	30,00				01	4,00	4,00
							05	6,00	30,00
				04	6,00	24,00	01	4,00	4,00
							01	6,00	6,00
Totais	Compras Líquidas		45,00	CMV		43,00	Estoque Final		10,00

Média Ponderada Fixa:

    02 peças x R$ 4,00/peça = R$ 8,00

    03 peças x R$ 5,00/peça = R$ 15,00

    05 peças x R$ 6,00/peça = R$ 30,00

Totais: 10 peças   R$ 53,00   →   R$ 5,30 por peça

Estoque final: 10 peças – 08 peças = 02 peças   →   02 peças x R$ 5,30/peça = **R$ 10,60**

Média Ponderada Móvel:

	Mercadorias – Produto "A"								
	Entradas			Saídas			Saldo		
Data	Quanti-dade	Custo Unitário (R$)	Custo Total (R$)	Quanti-dade	Custo Unitário (R$)	Custo Total (R$)	Quanti-dade	Custo Unitário (R$)	Custo Total (R$)
EI							02	4,00	8,00
	03	5,00	15,00				05	4,60	23,00
				04	4,60	18,40	01	4,60	4,60
	05	6,00	30,00				06	5,77	34,60
				04	5,77	23,08	02	5,77	11,54
Totais	Compras Líquidas		45,00	CMV		41,48	Estoque Final		11,54

Gabarito – D

9) Uma empresa efetuou uma compra à vista de 10 unidades de uma mercadoria, pagando com um cheque no valor de R$ 440,00. Tal compra teve a incidência de 10% de IPI e de 20% de ICMS. Em seguida, vendeu 05 unidades por R$ 70,00 a unidade, com incidência de 20% de ICMS sobre a venda realizada. Qual o valor do lucro bruto obtido?

Resolução e Comentários

Compra: Valor total da nota fiscal	= R$ 440,00
IPI (10%)	= (R$ 40,00)
Valor total da nota fiscal – IPI (10%)	= R$ 400,00
ICMS (20%) = 20% x R$ 400,00	= (R$ 80,00)
Compra Líquida = R$ 440,00 – R$ 80,00	= R$ 360,00

→ Custo unitário de cada peça = R$ 360,00 / 10 peças = R$ 36,00/peça

Registros da compra:

D – Mercadorias – 360,00
D – ICMS a Recuperar – 80,00
C – Bancos Conta Movimento – 440,00

Venda = 05 peças x R$ 70,00/peça = R$ 350,00
ICMS sobre Vendas (20%) = (R$ 70,00)

CMV = 05 peças x R$ 36,00/peça = R$ 180,00

Registros da venda:

D – Caixa
C – Receitas de Vendas R$ 350,00

D – Despesas com ICMS
C – ICMS a Recolher R$ 70,00

D – CMV
C – Mercadorias R$ 180,00

Determinação do Lucro Bruto:
   Receita Bruta de Vendas = R$ 350,00
(-) ICMS sobre Vendas = (R$ 70,00)
(=) Receita Líquida de Vendas = R$ 280,00
(-) CMV = (R$ 180,00)
*(=) Lucro Bruto = **R$ 100,00***

10) Tem-se uma nota fiscal de devolução de venda efetuada a prazo:
Valor Bruto ----------------------------------- R$ 10.000,00
(-) Desconto Incondicional Concedido---- (R$ 1.500,00)
(+) IPI (10%) ---------------------------------- R$ 1.000,00
(=) Total da Nota Fisca------------------------ R$ 9.500,00
ICMS Destacado-------------------------------- R$ 1.000,00
Apresente os registros efetuados pelo vendedor.

Registros (vendedor):
Diversos
a Diversos
Devolução de Vendas   10.000,00
IPI a Recuperar ou C/C de IPI   1.000,00
a Duplicatas a Receber   9.500,00
a Descontos Incondicionais Concedidos   1.500,00

ICMS a Recuperar ou C/C de ICMS
a ICMS sobre Vendas   1.000,00

11) Tem-se uma nota fiscal de Devolução de Compras (a Prazo)
Valor Bruto ----------------------------------- R$ 10.000,00
(-) Desconto Incondicional Obtido -------- (R$ 1.000,00)
(+) IPI (10%) ---------------------------------- R$ 1.000,00
(=) Total da Nota Fiscal ---------------------- R$ 10.000,00
ICMS Destacado-------------------------------- R$ 1.800,00
Apresente os registros efetuados pelo comprador.

Registros (comprador):
i) Considere uma empresa comercial. Logo, é contribuinte de ICMS:
Diversos
a Diversos
Fornecedores   10.000,00
Descontos Incondicionais Obtidos   1.000,00
a Devolução de Compras   9.200,00
a ICMS a Recolher ou C/C de ICMS   1.800,00

ii) Considere, agora, uma empresa industrial. Portanto, é contribuinte de ICMS e de IPI:

Diversos
a Diversos

Fornecedores	10.000,00	
Descontos Incondicionais Obtidos	1.000,00	
a Devolução de Compras		8.200,00
a ICMS a Recolher ou C/C de ICMS		1.800,00
a IPI a Recolher ou C/C de IPI		1.000,00

12) A empresa Comercial Listern Ltda. apresentou as seguintes receitas em dezembro de 2010:
 - **Receita Bruta de Venda – R$ 100.000,00**
 - **Outras Receitas Operacionais – R$ 10.000,00**

Além disso, teve vendas canceladas no valor de R$ 15.000,00 e descontos incondicionais concedidos no valor de R$ 5.000,00. Apure o valor do PIS a ser recolhido por essa empresa, supondo-se a alíquota de 0,65% para este tributo.

Receita Bruta de Vendas – R$ 100.000,00
(-) Vendas Canceladas – (R$ 15.000,00)
(-) Descontos Incondicionais Concedidos – (R$ 5.000,00)
(=) Base de calculo do PIS sobre o faturamento = R$ 80.000,00
PIS sobre Faturamento: R$ 80.000,00 x 0,65% = R$ 520,00
PIS sobre Outras Receitas Operacionais: R$ 10.000,00 x 0,65% = R$ 65,00

Registros:

D – PIS sobre Faturamento – R$ 520,00
D – PIS sobre Outras Receitas – R$ 65,00
C – PIS a Recolher – R$ 585,00

PIS sobre Faturamento	
520,00	

PIS sobre Outras Receitas
65,00

PIS a Recolher
585,00

7.14.7. Como Calcular o Valor Total de Uma Nota Fiscal?

Nota Fiscal (NF)				
Item	Unidade	Quantidade	Preço Unitário (R$)	Preço Total (R$)
Mercadoria ACG	Peça	100	30,00	3.000,00
Despesas Acessórias = R$ 600,00				
(-) Desconto Comercial = (R$ 200,00)				
ICMS (20%) = R$ 680,00 (já incluído na NF)				
IPI (10%) = R$ 360,00				
Valor Total da Nota Fiscal				3.760,00

As mercadorias ACG são destinadas à comercialização.

Despesas Acessórias:
- Fretes – R$ 400,00
- Seguro – R$ 200,00
- **Total das despesas acessórias = R$ 600,00**

ICMS (20%) = 20% x (R$ 3.000,00 + R$ 600,00 – R$ 200,00) = 20% x R$ 3.400,00 = R$ 680,00
(valor do ICMS já incluído no preço do bem)
IPI (10%) = 10% x (R$ 3.000,00 + R$ 600,00) = R$ 360,00

Valor Total da Nota Fiscal:

```
    Valor do bem = R$ 3.000,00
+   Valor do IPI = R$ 360,00
+   Despesas Acessórias (frete, seguros) = R$ 600,00
+   Outras Despesas Acessórias
-   Descontos = (R$ 200,00)
=   Valor Total da Nota Fiscal = R$ 3.760,00
```

7.14.8. Os Regimes de Tributação e a Recuperação de IPI, ICMS, PIS e Cofins

Apresentaremos, agora, as possibilidades de recuperação de impostos (IPI e ICMS) quando os regimes de tributação do Imposto de Renda forem o *lucro presumido* e o *lucro real*.

- Lucro Presumido

Neste caso, se a empresa for industrial, poderá recuperar os valores do IPI e do ICMS, porém não poderá recuperar os valores do PIS/Pasep, nem da Cofins.

Se a empresa for comercial, o IPI fará parte do custo de aquisição das mercadorias. Poderá recuperar apenas o ICMS. Não poderá recuperar o PIS, nem a Cofins.

Se a empresa for prestadora de serviços, não poderá recuperar nenhum tributo (IPI, ICMS, PIS, Cofins).

Indústria	Comércio	Prestação de Serviços
Recupera IPI e ICMS	Recupera ICMS	Não recupera: IPI, ICMS, PIS, Cofins
Não recupera: PIS, Cofins	Não recupera: IPI, PIS, Cofins	

- Lucro Real

Neste caso, se a empresa for industrial, poderá recuperar os valores do IPI e do ICMS, assim como também poderá recuperar os valores do PIS/Pasep e da Cofins.

Se a empresa for comercial, o IPI fará parte do custo de aquisição das mercadorias. Logo, poderá recuperar o ICMS, além do PIS e da Cofins.

Se a empresa for prestadora de serviços, não poderá recuperar nenhum imposto (IPI, ICMS). Poderá recuperar apenas o PIS e a Cofins.

Indústria	Comércio	Prestação de Serviços
Recupera IPI, ICMS, PIS e Cofins	Recupera ICMS, PIS e Cofins	Não recupera: IPI, ICMS
	Não recupera IPI	Recupera: PIS, Cofins

Exemplo

Questão 28 – (Técnico de Contabilidade Júnior – PETROBRAS – Fundação CESGRANRIO – 2010)

Quando uma empresa comercial tributada pelo lucro presumido adquire produtos de uma indústria, há incidência, sobre a venda, dos seguintes impostos: IPI, ICMS, PIS e Cofins. Dentre esses impostos, a empresa comercial recupera

a) ICMS.
b) IPI.
c) ICMS e IPI.
d) ICMS, IPI e Cofins.
e) ICMS, IPI, PIS e Cofins.

Resolução e Comentários

Empresa Comercial:

Lucro presumido → Recupera apenas o ICMS
Lucro real → Recupera ICMS, PIS e Cofins

Gabarito – A

7.14.9. As Operações com Serviços

A Contabilidade de Custos abrange a Contabilidade Industrial e a Contabilidade de Serviços.

A *Contabilidade Industrial* é utilizada para apropriar os gastos incorridos na fabricação de quaisquer produtos, tais como computadores, aparelhos domésticos, veículos, roupas etc.

A *Contabilidade de Serviços* é a área da Contabilidade de Custos, a partir da qual são obtidos os gastos com prestações de serviços. É utilizada pelas entidades que desejam controlar os gastos decorrentes de suas prestações de serviços. Dentre os serviços cujos gastos podem ser apropriados, podemos citar: consultoria, assessoria, hospitalares, escolares, corretagem, obras de engenharia etc.

Costumamos classificar os custos referentes à prestação de serviços em *custos diretos* e *custos indiretos*.

Os *custos diretos* são aqueles exclusivamente incorridos na prestação do serviço ao cliente, sendo, portanto, diretamente proporcionais ao montante de serviços prestados. Via de regra, temos materiais e mão de obra que podem ser diretamente apropriados à realização dos serviços objeto de apropriação.

Já os *custos indiretos*, estes também são consumidos quando da prestação dos serviços, porém não podem ser diretamente quantificados em relação aos serviços prestados. Utilizamos, então, rateios ou estimativas para este fim.

7.14.10. O Imposto sobre Serviços de Qualquer Natureza (ISS ou ISSQN)

O *Imposto sobre Serviços de Qualquer Natureza (ISS ou ISSQN)* incide sobre a receita de serviços prestados pela entidade, assim como por trabalhadores autônomos e profissionais liberais.

Trata-se de um imposto de competência municipal, que costuma ser mensalmente apurado.

Calcula-se o valor do imposto devido mediante a aplicação da alíquota a ele correspondente sobre o total de receitas auferidas na prestação de serviços.

Exemplo

A empresa Prestadora de Serviços Gentil auferiu uma receita bruta de serviços prestados em valor igual a R$ 100.000,00. Se a alíquota de ISS a aplicar sobre tais receitas é igual a 5%, registre o tributo ora calculado.

ISS: 5% x R$ 100.000,00 = R$ 5.000,00

Registros:

D – ISS sobre Receitas de Serviços ou ISS
C – ISS a Recolher 5.000,00

7.14.11. A Realização de Inventário de Mercadorias

Vimos que o *inventário de mercadorias* consiste na realização de contagem física das mercadorias que permanecem em estoque ao final de um período. O inventário de mercadorias costuma ser utilizado com o objetivo de apurar o valor do estoque final de mercadorias.

Se uma empresa utiliza regime de inventário permanente e é necessário dar valor às unidades de determinada mercadoria que se encontram em estoque ao final de um período, devemos consultar a ficha de controle de estoques a esta mercadoria correspondente. Na ficha de controle de estoques, qualquer que seja o método utilizado, ao final das operações ter-se-á o valor calculado para as mercadorias constantes do estoque final.

E se o regime utilizado for o de inventário periódico, como procederemos?!

Realizaremos o inventário físico de mercadorias, isto é, a sua contagem física e, a seguir, faremos a apuração do valor do estoque final de maneira extracontábil. Como assim?!

Para cada tipo de mercadoria constante do estoque, contaremos fisicamente a quantidade ora existente. Feito isto, faremos a valoração extracontábil do estoque da seguinte maneira:

- Relacionaremos as notas fiscais de aquisição destas mercadorias, sendo da mais nova nota fiscal para a mais antiga; e
- As mercadorias em estoque receberão valores unitários tais quais os constantes de cada nota fiscal citada, até que se obtenha o valor global do estoque final do tipo de mercadoria em comento.

Exemplo

A empresa Frutis Gratus Comercial Ltda. utiliza regime de inventário periódico para o controle de seus estoques. Necessita apurar o valor do estoque final de sua mercadoria TTR. Foi realizado inventário físico e foram encontradas 120 unidades desta mercadoria.

Eis os valores unitários de aquisição desta mercadoria ao longo do exercício social em análise:

Notas Fiscais de Aquisição da Mercadoria TTR			
Data da Nota Fiscal de Aquisição	Quantidade	Custo Unitário de Aquisição	Custo Total de Aquisição
10/12/2010	30	R$ 10,00	R$ 300,00
14/11/2010	15	R$ 9,80	R$ 147,00
02/11/2010	50	R$ 9,50	R$ 475,00
30/09/2010	40	R$ 9,00	R$ 360,00
20/08/2010	20	R$ 9,30	R$ 186,00
...			

De acordo com a planilha acima, poderemos valorar o estoque final das mercadorias TTR, conforme o a seguir exposto:

Valoração do Estoque Final da Mercadoria TTR							
Data da Nota Fiscal de Aquisição	Quantidade	Custo Unitário de Aquisição	Custo Total de Aquisição	Unidades Valoradas a Partir de Cada Nota Fiscal	Custo Unitário das Unidades Valoradas	Custo Total das Unidades Valoradas	Unidades a Valorar
							120
10/12/2010	30	R$ 10,00	R$ 300,00	30	R$ 10,00	R$ 300,00	90 (= 120 − 30)
14/11/2010	15	R$ 9,80	R$ 147,00	15	R$ 9,80	R$ 147,00	75 (= 90 − 15)
02/11/2010	50	R$ 9,50	R$ 475,00	50	R$ 9,50	R$ 475,00	25 (= 75 − 50)
30/09/2010	40	R$ 9,00	R$ 360,00	25	R$ 9,00	R$ 225,00	0 (= 25 − 25)
20/08/2010	20	R$ 9,30	R$ 186,00				
...							
Valor do estoque final				120 unidades		R$ 1.147,00	

7.15. Exercícios Resolvidos para a Fixação de Conteúdo

Questão 29 – (Contador Pleno – PETROBRAS – Fundação CESGRANRIO – 2005)

Determinada empresa industrial vende mercadorias a prazo para uma empresa comercial, por R$ 1.500,00, mais R$ 100,00 de frete, com desconto de R$ 50,00, caso o pagamento se realize em até 30 dias. Sabendo que a alíquota de ICMS é de 20% e que a empresa industrial não possui créditos do imposto, o ICMS devido nesta operação, em reais, será:
a) 290,00.
b) 300,00.
c) 310,00.
d) 320,00.
e) 330,00.

Resolução e Comentários

Base de cálculo do ICMS:

Preço de venda = R$ 1.500,00
(+) Frete = R$ 100,00
(=) Base de cálculo = R$ 1.600,00

ICMS: 20% x R$ 1.600,00 = R$ 320,00

Observe que o desconto de R$ 50,00 é do tipo condicional!

Gabarito – D

Questão 30 – (Técnico de Contabilidade I – Refinaria Alberto Pasqualini – REFAP – CESGRANRIO – 2007)

Admita que uma empresa comprou materiais no valor de R$ 10.000,00, com incidência de ICMS de 20% e IPI de 10%. Qual o valor, em reais, devido ao fornecedor, nessa compra?
a) 10.000,00.
b) 11.000,00.
c) 12.000,00.
d) 13.000,00.
e) 13.200,00.

Resolução e Comentários

Em uma venda, o ICMS já se encontra compondo o valor de R$ 10.000,00. Por outro lado, o IPI deve ser calculado e adicionado ao valor da venda. Logo, tem-se:

Valor total da venda = R$ 10.000,00 + R$ 1.000,00 = R$ 11.000,00.

Neste caso, quem compra deve pagar R$ 11.000,00 ao fornecedor!

Gabarito – B

Questão 31 – (Técnico de Contabilidade I – Refinaria Alberto Pasqualini – REFAP – CESGRANRIO – 2007)

A Empresa Ferreira & Neves Ltda. apresentou os seguintes dados de estoques de mercadorias, em abril de 2007:

	Em reais
Estoque Inicial Mercadorias	36.000,00
Estoque Final Mercadorias	18.000,00
Transporte das Compras	7.000,00
Seguros sobre o Frete das Compras	4.000,00
Devoluções de Compras	14.000,00
Compras de Mercadorias	266.000,00

Admita que todos os valores foram suportados pela empresa.

Exclusivamente com base nos dados apresentados, qual o CMV (Custo das Mercadorias Vendidas), em reais?
a) 299.000,00.
b) 295.000,00.
c) 294.000,00.
d) 281.000,00.
e) 263.000,00.

Resolução e Comentários

CMV = EI + CL − EF = 36.000 + (266.000 + 7.000 + 4.000 − 14.000) − 18.000 = 281.000

Gabarito – D

Questão 32 – (Técnico de Contabilidade I – Refinaria Alberto Pasqualini – REFAP – CESGRANRIO – 2007)

A Comercial Ribeiro Ltda. realizou uma aquisição de mercadorias, de uma empresa industrial, com as características apresentadas abaixo.
- Valor da Nota Fiscal (incluindo ICMS e IPI): R$ 13.000,00
- Alíquota de ICMS incidente: 17%
- Alíquota de IPI incidente: 30%

Considerando que a empresa trabalha com o inventário permanente, e respeitando a legislação vigente, o valor lançado na sua conta Estoque de Mercadorias, em reais, foi:
a) 10.000,00.
b) 11.300,00.
c) 11.700,00.
d) 13.000,00.
e) 14.700,00.

Resolução e Comentários

Preço de Venda (PV) + IPI = R$ 13.000,00 → PV + 30% x PV = R$ 13.000,00
→ 1,30 x PV = R$ 13.000,00
→ PV = R$ 13.000,00 / 1,30 = R$ 10.000,00

A empresa adquiriu as mercadorias para revenda (comercialização); logo, o IPI não faz parte da base de cálculo do ICMS!

ICMS = 17% x R$ 10.000,00 = R$ 1.700,00 (ICMS a Recuperar!)

Registro da aquisição:

D – Mercadorias – R$ 11.300,00 (= R$ 13.000,00 – R$ 1.700,00)
D – ICMS a Recuperar – R$ 1.700,00
C – Caixa / Bancos / Fornecedores – R$ 13.000,00
Gabarito – B

Questão 33 – (Técnico de Contabilidade I – Refinaria Alberto Pasqualini – REFAP – CESGRANRIO – 2007)

A Cia. Comercial Paz & Guerra Ltda. teve a seguinte movimentação de estoques:

Data	Histórico
02.03.2007	Aquisição de 8.000 U de mercadorias a R$ 2,05/U
10.03.2007	Aquisição de 4.000 U de mercadorias a R$ 2,20/U
15.03.2007	Aquisição de 4.000 U de mercadorias a R$ 2,35/U
18.03.2007	Venda de 12.000 U de mercadorias
20.03.2007	Aquisição de 6.000 U de mercadorias a R$ 2,55/U
25.03.2007	Venda de 8.000 U de mercadorias
30.03.2007	Aquisição de 3.000 U de mercadorias a R$ 2,50 /U

Em 01.03.2007, havia em estoque 3.000 unidades de mercadorias montando a R$ 6.000,00.

Considerando exclusivamente as informações apresentadas, e sabendo-se que a empresa vendeu as mercadorias por R$ 5,00 a unidade, o CMV – Custo de Mercadorias Vendidas, pelo método PEPS (primeiro que entra, primeiro que sai), em reais, montou a:
a) 25.150,00.
b) 37.650,00.
c) 38.800,00.
d) 39.750,00.
e) 43.150,00.

Resolução e Comentários

Verifique, em primeiro lugar, se as operações de compra e venda estão em ordem cronológica!!!

Método PEPS

Data	Mercadorias								
	Entradas			Saídas			Saldo		
	Quantidade	Custo Unitário (R$)	Custo Total (R$)	Quantidade	Custo Unitário (R$)	Custo Total (R$)	Quantidade	Custo Unitário (R$)	Custo Total (R$)
01/03							3.000	2,00	6.000,00
02/03	8.000	2,05	16.400,00				3.000 8.000	2,00 2,05	22.400,00
10/03	4.000	2,20	8.800,00				3.000 8.000 4.000	2,00 2,05 2,20	31.200,00
15/03	4.000	2,35	9.400,00				3.000 8.000 4.000 4.000	2,00 2,05 2,20 2,35	40.600,00
18/03				3.000 8.000 1.000	2,00 2,05 2,20	6.000,00 16.400,00 2.200,00	3.000 4.000	2,20 2,35	16.000,00
20/03	6.000	2,55	15.300,00				3.000 4.000 6.000	2,20 2,35 2,55	31.300,00
25/03				3.000 4.000 1.000	2,20 2,35 2,55	6.600,00 9.400,00 2.550,00	5.000	2,55	12.750,00
30/03	3.000	2,50	7.500,00				5.000 3.000	2,55 2,50	20.250,00
Totais	Compras Líquidas		57.400,00	CMV		43.150,00	Estoque Final		20.250,00

Gabarito – E

Questão 34 – (Técnico de Contabilidade I – PETROBRAS – CESGRANRIO – 2005)
A Empresa DELTA vendeu à empresa GAMA mercadorias a prazo, no valor de R$ 25.000,00. Entretanto, a GAMA alegou que as mercadorias vieram com defeito de fabricação e informou que vai devolvê-las. A DELTA, então, para evitar a devolução de mercadorias, propõe uma redução, no valor de pagamento de 20%, o que é aceito pela GAMA. O registro desta operação, na empresa DELTA, em reais, será:
a) Abatimento sobre vendas
   a Duplicatas a receber 5.000,00
b) Despesa com descontos
   a Abatimento dobre vendas 5.000,00
c) Fornecedores
   a Abatimento sobre compras 5.000,00
d) Devolução de vendas
   a Duplicatas a receber 20.000,00
e) Descontos financeiros concedidos
   a Custo das mercadorias vendidas 25.000,00

Resolução e Comentários
Delta teve que conceder um abatimento sobre o valor da venda feita, a fim de não ter a venda desfeita. Incorreu em mais um gasto!
Abatimento = 20% x R$ 25.000,00 = R$ 5.000,00

Registro:
Abatimento sobre vendas
a Duplicatas a receber 5.000,00
Gabarito – A

Questão 35 – (Técnico de Contabilidade I – PETROBRAS – CESGRANRIO – 2005)
A empresa Amazonas adquiriu da Indústria Amapá mercadorias sobre as quais incidiram IPI e ICMS.
Sendo a Amazonas empresa comercial, o IPI constante desta aquisição deverá ser:
a) registrado em conta separada, visando sua compensação com o IPI a pagar no futuro.
b) somado ao valor do ICMS e registrado na conta ICMS e IPI a recuperar.
c) segregado da operação de compra e registrado como despesa não operacional do período.
d) lançado simplesmente como despesa do período, visto não ser recuperável.
e) considerado como custo das mercadorias adquiridas.

Resolução e Comentários
Se a Empresa Amazonas é apenas contribuinte do ICMS, o IPI será adicionado ao custo das mercadorias por ela adquiridas!
Gabarito – E

Questão 36 – (Técnico de Contabilidade I – PETROBRAS – CESGRANRIO – 2005)
A Empresa ALFA vende para a empresa BETA R$ 50.000,00 em mercadorias, estando inclusos neste montante 17% de ICMS.
O registro correto desta operação, em reais, na empresa BETA, é:

a) Diversos
   a Fornecedores
   Estoque de Mercadorias   41.500,00
   ICMS a Recuperar   8.500,00   50.000,00

b) Diversos
   a Fornecedores
   Estoque de Mercadorias   50.000,00
   ICMS a Recuperar   10.240,96   60.240,96

c) Diversos
   a Diversos
   a Receita de Vendas   50.000,00
   a ICMS a Recuperar   10.240,96   60.240,96

d) Diversos
   a Diversos
   a Duplicatas a Receber   41.500,00
   a ICMS a Recuperar   8.500,00   50.000,00

e) Diversos
   a Duplicatas a Receber
   Estoque de Mercadorias   41.500,00
   ICMS a Recuperar   8.500,00   58.500,00

Resolução e Comentários

Compra:

Valor total da compra = R$ 50.000,00
ICMS incluído na compra = 17% x R$ 50.000,00 = R$ 8.500,00

Registro da compra:

D – Mercadorias – R$ 41.500,00 (custo das mercadorias adquiridas)
D – ICMS a Recuperar – R$ 8.500,00
C – Caixa / Bancos / Fornecedores – R$ 50.000,00
   Gabarito – A

Questão 37 – (Técnico de Contabilidade I – PETROBRAS – CESGRANRIO – 2005)
A Cia. SIGMA teve a seguinte movimentação de estoques:

Data	Entrada		Saída	
	Quantidade	Preço Unitário	Quantidade	Preço Unitário
10.01.05	12.000	2,00	-	-
20.01.05	18.000	2,20	-	-
31.01.05	-	-	25.000	?

Sabendo-se que havia em estoque, em 31 dez 2004, 5.000 unidades, ao custo de R$ 1,80 a unidade, e utilizando-se o método PEPS de avaliação de estoques, é correto afirmar que o custo, em reais, das mercadorias vendidas em janeiro de 2005 foi:

a) 50.600,00.
b) 50.000,00.
c) 33.000,00.
d) 23.600,00.
e) 22.600,00.

Resolução e Comentários

Método PEPS

	Mercadorias								
	Entradas			Saídas			Saldo		
Data	Quantidade	Custo Unitário (R$)	Custo Total (R$)	Quantidade	Custo Unitário (R$)	Custo Total (R$)	Quantidade	Custo Unitário (R$)	Custo Total (R$)
31/12/2004							5.000	1,80	9.000
10/01/2005	12.000	2,00	24.000,00				5.000 12.000	1,80 2,00	33.000
20/01/2005	18.000	2,20	39.600,00				5.000 12.000 18.000	1,80 2,00 2,20	72.600
31/01/2005				5.000 12.000 8.000	1,80 2,00 2,20	9.000 24.000 17.600	10.000	2,20	22.000
Totais	Compras Líquidas		63.600	CMV		50.600,00	Estoque Final		22.000

Gabarito – A

Questão 38 – (Técnico de Contabilidade I – PETROBRAS – CESGRANRIO – 2008)
Considere as informações recolhidas dos registros da Empresa Delta Ltda., em reais.
- Estoque inicial de mercadorias 36.000,00
- Compras de mercadorias 270.000,00
- Transporte das mercadorias compradas 7.000,00
- Devoluções de mercadorias compradas 14.000,00
- Estoque final de mercadorias 18.000,00

Com base nos dados e desconsiderando a incidência de qualquer tipo de imposto, o Custo das Mercadorias Vendidas da empresa, em reais, será de
a) 299.000,00.
b) 281.000,00.
c) 277.000,00.
d) 263.000,00.
e) 256.000,00.

Resolução e Comentários
CMV = EI + C − EF = 36.000,00 + (270.000,00 + 7.000,00 − 14.000,00) − 18.000,00 = 281.000,00

Gabarito – B

Questão 39 – (Técnico de Contabilidade I – PETROBRAS – CESGRANRIO – 2008)
A Empresa Galvão & Cia. Ltda. adquiriu mercadorias para revendas pelas quais pagou R$ 50.000,00, estando inclusos 17% de ICMS. Essa mesma mercadoria foi vendida por R$ 70.000,00, inclusos os mesmos 17% de ICMS. Considerando-se apenas as informações acima, a empresa deverá recolher de ICMS ao Estado a importância, em reais, de
a) 3.400,00.
b) 3.800,00.
c) 6.500,00.
d) 8.500,00.
e) 8.900,00.

Resolução e Comentários

Compra:

ICMS a Recuperar = 17% x R$ 50.000,00 = R$ 8.500,00

Venda:

ICMS a Recolher = 17% x R$ 70.000,00 = R$ 11.900,00

A conta de menor saldo deve ser encerrada tendo como contrapartida a de maior saldo. A partir daí, apura-se o saldo a recuperar ou a recolher. Neste caso, ICMS a Recuperar tem saldo menor que ICMS a Recolher; logo, ICMS a Recuperar deve ter seu saldo encerrado contra ICMS a Recolher. Em seguida, apura-se na conta ICMS a Recolher o saldo a ser efetivamente recolhido aos cofres públicos.

```
        ICMS a Recuperar
        8.500  | 8.500 (1)
```

```
        ICMS a Recolher
        (1) 8.500 | 11.900
                  |  3.400
```

Registros:

D – ICMS a Recolher
C – Bancos Conta Movimento ou Caixa 3.400,00
Gabarito – A

Questão 40 – (Técnico de Contabilidade – Agência Nacional de Petróleo – ANP – CESGRANRIO – Adaptada – 2008)
Admita que uma empresa comercial que não faz o controle permanente do Estoque de Mercadorias, adotando, em decorrência, o método do Inventário Periódico para apurar o custo das mercadorias vendidas, apresentou as seguintes informações parciais, de um exercício social, em razonetes:

Mercadorias	125.000,00
Vendas	585.000,00
Compras	300.000,00
Despesas Administrativas	80.000,00
Receitas Financeiras	20.000,00
Despesas Comerciais	50.000,00

Na contagem física das mercadorias, feita no final do exercício social, foi apurado o valor do estoque de R$ 135.000,00.
Considerando exclusivamente as informações acima, ao final do exercício, o resultado com mercadorias, em reais, é
a) 245.000,00.
b) 265.000,00.
c) 285.000,00.
d) 295.000,00.
e) 305.000,00.

Resolução e Comentários
CMV = EI + C – EF = 125.000 + 300.000 – 135.000 = 290.000

Receita Bruta de Vendas – R$ 585.000
(-) Vendas Canceladas / Devolvidas –
(-) Descontos Incondicionais Concedidos –
(-) Tributos sobre as Vendas –
(-) Abatimentos sobre as Vendas –
(=) Receita Líquida de Vendas = R$ 585.000
(-) Custo das Mercadorias Vendidas – CMV – (R$ 290.000)
(=) Lucro Bruto (LB) = Lucro Operacional Bruto (LOB) = Resultado com Mercadorias (RCM) = R$ 295.000

Gabarito – D

Questão 41 – (Técnico de Contabilidade – Agência Nacional de Petróleo – ANP – CESGRANRIO – Adaptada – 2008)
Analise os seguintes saldos de razonetes, relativos às operações com mercadorias realizadas pela Comercial Aguada S/A, em reais, no mês de janeiro/x0.

Devolução de Compras	10.800,00
Mercadorias	36.000,00
Compras	218.400,00
Abatimento sobre Compras	6.000,00

Sabendo-se que na contagem física do estoque final foi apurado o valor de R$ 33.600,00, o total dos débitos realizados no razonete da conta Custo das Mercadorias Vendidas, na apuração do custo das vendas, em reais, é
a) 204.000,00.
b) 237.600,00.
c) 243.600,00.
d) 248.400,00.
e) 254.400,00.

Resolução e Comentários
CMV = EI + C – EF = 36.000 + (218.400 – 10.800 – 6.000) – 33.600 = 204.000

Preste atenção à pergunta feita!

CMV	
Estoque Inicial – 36.000	33.600 – Estoque Final
Compras Líquidas – 201.600	
237.600	33.600
204.000	

Total dos débitos realizados no razonete da conta Custo das Mercadorias Vendidas = 237.600

Gabarito – B

Questão 42 – (Técnico de Contabilidade Júnior – PETROBRAS Distribuidora S/A– CESGRANRIO – 2008)

A Empresa Comercial Amazonas Ltda. comprou, a prazo, para revender, 20.000 bolsas de couro da Indústria Coureira Ltda., pagando R$ 2,50, cada bolsa, líquidos de ICMS e IPI.

Sabe-se que:
- a operação é tributada com 15% de IPI e 17% de ICMS;
- a Comercial Amazonas adota o controle permanente do estoque;
- o frete foi suportado pela empresa vendedora.

O lançamento desta compra, sem data e histórico, a ser feito pela Comercial Amazonas, é

a) Compra de mercadorias
   a Diversos
   a Fornecedores   50.000,00
   a Impostos incidentes sobre compras   17.275,00   67.275,00

b) Diversos
   a Diversos
   Estoque de mercadorias   50.000,00
   Impostos incidentes sobre compras   16.000,00   66.000,00
   a Fornecedores   50.000,00
   a ICMS a recuperar   8.500,00
   a IPI a recuperar   7.500,00   66.000,00

c) Diversos
   a Fornecedores
   Estoque de mercadorias   57.500,00
   ICMS a recuperar   9.775,00   67.275,00

d) Diversos
   a Fornecedores
   Estoque de mercadorias   50.000,00
   ICMS a recuperar   10.240,96
   IPI a recuperar   9.036,14   69.277,10

e) Diversos
   a Fornecedores
   Estoque de mercadorias   59.036,14
   ICMS a recuperar   10.240,96   69.277,10

Resolução e Comentários

Valor da compra (líquido de ICMS e IPI) = 20.000 x R$ 2,50 = R$ 50.000,00
ICMS: alíquota de 17%

R$ 50.000,00 ----- 83,00% (= 100% – 17%)
X ----- 100,00%
X = 60.240,96

ICMS a Recuperar = 60.240,96 – 50.000,00 = 10.240,96
IPI sobre a compra: 60.240,96 x 15% = 9.036,14

Valor total a pagar = 60.240,96 + 9.036,14 = 69.277,10
ICMS a Recuperar = 10.240,96
Mercadorias ou Estoque de Mercadorias = 69.277,10 – 10.240,96 = 59.036,14

ICMS incluído na compra: recuperável (empresa comercial comprando para revender)

Diversos
a Fornecedores
Estoque de mercadorias   59.036,14
ICMS a recuperar   10.240,96   69.277,10

Gabarito – E

Questão 43 – (Técnico de Contabilidade Júnior – PETROBRAS Distribuidora S/A– CESGRANRIO – 2008)

Dados extraídos do balancete de verificação da Empresa Comercial Planaltina Ltda., em reais

Receita de vendas de mercadorias	156.700,00
Compras de mercadorias no período	99.860,00
Despesas de vendas e administrativas	23.750,00
Estoque inicial de mercadorias	12.130,00
Despesas financeiras	18.643,00
Estoque final de mercadorias	17.900,00

Considerando, exclusivamente, os dados acima, o custo das mercadorias vendidas da empresa no período foi

a) 20.217,00.
b) 56.840,00.
c) 62.610,00.
d) 94.090,00.
e) 99.860,00.

Resolução e Comentários
CMV = EI + C – EF = 12.130,00 + 99.860,00 – 17.900,00 = 94.090,00
Gabarito – D

Questão 44 – (Técnico de Contabilidade Júnior – PETROBRAS Distribuidora S/A– CESGRANRIO – 2008)
Os dados a seguir foram extraídos da contabilidade da Empresa Comercial Pantanal Ltda.

Data	Operação	Quantidade	Preço unitário
02.10.2007	Compra de Mercadorias	2.000	18,00
10.10.2007	Compra de Mercadorias	30.000	20,00
20.10.2007	Compra de Mercadorias	10.000	24,00
30.10.2007	Venda de Mercadorias	22.000	60,00

Considerando-se, exclusivamente, os dados acima, e que a empresa adota como critério de controle dos estoques o primeiro que entra é o primeiro que sai (PEPS), o custo das mercadorias vendidas, em reais, montou a
a) 420.000,00.
b) 436.000,00.
c) 440.000,00.
d) 484.000,00.
e) 514.000,00.

Resolução e Comentários

Método PEPS

Mercadorias									
	Entradas			Saídas			Saldo		
Data	Quantidade	Custo Unitário (R$)	Custo Total (R$)	Quantidade	Custo Unitário (R$)	Custo Total (R$)	Quantidade	Custo Unitário (R$)	Custo Total (R$)
02/10							2.000	18	
10/10	30.000	20					2.000	18	
							30.000	20	
20/10	10.000	24					2.000	18	
							30.000	20	
							10.000	24	
30/10				2.000	18	36.000	10.000	20	
				20.000	20	400.000	10.000	24	
Totais	Compras Líquidas			CMV		436.000	Estoque Final		

Gabarito – B

Questão 45 – (Técnico em Contabilidade – Ministério Público Estadual – Rondônia – CESGRANRIO – 2005)

Uma empresa comercial cujo saldo na conta de estoques era de R$ 80,00, representado por 10 unidades, realizou apenas as seguintes operações ao longo do mês:
- Dia 5 – aquisição de 10 unidades por R$ 10,00 cada;
- Dia 10 – venda de 5 unidades por R$ 12,00 cada;
- Dia 20 – aquisição de 5 unidades por R$ 11,00 cada;
- Dia 25 – venda de 10 unidades por R$ 13,00 cada.

Sabendo que a empresa adota o custo médio como forma de controle de seus estoques e que não há tributação nas operações, o lucro bruto, em reais, dessa empresa, é:
a) 45,00.
b) 50,00.
c) 55,00.
d) 60,00.
e) 70,00.

Resolução e Comentários

Ficha de Controle de Estoque – MPM ou CMP

	Mercadorias – Produto "A"								
	Entradas			Saídas			Saldo		
Data	Quanti-dade	Custo Unitário (R$)	Custo Total (R$)	Quanti-dade	Custo Unitário (R$)	Custo Total (R$)	Quanti-dade	Custo Unitário (R$)	Custo Total (R$)
							10	8,00	
5	10	10,00					20	9,00	
10				5	9,00	45,00	15	9,00	
20	5	11,00					20	9,50	
25				10	9,50	95,00	10	9,50	
Totais	Compras Líquidas			CMV		140,00	Estoque Final		

Receita Bruta de Vendas – 5 x 12,00 + 10 x 13,00 = 190,00
(-) Vendas Canceladas / Devolvidas –
(-) Descontos Incondicionais Concedidos –
(-) Tributos sobre as Vendas –
(-) Abatimentos sobre as Vendas –
(=) Receita Líquida de Vendas = 190,00
(-) Custo das Mercadorias Vendidas – CMV – (140,00)
(=) Lucro Bruto (LB) = Lucro Operacional Bruto (LOB) = Resultado com Mercadorias (RCM) = 50,00
Gabarito – B

Questão 46 – (Técnico em Contabilidade – Ministério Público Estadual – Rondônia – CESGRANRIO – 2005)

A Cia. Anápolis é uma empresa comercial que utiliza o método PEPS (Primeiro que Entra, Primeiro que Sai) para avaliar seus estoques. Seu saldo inicial era de R$ 1.500,00, representado por 20 unidades. Adquiriu no mês mais 10 unidades pelo preço individual de R$ 90,00 mais frete total de R$ 60,00 e seguro de R$ 20,00. Vendeu 25 unidades no mês. O Custo das Mercadorias Vendidas, em reais, a ser registrado no mês será:
a) 1.950,00.
b) 1.980,00.
c) 1.990,00.
d) 2.000,00.
e) 2.010,00.

Resolução e Comentários

Custo da aquisição: 10 x R$ 90,00 + R$ 60,00 (frete) + R$ 20,00 (seguro) = R$ 980,00

Método PEPS

	Mercadorias								
	Entradas			Saídas			Saldo		
Data	Quantidade	Custo Unitário (R$)	Custo Total (R$)	Quantidade	Custo Unitário (R$)	Custo Total (R$)	Quantidade	Custo Unitário (R$)	Custo Total (R$)
SI							20	75,00	
Compra	10	98,00	980,00				20	75,00	
							10	98,00	
Venda				20	75,00	1.500,00			
				5	98,00	490,00	5	98,00	
Totais	Compras Líquidas	980,00		CMV	1.990,00		Estoque Final		

Gabarito – C

Questão 47 – (Técnico de Contabilidade Júnior – FAFEN ENERGIA S/A – CESGRANRIO – 2009)

A característica básica do inventário periódico é que o
a) valor das compras só é conhecido no final do período.
b) estoque físico só é conhecido no início do período.
c) CMV só é conhecido no final do período.
d) estoque é baixado a cada compra.
e) estoque é baixado a cada venda.

Resolução e Comentários

Neste regime, *o CMV é obtido apenas ao final do período considerado*, por meio de contagem física das mercadorias em estoque. Como o valor do estoque final é obtido a partir da realização de inventário (levantamento físico) ao final do período, também o CMV somente pode ser obtido ao final do período considerado. Não há registro do CMV à medida que as vendas vão sendo realizadas.

Faz-se um inventário físico de todas as mercadorias existentes em estoque ao final do período. As mercadorias, então, recebem os seus respectivos valores. Estes valores, somados, passam-nos o valor do Estoque Final (EF).

Gabarito – C

Questão 48 – (Analista de Nível Superior – Contabilidade – Casa da Moeda – Fundação CESGRANRIO – 2009)

A Comercial Novidade S/A, em agosto de 2009, fez as seguintes operações com mercadorias:

Dia	Histórico	Valor
10	Compra de Mercadorias a Prazo	90.000,00
15	Venda de Mercadorias à Vista	120.000,00
18	Devolução de Compras	20.000,00
20	Desconto Concedido pela Liquidação do Título antes do Vencimento	10.000,00
25	Desconto Auferido pela Liquidação do Título antes do Vencimento	15.000,00

Considerando exclusivamente as informações acima e desconsiderando a incidência de qualquer imposto nessas operações, o custo das mercadorias vendidas, nesse período, em reais, é

a) 55.000,00.
b) 60.000,00.
c) 70.000,00.
d) 80.000,00.
e) 90.000,00.

Resolução e Comentários

Valor de aquisição das mercadorias:

Compras = R$ 90.000,00

(-) Devolução de Compras = (R$ 20.000,00)

(=) Custo de Aquisição = R$ 70.000,00

Quando as mercadorias são vendidas, então há o reconhecimento do Custo das Mercadorias Vendidas, com a consequente baixa do estoque, em valor igual a R$ 70.000,00.

Gabarito – C

Questão 49 – (Profissional Júnior – Administração – PETROBRAS Distribuidora – Fundação CESGRANRIO – 2010)
Uma empresa apresentou, em 31/12/2009, no seu sistema de controle de estoque, um saldo final de matéria-prima de 250 quilos, adquiridos a R$ 1,50 o quilo. Em janeiro de 2010, ocorreram as seguintes movimentações:

Data	Entrada	Saída	Saldo (Kg)
06/01/2010	200		450
09/01/2010	90		540
17/01/2010	30		570
18/01/2010		230	340
22/01/2010		170	170

Essas compras foram realizadas a R$ 1,70, R$ 1,90 e R$ 2,10 o quilo, respectivamente. Pelo método PEPS / FIFO, o estoque final, em 31/01/2010 foi, em reais, de
a) 255,00.
b) 289,00.
c) 319,00.
d) 357,00.
e) 359,00.

Resolução e Comentários

Método PEPS

Data	Entradas			Saídas			Saldo		
	Quantidade	Custo Unitário (R$)	Custo Total (R$)	Quantidade	Custo Unitário (R$)	Custo Total (R$)	Quantidade	Custo Unitário (R$)	Custo Total (R$)
SI							250	1,50	
06/01	200	1,70					250	1,50	
							200	1,70	
09/01	90	1,90					250	1,50	
							200	1,70	
							90	1,90	
17/01	30	2,10					250	1,50	
							200	1,70	
							90	1,90	
							30	2,10	
18/01				230	1,50		20	1,50	
							200	1,70	
							90	1,90	
							30	2,10	
22/01				20	1,50		50	1,70	85,00
				150	1,70		90	1,90	171,00
							30	2,10	63,00
Totais	Compras Líquidas			CMV			Estoque Final		319,00

Gabarito – C

Instruções: Para responder às questões de números 50 a 52, considere as informações abaixo.

Uma companhia comercial adquiriu um lote de mercadorias, o qual foi revendido integralmente alguns dias depois. Na operação, a sociedade auferiu um lucro bruto de R$ 120.000,00, que correspondeu a 20% da receita bruta de vendas. A companhia não é contribuinte do IPI, é contribuinte do PIS e da Cofins no regime não cumulativo (alíquotas de 1,65% e 7,6%, respectivamente) e o ICMS incidiu à alíquota de 18% sobre as operações de compra e venda. Nas operações, não houve devolução de compras e de vendas, tampouco qualquer tipo de abatimento ou desconto.

Questão 50 – (Analista Judiciário – Área Administrativa – Contabilidade – TRT/SP – FCC – 2008 – Adaptada)

A receita líquida de vendas dessa operação equivaleu, em R$, a:
a) 600.000,00.
b) 544.500,00.
c) 540.000,00.
d) 446.520,00.
e) 436.500,00.

Resolução e Comentários

Receita Bruta de Vendas = RBV
(-) ICMS = (18,00% x RBV)
(-) PIS = [(RBV – 18,00% x RBV) x 1,65%] = (1,35% x RBV)
(-) Cofins = [(RBV – 18,00% x RBV) x 7,60%] = (6,23% x RBV)
(=) Receita Líquida de Vendas = RBV – 25,58% x RBV = 74,42% x RBV
(-) Custo das Mercadorias Vendidas = (CMV)
(=) Lucro Bruto = Lucro Operacional Bruto = R$ 120.000,00 = 0,20 x RBV

→ RBV = R$ 120.000,00 / 0,20 = R$ 600.000,00
→ RLV = 74,42% x RBV = 74,42% x R$ 600.000,00 = R$ 446.520,00

Gabarito – D

Questão 51 – (Analista Judiciário – Área Administrativa – Contabilidade – TRT/SP – FCC – 2008 – Adaptada)

O custo das mercadorias vendidas na operação correspondeu, em R$, a:
a) 300.000,00.
b) 316.500,00.
c) 326.520,00.
d) 424.500,00.
e) 480.000,00.

Resolução e Comentários

Da resolução da questão anterior, tem-se:

(=) Receita Líquida de Vendas = RBV − 25,58% x RBV = 74,42% x RBV = R$ 446.520,00

(-) Custo das Mercadorias Vendidas = (CMV)

(=) Lucro Bruto = Lucro Operacional Bruto = R$ 120.000,00

→ R$ 446.520,00 − CMV = R$ 120.000,00 → CMV = R$ 326.520,00

Gabarito − C

Questão 52 − (Analista Judiciário − Área Administrativa − Contabilidade − TRT/SP − FCC − 2008)

O valor do ICMS incidente sobre vendas em decorrência dessa operação corresponde, em R$, a:
a) 144.000,00.
b) 116.000,00.
c) 108.000,00.
d) 76.000,00.
e) 54.000,00.

Resolução e Comentários

ICMS = 18% x RBV = 18% x R$ 600.000,00 = R$ 108.000,00

Gabarito − C

Questão 53 − (Analista Judiciário − Área Administrativa − Contabilidade − TRT/18ª Região − FCC − 2008)

A Cia. Comercial Madureira iniciou o exercício com um estoque de R$ 800.000,00. Adquiriu R$ 1.300.000,00 de mercadorias, já deduzidos desse valor os impostos recuperáveis. As vendas líquidas da empresa no exercício totalizaram R$ 1.800.000,00. A companhia adota o sistema do inventário periódico e a contagem do estoque final de mercadorias indicou que ele equivalia a 120% do estoque inicial. O lucro bruto da companhia nesse exercício equivaleu, em R$, a
a) 1.140.000,00.
b) 980.000,00.
c) 960.000,00.
d) 840.000,00.
e) 660.000,00.

Resolução e Comentários

- Estoque Inicial = R$ 800.000,00
- Compras Líquidas = R$ 1.300.000,00
- Estoque Final = 120% x EI = 1,20 x R$ 800.000,00 = R$ 960.000,00
- Receita Líquida de Vendas = R$ 1.800.000,00

CMV = EI + CL − EF → CMV = 800.000,00 + 1.300.000,00 − 960.000,00 = 1.140.000,00

Receita Líquida de Vendas = R$ 1.800.000,00
(-) Custo das Mercadorias Vendidas (CMV) = (R$ 1.140.000,00)
(=) Lucro Bruto = Lucro Operacional Bruto = Resultado com Mercadorias = R$ 660.000,00

Gabarito – E

Questão 54 – (Analista Judiciário – Área Administrativa – Contabilidade – TRT/18ª Região – FCC – 2008)

A Cia. Comercial Mar Azul fez, na ordem cronológica, as seguintes operações com mercadorias no mês de início de suas atividades:
- compra de 3.000 unidades a R$ 80,00 cada uma
- compra de 5.000 unidades a R$ 88,00 cada uma
- venda de 4.200 unidades a R$ 200,00 cada uma

Após essas operações, o estoque de mercadorias no final do mês foi avaliado em R$ 323.000,00. Logo, é correto afirmar que o método utilizado pela companhia para avaliar os seus estoques foi o

a) do preço de reposição.
b) PEPS (primeiro que entra, primeiro que sai).
c) UEPS (último que entra, primeiro que sai).
d) da média ponderada móvel.
e) do preço específico.

Resolução e Comentários

A questão deverá ser resolvida testando-se alternativa por alternativa, até que a resposta seja encontrada. Apresentamos apenas a alternativa correta.

Método MPM

Data	Mercadorias								
	Entradas			Saídas			Saldo		
	Quanti-dade	Custo Unitário (R$)	Custo Total (R$)	Quanti-dade	Custo Unitário (R$)	Custo Total (R$)	Quanti-dade	Custo Unitário (R$)	Custo Total (R$)
	3.000	80,00					3.000	80,00	
	5.000	88,00					8.000	85,00	
				4.200	85,00		3.800	85,00	323.000
Totais	Compras Líquidas			CMV			Estoque Final		323.000

Gabarito – D

Questão 55 – (Analista Judiciário – Área Administrativa – Contabilidade – TRT/18a Região – FCC – 2008 – Adaptada)

A Cia. Industrial Luar do Sertão vendeu 10.000 unidades de um produto de sua fabricação ao preço unitário de R$ 20,00, tendo havido incidência de ICMS à alíquota de 18% e IPI à 10%. O preço de custo correspondeu a 60% do preço de venda das mercadorias. Sabendo-se que a companhia é contribuinte do PIS e da Cofins na sistemática cumulativa (alíquotas de 0,65% e 3%, respectivamente), a devolução de 10% do lote pela empresa adquirente diminuiu o lucro bruto da companhia vendedora no valor, em R$, de

a) 3.670,00.
b) 3.801,00.
c) 4.330,00.
d) 4.400,00.
e) 5.670,00.

Resolução e Comentários

- Preço de Venda = R$ 20,00/unid x 10.000 unid = R$ 200.000,00
- Faturamento Bruto = R$ 200.000,00 + 10% x R$ 200.000,00 = R$ 220.000,00

DRE:

Receita Bruta de Vendas = R$ 200.000,00
(-) ICMS sobre Vendas = (18% x R$ 200.000,00) = (R$ 36.000,00)
(-) PIS sobre Vendas = (R$ 200.000,00 – R$ 36.000,00) x 0,65% = (R$ 1.066,00)
(-) Cofins sobre Vendas = (R$ 200.000,00 – R$ 36.000,00) x 3,00% = (R$ 4.920,00)

(=) Receita Líquida de Vendas = R$ 158.014,00

(-) Custo das Mercadorias Vendidas = (60% x R$ 200.000,00) = (R$ 120.000,00)

(=) Lucro Bruto = R$ 38.014,00

Se ocorreu a devolução de 10% do lote de mercadorias, então o lucro foi reduzido em:

10% x R$ 38.014,00 = R$ 3.801,40 .... R$ 3.801,00

Gabarito – B

Instruções:

Para responder às questões de números 56 e 57 considere as informações abaixo.

A Cia. Comercial Silva, que utiliza o sistema do inventário permanente, apresentou as transações abaixo, no mês de início de suas atividades, sendo que os valores unitários das compras já estão diminuídos dos impostos recuperáveis e dos descontos incondicionais obtidos.

Dia	Transação
3	Compra de 10 unidades a R$ 400,00 cada uma
6	Compra de 20 unidades a R$ 440,00 cada uma
10	Venda de 25 unidades a R$ 600,00 cada uma
15	Compra de 35 unidades a R$ 480,00 cada uma
23	Venda de 30 unidades a R$ 640,00 cada uma
30	Compra de 10 unidades pelo valor total de R$ 500,00

Questão 56 – (Analista Judiciário – Área Administrativa – Contabilidade – TRT/2ª Região – FCC – 2008)

Sabendo que a companhia avalia seus estoques pelo critério PEPS (primeiro que entra, primeiro que sai), o valor do seu estoque final de mercadorias corresponderá, em R$, a

a) 9.800,00.
b) 9.440,00.
c) 9.200,00.
d) 8.700,00.
e) 8.400,00.

Resolução e Comentários

Método PEPS

	Mercadorias								
	Entradas			Saídas			Saldo		
Data	Quanti-dade	Custo Unitário (R$)	Custo Total (R$)	Quanti-dade	Custo Unitário (R$)	Custo Total (R$)	Quanti-dade	Custo Unitário (R$)	Custo Total (R$)
3	10	400,00					10	400,00	
6	20	440,00					10 20	400,00 440,00	
10				10 15	400,00 440,00		5	440,00	
15	35	480,00					5 35	440,00 480,00	
23				5 25	440,00 480,00		10	480,00	
30	10		5.000,00				10 10	480,00 500,00	9.800,00
Totais	Compras Líquidas			CMV			Estoque Final		9.800,00

Houve um erro de digitação. Ao invés de um valor total de R$ 5.000,00 na última compra, digitaram apenas R$ 500,00.

Gabarito – Questão Anulada

Questão 57 – (Analista Judiciário – Área Administrativa – Contabilidade – TRT/2ª Região – FCC – 2008)

O custo das mercadorias vendidas (CMV) da sociedade, nas transações do mês, pelo critério PEPS, foi, em R$, de

a) 24.760,00.
b) 24.800,00.
c) 25.160,00.
d) 26.800,00.
e) 27.100,00.

Resolução e Comentários

Método PEPS

Data	Entradas Quantidade	Entradas Custo Unitário (R$)	Entradas Custo Total (R$)	Saídas Quantidade	Saídas Custo Unitário (R$)	Saídas Custo Total (R$)	Saldo Quantidade	Saldo Custo Unitário (R$)	Saldo Custo Total (R$)
3	10	400,00					10	400,00	
6	20	440,00					10 / 20	400,00 / 440,00	
10				10 / 15	400,00 / 440,00	10.600,00	5	440,00	
15	35	480,00					5 / 35	440,00 / 480,00	
23				5 / 25	440,00 / 480,00	14.200,00	10	480,00	
30	10		5.000,00				10 / 10	480,00 / 500,00	
Totais	Compras Líquidas			CMV		24.800,00	Estoque Final		

Gabarito – B

Questão 58 – (Analista Judiciário – Área Administrativa – Contabilidade – TRT/2ª Região – FCC – 2008)

Sobre os fatos contábeis que modificam o valor das compras e das vendas, é correto afirmar:

a) O frete sobre compras, quando o ônus de seu pagamento cabe à empresa compradora, deve ser sempre incluído no custo do estoque das mercadorias adquiridas.

b) Descontos incondicionais concedidos são aqueles concedidos pela empresa vendedora numa alienação a prazo, quando a empresa compradora quita sua duplicata antes da data do vencimento.

c) Na escrituração comercial regular, a conta Devolução de Vendas tem sempre saldo credor.

d) Os impostos incidentes sobre as compras, quando recuperáveis, devem compor o valor do estoque das mercadorias adquiridas.

e) Os impostos incidentes sobre vendas, quando não cumulativos, devem ser escriturados como despesa pelo seu valor líquido, ou seja, o total de débitos menos o total de créditos.

Resolução e Comentários

Analisando as alternativas:

a) O frete sobre compras, quando o ônus de seu pagamento cabe à empresa compradora, deve ser sempre incluído no custo do estoque das mercadorias adquiridas.

Certo!

b) Descontos incondicionais concedidos são aqueles concedidos pela empresa vendedora numa alienação a prazo, quando a empresa compradora quita sua duplicata antes da data do vencimento.

Errado! Descontos condicionais concedidos são aqueles concedidos pela empresa vendedora numa alienação a prazo, quando a empresa compradora quita sua duplicata antes da data do vencimento.

c) Na escrituração comercial regular, a conta Devolução de Vendas tem sempre saldo credor.

Errado! Na escrituração comercial regular, a conta Devolução de Vendas tem sempre saldo devedor.

d) Os impostos incidentes sobre as compras, quando recuperáveis, devem compor o valor do estoque das mercadorias adquiridas.

Errado! Os impostos incidentes sobre as compras, quando recuperáveis, não devem compor o valor do estoque das mercadorias adquiridas.

e) Os impostos incidentes sobre vendas, quando não cumulativos, devem ser escriturados como despesa pelo seu valor líquido, ou seja, o total de débitos menos o total de créditos.

Errado! Os impostos incidentes sobre vendas, quando não cumulativos, devem ser escriturados como despesa pelo seu valor bruto, tendo como contrapartida uma obrigação.

Gabarito – A

Questão 59 – (Auditor do Tesouro Municipal – Prefeitura do Recife – EsAF)

A empresa Estrela Ltda. calculou custos e lucros com base nas seguintes informações:
- **Os estoques iniciais totalizavam R$ 240,00, líquidos de ICMS;**
- **As compras totalizaram, no período, R$ 500,00, com ICMS;**
- **As vendas brutas somaram R$ 600,00;**
- **O estoque atual possui o valor de R$ 300,00, líquido de ICMS;**

- A alíquota de ICMS é de 17%, e incide sobre as compras e vendas;
- As alíquotas do PIS e Cofins somadas totalizam 4%;
- A soma das alíquotas do ICMS, do PIS e da COFINS, é de 21% (tais alíquotas incidem sobre as Vendas Brutas).

Considerando somente estes fatos, na elaboração da Demonstração do Resultado do Exercício, a Receita Líquida de Vendas e o Lucro Bruto terão os seguintes valores:

Valores em R$

Receita Líquida de Vendas	Lucro Bruto
a) 559,00	119,00
b) 474,00	119,00
c) 474,00	34,00
d) 519,00	34,00
e) 519,00	119,00

Resolução e Comentários

CMV = EI + Compras Líquidas − EF = 240 + (500 − 500 x 17%) − 300 = 355

DRE:

Vendas Brutas − R$ 600,00

(-) ICMS, PIS, Cofins − (21% x R$ 600,00) − (R$ 126,00)

(=) Receita Líquida de Vendas − R$ 474,00

(-) CMV − (R$ 355,00)

(=) Lucro Bruto − R$ 119,00

Gabarito − B

Questão 60 − (Auditor de Contas Públicas − TCE − PB − FCC − 2006 − Adaptada)
A Cia. Alfenas adquiriu um lote de mercadorias para revenda no valor total de R$ 40.000,00, incluso o ICMS calculado à alíquota de 18%. A companhia é contribuinte do ICMS e é tributada pelo PIS (1,65%) e pela Cofins (7,60%) na sistemática não cumulativa. Portanto, de acordo com as Normas Brasileiras de Contabilidade, deve registrar em sua escrituração, como custo do lote adquirido para o estoque, a importância de, em reais:

a) 40.000,00.
b) 36.300,00.
c) 32.800,00.
d) 29.766,00.
e) 29.100,00.

Resolução e Comentários

Valor Total da Aquisição --- 40.000,00

ICMS a Recuperar (= 18% x R$ 40.000,00) -------- (7.200,00)

PIS a Recuperar [(R$ 40.000,00 − R$ 7.200,00) x 1,65%] -------- (541,20)

PIS a Recuperar [(R$ 40.000,00 − R$ 7.200,00) x 7,60%] -------- (2.492,80)

Custo de Aquisição ----- 29.766,00

Gabarito – D

Questão 61 – (Perito Criminal Federal – Contabilidade – MJ – CESPE/UnB – 2002)

Considerando a legislação pertinente, julgue os itens a seguir, relativos às contabilidades em moeda constante, fiscal e societária.

Uma mercadoria cujo valor de venda líquida tenha de ser R$ 100,00 terá como preço de venda R$ 125,00, caso o ICMS a ser incluído no preço seja de 25%.

Resolução e Comentários

Cuidado com este tipo de questão!

O ICMS faz parte de sua própria base de cálculo.

Se o vendedor desejar obter Receita Líquida de Vendas no valor de R$ 100,00, então:

Receita Bruta de Vendas = RBV

(−) ICMS = 25% x RBV

(=) Receita Líquida de Vendas = R$ 100,00

Logo:

RBV − 0,25 x RBV = 0,75 x RBV = R$ 100,00 → RBV = 133,33

Gabarito – Errado

Questão 62 – (Auditor-Fiscal da Previdência Social – EsAF – 2002)

A Companhia Chimical Lorenço Lorne determinou que fosse feita a previsão de vendas de suas mercadorias, fixando-se preços e condições para o mês de junho.

A mercadoria denominada "Alvacenta" faz parte de uma partida de 250 unidades adquiridas em maio, cujo valor a empresa pagou emitindo um cheque de R$ 12.500,00. O preço de venda fixado para junho foi o custo de aquisição, com acréscimo suficiente para cobrir o ICMS sobre Vendas e um lucro de 20% sobre o preço de venda. As vendas são tributadas com ICMS de 10%. As compras anteriores também foram tributadas com ICMS de 12%.

Com base nas informações acima, pode-se dizer que o preço de venda unitário do referido item, para o mês de junho de 2002, deverá ser de
a) R$ 71,43.
b) R$ 65,00.
c) R$ 62,86.
d) R$ 61,11.
e) R$ 57,20.

Resolução e Comentários

Registro referente à compra de mercadorias:

D – Estoques de Mercadorias   11.000
D – ICMS a Recuperar (12.500 x 12%)   1.500
C – Bancos Conta Movimento   12.500

Custo de Aquisição = R$ 11.000,00 / 250 unidades = R$ 44,00/unidade

"O preço de venda fixado para junho foi o custo de aquisição, com acréscimo suficiente para cobrir o ICMS sobre Vendas e um lucro de 20% sobre o preço de venda. As vendas são tributadas com ICMS de 10%."

O Preço de Venda Unitário é igual ao custo de aquisição, somados o ICMS de 10% na venda e a margem de lucro sobre o Preço de Venda Unitário.

Preço de Venda Unitário (PVU) = Custo Unitário (CUn) + ICMS (10%) + 20% de Margem de Lucro sobre as Vendas

Logo:

Preço de Venda Unitário (PVU) = Custo Unitário (CUn) + ICMS (10%) + 20% de Margem de Lucro sobre as Vendas

PVU = CUn + 0,1 x PVU + 0,2 x PVU
PVU = 44,00 + 0,1 x PVU + 0,2 x PVU
0,7 x PVU = 44,00
PVU = 44,00 / 0,7 = 62,86
PVU = 62,86
Gabarito – C

Questão 63 – (Analista de Finanças e Controle – AFC – EsAF – 2002)
Abaixo está demonstrado o fluxo de entradas e saídas da mercadoria alfa da empresa Beta, em outubro de 2001.
As operações de compra e venda foram tributadas com ICMS de 10%.
– compras 600 unidades preço de fatura R$ 1.800,00 data 02/10
– compras 200 unidades preço de fatura R$ 800,00 data 05/10
– compras 500 unidades preço de fatura R$ 2.500,00 data 15/10
– vendas 400 unidades preço de fatura R$ 1.600,00 data 03/10
– vendas 300 unidades preço de fatura R$ 1.500,00 data 10/10
– vendas 300 unidades preço de fatura R$ 1.200,00 data 16/10

Sabendo-se que o estoque em primeiro de outubro constava de 100 unidades ao custo unitário de R$ 2,70 e com base no fluxo demonstrado acima, pode-se dizer que o estoque de mercadorias em 31/10/2001 terá o valor de
a) R$ 1.080,00, se for avaliado a PEPS.
b) R$ 1.388,00, se for avaliado a Preço Médio.
c) R$ 1.440,00, se for avaliado a UEPS.
d) R$ 1.530,00, se for avaliado a PEPS.
e) R$ 1.800,00, se for avaliado a Preço Médio.

Resolução e Comentários
Apuração do estoque final:

Método UEPS

Data	Entradas			Saídas			Saldo		
	Quantidade	Custo Unitário (R$)	Custo Total (R$)	Quantidade	Custo Unitário (R$)	Custo Total (R$)	Quantidade	Custo Unitário (R$)	Custo Total (R$)
01/10							100	2,70	270,00
02/10	600	2,70	1.620,00				700	2,70	1.890,00
03/10				400	2,70	1.080,00	300	2,70	810,00
05/10	200	3,60	720,00				300	2,70	810,00
							200	3,60	720,00
10/10				200	3,60	720,00	200	2,70	540,00
				100	2,70	270,00			
15/10	500	4,50	2.250,00				200	2,70	540,00
							500	4,50	2.250,00
16/10				300	4,50	1.350,00	200	2,70	540,00
							200	4,50	900,00
Totais	Compras Líquidas			CMV			Estoque Final		1.440,00

Método PEPS

Data	Mercadorias								
	Entradas			Saídas			Saldo		
	Quantidade	Custo Unitário (R$)	Custo Total (R$)	Quantidade	Custo Unitário (R$)	Custo Total (R$)	Quantidade	Custo Unitário (R$)	Custo Total (R$)
01/10							100	2,70	270,00
02/10	600	2,70	1.620,00				700	2,70	1.890,00
03/10				400	2,70	1.080,00	300	2,70	810,00
05/10	200	3,60	720,00				300	2,70	810,00
							200	3,60	720,00
10/10				300	2,70	810,00	200	3,60	720,00
15/10	500	4,50	2.250,00				200	3,60	720,00
							500	4,50	2.250,00
16/10				200	3,60	720,00	400	4,50	1.800,00
				100	4,50	450,00			
Totais	Compras Líquidas			CMV			Estoque Final		1.800,00

Método PMP

Data	Mercadorias								
	Entradas			Saídas			Saldo		
	Quantidade	Custo Unitário (R$)	Custo Total (R$)	Quantidade	Custo Unitário (R$)	Custo Total (R$)	Quantidade	Custo Unitário (R$)	Custo Total (R$)
01/10							100	2,70	270,00
02/10	600	2,70	1.620,00				700	2,70	1.890,00
03/10				400	2,70	1.080,00	300	2,70	810,00
05/10	200	3,60	720,00				500	3,06	1.530,00
10/10				300	3,06	918,00	200	3,06	612,00
15/10	500	4,50	2.250,00				700	4,0886	2.862,00
16/10				300	4,0886	1.227,00	400	4,0886	1.635,00
Totais	Compras Líquidas			CMV			Estoque Final		1.635,00

Gabarito – C

Questão 64 – (Auditor-Fiscal da Receita Federal – EsAF – 2002)
Apurando custos e estoques a cada mês, a empresa Yagoara S/A processou os cálculos do mês de dezembro de 2001 a partir dos seguintes dados:
Estoque inicial avaliado em R$ 22.000,00.
Compras de mil unidades ao preço unitário de R$ 25,00.
Vendas de 720 unidades ao preço unitário de R$ 50,00.
IPI sobre compras a 8%.
ICMS sobre compras a 12%.
ICMS sobre vendas a 17%.
Devolução de vendas no valor de R$ 6.000,00.
Estoques avaliados pelo critério PEPS.
Estoque inicial mensurado em 1.100,00 unidades.
Todas as operações do período foram realizadas a prazo.
Com fulcro nos dados e informações acima, o cálculo correto dos custos vai indicar um estoque final no valor de:
a) R$ 36.000,00.
b) R$ 34.000,00.
c) R$ 33.000,00.
d) R$ 31.600,00.
e) R$ 30.000,00.

Resolução e Comentários
Estoque inicial: 1.100 unidades x R$ 20,00 = R$ 22.000,00

Compras:
1.000 unidades x R$ 25,00 = R$ 25.000,00
IPI (8%) = R$ 25.000,00 x 8% = R$ 2.000,00
Total da nota fiscal = R$ 27.000,00
ICMS (12%) = R$ 3.000,00
Compras Líquidas = R$ 24.000,00

Vendas:
720 unidades x R$ 50,00 = R$ 36.000,00
ICMS incidente sobre as vendas = R$ 36.000,00 x 17% = R$ 6.120,00
CMV = 720 unidades x R$ 20,00 = R$ 14.400,00 (olhar planilha PEPS!!!)

Devolução de Vendas:
120 unidades x R$ 50,00 = R$ 6.000,00
ICMS (devolução parcial das vendas) = R$ 6.000,00 x 17% = R$ 1.020,00
Custo da devolução parcial das vendas = 120 unidades x R$ 20,00 = R$ 2.400,00

Método PEPS

| Data | Mercadorias |||||||||
| | Entradas ||| Saídas ||| Saldo |||
	Quanti-dade	Custo Unitário (R$)	Custo Total (R$)	Quanti-dade	Custo Unitário (R$)	Custo Total (R$)	Quanti-dade	Custo Unitário (R$)	Custo Total (R$)
01/12							1.100	20,00	22.000,00
	1.000	24,00	24.000,00				1.100	20,00	22.000,00
							1.000	24,00	24.000,00
				720	20,00	14.400,00	380	20,00	7.600,00
							1.000	24,00	24.000,00
				(120)	20,00	(2.400,00)	500	20,00	10.000,00
							1.000	24,00	24.000,00
Totais	Compras Líquidas			CMV			Estoque Final		34.000,00

Gabarito – B

Questão 65 – (Auditor-Fiscal da Receita Federal – EsAF – 2002-2)

A empresa Asper Outra Ltda., no mês de agosto de 2001, realizou os negócios abaixo descritos com o item Z34 de seu estoque.

01 – compra de 250 unidades;

02 – venda de 200 unidades;

03 – as mercadorias são tributadas na compra: com ICMS de 15%; e com IPI de 5%; na venda: com ICMS de 12%;

04 – o custo inicial do estoque foi avaliado em R$ 25,00 por unidade;

05 – nas compras foi praticado um preço unitário de R$ 30,00;

06 – nas vendas o preço unitário praticado foi de R$ 45,00;

07 – As operações de compra e de venda foram realizadas à vista, com cheques do Banco do Brasil, tendo a empresa Asper emitido o cheque 001356 e recebido o cheque 873102, prontamente depositado em sua conta-corrente.

Considerando-se, exclusivamente, essas operações e todas as informações acima, pode-se afirmar que a conta-corrente bancária da empresa Asper Outra Ltda. foi aumentada em

a) R$ 2.250,00.
b) R$ 1.500,00.
c) R$ 1.125,00.
d) R$ 750,00.
e) R$ 275,00.

Resolução e Comentários
Compra de Mercadorias:
250 unidades x R$ 30,00 = R$ 7.500,00
IPI (5%) = R$ 7.500,00 x 5% = R$ 375,00
Valor total da Nota Fiscal = R$ 7.875,00
ICMS (15%) = R$ 1.125,00

Registros referentes à aquisição:

D – Estoques de Mercadorias   6.750,00
D – ICMS a Recuperar (7.500 x 15%)   1.125,00
C – Bancos Conta Movimento   7.875,00

Custo Unitário = R$ 6.750,00 / 250 unidades = R$ 27,00 / unidade

Venda de Mercadorias:
200 unidades x R$ 45,00 = R$ 9.000,00

D – Bancos Conta Movimento
C – Receita Bruta de Vendas 9.000,00

D – CMV (= 200 unidades x R$ 27,00/unidade)
C – Estoque de Mercadorias   5.400,00

D – ICMS sobre Vendas
C – ICMS a Recolher (9.000,00 x 12%)   1.080,00

Bancos Conta Movimento	
Saldo Inicial (SI)	7.875,00
9.000,00	
SI + 1.125,00	

Gabarito – C

Questão 66 – (Analista Judiciário – Área Administrativa – Contabilidade – STF – CESPE/UnB – 2008)

Acerca da composição do custo das mercadorias vendidas e de seus reflexos no resultado com mercadorias, julgue os itens que se seguem.

O recebimento de mercadorias a título de bônus do fornecedor não afetará o saldo unitário das mercadorias disponíveis para venda, afetará apenas o saldo final, que será reduzido.

Resolução e Comentários
Exemplo:

Uma empresa adquire 100 unidades a R$ 10,00 cada, à vista, com ICMS de 20%, recebendo, como bonificação, 10 unidades.

Registros no comprador:

D – Mercadorias – 800
D – ICMS a Recuperar – 200
C – Bancos Conta Movimento – 1.000

Do estoque de mercadorias constarão 110 unidades (100 adquiridas + 10 constantes do bônus). Logo, afeta o saldo unitário de mercadorias disponíveis para venda. As 110 unidades serão registradas por R$ 800,00. Logo, o preço unitário de cada unidade será reduzido.

Gabarito – Errado

Questão 67 – (Analista Judiciário – Área Administrativa – Contabilidade – STF – CESPE/UnB – 2008)

Acerca da composição do custo das mercadorias vendidas e de seus reflexos no resultado com mercadorias, julgue os itens que se seguem.

O montante pago ao fornecedor a título de tributos recuperáveis será incorporado ao valor do estoque de mercadorias adquiridas para revenda.

Resolução e Comentários

Se os tributos são ditos recuperáveis, então não farão parte do valor dos estoques de mercadorias adquiridas para revenda, pois há a possibilidade de recuperação do crédito referente aos mesmos.

Gabarito – Errado

Questão 68 – (Contador – MPE – RR – CESPE/UnB – 2008)
Julgue os itens a seguir, acerca do registro de componentes do estoque de mercadorias de empresas comerciais.

Os custos do transporte e do seguro sobre compras serão contabilizados na conta de estoque de mercadorias da empresa compradora. Caso o valor líquido da mercadoria seja de R$ 5.600, o valor do seguro, de R$ 600 e o valor do frete, de R$ 1.200, então o registro correto, caso a compra seja efetuada a prazo, será o seguinte.
D Estoques R$ 7.400
C Fornecedores R$ 7.400

Resolução e Comentários

Valor a ser incorporado em Estoques: R$ 5.600 + R$ 600 + R$ 1.200 = R$ 7.400. Nenhum desses valores é recuperável.

Como a compra foi efetuada a prazo, tem-se:
Registro:

D – Estoques – R$ 7.400
C – Fornecedores – R$ 7.400

Gabarito – Certo

Questão 69 – (Contador – MPE – RR – CESPE/UnB – 2008)
Acerca da influência de tributos no patrimônio e dos indicadores das empresas, julgue os itens a seguir.
A utilização dos créditos tributários advindos de operações de compra de mercadorias para a revenda reduz o valor a ser pago pela empresa no período. Assim, ao contabilizar o crédito tributário advindo de aquisição dessa natureza, a empresa adquirente debitará conta de seu ativo.

Resolução e Comentários
Exemplo:

Uma empresa adquire 100 unidades a R$ 10,00 cada, à vista, com ICMS de 20%, recebendo, como bonificação, 10 unidades.

Registros no comprador:

D – Mercadorias – 800
D – ICMS a Recuperar – 200
C – Bancos Conta Movimento – 1.000
Gabarito – Certo

Questão 70 – (Analista de Comércio Exterior – MDIC – CESPE/UnB – 2008)
Cada um dos itens subsequentes apresenta uma situação hipotética, seguida de uma assertiva a ser julgada com base nos conceitos e aplicações gerais da contabilidade.
Uma empresa comercial, nas operações com mercadorias, apurou os valores, em reais, apresentados na tabela a seguir, relativos às suas compras e vendas (não considerados os valores de tributos).

compras (sem o transporte e o seguro)	5.000.000,00
transporte sobre compras	300.000,00
seguro sobre compras	200.000,00
vendas (correspondentes à metade das compras)	3.000.000,00
transporte sobre vendas (por conta da vendedora)	100.000,00
seguro sobre vendas (por conta da vendedora)	50.000,00

Nessa situação, sabendo-se que a empresa rateia o transporte e o seguro entre as suas aquisições e os estoques finais, é correto afirmar que o custo das mercadorias vendidas foi de R$ 2.750.000,00.

Resolução e Comentários

compras (sem o transporte e o seguro)	5.000.000,00
transporte sobre compras	300.000,00
seguro sobre compras	200.000,00
Total do valor mantido em estoque:	5.500.000,00

Custo da venda de metade do estoque: 5.500.000 / 2 = 2.750.000
Gabarito – Certo

Questão 71 – (Técnico da Receita Federal – SRF – EsAF – 2006)
Para manter a margem de lucro bruto de 10% sobre as vendas, a empresa Méritus e Pretéritus Limitada, cujo custo é composto de CMV de R$ 146.000,00 e ICMS sobre Vendas de 17%, terá de obter receitas brutas de vendas no montante de
a) R$ 182.500,00.
b) R$ 185.420,00.
c) R$ 187.902,00.
d) R$ 193.492,00.
e) R$ 200.000,00.

Resolução e Comentários

Receita Bruta de Vendas = RBV
(-) ICMS = (0,17 x RBV)
(=) Receita Líquida de Vendas = 0,83 x RBV
(-) CMV = (R$ 146.000,00)
(=) Lucro Operacional Bruto = 0,10 x RBV

→ 0,83 x RBV – R$ 146.000,00 = 0,10 x RBV → RBV = R$ 200.000,00
Gabarito – E

Questão 72 – (Agente Fiscal de Tributos Municipais – Teresina – PI – EsAF – 2002)
A empresa Induscom Têxtil Ltda., contribuinte de ICMS e IPI, adquiriu a matéria-prima necessária ao processo fabril do mês de maio, em uma única partida, como segue:
- aquisição de 1.000 metros ao preço unitário de R$ 6,00;
- pagamento em moeda corrente na apresentação da nota;
- tributação de ICMS sobre a compra e transporte, no valor de R$ 720,00;
- tributação de IPI sobre a compra, no valor de R$ 300,00;
- fretes e seguro relativos à operação de compra, no valor de R$ 150,00.

De posse dos documentos decorrentes da operação acima exemplificada, o contador promoveu lançamentos na forma seguinte. Assinale o registro correto.

a) Diversos
   a Caixa
   pelas aquisições desta data, como segue:
   Mercadorias   R$ 6.000,00
   ICMS a Recuperar   R$ 720,00
   IPI a Recuperar   R$ 300,00
   Despesas Acessórias (Fretes e Seguros) R$ 150,00   R$ 7.170,00

b) Diversos
   a Caixa
   pelas aquisições desta data, como segue:
   Mercadorias   R$ 6.150,00
   ICMS a Recuperar   R$ 720,00
   IPI a Recuperar   R$ 300,00   R$ 7.170,00

c) Diversos
   a Caixa
   pelas aquisições desta data, como segue:
   Mercadorias   R$ 5.430,00
   ICMS a Recuperar   R$ 720,00
   IPI a Recuperar   R$ 300,00   R$ 6.450,00

d) Diversos
   a Caixa
   pelas aquisições desta data, como segue:
   Mercadorias   R$ 5.730,00
   ICMS a Recuperar   R$ 720,00   R$ 6.450,00

e) Diversos
   a Caixa
   pelas aquisições desta data, como segue:
   Mercadorias   R$ 5.130,00
   ICMS a Recuperar   R$ 720,00
   IPI a Recuperar   R$ 300,00   R$ 6.150,00

Resolução e Comentários

A empresa Induscom Têxtil Ltda. é contribuinte de ICMS e IPI. Logo, pode recuperar ambos os tributos.

Valor total a pagar: R$ 6.000 (ICMS já está incluído neste valor) + R$ 300 (IPI) + R$ 150 (Fretes e Seguro) = R$ 6.450

Registro:

D – Mercadorias   R$ 5.430,00
D – ICMS a Recuperar   R$ 720,00
D – IPI a Recuperar   R$ 300,00
C – Caixa   R$ 6.450,00

Gabarito – C

Atenção: Considere as informações fornecidas abaixo para resolver as questões de números 73 a 78.

A empresa Comercial Alvorada, em um determinado período, identifica no seu balancete de verificação os seguintes saldos finais em suas contas:

Salários	120 000
Disponibilidades	2 000
Encargos Sociais	60 000
Imóveis	30 000
Depósitos a Prazo Fixo (90 dias)	100 000
Receitas a Apropriar	24 000
Despesas de Depreciação	12 000
Instalações	42 000
Contas a Pagar	189 000
Duplicatas Descontadas	220 000
Clientes	340 000
Mercadorias	150 000
Depreciação Acumulada	20 000
Receitas Antecipadas	132 000
Despesas de Juros	24 000
Juros Antecipados	36 000

Despesas Comerciais	39 000
Veículos	50 000
Capital Social	300 000
Aluguéis	45 000
Fornecedores	165 000

Ao final desse mesmo período recebe uma proposta para venda a prazo de todas as 500 unidades, disponíveis para venda, possuídas em estoque. A diretoria da empresa definiu como meta que a empresa deve obter, sempre, como resultado líquido 10% do valor total de suas vendas.

Com as informações fornecidas e para obter o resultado esperado por sua diretoria:

Questão 73 – (Analista Judiciário – Área Administrativa – Contabilidade – TRE / RN – FCC – 2005)
Cada uma das unidades em estoque deveria ser vendida ao preço unitário de:
a) 1.050,00.
b) 1.000,00.
c) 950,00.
d) 900,00.
e) 850,00.

Resolução e Comentários
  Receita Bruta de Vendas = RBV
(-) Deduções sobre a RBV = 0
(=) Receita Líquida de Vendas = RBV
(-) CMV = (150.000) "obtido a partir do elenco de contas"
(=) Lucro Operacional Bruto = RBV – 150.000
(-) Despesas Diversas = (39.000 + 120.000 + 60.000 + 45.000 + 12.000 + 24.000) = (300.000) "valores obtidos a partir do elenco de contas"
(=) Lucro Líquido do Exercício = 10% x RBV

  Logo:
RBV – 150.000 – 300.000 = 0,10 x RBV → RBV = R$ 500.000,00
R$ 500.000,00 / 500 unidades = R$ 1.000,00/unidade
Gabarito – B

Questão 74 – (Analista Judiciário – Área Administrativa – Contabilidade – TRE / RN – FCC – 2005)

Nas condições estabelecidas, o valor do Resultado Bruto Operacional teria que ser
a) 350.000,00.
b) 380.000,00.
c) 390.000,00.
d) 400.000,00.
e) 410.000,00.

Resolução e Comentários

Receita Bruta de Vendas = RBV

(-) Deduções sobre a RBV = 0

(=) Receita Líquida de Vendas = RBV

(-) CMV = (150.000) "obtido a partir do elenco de contas"

(=) Lucro Operacional Bruto = RBV – 150.000

(-) Despesas Diversas = (39.000 + 120.000 + 60.000 + 45.000 + 12.000 + 24.000) = (300.000) "valores obtidos a partir do elenco de contas"

(=) Lucro Líquido do Exercício = 10% x RBV

Lucro Operacional Bruto = RBV – 150.000 = 500.000 – 150.000 = 350.000

Gabarito – A

Questão 75 – (Analista Judiciário – Área Administrativa – Contabilidade – TRE / RN – FCC – 2005)

Efetuadas as vendas no montante planejado, o valor do Passivo Circulante dessa empresa seria
a) 102.000,00.
b) 350.000,00.
c) 486.000,00.
d) 734.000,00.
e) 836.000,00.

Resolução e Comentários

Contas a Pagar   189 000
Receitas Antecipadas   132 000
Fornecedores   165 000
Total do Passivo Circulante = 486.000

Gabarito – C

Questão 76 – (Analista Judiciário – Área Administrativa – Contabilidade – TRE / RN – FCC – 2005)
Nas condições previstas, o valor do Ativo Imobilizado seria
a) 836.000,00.
b) 486.000,00.
c) 350.000,00.
d) 250.000,00.
e) 102.000,00.

Resolução e Comentários

Imóveis	30 000
Instalações	42 000
Depreciação Acumulada	(20 000)
Veículos	50 000

Total do Ativo Não Circulante Imobilizado = 102.000
Gabarito – E

Questão 77 – (Analista Judiciário – Área Administrativa – Contabilidade – TRE / RN – FCC – 2005)
Nessas condições, o valor do Ativo Circulante seria:
a) 102.000,00.
b) 350.000,00.
c) 486.000,00.
d) 734.000,00.
e) 836.000,00.

Resolução e Comentários

Disponibilidades	2.000
Depósitos a Prazo Fixo (90 dias)	100.000
Receitas a Apropriar	(24.000)
Duplicatas Descontadas	(220.000)
Clientes	340 000 + 500.000 = 840.000
Mercadorias	150 000 – 150.000 = 0
Juros Antecipados	36.000

Total do Ativo Circulante = 734.000
Gabarito – D

Questão 78 – (Analista Judiciário – Área Administrativa – Contabilidade – TRE / RN – FCC – 2005)

Realizadas as Receitas previstas, o valor do Capital Próprio seria
a) 102.000,00.
b) 300.000,00.
c) 350.000,00.
d) 386.000,00.
e) 486.000,00.

Resolução e Comentários

Capital Social   300.000
Lucros Acumulados   50.000
Total do Patrimônio Líquido = 350.000
Gabarito – C

Questão 79 – (Contador – Universidade do Estado do Pará – CESPE/UnB – 2008)

dia	operação	quantidade	valor unitário (R$)	valor total (R$)
10	Compra à vista	20	10	200
12	Compra a prazo	30	12	360
16	Venda à vista	40	24	960
20	Compra a prazo	10	12,50	125
23	Venda a prazo	13	23	299
28	Compra à vista	12	11,50	138
30	Venda à vista	17	26	442
31	Compra a prazo	6	13	78

Considere-se que uma loja possuísse, no dia 1/1/2008, 8 unidades de mercadorias ao custo unitário de R$ 8,00, que o seu sistema de controle de estoques seja permanente e que a metodologia utilizada seja o UEPS. Considere-se, ainda, que a carga tributária da loja seja de 20% sobre as vendas e de 24% sobre o lucro auferido. A partir da ficha ilustrada acima, referente ao controle de estoques da loja no mês de janeiro de 2008, bem como das informações complementares, é correto afirmar que o lucro bruto apurado foi igual a
a) R$ 908,00.
b) R$ 588,80.
c) R$ 929,00.
d) R$ 567,80.
e) R$ 678,90.

Resolução e Comentários

UEPS

Data	Mercadorias							
	Entradas			Saídas			Saldo		
	Quanti-dade	Custo Unitário (R$)	Custo Total (R$)	Quanti-dade	Custo Unitário (R$)	Custo Total (R$)	Quanti-dade	Custo Unitário (R$)	Custo Total (R$)
01							8	8,00	64,00
10	20	10,00	200,00				8	8,00	64,00
							20	10,00	200,00
12	30	12,00					8	8,00	64,00
							20	10,00	200,00
							30	12,00	360,00
16				10	10,00	100,00	8	8,00	64,00
				30	12,00	360,00	10	10,00	100,00
20	10	12,50	125,00				8	8,00	64,00
							10	10,00	100,00
							10	12,50	125,00
23				3	10,00	30,00	8	8,00	64,00
				10	12,50	125,00	7	10,00	70,00
28	12	11,50	138,00				8	8,00	64,00
							7	10,00	70,00
							12	11,50	138,00
30				5	10,00	50,00	8	8,00	64,00
				12	11,50	138,00	2	10,00	20,00
31	6	13,00	78,00				8	8,00	64,00
							2	10,00	20,00
							6	13,00	78,00
Totais	Compras Líquidas			CMV		803,00	Estoque Final		162,00

Obtenção da Receita Bruta de Vendas do período:

Venda à vista dia 16: R$ 960,00

Venda a prazo dia 23: R$ 299,00

Venda à vista dia 30: R$ 442,00

Receita Bruta de Vendas = R$ 1.701,00

Receita Bruta de Vendas = R$ 1.701,00
(-) Tributos sobre as vendas = (20% x R$ 1.701,00) = (R$ 340,20)
Receita Líquida de Vendas = R$ 1.360,80
(-) CMV = (R$ 803,00)
Lucro Operacional Bruto = 557,80.

A resposta considerada correta pela Banca foi R$ 567,80.
Gabarito – D

Questão 80 – (Fiscal de Rendas – SP – VUNESP)
A Rolamentos S/A é uma empresa comercial típica, que compra mercadorias para revender. Nestas condições, é contribuinte do ICMS, mas não é contribuinte do IPI. No início do mês de janeiro de 2002, a empresa possuía um estoque de 15 rolamentos, corretamente contabilizado por R$ 2.700. Durante o mês de janeiro, adquiriu novo lote de 10 rolamentos, todos do mesmo tipo dos que já possuía em estoque. O valor global (que inclui o valor do ICMS e do IPI) da nota fiscal de aquisição é de R$ 2.200. Na nota fiscal é informado, ainda, que o IPI foi calculado com a alíquota de 10% sobre o preço das mercadorias. O ICMS, incluso no preço das mercadorias, foi calculado pela alíquota de 18%. No final de janeiro, o estoque de rolamentos era de 5 unidades, pois a empresa vendera os outros 20 rolamentos. Sabendo-se que a empresa mantém controle permanente de estoque, utilizando o método PEPS, pode-se afirmar que, em 31 de janeiro de 2002, o valor do estoque final e do custo das mercadorias vendidas será, respectivamente, de
a) R$ 902 e R$ 3.602.
b) R$ 920 e R$ 3.620.
c) R$ 1.000 e R$ 3.700.
d) R$ 1.080 e R$ 3.780.
e) R$ 1.100 e R$ 3.800.

Resolução e Comentários
EI = 15 unid x R$ 180,00 / unid = R$ 2.700,00

Compra: 10 unidades
Valor total = R$ 2.200,00 = Preço de Venda (PV) + IPI = PV + 10% x PV → PV = R$ 2.000,00
ICMS sobre Vendas = 18% x R$ 2.000,00 = R$ 360,00
Valor de aquisição = R$ 2.200,00 – R$ 360,00 = R$ 1.840,00 → C Unit = R$ 1.840,00 / 10 unidade
→ C Unit = R$ 184,00 / unidade

Controle permanente de estoques: PEPS

Data	Mercadorias								
	Entradas			Saídas			Saldo		
	Quantidade	Custo Unitário (R$)	Custo Total (R$)	Quantidade	Custo Unitário (R$)	Custo Total (R$)	Quantidade	Custo Unitário (R$)	Custo Total (R$)
Saldo Inicial							15	180,00	2.700,00
Aquisição	10	184,00	1.840,00				15 10	180,00 184,00	4.540,00
Venda				15 5	180,00 184,00	3.620,00	5	184,00	920,00
Totais	Compras Líquidas			CMV		3.620,00	Estoque Final		920,00

Gabarito – B

Questão 81 – (Auditor do Tesouro Municipal – Natal – EsAF)
A empresa Com Têxtil Limitada trabalha, exclusivamente, com o tecido "alfa". Em 20 de outubro negociou uma partida nos seguintes termos:
- aquisição de 2.000 metros ao preço unitário de R$ 5,00;
- pagamento em moeda corrente na apresentação da nota;
- tributação de ICMS sobre a compra e transporte, no valor de R$ 1.200,00;
- tributação de IPI sobre a compra, no valor de R$ 500,00;
- fretes e seguro relativos à operação de compra, no valor de R$ 300,00.

De posse dos documentos decorrentes da operação acima exemplificada, o contador promoveu lançamentos na forma seguinte. Assinale o registro correto, sabendo-se que a empresa é contribuinte do ICMS e não contribuinte do IPI.

a) Diversos
   a Caixa
   pelas aquisições desta data,
   como segue:
   Mercadorias   R$ 10.000,00
   ICMS a Recuperar   R$ 1.200,00
   IPI a Recuperar   R$ 500,00
   Despesas Acessórias
   (Fretes e Seguros)   R$ 300,00   R$ 12.000,00

b) Diversos
   a Caixa
   pelas aquisições desta data,
   como segue:
   Mercadorias   R$ 10.300,00
   ICMS a Recuperar   R$ 1.200,00
   IPI a Recuperar   R$ 500,00   R$ 12.000,00

c) Diversos
   a Caixa
   pelas aquisições desta data,
   como segue:

Mercadorias	R$ 9.100,00	
ICMS a Recuperar	R$ 1.200,00	
IPI a Recuperar	R$ 500,00	R$ 10.800,00

d) Diversos
   a Caixa
   pelas aquisições desta data,
   como segue:

Mercadorias	R$ 9.600,00	
ICMS a Recuperar	R$ 1.200,00	R$ 10.800,00

e) Diversos
   a Caixa
   pelas aquisições desta data,
   como segue:

Mercadorias	R$ 9.100,00	
ICMS a Recuperar	R$ 1.200,00	R$ 10.300,00

Resolução e Comentários

– aquisição de 2.000 metros ao preço unitário de R$ 5,00;
– pagamento em moeda corrente na apresentação da nota;
– tributação de ICMS sobre a compra e transporte, no valor de R$ 1.200,00;
– tributação de IPI sobre a compra, no valor de R$ 500,00;
– fretes e seguro relativos à operação de compra, no valor de R$ 300,00.

<u>Valor total da NF:</u>
Preço de Venda = 2.000 metros x R$ 5,00 / metro = R$ 10.000,00
IPI = R$ 500,00
Valor total da NF = R$ 10.000,00 + R$ 500,00 = R$ 10.500,00

<u>Custo de Aquisição:</u>
Compra = R$ 10.500,00
Frete + Seguro = R$ 300,00
ICMS é recuperável: R$ 1.200,00
Custo de Aquisição: R$ 10.500,00 + R$ 300,00 – R$ 1.200,00 = R$ 9.600,00

Registros:
Diversos
a Caixa
pelas aquisições desta data,
como segue:
Mercadorias   R$ 9.600,00
ICMS a Recuperar   R$ 1.200,00   R$ 10.800,00
Gabarito – D

Questão 82 – (Técnico de Contabilidade – PETROBRAS – Fundação CESGRANRIO – 2004)
A Cia. Delta, em março de 2003, apresentou as seguintes informações:
- Saldo inicial da conta Mercadorias para Revenda R$ 20.000,00;
- Aquisições de mercadorias para revenda, sujeitas a ICMS de 20% R$ 80.000,00;
- Inventário final de mercadorias para revenda R$ 16.000,00;
- Valor das vendas equivalente a 200% do custo das mercadorias vendidas;
- Impostos incidentes sobre as vendas 20% das mesmas.

Com base em tais informações, o lucro bruto sobre vendas, em reais, foi:
a) 33.600,00.
b) 40.800,00.
c) 64.600,00.
d) 68.000,00.
e) 84.000,00.

Resolução e Comentários
EI = R$ 20.000,00
Custo de Aquisição: R$ 80.000,00 – 20% x R$ 80.000,00 = R$ 64.000,00
Estoque após a aquisição: R$ 20.000,00 + R$ 64.000,00 = R$ 84.000,00
EF = R$ 16.000,00

Se o estoque final é igual a R$ 16.000,00, então o custo das mercadorias negociadas é igual a:
R$ 84.000,00 – R$ 16.000,00 = R$ 68.000,00

→   Receita Bruta de Vendas – 200% x R$ 68.000,00 = R$ 136.000,00

Demonstração do Resultado do Exercício:

Receita Bruta de Vendas – R$ 136.000,00

(-) ICMS sobre Vendas – (20% x R$ 136.000,00) = (R$ 27.200,00)

(=) Receita Líquida de Vendas – R$ 108.800,00

(-) Custo das Mercadorias Vendidas – (R$ 68.000,00)

(=) Lucro Bruto = R$ 40.800,00

Gabarito – B

Questão 83 – (Contador Pleno – PETROBRAS – Fundação CESGRANRIO – 2005)
Determinada empresa industrial vende mercadorias a prazo para uma empresa comercial, por R$ 1.500,00, mais R$ 100,00 de frete, com desconto de R$ 50,00, caso o pagamento se realize em até 30 dias. Sabendo que a alíquota de ICMS é de 20% e que a empresa industrial não possui créditos do imposto, o ICMS devido nesta operação, em reais, será:

a) 290,00.
b) 300,00.
c) 310,00.
d) 320,00.
e) 330,00.

Resolução e Comentários

Valor da aquisição = R$ 1.500,00 + R$ 100,00 = R$ 1.600,00

ICMS embutido na operação: 20% x R$ 1.600,00 = R$ 320,00

Os descontos condicionais não podem ser abatidos da base de cálculo do ICMS.

Gabarito – D

Questão 84 – (Fiscal de Rendas – ICMS – RJ – FGV – 2008)
A empresa FORTALEZA S/A, dedicada ao comércio de equipamentos de ginástica, começou o período com o estoque de mercadorias composto por 20 unidades de halteres de 5kg avaliadas, no total, por R$ 280,00; e 6 unidades de halteres de 7kg avaliadas, no total, por R$ 120,00.

Sabe-se que a empresa comercial FORTALEZA S/A é contribuinte do ICMS mediante movimentação econômica, contribuinte do IR com base no lucro real, e não é contribuinte do IPI.

No início do período, FORTALEZA S/A adquiriu 100 novas unidades de halteres de 5kg. Os dados da nota fiscal de aquisição eram os seguintes:

Fornecedor	indústria
Valor total das mercadorias	2.000,00
ICMS	18%
IPI	5%
Valor total da nota fiscal	2.100,00

No final do período, a FORTALEZA S/A vendeu 80 unidades de halteres de 5kg por R$ 30,00 cada unidade, e 5 unidades de halteres de 7kg por R$ 40,00 cada unidade. Considerando que a FORTALEZA S/A avalia seu estoque pelo Custo Médio Ponderado Móvel, o valor do custo das mercadorias vendidas nesse período é, em valores arredondados:

a) 1.307,45.
b) 1.317,17.
c) 1.446,67.
d) 1.424,00.
e) 1.323,33.

Resolução e Comentários

Halteres de 5 kg – 20 unidades x R$ 14,00 = R$ 280,00

Halteres de 7 kg – 6 unidades x R$ 20,00 = R$ 120,00

A empresa é contribuinte de ICMS e apura Imposto de Renda com base no lucro real. Tal empresa não é contribuinte de IPI.

A questão não deixa claro se a empresa recolhe ou não PIS/Pasep e Cofins pelo regime não cumulativo. Se apura Imposto de Renda com base no lucro real, então, obrigatoriamente, deve trabalhar no regime não cumulativo de PIS/Pasep (alíquota = 1,65%) e Cofins (alíquota = 7,60%).

Compras: Halteres de 5 kg: 100 unidades -- ICMS: R$ 2.000,00 x 18% = R$ 360,00
PIS: R$ 2.100,00 x 1,65% = R$ 34,65
Cofins: R$ 2.100,00 x 7,60% = R$ 159,60
TOTAL = R$ 554,25

Custo de Aquisição: R$ 2.000,00 (valor da nota fiscal) + R$ 100,00 (5% de IPI) – R$ 554,25 (tributos recuperáveis) = R$ 1.545,75

Apuração de valores de estoque pelo Custo Médio Ponderado Móvel:
20 x R$ 14,00 + 100 x R$ 15,46 = R$ 1.826,00 = 120 x R$ 15,22

CMV: 80 x R$ 15,22 + R$ 5 x R$ 20,00 = R$ 1.317,60 (Letra "B")

Sem levar em consideração as contribuições para o PIS/Pasep e para a Cofins, tem-se:

Halteres de 5 kg – 20 unidades x R$ 14,00 = R$ 280,00
Halteres de 7 kg – 6 unidades x R$ 20,00 = R$ 120,00

Empresa contribuinte de ICMS e que apura Imposto de Renda com base no lucro real.
Compras: Halteres de 5 kg: 100 unidades – ICMS: R$ 2.000,00 x 18% = R$ 360,00

Custo de Aquisição: R$ 2.000,00 (valor da nota fiscal) + R$ 100,00 (5% de IPI) – R$ 360,00 (tributos recuperáveis) = R$ 1740,00

Apuração de valores de estoque pelo Custo Médio Ponderado Móvel:
20 x R$ 14,00 + 100 x R$ 17,40 = R$ 2.020,00 = 120 x R$ 16,833

CMV: 80 x R$ 16,833 + R$ 5 x R$ 20,00 = R$ 1.446,67 (Letra "C")
Verifica-se que há duas possíveis alternativas válidas para a presente questão.
Esta questão foi corretamente anulada, após os recursos!

Esta questão foi gerada antes da decisão do STF, de 15 de março de 2017:

> *"O ICMS não compõe a base de cálculo para a incidência do PIS e da Cofins."*

Gabarito – Anulada

Questão 85 – (Fiscal de Rendas – ICMS – RJ – FGV – 2008)
Determinada empresa comercial apurou o seguinte balanço patrimonial no final do exercício recém-encerrado:

disponibilidades	30.000	fornecedores	–
clientes	–	capital social	40.000
estoque	20.000	reserva de lucros	10.000

Sabe-se que o estoque era composto por 10.000 unidades da mercadoria X.

Durante o corrente exercício, essa empresa realizou as seguintes transações – na sequência apresentada:

- comprou 15.000 unidades da mercadoria X por $3,00 a unidade, pagando metade à vista e ficando o restante para pagar em 30 dias;
- vendeu 20.000 unidades da mercadoria X por $5,00, recebendo metade à vista e ficando o restante para receber em 30 dias;
- comprou 9.000 unidades da mercadoria X por $4,00 a unidade, pagando tudo à vista;
- vendeu 10.000 unidades da mercadoria X por $5,00, recebendo metade à vista e ficando o restante para receber em 30 dias.

Ignore qualquer tributo e determine a diferença da Variação do Capital Circulante Líquido dessa empresa entre dois cenários:
I. controlando os estoques permanentemente e apurando o custo das mercadorias vendidas pelo custo médio ponderado móvel;
II. controlando os estoques permanentemente e apurando o custo das mercadorias vendidas pelo método primeiro que entra primeiro que sai.
a) Maior que $1.500,00.
b) Entre $1.000,01 e 1.500,00.
c) Entre $500,01 e $1.000,00.
d) Entre $0,01 e $500,00.
e) Igual a zero.

Resolução e Comentários
Saldo inicial do Ativo Circulante: R$ 50.000,00
Saldo inicial do Passivo Circulante: R$ 0,00

CCL = AC − PC
CCL inicial = R$ 50.000,00 − R$ 0,00 = R$ 50.000,00

CMPM:

Data	Mercadorias								
	Entradas			Saídas			Saldo		
	Quanti-dade	Custo Unitário (R$)	Custo Total (R$)	Quanti-dade	Custo Unitário (R$)	Custo Total (R$)	Quanti-dade	Custo Unitário (R$)	Custo Total (R$)
Saldo Inicial							10.000	2,00	
Aquisição	15.000	3,00					25.000	2,60	
Venda				20.000	2,60	52.000	5.000	2,60	
Aquisição	9.000	4,00					14.000	3,50	
Venda				10.000	3,50	35.000	4.000	3,50	14.000,00
Totais	Compras Líquidas			CMV		87.000	Estoque Final		14.000,00

Registros Contábeis:
• comprou 15.000 unidades da mercadoria X por $3,00 a unidade, pagando metade à vista e ficando o restante para pagar em 30 dias;

D – Mercadorias – 45.000
C – Caixa – 22.500
C – Fornecedores – 22.500

- vendeu 20.000 unidades da mercadoria X por $5,00, recebendo metade à vista e ficando o restante para receber em 30 dias;

D – Caixa – 50.000
D – Clientes – 50.000
C – Receita Bruta de Vendas – 100.000

D – CMV – 52.000
C – Mercadorias – 52.000

- comprou 9.000 unidades da mercadoria X por $4,00 a unidade, pagando tudo à vista;

D – Mercadorias – 36.000
C – Caixa – 36.000

- vendeu 10.000 unidades da mercadoria X por $5,00, recebendo metade à vista e ficando o restante para receber em 30 dias.

D – Caixa – 25.000
D – Clientes – 25.000
C – Receita Bruta de Vendas – 50.000

D – CMV – 35.000
C – Mercadorias – 35.000

Saldo final do Ativo Circulante: R$ 135.500,00
Saldo final do Passivo Circulante: R$ 22.500,00

CCL = AC – PC
CCL final = R$ 135.500,00 – R$ 22.500,00 = R$ 113.000,00

Variação do CCL = R$ 113.000,00 – R$ 50.000,00 = R$ 63.000,00

PEPS:

Mercadorias									
	Entradas			Saídas			Saldo		
Data	Quantidade	Custo Unitário (R$)	Custo Total (R$)	Quantidade	Custo Unitário (R$)	Custo Total (R$)	Quantidade	Custo Unitário (R$)	Custo Total (R$)
Saldo Inicial							10.000	2,00	
Aquisição	15.000	3,00					10.000	2,00	
							15.000	3,00	
Venda				10.000	2,00	50.000	5.000	3,00	
				10.000	3,00				
Aquisição	9.000	4,00					5.000	3,00	
							9.000	4,00	
Venda				5.000	3,00	35.000	4.000	4,00	16.000,00
				5.000	4,00				
Totais	Compras Líquidas			CMV		85.000	Estoque Final		16.000,00

Registros Contábeis:

- comprou 15.000 unidades da mercadoria X por $3,00 a unidade, pagando metade à vista e ficando o restante para pagar em 30 dias;

D – Mercadorias – 45.000

C – Caixa – 22.500

C – Fornecedores – 22.500

- vendeu 20.000 unidades da mercadoria X por $5,00, recebendo metade à vista e ficando o restante para receber em 30 dias;

D – Caixa – 50.000

D – Clientes – 50.000

C – Receita Bruta de Vendas – 100.000

D – CMV – 50.000
C – Mercadorias – 50.000

- comprou 9.000 unidades da mercadoria X por $4,00 a unidade, pagando tudo à vista;

D – Mercadorias – 36.000
C – Caixa – 36.000

- vendeu 10.000 unidades da mercadoria X por $5,00, recebendo metade à vista e ficando o restante para receber em 30 dias.

D – Caixa – 25.000
D – Clientes – 25.000
C – Receita Bruta de Vendas – 50.000

D – CMV – 35.000
C – Mercadorias – 35.000

Saldo final do Ativo Circulante: R$ 137.500,00
Saldo final do Passivo Circulante: R$ 22.500,00

CCL = AC – PC
CCL final = R$ 137.500,00 – R$ 22.500,00 = R$ 115.000,00

Variação do CCL = R$ 115.000,00 – R$ 50.000,00 = R$ 65.000,00

Diferença de Variação do CCL: ΔCCL(PEPS) – ΔCCL(CMPM) = 65.000,00 – 63.000,00 = 2.000,00
Gabarito – A

Capítulo 7 — Operações com Mercadorias e Serviços ■ 657

Questão 86 – (Fiscal de Rendas – ICMS – RJ – FGV – 2009)

Em 31/12/2008, a *Cia. Itu* tinha em seu estoque 8 unidades da mercadoria *k*, sendo seu estoque avaliado por $ 640.

Durante o mês de janeiro de 2009, a *Cia. Itu* realizou as seguintes operações:

I.   Compra de 12 unidades de *k* pelo valor total de $ 1.020. O frete de $ 200 é pago pelo fornecedor.
II. Compra de 15 unidades de *k* pelo valor total de $ 1.350. O frete de $ 150 é pago pelo comprador.
III. Venda de 25 unidades de *k* por $100 cada.
IV. Compra de 10 unidades de *k* pelo valor total de $ 850. O frete de $ 100 é pago pelo comprador.
V.   Venda de 13 unidades de *k* por $ 110 cada.

Em 31/01/2009, os valores aproximados de estoque final, de acordo com os métodos PEPS e Custo Médio Ponderado Móvel, foram respectivamente:

a) $ 595 e $ 599.
b) $ 595 e $ 619.
c) $ 665 e $ 649.
d) $ 510 e $ 649.
e) $ 510 e $ 619.

Resolução e Comentários

MPM

Data	Entradas			Saídas			Saldo		
	Quantidade	Custo Unitário (R$)	Custo Total (R$)	Quantidade	Custo Unitário (R$)	Custo Total (R$)	Quantidade	Custo Unitário (R$)	Custo Total (R$)
Saldo Inicial							08	80	640
Aquisição	12	85	1.020				20	83	1.660
Aquisição	15	100	1.500				35	90,29	3.160
Venda				25	90,29	2.257	10	90,29	902,9
Aquisição	10	95	950				20	92,65	1.853
Venda				13	92,65	1.204,50	07	92,65	649
Totais	Compras Líquidas			CMV			Estoque Final		649

PEPS

Data	Entradas			Saídas			Saldo		
	Quantidade	Custo Unitário (R$)	Custo Total (R$)	Quantidade	Custo Unitário (R$)	Custo Total (R$)	Quantidade	Custo Unitário (R$)	Custo Total (R$)
Saldo Inicial							08	80	640
Aquisição	12	85	1.020				08	80	640
							12	85	1.020
Aquisição	15	100	1.500				08	80	640
							12	85	1.020
							15	100	1.500
Venda				08	80	640	10	100	1.000
				12	85	1.020			
				05	100	500			
Aquisição	10	95	950				10	100	1.000
							10	95	950
Venda				10	100	1.000	07	95	665
				03	95	285			
Totais	Compras Líquidas			CMV			Estoque Final		665

Gabarito – C

Questão 87 – (Fiscal de Rendas – ICMS – RJ – FGV – 2009)

A *Cia. Turquesa* realizou as seguintes operações em 2009:

I. Compra de estoques a prazo: $ 100.000, tributada pelo ICMS em 18%;
II. Venda de 80% das unidades compradas. A receita de vendas somou $ 150.000, a prazo.

Em 31.12.2009, o *lucro líquido* e o *ICMS a recolher* serão, respectivamente:

Obs.: *considere a alíquota do ICMS em 18% e ignore o IR.*

a) $ 57.400 e $ 9.000.
b) $ 23.000 e $ 18.000.
c) $ 41.000 e $ 27.000.
d) $ 57.400 e $ 18.000.
e) $ 23.000 e $ 27.000.

Resolução e Comentários

Compra:

$100.000 - 18\% \times \$100.000 = \$82.000$

Custo das Mercadorias Vendidas = $80\% \times \$82.000 = \$65.600$

DRE:

Receita Bruta de Vendas = $150.000

(-) ICMS (18%) = (18% x $150.000) = ($27.000)

(=) Receita Líquida de Vendas = $123.000

(-) CMV = ($65.600)

(=) Lucro Bruto = $57.400

ICMS a Recolher = $27.000

ICMS a Recuperar = $18.000

→ Saldo de ICMS: ICMS a Recolher = $9.000

Gabarito – A

Questão 88 – (Auditor Fiscal de Tributos Municipais – Prefeitura de Belo Horizonte – Fundação Dom Cintra – 2012)

Em 10/03/2011, a Empresa Comercial ABC realizou uma aquisição de mercadorias para revenda, à vista, com as seguintes informações contidas no documento fiscal:

Unidades adquiridas...................... 10.000
Preço de venda unitário................. R$ 50
IPI incidente............................... 10%
Desconto concedido..................... 5%
Frete e seguro cobrados................ R$ 5.000
ICMS destacado..........................18%

Sabendo-se que o fornecedor estava localizado em outro estado da federação, o valor das mercadorias apropriadas ao estoque foi igual a:
a) R$ 430.500.
b) R$ 432.550.
c) R$ 433.450.
d) R$ 443.600.
e) R$ 444.500.

Resolução e Comentários

Valor da Nota Fiscal: 10.000 unidades x R$ 50,00/unidade + IPI

→ Valor da NF: R$ 500.000,00 + 10% x R$ 500.000,00 = R$ 550.000,00

O ICMS é imposto recuperável. Em consequência, seu montante não faz parte do registro das mercadorias em estoque.

→ ICMS: 18% x (R$ 500.000,00 – 5% x R$ 500.000,00 + R$ 5.000,00) =
= 18% x (R$ 500.000,00 – R$ 25.000,00 + R$ 5.000,00) = R$ 86.400,00

Custo de aquisição das mercadorias: R$ 550.000,00 – R$ 86.400,00 – R$ 25.000,00 + R$ 5.000,00 = R$ 443.600,00

Deve ser destacado que o frete deveria ser incluído na base de cálculo do IPI, algo que esta Banca não fez.

Gabarito – D

Questão 89 (AFRE – SEFAZ RJ – FCC/2014)
A Cia. Comerciante adquiriu, em 1º/07/2013, mercadorias para serem revendidas. As mercadorias foram adquiridas, à vista, por R$ 150.000,00, sendo que neste valor estavam inclusos os tributos recuperáveis de R$ 22.000,00 e os tributos não recuperáveis de R$ 15.000,00. Adicionalmente, a Cia. Comerciante contratou e pagou frete e seguro, para transporte das mercadorias adquiridas até a empresa, no valor de R$ 5.000,00, sendo que neste valor estavam inclusos tributos recuperáveis de R$ 600,00. Em 31/07/2013, a empresa Comerciante revendeu todas estas mercadorias por R$ 300.000,00, à vista. Sobre o valor da venda houve incidência de ICMS – Imposto sobre Circulação de Mercadorias e Prestação de Serviços no valor de R$ 45.000,00 e pagamento de comissão para os vendedores no valor de R$ 9.000,00. Com base nestas informações, o valor do lucro bruto apurado pela Cia. Comerciante no mês de julho de 2013 foi:
a) R$ 113.600,00;
b) R$ 150.000,00;
c) R$ 127.000,00;
d) R$ 100.000,00;
e) R$ 122.600,00.

Resolução e Comentários

Os tributos não recuperáveis fazem parte do custo de aquisição.

O frete e o seguro pagos pelo comprador fazem parte do custo de aquisição, excetuando-se os tributos recuperáveis.

Custo de Aquisição = R$ 150.000,00 – R$ 22.000,00 + R$ 5.000,00 – R$ 600,00

Logo, o Custo de Aquisição é igual a R$ 132.400,00.

Quando da venda de mercadorias em 31/07/2013:

Receita Bruta de Vendas = R$ 300.000,00
(–) ICMS sobre Vendas = (R$ 45.000,00)
(=) Receita Líquida de Vendas = R$ 255.000,00
(–) Custo das Mercadorias Vendidas = (R$ 132.400,00)
(=) Lucro Operacional Bruto = R$ 122.600,00

Deve ser ressaltado que a comissão sobre a venda é uma despesa de vendas, rubrica esta que não interfere na apuração do Lucro Operacional Bruto.
Gabarito – E

Questão 90 (Analista de Gestão – Contabilidade – SABESP – FCC – 2014)
Um lote de mercadorias para revenda foi adquirido pelo valor total de R$ 200.000. Neste valor estavam inclusos tributos recuperáveis de R$ 30.000. A empresa ficou responsável pela retirada das mercadorias na fábrica da empresa vendedora e efetuou o pagamento do frete no valor de R$ 3.000. No valor total do frete estavam inclusos R$ 500 de tributos recuperáveis. Adicionalmente pagou R$ 2.500 a uma seguradora para garantir o transporte das mercadorias até o depósito da empresa. Sabendo-se que a empresa vendeu 60% do estoque e que não havia saldo anterior de estoque, o valor registrado como Custo das Mercadorias Vendidas foi, em reais:
a) 120.000;
b) 102.000;
c) 105.000;
d) 103.500;
e) 123.300.

Resolução e Comentários
Valor das mercadorias: R$ 200.000,00
Tributos recuperáveis: R$ 30.000,00 (não fazem parte do custo de aquisição)
Frete + Seguro: R$ 3.000,00 + R$ 2.500,00 = R$ 5.500,00
Tributos recuperáveis: R$ 500,00 (não fazem parte do custo de aquisição)

Custo de aquisição das mercadorias: R$ 200.000,00 – R$ 30.000,00 + (R$ 3.000,00 + R$ 2.500,00) – R$ 500,00 = R$ 175.000,00

Custo das Mercadorias Vendidas = 60% x R$ 175.000,00 = R$ 105.000,00
Gabarito – C

Questão 91 (ICMS – PR – COPS UEL – 2012)

Quando da realização do inventário físico de estoques da Empresa Renascer S.A., em 31 de dezembro de 2011, foi apontada a existência de mercadorias no valor de R$ 585.000,00. Porém, no registro contábil, na mesma data, a conta de estoque de mercadorias estava registrada com saldo de R$ 615.000,00.

Devido à natureza dos produtos que a empresa comercializa, o contador terá de ajustar a diferença apurada, efetuando o seguinte lançamento: débito da conta:

a) Custo das Mercadorias Vendidas e a crédito da conta Estoques de Mercadorias, no valor de R$ 30.000,00;
b) Custo das Mercadorias Vendidas e a crédito da conta Estoques de Mercadorias, no valor de R$ 585.000,00;
c) Custo Extraordinário e a crédito da conta Estoques de Mercadorias, no valor de R$ 30.000,00;
d) Estoques de Mercadorias e a crédito da conta Custo das Mercadorias Vendidas, no valor de R$ 30.000,00;
e) Estoques de Mercadorias e a crédito da conta Custo das Mercadorias Vendidas, no valor de R$ 615.000,00.

Resolução e Comentários

Se fisicamente existe saldo de apenas R$ 585.000,00 e contabilmente existe saldo no valor de R$ 615.000,00, ou seja, R$ 30.000,00 maior que o saldo físico encontrado, então deve ser feito o ajuste na conta referente ao estoque de mercadorias, reduzindo tal estoque em R$ 30.000,00, para que represente o que fisicamente existe.

Analisando as alternativas, temos, na alternativa "a)", uma redução na conta referente ao estoque de mercadorias no valor de R$ 30.000,00, tendo como contrapartida a conta Custo das Mercadorias Vendidas. Isto representa a saída de mercadorias por vendas no valor de R$ 30.000,00.

D – Custo das Mercadorias Vendidas
C – Estoques de Mercadorias .... R$ 30.000,00

A alternativa "c)" trata de custos extraordinários. Custos extraordinários representam gastos que não estavam previstos na empresa quando da sua ocorrência. Por exemplo, se uma máquina quebra e necessita de conserto, temos, então, um custo extraordinário. A questão nada relata neste sentido.

Gabarito – A

Questão 92 (ICMS – PR – COPS UEL – 2012)

Determinada empresa controla seus estoques através do custo médio ponderado. Em dado momento, sua situação se apresenta na seguinte ordem: estoque inicial de 10 unidades a R$ 5,00 cada; compra de 20 unidades a R$ 8,00 cada; venda de 15 unidades a R$ 12,00 cada; devolução de 10 unidades referente à venda anterior.

Em relação a esse contexto, atribua V (verdadeiro) ou F (falso) às afirmativas a seguir.
( ) O custo das mercadorias vendidas foi de R$ 60,00.
( ) O custo das mercadorias vendidas foi de R$ 105,00.
( ) O custo médio ponderado unitário final é de R$ 6,00.
( ) O estoque final é de 25 unidades.
( ) O estoque final é de R$ 175,00.
Assinale a alternativa que contém, de cima para baixo, a sequência correta.
a) V, F, V, V, F.
b) V, F, F, F, V.
c) F, V, V, V, F.
d) F, V, V, F, F.
e) F, F, F, V, V.

Resolução e Comentários
Critério de controle de estoques: Custo Médio Ponderado
Saldo inicial: 10 unidades x R$ 5,00/unidade
Compra: 20 unidades x R$ 8,00/unidade

Saldo do estoque após a compra: 10 unidades + 20 unidades = 30 unidades
* Valor da unidade: (10 unid. x R$ 5,00/unid. + 20 unid. x R$ 8,00/unid.) / (10 unid. + 20 unid.) = R$ 7,00/unid.
* Saldo após a compra: 30 unidades x R$ 7,00/unidade

Venda de 15 unidades:
* Cada unidade é vendida a um custo de R$ 7,00.
* Custo inicial das mercadorias vendidas: R$ 15 unidades x R$ 7,00/unidade = R$ 105,00
* Saldo do estoque após a venda: 30 unidades – 15 unidades = 15 unidades

Devolução de 10 unidades após a venda:
* Saldo do estoque após a devolução: 15 unidades + 10 unidades = 25 unidades
* Devolução do estoque: 10 unidades x R$ 7,00/unidade
* Valor do estoque final: 15 unidades x R$ 7,00/unidade + 10 unidades x R$ 7,00/unidade = 25 unidades x R$ 7,00/unidade = R$ 175,00

Custo final das mercadorias vendidas: R$ 105,00 – R$ 70,00 = R$ 35,00

Analisando as afirmações:

( ) O custo das mercadorias vendidas foi de R$ 60,00.

Falsa. O custo final das mercadorias vendidas foi igual a R$ 35,00.

( ) O custo das mercadorias vendidas foi de R$ 105,00.

Falsa. O custo final das mercadorias vendidas foi igual a R$ 35,00.

( ) O custo médio ponderado unitário final é de R$ 6,00.

Falsa. Custo médio ponderado unitário final igual a R$ 7,00.

( ) O estoque final é de 25 unidades.

Verdadeira. Valor do estoque final: 25 unidades x R$ 7,00/unidade = R$ 175,00.

( ) O estoque final é de R$ 175,00.

Verdadeira. Valor do estoque final: 25 unidades x R$ 7,00/unidade = R$ 175,00.

Gabarito – E

Questão 93 (ICMS – PR – COPS UEL – 2012)

A empresa Limeira Ltda. iniciou suas atividades em 1º de outubro de 2011. Após seu primeiro mês de funcionamento, a empresa apresentou a seguinte movimentação de um de seus materiais diretos isento de impostos na aquisição e na venda:

DATA	DESCRIÇÃO	VALOR TOTAL (R$)
07/10/2011	Compra de 40 unidades	2.000,00
14/10/2011	Venda de 10 unidades	700,00
21/10/2011	Compra de 30 unidades	2.100,00
31/10/2011	Venda de 15 unidades	1.200,00

Assinale a alternativa que apresenta, corretamente, o valor, em reais, no final do primeiro mês, sendo o estoque final avaliado pelo método Primeiro que Entra, Primeiro que Sai (PEPS).

a) 2.200,00.
b) 2.350,00.
c) 2.650,00.
d) 2.700,00.
e) 2.850,00.

Resolução e Comentários
   Saldo inicial: não houve

07/10/11: Compra de 40 unidades por R$ 2.000,00
Saldo: 40 unidades x R$ 50,00/unidade

14/10/11: Venda de 10 unidades
Saldo: 30 unidades x R$ 50,00/unidade

21/10/11: Compra de 30 unidades por R$ 2.100,00
Saldo: 30 unidades x R$ 50,00/unidade + 30 unidades x R$ 70,00/unidade

31/10/11: Venda de 15 unidades
Saldo: 15 unidades x R$ 50,00/unidade + 30 unidades x R$ 70,00/unidade = R$ 2.850,00
Gabarito – E

Questão 94 (Contador – Ministério do Turismo – ESAF/2013)
   O Supermercado do Sul S.A. adquiriu 5 mesas e as cadeiras correspondentes para uso em seu escritório interno. O pagamento da operação foi em moeda corrente, sendo 2 unidades de cada conjunto a R$ 750,00, com incidência de IPI no valor de R$120,00, e de ICMS no valor de R$ 270,00. O registro contábil no patrimônio da empresa será nas seguintes contas:
   a) Móveis e Utensílios, a débito R$ 1.500,00
      ICMS a Recuperar, a débito R$ 270,00
      IPI a Recuperar, a débito R$ 120,00
      Bancos conta Movimento, a crédito R$ 1.890,00;
   b) Móveis e Utensílios, a débito R$ 1.230,00
      ICMS a Recuperar, a débito R$ 270,00
      IPI a Recuperar, a débito R$ 120,00
      Bancos conta Movimento, a crédito R$ 1.620,00;
   c) Móveis e Utensílios, a débito R$ 1.500,00
      IPI a Recuperar, a débito R$ 120,00
      Bancos conta Movimento, a crédito R$ 1.620,00;
   d) Móveis e Utensílios, a débito R$ 1.350,00
      ICMS a Recuperar, a débito R$ 270,00
      Bancos conta Movimento, a crédito R$ 1.620,00;
   e) Móveis e Utensílios, a débito R$ 1.620,00
      Bancos conta Movimento, a crédito R$ 1.620,00.

Resolução e Comentários

* Observação importante: os móveis estão sendo adquiridos para uso nas operações da empresa!

* Valor dos móveis adquiridos: 2 unidades x R$ 750,00/unidade = R$ 1.500,00

* IPI: R$ 120,00 (deve ser somado ao valor dos móveis adquiridos, pois faz parte do custo total de aquisição)

* ICMS: R$ 270,00 (faz parte do custo total de aquisição, porém já está incluído no valor dos móveis adquiridos)

Custo total de aquisição dos móveis: R$ 1.500,00 + R$ 120,00 = R$ 1.620,00

Registro contábil a ser efetuado:

D – Móveis e Utensílios
C – Disponibilidades .... R$ 1.620,00

Gabarito – E

Questão 95 (Contador – Ministério do Turismo – ESAF/2013)
O Empório das Máquinas S.A. realizou a prazo a compra de máquinas com a intenção de revender. A operação foi a seguinte: aquisição de 3 unidades a R$ 1.200,00 cada uma, com incidência de 18% de ICMS, e de 5% de IPI. A contabilização no Livro Diário foi a seguinte:
a) Mercadorias 3.600,00
   ICMS a Recuperar 648,00
   IPI a Recuperar 180,00
   a Duplicatas a Pagar 4.428,00;
b) Mercadorias 2.952,00
   ICMS a Recuperar 648,00
   IPI a Recuperar 180,00
   a Duplicatas a Pagar 3.780,00;
c) Mercadorias 3.132,00
   ICMS a Recuperar 648,00
   a Duplicatas a Pagar 3.780,00;
d) Mercadorias 3.600,00
   IPI a Recuperar 180,00
   a Duplicatas a Pagar 3.780,00;
e) Mercadorias 3.780,00
   ICMS a Recuperar 648,00
   a Duplicatas a Pagar 4.428,00.

Resolução e Comentários
* Aquisição de 3 máquinas para revenda
* ICMS: 18% (recuperável)
* IPI: 5% (não recuperável)

Como as unidades adquiridas são para revenda, o IPI não faz parte da base de cálculo do ICMS. Portanto:

* Valor da aquisição: 3 x R$ 1.200,00 = R$ 3.600,00
* IPI: 5% x R$ 3.600,00 = R$ 180,00 (a ser adicionado ao valor da aquisição)
* ICMS: 18% x R$ 3.600,00 = R$ 648,00 (recuperável)

Registro contábil a ser efetuado quando da aquisição das mercadorias:

D – Mercadorias .... R$ 3.132,00
D – ICMS a Recuperar .... R$ 648,00
C – Duplicatas a Pagar .... R$ 3.780,00
Gabarito – C

Questão 96 (Contador – Ministério do Turismo – ESAF/2013)
As informações abaixo foram extraídas da Ficha de Controle de Estoques de determinada mercadoria, na empresa Comercial de Varejos S.A., em 31/12/2013.
quantidade no estoque inicial 250
quantidade comprada no período 750
quantidade vendida no período 800
preço de compra no período R$ 16,00 por unidade
preço de venda no período R$17.600,00 pelo total vendido
ICMS sobre compra 17%
ICMS sobre vendas 17%
valor do estoque inicial R$ 3.500,00
A partir das informações acima, pode-se dizer que o valor do estoque final, avaliado pelo método do preço médio ponderado, é de:
a) R$ 2.575,00;
b) R$ 2.692,00;
c) R$ 2.728,00;
d) R$ 3.100,00;
e) R$ 4.140,00.

Resolução e Comentários

Informações sobre o estoque inicial:
* quantidade: 250 unidades
* valor do estoque inicial: R$ 3.500,00
* valor de cada unidade: R$ 3.500,00 / 250 unidades = R$ 14,00/unidade

Informações sobre a compra efetuada:
* compra de 750 unidades
* ICMS sobre compras: 17% (valor recuperável, ou seja não faz parte do custo de aquisição)
* valor de aquisição de cada unidade comprada: 83% x R$ 16,00

Valor do estoque após a compra (método do preço médio ponderado):
(R$ 14,00/unid. x 250 unid. + 83% x R$ 16,00/unid. x 750 unid.) / (250 unid. + 750 unid.) =
= R$ 13.460,00 / 1.000 unid. = R$ 13,46/unid.

Se foram vendidas 800 unidades de um total de 1.000 unidades, então sobraram 200 unidades a R$ 13,46/unid.

Valor do estoque final:
200 unid. x R$ 13,46/unid. = R$ 2.692,00

Gabarito – B

Questão 97 (Analista Técnico-Administrativo – Ministério da Fazenda – ESAF/2013)
O Empório das Telhas Ltda. adquiriu uma partida de mercadorias constante de 3 milheiros, pagando à vista R$ 900,00 mais R$ 27,00 de IPI; sobre essa compra houve também incidência de ICMS à base de 18%.
Quando o Empório vendeu dois terços dessa mercadoria, com ICMS no mesmo percentual, apurou um custo de vendas no valor de:
a) R$ 618,00;
b) R$ 600,00;
c) R$ 510,00;
d) R$ 492,00;
e) R$ 474,00

Resolução e Comentários
* IPI: R$ 27,00 (não recuperável; logo, deve fazer parte do custo de aquisição).

* ICMS: alíquota de 18% (recuperável; logo, não faz parte do custo de aquisição).

Como as mercadorias adquiridas são destinadas à revenda, o IPI não faz parte da base de cálculo do ICMS.

* Custo de aquisição das mercadorias:

(R$ 900,00 – 18% x R$ 900,00) + R$ 27,00 = R$ 738,00 + R$ 27,00 = R$ 765,00.

* Se 2/3 das mercadorias são vendidos, ocorre baixa do estoque no valor de:

(2/3) x R$ 765,00 = R$ 510,00.

Gabarito – C

Questão 98 (AFRFB – Receita Federal – ESAF/2012)
Nas operações de mercadorias, o valor dos gastos com transportes, quando estes são feitos sob a responsabilidade do comprador:
a) aumentam o valor das mercadorias compradas;
b) são registrados a débito de uma conta de despesa;
c) diminuem o valor dos estoques de mercadorias;
d) não geram efeitos no custo das mercadorias vendidas quando estes são realizados;
e) não afetam o valor dos estoques de mercadorias.

Resolução e Comentários

Conforme o *Pronunciamento Técnico CPC 16 (R1) – Estoques*, temos:

Custo de Aquisição

O custo de aquisição dos estoques compreende o preço de compra, os impostos de importação e outros tributos (exceto os recuperáveis junto ao Fisco), bem como os custos de transporte, seguro, manuseio e outros diretamente atribuíveis à aquisição de produtos acabados, materiais e serviços. Descontos comerciais, abatimentos e outros itens semelhantes devem ser deduzidos na determinação do custo de aquisição. (Nova redação dada pela Revisão CPC nº 1, de 08/01/2010.)

Gabarito – A

Questão 99 (Contador – IF PB – IF PB/2011)
A empresa ABC deseja manter a margem de lucro bruto de 20% sobre as vendas. Considerando que o custo de mercadorias vendidas é de R$ 630.000,00 e ICMS sobre vendas de 17%, a empresa deverá alcançar receitas brutas de vendas no total de:
a) R$ 737.100,00;
b) R$ 756.000,00;

c) R$ 863.100,00;
d) R$ 884.520,00;
e) R$ 1.000.000,00.

Resolução e Comentários

Montaremos a Demonstração do Resultado do Exercício para a resolução desta questão.

Receita Bruta de Vendas: RBV
(–) ICMS sobre Vendas: (17% x RBV)
(=) Receita Líquida de Vendas: 83% x RBV
(–) Custo das Mercadorias Vendidas: (R$ 630.000,00)
(=) Lucro Bruto: 20% x RBV (informação apresentada no enunciado)

83% x RBV – R$ 630.000,00 = 20% x RBV

63% x RBV = R$ 630.000,00

RBV = R$ 1.000.000,00

Gabarito – E

Questão 100 (Contador – Procuradoria Geral do Município RJ – FJG/2013)
No final do exercício social de 2012 foram levantados os seguintes dados da Empresa Comercial ABC:
Vendas de mercadorias..................................R$ 80.000,00
Compras de mercadorias..............................R$ 40.000,00
ICMS sobre vendas..R$ 16.000,00
ICMS sobre compras......................................R$ 8.000,00
ICMS a recolher..R$ 4.800,00
Descontos Incondicionais Obtidos................R$ 1.000,00
Descontos Incondicionais Concedidos.............R$ 500,00
Compras Anuladas...R$ 400,00
Vendas Anuladas..R$ 800,00
Fretes sobre Compras....................................R$ 2.000,00
Fretes sobre Vendas.......................................R$ 4.000,00
Estoque Inicial...R$ 30.000,00
Estoque Final..R$ 40.000,00

Com esses dados, pode-se afirmar que o montante das compras líquidas no exercício correspondeu a:
a) R$ 39.600,00;
b) R$ 36.000,00;
c) R$ 32.600,00;
d) R$ 30.000,00.

Resolução e Comentários

Compras de mercadorias: R$ 40.000,00

(–) Compras Anuladas: (R$ 400,00)

(–) ICMS sobre compras: (R$ 8.000,00)

(–) Descontos Incondicionais Obtidos: (R$ 1.000,00)

(+) Fretes sobre Compras: R$ 2.000,00

(=) Compras Líquidas: R$ 32.600,00

Gabarito – C

Questão 101 (Contador – Procuradoria Geral do Município RJ – FJG/2013)
No final do exercício social de 2012 foram levantados os seguintes dados da Empresa Comercial ABC:
Vendas de mercadorias...............................R$ 80.000,00
Compras de mercadorias...........................R$ 40.000,00
ICMS sobre vendas....................................R$ 16.000,00
ICMS sobre compras..................................R$ 8.000,00
ICMS a recolher..R$ 4.800,00
Descontos Incondicionais Obtidos..............R$ 1.000,00
Descontos Incondicionais Concedidos...........R$ 500,00
Compras Anuladas..R$ 400,00
Vendas Anuladas..R$ 800,00
Fretes sobre Compras..................................R$ 2.000,00
Fretes sobre Vendas....................................R$ 4.000,00
Estoque Inicial..R$ 30.000,00
Estoque Final..R$ 40.000,00
No exercício, o montante das vendas líquidas foi igual a:
a) R$ 64.000,00;
b) R$ 62.700,00;
c) R$ 58.700,00;
d) R$ 50.400,00.

Resolução e Comentários

Vendas de mercadorias: R$ 80.000,00

(–) Vendas Anuladas: (R$ 800,00)

(–) Descontos Incondicionais Concedidos: (R$ 500,00)

(–) ICMS sobre Vendas: (R$ 16.000,00)
(=) Receita Líquida de Vendas: R$ 62.700,00
Cuidado! "Fretes sobre Vendas" são despesas de vendas.
Gabarito – B

Questão 102 (Contador – Procuradoria-Geral do Município RJ – FJG/2013)
A Cia. ABC realizou a venda a prazo de certa mercadoria a um cliente. Tempos depois, o cliente, alegando que a mercadoria apresentava pequenos defeitos, mostrou-se disposto a devolvê-la. A empresa propôs, então, a concessão de um abatimento de R$ 1.000,00 para que o cliente não devolvesse a mercadoria, e ele prontamente concordou. Na ocasião, para registrar a operação de abatimento do preço da mercadoria, foi realizado o seguinte lançamento contábil:
a) Débito – Receita de vendas R$ 1.000,00
   Crédito – Clientes R$ 1.000,00;
b) Débito – Abatimento condicional sobre vendas R$ 1.000,00
   Crédito – Clientes R$ 1.000,00;
c) Débito – Abatimento incondicional sobre vendas R$ 1.000,00
   Crédito – Clientes R$ 1.000,00;
d) Débito – Desconto incondicional sobre compras R$ 1.000,00
   Crédito – Clientes R$ 1.000,00.

Resolução e Comentários

Quando ocorre um abatimento sobre uma venda efetuada, reduz-se o valor a ser recebido do cliente. No caso em comento, trata-se de um evento incondicional.

Registros contábeis a serem efetuados quando da concessão do abatimento sobre a venda efetuada:

D – Abatimento sobre Vendas
C – Clientes .... R$ 1.000,00
Gabarito – C

Questão 103 (Contador – CEFET – Fundação CESGRANRIO/2014)
Uma companhia com grande quantidade de itens intercambiáveis em estoque adota, na sua respectiva valoração, as orientações do CPC 16, consolidadas no CPC 16 (R1) sobre os critérios de atribuir custos aos estoques. Nesse contexto, essa companhia poderá utilizar diferentes critérios para valorizar os itens estocados, fundamentada nos termos do CPC, acima mencionado, quando os estoques:
a) apresentarem a mesma natureza e tiverem conformidade na sua respectiva utilização;
b) estiverem sujeitos a tratamento diferenciado, pelas normas tributárias;
c) evidenciarem altas diferenças no custo dos itens estocados, em regiões diferentes;
d) forem mantidos e utilizados em regiões geográficas diferentes;
e) tiverem usos diferentes em segmentos de negócio distintos.

Resolução e Comentários

Conforme o *Pronunciamento Técnico CPC 16 (R1) – Estoques*, temos:

> Critérios de valoração de estoque
> 23. O custo dos estoques de itens que não são normalmente intercambiáveis e de bens ou serviços produzidos e segregados para projetos específicos deve ser atribuído pelo uso da identificação específica dos seus custos individuais.
> 24. A identificação específica do custo significa que são atribuídos custos específicos a itens identificados do estoque. Este é o tratamento apropriado para itens que sejam segregados para um projeto específico, independentemente de eles terem sido comprados ou produzidos. Porém, quando há grandes quantidades de itens de estoque que sejam geralmente intercambiáveis, a identificação específica de custos não é apropriada. Em tais circunstâncias, um critério de valoração dos itens que permanecem nos estoques deve ser usado.
> 25. O custo dos estoques, que não sejam os tratados nos itens 23 e 24, deve ser atribuído pelo uso do critério Primeiro a Entrar, Primeiro a Sair (PEPS) ou pelo critério do custo médio ponderado. A entidade deve usar o mesmo critério de custeio para todos os estoques que tenham natureza e uso semelhantes para a entidade. Para os estoques que tenham outra natureza ou uso, podem justificar-se diferentes critérios de valoração.

Gabarito – E

Questão 104 (Contador – CEFET – Fundação CESGRANRIO/2014)

Uma companhia que só trabalha com importação de motos para revenda no Brasil apresentou as seguintes informações referentes, exclusivamente, a um lote dessas motos, vendido ontem:

- **Comissão paga aos vendedores = R$ 100.000,00**
- **Custo das motos, conforme nota fiscal do fornecedor externo: R$ 1.000.000,00**
- **Desconto comercial auferido = R$ 150.000,00**
- **Despesas com o despachante aduaneiro = R$ 50.000,00**
- **Fretes e Seguros sobre a compra das motos = R$ 200.000,00**
- **Imposto de Importação = R$ 300.000,00**
- **Estoque inicial e estoque final de motos = 0 (zero)**
- **Nenhuma despesa foi reconhecida por redução de estoque ao valor realizável**

Considerando só as informações recebidas e as normas contidas no CPC 16 (R1), o custo das mercadorias vendidas desse lote de motos, apurado pelo método do inventário periódico, em reais, foi de:

a) 1.100.000,00;
b) 1.250.000,00;
c) 1.400.000,00;
d) 1.500.000,00;
e) 1.550.000,00.

Resolução e Comentários

Conforme o *Pronunciamento Técnico CPC 16 (R1) – Estoques*, temos:

Custo de Aquisição
O custo de aquisição dos estoques compreende o preço de compra, os impostos de importação e outros tributos (exceto os recuperáveis junto ao Fisco), bem como os custos de transporte, seguro, manuseio e outros diretamente atribuíveis à aquisição de produtos acabados, materiais e serviços. Descontos comerciais, abatimentos e outros itens semelhantes devem ser deduzidos na determinação do custo de aquisição. (Nova redação dada pela Revisão CPC nº 1, de 08/01/2010.)

* Cálculo do custo de registro das motos:

- Custo das motos, conforme nota fiscal do fornecedor externo: R$ 1.000.000,00
- Desconto comercial auferido = (R$ 150.000,00)
- Despesas com o despachante aduaneiro = R$ 50.000,00
- Fretes e Seguros sobre a compra das motos = R$ 200.000,00
- Imposto de Importação = R$ 300.000,00

* Total: R$ 1.400.000,00

Gabarito – C

Questão 105 (Técnico de Contabilidade – COMPESA – FGV/2014)

Em 1º de março de 2014, uma livraria possuía em seu estoque 50 unidades do livro Contabilidade. O livro era vendido por R$ 100,00, enquanto o estoque estava avaliado a R$ 4.500,00. O frete de R$ 40,00, para transporte dos livros, é fixo.

Durante o mês de março, aconteceram as seguintes transações em relação ao livro Contabilidade:

- Compra de 30 unidades a R$ 94,00, sendo que o frete da entrega foi pago pelo fornecedor.
- Venda de 40 unidades a R$ 105,00 cada, sendo que o frete da entrega foi pago pelo comprador.
- Compra de 20 unidades a R$ 98,00 cada, sendo que o frete da entrega foi pago pelo comprador.
- Venda de 50 unidades a R$ 110,00 cada, sendo que o frete da entrega foi pago pelo fornecedor.

Considerando que a livraria usa o método do Custo Médio para avaliar seu estoque e possui inventário permanente, o valor do estoque final do livro Contabilidade, após as transações acima, era de:

a) R$ 932,00;
b) R$ 937,00;
c) R$ 943,00;
d) R$ 947,00;
e) R$ 8.377,00.

Resolução e Comentários
* Avaliação de estoques realizada pelo custo médio

* Estoque inicial: 50 unidades
* Custo unitário inicial: R$ 4.500,00 / 50 = R$ 90,00/unid.

* Compra de 30 unidades a R$ 94,00/unid.
* Estoque após a compra:
    80 unidades
Custo médio: (R$ 4.500,00 + 30 x R$ 94,00) / (50 + 30) = R$ 91,50/unid.

* Venda de 40 unidades:
Estoque após a venda: 80 – 40 = 40 unidades
Custo médio: R$ 91,50/unid.

* Compra de 20 unidades a R$ 98,00/unid. + frete de R$ 40,00
* Estoque após a compra:
    60 unidades
Custo médio: (40 unid. x R$ 91,50/unid. + (20 x R$ 98,00 + R$ 40,00)) / (40 + 20)
Custo médio = R$ 94,33/unid.

* Venda de 50 unidades:
Estoque após a venda: 60 – 50 = 10 unidades
Custo médio: R$ 94,33/unid.
Estoque final: R$ 943,30
Gabarito – C

Questão 106 (Analista Judiciário – Contabilidade – TRE Rondônia – FCC/2014)
A empresa Comércio S.A., ao adquirir mercadorias para revenda pagou os seguintes valores:

Mercadorias: R$ 120.000,00, valor líquido de tributos;
Seguro: R$ 2.000,00;
Tributos recuperáveis: R$ 21.000,00;
Tributos não recuperáveis: R$ 12.000,00.

Com base nessas informações e sabendo que a empresa revendeu todas estas mercadorias por R$ 250.000,00, com 10% de desconto no ato da venda, o custo das mercadorias vendidas e o lucro bruto apurados pela empresa Comércio S.A. foram, respectivamente, em reais:
a) 120.000,00 e 130.000,00;
b) 122.000,00 e 103.000,00;
c) 134.000,00 e 91.000,00;
d) 143.000,00 e 82.000,00;
e) 155.000,00 e 70.000,00.

Resolução e Comentários
* Valor de registro das mercadorias:

   Mercadorias: R$ 120.000,00, valor líquido de tributos;
(+) Seguro: R$ 2.000,00;
(+) Tributos não recuperáveis: R$ 12.000,00.
(=) Valor de registro: R$ 134.000,00

* Venda efetuada por R$ 250.000,00
* Desconto concedido: 10%
10% x R$ 250.000,00 = R$ 25.000,00

* Demonstração do Resultado do Exercício:

Receita Bruta de Vendas: R$ 250.000,00
(–) Descontos Incondicionais Concedidos: R$ 25.000,00
(=) Receita Líquida de Vendas: R$ 225.000,00
(–) Custo das Mercadorias Vendidas: R$ 134.000,00
(=) Lucro Operacional Bruto: R$ 91.000,00

Gabarito – C

Questão 107 (Auditor-Fiscal da Receita Estadual – SEFAZ/RS – Fundatec/2014)
A Vale D´ouro S.A. apresentou as seguintes informações contábeis:

* Estoques de mercadorias para revenda em 31/dez./2013 de R$ 25.000,00.
* Estoques de mercadorias para revenda em 31/dez./2014 de R$ 45.000,00.
* Receita Operacional Líquida no exercício social de 2014 de R$ 90.000,00.
* Lucro Bruto no exercício social de 2014 de R$ 45.000,00.

A partir desses dados, é possível afirmar que:
a) as compras foram de R$ 55.000,00 e o Custo das Mercadorias Vendidas do ano de 2014 foi de R$ 45.000,00;
b) as compras foram de R$ 56.000,00 e o Custo das Mercadorias Vendidas do ano de 2014 foi de R$ 45.000,00;
c) as compras foram de R$ 65.000,00 e o Custo das Mercadorias Vendidas do ano de 2014 foi de R$ 54.000,00;
d) as compras foram de R$ 65.000,00 e o Custo das Mercadorias Vendidas do ano de 2014 foi de R$ 45.000,00;
e) as compras foram de R$ 65.000,00 e o Custo das Mercadorias Vendidas do ano de 2014 foi de R$ 53.000,00.

Resolução e Comentários
* Estoque Inicial: R$ 25.000,00
* Estoque Final: R$ 45.000,00
* Receita Líquida: R$ 90.000,00
* Lucro Bruto: R$ 45.000,00

Receita Líquida – Custo das Mercadorias Vendidas = Lucro Bruto
R$ 90.000,00 – CMV = R$ 45.000,00
CMV = R$ 45.000,00

Estoque Inicial + Compras – Estoque Final = Custo das Mercadorias Vendidas
R$ 25.000,00 + Compras – R$ 45.000,00 = R$ 45.000,00
Compras = R$ 65.000,00

Gabarito – D

Para responder às questões 108, 109 e 110, considere somente as seguintes informações disponíveis da Comercial Arara Ltda.
* Saldo dos Estoques em 31/dez./2009 é igual a zero.
* 10/jan./2010 – compras de 1.000 unidades a R$ 20,00 por unidade.
* 15/jan./2010 – compras de 500 unidades a R$ 25,00 por unidade.
* 18/jan./2010 – compras de 300 unidades a R$ 30,00 por unidade.
* 25/jan./2010 – venda de 1.200 unidades ao preço de venda de R$ 60,00 por unidade.

Questão 108 (Auditor-Fiscal da Receita Estadual – SEFAZ/RS – Fundatec/2014)
Qual é o valor do Custo das Mercadorias Vendidas (CMV), assumindo que os estoques foram avaliados pelo método Primeiro a Entrar, Primeiro a Sair (PEPS)?
a) R$ 25.000,00.
b) R$ 25.600,00.

c) R$ 25.900,00.
d) R$ 29.200,00.
e) R$ 29.500,00.

Resolução e Comentários

* critério PEPS
* Saldo Inicial: zero
* 10/jan./2010: compra de 1.000 unidades a R$ 20,00/unidade

Saldo: 1.000 unidades a R$ 20,00/unidade
* 15/jan./2010: compra de 500 unidades a R$ 25,00/unidade

Saldo: 1.000 unidades a R$ 20,00/unidade
500 unidades a R$ 25,00/unidade

* 18/jan./2010: compra de 300 unidades a R$ 30,00/unidade

Saldo: 1.000 unidades a R$ 20,00/unidade
500 unidades a R$ 25,00/unidade
300 unidades a R$ 30,00/unidade

* 25/jan./2010: venda de 1.200 unidades

Critério: PEPS
Custo das Mercadorias Vendidas:
1.000 unidades a R$ 20,00/unidade
200 unidades a R$ 25,00/unidade
Total: R$ 20.000,00 + R$ 5.000,00 = R$ 25.000,00
Gabarito – A

Questão 109 (Auditor-Fiscal da Receita Estadual – SEFAZ/RS – Fundatec/2014)
Considerando que os estoques foram avaliados pelo método Último a Entrar, Primeiro a Sair (UEPS), qual é o valor dos estoques em 31/jan./2010?
a) R$ 12.000,00.
b) R$ 15.600,00.
c) R$ 16.500,00.
d) R$ 18.000,00.
e) R$ 18.600,00.

Resolução e Comentários
* critério UEPS
* Saldo Inicial: zero
* 10/jan./2010: compra de 1.000 unidades a R$ 20,00/unidade

Saldo: 1.000 unidades a R$ 20,00/unidade

* 15/jan./2010: compra de 500 unidades a R$ 25,00/unidade

Saldo: 1.000 unidades a R$ 20,00/unidade
       500 unidades a R$ 25,00/unidade

* 18/jan./2010: compra de 300 unidades a R$ 30,00/unidade

Saldo: 1.000 unidades a R$ 20,00/unidade
       500 unidades a R$ 25,00/unidade
       300 unidades a R$ 30,00/unidade

* 25/jan./2010: venda de 1.200 unidades

Critério: UEPS
Custo das Mercadorias Vendidas:
300 unidades a R$ 30,00/unidade
500 unidades a R$ 25,00/unidade
400 unidades a R$ 20,00/unidade
Total: R$ 9.000,00 + R$ 12.500,00 + R$ 8.000,00 = R$ 29.500,00
Estoque Final: 600 unidades a R$ 20,00/unidade = R$ 12.000,00
Gabarito – A

Questão 110 (Auditor-Fiscal da Receita Estadual – SEFAZ/RS – Fundatec/2014)
Considerando que os estoques foram avaliados pela Média Móvel Ponderada (MMP), qual é o Lucro Bruto?
a) R$ 43.433,33.
b) R$ 44.333,33.
c) R$ 46.800,00.
d) R$ 47.000,00.
e) R$ 48.600,00.

Resolução e Comentários

* critério MMP
* Saldo Inicial: zero
* 10/jan./2010: compra de 1.000 unidades a R$ 20,00/unidade

Saldo: 1.000 unidades a R$ 20,00/unidade

* 15/jan./2010: compra de 500 unidades a R$ 25,00/unidade

Saldo: 1.000 unidades a R$ 20,00/unidade + 500 unidades a R$ 25,00/unidade
(1.000 x R$ 20,00 + 500 x R$ 25,00) / (1.000 + 500) = 1.500 unidades a R$ 21,7/unidade

* 18/jan./2010: compra de 300 unidades a R$ 30,00/unidade

Saldo: 1.000 unidades a R$ 20,00/unidade + 500 unidades a R$ 25,00/unidade + 300 unidades a R$ 30,00/unidade
(1.000 x R$ 20,00 + 500 x R$ 25,00 + 300 x R$ 30,00) / (1.000 + 500 + 300) = 1.800 unidades a R$ 23,1/unidade

* 25/jan./2010: venda de 1.200 unidades

Critério: MMP
Custo das Mercadorias Vendidas:
1.200 unidades a R$ 23,1/unidade = R$ 27.666,67

Receita de Vendas: 1.200 unidades x R$ 60,00/unidade = R$ 72.000,00
(–) Custo das Mercadorias Vendidas: R$ 27.666,67
(=) Lucro Bruto: R$ 44.333,33
Gabarito – B

Questão 111 (Analista – Contador – Prefeitura de Porto Velho – FUNCAB/2014)
Empresa dedicada à comercialização de mercadorias disponibilizou as seguintes informações levantadas em sua contabilidade em 31/12/X1:
- Compra de mercadorias no período em X1 – R$ 850.000,00.
- Estoque de mercadorias em 31/12/X0 – R$ 210.000,00.
- Receita de vendas em X1 – R$ 2.100.000,00.
- Estoque de mercadorias em 31/12/X1 – R$ 340.000,00.

A partir dessas informações pode-se afirmar que:
a) o lucro bruto do período foi de R$ 1.380.000,00;
b) o lucro bruto do período foi de R$ 720.000,00;
c) o período registrou um prejuízo de R$ 720.000,00;
d) o custo de mercadorias vendidas foi de R$ 1.060.000,00;
e) o custo de mercadorias vendidas foi de R$ 1.540.000,00.

Resolução e Comentários

Custo das Mercadorias Vendidas (X1) = Estoque Inicial (X1) + Compras (X1) – Estoque Final (X1)

Estoque de mercadorias em 31/12/X0 = Estoque inicial de mercadorias (X1)

CMV = R$ 210.000,00 + R$ 850.000,00 – R$ 340.000,00 = R$ 720.000,00

Receita de Vendas em X1: R$ 2.100.000,00
(–) Custo das Mercadorias Vendidas em X1: R$ 720.000,00
(=) Lucro Bruto ou Lucro Operacional Bruto: R$ 1.380.000,00

Gabarito – A

Questão 112 (Analista – Contador – Prefeitura de Porto Velho – FUNCAB/2014)
O novo contador de uma empresa, em seu processo de ambientação, identificou que a empresa adotava o critério PEPS (Primeiro a Entrar Primeiro a Sair), para apuração do CMV. Considerando que a atual condição do mercado, de leve alta nos preços, o Contador alterou o critério para a Média Ponderável Móvel. Qual o efeito dessa mudança, respectivamente, no saldo dos estoques e no lucro da empresa?
a) Aumenta e aumenta.
b) Aumenta e diminui.
c) Diminui e diminui.
d) Diminui e aumenta.
e) Não se altera e não se altera.

Resolução e Comentários

Método	Custo	Lucro
PEPS	Menor Custo	Maior Lucro
UEPS	Maior Custo	Menor Lucro
MPM	Custo Médio	Lucro Médio

O critério PEPS apresenta o menor custo e o maior lucro, quando em comparação com os demais critérios. Ao ser adotado o critério MPM, tem-se um aumento do custo e uma diminuição do lucro, quando comparado ao critério PEPS.

Como ocorreu leve alta nos preços, em relação aos estoques, tem-se o seguinte: o critério PEPS apresenta, no Estoque Final, mercadorias de valor mais elevado; já o critério MPM faz uma ponderação destes valores, apresentando saldo de estoques menor, quando comparado ao PEPS.

Gabarito – C

Questão 113 (Analista Judiciário – Contadoria – TRF 3ª Região – FCC/2016)
O saldo em estoque de um determinado produto em 30/11/2014 era R$ 600.000,00 e correspondia a 400 unidades disponíveis. A empresa comercializa somente este produto e durante o mês de dezembro de 2014 realizou, em ordem cronológica, as seguintes transações relacionadas com a compra e a venda do produto:

Dia	Transação
07	Compra de 200 unidades ao preço unitário de R$ 1.600,00.
12	Obtenção de um abatimento no valor total de R$ 8.000,00 na compra realizada no dia 07.
18	Compra de 100 unidades ao preço unitário de R$ 1.660,00.
21	Venda de 50% das unidades disponíveis no estoque nesta data pelo preço unitário de R$ 1.800,00.
30	Pagamento de frete no valor de R$ 9.000,00 da compra realizada no dia 18.

Sabendo-se que não há incidência de qualquer tributo na compra e na venda deste produto, que a empresa utiliza o critério da média ponderada móvel, o saldo da conta de estoque evidenciado no Balanço Patrimonial de 31/12/2014 foi, em reais:
a) 548.000,00;
b) 539.000,00;
c) 543.000,00;
d) 552.000,00;
e) 457.000,00.

Resolução e Comentários
Saldo inicial: R$ 600.000,00 ... 400 unidades

Dia 07: Compra de 200 unidades por R$ 1.600,00/unidade
Saldo após a compra:
(R$ 600.000,00 + R$ 1.600,00/unidade x 200 unidades) / (400 + 200)

R$ 920.000,00 ... 600 unidades

Dia 12: Abatimento de R$ 8.000,00 na compra do dia 07
O abatimento obtido reduz o custo das mercadorias compradas.
Saldo após o abatimento:
R$ 600.000,00 + R$ 1.600,00/unidade x 200 unidades – R$ 8.000,00 = R$ 912.000,00
R$ 912.000,00 ... 600 unidades

Dia 18: Compra de 100 unidades por R$ 1.660,00/unidade
Saldo após a compra:
R$ 912.000,00 + 100 unidades x R$ 1.660,00/unidade = R$ 1.078.000,00
R$ 1.078.000,00 ... 700 unidades

Dia 21: Venda de 50% das unidades disponíveis
Saldo após a venda:
R$ 1.078.000,00 / 2 = R$ 539.000,00
R$ 539.000,00 ... 350 unidades

Dia 30: Pagamento de frete referente à compra do dia 18
O frete pago pelo adquirente faz parte do custo das mercadorias compradas.
Saldo após o pagamento do frete:
R$ 539.000,00 + R$ 9.000,00 = R$ 548.000,00
R$ 548.000,00 ... 350 unidades
Gabarito – A

Questão 114 (Agente de Defensoria Pública – Contador – DPESP – FCC/2015)
Um lote de mercadorias foi adquirido de um fornecedor no exterior pelo valor correspondente a R$ 1.000.000,00. Adicionalmente a empresa pagou os seguintes valores para ter as mercadorias em condições de venda:
- R$ 125.000,00 de frete, incluindo o transporte marítimo para trazer a mercadoria do País de origem e também o transporte local até a empresa.
- R$ 40.000,00 de taxas e tarifas alfandegárias para ingresso das mercadorias no País.
- R$ 25.000,00 de impostos, sendo que deste total o valor de R$ 15.000,00 corresponde a impostos compensáveis pela empresa na ocasião da venda da mercadoria.

A empresa não tinha saldo de estoque antes desta compra e vendeu oitenta por cento (80%) do lote adquirido. O valor contabilizado como Custo das Mercadorias Vendidas no momento da venda, exclusivamente em relação à parcela deste lote vendida foi, em reais:
a) 800.000,00;
b) 952.000,00;
c) 940.000,00;
d) 932.000,00;
e) 852.000,00.

Resolução e Comentários

De acordo com o *Pronunciamento Técnico CPC 16 (R1) – Estoques*, temos:

> *Custos do estoque*
> *10. O valor de custo do estoque deve incluir todos os custos de aquisição e de transformação, bem como outros custos incorridos para trazer os estoques à sua condição e localização atuais.*
> *11. O custo de aquisição dos estoques compreende o preço de compra, os impostos de importação e outros tributos (exceto os recuperáveis junto ao Fisco), bem como os custos de transporte, seguro, manuseio e outros diretamente atribuíveis à aquisição de produtos acabados, materiais e serviços. Descontos comerciais, abatimentos e outros itens semelhantes devem ser deduzidos na determinação do custo de aquisição.*

Custo de aquisição das mercadorias:

Valor de aquisição: R$ 1.000.000,00
Frete, transporte marítimo e outro transporte: R$ 125.000,00
Taxas e tarifas alfandegárias: R$ 40.000,00
Impostos não recuperáveis: R$ 10.000,00
Total: R$ 1.175.000,00

Estoque Inicial = R$ 0,00

Custo das Mercadorias Vendidas: 80% x R$ 1.175.000,00 = R$ 940.000,00

Gabarito – C

Questão 115 (Auditor-Fiscal da Fazenda Estadual – Piauí – FCC/2015)

Uma empresa comercial realizou, durante o ano de 2012, as seguintes transações de compra e venda de mercadorias, em ordem cronológica:

Data	Transação
15/01	Compra de 10.000 unidades ao preço unitário de R$ 5,00.
10/02	Pagamento de frete pela compra de 15/01 no valor total de R$ 2.000,00.
18/05	Compra de 10.000 unidades ao preço unitário de R$ 6,00.
30/05	Venda de 10.000 unidades pelo valor total de R$ 60.500,00.
20/06	Devolução de 1.000 unidades da compra de 15/01 por apresentarem defeitos de fabricação.
18/09	Concessão de um abatimento de R$ 500,00 na venda realizada em 30/05.

A empresa adota o Método da Média Ponderada Móvel para a avaliação do estoque e no início do ano de 2012 não mantinha estoque de mercadorias. Supondo que não há incidência de qualquer tributo na compra e venda das mercadorias, o valor evidenciado para a conta Estoque no Balanço Patrimonial de 31/12/2012 e o Resultado Bruto com Vendas apresentado na Demonstração do Resultado de 2012 foram, respectivamente, em reais:
a) 50.000,00 e 3.000,00;
b) 51.000,00 e 4.000,00;
c) 50.000,00 e 5.500,00;
d) 51.000,00 e 4.500,00;
e) 50.000,00 e 5.000,00.

Resolução e Comentários
Saldo inicial de estoques = R$ 0,00

* 15/01: compra de mercadorias

Estoque: 10.000 unidades x R$ 5,00 / unidade

* 10/02: pagamento de frete na compra

O frete faz parte do custo de aquisição, já que não pode ser recuperado.

Estoque: 10.000 unidades x R$ 5,20 / unidade

* 18/05: compra de mercadorias

Estoque:
10.000 unidades x R$ 5,20 / unidade + 10.000 unidades x R$ 6,00 / unidade =
= 20.000 unidades x R$ 5,60 / unidade

* 30/05: venda de mercadorias
Receita de Vendas: R$ 60.500,00
Custo das Mercadorias Vendidas: 10.000 unidades x R$ 5,60 / unidade
Estoque: 10.000 unidades x R$ 5,60 / unidade

* 20/06: devolução de mercadorias adquiridas em 15/01

Estoque:

10.000 unidades x R$ 5,60 / unidade – 1.000 unidades x R$ 5,00 / unidade =
= 9.000 unidades por R$ 51.000,00

* 18/09: concessão de abatimento

Abatimento sobre Vendas: R$ 500,00

* Em 31/12/2012:

Estoque: 9.000 unidades por R$ 51.000,00

   Receita de Vendas: R$ 60.500,00
(–) Abatimento sobre Vendas: (R$ 500,00)
(–) Custo das Mercadorias Vendidas: (R$ 56.000,00)
(=) Lucro Bruto ou Lucro Operacional Bruto: R$ 4.000,00

Gabarito – B

Questão 116 (Auditor-Fiscal da Fazenda Estadual – Piauí – FCC/2015)
A empresa Comercializadora de Bugigangas S.A. atua na compra e venda de produtos populares e é contribuinte unicamente do ICMS. No início do ano de 2013, a empresa não tinha estoque de produtos e durante o ano de 2013 as seguintes transações de compra e venda de mercadorias foram realizadas:
1. Compra de mercadorias no valor total de R$ 115.000,00, estando incluídos neste preço os valores de R$ 15.000,00 de IPI e R$ 12.000,00 de ICMS.
2. A empresa vendeu 60% do estoque total disponível pelo preço de R$ 74.000,00 e, neste preço, já está incluído o valor de R$ 8.880,00 de ICMS incidente sobre a venda.
O valor do Resultado Bruto com Vendas apresentado na Demonstração do Resultado de 2013 foi, em reais:
a) 12.320,00;
b) 21.200,00;
c) 5.000,00;
d) 3.320,00;
e) 3.880,00.

Resolução e Comentários
* Empresa comercial, contribuinte do ICMS.

* O IPI não pode ser recuperado; logo, faz parte do custo de aquisição de mercadorias.

* Evento 1: compra de mercadorias

Compra de mercadorias no valor total de R$ 115.000,00, estando incluídos neste preço os valores de R$ 15.000,00 de IPI e R$ 12.000,00 de ICMS.

Registros contábeis:

D – Mercadorias – R$ 103.000,00
D – ICMS a Recuperar – R$ 12.000,00
C – Disponibilidades ou Fornecedores – R$ 115.000,00

* Evento 2: venda de mercadorias

A empresa vendeu 60% do estoque total disponível pelo preço de R$ 74.000,00 e, neste preço, já está incluído o valor de R$ 8.880,00 de ICMS incidente sobre a venda.

* 60% do estoque: 60% x R$ 103.000,00 = R$ 61.800,00
Custo das Mercadorias Vendidas: R$ 61.800,00

* Receita Bruta de Vendas: R$ 74.000,00

* ICMS sobre Vendas: R$ 8.880,00

Registros contábeis:

D – Disponibilidades ou Clientes – R$ 12.200,00
D – Custo das Mercadorias Vendidas – R$ 61.800,00
C – Receita Bruta de Vendas – R$ 74.000,00

D – ICMS sobre Vendas
C – ICMS a Recolher – R$ 8.880,00

* Apuração do Resultado Bruto com Vendas:

Receita Bruta de Vendas: R$ 74.000,00
(–) ICMS sobre Vendas: (R$ 8.880,00)
(–) Custo das Mercadorias Vendidas: (R$ 61.800,00)
(=) Lucro Bruto ou Lucro Operacional Bruto: R$ 3.320,00
Gabarito – D

Questão 117 (Auditor-Fiscal da Fazenda Estadual – Piauí – FCC/2015)
Um lote de mercadorias para revenda foi adquirido com pagamento à vista, em 30/10/2013, pelo valor de R$ 1.000.000,00. A empresa compradora retirou as mercadorias no depósito do fornecedor que se localiza a 1.500 km da sua sede e incorreu em gastos com o frete para levar estas mercadorias até o seu depósito, no valor total de R$ 20.000,00. A empresa compradora incorreu também em gastos no valor de R$ 10.000,00 na contratação de um seguro contra roubo das mercadorias durante o transporte do depósito do fornecedor até o seu depósito.

Sabendo-se que, em 25/11/2013, a empresa vendeu 80% do lote de mercadorias que havia comprado em 30/10/2013 pelo valor de R$ 950.000,00 e supondo que não há incidência de qualquer tributo na compra e na venda das mercadorias, a empresa apresentará na Demonstração do Resultado de 2013, em relação exclusivamente à compra e à venda deste lote de mercadorias, os seguintes efeitos, em reais:

a) Resultado Bruto com Vendas = 126.000,00
b) Resultado Bruto com Vendas = 142.000,00; Despesa com Frete = 20.000,00
c) Resultado Bruto com Vendas = 150.000,00; Despesa com Vendas = 30.000,00
d) Resultado Bruto com Vendas = 150.000,00; Despesa com Frete = 20.000,00; Despesa com Seguro = 10.000,00
e) Resultado Bruto com Vendas = 134.000,00; Despesa com Seguro = 10.000,00

Resolução e Comentários
De acordo com o *Pronunciamento Técnico CPC 16 (R1) – Estoques*, temos:

Custos do estoque
10. O valor de custo do estoque deve incluir todos os custos de aquisição e de transformação, bem como outros custos incorridos para trazer os estoques à sua condição e localização atuais.
11. O custo de aquisição dos estoques compreende o preço de compra, os impostos de importação e outros tributos (exceto os recuperáveis junto ao Fisco), bem como os custos de transporte, seguro, manuseio e outros diretamente atribuíveis à aquisição de produtos acabados, materiais e serviços. Descontos comerciais, abatimentos e outros itens semelhantes devem ser deduzidos na determinação do custo de aquisição.

* Custo total de aquisição de mercadorias:

Valor de aquisição: R$ 1.000.000,00
Frete para compras: R$ 20.000,00
Seguro para frete: R$ 10.000,00
Custo de aquisição: R$ 1.030.000,00

* Venda de mercadorias:

* 80% do estoque: 80% x R$ 1.030.000,00 = R$ 824.000,00
Custo das Mercadorias Vendidas: R$ 824.000,00

* Receita Bruta de Vendas: R$ 950.000,00

* Apuração do Resultado Bruto com Vendas:

   Receita Bruta de Vendas: R$ 950.000,00
(–) Custo das Mercadorias Vendidas: (R$ 824.000,00)
(=) Lucro Bruto ou Lucro Operacional Bruto: R$ 126.000,00
Gabarito – A

CAPÍTULO 8

O Passivo Exigível

8.1. Considerações Iniciais

O art. 178 da Lei das Sociedades por Ações, ao tratar do *Passivo* (entenda-se, neste caso, *Passivo Total*), disciplina que este será dividido em:

- *Passivo Circulante*;
- *Passivo Não Circulante*; e
- *Patrimônio Líquido*, dividido em Capital Social, Reservas de Capital, Ajustes de Avaliação Patrimonial, Reservas de Lucros, Ações em Tesouraria e Prejuízos Acumulados.

As obrigações da entidade são reconhecidas no *Passivo Exigível*, que se divide em *Passivo Circulante* e *Passivo Não Circulante*.

No Passivo Exigível são registradas as obrigações da entidade junto a terceiros, estejam elas formalizadas ou não. *Caso não esteja formalizada*, a obrigação restará caracterizada por intermédio de uma *provisão*, que evidenciará uma estimativa do montante porventura devido, apesar de ainda não estar devidamente documentado por meio de nota fiscal, fatura, duplicata etc., que represente a dívida.

Exemplo

Constituem exemplos de obrigações classificáveis no Passivo Exigível:

- Aquisições a prazo de matérias-primas para uso na produção ou de mercadorias para revenda, gerando obrigações com fornecedores;
- Adiantamentos efetuados por clientes tendo em vista a necessidade de entrega futura de bens ou da prestação futura de serviços pela entidade que recebeu tais recursos antecipadamente;
- Despesas incorridas e ainda não pagas;
- Dividendos declarados e ainda não pagos aos acionistas;

- Aquisição de bens e insumos a serem utilizados pela entidade;
- Tributos devidos e ainda não recolhidos ao Poder Público;
- Empréstimos e financiamentos obtidos por intermédio de instituições financeiras;
- Provisões, referentes às obrigações já incorridas, porém apenas estimadas;
- Debêntures emitidas (geralmente reconhecidas para resgate a longo prazo);
- Obrigações financeiras;
- Obrigações trabalhistas etc.

Regra geral, as obrigações estão diretamente ligadas aos acréscimos do Ativo e aos registros de encargos e despesas.

De acordo com a Lei das Sociedades por Ações, por meio de seu art. 177, o regime de apuração de receitas e despesas é o *regime de competência*. Logo, os registros de encargos e despesas devem ser efetuados quando ocorram os seus respectivos fatos geradores, independentemente de ter havido recebimentos ou pagamentos referentes a eles.

Exemplo

A Provisão para o Imposto de Renda deve ser registrada no Passivo no exercício em que foram registradas as receitas que a originaram. Como a notificação do Imposto de Renda somente é efetuada no exercício financeiro seguinte àquele de registro, deve ser constituída tal provisão para materializar a obrigação e o encargo correspondentes.

O art. 184 da Lei das Sociedades por Ações disciplina o que é ora apresentado, determinando que no Balanço Patrimonial, as obrigações, encargos e riscos, conhecidos ou calculáveis, inclusive Imposto sobre a Renda a Pagar com base no resultado do exercício, serão computados pelo valor atualizado até a data do balanço.

Via de regra, são registradas no Passivo *obrigações de dar* ou *obrigações de fazer*. Como exemplo de *obrigação de dar*, temos a entrega de mercadorias vendidas, em consequência de recursos antecipadamente recebidos pela entidade, recursos estes que foram adiantados por seus clientes. O mesmo ocorre no caso de *obrigação de fazer*, quando devem ser prestados serviços em consequência de recursos também antecipadamente recebidos pela entidade, recursos estes que foram adiantados por seus clientes.

8.2. A Disposição das Contas no Passivo Exigível

Deve ser observado que o legislador não definiu a forma de disposição das contas do Passivo. Por analogia à disposição das contas no Ativo, as contas do Passivo devem ser dispostas em **ordem decrescente do grau de exigibilidade**, ou seja, de acordo com a data de vencimento das obrigações. *Quanto mais próxima do vencimento estiver uma obrigação, mais acima ela estará posicionada no Passivo, aparecendo primeiro.*

Exemplo

A Empresa Flexível Comercial de Chinelos Ltda., cujo exercício social coincide com o ano-calendário, possui, em 07/04/2011, as seguintes obrigações constando de seu Passivo:

Passivos	Vencimento	Valor em R$
Obrigação 01	03/05/2011	10.000,00
Obrigação 02	07/08/2012	18.600,00
Obrigação 03	11/11/2012	30.300,00
Obrigação 04	02/02/2013	12.000,00
Obrigação 05	06/07/2013	15.000,00
Obrigação 06	10/04/2014	21.000,00

O Balanço Patrimonial, elaborado para esta entidade em 31/12/2011, terá a seguinte constituição do Passivo Exigível:

BALANÇO PATRIMONIAL
Passivo Circulante

Obrigação 02	R$ 18.600,00
Obrigação 03	R$ 30.300,00
Total	*R$ 48.900,00*

Passivo Não Circulante

Obrigação 04	R$ 12.000,00
Obrigação 05	R$ 15.000,00
Obrigação 06	R$ 21.000,00
Total	*R$ 48.000,00*

Pressupomos que a Obrigação 01 foi normalmente quitada na data de vencimento estipulada.

Quando o ciclo operacional normal da entidade não for claramente identificável ou citado na questão, ***pressupõe-se que a sua duração seja de doze meses***.

A classificação das obrigações no Passivo Exigível foi efetuada tendo por base o último dia do exercício social da entidade. Portanto, elaborando as demonstrações contábeis em 31/12/2011, todos os passivos vencíveis até o final do exercício social seguinte, ou seja, dentro do período 01/01/2012 a 31/12/2012, estão classificados no Passivo Circulante; já aqueles que ultrapassam este prazo, estão classificados no Passivo Não Circulante.

Exemplo

A Empresa Berta Industrial Ltda., cujo exercício social coincide com o ano-calendário e *cujo ciclo operacional é igual a 02 anos*, possui, em 07/04/2011, as seguintes obrigações constando de seu Passivo:

Passivos	Vencimento	Valor em R$
Obrigação 01	03/05/2011	10.000,00
Obrigação 02	07/08/2012	18.600,00
Obrigação 03	11/11/2012	30.300,00
Obrigação 04	02/02/2013	12.000,00
Obrigação 05	06/07/2013	15.000,00
Obrigação 06	10/04/2014	21.000,00

O Balanço Patrimonial, elaborado para esta entidade em 31/12/2011, terá a seguinte constituição do Passivo Exigível:

BALANÇO PATRIMONIAL
Passivo Circulante

Obrigação 02	R$ 18.600,00
Obrigação 03	R$ 30.300,00
Obrigação 04	R$ 12.000,00
Obrigação 05	R$ 15.000,00
Total	*R$ 75.900,00*

Passivo Não Circulante

Obrigação 06	R$ 21.000,00
Total	*R$ 21.000,00*

Pressupomos que a Obrigação 01 foi normalmente quitada na data de vencimento estipulada.

A classificação das obrigações no Passivo Exigível foi efetuada tendo por base o último dia do exercício social da entidade. Portanto, elaborando as demonstrações contábeis em 31/12/2011, todos os passivos vencíveis até o final do ciclo operacional, ou seja dentro do período 01/01/2012 a 31/12/2013, estão classificados no Passivo Circulante; já aqueles que ultrapassam este período, estão classificados no Passivo Não Circulante.

Passaremos, agora, a tratar de cada subdivisão do Passivo Exigível.

8.3. O Passivo Circulante

Conforme o art. 180 da Lei das Sociedades por Ações, temos o **Passivo Exigível** dividido em **Passivo Circulante** e **Passivo Não Circulante**.

Consta do citado art. 180 que *as obrigações da entidade, inclusive financiamentos para aquisição de direitos do Ativo Não Circulante, serão classificadas no Passivo Circulante, quando se vencerem no exercício seguinte, e no Passivo Não Circulante, se tiverem vencimento em prazo maior, observando que na entidade em que seu ciclo operacional tiver duração maior que o exercício social, a classificação no circulante ou no não circulante terá por base o prazo desse ciclo.*

O *Passivo Circulante* engloba as obrigações da entidade cuja liquidação se espera que seja efetuada até o final do exercício social seguinte ou de seu ciclo operacional, caso este seja maior.

O leitor deve ter observado que a classificação de obrigações no Passivo Circulante ou no Passivo Não Circulante obedece aos mesmos critérios estabelecidos para a classificação de ativos no Ativo Circulante ou no Ativo Não Circulante Ativo Realizável a Longo prazo. Esta classificação deve levar em consideração o exercício social ou o ciclo operacional da entidade, dos dois o maior.

O *Pronunciamento Técnico CPC 26 (R1)*, que trata da *Apresentação das Demonstrações Contábeis*, ao tratar do Passivo Circulante, assim o fez:

"O passivo deve ser classificado como circulante quando satisfizer qualquer dos seguintes critérios:

a) espera-se que seja liquidado durante o ciclo operacional normal da entidade;

b) está mantido essencialmente para a finalidade de ser negociado;

c) deve ser liquidado no período de até doze meses após a data do balanço; ou

d) a entidade não tem direito incondicional de diferir a liquidação do passivo durante pelo menos doze meses após a data do balanço.

Todos os outros passivos devem ser classificados como não circulantes."

Alguns passivos circulantes, tais como contas a pagar comerciais e algumas apropriações por competência relativas a gastos com empregados e outros custos operacionais são parte do capital circulante usado no ciclo operacional normal da entidade. Tais itens operacionais são classificados como passivos circulantes mesmo que estejam para ser liquidados em mais de doze meses após a data do balanço. O mesmo ciclo operacional normal aplica-se à classificação dos ativos e passivos da entidade. **Quando o ciclo operacional normal da entidade não for claramente identificável, pressupõe-se que a sua duração seja de doze meses.**

Quando a entidade quebrar um acordo contratual (covenant) de um empréstimo de longo prazo (índice de endividamento ou de cobertura de juros, por exemplo) ao término ou antes do término do período de reporte, tornando o passivo vencido e pagável à ordem do credor, o passivo deve ser classificado como circulante mesmo que o credor tenha concordado, após a data do balanço e antes da data da autorização para emissão das demonstrações contábeis, em não exigir pagamento antecipado como consequência da quebra do covenant. O passivo deve ser classificado como circulante porque, à data do balanço, a entidade não tem o direito incondicional de diferir a sua liquidação durante pelo menos doze meses após essa data.

Entretanto, o passivo deve ser classificado como não circulante se o credor tiver concordado, até a data do balanço, em proporcionar uma dilação de prazo, a terminar pelo menos doze meses após a data do balanço, dentro do qual a entidade poderá retificar a quebra de *covenant* contratual (reenquadramento nos índices de endividamento e cobertura de juros, por exemplo) e durante o qual o credor não poderá exigir a liquidação imediata do passivo em questão.

8.4. O Passivo Não Circulante

O *Passivo Não Circulante* engloba as obrigações da entidade cuja liquidação se espera que seja efetuada após o término do exercício social seguinte ou após a duração de seu ciclo operacional, caso este seja maior. É claro que, para ser classificada no Passivo Não Circulante, a obrigação não poderá atender às definições de passivos circulantes, pois, caso isto ocorra, deverá ser classificada no Passivo Circulante.

Consta do art. 184 da Lei nº 6.404/76 (Lei das Sociedades por Ações) que as obrigações, os encargos e os riscos classificados no Passivo Não Circulante serão ajustados ao seu valor presente, sendo os demais ajustados quando houver efeito relevante.

8.5. As Dívidas Contraídas pela Entidade a Partir de Operações Não Usuais com Pessoas a Ela Ligadas

Quando estudamos o Ativo, vimos que existem determinadas operações que, caso ocorram, devem ser registradas no Ativo Não Circulante Ativo Realizável a Longo prazo, independentemente do prazo de realização. Isto consta do art. 179 da Lei das Sociedades por Ações.

Não existe na citada Lei menção a algo equivalente para o Passivo. *Portanto, as dívidas contraídas pela entidade a partir de operações não usuais realizadas com pessoas a ela ligadas devem ser registradas no Passivo Circulante e/ou no Passivo Não Circulante em função do prazo de realização, isto é, do prazo de vencimento da obrigação correspondente!*

8.6. A Apresentação de Algumas Contas Constantes do Passivo Exigível

Apresentamos algumas contas constantes do Passivo Exigível, com suas respectivas funções.

- *Fornecedores* – esta conta registra todas as obrigações constituídas junto aos fornecedores de matérias-primas ou de mercadorias;
- *IPI a Recolher, ICMS a Recolher, ISS a Recolher, PIS/Pasep a Recolher, Cofins a Recolher, IR a Pagar, CSLL a Pagar, IOF a Pagar, Outros*

Impostos e Taxas a Recolher etc. – estas contas registram obrigações fiscais da entidade junto ao Governo, todas relativas aos tributos por ela devidos. Cada conta diz respeito a um tributo específico, devido a uma determinada esfera do Governo.

- ***Adiantamentos de Clientes*** – tal conta evidencia os recursos antecipadamente recebidos de clientes da entidade, por conta da entrega futura de bens (geralmente equipamentos) ou da prestação de serviços (por exemplo, empreitadas de obras, transportes a realizar e outros). Como os recursos foram antecipadamente recebidos pela entidade, geram obrigação dela junto a seus clientes. No caso de a entrega de bens ou a prestação de serviços não se concretizar, o cliente tem direito ao reembolso daquilo que foi antecipado.
- ***Faturamento para Entrega Futura***

"Venda para entrega futura" ou *"Faturamento para entrega futura"* caracteriza a operação em que a mercadoria é colocada à disposição do cliente, mas, por determinação deste, permanece em poder do fornecedor para ser entregue em data futura.

Ocorre a emissão de notas fiscais por conta da encomenda de bens ou serviços a serem entregues ou prestados futuramente. Portanto, não devem ser confundidos com os citados faturamentos os adiantamentos recebidos de clientes por conta do fornecimento de bens ou serviços, os quais constituem uma obrigação do fornecedor para com o seu cliente.

Segundo o regime de competência, as receitas e as despesas devem ser incluídas na apuração do resultado do período em que ocorrerem, sempre simultaneamente, quando se correlacionarem, independentemente de seu recebimento ou pagamento.

Quando se está diante de uma situação como a ora apresentada, a receita de prestação de serviços deve ser contabilizada por ocasião de sua efetiva realização, ou seja, quando o serviço é executado, enquanto a receita com a venda de mercadorias deve ser reconhecida no momento da efetiva entrega ou remessa destas ao destinatário.

No caso de venda de mercadorias para entrega futura, o reconhecimento contábil da correspondente receita deverá estar condicionado a:

a) o vendedor deve estar de posse dos bens a serem entregues, ou seja, estes já devem ter sido produzidos ou adquiridos; e

b) os estoques devem ser segregados dos demais e colocados à disposição do cliente.

Efetuada a transação, o vendedor transforma-se em simples depositário das mercadorias, que continuam em seu poder. No entanto, ele não é mais o efetivo proprietário, nada existindo que o impeça de efetuar normalmente o registro contábil da receita da transação.

- **Contas a Pagar** – Consta do *Pronunciamento Técnico CPC 25 – Provisões, Passivos Contingentes e Ativos Contingentes* esta conta. As **contas a pagar** são passivos a pagar por conta de bens ou serviços fornecidos ou recebidos e que tenham sido faturados ou formalmente acordados com o fornecedor.

Exemplo

Podem ser registrados como Contas a Pagar:
- Fornecimento de energia elétrica;
- Fornecimento de água e captação de esgoto;
- Fornecimento de serviços de telefonia;
- Prestação de serviços de propaganda;
- Aluguéis a pagar;
- Honorários profissionais de terceiros a pagar etc.

- **Salários e Ordenados a Pagar** – Esta conta retrata os salários e ordenados registrados no período de competência em que ocorreram, a serem posteriormente pagos, constituindo um passivo, ou seja, uma obrigação para a entidade. Os registros nesta conta levam em consideração o total obtido na folha de pagamento de salários do mês a que se refira.
- **Previdência Social a Recolher** ou **Encargos Sociais a Pagar** ou **Encargos Sociais a Recolher** – Tal conta registra todas as obrigações da entidade e de seus empregados constituídas junto à Previdência Social.

Sobre a folha de pagamento de salários são aplicados percentuais, definidos pelo Governo, que geram estas obrigações. Esta conta engloba contribuições ao INSS e ao FGTS.

As contribuições dos empregados não constituem encargos da entidade: esta retém dos salários daqueles a parcela por eles devida ao INSS e tem por obrigação recolher aos cofres públicos o montante apurado e retido.

- **Arrendamento Operacional a Pagar** – Nesta conta são registradas as contrapartidas dos reconhecimentos de gastos oriundos de Arrendamentos Mercantis Operacionais.
- **Comissões a Pagar** – Os vendedores, ao realizarem suas vendas, fazem jus às suas comissões. Esta conta tem por função registrar os valores aos vendedores devidos em função de suas respectivas vendas efetuadas.
- **Dividendos a Pagar** ou **Dividendos Obrigatórios a Pagar** – Esta conta registra o dividendo mínimo obrigatório devido aos acionistas da entidade.
- **Retenções Contratuais** – Existem contratos assinados junto a fornecedores de bens ou prestadores de serviços a partir dos quais são efetuadas retenções contratuais, tendo por base percentuais definidos e aplicados sobre faturas ou medições apresentadas. Esta retenção significa uma garantia para a entidade

que retém. As quantias retidas somente são entregues ao fornecedor ou ao prestador quando ocorre a entrega dos bens ou a prestação dos serviços previstos, desde que não haja nenhuma restrição. Tais retenções devem estar reconhecidas no Passivo, seja no Passivo Circulante ou no passivo Não Circulante, em função do prazo de realização a cumprir.

Exemplo

A Empresa Faz Tudo Comercial Ltda. tem por tarefa realizar obra para a Empresa Luz do Sol Comercial Ltda. Do contrato assinado por ambas as empresas consta cláusula que prevê a retenção de 5% do valor de cada parcela a ser paga por meio de medição.

A medição efetuada em agosto de 2010 pela empreiteira resultou em um montante a ser pago no valor de R$ 13.000,00. São os seguintes os registros a serem efetuados:

Quando do conhecimento e da aprovação da medição pela Empresa Luz do Sol Comercial Ltda.:

D – Obras em Andamento (ANC Imob)
C – Fornecedores (PC)   13.000,00

Quando do pagamento efetuado pela Empresa Luz do Sol Comercial Ltda.:

D – Fornecedores   13.000,00
C – Bancos Conta Movimento / Caixa   12.350,00
C – Retenções Contratuais (PC)   650,00

- **Empréstimos Bancários** – O empréstimo bancário consiste na operação de empréstimo em que o estabelecimento bancário adianta ou empresta certa soma em dinheiro a uma firma ou sociedade comercial. A conta Empréstimos Bancários apresenta o saldo constituído a partir destas operações. *Os empréstimos são diferentes dos financiamentos, pois estes representam um crédito vinculado à aquisição de determinado bem, podendo ter a intervenção de instituição financeira ou ser diretamente realizado com o fornecedor do referido bem. Por outro lado, os empréstimos são concessões de crédito (dinheiro) em espécie, sem vinculação determinada.*
- **Financiamentos Bancários** – O financiamento bancário consiste em um contrato bancário no qual o banco antecipa dinheiro sobre créditos que o tomador (pessoa física ou jurídica) venha a ter, propiciando a este recursos para a realização de seus empreendimentos, reservando-se o direito

de receber, dos devedores do financiado, os créditos em seu nome ou na condição de seu representante, sem prejuízo das ações judiciais que contra ele conservará até a liquidação final.

- *Juros a Pagar* – Os juros a pagar originados a partir de empréstimos e financiamentos obtidos pela entidade devem ser apropriados de acordo com o regime de competência, à medida que os fatos geradores ocorrem, e devem constar do Passivo da citada entidade conforme são incorridos.
- *Credores por Financiamentos* – Constam desta conta todos os financiamentos de bens e equipamentos, a serem registrados no Ativo Não Circulante Imobilizado, realizados pelos seus próprios fornecedores para a entidade.
- *Títulos a Pagar* – Quando os financiamentos são obtidos pela entidade junto a outros que não sejam instituições financeiras, esta é a conta a ser utilizada para os registros aqui tratados, resultantes desses financiamentos.
- *Debêntures a Resgatar* – As debêntures são títulos emitidos pela entidade, normalmente para resgate a longo prazo, com a finalidade maior de captar recursos junto ao público. Esses títulos são negociáveis e dão direito à garantia de certas propriedades, tais como participação nos lucros da entidade, juros a serem pagos de tempos em tempos etc. Geralmente, a conta Debêntures a Resgatar é registrada no Passivo Não Circulante, devido às características que as debêntures costumam apresentar.
- *Notas Promissórias a Pagar* – As notas promissórias são títulos de crédito emitidos pela entidade para a realização de financiamentos de curto prazo. Portanto, a conta Notas Promissórias a Pagar, regra geral, consta do Passivo Circulante.
- *Títulos Perpétuos* – A conta Títulos Perpétuos representa debêntures emitidas com vencimento indefinido ou outros títulos representantes de dívidas com vencimento indeterminado, conforme consta do Manual de Contabilidade Societária.

Exemplo

A Empresa Lua Crescente S/A decidiu emitir um título perpétuo, com remuneração anual constante de R$ 12.000,00. O custo de capital de terceiros para esta emissão é de 10% a.a. Os seguintes registros são efetuados:

Quando da captação de recursos junto aos interessados nestes títulos:

Valor do Título = Fluxo de Pagamentos por Período / Taxa de Desconto = R$ 12.000,00 / 0,10 = R$ 120.000,00

D – Caixa / Bancos Conta Movimento
C – Títulos Perpétuos   120.000,00

Quando do registro dos juros a pagar anuais, de acordo com o regime de competência, ao longo do tempo de existência do título perpétuo:

D – Despesas de Juros
C – Juros a Pagar (PC)   12.000,00

Quando do pagamento dos juros:

D – Juros a Pagar (PC)
C – Caixa / Bancos Conta Movimento   12.000,00

8.7. OS RESULTADOS DE EXERCÍCIOS FUTUROS – PASSIVO NÃO CIRCULANTE

O antigo grupo do Balanço Patrimonial *Resultado de Exercícios Futuros*, **extinto a partir da Lei nº 11.941/09**, abrigava *receitas recebidas antecipadamente, que afetariam resultados futuros*, **e que** não tivessem **devolução da quantia antecipadamente recebida, nem nenhuma contrapartida futura na forma de entrega de bens ou de prestação de serviços**. Estas receitas recebidas antecipadamente já deviam estar deduzidas dos custos e das despesas a elas correspondentes, incorridas ou a incorrer.

Conforme dissemos, **o grupo *Resultado de Exercícios Futuros* foi extinto.**

De acordo com o art. 299-B da Lei das Sociedades por Ações, *o saldo existente no Resultado de Exercícios Futuros em 31 de dezembro de 2008 deverá ser reclassificado para o **Passivo Não Circulante** em conta representativa de **receita diferida**. O registro deste saldo deverá evidenciar a receita diferida e o respectivo custo diferido*.

O que isto significa?

O saldo porventura existente nas condições apresentadas faz parte de um subgrupo do Passivo Não Circulante! Com isso, *as receitas recebidas antecipadamente sem cláusula de contraprestação futura serão classificadas no **Passivo Não Circulante**, como **Receitas Diferidas***! Desta forma:

BALANÇO PATRIMONIAL
Passivo Não Circulante
Receitas Diferidas
    Receitas Diferidas
        (-) Custos e Despesas Correspondentes às Receitas Diferidas

As receitas diferidas deverão ser transferidas para os seus respectivos resultados, aplicando-se o regime de competência.

Exemplo

Constituem exemplos de receitas diferidas:
- Aluguéis Ativos a Vencer;
- Comissões recebidas antecipadamente por instituições financeiras quando da concessão de empréstimos ou financiamentos;
- Deságio contido em investimento, proveniente de expectativa de rentabilidade futura, conforme o § 3º do art. 250 da Lei das Sociedades por Ações etc.

Apesar de constarem do Passivo Não Circulante, pertencente ao Passivo Exigível, tais receitas recebidas antecipadamente sem cláusula de contraprestação futura não constituem exigibilidade.

> ***Sem cláusula de contraprestação futura*** → *sem contrapartida futura na forma de entrega de bens ou de prestação de serviços.*

Exemplo

A Empresa Lua Nova Comercial Ltda. alugou edificação de sua propriedade para a Empresa Raio de Sol Comercial Ltda. O contrato de aluguel foi assinado por representantes de ambas, dele constando:
- Prazo de contrato – 12 meses;
- Valor mensal do aluguel – R$ 10.000,00;
- O valor total do contrato deve ser antecipadamente recebido pela locadora; e
- *Cláusula específica:* em hipótese nenhuma os recursos antecipadamente recebidos serão devolvidos pela locadora à locatária.

Foi pago o valor de R$ 12.000,00 à administradora de imóveis que intermediou tal negociação.

Registros contábeis a efetuar na locadora (Empresa Lua Nova Comercial Ltda.):

Quando do recebimento antecipado do valor contratado:

D – Caixa / Bancos Conta Movimento
C – Aluguéis Ativos a Vencer (Receita Diferida – PNC)   120.000,00

D – Despesas Diferidas (Retificadora de Receitas Diferidas – PNC)
C – Caixa / Bancos Conta Movimento   12.000,00

O Balanço Patrimonial seria assim apresentado após esta operação:

BALANÇO PATRIMONIAL
Passivo Não Circulante
Receitas Diferidas
   Receitas Diferidas – R$ 120.000,00
   (-) Custos e Despesas Correspondentes às Receitas Diferidas – (R$ 12.000,00)

Quando do término do transcurso de cada mês de aluguel, de acordo com o regime de competência:

D – Aluguéis Ativos a Vencer (Receita Diferida – PNC)
C – Receitas de Aluguel   10.000,00

D – Despesas Operacionais
C – Despesas Diferidas   1.000,00

Observe que as despesas diferidas são proporcionalmente transferidas para o resultado.

Suponhamos, agora, que ao final do primeiro mês de aluguel transcorrido, a locatária decida não mais ficar com o imóvel alugado, por não mais lhe atender. Neste caso, a locadora, ao receber de volta as chaves do imóvel assim procederá:

Quando do término antecipado do contrato de aluguel:

D – Aluguéis Ativos a Vencer (Receita Diferida – PNC)
C – Receitas de Aluguel   110.000,00

D – Despesas Operacionais
C – Despesas Diferidas   11.000,00

Este último registro ocorre porque a locadora não reembolsará a locatária em hipótese nenhuma!

Caso haja contraprestação futura, as *receitas recebidas antecipadamente* deverão ser classificadas em função do prazo de realização. Logo, constituirão obrigação, que deverá constar do Passivo Circulante e/ou do Passivo Não Circulante.

8.8. O Passivo Exigível e o Plano de Contas

Apresentamos agora um Modelo de Plano de Contas para o Passivo Exigível.

2	PASSIVO
2.1	**Passivo Circulante**
2.1.01	*Empréstimos e Financiamentos*
2.1.01.001	Parcela a Curto Prazo dos Empréstimos e Financiamentos
2.1.01.002	Credores por Financiamentos
2.1.01.003	Financiamentos Bancários a Curto Prazo
2.1.01.004	Financiamento por Arrendamento Financeiro
2.1.01.005	Duplicatas Descontadas
2.1.01.006	Adiantamentos de Contratos de Câmbio
2.1.01.007	Títulos a Pagar
2.1.01.008	Encargos Financeiros a Transcorrer (retificadora – conta devedora)
2.1.01.009	Juros a Pagar de Empréstimo e Financiamento
2.1.01.010	Custos de Transação a Apropriar (retificadora – conta devedora)
2.1.02	*Debêntures*
2.1.02.001	Conversíveis em Ações
2.1.02.002	Não Conversíveis em Ações
2.1.02.003	Juros e Participações
2.1.02.004	Deságio a Apropriar (retificadora – conta devedora)
2.1.02.005	Custos de Transação a Apropriar (retificadora – conta devedora)
2.1.03	*Fornecedores*
2.1.03.001	Fornecedores Nacionais
2.1.03.002	Fornecedores Estrangeiros
2.1.03.003	Ajuste a Valor Presente (retificadora – conta devedora)
2.1.04	*Obrigações Fiscais*
2.1.04.001	ICMS a Recolher
2.1.04.002	IPI a Recolher
2.1.04.003	IR a Pagar
2.1.04.004	IR Recolhido (retificadora – conta devedora)
2.1.04.005	CSLL a Pagar
2.1.04.006	CSLL Recolhida (retificadora – conta devedora)
2.1.04.007	IR e CSLL Diferidos
2.1.04.008	IOF a Pagar
2.1.04.009	ISS a Recolher
2.1.04.010	PIS / PASEP a Recolher

2.1.04.011	Cofins a Recolher
2.1.04.012	CPMF a Recolher
2.1.04.013	Retenções de Impostos a Recolher
2.1.04.014	Obrigações Fiscais – Refis a Pagar
2.1.04.015	Receita Diferida – Refis
2.1.04.016	Ajuste a Valor Presente (retificadora – conta devedora)
2.1.04.017	Outros Impostos e Taxas a Recolher
2.1.05	***Outras Obrigações***
2.1.05.001	Adiantamentos de Clientes
2.1.05.002	Faturamentos para Entrega Futura
2.1.05.003	Contas a Pagar
2.1.05.004	Arrendamento Operacional a Pagar
2.1.05.005	Retenções Contratuais
2.1.05.006	Dividendos a Pagar
2.1.05.007	Juros Sobre o Capital Próprio a Pagar
2.1.05.008	Juros de Empréstimos e Financiamentos a Pagar
2.1.05.009	Operações em Bolsa
2.1.05.010	Ajuste a Valor Presente (retificadora – conta devedora)
2.1.05.011	Dividendos Propostos a Pagar
2.1.05.012	Dividendo Mínimo Obrigatório a Pagar
2.1.05.013	Outras Contas a Pagar
2.1.06	***Provisões***
2.1.06.001	Provisões Fiscais
2.1.06.002	Provisões Trabalhistas
2.1.06.003	Provisões Previdenciárias
2.1.06.004	Provisões Cíveis
2.1.06.005	Provisão para Benefícios a Empregados (aposentadoria e pensões)
2.1.06.006	Provisão para Garantias
2.1.06.007	Provisão para Reestruturação
2.1.07	***Salários e Encargos Sociais***
2.1.07.001	Salários e Ordenados a Pagar
2.1.07.002	Férias a Pagar
2.1.07.003	Décimo Terceiro Salário a Pagar
2.1.07.004	INSS a Pagar
2.1.07.005	FGTS a Recolher
2.1.07.006	Encargos Sociais a Pagar
2.1.07.007	Honorários da Administração a Pagar

2.1.07.008	Comissões a Pagar
2.1.07.009	Gratificações a Lançar
2.1.07.010	Gratificações e Participações a Empregados a Pagar
2.1.07.011	Gratificações e Participações a Administradores a Pagar
2.1.07.012	Participações de Partes Beneficiárias a Pagar
2.1.07.013	Comissões a Pagar
2.1.07.014	Benefícios a Empregados a Pagar
2.2	**Passivo Não Circulante**
2.2.01	*Empréstimos e Financiamentos*
2.2.01.001	Empréstimos e Financiamentos a Longo Prazo
2.2.01.001.001	Em Moeda Nacional
2.2.01.001.002	Em Moeda Estrangeira
2.2.01.002	Financiamento por Arrendamento Financeiro
2.2.01.003	Credores por Financiamento
2.2.01.004	Títulos a Pagar
2.2.01.005	Encargos Financeiros a Transcorrer (retificadora – conta devedora)
2.2.01.006	Custos de Transação a Apropriar (retificadora – conta devedora)
2.2.01.007	Juros a Pagar de Empréstimos e Financiamentos
2.2.02	*Debêntures e Outros Títulos de Dívida*
2.2.02.001	Conversíveis em Ações
2.2.02.002	Não Conversíveis em Ações
2.2.02.003	Juros e Participações
2.2.02.004	Prêmio na Emissão de Debêntures a Apropriar
2.2.02.005	Deságio a Apropriar (retificadora – conta devedora)
2.2.02.006	Custos de Transação a Apropriar (retificadora – conta devedora)
2.2.03	*Retenções Contratuais*
2.2.04	*IR e CS Diferidos*
2.2.05	*Resgate de Partes Beneficiárias*
2.2.06	*Provisões*
2.2.06.001	Provisões Fiscais
2.2.06.002	Provisões Previdenciárias
2.2.06.003	Provisões Trabalhistas
2.2.06.004	Provisões Cíveis
2.2.06.005	Provisões para Benefícios a Empregados (aposentadorias e pensões)
2.2.06.006	Provisão para Garantias
2.2.06.007	Provisão para Reestruturação

2.2.07	**REFIS**
2.2.07.001	Obrigações Fiscais – Refis a Pagar
2.2.07.002	Receita Diferida (Refis)
2.2.07.003	Ajuste a Valor Presente (retificadora – conta devedora)
2.2.08	**Lucros a Apropriar**
2.2.08.001	Lucros em Vendas com Pessoas Ligadas
2.2.08.002	Lucros em Vendas para a Controladora
2.2.08.003	Custos e Despesas Correspondentes às Receitas de Exercícios Futuros (retificadora – conta devedora)
2.2.09	**Receitas a Apropriar**
2.2.10	**Subvenções de Investimentos a Apropriar**

8.9. Exercícios Resolvidos para a Fixação de Conteúdo

Questão 01 – (Contador Júnior – Área Contábil – TRANSPETRO – Fundação CESGRANRIO – 2006)

O contador da Cia. Petrolina realizou um crédito em uma conta do ativo circulante e um débito correspondente em uma conta do passivo circulante, sem que tal lançamento tenha afetado o patrimônio líquido. Dentre as opções abaixo, assinale a única que pode representar exatamente o registro contábil feito pelo contador da Cia. Petrolina.

a) Pagamento de salários e encargos provisionados no mês anterior.
b) Pagamento antecipado de uma dívida de longo prazo.
c) Provisão de férias de funcionários correspondente ao mês em curso.
d) Aquisição de mercadorias para revenda, à vista.
e) Recebimento antecipado de um direito de longo prazo.

Resolução e Comentários

Analisando as alternativas:

a) Pagamento de salários e encargos provisionados no mês anterior.
   Certo!

D – Salários a Pagar (PC)
C – Caixa ou Bancos Conta Movimento (AC)

b) Pagamento antecipado de uma dívida de longo prazo.
   Errado!

D – Dívidas de Longo Prazo (PNC)
C – Caixa ou Bancos Conta Movimento (AC)

c) Provisão de férias de funcionários correspondente ao mês em curso.
Errado!

D – Despesas com Provisão para Férias (despesa)
C – Provisão para Férias (PC)

Deve ser ressaltado que a conta atualmente correta para o reconhecimento de férias é *Férias a Pagar* (obrigação!).

d) Aquisição de mercadorias para revenda, à vista.
Errado!

D – Mercadorias (AC)
C – Caixa (AC)

e) Recebimento antecipado de um direito de longo prazo.
Errado!

D – Caixa ou Bancos Conta Movimento (AC)
C – Direitos de Longo Prazo (ANC ARLP)

Gabarito – A

Questão 02 – (Contador Júnior – PETROBRAS – Fundação CESGRANRIO – 2010)
De acordo com a Lei nº 6.404/76, das Sociedades Anônimas, após as alterações das Leis nºs 11.638/07 e 11.941/09, no passivo, as contas serão classificadas nos seguintes grupos:
a) passivo circulante, exigível a longo prazo, resultado de exercícios futuros e patrimônio líquido.
b) passivo circulante, passivo não circulante, ajustes especiais e patrimônio líquido.
c) passivo circulante, passivo não circulante e patrimônio líquido.
d) passivo circulante, passivo não circulante e capital social.
e) passivo exigível, passivo não exigível e passivo temporário.

Resolução e Comentários

O art. 178 da Lei das Sociedades por Ações, ao tratar do *Passivo* (entenda-se, neste caso, *Passivo Total*), disciplina que este será dividido em:

- **Passivo Circulante**;
- **Passivo Não Circulante**; e
- **Patrimônio Líquido**, dividido em Capital Social, Reservas de Capital, Ajustes de Avaliação Patrimonial, Reservas de Lucros, Ações em Tesouraria e Prejuízos Acumulados.

Gabarito – C

Questão 03 – (Contador Júnior – PETROBRAS – Fundação CESGRANRIO – 2010)
A Companhia Mobilar S.A. apresentou o balanço patrimonial, elaborado em 31/12/2008, reproduzido a seguir.

ATIVO	2008
ATIVO CIRCULANTE	881.800,00
Caixa	43.800,00
Banco conta Movimento	192.500,00
Duplicatas a Receber	360.000,00
Estoques	285.500,00
ATIVO NÃO CIRCULANTE	4.205.510,00
Realizável a Longo Prazo	154.120,00
Investimentos	800.000,00
Imobilizado	2.850.000,00
Intangível	401.390,00
TOTAL DO ATIVO	5.087.310,00

PASSIVO	2008
PASSIVO CIRCULANTE	530.310,00
Fornecedores a Pagar	195.000,00
Impostos a Pagar	100.000,00
Salários a Pagar	150.000,00
Duplicatas a Pagar	85.310,00
PASSIVO NÃO CIRCULANTE	317.000,00
RESULTADO DE EXERCÍCIOS FUTUROS	95.000,00
PATRIMÔNIO LÍQUIDO	4.145.000,00
Capital Social	3.300.000,00
Reserva de Capital	350.000,00
Reserva Legal	215.000,00
Reserva Estatutária	280.000,00
TOTAL DO PASSIVO	5.087.310,00

Nos termos da nova redação dada à Lei nº 6.404/76 pelas Leis nºs 11.638/07 e 11.941/09, há um equívoco de classificação no balanço apresentado acima.

Considerando exclusivamente as informações recebidas, o ajuste a ser feito no Balanço Patrimonial da Companhia Mobilar, de acordo com a atual redação da Lei das Sociedades Anônimas, é que o

a) resultado de Exercícios Futuros deve ser transferido para o Passivo Não Circulante.
b) resultado de Exercícios Futuros deve ser transferido para o Patrimônio Líquido.
c) Realizável a Longo Prazo deve ser somado ao grupo Investimentos.
d) saldo da Reserva de Capital deve ser incorporado ao Capital.
e) Ativo Circulante deve ser dividido em Financeiro e Permanente.

Resolução e Comentários

De acordo com o art. 299-B da Lei das Sociedades por Ações, *o saldo existente no Resultado de Exercícios Futuros em 31 de dezembro de 2008 deverá ser reclassificado para o **Passivo Não Circulante** em conta representativa de **receita diferida**. O registro deste saldo deverá evidenciar a receita diferida e o respectivo custo diferido.*

Gabarito – A

Questão 04 – (Contador Júnior – PETROBRAS – Fundação CESGRANRIO – 2010)
A Cia. Amazonas S.A. apresentou as informações a seguir.

	2007	2008
Ativo Circulante	187.563,00	235.671,00
Passivo Circulante	164.128,00	202.459,00

Considerando exclusivamente as informações acima, a variação do Capital Circulante Líquido (CCL) em 2008, em relação a 2007, em reais, é

a) 8.108,00.
b) 8.331,00.
c) 9.777,00.
d) 23.435,00.
e) 33.212,00.

Resolução e Comentários

Capital Circulante Líquido (CCL) = AC – PC
Variação do CCL – CCLfinal – CCLinicial

Portanto:

CCLfinal = ACfinal – Pcfinal = 235.671,00 – 202.459,00 = 33.212,00
CCLinicial = ACinicial – Pcinicial = 187.563,00 – 164.128,00 = 23.435,00

→ Variação do CCL – CCLfinal – CCLinicial = 33.212,00 – 23.435,00 = 9.777,00

Gabarito – C

Capítulo 8 — O Passivo Exigível ■ 711

Questão 05 – (Técnico de Contabilidade Júnior – PETROBRAS – Fundação CESGRANRIO – 2010)

Uma empresa prestadora de serviços de manutenção predial recebeu antecipadamente de um condomínio residencial um determinado valor para prestar serviços futuros de manutenção no referido condomínio. O registro contábil desse adiantamento, na empresa prestadora de serviços, irá provocar um aumento no

a) ativo e no passivo.
b) passivo e no patrimônio líquido.
c) caixa e no patrimônio líquido.
d) caixa e na receita de serviços.
e) direito a receber e na receita de serviços.

Resolução e Comentários

D – Caixa ou Bancos Conta Movimento (AC)
C – Receitas Antecipadas (PC)
Gabarito – A

Questão 06 – (Contador Pleno – PETROBRAS – Fundação CESGRANRIO – Adaptada – 2005)

A conta que deve ser apresentada no passivo circulante ou no passivo não circulante, conforme o prazo de realização é:

a) Duplicatas a Receber.
b) Adiantamento a Fornecedores.
c) Despesas Antecipadas.
d) Duplicatas Descontadas.
e) Perdas Estimadas para Devedores Duvidosos.

Resolução e Comentários

Duplicatas a Receber – AC ou ANC ARLP
Adiantamento a Fornecedores – AC ou ANC ARLP
Despesas Antecipadas – AC ou ANC ARLP
Duplicatas Descontadas – PC ou PNC
Perdas Estimadas para Devedores Duvidosos – Retificadora do AC ou do ANC ARLP
Gabarito – D

Questão 07 – (Técnico de Contabilidade I – PETROBRAS Transporte S/A – TRANSPETRO – CESGRANRIO – 2006)

No balanço de 31 dez. 2004, uma determinada empresa tinha passivos de longo prazo no montante de R$ 2.500.000,00. Posteriormente, percebeu que uma parte desses passivos haviam-se transformado em passivos de curto prazo, devendo, por essa razão, ser lançados no Passivo Circulante.

Os efeitos que esta transferência provocará no Balanço deverão:

a) determinar, caso o valor seja relevante, a elaboração de um novo Balanço Patrimonial, com o ajuste da situação relatada.
b) gerar uma retificação de erro de exercício anterior, a ser lançada na conta Lucros ou Prejuízos Acumulados.
c) promover a realização de um ajuste de exercícios anteriores, a ser lançado na conta Reserva de Capital.
d) provocar, caso o valor seja relevante, menção em nota explicativa, sem necessidade de qualquer outro procedimento.
e) ser tratados como efeito de mudança de critério contábil e lançados na conta Lucros ou Prejuízos Acumulados.

Resolução e Comentários

Se uma parcela do Passivo Não Circulante passou a ser Passivo Circulante, em função da proximidade do prazo de liquidação da obrigação, cabe, apenas, provocar, caso o valor seja relevante, menção em nota explicativa, sem necessidade de qualquer outro procedimento. Não há nenhum outro efeito no Balanço Patrimonial.

Gabarito – D

Questão 08 – (Profissional Júnior – Administração – PETROBRAS Distribuidora – Fundação CESGRANRIO)

Há várias fontes de financiamento a curto prazo para uma empresa, entre as quais NÃO se encontram as(os)
a) emissões de títulos por parte da empresa.
b) créditos concedidos pelos fornecedores da empresa.
c) empréstimos dos Bancos comerciais.
d) adiantamentos que concede aos seus fornecedores.
e) adiantamentos de recursos feitos pelos compradores dos produtos da empresa.

Resolução e Comentários

Quando uma empresa concede créditos a seus fornecedores, gera um direito de compensação posterior.

Gabarito – D

Questão 09 – (Auditor do Tesouro Municipal – Prefeitura de Natal – RN – EsAF – Adaptada – 2008)

Os Armazéns da Esquina S/A mantêm, em seu plano de contas, os títulos a seguir relacionados, entre outros, os quais apresentam os seguintes saldos:

Contas	Saldos
Duplicatas a Pagar	R$ 90.000,00
Duplicatas Descontadas	R$ 60.000,00
Duplicatas a Receber	R$ 50.000,00

Duplicatas a Vencer	R$ 30.000,00
Depreciação Acumulada	R$ 9.000,00
Encargos de Depreciação	R$ 8.000,00
Impostos a Pagar	R$ 6.000,00
Impostos a Vencer	R$ 5.000,00
Impostos a Recolher	R$ 3.000,00
Impostos a Recuperar	R$ 2.800,00
Aluguéis Passivos	R$ 4.000,00
Aluguéis a Pagar	R$ 2.000,00
Aluguéis Ativos	R$ 1.900,00
Aluguéis a Receber	R$ 1.500,00
Aluguéis a Vencer	R$ 1.000,00

Considerando apenas a relação de contas acima, ao classificá-las para fins de balanço, vamos encontrar no Passivo Circulante o valor de:
a) R$ 101.000,00.
b) R$ 105.000,00.
c) R$ 131.000,00.
d) R$ 135.000,00.
e) R$ 161.000,00.

Resolução e Comentários

Contas	Saldos
Duplicatas a Pagar	R$ 90.000,00
Duplicatas Descontadas	R$ 60.000,00
Impostos a Pagar	R$ 6.000,00
Impostos a Recolher	R$ 3.000,00
Aluguéis a Pagar	R$ 2.000,00
Total:	*R$ 161.000,00*

Gabarito – E

Questão 10 – (Analista – Contabilidade – MPE – RO – FUNCAB – 2012)
Uma característica fundamental ao reconhecimento de um passivo é:
a) a existência de uma obrigação contratual.
b) a existência de uma obrigação presente.
c) a definição precisa do prazo.
d) a existência de incerteza.
e) a definição precisa do seu valor.

Resolução e Comentários

Basta existir uma obrigação para que seja reconhecido um passivo. Observe que a obrigação não necessita ser contratual.

Gabarito – B

Questão 11 – (Professor – Administração – SEDUC – RJ – CEPERJ – Adaptada – 2008)
As contas "debêntures emitidas" e "ações de outras empresas" pertencem, respectivamente, aos grupos:
a) ativo circulante e ativo não circulante investimentos.
b) passivo circulante e patrimônio líquido.
c) passivo não circulante e ativo não circulante investimentos.
d) ativo não circulante ativo realizável a longo prazo e patrimônio líquido.
e) patrimônio líquido e ativo não circulante.

Resolução e Comentários

Debêntures Emitidas – Passivo Não Circulante
Ações de Outras Empresas – Ativo Não Circulante Investimentos
Gabarito – C

Questão 12 – (Técnico de Contabilidade – TJ – ES – CESPE/UnB – 2011)
Considere que o sistema contábil da empresa comercial Zeta S.A. tenha se extraviado logo no primeiro exercício de constituição da empresa, fundada em 1.º de março de x10, e que as seguintes informações tenham sido recuperadas para a reconstituição do balancete de verificação e elaboração das demonstrações contábeis a serem levantadas em 31/12/x10.

Contas	Saldos (em R$)
caixa	15.000
estoque	40.000
capital social	50.000
veículos	?
títulos a pagar	9.000
depreciação acumulada – veículos	4.000
bancos conta movimento	9.000
clientes	8.000
fornecedores	14.000
receita de vendas	23.000
custo de vendas	13.000
despesas de vendas	1.000
lucros do exercício	4.700
despesas gerais	2.000
imposto de renda e contribuição social sobre o lucro a recolher	2.300

Sabendo que não foram consideradas possíveis participações ou destinações para o lucro, julgue os itens a seguir com base nas informações acima.
O exigível corresponde a R$ 25.300.

Resolução e Comentários

Títulos a Pagar	9.000
Fornecedores	14.000
IR e CSLL a Recolher	2.300
Total do Passivo Exigível	*25.300*

Gabarito – Certo

Questão 13 – (Contador – FUB – CESPE/UnB – 2011)

caixa	10.000
contas a receber	90.000
capital social	70.000
juros passivos a transcorrer	5.000
estoques	15.000
impostos a recolher	1.500
fornecedores	15.000
empréstimos bancários (empréstimos prefixados a vencer em até 360 dias)	5.000
reservas de lucro	3.000
provisão para devedores duvidosos	2.700
imobilizados	55.000
financiamentos (financiamentos pós-fixados a vencer em mais de 360 dias)	70.000
ações em tesouraria	5.000

A tabela acima apresenta os saldos contábeis, em reais, de todas as contas patrimoniais de uma companhia, antes da apuração do resultado do exercício. Considerando os dados da tabela, julgue os itens subsequentes.

A conta juros passivos a transcorrer constitui um passivo a ser convertido em despesa, ao longo do tempo.

Resolução e Comentários

A conta Juros Passivos a Transcorrer é retificadora do Passivo Exigível. Ao longo do tempo, de acordo com o regime de competência vai sendo reconhecida como despesa do período.

Gabarito – Errado

Questão 14 – (Técnico de Contabilidade – TRE – ES – CESPE/UnB – 2011)

contas
aplicações financeiras de liquidez imediata
clientes
compras
depreciação acumulada
duplicatas descontadas (longo prazo)
FGTS a recolher
fornecedores
impostos a recuperar
marcas e patentes
participações societárias em outras empresas
receita diferida
reserva legal

Na relação de contas acima, somente três pertencem ao passivo circulante.

Resolução e Comentários

Aplicações Financeiras de Liquidez Imediata – AC

Clientes – AC

Compras – Resultado

Depreciação Acumulada – Retificadora do ANC

Duplicatas Descontadas (Longo Prazo) – PNC

FGTS a Recolher – PC

Fornecedores – PC

Impostos a Recuperar – AC

Marcas e Patentes – ANC Intangível (se estiverem em uso pela entidade)

Participações Societárias em Outras Empresas – ANC Investimentos (se houver característica de permanência)

Receita Diferida – PC

Reserva Legal – PL

Gabarito – Certo

Capítulo 8 — O Passivo Exigível ■ 717

Questão 15 – (Fiscal da Receita Estadual – SEAD – AP – FGV – 2010)
Analise as contas extraídas dos livros contábeis da Cia WFIL, apresentadas a seguir:

Contas	Saldos
Ajustes de exercícios anteriores	110.500,00
INSS a Recolher	65.799,00
Reserva Legal	7.600,00
Receita Diferida (execícios futuros)	8.800,00
Fornecedores*	155.200,00
Ações em Tesouraria	290.700,00
Provisões Fiscais*	301.500,00
Reserva de Incentivos Fiscais	205.200,00
Ajuste de avaliação patrimonial (Sd credor)	150.850,00
Investimento em ações Temporárias	215.500,00

*Vencimento após o exercício subsequente.

A partir dos dados, pode-se afirmar que o total do Passivo Não Circulante, de acordo com a Legislação Societária vigente, é de:
a) R$ 465.500,00.
b) R$ 576.000,00.
c) R$ 456.700,00.
d) R$ 672.200,00.
e) R$ 681.000,00.

Resolução e Comentários

São contas pertencentes ao Passivo Não Circulante:

Receitas Diferidas (exercícios futuros)	8.800,00
Fornecedores	155.200,00
Provisões Fiscais	301.500,00
Total:	*465.500*

Gabarito – A

Questão 16 – (Analista Judiciário – Contabilidade – TJ – PI – FCC – 2009)
No exercício de 2008, a Cia. Alvorada optou por reclassificar os saldos que possuía nos grupos Ativo Diferido e Resultado de Exercícios Futuros, de acordo com as determinações da Lei nº 11.638/2007 e MP nº 449/2008.
Os seguintes dados foram extraídos de seu Balanço Patrimonial no exercício findo em 31-12-2008:

Ativo Realizável a Longo Prazo	50.000,00
Ativo Circulante	280.000,00
Patrimônio Líquido	220.000,00
Ativo Intangível	60.000,00
Ativo Imobilizado	350.000,00
Passivo Não Circulante	310.000,00
Investimentos	80.000,00

Logo, o valor do Passivo Circulante da companhia, nesse balanço, em R$, é igual a
a) 190.000,00.
b) 240.000,00.
c) 270.000,00.
d) 290.000,00.
e) 350.000,00.

Resolução e Comentários
Ativo:

Ativo Circulante	280.000,00
Ativo Realizável a Longo Prazo	50.000,00
Investimentos	80.000,00
Ativo Imobilizado	350.000,00
Ativo Intangível	60.000,00
Total:	*820.000,00*

Ativo = Passivo Exigível + Patrimônio Líquido

→ 820.000,00 = PC + 310.000,00 + 220.000,00

→ *PC = 290.000,00*

Gabarito – D

Questão 17 (Contador – Agência de Desenvolvimento Paulista – Desenvolve SP – VUNESP/2014)

Uma empresa industrial adquiriu, em dezembro de 2013, um equipamento para uso nas suas operações, portanto, para seu ativo imobilizado. Esse equipamento foi financiado pelo Banco Nacional de Desenvolvimento Econômico e Social – BNDES, no valor de R$ 3.600.000,00. Uma vez que o financiamento será pago em 48 parcelas iguais e mensais, sendo a primeira parcela com vencimento em janeiro de 2014, o valor a ser classificado no Passivo Circulante em 31 de dezembro de 2013, será:
a) R$ 675.000,00;
b) R$ 900.000,00;
c) R$ 1.000.000,00;
d) R$ 1.100.000,00;
e) R$ 2.700.000,00.

Resolução e Comentários

* Valor do financiamento: R$ 3.600.000,00

* Financiamento em 48 parcelas iguais e mensais

* A empresa adquiriu o equipamento em dezembro de 2013 e o financiamento será pago a contar de janeiro de 2014

* Parcelas a vencer em 2014: 12 (Passivo Circulante)
* Parcelas a vencer após 2014: 36 (Passivo Não Circulante)

* Um quarto do financiamento será realizado em 2014: R$ 900.000,00
* Três quartos do financiamento serão realizados após 2014: R$ 2.700.000,00

Gabarito – B

Questão 18 (Técnico Judiciário – Contabilidade – TRF 4ª Região – FCC/2014)
A Cia. A Bola da Vez S.A. realizou as seguintes transações durante o mês de maio de 2014:
I. Compra de equipamentos industriais, à vista, para serem utilizados no processo produtivo.
II. Obtenção de empréstimos para serem liquidados integralmente (principal e juros) em outubro de 2016.
III. Compra de equipamentos especiais, à vista, para serem revendidos durante 2014.
IV. Compra de 100% da Cia. Passou a Vez S.A. para fins de diversificação de atividade econômica.
A Cia. A Bola da Vez S.A. reconheceu as transações I, II, III e IV, respectivamente, como ativo:
a) não circulante, passivo não circulante, ativo não circulante e ativo circulante;
b) não circulante, passivo circulante, ativo circulante e ativo não circulante;
c) circulante, passivo não circulante, ativo não circulante e ativo não circulante;
d) circulante, passivo circulante, ativo circulante e ativo circulante;
e) não circulante, passivo não circulante, ativo circulante e ativo não circulante.

Resolução e Comentários

Analisando as alternativas:

I. Compra de equipamentos industriais, à vista, para serem utilizados no processo produtivo.

Se são utilizados no processo produtivo, os equipamentos devem ser registrados no Ativo Não Circulante Imobilizado.

II. Obtenção de empréstimos para serem liquidados integralmente (principal e juros) em outubro de 2016.

Empréstimos realizados para pagamento a longo prazo devem ser reconhecidos no Passivo Não Circulante.

III. Compra de equipamentos especiais, à vista, para serem revendidos durante 2014.

Entendemos estar tratando da aquisição de mercadorias para revenda em curto prazo. Logo, os registros devem ser efetuados no Ativo Circulante.

IV. Compra de 100% da Cia. Passou a Vez S.A. para fins de diversificação de atividade econômica.

Trata-se de um investimento. Logo, deve ser reconhecido no Ativo Não Circulante Investimentos.

Gabarito – E

Questão 19 (Auditor do Tesouro Municipal – Prefeitura da Cidade do Recife – FGV/2014)
Determinada entidade apresentava as seguintes contas em 31/12/2013:
Fornecedores: R$ 20.000,00;
Financiamentos: R$ 30.000,00;
Arrendamentos mercantis financeiros a pagar: R$ 40.000,00;
Dividendos a pagar: R$ 36.000,00;
Adiantamento a fornecedores: R$ 42.000,00;
Salários, férias, encargos e participações: R$ 60.000,00;
Planos de pensão e saúde: R$ 67.000,00;
Outras contas e despesas a pagar: R$ 23.000,00;
Provisões para contingências: R$ 90.000,00;
Provisão para Créditos de Liquidação Duvidosa: R$ 4.000,00.
Com base nas informações acima, o valor do passivo da entidade, em 31/12/2013, era de:
a) R$ 326.000,00;
b) R$ 330.000,00;
c) R$ 366.000,00;
d) R$ 408.000,00;
e) R$ 412.000,00.

Resolução e Comentários
São contas do passivo:

Fornecedores: R$ 20.000,00;

Financiamentos: R$ 30.000,00;

Arrendamentos mercantis financeiros a pagar: R$ 40.000,00;

Dividendos a pagar: R$ 36.000,00;

Salários, férias, encargos e participações: R$ 60.000,00;

Planos de pensão e saúde: R$ 67.000,00;

Outras contas e despesas a pagar: R$ 23.000,00;

Provisões para contingências: R$ 90.000,00;

Saldo: R$ 366.000,00

Gabarito – C

Questão 20 (Auditor do Tesouro Municipal – Prefeitura da Cidade do Recife – FGV/2014)
Assinale a opção que indica, em uma empresa de roupas, um exemplo de ativo circulante no Balanço Patrimonial de 31/12/2013.
a) Adiantamento a diretor, que deverá ser recebido em 1º/02/2014.
b) Valor a receber de um cliente, em 1º/01/2015.
c) Empréstimo obtido com vencimento, em 1º/12/2014.
d) Venda de ativo imobilizado para uma sociedade controlada, com vencimento em 1º/09/2014.
e) Contas a receber de outra empresa, com vencimento em 1º/10/2014.

Resolução e Comentários
Analisando as alternativas, temos:
a) Adiantamento a diretor, que deverá ser recebido em 1º/02/2014.
Ativo Não Circulante Ativo Realizável a Longo Prazo;

b) Valor a receber de um cliente, em 1º/01/2015.
Ativo Não Circulante Ativo Realizável a Longo Prazo;

c) Empréstimo obtido com vencimento, em 1º/12/2014.
Passivo Circulante;

d) Venda de ativo imobilizado para uma sociedade controlada, com vencimento em 1º/09/2014.
Ativo Não Circulante Ativo Realizável a Longo Prazo;

e) Contas a receber de outra empresa, com vencimento em 1º/10/2014.
Ativo Circulante.

Gabarito – E

Questão 21 (Analista Judiciário – Contador – Tribunal de Justiça do Piauí – FGV/2015)
O fato contábil apresentado abaixo, que representa uma alteração no patrimônio pela diminuição e aumento no ativo circulante, simultaneamente, é:
a) aquisição e imóvel financiado;
b) pagamento de fornecedores;
c) quitação de dívidas oriundas de captação de recursos junto a instituições financeiras;
d) quitação de um crédito de curto prazo;
e) comissões sobre empréstimos bancários.

Resolução e Comentários

A questão pede que o fato represente aumento e diminuição no Ativo Circulante. Analisando as alternativas, temos:

a) aquisição e imóvel financiado:

D – Imóveis (ANC Imobilizado ou ANC Investimentos)
C – Financiamentos Imobiliários (Passivo);

b) pagamento de fornecedores:

D – Fornecedores (Passivo)
C – Caixa ou Bancos (Ativo Circulante);

c) quitação de dívidas oriundas de captação de recursos junto a instituições financeiras:

D – Empréstimos (Passivo)
C – Caixa ou Bancos (Ativo Circulante);

d) quitação de um crédito de curto prazo:

D – Clientes ou Valores a Receber (Ativo Circulante)
C – Caixa ou Bancos (Ativo Circulante);

e) comissões sobre empréstimos bancários:

D – Encargos ou Despesas com Comissões (Despesa)
C – Empréstimos Bancários (Passivo) ou Caixa ou Bancos (Ativo Circulante).

Gabarito – D

Capítulo 9

As Operações Financeiras

9.1. Considerações Iniciais

Eis aqui um assunto bastante cobrado em Concursos Públicos. Devido à complexidade e à extensão deste assunto, procuraremos apresentar os principais tópicos sobre ele cobrados. O leitor deve ter especial atenção à resolução dos exemplos.

> Costumamos dizer em sala de aula, quando estamos lecionando, que *o conhecimento deve entrar pelos dedos*, ou seja, que o aluno deve fazer o máximo número de questões possível, a fim de obter segurança para a resolução de questões de provas, não sendo pego de surpresa. *E isto serve para toda e qualquer disciplina e não apenas para a Contabilidade!*

As *operações financeiras* constituem operações realizadas pelas empresas com o intuito de geração de recursos financeiros (geração de dinheiro).

Dentre as inúmeras modalidades de operações financeiras, podemos destacar:

- Empréstimos bancários;
- Aplicações financeiras;
- Descontos de duplicatas a receber;
- Operações de *factoring* etc.

> *A fim de facilitar os cálculos, consideraremos parcelas fixas e lineares de juros (juros simples) sendo mensalmente reconhecidas, procedimento este que vem sendo utilizado pelas Bancas Examinadoras, APESAR DE SABERMOS QUE OCORRE DE FATO A INCIDÊNCIA DE JUROS COMPOSTOS NA OPERAÇÃO, de acordo com os Pronunciamentos Técnicos publicados pelo Comitê de Pronunciamentos Contábeis (CPC).*
>
> *Portanto, deve ser ressaltado que nada impede que as Bancas Examinadoras passem a considerar a incidência de juros compostos na operação apresentada, procedimento este atualmente correto.*

Passaremos, agora, a analisar em detalhes cada uma das principais modalidades de operações financeiras.

9.2. A Empresa e Sua Necessidade de Recursos

Muitas vezes as empresas necessitam de recursos adicionais com a finalidade de honrar suas obrigações de curto prazo ou de expandir as suas operações. Diante de tais situações, a empresa poderá se submeter aos seguintes expedientes:

- Empréstimo – a ser realizado junto a uma instituição financeira ou a uma pessoa física, geralmente realizado para pagamento a curto ou médio prazo;
- Lançamento de debêntures (se possível for) – regra geral, para pagamento a longo prazo;
- Aumento do capital social etc.

Se uma empresa necessita de recursos para honrar as obrigações que vencem dentro do seu ciclo operacional, geralmente realiza empréstimo para quitação a curto prazo.

Suponhamos que uma empresa necessite de recursos para ampliar as suas instalações. Neste caso, a melhor solução é conseguir recursos para pagamento a médio ou a longo prazo.

Denomina-se **empréstimo de curto prazo** aquele que é realizado para pagamento em até 360 dias. Pode ser realizado junto a uma instituição financeira ou a uma pessoa física. No caso de ser realizado junto a um banco, este geralmente solicita uma garantia àquele que solicita o empréstimo. A garantia pode ser efetuada por meio da hipoteca de bens. Também pode ocorrer a chamada garantia fiduciária, mediante a entrega (pela empresa) de duplicatas a receber de seus clientes ao banco, ou mediante a entrega de notas promissórias emitidas pela empresa.

Empréstimo

Contrato em que um dos contratantes cede, temporária, gratuita ou onerosamente, um bem ao outro contratante, que dele usufruirá sem abuso. (Acquaviva)

Ao ocorrer empréstimo de dinheiro, não há necessidade de justificar a finalidade de utilização do dinheiro obtido a título de empréstimo.

Financiamento

Adiantamento em dinheiro feito por alguém para que se executem ou se realizem objetivos de ordem pública ou particular, tais como execução de serviços públicos ou exploração de negócios comerciais ou industriais. (De Plácido e Silva)

No caso de financiamentos, estes são realizados com finalidades específicas, tais como a aquisição de bens para registro no Ativo Não Circulante Imobilizado da entidade (veículos, imóveis, máquinas etc.).

As obrigações decorrentes de empréstimos ou financiamentos devem ser registradas quando ocorrer o recebimento dos recursos pela entidade. *Não deve ser reconhecido um passivo sem que tenha ocorrido o recebimento dos recursos então envolvidos.*

À medida que as parcelas dos empréstimos ou financiamentos de longo prazo forem tornadas exigíveis devido ao transcurso do prazo serão transferidas do Passivo Não Circulante para o Passivo Circulante.

O *Pronunciamento Técnico CPC 26 (R1) – Apresentação das Demonstrações Contábeis* – determina que *a entidade classifique os seus passivos financeiros como circulantes quando a sua liquidação estiver prevista para o período de até doze meses após a data do balanço, mesmo que:*

a) o prazo original para sua liquidação tenha sido por período superior a doze meses; e

b) um acordo de refinanciamento, ou de reescalonamento de pagamento a longo prazo seja completado após a data do balanço e antes de as demonstrações contábeis serem autorizadas para sua publicação.

9.2.1. Empréstimos com Correção Monetária Prefixada

Quando efetua este tipo de empréstimo, a empresa sabe, no dia da realização da transação, o valor total dos encargos financeiros incidentes. A entidade já sabe quais os juros incidentes na transação quando a realiza.

As despesas financeiras são apropriadas de acordo com o regime de competência, excluindo o primeiro dia da aplicação e incluindo o último dia dela.

Exemplo

Um empréstimo bancário foi realizado em 29 de março e quitado em 13 de maio do mesmo ano. Neste caso, o tempo considerado como de efetivo empréstimo foi de 45 dias.

Período do empréstimo:
- Em março: 02 dias (30 e 31 de março)
- Em abril: 30 dias
- Em maio: 13 dias
- Total de dias de empréstimo = 02 + 30 + 13 = 45 dias

Exemplo

A Empresa GKYV Comercial Ltda. contraiu um empréstimo no valor de R$ 100.000,00 junto ao Banco Crista da Onda S/A. O empréstimo foi contraído em 31/10/2009, com vencimento em 08/02/2010. Na operação ora citada, o banco cobrou antecipadamente R$ 10.000,00 de encargos financeiros. A empresa, então, recebeu o montante de R$ 90.000,00.

Registros a serem efetuados pela empresa:

Quando da obtenção do empréstimo:

D – Bancos Conta Movimento – 90.000,00

D – Despesas Financeiras a Apropriar / Despesas Financeiras a Vencer / Despesas Financeiras a Transcorrer – 10.000,00

C – Empréstimos Bancários – 100.000,00

Bancos Conta Movimento (Valores em R$)

Saldo Inicial	
(1) 90.000,00	

Despesas Financeiras a Apropriar (Valores em R$)

(1) 10.000,00	

Empréstimos Bancários (Valores em R$)

	100.000,00 (1)

Despesas Financeiras a Apropriar* = *Despesas Financeiras a Vencer* = *Despesas Financeiras a Transcorrer → Despesas reconhecidas antecipadamente. Podem ser registradas retificando o Passivo (Circulante / Não Circulante) ou como contas do Ativo (Circulante/ Não Circulante Ativo Realizável a Longo Prazo). Estas contas representam despesas antecipadas.

Cálculo do número de dias do empréstimo:

- Data da obtenção do empréstimo: 31/10/2009
- Data da quitação do empréstimo: 08/02/2010

Logo, teremos:
- Em novembro de 2009: 30 dias
- Em dezembro de 2009: 31 dias
- Em janeiro de 2010: 31 dias
- Em fevereiro de 2010: 08 dias
- Total de dias de empréstimo = 30 + 31 + 31 + 08 = 100 dias

Cálculo da despesa financeira a ser mensalmente reconhecida:

- Suponhamos juros simples ao longo do período de empréstimo
- A *despesa financeira total* a ser registrada é igual a R$ 10.000,00

→ R$ 10.000,00 / 100 dias = R$ 100,00/dia (despesa financeira diária)
- Em novembro de 2009: 30 dias x R$ 100,00/dia = R$ 3.000,00
- Em dezembro de 2009: 31 dias x R$ 100,00/dia = R$ 3.100,00
- Em janeiro de 2010: 31 dias x R$ 100,00/dia = R$ 3.100,00
- Em fevereiro de 2010: 08 dias x R$ 100,00/dia = R$ 800,00

Quando do registro das despesas financeiras de novembro de 2009:

D – Despesas Financeiras
C – Despesas Financeiras a Apropriar   3.000,00

Despesas Financeiras – 2009 (Valores em R$)	
(2) 3.000,00	

Despesas Financeiras a Apropriar (Valores em R$)	
(1) 10.000,00	3.000,00 (2)

Quando do registro das despesas financeiras de dezembro de 2009:

D – Despesas Financeiras
C – Despesas Financeiras a Apropriar   3.100,00

Despesas Financeiras – 2009 (Valores em R$)	
(2) 3.000,00	
(3) 3.100,00	
6.100,00	

Despesas Financeiras a Apropriar (Valores em R$)	
(1) 10.000,00	3.000,00 (2)
	3.100,00 (3)
3.900,00	

No Balanço Patrimonial elaborado em 31/12/2009, teremos:

Balanço Patrimonial
PASSIVO
Passivo Circulante
Empréstimos Bancários   R$ 100.000,00
(-) Despesas Financeiras a Apropriar   (R$ 3.900,00)
(=) Valor contábil do empréstimo   R$ 96.100,00

(ou)

Balanço Patrimonial
ATIVO
Ativo Circulante
Despesas Financeiras a Apropriar   R$ 3.900,00

PASSIVO
Passivo Circulante
Empréstimos Bancários   R$ 100.000,00

Quando do registro das despesas financeiras de janeiro de 2010:

D – Despesas Financeiras
C – Despesas Financeiras a Apropriar   R$ 3.100,00

Despesas Financeiras – 2010 (Valores em R$)	
(4) 3.100,00	

Despesas Financeiras a Apropriar (Valores em R$)	
(1) 10.000,00	3.000,00 (2)
	3.100,00 (3)
	3.100,00 (4)

Quando do registro das despesas financeiras de fevereiro de 2010:

D – Despesas Financeiras
C – Despesas Financeiras a Apropriar   800,00

Despesas Financeiras – 2010 (Valores em R$)	
(4) 3.100,00	
(5) 800,00	
3.900,00	

Despesas Financeiras a Apropriar (Valores em R$)	
(1) 10.000,00	3.000,00 (2)
	3.100,00 (3)
	3.100,00 (4)
	800,00 (5)
0,00	

Quando do pagamento do empréstimo em fevereiro de 2010:

D – Empréstimos Bancários
C – Bancos Conta Movimento   100.000,00

Bancos Conta Movimento (Valores em R$)	
Saldo Inicial	100.000,00 (6)

Empréstimos Bancários (Valores em R$)	
(6) 100.000,00	100.000,00 (1)

9.2.2. Empréstimos com Correção Monetária Posfixada

Quando efetua este tipo de empréstimo, a empresa somente saberá o valor total dos encargos financeiros incidentes sobre a operação por ela realizada no dia do vencimento do empréstimo.

Exemplo

A Empresa Cristal Luxor Comercial Ltda. contraiu empréstimo bancário de R$ 100.000,00 junto ao Banco da Villa S/A. O empréstimo foi efetuado em 30/11/2009 e foi quitado em 31/12/2009.

Quando da obtenção do empréstimo:

D – Bancos Conta Movimento
C – Empréstimos Bancários   100.000,00

Bancos Conta Movimento (Valores em R$)

Saldo Inicial	
(1) 100.000,00	

Empréstimos Bancários (Valores em R$)

	100.000,00 (1)

Quando do registro dos encargos financeiros de dezembro de 2009:
Se tivermos inflação no mês de dezembro igual a 1%, teremos:
Variações Monetárias Passivas: 1% x R$ 100.000,00 = R$ 1.000,00

Se os juros do período forem iguais a 3%, teremos:
Despesas de Juros ou Juros Passivos: 3% x (R$ 100.000,00 + R$ 1.000,00) = R$ 3.030,00

D – Despesas de Juros / Juros Passivos	3.030,00
D – Variações Monetárias Passivas	1.000,00
C – Empréstimos Bancários	4.030,00

Variações Monetárias Passivas (Valores em R$)

(2) 1.000,00	

Despesas de Juros (Valores em R$)

(2) 3.030,00	

Empréstimos Bancários (Valores em R$)

	100.000,00 (1)
	4.030,00 (2)
	104.030,00

Quando do pagamento do empréstimo em dezembro de 2009:

D – Empréstimos Bancários
C – Bancos Conta Movimento 104.030,00

Bancos Conta Movimento (Valores em R$)	
Saldo Inicial	104.030,00 (3)

Empréstimos Bancários (Valores em R$)	
	100.000,00 (1)
	4.030,00 (2)
(3) 104.030,00	104.030,00

9.3. AS APLICAÇÕES FINANCEIRAS

Há um velho ditado que nos ensina: *dinheiro não deve ficar parado!* Diante de tal afirmação, as empresas costumam deixar em caixa ou nos bancos apenas aquilo que é necessário para honrar seus compromissos. Todo o valor excedente costuma ser aplicado em operações de curtíssimo ou de curto prazo, conforme o número de dias que o dinheiro fica disponível. Estas operações podem ser realizadas com *taxas prefixadas* ou *pós-fixadas*.

As aplicações financeiras mais comumente realizadas são:
- Aplicações financeiras de liquidez imediata (geralmente em títulos do governo);
- Fundos de Renda Fixa;
- Certificados de Depósito Bancário (CDB);
- Letras de Câmbio etc.

Apresentaremos, agora, algumas delas, por meio de exemplos.

9.3.1. Aplicações Financeiras de Liquidez Imediata

Regra geral, as *aplicações financeiras de liquidez imediata* correspondem à aquisição de títulos do governo, que podem ser resgatados a qualquer momento. O dinheiro aplicado estará sempre disponível para resgate. Por isso, recebem a denominação de *títulos de liquidez imediata* ("fácil conversão em moeda").

Os rendimentos costumam corresponder à inflação ocorrida no período referente à aplicação.

Exemplo

A Empresa Grasper Comercial Ltda. fez aplicação financeira por intermédio de um título de liquidez imediata. A aplicação foi efetuada em 03 setembro de 2009, por montante igual a R$ 200.000,00. O resgate foi efetuado em 20 de setembro do mesmo ano, pelo valor total de R$ 220.000,00.

Registros efetuados:

Quando foi feita a aplicação:

D – Aplicações Financeiras de Liquidez Imediata (AC)
C – Bancos Conta Movimento (AC)   200.000,00

```
        Aplicações Financeiras de Liquidez Imediata
                     (Valores em R$)
         (1) 200.000,00 |
                        |
                        |
         Bancos Conta Movimento (Valores em R$)
         Saldo Inicial  | 200.000,00 (1)
                        |
```

Quando foi efetuado o resgate:

D – Bancos Conta Movimento   218.000,00
D – Imposto de Renda na Fonte a Compensar (AC)   2.000,00
C – Aplicações Financeiras de Liquidez Imediata   200.000,00
C – Receitas Financeiras   20.000,00

Convém ser ressaltado que este tipo de aplicação sofre tributação na fonte, conforme ora apresentado. O Imposto de Renda na Fonte, neste exemplo, representa antecipação do Imposto de Renda a ser calculado quando da elaboração da declaração anual do IR. O rendimento auferido nesta aplicação também pode ser considerado não tributável quando da elaboração da citada declaração.

Bancos Conta Movimento (Valores em R$)	
Saldo Inicial	200.000,00 (1)
(2) 218.000,00	

Imposto de Renda na Fonte a Compensar (Valores em R$)	
(2) 2.000,00	

Receitas Financeiras (Valores em R$)	
	20.000,00 (2)

Aplicações Financeiras de Liquidez Imediata (Valores em R$)	
(1) 200.000,00	200.000,00 (2)

9.3.2. Aplicações Financeiras Prefixadas

Quando ocorre a *aplicação financeira prefixada*, a empresa fica sabendo, no ato da aplicação, o valor dos seus rendimentos, que correspondem à correção monetária prefixada mais os juros incidentes na operação.

As receitas financeiras são apropriadas de acordo com o regime de competência, excluindo o primeiro dia da aplicação e incluindo o último dia dela.

Exemplo

Uma aplicação financeira foi realizada em 29 de março e resgatada em 13 de maio do mesmo ano. Neste caso, o tempo considerado como de efetiva aplicação foi de 45 dias.

Período do empréstimo:
- Em março: 02 dias (30 e 31 de março)
- Em abril: 30 dias
- Em maio: 13 dias
- Total de dias de empréstimo = 02 + 30 + 13 = 45 dias

Exemplo

A Companhia Lastreada efetuou aplicação financeira no Banco Santíssimo, em 15/12/2009, no valor de R$ 100.000,00. A aplicação foi resgatada em 05/03/2010. O valor do resgate foi igual a R$ 120.000,00.

Cálculo do número de dias de aplicação:
- Data da aplicação: 15/12/2009
- Data do resgate: 05/03/2010

Logo, teremos:
- Em dezembro de 2009: 16 dias
- Em janeiro de 2010: 31 dias
- Em fevereiro de 2010: 28 dias
- Em março de 2010: 05 dias
- Total de dias de aplicação = 16 + 31 + 28 + 05 = 80 dias

Cálculo da receita financeira a ser mensalmente reconhecida:
- Suponhamos juros simples ao longo do período de aplicação
- A *receita financeira total* a ser registrada é igual a R$ 20.000,00 (= R$ 120.000,00 − R$ 100.000,00)
    - Em dezembro de 2009: (16/80) x R$ 20.000,00 = R$ 4.000,00
    - Em janeiro de 2010: (31/80) x R$ 20.000,00 = R$ 7.750,00
    - Em fevereiro de 2010: (28/80) x R$ 20.000,00 = R$ 7.000,00
    - Em março de 2010: (5/80) x R$ 20.000,00 = R$ 1.250,00

→ *Primeira maneira* de registrar os eventos ocorridos:

Registros efetuados:

Quando foi feita a aplicação, em 15/12/2009:

D – Aplicações Financeiras (AC)
C – Bancos Conta Movimento   100.000,00

Aplicações Financeiras (Valores em R$)	
(1) 100.000,00	

Bancos Conta Movimento (Valores em R$)	
Saldo Inicial	100.000,00 (1)

Reconhecimento da receita financeira auferida até 31/12/2009:

D – Aplicações Financeiras
C – Receitas Financeiras   4.000,00

Aplicações Financeiras (Valores em R$)	
(1) 100.000,00	
(2) 4.000,00	

Receitas Financeiras – 2009 (Valores em R$)	
	4.000,00 (2)
	4.000,00

No Balanço Patrimonial elaborado em 31/12/2009, teremos:

Balanço Patrimonial
ATIVO
Ativo Circulante
Aplicações Financeiras					R$ 104.000,00

Reconhecimento da receita financeira auferida em janeiro de 2010:

D – Aplicações Financeiras
C – Receitas Financeiras					7.750,00

Aplicações Financeiras (Valores em R$)	
(1) 100.000,00	
(2) 4.000,00	
(3) 7.750,00	

Receitas Financeiras – 2010 (Valores em R$)	
	7.750,00 (3)

Reconhecimento da receita financeira auferida em fevereiro de 2010:

D – Aplicações Financeiras
C – Receitas Financeiras					7.000,00

Aplicações Financeiras (Valores em R$)	
(1) 100.000,00	
(2) 4.000,00	
(3) 7.750,00	
(4) 7.000,00	

Receitas Financeiras – 2010 (Valores em R$)
7.750,00 (3)
7.000,00 (4)

Reconhecimento da receita financeira auferida em março de 2010:

D – Aplicações Financeiras
C – Receitas Financeiras   1.250,00

Aplicações Financeiras (Valores em R$)
(1) 100.000,00
(2) 4.000,00
(3) 7.750,00
(4) 7.000,00
(5) 1.250,00
120.000,00

Receitas Financeiras – 2010 (Valores em R$)
7.750,00 (3)
7.000,00 (4)
1.250,00 (5)
16.000,00

Se houver Imposto de Renda na Fonte, calculado à alíquota de 15% sobre o total de rendimentos obtidos, teremos:

15% x R$ 20.000,00   R$ 3.000,00
D – IR na Fonte a Compensar
C – Aplicações Financeiras   3.000,00

Aplicações Financeiras (Valores em R$)	
(1) 100.000,00	3.000,00 (6)
(2) 4.000,00	
(3) 7.750,00	
(4) 7.000,00	
(5) 1.250,00	
117.000,00	

IR na Fonte a Compensar (Valores em R$)	
(6) 3.000,00	
3.000,00	

Quando do resgate da aplicação financeira, em 05/03/2010:

D – Bancos Conta Movimento
C – Aplicações Financeiras   117.000,00

Bancos Conta Movimento (Valores em R$)	
Saldo Inicial	100.000,00 (1)
(7) 117.000,00	

Aplicações Financeiras (Valores em R$)	
(1) 100.000,00	3.000,00 (6)
(2) 4.000,00	
(3) 7.750,00	
(4) 7.000,00	
(5) 1.250,00	
117.000,00	**117.000,00 (7)**

→ *Segunda maneira* de registrar os eventos ocorridos:

Registros efetuados:

Quando foi feita a aplicação, em 15/12/2009:

D – Aplicações Financeiras 120.000,00
C – Bancos Conta Movimento 100.000,00
C – Receitas Financeiras a Apropriar / Receitas Financeiras a Vencer – 20.000,00

Receitas Financeiras a Apropriar = Receitas Financeiras a Vencer → Conta retificadora do Ativo Circulante

```
            Aplicações Financeiras (Valores em R$)
            (1) 120.000,00  |
                            |
                            |
            Bancos Conta Movimento (Valores em R$)
            Saldo Inicial   | 100.000,00 (1)
                            |
                            |
            Receitas Financeiras a Apropriar (Valores em R$)
                            | 20.000,00 (1)
                            |
```

Reconhecimento da receita financeira auferida até 31/12/2009:

D – Receitas Financeiras a Apropriar
C – Receitas Financeiras 4.000,00

Receitas Financeiras a Apropriar (Valores em R$)

(2) 4.000,00	20.000,00 (1)
	16.000,00

Receitas Financeiras – 2009 (Valores em R$)

	4.000,00 (2)
	4.000,00

No Balanço Patrimonial elaborado em 31/12/2009, teremos:

Balanço Patrimonial
ATIVO
Ativo Circulante

Aplicações Financeiras	R$ 120.000,00
(-) Aplicações Financeiras a Apropriar	(R$ 16.000,00)
(=) Valor Contábil da Aplicação Financeira	R$ 104.000,00

Reconhecimento da receita financeira auferida em janeiro de 2010:

D – Receitas Financeiras a Apropriar
C – Receitas Financeiras   7.750,00

Receitas Financeiras a Apropriar (Valores em R$)

(2) 4.000,00	20.000,00 (1)
(3) 7.750,00	

Receitas Financeiras – 2010 (Valores em R$)	
	7.750,00 (3)

Reconhecimento da receita financeira auferida em fevereiro de 2010:

D – Receitas Financeiras a Apropriar
C – Receitas Financeiras 7.000,00

Receitas Financeiras a Apropriar (Valores em R$)	
(2) 4.000,00	20.000,00 (1)
(3) 7.750,00	
(4) 7.000,00	

Receitas Financeiras – 2010 (Valores em R$)	
	7.750,00 (3)
	7.000,00 (4)

Reconhecimento da receita financeira auferida em março de 2010:

D – Receitas Financeiras a Apropriar
C – Receitas Financeiras   1.250,00

Receitas Financeiras a Apropriar (Valores em R$)	
(2) 4.000,00	20.000,00 (1)
(3) 7.750,00	
(4) 7.000,00	
(5) 1.250,00	

Receitas Financeiras – 2010 (Valores em R$)
7.750,00 (3)
7.000,00 (4)
1.250,00 (5)
16.000,00

Se houver Imposto de Renda na Fonte, calculado à alíquota de 15% sobre o total de rendimentos obtidos, teremos:

15% x R$ 20.000,00 = R$ 3.000,00
D – IR na Fonte a Compensar
C – Aplicações Financeiras   3.000,00

IR na Fonte a Compensar (Valores em R$)	
(6) 3.000,00	
3.000,00	

Aplicações Financeiras (Valores em R$)	
(1) 120.000,00	3.000,00 (6)
117.000,00	

Quando do resgate da aplicação financeira, em 05/03/2010:

D – Bancos Conta Movimento
C – Aplicações Financeiras   117.000,00

Bancos Conta Movimento (Valores em R$)	
Saldo Inicial	100.000,00 (1)
(7) 117.000,00	

Aplicações Financeiras (Valores em R$)	
(1) 120.000,00	3.000,00 (6)
117.000,00	**117.000,00 (7)**

9.3.3. Aplicações Financeiras Posfixadas

Quando ocorre a *aplicação financeira pós-fixada*, a empresa somente fica sabendo quais são os rendimentos provenientes desta aplicação no dia do correspondente resgate.

Exemplo

A Empresa Comercial Lupers Ltda. realizou aplicação financeira de R$ 100.000,00 com correção posfixada em 01/12/2009. Sabendo-se que a inflação existente no período é igual a 3% ao mês e que a empresa possui seu exercício social coincidente com o ano-calendário civil, efetue os registros contábeis relacionados a esta aplicação.

Quando foi feita a aplicação, em 01/12/2009:

D – Aplicações Financeiras
C – Bancos Conta Movimento 100.000,00

Aplicações Financeiras (Valores em R$)	
(1) 100.000,00	

Bancos Conta Movimento (Valores em R$)	
Saldo Inicial	100.000,00 (1)

Reconhecimento da receita financeira auferida até 31/12/2009:

Inflação no período: 3% ao mês x 1 mês x R$ 100.000,00 = R$ 3.000,00
Primeiro, corrige-se o poder aquisitivo da moeda; em seguida, são calculados os juros do período.
Supondo juros simples de 24% ao ano, temos: (24% a.a. / 12 meses) x (R$ 100.000,00 + R$ 3.000,00) = R$ 2.060,00

D – Aplicações Financeiras   5.060,00
C – Variações Monetárias Ativas / Receitas de Variações Monetárias   3.000,00
C – Receitas de Juros / Juros Ativos   2.060,00

```
         Aplicações Financeiras (Valores em R$)
         (1) 100.000,00    |
         (2)   5.060,00    |
                           |
         ──────────────────┼──────────────────
                           |

         Variações Monetárias Ativas (Valores em R$)
                           |   3.000,00 (2)
                           |
         ──────────────────┼──────────────────
                           |

              Juros Ativos – 2009 (Valores em R$)
                           |   2.060,00 (2)
                           |
         ──────────────────┼──────────────────
                           |
```

Estes registros serão efetuados até a data correspondente ao resgate da aplicação.
No Balanço Patrimonial elaborado em 31/12/2009, teremos:

Balanço Patrimonial
ATIVO
Ativo Circulante
Aplicações Financeiras   R$ 105.600,00

9.4. AS VARIAÇÕES CAMBIAIS PASSIVAS

O art. 184 da Lei das Sociedades por Ações determina que *as obrigações em moeda estrangeira, com cláusula de paridade cambial, serão convertidas em moeda nacional à taxa de câmbio em vigor na data do balanço*. O que isto significa? Significa que as obrigações em moeda estrangeira deverão estar atualizadas de tal forma que, na data de elaboração do Balanço Patrimonial, demonstrem o valor que deveria ser desembolsado em caso de liquidação naquela data. Tais obrigações têm, como contrapartida de registro, encargos constantes do exercício social a que se referirem, constituindo a *variação cambial* (registro em conta de resultado) proveniente das alterações de taxas de câmbio ocorridas.

Os empréstimos pagáveis em moeda estrangeira devem ser atualizados pela **variação cambial** apurada entre o saldo contábil do empréstimo registrado conforme a taxa cambial anterior e o saldo do citado empréstimo em moeda estrangeira convertido para moeda nacional à taxa cambial vigente na data de elaboração do Balanço Patrimonial.

O *Pronunciamento Técnico CPC 02 (R2) – Efeitos das Mudanças nas Taxas de Câmbio e Conversão de Demonstrações Contábeis* – disciplina que, regra geral, *as variações cambiais advindas da liquidação de itens monetários ou da conversão de itens monetários por taxas diferentes daquelas pelas quais foram convertidos quando da mensuração inicial, durante o período ou em demonstrações contábeis anteriores, devem ser reconhecidas na demonstração do resultado no período em que surgirem, ou seja, devem ser reconhecidas como despesas no período em que surgirem*. O valor correspondente à variação cambial obtida deve ser mensalmente contabilizado. *O registro da variação cambial deve ser diretamente efetuado na conta do Passivo que registre a obrigação junto a terceiros*. Não há necessidade de termos uma conta no Passivo registrando as variações cambiais porventura ocorridas.

Exemplo

Se uma empresa efetua empréstimo pagável em moeda estrangeira, será efetuado o seguinte registro quando da obtenção do empréstimo:

D – Bancos Conta Movimento
C – Empréstimos em Moeda Estrangeira

Se houver despesa com variação cambial, o seguinte registro deverá ser providenciado:

D – Variações Cambiais Passivas
C – Empréstimos em Moeda Estrangeira

Observe que a contrapartida da variação cambial ocorrida foi a própria conta que registra a obrigação junto a terceiros em moeda estrangeira.

As obrigações em moeda nacional que tiverem atualização monetária em virtude de consenso contratual terão o mesmo tratamento neste tópico apresentado, porém utilizando-se a conta Variações Monetárias Passivas. Os exemplos que se seguem ao longo deste capítulo esclarecerão melhor este assunto.

9.4.1. O Reconhecimento de Variações Cambiais Ativas e Passivas

Apresentaremos alguns exemplos que tratam do reconhecimento de variações cambiais ativas (receitas financeiras) e variações cambiais passivas (despesas financeiras).

9.4.1.1. Variações Cambiais Passivas

Para facilitar o aprendizado, faremos o reconhecimento das variações cambiais passivas por meio de exemplos.

Exemplo

Valorização de moeda estrangeira frente ao real quando há obrigação a pagar

Em 15/10/2008, uma empresa contraiu dívida em moeda estrangeira em montante igual a US$ 100.000,00. Quando contraiu a referida dívida, a seguinte taxa de câmbio era observada: US$ 1,00 = R$ 1,70. Em 31/12/2008, quando do término do exercício social desta empresa, verificou-se que a taxa de câmbio havia sido alterada para: US$ 1,00 = R$ 1,90.

Quando do reconhecimento da obrigação em moeda estrangeira, em 15/10/2008:
US$ 1,00 = R$ 1,70   →   Dívida em reais: R$ 170.000,00

D – Bancos Conta Movimento
C – Empréstimos em Moeda Estrangeira   170.000,00

Ao término do exercício social, em 31/12/2008:
US$ 1,00 = R$ 1,90   →   Dívida em reais: R$ 190.000,00
Aumento da dívida em reais: R$ 190.000,00 – R$ 170.000,00 = R$ 20.000,00

O dólar teve valorização frente ao real. Logo, o valor da dívida em reais aumentou, gerando variação cambial passiva.

D – Variações Cambiais Passivas
C – Empréstimos em Moeda Estrangeira   20.000,00

Exemplo

Valorização do real frente à moeda estrangeira quando há direito de recebimento de crédito

Em 15/10/2008, uma empresa obteve direito de recebimento de crédito em moeda estrangeira em montante igual a US$ 100.000,00. Quando conquistou o referido direito, a seguinte taxa de câmbio era observada: US$ 1,00 = R$ 1,70. Em 31/12/2008, quando do término do exercício social desta empresa, verificou-se que a taxa de câmbio havia sido alterada para: US$ 1,00 = R$ 1,50.

Quando do reconhecimento do direito de recebimento de crédito em moeda estrangeira, em 15/10/2008:

US$ 1,00 = R$ 1,70 → Valor a receber em reais: R$ 170.000,00

D – Valores a Receber
C – Caixa ou Bancos Conta Movimento   170.000,00

Ao término do exercício social, em 31/12/2008:

US$ 1,00 = R$ 1,50 → Valor a receber em reais: R$ 150.000,00

Diminuição do valor a receber em reais: R$ 150.000,00 – R$ 170.000,00 = (R$ 20.000,00)

O dólar teve desvalorização frente ao real. Logo, o valor a receber em reais diminuiu, gerando variação cambial passiva.

D – Variações Cambiais Passivas
C – Valores a Receber   20.000,00

9.4.1.2. Variações Cambiais Ativas

Para facilitar o aprendizado, faremos o reconhecimento das variações cambiais ativas por meio de exemplos.

Exemplo

Valorização de moeda estrangeira frente ao real quando há direito de recebimento de crédito

Em 15/10/2008, uma empresa conquistou um direito de recebimento de crédito em moeda estrangeira em montante igual a US$ 100.000,00. Quando obteve o referido direito, a seguinte taxa de câmbio era observada: US$ 1,00 = R$ 1,70. Em 31/12/2008, quando do término do exercício social desta empresa, verificou-se que a taxa de câmbio havia sido alterada para: US$ 1,00 = R$ 1,90.

Quando do reconhecimento do direito de recebimento de crédito em moeda estrangeira, em 15/10/2008:
US$ 1,00 = R$ 1,70 → Valor a receber em reais: R$ 170.000,00

D – Valores a Receber
C – Caixa ou Bancos Conta Movimento   170.000,00

Ao término do exercício social, em 31/12/2008:
US$ 1,00 = R$ 1,90 → Valor a receber em reais: R$ 190.000,00
Aumento do valor a receber em reais: R$ 190.000,00 – R$ 170.000,00 = R$ 20.000,00
O dólar teve valorização frente ao real. Logo, o valor a receber em reais aumentou, gerando variação cambial ativa (receita financeira).

D – Valores a Receber
C – Variações Cambiais Ativas   20.000,00

Exemplo
Valorização do real frente à moeda estrangeira quando há valor a pagar
Em 15/10/2008, uma empresa contraiu dívida em moeda estrangeira em montante igual a US$ 100.000,00. Quando contraiu a referida dívida, a seguinte taxa de câmbio era observada: US$ 1,00 = R$ 1,70. Em 31/12/2008, quando do término do exercício social desta empresa, verificou-se que a taxa de câmbio havia sido alterada para: US$ 1,00 = R$ 1,50.

Quando do reconhecimento da obrigação em moeda estrangeira, em 15/10/2008:
US$ 1,00 = R$ 1,70 → Dívida em reais: R$170.000,00

D – Bancos Conta Movimento
C – Empréstimos em Moeda Estrangeira   170.000,00

Ao término do exercício social, em 31/12/2008:
US$ 1,00 = R$ 1,50 → Dívida em reais: R$150.000,00
Diminuição da dívida em reais: R$ 150.000,00 – R$ 170.000,00 = (R$ 20.000,00)
O dólar teve desvalorização frente ao real. Logo, o valor da dívida em reais diminuiu, gerando variação cambial ativa.

D – Empréstimos em Moeda Estrangeira
C – Variações Cambiais Ativas   20.000,00

9.5. Os Encargos Financeiros

O *Pronunciamento Técnico CPC 08 (R1) – Custos de Transação e Prêmios na Emissão de Títulos e Valores Mobiliários* – assim define o que são encargos financeiros: **encargos financeiros** são a soma das despesas financeiras, dos custos de transação, prêmios, descontos, ágios, deságios e assemelhados, a qual representa a diferença entre os valores recebidos e os valores pagos (ou a pagar) a terceiros.

Com isso, conforme consta do Manual de Contabilidade Societária, a composição das despesas ou encargos financeiros passa a incluir, além das despesas de juros, todas as despesas (e receitas) incrementais que se originaram da operação de captação, como taxas e comissões, eventuais prêmios recebidos, despesas com intermediários financeiros, com consultores financeiros, com elaboração de projetos, auditores, advogados, escritórios especializados, gráfica, viagens etc.

Os encargos financeiros devem ser registrados da mesma forma que as variações cambiais ou monetárias, ou seja, devem ser classificados como despesa, à exceção dos encargos incorridos para o financiamento dos chamados ativos qualificáveis.

Ativo qualificável é um ativo que necessariamente leva um período de tempo substancial para ficar pronto para seu uso ou venda pretendidos. Dentre outros, constituem exemplos de ativos qualificáveis os estoques, os intangíveis e as usinas de geração de energia que necessariamente levem um período de tempo substancial para ficar prontos para seu uso ou venda pretendidos.

O *Pronunciamento Técnico CPC 20 (R1) – Custos de Empréstimos – disciplina que uma entidade deve capitalizar os custos de empréstimos que são diretamente atribuíveis à aquisição, construção ou produção de ativo qualificável como parte do custo do ativo. A entidade deve reconhecer os outros custos de empréstimos como despesa no período em que são incorridos.*

Custos de empréstimos que são diretamente atribuíveis à aquisição, construção ou produção de ativo qualificável devem ser capitalizados como parte do custo do ativo quando for provável que eles irão resultar em benefícios econômicos futuros para a entidade e que tais custos possam ser mensurados com confiabilidade.

9.6. Operações Financeiras com Encargos Financeiros Conjugados

Uma operação financeira poderá ter seus encargos financeiros na forma de juros mais algum outro fator, somente conhecido em data futura, como no caso da utilização de: variação cambial; Taxa de Referência (TR); Índice Geral de Preços do Mercado (IGP-M), da Fundação Getúlio Vargas; Índice Nacional de Preços ao Consumidor Amplo (IPCA), do IBGE; Índice Nacional de Preços ao Consumidor (INPC), do IBGE etc. Podemos, então, afirmar que ocorre, neste caso, *operação financeira pós-fixada*, pois somente em data futura poderão ser conhecidos os encargos financeiros totais.

9.6.1. Operações Financeiras em Moeda Estrangeira

No caso de ser realizada uma operação financeira com pagamentos a serem efetuados em moeda estrangeira, a obrigação deverá ser atualizada com base na taxa cambial apurada na data da elaboração do Balanço Patrimonial, sendo a variação cambial obtida considerada uma despesa do tipo financeira (*Despesas com Variação Cambial* ou *Variações Cambiais Passivas*).

Exemplo

A Empresa Alimentação Saudável Comercial Ltda. efetuou aquisição de mercadorias a prazo junto a um fornecedor estrangeiro. A aquisição teve custo de US$ 100.000,00, para pagamento a ser efetuado 200 dias após a operação de compra, dentro de um único exercício social. Na data de aquisição das mercadorias, a taxa de câmbio era a seguinte: US$ 1,00 = R$ 1,70.

Registros a serem efetuados pela empresa:

Quando da aquisição das mercadorias:
US$ 100.000,00 x R$ 1,70/US$ 1,00 = R$ 170.000,00

D – Mercadorias
C – Fornecedores Estrangeiros   170.000,00

```
          Mercadorias (Valores em R$)
        (1) 170.000,00 |
                       |
                       |

       Fornecedores Estrangeiros (Valores em R$)
                       | 170.000,00 (1)
                       |
                       |
```

Quando do pagamento ao fornecedor estrangeiro:
Suponhamos que a taxa de câmbio de um dólar na data do pagamento seja igual a R$ 1,80. Neste caso:

US$ 100.000,00 x R$ 1,80 / US$ 1,00 = R$ 180.000,00 (valor atualizado da dívida junto ao fornecedor, devido à variação cambial ocorrida).

Variação cambial ocorrida: R$ 180.000,00 – R$ 170.000,00 = R$ 10.000,00

D – Despesas com Variação Cambial ou Variações Cambiais Passivas
C – Fornecedores Estrangeiros   10.000,00

Variações Cambiais Passivas (Valores em R$)	
(2) 10.000,00	

Fornecedores Estrangeiros (Valores em R$)	
	170.000,00 (1)
	10.000,00 (2)
	180.000,00

No ato do pagamento:

D – Fornecedores Estrangeiros
C – Bancos conta Movimento   180.000,00

Fornecedores Estrangeiros (Valores em R$)	
	170.000,00 (1)
	10.000,00 (2)
(3) 180.000,00	**180.000,00**

Bancos Conta Movimento (Valores em R$)	
Saldo Inicial	180.000,00 (3)

Exemplo

A Empresa Alimentação Saudável Comercial Ltda. efetuou aquisição de mercadorias a prazo junto a um fornecedor estrangeiro. A aquisição, que foi efetuada em 01/12/2009, teve custo de US$ 100.000,00, para pagamento a ser efetuado em 31/12/2009. Na data de aquisição das mercadorias, a taxa de câmbio de um dólar era igual a R$ 1,70. A operação financeira em tela deverá ser efetuada tendo por base a variação cambial ocorrida, mais juros de 2%.

Registros a serem efetuados pela empresa:

Quando da aquisição das mercadorias, em 01/12/2009:
US$ 100.000,00 x R$ 1,70/US$ 1,00 = R$ 170.000,00

D – Mercadorias
C – Fornecedores Estrangeiros   170.000,00

Mercadorias (Valores em R$)	
(1) 170.000,00	

Fornecedores Estrangeiros (Valores em R$)	
	170.000,00 (1)

Quando do pagamento ao fornecedor estrangeiro, em 31/12/2009:

Suponhamos que a taxa de câmbio de um dólar na data do pagamento seja igual a R$ 1,80. Neste caso:

US$ 100.000,00 x R$ 1,80/US$ 1,00 = R$ 180.000,00 (valor atualizado da dívida junto ao fornecedor, devido à variação cambial ocorrida).

Variação cambial ocorrida: R$ 180.000,00 – R$ 170.000,00 = R$ 10.000,00

D – Despesas com Variação Cambial ou Variações Cambiais Passivas
C – Fornecedores Estrangeiros 10.000,00

Variações Cambiais Passivas (Valores em R$)	
(2) 10.000,00	

Fornecedores Estrangeiros (Valores em R$)	
	170.000,00 (1)
	10.000,00 (2)
	180.000,00

Reconhecimento dos juros existentes no período:
Juros Passivos: R$ 180.000,00 x 2,0% = R$ 3.600,00

Os juros devem ser calculados **sobre o saldo devedor existente no momento de seu reconhecimento**.

D – Despesas de Juros / Despesas Financeiras / Juros Passivos
C – Juros a Pagar 3.600,00

Despesas de Juros (Valores em R$)	
(3) 3.600,00	

Juros a Pagar (Valores em R$)	
	3.600,00 (3)

No ato do pagamento:

D – Fornecedores Estrangeiros – 180.000,00
D – Juros a Pagar – 3.600,00
C – Bancos conta Movimento – 183.600,00

Fornecedores Estrangeiros (Valores em R$)	
	170.000,00 (1)
	10.000,00 (2)
(4) 180.000,00	**180.000,00**

Juros a Pagar (Valores em R$)	
(4) 3.600,00	3.600,00 (3)

Bancos Conta Movimento (Valores em R$)	
Saldo Inicial	183.600,00 (4)

9.6.2. Operações Financeiras em Moeda Nacional

De forma semelhante ao que ocorre com as operações financeiras em moeda estrangeira, as operações financeiras em moeda nacional também estão sujeitas à correção monetária, que deverá ser atualizada até a data de elaboração do Balanço Patrimonial.

Nunca é demais ressaltarmos que a *correção monetária das demonstrações financeiras* foi revogada com a edição da Lei nº 9.249/95, que passou a vigorar a partir de 1º de janeiro de 1996. Portanto, a correção monetária, neste caso, é baseada em algum índice econômico (Taxa de Referência (TR); Índice Geral de Preços do Mercado (IGP-M), da Fundação Getúlio Vargas; Índice Nacional de Preços ao Consumidor Amplo (IPCA), do IBGE; Índice Nacional de Preços ao Consumidor (INPC), do IBGE etc.). Trata-se de **correção monetária contratual**, ou seja, aflorada de consenso entre as partes envolvidas no contrato.

Exemplo

Questão 01 – (Fiscal de Tributos Municipais – Niterói – EMAP)

A Empresa Itamarati Ltda. obteve um empréstimo no Banco do Estado, em 31/03/1993, no valor de 50.000 UFIR, com vencimentos para 31/03/1994. Os juros foram de 10% vencíveis na mesma data do pagamento do principal. O valor nominal (hipoteticamente) da UFIR em 31/03/1993 era de $ 300 e em 31/12/1993 de $ 350.

Por ocasião do encerramento do exercício de 1993, a dívida total da empresa junto ao banco, registrada no Passivo Circulante, era de:
a) 16.500.000.
b) 17.500.000.
c) 18.625.000.
d) 18.812.500.
e) 19.250.000.

Resolução e Comentários
Registros a serem realizados:

Quando da obtenção do empréstimo:
50.000 x $ 300 = $ 15.000.000
D – Bancos Conta Movimento
C – Empréstimos Bancários 15.000.000

Em 31/12/93:
Atualização do valor principal: 50.000 x $ 350 = $ 17.500.000
Logo, há uma *Variação Monetária Passiva* igual a $ 2.500.000 (= $ 17.500.000 – $ 15.000.000).

D – Variação Monetária Passiva
C – Empréstimos Bancários 2.500.000

Reconhecimento dos juros:
(9 meses / 12 meses) x 10% a.a. x $ 17.500.000 = $ 1.312.500

D – Despesas de Juros
C – Juros a Pagar 1.312.500

Passivo Total:
Empréstimos Bancários – $ 15.000.000 + $ 2.500.000 = $ 17.500.000
Juros a Pagar – $ 1.312.500
Total = $ 18.812.500
Gabarito – D

9.7. Operações com Duplicatas

As operações com duplicatas também constituem operações financeiras. Remetemos o leitor ao capítulo 05, que trata deste assunto.

9.8. O Desconto de Notas Promissórias

As empresas podem se utilizar da emissão e do respectivo desconto de notas promissórias para obter empréstimos junto às instituições financeiras. Faremos exemplo a esse respeito considerando os juros prefixados.

Exemplo

A Empresa Pé de Valsa Comercial Ltda. efetuou empréstimo bancário descontando nota promissória de sua emissão em favor do Banco FGR. O empréstimo foi efetuado de acordo com as seguintes condições:

- Valor da Nota Promissória: R$ 100.000,00;
- Data de emissão e entrega da Nota Promissória ao banco: 30/11/2009;
- Data de vencimento da Nota Promissória: 31/01/2010; e
- Taxa de desconto utilizada na operação: 5% ao mês.

O banco envia à empresa um documento denominado *Aviso de Lançamento* e, a partir daí, a empresa registra:

Quando do desconto da Nota Promissória, em 30/11/2009:

Encargos Financeiros a Transcorrer: 5% ao mês x 2 meses x R$ 100.000,00 = R$ 10.000,00

D – Bancos Conta Movimento – 90.000,00

D – Encargos Financeiros a Transcorrer (retificadora do PC) – 10.000,00

C – Notas Promissórias a Pagar – 100.000,00

Bancos Conta Movimento (Valores em R$)	
Saldo Inicial	
(1) 90.000,00	

Encargos Financeiros a Transcorrer (Valores em R$)	
(1) 10.000,00	

Notas Promissórias a Pagar (Valores em R$)	
	100.000,00 (1)

Juros a Vencer = *Juros Passivos a Vencer* = *Juros a Apropriar* = *Juros a Transcorrer* = **Encargos Financeiros a Transcorrer** → Juros reconhecidos antecipadamente. *Juros a Transcorrer* ou *Encargos Financeiros a Transcorrer* é comumente tratada como *conta retificadora do Passivo Circulante*. As demais denominações são comumente tratadas como *contas do Ativo Circulante*.

Quando do reconhecimento dos juros transcorridos em dezembro de 2009:

D – Despesas Financeiras
C – Encargos Financeiros a Transcorrer 5.000,00

Despesas Financeiras – 2009 (Valores em R$)	
(2) 5.000,00	
5.000,00	

Encargos Financeiros a Transcorrer (Valores em R$)	
(1) 10.000,00	5.000,00 (2)
5.000,00	

No Balanço Patrimonial elaborado em 31/12/2009, teremos:

Balanço Patrimonial
PASSIVO
Passivo Circulante
Notas Promissórias a Pagar – R$ 100.000,00
(-) Encargos Financeiros a Transcorrer – (R$ 5.000,00)
(=) Valor contábil do empréstimo – R$ 95.000,00

Quando do reconhecimento dos juros transcorridos em janeiro de 2010:

D – Despesas Financeiras
C – Encargos Financeiros a Transcorrer 5.000,00

Despesas Financeiras – 2010 (Valores em R$)	
(3) 5.000,00	
5.000,00	

Encargos Financeiros a Transcorrer (Valores em R$)	
(1) 10.000,00	5.000,00 (2)
	5.000,00 (3)
0,00	

Quando da quitação do empréstimo em janeiro de 2010:

D – Notas Promissórias a Pagar
C – Bancos Conta Movimento 100.000,00

Bancos Conta Movimento (Valores em R$)	
Saldo Anterior	100.000,00 (4)

Notas Promissórias a Pagar (Valores em R$)	
(4) 100.000,00	100.000,00 (1)

9.9. Os Credores por Financiamento

A conta **Credores por Financiamento** registra todos os financiamentos de bens e equipamentos do Ativo Não Circulante Imobilizado quando tais financiamentos são concedidos à entidade pelo próprio fornecedor destes ativos.

Exemplo

A Empresa Fabrica Tudo Industrial Ltda. adquiriu máquinas pelo valor total de R$ 1.000.000,00. Estas máquinas foram diretamente adquiridas com o fornecedor delas, tendo sido pagos R$ 200.000,00 à vista e os R$ 800.000,00 restantes em 4 parcelas anuais de R$ 200.000,00. Existem juros embutidos nesta operação em montante igual a R$ 160.000,00.

Registros a serem efetuados pelo comprador quando da aquisição das máquinas:

D – Máquinas (ANC Imobilizado) – 840.000,00
D – Juros a Transcorrer (redutora do Passivo Exigível) – 160.000,00
C – Caixa – 200.000,00
C – Credores por Financiamento – 800.000,00

Apresentação do Passivo Exigível do Balanço Patrimonial logo após o registro desta transação:

Passivo Circulante
Credores por Financiamento – 200.000,00
(-) Juros a Transcorrer – (40.000,00)
(=) Saldo de 160.000,00

Passivo Não Circulante
Credores por Financiamento – 600.000,00
(-) Juros a Transcorrer – (120.000,00)
(=) Saldo de 480.000,00

9.10. Exercícios Resolvidos para a Fixação de Conteúdo

Questão 02 – (Analista – Contabilidade – IRB – EsAF – 2006)
A empresa Almondegarst S/A resolveu antecipar o pagamento de uma dívida de R$ 5.000,00, ainda não vencida, para aproveitar o desconto de 10% oferecido pelo fornecedor. Ao contabilizar o pagamento efetuado, o Contador deverá realizar o seguinte lançamento:

a) Bancos conta Movimento
   a Diversos
      a Fornecedores   5.000,00
      a Descontos Obtidos   500,00   5.500,00.

b) Diversos
   a Bancos conta Movimento
      Fornecedores   5.000,00
      Descontos Obtidos   500,00   5.500,00.

c) Fornecedores
   a Diversos
      a Bancos conta Movimento   5.000,00
      a Descontos Obtidos   500,00   5.500,00.

d) Fornecedores
   a Diversos
      a Bancos conta Movimento   4.500,00
      a Descontos Obtidos   500,00   5.000,00.

e) Bancos conta Movimento
   a Diversos
      a Fornecedores   4.500,00
      a Descontos Obtidos   500,00   5.000,00.

Resolução e Comentários

Foi obtido um desconto pela empresa. Trata-se de uma receita obtida pela Almondegarst S/A.

Desconto: 10% x R$ 5.000,00 = R$ 500,00

Observe que foi quitada uma obrigação no valor de R$ 5.000,00, ocorrendo o efetivo desembolso de R$ 4.500,00, já que houve um desconto de R$ 500,00 quando da realização do pagamento.

Lançamento efetuado quando do registro do pagamento com desconto:

Fornecedores
a Diversos
a Bancos conta Movimento 4.500,00
a Descontos Obtidos 500,00 5.000,00.

Gabarito – D

Questão 03 – (Analista de Finanças e Controle – STN – EsAF – 2005)

A empresa Mersa S/A, em agosto de 2004, contratou operação de desconto de duplicatas no valor de R$150.000,00, com encargos iniciais de 4%. Em 15 de setembro o título venceu, mas o cliente não o quitou, tendo a empresa acertado a operação com o Banco, mantendo a duplicata em cobrança. Em 30 de setembro o cliente providenciou a quitação da letra no Banco, com juros de 6%.

Para registrar o evento de 30/09/2004 o Setor de Contabilidade da Mersa S/A efetuou o seguinte lançamento:

a) Diversos
   a Duplicatas Descontadas
   Bancos conta Movimento   R$150.000,00
   Juros Ativos   R$ 9.000,00   R$159.000,00

b) Duplicatas Descontadas
   a Diversos
   a Bancos conta Movimento   R$150.000,00
   a Juros Ativos   R$ 9.000,00   R$159.000,00

c) Bancos conta Movimento
   a Diversos
   a Duplicatas a Receber   R$150.000,00
   a Juros Ativos   R$ 9.000,00   R$159.000,00

d) Bancos conta Movimento
   a Diversos
   a Duplicatas Descontadas   R$150.000,00
   a Juros Ativos   R$ 9.000,00   R$159.000,00

e) Diversos
   a Diversos
   Duplicatas Descontadas   R$150.000,00
   Bancos conta Movimento   R$ 9.000,00   R$159.000,00
   a Duplicatas a Receber   R$150.000,00
   a Juros Ativos   R$ 9.000,00   R$159.000,00

Resolução e Comentários

- Empresa: Mersa S/A
- Desconto de duplicatas = R$150.000,00, com encargos iniciais de 4% (agosto de 2004).
- 15/setembro/2004: O título venceu, mas o cliente não o quitou, tendo a empresa acertado a operação com o Banco, mantendo a duplicata em cobrança.
- 30/setembro/2004: cliente providenciou a quitação da letra no Banco, com juros de 6%.
- Registro do evento de 30/09/2004 = ?

I – Remessa de Duplicatas para o Banco (em agosto de 2004):

(i) Cálculo dos Encargos: Juros Passivos = 4% x R$ 150.000,00 = R$ 6.000,00

(ii) Registro:

Diversos

a Duplicatas Descontadas (Passivo Circulante)

Banco Conta Movimento (Ativo Circulante) R$ 144.000,00

Juros Passivos (Despesa) R$ 6.000,00 R$ 150.000,00

II – Em 15/setembro/2004, o título venceu e o cliente não quitou a dívida.

De acordo com a questão, a empresa acertou a operação com o Banco e manteve a Duplicata em Cobrança. Logo, a empresa efetuou o seguinte lançamento para acerto com o Banco:

Duplicatas Descontadas (Passivo Circulante)

a Banco Conta Movimento (Ativo Circulante)

A partir daí, as duplicatas ficaram com o Banco para simples cobrança bancária.

III – 30/setembro/2004: Quitação da Duplicata pelo cliente com atraso →neste caso, as duplicatas estão em cobrança, ou seja, não são mais duplicatas descontadas. Logo, os juros por atraso no pagamento ficam para a empresa.

(i) Cálculo dos Encargos: Juros Ativos = 6% x R$ 150.000,00 = R$ 9.000,00

(ii) Lançamento:

Banco Conta Movimento (Ativo Circulante)

a Diversos

a Duplicatas a Receber (Ativo Circulante) R$ 150.000,00

a Juros Ativos (Receita) R$ 9.000,00 R$ 159.000,00

Gabarito – C

Questão 04 – (Analista – Contabilidade – IRB – EsAF – 2006)
A empresa Westímulo Ltda., credora de diversos títulos a receber, contratou um desconto bancário no valor de R$ 300.000,00 com encargos bancários de 6%, remetendo ao estabelecimento financeiro o respectivo *bordereaux* em 4 de setembro de 2005. Na remessa do *bordereaux*, além do lançamento nas contas de compensação, a empresa fez o seguinte lançamento (assinale o registro correto):

a) Bancos conta Movimento
    a Diversos
    a Duplicatas Descontadas   R$ 282.000,00
    a Encargos Bancários   R$ 18.000,00   R$ 300.000,00

b) Bancos conta Movimento
a Diversos
a Duplicatas a Receber   R$ 282.000,00
a Encargos Bancários   R$ 18.000,00   R$ 300.000,00
c) Diversos
a Duplicatas Descontadas
Bancos conta Movimento   R$ 300.000,00
Encargos Bancários   R$ 18.000,00   R$ 318.000,00
d) Diversos
a Duplicatas a Receber
Bancos conta Movimento   R$ 282.000,00
Encargos Bancários   R$ 18.000,00   R$ 300.000,00
e) Diversos
a Duplicatas Descontadas
Bancos conta Movimento   R$ 282.000,00
Encargos Bancários   R$ 18.000,00   R$ 300.000,00

Resolução e Comentários

Trata-se de uma operação de desconto de duplicatas.

Juros envolvidos na transação: 6% x R$ 300.000,00 =   R$ 18.000,00

Lançamento efetuado quando da operação de desconto:

D – Bancos Conta Movimento R$ 282.000,00
D – Juros Passivos a Transcorrer (retificadora do Passivo Circulante) R$ 18.000,00
C – Duplicatas Descontadas (Passivo Circulante) R$ 300.000,00

Gabarito – E

Questão 05 – (Auditor do Tesouro Municipal – Prefeitura do Recife – EsAF – 2003)

A empresa "Alfa Beta" S/A. contraiu um empréstimo para capital de giro, em 1º de dezembro de 2002, com vencimento para 31 de janeiro de 2003. As despesas financeiras somaram R$ 50,00, para todo o período, e foram pagas antecipadamente. Em 31 de dezembro de 2002, na ocasião do encerramento do exercício, qual será o valor que estará presente na conta de juros antecipados, considerando juros de 5% ao mês?

Valores em R$
a) Entre 25,00 e 28,00.
b) Entre 29,00 e 32,00.
c) Entre 33,00 e 36,00.
d) Entre 37,00 e 40,00.
e) Entre 41,00 e 43,00.

Resolução e Comentários

- O empréstimo foi contraído em 1º/12/2002, para pagamento em 31/01/2003.
- As despesas financeiras foram pagas antecipadamente.
- Já que não costumamos contar o primeiro dia e levamos em consideração o último dia da operação, então teremos o seguinte total de dias:

Dezembro/2002: 30 dias

Janeiro/2003: 31 dias

→ Total: 61 dias

Registros efetuados quando da obtenção do empréstimo:

D – Bancos Conta Movimento ou Caixa

C – Empréstimos R$ ... (não divulgado)

(e)

D – Juros Passivos a Transcorrer (retificadora do Passivo Circulante)

C – Bancos Conta Movimento ou Caixa R$ 50,00

Lançamento do reconhecimento dos juros efetivamente incorridos em dezembro/2002:

Juros: R$ 50,00 x (30/61) = R$ 24,59

D – Despesas Financeiras

C – Juros Passivos a Transcorrer R$ 24,59

Cálculo dos juros a serem incorridos em janeiro/2003:

Juros: R$ 50,00 x (31/61) = R$ 25,41

Gabarito – A

Questão 06 – (Contador – Prefeitura do Recife – EsAF – 2003)

Numa operação de tomada de empréstimo por uma empresa junto a um banco comercial, no valor de R$ 100.000,00, para pagamento após três meses, com desconto inicial de juros de R$ 10.000,00, o valor desse encargo financeiro deve ser lançado, no momento do registro do ingresso da importância líquida na conta Bancos conta Movimento, como

a) despesa do mês.

b) ativo diferido.

c) resultado de exercícios futuros.

d) juros a incorrer, retificando o passivo de empréstimo.

e) lucros acumulados.

Resolução e Comentários

Quando o empréstimo for obtido, teremos um lançamento da seguinte natureza:

D – Bancos Conta Movimento (AC)
D – Encargos Financeiros a Transcorrer (retificadora do PC)
C – Empréstimos (PC)

À medida que o período do empréstimo transcorrer, deverá ser periodicamente efetuado o seguinte lançamento:

D – Despesas Financeiras
C – Encargos Financeiros a Transcorrer

Gabarito – D

Questão 07 – (Analista Judiciário – Contabilidade – TST – CESPE/UnB – 2008)
Considere que uma empresa tenha efetuado aplicação financeira de R$ 500.000,00, em 1º/7/2007, com resgate em 3 meses. Considere ainda que essa aplicação estava sujeita a indexação e taxa de juros de 5% no período. Nessa situação, e sabendo-se que a variação do indexador foi de 2%, o lançamento correto de resgate, em 1º/10/2007, é o apresentado a seguir.

D – bancos   R$ 535.500,00
C – aplicações financeiras R$ 535.500,00

Resolução e Comentários

Juros do Período = 5% x R$ 500.000,00 = R$ 25.000,00

Indexação de 2% no período de 03 meses sobre o principal e os juros = 2% x R$ 500.000,00 + 2% x R$ 25.000,00 = R$ 10.500,00

Quando da aplicação:

D – Aplicações Financeiras – 535.500
C – Juros Ativos a Transcorrer / Juros Ativos a Apropriar (retificadora do Ativo Circulante) – 25.000
C – Indexação a Transcorrer / Indexação a Apropriar (retificadora do Ativo Circulante) – 10.500
C – Bancos Conta Movimento – 500.000

Registros em 01/10/2007:

D – Juros Ativos a Transcorrer / Juros Ativos a Apropriar   25.000
C – Receita de Juros / Receita Financeira   25.000

D – Indexação a Transcorrer / Indexação a Apropriar   10.500
C – Receita de Juros / Receita Financeira   10.500

Quando do resgate:

D – Bancos Conta Movimento   535.500
C – Aplicações Financeiras   535.500

Gabarito – Certo

Questão 08 – (Analista Judiciário – Área Administrativa – Contabilidade – TRT/2ª Região – FCC – 2008)

Uma companhia aplicou R$ 100.000,00 de suas disponibilidades na aquisição de um CDB (Certificado de Depósito Bancário) prefixado junto a uma instituição financeira, com resgate no prazo de 180 dias pelo valor de R$ 120.000,00. A alíquota do imposto de renda a ser retido pela instituição financeira sobre o rendimento obtido na operação é de 22,5%. Esse imposto é uma antecipação do imposto devido sobre a base de cálculo do imposto de renda da pessoa jurídica. Na data do vencimento do título, que ocorreu no mesmo exercício da data de aplicação, o crédito efetuado pela instituição financeira na conta corrente bancária da sociedade poderá ser registrado, em sua contabilidade, por meio do único lançamento:

a) D Investimentos Temporários   120.000,00
   C Bancos   100.000,00
   C Receitas Financeiras   15.500,00
   C IR Fonte a Recolher   4.500,00
b) D Bancos   120.000,00
   C Investimentos Temporários   100.000,00
   C Receitas Financeiras   15.500,00
   C IR Fonte a Recolher   4.500,00
c) D Investimentos Temporários   120.000,00
   C Bancos   100.000,00
   C Receitas Financeiras   15.500,00
   C IR Fonte a Recuperar   4.500,00
d) D Bancos   120.000,00
   C Investimentos Temporários   100.000,00
   C IR Fonte a Recolher   15.500,00
   C Receitas Financeiras   4.500,00

e) D Bancos 115.500,00
   D IR Fonte a Recuperar 4.500,00
   C Investimentos Temporários 100.000,00
   C Receitas Financeiras 20.000,00

Resolução e Comentários
Solução proposta pela Banca:

Quando da aplicação:

D – Investimentos Temporários R$ 100.000,00
C – Bancos Conta Movimento R$ 100.000,00

Quando do resgate do investimento:

IRRF a Recuperar = 22,5% x R$ 20.000,00 = R$ 4.500,00
Total recebido: R$ 100.000,00 + R$ 20.000,00 – R$ 4.500,00 = R$ 115.500,00
D – Bancos – 115.500,00
D – IR Fonte a Recuperar 4.500,00
C – Investimentos Temporários 100.000,00
C – Receitas Financeiras – 20.000,00
   Gabarito – E

Questão 09 – (Agente Fiscal de Tributos Municipais – Prefeitura de Teresina – PI – EsAF – 2001)
No dia 20 de março de 2001, a empresa Comercialite contratou um empréstimo bancário para reforço do capital de giro, no valor de R$ 36.000,00, líquido de juros, prazo de 8 meses. As despesas contratuais foram da ordem de 8%. Os juros cobrados foram de 5% ao mês, calculados sobre o valor líquido. Foi autorizado o débito automático em conta corrente do IOF de 2%, dos juros e das despesas. Examinando o Livro Diário da empresa, podemos observar o lançamento correto dessa transação, em 20/03/2001, na forma abaixo (encerramento do exercício: 31/12):
a) Bancos c/ Movimento
   a Empréstimos a Pagar R$ 36.000,00
b) Diversos
   a Empréstimos a Pagar
   Bancos c/ Movimento R$ 32.400,00
   Despesas Bancárias Contratuais R$ 2.880,00
   Despesas / IOF R$ 720,00 R$ 36.000,00

c) Diversos
   a Empréstimos a Pagar
   Bancos c/ Movimento   R$ 36.000,00
   Despesas Bancárias   R$ 3.600,00   R$ 39.600,00
d) Diversos
   a Empréstimos a Pagar
   Bancos c/ Movimento   R$ 36.000,00
   Juros Passivos s/ Empréstimos R$ 14.400,00   R$ 50.400,00
e) Diversos
   a Empréstimos a Pagar
   Bancos c / Movimento   R$ 32.400,00
   Juros Passivos s/Empréstimos R$ 14.400,00
   Despesas Bancárias Contratuais R$ 2.880,00
   Despesas / IOF R$ 720,00   R$ 50.400,00

Resolução e Comentários
- Empréstimo obtido em 20/março/2001
- Valor contratado, líquido dos juros: R$ 36.000,00
- Os juros, neste caso, são pós-fixados.
- Despesas contratuais: 8% x R$ 36.000,00 = R$ 2.880,00
- IOF de 2% sobre o valor do empréstimo: 2% x R$ 36.000,00 = R$ 720,00

Os juros devem ser lançados à medida que o tempo transcorre, de acordo com o regime de competência.

Lançamento de registro do empréstimo:

D – Bancos Conta Movimento   R$ 32.400,00
D – Despesas Contratuais   R$ 2.880,00
D – Encargos com IOF   R$ 720,00
C – Empréstimos   R$ 36.000,00

Gabarito – B

Questão 10 – (Auditor Fiscal da Receita Federal – EsAF – 2003)
I. A Cia. Boa Vista, companhia atuante no mercado imobiliário, em 20.10.20x1 faz uma aplicação financeira em Títulos e Valores Mobiliários de R$ 500.000, resgatável em 180 dias pelo valor de R$ 590.000, com Imposto de Renda Retido na Fonte de 10%;
II. O imposto retido é compensável com o Imposto de Renda devido sobre o lucro apurado no período fiscal;

III. O período contábil da empresa, estabelecido em seu estatuto, abrange o intervalo de tempo entre 01.01 a 31.12 de cada ano.

O valor a ser incorporado como custo de aquisição da operação é

a) R$ 590.000.
b) R$ 536.000.
c) R$ 534.000.
d) R$ 530.000.
e) R$ 500.000.

Resolução e Comentários

Quando a operação é efetuada, os seguintes registros contábeis são realizados:

D – Aplicações Financeiras (AC)   R$ 590.000,00
C – Receitas Financeiras a Vencer (Retificadora do AC) – R$ 90.000,00
C – Bancos Conta Movimento   R$ 500.000,00

Se, imediatamente após a realização da aplicação financeira, fosse elaborado um Balanço Patrimonial, teríamos a seguinte apresentação dele constante:

Aplicações Financeiras   R$ 590.000,00
(-) Receitas Financeiras a Vencer   (R$ 90.000,00)
(=) Valor Contábil   R$ 500.000,00

Gabarito – E

Questão 11 – (Analista de Nível Superior – Contabilidade – CMB – CESGRANRIO – 2005 – Adaptada)

Uma empresa comercial aplicou R$ 10.000,00 no dia 1º de dezembro de 2003 num Certificado de Depósito Bancário – CDB, com taxa prefixada de 9% e prazo de 18 meses, com o resgate programado para o dia 31 de maio de 2005. Seguindo as determinações da legislação societária, no balanço patrimonial do exercício encerrado em 31 de dezembro de 2003, a aplicação no CDB deverá ser apresentada pela empresa comercial:

a) integralmente no Ativo Circulante, com saldo líquido de R$ 10.900,00.
b) integralmente no Ativo Não Circulante – Ativo Realizável a Longo Prazo, com saldo líquido de R$ 10.050,00.
c) integralmente no Ativo Não Circulante – Ativo Realizável a Longo Prazo, com saldo líquido de R$ 10.900,00.
d) parte no Ativo Circulante e parte no Ativo Não Circulante – Ativo Realizável a Longo Prazo, com saldo total líquido de R$ 10.050,00.
e) parte no Ativo Circulante e parte no Ativo Não Circulante – Ativo Realizável a Longo Prazo, com saldo total líquido de R$ 10.900,00.

Resolução e Comentários
- Valor dos juros prefixados: 9% x R$ 10.000,00 = R$ 900,00
- Prazo de aplicação: 18 meses

Quando a aplicação financeira é realizada, o seguinte lançamento é efetuado:

D – Aplicações Financeiras   R$ 10.900,00
C – Juros Ativos a Vencer   R$ 900,00
C – Bancos Conta Movimento   R$ 10.000,00

Os juros são reconhecidos via regime de competência. Portanto, em dezembro de 2003 a apropriação dos juros ocorre da seguinte forma:

D – Juros Ativos a Vencer
C – Juros Ativos R$ 50,00 (R$ 900,00 em 18 meses, de acordo com o enunciado)

Conforme solicitado, ao elaborarmos o Balanço Patrimonial da empresa comercial em 2003, teremos:

Balanço Patrimonial
Ativo
Ativo Não Circulante Ativo Realizável a Longo Prazo
Aplicações Financeiras   R$ 10.900,00
(-) Juros Ativos a Vencer   (R$ 850,00)
(=) Valor Contábil   *R$ 10.050,00*
Gabarito – B

Questão 12 – **(Fiscal de Rendas – RJ – FGV – 2009)**
O contador da Cia. Quartzo Rosa incorreu em um erro no reconhecimento da apropriação da receita de juros sobre o investimento em debêntures, deixando de contabilizar a receita de juros no ano corrente.
Antes que qualquer ajuste seja efetuado, esse erro gera o seguinte efeito no patrimônio da empresa:
a) subavalição do ativo, do lucro líquido e do patrimônio líquido.
b) subavaliação do passivo, do patrimônio líquido e do lucro líquido.
c) superavaliação do ativo, do lucro líquido e do patrimônio líquido.
d) superavaliação do passivo, do patrimônio líquido e do lucro líquido.
e) subavaliação do ativo e do resultado e superavaliação do patrimônio líquido.

Resolução e Comentários

O erro traz uma subavaliação no ativo, no lucro líquido e no patrimônio líquido, visto que a apropriação da receita de juros sobre o investimento traria um aumento no ativo, lucro líquido e patrimônio líquido.

Gabarito – A

Questão 13 – (Técnico de Contabilidade – Petrobras – CESGRANRIO – 2006)

Uma empresa obteve, em 15 nov. 2005, um empréstimo no valor de R$ 100.000,00, por 50 dias, pagando antecipadamente juros de R$ 5.000,00. O valor da despesa relativa a essa operação, apropriado na apuração do resultado de 31 dez. 2005, em reais, foi:

a) 5.000,00.
b) 4.600,00.
c) 4.300,00.
d) 4.200,00.
e) 4.000,00.

Resolução e Comentários

Quanto à apropriação dos juros, o primeiro dia não costuma ser levado em consideração e leva-se em consideração o último dia da operação.

O empréstimo foi efetuado em 15/nov/2005. Logo:

- Novembro/2005: 15 dias (16 a 30 nov)
- Dezembro/2005: 31 dias (01 a 31 dez)

Isto nos dá um total de 46 dias de empréstimo.

Apropriação dos juros: R$ 5.000,00 x (46 / 50) = R$ 4.600,00

Gabarito – B

Questão 14 – (Técnico de Contabilidade Júnior – Petrobras – CESGRANRIO – 2010)

A empresa Mariola Ltda. contraiu um empréstimo em 01/Julho/2009, a ser liberado em 2 (duas) parcelas trimestrais, nas seguintes condições:

- 01/julho/2009 R$ 12.000,00
- 01/outubro/2009 R$ 14.400,00
- Vencimento do empréstimo – 30/dezembro/2009
- Juros simples de 25% ao ano, sobre o principal, a serem pagos com o principal no vencimento do empréstimo

Adotando o ano comercial (360 dias), nos cálculos, o valor devido pela Mariola em 30/out/2009, em reais, é

a) 12.000,00.
b) 26.400,00.
c) 27.400,00.
d) 27.700,00.
e) 28.600,00.

Resolução e Comentários
- Data do empréstimo: 01/07/2009
- Empréstimo liberado em duas parcelas trimestrais: julho e outubro
- Juros simples de 25% ao ano ou "25%/12" ao mês

A questão pede o valor devido em 30/10/2009. Quando estivermos em 30/10/2009, a primeira parcela do empréstimo já terá sido utilizada por 04 meses; por outro lado, a segunda parcela do empréstimo terá sido utilizada por apenas 01 mês. Logo:
Cálculo do valor total devido:
V_1 = R$ 12.000,00 x [1 + (25%/12) x 4] = R$ 12.000,00 + R$ 1.000,00 = R$ 13.000,00
V_2 = R$ 14.400,00 x [1 + (25%/12) x 1] = R$ 14.400,00 + R$ 300,00 = R$ 14.700,00
→ Valor devido em 30/10/2009: R$ 13.000,00 + R$ 14.700,00 = R$ 27.700,00

Gabarito – D

Questão 15 – (Técnico de Contabilidade Júnior – Petrobras – CESGRANRIO – 2010)
Analise o lançamento a seguir, sem os elementos Data, Histórico e Valor.
D: Banco Conta Movimento
D: Imposto de Renda Retido na Fonte
C: Aplicação Financeira
C: Receita Financeira
O registro contábil acima indica que a Empresa fez uma operação financeira com retenção de imposto de renda na fonte e crédito em conta corrente bancária, decorrente de
a) venda de duplicata a receber.
b) aplicação financeira com juros prefixados.
c) recebimento de juros de aplicação financeira.
d) capitalização de juros da aplicação feita no mês anterior.
e) resgate de aplicação financeira feita no próprio mês.

Resolução e Comentários

Quando uma aplicação financeira é realizada, efetuamos os seguintes registros contábeis:

D – Aplicações Financeiras
C – Bancos Conta Movimento

Ao efetuarmos o resgate da aplicação financeira, uma parcela dos rendimentos é recolhida na forma de Imposto de Renda Retido na Fonte. Costumamos, ainda, registrar o efetivo ganho financeiro obtido na operação. Em consequência disto, os seguintes registros costumam ser efetuados:

D – Bancos Conta Movimento
D – Imposto de Renda Retido na Fonte
C – Aplicações Financeiras
C – Receitas Financeiras
Gabarito – E

Questão 16 – (Técnico da Receita Federal – EsAF – 2006)
Ao contratar um empréstimo no Banco do Brasil para reforço de capital de giro, a empresa Tomadora S/A contabilizou:
– débito de Bancos c/Movimento R$ 500,00
– crédito de Empréstimos Bancários R$ 500,00
– crédito de Juros Passivos R$ 40,00
Para corrigir esse lançamento em um único registro a empresa deverá contabilizar:

a) débito de Bancos c/Movimento R$ 500,00
débito de Juros Passivos R$ 40,00
crédito de Empréstimos Bancários R$ 540,00
b) débito de Bancos c/Movimento R$ 460,00
débito de Juros Passivos R$ 40,00
crédito de Empréstimos Bancários R$ 500,00
c) débito de Bancos c/Movimento R$ 540,00
crédito de Empréstimos Bancários R$ 500,00
crédito de Juros Ativos R$ 40,00
d) débito de Juros Passivos R$ 40,00
crédito de Bancos c/Movimento R$ 40,00
e) débito de Juros Passivos R$ 80,00
crédito de Bancos c/Movimento R$ 40,00

Resolução e Comentários

O lançamento errado gerou a seguinte posição na forma de razonetes:

Bancos Conta Movimento
500 |

Juros Passivos
40

Empréstimos Bancários
500

O lançamento correto deveria ter sido este:

Bancos Conta Movimento	
500	
460	

Juros Passivos	
	40
40	

Empréstimos Bancários	
	500
	500

Então, o lançamento necessário para que os saldos fiquem corretos é:

D – Juros Passivos   R$ 80,00
C – Bancos Conta Movimento   R$ 40,00

Com este lançamento, os razonetes foram ajustados:

```
           Bancos Conta Movimento
              500  |
                   |  40
              ─────┼─────
              460  |

              Juros Passivos
                   |  40
               80  |
              ─────┼─────
               40  |

              Empréstimos Bancários
                   |  500
                   |
                   |  50
```

Gabarito – E

Questão 17 – (Analista Legislativo – Contabilidade – Câmara Municipal de São Paulo – Vunesp – 2007)

Em 29/11/19X1 a empresa HDY Comercial Ltda. obteve um empréstimo para capital de giro no valor de $ 20.000,00, com vencimento para 28/01/19X2 no valor total de $ 23.000,00. Considerando que os juros referem-se ao período de 30/11/19X1 a 28/01/19X2, o valor dos encargos financeiros a ser apropriado no ano 19X2 é de

a) $ 1.350,00.
b) $ 1.400,00.
c) $ 1.550,00.
d) $ 1.600,00.
e) $ 3.000,00.

Resolução e Comentários

- Empréstimo: R$ 20.000,00
- Período do empréstimo: 29/11/X1 a 28/01/X2
- Juros do período de empréstimo: R$ 3.000,00

Quanto à apropriação dos juros, o primeiro dia não costuma ser levado em consideração e leva-se em consideração o último dia da operação.

O empréstimo foi efetuado em 29/11/X1. Logo:

- Novembro/X1: 01 dia (30 nov)
- Dezembro/X1: 31 dias (01 a 31 dez)
- Janeiro/X2: 28 dias (01 a 28 jan)

Isto nos dá um total de 60 dias de empréstimo.

Apropriação dos juros para X2: R$ 3.000,00 x (28 / 60) = R$ 1.400,00

Gabarito – B

Questão 18 – (Técnico de Suporte – Contabilidade – CMB – CESGRANRIO – 2009 – Adaptada)

A Cia. Europa S/A contraiu uma dívida no valor de R$ 250.000,00, em 02/10/2008, comprometendo-se a pagar R$ 270.000,00 em 30/01/2009, data em que pagou R$ 30.000,00 correspondentes à 1ª das três parcelas iguais relativas ao seguro contra incêndio e lucros cessantes da empresa, com vigência para o período 1º/01/2009 a 31/12/2009.

Considerando a legislação contábil em vigor e a boa prática contábil, os valores apropriados como despesa de juros e despesa de seguros, na demonstração do resultado de exercício, elaborada em 31/12/2008, foram, respectivamente, em reais, de:

a) 5.000,00 e 30.000,00.
b) 10.000,00 e 30.000,00.
c) 15.000,00 e zero.
d) 20.000,00 e 60.000,00.
e) 20.000,00 e 120.000,00.

Resolução e Comentários

- Empréstimo: R$ 250.000,00
- Período do empréstimo: 02/10/2008 a 30/01/2009
- Juros do período de empréstimo: R$ 20.000,00

Quanto à apropriação dos juros, o primeiro dia não costuma ser levado em consideração e leva-se em consideração o último dia da operação.

O empréstimo foi efetuado em 02/10/2008. Logo:

- Outubro/2008: 29 dias (03 a 31 out)
- Novembro/2008: 30 dias (01 a 30 nov)
- Dezembro/2008: 31 dias (01 a 31 dez)
- Janeiro/2009: 30 dias (01 a 30 jan)

Isto nos dá um total de 120 dias de empréstimo.

Apropriação dos juros para 2008: R$ 20.000,00 x (90 / 120) = R$ 15.000,00

A vigência do seguro compreende o ano de 2009. Portanto, nada há a ser registrado em 2008.

Gabarito – C

Questão 19 – (Contador Júnior – Petrobras: Biocombustível – CESGRANRIO – 2010)
A Comercial de Máquinas Pesadas S.A. vendeu uma máquina nas seguintes condições: entrada R$ 500.000,00 e mais duas parcelas anuais iguais e sucessivas no valor de R$ 968.000,00 cada uma. Admita a inexistência de impostos e que a taxa de juros para a empresa, na data da venda, seja de 10% ao ano. O valor da receita de venda da máquina a ser contabilizado no ato da venda, em reais, é
a) 500.000,00.
b) 1.468.000,00.
c) 2.180.000,00.
d) 2.268.000,00.
e) 2.436.000,00.

Resolução e Comentários

Quando tratamos de JUROS COMPOSTOS, o que foi nesta questão considerado, sabemos que:

$$\text{Valor Futuro} = \text{Valor Presente} \times (1 + i)^n,$$

onde "i" é a taxa de juros e "n" é o número de períodos de incidência da referida taxa.

Neste caso, como o que se deseja é saber o valor da receita no ato da venda, temos que trazer todos os valores futuros a valor presente. Portanto:

Valor Presente = Valor Futuro / $(1 + i)^n$

→ Valor Presente = [500.000,00 / $(1 + 0,10)^0$] + [968.000,00 / $(1 + 0,10)^1$] + [968.000,00 / $(1 + 0,10)^2$] = 2.180.000,00

Gabarito – C

Questão 20 – (Auditor Júnior – Petrobras – CESGRANRIO – 2010)
Um investidor aplicou a quantia de R$ 20.000,00 a uma taxa de 3% ao mês, por um período de 60 dias. Considerando que a aplicação foi realizada com capitalização composta mensal, no final do período o investidor acumulará, em reais, um valor bruto de
a) 21.218,00.
b) 21.320,00.
c) 22.208,00.
d) 23.620,00.
e) 24.310,00.

Resolução e Comentários

Quando tratamos de JUROS COMPOSTOS, sabemos que:

$$\text{Valor Futuro} = \text{Valor Presente} \times (1 + i)^n,$$

onde "i" é a taxa de juros e "n" é o número de períodos de incidência da referida taxa.

60 dias → 2 meses

→ Valor Futuro = Valor Presente x $(1 + 0,03)^2$ = 20.000,00 x $(1 + 0,03)^2$ = 21.218,00

Gabarito – A

Questão 21 – (Contador – Companhia Docas do Estado da Bahia – FGV – 2010)
A Cia. V obtém um empréstimo de um banco no exterior no valor de US$ 20,000, para pagamento em dez anos, com incorrência de juros mensais. Os juros têm carência de um ano. Qual é o tratamento contábil para reconhecimento dos juros?
a) Os juros devem ser contabilizados quando houver variação do dólar.
b) Os juros devem ser contabilizados a cada mês.
c) Os juros devem ser contabilizados mensalmente, a partir do primeiro pagamento.
d) Os juros devem ser contabilizados ao final dos dez anos.
e) Os juros devem ser contabilizados a cada ano, no momento de apuração do resultado.

Resolução e Comentários

Os juros devem ser reconhecidos de acordo com o regime de competência. À medida que ocorre o fato gerador do reconhecimento dos juros, tais juros são reconhecidos. Se os juros têm incidência mensal, então devem ser mensalmente registrados.

Gabarito – B

Questão 22 – (Técnico de Contabilidade Júnior – Petrobras – CESGRANRIO – 2011)
A empresa Vem Demais Comércio Ltda. vendeu mercadorias para um cliente, em 01/12/2010, com prazo de recebimento de 90 dias, emitindo a nota fiscal no valor total de R$ 10.000,00, que inclui o valor dos encargos financeiros calculados pelo método dos juros compostos, à base de 3% ao mês. Sem considerar quaisquer impostos ou outros dados envolvidos na operação, o registro contábil da venda a ser feito será:
a) D – Duplicatas a Receber de Clientes (Ativo Circulante) R$ 10.000,00
   C – Receita de Vendas   R$ 10.000,00
b) D – Duplicatas a Receber de Clientes (Ativo Circulante) R$ 10.000,00
   C – Receita de Vendas   R$ 9.100,00
   C – Receitas Financeiras   R$ 900,00
c) D – Duplicatas a Receber de Clientes (Ativo Circulante) R$ 10.000,00
   C – Receita de Vendas   R$ 9.151,42
   C – Receitas Financeiras   R$ 848,58

d) D – Duplicatas a Receber de Clientes (Ativo Circulante) R$ 9.151,42
   D – Duplicatas a Receber de Clientes (Ativo Realizável a Longo Prazo) R$ 848,58
   C – Receita de Vendas   R$ 9.151,42
   C – Receitas Financeiras   R$ 848,58
e) D – Duplicatas a Receber de Clientes (Ativo Circulante) R$ 9.100,00
   D – Duplicatas a Receber de Clientes (Ativo Realizável a Longo Prazo) R$ 900,00
   C – Receita de Vendas   R$ 9.100,00
   C – Receitas Financeiras   R$ 900,00

Resolução e Comentários

Quando tratamos de JUROS COMPOSTOS, sabemos que:

$$\text{Valor Futuro} = \text{Valor Presente} \times (1 + i)^n,$$

onde "i" é a taxa de juros e "n" é o número de períodos de incidência da referida taxa.

90 dias → 3 meses

Neste caso, como o que se deseja é saber o valor da receita no ato da venda, temos que trazer todos os valores futuros a valor presente. Portanto:

Valor Presente = Valor Futuro / $(1 + i)^n$

→ Valor Presente da Receita de Vendas = $10.000,00 / (1 + 0,03)^3 = 9.151,42$

→ Juros a apropriar conforme o regime de competência: R$ 10.000,00 – R$ 9.151,42 = R$ 848,58

Lançamento a ser efetuado:

D – Duplicatas a Receber de Clientes (Ativo Circulante) R$ 10.000,00
C – Receita de Vendas R$ 9.151,42
C – Receitas Financeiras **a Apropriar** R$ 848,58

A conta Receitas Financeiras a Apropriar é retificadora da conta Duplicatas a Receber de Clientes. À medida que o tempo transcorre e ocorre o fato gerador dos juros, estes passam à condição de receitas financeiras propriamente ditas, de acordo com o seguinte registro mensal:

D – Receitas Financeiras a Apropriar
C – Receitas Financeiras

A banca, equivocadamente, registrou como receitas financeiras imediatamente reconhecidas, algo com o qual não concordamos.

Gabarito – C

Questão 23 (Perito Criminal – Contabilidade – Polícia Civil SP – VUNESP/2014)
Foi investido em 16/09/2013 a importância de R$ 400 em uma aplicação financeira remunerada a uma taxa de juros simples de 57,60% ao ano e o resgate estava previsto para ocorrer em 31/12/2013. Considere para efeito de cálculo que os meses são de 30 dias. Assim sendo, é correto afirmar que o valor total resgatado foi de:
a) R$ 457,60;
b) R$ 467,20;
c) R$ 419,20;
d) R$ 476,80;
e) R$ 630,40.

Resolução e Comentários
* Juros simples
* Cada mês com 30 dias
* Taxa de juros: 57,60% a.a. = 4,80% ao mês

Quantidade de dias da aplicação financeira:

* Setembro: 14 dias (costumamos não considerar o primeiro dia)
* Outubro: 30 dias
* Novembro: 30 dias
* Dezembro: 31 dias (costumamos considerar o último dia)
Total: 105 dias = 3,5 meses

Percentual de juros a aplicar: 3,5 meses x 4,8% ao mês = 16,8%

Valor dos juros: R$ 400,00 x 16,8% = R$ 67,20
Valor total do resgate: R$ 400,00 + R$ 67,20 = R$ 467,20
Gabarito – B

Questão 24 (Técnico de Contabilidade – COMPESA – FGV/2014)
Em 31/12/2003, uma empresa obteve um empréstimo em dólar com data de vencimento em 31/12/2006. A empresa projetava que, nesta data, o dólar estaria cotado a R$ 2,70, enquanto, na data de obtenção do empréstimo, o dólar estava cotado a R$ 2,30.
Em 31/12/2004, a cotação do dólar era R$ 2,40, e em 31/12/2005, R$ 2,50.
O procedimento da empresa, no balanço patrimonial de 31/12/2004 deve ser o de:
a) considerar a cotação de R$ 2,30, mantendo a cotação na data de obtenção do empréstimo;
b) considerar a cotação de R$ 2,50, que é quando o passivo irá se transformar em circulante;
c) considerar a cotação de R$ 2,70, que representa a taxa projetada;
d) contabilizar um ajuste de avaliação patrimonial;
e) considerar a cotação de R$ 2,40, que é a cotação na data final do balanço.

Resolução e Comentários

O empréstimo deve estar atualizado na contabilidade da empresa.

Se, inicialmente, o dólar estava cotado a R$ 2,30 e, em 31/12/2004, passou a R$ 2,40, então ocorreu uma variação cambial passiva, que deverá estar contabilmente registrada. Logo, deve ser considerada a cotação do dólar em R$ 2,40 na data final do balanço de 2004.

Gabarito – E

Questão 25 (Auditor-Fiscal da Receita Estadual – SEFAZ/RS – FUNDATEC/2014)
A Companhia Rio Amazonas contratou uma dívida de US$ 100.000,00, quando a taxa era de R$ 2,00 por dólar norte-americano. No encerramento do balanço, a cotação do dólar norte-americano estava em R$ 3,00. Essa variação será contabilizada como:
a) juros ativos;
b) variações monetárias ativas;
c) variações cambiais passivas;
d) juros ativos diferidos;
e) juros passivos diferidos.

Resolução e Comentários
* Quando da obtenção do empréstimo:

US$ 1,00 = R$ 2,00

Empréstimo: US$ 100.000,00 x (R$ 2,00/US$ 1,00) = R$ 200.000,00

D – Disponibilidades
C – Empréstimos (moeda estrangeira) R$ 200.000,00

* Quando do encerramento do exercício:

US$ 1,00 = R$ 3,00

O real sofreu desvalorização, aumentando a dívida.

Empréstimo atualizado: US$ 100.000,00 x (R$ 3,00/US$ 1,00) = R$ 300.000,00

D – Variações Cambiais Passivas
C – Empréstimos (moeda estrangeira) R$ 100.000,00
Gabarito – C

Questão 26 (Agente de Defensoria Pública – Contador – DPESP – FCC/2015)
No dia 31/12/2013 a empresa *Brinquedos Inocentes S.A.* realizou vendas de mercadorias no valor total de R$ 1.050.000,00, sendo que R$ 500.000,00 foram vendidos à vista e o saldo remanescente para recebimento em 31/12/2014. Na data da venda a empresa estava praticando a taxa de juros de 10% ao ano nas suas vendas a prazo.

Exclusivamente em relação às vendas efetuadas em 31/12/2013, a empresa deveria reconhecer:
a) Receita de Vendas no valor de R$ 1.050.000,00 no resultado do ano de 2013;
b) Receita de Vendas no valor de R$ 500.000,00 no resultado do ano de 2013 e Receita de Vendas no valor de R$ 550.000,00 no resultado do ano de 2014;
c) Receita de Vendas no valor de R$ 1.000.000,00 no resultado do ano de 2013 e Receita Financeira no valor de R$ 50.000,00 no resultado do ano de 2014;
d) Receita de Vendas no valor de R$ 525.000,00 no resultado do ano de 2013 e Receita de Vendas no valor de R$ 525.000,00 no resultado do ano de 2014;
e) Receita de Vendas no valor de R$ 1.000.000,00 no resultado do ano de 2013 e Receita Financeira no valor de R$ 50.000,00 no resultado do ano de 2013.

Resolução e Comentários

Vendas efetuadas em 31/12/2013

Valor total das vendas: R$ 1.050.000,00

Vendas à vista: R$ 500.000,00

Vendas para recebimento em 31/12/2014: R$ 550.000,00

Taxa de juros anual: 10%

Os juros devem ser reconhecidos conforme transcurso do tempo.

R$ 550.000,00 = 1,10 x R$ 500.000,00

Juros embutidos na transação: R$ 50.000,00

Registros inicialmente efetuados:

D – Caixa ou Bancos Conta Movimento – R$ 500.000,00

D – Clientes – R$ 550.000,00

C – Receita de Juros a Apropriar – R$ 50.000,00

C – Receita de Vendas – R$ 1.000.000,00

Ao longo de 2014, mensalmente serão efetuados os seguintes registros:

D – Receita de Juros a Apropriar
C – Receitas Financeiras ou Receitas de Juros
Gabarito – C

CAPÍTULO 10

Operações com Folha de Pagamento de Salários

10.1. AS OPERAÇÕES COM FOLHAS DE PAGAMENTO DE SALÁRIOS – CONSIDERAÇÕES INICIAIS

Qualquer entidade, seja do tipo societário que for, tenha ela fins lucrativos ou não, *deverá elaborar folha de pagamento da remuneração paga, devida ou creditada a todos os segurados a seu serviço, devendo manter, em cada estabelecimento, uma via da respectiva folha e recibos de pagamentos.*

A ***remuneração*** é definida como a soma daquilo que o empregado recebe a título de salário, gorjetas e outros benefícios, se houver. Compreendem-se na ***remuneração bruta*** do empregado, para todos os efeitos legais, além do salário devido e pago diretamente pelo empregador, como contraprestação do serviço, as gorjetas que receber.

Exemplo

Constituem a ***remuneração bruta*** de um empregado:
- Salário básico (piso salarial da categoria);
- Horas extras;
- Adicionais diversos;
- Gratificações;
- Férias;
- Décimo terceiro salário; e
- Outros itens afins.

Trataremos, agora dos descontos constantes da folha de pagamento de salários.

De uma folha de pagamento de salários, serão deduzidas dos empregados todas as parcelas que sejam de suas responsabilidades. Tais parcelas deverão ser retidas pelo empregador, que as repassará a seus respectivos beneficiários. Também são deduzidas da folha de pagamento de salários parcelas que representam reembolso para o empregador.

Exemplo

Constituem exemplos de parcelas de responsabilidade dos empregados a serem deduzidas das folhas de pagamento de salários:
- Previdência social (*parcela do empregado*);
- Previdência privada;
- Imposto de Renda Retido na Fonte (IRRF);
- Contribuição sindical;
- Pensão alimentícia;
- Plano de saúde etc.

Constituem exemplos de parcelas que representam reembolso para o empregador:
- Adiantamentos de salários;
- Vale-Transporte;
- Vale-Refeição etc.

São descontos incidentes sobre a remuneração dos empregados, descritos na folha de pagamento de salários:

- ***Adiantamentos de Salário***

Existe em nosso país o costume de o empregador adiantar uma parcela do salário devido a seus funcionários. Correspondem, também, aos "vales". Quando ocorre o fechamento da folha de pagamento de salários, tais valores são deduzidos.

Exemplo

Quando ocorre o adiantamento salarial, digamos de R$ 100,00, registramos:
D – Adiantamentos de Salários (AC) ou Adiantamentos a Empregados (AC)
C – Caixa ou Bancos Conta Movimento 100,00

Quando é efetuado o reconhecimento do salário mensal, no final do mês, em valor igual a R$ 1.000,00, tem-se:
D – Despesas com Salários
C – Salários a Pagar 1.000,00

No momento do pagamento do salário devido, tendo em vista o adiantamento anteriormente recebido, registra-se:
D – Salários a Pagar – 1.000,00
C – Adiantamentos a Empregados – 100,00
C – Caixa ou Bancos Conta Movimento – 900,00

- **Contribuição Previdenciária**

Os empregados são parcela responsável pelo custeio da previdência social oficial. As entidades retêm as contribuições previdenciárias de seus funcionários e as repassam para a Previdência Social.

A contribuição previdenciária do empregado é calculada aplicando-se uma alíquota, de maneira não cumulativa, sobre o seu salário de contribuição, de acordo com a seguinte tabela:

Tabela para Empregado, Empregado Doméstico e Trabalhador Avulso	
Salário-de-Contribuição (R$)	Alíquota (%)
Até R$ 1.556,94	8
De R$ 1.556,95 a R$ 2.594,92	9
De R$ 2.594,93 até R$ 5.189,82	11

Tabela para Contribuinte Individual e Facultativo		
Salário-de-Contribuição (R$)	Alíquota (%)	Valor
R$ 880,00	5% (não dá direito a Aposentadoria por Tempo de Contribuição e Certidão de Tempo de Contribuição)*	R$ 44,00
R$ 880,00	11% (não dá direito a Aposentadoria por Tempo de Contribuição e Certidão de Tempo de Contribuição)**	R$ 96,80
R$ 880,00 até R$ 5.189,82	20	Entre R$ 176,00 (salário-mínimo) e R$ 1.037,96 (teto)

*Alíquota exclusiva do Microempreendedor Individual e do Facultativo Baixa Renda.
**Alíquota exclusiva do Plano Simplificado de Previdência.

Os valores das tabelas foram extraídos da Portaria Interministerial MTPS/MF nº 1, de 08 de janeiro de 2016, e terão aplicação sobre as remunerações a partir de 1º de janeiro de 2016.

> Convém ser ressaltado que a presente tabela é apenas *informativa* para fins contábeis, não havendo necessidade de memorizá-la!

Existe, também, a contribuição previdenciária patronal, que representa a parcela de contribuição das entidades à previdência social oficial.

- **Imposto de Renda Retido na Fonte**

O pagamento salarial gera desconto de Imposto de Renda (IR) para alguns empregados, que ganham a partir de certo valor. Existem alíquotas definidas para este fim, que são aplicadas sobre todos os itens componentes do salário. Observe que, além da alíquota a aplicar sobre o salário, pode existir uma parcela a deduzir do IR.

TABELA DO IR

A partir do mês de abril do ano-calendário de 2015:

Base de cálculo (R$)	Alíquota (%)	Parcela a deduzir do IRPF (R$)
Até 1.903,98	–	–
De 1.903,99 até 2.826,65	7,5	142,80
De 2.826,66 até 3.751,05	15	354,80
De 3.751,06 até 4.664,68	22,5	636,13
Acima de 4.664,68	27,5	869,36

Para o ano-calendário de 2015, até o mês de março:

Base de cálculo (R$)	Alíquota (%)	Parcela a deduzir do IRPF (R$)
Até 1.787,77	–	–
De 1.787,78 até 2.679,29	7,5	134,08
De 2.679,30 até 3.572,43	15	335,03
De 3.572,44 até 4.463,81	22,5	602,96
Acima de 4.463,81	27,5	826,15

Dedução mensal por dependente

Ano-calendário	Quantia a deduzir por dependente (R$)
2015 (a partir do mês de abril) e posteriores	189,59
2015 (até o mês de março)	179,71

> Convém ser ressaltado que a presente tabela é apenas *informativa* para fins contábeis, não havendo necessidade de memorizá-la!

As entidades retêm o valor do Imposto de Renda na Fonte de seus funcionários e o repassa para o Governo.

- *Vale-Transporte*

Quando o vale-transporte é concedido, uma parte é custeada pelo empregador e outra pelo empregado, ocorrendo o que se segue:
- A parcela correspondente a até 6% do salário básico do *empregado* é custeada por *este*, excluindo-se, para este fim, os demais adicionais;
- A parcela correspondente à diferença entre o valor total do benefício e o valor custeado pelo empregado deve ser custeada pelo *empregador*.

Exemplo
- Salário do empregado = R$ 600,00
- Vales-Transporte concedidos: 76 unidades
- Valor de cada vale-transporte: R$ 2,00

6% x R$ 600,00 = R$ 36,00
76 unidades x R$ 2,00/unidade = R$ 152,00
Desconto do empregado = R$ 36,00
Valor custeado pelo empregador = R$ 152,00 − R$ 36,00 = R$ 116,00

10.2. Estudo de Caso sobre Folha de Pagamento de Salários

Ao final de cada mês, as entidades devem provisionar suas respectivas folhas de pagamento de salários de acordo com o regime de competência. Regra geral, os salários e seus encargos são reconhecidos no mês em que ocorrem seus respectivos fatos geradores e os pagamentos/recolhimentos porventura necessários são efetuados no mês seguinte.

Algo muito cobrado em Concursos Públicos é definir quais são os **encargos trabalhistas para o empregador**. Podemos citar como encargos trabalhistas para o empregador, dentre outros:
- Remuneração bruta;
- Previdência social − parcela patronal;
- Fundo de Garantia do Tempo de Serviço − FGTS;

- O valor do vale-transporte que excede a parcela do empregado;
- Vale-Refeição – parcela do empregador;
- Plano de saúde – parcela do empregador;
- Plano de previdência privada – parcela do empregador etc.

Benefícios previdenciários pagos pelo empregador ao empregado, tais como o salário-família e o salário-maternidade, são deduzidos dos valores a serem recolhidos à Previdência Social

Mostraremos, agora, um estudo de caso referente ao provisionamento de uma folha de pagamento de salários e seus encargos sociais. As questões de Concursos Públicos costumam cobrar o que iremos apresentar a partir deste momento.

Exemplo

A Empresa Adrisan Comercial Ltda. necessita provisionar a folha de pagamento de salários de seus empregados referente ao mês de agosto de 2011. Leve em consideração as seguintes informações para os cálculos a serem efetuados:

- Previdência Social do empregador – parcela patronal – 20%;
- Previdência Social dos empregados – 10%;
- Fundo de Garantia do Tempo de Serviço – FGTS – 8%; e
- Salário-Família referente ao conjunto de empregados – R$ 2.500,00.

Descrição	Valores em R$
Salário – total referente a todos os empregados	60.000,00
Faltas Injustificadas	(1.300,00)
Adicionais	8.000,00
Horas Extras	13.300,00
Remuneração Bruta	**80.000,00**
Salário-Família	1.000,00
Previdência Social – parcela dos empregados	(8.000,00)
IRRF dos empregados	(13.000,00)
Pensão Alimentícia	(5.000,00)
Valor a pagar aos empregados	**55.000,00**

Conforme vimos, a contribuição previdenciária de cada empregado é calculada aplicando-se uma alíquota, de maneira não cumulativa, sobre o seu salário de contribuição, de acordo com a seguinte tabela:

Capítulo 10 — Operações com Folha de Pagamento de Salários

Tabela de contribuição dos segurados empregado, empregado doméstico e trabalhador avulso, para pagamento de remuneração a partir de 1º de julho de 2011	
Salário-de-contribuição (R$)	**Alíquota para fins de recolhimento ao INSS (%)**
até R$ 1.107,52	8,00
de 1.107,53 até 1.845,87	9,00
de 1.845,88 até 3.691,74	11,00
Portaria nº 407, de 14 de julho de 2011	

Convém ser ressaltado que a presente tabela é apenas *informativa* para fins contábeis, não havendo necessidade de memorizá-la!

As entidades retêm as contribuições previdenciárias de seus empregados e repassam para a Previdência Social.

As questões de Concursos Públicos costumam apresentar o valor final, correspondente à contribuição previdenciária de todos os empregados, como no caso ora apresentado ("Previdência Social – parcela dos empregados").

São efetuados os seguintes registros contábeis referentes à folha de pagamento de salários:

Quando do reconhecimento do gasto com os empregados em agosto, a ser pago até o quinto dia útil do mês seguinte:

D – Salários e Ordenados (despesa)
C – Salários a Pagar (PC)   80.000,00

Salários e Ordenados (Valores em R$)	
(1) 80.000,00	

Salários a Pagar (Valores em R$)	
	80.000,00 (1)

Quando do cômputo de todos os descontos referentes aos empregados:
10% x R$ 80.000,00 = R$ 8.000,00

D – Salários a Pagar (PC)
C – Previdência Social a Recolher (parcela dos empregados) – (PC) 8.000,00

D – Salários a Pagar (PC)
C – IRRF a Recolher (PC)   13.000,00

D – Salários a Pagar (PC)
C – Pensão Alimentícia a Pagar (PC)   5.000,00

(ou)

D – Salários a Pagar (PC)   26.000,00
C – Previdência Social a Recolher (parcela dos empregados) – (PC) – 8.000,00
C – IRRF a Recolher (PC)   13.000,00
C – Pensão Alimentícia a Pagar (PC)   5.000,00

Salários a Pagar (Valores em R$)	
(2) 26.000,00	80.000,00 (1)
	54.000,00

Previdência Social a Recolher (Valores em R$)	
	8.000,00 (2)

IRRF a Recolher (Valores em R$)	
	13.000,00 (2)

Pensão Alimentícia a Pagar (Valores em R$)	
	5.000,00 (2)

Reconhecimento do salário-família, deduzindo-o do valor a recolher à Previdência Social:

D – Previdência Social a Recolher (PC)
C – Salários a Pagar (PC) 1.000,00

Previdência Social a Recolher (Valores em R$)	
(3) 1.000,00	8.000,00 (2)
	7.000,00

Salários a Pagar (Valores em R$)	
(2) 26.000,00	80.000,00 (1)
	1.000,00 (3)
	55.000,00

Convém ser ressaltado que o empregador reconhece obrigação junto aos empregados no valor de R$ 80.000,00, porém estes têm efetivamente a receber apenas R$ 55.000,00.

O empregador reconheceu as seguintes parcelas junto aos empregados:
- Salários dos empregados – R$ 54.000,00
- Salário-Família – R$ 1.000,00 (recurso adicional para os empregados)
- Previdência Social – parcela dos empregados – R$ 8.000,00
- IRRF – R$ 13.000,00
- Pensão Alimentícia – R$ 5.000,00

Representam gastos para o empregador R$ 80.000,00. Os R$ 1.000,00 referentes ao salário-família não constituem gastos para o empregador, pois são descontados do valor da contribuição previdenciária a recolher.

Reconhecimento da parcela de contribuição previdenciária do empregador:
20% x R$ 80.000,00 =   R$ 16.000,00

D – Encargos com a Previdência Social ou Despesas com a Previdência Social
C – Previdência Social a Recolher (parcela patronal) – (PC) 16.000,00

```
         Despesas com a Previdência Social (Valores em R$)
              (4) 16.000,00 │
                            │
```

```
         Previdência Social a Recolher (Valores em R$)
              (3) 1.000,00 │ 8.000,00 (2)
                           │ 16.000,00 (4)
                           │
                           │ 23.000,00
```

O empregador tem a recolher à Previdência Social o montante de R$ 23.000,00; deste montante, R$ 8.000,00 são encargos dos empregados, R$ 16.000,00 são encargos do empregador e R$ 1.000,00 foram descontados dos recolhimentos a efetuar à Previdência Social a título de salário-família.

Reconhecimento dos encargos com o FGTS para o empregador:
8% x R$ 80.000,00 = R$ 5.600,00

D – Encargos com o FGTS ou Despesas com o FGTS
C – FGTS a Recolher (PC)   5.600,00

```
              Encargos com o FGTS (Valores em R$)
              (5) 5.600,00 │
                           │
```

```
              FGTS a Recolher (Valores em R$)
                           │ 5.600,00 (5)
                           │
```

Quando dos pagamentos/recolhimentos, efetuados até o quinto dia útil do mês seguinte:

D – Salários a Pagar
C – Caixa / Bancos Conta Movimento 55.000,00

D – Previdência Social a Recolher
C – Caixa / Bancos Conta Movimento 23.000,00

D – IRRF a Recolher
C – Caixa / Bancos Conta Movimento 13.000,00

D – Pensão Alimentícia a Pagar
C – Caixa / Bancos Conta Movimento 5.000,00

D – FGTS a Recolher
C – Caixa / Bancos Conta Movimento 5.600,00

(ou)

D – Salários a Pagar – 55.000,00
D – Previdência Social a Recolher – 23.000,00
D – IRRF a Recolher – 13.000,00
D – Pensão Alimentícia a Pagar – 5.000,00
D – FGTS a Recolher – 5.600,00
C – Caixa / Bancos Conta Movimento – 101.600,00

Salários a Pagar (Valores em R$)	
(2) 26.000,00	80.000,00 (1)
(6) 55.000,00	1.000,00 (3)

Previdência Social a Recolher (Valores em R$)

(3) 1.000,00	8.000,00 (2)
(6) 23.000,00	16.000,00 (4)

IRRF a Recolher (Valores em R$)

(6) 13.000,00	13.000,00 (2)

Pensão Alimentícia a Pagar (Valores em R$)

(6) 5.000,00	5.000,00 (2)

FGTS a Recolher (Valores em R$)

(6) 5.600,00	5.600,00 (5)

Caixa (Valores em R$)

Saldo Inicial	101.600,00 (6)

10.3. Exercícios Resolvidos para a Fixação de Conteúdo

Questão 01 – (Técnico de Suprimento de Bens e Serviços Júnior – Administração – PETROBRAS – CESGRANRIO – 2010)
Um adiantamento de salário concedido ao empregado deve ser contabilizado da seguinte forma:
a) D: Adiantamento a Empregados
C: Salários a Pagar
b) D: Salários a Pagar
C: Caixa ou Bancos Conta Movimento
c) D: Caixa ou Bancos Conta Movimento
C: Despesa de Salários
d) D: Adiantamento a Empregados
C: Caixa ou Bancos Conta Movimento
e) D: Salários a Pagar
C: Adiantamento de Salário

Resolução e Comentários

Quando ocorre um adiantamento de salário, surge um direito de compensação posterior para a empresa, pois, em um segundo momento, ao pagar o salário propriamente dito, a empresa poderá compensar o valor já adiantado, fazendo com que o funcionário receba apenas o montante referente à diferença entre o salário a que faz jus e o adiantamento já recebido.

D – Adiantamento a Empregados

C – Caixa ou Bancos Conta Movimento

Gabarito – D

Questão 02 – (Técnico em Contabilidade – Ministério Público Estadual – Rondônia – CESGRANRIO – 2005)
Analise os dados, em reais, da folha de pagamento da Cia. Ponte.
- Salário Mensal 4.000,00
- Horas Extras 200,00
- Apropriação de Férias e 13º salário 800,00
- INSS Descontado dos Empregados 300,00
- INSS sobre Folha de Pagamento 1.000,00
- FGTS 425,00
- IR Retido dos Empregados 120,00

Qual o valor total, em reais, dos registros nas contas de despesa da Cia. Ponte, referente à folha de pagamento?
a) 6.000,00.
b) 6.005,00.
c) 6.305,00.
d) 6.425,00.
e) 6.845,00.

Resolução e Comentários

O INSS dos empregados não é despesa da empresa.
O IR Retido dos empregados não é despesa da empresa.

Salário Mensal	4.000,00
Horas Extras	200,00
Apropriação de Férias e 13º salário	800,00
Remuneração Bruta =	5.000,00

São despesas para a empresa:

Remuneração Bruta	5.000,00
INSS sobre Folha de Pagamento	1.000,00
FGTS	425,00
Total =	6.425,00

Gabarito – D

Questão 03 – (Agente Tributário Estadual – ATE – MT – EsAF – 2001)
Em novembro passado a folha de pagamento da empresa Rubi Vermelho Ltda. discriminava:
Salários e Ordenados R$ 120.000,00
Horas extras trabalhadas R$ 8.000,00
INSS patronal a 22%
INSS do segurado a 11%
FGTS do segurado a 8%
No mês de dezembro não foi computado nenhum reajuste salarial e a jornada de trabalho foi absolutamente igual ao mês anterior. Esta folha está dividida de tal modo que não há imposto de renda recolhido na fonte.
Exclusivamente a partir desses dados, considerando que a empresa acima encerra o exercício em 31 de dezembro, podemos afirmar que esta folha de pagamento ocasionou para a empresa em questão uma despesa total de
a) R$ 180.480,00.
b) R$ 166.400,00.
c) R$ 156.160,00.
d) R$ 152.320,00.
e) R$ 149.920,00.

Resolução e Comentários

Dos itens dados, o único que não gera despesa para a empresa é o INSS do segurado (empregado). Desta forma, teremos as seguintes despesas para a empresa:

Salários e Ordenados	R$ 120.000,00
Horas extras trabalhadas	R$ 8.000,00
INSS Patronal (22% x R$ 128.000,00)	R$ 28.160,00
FGTS (8% x R$ 128.000,00)	R$ 10.240,00
Total	*R$ 166.400,00*

Gabarito – B

Questão 04 – (Auditor Fiscal da Receita Estadual – AFRE – MG – EsAF – 2005)
Na empresa Hermes Harmony os salários e ordenados do pessoal correspondem a 60 salários-mínimos e provocam a incidência de INSS Patronal de 20%; de INSS Segurados 11%; e de FGTS de 8%. A folha de pagamento, embora contabilizada concomitantemente com os fatos geradores, é paga somente no dia 5 do mês seguinte. Com base nas informações acima, pode-se dizer que a folha de pagamento do mês de maio de 2005 gerou acréscimo de passivo no valor de
a) R$ 16.020,00.
b) R$ 19.620,00.
c) R$ 21.060,00.
d) R$ 23.040,00.
e) R$ 25.020,00.

Resolução e Comentários

Salário-mínimo vigente quando a prova foi realizada: R$ 300,00.

Dos itens dados, o único que não gera despesa para a empresa é o INSS do segurado (empregado). Desta forma, teremos as seguintes despesas para a empresa:

Salários e Ordenados	R$ 18.000,00
INSS Patronal (20% x R$ 18.000,00)	R$ 3.600,00
FGTS (8% x R$ 18.000,00)	R$ 1.440,00
Total	*R$ 23.040,00*

Gabarito – D

Questão 05 – (Analista de Finanças e Controle – SFC – EsAF – 2000)
A empresa Saturno Ltda. preparou sua folha de pagamento de dezembro com os seguintes dados:
1. salários e ordenados dos empregados R$ 3.000,00;
2. horas extras trabalhadas no mês R$ 200,00;
3. previdência social dos empregados à alíquota de 11%;
4. Fundo de Garantia dos empregados à alíquota de 8%; e
5. previdência social patronal à alíquota de 21%.

A contabilização dessa folha de pagamento foi efetuada, de forma correta, em um único lançamento. Assinale a opção que o contém:

a) Despesas de Salários e Ordenados
   a Salários e Ordenados a Pagar
   valor da folha de salários que ora
   se contabiliza   4.480,00
b) Despesas de Salários e Ordenados
   a Diversos
   valor da folha de salários que ora se contabiliza, como segue:
   a Salários e Ordenados a Pagar   4.128,00
   a Contribuições Sociais a Recolher   352,00   4.480,00
c) Diversos
   a Diversos
   valor da folha de salários que ora se contabiliza, como segue:
   Despesas de Salários e Ordenados   3.200,00
   Encargos Sociais e Trabalhistas   1.280,00   4.480,00
   a Salários e Ordenados a Pagar   2.848,00
   a Contribuições Sociais a Recolher   1.632,00   4.480,00
d) Diversos
   a Diversos
   valor da folha de salários que ora se contabiliza, como segue:
   Despesas de Salários e Ordenados   3.200,00
   Encargos Sociais e Trabalhistas   928,00   4.128,00
   a Salários e Ordenados a Pagar   2.848,00
   a Contribuições Sociais a Recolher   1.280,00   4.128,00
e) Diversos
   a Diversos
   valor da folha de salários que ora se contabiliza, como segue:
   Despesas de Salários e Ordenados   2.848,00
   Encargos Sociais e Trabalhistas   1.280,00   4.128,00
   a Salários e Ordenados a Pagar   2.848,00
   a Contribuições Sociais a Recolher   1.280,00   4.128,00

Resolução e Comentários

São despesas da empresa:

Salários e Ordenados	3.000,00
Horas Extras	200,00
FGTS: 8% x 3.200,00	256,00
Previdência Social Patronal: 21% x 3.200,00	672,00
Total	**4.128,00**

A previdência social dos empregados não é despesa da empresa. Ela apenas retém o valor, quando do pagamento aos empregados, e o repassa para a Previdência.

Em relação aos encargos sociais e trabalhistas, a empresa teve:

FGTS: 8% x 3.200,00	256,00
Previdência Social Patronal: 21% x 3.200,00	672,00
Total	**928,00**

Gabarito – D

Questão 06 – (Analista – Recursos Financeiros – SERPRO – EsAF – 2001)

José de Anchieta, nosso empregado matrícula número 1520, pediu para conferir os cálculos de seu contracheque, tendo encontrado os seguintes valores:
- Salários e Ordenados R$ 550,00;
- Insalubridade: 40% do salário-mínimo ;
- 18 horas extras com acréscimo de 50%;
- INSS do segurado à alíquota de 11%;
- INSS patronal à alíquota de 26%;
- FGTS à alíquota de 8%.

Observações:
- o salário-mínimo vigente tem o valor de R$ 151,00;
- o mês comercial é composto por 220 horas.

Pelos cálculos de José de Anchieta, podemos concluir que sua remuneração mensal vai provocar para a empresa um débito em despesas no valor de

a) R$ 833,81.
b) R$ 858,15.
c) R$ 875,13.
d) R$ 908,38.
e) R$ 982,95.

Resolução e Comentários

Custo da hora trabalhada: R$ 550,00 / 220 h =   R$ 2,50 / h

Cálculo da remuneração bruta:

Salários	R$ 550,00
Insalubridade (40% x R$ 151,00)	R$ 60,40
Horas Extras (1,5 x (18h / 220h) x R$ 550,00)	R$ 67,50
Remuneração Bruta R$ 677,90	

Despesas da empresa:

Salários e Ordenados	R$ 677,90
INSS Patronal (26% x R$ 677,90)	R$ 176,25
FGTS (8% x R$ 677,90)	R$ 54,23
Total das Despesas	*R$ 908,38*

Gabarito – D

Questão 07 – (Auditor Fiscal da Previdência Social – EsAF – 2002)
A empresa Arbóresse Ltda. mandou elaborar a folha de pagamento do mês de outubro com os seguintes dados:

Salários e Ordenados	R$ 21.000,00;
Horas Extras trabalhadas	R$ 2.000,00;
Imposto de Renda Retido na Fonte	R$ 2.500,00;

Contribuição para o INSS, parte dos empregados 11%;
Contribuição para o INSS, parte patronal 20%;
Depósito para o FGTS 8%.
Com base nos dados e informações acima fornecidos, pode-se dizer que a empresa, em decorrência dessa folha de pagamento, terá despesas totais no valor de

a) R$ 29.440,00.
b) R$ 31.970,00.
c) R$ 34.470,00.
d) R$ 26.910,00.
e) R$ 24.410,00.

Resolução e Comentários

Cálculo da remuneração bruta:

Salários e Ordenados	R$ 21.000,00
Horas Extras trabalhadas	R$ 2.000,00
Remuneração dos Empregados	**R$ 23.000,00**

Despesas da empresa:

Salários e Ordenados	R$ 23.000,00
INSS Patronal (20% x R$ 23.000,00)	R$ 4.600,00
Depósito para o FGTS (8% x R$ 23.000,00)	R$ 1.840,00

Despesas Totais R$ 29.440,00
Gabarito – A

Questão 08 – (Auditor Fiscal da Receita Federal – EsAF – 2003)
Na microempresa do meu Tio, no mês de outubro, os salários somados às horas extras montaram a R$ 20.000,00. Os encargos de Previdência Social foram calculados em 11%, a parte do segurado, e em 22%, a parcela patronal.
Ao contabilizar a folha de pagamento, o Contador deverá fazer o seguinte registro:
a) Salários e Ordenados
  a Salários a Pagar 20.000,00
  Previdência Social
  a Previdência Social a Recolher 6.600,00
b) Salários e Ordenados
  a Salários a Pagar 17.800,00
  Previdência Social
  a Previdência Social a Recolher 6.600,00

c) Salários e Ordenados
    a Salários a Pagar   17.800,00
    Previdência Social
    a Previdência Social a Recolher   4.400,00
d) Salários e Ordenados
    a Salários a Pagar   17.800,00
    Salários a Pagar
    a Previdência Social a Recolher   2.200,00
    Previdência Social
    a Previdência Social a Recolher   4.400,00
e) Salários e Ordenados
    a Salários a Pagar   20.000,00
    Salários a Pagar
    a Previdência Social a Recolher   2.200,00
    Previdência Social
    a Previdência Social a Recolher   4.400,00

Resolução e Comentários

Despesas da empresa:

Salários e horas extras	20.000,00
Encargos previdenciários patronais – 22%	4.400,00

Despesa total da empresa 24.400,00

A empresa é responsável por reter 11% dos salários (Previdência Social dos empregados), assim como também deve reter Imposto de Renda Retido na Fonte, repassando ambos os valores aos cofres públicos.

Previdência Social (empregados): 11% x 20.000,00 = 2.200,00.

→ Valor líquido a pagar aos empregados: 20.000,00 – 2.200,00 = 17.800,00.

Registros contábeis:

Salários e Ordenados
a Salários a Pagar   20.000,00
Salários a Pagar
a Previdência Social a Recolher   2.200,00
Previdência Social
a Previdência Social a Recolher   4.400,00

Gabarito – E

Questão 09 – (Auditor-Fiscal da Receita Federal – EsAF – 2003)

Observemos os seguintes fatos administrativos: aluguel de R$ 200,00 mensais que foi contratado em 30 de agosto de 2002, mas foi pago apenas até 30 de novembro do mesmo ano; compra de mercadorias por R$ 4.000,00, tendo sido vendido no mesmo ano 40% do volume adquirido, com lucro de 15%; salário de dezembro de R$ 500,00 com INSS de 11% dos empregados e 20% dos empregadores e FGTS de 8%.

Considerando o registro contábil correto desses eventos, podemos dizer que eles reduziram o lucro do ano de 2002 no valor de

a) R$ 1.000,00.
b) R$ 1.200,00.
c) R$ 1.255,00.
d) R$ 1.440,00.
e) R$ 1.680,00.

Resolução e Comentários

Despesas de Aluguel:

O aluguel foi contratado em 30 de agosto de 2002; em consequência, o valor correspondente foi usufruído em setembro. Se foi pago até 30 de novembro deste ano, então o valor do mês de dezembro também foi usufruído em termos de aluguel. Logo, os seguintes meses foram utilizados em termos de aluguel: setembro, outubro, novembro e dezembro.

→ Despesas de aluguel: 4 meses x 200,00 =   800,00

Apuração do resultado na venda de mercadorias:

Compras de mercadorias	4.000,00
Percentual vendido	40%
Custo da venda	1.600,00
Margem de lucro sobre o custo	15%
Lucro na venda de mercadorias	240,00

Despesas de salários:

Salário de dezembro	500,00
INSS do empregador: 20% x 500,00	100,00
FGTS: 8% x 500,00	40,00
→ Despesas de salários no valor de	R$ 640,00

Resultado após o registro dos eventos observados:

Despesas de aluguel:	(800,00)
Lucro na venda de mercadorias:	240,00
Despesas de salários:	(640,00)
→ Prejuízo:	1.200,00

Gabarito – B

Questão 10 – (Contador – Exame de Suficiência – CFC – 2011)
Uma determinada sociedade empresária apresentou os seguintes dados extraídos da folha de pagamento:
Empregados Salário mensal
Empregado A   R$1.500,00
Empregado B   R$1.200,00
Foi solicitado que a empresa elaborasse as demonstrações contábeis para janeiro de 2011. Considerando os dados da folha de pagamento e a premissa de que o percentual total dos Encargos Sociais é de 20%, em janeiro de 2011, a empresa deverá registrar um gasto total com o 13º Salário e Encargos Sociais no montante de:
a) R$112,50.
b) R$225,00.
c) R$270,00.
d) R$540,00.

Resolução e Comentários

- Total da folha de pagamento de janeiro/2011: 1.500,00 + 1.200,00 = 2.700,00
- Reconhecimento do 13º salário na proporção de 1/12, já que apenas o mês de janeiro é considerado: 2.700,00 / 12 = 225,00
- Encargos patronais sobre o 13º salário = 225,00 x 20% = 45,00
→ Total a registrar em termos de 13º salário e encargos sociais: 225,00 + 45,00 = 270,00
Gabarito – C

Questão 11 – (Técnico de Contabilidade – Petrobras – CESGRANRIO – 2010)
Uma empresa do ramo atacadista adota a política de pagar os salários de seus empregados mediante crédito em conta-corrente bancária, em duas etapas:
- primeira etapa, correspondente a 40% dos salários, feita na segunda semana de cada mês;
- segunda etapa, até ao 5º dia útil do mês seguinte.

Sabendo-se que, em outubro/2009, a folha de pagamentos dessa empresa totalizava R$ 500.000,00 e, considerando-se única e exclusivamente as informações recebidas, o registro do adiantamento do salário de outubro, pelo regime de competência, em reais, foi

a) Adiantamento a Empregados   200.000,00
   a Banco conta Movimento   200.000,00
b) Despesa de Salários   200.000,00
   a Banco conta Movimento   200.000,00
c) Salários a Pagar   300.000,00
   a Banco conta Movimento   300.000,00
d) Despesa de Salários   500.000,00
   a Salários a Pagar   500.000,00
e) Despesa de Salários   500.000,00
   a Adiantamento a empregados   200.000,00
   a Salários a pagar   300.000,00

Resolução e Comentários

Quando ocorre um adiantamento de salário, surge um direito de compensação posterior para a empresa, pois, em um segundo momento, ao pagar o salário propriamente dito, a empresa poderá compensar o valor já adiantado, fazendo com que o funcionário receba apenas o montante referente à diferença entre o salário a que faz jus e o adiantamento já recebido.

Adiantamento: 40% x R$ 500.000,00 =   R$ 200.000,00

D – Adiantamento a Empregados
C – Caixa ou Bancos Conta Movimento   R$ 200.000,00

Gabarito – A

Questão 12 – (Técnico de Contabilidade – Petrobras – CESGRANRIO – 2010)
Os encargos sociais, as contribuições ao INSS e o FGTS, calculados com base na folha de pagamentos da empresa, ainda não pagos, devem ser lançados na conta Encargos Sociais a Pagar e FGTS a Recolher. A parcela do INSS a pagar deve incluir
a) a contribuição retida dos salários dos empregados, apenas.
b) o encargo de responsabilidade da empresa, apenas.
c) o valor do encargo da empresa junto à contribuição devida pelo empregado, retida pela empresa.
d) os valores de responsabilidade da empresa estimados na folha de pagamentos, a serem ajustados quando da quitação da guia de recolhimento.
e) os valores retidos dos salários, por estimativa, na folha de pagamentos, a serem ajustados quando da quitação da guia de recolhimento.

Resolução e Comentários

A parcela do INSS a pagar deve incluir o valor do encargo da empresa junto à contribuição devida pelo empregado, retida pela empresa.

Gabarito – C

Questão 13 – (Técnico de Contabilidade – TRE – ES – CESPE/UnB – 2011)
Acerca de demonstração do resultado do exercício, julgue os itens a seguir.
A subconta INSS, do agrupamento das despesas com pessoal, compreende o total dos recolhimentos de responsabilidade da empresa efetuados ao INSS, e constantes de seu passivo.

Resolução e Comentários

O valor do passivo da empresa referente à Previdência Social engloba o INSS patronal (despesa para a empresa) e o valor retido dos empregados, que não representa despesa para a empresa.

Gabarito – Errado

Questão 14 – (Contador Júnior – Petrobras – CESGRANRIO – 2010)

A Empresa Capitão Ltda. elaborou o seguinte demonstrativo de pagamento salarial, referente ao mês de setembro de 2010:

DEMONSTRATIVO DE PAGAMENTO			
Empregador *Capitão Ltda.*		CNPJ *00.000.000/0001 – 00*	
Rigistro *00.000*	Empregado *José Brasil*		Mês/Ano *set/2010*
Cargo *Assistente contábil*	Categoria *Mensalista*	Departamento *Contabilidade*	Admissão *20/março/2007*
Salário Base R$ 3.300,00	Período 01/09 a 30/09/2010	Dependentes (IRRF) 1	Filhos (salário-família) 0

Cód.	Descrição	Ref.	ID	Unit.	Vencimento	Descontos
001	Salário mensal	220,00	h	15,00	3.300,00	
002	Horas extras a 50%	12,00	h	22,50	270,00	
003	Descanso semanal remunerado	3,60	h	22,50	81,00	
005	Faltas e atrasos	8,00	h	15,00		120,00
006	Adiantamento salarial					1.800,00

TABELA DE CONTRIBUIÇÃO DOS SEGURADOS EMPREGADO, EMPREGADO DOMÉSTICO E TRABALHADOR AVULSO

SALÁRIO DE CONTRIBUIÇÃO (R$)	ALÍQUOTAS INSS
até 1.040,22	8,00%
de 1.040,23 até 1.733,70	9,00%
de 1.733,71 até 3.467,40	11,00%

Admitindo-se a exatidão do demonstrativo de pagamento e considerando-se as determinações vigentes, à época, para a contribuição previdenciária dos empregados, a Empresa Capitão reteve do empregado José, a título de INSS, o valor, em reais, de

a) 155,79.
b) 349,80.
c) 363,00.
d) 381,41.
e) 388,41.

Resolução e Comentários

Remuneração bruta = R$ 3.300,00 + R$ 270,00 + R$ 81,00 – R$ 120,00 = R$ 3.531,00

José somente contribui à Previdência Social até o limite constante da tabela, ou seja, até R$ 3.467,40. Portanto:

INSS referente ao empregado José: R$ 3.467,40 x 11% = R$ 381,41

Gabarito – D

Questão 15 (Contador – Ministério do Turismo – ESAF/2013)

Uma das despesas mais usuais em qualquer entidade é a despesa com pessoal. Tomemos como exemplo uma atividade realizada por apenas um empregado contratado, o qual tenha demandado gastos mensais com a seguinte composição:

salário mensal do empregado R$ 1.000,00
adiantamento salarial R$ 250,00
Previdência Social, parte patronal 21%
Previdência Social, parte do segurado 11%
Fundo de Garantia por Tempo de Serviço 8%

Considerando que tenha sido este o fato ocorrido, podemos dizer que essa empresa deverá contabilizar uma despesa no valor de:

a) R$ 1.400,00;
b) R$ 1.320,00;
c) R$ 1.290,00;
d) R$ 1.210,00;
e) R$ 1.150,00.

Resolução e Comentários

* Quando do adiantamento salarial, temos:

D – Adiantamento de Salários
C – Disponibilidades .... R$ 250,00

* Quando do reconhecimento do salário mensal, temos:

D – Despesas de Salários
C – Salários a Pagar .... R$ 1.000,00

* Reconhecimento da previdência (parte patronal):

D – Previdência Social
C – Previdência Social a Recolher .... R$ 210,00

* Reconhecimento da previdência (parte do empregado):

D – Salários a Pagar
C – Previdência Social a Recolher .... R$ 110,00

* Reconhecimento do FGTS:

D – Encargos com FGTS
C – FGTS a Recolher .... R$ 80,00

* Quando do pagamento do salário e recolhimento dos diversos encargos, temos:

D – Salários a Pagar .... R$ 890,00
C – Adiantamento de Salários ..... R$ 250,00
C – Disponibilidades .... R$ 640,00

D – Previdência Social a Recolher .... R$ 210,00 + R$ 110,00 = R$ 320,00
D – FGTS a Recolher .... R$ 80,00
C – Disponibilidades .... R$ 400,00
Despesas da empresa:
Despesas de Salários .... R$ 1.000,00
Previdência Social .... R$ 210,00
Encargos com FGTS .... R$ 80,00
Total: R$ 1.290,00
Gabarito – C

Questão 16 (AFRFB – RFB – ESAF/2014)
Da folha de pagamento da Cia. Pagadora foram extraídos os dados abaixo:

Salários Brutos	40.000
Imposto de Renda Retido na Fonte Pessoa Física	3.400
INSS Retido	6.000
Salário Família	1.500
FGTS	32.000
Contribuição Patronal INSS	40.000
Auxílio Maternidade	2.500

Tomando como base apenas os dados fornecidos, pode-se afirmar que o total a ser apropriado como Despesas de Período é:
a) R$ 476.000;
b) R$ 472.000;
c) R$ 436.600;
d) R$ 400.000;
e) R$ 394.600.

Resolução e Comentários

* Reconhecimento dos salários:

D – Salários e Ordenados
C – Salários a Pagar 400.000

* Reconhecimento do IRRF:

D – Salários a Pagar
C – IRRF a Recolher 3.400

* Reconhecimento da previdência (parte dos empregados):

D – Salários a Pagar
C – Previdência Social a Recolher 6.000

* Reconhecimento do salário-família:

D – Previdência Social a Recolher
C – Salários a Pagar 1.500

A empresa adianta aos empregados o valor correspondente ao salário-família, reduzindo o recolhimento posterior referente à Previdência Social.

* Reconhecimento do FGTS:

D – Encargos com FGTS
C – FGTS a Recolher 32.000

* Reconhecimento da previdência (parte patronal):

D – Previdência Social
C – Previdência Social a Recolher 40.000

* Reconhecimento do Auxílio-Maternidade:

D – Previdência Social a Recolher
C – Salários a Pagar 2.500

A empresa adianta aos empregados o valor correspondente ao auxílio-maternidade, reduzindo o recolhimento posterior referente à Previdência Social.

* Despesas do período para a empresa:

Salários e Ordenados: 400.000
Encargos com FGTS: 32.000
Previdência Social: 40.000
Total: 472.000
Gabarito – B

10.4. Apresentação de Conceitos sobre Folha de Pagamento de Salários para Consulta

No presente tópico, faremos uso de definições constantes do Decreto-Lei nº 5.452, de 1º de maio de 1943, que aprova a Consolidação das Leis do Trabalho, dentre outras normas.

São proventos costumeiramente devidos aos empregados:
- *Salário-Mínimo*

De acordo com a Constituição da República Federativa do Brasil, de 1988, *salário-mínimo* é o valor, fixado em lei, nacionalmente unificado, capaz de atender as necessidades vitais básicas dos trabalhadores urbanos e rurais e às de sua família com moradia, alimentação, educação, saúde, lazer, vestuário, higiene, transporte e previdência social, com reajustes periódicos que lhe preservem o poder aquisitivo, sendo vedada sua vinculação para qualquer fim.

Salário-mínimo é a contraprestação mínima devida e paga diretamente pelo empregador a todo trabalhador, inclusive ao trabalhador rural, sem distinção de sexo, por dia normal de serviço, e capaz de satisfazer, em determinada época e região do país, as suas necessidades normais de alimentação, habitação, vestuário, higiene e transporte.

- **Salário**

O **salário** constitui a importância que o empregado recebe diretamente do empregador, como pagamento pelo serviço realizado. O salário integra a remuneração.

Integram o salário não só a importância fixa estipulada, como também as comissões, percentagens, gratificações ajustadas, diárias para viagens e abonos pagos pelo empregador.

Não se incluem nos salários as ajudas de custo, assim como as diárias para viagem que não excedam de 50% (cinquenta por cento) do salário percebido pelo empregado.

Considera-se gorjeta não só a importância espontaneamente dada pelo cliente ao empregado, como também aquela que for cobrada pela empresa ao cliente, como adicional nas contas, a qualquer título, e destinada a distribuição aos empregados.

Além do pagamento em dinheiro, compreende-se no salário, para todos os efeitos legais, a alimentação, habitação, vestuário ou outras prestações "*in natura*" que a empresa, por força do contrato ou do costume, fornecer habitualmente ao empregado. Em caso algum será permitido o pagamento com bebidas alcoólicas ou drogas nocivas.

Os valores atribuídos às prestações "*in natura*" deverão ser justos e razoáveis, não podendo exceder, em cada caso, os dos percentuais das parcelas componentes do salário-mínimo.

Não serão consideradas como salário as seguintes utilidades concedidas pelo empregador:

I – vestuários, equipamentos e outros acessórios fornecidos aos empregados e utilizados no local de trabalho, para a prestação do serviço;

II – educação, em estabelecimento de ensino próprio ou de terceiros, compreendendo os valores relativos a matrícula, mensalidade, anuidade, livros e material didático;

III – transporte destinado ao deslocamento para o trabalho e retorno, em percurso servido ou não por transporte público;

IV – assistência médica, hospitalar e odontológica, prestada diretamente ou mediante seguro-saúde;

V – seguros de vida e de acidentes pessoais; e

VI – previdência privada.

O pagamento do salário, qualquer que seja a modalidade do trabalho, não deve ser estipulado por período superior a 1 (um) mês, salvo no que concerne a comissões, percentagens e gratificações.

Quando o pagamento houver sido estipulado por mês, deverá ser efetuado, o mais tardar, até o quinto dia útil do mês subsequente ao vencido.

- **Remuneração Bruta**

Compreendem-se na **remuneração bruta** do empregado, para todos os efeitos legais, além do salário devido e pago diretamente pelo empregador, como contraprestação do serviço, as gorjetas que receber.

Exemplo

Constituem a remuneração bruta de um empregado:
- Salário básico (piso salarial da categoria);
- Horas extras;
- Adicionais diversos;
- Gratificações;
- Férias;
- Décimo terceiro salário; e
- Outros itens afins.

- **Adicional de Insalubridade**

Serão consideradas *atividades ou operações insalubres* aquelas que, por sua natureza, condições ou métodos de trabalho, exponham os empregados a agentes nocivos à saúde, acima dos limites de tolerância fixados em razão da natureza e da intensidade do agente e do tempo de exposição aos seus efeitos.

O exercício de trabalho em condições insalubres, acima dos limites de tolerância estabelecidos pelo Ministério do Trabalho, assegura a percepção de adicional respectivamente de 40% (quarenta por cento), 20% (vinte por cento) e 10% (dez por cento) do salário-mínimo da região, segundo se classifiquem nos graus máximo, médio e mínimo.

- **Adicional de Periculosidade**

São consideradas *atividades ou operações perigosas*, na forma da regulamentação aprovada pelo Ministério do Trabalho, aquelas que, por sua natureza ou métodos de trabalho, impliquem o contato permanente com inflamáveis ou explosivos em condições de risco acentuado.

O trabalho em condições de periculosidade assegura ao empregado um adicional de 30% (trinta por cento) *sobre o salário sem os acréscimos resultantes de gratificações, prêmios ou participações nos lucros da empresa.*

Exemplo

O Funcionário Júnior Mendes, da Empresa XPV Comercial Ltda., recebe:
- Salário – R$ 1.500,00
- Gratificação por função desempenhada – R$ 500,00
- Prêmio por assiduidade – R$ 100,00

Neste caso, receberá, como adicional de periculosidade:
30% x R$ 1.000,00 = *R$ 300,00*

- **Adicional Noturno**

Considera-se noturno o trabalho realizado entre as 22 horas de um dia e as 5 horas do dia seguinte.

O trabalho noturno das mulheres terá salário superior ao diurno.

Quando da aplicação do adicional noturno, os salários serão acrescidos de uma percentagem adicional de 20% (vinte por cento), no mínimo.

Cada hora do período noturno de trabalho das mulheres terá 52 (cinquenta e dois) minutos e 30 (trinta) segundos.

- **Adicional Extraordinário**

O trabalho realizado além da jornada normal deve ser remunerado com acréscimo de, no mínimo, 50%.

Considera-se como *de serviço efetivo* o período em que o empregado esteja à disposição do empregador, aguardando ou executando ordens, salvo disposição especial expressamente consignada.

Ocorrendo necessidade imperiosa, poderá a duração do trabalho exceder do limite legal ou convencionado, seja para fazer face a motivo de força maior, seja para atender à realização ou conclusão de serviços inadiáveis ou cuja inexecução possa acarretar prejuízo manifesto. O excesso, nos casos ora citados, poderá ser exigido independentemente de acordo ou contrato coletivo e deverá ser comunicado, dentro de 10 (dez) dias, à autoridade competente em matéria de trabalho, ou, antes desse prazo, justificado no momento da fiscalização sem prejuízo dessa comunicação.

Sempre que ocorrer interrupção do trabalho, resultante de causas acidentais, ou de força maior, que determinem a impossibilidade de sua realização, a duração do trabalho poderá ser prorrogada pelo tempo necessário até o máximo de 2 (duas) horas, durante o número de dias indispensáveis à recuperação do tempo perdido, desde que não exceda de 10 (dez) horas diárias, em período não superior a 45 (quarenta e cinco) dias por ano, sujeita essa recuperação à prévia autorização da autoridade competente.

- **Repouso Semanal Remunerado**

  Todo empregado tem direito ao repouso semanal remunerado de vinte e quatro horas consecutivas, preferentemente aos domingos e, nos limites das exigências técnicas das empresas, nos feriados civis e religiosos, de acordo com a tradição local. Dependendo da atividade executada pela entidade, esta regra admite exceções.

  O Tribunal Superior do Trabalho, por meio do Enunciado TST 146, dispõe que o trabalho prestado em domingos e feriados, não compensado, *deve ser pago em dobro*, sem prejuízo da remuneração relativa ao repouso semanal.

- **Ajuda de Custo**

  Quando o empregado recebe, em única vez, determinada quantia para atender as despesas por ele realizadas em função de trabalhos externos, dá-se o nome a essa quantia de ***ajuda de custo***. Se assim for enquadrada, possuirá caráter indenizatório (nunca salarial), independentemente de seu valor.

  Se o valor for mensalmente pago ao empregado que trabalhe internamente, mesmo que tenha a denominação de ajuda de custo, será incorporado ao valor do seu salário.

- **Diárias para Viagem**

  O valor pago com habitualidade ao empregado para cobrir as despesas decorrentes de viagens, com a finalidade de realização de trabalhos externos, denomina-se diária para viagem.

  Não se incluem nos salários as ajudas de custo, assim como as diárias para viagem que não excedam de 50% (cinquenta por cento) do salário percebido pelo empregado.

  O Tribunal Superior do Trabalho, por meio do Enunciado TST 101, disciplina que integram o salário, ***pelo seu valor total*** e para efeitos indenizatórios, as diárias de viagem que excedam a 50% (cinquenta por cento) do salário do empregado, enquanto perdurarem as viagens.

- **Salário-Família**

  Montante devido mensalmente ao segurado empregado (exceto o doméstico) e ao trabalhador avulso, independente de período de carência, na proporção do respectivo número de filhos ou equiparados (neste caso, enteados ou menores sob tutela), até os 14 anos de idade, ou inválidos de qualquer idade.

  O salário-família é pago pelo empregador, que deduz este valor da contribuição devida sobre a folha salarial.

- **Salário-Maternidade**

    É o benefício a que têm direito as seguradas empregada, empregada doméstica, contribuinte individual e facultativa, por ocasião do parto, da adoção ou da guarda judicial para fins de adoção. A Previdência Social não exige carência para conceder esse benefício.

    A Empresa paga o salário-maternidade, para a segurada empregada, exceto nos casos de adoção ou guarda judicial para fins de adoção, com a dedução do valor pago na Guia da Previdência Social,

    Também são descontos incidentes sobre a remuneração dos empregados, descritos na folha de pagamento de salários:

- **Faltas Injustificadas**

    Se um empregado faltar de maneira injustificada ao trabalho, receberá salário proporcional aos dias em que trabalhou.

    O empregado poderá deixar de comparecer ao serviço sem prejuízo do salário:

I – até 2 (dois) dias consecutivos, em caso de falecimento do cônjuge, ascendente, descendente, irmão ou pessoa que, declarada em sua carteira de trabalho e previdência social, viva sob sua dependência econômica;

II – até 3 (três) dias consecutivos, em virtude de casamento;

III – por um dia, em caso de nascimento de filho no decorrer da primeira semana;

IV – por um dia, em cada 12 (doze) meses de trabalho, em caso de doação voluntária de sangue devidamente comprovada;

V – até 2 (dois) dias consecutivos ou não, para o fim de se alistar eleitor, nos termos da lei respectiva;

VI – no período de tempo em que tiver de cumprir as exigências do Serviço Militar referidas na letra "c" do art. 65 da Lei nº 4.375, de 17 de agosto de 1964 (Lei do Serviço Militar);

VII – nos dias em que estiver comprovadamente realizando provas de exame vestibular para ingresso em estabelecimento de ensino superior;

VIII – pelo tempo que se fizer necessário, quando tiver que comparecer a juízo; e

IX – pelo tempo que se fizer necessário, quando, na qualidade de representante de entidade sindical, estiver participando de reunião oficial de organismo internacional do qual o Brasil seja membro.

O Tribunal Superior do Trabalho, por meio do Enunciado TST 15, disciplina que a justificação da ausência do empregado motivada por doença, para a percepção do salário-enfermidade e da remuneração do repouso semanal, deve observar a ordem preferencial dos atestados médicos, estabelecida em lei.

- **Repouso Semanal Remunerado**

Perderá a remuneração do dia de repouso o trabalhador que, sem motivo justificado ou em virtude de punição disciplinar, não tiver trabalhado durante toda a semana, cumprindo integralmente o seu horário de trabalho.

- **Contribuição Sindical**

Os empregadores são obrigados a descontar da folha de pagamento de seus empregados, relativa ao mês de março de cada ano, a Contribuição Sindical por estes devida aos respectivos sindicatos.

A Contribuição Sindical dos empregados será recolhida de uma só vez e corresponderá à remuneração de um dia de trabalho, qualquer que seja a forma de pagamento.

O desconto da contribuição sindical corresponde a um dia normal de trabalho, ou seja, vai ser composta da remuneração que corresponda à jornada diária normal do empregado.

- **Danos Causados pelo Empregado**

Em caso de dano causado pelo empregado, o desconto será lícito, desde que esta possibilidade tenha sido acordada ou na ocorrência de dolo do empregado.

CAPÍTULO 11

Provisões, Passivos e Ativos Contingentes

11.1. Considerações Iniciais

Trataremos neste capítulo do reconhecimento, da mensuração e da divulgação das provisões, dos passivos contingentes e dos ativos contingentes.

O *Pronunciamento Técnico CPC 25 – Provisões, Ativos Contingentes e Passivos Contingentes* trata do presente assunto e terá seus principais tópicos aqui apresentados.

11.2. Definições Importantes

As definições constantes do *Pronunciamento Técnico CPC 25 – Provisões, Ativos Contingentes e Passivos Contingentes* são importantes e aqui as transcrevemos.

Provisão é um passivo de prazo ou de valor incertos.

Passivo é uma obrigação presente da entidade, derivada de eventos já ocorridos, cuja liquidação se espera que resulte em saída de recursos da entidade capazes de gerar benefícios econômicos.

Evento que cria obrigação é um evento que cria uma obrigação legal ou não formalizada que faça com que a entidade não tenha nenhuma alternativa realista senão liquidar essa obrigação.

Obrigação legal é uma obrigação que deriva de:
a) contrato (por meio de termos explícitos ou implícitos);
b) legislação; ou
c) outra ação da lei.

Obrigação não formalizada é uma obrigação que decorre das ações da entidade em que:

a) por via de padrão estabelecido de práticas passadas, de políticas publicadas ou de declaração atual suficientemente específica, a entidade tenha indicado a outras partes que aceitará certas responsabilidades; e

b) em consequência, a entidade cria uma expectativa válida nessas outras partes de que cumprirá com essas responsabilidades.

Passivo contingente é:

a) uma obrigação possível que resulta de eventos passados e cuja existência será confirmada apenas pela ocorrência ou não de um ou mais eventos futuros incertos não totalmente sob controle da entidade; ou

b) uma obrigação presente que resulta de eventos passados, mas que não é reconhecida porque:

   i) não é provável que uma saída de recursos que incorporam benefícios econômicos seja exigida para liquidar a obrigação; ou

   ii) o valor da obrigação não pode ser mensurado com suficiente confiabilidade.

Ativo contingente é um ativo possível que resulta de eventos passados e cuja existência será confirmada apenas pela ocorrência ou não de um ou mais eventos futuros incertos não totalmente sob controle da entidade.

Contrato oneroso é um contrato em que os custos inevitáveis de satisfazer as obrigações do contrato excedem os benefícios econômicos que se esperam sejam recebidos ao longo do mesmo contrato.

Reestruturação é um programa planejado e controlado pela administração e que altera materialmente:

a) o âmbito de um negócio empreendido por entidade; ou

b) a maneira como o negócio é conduzido.

11.3. Provisões *versus* Passivos

Vimos que a ***provisão*** é um passivo de prazo ou de valor incertos; já o ***passivo*** é uma obrigação presente da entidade, derivada de eventos já ocorridos, cuja liquidação se espera que resulte em saída de recursos da entidade capazes de gerar benefícios econômicos.

Observe o leitor que há uma evidente distinção entre provisões e passivos. Muitas vezes há a necessidade de estimativa do valor de passivos, porém o grau de incerteza da estimativa destes é muito menor quando comparado ao grau de incerteza das provisões. Regra geral, os passivos são apresentados como parte de fornecedores e de outros valores a pagar, enquanto as provisões são apresentadas em separado.

As provisões podem ser distintas de outros passivos tais como contas a pagar e passivos derivados de apropriações por competência (*accruals*) porque há incerteza sobre o prazo ou o valor do desembolso futuro necessário para a sua liquidação. Por contraste:

a) as contas a pagar são passivos a pagar por conta de bens ou serviços fornecidos ou recebidos e que tenham sido faturados ou formalmente acordados com o fornecedor; e

b) os passivos derivados de apropriações por competência (*accruals*) são passivos a pagar por bens ou serviços fornecidos ou recebidos, mas que não tenham sido pagos, faturados ou formalmente acordados com o fornecedor, incluindo valores devidos a empregados (por exemplo, valores relacionados com pagamento de férias). Embora algumas vezes seja necessário estimar o valor ou prazo desses passivos, a incerteza é geralmente muito menor do que nas provisões.

Os passivos derivados de apropriação por competência (*accruals*) são frequentemente divulgados como parte das contas a pagar, enquanto as provisões são divulgadas separadamente.

11.4. Provisões *versus* Passivos Contingentes

Caso possam ser confiavelmente estimadas, as ***provisões*** representam passivos porque estamos diante de uma obrigação presente e que, provavelmente, promoverá desembolso para sua quitação.

Já os ***passivos contingentes*** representam obrigações possíveis (por estarem na dependência da ocorrência ou não de eventos futuros incertos) ou obrigações presentes, que não se enquadram nos critérios de reconhecimento de passivos.

Em sentido geral, todas as provisões são contingentes porque são incertas quanto ao seu prazo ou valor. Porém, neste capítulo o termo "contingente" é usado para passivos e ativos que não sejam reconhecidos porque a sua existência somente será confirmada pela ocorrência ou não de um ou mais eventos futuros incertos não totalmente sob o controle da entidade. Adicionalmente, o termo passivo contingente é usado para passivos que não satisfaçam os critérios de reconhecimento.

11.5. O Reconhecimento de Provisões

Uma ***provisão*** deve ser reconhecida quando:

a) a entidade tem uma obrigação presente (legal ou não formalizada) como resultado de evento passado;

b) seja provável que será necessária uma saída de recursos que incorporam benefícios econômicos para liquidar a obrigação; **e**

c) possa ser feita uma estimativa confiável do valor da obrigação.

Se essas condições não forem satisfeitas, nenhuma provisão deve ser reconhecida.

Exemplo

Questão 01 – (Analista Judiciário – Contabilidade – TSE – CONSULPLAN – 2012)

As provisões correspondem às estimativas de perdas de ativos ou às obrigações para com terceiros. Assinale a alternativa que NÃO apresenta condição para o reconhecimento de uma provisão decorrente.

a) A entidade tem uma obrigação presente, decorrente de um evento passado.
b) A responsabilidade da empresa não constitui uma obrigação formalizada.
c) A saída de recursos para liquidar a obrigação é provável.
d) O montante da obrigação pode ser estimado de modo confiável.

Resolução e Comentários

Uma *provisão* deve ser reconhecida quando:

a) a entidade tem uma obrigação presente (legal ou não formalizada) como resultado de evento passado;
b) seja provável que será necessária uma saída de recursos que incorporam benefícios econômicos para liquidar a obrigação; **e**
c) possa ser feita uma estimativa confiável do valor da obrigação.

Gabarito – B

11.5.1. Obrigação presente

Em casos raros não é claro se existe ou não uma obrigação presente. Nesses casos, presume-se que um evento passado dá origem a uma obrigação presente se, levando em consideração toda a evidência disponível, é mais provável que sim do que não que existe uma obrigação presente na data do balanço.

Em quase todos os casos será claro se um evento passado deu origem a uma obrigação presente. Em casos raros – como em um processo judicial, por exemplo –, pode-se discutir tanto se certos eventos ocorreram quanto se esses eventos resultaram em uma obrigação presente. Nesse caso, a entidade deve determinar se a obrigação presente existe na data do balanço ao considerar toda a evidência disponível incluindo, por exemplo, a opinião de peritos. A evidência considerada inclui qualquer evidência adicional proporcionada por eventos após a data do balanço. Com base em tal evidência:

a) quando for mais provável que sim do que não que existe uma obrigação presente na data do balanço, a entidade deve reconhecer a provisão (se os critérios de reconhecimento forem satisfeitos); e
b) quando for mais provável que não existe uma obrigação presente na data do balanço, a entidade divulga um passivo contingente, a menos que seja remota a possibilidade de uma saída de recursos que incorporam benefícios econômicos.

11.5.2. Evento passado

Um evento passado que conduz a uma obrigação presente é chamado de um *evento que cria obrigação*. Para um evento ser um evento que cria obrigação é necessário que a entidade não tenha qualquer alternativa realista senão liquidar a obrigação criada pelo evento. Esse é o caso somente:

a) quando a liquidação da obrigação pode ser imposta legalmente; ou
b) no caso de obrigação não formalizada, quando o evento (que pode ser uma ação da entidade) cria expectativas válidas em terceiros de que a entidade cumprirá a obrigação.

As demonstrações contábeis tratam da posição financeira da entidade no fim do seu período de divulgação e não da sua possível posição no futuro. Por isso, nenhuma provisão é reconhecida para despesas que necessitam ser incorridas para operar no futuro. Os únicos passivos reconhecidos no balanço da entidade são os que já existem na data do balanço.

São reconhecidas como provisão apenas as obrigações que surgem de eventos passados que existam independentemente de ações futuras da entidade (isto é, a conduta futura dos seus negócios). São exemplos de tais obrigações as penalidades ou os custos de limpeza de danos ambientais ilegais, que em ambos os casos dariam origem na liquidação a uma saída de recursos que incorporam benefícios econômicos independentemente das ações futuras da entidade. De forma similar, a entidade reconhece uma provisão para os custos de descontinuidade de poço de petróleo ou de central elétrica nuclear na medida em que a entidade é obrigada a retificar danos já causados. Por outro lado, devido a pressões comerciais ou exigências legais, a entidade pode pretender ou precisar efetuar gastos para operar de forma particular no futuro (por exemplo, montando filtros de fumaça em certo tipo de fábrica). Dado que a entidade pode evitar os gastos futuros pelas suas próprias ações, por exemplo, alterando o seu modo de operar, ela não tem nenhuma obrigação presente relativamente a esse gasto futuro e nenhuma provisão é reconhecida.

Uma obrigação envolve sempre outra parte a quem se deve a obrigação. Não é necessário, porém, saber a identidade da parte a quem se deve a obrigação – na verdade, a obrigação pode ser ao público em geral. Em virtude de a obrigação envolver sempre compromisso com outra parte, isso implica que a decisão da diretoria ou do conselho de administração não dá origem a uma obrigação não formalizada na data do balanço, a menos que a decisão tenha sido comunicada antes daquela data aos afetados por ela de forma suficientemente específica para suscitar neles uma expectativa válida de que a entidade cumprirá as suas responsabilidades.

Um evento que não gera imediatamente uma obrigação pode gerá-la em data posterior, por força de alterações na lei ou porque um ato da entidade (por exemplo, uma declaração pública suficientemente específica) dá origem a uma obrigação não formalizada. Por exemplo, quando forem causados danos ambientais, pode não haver obrigação para remediar as consequências. Porém, o fato de ter havido o dano torna-se um evento que cria obrigações quando uma nova lei exige que o dano existente seja retificado ou quando a entidade publicamente aceita a responsabilidade pela retificação de modo a criar uma obrigação não formalizada.

Quando os detalhes de nova lei proposta ainda tiverem de ser finalizados, a obrigação surgirá somente quando for praticamente certo que a legislação será promulgada conforme a minuta divulgada. Tal obrigação é tratada como obrigação legal. As diferenças de circunstâncias relativas à promulgação tornam impossível especificar um único evento que torna a promulgação de lei praticamente certa. Em muitos casos será impossível estar praticamente certo da promulgação de legislação até que ela seja promulgada.

11.5.3. Saída provável de recursos que incorporam benefícios econômicos

Para que um passivo se qualifique para reconhecimento, é necessário haver não somente uma obrigação presente, mas também a probabilidade de saída de recursos que incorporam benefícios econômicos para liquidar essa obrigação. Uma saída de recursos ou outro evento é considerado como provável se o evento for mais provável que sim do que não de ocorrer, isto é, se a probabilidade de que o evento ocorrerá for maior do que a probabilidade de isso não acontecer. Quando não for provável que exista uma obrigação presente, a entidade divulga um passivo contingente, a menos que a possibilidade de saída de recursos que incorporam benefícios econômicos seja remota.

Quando há várias obrigações semelhantes (por exemplo, garantias sobre produtos ou contratos semelhantes), a avaliação da probabilidade de que uma saída de recursos será exigida na liquidação deverá considerar o tipo de obrigação como um todo. Embora possa ser pequena a probabilidade de uma saída de recursos para qualquer item isoladamente, pode ser provável que alguma saída de recursos ocorra para o tipo de obrigação. Se esse for o caso, uma provisão é reconhecida (se os outros critérios para reconhecimento forem atendidos).

Exemplo
Questão 02 – (Analista de Controle Externo – Orçamento e Finanças – TCE – AP – FCC – 2012)

Analise a tabela abaixo.

Processo trabalhista (horas extras)	R$ 500.000,00	Probabilidade de perda 58%
Processo trabalhistas (assédio moral)	R$ 300.000,00	Probabilidade de perda 45%
Processo civil (danos corporais)	R$ 250.000,00	Probabilidade de perda 30%
Processo tributário discussão da constitucionalidade do Cofins	R$ 800.000,00	Probabilidade de perda 85%

Tabela de expectativas processuais
Com base nos dados da tabela, fornecidos pelo advogado da empresa Avante S.A. e considerando as condições estabelecidas nas normas contábeis vigentes para constituição das provisões contingenciais, a empresa deve provisionar:
a) R$ 1.300.000,00.
b) R$ 1.850.000,00.
c) R$ 800.000,00.
d) R$ 1.050.000,00.
e) R$ 300.000,00.

Resolução e Comentários

Para que um passivo se qualifique para reconhecimento, é necessário haver não somente uma obrigação presente, mas também a probabilidade de saída de recursos que incorporam benefícios econômicos para liquidar essa obrigação. **Uma saída de recursos ou outro evento é considerado como provável se o evento for mais provável que sim do que não de ocorrer, isto é, se a probabilidade de que o evento ocorrerá for maior do que a probabilidade de isso não acontecer.** Quando não for provável que exista uma obrigação presente, a entidade divulga um passivo contingente, a menos que a possibilidade de saída de recursos que incorporam benefícios econômicos seja remota.

Que probabilidades de perdas são superiores a 50%?!
- Processo Trabalhista – Horas Extras – Valor: R$ 500.000,00
- Processo Tributário – Valor: R$ 800.000,00

→ Total: R$ 1.300.000,00

Gabarito – A

11.5.4. Estimativa confiável da obrigação

O uso de estimativas é uma parte essencial da elaboração de demonstrações contábeis e não prejudica a sua confiabilidade. Isso é especialmente verdadeiro no caso de provisões, que pela sua natureza são mais incertas do que a maior parte de outros elementos do balanço. Exceto em casos extremamente raros, a entidade é capaz de determinar um conjunto de desfechos possíveis e, dessa forma, fazer uma estimativa da obrigação que seja suficientemente confiável para ser usada no reconhecimento da provisão.

Nos casos extremamente raros em que nenhuma estimativa confiável possa ser feita, existe um passivo que não pode ser reconhecido. Esse passivo é divulgado como **passivo contingente.**

11.6. A Mensuração das Provisões

11.6.1. A melhor estimativa

O valor reconhecido como *provisão* deve ser a melhor estimativa do desembolso exigido para liquidar a obrigação presente na data do balanço.

A melhor estimativa do desembolso exigido para liquidar a obrigação presente é o valor que a entidade racionalmente pagaria para liquidar a obrigação na data do balanço ou para transferi-la para terceiros nesse momento. É muitas vezes impossível ou proibitivamente dispendioso liquidar ou transferir a obrigação na data do balanço. Porém, a estimativa do valor que a entidade racionalmente pagaria para liquidar ou transferir a obrigação produz a melhor estimativa do desembolso exigido para liquidar a obrigação presente na data do balanço.

As estimativas do desfecho e do efeito financeiro são determinadas pelo julgamento da administração da entidade, complementados pela experiência de transações semelhantes e, em alguns casos, por relatórios de peritos independentes. As evidências consideradas devem incluir qualquer evidência adicional fornecida por eventos subsequentes à data do balanço.

As incertezas que rodeiam o valor a ser reconhecido como provisão são tratadas por vários meios de acordo com as circunstâncias. Quando a provisão a ser mensurada envolve uma grande população de itens, a obrigação deve ser estimada ponderando-se todos os possíveis desfechos pelas suas probabilidades associadas. O nome para esse método estatístico de estimativa é "valor esperado". Portanto, a provisão será diferente dependendo de a probabilidade da perda de um dado valor ser, por exemplo, de 60 por cento ou de 90 por cento. Quando houver uma escala contínua de desfechos possíveis, e cada ponto nessa escala é tão provável como qualquer outro, é usado o ponto médio da escala.

Exemplo

A entidade vende bens com uma garantia segundo a qual os clientes estão cobertos pelo custo da reparação de qualquer defeito de fabricação que se tornar evidente dentro dos primeiros seis meses após a compra. Se forem detectados defeitos menores em todos os produtos vendidos, a entidade irá incorrer em custos de reparação de 1 milhão. Se forem detectados defeitos maiores em todos os produtos vendidos, a entidade irá incorrer em custos de reparação de 4 milhões. A experiência passada da entidade e as expectativas futuras indicam que, para o próximo ano, 75 por cento dos bens vendidos não terão defeito, 20 por cento dos bens vendidos terão defeitos menores e 5 por cento dos bens vendidos terão defeitos maiores. A entidade avalia a probabilidade de uma saída para as obrigações de garantias como um todo.

O valor esperado do custo das reparações é: (75% x 0) + (20% x $ 1 milhão) + (5% de $ 4 milhões) = $ 400.000.

Quando uma única obrigação estiver sendo mensurada, o desfecho individual mais provável pode ser a melhor estimativa do passivo. Porém, mesmo em tal caso, a entidade considera outras consequências possíveis. Quando outras consequências possíveis forem principalmente mais altas ou principalmente mais baixas do que a consequência mais provável, a melhor estimativa será um valor mais alto ou mais baixo. Por exemplo, se a entidade tiver de reparar um defeito grave em uma fábrica importante que tenha construído para um cliente, o resultado individual mais provável pode ser a reparação ter sucesso na primeira tentativa por um custo de $ 1.000, mas a provisão é feita por um valor maior se houver uma chance significativa de que outras tentativas serão necessárias.

A provisão deve ser mensurada antes dos impostos; as consequências fiscais da provisão, e alterações nela, são tratadas pelo *Pronunciamento Técnico CPC 32 – Tributos sobre o Lucro*.

11.6.2. Risco e incerteza

Os riscos e incertezas que inevitavelmente existem em torno de muitos eventos e circunstâncias devem ser levados em consideração para se alcançar a melhor estimativa da provisão.

O risco descreve a variabilidade de desfechos. Uma nova avaliação do risco pode aumentar o valor pelo qual um passivo é mensurado. É preciso ter cuidado ao realizar julgamentos em condições de incerteza, para que as receitas ou ativos não sejam superavaliados e as despesas ou passivos não sejam subavaliados. Porém, *a incerteza não justifica a criação de provisões excessivas ou uma superavaliação deliberada de passivos*. Por exemplo, se os custos projetados de desfecho particularmente adverso forem estimados em base conservadora, então esse desfecho não é deliberadamente tratado como sendo mais provável do que a situação realística do caso. É necessário cuidado para evitar duplicar ajustes de risco e incerteza com a consequente superavaliação da provisão.

11.6.3. O valor presente

Quando o efeito do valor do dinheiro no tempo é material, o valor da provisão deve ser o valor presente dos desembolsos que se espera que sejam exigidos para liquidar a obrigação.

Em virtude do valor do dinheiro no tempo, as provisões relacionadas com saídas de caixa que surgem logo após a data do balanço são mais onerosas do que aquelas em que as saídas de caixa de mesmo valor surgem mais tarde. Em função disso, as provisões são descontadas, quando o efeito é material.

A taxa de desconto deve ser a taxa antes dos impostos que reflita as atuais avaliações de mercado quanto ao valor do dinheiro no tempo e os riscos específicos para o passivo. A taxa de desconto não deve refletir os riscos relativamente aos quais as estimativas de fluxos de caixa futuros tenham sido ajustadas. (Veja-se o *Pronunciamento Técnico CPC 12 – Ajuste a Valor Presente*).

11.6.4. Os eventos futuros

Os eventos futuros que possam afetar o valor necessário para liquidar a obrigação devem ser refletidos no valor da provisão quando houver evidência objetiva suficiente de que eles ocorrerão.

Os eventos futuros esperados podem ser particularmente importantes ao mensurar as provisões. Por exemplo, a entidade pode acreditar que o custo de limpar um local no fim da sua vida útil será reduzido em função de mudanças tecnológicas futuras. O valor reconhecido reflete uma expectativa razoável de observadores tecnicamente qualificados e objetivos, tendo em vista toda a evidência disponível quanto à tecnologia que estará disponível no momento da limpeza. Portanto, é apropriado incluir, por exemplo, reduções de custo esperadas associadas com experiência desenvolvida na aplicação de tecnologia existente ou o custo esperado de aplicação da tecnologia existente a uma operação de limpeza maior ou mais complexa da que previamente tenha sido levada em consideração. Porém, a entidade não deve antecipar o desenvolvimento da tecnologia completamente nova de limpeza a menos que isso seja apoiado por evidência objetiva suficiente.

O efeito de possível legislação nova deve ser considerado na mensuração da obrigação existente quando existe evidência objetiva suficiente de que a promulgação da lei é praticamente certa. A variedade de circunstâncias que surgem na prática torna impossível especificar um evento único que proporcionará evidência objetiva suficiente em todos os casos. Exige-se evidência do que a legislação vai exigir e também de que a sua promulgação e a sua implementação são praticamente certas. Em muitos casos não existe evidência objetiva suficiente até que a nova legislação seja promulgada.

11.6.5. A alienação esperada de ativo

Os ganhos da alienação esperada de ativos não devem ser levados em consideração ao mensurar a provisão.

Os ganhos na alienação esperada de ativos não devem ser levados em consideração ao mensurar a provisão, mesmo se a alienação esperada estiver intimamente ligada ao evento que dá origem à provisão. Em vez disso, a entidade deve reconhecer ganhos nas alienações esperadas de ativos no momento determinado pelo Pronunciamento Técnico que trata dos respectivos ativos.

11.6.6. Reembolso

Quando se espera que algum ou todos os desembolsos necessários para liquidar uma provisão sejam reembolsados por outra parte, o reembolso deve ser reconhecido quando, e somente quando, for praticamente certo que o reembolso será recebido se a entidade liquidar a obrigação. O reembolso deve ser tratado como ativo separado. O valor reconhecido para o reembolso não deve ultrapassar o valor da provisão.

Na demonstração do resultado, a despesa relativa a uma provisão pode ser apresentada líquida do valor reconhecido de reembolso.

Algumas vezes, a entidade é capaz de esperar que outra parte pague parte ou todo o desembolso necessário para liquidar a provisão (por exemplo, por intermédio de contratos de seguro, cláusulas de indenização ou garantias de fornecedores). A outra parte pode reembolsar valores pagos pela entidade ou pagar diretamente os valores.

Na maioria dos casos, a entidade permanece comprometida pela totalidade do valor em questão de forma que a entidade teria que liquidar o valor inteiro se a terceira parte deixasse de efetuar o pagamento por qualquer razão. Nessa situação, é reconhecida uma provisão para o valor inteiro do passivo e é reconhecido um ativo separado pelo reembolso esperado, desde que seu recebimento seja praticamente certo se a entidade liquidar o passivo.

Em alguns casos, a entidade não está comprometida pelos custos em questão se a terceira parte deixar de efetuar o pagamento. Nesse caso, a entidade não tem nenhum passivo relativo a esses custos, não sendo assim incluídos na provisão.

A obrigação pela qual a entidade esteja conjunta e solidariamente responsável é um **passivo contingente**, *uma vez que se espera que a obrigação seja liquidada pelas outras partes.*

Exemplo
Política de reembolso

Uma loja de varejo tem a política de reembolsar compras de clientes insatisfeitos, mesmo que não haja obrigação legal para isso. Sua política de efetuar reembolso é amplamente conhecida.

Obrigação presente como resultado de evento passado que gera obrigação – O evento que gera a obrigação é a venda do produto, que dá origem à obrigação não formalizada porque a conduta da loja criou uma expectativa válida nos seus clientes de que a loja irá reembolsar as compras.

Saída de recursos envolvendo benefícios futuros na liquidação – Provável, haja vista que bens, em certa proporção, são devolvidos para reembolso.

Conclusão – Uma provisão é reconhecida pela melhor estimativa dos custos de reembolso.

11.7. Mudanças na Provisão

As provisões devem ser reavaliadas em cada data de balanço e ajustadas para refletir a melhor estimativa corrente. *Se já não for mais provável que seja necessária uma saída de recursos que incorporam benefícios econômicos futuros para liquidar a obrigação, a provisão deve ser revertida.*

Quando for utilizado o desconto a valor presente, o valor contábil da provisão aumenta a cada período para refletir a passagem do tempo. Esse aumento deve ser reconhecido como **despesa financeira**.

11.8. O Uso de Provisões

Uma provisão deve ser usada somente para os desembolsos para os quais a provisão foi originalmente reconhecida.

Somente os desembolsos que se relacionem com a provisão original são compensados com a mesma provisão. Reconhecer os desembolsos contra uma provisão que foi originalmente reconhecida para outra finalidade esconderia o impacto de dois eventos diferentes.

11.9. Aplicações de Regra de Reconhecimento e de Mensuração de Provisões

11.9.1. A perda operacional futura

*Provisões para perdas operacionais futuras **não** devem ser reconhecidas.*

As perdas operacionais futuras não satisfazem à definição de passivo, nem os critérios gerais de reconhecimento anteriormente apresentados.

A expectativa de perdas operacionais futuras é uma indicação de que certos ativos da unidade operacional podem não ser recuperáveis. A entidade deve testar esses ativos quanto à recuperabilidade segundo o *Pronunciamento Técnico CPC 01 – Redução ao Valor Recuperável de Ativos*.

11.9.2. Os contratos onerosos

Se a entidade tiver um contrato oneroso, a obrigação presente de acordo com o contrato deve ser reconhecida e mensurada como provisão.

Muitos contratos (por exemplo, algumas ordens de compra de rotina) podem ser cancelados sem pagar compensação à outra parte e, portanto, não há obrigação. Outros contratos estabelecem direitos e obrigações para cada uma das partes do contrato. Quando os eventos tornam esse contrato oneroso, existirá um passivo que deve ser reconhecido.

Um **contrato oneroso** é um contrato em que os custos inevitáveis de satisfazer as obrigações do contrato excedem os benefícios econômicos que se espera sejam recebidos ao longo do mesmo contrato. Os custos inevitáveis do contrato refletem o menor custo líquido de sair do contrato, e este é determinado com base a) no custo de cumprir o contrato ou b) no custo de qualquer compensação ou de penalidades provenientes do não cumprimento do contrato, dos dois o menor.

Antes de ser estabelecida uma provisão separada para um contrato oneroso, a entidade deve reconhecer qualquer perda decorrente de desvalorização que tenha ocorrido nos ativos relativos a esse contrato (ver o *Pronunciamento Técnico CPC 01 – Redução ao Valor Recuperável de Ativos*).

Exemplo

Contrato oneroso

Uma entidade opera de maneira lucrativa em uma fábrica arrendada conforme arrendamento operacional. Durante dezembro de 20X0, a entidade transfere suas operações para a nova fábrica. O arrendamento da antiga fábrica ainda terá que ser pago por mais quatro anos, não pode ser cancelado e a fábrica não pode ser subarrendada para outro usuário.

Obrigação presente como resultado de evento passado que gera obrigação – O evento que gera a obrigação é a assinatura do contrato de arrendamento mercantil, que dá origem a uma obrigação legal.

Uma saída de recursos envolvendo benefícios futuros na liquidação – quando o arrendamento se torna oneroso, uma saída de recursos envolvendo benefícios econômicos é provável (até que o arrendamento mercantil se torne oneroso, a entidade contabiliza o arrendamento mercantil de acordo com o *Pronunciamento Técnico CPC 06 – Operações de Arrendamento Mercantil*).

Conclusão – Uma provisão é reconhecida pela melhor estimativa dos pagamentos inevitáveis do arrendamento mercantil.

11.10. A REESTRUTURAÇÃO E AS PROVISÕES

Reestruturação é um programa planejado e controlado pela administração e que altera materialmente:

a) o âmbito de um negócio empreendido por entidade; ou
b) a maneira como o negócio é conduzido.

Exemplos de eventos que podem se enquadrar na definição de reestruturação são:

a) venda ou extinção de linha de negócios;
b) fechamento de locais de negócios de um país ou região ou a realocação das atividades de negócios de um país ou região para outro;
c) mudanças na estrutura da administração, por exemplo, eliminação de um nível de gerência; e
d) reorganizações fundamentais que tenham efeito material na natureza e no foco das operações da entidade.

Uma provisão para custos de reestruturação deve ser reconhecida somente quando são cumpridos os critérios gerais de reconhecimento de provisões.

Uma obrigação não formalizada para reestruturação surge somente quando a entidade:

a) tiver um plano formal detalhado para a reestruturação, identificando pelo menos:
   i) o negócio ou parte do negócio em questão;
   ii) os principais locais afetados;
   iii) o local, as funções e o número aproximado de empregados que serão incentivados financeiramente a se demitir;
   iv) os desembolsos que serão efetuados; e
   v) quando o plano será implantado; e
b) tiver criado expectativa válida naqueles que serão afetados pela reestruturação, seja ao começar a implantação desse plano ou ao anunciar as suas principais características para aqueles afetados pela reestruturação.

A evidência de que a entidade começou a implantar o plano de reestruturação seria fornecida, por exemplo, pela desmontagem da fábrica, pela venda de ativos ou pela divulgação das principais características do plano. A divulgação do plano detalhado para reestruturação constitui obrigação não formalizada para reestruturação somente se for feita de tal maneira e em detalhes suficientes (ou seja, apresentando as principais características do plano) que origine expectativas válidas de outras partes, tais como clientes, fornecedores e empregados (ou os seus representantes) de que a entidade realizará a reestruturação.

Para que o plano seja suficiente para dar origem a uma obrigação não formalizada, quando comunicado àqueles por ele afetados, é necessário que sua implementação comece o mais rápido possível e seja concluída dentro de um prazo que torne improvável a ocorrência de mudanças significativas no plano. Entretanto, caso se espere que haja grande atraso antes de a reestruturação começar ou que esta demore tempo demais, deixa de ser provável que o plano crie expectativa válida da parte de outros de que a entidade está, atualmente, comprometida com a reestruturação, porque o período de execução dá oportunidade para a entidade mudar seus planos.

Uma decisão de reestruturação da administração ou da diretoria tomada antes da data do balanço não dá origem a uma obrigação não formalizada na data do balanço, a menos que a entidade tenha, antes da data do balanço:
a) começado a implementação do plano de reestruturação; ou
b) anunciado as principais características do plano de reestruturação àqueles afetados por ele, de forma suficientemente específica, criando neles expectativa válida de que a entidade fará a reestruturação.

A entidade pode começar a implementar um plano de reestruturação, ou anunciar as suas principais características àqueles afetados pelo plano, somente depois da data do balanço. Exige-se divulgação conforme o *Pronunciamento Técnico CPC 24 – Evento Subsequente*, se a reestruturação for material e se a não divulgação puder influenciar as decisões econômicas dos usuários tomadas com base nas demonstrações contábeis.

Embora uma obrigação não formalizada não seja criada apenas por decisão da administração, ela pode resultar de outros eventos anteriores combinados com essa decisão. Por exemplo, as negociações com representantes de empregados para pagamento de demissões, ou com compradores, para a venda de operação, podem ter sido concluídas, sujeitas apenas à aprovação da diretoria. Uma vez obtida a aprovação e comunicada às outras partes, a entidade tem uma obrigação não formalizada de reestruturar, se as condições anteriormente apresentadas forem atendidas.

Em alguns casos, a alta administração está inserida no conselho cujos membros incluem representantes de interesses diferentes dos de uma administração (por exemplo, empregados) ou a notificação para esses representantes pode ser necessária antes de ser tomada a decisão pela alta administração. Quando uma decisão desse conselho envolve a comunicação a esses representantes, isso pode resultar em obrigação não formalizada de reestruturar.

Nenhuma obrigação surge pela venda de unidade operacional até que a entidade esteja comprometida com essa operação, ou seja, quando há um contrato firme de venda.

Mesmo quando a entidade tiver tomado a decisão de vender uma unidade operacional e anunciado publicamente essa decisão, ela pode não estar comprometida com a venda até que o comprador tenha sido identificado e houver contrato firme de venda. Até haver contrato firme de venda, a entidade pode mudar de ideia e, de fato, terá de tomar outras medidas se não puder ser encontrado comprador em termos aceitáveis. Quando a venda de uma unidade operacional for vista como parte da reestruturação, os ativos da unidade operacional são avaliados quanto à sua recuperabilidade, conforme o *Pronunciamento Técnico CPC 01 – Redução ao Valor Recuperável de Ativos*. Quando a venda for somente uma parte da reestruturação, uma obrigação não formalizada poderá surgir para as outras partes da reestruturação antes de existir um contrato de venda firme.

A provisão para reestruturação deve incluir somente os desembolsos diretos decorrentes da reestruturação, que simultaneamente sejam:

a) necessariamente ocasionados pela reestruturação; e

b) não associados às atividades em andamento da entidade.

A provisão para reestruturação não inclui custos como:

a) novo treinamento ou remanejamento da equipe permanente;

b) marketing; ou

c) investimento em novos sistemas e redes de distribuição.

Esses desembolsos relacionam-se com a conduta futura da empresa e não são passivos de reestruturação na data do balanço. Tais desembolsos devem ser reconhecidos da mesma forma que o seriam se surgissem independentemente da reestruturação.

Perdas operacionais futuras, identificáveis até a data da reestruturação, não devem ser incluídas em uma provisão, a menos que se relacionem a contrato oneroso.

Os ganhos na alienação esperada de ativos não devem ser levados em consideração ao mensurar uma provisão para reestruturação, mesmo que a venda de ativos seja vista como parte da reestruturação.

Exemplo

Questão 03 – (Analista Judiciário – Contabilidade – TRT – 20ª Região – FCC – 2011)
A empresa Moderna S.A está elaborando um plano de reestruturação que atende aos critérios de reconhecimento geral das provisões. Considerando os novos pronunciamentos contábeis, podem compor sua base:

a) o retreinamento do pessoal e as despesas legais para viabilização do projeto de reestruturação.

b) os investimentos em novos sistemas e o retreinamento do pessoal.

c) os salários do plano de demissão voluntária e o custo dos planos de saúde dos demitidos no plano.

d) a estruturação de novas redes de distribuição e as despesas legais para viabilização do projeto.

e) a relocação de pessoal e os valores de indenização do plano de demissão voluntária.

Resolução e Comentários

A provisão para reestruturação não inclui custos como:

a) novo treinamento ou remanejamento da equipe permanente;

b) marketing; ou

c) investimento em novos sistemas e redes de distribuição.

Apenas a alternativa "C" trata de eventos passados que podem dar origem às provisões.

Gabarito – C

11.11. Exemplos sobre a Possibilidade de Constituição de Provisões

Todas as entidades dos exemplos a seguir apresentados encerram suas demonstrações contábeis em 31 de dezembro. Em todos os casos, assume-se que uma estimativa confiável pode ser feita para quaisquer saídas esperadas. Em alguns exemplos, as circunstâncias descritas podem ter resultado em reduções ao valor recuperável de ativos – esse aspecto não é tratado nos exemplos.

As referências sobre a "melhor estimativa" se referem ao montante do valor presente, em que o efeito do valor do dinheiro no tempo é material.

Exemplo

Garantia

Um fabricante dá garantias no momento da venda para os compradores do seu produto. De acordo com os termos do contrato de venda, o fabricante compromete a consertar, por reparo ou substituição, defeitos de produtos que se tornarem aparentes dentro de três anos desde a data da venda. De acordo com a experiência passada, é provável (ou seja, mais provável que sim do que não) que haverá algumas reclamações dentro das garantias.

Obrigação presente como resultado de evento passado que gera obrigação – O evento que gera a obrigação é a venda do produto com a garantia, o que dá origem a uma obrigação legal.

Saída de recursos envolvendo benefícios futuros na liquidação – Provável para as garantias como um todo.

Conclusão – A provisão é reconhecida pela melhor estimativa dos custos para consertos de produtos com garantia vendidos antes da data do balanço.

Exemplo

Terreno contaminado – é praticamente certo que a legislação será aprovada

Uma entidade do setor de petróleo causa contaminação, mas efetua a limpeza apenas quando é requerida a fazê-la nos termos da legislação de um país em particular no qual ela opera. O país no qual ela opera não possui legislação requerendo a limpeza, e a entidade vem contaminando o terreno nesse país há diversos anos. Em 31 de dezembro de 20X0 é praticamente certo que um projeto de lei requerendo a limpeza do terreno já contaminado será aprovado rapidamente após o final do ano.

Obrigação presente como resultado de evento passado que gera obrigação – O evento que gera a obrigação é a contaminação do terreno, pois é praticamente certo que a legislação requeira a limpeza.

Saída de recursos envolvendo benefícios futuros na liquidação – Provável.

Conclusão – Uma provisão é reconhecida pela melhor estimativa dos custos de limpeza.

Exemplo

Terreno contaminado e obrigação não formalizada

Uma entidade do setor de petróleo causa contaminação e opera em um país onde não há legislação ambiental. Entretanto, a entidade possui uma política ambiental amplamente divulgada, na qual ela assume a limpeza de toda a contaminação que causa. A entidade tem um histórico de honrar essa política publicada.

Obrigação presente como resultado de evento passado que gera obrigação – O evento que gera a obrigação é a contaminação do terreno, que dá origem a uma obrigação não formalizada, pois a conduta da entidade criou uma expectativa válida na parte afetada pela contaminação de que a entidade irá limpar a contaminação.

Saída de recursos envolvendo benefícios futuros na liquidação – Provável.

Conclusão – Uma provisão é reconhecida pela melhor estimativa dos custos de limpeza.

Exemplo

Atividade de extração de petróleo

Uma entidade opera em uma atividade de extração de petróleo na qual seu contrato de licença prevê a remoção da perfuratriz petrolífera ao final da produção e a restauração do solo oceânico. Noventa por cento dos custos eventuais são relativos à remoção da perfuratriz petrolífera e a restauração dos danos causados pela sua construção, e dez por cento advêm da extração do petróleo. Na data do balanço, a perfuratriz foi construída, mas o petróleo não está sendo extraído.

Obrigação presente como resultado de evento passado que gera obrigação – A construção da perfuratriz petrolífera cria uma obrigação legal nos termos da licença para remoção da perfuratriz e restauração do solo oceânico e, portanto, esse é o evento que gera a obrigação. Na data do balanço, entretanto, não há obrigação de corrigir o dano que será causado pela extração do petróleo.

Saída de recursos envolvendo benefícios futuros na liquidação – Provável.

Conclusão – Uma provisão é reconhecida pela melhor estimativa de noventa por cento dos custos eventuais que se relacionam com a perfuratriz petrolífera e a restauração dos danos causados pela sua construção. Esses custos são incluídos como parte dos custos da perfuratriz petrolífera. Os dez por cento de custos que são originados a partir da extração do petróleo são reconhecidos como passivo quando o petróleo é extraído.

Exemplo

Fechamento de divisão – nenhuma implementação antes do fechamento do balanço

Em 12 de dezembro de 20X0, o conselho da entidade decidiu encerrar as atividades de uma divisão. Antes do fechamento do balanço (31 de dezembro de 20X0), a decisão não havia sido comunicada a qualquer um dos afetados por ela, e nenhuma outra providência havia sido tomada para implementar a decisão.

Saída de recursos envolvendo benefícios futuros na liquidação – Não há evento que gera obrigação e, portanto, não há obrigação.

Conclusão – Nenhuma provisão é reconhecida.

Exemplo

Fechamento de divisão – comunicação/ implementação antes do fechamento do balanço

Em 12 de dezembro de 20X0, o conselho da entidade decidiu encerrar as atividades de uma divisão que produz um produto específico. Em 20 de dezembro de 20X0, um plano detalhado para o fechamento da divisão foi aprovado pelo conselho; cartas foram enviadas aos clientes alertando-os para procurar uma fonte alternativa de fornecimento, e comunicações diversas sobre demissões foram enviadas para o pessoal da divisão.

Obrigação presente como resultado de evento passado que gera obrigação – O evento que gera a obrigação é a comunicação da decisão aos clientes e empregados, o que dá origem a uma obrigação não formalizada a partir dessa data, porque cria uma expectativa válida de que a divisão será fechada.

Saída de recursos envolvendo benefícios futuros na liquidação – Provável.

Conclusão – Uma provisão é reconhecida em 31 de dezembro de 20X0 pela melhor estimativa dos custos de fechamento da divisão.

Exemplo

Requerimento legal para a instalação de filtro de fumaça

De acordo com a nova legislação, a entidade é requerida a instalar filtros de fumaça nas suas fábricas até 30 de junho de 20X1. A entidade não fez a instalação dos filtros de fumaça.

(a) Em 31 de dezembro de 20X0, na data do balanço.

Obrigação presente como resultado de evento passado que gera obrigação – Não há obrigação porque não há o evento que gera a obrigação mesmo para os custos de instalação dos filtros de fumaça ou para as multas de acordo com a nova legislação.

Conclusão – Nenhuma provisão é reconhecida para os custos de instalação dos filtros de fumaça.

(b) Em 31 de dezembro de 20X1, na data do balanço.

Obrigação presente como resultado de um evento passado que gera obrigação – Novamente não há obrigação para os custos de instalação dos filtros de fumaça porque nenhum evento que gera a obrigação ocorreu (a instalação dos filtros). Entretanto, uma obrigação pode surgir do pagamento de multas ou penalidades de acordo com a nova legislação, pois o evento que gera a obrigação ocorreu (a operação da fábrica em não conformidade com a legislação).

Uma saída de recursos envolvendo benefícios futuros na liquidação – A avaliação da probabilidade de incorrência de multas e penalidades pela não conformidade da operação depende dos detalhes da legislação e da severidade do regime de execução da lei.

Conclusão – Nenhuma provisão é reconhecida para os custos de instalação dos filtros de fumaça. Entretanto, uma provisão é reconhecida pela melhor estimativa de quaisquer multas ou penalidades que sejam mais prováveis de serem impostas.

Exemplo
Treinamento para atualização de pessoal como resultado de mudança na tributação do imposto de renda

O governo introduz certo número de mudanças na tributação do imposto de renda. Como resultado dessas mudanças, a entidade do setor financeiro irá necessitar de treinamento para atualização de grande número de seus empregados da área administrativa e de vendas para garantir a conformidade contínua com a regulação bancária. Na data do balanço, nenhum treinamento do pessoal havia sido feito.

Obrigação presente como resultado de evento passado que gera obrigação – Não há obrigação porque o evento que gera a obrigação (treinamento para atualização) não foi realizado.

Conclusão – Nenhuma provisão é reconhecida.

Exemplo
Garantia individual

Em 31 de dezembro de 20X0, a Entidade A dá garantia a certos empréstimos da Entidade B, cuja condição financeira naquele momento é sólida. Durante 20X1, a condição financeira da Entidade B se deteriora, e em 30 de junho de 20X1 a Entidade B entra em processo de recuperação judicial.

Esse contrato atende à definição de contrato de seguro de acordo com o *Pronunciamento Técnico CPC 11 – Contratos de Seguro*, mas está dentro do alcance do *Pronunciamento Técnico CPC 38 – Instrumentos Financeiros: Reconhecimento e Mensuração*, porque também atende à definição de contrato de garantia financeira do *Pronunciamento Técnico CPC 38*. Se o emissor previamente declarou explicitamente que trata tais contratos como contratos de seguro e tem utilizado a contabilidade aplicável a contratos de seguro, o emissor pode eleger aplicar tanto o *CPC 38* quanto o *CPC 11* em tais contratos de garantia. O *Pronunciamento Técnico CPC 11* permite ao emissor continuar com as suas políticas contábeis existentes para contratos de seguro se determinados requisitos mínimos são atendidos. O *Pronunciamento Técnico CPC 11* também permite mudanças em políticas contábeis que atendam a critérios específicos. O exemplo a seguir ilustra uma política contábil que o *Pronunciamento Técnico CPC 11* permite e também está em conformidade com os requisitos do *Pronunciamento Técnico CPC 38* com relação aos contratos de garantia financeira dentro do alcance do *CPC 38*.

(a) Em 31 de dezembro de 20X0

Obrigação presente como resultado de evento passado que gera obrigação – O evento que gera a obrigação é a concessão da garantia, que dá origem a uma obrigação legal.

Saída de recursos envolvendo benefícios futuros na liquidação – Nenhuma saída de benefícios é provável em 31 de dezembro de 20X0.

Conclusão – A garantia é reconhecida pelo valor justo.

(b) Em 31 de dezembro de 20X1

Obrigação presente como resultado de evento passado que gera obrigação – O evento que gera a obrigação é a concessão da garantia, que dá origem a uma obrigação legal.

Uma saída de recursos envolvendo benefícios futuros na liquidação – Em 31 de dezembro de 20X1, é provável que uma saída de recursos envolvendo benefícios econômicos futuros será requerida para liquidar a obrigação.

Conclusão – A garantia é posteriormente mensurada pelo maior dos seguintes valores: (a) a melhor estimativa da obrigação, e (b) o valor inicialmente reconhecido menos, quando apropriado, a amortização acumulada de acordo com o *Pronunciamento Técnico CPC 30 – Receitas*.

Exemplo

Caso judicial

Após um casamento em 20X0, dez pessoas morreram, possivelmente por resultado de alimentos envenenados oriundos de produtos vendidos pela entidade. Procedimentos legais são instaurados para solicitar indenização da entidade, mas esta disputa o caso judicialmente. Até a data da autorização para a publicação das demonstrações contábeis do exercício findo em 31 de dezembro de 20X0, os advogados da entidade aconselham que é provável que a entidade não será responsabilizada. Entretanto, quando a entidade elabora as suas demonstrações contábeis para o exercício findo em 31 de dezembro de 20X1, os seus advogados aconselham que, dado o desenvolvimento do caso, é provável que a entidade será responsabilizada.

(a) Em 31 de dezembro de 20X0

Obrigação presente como resultado de evento passado que gera obrigação – Baseado nas evidências disponíveis até o momento em que as demonstrações contábeis foram aprovadas, não há obrigação como resultado de eventos passados.

Conclusão – Nenhuma provisão é reconhecida. A questão é divulgada como passivo contingente, a menos que a probabilidade de qualquer saída seja considerada remota.

(b) Em 31 de dezembro de 20X1

Obrigação presente como resultado de evento passado que gera obrigação – Baseado na evidência disponível, há uma obrigação presente.

Saída de recursos envolvendo benefícios futuros na liquidação – Provável.

Conclusão – Uma provisão é reconhecida pela melhor estimativa do valor necessário para liquidar a obrigação.

Exemplo

Reparo e manutenção

Alguns ativos necessitam, além de manutenção de rotina, de gastos substanciais a cada período de alguns anos, para reparos ou reformas principais e a substituição de componentes principais. O *Pronunciamento Técnico CPC 27 – Ativo Imobilizado* fornece orientação para a alocação de desembolsos com um ativo aos seus componentes quando esses componentes possuem vidas úteis diferentes ou fornecem benefícios em um padrão diferente.

Exemplo

Custo de reforma – não há requisito legal

Um forno possui um revestimento que precisa ser substituído a cada cinco anos por razões técnicas. Na data do balanço, o revestimento foi utilizado por três anos.

Obrigação presente como resultado de evento passado que gera obrigação – Não há obrigação presente.

Conclusão – Nenhuma provisão é reconhecida.

O custo de substituição do revestimento não é reconhecido porque, na data do balanço, não há obrigação de substituir o revestimento existente independentemente das ações futuras da companhia – mesmo que a intenção de incorrer no desembolso dependa da decisão da companhia de continuar operando o forno ou de substituir o revestimento. Ao invés de uma provisão ser reconhecida, a depreciação do revestimento leva em consideração o seu consumo, ou seja, é depreciado em cinco anos. Os custos do novo revestimento, quando incorridos, são capitalizados e o consumo de cada novo revestimento é capturado pela depreciação ao longo dos cinco anos subsequentes.

Exemplo

Custo de reforma – há requisito legal

Uma companhia aérea é requerida por lei a vistoriar as suas aeronaves a cada três anos.

Obrigação presente como resultado de evento passado que gera obrigação – Não há obrigação presente.

Conclusão – Nenhuma provisão é reconhecida.

Os custos de vistoria da aeronave não são reconhecidos como provisão pelas mesmas razões de não reconhecimento de provisão para os custos de substituição do revestimento do exemplo anterior. Mesmo o requisito legal para realizar a vistoria não torna os custos de vistoria um passivo, porque nenhuma obrigação existe para vistoriar a aeronave, independentemente das ações futuras da entidade – a entidade poderia evitar os desembolsos futuros pelas suas ações futuras, por exemplo, mediante a venda da aeronave. Ao invés da provisão ser reconhecida, a depreciação da aeronave leva em consideração a incidência futura de custos de manutenção, ou seja, um valor equivalente aos custos de manutenção esperados é depreciado em três anos.

11.12. A Divulgação das Provisões

Para cada classe de provisão, a entidade deve divulgar:
a) o valor contábil no início e no fim do período;
b) provisões adicionais feitas no período, incluindo aumentos nas provisões existentes;
c) valores utilizados (ou seja, incorridos e baixados contra a provisão) durante o período;
d) valores não utilizados revertidos durante o período; e
e) o aumento durante o período no valor descontado a valor presente proveniente da passagem do tempo e o efeito de qualquer mudança na taxa de desconto.

Não é exigida informação comparativa.

A entidade deve divulgar, para cada classe de provisão:
a) uma breve descrição da natureza da obrigação e o cronograma esperado de quaisquer saídas de benefícios econômicos resultantes;
b) uma indicação das incertezas sobre o valor ou o cronograma dessas saídas. Sempre que necessário para fornecer informações adequadas, a entidade deve divulgar as principais premissas adotadas em relação a eventos futuros; e
c) o valor de qualquer reembolso esperado, declarando o valor de qualquer ativo que tenha sido reconhecido por conta desse reembolso esperado.

A menos que seja remota a possibilidade de ocorrer qualquer desembolso na liquidação, a entidade deve divulgar, para cada classe de passivo contingente na data do balanço, uma breve descrição da natureza do passivo contingente e, quando praticável:
a) a estimativa do seu efeito financeiro;
b) a indicação das incertezas relacionadas ao valor ou momento de ocorrência de qualquer saída; e
c) a possibilidade de qualquer reembolso.

Na determinação de quais provisões ou passivos contingentes podem ser agregados para formar uma única classe, é necessário considerar se a natureza dos itens é suficientemente similar para divulgação única que cumpra as exigências ora estabelecidas. Assim, pode ser apropriado tratar como uma classe única de provisão os valores relacionados a garantias de produtos diferentes, mas não seria apropriado tratar como uma classe única os valores relacionados a garantias normais e valores relativos a processos judiciais.

Quando a provisão e o passivo contingente surgirem do mesmo conjunto de circunstâncias, a entidade deve fazer as divulgações de maneira que evidencie a ligação entre a provisão e o passivo contingente.

Quando for provável a entrada de benefícios econômicos, a entidade deve divulgar breve descrição da natureza dos ativos contingentes na data do balanço e, quando praticável, uma estimativa dos seus efeitos financeiros, mensurada usando os princípios estabelecidos para as provisões.

É importante que as divulgações de ativos contingentes evitem dar indicações indevidas da probabilidade de surgirem ganhos.

Dois exemplos de divulgações são fornecidos abaixo.

Exemplo

Garantia

Um fabricante dá garantia no momento da venda aos clientes de suas três linhas de produtos. De acordo com os termos da garantia, o fabricante se responsabiliza pelo reparo ou substituição de itens que não funcionem adequadamente por dois anos a partir da data da venda. Na data do balanço, uma provisão de $ 60.000 foi reconhecida. A provisão não foi descontada, pois o efeito do desconto não é material. A seguinte informação é divulgada:

Uma provisão de $ 60.000 foi reconhecida para as reclamações esperadas relativas às garantias de produtos vendidos durante os últimos três anos. Espera-se que a maioria desse desembolso seja incorrida no próximo ano, e a totalidade será incorrida dentro de dois anos após a data do balanço.

Exemplo

Custo de desmontagem

Em 2000, uma entidade envolvida em atividades nucleares reconhece uma provisão para custos de desmontagem de $ 300 milhões. A provisão é estimada usando a premissa de que a desmontagem irá ocorrer daqui a um período de 60 a 70 anos. Entretanto, há a possibilidade de que a desmontagem não irá ocorrer daqui até o período de 100 a 110 anos, e nesse caso o valor presente dos custos será significativamente reduzido. A informação seguinte é divulgada:

Uma provisão de $ 300 milhões foi reconhecida para custos de desmontagem. Espera-se incorrer nesses custos entre 2060 e 2070; entretanto, há a possibilidade de que a desmontagem não ocorrerá antes de 2100–2110. Se os custos fossem mensurados baseados na expectativa de que eles não incorreriam até antes de 2100–2110, a provisão seria reduzida para $ 136 milhões. A provisão foi estimada utilizando a tecnologia hoje existente, a preços correntes, e descontada utilizando a taxa de desconto real de 2% a.a.

Um exemplo é dado a seguir para as divulgações em que algumas das informações requeridas não são dadas, pois pode prejudicar seriamente a posição da entidade.

Exemplo
Dispensa de divulgação

Uma entidade está envolvida em disputa com um concorrente, que está alegando que a entidade infringiu patentes e está reclamando indenização de $ 100 milhões. A entidade reconhece uma provisão pela sua melhor estimativa da obrigação. A seguinte informação é divulgada:

Uma ação está em processo contra a companhia relativa a uma disputa com um concorrente que alega que a companhia infringiu patentes e está reclamando indenização de $ 100 milhões. A informação usualmente requerida pelo *Pronunciamento Técnico CPC 25 – Provisões, Passivos Contingentes e Ativos Contingentes* não é divulgada porque isso pode prejudicar seriamente o resultado da ação. Os administradores são da opinião de que o processo pode ser concluído de forma favorável à companhia.

11.13. Passivo Contingente

Passivo contingente é:
a) uma obrigação possível que resulta de eventos passados e cuja existência será confirmada apenas pela ocorrência ou não de um ou mais eventos futuros incertos não totalmente sob controle da entidade; ou
b) uma obrigação presente que resulta de eventos passados, mas que não é reconhecida porque:
   i) não é provável que uma saída de recursos que incorporam benefícios econômicos seja exigida para liquidar a obrigação; ou
   ii) o valor da obrigação não pode ser mensurado com suficiente confiabilidade.

> A entidade **não deve** reconhecer um passivo contingente.

O passivo contingente é divulgado, a menos que seja remota a possibilidade de uma saída de recursos que incorporam benefícios econômicos.

Quando a entidade for conjunta e solidariamente responsável por obrigação, a parte da obrigação que se espera que as outras partes liquidem é tratada como *passivo contingente*. A entidade reconhece a provisão para a parte da obrigação para a qual é provável uma saída de recursos que incorporam benefícios econômicos, exceto em circunstâncias extremamente raras em que nenhuma estimativa suficientemente confiável possa ser feita.

Os passivos contingentes podem desenvolver-se de maneira não inicialmente esperada. Por isso, são periodicamente avaliados para determinar se uma saída de recursos que incorporam benefícios econômicos se tornou provável. Se for provável que uma saída de benefícios econômicos futuros serão exigidos para um item previamente tratado como passivo contingente, a provisão deve ser reconhecida nas demonstrações contábeis do período no qual ocorre a mudança na estimativa da probabilidade (exceto em circunstâncias extremamente raras em que nenhuma estimativa suficientemente confiável possa ser feita).

11.14. Provisão e Passivo Contingente – Quadro-Resumo

São caracterizados em situações nas quais, como resultado de eventos passados, pode haver uma saída de recursos envolvendo benefícios econômicos futuros na liquidação de: (a) obrigação presente; ou (b) obrigação possível cuja existência será confirmada apenas pela ocorrência ou não de um ou mais eventos futuros incertos não totalmente sob controle da entidade.		
Há obrigação presente que provavelmente requer uma saída de recursos.	Há obrigação possível ou obrigação presente que pode requerer, mas provavelmente não irá requerer, uma saída de recursos.	Há obrigação possível ou obrigação presente cuja probabilidade de uma saída de recursos é remota.
A provisão é reconhecida.	Nenhuma provisão é reconhecida.	Nenhuma provisão é reconhecida.
Divulgação é exigida para a provisão.	Divulgação é exigida para o passivo contingente.	Nenhuma divulgação é exigida.

Uma contingência passiva também é originada em casos extremamente raros nos quais há um passivo que não pode ser reconhecido porque não pode ser mensurado confiavelmente. Divulgação é requerida para o passivo contingente.

11.15. Ativo Contingente

Ativo contingente é um ativo possível que resulta de eventos passados e cuja existência será confirmada apenas pela ocorrência ou não de um ou mais eventos futuros incertos não totalmente sob controle da entidade.

> A entidade **não deve** reconhecer um ativo contingente.

Os ativos contingentes surgem normalmente de evento não planejado ou de outros não esperados que dão origem à possibilidade de entrada de benefícios econômicos para a entidade. Um exemplo é uma reivindicação que a entidade esteja reclamando por meio de processos legais, em que o desfecho seja incerto.

Os ativos contingentes não são reconhecidos nas demonstrações contábeis, uma vez que pode tratar-se de resultado que nunca venha a ser realizado. Porém, quando a realização do ganho é praticamente certa, então o ativo relacionado não é um ativo contingente e o seu reconhecimento é adequado.

O ativo contingente é divulgado quando for provável a entrada de benefícios econômicos.

Os ativos contingentes são avaliados periodicamente para garantir que os desenvolvimentos sejam apropriadamente refletidos nas demonstrações contábeis. Se for praticamente certo que ocorrerá uma entrada de benefícios econômicos, o ativo e o correspondente ganho são reconhecidos nas demonstrações contábeis do período em que ocorrer a mudança de estimativa. Se a entrada de benefícios econômicos se tornar provável, a entidade divulga o ativo contingente.

11.16. Ativo Contingente – Quadro-Resumo

São caracterizados em situações nas quais, como resultado de eventos passados, há um ativo possível cuja existência será confirmada apenas pela ocorrência ou não de um ou mais eventos futuros incertos não totalmente sob controle da entidade.		
A entrada de benefícios econômicos é praticamente certa.	A entrada de benefícios econômicos é provável, mas não praticamente certa.	A entrada não é provável.
O ativo não é contingente.	Nenhum ativo é reconhecido.	Nenhum ativo é reconhecido.
	Divulgação é exigida.	Nenhuma divulgação é exigida.

11.17. Reembolso – Quadro-Resumo

São caracterizados em situações nas quais se espera que parte ou todo o desembolso necessário para liquidar a provisão seja reembolsado por outra parte.		
A entidade não tem obrigação em relação à parcela do desembolso a ser reembolsado pela outra parte.	O passivo relativo ao valor que se espera ser reembolsado permanece com a entidade e é praticamente certo que o reembolso será recebido se a entidade liquidar a provisão.	O passivo relativo ao valor que se espera ser reembolsado permanece com a entidade e não é praticamente certo que o reembolso será recebido se a entidade liquidar a provisão.

A entidade não tem passivo em relação ao valor a ser reembolsado.	O reembolso é reconhecido como ativo separado no balanço patrimonial e pode ser compensado contra a despesa na demonstração de resultados. O valor reconhecido para o reembolso esperado não ultrapassa o passivo.	O reembolso esperado não é reconhecido como ativo.
Nenhuma divulgação é exigida.	O reembolso é divulgado juntamente com o valor reconhecido para o desembolso.	O reembolso esperado é divulgado.

11.18. A Árvore de Decisão para Provisões e Passivos Contingentes

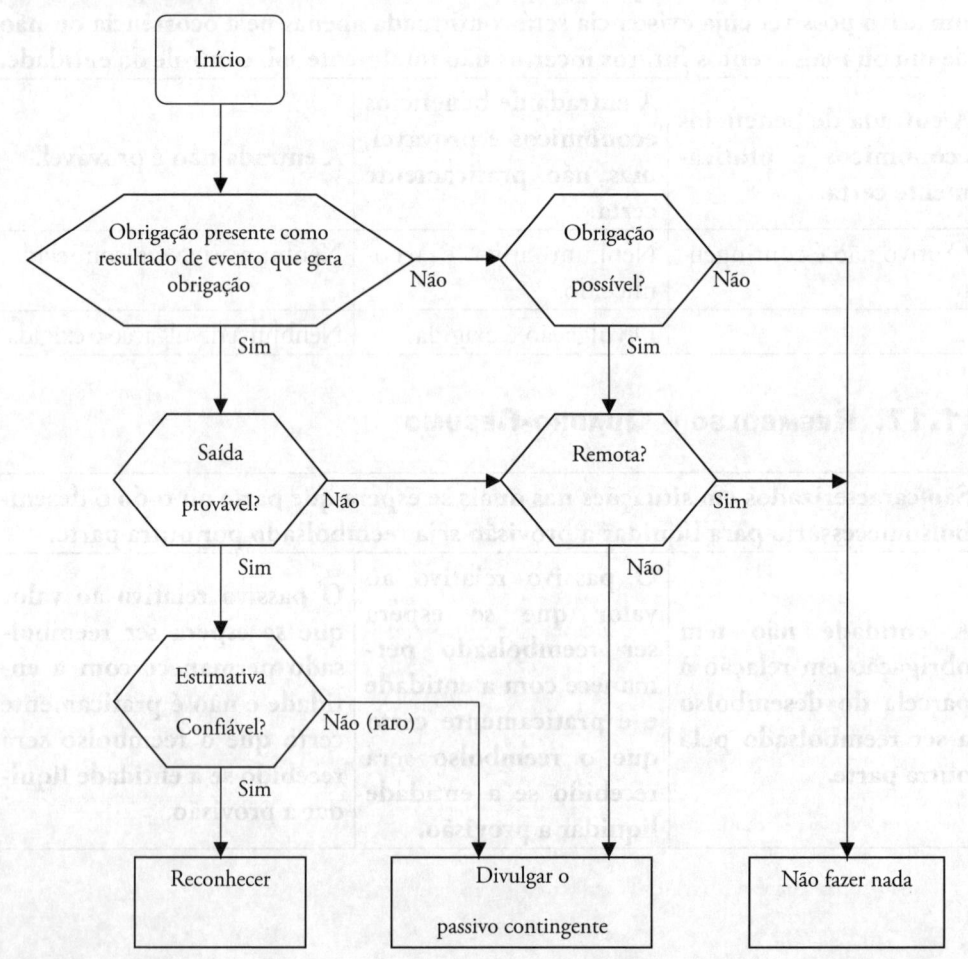

```
                    Início
                      │
                      ▼
        ┌─────────────────────────┐
        │ Obrigação presente como │
        │ resultado de evento que │──Não──┐
        │    gera obrigação       │       │
        └─────────────────────────┘       ▼
                      │          ┌─────────────┐
                     Sim         │  Obrigação  │──Não──┐
                      │          │  possível?  │       │
                      ▼          └─────────────┘       │
               ┌──────────┐             │              │
               │  Saída   │             Sim            │
               │ provável?│──Não────────┤              │
               └──────────┘             ▼              │
                     │           ┌──────────┐          │
                    Sim          │ Remota?  │──Sim─────┤
                     │           └──────────┘          │
                     ▼                 │               │
              ┌───────────┐            Não             │
              │ Estimativa│             │              │
              │ Confiável?│─Não(raro)──┤              │
              └───────────┘             │              │
                     │                  │              │
                    Sim                 │              │
                     ▼                  ▼              ▼
              ┌───────────┐      ┌──────────────┐  ┌────────────┐
              │Reconhecer │      │  Divulgar o  │  │ Não fazer  │
              │           │      │    passivo   │  │    nada    │
              │           │      │  contingente │  │            │
              └───────────┘      └──────────────┘  └────────────┘
```

Nota: em casos raros, não é claro se há uma obrigação presente. Nesses casos, presume-se que um evento passado dá origem a uma obrigação presente se, levando em consideração toda a evidência disponível, é mais provável que sim do que não que existe obrigação presente na data do balanço.

11.19. Exercícios Resolvidos para a Fixação de Conteúdo

Questão 04 – (Analista Judiciário – Contabilidade – TRE – CE – FCC – 2012)

Os atributos a seguir são condicionantes para o reconhecimento de uma Provisão, quando

a) a probabilidade de ocorrer uma obrigação presente é improvável, mesmo que seja decorrente de um evento tempestivo e presente, cuja mensuração do valor total não possa ser quantificada de forma segura.

b) há existência da probabilidade de um ingresso de recursos futuros, mesmo que a sua quantificação seja incerta.

c) o montante da obrigação pode ser estimado em base segura e confiável, que a exigência de recursos para liquidação da obrigatoriedade possa ser verificada e quando se constatar uma exigibilidade presente como consequência de um evento passado.

d) uma obrigação legal ou não formalizada futura for reconhecida como consequência de um evento futuro de prazo definido.

e) for identificada uma exigibilidade futura consequente de um evento futuro provável, mesmo que o seu valor não possa ser estimado com segurança e confiabilidade.

Resolução e Comentários

Uma *provisão* deve ser reconhecida quando:

a) a entidade tem uma obrigação presente (legal ou não formalizada) como resultado de evento passado;

b) seja provável que será necessária uma saída de recursos que incorporam benefícios econômicos para liquidar a obrigação; **e**

c) possa ser feita uma estimativa confiável do valor da obrigação.

Gabarito – C

Questão 05 – (Analista Judiciário – Área Administrativa – Contabilidade – TRT/18ª Região – FCC – Adaptada – 2008)

Em um balancete de verificação levantado no final do exercício, o departamento de contabilidade de uma companhia lançou, por engano, o saldo da conta de perdas estimadas para créditos de liquidação duvidosa na coluna errada. Em consequência, a somatória dos saldos devedores totalizou R$ 27.000,00 a mais do que a somatória dos saldos credores. A companhia lançou como valor dessa estimativa de perda o equivalente a exatamente 3% do valor dos créditos provenientes de vendas a prazo. Em consequência, no balanço patrimonial da companhia, referente a esse exercício, o montante bruto desses créditos correspondeu, em R$, a

a) 450.000,00.
b) 510.000,00.
c) 625.000,00.
d) 900.000,00.
e) 1.350.000,00.

Resolução e Comentários

Esta questão está aqui lançada para chamar a atenção do leitor para a conta Perdas Estimadas com Créditos de Liquidação Duvidosa. Trata-se de conta retificadora do Ativo.

Deve ser ressaltado que:

Provisão é um **passivo** de prazo ou de valor incertos.

Passivo é uma obrigação presente da entidade, derivada de eventos já ocorridos, cuja liquidação se espera que resulte em saída de recursos da entidade capazes de gerar benefícios econômicos.

Quanto à resolução da questão, se ocorreu lançamento em coluna errada, deixou de ser lançado valor na coluna certa, assim como a coluna errada foi aumentada pelo valor equivocadamente lançado. Matematicamente, podemos traduzir do seguinte modo:

- Soma da coluna em que deveria ter sido corretamente efetuado o registro: X – PECLD
- Soma da coluna em que ocorreu o registro equivocado: X + PECLD

(X + PECLD) – (X – PECLD) = R$ 27.000,00

→ 2 x PECLD = R$ 27.000,00 → PECLD = R$ 27.000,00 / 2 = R$ 13.500,00

R$ 13.500,00 ----- 3%

Z ------------ 100% → Z = R$ 13.500,00 x (100% / 3%) = R$ 450.000,00

Gabarito – A

Questão 06 – (Exame de Suficiência – Contador – CFC – Adaptada – 2011)

Relacione a situação descrita na primeira listagem com o procedimento a ser adotado na segunda listagem e, em seguida, assinale a opção CORRETA.

(1) Há obrigação presente que, provavelmente, requer uma saída de recursos.

(2) Há obrigação possível ou obrigação presente que pode requerer, mas provavelmente não irá requerer uma saída de recursos.

(3) Há obrigação possível ou obrigação presente cuja probabilidade de uma saída de recursos é remota.

( ) Nenhuma provisão é reconhecida, mas é exigida divulgação para o passivo contingente.

( ) Nenhuma provisão é reconhecida e nenhuma divulgação é exigida.

( ) A provisão é reconhecida e é exigida divulgação para a provisão.

A sequência CORRETA é:
a) 2, 3, 1.
b) 1, 3, 2.
c) 2, 1, 3.
d) 1, 2, 3.

Resolução e Comentários

Analisando os itens da primeira listagem:

(1) Há obrigação presente que, provavelmente, requer uma saída de recursos.

A provisão é reconhecida e é exigida divulgação para a provisão.

(2) Há obrigação possível ou obrigação presente que pode requerer, mas provavelmente não irá requerer, uma saída de recursos.

Nenhuma provisão é reconhecida, mas é exigida divulgação para o passivo contingente.

(3) Há obrigação possível ou obrigação presente cuja probabilidade de uma saída de recursos é remota.

Nenhuma provisão é reconhecida e nenhuma divulgação é exigida.

Gabarito – A

Questão 07 – (Técnico de Contabilidade – TRANSPETRO – CESGRANRIO – 2011)

Uma empresa produz componentes para televisores LCD. Para conquistar o mercado, ela oferece aos seus clientes uma garantia de um ano para o funcionamento dos componentes que vende.

Devido a esse procedimento, ela deve registrar o valor provável a ser gasto com essa garantia na conta

a) Reserva para contingências.
b) Reserva para garantia.
c) Reserva para eventos subsequentes.
d) Provisão para contingências.
e) Provisão para garantias.

Resolução e Comentários

À medida que as vendas são efetuadas, a garantia é oferecida. Observe que estamos tratando de eventos passados (a cada venda: "vendeu e ofereceu a garantia"). Logo, o correto, neste caso, é constituirmos uma Provisão para Garantias.

Gabarito – E

Questão 08 – (Técnico de Contabilidade – TRANSPETRO – CESGRANRIO – 2011)
Uma das principais características da constituição de uma provisão e sua diferenciação da constituição de uma reserva de lucros é que a provisão
a) pode gerar ou não uma despesa.
b) é constituída antes da apuração do resultado.
c) implica somente o aumento do passivo.
d) diz respeito à distribuição do resultado já obtido.
e) tem como contrapartida a débito uma conta patrimonial

Resolução e Comentários
Analisando as alternativas:
a) pode gerar ou não uma despesa.
Errado! Regra geral, uma provisão é constituída pelo seguinte registro:
D – Despesas com a Provisão ...
C – Provisão ...

b) é constituída antes da apuração do resultado.
Certo! As provisões são constituídas antes da apuração do resultado; por outro lado, as reservas de lucros são destinações do resultado e, em consequência, são constituídas após a apuração deste.

c) implica somente o aumento do passivo.
Errado! A constituição de uma provisão implica aumento do Passivo Exigível e, também, aumento das despesas.
D – Despesas com a Provisão ...
C – Provisão ...

d) diz respeito à distribuição do resultado já obtido.
Errado! As provisões são constituídas antes da apuração do resultado; por outro lado, as reservas de lucros são destinações do resultado e, em consequência, são constituídas após a apuração deste.

e) tem como contrapartida a débito uma conta patrimonial
Errado! Regra geral, uma provisão é constituída pelo seguinte registro:
D – Despesas com a Provisão ...
C – Provisão ...

Gabarito – B

Capítulo 11 — *Provisões, Passivos e Ativos Contingentes* ■ 851

Questão 09 – (Contador – Analista de Correios – CESPE/UnB – 2011)
Julgue os seguintes itens, relativos ao reconhecimento de passivos e suas provisões.
Deve-se registrar em conta de passivo uma obrigação presente que provavelmente requeira um sacrifício de ativos.

Resolução e Comentários

Provisão é um passivo de prazo ou de valor incertos.

Passivo é uma obrigação presente da entidade, derivada de eventos já ocorridos, cuja liquidação se espera que resulte em saída de recursos da entidade capazes de gerar benefícios econômicos.

Gabarito – Certo

Questão 10 – (Contador – Analista de Correios – CESPE/UnB – 2011)
Julgue os seguintes itens, relativos ao reconhecimento de passivos e suas provisões.
Quando uma obrigação presente ou possível provavelmente não exija sacrifício de ativos, o reconhecimento de qualquer provisão é inexigível. Entretanto, exige-se a divulgação como passivo contingente.

Resolução e Comentários

Provisão é um passivo de prazo ou de valor incertos.

Passivo é uma obrigação presente da entidade, derivada de eventos já ocorridos, *cuja liquidação se espera que resulte em saída de recursos da entidade* capazes de gerar benefícios econômicos.

Uma *provisão* deve ser reconhecida quando:
a) a entidade tem uma obrigação presente (legal ou não formalizada) como resultado de evento passado;
b) *seja provável que será necessária uma saída de recursos que incorporam benefícios econômicos para liquidar a obrigação*; e
c) possa ser feita uma estimativa confiável do valor da obrigação.

Passivo contingente é:
a) uma obrigação possível que resulta de eventos passados e cuja existência será confirmada apenas pela ocorrência ou não de um ou mais eventos futuros incertos não totalmente sob controle da entidade; ou
b) *uma obrigação presente que resulta de eventos passados, mas que não é reconhecida porque:*
   i) *não é provável que uma saída de recursos que incorporam benefícios econômicos seja exigida para liquidar a obrigação;* ou
   ii) *o valor da obrigação não pode ser mensurado com suficiente confiabilidade.*

Diante do anteriormente exposto, para que uma provisão seja reconhecida, deve ser provável a saída de recursos da entidade. Além disto, as três condições anteriormente apresentadas devem ocorrer para que uma provisão seja reconhecida.

No caso ora apresentado, deve haver o reconhecimento de um Passivo Contingente.

Gabarito – Certo

Questão 11 – (Contador – Analista de Correios – CESPE/UnB – 2011)
Julgue os seguintes itens, relativos ao reconhecimento de passivos e suas provisões.
A divulgação de um passivo contingente é feita no grupo de passivos não circulantes.

Resolução e Comentários
A divulgação de passivos contingentes é efetuada em notas explicativas.

Gabarito – Errado

Questão 12 – (Analista – Contabilidade – TRE – ES – CESPE/UnB – 2011)
Julgue os itens que se seguem, acerca da utilização das técnicas contábeis no registro e controle do patrimônio das entidades.
Se as circunstâncias justificarem, as provisões devem ser constituídas ainda que a entidade correspondente esteja operando com prejuízo.

Resolução e Comentários
As provisões devem ser constituídas independentemente do resultado apurado.
Uma *provisão* deve ser reconhecida quando:
a) a entidade tem uma obrigação presente (legal ou não formalizada) como resultado de evento passado;
b) seja provável que será necessária uma saída de recursos que incorporam benefícios econômicos para liquidar a obrigação; e
c) possa ser feita uma estimativa confiável do valor da obrigação.

Atendidas as condições aqui apresentadas, a provisão deverá ser constituída.

Gabarito – Certo

Questão 13 – (Contador – CIENTEC – RS – MS CONCURSOS – Adaptada – 2010)
As provisões, sejam do Ativo ou do Passivo, são determinadas com base em estimativas que envolvam incertezas de grau variável. Sabendo isso, são consideradas provisões do Passivo:
a) Provisão para imposto de renda, perdas estimadas para créditos de liquidação duvidosa e provisão para férias.
b) Perdas prováveis na realização de investimentos, provisão para contingências e perdas estimadas para devedores duvidosos.
c) Provisão para férias, provisão para contingências e perdas prováveis na realização de investimentos.

d) Provisão para imposto de renda, provisão para contingências e provisão para férias.
e) Ajuste a valor de mercado, perdas estimadas para créditos de liquidação duvidosa e provisão para imposto de renda.

Resolução e Comentários

Provisão é um *passivo* de prazo ou de valor incertos.

Passivo é uma obrigação presente da entidade, derivada de eventos já ocorridos, cuja liquidação se espera que resulte em saída de recursos da entidade capazes de gerar benefícios econômicos.

De acordo com a definição de provisão, esta é um passivo!

Provisão para Imposto de Renda – Passivo Circulante

Perdas Estimadas para Créditos de Liquidação Duvidosa – Retificadora do Ativo Circulante

Provisão para Férias – Passivo Circulante (deve ser ressaltado que a conta atualmente correta é *Férias a Pagar*)

Perdas Prováveis na Realização de Investimentos – Retificadora do Ativo Não Circulante Investimentos

Provisão para Contingências – Passivo Circulante

Perdas Estimadas para Devedores Duvidosos – Retificadora do Ativo Circulante

Ajuste a Valor de Mercado – Retificadora do Ativo Circulante

Gabarito – D

Questão 14 – (Analista Judiciário – Contabilidade – STF – CESPE/UnB – 2008)
A respeito da constituição das provisões e dos seus reflexos na estrutura patrimonial, julgue os itens a seguir.
O registro da provisão para contingências judiciais aumenta o capital circulante líquido e reduz o resultado do exercício. O pagamento das provisões já contabilizadas não afetará o capital circulante líquido.

Resolução e Comentários

Capital Circulante Líquido = Ativo Circulante – Passivo Circulante

Registros contábeis para constituição de provisão para contingências:

D – Despesas com Contingências
C – Provisão para Contingências (PC)
→ Este lançamento *diminui* o CCL e diminui o resultado do exercício.

Registros contábeis para pagamento de provisões já contabilizadas:
D – Provisão para Contingências (PC)
C – Disponibilidades (AC)
→ Este lançamento não altera o CCL.
Gabarito – Errado

Questão 15 (AFRE – SEFAZ RJ – FCC/2014)
A empresa Alpha S.A. possuía alguns processos judiciais em andamento, conforme os dados a seguir:

Nº do Processo	Provisão Reconhecida em 31/12/2012	Probabilidade de Perda em 30/06/2013	Valor Estimado da Perda em 30/06/2013
1	R$ 50.000,00	Provável	R$ 60.000,00
2	R$ 30.000,00	Possível	R$ 40.000,00
3	não há	Possível	R$ 15.000,00
4	não há	Provável	R$ 25.000,00

Com base nestas informações, a empresa Alpha S.A. deve, em 30/06/2013, complementar o saldo:
a) da provisão constituída para o processo 1, constituir provisão somente para o processo 4 e manter a provisão já constituída para o processo 2;
b) das provisões constituídas para os processos 1 e 2 e constituir provisões para os processos 3 e 4;
c) das provisões constituídas para os processos 1 e 2 e constituir provisão somente para o processo 4;
d) da provisão constituída para o processo 1, constituir a provisão para o processo 4 e reverter a provisão constituída para o processo 2;
e) da provisão constituída para o processo 1, constituir provisão para os processos 3 e 4 e reverter a provisão constituída para o processo 2.

Resolução e Comentários

O *Pronunciamento Técnico CPC 25 – Provisões, Passivos Contingentes e Ativos Contingentes* disciplina o seguinte:

Provisão
14. Uma provisão deve ser reconhecida quando:
(a) a entidade tem uma obrigação presente (legal ou não formalizada) como resultado de evento passado;
(b) seja provável que será necessária uma saída de recursos que incorporam benefícios econômicos para liquidar a obrigação; e
(c) possa ser feita uma estimativa confiável do valor da obrigação.
Se essas condições não forem satisfeitas, nenhuma provisão deve ser reconhecida.

Mudança na provisão

59. As provisões devem ser reavaliadas em cada data de balanço e ajustadas para refletir a melhor estimativa corrente. Se já não for mais provável que seja necessária uma saída de recursos que incorporam benefícios econômicos futuros para liquidar a obrigação, a provisão deve ser revertida.

Apêndice A

* Há obrigação presente que **provavelmente** requer uma saída de recursos.
A provisão é reconhecida (item 14).
Divulgação é exigida para a provisão (itens 84 e 85).
* Há obrigação possível ou obrigação presente que pode requerer, mas provavelmente não irá requerer, uma saída de recursos.
Nenhuma provisão é reconhecida (item 27).
Divulgação é exigida para o passivo contingente (item 86).
* Há obrigação possível ou obrigação presente cuja probabilidade de uma saída de recursos é **remota**.
Nenhuma provisão é reconhecida (item 27).
Nenhuma divulgação é exigida (item 86).

De acordo com o anteriormente exposto, temos:

➢ Processo 1: A probabilidade de perda é considerada provável, porém a provisão reconhecida é menor que o valor estimado da perda. Logo, deve ser complementada;

➢ Processo 2: A probabilidade de perda é considerada apenas possível. Como há provisão constituída, deve ser revertida;

➢ Processo 3: A probabilidade de perda é considerada apenas possível. Não há provisão constituída. Nada deve ser efetuado; e

➢ Processo 4: A probabilidade de perda é considerada provável. Não há valor provisionado, porém a perda estimada é de R$ 25.000,00. Logo, deve ser provisionada a perda aqui citada.

Gabarito – D

Questão 16 (Ciências Contábeis – Defensoria Pública RJ – FGV/2014)
A Companhia Revender vendeu um serviço de instalação elétrica à empresa Sem Luz. Para a execução do serviço, a Revender contratou a empresa Azarada para prestar o serviço. Durante a prestação de serviço, por descuido dos funcionários da Azarada, houve um curto circuito, ocasionando um incêndio no prédio da Sem Luz. Devido ao ocorrido, a Sem Luz entrou com um processo judicial indenizatório cobrando o valor de $ 200.000 por danos materiais contra a Revender. Por sua vez, a Revender entrou com um processo no mesmo valor contra a Azarada.

O advogado da Revender informou que o processo movido pela Sem Luz é uma contingência com perda provável de $ 100.000. Quanto ao processo judicial contra a Azarada, segundo a avaliação do advogado, é possível que a integralidade da indenização seja recebida pela Revender.

Considerando o caso acima, o registro na contabilidade da Revender é:

a) D – despesas operacionais (DRE) – $ 200.000
   C – provisões para riscos cíveis (Passivo) – $ 200.000;

b) D – despesas operacionais (DRE) – $ 100.000
   C – provisões para riscos cíveis (Passivo) – $ 100.000;

c) D – contingências ativas (Ativo) – $ 200.000
   C – provisões para riscos cíveis (Passivo) – $ 200.000;

d) D – contingências ativas – $ 100.000
   C – provisões para riscos cíveis (Passivo) – $ 100.000;

e) D – contingências ativas – $ 200.000
   C – provisões para riscos cíveis (Passivo) – $ 100.000
   C – outras receitas operacionais (DRE) – $ 100.000.

Resolução e Comentários

O *Pronunciamento Técnico CPC 25 – Provisões, Passivos Contingentes e Ativos Contingentes* disciplina o seguinte:

> Provisão
>
> 14. Uma provisão deve ser reconhecida quando:
>
> (a) a entidade tem uma obrigação presente (legal ou não formalizada) como resultado de evento passado;
>
> (b) seja provável que será necessária uma saída de recursos que incorporam benefícios econômicos para liquidar a obrigação; e
>
> (c) possa ser feita uma estimativa confiável do valor da obrigação.
>
> Se essas condições não forem satisfeitas, nenhuma provisão deve ser reconhecida.
>
> Apêndice A
>
> * Há obrigação presente que **provavelmente** requer uma saída de recursos.
>
> A provisão é reconhecida (item 14).
>
> Divulgação é exigida para a provisão (itens 84 e 85).
>
> * Há obrigação possível ou obrigação presente que pode requerer, mas provavelmente não irá requerer, uma saída de recursos.
>
> Nenhuma provisão é reconhecida (item 27).
>
> Divulgação é exigida para o passivo contingente (item 86).
>
> * Há obrigação possível ou obrigação presente cuja probabilidade de uma saída de recursos é **remota**.
>
> Nenhuma provisão é reconhecida (item 27).
>
> Nenhuma divulgação é exigida (item 86).

"Devido ao ocorrido, a Sem Luz entrou com um processo judicial indenizatório cobrando o valor de $ 200.000 por danos materiais contra a Revender."

"O advogado da Revender informou que o processo movido pela Sem Luz é uma contingência com perda provável de $ 100.000."

Observe que é provável a perda. Neste caso, deve ser reconhecida uma provisão. A estimativa confiável nos é apresentada pelo advogado da empresa Revender. Portanto, deve ser efetuado o seguinte lançamento contábil:

D – despesas operacionais (DRE)
C – provisões para riscos cíveis (Passivo) – $ 100.000.

Gabarito – B

Questão 17 (Contador – Agência de Desenvolvimento Paulista – Desenvolve SP – VUNESP/2014)

As premissas de que a entidade tem uma obrigação, legal ou não formalizada, presente como consequência de um evento passado; que seja provável uma saída de recursos para liquidar tal obrigação; e que pode ser feita estimativa confiável do montante da obrigação, referem-se a:
a) capital circulante líquido;
b) características de um passivo contingente;
c) características das contas a pagar, de fato;
d) origens e aplicação de recursos;
e) requisitos básicos para que uma provisão possa ser reconhecida.

Resolução e Comentários

O *Pronunciamento Técnico CPC 25 – Provisões, Passivos Contingentes e Ativos Contingentes* disciplina o seguinte:

> Provisão
> 14. Uma provisão deve ser reconhecida quando:
> (a) a entidade tem uma obrigação presente (legal ou não formalizada) como resultado de evento passado;
> (b) seja provável que será necessária uma saída de recursos que incorporam benefícios econômicos para liquidar a obrigação; e
> (c) possa ser feita uma estimativa confiável do valor da obrigação.
> Se essas condições não forem satisfeitas, nenhuma provisão deve ser reconhecida.

Gabarito – E

Questão 18 (Analista Judiciário – Contabilidade – TRT 19ª Região – FCC – 2014)
Determinada empresa possuía alguns processos judiciais em andamento, cujas informações são dadas a seguir:

Nº do Processo	Provisão Reconhecida em 31/12/2012 em R$	Probabilidade de Perda considerada em 30/09/2013	Valor Reestimado da Perda em 30/09/2013 em R$
1	120.000,00	Provável	90.000,00
2	0,00	Provável	70.000,00
3	0,00	Possível	30.000,00
4	0,00	Provável	45.000,00
5	90.000,00	Possível	70.000,00

Com base nestas informações, a empresa reconheceu em seu resultado de 2013 e apresentou em seu Balanço Patrimonial de 30/09/2013, respectivamente:
a) perda de R$ 25.000 e saldo de R$ 235.000,00;
b) ganho R$ 5.000,00 e saldo de R$ 205.000,00;
c) perda de R$ 95.000,00 e saldo de R$ 305.000,00;
d) ganho de R$ 110.000,00 e saldo de R$ 100.000,00;
e) perda de R$ 15.000,00 e saldo de R$ 205.000,00.

Resolução e Comentários

O *Pronunciamento Técnico CPC 25 – Provisões, Passivos Contingentes e Ativos Contingentes* disciplina o seguinte:

> Provisão
> 14. Uma provisão deve ser reconhecida quando:
> (a) a entidade tem uma obrigação presente (legal ou não formalizada) como resultado de evento passado;
> (b) seja provável que será necessária uma saída de recursos que incorporam benefícios econômicos para liquidar a obrigação; e
> (c) possa ser feita uma estimativa confiável do valor da obrigação.
> Se essas condições não forem satisfeitas, nenhuma provisão deve ser reconhecida.
> Mudança na provisão
> 59. As provisões devem ser reavaliadas em cada data de balanço e ajustadas para refletir a melhor estimativa corrente. Se já não for mais provável que seja necessária uma saída de recursos que incorporam benefícios econômicos futuros para liquidar a obrigação, a provisão deve ser revertida.
> Apêndice A
> * Há obrigação presente que ***provavelmente*** requer uma saída de recursos.
> A provisão é reconhecida (item 14).
> Divulgação é exigida para a provisão (itens 84 e 85).
> * Há obrigação possível ou obrigação presente que pode requerer, mas provavelmente não irá requerer, uma saída de recursos.
> Nenhuma provisão é reconhecida (item 27).

Divulgação é exigida para o passivo contingente (item 86).
* Há obrigação possível ou obrigação presente cuja probabilidade de uma saída de recursos é *remota*.
Nenhuma provisão é reconhecida (item 27).
Nenhuma divulgação é exigida (item 86).

De acordo com o anteriormente exposto, temos:

* Processo 1: A probabilidade de perda é considerada provável. O valor reestimado é de apenas R$ 90.000,00; portanto, deve ser revertida a parcela de R$ 30.000,00, pertencente aos R$ 120.000,00 inicialmente constituídos;

* Processo 2: A probabilidade de perda é considerada provável. Como não há provisão constituída, deve ser constituída a provisão de R$ 70.000,00, fruto da reestimativa efetuada;

* Processo 3: A probabilidade de perda é considerada possível. Não há estimativa inicial realizada. Entendemos que deva permanecer deste modo, tendo em vista que a probabilidade de perda, conforme dito, é apenas possível;

* Processo 4: A probabilidade de perda é considerada provável. Como não há provisão constituída, deve ser constituída a provisão de R$ 45.000,00, fruto da reestimativa efetuada; e

* Processo 5: A probabilidade de perda é considerada possível. Há estimativa inicial realizada no valor de R$ 90.000,00. Entendemos que tal estimativa deva ser revertida, tendo em vista que a probabilidade de perda, conforme dito, é apenas possível.

Portanto, teremos, quando da apuração do resultado:
* Processo 1: reversão de provisão de R$ 30.000,00;
* Processo 2: constituição de provisão de R$ 70.000,00;
* Processo 3: nada a realizar;
* Processo 4: constituição de provisão de R$ 45.000,00;
* Processo 5: reversão de provisão de R$ 90.000,00;
* Resultado: ganho de R$ 5.000,00.

Saldo referente às provisões:
* Processo 1: R$ 90.000,00;
* Processo 2: R$ 70.000,00;
* Processo 3: R$ 0,00;
* Processo 4: R$ 45.000,00;
* Processo 5: R$ 0,00;
* Saldo: R$ 205.000,00.

Gabarito – B

Questão 19 (Analista Judiciário – Contabilidade – TRT 19ª Região – FCC – 2014)
Uma empresa efetua suas vendas somente à vista e concede aos compradores uma garantia contra defeitos de fabricação por um prazo de um ano após a data da compra. A empresa vendeu um total de R$ 10.000,00 no ano de 2012 e estimou, com a utilização de um modelo estatístico validado e com alto grau de confiabilidade, que os gastos com peças e serviços para corrigir os eventuais defeitos correspondem a 2% do volume total de vendas. Os valores que devem ser apresentados em suas demonstrações contábeis de 2012, são, em reais:
a) Receita de vendas (em 2012) = 10.000 e Valores a Receber (31/12/2012) = 10.000;
b) Receita de vendas (em 2012) = 10.000; Caixa e Equivalentes de Caixa (31/12/2012) = 9.800; Despesa com Provisão (em 2012) = 200;
c) Receita de vendas (em 2012) = 9.800; Caixa e Equivalentes de Caixa (31/12/2012) = 9.800;
d) Receita de vendas (em 2012) = 9.800; Valores a Receber (31/12/2012) = 9.800; Despesa com Provisão (em 2012) = 200; Provisão para Garantia (31/12/2012) = 200;
e) Receita de vendas (em 2012) = 10.000; Caixa e Equivalentes de Caixa (31/12/2012) = 10.000; Despesa com Provisão (em 2012) = 200; Provisão para Garantia (31/12/2012) = 200.

Resolução e Comentários

* As vendas sempre são efetuadas à vista. Logo, como foi efetuada uma venda no valor de R$ 10.000,00, temos as seguintes rubricas sendo utilizadas:

Caixa e seus Equivalentes: R$ 10.000,00;

Receita de Vendas: R$ 10.000,00.

* Temos, também, a baixa das mercadorias vendidas de seus respectivos estoques, algo que a questão não abordou.

* Quanto à garantia, estamos diante de uma provisão.

O *Pronunciamento Técnico CPC 25 – Provisões, Passivos Contingentes e Ativos Contingentes* disciplina o seguinte:

> Provisão
> 14. Uma provisão deve ser reconhecida quando:
> (a) a entidade tem uma obrigação presente (legal ou não formalizada) como resultado de evento passado;
> (b) seja provável que será necessária uma saída de recursos que incorporam benefícios econômicos para liquidar a obrigação; e
> (c) possa ser feita uma estimativa confiável do valor da obrigação.
> Se essas condições não forem satisfeitas, nenhuma provisão deve ser reconhecida.
> Apêndice A
> * Há obrigação presente que ***provavelmente*** requer uma saída de recursos.

A provisão é reconhecida (item 14).
Divulgação é exigida para a provisão (itens 84 e 85).
* Há obrigação possível ou obrigação presente que pode requerer, mas provavelmente não irá requerer, uma saída de recursos.
Nenhuma provisão é reconhecida (item 27).
Divulgação é exigida para o passivo contingente (item 86).
* Há obrigação possível ou obrigação presente cuja probabilidade de uma saída de recursos é *remota*.
Nenhuma provisão é reconhecida (item 27).
Nenhuma divulgação é exigida (item 86).

Em consequência disto, deve ser reconhecida uma provisão no valor de 2% da venda efetuada, ou seja, no montante de R$ 200,00.

Despesas com Provisão para Garantias: R$ 200,00.

Provisão para Garantias: R$ 200,00.

Gabarito – E

Questão 20 (Analista Judiciário – Contabilidade – TRT 13ª Região – FCC/2014)
A Empresa Ambiental S.A. está respondendo a diversos processos movidos contra ela em diversas áreas. Para a preparação do Balanço Patrimonial em 31/12/2012 foram obtidas as seguintes informações da área jurídica da empresa:

Processo	Montante Estimado (R$)	Probabilidade Perda
Ação Fiscal – PIS	400.000,00	Provável
Ação Fiscal – CSSL	740.000,00	Possível
Ação Trabalhista	1.340.000,00	Provável
Processo Ambiental	320.000,00	Remota

Sabendo-se que todos os valores estimados são confiáveis, o valor a ser contabilizado como provisão no passivo é, em reais:
a) 1.460.000,00;
b) 2.800.000,00;
c) 1.060.000,00;
d) 2.480.000,00;
e) 1.740.000,00.

Resolução e Comentários

O *Pronunciamento Técnico CPC 25 – Provisões, Passivos Contingentes e Ativos Contingentes* disciplina o seguinte:

Provisão
14. Uma provisão deve ser reconhecida quando:
(a) a entidade tem uma obrigação presente (legal ou não formalizada) como resultado de evento passado;

(b) seja provável que será necessária uma saída de recursos que incorporam benefícios econômicos para liquidar a obrigação; e
(c) possa ser feita uma estimativa confiável do valor da obrigação.
Se essas condições não forem satisfeitas, nenhuma provisão deve ser reconhecida.

Mudança na provisão
59. As provisões devem ser reavaliadas em cada data de balanço e ajustadas para refletir a melhor estimativa corrente. Se já não for mais provável que seja necessária uma saída de recursos que incorporam benefícios econômicos futuros para liquidar a obrigação, a provisão deve ser revertida.

Apêndice A
* Há obrigação presente que **provavelmente** requer uma saída de recursos.
A provisão é reconhecida (item 14).
Divulgação é exigida para a provisão (itens 84 e 85).
* Há obrigação possível ou obrigação presente que pode requerer, mas provavelmente não irá requerer, uma saída de recursos.
Nenhuma provisão é reconhecida (item 27).
Divulgação é exigida para o passivo contingente (item 86).
* Há obrigação possível ou obrigação presente cuja probabilidade de uma saída de recursos é **remota**.
Nenhuma provisão é reconhecida (item 27).
Nenhuma divulgação é exigida (item 86).

De acordo com o anteriormente exposto, temos:

* Probabilidade de perda provável:
Processo: Ação Fiscal – PIS – R$ 400.000,00
Processo: Ação Trabalhista – R$ 1.340.000,00
Soma: R$ 1.740.000,00
Gabarito – E

Questão 21 (Analista Judiciário – Contabilidade – TRE Rondônia – FCC/2014)
A contabilidade da empresa Provisionada S.A. recebeu do departamento jurídico, em 30/06/2013, as seguintes informações sobre novos processos judiciais trabalhistas interpostos contra a empresa:

Nº do Processo	Probabilidade de Perda em 30/06/2013	Valor da perda estimado em 30/06/2013
23	Provável	R$ 80.000,00
24	Possível	R$ 50.000,00
25	Remota	R$ 20.000,00

Com base nestas informações, a empresa Provisionada deve reconhecer como Provisão, em 30/06/2013, o valor, em reais, de:
a) 70.000,00;
b) 80.000,00;
c) 100.000,00;
d) 130.000,00;
e) 150.000,00.

Resolução e Comentários

O *Pronunciamento Técnico CPC 25 – Provisões, Passivos Contingentes e Ativos Contingentes* disciplina o seguinte:

Provisão

14. Uma provisão deve ser reconhecida quando:

(a) a entidade tem uma obrigação presente (legal ou não formalizada) como resultado de evento passado;

(b) seja provável que será necessária uma saída de recursos que incorporam benefícios econômicos para liquidar a obrigação; e

(c) possa ser feita uma estimativa confiável do valor da obrigação.

Se essas condições não forem satisfeitas, nenhuma provisão deve ser reconhecida.

Mudança na provisão

59. As provisões devem ser reavaliadas em cada data de balanço e ajustadas para refletir a melhor estimativa corrente. Se já não for mais provável que seja necessária uma saída de recursos que incorporam benefícios econômicos futuros para liquidar a obrigação, a provisão deve ser revertida.

Apêndice A

* Há obrigação presente que ***provavelmente*** requer uma saída de recursos.

A provisão é reconhecida (item 14).

Divulgação é exigida para a provisão (itens 84 e 85).

* Há obrigação possível ou obrigação presente que pode requerer, mas provavelmente não irá requerer, uma saída de recursos.

Nenhuma provisão é reconhecida (item 27).

Divulgação é exigida para o passivo contingente (item 86).

* Há obrigação possível ou obrigação presente cuja probabilidade de uma saída de recursos é ***remota***.

Nenhuma provisão é reconhecida (item 27).

Nenhuma divulgação é exigida (item 86).

De acordo com o anteriormente exposto, temos:

* Probabilidade de perda provável:
Processo 23: R$ 80.000,00

Gabarito – B

Questões 22 (Analista de Controle Externo – TCE Goiás – FCC/2014)
A empresa Credibilidade S.A. tem como prática efetuar a troca de todas as mercadorias que se apresentam com defeitos. Independentemente de estar no período de garantia, ou não, a empresa efetua a troca. Dessa forma, a contabilidade deve:

a) reconhecer um contas a pagar estimado nas perdas decorrentes das trocas ocorridas nos últimos anos;
b) lançar para despesa o valor do bem, no ato da troca, uma vez que o ato da empresa é voluntário, não previsto nas condições de garantia;
c) baixar o ativo concedido em troca para perda e ativar nos estoques o bem trocado;
d) constituir uma reserva para cobrir as eventuais perdas com a cobertura de indenizações a serem efetuadas;
e) constituir uma provisão no passivo para reconhecer as eventuais obrigações decorrentes dessa medida administrativa.

Resolução e Comentários

O *Pronunciamento Técnico CPC 25 – Provisões, Passivos Contingentes e Ativos Contingentes* disciplina o seguinte:

> Provisão
> 14. Uma provisão deve ser reconhecida quando:
> (a) a entidade tem uma obrigação presente (legal ou não formalizada) como resultado de evento passado;
> (b) seja provável que será necessária uma saída de recursos que incorporam benefícios econômicos para liquidar a obrigação; e
> (c) possa ser feita uma estimativa confiável do valor da obrigação.
> Se essas condições não forem satisfeitas, nenhuma provisão deve ser reconhecida.
> Apêndice A
> * Há obrigação presente que ***provavelmente*** requer uma saída de recursos.
> A provisão é reconhecida (item 14).
> Divulgação é exigida para a provisão (itens 84 e 85).
> * Há obrigação possível ou obrigação presente que pode requerer, mas provavelmente não irá requerer, uma saída de recursos.
> Nenhuma provisão é reconhecida (item 27).
> Divulgação é exigida para o passivo contingente (item 86).
> * Há obrigação possível ou obrigação presente cuja probabilidade de uma saída de recursos é ***remota***.
> Nenhuma provisão é reconhecida (item 27).
> Nenhuma divulgação é exigida (item 86).

Estamos diante de uma obrigação com ***provável*** possibilidade de ocorrência.

Gabarito – E

Questões 23 (Analista Previdenciário – Contabilidade – MANAUSPREV – FCC/2015)
A empresa Poluidora S.A. está sendo processada por danos causados aos mananciais de um município. A perda é provável, mas não é possível estimar com confiabilidade o valor da multa que deverá ser paga pela empresa. Neste caso, a empresa Poluidora S.A. deve:

a) evidenciar um passivo contingente em notas explicativas;
b) reconhecer uma provisão no Balanço Patrimonial;
c) reconhecer uma despesa na Demonstração do Resultado do Exercício;
d) reconhecer um passivo contingente no Balanço Patrimonial;
e) evidenciar uma variação do Patrimônio Líquido.

Resolução e Comentários

O *Pronunciamento Técnico CPC 25 – Provisões, Passivos Contingentes e Ativos Contingentes* disciplina o seguinte:

> Provisão
> 14. Uma provisão deve ser reconhecida quando:
> (a) a entidade tem uma obrigação presente (legal ou não formalizada) como resultado de evento passado;
> (b) seja provável que será necessária uma saída de recursos que incorporam benefícios econômicos para liquidar a obrigação; e
> (c) possa ser feita uma estimativa confiável do valor da obrigação.
> Se essas condições não forem satisfeitas, nenhuma provisão deve ser reconhecida.
> Estimativa confiável da obrigação
> 25. O uso de estimativas é uma parte essencial da elaboração de demonstrações contábeis e não prejudica a sua confiabilidade. Isso é especialmente verdadeiro no caso de provisões, que pela sua natureza são mais incertas do que a maior parte de outros elementos do balanço. Exceto em casos extremamente raros, a entidade é capaz de determinar um conjunto de desfechos possíveis e, dessa forma, fazer uma estimativa da obrigação que seja suficientemente confiável para ser usada no reconhecimento da provisão.
> 26. Nos casos extremamente raros em que nenhuma estimativa confiável possa ser feita, existe um passivo que não pode ser reconhecido. Esse passivo é divulgado como passivo contingente.
> 86. A menos que seja remota a possibilidade de ocorrer qualquer desembolso na liquidação, a entidade deve divulgar, para cada classe de passivo contingente na data do balanço, uma breve descrição da natureza do passivo contingente e, quando praticável:
> (a) a estimativa do seu efeito financeiro;
> (b) a indicação das incertezas relacionadas ao valor ou momento de ocorrência de qualquer saída; e
> (c) a possibilidade de qualquer reembolso.

Gabarito – A

Questões 24 (Analista de Controle Externo – Prefeitura da Cidade do Recife – FGV/2014)
Determinada entidade foi acionada na Justiça por um antigo funcionário e efetuou um depósito judicial de R$ 300.000,00. Os consultores jurídicos da entidade consideram que o risco de perda é possível. Nesse caso, o tratamento contábil adotado pela entidade deve ser:
a) não constituir provisão para contingências, mas evidenciar o fato em notas explicativas, pois a perda foi julgada possível;
b) constituir provisão para contingências e evidenciar o fato em notas explicativas, pois a perda foi julgada possível;
c) constituir provisão para contingências e evidenciar o fato em notas explicativas, pois foi feito um depósito judicial;
d) constituir provisão para contingências e evidenciar o fato em notas explicativas, pois a perda foi considerada de valor material;
e) constituir provisão para contingências, mas não evidenciar o fato em notas explicativas, pois foi feito um depósito judicial.

Resolução e Comentários

O *Pronunciamento Técnico CPC 25 – Provisões, Passivos Contingentes e Ativos Contingentes* disciplina o seguinte:

Provisão
14. Uma provisão deve ser reconhecida quando:
(a) a entidade tem uma obrigação presente (legal ou não formalizada) como resultado de evento passado;
(b) seja provável que será necessária uma saída de recursos que incorporam benefícios econômicos para liquidar a obrigação; e
(c) possa ser feita uma estimativa confiável do valor da obrigação.
Se essas condições não forem satisfeitas, nenhuma provisão deve ser reconhecida.
Apêndice A
* Há obrigação presente que ***provavelmente*** requer uma saída de recursos.
A provisão é reconhecida (item 14).
Divulgação é exigida para a provisão (itens 84 e 85).
* Há obrigação possível ou obrigação presente que pode requerer, mas provavelmente não irá requerer, uma saída de recursos.
Nenhuma provisão é reconhecida (item 27).
Divulgação é exigida para o passivo contingente (item 86).
* Há obrigação possível ou obrigação presente cuja probabilidade de uma saída de recursos é ***remota***.
Nenhuma provisão é reconhecida (item 27).
Nenhuma divulgação é exigida (item 86).

Neste caso, o risco de perda é possível.

Gabarito – A

CAPÍTULO 12

O Patrimônio Líquido e a Constituição de Reservas

12.1. Considerações Iniciais

Ao estudarmos o Balanço Patrimonial, verificamos que a diferença entre os saldos do Ativo e do Passivo Exigível constitui o saldo do **Patrimônio Líquido**, valor este que pertence aos sócios ou acionistas. Encontramos *Patrimônio Líquido* quando há excesso de bens e direitos inscritos no Ativo em relação às obrigações registradas no Passivo Exigível.

O **Patrimônio Líquido** também é conhecido como **Recursos Próprios** ou **Capital Próprio**.

De acordo com o Capítulo 4 do *Pronunciamento Técnico CPC 00 (R1) – Estrutura Conceitual para Elaboração e Divulgação de Relatório Contábil-Financeiro*, tem-se as seguintes definições para Ativo, Passivo e Patrimônio Líquido:

"Os elementos diretamente relacionados com a mensuração da posição patrimonial e financeira são os ativos, os passivos e o patrimônio líquido. Estes são definidos como segue:

(a) **ativo** é um recurso controlado pela entidade como resultado de eventos passados e do qual se espera que fluam futuros benefícios econômicos para a entidade;

(b) **passivo** é uma obrigação presente da entidade, derivada de eventos passados, cuja liquidação se espera que resulte na saída de recursos da entidade capazes de gerar benefícios econômicos;

(c) **patrimônio líquido** é o interesse residual nos ativos da entidade depois de deduzidos todos os seus passivos."

Podemos afirmar que o Patrimônio Líquido representa uma fonte de financiamento da sociedade, assim como o Passivo Exigível. Porém, o Patrimônio Líquido representa o capital próprio investido pelos sócios ou acionistas na sociedade, diferentemente do Passivo Exigível, que registra o financiamento do capital de terceiros.

O Inciso III do § 2º do Art. 178 da Lei das Sociedades por Ações apresenta a composição do grupo Patrimônio Líquido conforme a seguinte divisão:

a) *capital social* – representa o compromisso assumido pelos sócios junto à entidade e valores (lucros) por ela gerados devidamente incorporados ao Capital;

b) **Reservas de Capital** – representam valores recebidos pela entidade que não transitaram pelo resultado;

c) *ajustes de avaliação patrimonial* – serão classificadas como ajustes de avaliação patrimonial, *enquanto não computadas no resultado do exercício em obediência ao regime de competência*, as contrapartidas de aumentos ou diminuições de valor atribuídas a elementos do ativo e do passivo, em decorrência da sua avaliação a *valor justo*, nos casos previstos na Lei das Sociedades por Ações ou em normas expedidas pela Comissão de Valores Mobiliários. Segundo Eizirik, o saldo da conta Ajustes de Avaliação Patrimonial representa os montantes acumulados de lucros ou prejuízos ainda não realizados decorrentes da mensuração de determinados ativos e passivos pelo valor justo. São valores que oscilam com o decurso do tempo, mas que, em algum momento, transitarão pelo resultado;

d) **Reservas de Lucros** – representam parcelas dos lucros obtidos pela entidade, parcelas estas que foram retidas com finalidades específicas;

e) *ações em tesouraria* – representam ações da entidade que foram adquiridas por ela própria. No caso de sociedades limitadas, representam quotas adquiridas pela própria sociedade; e

f) *prejuízos acumulados* – representam resultados negativos obtidos pela entidade à espera de absorção futura.

> *Convém ser ressaltado que o Patrimônio Líquido é separado pela natureza de suas contas e não pela ordem de exigibilidade.*

Embora o Patrimônio Líquido seja definido como algo residual, ele pode ter subclassificações no Balanço Patrimonial. Por exemplo, na sociedade por ações, recursos aportados pelos sócios, reservas resultantes de retenções de lucros e reservas representando ajustes para manutenção do capital podem ser demonstrados separadamente. Tais classificações podem ser relevantes para a tomada de decisão dos usuários das demonstrações contábeis quando indicarem restrições legais ou de outra natureza sobre a capacidade que a entidade tem de distribuir ou aplicar de outra forma os seus recursos patrimoniais. Podem também refletir o fato de que determinadas partes com direitos de propriedade sobre a entidade têm direitos diferentes com relação ao recebimento de dividendos ou ao reembolso de capital.

O montante pelo qual o patrimônio líquido é apresentado no Balanço Patrimonial depende da mensuração dos ativos e passivos. Normalmente, o montante agregado do Patrimônio Líquido somente por coincidência corresponde ao valor de mercado agregado das ações da entidade ou da soma que poderia ser obtida pela venda dos seus ativos líquidos numa base de item-por-item, ou da entidade como um todo, tomando por base a premissa da continuidade (*going concern basis*).

A constituição de reservas é, por vezes, exigida pelo estatuto ou por lei para dar à entidade e seus credores uma margem maior de proteção contra os efeitos de prejuízos. Outras reservas podem ser constituídas em atendimento a leis que concedem isenções ou reduções nos impostos a pagar quando são feitas transferências para tais reservas. A existência e o tamanho de tais reservas legais, estatutárias e fiscais representam informações que podem ser importantes para a tomada de decisão dos usuários. *As transferências para tais reservas são apropriações de lucros acumulados, portanto, não constituem despesas.*

Atividades comerciais e industriais, bem como outros negócios, são frequentemente exercidas por meio de firmas individuais, sociedades limitadas, entidades estatais e outras organizações cujas estruturas, legal e regulamentar, em regra, são diferentes daquelas aplicáveis às sociedades por ações. Por exemplo, pode haver poucas restrições, caso haja, sobre a distribuição aos proprietários ou a outros beneficiários de montantes incluídos no patrimônio líquido. Não obstante, a definição de patrimônio líquido é igualmente aplicável a tais entidades.

A partir de agora passaremos a tratar de cada uma das divisões do Patrimônio Líquido, começando pelo conceito de Capital Social.

12.2. O CAPITAL SOCIAL

Toda e qualquer sociedade inicia as suas atividades mediante a entrega de recursos por seus sócios para que ela tenha vida própria, ou seja, para que a pessoa jurídica que ora nasce dê início à formação de seu próprio patrimônio. São os recursos próprios dos sócios que dão origem ao **Capital** ou **Capital Social** inicial da entidade. Os sócios investem na entidade mediante uma espécie de troca de seus respectivos recursos por ações, quotas ou outros tipos de participações na referida entidade, trocas estas devidamente formalizadas por documentos denominados Estatuto Social, Contrato Social ou aquele a que corresponder a participação. Deve ser frisado que, a qualquer momento, os sócios poderão decidir entregar novos recursos à entidade para as suas operações, constituindo aumentos do Capital Social, assim como poderão decidir ter de volta os recursos que investiram, constituindo reduções do Capital Social.

O ***Capital Social*** consiste no total de recursos a serem aplicados na entidade por seus sócios ou proprietários. O valor do capital social consta do ato constitutivo da entidade (Contrato Social ou Estatuto). *Trata-se do valor representativo da responsabilidade dos sócios em relação à entrega de recursos à entidade, para que esta possa ter vida própria.* **Capital Social é a soma representativa das contribuições de todos os sócios, realizadas (entregues) ou a serem realizadas (a serem entregues), para a finalidade específica de formação da sociedade. O capital social poderá ser constituído em dinheiro ou em bens ou em valores a receber.** Deve ser ressaltado que a legislação brasileira regula a entrega de bens para a formação do capital social somente nas sociedades por ações, quando ocorrerá a avaliação de tais bens por peritos (pessoas físicas) ou por empresa especializada, que elaborarão seus laudos de avaliação, para deliberação em assembleia (seja a assembleia voltada para a constituição da sociedade ou para o aumento do capital social). Nas sociedades de pessoas, a incorporação de bens à sociedade dependerá de acordo entre os sócios.

Os arts. 8ª e 9ª da Lei nº 6.404/76 (Lei das Sociedades por Ações) tratam dos procedimentos de avaliação a serem utilizados pelas sociedades por ações quando ocorrer a entrega à sociedade de bens para incorporação ao seu Ativo.

O capital social poderá ser aumentado ou diminuído desde que se faça alteração dos atos constitutivos da sociedade, com seus respectivos registros nos órgãos competentes.

Denomina-se **subscrição do capital social** a *promessa* de entrega de dinheiro e/ou bens à sociedade. Trata-se do compromisso assumido pelos sócios junto à sociedade para a entrega de dinheiro e/ou bens a ela.

Capital a Realizar ou **Capital a Integralizar** é conta que apresenta a parcela do capital social ainda não honrada pelos sócios ou proprietários junto à sociedade. *Cabe registro contábil nesta conta quando os sócios ou proprietários não entregam imediatamente as parcelas do capital social que lhes competem.*

Integralização ou **realização do capital social** consiste na efetiva entrega de dinheiro e/ou bens e/ou valores a receber à sociedade, quando os sócios honram parcial ou totalmente seus compromissos junto a ela (à sociedade).

Capital Social Realizado ou **Capital Social Integralizado** ou **Capital Social Contábil** é conta que apresenta o total de recursos realizados (entregues) pelos sócios ou proprietários à entidade, para que suas atividades possam ser desenvolvidas.

> *Convém ser destacado que a legislação brasileira não determina valor mínimo a ser designado para a formação do capital social de uma entidade.*

conta: **Capital Social** = **Capital Nominal** = **Capital Subscrito** = **Capital Registrado**

conta: **Capital a Realizar** = **Capital a Integralizar** = **Acionistas C/ Capital**

conta: **Capital Social Realizado** = **Capital Social Integralizado** = **Capital Social Contábil**

O Art. 80 da Lei nº 6.404/76 (Lei das Sociedades por Ações) trata da **constituição da sociedade por ações**.

A **constituição da companhia depende do cumprimento dos seguintes requisitos preliminares:**

I –   subscrição, pelo menos por 2 (duas) pessoas, **de todas as ações em que se divide o capital social fixado no estatuto;**

II – realização, como entrada, de **10% (dez por cento), no mínimo**, do preço de emissão das ações subscritas **em dinheiro**;

III – **depósito, no Banco do Brasil S/A., ou em outro estabelecimento bancário autorizado pela Comissão de Valores Mobiliários, da parte do capital realizado em dinheiro.**

Observe que a subscrição das ações deverá ser totalmente efetuada! A integralização do capital é que poderá ser parcialmente realizada.

É importante destacar que, no mínimo, 10% do valor do capital subscrito deverá ser entregue à sociedade em dinheiro e depositado em conta-corrente bancária aberta para a entidade. Nada impede que a quantia seja recebida pelo fundador e, posteriormente, seja depositada em conta-corrente. Neste caso, a conta Capital Social terá, como contrapartida, a conta Caixa e, posteriormente, será efetuada a transferência da conta Caixa para a conta Bancos Conta Movimento. A Fundação CESGRANRIO vem adotando este entendimento!

Ação – Menor fração em que está dividido o capital social.

Conforme consta do Art. 182 da Lei nº 6.404/76 (Lei das Sociedades por Ações), as sociedades por ações devem expor, no Patrimônio Líquido, as contas Capital Social (conta principal) e Capital a Realizar (conta retificadora). Trata-se de um dever a cumprir!

A conta do capital social discriminará o montante subscrito e, por dedução, a parcela ainda não realizada.

O valor a ser destacado no subgrupo Capital do grupo Patrimônio Líquido é o do Capital Social Realizado (ou Integralizado), isto é, o total efetivamente entregue pelos proprietários à sociedade. Desta forma, será evidenciado o valor do Capital Social e, por subtração, a parcela que ainda será integralizada (conta Capital a Integralizar); o valor líquido obtido entre essas parcelas constitui o Capital Social Integralizado.

Exemplo

Trata-se da constituição de uma sociedade por ações. Os sócios resolveram entregar à sociedade, de imediato e em dinheiro, R$ 300.000,00, quantia esta definida no estatuto da companhia como sendo o seu Capital Social inicial. Dias depois, fizeram a transferência desses recursos para uma conta-corrente bancária aberta em nome da sociedade.

Registros:

I) D – Capital a Realizar
C – Capital Social   300.000,00   (reconhecimento do compromisso assumido pelos sócios – conta Capital Social, assim como da obrigação por eles contraída junto à sociedade – conta Capital a Realizar)

(e)

II) D – Caixa
C – Capital a Realizar 300.000,00   (registro referente à entrega de R$ 300.000,00 para a companhia, cumprindo com a obrigação contraída)

Balanço Patrimonial

Caixa	300.000,00		
		3300.000,00	Capital Social
		0,00	(-) Capital a Realizar
		300.000,00	(=) Capital Social Realizado
Total	300.000,00	300.000,00	Total

Caixa (Valores em R$)

Saldo Inicial – 0,00	
(II) 300.000,00	
300.000,00 (saldo devedor)	

Capital Social (Valores em R$)

	0,00 – Saldo Inicial
	300.000,00 (I)
	300.000,00 (saldo credor)

Capital a Realizar (Valores em R$)

Saldo Inicial – 0,00	300.000,00 (II)
(I) 300.000,00	
0,00 (saldo nulo)	

Dias depois:

Registros:

D – Bancos Conta Movimento

C – Caixa 300.000,00 (registro referente à transferência de R$ 300.000,00 para a conta-corrente bancária aberta em nome da entidade)

Balanço Patrimonial

Bancos C/ Movimento	300.000,00		
		300.000,00	Capital Social
		0,00	(-) Capital a Realizar
		300.000,00	(=) Capital Social Realizado
Total	**300.000,00**	**300.000,00**	**Total**

Caixa (Valores em R$)

Saldo Inicial – 0,00	300.000,00 (III)
(II) 300.000,00	
0,00 (saldo nulo)	

Capital Inicial (Valores em R$)

	0,00 – Saldo Inicial
	300.000,00 (I)
	300.000,00 (saldo credor)

Bancos Conta Movimento (Valores em R$)	
Saldo Inicial – 0,00	
(III) 300.000,00	
300.000,00 (saldo devedor)	

Capital a Realizar (Valores em R$)	
Saldo Inicial – 0,00	300.000,00 (II)
(I) 300.000,00	
0,00 (saldo nulo)	

Exemplo

Josué e Danilo resolveram constituir uma sociedade. Levaram o ato constitutivo da entidade a registro no órgão competente e assumiram o compromisso de entregar recursos à sociedade conforme o que se segue:

- Valor total do Capital Social inicial – R$ 1.400.000,00
- Sócio Josué: integraliza parcialmente R$ 200.000,00 em dinheiro, entregando também de imediato, um imóvel no valor de R$ 300.000,00, devidamente avaliado, conforme a legislação em vigor. Seis meses após, deve integralizar os R$ 200.000,00 restantes;
- Sócio Danilo: integraliza parcial e imediatamente R$ 300.000,00 em dinheiro, além de 02 veículos corretamente avaliados em R$ 100.000,00. Um ano após, deve integralizar em dinheiro os R$ 300.000,00 restantes.
- Os recursos são recebidos pela sociedade e depositados em conta-corrente bancária aberta para a entidade ora criada.

Iremos registrar os eventos ocorridos.

Registros:

D – Capital a Realizar
C – Capital Social   1.400.000,00   (reconhecimento do compromisso assumido pelos sócios – conta Capital Social, assim como da obrigação por eles contraída junto à sociedade – conta Capital a Realizar)

(e)

D – Caixa 500.000,00
D – Imóveis 300.000,00
D – Veículos 100.000,00
C – Capital a Realizar 900.000,00

Este último registro trata do cumprimento parcial das obrigações contraídas pelos sócios junto à sociedade, diminuindo o saldo da conta Capital a Realizar, já que esta especial obrigação dos sócios com a sociedade está sendo parcialmente cumprida.

Balanço Patrimonial

Caixa	500.000,00		
Imóveis	300.000,00		
Veículos	100.000,00		
		1.400.000,00	Capital Social
		(500.000,00)	(-) Capital a Realizar
		900.000,00	(=) Capital Social Realizado
Total	**900.000,00**	**900.000,00**	**Total**

Caixa (Valores em R$)

Saldo Inicial – 0,00	
(II) 500.000,00	
500.000,00 (saldo devedor)	

Capital Social (Valores em R$)

	0,00 – Saldo Inicial
	1.400.000,00 (I)
	1.400.000,00 (saldo credor)

Capital a Realizar (Valores em R$)

Saldo Inicial – 0,00	900.000,00 (II)
(I) 1.400.000,00	
500.000,00 (saldo devedor)	

Imóveis (Valores em R$)

Saldo Inicial – 0,00	
(II) 300.000,00	
300.000,00 (saldo devedor)	

Veículos (Valores em R$)

Saldo Inicial – 0,00	
(II) 100.000,00	
100.000,00 (saldo devedor)	

Posteriormente:

Registros:

D – Bancos Conta Movimento
C – Caixa   500.000,00 (registro referente à transferência de R$ 500.000,00 para a conta-corrente bancária aberta em nome da entidade)

O valor inicialmente recebido em dinheiro deve ser todo ele depositado em conta-corrente!

Balanço Patrimonial

Bancos C/ Movimento	500.000,00		
Imóveis	300.000,00		
Veículos	100.000,00		
		1.400.000,00	Capital Social
		(500.000,00)	(-) Capital a Realizar
		900.000,00	(=) Capital Social Realizado
Total	**900.000,00**	**900.000,00**	**Total**

Caixa (Valores em R$)

Saldo Inicial – 0,00	500.000,00 (III)
(II) 500.000,00	
500.000,00 (saldo devedor)	

Capital Social (Valores em R$)

	0,00 – Saldo Inicial
	1.400.000,00 (I)
	1.400.000,00 (saldo credor)

Capital a Realizar (Valores em R$)

Saldo Inicial – 0,00	900.000,00 (II)
(I) 1.400.000,00	
500.000,00 (saldo devedor)	

Imóveis (Valores em R$)

Saldo Inicial – 0,00	
(II) 300.000,00	
300.000,00 (saldo devedor)	

Veículos (Valores em R$)

Saldo Inicial – 0,00	
(II) 100.000,00	
100.000,00 (saldo devedor)	

Bancos Conta Movimento (Valores em R$)

Saldo Inicial – 0,00	
(III) 500.000,00	
500.000,00 (saldo devedor)	

Observe que o Patrimônio Líquido passa a ter a seguinte constituição:

Capital Social ------------------- R$ 1.400.000,00
(-) Capital a Realizar ------------- (R$ 500.000,00)
(=) Capital Social Realizado ---- R$ 900.000,00

> A conta **Capital Social Realizado** é registrada *por subtração* no Patrimônio Líquido. Os registros contábeis envolvem apenas as contas Capital Social e Capital a Realizar.

Segundo o Manual de Contabilidade Societária, o investimento efetuado na entidade pelos sócios ou acionistas é representado pelo Capital Social, que abrange não somente as parcelas entregues por aqueles como também os valores obtidos pela sociedade e que, por decisão dos proprietários, incorporam-se ao Capital Social, representando uma espécie de renúncia a sua destinação na forma de dinheiro ou de outros bens.

12.3. O CAPITAL AUTORIZADO

Algumas *sociedades anônimas* possuem *capital autorizado*. O *Capital Autorizado* pode ser entendido como o limite, estabelecido em valor ou em número de ações, até o qual o Capital Social pode ser aumentado, independentemente de reforma estatutária, dando maior flexibilidade à entidade, algo muito útil em épocas de expansão, que podem periodicamente requerer novas injeções de capital.

Conforme a Lei das Sociedades por Ações, o estatuto pode conter autorização para aumento do capital social independentemente de reforma estatutária. O Capital Autorizado constitui um mecanismo que confere maior agilidade ao processo de capitalização das sociedades por ações, permitindo que a decisão a respeito do aumento do capital por meio da emissão de ações ocorra pelo conselho de administração da entidade, sem a necessidade de deliberação da assembleia geral. Com isto, a empresa aproveita o momento mais apropriado para captar recursos no mercado de capitais (as *janelas de mercado*). O limite, conforme anteriormente dito, pode ser definido em valor monetário ou em número de ações.

A informação do Capital Autorizado poderá constar:
- Do próprio Balanço Patrimonial, na descrição do subgrupo Capital;
- Do topo das demonstrações contábeis; ou
- De notas explicativas.

12.3.1. O registro contábil do capital autorizado

Utilizamos a conta Capital Autorizado para controlar o capital autorizado, assim como a conta Capital a Subscrever para apresentar a parcela do capital autorizado ainda não subscrita.

Exemplo
Capital Autorizado   R$ 1.000.000,00
(-) Capital a Subscrever   (R$ 300.000,00)
(=) Capital Subscrito   R$ 700.000,00
Registros contábeis a serem efetuados quando houver Capital Autorizado:

Pela autorização do capital:
D – Capital a Subscrever
C – Capital Autorizado

Pela Subscrição do Capital:
D – Capital a Integralizar
C – Capital a Subscrever

Pela integralização do capital pelos sócios ou acionistas:
D – Bancos Conta Movimento (por exemplo)
C – Capital a Integralizar

D – Imóveis ou Veículos (por exemplo)
C – Capital a Integralizar

12.4. Exercícios Resolvidos para a Fixação de Conteúdo

Questão 01 – (Técnico de Contabilidade I – PETROBRAS – CESGRANRIO – 2005)
Analise os razonetes abaixo, referentes a um determinado fato administrativo.

Caixa	
SA 200.000,00	
(1) 50.000,00	

Acionistas C/ Capital	
SA 500.000,00	50.000,00 (1)

É correto afirmar que eles correspondem ao registro contábil de:
a) aumento de capital, com parte em dinheiro.
b) integralização em dinheiro, de capital subscrito.
c) pagamento aos acionistas, em dinheiro.
d) pagamento de capital a realizar, em dinheiro.
e) subscrição de capital, em dinheiro.

Resolução e Comentários

A conta Caixa está aumentando em R$ 50.000,00 e a conta "Acionistas C/ Capital" (= Capital a Realizar = Capital a Integralizar) está diminuindo em R$ 50.000,00. Logo, os acionistas estão honrando suas obrigações com a entidade.

D – Caixa
C – Acionistas C/ Capital – 50.000,00

Gabarito – B

Questão 02 – (Técnico de Contabilidade I – PETROBRAS – CESGRANRIO – 2005)
"São as contas representativas do capital subscrito e por dedução a parcela ainda não realizada"
A definição acima representa o conceito de:
a) Acionista conta Capital.
b) Capital a Integralizar.
c) Capital à disposição da empresa.
d) Capital próprio.
e) Capital Social.

Resolução e Comentários

A fim de atender ao disposto no Art. 182 da Lei nº 6.404/76 (Lei das Sociedades por Ações), deverão estar discriminados em "Capital Social" o montante subscrito pelos sócios ou acionistas e, por dedução, a parcela ainda não realizada.

	Balanço Patrimonial
Ativo	Passivo Exigível
	Patrimônio Líquido Capital Social Subscrito = R$ 1.000.000,00 (-) a Realizar (a Integralizar) = R$ 600.000,00 (=) Realizado (Integralizado) = R$ 400.000,00

- Capital Social Subscrito = compromisso assumido pelos sócios ou acionistas de cumprir com certa quantia para a entidade. Subscrever significa prometer contribuir para a formação do capital social.

- Capital Social a Realizar (a Integralizar) = parcela do capital subscrito ainda não transformado em dinheiro ou em valor monetário pelos sócios ou acionistas.

- Capital Social Realizado (Integralizado) = parcela do capital subscrito efetivamente paga em dinheiro ou outro valor monetário pelos sócios ou acionistas.

Gabarito – E

Questão 03 – (Técnico de Contabilidade I – PETROBRAS – CESGRANRIO – 2008)
Nove pessoas resolveram organizar uma empresa para produção e vendas de equipamentos de pesca que denominaram Equipescaria S/A.
Em 01.10.2007, foi elaborado o estatuto da empresa com o capital constituído de 10.000.000 de ações ordinárias nominativas, no valor de R$10,00 cada uma, perfazendo um total de R$100.000.000,00.
No dia 02.10.2007, os sócios integralizaram 20% desse capital, em dinheiro.
O lançamento contábil que caracteriza a operação de integralização é

a) Acionistas c/ capital
   a Capital   100.000.000,00
b) Caixa
   a Acionistas c/ capital   100.000.000,00
c) Caixa
   a Capital   100.000.000,00
d) Caixa
   a Acionistas c/ capital   20.000.000,00
e) Capital
   a Acionistas c/ capital   20.000.000,00

Resolução e Comentários

Registro do compromisso:
   Acionistas c/ capital
   a Capital 100.000.000,00

Integralização parcial do capital em dinheiro:
   Caixa
   a Acionistas c/ capital 20.000.000,00 (= 20% x 100.000.000,00)

Gabarito – D

Questão 04 – (Técnico de Contabilidade Júnior – FAFEN ENERGIA S/A – CESGRANRIO – 2009)

Três pessoas resolvem abrir uma sociedade por quotas de responsabilidade limitada e concordam em entregar, cada uma, R$ 100.000,00, a título de subscrição das quotas dessa sociedade. Quinze dias depois, cada sócio entrega à sociedade, em dinheiro, o valor de R$ 70.000,00.

Considerando exclusivamente essas informações, é correto afirmar que o
a) ativo total da sociedade é de R$ 300.000,00.
b) capital de terceiros da sociedade é de R$ 90.000,00.
c) capital social da sociedade é de R$ 100.000,00.
d) capital a integralizar da sociedade é de R$ 90.000,00.
e) capital próprio da sociedade é de R$ 170.000,00.

Resolução e Comentários

Registro do compromisso:
D – Capital a Integralizar
C – Capital Social   300.000,00

Integralização parcial:
D – Bancos
C – Capital a Integralizar   210.000,00

Balanço Patrimonial

Ativo	Passivo Exigível
Bancos – 210.000,00	
	Patrimônio Líquido
	Capital Social
	Subscrito = R$ 300.000,00
	(-) a Realizar (a Integralizar) – (R$ 90.000,00)
	(=) Realizado (Integralizado) – R$ 210.000,00

Gabarito – D

Questão 05 – (Técnico de Contabilidade I – TRANSPETRO – CESGRANRIO – 2006)

Francisco e Paulo resolveram constituir a Empresa Garcia & Souza Ltda. em 01 jul.2005, com capital social de R$ 10.000,00, totalmente integralizado em dinheiro. As primeiras operações da empresa foram:

Capítulo 12 — O Patrimônio Líquido e a Constituição de Reservas ■ 883

- aquisição de móveis e utensílios por R$ 8.000,00, sendo: R$ 2.000,00, em dinheiro, no ato, e o restante em três prestações mensais, iguais e sucessivas, de R$ 2.000,00;
- aquisição de um computador usado, à vista, por R$ 1.000,00;
- aquisição de mercadorias para revenda, a prazo, por R$ 5.000,00;
- pagamento, em dinheiro, das despesas de: telefone R$ 200,00; energia elétrica R$ 150,00; condomínio R$ 350,00; pagamento da primeira de três prestações da compra inicial dos móveis e utensílios.

O saldo de caixa da empresa, em reais, após as operações, será:
a) 4.300,00.
b) 4.700,00.
c) 5.700,00.
d) 6.000,00.
e) 6.300,00.

Resolução e Comentários

A seguinte operação é permitida quando da constituição da empresa:

D – Caixa

C – Capital Social – 10.000

Operações realizadas pela empresa:
- aquisição de móveis e utensílios por R$ 8.000,00, sendo: R$ 2.000,00, em dinheiro, no ato, e o restante em três prestações mensais, iguais e sucessivas, de R$ 2.000,00;

D – Móveis e Utensílios – 8.000

C – Caixa – 2.000

C – Fornecedores ou Valores a Pagar ou Contas a Pagar – 6.000

- aquisição de um computador usado, à vista, por R$ 1.000,00;

D – Computadores

C – Caixa – 1.000

- aquisição de mercadorias para revenda, a prazo, por R$ 5.000,00;

D – Mercadorias

C – Fornecedores – 5.000

- pagamento, em dinheiro, das despesas de: telefone R$ 200,00; energia elétrica R$ 150,00; condomínio R$ 350,00; pagamento da primeira de três prestações da compra inicial dos móveis e utensílios.

D – Despesas de Telefone
C – Caixa – 200

D – Energia Elétrica
C – Caixa – 150

D – Condomínio ou Despesas com Condomínio
C – Caixa – 350

D – Fornecedores ou Valores a Pagar ou Contas a Pagar
C – Caixa – 2.000

Após os eventos, a conta Caixa terá o seguinte saldo:

Caixa	
(1) 10.000	2.000 (2)
	1.000 (3)
	200 (4)
	150 (4)
	350 (4)
	2.000 (4)
10.000	5.700
4.300	

Gabarito – A

Questão 06 – (Técnico de Contabilidade – Agência Nacional de Petróleo – ANP – CESGRANRIO – 2005)

Atente para os seguintes lançamentos no Diário de uma sociedade anônima:
Cidade, 3 de janeiro de 2005
Acionistas c/Capital
a Capital   200.000,00
Diversos
a Acionistas c/Capital
Caixa   20.000,00
Bancos c/Movimento   80.000,00
Máquinas e Equipamentos   50.000,00   150.000,00

Considerando exclusivamente os aludidos lançamentos, pode-se afirmar que o Capital dessa sociedade anônima foi:
a) subscrito e integralizado no ato da constituição.
b) parcialmente subscrito no ato da constituição.
c) integralizado, parcialmente, no ato da constituição.
d) integralizado, em dinheiro, no ato da constituição.
e) totalmente integralizado após a constituição.

Resolução e Comentários

Em um primeiro momento, os sócios constituíram compromisso junto à empresa. Em seguida (segundo evento), integralizaram parcialmente o Capital (parte em dinheiro, parte em conta-corrente e parte em máquinas e equipamentos).

Gabarito – C

Questão 07 – (Técnico de Contabilidade Júnior – PETROBRAS Distribuidora S/A – CESGRANRIO – 2008)

Em 01.10.2007, oito pessoas resolveram fundar uma empresa de reparos em embarcações denominada Barco Renovado S/A. No mesmo dia, os oito fundadores subscreveram todo o capital social, aprovado no estatuto, constituído por 1.000.000 de ações ordinárias nominativas com o valor nominal de R$ 1,00, cada ação.

Ainda no mesmo dia, os acionistas integralizaram em dinheiro, apenas 20% do capital subscrito.

O lançamento contábil para registrar esta integralização é

a) Acionistas C/ Capital
   a Capital a integralizar   R$ 1.000.000,00
b) Capital a integralizar
   a Acionistas C/ capital   R$ 200.000,00
c) Caixa
   a Capital integralizado   R$ 1.000.000,00
d) Caixa
   a Capital a integralizar   R$ 200.000,00
e) Diversos
   a Acionistas C/ Capital
   Capital a integralizar   R$ 800.000,00
   Caixa   R$ 200,000,00   R$ 1.000.000,00

Resolução e Comentários

Registro do compromisso:
Acionistas c/ Capital
a Capital 1.000.000,00

Integralização parcial do capital em dinheiro:
Caixa
a Acionistas c/ Capital 200.000,00 (= 20% x 1.000.000,00)
Gabarito – D

Questão 08 – (Analista Administrativo – Contabilidade – ANP – CESGRANRIO – 2008)
A Novidade Ltda. foi constituída com o capital de R$ 200.000,00: integralizados 50% em dinheiro e 50% em máquinas de uso.

No primeiro dia de funcionamento depositou R$ 80.000,00 no Banco e comprou dois veículos, para uso próprio, com entrada de R$ 40.000,00 em cheque, R$ 10.000,00 em dinheiro e 10 parcelas mensais e sucessivas de R$ 20.000,00, cada uma, vencendo a primeira no dia 30 do mês seguinte.

Considerando, exclusivamente, as informações recebidas, o registro contábil da aquisição do caminhão, desconsiderando data e histórico, em reais, é

a) Veículos 50.000
    a Caixa 50.000
b) Veículos 50.000
    a Caixa 10.000
    a Bancos Conta Movimento 40.000
c) Veículos 250.000
    a Caixa 10.000
    a Bancos Conta Movimento 40.000
    a Títulos a Pagar 200.000
d) Mercadorias 50.000
    a Caixa 10.000
    a Bancos Conta Movimento 40.000
e) Mercadorias 250.000
    a Caixa 10.000
    a Bancos Conta Movimento 40.000
    a Fornecedores 200.000

Resolução e Comentários

A Novidade Ltda. foi constituída com o capital de R$ 200.000,00: integralizados 50% em dinheiro e 50% em máquinas de uso.

D – Capital a Realizar / Capital a Integralizar / Acionistas C/ Capital
C – Capital Social R$ 200.000,00

D – Caixa –   R$ 100.000,00
D – Máquinas e Equipamentos –   R$ 100.000,00
C – Capital a Realizar / Capital a Integralizar / Acionistas C/ Capital – R$ 200.000,00

No primeiro dia de funcionamento depositou R$ 80.000,00 no Banco e comprou dois veículos, para uso próprio, com entrada de R$ 40.000,00 em cheque, R$ 10.000,00 em dinheiro e 10 parcelas mensais e sucessivas de R$ 20.000,00, cada uma, vencendo a primeira no dia 30 do mês seguinte.

Depósito no banco:
D – Bancos Conta Movimento
C – Caixa R$ 80.000,00

Aquisição de dois veículos para uso próprio:
D – Veículos   R$ 250.000,00
C – Bancos   R$ 40.000,00
C – Caixa   R$ 10.000,00
C – Financiamentos a Pagar / Títulos a Pagar   R$ 200.000,00
Gabarito – C

Questão 09 – (Auditor-Fiscal do Tesouro Nacional – EsAF – 1998)
A Cia. Bira & Bira foi constituída com capital de R$ 750.000,00, por três sócias, que integralizaram suas ações como segue:

Amélia Macambira	R$ 300.000,00
Beatriz Itabira	R$ 150.000,00
Creuza Mambira	R$ 300.000,00

Após determinado período, a empresa verificou que, nas suas operações normais, lograra obter lucros de R$ 600.000,00, dos quais R$ 150.000,00 foram distribuídos e pagos às sócias. Os restantes R$ 450.000,00 foram reinvestidos na empresa na conta Reserva para Aumento de Capital, nada mais havendo em seu patrimônio líquido.

Nessa oportunidade, Beatriz Itabira decidiu retirar-se da sociedade, vendendo sua participação às duas outras sócias, com ágio de 20% sobre o valor patrimonial.

Considerando as informações acima fornecidas, podemos afirmar que a Sra. Beatriz Itabira deve receber, pela venda de sua participação acionária o valor de:
a) R$ 144.000,00.
b) R$ 36.000,00.
c) R$ 288.000,00.
d) R$ 180.000,00.
e) R$ 324.000,00.

Resolução e Comentários

Patrimônio Líquido inicial da empresa: composto apenas pelo Capital Social de R$ 750.000,00.

Participação percentual de Beatriz Itabira na empresa:
(R$ 150.000,00 / R$ 750.000,00) x 100 = 20%

Ao final do período a Cia. Bira & Bira apurou lucro de R$ 600.000,00, porém só levou para o Patrimônio Líquido (PL) valor igual a R$ 450.000,00 (Reserva para Aumento de Capital).

Assim, o PL da investida ficou com:

PL= R$ 750.000,00 (capital social) + R$ 450.000,00 (reserva para o aumento de capital) = R$ 1.200.000,00

Neste momento, o valor do investimento para Beatriz Itabira passa a ser de: 20% x R$ 1.200.000,00 = R$ 240.000,00.

Como o investimento foi vendido com ágio de 20%, conclui-se que o mesmo foi vendido por:

R$ 240.000,00 + (20% x R$ 240.000,00) = R$ 240.000,00 + R$ 48.000,00 = R$ 288.000,00

Gabarito – C

Questão 10 – (ICMS – MT – UEMT – 2008)
João e José resolveram constituir uma sociedade para trabalhar no setor de produção de sapatos. Prometeram integralizar um capital de R$ 2.000.000,00 (dois milhões de reais) cada, sendo que João integralizou em dinheiro 40% (quarenta por cento) de sua parte, e José realizou em dinheiro apenas 30% de seu compromisso. Após integralização, a empresa adquiriu, à vista, máquinas e equipamentos no valor de R$ 200.000,00 (duzentos mil reais), e pagou despesas no valor de R$ 50.000,00 (cinquenta mil reais). Comprou mercadorias, a prazo por R$ 20.000,00 (vinte mil reais).

Ao elaborar o balanço patrimonial, o valor do patrimônio bruto e da situação líquida da empresa será respectivamente:
a) R$ 1.150.000,00 e R$ 1.370.000,00.
b) R$ 1.350.000,00 e R$ 1.350.000,00.
c) R$ 1.150.000,00 e R$ 1.350.000,00.
d) R$ 1.370.000,00 e R$ 1.350.000,00.
e) R$ 1.370.000,00 e R$ 1.370.000,00.

Resolução e Comentários

Compromisso de R$ 2.000.000,00 de cada um (João e José) → Capital Social = R$ 4.000.000,00

Capital a Integralizar
a Capital Social 4.000.000,00

Integralização do capital:

João – 40% x R$ 2.000.000,00 = R$ 800.000,00
José – 30% x R$ 2.000.000,00 = R$ 600.000,00

Capital Integralizado = Capital Realizado = R$ 1.400.000,00
Caixa / Bancos Conta Movimento
a Capital Social a Realizar 1.400.000,00

Aquisição de máquinas e equipamentos:
Máquinas e Equipamentos
a Caixa / Bancos 200.000,00

Pagamento de despesas:
Despesas
a Caixa / Bancos 50.000,00

Compra de mercadorias a prazo:
Mercadorias
a Fornecedores 20.000,00

Balanço Patrimonial

Caixa – 1.150.000	Fornecedores – 20.000
Máquinas – 200.000	
Mercadorias – 20.000	
	Capital Social – 4.000.000
	(-) Capital a Realizar – (2.600.000)
	(=) Capital Social Realizado – 1.400.000
	Resultado = Prejuízo – (50.000)

Logo: Ativo Total = R$ 1.370.000,00
Patrimônio Líquido = R$ 1.350.000,00
Gabarito – D

Questão 11 – (Auditor-Fiscal do Tesouro Nacional – EsAF – Adaptada – 1998)
A Cia. Eira & Eira foi constituída com capital de R$ 750.000,00, por três sócios, que integralizaram suas ações como segue:
- Adão Macieira   R$ 300.000,00
- Bené Pereira   R$ 150.000,00
- Carlos Parreira   R$ 300.000,00

Após determinado período, a empresa verificou que nas suas operações normais lograra obter lucros de R$ 600.000,00, dos quais R$ 150.000,00 foram distribuídos e pagos aos sócios. Os restantes R$ 450.000,00 foram reinvestidos na empresa na conta Reserva para Aumento de Capital, nada mais havendo em seu Patrimônio Líquido. Sabendo-se que as dívidas desta empresa representam 20% dos recursos aplicados atualmente no patrimônio, podemos afirmar que o valor total de seus ativos é de:
a) R$ 1.200.000,00.
b) R$ 750.000,00.
c) R$ 600.000,00.
d) R$ 1.350.000,00.
e) R$ 1.500.000,00.

Resolução e Comentários

Patrimônio Líquido inicial da empresa: composto apenas pelo Capital Social de R$ 750.000,00.

Ao final do período a Cia. Eira & Eira apurou lucro de R$ 600.000,00, porém só levou para o Patrimônio Líquido (PL) valor igual a R$ 450.000,00 (Reserva para Aumento de Capital).

Assim, o PL da investida ficou com:

PL= R$ 750.000,00 (capital social) + R$ 450.000,00 (reserva para o aumento de capital) = R$ 1.200.000,00

Passivo Exigível = 20% x Recursos Aplicados = 0,20 x Ativo

Ativo = Passivo Exigível + Patrimônio Líquido → A = 0,20 x A + PL = 0,20 x A + 1.200.000

→ A − 0,20 x A = 1.200.000 → 0,80 x A = 1.200.000 → Ativo = 1.500.000

Gabarito − E

Questão 12 − (Auditor-Fiscal do Tesouro Nacional − EsAF − 1998)
No mês de julho, a firma Papoulas Ltda. foi registrada e captou recursos totais de R$ 7.540,00, sendo R$ 7.000,00 dos sócios, como capital registrado, e R$ 540,00 de terceiros, sendo 2/3 como empréstimos obtidos e 1/3 como receitas ganhas. Os referidos recursos foram todos aplicados no mesmo mês, sendo R$ 540,00 em mercadorias; R$ 216,00 em poupança bancária; R$ 288,00 na concessão de empréstimos; e o restante em despesas normais. Após realizados esses atos de gestão, pode-se afirmar que a empresa ainda tem um patrimônio bruto e um patrimônio líquido, respectivamente, de:
a) R$ 1.044,00 e R$ 864,00.
b) R$ 1.044,00 e R$ 684,00.
c) R$ 1.044,00 e R$ 504,00.
d) R$ 1.584,00 e R$ 1.044,00.
e) R$ 7.540,00 e R$ 7.000,00.

Resolução e Comentários

Ativo = Bens + Direitos = mercadorias + poupança bancária + empréstimos concedidos →

→ Ativo = 540,00 + 216,00 + 288,00 = 1.044,00

Passivo = empréstimos obtidos → Passivo = 540,00 x (2/3) = 360,00

Patrimônio Líquido = Ativo – Passivo Exigível → Patrimônio Líquido = 1.044,00 – 360,00 = 684,00

Gabarito – B

Questão 13 – (Analista de Finanças e Controle – STN – EsAF – 2000)

A empresa Comercial Aurífero foi constituída por três sócios, que integralizaram de imediato o capital de R$ 25.000,00, cabendo R$ 10.000,00 ao sócio Abel Bastos, R$ 5.000,00 ao sócio Caio Dantas e R$ 10.000,00 ao sócio Élcio Freitas.

Após determinado período, o histórico de resultados da empresa era o seguinte: lucros auferidos nas operações: R$ 20.000,00, dos quais apenas R$ 5.000,00 foram distribuídos e pagos aos sócios. Os restantes R$ 15.000,00, por decisão dos próprios sócios, foram reinvestidos na empresa como Reserva para Aumento de Capital. Por esta época, o Sr. Caio Dantas resolveu retirar-se da sociedade oferecendo sua parte à venda, com um ágio de 10%. O Sr. Abel Bastos aceitou a compra, mas com deságio de 10%; o Sr. Élcio Freitas fez proposta de compra a valor patrimonial. A empresa tem dívidas calculadas em 20% do patrimônio bruto.

A partir dessas informações, pode-se afirmar que

a) Abel Bastos aceita o capital de Caio Dantas com deságio, por R$ 4.500,00.
b) Abel Bastos quer vender seu capital com ágio, por R$ 5.500,00.
c) a empresa já tem um passivo de R$ 8.000,00.
d) o valor patrimonial do capital de Caio Dantas atualmente é R$ 9.000,00.
e) o patrimônio bruto dessa empresa já soma o total de R$ 50.000,00.

Resolução e Comentários

Patrimônio Líquido inicial da empresa: composto apenas pelo Capital Social de 25.000.

Ao final do período a Comercial Aurífero apurou lucro de 20.000, porém só levou para o Patrimônio Líquido (PL) valor igual a 15.000 (Reserva para Aumento de Capital).

Assim, o PL da investida ficou com:

PL= 25.000 (capital social) + 15.000 (reserva para o aumento de capital) = 40.000

Patrimônio Bruto = Ativo

Dívidas = Passivo Exigível = 0,20 x Ativo

PL = Ativo – 0,20 x Ativo → Ativo = 40.000 / 0,80 = 50.000

Passivo Exigível (PE) + Patrimônio Líquido (PL) = Passivo Total

PL = 40.000 = 80% x Passivo Total → Obrigações = 20% x Passivo Total = 10.000

Patrimônio da Empresa
Ativo = Patrimônio Bruto = 50.000
Passivo Exigível = 10.000
Patrimônio Líquido = 40.000

Valor patrimonial da parcela de Caio Dantas = (5/25) x 40.000 = 8.000
(-) Deságio 10% = (800)
(=) Total 7.200 (alternativa A: errada)

O enunciado não diz que Abel Bastos deseja vender seu capital, nem por quanto venderia (alternativa B: errada)

O valor patrimonial da parte de Caio Dantas é 8.000, como visto acima (alternativa D: errada)

Gabarito – E

Questão 14 – (Técnico de Contabilidade I – Refinaria Alberto Pasqualini – REFAP – CESGRANRIO – 2007)
Na constituição de uma sociedade anônima, os acionistas precisam depositar, em dinheiro:
a) 10% do capital integralizado, na Caixa Econômica Federal.
b) 10% do capital subscrito, no Banco do Brasil.
c) 20% do capital integralizado, no Banco do Brasil.
d) 20% do capital social, na Caixa Econômica Federal.
e) 20% do capital subscrito, na Caixa Econômica Federal.

Resolução e Comentários
- Capital Social Subscrito = compromisso assumido pelos sócios ou acionistas de cumprir com certa quantia para a entidade. Subscrever significa prometer contribuir para a formação do capital social.
- Capital Social a Realizar (a Integralizar) = parcela do capital subscrito ainda não transformado em dinheiro ou em valor monetário pelos sócios ou acionistas.
- Capital Social Realizado (Integralizado) = parcela do capital subscrito efetivamente pago em dinheiro ou outro valor monetário pelos sócios ou acionistas.

Art. 80 da Lei nº 6.404/76 (Lei das Sociedades por Ações) – Atualizada pela Lei nº 11.941, de 27 de maio de 2009

Constituição da Companhia
SEÇÃO I
Requisitos Preliminares

Art. 80. A constituição da companhia depende do cumprimento dos seguintes requisitos preliminares:

I – subscrição, pelo menos por 2 (duas) pessoas, de todas as ações em que se divide o capital social fixado no estatuto;

II – realização, como entrada, de 10% (dez por cento), no mínimo, do preço de emissão das ações subscritas em dinheiro;

III – depósito, no Banco do Brasil S/A, ou em outro estabelecimento bancário autorizado pela Comissão de Valores Mobiliários, da parte do capital realizado em dinheiro.

Parágrafo único. O disposto no número II não se aplica às companhias para as quais a lei exige realização inicial de parte maior do capital social.

Gabarito – B

12.5. As Provisões

Segundo o *Pronunciamento Técnico CPC 25 – Provisões, Passivos Contingentes e Ativos Contingentes*, **provisão** é um passivo de prazo ou de valor incertos. Podemos afirmar que as provisões constituem acréscimos de exigibilidade que reduzem o Patrimônio Líquido, com prazos e/ou valores ainda não totalmente definidos. *Deve ser ressaltado que as provisões derivam de fatos geradores contábeis já ocorridos, porém sem ter ocorrido o desembolso.*

Exemplo

Podemos citar como exemplos de provisões, de acordo com o Manual de Contabilidade Societária:

- Estimativa de valores a pagar a título de indenizações relativas a tempo de serviço já decorrido;
- Risco por garantias oferecidas em produtos já vendidos;
- Probabilidade de ônus futuro em função de problemas fiscais já ocorridos etc.

Geralmente, as provisões originam-se de despesas. Porém, há exceções à regra:

- Ajustes de Exercícios Anteriores – Debitado a Lucros ou Prejuízos Acumulados;
- Dividendos – Constituem uma provisão, enquanto estão na forma de proposição à assembleia.

Quando as obrigações inicialmente reconhecidas como provisões tornam-se totalmente definidas, então devem deixar de ser consideradas provisões, assumindo o *status* de obrigações propriamente ditas.

12.6. As Reservas

Nas sociedades por ações, o Capital Social (registrado no estatuto) tradicionalmente constitui a garantia dos credores. Trata-se do montante de patrimônio que os acionistas são obrigados a reter na entidade, tendo por finalidade honrar todos os seus compromissos sociais. Podemos, então, afirmar que a Lei das Sociedades por Ações criou normas rígidas com o intuito de garantir a integridade do Capital, evitando que sejam adotadas destinações aos acionistas na forma de dividendos em seu prejuízo. A destinação do lucro aos acionistas não pode ser efetuada de modo indiscriminado, sob pena de prejudicar aqueles que com a entidade transacionem, ou seja, seus credores.

Em decorrência do mecanismo de proteção à integridade do Capital Social, que costumamos denominar *princípio da intangibilidade do Capital Social*, a sociedade por ações não pode destinar dividendos enquanto apresentar prejuízos acumulados de anos anteriores; os lucros porventura obtidos devem ser utilizados para compensar prejuízos, ao invés de serem destinados aos acionistas na forma de dividendos. Também com a finalidade de assegurar a integridade do Capital Social, a Lei das Sociedades Anônimas enuncia taxativamente os valores que podem dar suporte ao pagamento de dividendos, a saber: lucro líquido do exercício; reservas de lucros e, excepcionalmente, reservas de capital.

As **reservas** são constituídas a partir de recursos destinados a finalidades específicas. Representam valores retidos pela entidade que aumentam o patrimônio social. Possuem o caráter de capital adicional com que passa a contar a sociedade!

Quando constituídas a partir de parcela do lucro obtido no exercício, as reservas representam a parte do lucro líquido que é retida na entidade. Para esta finalidade pode haver disposição legal, estatutária ou deliberação de assembleia.

> *Convém ser destacado que nem todo o lucro deve ser destinado aos acionistas ou permanecer retido na entidade na forma de reservas. Deve haver um equilíbrio quanto à destinação ou à retenção dos lucros.*

Convém ser ressaltado que as reservas não se caracterizam, regra geral, por bens ou valores separados no patrimônio da entidade. Os recursos são normalmente utilizados na exploração do objeto social, porém devem estar disponíveis no momento em que a sociedade deles precisar para utilização de acordo com a finalidade específica da reserva em tela.

> *Não há vinculação de bens do Ativo, tais como dinheiro, veículos, móveis, edificações etc., às reservas, para fisicamente representá-las.*

Conforme muito bem nos ensina Eizirik, *essas reservas são formadas por fundos cuja destinação natural é a distribuição aos acionistas, a qual deverá ser efetivada tão logo desapareça a finalidade que motivou a sua constituição*. No entanto, é vedada a destinação das reservas de lucros aos acionistas em circunstâncias excepcionais, caso haja regra geral expressa nesse sentido, como é o caso da reserva legal, ou caso a companhia apresente prejuízos acumulados de exercícios anteriores, hipótese em que as reservas de lucros deverão, primeiramente, absorver os prejuízos acumulados e somente depois é que o saldo remanescente poderá ser distribuído aos acionistas.

As *reservas* podem representar dois conceitos distintos, a saber:

- **Reservas de Capital** – correspondem a valores recebidos a partir dos proprietários ou de terceiros, que não representam aumento de capital (entenda-se Capital Social); ou

- **Reservas de Lucros** – são originadas de lucros não destinados aos proprietários, conforme será adiante apresentado.

Observe que as reservas devem ser classificadas de acordo com sua origem. As Reservas de Lucros são formadas a partir de lucros auferidos pela entidade; já as Reservas de Capital registram contribuições de subscritores dos valores mobiliários emitidos pela entidade, que não se destinam à formação do Capital Social.

> As *reservas* não possuem característica de exigibilidade imediata.

Se as reservas passarem a ter característica de exigibilidade, deixarão de ser reconhecidas como reservas para serem registradas no Passivo. Isto ocorre, por exemplo, quando há decisão de destinação de dividendos ou utilização de saldo de reserva para resgate de partes beneficiárias, conforme será adiante explicado.

À exceção da Reserva de Lucros a Realizar (Reserva de Lucros), da Reserva para Contingências (Reserva de Lucros) e da Reserva Especial para o Pagamento de Dividendos Obrigatórios Não Distribuídos (Reserva de Lucros), toda e qualquer reserva de lucros ou de capital poderá ser incorporada ao Capital Social.

De acordo com Gino Zappa, *as reservas são como quotas ideais do patrimônio, acrescidas ao valor nominal do Capital Social, destinadas a fazer frente a riscos de várias naturezas ou aumentar o chamado fundo de operação ou de exercício*.

> *Caso a entidade destinasse a seus proprietários todos os ganhos que apurasse ao final do exercício social, evidentemente não reuniria condições de continuar operando, tampouco de expandir. Em consequência, são constituídas as reservas, que fazem com que os recursos continuem circulando pela entidade, na forma de ativos, sem sofrerem destinação aos proprietários.*

12.7. Breves Noções sobre Ações

A *ação* é a menor parcela em que se divide o capital social de uma sociedade por ações.

Há três tipos de ações: **ordinárias**, **preferenciais** ou **de fruição**. Tal divisão é devida à natureza dos direitos e vantagens conferidos aos seus titulares.

Ações – são títulos de propriedade, representativos das quotas-partes em que se divide o capital social de uma sociedade por ações, representando a menor fração em que é dividido seu capital social.

Ações Ordinárias – ações comuns, desprovidas de quaisquer restrições, porém não dotadas de nenhum privilégio, exceto o **direito a voto**.

Ações Preferenciais – Ações que conferem preferências previamente declaradas nos estatutos, tais como prioridade na distribuição de dividendos e/ou prioridade no reembolso do capital, com ou sem prêmio.

Ações de Fruição – A Lei nº 6.404/76 (Lei das Sociedades por Ações) não define, nem prevê, normas para ações de fruição. São ações de posse e propriedade dos fundadores da companhia, já amortizadas. Quem as possui recebeu, antecipadamente, o valor contábil que elas representam. **Não são objeto de negociação. Não representam parcela do capital social, nem direito a voto.**

Ação com Valor Nominal – Ação em que há valor mencionado na carta de registro de uma empresa e atribuído a uma ação representativa do capital.

Ação sem Valor Nominal – Ação para a qual não se conveniona valor de emissão, prevalecendo o preço de mercado por ocasião do lançamento.

12.7.1. O Ágio (ou Valor Excedente) na Emissão de Ações

a) Ações com Valor Nominal

As ações devem ser registradas na conta Capital Social pelo seu valor nominal. A diferença que houver entre o preço de subscrição que os acionistas pagam à entidade e o valor nominal das ações deve ser registrada em uma conta de *Reserva de Capital*, conforme adiante exposto.

Exemplo

Uma companhia possui ações de valor nominal igual a R$ 1,00. Resolve fazer um aumento de capital de 100.000.000 de ações ao preço de R$ 1,20 cada ação.

Logo, tem-se:
- Capital Social – 100.000.000 de ações a R$ 1,00 → R$ 100.000.000,00
- Reservas de Capital – Ágio na Emissão de Ações – 100.000.000 de ações a R$ 0,20 → R$ 20.000.000,00
- Total recebido pela entidade → R$ 120.000.000,00

Registros:

D – Caixa / Bancos Conta Movimento – 120.000.000,00

C – Capital Social – 100.000.000,00

C – Reservas de Capital – Ágio na Emissão de Ações – 20.000.000,00

Desdobramento de Ações – Substituição de ações de valor nominal elevado por maior quantidade de ações de valor menor, em montante equivalente.

Grupamento de Ações – Substituição de grande quantidade de ações nominais por menor quantidade de maior valor nominal, em montante equivalente.

b) Ações sem Valor Nominal

O preço de emissão das ações sem valor nominal é fixado, na constituição da companhia, pelos fundadores, e no aumento de capital, pela assembleia geral ou pelo conselho de administração, conforme consta do Art. 14 da Lei nº 6.404/76 (Lei das Sociedades por Ações).

Conforme consta do Art. 182 da Lei nº 6.404/76 (lei das Sociedades por Ações), a parte do preço de emissão das ações sem valor nominal que ultrapassar o valor destinado à formação do capital social será classificada como *Reserva de Capital*.

Exemplo

Uma companhia emite 100.000.000 de ações sem valor nominal. Resolve vendê-las por R$ 1,50, porém destina ao capital social apenas R$ 1,20 de cada ação.

Logo, tem-se:

- Capital Social – 100.000.000 de ações a R$ 1,20 → R$ 120.000.000,00
- Reservas de Capital – Ágio na Emissão de Ações – 100.000.000 de ações a R$ 0,30 → R$ 30.000.000,00
- Total recebido pela entidade → R$ 150.000.000,00

Registros:

D – Bancos Conta Movimento – 150.000.000,00

C – Capital Social – 120.000.000,00

C – Reservas de Capital – Ágio na Emissão de Ações – 30.000.000,00

12.7.2. O Reembolso de Ações

O *reembolso de ações* corresponde ao pagamento aos acionistas do valor de suas ações por razões de *dissidência* nos casos previstos pela legislação societária.

As ações reembolsadas podem ser pagas a partir da utilização de Reservas de Lucros, exceto a legal, ou seja, sem redução do capital social.

Enquanto as ações reembolsadas estivem em tesouraria, o valor pago por elas será deduzido das contas de reservas utilizadas para o reembolso, com a finalidade de apresentação no Balanço Patrimonial.

O Art. 45 da Lei das Sociedades por Ações informa as principais regras a serem adotadas quando da realização de operações de reembolso.

Convém ressaltar o § 6º do Art. 45, que trata do reembolso de ações com o Capital Social. O reembolso de ações será feito com redução do Capital Social somente quando, no prazo de 120 dias da data de publicação da ata da assembleia em que houve a dissidência, não forem substituídos os acionistas cujas ações tenham sido reembolsadas por meio da conta Capital Social. Enquanto as ações reembolsadas permanecerem em tesouraria, o valor do custo de aquisição destas ações será deduzido da conta Capital Social.

Direito de retirada, ou ***de recesso***, é a faculdade outorgada ao acionista, de acordo com a legislação vigente, de se desligar da sociedade e de ser reembolsado do valor de seu investimento na companhia.

O Art. 137 da Lei nº 6.404 (Lei das Sociedades por Ações) trata do direito de retirada, estabelecendo outros fatores sobre o reembolso de ações.

12.7.3. O Resgate de Ações

O ***resgate de ações*** *consiste na operação de compra das próprias ações pela companhia, a fim de retirá-las definitivamente de circulação.* Enquanto tais ações forem mantidas em tesouraria, não terão direito a dividendos, nem a voto.

Esta operação poderá ser efetuada com ou sem redução do Capital Social.

Quando o valor do Capital Social for mantido e as ações tiverem valor nominal, deverá ser atribuído novo valor nominal para as ações remanescentes. Mantendo-se o Capital Social, o resgate das ações será efetuado com a utilização de lucros acumulados ou com a utilização de reservas.

Registros:

D – Reservas de Lucros – Reserva Estatutária (por exemplo)

C – Caixa ou Bancos Conta Movimento

Se o resgate se der com redução do Capital Social, o valor nominal das ações permanecerá o mesmo, e deverá ser realizado o seguinte registro:

Registros:

D – Capital Social

C – Caixa ou Bancos Conta Movimento

12.7.4. A Amortização de Ações

Nesta operação, o acionista recebe da entidade a quantia que lhe poderia caber, em caso de liquidação da companhia, por suas ações. Tal amortização pode ser parcial ou integral. Pode abranger apenas uma ou, até mesmo, todas as classes de ações. **Não pode** ser efetuada com redução do Capital Social.

As ações integralmente amortizadas podem ser substituídas por ações de fruição.

No caso de liquidação da entidade, as ações amortizadas somente concorrerão ao acervo líquido depois de assegurados os direitos das ações não amortizadas.

12.7.5. Os Gastos Incorridos na Emissão de Ações

De acordo com o *Pronunciamento Técnico CPC 08 (R1) – Custos de Transação e Prêmios na Emissão de Títulos e Valores Mobiliários*, os Balanços Patrimoniais dos exercícios sociais terminados a partir de 31/12/2008 deverão contemplar os gastos incorridos quando da captação de recursos por emissão de ações ou de quaisquer outros valores mobiliários pertencentes ao Patrimônio Líquido, tais como bônus de subscrição, em conta retificadora do subgrupo Capital ou, quando possível, na Reserva de Capital que registre o prêmio recebido na emissão de novas ações. Com isto, a alteração do Patrimônio Líquido dar-se-á pelo valor líquido efetivamente recebido.

Exemplo

Uma sociedade por ações emitiu um milhão de novas ações ao preço unitário de R$ 2,00. Houve gastos na emissão de R$ 250.000,00.

Registros:
D – Caixa ou Bancos Conta Movimento – 1.750.000,00
D – Gastos com Emissão de Ações (retificadora da conta Capital Social) – 250.000,00
C – Capital Social – 2.000.000,00

Segundo consta do Manual de Contabilidade Societária, os saldos pertencentes à conta Gastos com Emissão de Ações somente poderão ser utilizados para:
- Compensação com Reservas de Capital; ou
- Redução do próprio Capital Social.

Não deve ser enxergado como encargo da entidade o que se gasta para a captação de mais recursos com seus proprietários. Trata-se de uma transação de capital, ou seja, não correspondente a uma atividade operacional da entidade.

12.8. As Reservas de Capital

As **Reservas de Capital** constituem ganhos obtidos sem uma contrapartida, por parte da entidade, na forma de entrega de bens ou de prestação de serviços. Representam recursos que **não transitam pelo resultado do exercício**, de acordo com o que determina a Lei das Sociedades por Ações.

Os valores registrados em Reservas de Capital podem ser destinados ao aumento (reforço) do Capital Social, desde que haja autorização em assembleia de acionistas para tal fim. Podem, ainda, ter outras destinações, tais como a compensação de prejuízos acumulados ou a destinação de dividendos.

> O relevante para a conceituação como Reserva de Capital é a **não existência de nenhuma obrigação ou restrição futura quando do recebimento dos recursos, dos ativos ou da redução de passivos**.

A classificação das Reservas de Capital consta do Art. 182 da Lei nº 6.404/76.

*Serão classificadas como **Reservas de Capital** as contas que registrarem:*

a) a contribuição do subscritor de ações que ultrapassar o valor nominal e a parte do preço de emissão das ações sem valor nominal que ultrapassar a importância destinada à formação do Capital Social, inclusive nos casos de conversão em ações de debêntures ou partes beneficiárias. Trata-se do ágio *(ou valor excedente) na emissão de ações*;
b) o produto da alienação de partes beneficiárias; e
c) o produto da alienação de bônus de subscrição.

Será ainda registrado como **Reserva de Capital** o resultado da correção monetária do capital realizado, enquanto não capitalizado.

As Reservas de Capital, uma vez constituídas pela entidade, representam verdadeiros fundos próprios, ou seja, valores que a ela pertencem. Consistem em *capital social potencial*, uma vez que, se não existirem prejuízos que as absorvam, sua destinação natural será a incorporação ao Capital Social.

Exemplo
Questão 15 – (Contador Júnior – PETROBRAS – Fundação CESGRANRIO – 2008)
   Analise atentamente os seguintes elementos:
   I – contribuição do subscritor de ações que ultrapassa o valor nominal;
   II – prêmio recebido na emissão de debêntures;
   III – produto da alienação de bônus de subscrição;
   IV – produto da alienação de partes beneficiárias;
   V – subvenções para investimentos.

Nos termos da Lei no 6.404/76, com a nova redação dada pela Lei nº 11.638/2007, são reservas de capital APENAS os itens
a) II e III.
b) II e IV.
c) I, II e V.
d) I, III e IV.
e) I, III e V.

Resolução e Comentários

*Serão classificadas como **Reservas de Capital** as contas que registrarem:*

a) a contribuição do subscritor de ações que ultrapassar o valor nominal e a parte do preço de emissão das ações sem valor nominal que ultrapassar a importância destinada à formação do Capital Social, inclusive nos casos de conversão em ações de debêntures ou partes beneficiárias. Trata-se do ágio *(ou valor excedente) na emissão de ações*;
b) o produto da alienação de partes beneficiárias; e
c) o produto da alienação de bônus de subscrição.

Gabarito – D

12.8.1. O Ágio (ou Valor Excedente) na Emissão de Ações

a) Ações com Valor Nominal

As ações devem ser registradas na conta Capital Social pelo seu valor nominal.
A diferença que houver entre o preço de subscrição que os acionistas pagam à entidade e o valor nominal das ações deve ser registrada em uma conta de *Reserva de Capital*, conforme adiante exposto.

Exemplo

Uma companhia possui ações de valor nominal igual a R$ 1,00. Resolve fazer um aumento de capital de 100.000.000 de ações ao preço de R$ 1,20 cada ação.

Logo, tem-se:
- Capital Social – 100.000.000 de ações a R$ 1,00 → R$ 100.000.000,00
- Reservas de Capital – Ágio na Emissão de Ações – 100.000.000 de ações a R$ 0,20 → R$ 20.000.000,00
- Total recebido pela entidade → R$ 120.000.000,00

Registros:
D – Caixa / Bancos Conta Movimento – 120.000.000,00
C – Capital Social – 100.000.000,00
C – Reservas de Capital – Ágio na Emissão de Ações – 20.000.000,00

b) Ações sem Valor Nominal

O preço de emissão das ações sem valor nominal é fixado, na constituição da companhia, pelos fundadores, e no aumento de capital, pela assembleia geral ou pelo conselho de administração, conforme consta do Art. 14 da Lei nº 6.404/76 (Lei das Sociedades por Ações).

Conforme consta do Art. 182 da Lei nº 6.404/76 (Lei das Sociedades por Ações), a parte do preço de emissão das ações sem valor nominal que ultrapassar o valor destinado à formação do capital social será classificada como *Reserva de Capital*.

Exemplo

Uma companhia emite 100.000.000 de ações sem valor nominal. Resolve vendê-las por R$ 1,50, porém destina ao capital social apenas R$ 1,20 de cada ação.

Logo, tem-se:
- Capital Social – 100.000.000 de ações a R$ 1,20 → R$ 120.000.000,00
- Reservas de Capital – Ágio na Emissão de Ações – 100.000.000 de ações a R$ 0,30 → R$ 30.000.000,00
- Total recebido pela entidade → R$ 150.000.000,00

Registros:
D – Bancos Conta Movimento – 150.000.000,00
C – Capital Social – 120.000.000,00
C – Reservas de Capital – Ágio na Emissão de Ações – 30.000.000,00

Exemplo

Questão 16 – (AFTM – Prefeitura de Belo Horizonte – Fundação Dom Cintra – 2012)
A Companhia Industrial S/A foi constituída em 10/02/2010, com capital autorizado de R$ 1.600.000. Num primeiro momento, foram subscritas pelos seus acionistas, 550.000 ações ordinárias e 250.000 ações preferenciais, todas com valor nominal de R$ 1,50. Entretanto, os acionistas só integralizaram 80% de cada tipo de ações, no valor de R$ 1,90 cada uma. Considerando essas informações e de acordo com a lei societária, pode-se afirmar que o capital inicial da companhia corresponde ao valor de:
a) R$ 1.600.000.
b) R$ 1.520.000.
c) R$ 1.280.000.
d) R$ 1.216.000.
e) R$ 960.000.

Resolução e Comentários
- Capital Autorizado: R$ 1.600.000,00

Registros do Capital Autorizado:
D – Capital a Subscrever
C – Capital Autorizado R$ 1.600.000,00

- Subscrição das ações:

550.000 ações ordinárias x R$ 1,50/ação = R$ 825.000,00

250.000 ações preferenciais x R$ 1,50/ação = R$ 375.000,00

Subscrição total: R$ 1.200.000,00

Registros correspondentes à subscrição:
D – Capital a Integralizar
C – Capital a Subscrever R$ 1.200.000,00

- Integralização do capital:

80% x 550.000 ações ordinárias x R$ 1,50/ação = R$ 660.000,00

80% x 250.000 ações preferenciais x R$ 1,50/ação = R$ 300.000,00

Integralização total: R$ 960.000,00

Cuidado! Foi efetuado pagamento no valor de R$ 1,90/ação. O que isto significa?! Que ocorreu um ágio na emissão das ações, no valor de R$ 0,40/ação, pois o valor nominal de cada ação é de apenas R$ 1,50.

Registros correspondentes à integralização:

80% x 550.000 ações ordinárias = 440.000 ações ordinárias

80% x 250.000 ações preferenciais = 200.000 ações preferenciais

Total de ações: 640.000 ações

D – Disponibilidades – R$ 1.216.000,00 (= 640.000 ações x R$ 1,90/ação)
C – Capital Social – R$ 960.000,00
C – Reservas de Capital – Ágio na Emissão de Ações – R$ 256.000,00
Gabarito – E

12.8.2. A Alienação de Partes Beneficiárias

Partes beneficiárias são valores mobiliários e consistem em participações nos lucros concedidas às pessoas que tiveram atuação relevante nos destinos da sociedade. São títulos negociáveis, sem valor nominal, emitidos por **sociedades anônimas de capital fechado**, *e estranhos ao Capital Social*, que conferem aos seus titulares o direito à participação nos lucros anuais da companhia. **Se não houver lucro, nada podem reclamar à companhia.** Trata-se de um direito de crédito eventual.

Se os valores mobiliários forem emitidos gratuitamente, então não haverá lançamentos na contabilidade da companhia. Haverá apenas menção em nota explicativa da sua existência e do direito que lhes foi atribuído.

A participação das partes beneficiárias, inclusive para a formação de reserva de resgate, não pode ultrapassar 0,10 (um décimo) dos lucros e é vedado qualquer direito privativo de acionistas, exceto o direito de fiscalizar os atos dos administradores, conforme preconiza a Lei das Sociedades por Ações.

Registros:

D – Caixa / Bancos Conta Movimento

C – Reservas de Capital – Produto da Alienação de Partes Beneficiárias

As partes beneficiárias poderão ser alienadas pela companhia, nas condições determinadas pelo estatuto ou pela assembleia geral, ou atribuídas a fundadores, acionistas ou terceiros, como remuneração de serviços prestados à companhia.

É proibida a criação de mais de uma classe ou série de partes beneficiárias.

É vedado às companhias abertas emitir partes beneficiárias. **Em consequência, apenas sociedades por ações de capital fechado poderão emitir partes beneficiárias.**

O estatuto fixará o prazo de duração das partes beneficiárias e, sempre que estipular resgate, deverá criar reserva especial para esse fim.

*O prazo de duração das **partes beneficiárias atribuídas gratuitamente**, salvo as destinadas a sociedades ou fundações beneficentes dos empregados da companhia, não poderá ultrapassar 10 (dez) anos.*

O estatuto poderá prever a conversão das partes beneficiárias em ações, mediante capitalização de reserva criada para esse fim.

12.8.3. A Alienação de Bônus de Subscrição

A sociedade por ações poderá emitir, *dentro do limite de aumento de capital autorizado no estatuto*, títulos negociáveis denominados **Bônus de Subscrição**.

Os bônus de subscrição conferirão aos seus titulares, nas condições constantes do certificado, direito de subscrever ações do capital social, que será exercido mediante apresentação do título à companhia e pagamento do preço de emissão das ações.

Os bônus de subscrição correspondem a valores mobiliários somente emitidos por sociedades por ações de capital autorizado.

Somente haverá registro contábil se a alienação dos bônus de subscrição for onerosa.

Registros:

D – Caixa

C – Reservas de Capital – Produto da Alienação de Bônus de Subscrição (**lançar o valor total obtido**)

12.8.4. A Reserva de Capital Decorrente do Resultado da Correção Monetária do Capital Realizado

A Lei das Sociedades por Ações disciplina que *será ainda registrado como Reserva de Capital o resultado da correção monetária do capital realizado, enquanto não capitalizado.*

Ocorre que a Lei nº 9.249, de 26 de dezembro de 1995, extinguiu a correção monetária das demonstrações financeiras, inclusive para fins societários. Em consequência, não há como ocorrer a criação da Reserva de Capital ora citada.

12.8.5. As Possibilidades de Utilização das Reservas de Capital

O Art. 200 da Lei das Sociedades por Ações trata das permissões para utilização das Reservas de Capital.

As Reservas de Capital **somente poderão ser utilizadas** *para:*

I – absorção de prejuízos que ultrapassarem os lucros acumulados e as Reservas de Lucros;

II – resgate, reembolso ou compra de ações;

III – resgate de partes beneficiárias;

IV – incorporação ao Capital Social;

V – pagamento de dividendo a ações preferenciais, quando essa vantagem lhes for assegurada, de acordo com o § 5º do Art. 17 da Lei das Sociedades por Ações.

A reserva constituída com o produto da venda de partes beneficiárias poderá ser destinada ao resgate desses títulos.

As Reservas de Capital, regra geral, não podem ser utilizadas para a destinação de dividendos, tendo em vista que se originam de recursos recebidos pela entidade e que não transitam pelo resultado. São constituídas por contribuições dos proprietários ou de terceiros para o Patrimônio Líquido da sociedade, visando ao reforço de seu Capital.

Segundo Eizirik, as Reservas de Capital somente podem ser destinadas aos sócios em caráter excepcional, na hipótese de os demais fundos legalmente previstos (lucros do exercício e Reservas de Lucros) não serem suficientes para cobrir o valor do dividendo devido às ações preferenciais com prioridade na destinação de dividendos cumulativos, conforme o previsto no § 6º do Art. 17 da Lei das Sociedades por Ações.

As Reservas de Capital não possuem limite de constituição, tendo em vista que não se destinam à distribuição aos proprietários.

Exemplo

Questão 17 – (Analista Econômico-Financeiro – Contador Sênior – PUC/PR – COPEL/PR)
Segundo o art. 200 da Lei nº 6.404/76, é **INCORRETO** afirmar que as reservas de capital são utilizadas para:
a) Incorporação ao capital social.
b) Resgate de partes beneficiárias.
c) Resgate, reembolso ou compra de ações.
d) Absorção de prejuízos que ultrapassarem os lucros acumulados e as reservas de lucros.
e) Pagamento de dividendo a ações endossáveis.

Resolução e Comentários

As Reservas de Capital **somente poderão ser utilizadas** para:

I – absorção de prejuízos que ultrapassarem os lucros acumulados e as Reservas de Lucros;

II – resgate, reembolso ou compra de ações;

III – resgate de partes beneficiárias;

IV – incorporação ao Capital Social;

V – pagamento de dividendo a ações preferenciais, quando essa vantagem lhes for assegurada, de acordo com o § 5º do art. 17 da Lei das Sociedades por Ações.

Gabarito – E

12.9. As Reservas de Reavaliação

Antes das alterações ocorridas na Lei das Sociedades por Ações, provocadas pela Lei nº 11.638/2007, permitia-se criar as chamadas **Reservas de Reavaliação**. Constava da Lei das SA a seguinte redação:

"Serão classificadas como Reservas de Reavaliação as contrapartidas de aumentos de valor atribuídos a elementos do Ativo em virtude de novas avaliações com base em laudo nos termos do art. 8º da Lei das SA, aprovado pela assembleia geral."

Permitia-se efetuar uma nova avaliação (reavaliação) espontânea dos bens, conforme o descrito no Art. 8º da Lei das Sociedades por Ações, cujo laudo deveria ser aprovado pela assembleia geral de acionistas. As contrapartidas aos novos valores dos bens eram as **Reservas de Reavaliação**, constantes do Patrimônio Líquido. O ativo era demonstrado pelo custo de aquisição e podia, opcionalmente, ser reavaliado.

As Reservas de Reavaliação tinham por finalidade registrar no Patrimônio Líquido os ganhos de capital (lucros) ainda não realizados, decorrentes de novas avaliações de bens do Ativo. Somente se o valor da reavaliação fosse realizado é que o montante da reserva correspondente seria computado como lucro para efeito de destinação de dividendos ou distribuição de participações nos lucros.

De acordo com o Art. 8º da Lei das Sociedades por Ações, a avaliação de bens deveria ser efetuada por três peritos (pessoas físicas) ou por empresa especializada. Comparando-se o valor de custo histórico do bem com o seu valor de mercado à época do procedimento de reavaliação, permitia-se registrar para maior o seu valor original, determinando-se, também, seu novo prazo de vida útil. Registrava-se o novo valor do ativo tendo como contrapartida o registro de Reserva de Reavaliação no Patrimônio Líquido. Se a entidade optasse por vender o bem reavaliado, então deveria constituir passivo referente aos impostos diferidos sobre os ganhos de capital.

Exemplo

A Empresa Lavinfer SA decidiu reavaliar um terreno seu que foi comprado por R$ 70.000,00 e, após a reavaliação, passou a valer R$ 600.000,00. Considere a incidência de Imposto de Renda a alíquota de 40% nesta operação.

Registros:
Quando da constituição da Reserva de Reavaliação:
D – Terrenos
C – Reservas de Reavaliação 530.000,00

Caso a empresa viesse a ter a intenção de vender o terreno, deveria efetuar o seguinte lançamento:
D – Reservas de Reavaliação
C – Imposto de Renda Diferido 212.000,00 (= 40% x 530.000,00)

Pelo estorno de bens próprios do Ativo Não Circulante Imobilizado:
D – Reserva de Reavaliação – 318.000,00 (= 530.000,00 – 212.000,00)
D – Imposto de Renda Diferido – 212.000,00
C – Terrenos – 530.000,00

*De acordo com a Lei nº 6.404/1976, atualizada pela Lei nº 11.638/2007, **deixam de existir as Reservas de Reavaliação.***

Os saldos atualmente existentes nas Reservas de Reavaliação deverão ser mantidos até a sua efetiva realização ou estornados até o final do exercício social de 2008, conforme consta do Art. 6º da Lei nº 11.638, de 28 de dezembro de 2007.

12.10. Os Ajustes de Avaliação Patrimonial

A conta *Ajustes de Avaliação Patrimonial* foi introduzida na Lei das Sociedades por Ações pela Lei nº 11.638/2007.

Diz o § 3º do Art. 182 da Lei das SA que *serão classificadas* como *ajustes de avaliação patrimonial*, enquanto não computadas no resultado do exercício *em obediência ao regime de competência*, as contrapartidas de aumentos ou diminuições de valor atribuídos *a elementos do Ativo e do Passivo*, em decorrência da sua avaliação a *valor justo*, nos casos previstos na Lei das Sociedades por Ações ou em normas expedidas pela Comissão de Valores Mobiliários. Observe que há obrigatoriedade de ajustar o valor de ativos e passivos a valor justo nas hipóteses disciplinadas na legislação.

Regra geral, os valores registrados na conta Ajustes de Avaliação Patrimonial deverão ser transferidos para o resultado do exercício à medida que os ativos e os passivos sejam realizados, de acordo com o regime de competência.

Uma das utilizações previstas para os ajustes de avaliação patrimonial é evidenciada quando ocorrem ajustes de instrumentos financeiros a valor justo. Faremos breve explanação do assunto no tópico seguinte, apresentando exemplo de utilização de Ajustes de Avaliação Patrimonial.

12.10.1. Os tipos de instrumentos financeiros

O *Pronunciamento Técnico CPC 39 – Instrumentos Financeiros: Apresentação* traz algumas importantes definições que a seguir reproduzimos.

Instrumento financeiro é qualquer contrato que dê origem a um ativo financeiro para a entidade e a um passivo financeiro ou instrumento patrimonial para outra entidade.

Ativo financeiro é qualquer ativo que seja:

(a) caixa;

(b) instrumento patrimonial de outra entidade;

(c) direito contratual:

　(i)　de receber caixa ou outro ativo financeiro de outra entidade; ou

　(ii)　de troca de ativos financeiros ou passivos financeiros com outra entidade sob condições potencialmente favoráveis para a entidade;

(d) um contrato que seja ou possa vir a ser liquidado por instrumentos patrimoniais da própria entidade, e que:

　(i)　não é um derivativo no qual a entidade é ou pode ser obrigada a receber um número variável de instrumentos patrimoniais da própria entidade; ou

　(ii)　um derivativo que será ou poderá ser liquidado de outra forma que não pela troca de um montante fixo de caixa ou outro ativo financeiro, por número fixo de instrumentos patrimoniais da própria entidade. Para esse propósito, os instrumentos patrimoniais da própria entidade não incluem os instrumentos financeiros com opção de venda classificados como instrumentos patrimoniais de acordo com os itens 16A e 16B, os instrumentos que imponham a obrigação a uma entidade de entregar à outra parte um *pro rata* como parte dos ativos líquidos da entidade apenas na liquidação e são classificados como instrumentos patrimoniais de acordo com os itens 16C e 16D, ou os instrumentos que são contratos para futuro recebimento ou entrega de instrumentos patrimoniais da entidade.

Passivo financeiro é qualquer passivo que seja:
(a) uma obrigação contratual de:
 (i) entregar caixa ou outro ativo financeiro a uma entidade; ou
 (ii) trocar ativos financeiros ou passivos financeiros com outra entidade sob condições que são potencialmente desfavoráveis para a entidade;
ou
(b) contrato que será ou poderá ser liquidado por instrumentos patrimoniais da própria entidade, e seja:
 (i) um não derivativo no qual a entidade é ou pode ser obrigada a entregar um número variável de instrumentos patrimoniais da entidade; ou
 (ii) um derivativo que será ou poderá ser liquidado de outra forma que não pela troca de um montante fixo em caixa, ou outro ativo financeiro, por um número fixo de instrumentos patrimoniais da própria entidade. Para esse propósito, os instrumentos patrimoniais da entidade não incluem instrumentos financeiros com opção de venda que são classificados como instrumentos patrimoniais de acordo com os itens 16A e 16B, instrumentos que imponham à entidade a obrigação de entregar à outra parte um *pro rata* de parte dos ativos líquidos da entidade apenas na liquidação e são classificados como instrumentos patrimoniais de acordo com os itens 16C e 16D, ou instrumentos que são contratos para futuro recebimento ou entrega de instrumentos patrimoniais da própria entidade.

Instrumento patrimonial é qualquer contrato que evidencie uma participação nos ativos de uma entidade após a dedução de todos os seus passivos.

Valor justo é o preço que seria recebido pela venda de um ativo ou que seria pago pela transferência de um passivo em uma transação não forçada entre participantes do mercado na data de mensuração.

Temos, ainda, as seguintes definições referentes aos instrumentos financeiros:

- ***Instrumentos financeiros mantidos para negociação***

Um ativo financeiro ou um passivo financeiro é classificado como **mantido para negociação** se for:

(i) **adquirido ou incorrido principalmente para a finalidade de venda ou de recompra em prazo muito curto**;

(ii) no reconhecimento inicial é parte de carteira de instrumentos financeiros identificados que são gerenciados em conjunto e para os quais existe evidência de modelo real recente de tomada de lucros a curto prazo; ou

(iii) derivativo (exceto no caso de derivativo que seja contrato de garantia financeira ou um instrumento de hedge designado e eficaz).

*Quando for do tipo **mantido para negociação**, o instrumento financeiro terá, como uma de suas principais características, **a venda ou recompra em prazo muito curto (curto prazo)**. Aplicações desta natureza são realizadas com o intuito de rentabilizar o dinheiro em prazo muito curto, pois é sabido pela administração da entidade que haverá necessidade de utilização dos recursos desta forma aplicados nas suas operações usuais, tais como para honrar obrigações junto a fornecedores, recolher tributos aos cofres públicos e quitar obrigações derivadas de folhas de pagamentos.*

A mensuração destes ativos e passivos é efetuada a valor justo, com o consequente e imediato reconhecimento de ganhos e perdas no resultado. Por outro lado, se tais ativos e passivos não tiverem cotação em um mercado ativo e não for possível mensurar seu valor justo de modo confiável, então deverão ser avaliados pelo seu valor de custo.

Exemplo

Em 29/05/2011, certa empresa adquiriu um instrumento financeiro por R$ 12.000,00, classificando-o como mantido para negociação. Quando da elaboração das demonstrações contábeis, em 31/12/2011, tal título apresentou rendimento financeiro de R$ 500,00 e valor de mercado de R$ 14.000,00. Contabilize os eventos ocorridos.

Quando da aquisição do instrumento financeiro em 29/05/2011:

D – Instrumentos Financeiros Mantidos para Negociação
C – Bancos Conta Movimento R$ 12.000,00

Pelo reconhecimento do resultado financeiro apresentado em 31/12/2011:

D – Instrumentos Financeiros Mantidos para Negociação
C – Receitas Financeiras R$ 500,00

Quando do reconhecimento a valor de mercado em 31/12/2011:

D – Instrumentos Financeiros Mantidos para Negociação
C – Receitas de Valorização de Instrumentos Financeiros R$ 1.500,00

Exemplo

Em 29/05/2011, certa empresa adquiriu um instrumento financeiro por R$ 12.000,00, classificando-o como mantido para negociação. Quando da elaboração das demonstrações contábeis, em 31/12/2011, tal título apresentou rendimento financeiro de R$ 500,00 e valor de mercado de R$ 11.000,00. Contabilize os eventos ocorridos.

Quando da aquisição do instrumento financeiro em 29/05/2011:
D – Instrumentos Financeiros Mantidos para Negociação
C – Bancos Conta Movimento R$ 12.000,00

Pelo reconhecimento do resultado financeiro apresentado em 31/12/2011:
D – Instrumentos Financeiros Mantidos para Negociação
C – Receitas Financeiras R$ 500,00

Quando do reconhecimento a valor de mercado em 31/12/2011:
 D – Perdas por Desvalorização de Instrumentos Financeiros
 C – Instrumentos Financeiros Mantidos para Negociação R$ 1.500,00

- ***Instrumentos financeiros mantidos até o vencimento***

Investimentos **mantidos até o vencimento** são ativos financeiros não derivativos com pagamentos fixos ou determináveis com vencimentos definidos *para os quais a entidade tem a intenção positiva e a capacidade de manter até o vencimento*, exceto:

(a) os que a entidade designa no reconhecimento inicial pelo valor justo por meio do resultado;

(b) os que a entidade designa como disponível para venda; e

(c) os que satisfazem a definição de empréstimos e contas a receber.

Quando o instrumento financeiro for do tipo **mantido até o vencimento***, a entidade entende que os recursos assim aplicados não serão necessários as suas operações usuais e poderão deste modo permanecer por longo prazo.*

Os instrumentos financeiros mantidos até o vencimento serão avaliados pelo seu custo amortizado.

Custo amortizado de ativo ou de passivo financeiro é o montante pelo qual o ativo ou o passivo financeiro é mensurado em seu reconhecimento inicial, menos as amortizações de principal, mais ou menos juros acumulados calculados com base no método da taxa efetiva de juros menos qualquer redução (direta ou por meio de conta de provisão) por ajuste ao valor recuperável ou impossibilidade de recebimento.

Exemplo

Em 29/05/2011, certa empresa adquiriu um instrumento financeiro por R$ 12.000,00, classificando-o como mantido até o vencimento. Quando da elaboração das demonstrações contábeis, em 31/12/2011, tal título apresentou rendimento financeiro de R$ 500,00 e valor de mercado de R$ 14.000,00. Contabilize os eventos ocorridos.

Quando da aquisição do instrumento financeiro em 29/05/2011:

D – Instrumentos Financeiros Mantidos até o Vencimento
C – Bancos Conta Movimento R$ 12.000,00

Pelo reconhecimento do resultado financeiro apresentado em 31/12/2011:

D – Instrumentos Financeiros Mantidos até o Vencimento
C – Receitas Financeiras R$ 500,00

Exemplo

Em 29/05/2011, certa empresa adquiriu um instrumento financeiro por R$ 12.000,00, classificando-o como mantido até o vencimento. Quando da elaboração das demonstrações contábeis, em 31/12/2011, tal título apresentou rendimento financeiro de R$ 500,00 e valor de mercado de R$ 11.000,00. Contabilize os eventos ocorridos.

Quando da aquisição do instrumento financeiro em 29/05/2011:

D – Instrumentos Financeiros Mantidos até o Vencimento
C – Bancos Conta Movimento R$ 12.000,00

Pelo reconhecimento do resultado financeiro apresentado em 31/12/2011:

D – Instrumentos Financeiros Mantidos até o Vencimento
C – Receitas Financeiras R$ 500,00

Quando do reconhecimento a valor de mercado em 31/12/2011:

D – Perdas por Desvalorização de Instrumentos Financeiros
C – Ajuste a Valor de Mercado de Instrumentos Financeiros Mantidos até o Vencimento R$ 1.500,00

A conta Ajuste a Valor de Mercado de Instrumentos Financeiros Mantidos até o Vencimento é *retificadora* da conta Instrumentos Financeiros Mantidos até o Vencimento.

- **Instrumentos financeiros disponíveis para venda**

Ativos financeiros **disponíveis para venda** são aqueles ativos financeiros não derivativos que são designados como disponíveis para venda ou que não são classificados como (a) empréstimos e contas a receber, (b) investimentos mantidos até o vencimento ou (c) ativos financeiros pelo valor justo por meio do resultado.

Quando são definidos como **disponíveis para venda**, os instrumentos financeiros não conseguem ser classificados como mantidos para negociação, tampouco como mantidos até o vencimento.

Instrumentos financeiros disponíveis para venda são mensurados a valor justo, *com ganhos e perdas diretamente reconhecidos no **Patrimônio Líquido** da entidade. Exceção a esta avaliação é o reconhecimento de **perdas mediante Testes de Recuperabilidade de Custos**, perdas estas que reduzirão o resultado do exercício a que se referirem.* No momento em que tais instrumentos financeiros sejam liquidados, os ganhos ou as perdas acumulados no Patrimônio Líquido da entidade serão imediatamente transferidos e reconhecidos no resultado do período a que se referirem.

Exemplo

Em 29/05/2011, certa empresa adquiriu um instrumento financeiro por R$ 12.000,00, classificando-o como disponível para venda. Quando da elaboração das demonstrações contábeis, em 31/12/2011, tal título apresentou rendimento financeiro de R$ 500,00 e valor de mercado de R$ 14.000,00. Contabilize os eventos ocorridos.

Quando da aquisição do instrumento financeiro em 29/05/2011:

D – Instrumentos Financeiros Disponíveis para Venda

C – Bancos Conta Movimento R$ 12.000,00

Pelo reconhecimento do resultado financeiro apresentado em 31/12/2011:

D – Instrumentos Financeiros Disponíveis para Venda

C – Receitas Financeiras R$ 500,00

Quando do reconhecimento a valor de mercado em 31/12/2011:

D – Instrumentos Financeiros Disponíveis para Venda

C – Ajustes de Avaliação Patrimonial (PL) R$ 1.500,00

Exemplo

Em 29/05/2011, certa empresa adquiriu um instrumento financeiro por R$ 12.000,00, classificando-o como disponível para venda. Quando da elaboração das demonstrações contábeis, em 31/12/2011, tal título apresentou rendimento financeiro de R$ 500,00 e valor de mercado de R$ 11.000,00. Contabilize os eventos ocorridos.

Quando da aquisição do instrumento financeiro em 29/05/2011:
D – Instrumentos Financeiros Disponíveis para Venda
C – Bancos Conta Movimento R$ 12.000,00

Pelo reconhecimento do resultado financeiro apresentado em 31/12/2011:
D – Instrumentos Financeiros Disponíveis para Venda
C – Receitas Financeiras R$ 500,00

Quando do reconhecimento a valor de mercado em 31/12/2011:
D – Ajustes de Avaliação Patrimonial (retificadora do PL)
C – Instrumentos Financeiros Disponíveis para Venda R$ 1.500,00

> *Deve ser observado que a classificação anteriormente apresentada leva em consideração qual a real intenção da entidade em relação aos recursos aplicados, ou seja, se a aplicação deve ser realizada para resgate a curto, médio ou longo prazo.*

- **Empréstimos e recebíveis**

    Empréstimos e recebíveis são ativos financeiros não derivativos *com pagamentos fixos ou determináveis* (tais como duplicatas) que não estão cotados em mercado ativo, exceto:

    (a) os que a entidade tem intenção de vender imediatamente ou no curto prazo, os quais são classificados como mantidos para negociação, e os que a entidade, no reconhecimento inicial, designa pelo valor justo por meio do resultado;

    (b) os que a entidade, após o reconhecimento inicial, designa como disponíveis para venda; ou

    (c) aqueles com relação aos quais o detentor não possa recuperar substancialmente a totalidade do seu investimento inicial, que não seja devido à deterioração do crédito, que são classificados como disponíveis para a venda.

    Um interesse adquirido num conjunto de ativos que não seja empréstimo nem conta a receber (por exemplo, participação em fundo mútuo ou em fundo semelhante) não é empréstimo nem recebível.

    Os empréstimos e recebíveis serão avaliados pelo seu custo amortizado.

    Custo amortizado de ativo ou de passivo financeiro é o montante pelo qual o ativo ou o passivo financeiro é mensurado em seu reconhecimento inicial, menos as amortizações de principal, mais ou menos juros acumulados calculados com base no método da taxa efetiva de juros menos qualquer redução (direta ou por meio de conta de provisão) por ajuste ao valor recuperável ou impossibilidade de recebimento.

Exemplo

Em 01/05/2011, certa empresa contraiu empréstimo no valor de R$ 12.000,00, com taxa de juros prefixada de 10% e pagamento a ser realizado em 31/07/2011. Contabilize os eventos ocorridos.

Quando da contratação do empréstimo em 01/05/2011:
D – Bancos Conta Movimento – R$ 8.400,00
D – Encargos Financeiros a Transcorrer (retificadora do Passivo Circulante) – R$ 3.600,00
C – Empréstimos a Pagar – R$ 12.000,00

Quando do reconhecimento dos juros a cada mês:
D – Despesas Financeiras
C – Encargos Financeiros a Transcorrer R$ 1.200,00

Exemplo

Em 01/05/2011, certa empresa concedeu empréstimo no valor de R$ 12.000,00, com taxa de juros prefixada de 10% e recebimento a ser realizado em 31/07/2011. Contabilize os eventos ocorridos.

Quando da concessão do empréstimo em 01/05/2011:
D – Empréstimos Concedidos – R$ 12.000,00
C – Bancos Conta Movimento – R$ 8.400,00
C – Juros Ativos a Vencer (retificadora do Ativo Circulante) – R$ 3.600,00

Quando do reconhecimento dos juros a cada mês:
D – Juros Ativos a Vencer
C – Receitas Financeiras R$ 1.200,00

12.11. As Reservas de Lucros

De acordo com o § 4º do Art. 182 da Lei das Sociedades por Ações, serão classificadas como **Reservas de Lucros** as contas constituídas pela apropriação de lucros da entidade.

Devido à importância deste assunto e, também, visando a descrevê-lo com melhor didática, decidimos apresentá-lo em capítulo a parte, conforme adiante exposto.

12.12. As Ações em Tesouraria

As ações de uma sociedade por ações que forem adquiridas por ela própria são denominadas **Ações em Tesouraria**.

O Art. 30 da Lei das Sociedades por Ações disciplina que *a companhia **não poderá negociar com as próprias ações, exceto** quando houver*:

a) *as operações de resgate, reembolso ou amortização previstas em lei;*
b) *a aquisição, para permanência em tesouraria ou cancelamento, desde que até o valor do saldo de lucros ou reservas, exceto a legal, e sem diminuição do capital social, ou por doação;*
c) *a alienação das ações adquiridas nos termos da alínea b e mantidas em tesouraria;*
d) *a compra quando, resolvida a redução do capital mediante restituição, em dinheiro, de parte do valor das ações, o preço destas em bolsa for inferior ou igual à importância que deve ser restituída.*

As ações, enquanto mantidas em tesouraria, NÃO TERÃO direitos patrimoniais, nem políticos.

A Instrução CVM nº 567/2015 versa sobre a negociação por companhias abertas de ações de sua própria emissão e derivativos nela referenciados.

As *companhias abertas* não podem manter em tesouraria ações de sua emissão em quantidade superior a 10% *(dez por cento)* de cada espécie ou classe de ações em circulação no mercado.

As ações mantidas em tesouraria não têm direito a voto nem a proventos em dinheiro de qualquer natureza. Isto não impede que as ações em tesouraria:

I – façam jus à bonificação em ações; e
II – sejam objeto de grupamentos e desdobramentos.

Deve ser ressaltado que, enquanto estiverem sendo mantidas em tesouraria, as ações não darão direito a dividendos (direito patrimonial), tampouco direito a voto (direito político).

Segundo consta do Manual de Contabilidade Societária, *a operação de compra de ações pela própria companhia é como se fosse uma devolução de Patrimônio Líquido, motivo pelo qual a conta que registra (devedora) deve ser apresentada como redutora do patrimônio*.

O Art. 182 da Lei das Sociedades por Ações disciplina que *as Ações em Tesouraria deverão ser destacadas no Balanço Patrimonial como dedução da conta do Patrimônio Líquido que registrar a origem dos recursos aplicados na sua aquisição.*

Exemplo
Balanço Patrimonial
Patrimônio Líquido

Capital Social	R$ 3.000.000,00
Reservas de Capital	R$ 190.000,00
Reserva Legal	R$ 330.000,00
Reservas Estatutárias	**R$ 1.340.000,00**
(-) Ações em Tesouraria	**(R$ 500.000,00)**
Total do Patrimônio Líquido:	*R$ 4.360.000,00*

A conta **Ações em Tesouraria** *é de natureza devedora, classificada como redutora do Patrimônio Líquido.*

As ações em tesouraria devem ser registradas na conta Ações em Tesouraria pelo seu custo de aquisição, acrescido de quaisquer custos decorrentes da operação de compra das ações.

Exemplo
Uma sociedade por ações apresentava o seguinte Patrimônio Líquido:
Balanço Patrimonial
Patrimônio Líquido

Capital Social	R$ 3.000.000,00
Reservas de Capital	R$ 190.000,00
Reserva Legal	R$ 330.000,00
Reservas Estatutárias	R$ 1.340.000,00
Total do Patrimônio Líquido:	*R$ 4.860.000,00*

Resolveu comprar ações de sua própria emissão por um valor total igual a R$ 500.000,00, almejando mantê-las em tesouraria, para posterior alienação. Há uma Reserva Estatutária constituída para a finalidade aqui proposta, ou seja, para aquisição de ações de emissão pela própria entidade.

Registros efetuados quando da aquisição das ações da própria companhia:
D – Ações em Tesouraria
C – Caixa ou Bancos Conta Movimento ou Valores a Pagar 500.000,00

Em consequência desta aquisição, o Patrimônio Líquido da entidade passará a ser apresentado do seguinte modo:

Balanço Patrimonial
Patrimônio Líquido

Capital Social	R$ 3.000.000,00
Reservas de Capital	R$ 190.000,00
Reserva Legal	R$ 330.000,00
Reservas Estatutárias	**R$ 1.340.000,00**
(-) Ações em Tesouraria	**(R$ 500.000,00)**
Total do Patrimônio Líquido:	*R$ 4.360.000,00*

Posteriormente, a entidade resolve alienar tais ações. Faremos os registros referentes à alienação com lucro e com prejuízo.

Registros efetuados quando ocorrer a alienação das ações com **lucro**:

É o Regulamento do Imposto de Renda que faz menção à possibilidade de registro de uma Reserva de Capital, reserva esta referente ao *lucro decorrente da venda de ações em tesouraria*. Eis o que está previsto no Art. 442 do Decreto nº 3.000/99 (RIR/99):

"Não serão computadas na determinação do lucro real as importâncias, creditadas a **reservas de capital***, que o contribuinte com a forma de companhia receber dos subscritores de valores mobiliários de sua emissão a título de:*

I – ágio na emissão de ações por preço superior ao valor nominal, ou a parte do preço de emissão de ações sem valor nominal destinadas à formação de reservas de capital;

II – valor da alienação de partes beneficiárias e bônus de subscrição;

III – ...;

IV – lucro na venda de ações em tesouraria."

A Reserva de Capital – Lucro na Venda de Ações em Tesouraria possui natureza semelhante à da Reserva de Capital – Ágio na Emissão de Ações. Portanto:

D – Caixa ou Bancos Conta Movimento ou Valores a Receber – 700.000,00
C – Reservas de Capital – Lucro na Venda de Ações em Tesouraria – 200.000,00
C – Ações em Tesouraria – 500.000,00

Após a realização dos registros aqui citados, o Patrimônio Líquido da entidade ficará assim apresentado:

Balanço Patrimonial
Patrimônio Líquido

Capital Social	R$ 3.000.000,00
Reservas de Capital	R$ 390.000,00
Reserva Legal	R$ 330.000,00
Reservas Estatutárias	R$ 1.340.000,00
Total do Patrimônio Líquido:	*R$ 5.060.000,00*

Registros efetuados quando ocorrer a alienação das ações com prejuízo:

Se houver prejuízo na operação de venda de ações em tesouraria, a diferença deverá ser debitada na mesma conta de Reserva de Capital que registrou lucros anteriores nas transações de vendas até o limite de seu saldo; já o excesso, isto é, o prejuízo apurado nas transações em valor superior ao dos lucros anteriormente registrados, deverá ser considerado a débito da conta de reserva que originou os recursos para aquisição das próprias ações. Logo:

D – Caixa ou Bancos Conta Movimento ou Valores a Receber – 400.000,00
D – Reservas Estatutárias – 100.000,00
C – Ações em Tesouraria – 500.000,00

Após a realização dos registros aqui citados, o Patrimônio Líquido da entidade ficará assim apresentado:

Balanço Patrimonial
Patrimônio Líquido

Capital Social	R$ 3.000.000,00
Reservas de Capital	R$ 190.000,00
Reserva Legal	R$ 330.000,00
Reservas Estatutárias	R$ 1.240.000,00
Total do Patrimônio Líquido:	*R$ 4.760.000,00*

12.13. Os Lucros ou Prejuízos Acumulados

A conta *Lucros ou Prejuízos Acumulados* é conta integrante do Patrimônio Líquido. Trata-se de uma conta de natureza de saldo *instável*, podendo representar lucro (saldo *credor*) ou prejuízo (saldo *devedor*). Se representar lucro, será denominada *Lucros Acumulados*; por outro lado, se representar prejuízo, será denominada *Prejuízos Acumulados*.

A conta Lucros Acumulados é conta principal do Patrimônio Líquido; já a conta Prejuízos Acumulados é conta retificadora do Patrimônio Líquido.

No caso das sociedades por ações, o § 6º do Art. 202 da Lei nº 6.404/76 determina que *os lucros não destinados como Reservas de Lucros deverão ser destinados como dividendos*. Isto significa dizer que não poderá haver sobra de lucros constando do Patrimônio Líquido da entidade sem qualquer destinação. Caso a companhia tenha efetuado todas as destinações necessárias e ainda haja sobra de lucros, esta sobra deverá ser destinada aos acionistas na forma de dividendos. *Cuidado, pois o que aqui é dito serve para as sociedades por ações*. Nada impede que uma sociedade limitada apresente a conta Lucros Acumulados (ou a conta Lucros ou Prejuízos Acumulados) com seu respectivo saldo positivo no Patrimônio Líquido.

Quanto à conta Prejuízos Acumulados (ou à conta Lucros ou Prejuízos Acumulados) com seu respectivo saldo negativo, esta será apresentada no Patrimônio Líquido, retificando-o. Contudo, o Art. 189 da Lei das Sociedades por Ações disciplina que *o prejuízo do exercício será obrigatoriamente absorvido pelos lucros acumulados, pelas Reservas de Lucros e pela Reserva Legal, nessa ordem*. Conforme consta do Art. 200 da referida Lei, *as Reservas de Capital poderão ser utilizadas para absorção do prejuízo quando as Reservas de Lucros não se mostrarem suficientes para este fim*. Em consequência do que aqui é exposto, a conta Prejuízos Acumulados somente deverá ser apresentada no Patrimônio Líquido se não houver mais Reservas de Lucros que possam ser utilizadas para a absorção dos prejuízos então acumulados.

Deve ser aqui esclarecido que a conta Lucros ou Prejuízos Acumulados recebe, por transferência da conta Apuração do Resultado do Exercício, o resultado obtido no período. Se for positivo o resultado do período, é a partir da conta Lucros ou Prejuízos Acumulados que ocorrem as destinações do lucro então obtido, na forma de Reservas de Lucros, aumento do Capital Social ou dividendos para os acionistas. As reversões de Reservas de Lucros também são realizadas tendo como contrapartida a conta Lucros ou Prejuízos Acumulados.

A contabilização da proposta de destinação do resultado começa pela Apuração do Resultado do Exercício em contrapartida de Lucros ou Prejuízos Acumulados.

Registros a serem efetuados no caso de apuração de lucro:
D – Apuração do Resultado do Exercício
C – Lucros ou Prejuízos Acumulados

Registros a serem efetuados no caso de apuração de prejuízo:
D – Lucros ou Prejuízos Acumulados
C – Apuração do Resultado do Exercício

A proposta de destinação do resultado será contabilizada na data de encerramento do período-base, a partir da conta Lucros ou Prejuízos Acumulados, mediante um ou mais dos seguintes lançamentos:

Quando ocorrer aumento do Capital Social:
D – Lucros ou Prejuízos Acumulados
C – Capital Social

Quando for constituída Reserva de Lucros:
D – Lucros ou Prejuízos Acumulados
C – Reservas de Lucros

Destinação na forma de dividendos aos acionistas:
D – Lucros ou Prejuízos Acumulados
C – Dividendos a Distribuir

12.14. Exercícios Resolvidos para a Fixação de Conteúdo

Questão 18 – (Técnico de Contabilidade I – PETROBRAS – CESGRANRIO – Adaptada – 2008)

Analise os dados extraídos do Balancete de Verificação da Empresa Irmãos Unidos Ltda., em 31.12.2007, em reais.

Contas Saldos

Conta	Saldo
Caixa e Bancos	34.670,00
Fornecedores a Pagar	55.120,00
Salários e Encargos a Pagar	21.760,00
Máquinas e Equipamentos	145.000,00
Impostos a Pagar	11.450,00
Amortização acumulada	8.917,00
Estoques	33.400,00
Móveis e Utensílios	73.200,00
Duplicatas a Receber	61.520,00
Depreciação Acumulada	12.343,00

Considerando apenas as informações acima e lembrando que o total de obrigações para com terceiros mais os recursos dos proprietários são iguais ao total de bens e direitos, o valor do Patrimônio Líquido apurado no Balanço Patrimonial extraído em 31.12.2007, em reais, será de

a) 326.530,00.
b) 238.200,00.
c) 226.330,00.
d) 225.306,00.
e) 188.330,00.

Resolução e Comentários
Ativo:

Caixa e Bancos	34.670,00
Máquinas e Equipamentos	145.000,00
Amortização acumulada	(8.917,00)
Estoques	33.400,00
Móveis e Utensílios	73.200,00
Duplicatas a Receber	61.520,00
Depreciação Acumulada	(12.343,00)
Total =	323.530,00

Passivo Exigível:

Fornecedores a Pagar	55.120,00
Salários e Encargos a Pagar	21.760,00
Impostos a Pagar	11.450,00
Total =	88.330,00

A = PE + PL → PL = A − PE = 323.530,00 − 88.330,00 = 238.200,00

Gabarito – B

Questão 19 – (Técnico de Contabilidade I – PETROBRAS – CESGRANRIO – 2008)
A Empresa Verdes Vales Ltda. transferiu seus ativos e passivos por R$ 165.000,00, importância esta recebida em dinheiro.
Sabendo-se que seu Patrimônio Líquido era R$ 145.000,00, o que a operação gerou para seus proprietários?
a) Nem lucro nem prejuízo, por ser o valor do Ativo.
b) Prejuízo de R$ 310.000,00.
c) Prejuízo de R$ 20.000,00.
d) Lucro de R$ 310.000,00.
e) Lucro de R$ 20.000,00.

Resolução e Comentários

Se o Patrimônio Líquido da empresa possuía valor igual a R$ 145.000,00 (capital próprio dos sócios) e conseguiram R$ 165.000,00 quando da venda dos ativos e passivos, houve um ganho (lucro) de R$ 20.000,00 nesta transação.

R$ 165.000,00 − R$ 145.000,00 = R$ 20.000,00

Gabarito – E

Questão 20 – (Técnico de Contabilidade – Agência Nacional de Petróleo – ANP – CESGRANRIO – 2005)
Dados extraídos da contabilidade da Cia. Amazonas:
Balancete de Verificação extraído em 30 nov.2003, em reais
CONTAS SALDOS
Caixa 2.000,00
Bancos C/Movimento 12.000,00
Duplicatas a receber 18.000,00
Estoques 25.000,00
Móveis e Utensílios 15.000,00
Máquinas e Equipamentos 20.000,00
Edificações 75.000,00
Depreciação Acumulada 4.000,00
Fornecedores a Pagar 20.000,00
Salários e encargos a pagar 5.000,00
Contas a Pagar 3.000,00
Empréstimos a pagar (LP) 15.000,00
Capital 110.000,00
Lucros Acumulados 10.000,00

Em dezembro de 2003, a empresa realizou as seguintes operações:
- Recebimento de clientes, em dinheiro: R$ 15.000,00;
- Pagamento de fornecedores, em dinheiro: R$ 12.000,00;
- Aquisição de mercadorias para revenda, a prazo: R$ 30.000,00;
- Venda de mercadorias à vista, recebidos em cheque: R$ 15.000,00, com baixa de estoque de R$ 12.000,00;
- Pagamento de despesas, em dinheiro:
  • Condomínio R$ 250,00
  • Luz e telefone R$ 300,00
  • Despesas Diversas R$ 450,00

Com base, exclusivamente, nos dados acima, o valor do Patrimônio Líquido obtido no Balanço Patrimonial extraído em 31de dezembro de 2003, em reais, foi:
a) 142.000,00.
b) 132.800,00.
c) 125.000,00.
d) 122.000,00.
e) 108.000,00.

Resolução e Comentários

Em dezembro de 2003, a empresa realizou as seguintes operações:
- Recebimento de clientes, em dinheiro: R$ 15.000,00;

D – Caixa
C – Clientes – R$ 15.000,00

- Pagamento de fornecedores, em dinheiro: R$ 12.000,00;

D – Fornecedores
C – Caixa – R$ 12.000,00

- Aquisição de mercadorias para revenda, a prazo: R$ 30.000,00;

D – Mercadorias
C – Fornecedores – R$ 30.000,00

- Venda de mercadorias à vista, recebidos em cheque: R$ 15.000,00, com baixa de estoque de R$ 12.000,00;

D – Bancos Conta Movimento
C – Receita de Vendas – R$ 15.000,00
D – Custo das Mercadorias Vendidas
C – Mercadorias – R$ 12.000,00

- Pagamento de despesas, em dinheiro:
  - Condomínio R$ 250,00
  - Luz e telefone R$ 300,00
  - Despesas Diversas R$ 450,00

D – Despesas de Condomínio – R$ 250,00
D – Luz e Telefone – R$ 300,00

D – Despesas Diversas – R$ 450,00
C – Caixa – R$ 1.000,00

Apuração do Resultado do Exercício

CMV – 12.000,00	15.000,00 (venda de mercadorias)
Pagamento de Despesas – 1.000,00	
	2.000,00

D – Apuração do Resultado do Exercício
C – Lucros ou Prejuízos Acumulados – R$ 2.000,00

CONTAS do PL SALDOS
Capital 110.000,00
Lucros Acumulados .... 10.000,00 + 2.000,00 = 12.000,00
Total = R$ 122.000,00
Gabarito – D

Questão 21 – (Técnico de Contabilidade Júnior – PETROBRAS Distribuidora S/A – CESGRANRIO – 2008)

A Cia. Atlântica S/A apresentou, em reais, em 31.12.2007, o seguinte balancete de verificação:

Contas	Saldos
Caixa	1.150,00
Duplicatas a Receber	23.000,00
Máquinas e Equipamentos	20.000,00
Edificações	75.000,00
Fornecedores	32.500,00
Promissórias a Pagar	10.000,00
Empréstimos a Pagar LP	15.000,00
Receitas de Exercícios Futuros	18.000,00
Capital Social	100.000,00
Estoque de Mercadorias	26.000,00
Reservas de Capital	15.000,00
Bancos Conta Movimento	17.000,00
Reservas de Lucros	5.000,00
Depreciações Acumuladas	4.000,00
CMV	29.000,00

Despesa de Condomínio	250,00
Veículos	15.000,00
Despesa de Energia Elétrica	400,00
Custos e Despesas Referentes a Exercícios Futuros	12.500,00
Despesa de Transporte	200,00
Móveis e Utensílios	15.000,00
Salários a Pagar	4.500,00
Despesas de Salários e Encargos	4.500,00
Receita de Vendas	35.000,00

Elaborando o Balanço, na mesma data, exclusivamente com os dados acima, o valor do Patrimônio Líquido, em reais, foi
a) 138.500,00.
b) 126.500,00.
c) 126.000,00.
d) 124.500,00.
e) 120.650,00.

Resolução e Comentários

Apuração do Resultado do Exercício

CMV – 29.000	35.000 – Receita de Vendas
Despesa de Condomínio – 250	
Despesa de Energia Elétrica – 400	
Despesa de Transporte – 200	
Despesas de Salários e Encargos – 4.500	
34.350	35.000
	650

D – Apuração do Resultado do Exercício
C – Lucros ou Prejuízos Acumulados 650,00

Contas	Saldos
Capital Social	100.000,00
Reservas de Capital	15.000,00
Reservas de Lucros	5.000,00
Lucros ou Prejuízos Acumulados	650,00
Total =	**120.650,00**

Gabarito – E

Considere as informações do Balancete de Verificação da Cia. Soberana, referentes ao ano de 2004, em reais, para responder às questões de nº 22 e 23.

Contas	Em R$
Caixa	200,00
Despesas de Vendas	450,00
Aplicações Financeiras	735,00
Custo das Mercadorias Vendidas	2.000,00
Fornecedores	150,00
Lucros Acumulados	300,00
Estoques	400,00
Despesas Antecipadas	20,00
ICMS s/ Vendas 1	80,00
Capital	1.400,00
Contas a Pagar	40,00
Adiantamento de Clientes	10,00
Receita de Vendas	3.000,00
Adiantamento a Empregados	15,00
Imóveis	700,00
Móveis e Utensílios	160,00
Depreciação Acumulada	30,00
Despesas Administrativas	250,00
Impostos a Pagar	100,00
Reservas de Capital	100,00

Questão 22 – (Técnico em Contabilidade – Ministério Público Estadual – Rondônia – CESGRANRIO – 2005)

No final de 2004, a situação líquida, em reais, da Cia. Soberana foi:
a) 1.600,00.
b) 1.800,00.
c) 1.870,00.
d) 1.900,00.
e) 1.920,00.

Resolução e Comentários

Ativo:

Contas	Em R$
Caixa	200,00
Aplicações Financeiras	735,00
Estoques	400,00
Despesas Antecipadas	20,00
Adiantamento a Empregados	15,00

Imóveis	700,00
Móveis e Utensílios	160,00
Depreciação Acumulada	(30,00)
Saldo =	2.200,00

Passivo Exigível:

Contas	Em R$
Fornecedores	150,00
Contas a Pagar	40,00
Adiantamento de Clientes	10,00
Impostos a Pagar	100,00
Saldo =	300,00

A = PE + PL → PL = A − PE = 2.200,00 − 300,00 = 1.900,00

Gabarito – D

Questão 23 – (Técnico em Contabilidade – Ministério Público Estadual – Rondônia – CESGRANRIO – 2005)

Em dezembro de 2004, o total do Ativo da Cia. Soberana, em reais, era de:
a) 2.180,00.
b) 2.190,00.
c) 2.200,00.
d) 2.210,00.
e) 2.230,00.

Resolução e Comentários

Ativo:

Contas	Em R$
Caixa	200,00
Aplicações Financeiras	735,00
Estoques	400,00
Despesas Antecipadas	20,00
Adiantamento a Empregados	15,00
Imóveis	700,00
Móveis e Utensílios	160,00
Depreciação Acumulada	(30,00)
Saldo =	2.200,00

Gabarito – C

Questão 24 – (Técnico em Contabilidade – Ministério Público Estadual – Rondônia – CESGRANRIO – 2005)

Uma empresa apresentou, no início de 2004, um patrimônio líquido de R$ 800,00, composto pela conta Capital, cujo saldo era de R$ 860,00, e pela conta de Prejuízos Acumulados, com saldo de R$ 60,00.

Durante o ano, a empresa apresentou apenas os seguintes dados, em reais:
- Vendas de Mercadorias   R$ 4.000,00
- Compras de Mercadorias   R$ 3.500,00
- Estoque Inicial   R$ 300,00
- Estoque Final   R$ 280,00
- Despesas Administrativas   R$ 370,00
- Aumento de Capital   R$ 40,00

O patrimônio líquido, em reais, após o encerramento do exercício de 2004, ficou em:
a) 910,00.
b) 930,00.
c) 950,00.
d) 970,00.
e) 990,00.

Resolução e Comentários

PL inicial:

Capital Social	R$ 860,00
(-) Lucros ou Prejuízos Acumulados	(R$ 60,00)
Saldo =	R$ 800,00

Apuração do resultado do período:

CMV = EI + C – EF = 300,00 + 3.500,00 – 280,00 = 3.520,00

Apuração do Resultado do Exercício	
CMV – 3.520	4.000 – Receita de Vendas
Despesas Administrativas – 370	
3.890	4.000
	110

D – Apuração do Resultado do Exercício
C – Lucros ou Prejuízos Acumulados 110,00

PL final:

Capital Social – R$ 860,00 + R$ 40,00 = R$ 900,00

(+) Lucros ou Prejuízos Acumulados – (R$ 60,00) + R$ 110,00 = R$ 50,00

Saldo = R$ 950,00

Gabarito – C

Questão 25 – (Profissional Júnior – Administração – PETROBRAS Distribuidora – Fundação CESGRANRIO – 2010)

A empresa Verde Oliva apresentou os seguintes saldos, em reais, no Balancete de Verificação do final do exercício de 2009:

Prejuízo Acumulado	1.500,00
Salários a Pagar	1.500,00
Caixa	2.000,00
Mercadorias	4.000,00
Duplicatas a Pagar	5.000,00
Equipamentos	6.000,00
Duplicatas a Receber	8.000,00
Conta-Corrente Bancária	9.000,00
Capital Social	23.000,00
Despesas Gerais	24.000,00
Custo das Mercadorias Vendidas	68.000,00
Receitas de Vendas	91.000,00

Após o encerramento das contas de resultado, o valor total do Patrimônio Líquido será, em reais, de

a) 1.000,00.
b) 20.500,00.
c) 22.500,00.
d) 24.500,00.
e) 25.500,00.

Resolução e Comentários

Apuração do Resultado do Exercício

Despesas Gerais – 24.000,00	91.000,00 – Receitas de Vendas
CMV – 68.000,00	
1.000,00	

Transferência do resultado apurado para Lucros ou Prejuízos Acumulados:
D – Lucros ou Prejuízos Acumulados
C – Apuração do Resultado do Exercício   1.000,00

Em consequência, a conta Lucros ou Prejuízos Acumulados passou a apresentar saldo devedor de 2.500,00.

Valor do Patrimônio Líquido:
Capital Social   23.000,00
(-) Prejuízos Acumulados   (2.500,00)
(=) Saldo do PL: 20.500,00
Gabarito – B

Questão 26 – (Auditor-Fiscal da Receita Federal – EsAF – 2002)
Da leitura atenta dos balanços gerais da Cia. Emile, levantados em 31.12.01 para publicação, e dos relatórios que os acompanham, podemos observar informações corretas que indicam a existência de:
- Capital de Giro no valor de   R$ 2.000,00
- Capital Social no valor de   R$ 5.000,00
- Capital Fixo no valor de   R$ 6.000,00
- Capital Alheio no valor de   R$ 5.000,00
- Capital Autorizado no valor de   R$ 5.500,00
- Capital a Realizar no valor de   R$ 1.500,00
- Capital Investido no valor de   R$ 8.000,00
- Capital Integralizado no valor de   R$ 3.500,00
- Lucros Acumulados no valor de   R$ 500,00
- Prejuízo Líquido do Exercício no valor de   R$ 1.000,00

A partir das observações acima, podemos dizer que o valor do Capital Próprio da Cia. Emile é de:
a) R$ 5.500,00.
b) R$ 5.000,00.
c) R$ 4.000,00.
d) R$ 3.500,00.
e) R$ 3.000,00.

Resolução e Comentários
- Capital de Giro = Ativo Circulante
- Capital Social = Capital Nominal = Capital Subscrito = Capital Registrado
- Capital Fixo = Ativo Não Circulante Imobilizado
- Capital Alheio = Capital de Terceiros
- Capital Autorizado = Valor até o qual o Capital Social pode ser aumentado sem que haja necessidade de alteração estatutária

- Capital a Realizar = Capital a Integralizar = compromisso já assumido pelos sócios ou acionistas e ainda não honrado por eles junto à entidade
- Capital Investido = Ativo Total = Patrimônio Bruto = Recursos Aplicados
- Capital Integralizado = Capital Realizado = compromisso assumido e honrado pelos sócios ou acionistas junto à entidade
- Lucros Acumulados = conta do Patrimônio Líquido com saldo credor
- Prejuízo Líquido do Exercício = resultado negativo apurado no exercício
- Capital Próprio = Patrimônio Líquido = Recursos Próprios

Aplicando a Equação Fundamental do Patrimônio, temos:
Ativo = Passivo Exigível + Patrimônio Líquido
- Capital Alheio = Capital de Terceiros
- Capital Investido = Ativo Total = Patrimônio Bruto = Recursos Aplicados
- Capital Próprio = Patrimônio Líquido = Recursos Próprios
- → R$ 8.000,00 = R$ 5.000,00 + Patrimônio Líquido → PL = R$ 3.000,00

Gabarito – E

Questão 27 – (Analista – MPU – Pericial – Contabilidade – EsAF – 2004)
A avaliação do patrimônio, feita em 21 de março, com base no saldo do Razão, demonstrou os seguintes valores:

Capital Social	R$ 2.500,00
Máquinas e Equipamentos	R$ 1.250,00
Despesa de Salários	R$ 1.200,00
Mercadorias	R$ 1.500,00
Contas a Pagar	R$ 1.400,00
Contas a Receber	R$ 500,00
Receita de Aluguel	R$ 1.300,00
Salários a Pagar	R$ 700,00
Empréstimos Concedidos	R$ 200,00
Terrenos e Edifícios	R$ 800,00
Receita de Serviço	R$ 300,00
Clientes	R$ 750,00

Ao representar este patrimônio, graficamente, segundo a ordem decrescente do grau de liquidez, encontram-se
a) Capital de Terceiros R$ 2.300,00.
b) Capital Próprio R$ 2.500,00.
c) Capital de Giro Próprio R$ 850,00.
d) Capital de Giro R$ 5.000,00.
e) Capital Fixo R$ 800,00.

Resolução e Comentários
Classificação das contas:

Capital Social	R$ 2.500,00	Patrimônio Líquido
Máquinas e Equipamentos	R$ 1.250,00	ANC Imobilizado
Despesa de Salários	R$ 1.200,00	Despesas – Resultado
Mercadorias	R$ 1.500,00	Ativo Circulante
Contas a Pagar	R$ 1.400,00	Passivo Circulante
Contas a Receber	R$ 500,00	Ativo Circulante
Receita de Aluguel	R$ 1.300,00	Receitas – Resultado
Salários a Pagar	R$ 700,00	Passivo Circulante
Empréstimos Concedidos	R$ 200,00	Ativo Circulante
Terrenos e Edifícios	R$ 800,00	ANC Imobilizado
Receita de Serviço	R$ 300,00	Receitas – Resultado
Clientes	R$ 750,00	Ativo Circulante

Obtendo os valores dos itens constantes das alternativas:
- Capital de Terceiros = Capital Alheio

Contas a Pagar R$ 1.400,00 Passivo Circulante
Salários a Pagar R$ 700,00 Passivo Circulante
Total: R$ 2.100,00

- Capital Próprio = Patrimônio Líquido = Recursos Próprios

Receita de Aluguel R$ 1.300,00 Receitas – Resultado
Receita de Serviço R$ 300,00 Receitas – Resultado
Despesa de Salários (R$ 1.200,00) Despesas – Resultado

Resultado apurado: R$ 400,00 (deve ser transferido para Lucros ou Prejuízos Acumulados)

D – Apuração do Resultado do Exercício
C – Lucros ou Prejuízos Acumulados R$ 400,00

Capital Social R$ 2.500,00 Patrimônio Líquido
Lucros ou Prejuízos Acumulados R$ 400,00
Total: R$ 2.900,00

- Capital de Giro Próprio = Capital Circulante Líquido = "Ativo Circulante – Passivo Circulante"

Ativo Circulante:

Mercadorias	R$ 1.500,00	Ativo Circulante
Contas a Receber	R$ 500,00	Ativo Circulante
Empréstimos Concedidos	R$ 200,00	Ativo Circulante
Clientes	R$ 750,00	Ativo Circulante
Total:	*R$ 2.950,00*	

Passivo Circulante:

Contas a Pagar	R$ 1.400,00	Passivo Circulante
Salários a Pagar	R$ 700,00	Passivo Circulante
Total:	*R$ 2.100,00*	

→ CCL = AC – PC = R$ 2.950,00 – R$ 2.100,00 = R$ 850,00

* Capital de Giro = Ativo Circulante

Ativo Circulante:

Mercadorias	R$ 1.500,00	Ativo Circulante
Contas a Receber	R$ 500,00	Ativo Circulante
Empréstimos Concedidos	R$ 200,00	Ativo Circulante
Clientes	R$ 750,00	Ativo Circulante
Total:	*R$ 2.950,00*	

* Capital Fixo = Ativo Não Circulante Imobilizado

Máquinas e Equipamentos	R$ 1.250,00	ANC Imobilizado
Terrenos e Edifícios	R$ 800,00	ANC Imobilizado
Total:	*R$ 2.050,00*	

Gabarito – C

Questão 28 – (Analista de Finanças e Controle – STN – EsAF – 2002)
O patrimônio da Indústria Luzes & Velas é constituído pelos elementos que abaixo apresentamos com valores apurados em 30 de setembro.

Bens fixos	R$ 2.100,00
Notas Promissórias Emitidas	R$ 600,00
Débitos de Funcionamento	R$ 900,00
Créditos de Financiamento	R$ 600,00
Bens de Venda	R$ 900,00

Créditos de Funcionamento   R$ 1.200,00
Bens Numerários   R$ 450,00
Bens de Renda   R$ 750,00
Débitos de Financiamento   R$ 300,00
Reservas de Lucros   R$ 750,00
Reservas de Capital   R$ 1.800,00

Sabendo-se que essa empresa apresenta lucros acumulados correspondentes a 25% do valor do capital de terceiros, podemos afirmar que o valor do seu Capital Social é
a) R$ 4.200,00.
b) R$ 3.000,00.
c) R$ 2.550,00.
d) R$ 1.800,00.
e) R$ 1.200,00.

Resolução e Comentários

Classificação das contas:

Bens fixos	R$ 2.100,00	ANC Imobilizado
Notas Promissórias Emitidas	R$ 600,00	Passivo Circulante
Débitos de Funcionamento	R$ 900,00	Passivo Circulante
Créditos de Financiamento	R$ 600,00	Ativo Circulante
Bens de Venda	R$ 900,00	Ativo Circulante
Créditos de Funcionamento	R$ 1.200,00	Ativo Circulante
Bens Numerários	R$ 450,00	Ativo Circulante
Bens de Renda	R$ 750,00	ANC Investimentos
Débitos de Financiamento	R$ 300,00	Passivo Circulante
Reservas de Lucros	R$ 750,00	Patrimônio Líquido
Reservas de Capital	R$ 1.800,00	Patrimônio Líquido

- Bens fixos – compreendem os bens de uso permanente pela entidade, sejam eles tangíveis (por exemplo: imóveis; terrenos; veículos etc.) ou intangíveis (por exemplo: marcas; patentes; concessões obtidas para a exploração de serviços públicos etc.).
- Débitos de Funcionamento – compreendem dívidas contraídas quando da realização das atividades normais da entidade (por exemplo: dívidas com fornecedores de mercadorias; impostos a recolher etc.).
- Créditos de Financiamento – compreendem direitos de recebimento ou de compensação alcançados a partir da realização de atividades não usuais da entidade (por exemplo: empréstimos a diretores; adiantamentos a acionistas etc.).

- Bens de Venda – compreendem bens destinados à venda (por exemplo: produtos acabados; matérias-primas etc.).
- Créditos de Funcionamento – compreendem direitos de recebimento ou de compensação provenientes das atividades normais da entidade (por exemplo: ICMS a recuperar; adiantamentos a fornecedores; duplicatas a receber etc.).
- Bens Numerários – compreendem as disponibilidades financeiras, tais como o dinheiro existente em caixa, em conta-corrente bancária, os cheques em cobrança, as aplicações financeiras de liquidez imediata etc.
- Bens de Renda – bens a partir dos quais pode ser obtida renda, como no caso dos imóveis alugados.
- Débitos de Financiamento – compreendem dívidas contraídas na intenção de captar recursos para utilização nas atividades da entidade (por exemplo: empréstimos em geral; financiamentos bancários; emissão de debêntures etc.).

Apresentação do Balanço Patrimonial:

Balanço Patrimonial

Ativo:	Passivo Exigível:
Bens Numerários – R$ 450,00	Notas Promissórias Emitidas – R$ 600,00
Bens de Venda – R$ 900,00	Débitos de Funcionamento – R$ 900,00
Créditos de Funcionamento – R$ 1.200,00	Débitos de Financiamento – R$ 300,00
Créditos de Financiamento – R$ 600,00	
Bens de Renda – R$ 750,00	*Total do Passivo Exigível = R$ 1.800,00*
Bens Fixos – R$ 2.100,00	Patrimônio Líquido:
	Capital Social – ???
	Reservas de Capital – R$ 1.800,00
	Reservas de Lucros – R$ 750,00
	Lucros Acumulados – ???
Total do Ativo = R$ 6.000,00	*Total do Passivo = ???*

Utilizando a Equação Fundamental do Patrimônio, verificamos que o Passivo Total deve ter total igual ao do Ativo Total, ou seja, de R$ 6.000,00.

Além disto, a questão informa que os lucros acumulados correspondem a 25% do capital de terceiros, ou seja, a 25% do Passivo Exigível. Portanto:

Lucros Acumulados = 25% x Passivo Exigível = 25% x R$ 1.800,00 = R$ 450,00

Balanço Patrimonial

Ativo:	Passivo Exigível:
Bens Numerários – R$ 450,00	Notas Promissórias Emitidas – R$ 600,00
Bens de Venda – R$ 900,00	Débitos de Funcionamento – R$ 900,00
Créditos de Funcionamento – R$ 1.200,00	Débitos de Financiamento – R$ 300,00
Créditos de Financiamento – R$ 600,00	
Bens de Renda – R$ 750,00	*Total do Passivo Exigível = R$ 1.800,00*
Bens Fixos – R$ 2.100,00	Patrimônio Líquido:
	Capital Social – ???
	Reservas de Capital – R$ 1.800,00
	Reservas de Lucros – R$ 750,00
	Lucros Acumulados – R$ 450,00
Total do Ativo = R$ 6.000,00	*Total do Passivo = R$ 6.000,00*

O valor do Capital Social é obtido somando-se todos os elementos do Passivo Total e igualando-os ao seu valor, isto é, a R$ 6.000,00.

→ R$ 4.800,00 + Capital Social = R$ 6.000,00 → Capital Social = R$ 1.200,00.

Balanço Patrimonial

Ativo:	Passivo Exigível:
Bens Numerários – R$ 450,00	Notas Promissórias Emitidas – R$ 600,00
Bens de Venda – R$ 900,00	Débitos de Funcionamento – R$ 900,00
Créditos de Funcionamento – R$ 1.200,00	Débitos de Financiamento – R$ 300,00
Créditos de Financiamento – R$ 600,00	
Bens de Renda – R$ 750,00	*Total do Passivo Exigível = R$ 1.800,00*
Bens Fixos – R$ 2.100,00	Patrimônio Líquido:
	Capital Social – R$ 1.200,00
	Reservas de Capital – R$ 1.800,00
	Reservas de Lucros – R$ 750,00
	Lucros Acumulados – R$ 450,00
Total do Ativo = R$ 6.000,00	*Total do Passivo = R$ 6.000,00*

Gabarito – E

Questão 29 – (Auditor-Fiscal da Receita Federal – EsAF – 2002)

A firma Comércio Livre Ltda. apurou os seguintes valores, em 31.12.01:

Depósito no Banco	R$ 150,00
Salários do Mês	R$ 620,00
Comissões Ativas	R$ 450,00
Títulos a Receber	R$ 900,00
Aluguéis Passivos	R$ 600,00
Produtos para Venda	R$ 750,00
Equipamentos	R$ 1.000,00
Serviços Prestados a Prazo	R$ 1.500,00
Capital Inicial	R$ 2.650,00
Duplicatas a Pagar	R$ 2.200,00
Lucros Anteriores	R$ 120,00
Casa e Terrenos	R$ 1.350,00
Receitas de Vendas	R$ 1.000,00
Impostos Atrasados	R$ 450,00

Ao elaborar Balancete de Verificação e o Balanço Patrimonial com fulcro nas contas e saldos acima, a empresa encontrará:

a) Saldos devedores no valor de R$ 5.650,00.
b) Ativo Circulante no valor de R$ 2.250,00.
c) Passivo Circulante no valor de R$ 4.150,00.
d) Ativo Permanente no valor de R$ 2.950,00.
e) Patrimônio Líquido no valor de R$ 3.000,00.

Resolução e Comentários

Classificação das contas:

Depósito no Banco	Ativo Circulante
Salários do Mês	Despesa
Comissões Ativas	Receita
Títulos a Receber	Ativo Circulante
Aluguéis Passivos	Despesa
Produtos para Venda	Ativo Circulante
Equipamentos	Ativo Não Circulante Imobilizado
Serviços Prestados a Prazo	Ativo Circulante
Capital Inicial	Patrimônio Líquido

Duplicatas a Pagar — Passivo Circulante
Lucros Anteriores — Patrimônio Líquido
Casa e Terrenos — Ativo Não Circulante Imobilizado
Receitas de Vendas — Receita
Impostos Atrasados — Passivo Circulante

Apuração do Balancete de Verificação:

	Saldos Devedores	Saldos Credores
Depósito no Banco	R$ 150,00	
Salários do Mês	R$ 620,00	
Comissões Ativas		R$ 450,00
Títulos a Receber	R$ 900,00	
Aluguéis Passivos	R$ 600,00	
Produtos para Venda	R$ 750,00	
Equipamentos	R$ 1.000,00	
Serviços Prestados a Prazo	R$ 1.500,00	
Capital Inicial		R$ 2.650,00
Duplicatas a Pagar		R$ 2.200,00
Lucros Anteriores		R$ 120,00
Casa e Terrenos	R$ 1.350,00	
Receitas de Vendas		R$ 1.000,00
Impostos Atrasados		R$ 450,00
Totais	**R$ 6.870,00**	**R$ 6.870,00**

Apuração do Resultado do Exercício:

Despesas	Receitas
620	450
600	1.000
1.220	*1.450*
	230

Elaboração do Balanço Patrimonial:

Ativo	Passivo
AC	**PC**
Depósito no Banco – 150	Duplicatas a Pagar – 2.200
Títulos a Receber – 900	Impostos Atrasados – 450
Serviços Prestados a Prazo – 1.500	
Produtos para Venda – 750	
ANC	
Equipamentos – 1.000	**PL**
Casas e Terrenos – 1.350	Capital Inicial – 2.650
	Lucros Acumulados (120 + 230) = 350
5.650	**5.650**

→ Ativo = Passivo Exigível + Patrimônio Líquido → PL = A – PE = 5.650 – 2.650 = 3.000

Gabarito – E

Questão 30 – (Analista Judiciário – Área Administrativa – Contabilidade – TRE/TO – CESPE/UnB – 2007)

Sob a óptica dos registros contábeis, o registro do deságio na emissão de debêntures proporciona à empresa emitente, no momento do registro,

a) um débito no ativo, um crédito no ativo e um débito no passivo.
b) um débito no ativo, um crédito no passivo e um crédito no patrimônio líquido.
c) um débito no ativo, um crédito no passivo e um débito no passivo.
d) um débito no patrimônio líquido, um crédito no ativo e um débito no passivo.
e) um crédito no passivo, um crédito no patrimônio líquido e um débito no ativo.

Resolução e Comentários

Debêntures – são títulos de crédito emitidos pela entidade que conferirão aos seus titulares direito de crédito contra ela.

O deságio ocorre quando um título é negociado por preço inferior ao seu valor nominal.

Registro de debêntures emitidas com deságio:

D – Bancos Conta Movimento (Ativo Circulante)

D – Deságio na Emissão de Debêntures a Amortizar (retificadora do Passivo Não Circulante)

C – Debêntures a Resgatar (Passivo Não Circulante)

Deságio na Emissão de Debêntures a Amortizar – despesa antecipada referente à alienação de debêntures (retificadora da conta Debêntures a Resgatar).

O deságio deve ser proporcionalmente apropriado ao resultado de cada exercício, em razão do tempo transcorrido até a data de sua amortização, da seguinte maneira:

D – Despesas de Deságio na Emissão de Debêntures

C – Deságio na Emissão de Debêntures a Amortizar

Regra geral, as debêntures são quitadas a longo prazo.

Gabarito – C

Questão 31 – (Analista Judiciário – Área Administrativa – Contabilidade – TRE/TO – CESPE/UnB – 2007)

A apropriação dos juros referentes à captação de um empréstimo de R$ 50.000,00, com taxa mensal de 3% e capitalização trimestral, proporciona à estrutura patrimonial, no momento da captação,

a) modificação no saldo total do ativo circulante.
b) modificação no saldo total do passivo circulante.
c) acréscimo no resultado do exercício.
d) decréscimo no ativo circulante.
e) aumento do saldo do patrimônio líquido.

Resolução e Comentários

Lançamento referente ao momento da captação do empréstimo:

D – Bancos Conta Movimento

D – Encargos Financeiros a Transcorrer (retificadora do PC)

C – Empréstimos Obtidos (PC)

Lançamento efetuado quando da apropriação dos juros:

D – Despesas Financeiras

C – Encargos Financeiros a Transcorrer

Este lançamento provoca diminuição do resultado do exercício e modificação no saldo total do Passivo Circulante.
Gabarito – B

Questão 32 – (Analista Judiciário – Contabilidade – TST – CESPE/UnB – 2008)
O patrimônio líquido, como expressão da diferença entre bens e direitos, de uma parte, e obrigações, de outra, deve ser considerado como uma dívida da entidade para com seus sócios ou acionistas, pois esses não emprestam recursos para que ela possa ter vida própria, mas apenas para a formação do patrimônio dessa entidade.

Resolução e Comentários
Os sócios ou acionistas repassam recursos seus para a formação do patrimônio da entidade. Não há nenhum tipo de dívida da entidade para com os sócios ou acionistas, pois estes *investem* na entidade. Os sócios ou acionistas estão interessados no retorno proporcionado por seus recursos aplicados na entidade pelos resultados obtidos por esta. Por este motivo, o Capital Próprio é também denominado ***Passivo Não Exigível***.
Gabarito – Errado

Questão 33 – (Analista Judiciário – Contabilidade – TST – CESPE/UnB – 2008)
Enquanto o patrimônio compreende o conjunto dos recursos e aplicações de uma entidade, o capital autorizado corresponde ao montante dos aportes com que os acionistas já se comprometeram no boletim de subscrição.

Resolução e Comentários
Patrimônio é o conjunto de bens, direitos e obrigações vinculados a uma pessoa, física ou jurídica, que possam ser avaliados em moeda.

Algumas *sociedades anônimas* possuem ***capital autorizado***. O ***Capital Autorizado*** pode ser entendido como o limite, estabelecido em valor ou em número de ações, até o qual o Capital Social pode ser aumentado, independentemente de reforma estatutária, dando maior flexibilidade à entidade, algo muito útil em épocas de expansão, que podem periodicamente requerer novas injeções de capital.
Gabarito – Errado

Questão 34 – (Analista Judiciário – Contabilidade – TST – CESPE/UnB – 2008)
A situação em que o passivo a descoberto é igual ao passivo caracteriza um processo de liquidação, em que há dívidas remanescentes à realização dos bens e direitos do ativo.

Resolução e Comentários
Passivo a Descoberto corresponde à situação em que o Ativo Total não é suficiente para honrar as obrigações constantes do Passivo Exigível.

Em um processo de liquidação, os ativos são realizados em moeda para que obrigações junto a terceiros possam ser liquidadas. Se houver ativos em montante em moeda insuficiente para a quitação das obrigações, poderá haver dívidas remanescentes à realização dos bens e direitos do Ativo.

Gabarito – Certo

Questão 35 – (Analista Judiciário – Contabilidade – TST – CESPE/UnB – 2008)
Considere que uma empresa tenha a representação patrimonial mostrada na tabela a seguir (valores em R$ 1.000,00).

ativo	valor	passivo	valor
bens	850	obrigações	1.200
direitos	150	patrimônio líquido	200

Nessa situação, é correto afirmar que a empresa está insolvente, com falta de liquidez e a caminho da falência.

Resolução e Comentários

Nada é dito a respeito das obrigações (se são de curto ou de longo prazo). Se forem obrigações de curto prazo, poderemos caracterizar a entidade como insolvente; por outro lado, se forem de longo prazo, a entidade poderá gerar resultado tal que seja suficiente para honrar as obrigações junto a terceiros, revertendo tal situação aqui apresentada.

Na situação ora apresentada, podemos afirmar apenas que a situação da entidade é desfavorável. Não se pode afirmar que esteja insolvente, com falta de liquidez e a caminho da falência.

Gabarito – Errado

Questão 36 – (Analista Judiciário – Contabilidade – TST – CESPE/UnB – 2008)
No reconhecimento da despesa, tanto pode haver redução de ativo (à vista) como aumento no passivo (a prazo). Nisso reside a distinção entre fatos modificativos aumentativos ou diminutivos.

Resolução e Comentários

As despesas podem ser reconhecidas:
- quando deixar de existir o correspondente valor ativo, por transferência de sua propriedade para terceiro;
- pela diminuição ou extinção do valor econômico de um ativo; e
- pelo surgimento de um passivo, sem o correspondente ativo.

Logo, no reconhecimento da despesa, tanto pode haver redução de ativo (à vista) como aumento no passivo (a prazo).

O reconhecimento de despesas gera fatos modificativos ou mistos diminutivos.

Gabarito – Errado

Questão 37 – (Analista Judiciário – Contabilidade – TST – CESPE/UnB – 2008)
A conta adiantamentos de clientes tem por função o registro da receita diferida com o recebimento antecipado e definitivo do valor da venda de produtos ou serviços já fabricados e estocados, pendentes de entrega.

Resolução e Comentários

A conta Adiantamentos de Clientes tem por finalidade registrar Receitas Diferidas (também denominadas Receitas Recebidas Antecipadamente). Ocorre que o recebimento antecipado da receita não o caracteriza como definitivo, já que poderá haver devolução de dinheiro em caso de haver produtos defeituosos ou serviços mal realizados, assim como pode, até mesmo, não ocorrer a entrega futura dos produtos ou a realização dos serviços por um motivo qualquer.

Gabarito – Errado

Questão 38 – (Analista Judiciário – Contabilidade – TST – CESPE/UnB – 2008)
São contas patrimoniais: dividendos a pagar; subvenções para aquisição de ativos fixos; e ágio de participações societárias.

Resolução e Comentários

- Dividendos a Pagar – Passivo Circulante
- Ágio de Participações Societárias – Ativo Não Circulante Investimentos
- Subvenções para a Aquisição de Ativos Fixos (ou Subvenções para Investimentos) – Receita

Gabarito – Errado

Questão 39 – (Analista Judiciário – Contabilidade – TST – CESPE/UnB – 2008)
Com o lançamento representado a seguir ocorre o reconhecimento da receita pelo regime de competência, relativo a serviços já prestados e registrados.
D – duplicatas a receber
C – serviços a faturar

Resolução e Comentários

A conta Serviços a Faturar é uma conta do Ativo que representa o direito que o prestador de serviço tem de enviar a fatura ao cliente, para fins de cobrança.

A conta Serviços a Faturar apresenta o mesmo funcionamento da conta Duplicatas a Receber, ou seja, aumenta por débito e diminui por crédito.

Para que haja o reconhecimento de uma receita pelo Regime de Competência, temos:

D – Duplicatas a Receber ou Serviços a Faturar
C – Receitas de Vendas ou Receitas de Prestações de Serviços
Gabarito – Errado

Questão 40 – (Analista Judiciário – Contabilidade – TST – CESPE/UnB – 2008)
Na hipótese de ser provável uma perda resultante de processo trabalhista, a empresa deverá constituir provisão para as contingências, se o valor for conhecido, ou reserva de contingência, se o valor for calculável.

Resolução e Comentários

A Provisão para Contingências refere-se a fato gerador ocorrido, enquanto a Reserva para Contingências refere-se a fato gerador futuro e incerto.

Neste caso, como já ocorreu o fato gerador, então deverá ser constituída Provisão para Contingências Trabalhistas:
D – Despesas com Provisão para Contingências Trabalhistas
C – Provisão para Contingências Trabalhistas (PC)
Gabarito – Errado

Questão 41 – (Analista de Finanças e Controle – CGU – EsAF – 2008)
O Balancete de Verificação de uma empresa apresenta as seguintes contas e respectivos saldos ao final do exercício social (31.12.20X8):

Móveis e Utensílios	530
Bancos	4.000
Vendas	50.000
Duplicatas a Pagar	6.000
Despesa de Salários	10.000
Contas a Receber	8.000
Despesas de Juros	2.000
Receitas de Serviços	17.000
Despesa de Aluguel	3.000
Prejuízos Acumulados	4.000
Edifícios de Uso	12.000
Custo das Vendas	40.000
Empréstimos a Pagar	3.000

Com base nos dados acima e nas regras de apuração de resultado, pode-se afirmar que:
a) após a apuração do resultado, os Prejuízos Acumulados foram transformados em lucros acumulados de 12.000.
b) o Lucro do Período foi de 52.000.
c) o Capital Social é de 7.530.
d) o Patrimônio Líquido é de 8.000.
e) o Ativo e o Passivo somam 33.000.

Resolução e Comentários

Analisando as alternativas, tem-se o seguinte:

a) após a apuração do resultado, os Prejuízos Acumulados foram transformados em lucros acumulados de 12.000.

Apuração do resultado:
Receitas de Serviços 17.000
(+) Vendas 50.000
(-) Despesa de Salários (10.000)
(-) Despesas de Juros (2.000)
(-) Despesa de Aluguel (3.000)
(-) Custo das Vendas (40.000)
(=) Resultado = Lucro = 12.000
　　→ Prejuízos Acumulados = (4.000)
(+) Resultado = Lucro = 12.000
(=) Lucros Acumulados = 12.000 – 4.000 = 8.000

b) o Lucro do Período foi de 52.000.
Resultado = Lucro = 12.000 (obtido na resolução da alternativa "a)").

c) o Capital Social é de 7.530.
Ativo:
Móveis e Utensílios 530
Bancos 4.000
Contas a Receber 8.000
Edifícios de Uso 12.000
Total do Ativo = 24.530

Passivo:
Duplicatas a Pagar 6.000
Empréstimos a Pagar 3.000
Total do Passivo = 9.000
　　→ PL = Ativo – Passivo = 24.530 – 9.000 = 15.530
　　→ Capital Social = 15.530 – 8.000 (Lucros Acumulados) = 7.530

d) o Patrimônio Líquido é de 8.000.
　　PL = Ativo – Passivo = 24.530 – 9.000 = 15.530

e) o Ativo e o Passivo somam 33.000.

   Ativo:
   Móveis e Utensílios 530
   Bancos 4.000
   Contas a Receber 8.000
   Edifícios de Uso 12.000
   Total do Ativo = 24.530

   Passivo:
   Duplicatas a Pagar 6.000
   Empréstimos a Pagar 3.000
   Total do Passivo = 9.000

Gabarito – C

Questão 42 – (Técnico em Contabilidade – ANP – CESGRANRIO – 2008)
Em contabilidade, patrimônio é definido de forma técnica como o conjunto de bens diretos e obrigações. Nesta acepção contábil, entende-se por bens o conjunto de coisas úteis que
a) pertençam à empresa e possuam forma física.
b) pertençam à empresa e possuam forma material ou imaterial.
c) pertençam ou não à empresa e possuam forma física.
d) satisfaçam as empresas e possuam forma material.
e) sejam capazes de satisfazer as necessidades das pessoas e das empresas.

Resolução e Comentários
Entende-se por bens o conjunto de coisas úteis que sejam capazes de satisfazer as necessidades das pessoas e das empresas.

Gabarito – E

Questão 43 – (Técnico em Contabilidade – ANP – CESGRANRIO – 2008)
Ramos & Ramos Ltda., empresa varejista de hortifrutigranjeiros, em geral, comprou por R$ 200.000,00 um veículo para fazer a entrega de suas mercadorias aos clientes. Passados 5 anos da aquisição, com o veículo totalmente depreciado, a empresa deve
a) arbitrar internamente um novo valor para o veículo e fazer a depreciação.
b) manter o veículo no Ativo Permanente, com o valor simbólico de R$ 1,00.
c) dar baixa no veículo, por estar totalmente depreciado.
d) dar baixa no veículo somente quando ele for vendido.
e) baixar o veículo quando este for tirado de circulação.

Resolução e Comentários

Veículos	R$200.000,00
(-) Depreciação Acumulada=	(R$ 200.000,00)
(=) Valor Contábil = 0	

Deverá assim permanecer até a baixa do bem (seja por venda, seja por retirada de circulação etc.).

Gabarito – E

Questão 44 – (Ciências Contábeis – BNDES – CESGRANRIO – 2008)
Quando da constituição da sociedade anônima, um dos acionistas subscreveu 1.150.000 ações, com valor nominal de R$ 1,00, para integralização em equipamentos aos quais ele atribuiu, em documento endereçado à Assembleia Geral, o valor de R$ 1.145.000,00.
A Assembleia Geral de subscritores nomeou uma empresa especializada que, em laudo fundamentado, avaliou o conjunto de equipamentos em R$ 1.160.000,00.
A Assembleia Geral aprovou o valor dos equipamentos em R$ 1.148.000,00.
Considerando as determinações da Lei nº 6.404/76, com nova redação dada pelas Leis nºˢ 9.457/97 e 10.303/01, a integralização do capital deve ser considerada pelo valor, em reais, de

a) 1.145.000,00, atribuído pelo subscritor.
b) 1.148.000,00, aprovado pela assembleia geral.
c) 1.150.000,00, sendo a diferença, de R$ 10.000,00, ressarcida ao subscritor.
d) 1.150.000,00, sendo esse valor atribuído aos equipamentos, não havendo ressarcimento.
e) 1.160.000,00, sendo a diferença, de R$ 10.000,00, considerada como ágio na subscrição.

Resolução e Comentários

Art. 8º da Lei nº 6.404/76 (Lei das Sociedades por Ações) – Alterada pela Lei nº 1.941, de 27 de maio de 2009

Avaliação

Art. 8º A avaliação dos bens será feita por 3 (três) peritos ou por empresa especializada, nomeados em assembleia geral dos subscritores, convocada pela imprensa e presidida por um dos fundadores, instalando-se em primeira convocação com a presença de subscritores que representem metade, pelo menos, do capital social, e em segunda convocação com qualquer número.
§ 1º Os peritos ou a empresa avaliadora deverão apresentar laudo fundamentado, com a indicação dos critérios de avaliação e dos elementos de comparação adotados e instruído com os documentos relativos aos bens avaliados, e estarão presentes à assembleia que conhecer do laudo, a fim de prestarem as informações que lhes forem solicitadas.

§ 2º Se o subscritor aceitar o valor aprovado pela assembleia, os bens incorporar-se-ão ao patrimônio da companhia, competindo aos primeiros diretores cumprir as formalidades necessárias à respectiva transmissão.

§ 3º Se a assembleia não aprovar a avaliação, ou o subscritor não aceitar a avaliação aprovada, ficará sem efeito o projeto de constituição da companhia.

§ 4º **Os bens não poderão ser incorporados ao patrimônio da companhia por valor acima do que lhes tiver dado o subscritor.**

§ 5º Aplica-se à assembleia referida neste artigo o disposto nos §§ 1º e 2º do art. 115.

§ 6º Os avaliadores e o subscritor responderão perante a companhia, os acionistas e terceiros, pelos danos que lhes causarem por culpa ou dolo na avaliação dos bens, sem prejuízo da responsabilidade penal em que tenham incorrido; no caso de bens em condomínio, a responsabilidade dos subscritores é solidária.

De acordo com o § 4º do Art. 8º da Lei nº 6.404/76, o bem não poderá ser incorporado por valor acima do que lhe tiver dado o subscritor.

Gabarito – A

Questão 45 – (Auditoria Governamental – TCE/AM – FCC – 2008)
Classifica-se como Reserva de Capital
a) o prêmio recebido na emissão de debêntures.
b) o produto da alienação de partes beneficiárias.
c) o ajuste de ativo pelo valor de mercado, com realização financeira após o término do exercício social seguinte.
d) o valor total obtido na emissão das ações sem valor nominal.
e) as contrapartidas de aumentos ou diminuição de valor atribuído a elementos do ativo.

Resolução e Comentários

A classificação das Reservas de Capital consta do Art. 182 da Lei nº 6.404/76.

Serão classificadas como **Reservas de Capital** *as contas que registrarem:*

a) a contribuição do subscritor de ações que ultrapassar o valor nominal e a parte do preço de emissão das ações sem valor nominal que ultrapassar a importância destinada à formação do Capital Social, inclusive nos casos de conversão em ações de debêntures ou partes beneficiárias. Trata-se do ágio *(ou valor excedente) na emissão de ações;*
b) o produto da alienação de partes beneficiárias; e
c) o produto da alienação de bônus de subscrição.

Será ainda registrado como **Reserva de Capital** o resultado da correção monetária do capital realizado, enquanto não capitalizado.

Gabarito – B

Questão 46 – (Analista Legislativo – Contabilidade – Senado Federal – FGV – 2008)
A Companhia J efetua no período de X8 a alienação de Ações de Tesouraria, obtendo um resultado positivo. Esse valor será evidenciado nas Demonstrações Contábeis da empresa como:
a) Resultado Operacional – Demonstração do Resultado do Exercício.
b) Resultado Não Operacional – Demonstração do Resultado do Exercício.
c) Ajuste de Exercícios Anteriores – Demonstração de Mutações do Patrimônio Líquido.
d) Reservas de Capital – Balanço Patrimonial.
e) Reservas de Lucro – Balanço Patrimonial.

Resolução e Comentários

Quando ações que estão em tesouraria são vendidas, o seguinte lançamento é efetuado:

D – Bancos Conta Movimento ou Caixa
C – Ações em Tesouraria (retificadora do PL)
C – Reservas de Capital – Ágio na Venda de Ações em Tesouraria

A Reserva de Capital aqui apresentada, representando o ganho ocorrido quando da alienação de ações em tesouraria, consta do Regulamento do Imposto de Renda (RIR/99).

Gabarito – D

Questão 47 – (Analista Legislativo – Contabilidade – Senado Federal – FGV – 2008)
Um analista pretende efetuar o diagnóstico da Companhia Y e faz a reclassificação das contas patrimoniais de modo a realizar uma análise mais rigorosa. A Companhia Y apresenta os seguintes saldos em suas contas patrimoniais:

Ativo Circulante	
Caixa	200.000
Contas a receber	50.000
Ativo Imobilizado	
Terrenos	80.000
Ativo Diferido	
Gastos Pré-Operacionais	120.000
Passivo Circulante	
Fornecedores	50.000
Passivo não Circulante	
Financiamentos	50.000
Patrimônio Líquido	
Capital Social	250.000

Para fins de análise, o valor-base do Patrimônio Líquido, considerando que a empresa efetua suas classificações de acordo com a Legislação Brasileira, deve ser:
a) $ 250.000.
b) $ 130.000.
c) $ 450.000.
d) $ 50.000.
e) $ 170.000.

Resolução e Comentários

Ao efetuarmos análise mais rigorosa, temos:
- Ativo Circulante: Caixa 200.000; Contas a Receber 50.000;
- Ativo Não Circulante Imobilizado: Terrenos 80.000;
- Passivo Circulante: Fornecedores 150.000;
- Passivo Não Circulante: Financiamentos 50.000;
- Patrimônio Líquido: Capital Social 250.000.
- Ativo Diferido: Gastos Pré-Operacionais 120.000 → Reclassificado para despesas do período em tela.
→ O resultado apurado no período reduzirá o Patrimônio Líquido.
→ PL = R$ 250.000,00 – R$ 120.000,00 = R$ 130.000,00

Gabarito – B

Questão 48 – (Analista Judiciário – Área Administrativa – Contabilidade – TRT/18ª Região – FCC – 2008)
É uma reserva de capital:
a) Reserva de Alienação de Bônus de Subscrição.
b) Reserva de Contingências.
c) Reserva Estatutária.
d) Reserva de Expansão para Investimentos.
e) Reserva para Pagamento de Dividendo Obrigatório.

Resolução e Comentários

A classificação das Reservas de Capital consta do Art. 182 da Lei nº 6.404/76.

Serão classificadas como **Reservas de Capital** *as contas que registrarem:*

a) a contribuição do subscritor de ações que ultrapassar o valor nominal e a parte do preço de emissão das ações sem valor nominal que ultrapassar a importância destinada à formação do Capital Social, inclusive nos casos de conversão em ações de debêntures ou partes beneficiárias. Trata-se do ágio *(ou valor excedente) na emissão de ações;*
b) o produto da alienação de partes beneficiárias; e
c) o produto da alienação de bônus de subscrição.

Será ainda registrado como **Reserva de Capital** o resultado da correção monetária do capital realizado, enquanto não capitalizado.

Excetuando-se a alternativa "a)", todas as demais reservas são Reservas de Lucros.

Gabarito – A

Questão 49 – (Ciências Contábeis – BNDES – CESGRANRIO – 2008)

A Cia. América S/A vendeu, no exercício de 2006, o montante de R$15.000.000,00, sendo 40% à vista e o restante a prazo. A empresa concedeu, nas vendas a prazo, em média, 30 dias para os clientes quitarem suas duplicatas. As projeções para o exercício de 2007 estão considerando um aumento no prazo oferecido aos clientes para 45 dias, o que deverá aumentar as vendas totais em 10%, sendo mantido o mesmo valor em reais das vendas à vista. Considerando-se apenas as informações acima, o investimento marginal em Duplicatas a Receber que a empresa terá de fazer mensalmente, em reais, será de

a) 562.500,00.
b) 750.000,00.
c) 900.000,00.
d) 1.312.500,00.
e) 1.500.000,00.

Resolução e Comentários

Vamos elencar as informações correspondentes aos anos de 2006 e 2007:
- Ano 2006

    Receita Bruta de Vendas = R$ 15.000.000,00

    Vendas efetuadas à vista = 40% x R$ 15.000.000,00 = R$ 6.000.000,00

    Vendas efetuadas a prazo = R$ 15.000.000,00 – R$ 6.000.000,00 = R$ 9.000.000,00 (correspondem às duplicatas a receber).

    Prazo para pagamento = 30 dias

- Ano 2007

    Receita Bruta de Vendas (projetada) = 1,10 x R$ 15.000.000,00 = R$ 16.500.000,00

    Vendas efetuadas à vista = R$ 6.000.000,00 (não houve alteração de valor, em relação ao ano 2006)

    Vendas efetuadas a prazo = R$ 16.500.000,00 – R$ 6.000.000,00 = R$ 10.500.000,00 (correspondem às duplicatas a receber).

    Prazo para pagamento = 45 dias

Cálculo dos giros das duplicatas a receber:
- Duplicatas a Receber (2006): Giro = 360 dias / 30 dias = 12
- Duplicatas a Receber (2007): Giro = 360 dias / 45 dias = 08

Cálculo do Investimento Médio em Duplicatas a Receber:

IMDR = Vendas a Prazo / Giro de Duplicatas a Receber

IMDR (2006) = R$ 9.000.000,00 / 12 = R$ 750.000,00

IMDR (2007) = R$ 10.500.000,00 / 8 = R$ 1.312.500,00

Cálculo do Investimento Marginal em Duplicatas a Receber:

Investimento Marginal em Duplicatas a Receber = IMDR (2007) – IMDR (2006) = R$ 1.312.500,00 – R$ 750.000,00

Investimento Marginal em Duplicatas a Receber = R$ 562.500,00
Gabarito – A

Questão 50 (Ciências Contábeis – Defensoria Pública RJ – FGV/2014)
Considere os saldos abaixo:

ADIANTAMENTO DE CLIENTES	8.000
APLICAÇÕES FINANCEIRAS	15.000
AJUSTE DE AVALIÇÃO PATRIMONIAL	?
CAPITAL SOCIAL	55.000
CONTAS A RECEBER	20.000
DEPÓSITOS JUDICIAIS	5.000
DESPESAS ANTECIPADAS	3.000
DISPONIBILIDADES	35.000
EMPRÉSTIMOS CONCEDIDOS A CONTROLADAS	8.000
EMPRÉSTIMOS E FINANCIAMENTOS DE CURTO PRAZO	32.000
EMPRÉSTIMOS E FINANCIAMENTOS DE LONGO PRAZO	51.000
ESTOQUE	27.000
FORNECEDORES	20.000
IMOBILIZADO	40.000
INTANGÍVEL	11.000
INVESTIMENTOS	9.000
RESERVAS	6.000
SALÁRIOS A PAGAR	11.500
TRIBUTOS A RECOLHER	1.500

O saldo da conta "Ajuste de Avaliação Patrimonial" é:
a) 28.000 devedor;
b) 18.000 devedor;
c) 12.000 devedor;
d) 4.000 credor ;
e) 12.000 credor.

Resolução e Comentários
    Ativo Circulante:

Aplicações Financeiras: 15.000
Contas a Receber: 20.000
Despesas Antecipadas: 3.000
Disponibilidades: 35.000
Estoque: 27.000
Total: 100.000

Observação: A conta Depósitos Judiciais pode ser classificada no Ativo Circulante ou no Ativo Não Circulante Ativo Realizável a Longo Prazo.

    Ativo Não Circulante:

Empréstimos Concedidos a Controladas: 8.000
Imobilizado: 40.000
Intangível: 11.000
Investimentos: 9.000
Depósitos Judiciais: 5.000
Total: 73.000

    Passivo Circulante:

Adiantamento de Clientes: 8.000
Empréstimos e Financiamentos de Curto Prazo: 32.000
Fornecedores: 20.000
Salários a Pagar: 11.500
Tributos a Recolher: 1.500
Total: 73.000

    Passivo Não Circulante:

Empréstimos e Financiamentos de Longo Prazo: 51.000
Total: 51.000

Patrimônio Líquido:

Capital Social: 55.000
Reservas: 6.000
Ajustes de Avaliação Patrimonial: "X"
Total: 61.000 + x

Ativo = Passivo + Patrimônio Líquido
(100.000 + 73.000) = (73.000 + 51.000) + (61.000 + x)
X = 12.000 (devedor)
Gabarito – C

Questão 51 (Contador – IF PB – IF PB/2011)
Observe o Balanço Patrimonial de uma entidade em 31/12/2010.

ATIVO	Valores em R$	PASSIVO	Valores em R$
CIRCULANTE	30.000,00	CIRCULANTE	40.000,00
Caixa	2.000,00	Fornecedores	30.000,00
Bancos	13.000,00	Salários a Pagar	7.000,00
Estoque de Mercadorias	15.000,00	Impostos a Pagar	3.000,00
NÃO CIRCULANTE	70.000,00	PATRIMÔNIO LÍQUIDO	60.000,00
Máquinas e equipamentos	10.000,00	Capital Social	65.000,00
Moveis e utensílios	5.000,00	Prejuízos Acumulados	(5.000,00)
Imóveis	55.000,00		
TOTAL	100.000,00	TOTAL	100.000,00

Com base no Balanço Patrimonial apresentado, é CORRETO afirmar:
a) Os recursos de terceiros totalizam R$ 60.000,00;
b) O total das aplicações corresponde a R$ 13.000,00;
c) O total do imobilizado corresponde a R$ 55.000,00;
d) A situação líquida patrimonial é superavitária em R$ 60.000,00;
e) O total dos recursos próprios corresponde a R$ 65.000,00.

Resolução e Comentários
Analisando as alternativas:

a) Os recursos de terceiros totalizam R$ 60.000,00.
Errado!

Recursos de Terceiros = Passivo Circulante + Passivo Não Circulante
Recursos de Terceiros = R$ 40.000,00

b) O total das aplicações correspondem a R$ 13.000,00.
   Errado!

Ativo Total = total das aplicações = R$ 100.000,00

c) O total do imobilizado corresponde a R$ 55.000,00.
   Errado!

ANC Imobilizado = Máquinas e Equipamentos + Móveis e Utensílios + Imóveis (na presente questão)
ANC Imobilizado = R$ 70.000,00

d) A situação líquida patrimonial é superavitária em R$ 60.000,00.
   Certo!

Patrimônio Líquido = Ativo – Passivo Exigível = R$ 60.000,00

e) O total dos recursos próprios corresponde a R$ 65.000,00.
   Errado!

Recursos Próprios = Patrimônio Líquido = R$ 60.000,00
Gabarito – D

Questão 52 (Técnico de Contabilidade – COMPESA – FGV/2014)
Em 31/12/2012, uma empresa apresentou os seguintes saldos relacionados a seu ativo e passivo:
Disponibilidades: .... R$ 40.000,00;
Estoques: .... R$ 30.000,00;
Máquinas: .... R$ 80.000,00;
Terreno: .... R$ 50.000,00;
Clientes: .... R$ 35.000,00;
Depreciação acumulada: .... R$ 25.000,00;
Fornecedores: .... R$ 50.000,00;
Provisão obrigações trabalhistas: .... R$ 20.000,00;
Provisão para impostos: .... R$ 15.000,00;

Provisão para créditos de liquidação duvidosa:................ R$ 700,00;
Provisão para perda dos estoques: .... R$ 4.000,00;
Provisão para garantias: .... R$ 12.000,00;
Dividendos a pagar: .... R$ 12.000,00;
Contas a pagar: .... R$ 30.000,00;
Reserva de contingências: .... R$ 18.000,00;
Empréstimos concedidos: .... R$ 45.000,00.

Considerando as informações acima, o Patrimônio Líquido dessa empresa, em 31/12/2012, era de:
a) R$ 66.300,00;
b) R$ 93.300,00;
c) R$ 111.300,00;
d) R$ 115.300,00;
e) R$ 158.300,00.

Resolução e Comentários

* Ativo:

Disponibilidades: .... R$ 40.000,00;
Estoques: .... R$ 30.000,00;
Provisão para perda dos estoques: .... (R$ 4.000,00);
Empréstimos concedidos: .... R$ 45.000,00.
Máquinas: .... R$ 80.000,00;
Depreciação acumulada: .... (R$ 25.000,00);
Terreno: .... R$ 50.000,00;
Clientes: .... R$ 35.000,00;
Provisão para créditos de liquidação duvidosa:.............. (R$ 700,00);
Saldo do Ativo: R$ 250.300,00

* Passivo:

Fornecedores: .... R$ 50.000,00;
Provisão obrigações trabalhistas: .... R$ 20.000,00;
Provisão para impostos: .... R$ 15.000,00;
Provisão para garantias: .... R$ 12.000,00;
Dividendos a pagar: .... R$ 12.000,00;
Contas a pagar: .... R$ 30.000,00;
Saldo do Passivo: R$ 139.000,00

* Saldo do Patrimônio Líquido:
PL = R$ 250.300,00 − R$ 139.000,00 = R$ 111.300,00

A reserva de contingências é uma das contas componentes do Patrimônio Líquido. Entendemos que seu saldo já esteja incluído no saldo total do Patrimônio Líquido.
Gabarito − C

Questão 53 (Analista − Contador − Prefeitura de Porto Velho − FUNCAB/2014)
O patrimônio das empresas, de uma forma geral, pode ser sintetizado pelos seguintes componentes: ativo, passivo e patrimônio líquido. Portanto, a posição financeira da empresa pode ser determinada pela relação entre esses componentes. O termo Balanço advém da seguinte equação: ativo = passivo + patrimônio líquido. Portanto, qual o efeito no patrimônio da empresa causado pela compra à vista de suas próprias ações?
a) aumento do Passivo e diminuição do Ativo;
b) aumento do Passivo e aumento do Ativo;
c) diminuição do Ativo e aumento do Patrimônio Líquido;
d) aumento do Ativo e diminuição do Passivo;
e) diminuição do Ativo e diminuição do Patrimônio Líquido.

Resolução e Comentários
* Compra à vista de ações da própria companhia:

D − Ações em Tesouraria (retificadora do Patrimônio Líquido)
C − Disponibilidades (Ativo Circulante)

Ocorre, então, redução do Ativo e do Patrimônio Líquido.
Gabarito − E

Questão 54 (Auditor de Tributos − Prefeitura de Goiânia − UFG/2016)
Leia o caso a seguir.
A empresa Beta Ltda. comprou um equipamento por R$ 36.000,00, pagando 20% de entrada e financiando o restante em seis parcelas. A taxa de depreciação é de 10% ao ano, sendo efetuado o registro da aquisição do equipamento e sua imediata disponibilização. Essa empresa possuía na data de aquisição um patrimônio composto de Disponibilidades − R$ 54.000,00; Obras de arte − R$ 40.000,00 e Dividendos a pagar − R$ 36.000,00. Ao final de seis meses ocorreu o pagamento de todas as parcelas do financiamento e a apropriação da depreciação.
Considerando o exposto, conclui-se que essa empresa terá um Patrimônio Líquido de:
a) 54.400,00;
b) 56.200,00;
c) 58.000,00;
d) 59.800,00.

Resolução e Comentários

Patrimônio inicial:

* Disponibilidades – R$ 54.000,00
* Obras de Arte – R$ 40.000,00
* Dividendos a Pagar – R$ 36.000,00

Aquisição do Equipamento:

Entrada: 20% x R$ 36.000,00 = R$ 7.200,00

D – Máquinas e Equipamentos – R$ 36.000,00
C – Disponibilidades – R$ 7.200,00
C – Financiamentos Obtidos – 28.800,00

Encargos de Depreciação:

* Taxa de depreciação: 10% ao ano
* Encargos de depreciação apropriados em 6 meses:
R$ 36.000,00 x 10% a.a. x 1/2 ano = R$ 1.800,00

Ao final de seis meses ocorreu o pagamento de todas as parcelas do financiamento, assim como a apropriação dos encargos de depreciação.

Reconhecimento de cada parcela paga do financiamento:

D – Financiamentos Obtidos
C – Disponibilidades

Patrimônio final:

Ativo:
* Disponibilidades:
    R$ 54.000,00 – R$ 7.200,00 – R$ 28.800,00 = R$ 18.000,00
* Obras de Arte:
    R$ 40.000,00

* Máquinas e Equipamentos:
    R$ 36.000,00
* Depreciação Acumulada:
    (R$ 1.800,00)
Total do Ativo: R$ 92.200,00

Passivo:
* Dividendos a Pagar:
    R$ 36.000,00
Total do Passivo: R$ 36.000,00

Patrimônio Líquido:
* Total do Ativo: 92.200,00
* Total do Passivo: R$ 36.000,00
    R$ 92.200,00 − R$ 36.000,00 = R$ 56.200,00

Gabarito – B

Questão 55 (Contador – CEFET – Fundação CESGRANRIO/2014)
O patrimônio líquido, de acordo com a legislação societária, com pronunciamentos técnicos CPC e demais normas vigentes, evidencia, no balanço patrimonial, as reservas de capital. As reservas de capital, que não transitam pelo resultado do exercício, evidenciadas no balanço patrimonial, no subgrupo do mesmo nome, são: reserva de ágio na emissão de ações, reserva de:
a) alienação de partes beneficiárias e alienação de bônus de subscrição;
b) doações e subvenções para investimentos e prêmio na emissão de debêntures;
c) doações e subvenções para investimentos e alienação de bônus de subscrição;
d) prêmio na emissão de debêntures e alienação de partes beneficiárias;
e) prêmios na emissão de debêntures e alienação de bônus de subscrição.

Resolução e Comentários
De acordo com a Lei das Sociedades por Ações (Lei nº 6.404/76), temos:

Patrimônio Líquido

Art. 182. A conta do capital social discriminará o montante subscrito e, por dedução, a parcela ainda não realizada.

§ 1º Serão classificadas como reservas de capital as contas que registrarem:
a) a contribuição do subscritor de ações que ultrapassar o valor nominal e a parte do preço de emissão das ações sem valor nominal que ultrapassar a importância destinada à formação do capital social, inclusive nos casos de conversão em ações de debêntures ou partes beneficiárias;

b) o produto da alienação de partes beneficiárias e bônus de subscrição;

§ 2º Será ainda registrado como reserva de capital o resultado da correção monetária do capital realizado, enquanto não capitalizado.

[...]

Gabarito – A

Questão 56 (Técnico de Contabilidade – COMPESA – FGV/2014)

Em determinado período, uma companhia alienou bônus de subscrição. A contrapartida do aumento do caixa da empresa deverá ser reconhecida como:

a) Ajuste de Avaliação Patrimonial;
b) Resultado;
c) Reserva Especial;
d) Reserva de Capital;
e) Reserva Legal.

Resolução e Comentários

De acordo com a Lei das Sociedades por Ações (Lei nº 6.404/76), temos:

Patrimônio Líquido

Art. 182. A conta do capital social discriminará o montante subscrito e, por dedução, a parcela ainda não realizada.

§ 1º Serão classificadas como reservas de capital as contas que registrarem:

a) a contribuição do subscritor de ações que ultrapassar o valor nominal e a parte do preço de emissão das ações sem valor nominal que ultrapassar a importância destinada à formação do capital social, inclusive nos casos de conversão em ações de debêntures ou partes beneficiárias;

b) o produto da alienação de partes beneficiárias e bônus de subscrição;

§ 2º Será ainda registrado como reserva de capital o resultado da correção monetária do capital realizado, enquanto não capitalizado.

[...]

Gabarito – D

Questão 57 (Auditor Público Externo – TCE RS – FCC/2014)

As reservas de capital NÃO são utilizadas pelas empresas para:

a) incorporação ao capital social;
b pagamento de dividendo a ações preferenciais, quando essa vantagem lhes for assegurada;
c) absorção de prejuízos, quando estes ultrapassarem somente as reservas estatutárias;
d) resgate, reembolso ou compra de ações;
e) resgate de partes beneficiárias.

Resolução e Comentários

Consta da Lei das Sociedades por Ações (Lei nº 6.404/76) o seguinte:

Reserva de Capital

Art. 200. As reservas de capital somente poderão ser utilizadas para:

I – absorção de prejuízos que ultrapassarem os lucros acumulados e as reservas de lucros (artigo 189, parágrafo único);

II – resgate, reembolso ou compra de ações;

III – resgate de partes beneficiárias;

IV – incorporação ao capital social;

V – pagamento de dividendo a ações preferenciais, quando essa vantagem lhes for assegurada (artigo 17, § 5º).

Parágrafo único. A reserva constituída com o produto da venda de partes beneficiárias poderá ser destinada ao resgate desses títulos.

Gabarito – C

CAPÍTULO 13

A Demonstração do Resultado do Exercício e a Demonstração do Resultado Abrangente

13.1. Considerações Iniciais

No capítulo 1 fomos apresentados às *operações de encerramento do exercício social*.

Podemos assim resumir as operações de encerramento do exercício social, nesta sequência:
f) Elaboração do Balancete de Verificação Inicial;
g) Realização de ajustes nas contas, ou seja, os ajustes contábeis a realizar;
h) Apuração do resultado do período (e consequente encerramento das contas de resultado);
i) Elaboração do Balancete de Verificação Final; e
j) Elaboração das Demonstrações Contábeis.

Uma das etapas que constituem as operações de encerramento aqui referidas diz respeito à apuração do resultado do exercício conforme adiante apresentado.

Já sabemos que as contas de receitas e de despesas iniciam o período contábil com saldo inicial igual a zero. À medida que o período transcorre, são efetuados registros nestas contas. Ao final do período contábil, seus saldos são encerrados, visando à apuração do resultado do exercício. No período seguinte, tais contas são novamente iniciadas com saldo igual a zero.

A conta *Apuração do Resultado do Exercício*, como o próprio nome indica, tem por única função apurar, de maneira simplificada, o resultado obtido no período contábil. Portanto, ela surge quando ocorre o término do período, é utilizada para a obtenção do resultado desejado e, em seguida, é encerrada, tendo como contrapartida a conta

Lucros ou Prejuízos Acumulados, que é conta integrante do Patrimônio Líquido. Observe que a conta Apuração do Resultado do Exercício é iniciada e encerrada dentro do mesmo período contábil, ou seja, trata-se de uma conta de natureza transitória!

13.2. Considerações Gerais sobre Receitas e Despesas

O *Pronunciamento Conceitual Básico (R1) – Estrutura Conceitual para Elaboração e Divulgação de Relatório Contábil-Financeiro* apresenta considerações gerais sobre resultados, receitas e despesas, que aqui reproduzimos para melhor entendimento deste assunto.

O *resultado* é frequentemente utilizado como medida de performance ou como base para outras medidas, tais como o retorno do investimento ou o resultado por ação. *Os elementos diretamente relacionados com a mensuração do resultado são as receitas e as despesas.* O reconhecimento e a mensuração das receitas e despesas e, consequentemente, do resultado, dependem em parte dos conceitos de capital e de manutenção de capital adotados pela entidade na elaboração de suas demonstrações contábeis.

Os elementos de receitas e despesas são definidos como a seguir descrito:

a) *receitas* são aumentos nos benefícios econômicos durante o período contábil, sob a forma da entrada de recursos ou do aumento de ativos ou diminuição de passivos, que resultam em aumentos do Patrimônio Líquido, e que não estejam relacionados com a contribuição dos detentores dos instrumentos patrimoniais;

b) *despesas* são decréscimos nos benefícios econômicos durante o período contábil, sob a forma da saída de recursos ou da redução de ativos ou assunção de passivos, que resultam em decréscimo do Patrimônio Líquido, e que não estejam relacionados com distribuições aos detentores dos instrumentos patrimoniais.

As definições de receitas e despesas identificam suas características essenciais, mas não são uma tentativa de especificar os critérios que precisam ser satisfeitos para que sejam reconhecidas na demonstração do resultado.

As receitas e as despesas podem ser apresentadas na demonstração do resultado de diferentes maneiras, de modo a serem prestadas informações relevantes para a tomada de decisões econômicas. Por exemplo, é prática comum distinguir os itens de receitas e despesas que surgem no curso das atividades usuais da entidade daqueles que não surgem. Essa distinção é feita considerando que a origem de um item é relevante para a avaliação da capacidade que a entidade tem de gerar caixa ou equivalentes de caixa no futuro. Por exemplo, atividades incidentais como a venda de um investimento de longo prazo são improváveis de voltarem a ocorrer em base regular. Quando da distinção dos itens dessa forma, deve-se levar em conta a natureza da entidade e suas operações. Itens que resultam das atividades usuais de uma entidade podem não ser usuais em outras entidades.

A distinção entre itens de receitas e de despesas e a sua combinação de diferentes maneiras também permitem demonstrar várias formas de medir a performance da entidade, com maior ou menor grau de abrangência dos itens. Por exemplo, a demonstração do resultado pode apresentar a margem bruta, o lucro ou o prejuízo das atividades usuais antes dos tributos sobre o resultado, o lucro ou o prejuízo das atividades usuais depois desses tributos e o lucro ou prejuízo líquido.

13.2.1. As Receitas

A definição de **receita** abrange tanto *receitas propriamente ditas* quanto *ganhos*. *A receita surge no curso das atividades usuais da entidade e é designada por uma variedade de nomes, tais como vendas, honorários, juros, dividendos, royalties, aluguéis.*

De acordo com o *Pronunciamento Técnico CPC 30 (R1) – Receitas*, a utilização, por parte de terceiros, de ativos da entidade dá origem a receitas na forma de:

a) **juros** – encargos pela utilização de caixa e equivalentes de caixa ou de quantias devidas à entidade;

b) **royalties** – encargos pela utilização de ativos de longo prazo da entidade, como, por exemplo: patentes, marcas, direitos autorais e *software* de computadores; e

c) **dividendos** – distribuição de lucros a detentores de instrumentos patrimoniais na proporção das suas participações em uma classe particular do capital.

Ganhos representam outros itens que se enquadram na definição de receita e podem ou não surgir no curso das atividades usuais da entidade, representando aumentos nos benefícios econômicos e, como tais, não diferem, em natureza, das receitas. Ganhos incluem, por exemplo, aqueles que resultam da venda de ativos não circulantes. A definição de receita também inclui ganhos não realizados. Por exemplo, os que resultam da reavaliação de títulos e valores mobiliários negociáveis e os que resultam de aumentos no valor contábil de ativos de longo prazo. Quando esses ganhos são reconhecidos na demonstração do resultado, eles são usualmente apresentados separadamente, porque sua divulgação é útil para fins de tomada de decisões econômicas. Os ganhos são, em regra, reportados líquidos das respectivas despesas.

Vários tipos de ativos podem ser recebidos ou aumentados por meio da receita; exemplos incluem caixa, contas a receber, bens e serviços recebidos em troca de bens e serviços fornecidos. A receita também pode resultar da liquidação de passivos. Por exemplo, a entidade pode fornecer mercadorias e serviços ao credor por empréstimo em liquidação da obrigação de pagar o empréstimo.

A receita deve ser reconhecida na demonstração do resultado quando resultar em aumento nos benefícios econômicos futuros relacionado com aumento de ativo ou com diminuição de passivo, e puder ser mensurado com confiabilidade. Isso significa, na prática, que o reconhecimento da receita ocorre simultaneamente com o reconhecimento do aumento nos ativos ou da diminuição nos passivos (por exemplo, o aumento líquido nos ativos originado da venda de bens e serviços ou o decréscimo do passivo originado do perdão de dívida a ser paga).

O *Pronunciamento Técnico CPC 30 (R1) – Receitas* esclarece que **a receita deve ser mensurada pelo valor justo da contraprestação recebida ou a receber**.

O montante da receita proveniente de uma transação é geralmente acordado entre a entidade e o comprador ou usuário do ativo e é mensurado pelo valor justo da contraprestação recebida, deduzida de quaisquer descontos comerciais e/ou bonificações concedidos pela entidade ao comprador.

Na maior parte dos casos, a contraprestação é feita na forma de caixa ou equivalente de caixa e o valor da receita é o valor em caixa ou equivalente de caixa recebido ou a receber.

Quando o ingresso de caixa ou seu equivalente vier a ser diferido, o valor justo da contraprestação pode vir a ser menor do que o valor nominal do caixa recebido ou a receber. Por exemplo, a entidade pode conceder ao comprador crédito isento de juros ou mesmo aceitar um recebível em que a taxa de juros do crédito concedido seja inferior àquela praticada pelo mercado, em contraprestação à venda de bens. Quando o acordo contratual efetivamente constituir uma transação de financiamento, *o valor justo da contraprestação deve ser determinado por meio do desconto de todos os futuros recebimentos previstos, tomando por base a taxa de juros imputada.* A taxa de juros imputada é a mais claramente determinável entre:

a) a taxa prevalecente de um instrumento financeiro similar de emitente com uma classificação (*rating*) de crédito similar; ou

b) a taxa de juros que desconte o valor nominal do instrumento para o preço de venda à vista dos bens ou serviços.

A diferença entre o valor justo e o valor nominal da contraprestação é reconhecida como **receita de juros** de acordo com o *Pronunciamento Técnico CPC 38 – Instrumentos Financeiros: Reconhecimento e Mensuração*.

Quando os bens ou serviços forem objeto de troca ou de permuta, por bens ou serviços que sejam de natureza e valor similares, a troca não é vista como uma transação que gera receita. Exemplificam tais casos as transações envolvendo *commodities* como petróleo ou leite em que os fornecedores trocam ou realizam permuta de estoques em vários locais para satisfazer a procura, em base tempestiva e em local específico. ***Por outro lado, quando os bens são vendidos ou os serviços são prestados em troca de bens ou serviços não similares, tais trocas são vistas como transações que geram receita***. Nesses casos, a receita deve ser mensurada pelo valor justo dos bens ou serviços recebidos, ajustados pela quantia transferida em caixa ou equivalentes de caixa. Quando o valor justo dos bens ou serviços recebidos não pode ser mensurado com confiabilidade, a receita deve ser mensurada utilizando-se como parâmetro o valor justo dos bens ou serviços entregues, ajustado pelo valor transferido em caixa ou equivalentes de caixa.

13.2.2. As Despesas

A definição de ***despesas*** abrange tanto as ***perdas*** quanto as ***despesas propriamente ditas*** que surgem no curso das atividades usuais da entidade. As despesas que surgem no curso das atividades usuais da entidade incluem, por exemplo, o custo das vendas, salários e depreciação. Geralmente, tomam a forma de desembolso ou redução de ativos como caixa e equivalentes de caixa, estoques e ativo imobilizado.

Perdas representam outros itens que se enquadram na definição de despesas e podem ou não surgir no curso das atividades usuais da entidade, representando decréscimos nos benefícios econômicos e, como tais, não diferem, em natureza, das demais despesas. Perdas incluem, por exemplo, as que resultam de sinistros como incêndio e inundações, assim como as que decorrem da venda de ativos não circulantes. A definição de despesas também inclui as perdas não realizadas. Por exemplo, as que surgem dos efeitos dos aumentos na taxa de câmbio de moeda estrangeira com relação aos empréstimos da entidade a pagar em tal moeda. Quando as perdas são reconhecidas na demonstração do resultado, elas são geralmente demonstradas separadamente, pois sua divulgação é útil para fins de tomada de decisões econômicas. *As perdas são, em regra, reportadas líquidas das respectivas receitas.*

As despesas devem ser reconhecidas na demonstração do resultado quando resultarem em decréscimo nos benefícios econômicos futuros, relacionado com o decréscimo de um ativo ou o aumento de um passivo, e puder ser mensurado com confiabilidade. Isso significa, na prática, que o reconhecimento da despesa ocorre simultaneamente com o reconhecimento de aumento nos passivos ou de diminuição nos ativos (por exemplo, a alocação por competência de obrigações trabalhistas ou da depreciação de equipamento).

As despesas devem ser reconhecidas na demonstração do resultado com base na associação direta entre elas e os correspondentes itens de receita. *Esse processo, usualmente chamado de* ***confrontação entre despesas e receitas (regime de competência)****, envolve o reconhecimento simultâneo ou combinado das receitas e despesas que resultem diretamente ou conjuntamente das mesmas transações ou outros eventos. Por exemplo, os vários componentes de despesas que integram o custo das mercadorias vendidas devem ser reconhecidos no mesmo momento em que a receita derivada da venda das mercadorias é reconhecida.*

Quando se espera que os benefícios econômicos sejam gerados ao longo de vários períodos contábeis e a associação com a correspondente receita somente possa ser feita de modo geral e indireto, as despesas devem ser reconhecidas na demonstração do resultado com base em procedimentos de alocação sistemática e racional. Muitas vezes isso é necessário ao reconhecer despesas associadas com o uso ou o consumo de ativos, tais como itens do imobilizado, ágio pela expectativa de rentabilidade futura (*goodwill*), marcas e patentes. Em tais casos, a despesa é designada como depreciação ou amortização. Esses procedimentos de alocação destinam-se a reconhecer despesas nos períodos contábeis em que os benefícios econômicos associados a tais itens sejam consumidos ou expirem.

A despesa deve ser reconhecida imediatamente na demonstração do resultado quando o gasto não produzir benefícios econômicos futuros ou quando, e na extensão em que, os benefícios econômicos futuros não se qualificarem, ou deixarem de se qualificar, para reconhecimento no balanço patrimonial como ativo. A despesa também deve ser reconhecida na demonstração do resultado nos casos em que um passivo é incorrido sem o correspondente reconhecimento de ativo, como no caso de passivo decorrente de garantia de produto.

13.3. O Resultado (ou Rédito) do Período

Denominamos **RESULTADO ou RÉDITO apurado no período** a diferença existente entre a soma das receitas e a soma das despesas apuradas em certo período.

> **Resultado (ou Rédito) do Período = Total das Receitas do Período − Total das Despesas do Período**

As receitas serão somadas ao saldo da Situação Líquida, enquanto as despesas diminuirão o saldo da Situação Líquida da entidade.

Se a soma das receitas for *maior* que a soma das despesas no período, então o resultado obtido será um **LUCRO**. Nesta situação, dizemos que foi obtido um **resultado positivo**, já que houve acréscimo patrimonial.

Se a soma das receitas for *menor* que a soma das despesas no período, então o resultado obtido será um **PREJUÍZO**. Nesta situação, dizemos que foi obtido um **resultado negativo**, já que houve diminuição patrimonial.

Se a soma das receitas for *igual* à soma das despesas no período, então o resultado obtido será **NULO**. Nesta situação, não houve acréscimo, tampouco diminuição patrimonial.

13.4. A Apuração do Resultado do Período

Um dos objetivos de uma entidade é apurar, ao final de cada período contábil, o **resultado** por ela obtido a partir de suas atividades. Além disso, existe a necessidade de elaboração das demonstrações contábeis, sendo a Demonstração do Resultado do Exercício uma das demonstrações contábeis de elaboração obrigatória.

Apresentaremos, em seguida, a apuração do resultado do exercício de uma empresa. Utilizaremos, neste momento, uma *forma simplificada* para a apuração do resultado almejado, utilizando a conta Apuração do Resultado do Exercício. Quando da apresentação detalhada da *Demonstração do Resultado do Exercício*, faremos o aprofundamento deste estudo.

Ao final de um período contábil, a empresa possuirá contas de despesas e contas de receitas registradas em seus livros contábeis. Para efetuarmos a apuração do resultado obtido no exercício, todas as contas de receitas e de despesas deverão ser **encerradas**, com os seus respectivos saldos sendo, então, transferidos para uma *conta de natureza transitória* denominada Apuração do Resultado do Exercício (ARE). Quando da transferência dos saldos das contas de receitas e despesas para a conta ARE, seus saldos finais estarão "*zerados*", **pois as receitas e as despesas pertencem ao período em que ocorrem!** Com isso, no exercício seguinte, todas as contas de receitas e de despesas iniciarão tal período com saldo inicial igual a zero.

As contas de resultado somente poderão ser encerradas após todos os ajustes contábeis realizados no Balancete de Verificação Inicial. Logo, parte-se do Balancete de Verificação Inicial, *devidamente revisado e ajustado*, para proceder-se ao encerramento das contas de resultado.

O procedimento ora apresentado será adotado ao final de cada período contábil!

Exemplo

Apresentamos o Balancete de Verificação Inicial da Empresa Juliurius Comercial Ltda.

Balancete de Verificação Inicial – Em 31/12/2009
Empresa Juliurius Comercial Ltda.

Conta	Saldo	
	Devedor	Credor
Caixa	12.000,00	
Bancos Conta Movimento	133.000,00	
Clientes	25.000,00	
Perdas Estimadas para Devedores Duvidosos – (antiga "Provisão" no Ativo)		3.000,00
Móveis e Utensílios	25.000,00	
Imóveis	120.000,00	
Veículos	30.000,00	
Fornecedores		30.000,00
Contas a Pagar		20.000,00
Impostos a Recolher		15.000,00
Capital Social		160.000,00
Receitas de Vendas		240.000,00
Custo das Mercadorias Vendidas	95.000,00	
Despesas de Salários	35.000,00	
Despesas com Perdas Estimadas para Devedores Duvidosos	3.000,00	
Receitas de Aluguel		40.000,00
Receitas de Juros		10.000,00
Despesas com Alimentação	28.000,00	
Despesas com Transporte	12.000,00	
Saldos	**518.000,00**	**518.000,00**

Observe que o Balancete de Verificação Inicial contém contas patrimoniais e contas de resultado. Normalmente, existe uma etapa referente a ajustes a serem efetuados neste balancete, conforme anteriormente citado, etapa esta que deixaremos de apresentar neste momento. Iremos, então, diretamente à apuração do resultado, que é o nosso objetivo imediato.

As contas designativas de receitas possuem saldo credor. Portanto, o encerramento dos saldos dessas contas será efetuado a débito delas! A contrapartida será um registro efetuado a crédito da conta Apuração do Resultado do Exercício.

Encerramento das Contas de Receitas:
D – Receita
C – Apuração do Resultado do Exercício

Logo, de acordo com o balancete de verificação apresentado:
D – Receitas de Vendas
C – Apuração do Resultado do Exercício   240.000,00

D – Receitas de Aluguel
C – Apuração do Resultado do Exercício   40.000,00

D – Receitas de Juros
C – Apuração do Resultado do Exercício   10.000,00

(ou)

D – Receitas de Vendas   240.000,00
D – Receitas de Aluguel   40.000,00
D – Receitas de Juros   10.000,00
C – Apuração do Resultado do Exercício   290.000,00

Receitas de Vendas	
(1) 240.000,00	240.000,00

Capítulo 13 — *A Demonstração do Resultado do Exercício e a Demonstração do Resultado Abrangente*

Receitas de Aluguel

*(2)*40.000,00	40.000,00

Receitas de Juros

*(3)*10.000,00	10.000,00

Apuração do Resultado do Exercício

	240.000,00 (1)
	40.000,00 (2)
	10.000,00 (3)

As contas designativas de despesas possuem saldo devedor. Portanto, o encerramento dos saldos dessas contas será efetuado a crédito delas! A contrapartida será um registro efetuado a débito da conta Apuração do Resultado do Exercício.

Encerramento das Contas de Despesas:
D – Apuração do Resultado do Exercício
C – Despesa

Logo, de acordo com o balancete de verificação:
D – Apuração do Resultado do Exercício
C – Custo das Mercadorias Vendidas   95.000,00

D – Apuração do Resultado do Exercício
C – Despesas de Salários   35.000,00

D – Apuração do Resultado do Exercício
C – Despesas com Alimentação   28.000,00

D – Apuração do Resultado do Exercício
C – Despesas com Transporte   12.000,00

D – Apuração do Resultado do Exercício
C – Despesas com Perdas Estimadas para Devedores Duvidosos   3.000,00

(ou)

D – Apuração do Resultado do Exercício   173.000,00
C – Custo das Mercadorias Vendidas   95.000,00
C – Despesas de Salários   35.000,00
C – Despesas com Alimentação   28.000,00
C – Despesas com Transporte   12.000,00
C – Despesas com Perdas Estimadas para Devedores Duvidosos   3.000,00

Despesas com Alimentação

28.000,00	28.000,00 (6)

Despesas com Transporte

12.000,00	12.000,00 (7)

Custo das Mercadorias Vendidas

95.000,00	95.000,00 (4)

Despesas de Salários

35.000,00	35.000,00 (5)

Despesas com Perdas Estimadas para Devedores Duvidosos

3.000,00	3.000,00 (8)

Apuração do Resultado do Exercício

(4) 95.000,00	240.000,00 (1)
(5) 35.000,00	40.000,00 (2)
(6) 28.000,00	10.000,00 (3)
(7) 12.000,00	
(8) 3.000,00	

Registro da CSLL e do IR do Período:

Os valores da Provisão para a Contribuição Social sobre o Lucro Líquido (CSLL) e da Provisão para o Imposto de Renda (IR) são extracontabilmente determinados. O valor da Provisão para o Imposto de Renda é obtido via Livro de Apuração do Lucro Real (LALUR), livro este de escrituração obrigatória para todos os contribuintes do Imposto de Renda que tenham por base a apuração deste imposto pelo *lucro real*. O mesmo ocorre com a CSLL.

Logo, assim procedemos:

D – Contribuição Social sobre o Lucro Líquido (Despesa)
C – Provisão para a CSLL (conta do Passivo Exigível) 18.000,00 (valor exemplificativo)

D – Imposto de Renda (Despesa)
C – Provisão para o IR (conta do Passivo Exigível) 25.000,00 (valor exemplificativo)

Em seguida (encerramento de contas de resultado):
D – Apuração do Resultado do Exercício
C – Contribuição Social sobre o Lucro Líquido (Despesa) 18.000,00

D – Apuração do Resultado do Exercício
C – Imposto de Renda (Despesa) 25.000,00

Contribuição Social sobre o Lucro Líquido

(9) 18.000,00	
18.000,00	18.000,00 (11)

Provisão para a CSLL

	18.000,00 (9)

Imposto de Renda

(10) 25.000,00	
25.000,00	25.000,00 (12)

Provisão para o IR

	25.000,00 (10)

Apuração do Resultado do Exercício

(4) 95.000,00	240.000,00 (1)
(5) 35.000,00	40.000,00 (2)
(6) 28.000,00	10.000,00 (3)
(7) 12.000,00	
(8) 3.000,00	
(11) 18.000,00	
(12) 25.000,00	

Em relação aos fatos ocorridos a partir de 1º/01/2014, as pessoas jurídicas ficam dispensadas da escrituração do Lalur (papel) e da entrega da Declaração de Informações Econômico-Fiscais da Pessoa Jurídica (DIPJ).

A partir do ano-calendário 2014, exercício 2015, o Lalur será entregue em meio digital. A Instrução Normativa RFB nº 989/2009, alterada pela Instrução Normativa RFB nº 1.249/2012, instituiu o Livro Eletrônico de Escrituração e Apuração do Imposto de Renda e da Contribuição Social sobre o Lucro da Pessoa Jurídica Tributada pelo Lucro Real (e-Lalur), agora denominado pela Secretaria da Receita Federal do Brasil (RFB) de EFD-IRPJ, isto é, Escrituração Fiscal Digital – IRPJ.

Registro das Participações e Contribuições a Distribuir no Período:

Os valores das participações e contribuições a distribuir também são extracontabilmente determinados. Tais valores são obtidos a partir das cláusulas estipuladas nos estatutos ou contratos sociais.

Logo, assim procedemos:

D – Participação de Debenturistas (Despesa)
C – Participação de Debenturistas a Distribuir (conta do Passivo Exigível) 2.000,00 (valor exemplificativo)

D – Apuração do Resultado do Exercício
C – Participação de Debenturistas (Despesa) 2.000,00

Participação de Debenturistas a Distribuir	
	2.000,00 (13)

Participação de Debenturistas	
(13) 2.000,00	
2.000,00	2.000,00 (14)

Apuração do Resultado do Exercício

(4) 95.000,00	240.000,00 (1)
(5) 35.000,00	40.000,00 (2)
(6) 28.000,00	10.000,00 (3)
(7) 12.000,00	
(8) 3.000,00	
(11) 18.000,00	
(12) 25.000,00	
(14) 2.000,00	

Apuração de Lucro ou Prejuízo e Transferência para a conta Lucros ou Prejuízos Acumulados:

Observe que todas as contas de receitas e de despesas tiveram seus saldos zerados. O saldo da conta ARE, no valor de R$ 72.000,00, é credor, representando **LUCRO** no exercício. Se fosse devedor, representaria **PREJUÍZO** no exercício.

Ocorrendo lucro ou prejuízo, o saldo encontrado deverá ser transferido para a conta **Lucros ou Prejuízos Acumulados,** *pertencente ao Patrimônio Líquido*. É a partir da conta Lucros ou Prejuízos Acumulados que são efetuadas as *destinações* **dos lucros porventura obtidos.**

A movimentação da conta Lucros ou Prejuízos Acumulados dá origem a uma das demonstrações contábeis obrigatórias de acordo com a Lei das Sociedades por Ações: **a Demonstração dos Lucros ou Prejuízos Acumulados.**

Apuração do Resultado do Exercício

(4) 95.000,00	240.000,00 (1)
(5) 35.000,00	40.000,00 (2)
(6) 28.000,00	10.000,00 (3)
(7) 12.000,00	
(8) 3.000,00	
(11) 18.000,00	
(12) 25.000,00	
(14) 2.000,00	
218.000,00	290.000,00
(15) 72.000,00	**72.000,00**

Lucros ou Prejuízos Acumulados
72.000,00 (15)

No caso de terem sido obtidos lucros, estes serão destinados de acordo com a proposta de destinação dos lucros elaborada pela administração da sociedade. Esta proposta será formalmente aprovada pelos sócios, acionistas ou proprietários da entidade.

Registros Efetuados para a Destinação dos Lucros:

D – Lucros ou Prejuízos Acumulados

C – Reservas de Lucros (ou) Capital Social (ou) Dividendos Propostos / Dividendos a Distribuir

Observe que, após a apuração do resultado do exercício e da proposta de destinação dos lucros porventura obtidos aprovada, restarão apenas contas patrimoniais para compor o balancete de verificação.

A conta Lucros ou Prejuízos Acumulados poderá apresentar saldo credor ou devedor, de acordo com o saldo alcançado. Se for alcançado saldo credor, a conta Lucros ou Prejuízos Acumulados poderá ser chamada **Lucros Acumulados** (como dissemos, conta de saldo credor); se for obtido saldo devedor, a conta Lucros ou Prejuízos Acumulados poderá ser chamada **Prejuízos Acumulados** (conforme informamos, conta de saldo devedor), que reduz o saldo do Patrimônio Líquido.

Convém ser ressaltado que os resultados alcançados por uma entidade podem ser apurados para qualquer período (mensal, trimestral, semestral etc.), sem haver a necessidade de encerramento das contas de resultado. Neste caso, o resultado final alcançado pela entidade será aquele acumulado ao longo do exercício. Se houver necessidade de saber qual o resultado alcançado pela entidade em determinado período (mês, trimestre, semestre etc.), bastará efetuar a diferença entre os resultados alcançados no final e no início do período em análise.

> A **Demonstração do Resultado do Exercício** *evidencia, de uma maneira organizada, como foi apurado o resultado do período contábil, confrontando receitas e despesas para esta finalidade.*

13.5. Exercícios Resolvidos para Fixação do Conteúdo

Questão 01 – (Contador Júnior – PETROBRAS – Fundação CESGRANRIO – 2006)
Todo o sacrifício da empresa para obter uma receita é o conceito técnico de:
a) Venda.
b) Perda.
c) Encaixe.
d) Despesa.
e) Desembolso.

Resolução e Comentários

As despesas correspondem aos sacrifícios patrimoniais efetuados pela entidade almejando a obtenção de receitas.

Gabarito – D

Questão 02 – (Auditor do TCE – Espírito Santo – EsAF)
Em 31.12.2000 a Cia. das Minas apresentou como resultado do exercício um lucro líquido antes do imposto de renda no valor de R$ 10.000,00. A distribuição deste rédito, segundo as normas legais e estatutárias, foi assim proposta à Assembleia Geral:

Imposto de Renda	R$ 3.500,00
Participações Estatutárias	R$ 650,00
Reservas Estatutárias	R$ 557,50
Reserva Legal	R$ 292,50
Dividendos	R$ 1.250,00

Para contabilizar essa proposta de distribuição, o Setor de Contabilidade terá de fazer o(s) seguinte(s) lançamento(s):

a) Apuração do Resultado do Exercício
   a Diversos
   a Provisão para Imposto de Renda   R$ 3.500,00
   a Participações Estatutárias   R$ 650,00
   a Reservas Estatutárias   R$ 557,50
   a Reserva Legal   R$ 292,50
   a Dividendos a Pagar   R$ 1.250,00
   a Lucros (ou Prejuízos) Acumulados   R$ 3.750,00   R$ 10.000,00

b) Apuração do Resultado do Exercício
   a Diversos
   a Provisão para Imposto de Renda   R$ 3.500,00
   a Participações Estatutárias   R$ 650,00
   a Dividendos a Pagar   R$ 1.250,00
   a Lucros (ou Prejuízos) Acumulados   R$ 4.600,00   R$ 10.000,00
Lucros (ou Prejuízos) Acumulados
   a Diversos
   a Reservas Estatutárias   R$ 557,50
   a Reserva Legal   R$ 292,50   R$ 850,00

c) Apuração do Resultado do Exercício
   a Diversos
   a Provisão para Imposto de Renda   R$ 3.500,00
   a Participações Estatutárias   R$ 650,00
   a Lucros (ou Prejuízos) Acumulados   R$ 5.850,00   R$ 10.000,00
   Lucros (ou Prejuízos) Acumulados
   a Diversos
   a Reservas Estatutárias   R$ 557,50
   a Reserva Legal   R$ 292,50
   a Dividendos a Pagar   R$ 1.250,00   R$ 2.100,00
d) Apuração do Resultado do Exercício
   a Diversos
   a Provisão para Imposto de Renda   R$ 3.500,00
   a Lucros (ou Prejuízos) Acumulados   R$ 6.500,00   R$ 10.000,00
   Lucros (ou Prejuízos) Acumulados
   a Diversos
   a Participações Estatutárias   R$ 650,00
   a Reservas Estatutárias   R$ 557,50
   a Reserva Legal   R$ 292,50
   a Dividendos a Pagar   R$ 1.250,00   R$ 2.750,00
e) Apuração do Resultado do Exercício
   a Lucros (ou Prejuízos) Acumulados   R$ 10.000,00
   Lucros (ou Prejuízos) Acumulados
   a Provisão para Imposto de Renda   R$ 3.500,00
   a Participações Estatutárias   R$ 650,00
   a Reservas Estatutárias   R$ 557,50
   a Reserva Legal   R$ 292,50
   a Dividendos a Pagar   R$ 1.250,00   R$ 6.250,00

Resolução e Comentários

Apuração do resultado do exercício:

Imposto de Renda

3.500	3.500 (1)

Participações Estatutárias

650	650 (2)

Apuração do Resultado do Exercício (A.R.E.)

(1) 3.500	10.000
(2) 650	
	5.850 (L.L.E.)

Transferência do resultado do exercício para Lucros ou Prejuízos Acumulados:

Apuração do Resultado do Exercício (A.R.E.)

(1) 3.500	10.000
(2) 650	
(3) 5.850	5.850 (L.L.E.)

Lucros (ou Prejuízos) Acumulados

	5.850 (3)

Destinação dos lucros:

Lucros (ou Prejuízos) Acumulados

(4) 292,50	5.850 (3)
(5) 557,50	
(6) 1.250	

Reserva Legal

	292,50 (4)

Reservas Estatutárias

	557,50 (5)

Dividendos a Pagar

	1.250 (6)

Nada se destina a partir da conta Apuração do Resultado do Exercício! É a partir da conta Lucros Acumulados ou Lucros ou Prejuízos Acumulados que são efetuadas as destinações de lucros.

Gabarito – C

Questão 03 – (Técnico de Contabilidade I – PETROBRAS – CESGRANRIO – 2005)

Uma das providências que antecedem a elaboração do Balanço consiste no encerramento das contas de resultado. O encerramento das Contas de Despesas é feito por:

DÉBITO	CRÉDITO
a) Demonstração do Resultado do Exercício	Cada conta de Despesa
b) Lucros Acumulados	Cada conta de Despesa
c) Cada conta de Despesa	Demonstração do Resultado do Exercício
d) Resultado do Exercício	Cada conta de Despesa
e) Resultado do Exercício	Lucro Acumulado

Resolução e Comentários

As despesas apresentam saldo final devedor. Logo, seus saldos são encerrados da seguinte maneira:

D – Apuração do Resultado do Exercício

C – Despesa

Gabarito – D

Questão 04 – (Técnico de Contabilidade I – PETROBRAS – CESGRANRIO – Adaptada – 2008)

A Companhia Aços Macios S/A vinha realizando um estudo para desenvolvimento de um novo produto. Contudo, ao final do 1º ano, percebeu que o produto em estudo não teria meios de produzir resultados suficientes para amortizar os gastos realizados no seu desenvolvimento. Nesta circunstância, a empresa deve registrar o valor total despendido no projeto como despesa

a) do exercício.
b) a apropriar no exercício seguinte.
c) diferida, e realizar a amortização em 5 anos.
d) diferida, e amortizar no prazo máximo de 10 anos.
e) diferida, e baixar como perda do período, ao final do prazo previsto para o projeto.

Resolução e Comentários

As despesas devem ser registradas quando ocorrerem seus respectivos fatos geradores!

Gabarito – A

Questão 05 – (Técnico de Contabilidade Júnior – PETROBRAS Distribuidora S/A – CESGRANRIO – 2008)

Em junho de 2007, a empresa Ventilada Ltda. vendeu R$ 25.000,00 de mercadorias, recebendo durante o mês R$ 15.000,00, restando R$ 10.000,00 a receber, em duas parcelas iguais, uma em julho e outra em agosto de 2007.

No mesmo mês de junho, a Ventilada incorreu em despesas diversas que montaram a R$ 18.000,00, pagando 50% no mês, ficando o restante a pagar em julho de 2007.

Considerando, exclusivamente, os dados acima, e respeitando o regime de competência, o resultado da empresa em junho de 2007 foi

a) lucro de R$ 7.000,00.
b) lucro de R$ 6.000,00.
c) lucro de R$ 2.000,00.
d) prejuízo de R$ 2.000,00.
e) prejuízo de R$ 3.000,00.

Resolução e Comentários

Foi realizada uma venda de mercadorias de R$ 25.000,00. Houve, portanto, o auferimento de uma receita de R$ 25.000,00 (regime de competência!).

A empresa incorreu em despesas de R$ 18.000,00.

O resultado, de acordo com o regime de competência, é igual a:

R$ 25.000,00 – R$ 18.000,00 = R$ 7.000,00 (lucro)

Gabarito – A

Questão 06 – (Técnico de Finanças e Controle – EsAF)

O balancete levantado no final do período apresenta a seguinte posição:

Caixa	100
Fornecedores	300
Contas a Pagar	200
Duplicatas a Receber	200
Móveis e Utensílios	700
Bancos	50
Receitas de Serviços	1.400
Despesas Antecipadas	50
Salários e Ordenados	200
Capital	500
Lucros Acumulados	100
Impostos Municipais	200
Material Consumido	200
Despesa de Energia	100
Despesas Diversas	300
Receitas Financeiras	100
Descontos Concedidos	100

Instalações 400
Juros Ativos 80
Juros Passivos 120
S o m a 5.800

O encerramento das contas de receitas e de despesas, constantes desse balancete, informará que houve, no período, um lucro líquido de:
a) 320.
b) 360.
c) 420.
d) 440.
e) 460.

Resolução e Comentários

Despesas	Receitas
Salários – 200	1.400 – Receitas de Serviços
Impostos Municipais – 200	100 – Receitas Financeiras
Material Consumido – 200	80 – Juros Ativos
Energia – 100	
Despesas Diversas – 300	
Descontos Concedidos – 100	
Juros Passivos – 120	
1.220	1.580
	360 = Lucro

Gabarito – B

13.6. Considerações Iniciais Sobre a Demonstração do Resultado do Exercício

A *Demonstração do Resultado do Exercício* é uma das demonstrações contábeis obrigatórias a serem elaboradas quando do término do exercício social. Esta demonstração apresenta, de modo organizado, todas as receitas e despesas cujos fatos geradores ocorreram em um determinado período contábil. Apresenta, de modo resumido, todas as operações realizadas pela entidade ao longo do exercício social. *As receitas e as despesas devem ser reconhecidas quando da ocorrência de seus respectivos fatos geradores, independentemente de ter havido recebimentos ou pagamentos, ou seja, devem ser reconhecidas mediante aplicação do regime de competência*. Podemos citar, por exemplo, a venda de mercadorias a prazo; neste caso, o registro da respectiva receita de venda deve ser efetuado quando ocorrer a transferência das mercadorias para o comprador e não quando do ingresso do dinheiro proveniente do pagamento da transação.

O Art. 187 da Lei das Sociedades por Ações versa sobre a apresentação da Demonstração do Resultado do Exercício. Eis o conteúdo do citado artigo:

> "**A demonstração do resultado do exercício** discriminará:
>
> I – a receita bruta das vendas e serviços, as deduções das vendas, os abatimentos e os impostos;
>
> II – a receita líquida das vendas e serviços, o custo das mercadorias e serviços vendidos e o lucro bruto;
>
> III – as despesas com as vendas, as despesas financeiras, deduzidas das receitas, as despesas gerais e administrativas, e outras despesas operacionais;
>
> IV – o lucro ou prejuízo operacional, as outras receitas e as outras despesas;
>
> V – o resultado do exercício antes do Imposto sobre a Renda e a provisão para o imposto;
>
> VI – as participações de debêntures, empregados, administradores e partes beneficiárias, mesmo na forma de instrumentos financeiros, e de instituições ou fundos de assistência ou previdência de empregados, que não se caracterizem como despesa;
>
> VII – o lucro ou prejuízo líquido do exercício e o seu montante por ação do capital social.
>
> § 1º Na determinação do resultado do exercício serão computados:
>
> a) as receitas e os rendimentos ganhos no período, independentemente da sua realização em moeda; e
>
> b) os custos, despesas, encargos e perdas, pagos ou incorridos, correspondentes a essas receitas e rendimentos.
>
> § 2º (Revogado)."

Deve ser aqui ressaltado que o *Pronunciamento Conceitual Básico (R1) – Estrutura Conceitual para Elaboração e Divulgação de Relatório Contábil-Financeiro* não ressalta diferenças entre receitas, ganhos e rendimentos, tampouco entre despesas, encargos, custos e perdas. Em consequência, podemos afirmar, de acordo com o referido Pronunciamento, que receitas, ganhos e rendimentos são sinônimos, assim como despesas, encargos, custos e perdas também são sinônimos. Contudo, não tenha isto como uma verdade absoluta, pois ao estudarmos Contabilidade de Custos, por exemplo, verificaremos que estas expressões não são sinônimas.

Os Incisos I a VII do Art. 187 disciplinam a apresentação qualitativa da Demonstração do Resultado do Exercício. Cada inciso determina o que deve constar da citada demonstração, de modo organizado. Faremos estudo pormenorizado destes incisos em seguida.

O § 1º do Art. 187 trata da aplicação do ***regime de competência*** para a apuração do resultado do exercício. Leva em consideração o *processo (ou princípio) de confrontação entre receitas e despesas* ao determinar que *serão computados na apuração do resultado do exercício os custos, despesas, encargos e perdas, pagos ou incorridos, correspondentes às receitas e aos rendimentos.*

13.7. A Demonstração do Resultado e a Demonstração do Resultado Abrangente

O *Pronunciamento Técnico CPC 26 (R1) – Apresentação das Demonstrações Contábeis* determina que *a entidade deve apresentar todos os itens de receita e despesa reconhecidos no período em duas demonstrações: **demonstração do resultado do período*** e **demonstração do resultado abrangente do período**; esta última começa com o resultado líquido e inclui os outros resultados abrangentes.

Resultado abrangente é a mutação que ocorre no patrimônio líquido durante um período que resulta de transações e outros eventos que não sejam derivados de transações com os sócios na sua qualidade de proprietários. O resultado abrangente compreende todos os componentes da "demonstração do resultado" e da "demonstração dos outros resultados abrangentes".

Outros resultados abrangentes compreendem itens de receita e despesa (incluindo ajustes de reclassificação) que não são reconhecidos na demonstração do resultado como requerido ou permitido pelos Pronunciamentos, Interpretações e Orientações emitidos pelo CPC. Os componentes dos outros resultados abrangentes incluem:

(a) variações na reserva de reavaliação, quando permitidas legalmente (ver Pronunciamentos Técnicos CPC 27 – Ativo Imobilizado e CPC 04 – Ativo Intangível);

(b) ganhos e perdas atuariais em planos de pensão com benefício definido reconhecidos conforme item 93A do Pronunciamento Técnico CPC 33 – Benefícios a Empregados;

(c) ganhos e perdas derivados de conversão de demonstrações contábeis de operações no exterior (ver Pronunciamento Técnico CPC 02 – Efeitos das Mudanças nas Taxas de Câmbio e Conversão de Demonstrações Contábeis);

(d) ganhos e perdas na remensuração de ativos financeiros disponíveis para venda (ver Pronunciamento Técnico CPC 38 – Instrumentos Financeiros: Reconhecimento e Mensuração);

(e) parcela efetiva de ganhos ou perdas advindos de instrumentos de hedge em operação de hedge de fluxo de caixa (ver Pronunciamento Técnico CPC 38).

Passaremos, agora, a tratar das rubricas constantes da Demonstração do Resultado do Exercício. Posteriormente, trataremos da Demonstração do Resultado Abrangente.

13.8. A ESTRUTURA DA DEMONSTRAÇÃO DO RESULTADO DO EXERCÍCIO DE ACORDO COM A LEI DAS SOCIEDADES POR AÇÕES

Neste tópico apresentamos a estrutura da Demonstração do Resultado do Exercício de acordo com a Lei das Sociedades por Ações.

  Faturamento Bruto
- IPI no Faturamento Bruto
= **Receita Bruta de Vendas e Serviços**
   Receita Bruta de Vendas de Produtos
    Mercado Nacional
    Exportação
   Receita Bruta de Prestação de Serviços
    Mercado Nacional
    Exportação

- Deduções das Receitas Brutas
    - (-) Vendas Canceladas ou Devolvidas
    - (-) Descontos Incondicionais / Promocionais Concedidos
    - (=) "Base de Cálculo para os Tributos"
    - (-) Tributos incidentes sobre vendas e serviços
        "ICMS, ISS, COFINS, PIS"
    - (-) Abatimentos concedidos sobre vendas
    - (-) Abatimentos concedidos sobre serviços
- Ajuste a Valor Presente de Clientes

= **Receita Líquida de Vendas e Serviços**
- Custo das Mercadorias Vendidas
- Custo dos Serviços Prestados

= **Lucro Bruto ou Lucro Operacional Bruto**
- Despesas Operacionais
    - (-) Despesas Financeiras, *deduzidas das* Receitas Financeiras
    - (-) Despesas com Vendas
    - (-) Despesas Gerais e Administrativas
    - (-) Outras Despesas Operacionais
+ Outras Receitas Operacionais

= **Lucro ou Prejuízo Operacional Líquido**
± Outras Receitas e Outras Despesas

= **Resultado antes da Contribuição Social sobre o Lucro Líquido**
- Despesa com a Provisão para a Contribuição Social sobre o Lucro Líquido

= **Resultado antes do Imposto de Renda**
- Despesa com a Provisão para o Imposto de Renda

= **Resultado após o Imposto de Renda**
- Participações
    - (-) de Debenturistas
    - (-) de Empregados
    - (-) de Administradores
    - (-) de Titulares de Partes Beneficiárias
    - (-) Contribuições para Instituições/Fundos de Previdência e Assistência de Empregados

= **Resultado Líquido do Exercício (Lucro ou Prejuízo Líquido do Exercício)**

Capítulo 13 — *A Demonstração do Resultado do Exercício e a Demonstração do Resultado Abrangente* ■ **987**

Resultado Líquido do Exercício (Lucro ou Prejuízo) por Ação do Capital Social

Conforme se pode observar da atenta leitura do Art. 187 da Lei das Sociedades por Ações, tem-se a seguinte orientação para a elaboração da *Demonstração do Resultado do Exercício*:

- A Demonstração do Resultado do Exercício é iniciada com a apresentação do valor total das **receitas** apuradas nas operações de vendas e de prestação de serviços da entidade, diminuindo-se dessas receitas as devoluções de vendas, os descontos incondicionais concedidos, os tributos incidentes sobre as vendas e os serviços, e os abatimentos sobre vendas e prestações de serviços;
- Desse total de receitas apuradas pela entidade, são deduzidos os custos totais apurados pela entidade, custos estes correspondentes a estas receitas de vendas e de serviços, obtendo-se, então, a *margem bruta*, ou seja, o **LUCRO BRUTO**;
- A partir daí, são apresentadas as **Despesas Operacionais** separadas por subtotais, conforme suas respectivas naturezas, a saber:
    - Despesas com Vendas;
    - Despesas Gerais e Administrativas;
    - Despesas Financeiras deduzidas das Receitas Financeiras, ou seja, Despesas Financeiras líquidas; e
    - Outras Despesas Operacionais;
- Em seguida, são somadas Outras Receitas Operacionais, chegando-se, então, ao valor do **LUCRO OPERACIONAL**;
- Após a obtenção do Lucro Operacional, são apresentadas as **Outras Receitas e Outras Despesas (ditas não operacionais)**, chegando-se ao **RESULTADO ANTES DA CONTRIBUIÇÃO SOCIAL SOBRE O LUCRO LÍQUIDO**;
- Calculado o valor da Contribuição Social sobre o Lucro Líquido, tem-se o valor do **RESULTADO ANTES DO IMPOSTO DE RENDA**;
- Calcula-se o valor do Imposto de Renda, obtendo-se, então, o valor do **RESULTADO APÓS O IMPOSTO DE RENDA**;
- Em seguida, chega-se aos valores das participações de terceiros nos lucros da entidade.
- Ao final, obtém-se o chamado **LUCRO (OU PREJUÍZO) LÍQUIDO DO EXERCÍCIO**, correspondente ao valor final da Demonstração do Resultado do Exercício.
- Além do anteriormente exposto, deve ser apresentado, por exigência legal, o **montante do lucro por ação**.

13.9. A Estrutura da Demonstração do Resultado do Exercício de Acordo com o Pronunciamento Técnico CPC 26 (R1) – Apresentação das Demonstrações Contábeis

O *Pronunciamento Técnico CPC 26 (R1) – Apresentação das Demonstrações Contábeis*, ao tratar das informações a serem apresentadas na Demonstração do Resultado do Exercício, disciplina que, no mínimo, as seguintes rubricas devem dela constar, obedecidas também as determinações legais:

a) receitas;
   aa) ganhos e perdas decorrentes de baixa de ativos financeiros mensurados pelo custo amortizado;
b) custos de financiamento;
c) parcela dos resultados de empresas investidas reconhecida por meio do método da equivalência patrimonial;
d) tributos sobre o lucro;
e) um único valor para o total de operações descontinuadas (ver Pronunciamento Técnico CPC 31);
f) em atendimento à legislação societária brasileira vigente na data da emissão deste Pronunciamento (CPC 26 [R1]), a demonstração do resultado deve incluir ainda as seguintes rubricas:
   i) custo dos produtos, das mercadorias e dos serviços vendidos;
   ii) lucro bruto;
   iii) despesas com vendas, gerais, administrativas e outras despesas e receitas operacionais;
   iv) resultado antes das receitas e despesas financeiras;
   v) resultado antes dos tributos sobre o lucro;
   vi) resultado líquido do período.

A entidade não deve apresentar rubricas ou itens de receitas ou despesas como itens extraordinários, quer na demonstração do resultado abrangente, quer na demonstração do resultado do período, quer nas notas explicativas.

> *Deve ser aqui ressaltado que o Pronunciamento Técnico CPC 26 (R1) – Apresentação das Demonstrações Contábeis estrutura a Demonstração do Resultado do Exercício sem distinguir o resultado operacional do resultado não operacional, como o faz o Art. 187 da Lei das Sociedades por Ações. De acordo com este pronunciamento técnico, levam-se em consideração as despesas e receitas em geral, obtendo-se, ao final, o resultado antes dos tributos sobre o lucro, sem considerar a apuração do resultado operacional.*

Eis a estrutura da Demonstração do Resultado do Exercício **de acordo com o Pronunciamento Técnico CPC 31 – Ativo Não Circulante Mantido para a Venda e Operação Descontinuada**.

GRUPO XYZ – DEMONSTRAÇÃO DO RESULTADO DO EXERCÍCIO FINDO
EM 31 DE DEZEMBRO DE 20X2
(ilustrando a classificação de despesas por função)

(em milhares de $)

	20X2	20X1
Operações em continuidade		
Receita	X	X
Custo dos produtos vendidos	(X)	(X)
Lucro bruto	X	X
Outras receitas	X	X
Despesas de distribuição	(X)	(X)
Despesas administrativas	(X)	(X)
Outras despesas	(X)	(X)
Participação no lucro de coligadas	X	X
Lucro antes das despesas financeiras	X	X
Despesas financeiras	(X)	(X)
Lucro antes dos tributos	X	X
Despesa de imposto de renda e contribuição social	(X)	(X)
Lucro do período proveniente de operações em continuidade	X	X
Operações a descontinuadas		
Lucro do período proveniente de operações descontinuadas (*)	X	X
Lucro líquido do período	X	X
Atribuível a:		
Proprietários da controladora		
Lucro do período proveniente de operações em continuidade	X	X
Lucro do período proveniente de operações descontinuadas	X	X
Lucro do período atribuível a proprietários da controladora	X	X
Participações de não controladores		
Lucro do período proveniente de operações em continuidade	X	X
Lucro do período proveniente de operações descontinuadas	X	X
Lucro do período atribuível a participações não controladores	X	X
	X	X

(*) A análise necessária seria dada nas notas explicativas.

Também constam do *Pronunciamento Técnico CPC 26 (R1) – Apresentação das Demonstrações Contábeis* as seguintes orientações referentes à Demonstração do Resultado do Exercício, a saber:

- *A entidade deve apresentar uma análise das despesas utilizando uma **classificação baseada na sua natureza**, **se permitida legalmente**, ou **na sua função dentro da entidade***, devendo eleger o critério que proporcionar informação confiável e mais relevante, obedecidas as determinações legais;
- Quando os itens de receitas e despesas são materiais, sua natureza e montantes devem ser divulgados separadamente;
- As circunstâncias que dão origem à divulgação separada de itens de receitas e despesas incluem:
    a) reduções nos estoques ao seu valor realizável líquido ou no ativo imobilizado ao seu valor recuperável, bem como as reversões de tais reduções;
    b) reestruturações das atividades da entidade e reversões de quaisquer provisões para gastos de reestruturação;
    c) baixas de itens do ativo imobilizado;
    d) baixas de investimento;
    e) unidades operacionais descontinuadas;
    f) solução de litígios; e
    g) outras reversões de provisões.
- *As despesas devem ser subclassificadas a fim de destacar componentes do desempenho que possam diferir em termos de frequência, potencial de ganho ou de perda e previsibilidade.* Essa *análise* deve ser proporcionada em uma das duas formas descritas a seguir, obedecidas as disposições legais.

A primeira forma de análise é o **método da natureza da despesa**. As despesas são agregadas na demonstração do resultado de acordo com a sua natureza (por exemplo, depreciações, compras de materiais, despesas com transporte, benefícios aos empregados e despesas de publicidade), não sendo realocados entre as várias funções dentro da entidade. Esse método pode ser simples de aplicar porque não são necessárias alocações de gastos a classificações funcionais. Um exemplo de classificação que usa o método da natureza do gasto é o que se segue:

Receitas	+X
Outras Receitas	+X
Variação do estoque de produtos acabados e em elaboração	X
Consumo de matérias-primas e materiais	X

Despesa com benefícios a empregados   X
Depreciações e amortizações   X
Outras despesas   X
Total da despesa   *(X)* → *(X)*
Resultado antes dos tributos   X

Exemplo
DRE – Elaboração conforme o Método da Natureza da Despesa

Receitas de Vendas		1.000.000
Variação do Estoque de Produtos Acabados e em Elaboração	150.000	
Consumo de Matérias-Primas e Materiais	200.000	
Salários e Benefícios a Empregados	100.000	
Depreciações e Amortizações	120.000	
Outras Despesas	180.000	
Total das Despesas	*(750.000)*	*(750.000)*
Resultado Antes dos Tributos		*250.000*

A segunda forma de análise é o **método da função da despesa ou do "custo dos produtos e serviços vendidos"**, classificando-se as despesas de acordo com a sua função como parte do custo dos produtos ou serviços vendidos ou, por exemplo, das despesas de distribuição ou das atividades administrativas. No mínimo, a entidade deve divulgar o custo dos produtos e serviços vendidos segundo esse método separadamente das outras despesas. Esse método pode proporcionar informação mais relevante aos usuários do que a classificação de gastos por natureza, mas a alocação de despesas às funções pode exigir alocações arbitrárias e envolver considerável julgamento. Um exemplo de classificação que utiliza o método da função da despesa é o seguinte:

Receitas   X
Custo dos produtos e serviços vendidos   (X)
Lucro bruto   X
Outras receitas   X
Despesas de vendas   (X)
Despesas administrativas   (X)
Outras despesas   (X)
Resultado antes dos tributos   X

Exemplo

DRE – Elaboração conforme o Método da Função da Despesa

Receita de Vendas	1.000.000
Custo dos Produtos e Serviços Vendidos	(350.000)
Lucro Bruto	650.000
Despesas Administrativas	(220.000)
Outras Despesas	(180.000)
Resultado Antes dos Tributos	*250.000*

Deve ser ressaltado que a Lei das Sociedades por Ações, ao tratar da apresentação da Demonstração do Resultado do Exercício, determina o uso do critério função da despesa.

13.10. O Faturamento Bruto e As Receitas de Vendas de Produtos e Serviços

De acordo com o Inciso I do Art. 187 da Lei das Sociedades por Ações, deverão ser descritos na Demonstração do Resultado do Exercício *a receita bruta das vendas e serviços, as deduções das vendas, os abatimentos e os impostos*. Entendemos, então, que *as vendas deverão ser registradas por seus valores brutos*, incluindo as devoluções de vendas, os descontos incondicionais, os abatimentos sobre vendas e os tributos envolvidos em cada operação.

As devoluções de vendas, os descontos incondicionais, os abatimentos sobre vendas e os tributos serão registrados em contas devedoras, contas estas redutoras das receitas provenientes das vendas.

Devemos destacar que a conta **Faturamento Bruto** expressa a receita bruta somada ao IPI incluído na operação. Logo, a diferença entre o faturamento bruto e o IPI sobre o faturamento recebe o nome de **Receita Bruta**.

Veremos adiante que o IPI é o único tributo incidente sobre as vendas que é calculado sobre o valor bruto cobrado do cliente e é a este valor bruto somado, ou seja, é denominado "por fora"; por outro lado, os demais tributos envolvidos na operação (ICMS, PIS, Cofins e ISS) estão embutidos no preço cobrado do cliente, ou seja, são considerados "por dentro".

Exemplo

Apresentação do início de uma Demonstração do Resultado do Exercício.

Faturamento Bruto – 1.000.000,00

(-) IPI sobre o Faturamento Bruto – (100.000,00)

(=) Receita Bruta de Vendas – 900.000,00

A **Receita Bruta de Vendas** é obtida a partir da multiplicação dos preços dos produtos ou das mercadorias transacionadas pelas suas respectivas quantidades. A Receita Bruta de Vendas é considerada realizada quando ocorre a entrega dos produtos ou das mercadorias ao cliente, ocorrendo, então, a transferência de propriedade dos bens do vendedor para o comprador.

Ao registrarmos contabilmente a *Receita Bruta de Vendas*, efetuamos, simultaneamente, o reconhecimento do *Custo dos Produtos Vendidos* ou *Custo das Mercadorias Vendidas*. Tal custo representa uma despesa incorrida para a realização da venda, significando o sacrifício patrimonial realizado pelo vendedor ao transferir os bens da propriedade dele para a do comprador.

No caso de **Receita Bruta de Prestação de Serviços**, os preços dos serviços são multiplicados por suas respectivas quantidades. Esta Receita Bruta é considerada realizada quando ocorre a efetiva prestação de serviços ao cliente.

Ao registrarmos contabilmente a *Receita Bruta de Prestação de Serviços*, efetuamos, simultaneamente, o reconhecimento do *Custo dos Serviços Prestados*, que é uma despesa incorrida para a realização da referida receita.

É sobre esses valores de receitas brutas que se aplica a alíquota de IPI, se existente na transação, conforme adiante apresentado. O **Faturamento Bruto** corresponde à soma da *Receita Bruta* com o valor do *IPI* obtido sobre a venda devida.

13.11. O Imposto sobre Produtos Industrializados (IPI)

O Art. 153 da Constituição da República Federativa do Brasil (CF) de 1988 institui, dentre outros, o **Imposto sobre Produtos Industrializados (IPI)**. O *Imposto sobre Produtos Industrializados (IPI) incide sobre a* **produção**. O imposto incide sobre produtos industrializados, nacionais e estrangeiros, obedecidas as especificações constantes da *Tabela de Incidência do Imposto sobre Produtos Industrializados* – TIPI.

Produto industrializado é o resultante de qualquer operação definida no Regulamento do IPI (Decreto 7.212, de 15 de junho de 2010) como industrialização, mesmo incompleta, parcial ou intermediária.

São entidades obrigadas ao recolhimento (pagamento) do imposto como **contribuintes do IPI** *as entidades industriais, os importadores de produtos industrializados ou os estabelecimentos equiparados a industriais,* conforme o Regulamento do IPI.

De acordo com o Art. 153 da CF/88, o IPI é imposto de competência da União, ou seja, a Constituição autoriza à União a cobrança do IPI. Ainda de acordo com o § 3º do referido Artigo, o IPI:

I – será **seletivo**, em função da essencialidade do produto;

II – será **não cumulativo**, compensando-se o que for devido em cada operação com o montante cobrado nas anteriores;

III – **não incidirá** sobre produtos industrializados destinados ao exterior.

IV – **terá reduzido seu impacto sobre a aquisição de bens de capital** pelo contribuinte do imposto, na forma da lei.

***Princípio da Seletividade** – O IPI é um imposto necessariamente seletivo*, de forma tal que suas alíquotas devem ser fixadas de acordo com a essencialidade do produto. Tais alíquotas são maiores para os gêneros considerados supérfluos e menores para os gêneros considerados essenciais.

Princípio da Não Cumulatividade – Observando-se este Princípio, permite-se que haja compensação do que for devido em cada operação com o montante cobrado nas operações anteriores. *Em consequência disto, o imposto somente incidirá sobre o valor adicionado em cada etapa da cadeia de produção e circulação.*

A cada operação de compra tributada de insumos o comprador registra o valor do tributo incidente na operação como um crédito, tendo direito à possibilidade de recuperação deste valor por meio das operações seguintes, pelo uso da compensação. Utiliza, para este fim, a conta *IPI a Recuperar* (conta do Ativo).

A cada operação de venda tributada de produtos o vendedor efetua o registro à parte do valor do tributo devido aos cofres públicos ou pendente de compensação com os valores do tributo reconhecidos em operações anteriores. Constitui, então, uma obrigação, pelo uso da conta *IPI a Recolher*.

Periodicamente, a entidade efetua a compensação dos valores reconhecidos a débito e a crédito, restando apenas o saldo. Se tal saldo for credor, então haverá a necessidade de recolhimento deste saldo aos cofres públicos; caso contrário, isto é, se o saldo da compensação for devedor, então ele poderá ser compensado posteriormente ou, atendidos certos requisitos previstos na legislação, poderá ser objeto de ressarcimento.

Exemplo

Determinada empresa contribuinte do IPI adquiriu matérias-primas a serem utilizadas em sua produção por valor igual a R$ 200.000,00, com adição de 10% deste imposto.

Nota Fiscal referente à aquisição:

Valor definido para a venda: R$ 200.000,00

IPI (alíquota de 10%) = 10% x R$ 200.000,00 = R$ 20.000,00

Total da Nota Fiscal = R$ 200.000,00 + R$ 20.000,00 = R$ 220.000,00 (valor total a ser pago pelo comprador)

Lançamento (referente à aquisição):

D – Estoques de Matérias-Primas – 200.000,00

D – IPI a Recuperar – 20.000,00

C – Caixa ou Bancos Conta Movimento ou Fornecedores – 220.000,00

As matérias-primas são registradas em seus respectivos estoques sem o valor do IPI, que é recuperável. Quando são utilizadas, as matérias-primas passam a fazer parte dos custos de produção e, em consequência, fazem parte do custo dos produtos vendidos, sempre sem o valor do IPI. Deve ser ressaltado que isto ocorre apenas se pudermos recuperar o valor do IPI. Caso não seja possível recuperar o valor do imposto, então ele deverá constar do custo de aquisição dos insumos então adquiridos, integrando os custos de produção e o custo dos produtos vendidos.

Voltando ao exemplo, utilizando as matérias-primas, a empresa elaborou produtos, que custaram R$ 520.000,00 e foram vendidos por R$ 900.000,00. O IPI reconhecido nesta transação de venda alcançou o montante de R$ 145.000,00.

Nota Fiscal referente à venda:

Valor definido para a venda: R$ 900.000,00

IPI = R$ 145.000,00

Total da Nota Fiscal = R$ 900.000,00 + R$ 145.000,00 = R$ 1.045.000,00 (valor total a ser pago pelo comprador)

Lançamentos (referentes à venda):

D – Clientes ou Caixa ou Bancos Conta Movimento

C – Faturamento Bruto   1.045.000,00

D – IPI sobre o Faturamento Bruto
C – IPI a Recolher   145.000,00

D – Custo dos Produtos Vendidos
C – Estoque de Produtos Acabados   520.000,00

Supondo terem sido efetuadas apenas estas operações, ao final do período contábil temos:

IPI a Recuperar	
20.000,00	
20.000,00	

IPI a Recolher	
	145.000,00
	145.000,00

Para efetuarmos a compensação de saldos, encerraremos a conta que contém menor saldo em contrapartida à outra conta, a de maior saldo. Logo:

IPI a Recuperar	
20.000,00	
20.000,00	20.000,00 (1)

IPI a Recolher	
	145.000,00
(1) 20.000,00	145.000,00

Encontramos saldo de R$ 125.000,00 de IPI a recolher aos cofres públicos.

IPI a Recolher	
	145.000,00
(1) 20.000,00	145.000,00
	125.000,00

Conforme consta do Manual de Contabilidade Societária, no caso do IPI, *a empresa industrial funciona como mero agente arrecadador de tal imposto*, já que em suas vendas cobra do cliente o IPI correspondente; desse valor deduz a parcela já paga a seus fornecedores em suas compras, e a diferença entre o imposto cobrado nas vendas e o pago nas compras é recolhida aos cofres públicos. Assim, tal imposto não representa efetivamente nem receita nem despesa para a empresa.

De acordo com o Regulamento do IPI (RIPI), o *fato gerador* do imposto é:

I – o desembaraço aduaneiro de produto de procedência estrangeira; ou

II – a saída de produto do estabelecimento industrial, ou equiparado a industrial.

A *base de cálculo* do IPI é o valor da operação por meio da qual a mercadoria deixa o estabelecimento do industrial ou do comerciante a ele equiparado, em geral ensejando uma operação de compra e venda. No caso de importação, a base de cálculo do IPI é acrescida do valor do Imposto de Importação (II) e das despesas aduaneiras efetivamente pagas, necessárias ao desembaraço das mercadorias. Naquilo que se refere às mercadorias apreendidas ou abandonadas, arrematadas em leilão realizado por autoridades fiscais, a base de cálculo do IPI é o valor alcançado quando da realização do citado leilão.

O IPI é considerado um **"imposto por fora"** *do preço*, isto é, o valor total da nota fiscal é o valor da mercadoria **mais** o valor do IPI.

Base de Cálculo do IPI:

"Valor de venda do bem" = Quantidade x Preço Unitário, sem qualquer tipo de dedução.

A base de cálculo do IPI é a Receita Bruta de Vendas, ou seja, é o valor bruto da venda, desconsiderando-se qualquer tipo de dedução. Isto significa que o IPI atinge o valor total da venda (valor de venda "cheio"!).

Se houver frete constando destacadamente da Nota Fiscal de venda, ele integrará a base de cálculo do imposto (IPI).

Exemplo

Venda à vista de 20 (vinte) unidades da mercadoria "BBD", produzidas pela Alpha Indústria S/A, ao preço unitário de R$ 60,00, sujeita à alíquota de IPI de 10%.

Nota Fiscal de Venda
Valor definido para a venda: 20 unidades x R$ 60,00/unidade = R$ 1.200,00
IPI (alíquota de 10%) = 10% x R$ 1.200,00 = R$ 120,00
Total da Nota Fiscal = R$ 1.200,00 + R$ 120,00 = R$ 1.320,00

Lançamento (no vendedor):
D – Caixa – 1.320,00
C – Receita Bruta de Vendas – 1.200,00
C – IPI a Recolher – 120,00

As Notas Fiscais são padronizadas de tal maneira que apresentem o valor bruto da venda, o IPI adicionado a este valor e o valor total a ser recebido do adquirente do produto.

13.11.1. As formas de registro do IPI

Existem duas formas de registro do IPI. A primeira delas utiliza o conceito de Faturamento Bruto, que soma o valor do IPI ao valor da Receita Bruta de Vendas.

Registros:
Pela venda realizada:
D – Caixa ou Bancos Conta Movimento ou Clientes
C – Faturamento Bruto

Quando do registro do IPI:
D – IPI Faturado ou Encargos com IPI ou IPI sobre o Faturamento
C – IPI a Recolher

Quando do registro do ICMS:
D – ICMS sobre Vendas
C – ICMS a Recolher

Capítulo 13 — A Demonstração do Resultado do Exercício e a Demonstração do Resultado Abrangente

Quando do registro do Custo dos Produtos Vendidos (CPV):

D – Custo dos Produtos Vendidos

C – Estoque de Produtos Acabados

Na Demonstração do Resultado do Exercício, teremos:

Faturamento Bruto
- *IPI sobre o Faturamento Bruto*
= **Receita Bruta de Vendas e Serviços**

A segunda maneira é optar por não registrar o IPI sobre o Faturamento Bruto. Contabiliza-se o IPI como *IPI a Recolher*, em contrapartida à conta do Ativo Circulante.

Registros:

Pela venda realizada:

D – Caixa / Bancos Conta Movimento / Clientes

C – Receita Bruta de Vendas

C – IPI a Recolher

Quando do registro do ICMS:

D – ICMS sobre Vendas

C – ICMS a Recolher

Quando do registro do Custo dos Produtos Vendidos (CPV):

D – Custo dos Produtos Vendidos

C – Estoque de Produtos Acabados

Na Demonstração do Resultado do Exercício, teremos:

Receita Bruta de Vendas e Serviços
    Receita Bruta de Vendas de Produtos
        Mercado Nacional
        Exportação
    Receita Bruta de Prestação de Serviços
        Mercado Nacional
        Exportação

- Deduções das Receitas Brutas
    - (-) Vendas Canceladas ou Devolvidas
    - (-) Descontos Incondicionais / Promocionais Concedidos
    - (=) "Base de Cálculo para os Tributos"
    - (-) Tributos incidentes sobre vendas e serviços
        "ICMS, ISS, COFINS, PIS"
    - (-) Abatimentos concedidos sobre vendas
    - (-) Abatimentos concedidos sobre serviços
- <u>Ajuste a Valor Presente de Clientes</u>
= **Receita Líquida de Vendas e Serviços**

13.12. As Deduções das Vendas

As deduções das vendas são representadas pelas contas correspondentes às vendas canceladas ou devolvidas, aos descontos incondicionais concedidos (também conhecidos como descontos comerciais concedidos), aos tributos incidentes na Receita Bruta de Vendas (ICMS, PIS, Cofins e ISS, este último no caso de serviços prestados) e aos abatimentos concedidos sobre as vendas.

> *Importante! A conta Receita Bruta de Vendas deverá receber apenas os valores brutos correspondentes às vendas efetuadas. <u>Qualquer dedução referente à receita de vendas deverá ser efetuada em conta própria, de natureza devedora.</u> Por exemplo, se for concedido um abatimento em relação a uma venda efetuada, a conta a ser movimentada é a conta Abatimentos sobre Vendas. A Demonstração do Resultado do Exercício apresentará o valor "cheio" das operações e suas respectivas deduções, conforme adiante estudado.*

Passaremos a destacar cada uma das deduções sobre as vendas aqui elencadas.

13.12.1. As vendas canceladas ou devolvidas

A conta **Vendas Canceladas ou Devolvidas** ou simplesmente **Vendas Canceladas** é conta de natureza devedora, conta esta em que devem ser incluídos todos os cancelamentos de vendas, assim como todas as devoluções de vendas.

Conforme anteriormente exposto, *se houver um cancelamento de venda, então a conta a ser movimentada deverá ser a conta Vendas Canceladas. Não se deve deduzir diretamente da conta Receita Bruta de Vendas.*

Exemplo

A Empresa Alfa Comercial Ltda. vendeu 100 pastas para a Empresa Beta Comercial Ltda., a R$ 10,00 cada pasta, conforme o pedido para pagamento em dinheiro. As pastas se encontravam em estoque, segundo o critério de avaliação da Empresa Alfa, a um custo de R$ 4,00 cada uma.

Nota Fiscal

Valor total da venda: 100 unidades x R$ 10,00/unidade = R$ 1.000,00
Total da Nota Fiscal = R$ 1.000,00

O valor do custo a ser baixado do estoque é de:
100 unidades x R$ 4,00 = R$ 400,00

Lançamentos (na Empresa Alfa – vendedora):
D – Caixa
C – Receita Bruta de Vendas 1.000,00

D – Custo das Mercadorias Vendidas
C – Estoques de Mercadorias 400,00

Três dias depois, a Empresa Beta devolveu 20 (vinte) pastas por se encontrarem com sérios defeitos, o que impossibilitaria suas vendas.

- Valor do custo correspondente à devolução parcial das mercadorias: 20 unidades x R$ 4,00/unidade = R$ 80,00
- Valor correspondente à devolução parcial da venda: 20 unidades x R$ 10,00/unidade = R$ 200,00

Lançamentos (da Devolução):
D – Estoques
C – Custo das Mercadorias Vendidas 80,00

D – Devoluções de Vendas
C – Caixa ou Bancos Conta Movimento 200,00

Se houver Descontos Incondicionais Concedidos, deverá ser feito o seguinte registro:
D – Caixa ou Bancos Conta Movimento ou Duplicatas a Receber
C – Descontos Incondicionais Concedidos R$ ...

13.12.2. As devoluções de vendas de períodos anteriores

Se ocorrer devolução de venda efetuada em período anterior, tal devolução não poderá afetar o Lucro Operacional Bruto do período em que ocorrer a citada devolução. Como este evento não tem ligação com as vendas do período corrente, não pode ser considerado redução da Receita Bruta de Vendas reconhecida neste período. Tal devolução deve ser reconhecida como uma **Despesa de Vendas (despesa operacional)**, correspondente ao período em que ocorreu a devolução.

Lançamentos (no vendedor):

a) Devolução de vendas do período anterior:
   D – Perdas com Devolução de Vendas do Período Anterior
   C – Duplicatas a Receber ou Caixa ou Bancos Conta Movimento

b) ICMS da devolução de vendas do período anterior:
   D – ICMS a Recuperar ou C/C de ICMS
   C – Perdas com Devolução de Vendas do Período Anterior

c) PIS/Pasep não cumulativo a recuperar:
   D – PIS/Pasep a Recuperar
   C – Perdas com Devolução de Vendas do Período Anterior

d) Cofins não cumulativa a recuperar:
   D – Cofins a Recuperar
   C – Perdas com Devolução de Vendas do Período Anterior

e) Entrada de mercadorias no estoque:
   D – Mercadorias em Estoque
   C – Perdas com Devolução de Vendas do Período Anterior

Exemplo

Demonstração do Resultado do Exercício
Receita Bruta de Vendas ------------------------------R$ 130.000,00
(-) Deduções da Receita Bruta
Devoluções de Vendas --------------------------------R$ 0,00
Descontos Incondicionais Concedidos ------------R$ 10.000,00
ICMS sobre Vendas ----------------------------------R$ 20.000,00 (R$ 30.000,00)
(=) Receita Líquida de Vendas ---------------------R$ 100.000,00
(-) Custo das Mercadorias Vendidas ---------------(R$ 45.000,00)
(=) Lucro Operacional Bruto ------------------------R$ 55.000,00
(-) Despesas Operacionais:
Despesas de Vendas
Perdas com Devolução de Vendas ----------------------*R$ 4.000,00*

13.12.3. Os Descontos Incondicionais ou Comerciais

Pelos mais diversos motivos (cliente frequente, adquirente de grande quantidade de mercadorias etc.) poderá ser concedido um desconto quando da negociação referente à venda de produtos ou mercadorias ou quando da prestação de serviços. Como este desconto está sendo acertado quando da negociação, ou seja, fruto de um evento comercial, é denominado **Desconto Comercial** (conforme dissemos: "fruto de um evento comercial"). Não está atrelado a nenhum evento posterior; por isso, também é conhecido como **Desconto Incondicional**.

Quem concede desconto é o vendedor; o comprador, por sua vez, obtém desconto, quando concedido pelo vendedor. Ao obter um desconto o comprador poderá reconhecê-lo por meio da conta **Descontos Incondicionais Obtidos**; já o vendedor, ao conceder um desconto ao comprador, reconhecerá tal desconto por intermédio da conta **Descontos Incondicionais Concedidos**.

Visão do vendedor: O *Desconto Incondicional Concedido* (também denominado *Desconto Comercial Concedido*) representa conta redutora da Receita Bruta de Vendas. Trata-se de um desconto registrado no ato de preenchimento da Nota Fiscal. Como dissemos, não está condicionado à ocorrência de nenhum evento futuro.

Visão do comprador: O *Desconto Incondicional Obtido* (também denominado *Desconto Comercial Obtido*) representa conta redutora de Compras Brutas.

Geralmente as empresas vendedoras apresentam suas Notas Fiscais preenchidas contemplando os descontos concedidos. A Receita Bruta de Vendas costuma ser reconhecida pelo valor líquido do desconto obtido ao final do preenchimento da Nota Fiscal. Nada impede, porém, que as empresas registrem os valores dos descontos que concedam aos seus clientes.

Exemplo

Registro de uma transação de compra e venda a prazo de 500 unidades de pastas para revenda a R$ 10,00 cada uma, com desconto de 15%, concedido em função da quantidade adquirida.

Nota Fiscal
Valor da venda = 500 unidades x R$ 10,00/unidade = R$ 5.000,00
(-) Desconto de 15% = 15% x R$ 5.000,00 = R$ 750,00
(=) Total da NF = R$ 5.000,00 – R$ 750,00 = R$ 4.250,00

Lançamentos (no comprador):
D – Compras Brutas – 5.000,00
C – Fornecedores – 4.250,00
C – Descontos Comerciais Obtidos – 750,00

Lançamentos (no vendedor):
D – Duplicatas a Receber – 4.250,00
D –Descontos Incondicionais Concedidos – 750,00
C – Receita Operacional Bruta – 5.000,00

13.12.4. Os Tributos Incidentes sobre as Vendas e os Serviços

Os tributos incidentes sobre as vendas e serviços devem ser deduzidos da Receita Bruta de Vendas. Excetuando-se o IPI, que é imposto considerado "por fora", a Receita Bruta de Vendas conterá todos os demais tributos (ICMS, PIS/Pasep e Cofins), assim como a Receita de Prestação de Serviços conterá o ISS, conforme adiante apresentado.

Os tributos aqui estudados serão reconhecidos em suas respectivas contas, todas elas redutoras da Receita Bruta de Vendas ou da Receita Bruta de Prestação de Serviços.

Passaremos a estudar cada tributo aqui citado, apresentando suas principais características.

13.12.4.1. O imposto sobre serviços de qualquer natureza (ISSQN ou ISS)

Os serviços que não estiverem sujeitos à incidência do imposto conhecido como ICMS (adiante apresentado) estarão sujeitos à incidência do *Imposto Sobre Serviços de Qualquer Natureza (ISS)*, desde que haja previsão para isto em Lei Complementar. Atualmente, a Lei Complementar 116, de 31 de julho de 2003, dispõe sobre o ISS, que é imposto de competência dos Municípios e do Distrito Federal. Em um anexo a esta Lei Complementar 116/03 estão listados todos os serviços sujeitos à incidência do ISS.

> **Nota:** *O Imposto Sobre Serviços de Qualquer Natureza* não é imposto recuperável!

Exemplo

A empresa Alpha Informática Ltda. prestou serviços de informática à empresa FGTW Comercial Ltda. no valor de R$ 20.000,00. A alíquota do ISS na operação foi de 5%.

Dados da Nota Fiscal:
Serviços Prestados = R$ 20.000,00
ISSQN (já incluído no preço do serviço prestado) = 5% x R$ 20.000,00 = R$ 1.000,00
Valor total da Nota Fiscal de prestação de serviços = R$ 20.000,00

Capítulo 13 — *A Demonstração do Resultado do Exercício e a Demonstração do Resultado Abrangente* 1005

Registros (na contabilidade do prestador de serviços):

D – Caixa ou Bancos Conta Movimento ou Clientes
C – Receita Bruta de Prestação de Serviços   20.000,00

D – Despesas com ISS ou Encargos com ISS
C – ISS a Recolher   1.000,00

A conta *Despesas com ISS* é conta de natureza devedora, redutora da conta Receita Bruta de Prestação de Serviços.

13.12.4.2. O imposto sobre operações relativas à circulação de mercadorias e sobre prestações de serviços de transporte interestadual, intermunicipal e de comunicação (ICMS)

Conforme disciplina o Art. 155 da Constituição da República Federativa do Brasil de 1988, compete aos Estados e ao Distrito Federal a instituição do *imposto sobre operações relativas à circulação de mercadorias e sobre prestações de serviços de transporte interestadual, intermunicipal e de comunicação* (*ICMS*), ainda que as operações e as prestações se iniciem no exterior.

O ICMS atenderá ao seguinte (previsto na CF/88):

a) *será não cumulativo*, compensando-se o que for devido em cada operação relativa à circulação de mercadorias ou prestação de serviços com o montante cobrado nas anteriores pelo mesmo ou outro Estado ou pelo Distrito Federal; e

b) *poderá ser seletivo*, em função da essencialidade das mercadorias e dos serviços.

O ICMS, assim como o IPI, também é não cumulativo. Isto significa que todo valor pago nas etapas anteriores gera crédito passível de compensação com os débitos existentes por ocasião de futura venda. Porém, o crédito não poderá ser utilizado nos casos em que a saída não seja tributada, exceção efetuada às vendas ao exterior, que são equiparadas às saídas tributadas.

Exemplo

A Companhia Alpha é uma indústria de embalagens. Alpha vende seus produtos à Companhia Beta, que fabrica o Produto XYZ, por R$ 1.000,00, com ICMS incluído de R$ 200,00 (alíquota = 20%). Este valor de ICMS será integralmente recolhido pela Companhia Alpha.

Suponhamos que a legislação discipline que a venda do produto XYZ ao comércio seja isenta de ICMS.

A Companhia Beta vende o produto embalado XYZ para o Supermercado Delta por R$ 2.000,00. Neste caso, não há cobrança de ICMS. Logo, o crédito de ICMS existente em Beta no valor de R$ 200,00 deve ser anulado, pois a saída de seu produto foi isenta. Delta, que adquiriu o produto de Beta, não possui crédito de ICMS.

O Supermercado Delta revende XYZ ao consumidor final por R$ 3.000,00. Com isso, Delta possui um valor a pagar de ICMS igual a R$ 600,00 (20% x R$ 3.000,00), pois não há crédito anterior de ICMS.

ICMS recolhido: R$ 200,00 + R$ 600,00 = R$ 800,00

Se houvesse constante não cumulatividade: 20% x R$ 3.000,00 = R$ 600,00

O valor agregado quando das operações de compra e venda de XYZ foi igual a R$ 3.000,00. Já o ICMS total recolhido foi igual a R$ 800,00. Isto nos dá uma alíquota efetiva de ICMS igual a 26,7% (= R$ 800,00 / R$ 3.000,00). Tal alíquota (efetiva) é diferente da alíquota nominal (20%). Isto ocorre por haver isenção ou não incidência durante o processo produtivo.

O ICMS **poderá ser seletivo**. Portanto, a seletividade, quanto ao ICMS, **não é impositiva**, como é para o IPI. O ICMS poderá ser cobrado em função da essencialidade das mercadorias. Os produtos considerados de primeira necessidade poderão ser tributados com alíquotas inferiores aos demais produtos.

O ICMS é atualmente disciplinado pela Lei Complementar nº 87, de 13 de setembro de 1996 ("Lei Kandir").

De acordo com o Art. 2º da LC 87/96 e seus parágrafos, **constituem fato gerador do ICMS**:

I – operações relativas à circulação de mercadorias, inclusive o fornecimento de alimentação e bebidas em bares, restaurantes e estabelecimentos similares;

II – prestações de serviços de transporte interestadual e intermunicipal, por qualquer via, de pessoas, bens, mercadorias ou valores;

III – prestações onerosas de serviços de comunicação, por qualquer meio, inclusive a geração, a emissão, a recepção, a transmissão, a retransmissão, a repetição e a ampliação de comunicação de qualquer natureza;

IV – fornecimento de mercadorias com prestação de serviços não compreendidos na competência tributária dos Municípios;

V – fornecimento de mercadorias com prestação de serviços sujeitos ao imposto sobre serviços, de competência dos Municípios, quando a lei complementar aplicável expressamente o sujeitar à incidência do imposto estadual.

O imposto incide também:

I – sobre a entrada de mercadoria ou bem importados do exterior, por pessoa física ou jurídica, ainda que não seja contribuinte habitual do imposto, qualquer que seja a sua finalidade;

II – sobre o serviço prestado no exterior ou cuja prestação se tenha iniciado no exterior;

III – sobre a entrada, no território do Estado destinatário, de petróleo, inclusive lubrificantes e combustíveis líquidos e gasosos dele derivados, e de energia elétrica, quando não destinados à comercialização ou à industrialização, decorrentes de operações interestaduais, cabendo o imposto ao Estado onde estiver localizado o adquirente.

A caracterização do fato gerador independe da natureza jurídica da operação que o constitua.

De acordo com o Art. 4º da LC 87/96, **contribuinte do ICMS** é qualquer pessoa, física ou jurídica, que realize, com habitualidade ou em volume que caracterize intuito comercial, operações de circulação de mercadoria ou prestações de serviços de transporte interestadual e intermunicipal e de comunicação, ainda que as operações e as prestações se iniciem no exterior.

É também contribuinte a pessoa física ou jurídica que, mesmo sem habitualidade ou intuito comercial:

I – importe mercadorias ou bens do exterior, qualquer que seja a sua finalidade;
II – seja destinatária de serviço prestado no exterior ou cuja prestação se tenha iniciado no exterior;
III – adquira em licitação mercadorias ou bens apreendidos ou abandonados;
IV – adquira lubrificantes e combustíveis líquidos e gasosos derivados de petróleo e energia elétrica oriundos de outro Estado, quando não destinados à comercialização ou à industrialização.

O ICMS integra o preço de venda a ser cobrado do comprador. Portanto, o ICMS é considerado "imposto por dentro", já que faz parte de sua própria base de cálculo.

Ao estudarmos a legislação específica do ICMS, verificamos que as vendas canceladas ou devolvidas e os descontos incondicionais concedidos podem ser deduzidos da base de cálculo do ICMS. Já os descontos condicionais concedidos (descontos financeiros) e os abatimentos sobre vendas não podem ser deduzidos da base de cálculo do ICMS.

Exemplo

Determinada empresa comercial vendeu mercadorias à vista por R$ 4.000,00. As mercadorias vendidas estavam registradas em estoque por R$ 1.600,00. O ICMS incidiu na operação de venda à alíquota de 20%. Foi concedido um desconto, no ato da venda, de 10%.

Desconto incondicional concedido = 10% x R$ 4.000,00 = R$ 400,00

Cálculo do valor do ICMS incidente na venda: 20% x (R$ 4.000,00 – R$ 400,00) = R$ 720,00

Registros (no vendedor):

D – Caixa	3.600,00
D – Descontos Incondicionais Concedidos	400,00
C – Receita Bruta de Vendas	4.000,00
D – Custo das Mercadorias Vendidas	
C – Estoques de Mercadorias	1.600,00
D – ICMS sobre Vendas	
C – ICMS a Recolher	720,00

> *Se a venda estiver sujeita à incidência de ICMS e IPI*, o vendedor deverá saber que destino o comprador dará aos produtos ou às mercadorias adquiridas. Explicando melhor: a CF/88 disciplina que o ICMS não compreenderá, em sua base de cálculo, o montante do Imposto sobre Produtos Industrializados, quando a operação, realizada entre contribuintes e relativa a produto destinado à industrialização ou à comercialização, configure fato gerador dos dois impostos. *Portanto, se os produtos ou as mercadorias adquiridos <u>forem destinados à comercialização ou à industrialização, configurando fato gerador do IPI e do ICMS</u>, então o IPI <u>não fará parte</u> da base de cálculo do ICMS. Já se os produtos ou mercadorias adquiridos forem destinados ao ativo fixo ou se forem adquiridos para uso ou consumo do comprador (consumidor final), neste caso o IPI <u>fará parte</u> da base de cálculo do ICMS.*

Exemplo

Venda à vista de 100 unidades do produto "BBD", destinadas à comercialização, no valor total de R$ 50.000,00, com ICMS incidente à alíquota de 20% e IPI incidente à alíquota de 10%.

Nota Fiscal de Venda

Valor Bruto da Nota Fiscal = R$ 50.000,00

IPI (10%) = 10% x R$ 50.000,00 = R$ 5.000,00

Valor total da Nota Fiscal = R$ 50.000,00 + R$ 5.000,00 = R$ 55.000,00

ICMS incidente (20%) = 20% x R$ 50.000,00 = R$ 10.000,00

Como os produtos são destinados à comercialização, o IPI não fará parte da base de cálculo do ICMS.

Lançamentos (no vendedor):

D – Caixa	55.000,00
C – Receita Bruta de Vendas	50.000,00
C – IPI a Recolher	5.000,00

D – Custo dos Produtos Vendidos	
C – Estoque de Produtos Acabados	R$ ... (não informado)

D – ICMS sobre Vendas	
C – ICMS a Recolher	10.000,00

Exemplo

Venda à vista de 100 unidades do produto "XBD", adquiridas para consumo, no valor total de R$ 50.000,00, com ICMS incidente à alíquota de 20% e IPI incidente à alíquota de 10%.

Neste caso, temos bens adquiridos para uso ou consumo (consumidor final). Logo, o IPI fará parte da base de cálculo do ICMS.

Nota Fiscal de Venda

Valor Bruto da Nota Fiscal = R$ 50.000,00
IPI (10%) = 10% x R$ 50.000,00 = R$ 5.000,00
Valor total da Nota Fiscal = R$ 50.000,00 + R$ 5.000,00 = R$ 55.000,00
ICMS incidente (20%) = 20% x R$ 55.000,00 = R$ 11.000,00

Como os produtos são destinados para uso ou consumo, o IPI fará parte da base de cálculo do ICMS.

Lançamentos (no vendedor):

D – Caixa	55.000,00
C – Receita Bruta de Vendas	50.000,00
C – IPI a Recolher	5.000,00

D – Custo dos Produtos Vendidos	
C – Estoque de Produtos Acabados	R$ ... (não informado)

D – ICMS sobre Vendas	
C – ICMS a Recolher	11.000,00

13.12.4.3. O PIS/Pasep e a Cofins

A Constituição da República Federativa do Brasil (CF) de 1988 disciplina, em seu Art. 149, que compete exclusivamente à União instituir contribuições sociais, de intervenção no domínio econômico e de interesse das categorias profissionais ou econômicas, como instrumento de sua atuação nas respectivas áreas, devendo ser observado o disposto nos Arts. 146, Inciso III, 150, Incisos I e III, sem prejuízo do disposto no § 6º do Art. 195, naquilo que se refere às contribuições a que alude o dispositivo.

O Art. 195 da CF/88 elenca um rol de contribuições sociais que poderão ser instituídas pela União. São elas:

- Sobre os **empregadores ou empresas**, que podem incidir sobre a **folha de pagamentos**, a **receita** e o **lucro** (Inciso I do Art. 195);
- Sobre os **trabalhadores** (Inciso II do Art. 195);
- Sobre as **receitas dos concursos de prognósticos** (Inciso III do Art. 195);
- Sobre a **importação de bens e serviços** (Inciso IV do Art. 195); e
- A **contribuição social residual** (§ 4º do Art. 195).

A contribuição para o *Programa de Integração Social (PIS)* foi criada pela Lei Complementar 07, de 07 de setembro de 1970.

A contribuição para o *Programa de Formação do Patrimônio do Servidor Público (PASEP)* foi criada pela Lei Complementar 08, de 03 de dezembro de 1970.

A *Contribuição Social sobre o Faturamento (COFINS)* – antigo FINSOCIAL – foi instituída pela Lei Complementar 70, de 30 de dezembro de 1.991. *A COFINS também é reconhecida como **Contribuição para o Financiamento da Seguridade Social**.*

As contribuições referentes ao PIS/Pasep e a Cofins podem ser reconhecidas em dois grupos de despesas, a saber:

a) como Deduções da Receita Bruta, tendo o PIS/Pasep e a Cofins sendo calculados sobre a Receita Bruta de Vendas de Produtos ou Mercadorias ou de Prestação de Serviços; e

b) como Despesas Administrativas, quando devem ser reconhecidas as parcelas incidentes sobre as demais receitas operacionais (Receitas Financeiras, Variações Monetárias ou Cambiais Ativas e Outras Receitas Operacionais).

Quanto ao PIS/Pasep e à Cofins incidentes sobre as receitas financeiras de pessoas jurídicas sujeitas ao regime não cumulativo ou ao regime misto, temos o seguinte:

i) *de 1º de abril de 2005 até 30 de junho de 2015, as alíquotas de PIS/Pasep e Cofins incidentes sobre receitas financeiras foram reduzidas a zero, por força do Decreto nº 5.442, de 9 de maio de 2005; e*

ii) a partir de 1º de julho de 2015, por força do Decreto nº 8.426, de 1º de abril de 2015, volta a haver cobrança de PIS/Pasep e Cofins sobre as receitas financeiras nas seguintes condições: ficam restabelecidas para 0,65% (sessenta e cinco centésimos por cento) e 4% (quatro por cento), respectivamente, as alíquotas da Contribuição para os Programas de Integração Social e de Formação do Patrimônio do Servidor Público – PIS/Pasep e da Contribuição para o Financiamento da Seguridade Social – Cofins incidentes sobre receitas financeiras, inclusive decorrentes de operações realizadas para fins de hedge, auferidas pelas pessoas jurídicas sujeitas ao regime de apuração não cumulativa das referidas contribuições e, também, pelas pessoas jurídicas que tenham apenas parte de suas receitas submetidas ao regime de apuração não cumulativa da Contribuição para o PIS/Pasep e da Cofins.

Diante do anteriormente exposto, na Demonstração do Resultado do Exercício teremos o PIS/Pasep e a Cofins incidentes sobre a Receita Bruta apresentados como Deduções da Receita Bruta; já o PIS/Pasep e a Cofins incidentes sobre as demais receitas serão apresentados como despesa operacional.

Passaremos, agora, a tratar do PIS/Pasep e da Cofins no regime cumulativo. Em seguida, trataremos do regime não cumulativo destas contribuições sociais.

- **O PIS/Pasep e a Cofins apurados pelo regime cumulativo**

Regime cumulativo é aquele em que os tributos **não são recuperáveis**, isto é, seus valores devem integrar os custos de aquisição de produtos, mercadorias, bens e serviços. Neste regime, não se tem direito a crédito dos tributos.

A Lei nº 9.175, de 25 de novembro de 1998, dispõe sobre o ***PIS/Pasep e a Cofins no regime cumulativo***.

De acordo com o Art. 2º da Lei nº 9.175/98, *a contribuição para o PIS/pasep e a Cofins serão apuradas mensalmente:*

I – pelas pessoas jurídicas de direito privado e as que lhes são equiparadas pela legislação do Imposto de Renda, inclusive as empresas públicas e as sociedades de economia mista e suas subsidiárias, **com base no faturamento do mês;** *e*

II – pelas pessoas jurídicas de direito público interno, com base no valor mensal das receitas correntes arrecadadas e das transferências correntes e de capital recebidas.

Portanto, dentre outros, são *contribuintes do PIS/Pasep e da Cofins no regime cumulativo* as pessoas jurídicas de direito privado e as que lhes são equiparadas pela legislação do Imposto de Renda *que apurem o Imposto de Renda tendo por base o lucro presumido ou o lucro arbitrado.*

*A base de cálculo do PIS/Pasep e da Cofins é o **Faturamento** mensal da entidade. Entende-se como **Faturamento** a **Receita Bruta**, que compreende:*

I –   o produto da venda de bens nas operações de conta própria;
II –   o preço da prestação de serviços em geral;
III –   o resultado auferido nas operações de conta alheia; e
IV –   as receitas da atividade ou objeto principal da pessoa jurídica, não compreendidas nos incisos I a III.

A Receita Bruta compreende, portanto, a totalidade das receitas auferidas, independentemente da atividade pelas entidades exercidas e da classificação contábil adotada para a escrituração das receitas.

Na Receita Bruta não se incluem:

I –   as vendas canceladas e os descontos incondicionais concedidos;

II –   as reversões de provisões e recuperações de créditos baixados como perda, que não representem ingresso de novas receitas, o resultado positivo da avaliação de investimento pelo valor do patrimônio líquido e os lucros e dividendos derivados de participações societárias, que tenham sido computados como receita bruta;

III –   as receitas de que trata o inciso IV do *caput* do art. 187 da Lei nº 6.404, de 15 de dezembro de 1976, decorrentes da venda de bens do ativo não circulante, classificado como investimento, imobilizado ou intangível; e

IV –   a receita reconhecida pela construção, recuperação, ampliação ou melhoramento da infraestrutura, cuja contrapartida seja ativo intangível representativo de direito de exploração, no caso de contratos de concessão de serviços públicos.

A título ilustrativo, estão *isentas* da contribuição para o PIS/Pasep e da Cofins, *dentre outras*, as receitas:

I –   dos recursos recebidos a título de repasse, oriundos do Orçamento Geral da União, dos Estados, do Distrito Federal e dos Municípios, pelas empresas públicas e sociedades de economia mista;

II –   da exportação de mercadorias para o exterior;

III –   dos serviços prestados a pessoa física ou jurídica residente ou domiciliada no exterior, cujo pagamento represente ingresso de divisas;

IV –   do fornecimento de mercadorias ou serviços para uso ou consumo de bordo em embarcações e aeronaves em tráfego internacional, quando o pagamento for efetuado em moeda conversível;

V –   do transporte internacional de cargas ou passageiros;

VI –   auferidas pelos estaleiros navais brasileiros nas atividades de construção, conservação modernização, conversão e reparo de embarcações pré-registradas ou registradas no Registro Especial Brasileiro – REB, instituído pela Lei nº 9.432, de 8 de janeiro de 1997;

VII – de frete de mercadorias transportadas entre o País e o exterior pelas embarcações registradas no REB, de que trata o art. 11 da Lei nº 9.432, de 1997;

VIII – de vendas realizadas pelo produtor-vendedor às empresas comerciais exportadoras nos termos do Decreto-Lei nº 1.248, de 29 de novembro de 1972, e alterações posteriores, desde que destinadas ao fim específico de exportação para o exterior; e

IX – de vendas, com fim específico de exportação para o exterior, a empresas exportadoras registradas na Secretaria de Comércio Exterior do Ministério do Desenvolvimento, Indústria e Comércio Exterior.

Para as empresas em geral, regra geral, são aplicadas as seguintes **alíquotas para o cálculo da contribuição para o PIS/Pasep e da Cofins no regime cumulativo**:

- **0,65% para o PIS/Pasep; e**
- **3,00% para a Cofins.**

Nem sempre as questões de provas trazem estes percentuais. Portanto, aconselhamos o leitor a memorizar tais percentuais, evitando sustos desnecessários.

Importante!!!

No último dia 15 de março de 2017, apreciando o Recurso Especial nº 574.706, os Ministros do Egrégio Supremo Tribunal Federal fixaram, com repercussão geral, a seguinte tese:

> *"O ICMS não compõe a base de cálculo para a incidência do PIS e da Cofins."*

Exemplo

Certa empresa, que apura a contribuição para o PIS/Pasep e a Cofins pela sistemática cumulativa, apresentou as seguintes informações em seus registros contábeis ao final de determinado período:
- Receita Bruta de Vendas – R$ 150.000,00
- Receita Bruta de Prestação de Serviços – R$ 60.000,00
- Descontos Incondicionais Concedidos – R$ 10.000,00
- Devoluções de Vendas – R$ 20.000,00
- Abatimentos sobre Vendas – R$ 5.000,00
- Ganho (ou Resultado Positivo) de Equivalência Patrimonial – R$ 40.000,00
- ICMS sobre Vendas – R$ 18.000,00
- Despesas com ISS – R$ 3.000,00

As seguintes alíquotas são utilizadas para o cálculo da contribuição para o PIS/Pasep e da Cofins desta empresa:
- 0,65% para o PIS/Pasep; e
- 3,00% para a Cofins.

Base de cálculo do PIS/Pasep e da Cofins:
Receita Bruta de Vendas – R$ 150.000,00
Receita Bruta de Prestação de Serviços – R$ 60.000,00
(-) Devoluções de Vendas – (R$ 20.000,00)
(-) Descontos Incondicionais Concedidos – (R$ 10.000,00)
(-) ICMS sobre Vendas – (R$ 18.000,00)
(=) Base de cálculo do PIS/Pasep e da Cofins = R$ 162.000,00
→ Contribuição para o PIS/Pasep: 0,65% x R$ 162.000,00 = R$ 1.053,00
→ Cofins: 3,00% x R$ 162.000,00 = R$ 4.860,00

Registros contábeis:
D – PIS sobre o Faturamento
C – PIS sobre o Faturamento a Recolher   1.053,00

(e)

D – Cofins sobre o Faturamento
C – Cofins sobre o Faturamento a Recolher   4.860,00

Demonstração do Resultado do Exercício:
  Receita Bruta de Vendas – R$ 150.000,00
  Receita Bruta de Prestação de Serviços – R$ 60.000,00
(-) Devoluções de Vendas – (R$ 20.000,00)
(-) Descontos Incondicionais Concedidos – (R$ 10.000,00)
(-) PIS sobre o Faturamento – (R$ 1.053,00)
(-) Cofins sobre o Faturamento – (R$ 4.860,00)
(-) ICMS sobre Vendas – (R$ 18.000,00)
(-) Despesas com ISS – (R$ 3.000,00)
(-) Abatimentos sobre Vendas – (R$ 5.000,00)
(=) Receita Líquida de Vendas e Serviços – R$ 148.087,00

- **O PIS/Pasep e a Cofins apurados pelo regime não cumulativo**

A Lei nº 10.637, de 30 de dezembro de 2002, instituiu a **não cumulatividade para o PIS e o Pasep**. Já a Lei nº 10.833, de 29 de dezembro de 2003, instituiu a **não cumulatividade para a Cofins**.

Dentre outros, são *contribuintes do PIS/Pasep e da Cofins incidentes sobre o faturamento, no **regime não cumulativo***, as pessoas jurídicas de direito privado e as que lhes são equiparadas pela legislação do Imposto de Renda que apurem o IRPJ tendo por base o **lucro real**, *exceto*, dentre outros os(as):

I – bancos comerciais, bancos de investimentos, bancos de desenvolvimento, caixas econômicas, sociedades de crédito, financiamento e investimento, sociedades de crédito imobiliário, sociedades corretoras, distribuidoras de títulos e valores mobiliários, empresas de arrendamento mercantil, cooperativas de crédito, empresas de seguros privados e de capitalização, agentes autônomos de seguros privados e de crédito, entidades de previdência complementar abertas e fechadas e associações de poupança e empréstimo; e

II – as receitas decorrentes de prestação de serviços das empresas jornalísticas e de radiodifusão sonora e de sons e imagens;

III – as receitas decorrentes de operações de comercialização de pedra britada, de areia para construção civil e de areia de brita; e

IV – as receitas decorrentes da alienação de participações societárias.

*A base de cálculo do PIS/Pasep e da Cofins é o **Faturamento** mensal da entidade. Entende-se como **Faturamento** a **Receita Bruta**, que compreende:*

I – o produto da venda de bens nas operações de conta própria;

II – o preço da prestação de serviços em geral;

III – o resultado auferido nas operações de conta alheia; e

IV – as receitas da atividade ou objeto principal da pessoa jurídica, não compreendidas nos incisos I a III.

A Receita Bruta compreende, portanto, a totalidade das receitas auferidas, independentemente da atividade pelas entidades exercidas e da classificação contábil adotada para a escrituração das receitas.

As contribuições para o PIS/Pasep e a Cofins *não incidirão sobre as receitas decorrentes das operações de*:

I – exportação de mercadorias para o exterior;

II – prestação de serviços para pessoa física ou jurídica residente ou domiciliada no exterior, cujo pagamento represente ingresso de divisas; e

III – vendas a empresa comercial exportadora com o fim específico de exportação.

Mencionando exclusões, a legislação disciplina que *não integram a base de cálculo da contribuição para o PIS/Pasep e da Cofins as receitas:*

I – decorrentes de saídas isentas da contribuição ou sujeitas à alíquota zero;

II – auferidas pela pessoa jurídica revendedora, na revenda de mercadorias em relação às quais a contribuição seja exigida da empresa vendedora, na condição de substituta tributária;

III – referentes a:
   a) vendas canceladas e aos descontos incondicionais concedidos;
   b) reversões de provisões e recuperações de créditos baixados como perda, que não representem ingresso de novas receitas, o resultado positivo da avaliação

de investimentos pelo valor do patrimônio líquido e os lucros e dividendos derivados de participações societárias, que tenham sido computados como receita;

IV – de que trata o inciso IV do *caput* do art. 187 da Lei nº 6.404, de 15 de dezembro de 1976, decorrentes da venda de bens do ativo não circulante, classificado como investimento, imobilizado ou intangível;

V – decorrentes de transferência onerosa a outros contribuintes do Imposto sobre Operações relativas à Circulação de Mercadorias e sobre Prestações de Serviços de Transporte Interestadual e Intermunicipal e de Comunicação – ICMS de créditos de ICMS originados de operações de exportação, conforme o disposto no inciso II do § 1º do art. 25 da Lei Complementar nº 87, de 13 de setembro de 1996.

VI – financeiras decorrentes do ajuste a valor presente de que trata o inciso VIII do *caput* do art. 183 da Lei nº 6.404, de 15 de dezembro de 1976, referentes a receitas excluídas da base de cálculo da Contribuição para o PIS/Pasep;

VII – relativas aos ganhos decorrentes de avaliação de ativo e passivo com base no valor justo;

VIII – de subvenções para investimento, inclusive mediante isenção ou redução de impostos, concedidas como estímulo à implantação ou expansão de empreendimentos econômicos e de doações feitas pelo poder público;

IX – reconhecidas pela construção, recuperação, reforma, ampliação ou melhoramento da infraestrutura, cuja contrapartida seja ativo intangível representativo de direito de exploração, no caso de contratos de concessão de serviços públicos;

X – relativas ao valor do imposto que deixar de ser pago em virtude das isenções e reduções de que tratam as alíneas "a", "b", "c" e "e" do § 1º do art. 19 do Decreto-Lei nº 1.598, de 26 de dezembro de 1977; e

XI – relativas ao prêmio na emissão de debêntures.

Para as empresas em geral, normalmente, são aplicadas as seguintes **alíquotas para o cálculo da contribuição para o PIS/Pasep e da Cofins no regime não cumulativo**:

- **1,65% para o PIS/Pasep; e**
- **7,60% para a Cofins.**

Nem sempre as questões de provas trazem estes percentuais. Portanto, aconselhamos o leitor a memorizar tais percentuais, evitando sustos desnecessários.

Como efetuar a apuração dos valores referentes à contribuição para o PIS/Pasep e à Cofins via sistemática não cumulativa?!

a) Calcula-se o valor da contribuição para o PIS/Pasep e da Cofins incidente na Receita Bruta de Vendas e Serviços, já subtraídas as isenções e exclusões legais, aplicando-se as alíquotas de 1,65% para a contribuição para o PIS/Pasep e de 7,60% para a Cofins;

b) São apurados os valores correspondentes aos <u>créditos de contribuição para o PIS/Pasep e Cofins</u>, conforme dispõe a legislação neste tópico citada, regra geral, utilizando-se as alíquotas de 1,65% para a contribuição para o PIS/Pasep e de 7,60% para a Cofins, em relação a:

I – bens adquiridos para revenda, exceto o álcool para fins carburantes, as mercadorias e produtos sujeitos à substituição tributária e à incidência monofásica das referidas contribuições;

II – bens e serviços, utilizados como insumo na prestação de serviços e na produção ou fabricação de bens ou produtos destinados à venda, inclusive combustíveis e lubrificantes, exceto em relação ao pagamento de que trata o art. 2º da Lei nº 10.485, de 3 de julho de 2002, devido pelo fabricante ou importador, ao concessionário, pela intermediação ou entrega dos veículos classificados nas posições 87.03 e 87.04 da TIPI;

III – aluguéis de prédios, máquinas e equipamentos, pagos a pessoa jurídica, utilizados nas atividades da empresa;

IV – valor das contraprestações de operações de arrendamento mercantil de pessoa jurídica, exceto de optante pelo Sistema Integrado de Pagamento de Impostos e Contribuições das Microempresas e das Empresas de Pequeno Porte – SIMPLES;

V – máquinas, equipamentos e outros bens incorporados ao ativo imobilizado, adquiridos ou fabricados para locação a terceiros ou para utilização na produção de bens destinados à venda ou na prestação de serviços.

VI – edificações e benfeitorias em imóveis de terceiros, quando o custo, inclusive de mão de obra, tenha sido suportado pela locatária;

VII – bens recebidos em devolução, cuja receita de venda tenha integrado faturamento do mês ou de mês anterior, e tributada conforme o disposto na Lei nº 10.637/02 e na Lei nº 10.833/03;

VIII – energia elétrica consumida nos estabelecimentos da pessoa jurídica;

IX – energia elétrica e energia térmica, inclusive sob a forma de vapor, consumidas nos estabelecimentos da pessoa jurídica; e

X – vale-transporte, vale-refeição ou vale-alimentação, fardamento ou uniforme fornecidos aos empregados por pessoa jurídica que explore as atividades de prestação de serviços de limpeza, conservação e manutenção.

XI – bens incorporados ao ativo intangível, adquiridos para utilização na produção de bens destinados à venda ou na prestação de serviços.

c) Calcula-se a *diferença* entre os valores encontrados nas alíneas "a)" e "b)", apurando-se os valores porventura devidos de contribuição para o PIS/Pasep e de Cofins.

Importante!!!

No último dia 15 de março de 2017, apreciando o Recurso Especial nº 574.706, os Ministros do Egrégio Supremo Tribunal Federal fixaram, com repercussão geral, a seguinte tese:

"O ICMS não compõe a base de cálculo para a incidência do PIS e da Cofins."

Exemplo

Certa empresa, que apura a contribuição para o PIS/Pasep e a Cofins pela sistemática não cumulativa, apresentou as seguintes informações em seus registros contábeis ao final de determinado período:
- Receita Bruta de Vendas – R$ 150.000,00
- Receita Bruta de Prestação de Serviços – R$ 60.000,00
- Descontos Incondicionais Concedidos – R$ 10.000,00
- Devoluções de Vendas – R$ 20.000,00
- Abatimentos sobre Vendas – R$ 5.000,00
- Ganho (ou Resultado Positivo) de Equivalência Patrimonial – R$ 40.000,00
- ICMS sobre Vendas – R$ 18.000,00
- Despesas com ISS – R$ 3.000,00
- Despesas de Aluguel (prédio pertencente a uma pessoa jurídica, utilizado nas atividades da empresa) – R$ 20.000,00
- Bens adquiridos para revenda – R$ 40.000,00
- Depreciação de imóvel próprio (utilizado nas atividades da empresa) – R$ 8.000,00

As seguintes alíquotas são utilizadas para o cálculo da contribuição para o PIS/Pasep e da Cofins desta empresa:
- 1,65% para o PIS/Pasep; e
- 7,60% para a Cofins.

Base de cálculo do PIS/Pasep e da Cofins:
Receita Bruta de Vendas – R$ 150.000,00
Receita Bruta de Prestação de Serviços – R$ 60.000,00
(-) Devoluções de Vendas – (R$ 20.000,00)
(-) Descontos Incondicionais Concedidos – (R$ 10.000,00)
(-) ICMS sobre Vendas – (R$ 18.000,00)
(=) Base de cálculo do PIS/Pasep e da Cofins = R$ 162.000,00
→ *Contribuição para o PIS/Pasep: 1,65% x R$ 162.000,00 = R$ 2.673,00*
→ *Cofins: 7,60% x R$ 162.000,00 = R$ 12.312,00*

Registros contábeis:
D – PIS sobre o Faturamento
C – PIS sobre o Faturamento a Recolher   2.673,00
   (e)

D – Cofins sobre o Faturamento
C – Cofins sobre o Faturamento a Recolher   12.312,00

Cálculo dos créditos referentes ao PIS/Pasep e à Cofins:

Despesas de Aluguel (prédio pertencente a uma pessoa jurídica, utilizado nas atividades da empresa) – R$ 20.000,00

Bens adquiridos para revenda – R$ 40.000,00

Depreciação de imóvel próprio (utilizado nas atividades da empresa) – R$ 8.000,00

(=) Base de cálculo dos créditos referentes ao PIS/Pasep e à Cofins = R$ 68.000,00

→ *Créditos referentes à Contribuição para o PIS/Pasep: 1,65% x R$ 68.000,00 = R$ 1.122,00*

→ *Créditos referentes à Cofins: 7,60% x R$ 68.000,00 = R$ 5.168,00*

Apuração extracontábil dos valores referentes à contribuição para o PIS/Pasep e à Cofins:
- Contribuição para o PIS/Pasep: R$ 2.673,00 – R$ 1.122,00 = R$ 1.551,00 (valor efetivo a recolher)
- Cofins: R$ 12.312,00 – R$ 5.168,00 = R$ 7.144,00 (valor efetivo a recolher)

Demonstração do Resultado do Exercício:

Receita Bruta de Vendas – R$ 150.000,00

Receita Bruta de Prestação de Serviços – R$ 60.000,00

(-) Devoluções de Vendas – (R$ 20.000,00)

(-) Descontos Incondicionais Concedidos – (R$ 10.000,00)

(-) PIS sobre o Faturamento – (R$ 2.673,00)

(-) Cofins sobre o Faturamento – (R$ 12.312,00)

(-) ICMS sobre Vendas – (R$ 18.000,00)

(-) Despesas com ISS – (R$ 3.000,00)

(-) Abatimentos sobre Vendas – (R$ 5.000,00)

(=) Receita Líquida de Vendas e Serviços – R$ 139.015,00

Deve ser ressaltado que se a entidade estiver sujeita à incidência não cumulativa da contribuição para o PIS/Pasep e da Cofins em relação a apenas uma parte de suas receitas auferidas, então os créditos serão apurados, exclusivamente, em relação à parcela dos custos, encargos e despesas diretamente vinculados a essas receitas em que pode ser aplicada a não cumulatividade.

13.12.5. Os Abatimentos sobre as Vendas

A conta **Abatimentos sobre Vendas** deve ser utilizada para o registro de reduções de preços de compra e venda <u>em consequência de eventos que ocorreram após tais operações</u>. Trata-se de descontos concedidos a clientes <u>em data posterior à da entrega dos produtos ou das mercadorias ou da prestação de serviços efetuada</u>. O vendedor ou o prestador de serviços aceita incorrer em novo gasto a fim de não sofrer o cancelamento ou a devolução de uma venda, ou a recusa do cliente quando da aceitação do serviço prestado.

Há diversos motivos que justificam a concessão de um abatimento pelo vendedor, dentre eles: diferença de qualidade, de tipo, de quantidade, de preço, ou qualquer outro fator que esteja em desacordo com o pedido efetuado, como, por exemplo, o defeito originado no transporte ou no desembarque dos produtos ou das mercadorias.

A empresa compradora registra a conta **Abatimentos sobre Compras** (conta de resultado, de saldo credor, retificadora da conta Compras Brutas).

A empresa vendedora registra a conta **Abatimentos sobre Vendas** (conta de resultado, de saldo devedor, retificadora de Receita Bruta de Vendas).

Exemplo

Foi realizada uma venda de 100 pastas a R$ 10,00 cada uma, com pagamento em dinheiro. As pastas estavam em estoque, ao custo unitário de R$ 4,00. Ao receber a entrega, o cliente constatou que 10 pastas estavam com pequenos defeitos. Após acerto entre vendedor e comprador, o vendedor concedeu abatimento de R$ 20,00 no total da compra, a fim de que o comprador não devolvesse as pastas defeituosas.

Valor da venda = 100 unidades x R$ 10,00/unidade = R$ 1.000,00

(-) Abatimento = R$ 20,00

(=) Total = R$ 980,00

Lançamentos (no vendedor):

D – Caixa
C – Receita Bruta de Vendas　　　　　　　　　　　　　　　1.000,00

　(e)

D – Custo das Mercadorias Vendidas
C – Estoques de Mercadorias　　　　　　　　　　　　　　　　400,00

　Quando for concedido o abatimento sobre a venda:

D – Abatimentos sobre Vendas
C – Caixa　　　　　　　　　　　　　　　　　　　　　　　　　20,00

Lançamentos (no comprador):

D – Compras Brutas
C – Caixa　　　　　　　　　　　　　　　　　　　　　　　1.000,00

　Quando for obtido o abatimento sobre a compra efetuada:

D – Caixa
C – Abatimentos sobre Compras　　　　　　　　　　　　　　20,00

13.12.6. Dedução do Ajuste a Valor Presente

Quando estamos diante de uma economia inflacionária, é comum observarmos a aplicação de uma sobretaxa ao valor da transação à vista, diferindo-a do valor da transação a prazo. Esta sobretaxa corresponde, no mínimo, ao valor da inflação estimada para o período, sendo que normalmente são aplicadas as condições de juros nominais de mercado.

Até o advento da Lei nº 11.638/2007, que modificou a Lei das Sociedades por Ações, as empresas costumavam reconhecer *seus ativos a receber e suas receitas*, assim como *suas contas a pagar e suas despesas*, tendo por base os documentos que suportavam tais transações (notas fiscais, faturas etc.). Não havia a preocupação de mostrar a essência das transações no que se refere à apuração do resultado do período, ou seja, **não se destacava os juros embutidos nos valores das transações dos preços à vista destas**.

O que fez a Lei nº 11.638/2007?! Determinou que seja registrado para cada transação efetuada o desconto a valor presente para direitos e obrigações, encargos e riscos de longo prazo e, também, para direitos e obrigações, encargos e riscos de curto prazo (*neste último caso, se houver relevância*).

Quando ocorrem transações comerciais de curto prazo (regra geral, compreendidas entre 30 e 90 dias do prazo de vencimento), como os juros embutidos em tais transações são costumeiramente menores, torna-se aceitável efetuar registros pelos valores efetivamente faturados, ou seja, sem destaque dos juros embutidos em cada negócio assim apresentado. Porém, *se o ajuste a valor presente da transação for considerado relevante*, os juros deverão ser destacados da parcela principal da transação.

> ***Valor presente*** é a estimativa do valor corrente de um fluxo de caixa futuro. É o valor atual de um fluxo futuro de recebimentos ou de pagamentos, descontado por intermédio do uso de uma taxa de desconto definida.

A Lei nº 12.973, de 13 de maio de 2014, versa sobre a receita bruta de vendas nos seguintes termos:

A receita bruta compreende:

I – o produto da venda de bens nas operações de conta própria;

II – o preço da prestação de serviços em geral;

III – o resultado auferido nas operações de conta alheia; e

IV – as receitas da atividade ou objeto principal da pessoa jurídica não compreendidas nos incisos I a III.

A receita líquida será a receita bruta diminuída de:

I – devoluções e vendas canceladas;
II – descontos concedidos incondicionalmente;
III – tributos sobre ela incidentes; e
IV – **valores decorrentes do ajuste a valor presente**, de que trata o inciso VIII do *caput* do art. 183 da Lei nº 6.404, de 15 de dezembro de 1976, das operações vinculadas à receita bruta.

Na receita bruta não se incluem os tributos não cumulativos cobrados, destacadamente, do comprador ou contratante pelo vendedor dos bens ou pelo prestador dos serviços na condição de mero depositário.

Na receita bruta incluem-se os tributos sobre ela incidentes e *os valores decorrentes do ajuste a valor presente*.

De acordo com o Pronunciamento Técnico CPC 12 – Ajuste a Valor Presente, **determina-se que a mensuração contábil a valor presente seja aplicada no reconhecimento inicial de ativos e passivos**. Apenas em certas situações excepcionais, como a que é adotada numa renegociação de dívida em que novos termos são estabelecidos, o ajuste a valor presente deve ser aplicado como se fosse nova medição de ativos e passivos.

<u>Exemplo</u>

Como registrar o ajuste a valor presente: quando ocorre uma venda de mercadorias?

Registros contábeis:

D – Caixa	3.600,00
D – Descontos Incondicionais Concedidos	400,00
C – Receita Bruta de Vendas	4.000,00

D – Deduções com *Ajuste a Valor Presente* (dedução da receita bruta)	
C – *Ajuste a Valor Presente* (receita a Apropriar)	250,00

D – Custo das Mercadorias Vendidas	
C – Estoques de Mercadorias	1.600,00

D – ICMS sobre Vendas	
C – ICMS a Recolher	720,00

13.13. A Receita Líquida de Vendas

O Inciso II do Art. 187 da Lei das Sociedades por Ações disciplina que a Demonstração do Resultado do Exercício discriminará:

I – a receita bruta das vendas e serviços, as deduções das vendas, os abatimentos e os impostos;

II – *a receita líquida das vendas e serviços*, o custo das mercadorias e serviços vendidos e o lucro bruto;

(continua)...

A *Receita Líquida de Vendas e Serviços* é obtida efetuando-se as deduções sobre as vendas e sobre as prestações de serviços em relação à Receita Bruta das Vendas e Serviços.

Na Demonstração do Resultado do Exercício, teremos:

    Faturamento Bruto
-    IPI no Faturamento Bruto
=   **Receita Bruta de Vendas e Serviços**
      Receita Bruta de Vendas de Produtos
         Mercado Nacional
         Exportação
      Receita Bruta de Prestação de Serviços
         Mercado Nacional
         Exportação
-    Deduções das Receitas Brutas
      (-) Vendas Canceladas ou Devolvidas
      (-) Descontos Incondicionais / Promocionais Concedidos
      (=) "Base de Cálculo para os Tributos"
      (-) Tributos incidentes sobre vendas e serviços
         "ICMS, ISS, Cofins, PIS"
      (-) Abatimentos concedidos sobre vendas
      (-) Abatimentos concedidos sobre serviços
-    Ajuste a Valor Presente de Clientes
=   **Receita Líquida de Vendas e Serviços**

Exemplo

Demonstração do Resultado do Exercício:

Receita Bruta de Vendas – R$ 150.000,00

Receita Bruta de Prestação de Serviços – R$ 60.000,00

(-) Devoluções de Vendas – (R$ 20.000,00)
(-) Descontos Incondicionais Concedidos – (R$ 10.000,00)
(-) PIS sobre o Faturamento – (R$ 2.970,00)
(-) Cofins sobre o Faturamento – (R$ 13.680,00)
(-) ICMS sobre Vendas – (R$ 18.000,00)
(-) Despesas com ISS – (R$ 3.000,00)
(-) Abatimentos sobre Vendas – (R$ 5.000,00)
(=) *Receita Líquida de Vendas e Serviços* – *R$ 137.350,00*

Exemplo
Questão 07 – (Contador Júnior – PETROBRAS – Fundação CESGRANRIO – 2010)
Analise os dados extraídos da contabilidade da comercial Brasília Ltda., em reais.
- **Despesas com Vendas 2.000,00**
- **Devolução de Vendas 4.000,00**
- **PIS sobre Vendas 1.200,00**
- **Receita Bruta 22.000,00**
- **Custo das Mercadorias Vendidas 12.000,00**
- **ICMS sobre Vendas 3.960,00**
- **COFINS sobre Vendas 840,00**
- **Despesas Administrativas 4.500,00**

Considerando exclusivamente os dados acima, o valor da receita líquida, em reais, é
a) 5.500,00.
b) 10.000,00.
c) 12.000,00.
d) 13.200,00.
e) 16.800,00.

Resolução e Comentários
- PIS sobre Vendas 1.200,00
- ICMS sobre Vendas 3.960,00
- Cofins sobre Vendas 840,00

Demonstração do Resultado do Exercício:
Receita Bruta de Vendas – *R$ 22.000,00*
(-) Devoluções de Vendas – (R$ 4.000,00)
(-) Descontos Incondicionais Concedidos – (R$ 0,00)
(-) PIS sobre o Faturamento – (R$ 1.200,00)
(-) Cofins sobre o Faturamento – (R$ 840,00)
(-) ICMS sobre Vendas – (R$ 3.960,00)

(-) Despesas com ISS – (R$ 0,00)
(-) Abatimentos sobre Vendas – (R$ 0,00)
(=) *Receita Líquida de Vendas e Serviços – R$ 12.000,00*
Gabarito – C

13.14. O Custo dos Produtos Vendidos e dos Serviços Prestados

O Inciso II do Art. 187 da Lei das Sociedades por Ações disciplina que a Demonstração do Resultado do Exercício discriminará:

I – a receita bruta das vendas e serviços, as deduções das vendas, os abatimentos e os impostos;

II – a receita líquida das vendas e serviços, **o custo das mercadorias e serviços vendidos** e o lucro bruto;

(continua)...

*O **Custo dos Produtos Vendidos** (empresa industrial) ou o **Custo das Mercadorias Vendidas** (empresa comercial) e o **Custo dos Serviços Prestados** devem ser contabilmente reconhecidos simultaneamente à geração das Receitas de Vendas de Produtos (ou Mercadorias) e Serviços, quando se correlacionarem.*

A obtenção do Custo dos Produtos Vendidos (empresa industrial) ou do Custo das Mercadorias Vendidas (empresa comercial) está diretamente relacionada aos estoques da entidade, uma vez que representa a baixa de estoques de produtos ou mercadorias efetuada em consequência das vendas realizadas no período.

$$CPV = EI + CL - EF \text{ (e) } CMV = EI + CL - EF$$

CPV – Custo dos Produtos Vendidos

CMV – Custo das Mercadorias Vendidas

EI – Estoque Inicial de produtos ou de mercadorias destinados à venda (início do período)

CL – Compras Líquidas (compras ou entradas do período)

EF – Estoque Final de produtos ou de mercadorias destinados à venda (final do período)

No caso de empresas industriais, as "entradas" anteriormente citadas representam toda a produção completada no período. Logo, para estas empresas industriais, necessário se faz que cada uma tenha um sistema de contabilidade de custos adequado a sua estrutura do sistema de produção, as suas necessidades internas para fins gerenciais etc.

13.15. O Lucro Operacional Bruto

O Inciso II do Art. 187 da Lei das Sociedades por Ações disciplina que a Demonstração do Resultado do Exercício discriminará:

I – a receita bruta das vendas e serviços, as deduções das vendas, os abatimentos e os impostos;

II – a receita líquida das vendas e serviços, o custo das mercadorias e serviços vendidos e o *lucro bruto*;

(continua)...

O **Lucro Operacional Bruto** é também denominado **Lucro Bruto** ou **Resultado Industrial** (empresas industriais) ou **Resultado com Mercadorias** (empresas comerciais).

Deduzindo-se da Receita Líquida de Vendas e Serviços o valor do Custo dos Produtos Vendidos ou o Custo das Mercadorias Vendidas e o Custo dos Serviços Prestados, tem-se o valor do Lucro Operacional Bruto.

Na Demonstração do Resultado do Exercício, teremos:

Faturamento Bruto
- IPI no Faturamento Bruto
= **Receita Bruta de Vendas e Serviços**
    Receita Bruta de Vendas de Produtos
        Mercado Nacional
        Exportação
    Receita Bruta de Prestação de Serviços
        Mercado Nacional
        Exportação
-     Deduções das Receitas Brutas
    (-) Vendas Canceladas ou Devolvidas
    (-) Descontos Incondicionais / Promocionais Concedidos
    (=) "Base de Cálculo para os Tributos"
    (-) Tributos incidentes sobre vendas e serviços
        "ICMS, ISS, Cofins, PIS"
    (-) Abatimentos concedidos sobre vendas
    (-) Abatimentos concedidos sobre serviços
-     Ajuste a Valor Presente de Clientes
= **Receita Líquida de Vendas e Serviços**
-     Custo das Mercadorias Vendidas
-     Custo dos Serviços Prestados
= **Lucro Bruto ou Lucro Operacional Bruto**

Capítulo 13 — *A Demonstração do Resultado do Exercício e a Demonstração do Resultado Abrangente*

Exemplo

Demonstração do Resultado do Exercício:

Receita Bruta de Vendas – R$ 150.000,00
Receita Bruta de Prestação de Serviços – R$ 60.000,00
(-) Devoluções de Vendas – (R$ 20.000,00)
(-) Descontos Incondicionais Concedidos – (R$ 10.000,00)
(-) PIS sobre o Faturamento – (R$ 2.970,00)
(-) Cofins sobre o Faturamento – (R$ 13.680,00)
(-) ICMS sobre Vendas – (R$ 18.000,00)
(-) Despesas com ISS – (R$ 3.000,00)
(-) Abatimentos sobre Vendas – (R$ 5.000,00)
(=) Receita Líquida de Vendas e Serviços – R$ 137.350,00
(-) Custo das Mercadorias Vendidas – (R$ 43.500,00)
(-) Custo dos Serviços Prestados = (R$ 22.000,00)
(=) Lucro Operacional Bruto = R$ 71.850,00

O **Lucro Operacional Bruto** corresponde ao resultado obtido diretamente das vendas de produtos ou de mercadorias e da prestação de serviços, sem levar em consideração o gasto referente à estrutura da empresa, que é demonstrado pelas Despesas Gerais e Administrativas, Despesas com Vendas etc.

Ao compararmos o Lucro Bruto com as Receitas Brutas poderemos ter uma razoável estimativa das margens brutas praticadas pela empresa, o que não deixa de ser uma relevante medida de performance.

13.16. Exercícios Resolvidos para a Fixação de Conteúdo

Questão 08 – (Contador Júnior – Área Contábil – TRANSPETRO – Fundação CESGRANRIO – 2006)

Indique o lucro bruto da Cia. Comercial Mundial considerando os seguintes fatores:
- saldo inicial da conta estoque de mercadorias, R$ 20.000,00;
- no período de apuração foram realizadas aquisições de mercadorias, no montante de R$ 60.000,00, inclusos, neste montante, 15% de ICMS;
- as vendas do período foram de R$ 100.000,00, inclusos 15% de ICMS;
- ocorreu devolução de vendas, no mesmo período, por parte dos clientes, no valor de R$ 10.000,00;
- saldo final da conta estoque de mercadorias R$ 25.000,00.

a) 32.500,00.
b) 30.500,00.
c) 30.000,00.
d) 29.000,00.
e) 28.500,00.

Resolução e Comentários

EI – R$ 20.000,00

Compras Líquidas: R$ 60.000,00 – 15% x R$ 60.000,00 (ICMS sobre Compras) = R$ 51.000,00

EF – R$ 25.000,00

→ CMV = EI + CL – EF = R$ 20.000,00 + R$ 51.000,00 – R$ 25.000,00 = R$ 46.000,00

Demonstração do Resultado do Exercício:
   Receita Bruta de Vendas – R$ 100.000,00
(-) Devoluções de Vendas – (R$ 10.000,00)
(-) Descontos Incondicionais Concedidos – (R$ 0,00)
(-) PIS sobre o Faturamento – (R$ 0,00)
(-) Cofins sobre o Faturamento – (R$ 0,00)
(-) ICMS sobre Vendas – (R$ 15.000,00) (=R$ 100.000,00 x 15%)
(-) Despesas com ISS – (R$ 0,00)
(-) Abatimentos sobre Vendas – (R$ 0,00)
(=) Receita Líquida de Vendas e Serviços – R$ 75.000,00
(-) Custo das Mercadorias Vendidas – (R$ 46.000,00)
(=) Lucro Operacional Bruto = R$ 29.000,00

Gabarito – D

Questão 09 – (Técnico de Contabilidade Júnior – PETROBRAS – Fundação CESGRANRIO – 2010)

    Observe a legenda a seguir.
    C = Compras
    CMV = Custo das Mercadorias Vendidas
    EF = Estoque Final
    EI = Estoque Inicial
    RCM = Resultado com Mercadorias
    V = Vendas
    Considerando a legenda acima, o RCM é obtido por meio da seguinte fórmula:
    a) V – (EI + C – EF).
    b) V – EI + EF + C.
    c) V + (EI – C + EF).
    d) V + CMV + (EI – C – EF).
    e) CMV + EI – EF = V.

Resolução e Comentários

CMV = EI + C – EF

RCM = V – CMV = V – (EI + C – EF)

Gabarito – A

Capítulo 13 — A Demonstração do Resultado do Exercício e a Demonstração do Resultado Abrangente

Questão 10 – (Técnico de Contabilidade Júnior – PETROBRAS – Fundação CESGRANRIO – 2010)

Admita as seguintes informações da empresa comercial *Revolution* Ltda.:

Itens	Valores
Devolução de Vendas	8.133,00
Despesa de Vendas	13.459,00
Receita Bruta	126.340,00
ICMS sobre Vendas	19.142,00
Cofins sobre Vendas	2.658,00
Custo das Mercadorias Vendidas	48.111,00
Despesas Administrativas	25.912,00

Considerando apenas as informações acima, o valor do lucro bruto da *Revolution* Ltda., em reais, é

a) 18.925,00.
b) 28.296,00.
c) 48.111,00.
d) 48.296,00.
e) 49.825,00.

Resolução e Comentários

Demonstração do Resultado do Exercício:

Receita Bruta de Vendas – R$ 126.340,00

(-) Vendas Canceladas / Devolvidas – (R$ 8.133,00)

(-) Descontos Incondicionais Concedidos –

(-) Tributos sobre as Vendas (ICMS, PIS, Cofins) – (R$ 19.142,00 + R$ 2.658,00)

(-) Abatimentos sobre as Vendas –

(=) Receita Líquida de Vendas = R$ 96.407,00

(-) Custo das Mercadorias Vendidas – (R$ 48.111,00)

(=) Lucro Bruto = R$ 48.296,00

Gabarito – D

Questão 11 – (Técnico de Contabilidade Júnior – PETROBRAS – Fundação CESGRANRIO – 2010)

A Miramar Ltda. possuía em estoque, no início de abril de 2009, 100 calças no valor total de R$ 10.890,00. Durante o mês, adquiriu um lote de 120 calças, diretamente da indústria, sendo o valor global da Nota Fiscal R$ 15.840,00, com o valor do IPI incluso e calculado pela alíquota de 10%. O valor do ICMS, destacado na nota fiscal, é calculado pela alíquota de 18%.

Na contagem física do estoque no final de abril, depois de registradas todas as vendas do mês, foi apurada a existência de 80 calças.

Com base exclusivamente nos dados informados e sabendo-se que a empresa adota o sistema PEPS (Primeiro que Entra Primeiro que Sai) para controlar o estoque, o Custo das Mercadorias Vendidas (CMV) em abril de 2009, em reais, é

a) 15.840,00.
b) 15.306,00.
c) 14.826,00.
d) 14.400,00.
e) 12.872,00.

Resolução e Comentários

Análise da compra:

A compra foi efetuada por uma empresa comercial. Como foi feita para comercialização, o IPI não faz parte da base de cálculo do ICMS.

Valor Total da Nota Fiscal = R$ 15.840,00 = RBV + IPI = RBV + 10% x RBV → RBV = 14.400,00

Base de cálculo do ICMS (imposto recuperável) = RBV = R$ 14.400,00

ICMS a Recuperar = 18% x R$ 14.400,00 = R$ 2.592,00

Custo de Aquisição = R$ 15.840,00 – R$ 2.592,00 = R$ 13.248,00 → Custo Unitário = R$ 13.248,00 / 120 = R$ 110,40 / unidade

Quantidade vendida = 100 + 120 – 80 = 140 unidades

PEPS

Data	\multicolumn{3}{Entradas}						

	Mercadorias								
	Entradas			Saídas			Saldo		
Data	Quantidade	Custo Unitário (R$)	Custo Total (R$)	Quantidade	Custo Unitário (R$)	Custo Total (R$)	Quantidade	Custo Unitário (R$)	Custo Total (R$)
Estoque Inicial							100	108,90	10.890,00
Compra	120	110,40	13.248,00				100	108,90	10.890,00
							120	110,40	13.248,00
Venda				100	108,90	10.890,00	80	110,40	8.832,00
				40	110,40	4.416,00			
Totais	Compras Líquidas		13.248,00	CMV		15.306,00	Estoque Final		8.832,00

Gabarito – B

Capítulo 13 — A Demonstração do Resultado do Exercício e a Demonstração do Resultado Abrangente ■ 1031

Questão 12 – (Técnico de Contabilidade Júnior – PETROBRAS – Fundação CESGRANRIO – 2010)

Dados extraídos da contabilidade da Comercial Oxalá Ltda.:
- Estoque inicial de 2.500 escadas, registradas por R$ 10,00 cada uma.
- Aquisição durante o mês de 8.000 escadas a R$12,00 cada, incluso ICMS de 18%.
- Vendas no mesmo mês: R$ 150.000,00, incluindo 18% de ICMS.
- A contagem física do estoque final constatou a existência de 3.000 escadas.
- A empresa controla o estoque pelo sistema PEPS (Primeiro que Entra Primeiro que Sai).

Considerando exclusivamente os dados acima, o custo das mercadorias vendidas foi, em reais, de

a) 78.720,00.
b) 75.800,00.
c) 74.200,00.
d) 71.280,00.
e) 54.520,00.

Resolução e Comentários

Análise da compra:

A compra foi efetuada por uma empresa comercial.

Base de cálculo do ICMS (imposto recuperável) = Preço de Venda = R$ 12,00

ICMS a Recuperar = 18% x R$ 12,00 = R$ 2,16

Custo Unitário de Aquisição = R$ 12,00 – R$ 2,16 = R$ 9,84 → Custo Unitário = R$ 9,84 / unidade

Quantidade vendida = 2.500 + 8.000 – 3.000 = 7.500 unidades

PEPS

Data	Mercadorias								
	Entradas			Saídas			Saldo		
	Quantidade	Custo Unitário (R$)	Custo Total (R$)	Quantidade	Custo Unitário (R$)	Custo Total (R$)	Quantidade	Custo Unitário (R$)	Custo Total (R$)
Estoque Inicial							2.500	10,00	25.000,00
Compra	8.000	9,84	78.720,00				2.500	10,00	25.000,00
							8.000	9,84	78.720,00
Venda				2.500	10,00	25.000,00	3.000	9,84	29.520,00
				5.000	9,84	49.200,00			
Totais	Compras Líquidas		78.720,00	CMV		74.200,00	Estoque Final		29.520,00

Gabarito – C

Questão 13 – (Técnico de Contabilidade Júnior – PETROBRAS – Fundação CESGRANRIO – 2010)

O Custo das Mercadorias Vendidas (CMV) representa a(o)
a) diferença entre a receita bruta e as deduções da receita bruta.
b) diferença entre a receita bruta e o resultado com mercadorias.
c) soma dos custos fixos e as variáveis do processo produtivo.
d) soma de todos os gastos realizados pela empresa para comercializar os seus produtos.
e) valor atribuído às mercadorias negociadas pelo comerciante com seus clientes.

Resolução e Comentários

O Custo das Mercadorias Vendidas (CMV) representa o valor atribuído às mercadorias negociadas pelo comerciante com seus clientes.

Gabarito – E

Questão 14 – (Técnico de Suprimento de Bens e Serviços Júnior / Administração – PETROBRAS – Fundação CESGRANRIO – 2010)

Observe os dados, em reais, extraídos da contabilidade da empresa Comercial Ceará.
- Estoque Inicial de Mercadorias 17.500,00
- Vendas de Mercadorias 135.000,00
- Compras de Mercadorias 83.000,00
- Devolução de Vendas 4.500,00
- Abatimento sobre Vendas 2.700,00
- Estoque Final de Mercadorias 13.000,00

Considerando exclusivamente as informações acima e eliminando-se a incidência de qualquer imposto, o Resultado Com Mercadorias (RCM) da empresa, em reais, é
a) 27.300,00.
b) 40.300,00.
c) 47.500,00.
d) 57.800,00.
e) 87.500,00.

Resolução e Comentários

EI – R$ 17.500,00

Compras Líquidas: R$ 83.000,00

EF – R$ 13.000,00

→ CMV = EI + CL – EF = R$ 17.500,00 + R$ 83.000,00 – R$ 13.000,00 = R$ 87.500,00

Demonstração do Resultado do Exercício:

Receita Bruta de Vendas – R$ 135.000,00

(-) Devoluções de Vendas – (R$ 4.500,00)

(-) Descontos Incondicionais Concedidos – (R$ 0,00)

(-) PIS sobre o Faturamento – (R$ 0,00)

(-) Cofins sobre o Faturamento – (R$ 0,00)
(-) ICMS sobre Vendas – (R$ 0,00)
(-) Despesas com ISS – (R$ 0,00)
(-) Abatimentos sobre Vendas – (R$ 2.700,00)
(=) Receita Líquida de Vendas e Serviços – R$ 127.800,00
(-) Custo das Mercadorias Vendidas – (R$ 87.500,00)
(=) Lucro Operacional Bruto = R$ 40.300,00
Gabarito – B

Questão 15 – (Técnico de Suprimento de Bens e Serviços Júnior / Administração – PETROBRAS – Fundação CESGRANRIO – 2010)
Observe os dados, com valores em reais, extraídos da contabilidade da Coliseu Ltda.
- **Despesas Administrativas 214.150,00**
- **Custo das Mercadorias Vendidas 255.000,00**
- **ICMS sobre as Vendas 38.800,00**
- **PIS sobre as Vendas 19.400,00**
- **Despesas com Vendas 111.800,00**
- **Cofins sobre Vendas 12.500,00**
- **Receita Bruta 776.000,00**

Considerando apenas os dados acima, o lucro bruto da Coliseu, em reais, será
a) 124.500,00.
b) 236.150,00.
c) 450.300,00.
d) 455.150,00.
e) 705.300,00.

Resolução e Comentários
Demonstração do Resultado do Exercício:
Receita Bruta de Vendas – R$ 776.000,00
(-) Devoluções de Vendas – (R$ 0,00)
(-) Descontos Incondicionais Concedidos – (R$ 0,00)
(-) PIS sobre o Faturamento – (R$ 19.400,00)
(-) Cofins sobre o Faturamento – (R$ 12.500,00)
(-) ICMS sobre Vendas – (R$ 38.800,00)
(-) Despesas com ISS – (R$ 0,00)
(-) Abatimentos sobre Vendas – (R$ 0,00)
(=) Receita Líquida de Vendas e Serviços – R$ 705.300,00
(-) Custo das Mercadorias Vendidas – (R$ 255.000,00)
(=) Lucro Operacional Bruto = R$ 450.300,00
Gabarito – C

Questão 16 – (Técnico de Contabilidade I – Refinaria Alberto Pasqualini – REFAP – CESGRANRIO – 2007)

A Companhia Rio Seco constatou que alguns lotes de suas mercadorias apresentavam pequenos defeitos. Por isso, informou a seus clientes que tais defeitos poderiam ser encontrados em algumas peças, antes de fazer as seguintes vendas:

- R$ 15.000,00, para a Empresa Lago Ltda., à vista;
- R$ 12.000,00, para o Armarinho Ribeiro Ltda., sendo metade à vista e metade a prazo;
- R$ 10.000,00, para a Empresa Canal Aberto Ltda., a prazo.

No mesmo mês, ocorreram as seguintes situações:

- a Empresa Lago encontrou defeitos acima do aceitável e devolveu 40% das compras;
- o Armarinho Ribeiro manteve as compras realizadas;
- a Canal Aberto conseguiu um abatimento de 20%, para não devolver as mercadorias.

Desconsiderando a incidência dos impostos, nas operações acima, a Receita Bruta, em reais, da Companhia Rio Seco, decorrente de tais vendas, foi:

a) 23.000,00.
b) 29.000,00.
c) 31.000,00.
d) 35.000,00.
e) 37.000,00.

Resolução e Comentários

Repare que a conta Receita Bruta de Vendas somente registra as vendas realizadas. Toda alteração de valor referente à venda de mercadorias deverá ser registrada em conta própria, que será deduzida de Receita Bruta de Vendas. Portanto:

Receita Bruta de Vendas = R$ 15.000,00 + R$ 12.000,00 + R$ 10.000,00 = R$ 37.000,00

Vendas para a Empresa Lago:

Receita Bruta de Vendas – R$ 15.000,00

(-) Vendas Canceladas / Devolvidas – (40% x R$ 15.000,00) = (R$ 6.000,00)

(-) Descontos Incondicionais Concedidos –

(-) Tributos sobre as Vendas –

(-) Abatimentos sobre as Vendas –

(=) Receita Líquida de Vendas = R$ 9.000,00

Vendas para o Armarinho Ribeiro:

Receita Bruta de Vendas – R$ 12.000,00

(-) Vendas Canceladas / Devolvidas –

(-) Descontos Incondicionais Concedidos –

Capítulo 13 — A Demonstração do Resultado do Exercício e a Demonstração do Resultado Abrangente ■ 1035

(-) Tributos sobre as Vendas –
(-) Abatimentos sobre as Vendas –
(=) Receita Líquida de Vendas = R$ 12.000,00

Vendas para o Canal Aberto:
   Receita Bruta de Vendas – R$ 10.000,00
(-) Vendas Canceladas / Devolvidas –
(-) Descontos Incondicionais Concedidos –
(-) Tributos sobre as Vendas –
(-) Abatimentos sobre as Vendas – (20% x R$ 10.000,00) = (R$ 2.000,00)
(=) Receita Líquida de Vendas = R$ 8.000,00
Gabarito – E

Questão 17 – (Técnico de Contabilidade I – Refinaria Alberto Pasqualini – REFAP – CESGRANRIO – 2007)
   Os seguintes dados foram extraídos dos registros da Empresa Silva & Souza Ltda., em março de 2007:
   Em reais

Vendas de Mercadorias	224.000,00
Compras	182.000,00
Estoque Inicial Mercadorias	30.000,00
Estoque Final Mercadorias	28.000,00
Devoluções de Vendas	6.000,00
Abatimento sobre Vendas	4.000,00
Devoluções de Compras	9.000,00
Abatimento sobre Compras	5.000,00

   Com base nos dados acima, é correto afirmar que o lucro bruto do mês de março de 2007, em reais, foi:
   a) 44.000,00.
   b) 48.000,00.
   c) 54.000,00.
   d) 58.000,00.
   e) 68.000,00.

Resolução e Comentários
CMV = EI + CL – EF = 30.000 + (182.000 – 9.000 – 5.000) – 28.000 = 170.000
   Receita Bruta de Vendas – 224.000
(-) Vendas Canceladas / Devolvidas – (6.000)
(-) Descontos Incondicionais Concedidos –
(-) Tributos sobre as Vendas –

(-) Abatimentos sobre as Vendas – (4.000)
(=) Receita Líquida de Vendas = R$ 214.000,00
(-) CMV – (170.000)
(=) Resultado Com Mercadorias = Lucro Bruto = Lucro Operacional Bruto = 44.000
Gabarito – A

Questão 18 – (Técnico de Contabilidade I – PETROBRAS Transporte S/A – TRANSPETRO – CESGRANRIO – 2006)

A Empresa Souza Ferreira Ltda. comprou, em nov. 2005, mercadorias no valor de R$ 80.000,00 (ICMS de 18% incluso). Em dez. 2005, vendeu 80% das mercadorias em estoque por R$ 120.000,00 (ICMS de 18% incluso).

Sabendo-se que o estoque final de mercadorias, em out. 2005, era de R$ 21.400,00, o Resultado da Venda Líquida, em dez. 2005, em reais, foi:

a) 26.400,00.
b) 39.520,00.
c) 39.720,00.
d) 58.000,00.
e) 98.400,00.

Resolução e Comentários

Compra:

Valor total da compra = R$ 80.000,00

ICMS incluído na compra = 18% x R$ 80.000,00 = R$ 14.400,00

Registro da compra:

D – Mercadorias – R$ 65.600,00 (custo das mercadorias adquiridas)
D – ICMS a Recuperar – R$ 14.400,00
C – Caixa / Bancos / Fornecedores – R$ 80.000,00

Venda:

Receita Bruta de Vendas – R$ 120.000,00

(-) Vendas Canceladas / Devolvidas –

(-) Descontos Incondicionais Concedidos –

(-) Tributos sobre as Vendas – ICMS sobre as Vendas – (18% x R$ 120.000,00) – (R$ 21.600,00)

(-) Abatimentos sobre as Vendas –

(=) Receita Líquida de Vendas = R$ 98.400,00 (resultado da venda líquida)

Gabarito – E

Capítulo 13 — *A Demonstração do Resultado do Exercício e a Demonstração do Resultado Abrangente* ■ **1037**

Questão 19 – (Técnico de Contabilidade I – PETROBRAS – CESGRANRIO – 2005)
Foram extraídas do balancete de verificação da Cia. Brasil as seguintes contas:

	Em R$
Receita Bruta	11.200.000,00
Despesa com Amortização	85.000,00
Despesa com Vendas	850.000,00
Despesa com Depreciação	220.000,00
ICMS a Recolher	1.070.000,00
Receitas financeiras	130.000,00
Despesas Administrativas	2.100.000,00
Despesas Não Operacionais	118.000,00
CMV	6.080.000,00
Despesas Financeiras	600.000,00

Sabendo que a Companhia Brasil recolhe seus impostos, impreterivelmente, no próprio mês e considerando os dados acima, o RCM – Resultado com Mercadorias, em reais, foi:
a) 10.130.000,00.
b) 6.080.000,00.
c) 4.050.000,00.
d) 325.000,00.
e) 207.000,00.

Resolução e Comentários

Venda:
  Receita Bruta de Vendas – R$ 11.200.000,00
(-) Vendas Canceladas / Devolvidas –
(-) Descontos Incondicionais Concedidos –
(-) Tributos sobre as Vendas – ICMS sobre as Vendas – (R$ 1.070.000,00)
(-) Abatimentos sobre as Vendas –
(=) Receita Líquida de Vendas = R$ 10.130.000,00 (resultado da venda líquida)
(-) Custo das Mercadorias Vendidas – (R$ 6.080.000,00)
(=) Lucro Bruto = Lucro Operacional Bruto = Resultado com Mercadorias = R$ 4.050.000,00

Gabarito – C

Questão 20 – (Técnico de Contabilidade I – PETROBRAS – CESGRANRIO – 2008)
Considere os dados extraídos dos registros contábeis da Empresa Meridional Ltda., em 31.12.2007.
• O saldo inicial da conta Mercadorias para Revenda era R$ 20.000,00.
• As vendas de mercadorias do período foram R$150.000,00.
• As despesas operacionais do período montaram a R$30.000,00.

- O Estoque final de mercadorias para revenda era R$30.000,00.
- O lucro operacional obtido no período foi R$40.000,00.

Com base nos dados e desconsiderando a incidência de impostos, o valor das compras de mercadorias, em reais, no período, foi

a) 50.000,00.
b) 70.000,00.
c) 80.000,00.
d) 90.000,00.
e) 110.000,00.

Resolução e Comentários

Receita Bruta de Vendas – R$ 150.000,00

(-) Vendas Canceladas / Devolvidas –

(-) Descontos Incondicionais Concedidos –

(-) Tributos sobre as Vendas – ICMS sobre as Vendas –

(-) Abatimentos sobre as Vendas –

(=) Receita Líquida de Vendas = R$ 150.000,00

(-) Custo das Mercadorias Vendidas – *CMV (?)*

(=) Lucro Bruto = Lucro Operacional Bruto = Resultado com Mercadorias = RCM

(-) Despesas Operacionais = (R$ 30.000,00)

(=) Lucro Operacional = R$ 40.000,00

→ R$ 150.000,00 – CMV – R$ 30.000,00 = R$ 40.000,00 → CMV = R$ 80.000,00
→ CMV = EI + CL – EF → R$ 80.000,00 = R$ 20.000,00 + C – R$ 30.000,00

→ Compras = R$ 90.000,00

Gabarito – D

Questão 21 – (Técnico de Contabilidade I – PETROBRAS – CESGRANRIO – 2008)
O Resultado com Mercadorias, quando positivo, pode ser também denominado

a) Lucro bruto.
b) Lucro não operacional.
c) Resultado operacional.
d) Compras brutas.
e) Custo das mercadorias vendidas.

Resolução e Comentários

O Resultado com Mercadorias, quando positivo, pode ser também denominado Lucro Bruto ou Lucro Operacional Bruto ou Resultado com Mercadorias.

Gabarito – A

Capítulo 13 — A Demonstração do Resultado do Exercício e a Demonstração do Resultado Abrangente ■ **1039**

Questão 22 – (Técnico de Contabilidade – Agência Nacional de Petróleo – ANP – CESGRANRIO – 2005)

A comercial Nave Ltda. apresentou as seguintes informações, em reais, por ocasião do encerramento do exercício, em 31 de dezembro de 2004:

Custo de vendas e serviços	76.920,00
Despesas com vendas	3.190,00
Despesas financeiras	4.940,00
Despesas gerais e administrativas	4.690,00
Ganho na avaliação de participações ao MEP	5.000,00
Impostos sobre vendas e serviços	23.150,00
Perdas na alienação do Imobilizado	300,00
Receita bruta de vendas e serviços	118.110,00
Receitas financeiras	1.470,00

O lucro bruto da companhia, no balanço de 31 de dezembro de 2004, em reais, foi:

a) 11.390,00.
b) 11.690,00.
c) 18.040,00.
d) 94.960,00.
e) 96.430,00.

Resolução e Comentários

Receita Bruta de Vendas – R$ 118.110,00

(-) Vendas Canceladas / Devolvidas –

(-) Descontos Incondicionais Concedidos –

(-) Tributos sobre as Vendas – (23.150,00)

(-) Abatimentos sobre as Vendas –

(=) Receita Líquida de Vendas = R$ 94.960,00

(-) Custo das Mercadorias Vendidas – CMV – (R$ 76.920,00)

(=) Lucro Bruto = Lucro Operacional Bruto = Resultado com Mercadorias = RCM = R$ 18.040,00

Gabarito – C

Questão 23 – (Técnico de Contabilidade – Agência Nacional de Petróleo – ANP – CESGRANRIO – 2008)

A Companhia Lunar Comercial S/A comprou de uma empresa industrial artigos plásticos, para revender, nas seguintes condições, em reais:

Valor dos artigos	1.000.000,00
IPI	150.000,00
ICMS destacado na nota fiscal	180.000,00

No dia seguinte, a Lunar vendeu, para um consumidor final, 50% desses mesmos artigos plásticos (mercadorias), nas seguintes condições, em reais:

Valor das mercadorias	800.000,00
ICMS destacado na nota fiscal	144.000,00

Considerando-se exclusivamente as informações acima e a técnica contábil, o lucro bruto desta operação, em reais, é

a) 171.000,00.
b) 200.000,00.
c) 246.000,00.
d) 300.000,00.
e) 321.000,00.

Resolução e Comentários

Compra:

A Companhia Lunar é comercial. Logo, somente poderá recuperar o ICMS, ou seja, o IPI será integrado ao custo das mercadorias adquiridas.

Valor da compra = 1.000.000 + 150.000 = 1.150.000

Dentro do valor da compra está o ICMS, que é recuperável:

ICMS a Recuperar – 180.000

Registro da aquisição:

D – Mercadorias – 970.000

D – ICMS a Recuperar – 180.000

C – Caixa / Bancos Conta Movimento / Fornecedores – 1.150.000

Venda:

Receita Bruta de Vendas – R$ 800.000

(-) Vendas Canceladas / Devolvidas –

(-) Descontos Incondicionais Concedidos –

(-) Tributos sobre as Vendas – ICMS sobre as Vendas – (144.000)

(-) Abatimentos sobre as Vendas –

(=) Receita Líquida de Vendas = 656.000

(-) Custo das Mercadorias Vendidas – CMV – (50% x 970.000) – (485.000)

(=) Lucro Bruto (LB) = Lucro Operacional Bruto (LOB) = Resultado com Mercadorias (RCM) = 171.000

Gabarito – A

Questão 24 – (Técnico em Contabilidade – Ministério Público Estadual – Rondônia – CESGRANRIO – 2005)

A empresa comercial Vende Muito Ltda. apresentou as seguintes contas de resultado, em reais, ao final do exercício de 2004:

- Receita de Vendas R$ 2.000,00
- ICMS s/ Vendas R$ 280,00
- Despesa de Propaganda R$ 50,00
- Despesas Administrativas R$ 170,00

Capítulo 13 — *A Demonstração do Resultado do Exercício e a Demonstração do Resultado Abrangente* ▪ **1041**

- Custo das Mercadorias Vendidas R$ 1.200,00
- Descontos Financeiros Concedidos R$ 25,00
- Descontos Comerciais Concedidos R$ 15,00

O lucro bruto, em reais, apresentado pela empresa em 2004 foi de:

a) 260,00.
b) 480,00.
c) 505,00.
d) 520,00.
e) 800,00.

Resolução e Comentários

Receita Bruta de Vendas – 2.000,00

(-) Vendas Canceladas / Devolvidas –

(-) Descontos Incondicionais Concedidos – (15,00)

(-) Tributos sobre as Vendas – (280,00)

(-) Abatimentos sobre as Vendas –

(=) Receita Líquida de Vendas = 1.705,00

(-) Custo das Mercadorias Vendidas – CMV – (1.200,00)

(=) Lucro Bruto (LB) = Lucro Operacional Bruto (LOB) = Resultado com Mercadorias (RCM) = 505,00

Gabarito – C

Questão 25 – (Técnico de Contabilidade Júnior – FAFEN ENERGIA S/A – CESGRANRIO – 2009)

Analise as informações a seguir.

- Estoque inicial de mercadorias R$ 12.000,00
- Estoque final de mercadorias R$ 5.000,00
- Compras do período R$ 27.000,00
- Vendas do período R$ 50.000,00

Considerando essas informações, o Resultado Com Mercadorias (RCM), em reais, foi de

a) 8.000,00.
b) 16.000,00.
c) 24.000,00.
d) 32.000,00.
e) 34.000,00.

Resolução e Comentários

CMV = EI + C – EF = 12.000,00 + 27.000,00 – 5.000,00 = 34.000,00

Receita Bruta de Vendas – 50.000,00

(-) Vendas Canceladas / Devolvidas –

(-) Descontos Incondicionais Concedidos –

(-) Tributos sobre as Vendas –

(-) Abatimentos sobre as Vendas –

(=) Receita Líquida de Vendas = 50.000,00

(-) Custo das Mercadorias Vendidas – CMV – (34.000,00)

(=) Lucro Bruto (LB) = Lucro Operacional Bruto (LOB) = Resultado com Mercadorias (RCM) = 16.000,00

Gabarito – B

Questão 26 – (Técnico de Contabilidade Júnior – FAFEN ENERGIA S/A – CESGRANRIO – 2009)

Os dados que se seguem foram extraídos do balancete de verificação da Empresa Paulista Plásticos Ltda., em 31/12/2008.
- Vendas de mercadorias R$ 250.000,00
- Devolução de vendas R$ 7.000,00
- Estoque inicial de mercadorias R$ 35.000,00
- Abatimento sobre compras R$ 6.000,00
- Abatimento sobre vendas R$ 4.000,00
- Devolução de compras R$ 11.000,00
- Estoque final de mercadorias R$ 25.000,00
- Compras de mercadorias R$ 190.000,00

Considerando as informações acima, o lucro bruto da Empresa Paulista, em 31/12/2008, em reais, foi de
a) 52.000,00.
b) 54.000,00.
c) 56.000,00.
d) 60.000,00.
e) 63.000,00.

Resolução e Comentários

CMV = EI + C – EF = 35.000,00 + (190.000,00 – 6.000,00 – 11.000,00) – 25.000,00 = 183.000,00

Receita Bruta de Vendas – 250.000,00

(-) Vendas Canceladas / Devolvidas – (7.000,00)

(-) Descontos Incondicionais Concedidos –

(-) Tributos sobre as Vendas –

(-) Abatimentos sobre as Vendas – (4.000,00)

(=) Receita Líquida de Vendas = 239.000,00

(-) Custo das Mercadorias Vendidas – CMV – (183.000,00)

(=) Lucro Bruto (LB) = Lucro Operacional Bruto (LOB) = Resultado com Mercadorias (RCM) = 56.000,00

Gabarito – C

13.17. As Despesas Operacionais

O Inciso III do Art. 187 da Lei das Sociedades por Ações disciplina que a Demonstração do Resultado do Exercício discriminará:

I – a receita bruta das vendas e serviços, as deduções das vendas, os abatimentos e os impostos;

II – a receita líquida das vendas e serviços, o custo das mercadorias e serviços vendidos e o lucro bruto;

III – *as despesas com as vendas, as despesas financeiras, deduzidas das receitas, as despesas gerais e administrativas, e outras despesas operacionais*;

(continua)...

De acordo com a Lei das Sociedades por Ações, as *despesas operacionais* compreendem:

- As despesas pagas ou incorridas para vender produtos ou mercadorias e administrar a entidade;
- As despesas líquidas para financiar as suas operações;
- Os resultados líquidos de atividades acessórias da entidade, também considerados operacionais.

A fim de facilitar a visualização dessas despesas em um Plano de Contas, são as despesas operacionais assim subdivididas:

- Despesas de Vendas;
- Despesas Gerais e Administrativas;
- Resultados Financeiros Líquidos (ou seja, "Despesas Financeiras – Receitas Financeiras"); e
- Outras Receitas Operacionais e Outras Despesas Operacionais.

13.17.1. As Despesas de Vendas e Administrativas

a) As Despesas de Vendas

As ***Despesas de Vendas*** englobam gastos pagos ou incorridos na promoção, colocação e distribuição dos produtos ou das mercadorias da empresa, assim como os riscos assumidos pela venda. Constam dessa categoria despesas com:

- Pessoal da área de vendas;
- Área de *marketing*;
- Distribuição;
- Pessoal administrativo interno de vendas;
- Comissões sobre vendas;

- Propaganda e publicidade;
- Estimativa de gastos com a garantia de produtos vendidos;
- Perdas estimadas com créditos de liquidação duvidosa etc.

b) As Despesas Administrativas

As **Despesas Administrativas** englobam gastos pagos ou incorridos na direção ou gestão da empresa. Constituem-se de várias atividades gerais que beneficiam todas as fases do negócio ou do objeto social. Constam dessa categoria despesas com:

- Honorários da administração (Diretoria e Conselho);
- Salários e encargos do pessoal administrativo;
- Despesas legais e judiciais;
- Material de escritório etc.

13.17.2. Representação das Despesas de Vendas e das Despesas Administrativas no Plano de Contas

CONTAS DE RESULTADO
Despesas Operacionais
    Despesas de Vendas
- Despesas com Pessoal
- Comissões de Vendas
- Ocupação
- Utilidades e Serviços
- Propaganda e Publicidade
- Despesas Gerais
- Tributos
- Perdas Estimadas com Devedores Duvidosos

    Despesas Administrativas
- Despesas com Pessoal
- Ocupação
- Utilidades e Serviços
- Honorários
- Despesas Gerais
- Tributos
- Despesas com Provisões

Conforme consta do Manual de Contabilidade Societária, as **contas comuns** existentes para Despesas de Vendas e Despesas Administrativas devem ser apuradas como se segue:

- *Por análise e identificação direta* – quando é possível determinar com precisão um determinado tipo de despesa (exemplo: despesas com o pessoal da área de vendas para despesa de vendas); ou
- *Por rateio* – quando o gasto for referente, por exemplo, às vendas, à administração e/ou à produção. Esse rateio deverá ser feito em bases razoáveis e de maneira adequada.

a) Despesas com Pessoal

São registradas quando incorridas, no próprio mês a que se referem, independentemente de o pagamento ter sido ou não realizado. As despesas são registradas tendo como contrapartida as obrigações a apropriar. São divididas em várias subcontas, conforme adiante apresentado.

- Salários e Ordenados – Englobam os registros de salários e ordenados normais brutos, incluindo-se horas extras e adicionais porventura existentes.
- Gratificações – Esta conta registra todas as gratificações espontaneamente concedidas pela entidade, gratificações essas independentes do salário normal e das horas extras.
- Férias – Nesta conta são registradas as despesas com férias dos empregados. Esta despesa deve ser registrada de acordo com o regime de competência, realizando lançamentos mensais de apropriação do período de férias, equivalentes aos períodos efetivamente trabalhados pelos empregados.
- Plano Complementar de Aposentadoria e Pensão – O custo estimado dos benefícios a serem proporcionados no futuro deve ser apropriado no período em que os serviços do beneficiário do plano são prestados à entidade.
- DécimoTerceiro Salário – Deve ser apropriado de forma proporcional aos doze meses do ano (1/12 ao mês).
- INSS – Engloba a parte do encargo social que é efetivamente paga pela entidade (efetivo ônus para a entidade). Não deve ser confundida com a parte paga pelo empregado, que a entidade tem por dever reter dos empregados e recolher à Previdência Social.
- FGTS – Nesta conta apropria-se o encargo da entidade relativo ao Fundo de Garantia do Tempo de Serviço. O registro é realizado no mês de competência da folha de pagamento de salários e ordenados.
- Indenizações – Engloba os pagamentos realizados a empregados da empresa quando são demitidos sem justa causa ou por acordo com eles. Por se tratar de uma contingência trabalhista, esta despesa é normalmente registrada, quando da sua ocorrência, pelo pagamento. Pode ocorrer, entretanto, de ser reconhecida por meio de provisão (Provisão para Indenização), no passivo da empresa, quando a empresa tem a intenção de negociar com os empregados.

- Assistência Médica e Social – Engloba os pagamentos realizados pela entidade às empresas especializadas em assistência médica e odontológica para os seus empregados. Os valores mensais devidos pela entidade devem ser apropriados conforme o regime de competência. Se a entidade prestar diretamente esses serviços a seus empregados, então também deverá apropriá-los, de acordo com o regime de competência.

b) Comissões de Vendas

Engloba todas as despesas com comissões devidas sobre vendas. As despesas com comissões devem ser registradas no mesmo período em que ocorrerem suas respectivas vendas.

c) Ocupação

São registradas neste subgrupo as despesas referentes à ocupação física dos imóveis e instalações, por meio de aluguéis e despesas de condomínio, quando os bens pertencerem a terceiros. Para os bens próprios, são efetuados registros de Depreciação.

Se for criada neste subgrupo a conta Manutenção e Reparos, estas despesas farão referência ao conserto de equipamentos de escritório, instalações, pintura etc.

d) Utilidades e Serviços

Neste subgrupo são mensalmente apropriadas as despesas referentes às seguintes contas:
- Energia elétrica;
- Água e esgoto;
- Telefone, telex, fax e telegramas;
- Correios e malotes;
- Reprodução;
- Seguros;
- Transporte de pessoal etc.

e) Propaganda e Publicidade

Devem ser apropriadas tais despesas, a princípio, no momento em que são veiculadas, por ser, às vezes, difícil saber que vendas estão sendo beneficiadas pelas propagandas.

No caso de despesas administrativas, devem ser registradas em função, por exemplo, de campanha publicitária que vise a melhorar a imagem da empresa junto ao público.

f) Honorários

Pertencem às Despesas Administrativas. Correspondem aos honorários da Diretoria, do Conselho de Administração e do Conselho Fiscal.

Estas contas devem receber os débitos referentes ao *Pro Labore*, aos honorários ou aos salários correspondentes etc.

g) Despesas Gerais

Devem ser segregadas em Despesas de Vendas e Despesas Administrativas. Devem ser reconhecidas nos períodos em que incorrerem. São contas que podem fazer parte deste subgrupo:
- Viagens e Representações;
- Material de Escritório;
- Materiais Auxiliares e de Consumo;
- Higiene e Limpeza;
- Copa, Cozinha e Refeitório;
- Conduções e Lanches;
- Revistas e Publicações;
- Donativos e Contribuições;
- Despesas Gerais Legais e Judiciais;
- Serviços Profissionais e Contratados:
  - Auditoria
  - Consultoria
  - Recrutamento e Seleção
  - Segurança e Vigilância
  - Treinamento de Pessoal etc.

h) Tributos

Neste subgrupo são registradas as despesas com os diversos tributos a serem apropriados pela entidade. São apropriadas despesas com:
- Imposto sobre a Propriedade Territorial Rural;
- Imposto sobre a Propriedade Predial e Territorial Urbana;
- Imposto sobre a Propriedade de Veículos Automotores;
- Contribuição Sindical;
- Contribuições para o PIS/Pasep e para a Cofins, **exceto sobre o faturamento** etc.

i) Perdas Estimadas com Créditos de Liquidação Duvidosa

Neste subgrupo, no caso de Despesas de Vendas, deve ser registrado o valor correspondente à diferença entre o saldo anterior das perdas (deduzido das baixas por contas incobráveis) e o novo saldo. Esta despesa não é dedutível da base de cálculo do Imposto de Renda e da Contribuição Social sobre o Lucro Líquido, conforme consta do Art. 13 da Lei nº 9.249/95.

O Plano de Contas deve ser subdividido em duas subcontas, a saber:
- Constituição do novo saldo (conta de natureza devedora); e
- Reversão do saldo anterior (conta de natureza credora).

O líquido entre ambas corresponde à despesa do período.

13.17.3. Os Resultados Financeiros Líquidos

O Art. 187 da Lei nº 6.404/76 (Lei das Sociedades por Ações) trata dos chamados ***resultados financeiros líquidos***, apresentando-os como despesa operacional: "***as despesas financeiras, deduzidas das receitas***".

Os resultados financeiros líquidos são representados pelos títulos a seguir descritos.

a) Receitas e Despesas Financeiras

Consideram-se ***receitas e despesas financeiras*** os juros, o desconto e a atualização monetária prefixada, além de outros tipos de receitas ou despesas, tais como as que são oriundas de aplicações temporárias em títulos.

Nas despesas financeiras (e, também, nas receitas financeiras) somente são incluídos os juros, mas não são incluídas as atualizações monetárias ou variações cambiais de empréstimos, que são separadamente registradas nas variações monetárias. Porém, quando se tratar de ***atualização prefixada***, será considerada como despesa (ou receita) financeira, e não como variação monetária.

O título *Juros sobre o Capital Próprio* reflete uma destinação do lucro e não uma despesa financeira.

<u>Exemplo</u>

Exemplos de ***despesas financeiras***:
- Juros Passivos;
- Descontos Condicionais ou Financeiros Concedidos;
- Deságio na Alienação de Debêntures ou títulos de crédito;
- A partir de 01/01/1999: Variações Monetárias Passivas.

Exemplo

Exemplos de *receitas financeiras*:
- Juros Ativos;
- Descontos Financeiros Obtidos;
- Lucro na Operação de Reporte;
- Rendimento de Aplicações Financeiras de Renda Fixa;
- Prêmio (ágio) no Resgate de Títulos e Debêntures;
- A partir de 01/01/1999: Variações Monetárias Ativas.

Reporte – Operação da bolsa de valores em que o investidor adquire ações no mercado à vista e, paralelamente, vende tais ações no mercado a termo por um preço mais elevado, lucrando valor igual à diferença entre as cotações a termo e à vista.

Observação:

Quando o saldo das receitas financeiras for superior ao saldo das despesas financeiras, o valor líquido correspondente à diferença entre estes saldos será compensado com as despesas operacionais.

b) Variações Monetárias de Obrigações e Créditos

São as atualizações dos direitos de crédito e das obrigações, sempre que as referidas atualizações não forem prefixadas, mas, sim, posteriormente determinadas, em função da taxa de câmbio ou de índices ou coeficientes aplicáveis por disposição legal ou contratual.

Exemplo

São exemplos de *variações monetárias*:

a) *ativas* – ganhos de câmbio, correção monetária pós-fixada e outras formas de atualização não prefixadas.

b) *passivas* – perdas de câmbio, correção monetária e outras atualizações não prefixadas.

Para fatos geradores ocorridos a partir de 01/01/1999, as variações monetárias dos direitos de crédito e das obrigações, em função da taxa de câmbio ou de índices ou coeficientes aplicáveis por disposição legal ou contratual, serão consideradas, para os efeitos da legislação do Imposto de Renda, da Contribuição Social sobre o Lucro Líquido, assim como das contribuições sociais para o PIS/Pasep e Cofins, como **Receitas ou Despesas Financeiras**, conforme o caso. Isto consta da Lei nº 9.718/98.

A legislação estabelece que as receitas e as despesas financeiras, assim como as variações monetárias, fazem parte do lucro operacional e são tributáveis (se forem receitas) ou dedutíveis (se forem despesas), desde que as despesas sejam registradas segundo o regime de competência.

Exemplo

A empresa GHYT Comercial Ltda. obteve, em 01/01/05, um empréstimo externo, por repasse do Banco DVC, em valor equivalente a US$ 50.000,00. Esse empréstimo venceu em 01/06/05.

Considere as seguintes taxas de câmbio:
Em 01/01/05: US$ 1,00 = R$ 1,80.
Em 01/06/05: US$ 1,00 = R$ 2,20.

Cálculo da variação monetária passiva:
Em 01/01/05: US$ 50.000,00 x (R$ 1,80 / US$ 1,00) = R$ 90.000,00
Em 01/06/05: US$ 50.000,00 x (R$ 2,20 / US$ 1,00) = R$ 110.000,00
Houve, então, variação monetária passiva, no valor de R$ 20.000,00.

Registros:
D – Variação Monetária Passiva
C – Empréstimos Estrangeiros ou Empréstimos Externos 20.000,00

13.17.4. Representação do Resultado Financeiro Líquido no Plano de Contas

Representação no Plano de Contas:

CONTAS DE RESULTADO
Despesas Operacionais
Resultados
Financeiros Líquidos

     Receitas e Despe-
     sas Financeiras

         Despesas
         Financeiras
            Juros Incorridos ou Pagos
            Descontos Concedidos
            Comissões e Despesas
            Bancárias
            Variação Monetária Pre-
            fixada de Obrigações

Capítulo 13 — A Demonstração do Resultado do Exercício e a Demonstração do Resultado Abrangente

Receitas Financeiras		
	Descontos Obtidos	
	Juros Recebidos ou Auferidos	
	Receitas de Títulos Vinculados ao Mercado Aberto	
	Receitas sobre Outros Investimentos Temporários	
	Prêmio de Resgate de Títulos e Debêntures	
Resultado Financeiro Comercial		
	Receita Financeira Comercial	
	Despesa Financeira Comercial	
Variações Monetárias de Obrigações e Créditos		
	Variações de Obrigações	
		Variação Cambial
		Variação Monetária Passiva, exceto prefixada
	Variações de Créditos	
		Variação Cambial
		Variação Monetária Ativa
PIS sobre Receitas Financeiras		
Cofins sobre Receitas Financeiras		

a) Despesas Financeiras

- Juros Pagos ou Incorridos – juros de empréstimos, financiamentos, descontos de títulos e outras operações sujeitas à despesa de juros.
- Descontos Concedidos – descontos concedidos a clientes por pagamentos antecipados de duplicatas e outros títulos. São descontos financeiros (ou condicionais).

- Comissões e Despesas Bancárias – despesas cobradas pelos bancos e por outras instituições financeiras nas operações de desconto, de concessão de crédito etc.
- Variação Monetária Prefixada de Obrigações – ocorre nos empréstimos em que já se tem o valor predefinido de juros e de atualização.

b) Receitas Financeiras
- Descontos Obtidos – descontos obtidos por pagamento antecipado de títulos a fornecedores, dentre outros. Trata-se de desconto financeiro (condicional).
- Juros Recebidos ou Auferidos – juros cobrados pela entidade de seus clientes por atrasos em pagamentos, postergação de vencimentos de títulos etc.
- Receitas de Títulos Vinculados ao Mercado Aberto – receitas financeiras obtidas nas operações de mercado aberto (*open market*), correspondentes à diferença entre o valor de resgate e o de aplicação.
- Receitas sobre Outros Investimentos Temporários – receitas obtidas a partir de investimentos em Letras de Câmbio, Depósitos a Prazo Fixo etc.
- Prêmios de Resgate de Títulos e Debêntures – correspondem aos prêmios obtidos pela entidade nesses resgates.

c) Variações de Obrigações e de Créditos
- Variação Cambial – obtida pela correção periódica de empréstimos e financiamentos pagáveis em moeda estrangeira.
- Variação Monetária – engloba as atualizações monetárias, excetuando-se as prefixadas, sobre empréstimos e financiamentos sujeitos à cláusula de atualização monetária.

Representação na Demonstração do Resultado do Exercício:
Resultados Financeiros Líquidos

Despesas Financeiras	10.000,00
(-) Receitas Financeiras	(7.000,00)
Saldo =	**3.000,00**

(ou)

Representação na Demonstração do Resultado do Exercício:
Resultados Financeiros Líquidos

Despesas Financeiras	10.000,00
(-) Receitas Financeiras	(17.000,00)

Subtotal = (7.000,00)

Variações Monetárias

De Obrigações	1.800,00
De Créditos	(200,00)
Subtotal =	**1.600,00**

Saldo = (5.400,00) = (7.000 − 1.600)

13.17.5. Outras Receitas Operacionais e Outras Despesas Operacionais

O resultado operacional engloba os resultados das atividades principais e acessórias da entidade. A classificação *Outras Receitas Operacionais e Outras Despesas Operacionais* diz respeito a essas atividades acessórias da entidade.

Classificam-se como *Outras Despesas Operacionais* aquelas que não se enquadram nos casos anteriormente descritos (despesas de vendas, despesas administrativas, resultados financeiros líquidos).

Classificam-se como *Outras Receitas Operacionais* aquelas que não se enquadram como receita bruta de vendas realizadas e de serviços prestados, nem como receitas financeiras.

> A partir da entrada em vigor da Lei nº 11.941/2009, que alterou a Lei das Sociedades por Ações, a Demonstração do Resultado do Exercício passa a não mais separar os resultados em operacionais e não operacionais. Em consequência, *a partir do exercício de 2008, as normativas contábeis fazem referência à segregação das atividades em* ***continuadas e não continuadas***. Deste modo, passam a ser reconhecidas como outras receitas operacionais e outras despesas operacionais os ganhos ou perdas obtidos em função de transações que não constituam as atividades principais da entidade.
>
> Observe que, de um modo ou de outro, todas as atividades e transações realizadas pela entidade contribuem para o incremento de suas operações ou de seu negócio. Esta é a justificativa adotada para não existir mais a separação dos resultados em operacionais e não operacionais.

a) Lucros e Prejuízos de Participações em Outras Entidades

Os investimentos em outras entidades *com intenção de permanência* gerarão resultados (lucros ou prejuízos) que serão neste subgrupo registrados. Serão subdivididos em:

- Participação no Resultado de Coligadas e Controladas pelo Método da Equivalência Patrimonial (MEP) – Os lucros ou os prejuízos apurados nas coligadas e controladas gerarão acréscimos ou diminuições nas contas dos investimentos avaliados pelo MEP, que serão registrados nesta conta.

- Dividendos e Rendimentos de Outros Investimentos – Nesta conta são registradas as receitas obtidas de outros investimentos, que não sejam avaliados pelo MEP. Originam-se dos dividendos recebidos.
- Amortização de Ágio ou Deságio de Investimentos – Nesta conta são registradas as parcelas referentes à amortização de ágio ou deságio de investimentos.

Observação:

A venda esporádica de sucatas ou sobras de estoque, líquidas de ICMS, é registrada como resultado operacional (Outras Receitas Operacionais).

Se corresponder a uma venda de sucatas inerentes ao processo produtivo, então a receita dessa forma obtida deverá ser registrada como redução dos Custos de Produção.

13.18. O Lucro ou Prejuízo Operacional

De acordo com o Art. 187 da Lei das Sociedades por Ações, *a Demonstração do Resultado do Exercício discriminará:*

I – *a receita bruta das vendas e serviços, as deduções das vendas, os abatimentos e os impostos;*

II – *a receita líquida das vendas e serviços, o custo das mercadorias e serviços vendidos e o lucro bruto;*

III – *as despesas com as vendas, as despesas financeiras, deduzidas das receitas, as despesas gerais e administrativas, e outras despesas operacionais;*

IV – **o lucro ou prejuízo operacional**, *as outras receitas e as outras despesas;*

(continua)...

O **Lucro Operacional Líquido**, também conhecido apenas como **Lucro Operacional**, consiste na apresentação do resultado das atividades, principais e acessórias, que constituam objeto da sociedade. Portanto, para chegarmos ao lucro operacional, deveremos levar em consideração o lucro bruto, confrontado com o saldo das receitas e despesas ditas operacionais.

> *Se uma questão de prova solicitar a apuração do lucro operacional, saiba o leitor que deverá ser apurado o valor do lucro confrontando-se o lucro bruto com o saldo das receitas e despesas ditas operacionais.*

Faturamento Bruto
- IPI no Faturamento Bruto
= **Receita Bruta de Vendas e Serviços**
    Receita Bruta de Vendas de Produtos
        Mercado Nacional
        Exportação

Receita Bruta de Prestação de Serviços
    Mercado Nacional
    Exportação
- Deduções das Receitas Brutas
    (-) Vendas Canceladas ou Devolvidas
    (-) Descontos Incondicionais / Promocionais Concedidos
    (=) "Base de Cálculo para os Tributos"
    (-) Tributos incidentes sobre vendas e serviços
        "ICMS, ISS, Cofins, PIS"
    (-) Abatimentos concedidos sobre vendas
    (-) Abatimentos concedidos sobre serviços
- Ajuste a Valor Presente de Clientes
= **Receita Líquida de Vendas e Serviços**
- Custo das Mercadorias Vendidas
- Custo dos Serviços Prestados
= **Lucro Bruto ou Lucro Operacional Bruto**
- Despesas Operacionais
    (-) Despesas Financeiras, ***deduzidas das*** Receitas Financeiras
    (-) Despesas com Vendas
    (-) Despesas Gerais e Administrativas
    (-) Outras Despesas Operacionais
+ Outras Receitas Operacionais
= **Lucro ou Prejuízo Operacional Líquido**

Exemplo

Demonstração do Resultado do Exercício:

Receita Bruta de Vendas	*R$ 150.000,00*
Receita Bruta de Prestação de Serviços	*R$ 60.000,00*
(-) Devoluções de Vendas	(R$ 20.000,00)
(-) Descontos Incondicionais Concedidos	(R$ 10.000,00)
(-) PIS sobre o Faturamento	(R$ 2.970,00)
(-) Cofins sobre o Faturamento	(R$ 13.680,00)
(-) ICMS sobre Vendas	(R$ 18.000,00)
(-) Despesas com ISS	(R$ 3.000,00)
(-) Abatimentos sobre Vendas	(R$ 5.000,00)

(=) Receita Líquida de Vendas e Serviços	R$ 137.350,00
(-) Custo das Mercadorias Vendidas	(R$ 43.500,00)
(-) Custo dos Serviços Prestados	(R$ 22.000,00)
(=) Lucro Operacional Bruto =	R$ 71.850,00
(-) Despesas com Vendas	(R$ 22.000,00)
(-) Despesas Gerais e Administrativas	(R$ 12.000,00)
(-) Despesas Financeiras	(R$ 13.00,00)
(+) Receitas Financeiras	R$ 21.000,00
(-) Outras Despesas Operacionais	(R$ 5.000,00)
(+) Outras Receitas Operacionais	R$ 2.000,00
(=) Lucro Operacional Líquido =	R$ 42.850,00

13.19. OUTRAS RECEITAS E OUTRAS DESPESAS

A partir de 2008, por meio da Medida Provisória nº 449/2008, convertida na Lei nº 11.941, de 27 de maio de 2009, que modificou a Lei das Sociedades por Ações, as receitas e despesas não operacionais passaram a ser denominadas **outras receitas** e **outras despesas**, respectivamente. Em consequência, foi retirada da estrutura da Demonstração do Resultado do Exercício a expressão "Resultados Não Operacionais", que foi substituída por "Outras Receitas e Outras Despesas".

De acordo com o Inciso IV do Art. 187 da Lei das Sociedades por Ações, *a Demonstração do Resultado do Exercício discriminará*:

I – *a receita bruta das vendas e serviços, as deduções das vendas, os abatimentos e os impostos;*

II – *a receita líquida das vendas e serviços, o custo das mercadorias e serviços vendidos e o lucro bruto;*

III – *as despesas com as vendas, as despesas financeiras, deduzidas das receitas, as despesas gerais e administrativas, e outras despesas operacionais;*

IV – *o lucro ou prejuízo operacional,* **as outras receitas e as outras despesas**;

(continua)...

O disposto no inciso IV do Art. 187 da Lei nº 6.404/76, com a redação dada pela Medida Provisória nº 449/2008, não altera o tratamento dos resultados operacionais e não operacionais para fins de apuração e compensação de prejuízos fiscais. A modificação ora apresentada contém apenas reflexos contábeis, deixando de alterar o direito à compensação admitido na legislação do Imposto de Renda.

13.19.1. Os Resultados Não Operacionais

O Inciso IV do Art. 187 da Lei nº 6.404/76 (Lei das Sociedades por Ações) apenas cita que após o resultado operacional devem ser lançadas "**as outras receitas e as outras despesas**" (**as antigas receitas e despesas não operacionais**). Como não há maiores informações na referida Lei sobre as receitas e as despesas não operacionais, utiliza-se, para tal fim, o Regulamento do Imposto de Renda (RIR/99).

> Convém ressaltarmos que, a partir da entrada em vigor da Lei nº 11.941/2009, que alterou a Lei das Sociedades por Ações, a Demonstração do Resultado do Exercício passa a não mais separar os resultados em operacionais e não operacionais. Em consequência, *a partir do exercício de 2008, as normativas contábeis fazem referência à segregação das atividades em* **continuadas** *e* **não continuadas**.
>
> Observe que, de um modo ou de outro, todas as atividades e transações realizadas pela entidade contribuem para o incremento de suas operações ou de seu negócio. Esta é a justificativa adotada para não existir mais a separação dos resultados em operacionais e não operacionais.

Os Arts. 418 a 445 do Regulamento do Imposto de Renda (RIR/99) informam quais são os resultados ditos não operacionais. Trata-se de listagem *numerus clausus*, ou seja, do tipo **taxativa**!

> *Mesmo que não estejam diretamente ligados às atividades da entidade, os resultados obtidos serão classificados como operacionais caso não estejam contidos na* <u>relação taxativa</u> *apresentada pela Legislação do Imposto de Renda. Logo, não é correto afirmar que um resultado será do tipo operacional ou não em função das atividades realizadas pela entidade. Se o resultado em análise estiver enquadrado na listagem taxativa do RIR, então será considerado não operacional; caso contrário, operacional ele será!*

São resultados considerados não operacionais os obtidos pelas baixas ou alienações de investimentos, de ativo imobilizado ou de ativo intangível. Estes resultados são conhecidos como **Ganhos e Perdas de Capital** *pela legislação fiscal.*

Haverá **ganho de capital** se ocorrer saldo positivo resultante da diferença entre o valor de alienação do bem e o seu valor contábil; por outro lado, haverá **perda de capital** se houver saldo negativo resultante da citada diferença. O valor do bem na data da baixa corresponde ao seu custo, registrado na escrituração contábil, ajustado para menos por contas de natureza retificadora (depreciação, amortização, exaustão etc.).

Os Ganhos e as Perdas de Capital constam do art. 418 do Regulamento do Imposto de Renda (RIR/99). *Serão classificados como ganhos ou perdas de capital, e computados* na determinação do lucro real, os resultados na alienação, inclusive por desapropriação, na baixa por perecimento, extinção, desgaste, obsolescência ou exaustão, ou na liquidação de bens do ativo não circulante, classificados como investimentos, imobilizado ou intangível.

Ressalvadas as disposições especiais, a determinação do ganho ou perda de capital terá por base o valor contábil do bem, assim entendido o que estiver registrado na escrituração do contribuinte, diminuído, se for o caso, da depreciação, amortização ou exaustão acumulada e das perdas estimadas no valor de ativos.

Nas vendas de bens do ativo não circulante classificados como investimentos, imobilizado ou intangível, para recebimento do preço, no todo ou em parte, após o término do exercício social seguinte ao da contratação, o contribuinte poderá, para efeito de determinar o lucro real, reconhecer o lucro na proporção da parcela do preço recebida em cada período de apuração.

De acordo com a Legislação do Imposto de Renda, são consideradas **despesas não operacionais** (as **agora** denominadas **Outras Despesas**):

- Os valores contábeis baixados, referentes aos bens permanentes do Ativo Não Circulante, isto é, excetuando-se o Ativo Realizável a Longo Prazo;
- As despesas correspondentes à constituição de Perdas Estimadas em Investimentos;
- Se houver avaliação pelo Método da Equivalência Patrimonial – A perda de capital ocasionada por variação na percentagem de participação no Capital Social da sociedade investida.

De acordo com a Legislação do Imposto de Renda, são consideradas **Outras Receitas** (as antigas **receitas não operacionais**):

- A receita oriunda da alienação de bens permanentes do Ativo Não Circulante, isto é, excetuando-se o Ativo Realizável a Longo Prazo;
- A receita oriunda da reversão do saldo das Perdas Estimadas na Realização de Investimentos;
- Os valores referentes aos Ajustes de Avaliação Patrimonial realizados no período, quando lançados em conta de resultado.

Os resultados ditos não operacionais podem ser subdivididos em:

a) Ganhos e Perdas de Capital nos Investimentos

Neste subgrupo são apresentados os resultados referentes aos ganhos e às perdas em investimentos. Subdivide-se nas seguintes contas:

- Ganhos e Perdas na Alienação de Investimentos – Os investimentos considerados permanentes, quando vendidos a terceiros, originam lucros ou prejuízos, nesta conta apresentados.

- Perdas Prováveis na Realização de Investimentos — Quando analisamos *investimentos em coligadas e controladas*, o que está fora do escopo desta Obra, verificamos ser possível a constituição de Estimativa de Perdas Prováveis em Investimentos, cuja contrapartida é registrada na conta Perdas Prováveis na Realização de Investimentos.
- Resultados Não Operacionais em Investimentos pela Equivalência Patrimonial — De acordo com o Método da Equivalência Patrimonial — MEP, poderá haver aumentos ou diminuições na conta de investimento em função de uma alteração de percentagem de participação, resultante da modificação do Capital Social com a diluição da participação de certos acionistas. Tal alteração gerará uma receita ou uma despesa na entidade investidora, que deve ser registrada como não operacional.

O art. 428 do Regulamento do Imposto de Renda (RIR/99) disciplina que não será computado na determinação do lucro real o acréscimo ou a diminuição do valor de patrimônio líquido de investimento, decorrente de ganho ou perda por variação na porcentagem de participação do contribuinte no capital social da investida.

b) Ganhos e Perdas de Capital no Imobilizado

Neste subgrupo são apresentados os resultados líquidos referentes à baixa ou à venda de bens do Ativo Não Circulante Imobilizado. Subdivide-se nas seguintes contas:

- Ganhos e Perdas na Alienação do Imobilizado — Os bens do Ativo Não Circulante Imobilizado, quando vendidos a terceiros, originam lucros ou prejuízos, nesta conta apresentados.

Exemplo

Alienação de Veículo da Companhia FAGORT

Preço de Venda	**R$ 50.000,00**
Valor Líquido Contábil do Imobilizado	
Custo (ou Valor Patrimonial)	R$ 80.000,00
Depreciação Acumulada	(R$ 40.000,00)
Valor Líquido Contábil	**R$ 40.000,00**
Ganho na Alienação do Imobilizado	**R$ 10.000,00**

Registros:
i) Venda do bem à vista:
Bancos Conta Movimento
a Ganhos e Perdas na Alienação do Imobilizado 50.000,00
ii) Baixa do bem corrigido:
Ganhos e Perdas na Alienação do Imobilizado
a Veículos 80.000,00
iii) Baixa da depreciação acumulada:
Depreciação Acumulada
a Ganhos e Perdas na Alienação do Imobilizado 40.000,00
iv) Transferência para o resultado do exercício:
Ganhos e Perdas na Alienação do Imobilizado
a Apuração do Resultado do Exercício 10.000,00
- Valor Líquido de Bens Baixados do Imobilizado – Engloba as simples baixas de bens do Ativo Não Circulante Imobilizado, isto é, as baixas que não são originadas de vendas a terceiros.

Exemplo

Baixa de Veículo da Companhia FAGORT

Valor Líquido Contábil do Investimento	
Custo (ou Valor Patrimonial)	R$ 30.000,00
Depreciação Acumulada	(R$ 24.000,00)
Valor Líquido Contábil	**R$ 6.000,00**

Registros:
Diversos
a Veículos
Valor Líquido de Bens Baixados do Imobilizado   6.000,00
Depreciação Acumulada   24.000,00   30.000,00

Capítulo 13 — A Demonstração do Resultado do Exercício e a Demonstração do Resultado ■ **1061**
Abrangente

13.20. A Contribuição Social sobre o Lucro Líquido e o Imposto de Renda das Pessoas Jurídicas

O Inciso V do Art. 187 da Lei das Sociedades por Ações disciplina que *a Demonstração do Resultado do Exercício discriminará:*

I – a receita bruta das vendas e serviços, as deduções das vendas, os abatimentos e os impostos;

II – a receita líquida das vendas e serviços, o custo das mercadorias e serviços vendidos e o lucro bruto;

III – as despesas com as vendas, as despesas financeiras, deduzidas das receitas, as despesas gerais e administrativas, e outras despesas operacionais;

IV – o lucro ou prejuízo operacional, as outras receitas e as outras despesas;

*V – **o resultado do exercício antes do Imposto sobre a Renda e a provisão para o imposto***;

(continua)...

    Faturamento Bruto
- IPI no Faturamento Bruto
= **Receita Bruta de Vendas e Serviços**
        Receita Bruta de Vendas de Produtos
            Mercado Nacional
            Exportação
        Receita Bruta de Prestação de Serviços
            Mercado Nacional
            Exportação
- Deduções das Receitas Brutas
        (-) Vendas Canceladas ou Devolvidas
        (-) Descontos Incondicionais / Promocionais Concedidos
        (=) "Base de Cálculo para os Tributos"
        (-) Tributos incidentes sobre vendas e serviços
            "ICMS, ISS, Cofins, PIS"
        (-) Abatimentos concedidos sobre vendas
        (-) Abatimentos concedidos sobre serviços
- Ajuste a Valor Presente de Clientes
= **Receita Líquida de Vendas e Serviços**
- Custo das Mercadorias Vendidas
- Custo dos Serviços Prestados
= **Lucro Bruto ou Lucro Operacional Bruto**
- Despesas Operacionais
        (-) Despesas Financeiras, ***deduzidas das*** Receitas Financeiras
        (-) Despesas com Vendas
        (-) Despesas Gerais e Administrativas
        (-) Outras Despesas Operacionais

+ Outras Receitas Operacionais
= **Lucro ou Prejuízo Operacional Líquido**
± Outras Receitas e Outras Despesas
= **Resultado antes da Contribuição Social sobre o Lucro Líquido**
- Despesa com a Provisão para a Contribuição Social sobre o Lucro Líquido
= **Resultado antes do Imposto de Renda**
- Despesa com a Provisão para o Imposto de Renda
= **Resultado após o Imposto de Renda**

A *Contribuição Social sobre o Lucro Líquido (CSLL)* foi instituída pela Lei nº 7.689, de 12 de dezembro de 1.989, portanto em data posterior à criação da Lei nº 6.404/76. Por isso, a CSLL não consta do Art. 187 aqui analisado.

Sabemos que a legislação referente à CSLL e ao Imposto de Renda das Pessoas Jurídicas (IRPJ ou simplesmente IR, nesta obra) é muito abrangente, contendo inúmeros detalhes. A seguir, teceremos breves comentários a respeito da CSLL e do Imposto de Renda, ou seja, procuraremos apresentar apenas aquilo que entendemos ser necessário para a realização de questões de provas, **caso o assunto esteja previsto no conteúdo programático de Contabilidade de seu concurso.**

13.21. A Contribuição Social sobre o Lucro Líquido – CSLL

A *Contribuição Social sobre o Lucro Líquido – CSLL* é um tributo de competência da União.

O *fato gerador* da Contribuição Social sobre o Lucro Líquido – CSLL é o auferimento de lucros.

São *contribuintes* da CSLL todas as pessoas jurídicas domiciliadas no país e as que lhe são equiparadas pela legislação do IRPJ.

Os períodos de apuração do IRPJ e da CSLL são trimestrais. Os trimestres considerados são aqueles encerrados nos dias 31 de março, 30 de junho, 30 de setembro e 31 de dezembro de cada ano. Se, por exemplo, uma entidade inicia as suas atividades em 10 de março de 2011, o primeiro trimestre desta será encerrado em 31 de março de 2011.

De modo idêntico ao IR, que será apresentado em seguida, a CSLL incide sobre o lucro real, presumido ou arbitrado.

Deve ser ressaltado que não é possível, por exemplo, a empresa optar por recolher o IRPJ pelo Lucro Real e a CSLL pelo Lucro Presumido.

Escolhida a opção, deverá proceder á tributação, tanto do IRPJ quanto da CSLL, pela forma escolhida.

Capítulo 13 — A Demonstração do Resultado do Exercício e a Demonstração do Resultado Abrangente

13.21.1. A Alíquota da CSLL

Eis o que disciplina o art. 3º da Lei nº 7.689, de 15 de dezembro de 1988, a respeito das alíquotas da CSLL:

> *Art. 3º A alíquota da contribuição é de:*
> *I – 20% (vinte por cento), no período compreendido entre 1º de setembro de 2015 e 31 de dezembro de 2018, e 15% (quinze por cento) a partir de 1º de janeiro de 2019, no caso das pessoas jurídicas de seguros privados, das de capitalização e das referidas nos incisos I a VII e X do § 1º do art. 1º da Lei Complementar nº 105, de 10 de janeiro de 2001;*
> *II – 17% (dezessete por cento), no período compreendido entre 1º de outubro de 2015 e 31 de dezembro de 2018, e 15% (quinze por cento) a partir de 1º de janeiro de 2019, no caso das pessoas jurídicas referidas no inciso IX do § 1º do art. 1º da Lei Complementar nº 105, de 10 de janeiro de 2001;*
> *III – 9% (nove por cento), no caso das demais pessoas jurídicas.*

As pessoas jurídicas referidas nos incs. I a XII do § 1º do art. 1º da Lei Complementar nº 105, de 2001, são:

I – os bancos de qualquer espécie;
II – distribuidoras de valores mobiliários;
III – corretoras de câmbio e de valores mobiliários;
IV – sociedades de crédito, financiamento e investimentos;
V – sociedades de crédito imobiliário;
VI – administradoras de cartões de crédito;
VII – sociedades de arrendamento mercantil;
VIII – administradoras de mercado de balcão organizado;
IX – cooperativas de crédito;
X – associações de poupança e empréstimo;
XI – bolsas de valores e de mercadorias e futuros; e
XII – entidades de liquidação e compensação.

13.21.2. O Lucro Real e a base de cálculo da CSLL

Com o propósito de calcular o Lucro Real e a base de cálculo da CSLL, a empresa deverá, primeiramente, apurar o lucro líquido do período de apuração conforme o disposto na legislação comercial.

Na apuração da base de cálculo da CSLL, considera-se resultado líquido do período (lucro ou prejuízo) o valor constante da Demonstração do Resultado do Exercício antes de deduzidas a (Despesa com a) Provisão para a CSLL e a (Despesa com a) Provisão para o IRPJ.

Já para a apuração do Lucro Real, considera-se resultado líquido do período (lucro ou prejuízo) o valor constante da Demonstração do Resultado do Exercício antes de deduzida a (Despesa com a) Provisão para o IRPJ e após a dedução da (Despesa com a) Provisão para a CSLL.

A partir do lucro líquido obtido conforme anteriormente exposto, o contribuinte fará os ajustes determinados ou autorizados pela legislação tributária, a saber: *adições, exclusões* e *compensações*.

a) Adições

As ***adições*** constituem ajustes obrigatórios que irão aumentar o lucro líquido, ou reduzir o prejuízo do período, para fins de apuração do lucro real e da base de cálculo da CSLL. Correspondem a valores que:

- na apuração contábil, reduziram o lucro líquido do período de apuração, porém a legislação tributária não aceita essa redução, ou porque se refere à despesa considerada indedutível, ou porque considera que a dedutibilidade deve ocorrer em momento posterior;
- foram anteriormente excluídos da base de cálculo e que serão agora tributados, ou seja, a legislação autorizou o diferimento da tributação por um determinado período;
- não foram incluídos na apuração do lucro líquido, mas que a legislação tributária entende devam ser levados em consideração na determinação do lucro real e/ou da base de cálculo da CSLL.

Podemos citar como principais adições à base de cálculo da CSLL as seguintes:

i) Despesas com provisões não dedutíveis;
ii) Despesas de depreciação, amortização, manutenção, reparo, conservação, impostos, taxas, seguros, assim como as contraprestações de arrendamento mercantil ou de aluguel de bens móveis ou imóveis, exceto quando estiverem intrinsecamente relacionados com a produção ou a comercialização de bens e serviços;
iii) Despesas com a alimentação de sócios, acionistas e administradores;
iv) Despesas com brindes;
v) Doações consideradas não dedutíveis;
vi) Resultado negativo na equivalência patrimonial; e
vii) Perdas ou prejuízos decorrentes de investimentos no exterior.

b) Exclusões

As exclusões constituem ajustes permitidos que ocasionam a redução do lucro líquido do período para fins de apuração do lucro real e da base de cálculo da CSLL. Correspondem a:

- valores que não tenham sido levados em consideração na apuração do lucro líquido do período de apuração, mas cuja dedução é autorizada pela legislação tributária;
- resultados, rendimentos, receitas e quaisquer outros montantes incluídos na apuração do lucro líquido que, de acordo com a legislação tributária, não sejam computados no lucro real;
- valores que foram anteriormente adicionados à base de cálculo do IRPJ e/ou da CSLL e que, no período de apuração corrente, já podem ser deduzidos.

Capítulo 13 — A Demonstração do Resultado do Exercício e a Demonstração do Resultado Abrangente

Podemos citar como principais adições da base de cálculo da CSLL as seguintes:

i) Resultado positivo na equivalência patrimonial;

ii) Reversão de saldos de provisões não dedutíveis; e

iii) Lucros e dividendos recebidos em função de participações societárias avaliadas pelo custo de aquisição e computadas no resultado.

c) Compensações

A legislação permite que o contribuinte, *de forma facultativa,* venha a compensar *a base de cálculo negativa de CSLL* (resultado negativo referente à CSLL) apurada em períodos anteriores com a base de cálculo da CSLL do período corrente. *Tal compensação está limitada a 30% do lucro líquido após as adições e as exclusões, mas antes das compensações.* Não há limite temporal para a realização da compensação, porém o contribuinte deverá registrar e manter os livros e os documentos fiscais comprobatórios da base de cálculo negativa da CSLL.

Exemplo

Demonstração do Resultado do Exercício:

Receita Bruta de Vendas	*R$ 150.000,00*
Receita Bruta de Prestação de Serviços	*R$ 60.000,00*
(-) Devoluções de Vendas	(R$ 20.000,00)
(-) Descontos Incondicionais Concedidos	(R$ 10.000,00)
(-) PIS sobre o Faturamento	(R$ 2.970,00)
(-) Cofins sobre o Faturamento	(R$ 13.680,00)
(-) ICMS sobre Vendas	(R$ 18.000,00)
(-) Despesas com ISS	(R$ 3.000,00)
(-) Abatimentos sobre Vendas	(R$ 5.000,00)
(=) Receita Líquida de Vendas e Serviços	*R$ 137.350,00*
(-) Custo das Mercadorias Vendidas	(R$ 43.500,00)
(-) Custo dos Serviços Prestados =	(R$ 22.000,00)
(=) Lucro Operacional Bruto =	*R$ 71.850,00*
(-) Despesas com Vendas	(R$ 22.000,00)
(-) Despesas Gerais e Administrativas	(R$ 12.000,00)
(-) Despesas Financeiras	(R$ 13.00,00)
(+) Receitas Financeiras	R$ 21.000,00
(-) Outras Despesas Operacionais	(R$ 5.000,00)
(+) Outras Receitas Operacionais	R$ 2.000,00

(=) Lucro Operacional Líquido =   R$ 42.850,00
(+) Lucro na Venda de Bens do ANC Imobilizado =   R$ 10.000,00
(=) Lucro antes das Participações =   R$ 52.850,00
(-) Participações nos Lucros:
(-) Participação de Debenturistas =   (R$ 5.000,00)
(=) Lucro Líquido antes do IR e após as Participações =   R$ 47.850,00

Cálculo da base de cálculo da CSLL pela sistemática do lucro real:
  Resultado do Período antes do IR = R$ 47.850,00
(+) Adições:
- Despesa com Perdas Estimadas para Devedores Duvidosos – R$ 150,00
(-) Exclusões:
- Dividendos Recebidos = (R$ 1.000,00)
(=) Base de cálculo da CSLL antes da compensação de prejuízos = R$ 47.000,00
(-) Compensação de base de cálculo negativa de CSLL = (R$ 2.000,00)
(=) Base de cálculo da CSLL = R$ 45.000,00

Como a compensação de base de cálculo negativa de CSLL alcançou apenas o montante de R$ 2.000,00, pode ser totalmente realizada neste exercício. Deve ser ressaltado que o máximo valor a ser compensado no corrente exercício seria de R$ 14.100,00 (= 30% x R$ 47.000,00).

Cálculo da CSLL devida:
  Base de cálculo da CSLL = R$ 45.000,00
  (x) Alíquota aplicável = 9%
  (=) CSLL devida = R$ 4.050,00

Registros efetuados:
D – Provisão para a CSLL
C – CSLL a Recolher   4.050,00

13.21.3. A CSLL com base no Lucro Presumido ou no Lucro Arbitrado

a) A CSLL e o Lucro Presumido

Segundo Neves & Viceconti, o **Lucro Presumido** é uma *modalidade optativa* de apurar o lucro e, consequentemente, o Imposto de Renda das Pessoas Jurídicas que, partindo de valores globais da receita, presume o lucro a ser tributado.

As pessoas jurídicas não obrigadas ao regime de tributação pelo lucro real, *cuja receita total, no* ano-calendário *anterior, tenha sido igual ou inferior a R$ 78.000.000,00,* poderão optar pelo regime de tributação com base no lucro presumido.

Podemos dizer que o lucro presumido é uma forma de tributação simplificada para determinação da base de cálculo do Imposto de Renda e da CSLL das pessoas jurídicas que não estiverem obrigadas, no ano calendário, à apuração dos tributos pelo lucro real. *Neste caso, há uma presunção legal de lucratividade.*

O IRPJ e a CSLL serão determinados com base no lucro presumido por períodos de apuração trimestrais, encerrados nos dias 31 março, 30 de junho, 30 de setembro e 31 de dezembro de cada ano calendário.

b) A CSLL e o Lucro Arbitrado

O ***arbitramento de lucro*** é uma forma de apuração da base de cálculo do Imposto de Renda utilizada pela autoridade tributária ou pelo contribuinte. É aplicável pela autoridade tributária quando a pessoa jurídica deixar de cumprir as obrigações acessórias relativas à determinação do lucro real ou presumido, conforme o caso.

Quando conhecida a receita bruta, e, desde que ocorrida qualquer das hipóteses de arbitramento previstas na legislação fiscal, o contribuinte poderá efetuar o pagamento do imposto de renda correspondente com base nas regras do lucro arbitrado.

Do mesmo modo que na sistemática do lucro presumido, o IR e a CSLL determinados com base no lucro arbitrado são devidos trimestralmente, no decorrer do ano calendário.

13.22. A Provisão para o Imposto de Renda – PIR

O *Imposto sobre a Renda e Proventos de Qualquer Natureza – IR* é de competência da União.

O Imposto sobre a Renda e Proventos de Qualquer Natureza tem como *fato gerador* a aquisição da disponibilidade econômica ou jurídica:
- de renda, assim entendido o produto do capital, do trabalho ou da combinação de ambos;
- de proventos de qualquer natureza, assim entendidos os acréscimos patrimoniais não compreendidos no item anterior.

A incidência do imposto independe da denominação da receita ou do rendimento, da localização, condição jurídica ou nacionalidade da fonte, da origem e da forma de percepção.

De acordo com a doutrina, a ***disponibilidade econômica*** de rendas ou proventos ocorre com incorporação destes ao patrimônio do contribuinte. A ***disponibilidade jurídica*** existe quando o adquirente tem a titularidade jurídica da renda ou dos proventos que aumentem o seu patrimônio, trazendo, como consequência, a disponibilidade econômica. Já a ***disponibilidade financeira*** pressupõe a existência física dos recursos financeiros em caixa.

São contribuintes do Imposto de Renda Pessoa Jurídica (IRPJ):

I – as pessoas jurídicas;
II – as empresas individuais.

As disposições tributárias do Imposto de Renda aplicam-se a todas as firmas e sociedades, registradas ou não.

As entidades submetidas aos regimes de liquidação extrajudicial e de falência sujeitam-se às normas de incidência do imposto aplicáveis às pessoas jurídicas, em relação às operações praticadas durante o período em que perdurarem os procedimentos para a realização de seu ativo e o pagamento do passivo (Lei nº 9.430/96, art. 60).

As empresas públicas e as sociedades de economia mista, bem como suas subsidiárias, são contribuintes nas mesmas condições das demais pessoas jurídicas (Constituição Federal, art. 173, § 1º).

O *comitente* é a pessoa que, por meio de terceiros, efetua operações com fins lucrativos. É aquele que constitui em comissão. É aquele que dá comissão ou encargo.

São *imunes* em relação ao IRPJ:

a) Os templos de qualquer culto;
b) As instituições de educação, sem fins lucrativos;
c) As instituições de assistência social, sem fins lucrativos;
d) Os partidos políticos e suas fundações;
e) As entidades sindicais de trabalhadores, sem fins lucrativos;
f) As autarquias e fundações instituídas e mantidas pelo Poder Público no que se refere ao patrimônio, à renda e aos serviços, vinculados às suas finalidades essenciais ou às delas decorrentes.

Os períodos de apuração do IRPJ e da CSLL são trimestrais. Os trimestres considerados são aqueles encerrados nos dias 31 de março, 30 de junho, 30 de setembro e 31 de dezembro de cada ano. Se, por exemplo, uma entidade inicia as suas atividades em 10 de março de 2011, o primeiro trimestre desta será encerrado em 31 de março de 2011.

As pessoas jurídicas são tributadas (por opção ou por imposição legal) por uma das seguintes formas de tributação:

a) Lucro Real;
b) Lucro Presumido; ou
c) Lucro Arbitrado.

Capítulo 13 — A Demonstração do Resultado do Exercício e a Demonstração do Resultado Abrangente

13.22.1. A Alíquota do IR

A *base de cálculo* do IRPJ, a ser determinada de acordo com a legislação vigente na data da ocorrência do fato gerador, é o *lucro real*, o *lucro presumido* ou o *lucro arbitrado*, correspondente ao período de apuração.

O imposto a ser pago será determinado mediante a aplicação, sobre a base de cálculo expressa em reais (R$), da *alíquota* de quinze por cento (15%).

Além do imposto cobrado à alíquota de 15%, tem-se a incidência de um *adicional* de dez por cento (10%) sobre a parcela do lucro real, do lucro presumido ou do lucro arbitrado que exceder o valor resultante da multiplicação de vinte mil reais (R$ 20.000,00) pelo número de meses do respectivo período de apuração.

Exemplo

A empresa Comércio Geral apresentou lucro real equivalente a R$ 210.000,00 no segundo trimestre do ano calendário.

Cálculos a efetuar:

Imposto: 15% x R$ 210.000,00 = R$ 31.500,00
Adicional ao imposto: 10% x (R$ 210.000,00 − 3 x R$ 20.000,00) = R$ 15.000,00
Total do imposto: R$ 46.500,00

Passaremos a apresentar breves noções de cada uma das formas de tributação do IR anteriormente citadas.

13.22.2. O Lucro Real

De acordo com Neves & Viceconti, o **Lucro Real** é o resultado (lucro ou prejuízo) do período de apuração (antes de computar a Provisão para o Imposto de Renda), *ajustado pelas adições, exclusões e compensações* prescritas ou autorizadas pela legislação do imposto sobre a renda.

Conforme a legislação do Imposto de Renda, *estão obrigadas à apuração do lucro real* as pessoas jurídicas:

I – cuja receita total no ano-calendário anterior seja superior ao limite de R$ 78.000.000,00 (setenta e oito milhões de reais) ou proporcional ao número de meses do período, quando inferior a 12 (doze) meses;

II – cujas atividades sejam de bancos comerciais, bancos de investimentos, bancos de desenvolvimento, caixas econômicas, sociedades de crédito, financiamento e investimento, sociedades de crédito imobiliário, sociedades corretoras de títulos, valores mobiliários e câmbio, distribuidoras de títulos e valores mobiliários, empresas de arrendamento mercantil, cooperativas de crédito, empresas de seguros privados e de capitalização e entidades de previdência privada aberta;

III – que tiverem lucros, rendimentos ou ganhos de capital oriundos do exterior;

IV – que, autorizadas pela legislação tributária, usufruam de benefícios fiscais relativos à isenção ou redução do imposto;

V – que, no decorrer do ano-calendário, tenham efetuado pagamento mensal pelo regime de estimativa, na forma do art. 2º da Lei nº 9.430, de 1996;

VI – que explorem as atividades de prestação cumulativa e contínua de serviços de assessoria creditícia, mercadológica, gestão de crédito, seleção e riscos, administração de contas a pagar e a receber, compras de direitos creditórios resultantes de vendas mercantis a prazo ou de prestação de serviços (*factoring*).

VII – que explorem as atividades de securitização de créditos imobiliários, financeiros e do agronegócio.

*As pessoas jurídicas que não estiverem obrigadas à tributação pela apuração do lucro real **poderão optar** por apurar seus resultados tributáveis tendo por base o lucro presumido.*

Quando da determinação do *lucro real*, o lucro líquido contábil deverá ser ajustado de acordo com as legislações comercial e fiscal para fins de determinação do lucro real e da base de cálculo da Contribuição Social sobre o Lucro Líquido. *Os ajustes ao lucro líquido contábil consistem nas adições, exclusões e compensações efetuadas em livro próprio, conhecido como* **Livro de Apuração do Lucro Real – Lalur ou LALUR**.

O Livro de Apuração do Lucro Real, também conhecido pela sigla Lalur, é um livro de escrituração de natureza eminentemente fiscal, criado pelo Decreto-Lei nº 1.598, de 1977, em obediência ao § 2º do Art. 177 da Lei nº 6.404/76, e destinado à apuração extracontábil do lucro real sujeito à tributação para o Imposto de Renda em cada período de apuração, contendo, ainda, elementos que poderão afetar o resultado de períodos de apuração futuros.

O contribuinte deverá escriturar, além dos demais registros requeridos pelas leis comerciais e pela legislação tributária, o livro de apuração do lucro real, que será entregue em meio digital, e no qual:

a) serão lançados os ajustes do lucro líquido do exercício;

b) será transcrita a demonstração do lucro real e a apuração do Imposto sobre a Renda; e

c) serão mantidos os registros de controle de prejuízos a compensar em exercícios subsequentes, de depreciação acelerada, de exaustão mineral com base na receita bruta, de exclusão por investimento das pessoas jurídicas que explorem atividades agrícolas ou pastoris e de outros valores que devam influenciar a determinação do lucro real de exercício futuro e não constem de escrituração comercial.

O Lalur é destinado a registrar valores que, por sua natureza eminentemente fiscal, não devam constar da escrituração comercial. Assim, não pode ser utilizado para suprir deficiências da escrituração comercial (registrar despesas não constantes da escrituração comercial ou insuficientemente registradas).

Completada a ocorrência de cada fato gerador do imposto, o contribuinte deverá elaborar o Lalur, de forma integrada às escriturações comercial e fiscal, que discriminará:

a) o lucro líquido do período de apuração;
b) os registros de ajuste do lucro líquido, com identificação das contas analíticas do plano de contas e indicação discriminada por lançamento correspondente na escrituração comercial, quando presentes;
c) o lucro real;
d) a apuração do Imposto sobre a Renda devido, com a discriminação das deduções, quando aplicáveis; e
e) as demais informações econômico-fiscais da pessoa jurídica.

Para os contribuintes que apuram o imposto sobre a renda pela sistemática do lucro real, a *ECF – Escrituração Contábil Fiscal* é o Lalur.

Eis o que disciplinam os arts. 181 e 182 da Instrução Normativa RFB nº 1.515, de 24 de novembro de 2014:

> *Art. 181. Para fins de lançamento dos ajustes do lucro líquido do período de apuração, o Lalur será dividido da seguinte forma:*
>
> *I – **Parte A**, destinada aos lançamentos das adições, exclusões e compensações do período de apuração; e*
>
> *II – **Parte B**, destinada exclusivamente ao controle dos valores que não constem na escrituração comercial da pessoa jurídica, mas que devam influenciar a determinação do lucro real de períodos futuros.*
>
> *§ 1º A escrituração da Parte A deverá obedecer a ordem cronológica e os lançamentos de adição, exclusão ou compensação deverão ser efetuados de forma clara e individualizada, com a indicação da conta ou subconta em que os valores tenham sido registrados na escrituração comercial, inclusive, se for o caso, com a referência do saldo constante na Parte B.*
>
> *§ 2º Tratando-se de ajuste que não tenha registro correspondente na escrituração comercial, no histórico do lançamento, além da natureza do ajuste, serão indicados os valores sobre os quais a adição ou exclusão foi calculada.*
>
> *§ 3º Os saldos que devam ser escriturados na Parte B do Lalur da ECF de que trata a Instrução Normativa RFB nº 1.422, de 2013, devem seguir as seguintes orientações:*
>
> *I – Créditos: Valores que constituirão adições ao lucro líquido de exercícios futuros, para determinação do lucro real respectivo e para baixa dos saldos devedores;*

> *II – Débitos: Valores que constituirão exclusões nos exercícios subsequentes e para baixa dos saldos credores.*
>
> *Art. 182. Aplicam-se à contribuição social sobre o lucro líquido as disposições contidas nos arts. 180 e 181, devendo ser informados no Lalur:*
>
> *I – os lançamentos de ajustes do lucro líquido do período, relativos a adições, exclusões ou compensações prescritas ou autorizadas pela legislação tributária;*
>
> *II – a demonstração da base de cálculo e o valor da contribuição social sobre o lucro líquido devida com a discriminação das deduções, quando aplicáveis; e*
>
> *III – os registros de controle de base de cálculo negativa da contribuição social sobre o lucro líquido a compensar em períodos subsequentes, e demais valores que devam influenciar a determinação da base de cálculo da contribuição social sobre o lucro líquido de períodos futuros e não constem na escrituração comercial.*

a) Adições ao lucro líquido contábil

De acordo com o Ilustre Professor Antonio Cesar, *as adições constituem valores que, pela legislação do IR* **serão** *obrigatoriamente adicionados ao lucro líquido contábil para o cálculo do Lucro Real, que é a base do Imposto de Renda, nesta sistemática.*

As adições ao lucro líquido do período para a determinação do lucro real são ajustes que têm a finalidade de aumentar a base de cálculo do Imposto de Renda.

Tem-se como principais objetivos da realização de adições:

- Levar para a base de cálculo do Imposto de Renda *as despesas que foram computadas no lucro contábil (lucro líquido), mas que não são dedutíveis (permitidas) do Imposto de Renda;* e
- Incluir no resultado tributável *as receitas que não foram computadas no lucro contábil e que são tributáveis pelo Imposto de Renda.*

Na determinação do lucro real, **serão adicionados ao lucro líquido do período de apuração**:

I – os custos, despesas, encargos, perdas, provisões, participações e quaisquer outros valores deduzidos na apuração do lucro líquido que, de acordo com a legislação do Imposto de Renda, não sejam dedutíveis na determinação do lucro real; e

II – os resultados, rendimentos, receitas e quaisquer outros valores não incluídos na apuração do lucro líquido que, de acordo com a legislação do Imposto de Renda, devam ser computados na determinação do lucro real.

Exemplo

Podemos citar os seguintes exemplos de adições ao lucro contábil para fins de apuração do lucro real:

- as despesas com provisões;
- a Contribuição Social sobre o Lucro Líquido – CSLL;
- as participações de administradores e das partes beneficiárias;

- o resultado negativo na equivalência patrimonial;
- as despesas com alimentação de sócios, acionistas e administradores; e
- as despesas com brindes.

Exemplo

A empresa FabricaZen Industrial S/A apurou lucro líquido no valor de R$ 100.000,00, lucro este obtido após a Provisão para a CSLL e antes da Provisão para o IR. Analisando-se as despesas e as receitas componentes da Demonstração do Resultado do Exercício, verificou-se a existência de uma despesa referente a uma provisão para contingências, no valor de R$ 20.000,00, assim como da Provisão para a CSLL em montante igual a R$ 12.000,00.

Como as despesas ora citadas são consideradas indedutíveis pela legislação do IRPJ, ao ser apurada a base de cálculo do IR pela sistemática do lucro real tais despesas devem ser adicionadas ao lucro líquido após a CSLL e antes do IR. Portanto:

Lucro Líquido após a CSLL e antes do IR = 100.000,00

(+) Adições:
- Provisão para Contingências = 20.000,00
- Provisão para a CSLL = 12.000,00

(=) Base de cálculo pela sistemática do Lucro Real = 132.000,00

b) Exclusões do lucro líquido contábil

Conforme lição do Ilustre Professor Antonio Cesar, *as exclusões constituem valores que, pela legislação do Imposto de Renda,* **podem ser** *diminuídos do lucro do exercício para fins de apuração da base de cálculo de Imposto de Renda.*

As exclusões são ajustes que têm por finalidade reduzir a base de cálculo do Imposto de Renda.

As exclusões objetivam, em um primeiro momento, *deduzir as despesas que são dedutíveis pela legislação do Imposto de Renda, mas que pela metodologia contábil não foram computadas no lucro contábil.* O instituto das exclusões visa ainda *eliminar do resultado contábil receitas que nele foram computadas, mas que não são tributáveis pelo Imposto de Renda.*

Na determinação do lucro real, **poderão ser excluídos do lucro líquido do período de apuração:**

I – os valores cuja dedução seja autorizada pela legislação do Imposto de Renda e que não tenham sido computados na apuração do lucro líquido do período de apuração; e

II – os resultados, rendimentos, receitas e quaisquer outros valores incluídos na apuração do lucro líquido que, de acordo com a legislação do Imposto de Renda, não sejam computados no lucro real.

Exemplo

São exemplos de exclusões do lucro contábil para fins de apuração do lucro real:
- o resultado positivo na equivalência patrimonial;
- a receita de dividendos; e
- a depreciação acelerada incentivada.

Exemplo

A empresa FabricaZen Industrial S/A apurou lucro líquido no valor de R$ 100.000,00, lucro este obtido antes da Provisão para a CSLL e da Provisão para o IR. Analisando-se as despesas e as receitas componentes da Demonstração do Resultado do Exercício, verificou-se a existência de uma receita no valor de R$ 17.000,00, referente a dividendos recebidos de uma participação societária não sujeita à avaliação via Método da Equivalência Patrimonial. Tais dividendos são considerados receita não tributável pela legislação do IRPJ. Em consequência disto, a apuração da base de cálculo da CSLL pela sistemática do lucro real deve levar em consideração a exclusão da receita ora informada do lucro líquido. Logo:

Lucro Líquido antes da CSLL = 100.000,00

(-) Exclusões:
- Dividendos recebidos = 17.000,00

(=) Base de cálculo pela sistemática do Lucro Real = 83.000,00

c) Compensações de Prejuízos Fiscais de períodos anteriores

A legislação permite que o contribuinte, *de forma facultativa,* venha a compensar os **prejuízos fiscais** apurados em períodos anteriores, com o lucro real do período em curso. *Tal compensação está limitada a 30% do lucro líquido após as adições e exclusões, mas antes das compensações*, e desde que a pessoa jurídica mantenha o controle de tais prejuízos na parte "B" do livro fiscal denominado de Livro de Apuração do Lucro Real – LALUR.

LUCRO REAL = LAIR + Adições – Exclusões – Compensações

LAIR: Lucro antes do Imposto de Renda

O prejuízo fiscal apurado em períodos de apuração anteriores pode ser compensado, *limitada a compensação a trinta por cento (30%) do lucro líquido ajustado pelas adições e exclusões previstas na legislação do Imposto de Renda*, desde que a pessoa jurídica mantenha os livros e documentos, exigidos pela legislação fiscal, comprobatórios do prejuízo fiscal utilizado para compensação.

Exemplo

A empresa FabricaZen Industrial S/A apresentou o seguinte demonstrativo resumido referente à apuração do IR via lucro real de 2009:

Lucro líquido = 210.000,00
(+) Adições = 40.000,00
(-) Exclusões = (300.000,00)
(=) *Prejuízo Fiscal = (50.000,00)*

Em 2010, esta empresa apresentou os seguintes valores referentes à apuração do IR via lucro real:

Lucro líquido = 300.000,00
(+) Adições = 60.000,00
(-) Exclusões = (200.000,00)
(=) Resultado antes da compensação de prejuízos = 160.000,00
(-) Compensação de prejuízos fiscais de períodos anteriores = (48.000,00) = (30% x 160.000,00)
(=) Base de cálculo do IR via sistemática do lucro real = 112.000,00

Deve ser ressaltado que havia R$ 50.000,00 à disposição para compensação. Porém, em 2010, como há o limite de compensação de 30%, apenas uma parcela dos prejuízos fiscais pode ser compensada. A diferença não compensada, no valor de R$ 2.000,00 (= R$ 50.000,00 – R$ 48.000,00), poderá ser compensada em períodos de apuração posteriores, e será controlada na parte B do LALUR.

Exemplo

Demonstração do Resultado do Exercício:

Receita Bruta de Vendas	*R$ 150.000,00*
Receita Bruta de Prestação de Serviços	*R$ 60.000,00*
(-) Devoluções de Vendas	(R$ 20.000,00)
(-) Descontos Incondicionais Concedidos	(R$ 10.000,00)
(-) PIS sobre o Faturamento	(R$ 2.970,00)
(-) Cofins sobre o Faturamento	(R$ 13.680,00)
(-) ICMS sobre Vendas	(R$ 18.000,00)
(-) Despesas com ISS	(R$ 3.000,00)
(-) Abatimentos sobre Vendas	(R$ 5.000,00)

(=) Receita Líquida de Vendas e Serviços	R$ 137.350,00
(-) Custo das Mercadorias Vendidas	(R$ 43.500,00)
(-) Custo dos Serviços Prestados =	(R$ 22.000,00)
(=) Lucro Operacional Bruto =	R$ 71.850,00
(-) Despesas com Vendas –	(R$ 22.000,00)
(-) Despesas Gerais e Administrativas	(R$ 12.000,00)
(-) Despesas Financeiras	(R$ 13.00,00)
(+) Receitas Financeiras	R$ 21.000,00
(-) Outras Despesas Operacionais	(R$ 5.000,00)
(+) Outras Receitas Operacionais	R$ 2.000,00
(=) Lucro Operacional Líquido =	R$ 42.850,00
(+) Lucro na Venda de Bens do ANC Imobilizado =	R$ 10.000,00
(=) Lucro antes das Participações =	R$ 52.850,00
(-) Participações nos Lucros:	
(-) Participação de Debenturistas =	(R$ 5.000,00)
(-) Participação de Administradores =	(R$ 3.200,00)
(=) Resultado antes da CSLL =	R$ 44.650,00
(-) Provisão para a CSLL =	(R$ 2.000,00)
(=) Resultado do Período antes do IR =	R$ 42.650,00

Cálculo do IR pela sistemática do lucro real:

Resultado do Período antes do IR =	R$ 42.650,00
(+) Adições:	
• Provisão para a CSLL =	R$ 2.000,00
• Multas de trânsito =	R$ 400,00
• Provisões indedutíveis =	R$ 250,00
(-) Exclusões:	
• Dividendos recebidos =	(R$ 1.000,00)
(=) Lucro real antes da compensação de prejuízos =	R$ 44.300,00
(-) Compensação de prejuízos =	(R$ 3.000,00)
(=) Lucro Real = R$ 41.300,00	

Como a compensação de prejuízos fiscais alcançou apenas o montante de R$ 3.000,00, pode ser totalmente realizada neste exercício. Deve ser ressaltado que o máximo valor a ser compensado no corrente exercício seria de R$ 13.290,00 (= 30% x R$ 44.300,00).

Capítulo 13 — A Demonstração do Resultado do Exercício e a Demonstração do Resultado Abrangente ▪ **1077**

13.22.3. O Lucro Presumido

Segundo Neves & Viceconti, o **Lucro Presumido** é uma *modalidade optativa* de apurar o lucro e, consequentemente, o Imposto de Renda das Pessoas Jurídicas que, *partindo de valores globais da receita, presume o lucro a ser tributado.*

As pessoas jurídicas não obrigadas ao regime de tributação pelo lucro real, *cuja receita total, no* ano-calendário *anterior, tenha sido igual ou inferior a R$ 78.000.000,00*, poderão optar pelo regime de tributação com base no lucro presumido.

Podemos dizer que o lucro presumido é uma forma de tributação simplificada para determinação da base de cálculo do Imposto de Renda e da CSLL das pessoas jurídicas que não estiverem obrigadas, no ano calendário, à apuração dos tributos pelo lucro real. *Neste caso, há uma presunção legal de lucratividade.*

O IRPJ e a CSLL serão determinados com base no lucro presumido por períodos de apuração trimestrais, encerrados nos dias 31 março, 30 de junho, 30 de setembro e 31 de dezembro de cada ano calendário.

A pessoa jurídica que optar pela tributação com base no lucro presumido deverá manter:

i) escrituração contábil nos termos da legislação comercial ou livro Caixa, no qual deverá estar escriturada toda a movimentação financeira, inclusive bancária;

ii) Livro Registro de Inventário no qual deverão constar registrados os estoques existentes no término do ano calendário abrangido pelo regime de tributação simplificada; e

iii) em boa guarda e ordem, enquanto não decorrido o prazo decadencial e não prescritas eventuais ações que lhes sejam pertinentes, todos os livros de escrituração obrigatórios por legislação fiscal específica, bem como os documentos e demais papéis que serviram de base para escrituração comercial e fiscal.

A documentação relativa aos atos negociais que os contribuintes praticarem ou em que intervierem, bem como os livros de escrituração obrigatória por legislação fiscal específica e todos os demais papéis e documentos que serviram de base para a escrituração comercial e fiscal, deverão ser conservados em boa ordem e guarda enquanto não decorrido o prazo decadencial do direito de a Fazenda Pública constituir os créditos tributários relativos a esses exercícios.

a) Valores componentes da receita bruta para fins de opção pelo lucro presumido

Apresentamos agora os valores componentes da receita bruta para fins da opção, em função do limite de R$ 78.000.000,00, com base na receita total do ano-calendário anterior.

O art. 3º da Instrução Normativa RFB nº 1.515, de 24 de novembro de 2014, descreve o que faz parte da *receita bruta*, que será utilizada para cálculo do lucro presumido.

Art. 3º A receita bruta compreende:
I – o produto da venda de bens nas operações de conta própria;
II – o preço da prestação de serviços em geral;
III – o resultado auferido nas operações de conta alheia; e
IV – as receitas da atividade ou objeto principal da pessoa jurídica não compreendidas nos incisos I a III.
§ 1º A receita líquida será a receita bruta diminuída de:
I – devoluções e vendas canceladas;
II – descontos concedidos incondicionalmente;
III – tributos sobre ela incidentes; e
IV – valores decorrentes do ajuste a valor presente, de que trata o inciso VIII do caput *do art. 183 da Lei nº 6.404, de 15 de dezembro de 1976, das operações vinculadas à receita bruta.*
§ 2º Na receita bruta não se incluem os tributos não cumulativos cobrados, destacadamente, do comprador ou contratante pelo vendedor dos bens ou pelo prestador dos serviços na condição de mero depositário.
§ 3º Na receita bruta incluem-se os tributos sobre ela incidentes e os valores decorrentes do ajuste a valor presente, de que trata o inciso VIII do caput do art. 183 da Lei nº 6.404, de 1976, das operações previstas no caput *deste artigo, observado o disposto no § 2º.*

Já o art. 4º da referida Instrução Normativa apresenta a base de cálculo do imposto de renda.

Art. 4º À opção da pessoa jurídica, o imposto poderá ser pago sobre base de cálculo estimada, observado o disposto no § 6º do art. 2º.
§ 1º A base de cálculo do imposto, em cada mês, será determinada mediante a aplicação do percentual de 8% (oito por cento) sobre a receita bruta definida pelo art. 3º, auferida na atividade, deduzida das devoluções e vendas canceladas e dos descontos incondicionais concedidos.
§ 2º Nas seguintes atividades o percentual de que trata este artigo será de:
I – 1,6% (um inteiro e seis décimos por cento) sobre a receita bruta auferida na revenda, para consumo, de combustível derivado de petróleo, álcool etílico carburante e gás natural;
II – 8% (oito por cento) sobre a receita bruta auferida:
a) na prestação de serviços hospitalares e de auxílio diagnóstico e terapia, fisioterapia e terapia ocupacional, fonoaudiologia, patologia clínica, imagenologia, radiologia, anatomia patológica e citopatologia, medicina nuclear e análises e patologias clínicas, exames por métodos gráficos, procedimentos endoscópicos, radioterapia, quimioterapia, diálise e oxigenoterapia hiperbárica, desde que a prestadora desses serviços seja organizada sob a forma de sociedade empresária e atenda às normas da Agência Nacional de Vigilância Sanitária (Anvisa).
b) na prestação de serviços de transporte de carga;

c) nas atividades imobiliárias relativas a loteamento de terrenos, incorporação imobiliária, construção de prédios destinados à venda, bem como a venda de imóveis construídos ou adquiridos para revenda; e

d) na atividade de construção por empreitada com emprego de todos os materiais indispensáveis à sua execução, sendo tais materiais incorporados à obra;

III – 16% (dezesseis por cento) sobre a receita bruta auferida:

a) na prestação dos demais serviços de transporte; e

b) nas atividades desenvolvidas por bancos comerciais, bancos de investimentos, bancos de desenvolvimento, agências de fomento, caixas econômicas, sociedades de crédito, financiamento e investimento, sociedades de crédito imobiliário, sociedades corretoras de títulos, valores mobiliários e câmbio, distribuidoras de títulos e valores mobiliários, empresas de arrendamento mercantil, cooperativas de crédito, empresas de seguros privados e de capitalização e entidades de previdência privada aberta;

IV – 32% (trinta e dois por cento) sobre a receita bruta auferida com as atividades de:

a) prestação de serviços relativos ao exercício de profissão legalmente regulamentada;

b) intermediação de negócios;

c) administração, locação ou cessão de bens imóveis, móveis e direitos de qualquer natureza;

d) construção por administração ou por empreitada unicamente de mão de obra ou com emprego parcial de materiais;

e) construção, recuperação, reforma, ampliação ou melhoramento de infraestrutura, no caso de contratos de concessão de serviços públicos, independentemente do emprego parcial ou total de materiais;

f) prestação cumulativa e contínua de serviços de assessoria creditícia, mercadológica, gestão de crédito, seleção de riscos, administração de contas a pagar e a receber, compra de direitos creditórios resultantes de vendas mercantis a prazo ou de prestação de serviços (factoring);

g) coleta e transporte de resíduos até aterros sanitários ou local de descarte;

h) prestação de qualquer outra espécie de serviço não mencionada neste parágrafo.

O art. 122 da Instrução Normativa RFB nº 1.515, de 24 de novembro de 2014, apresenta a forma de cálculo do lucro presumido.

Art. 122. **O lucro presumido será o montante determinado pela soma das seguintes parcelas:**

I – o valor resultante da aplicação dos percentuais de que tratam os §§ 1º e 2º do art. 4º, sobre a receita bruta definida pelo art. 3º, relativa a cada atividade, auferida em cada período de apuração trimestral, deduzida das devoluções e vendas canceladas e dos descontos incondicionais concedidos;

II – os ganhos de capital, demais receitas e resultados positivos decorrentes de receitas não abrangidas pelo inciso I, auferidos no mesmo período;

III – os rendimentos e ganhos líquidos auferidos em aplicações financeiras de renda fixa e renda variável;

IV – os juros sobre o capital próprio auferidos;

V – os valores recuperados, correspondentes a custos e despesas, inclusive com perdas no recebimento de créditos, salvo se a pessoa jurídica comprovar não os ter deduzido em período anterior no qual tenha se submetido ao regime de tributação com base no lucro real ou que se refiram a período no qual tenha se submetido ao regime de tributação com base no lucro presumido ou arbitrado;

VI – o valor resultante da aplicação dos percentuais de que tratam os §§ 1º e 2º do art. 4º, sobre a parcela das receitas auferidas em cada atividade, no respectivo período de apuração, nas exportações às pessoas vinculadas ou aos países com tributação favorecida que exceder ao valor já apropriado na escrituração da empresa, na forma prevista na Instrução Normativa RFB nº 1.312, de 28 de dezembro de 2012;

VII – a diferença de receita financeira calculada conforme disposto no Capítulo V e art. 58 da Instrução Normativa RFB nº 1.312, de 2012;

VIII – as multas ou qualquer outra vantagem paga ou creditada por pessoa jurídica, ainda que a título de indenização, em virtude de rescisão de contrato, observado o disposto nos §§ 1º e 2º do art. 30.

b) Obtenção do Lucro Presumido

Receita Bruta x "% do Lucro Presumido" = Lucro sobre a Receita Bruta

(+) os ganhos de capital, demais receitas e resultados positivos decorrentes de receitas não abrangidas pelo inciso I, auferidos no mesmo período

(+) os rendimentos e ganhos líquidos auferidos em aplicações financeiras de renda fixa e renda variável

(+) os juros sobre o capital próprio auferidos

(+) os valores recuperados, correspondentes a custos e despesas, inclusive com perdas no recebimento de créditos, salvo se a pessoa jurídica comprovar não os ter deduzido em período anterior no qual tenha se submetido ao regime de tributação com base no lucro real ou que se refiram a período no qual tenha se submetido ao regime de tributação com base no lucro presumido ou arbitrado

(+) o valor resultante da aplicação dos percentuais de que tratam os §§ 1º e 2º do art. 4º, sobre a parcela das receitas auferidas em cada atividade, no respectivo período de apuração, nas exportações às pessoas vinculadas ou aos países com tributação favorecida que exceder ao valor já apropriado na escrituração da empresa, na forma prevista na Instrução Normativa RFB nº 1.312, de 28 de dezembro de 2012

(+) a diferença de receita financeira calculada conforme disposto no Capítulo V e art. 58 da Instrução Normativa RFB nº 1.312, de 2012

(+) as multas ou qualquer outra vantagem paga ou creditada por pessoa jurídica, ainda que a título de indenização, em virtude de rescisão de contrato, observado o disposto nos §§ 1º e 2º do art. 30

(=) *Lucro Presumido*

c) A base de cálculo do Imposto de Renda pela sistemática do lucro presumido

A base de cálculo do lucro presumido, decorrente da receita bruta, será periodicamente determinada, mediante a aplicação dos seguintes percentuais sobre a receita bruta:

A base de cálculo do imposto, em cada período, será determinada mediante a aplicação do percentual de 8% (oito por cento) sobre a receita bruta, auferida na atividade, deduzida das devoluções e vendas canceladas e dos descontos incondicionais concedidos.

Nas seguintes atividades o percentual será de:

I – 1,6% (um inteiro e seis décimos por cento) sobre a receita bruta auferida na revenda, para consumo, de combustível derivado de petróleo, álcool etílico carburante e gás natural;

II – 8% (oito por cento) sobre a receita bruta auferida:

a) na prestação de serviços hospitalares e de auxílio diagnóstico e terapia, fisioterapia e terapia ocupacional, fonoaudiologia, patologia clínica, imagenologia, radiologia, anatomia patológica e citopatologia, medicina nuclear e análises e patologias clínicas, exames por métodos gráficos, procedimentos endoscópicos, radioterapia, quimioterapia, diálise e oxigenoterapia hiperbárica, desde que a prestadora desses serviços seja organizada sob a forma de sociedade empresária e atenda às normas da Agência Nacional de Vigilância Sanitária (Anvisa).

b) na prestação de serviços de transporte de carga;

c) nas atividades imobiliárias relativas a loteamento de terrenos, incorporação imobiliária, construção de prédios destinados à venda, bem como a venda de imóveis construídos ou adquiridos para revenda; e

d) na atividade de construção por empreitada com emprego de todos os materiais indispensáveis à sua execução, sendo tais materiais incorporados à obra;

III – 16% (dezesseis por cento) sobre a receita bruta auferida:

a) na prestação dos demais serviços de transporte; e

b) nas atividades desenvolvidas por bancos comerciais, bancos de investimentos, bancos de desenvolvimento, agências de fomento, caixas econômicas, sociedades de crédito, financiamento e investimento, sociedades de crédito imobiliário, sociedades corretoras de títulos, valores mobiliários e câmbio, distribuidoras de títulos e valores mobiliários, empresas de arrendamento mercantil, cooperativas de crédito, empresas de seguros privados e de capitalização e entidades de previdência privada aberta;

IV – 32% (trinta e dois por cento) sobre a receita bruta auferida com as atividades de:
   a) prestação de serviços relativos ao exercício de profissão legalmente regulamentada;
   b) intermediação de negócios;
   c) administração, locação ou cessão de bens imóveis, móveis e direitos de qualquer natureza;
   d) construção por administração ou por empreitada unicamente de mão de obra ou com emprego parcial de materiais;
   e) construção, recuperação, reforma, ampliação ou melhoramento de infraestrutura, no caso de contratos de concessão de serviços públicos, independentemente do emprego parcial ou total de materiais;
   f) prestação cumulativa e contínua de serviços de assessoria creditícia, mercadológica, gestão de crédito, seleção de riscos, administração de contas a pagar e a receber, compra de direitos creditórios resultantes de vendas mercantis a prazo ou de prestação de serviços (*factoring*);
   g) coleta e transporte de resíduos até aterros sanitários ou local de descarte;
   h) prestação de qualquer outra espécie de serviço não mencionada neste parágrafo.

Observe que para cada atividade exercida pela empresa há um percentual (ou coeficiente) a ser aplicado para a determinação do lucro presumido. Ao resultado encontrado são adicionadas as demais receitas, assim como os rendimentos e os ganhos de capital.

Se o contribuinte estiver atuando em ramos de atividades diversificados, então deverá aplicar o correspondente coeficiente na receita bruta proveniente de cada ramo de atividade.

Exemplo

A empresa Faz Tudo Comercial Ltda. apurou as seguintes receitas no trimestre corrente:

- Receita bruta proveniente de vendas de mercadorias = R$ 300.000,00
- Receita bruta proveniente do transporte de cargas = R$ 120.000,00
- Receita bruta proveniente da prestação de serviços = R$ 100.000,00

Cálculo do lucro presumido:

- Receita bruta proveniente de vendas de mercadorias = R$ 300.000,00 x 8% = R$ 24.000,00
- Receita bruta proveniente do transporte de cargas = R$ 120.000,00 x 8% = R$ 9.600,00
- Receita bruta proveniente da prestação de serviços = R$ 100.000,00 x 32% = R$ 32.000,00

→ Lucro presumido = R$ 24.000,00 + R$ 9.600,00 + R$ 32.000,00 = R$ 65.600,00

Cálculo do IR:

O imposto devido em cada trimestre será calculado mediante a aplicação da alíquota de 15% sobre a base de cálculo. A parcela do lucro presumido que exceder ao resultado da multiplicação de R$ 20.000,00 pelo número dos meses do respectivo período de apuração sujeita-se à incidência do adicional de 10%.

Alíquota do IR: R$ 65.600,00 x 15% = R$ 9.840,00

Adicional: 10% x (R$ 65.600,00 − 3 x R$ 20.000,00) = R$ 560,00

IR final = R$ 9.840,00 + R$ 560,00 = R$ 10.400,00 → *IR final = R$ 10.400,00*

13.22.4. O Lucro Arbitrado

O *arbitramento de lucro* é uma forma de apuração da base de cálculo do Imposto de Renda utilizada pela autoridade tributária ou pelo contribuinte. É aplicável pela autoridade tributária quando a pessoa jurídica deixar de cumprir as obrigações acessórias relativas à determinação do lucro real ou presumido, conforme o caso.

O imposto sobre a renda devido será exigido a cada trimestre, no decorrer do ano-calendário, com base nos critérios do lucro arbitrado, quando:

I – o contribuinte, obrigado à tributação com base no lucro real, não mantiver escrituração na forma das leis comerciais e fiscais ou deixar de elaborar as demonstrações financeiras exigidas pela legislação fiscal;

II – a escrituração a que estiver obrigado o contribuinte revelar evidentes indícios de fraude ou contiver vícios, erros ou deficiências que a tornem imprestável para:

  a) identificar a efetiva movimentação financeira, inclusive a bancária; ou

  b) determinar o lucro real;

III – o contribuinte, não obrigado à tributação com base no lucro real, deixar de apresentar à autoridade tributária os livros e documentos da escrituração comercial e fiscal, ou o livro Caixa, nos quais deverá estar escriturada toda a movimentação financeira, inclusive bancária;

IV – o contribuinte optar indevidamente pela tributação com base no lucro presumido;

V – o comissário ou representante da pessoa jurídica estrangeira deixar de cumprir o disposto no § 1º do art. 76 da Lei nº 3.470, de 28 de novembro de 1958;

VI – o contribuinte não mantiver, em boa ordem e segundo as normas contábeis recomendadas, livro Razão ou fichas utilizadas para resumir e totalizar, por conta ou subconta, os lançamentos efetuados no Diário;

VII – o contribuinte não escriturar ou deixar de apresentar à autoridade tributária as informações necessárias para gerar o FCONT por meio do Programa Validador e Assinador da Entrada de Dados para o FCONT de que trata a Instrução Normativa RFB nº 967, de 15 de outubro de 2009, no caso de pessoas jurídicas sujeitas ao RTT;

VIII – o contribuinte não escriturar ou deixar de apresentar à autoridade tributária a ECF.

a) Obtenção do Lucro Arbitrado

Receita Bruta x "% do Lucro arbitrado" = Lucro sobre a Receita Bruta

(+) os ganhos de capital, demais receitas e resultados positivos decorrentes de receitas não abrangidas pelo inciso I, auferidos no mesmo período

(+) os rendimentos e ganhos líquidos auferidos em aplicações financeiras de renda fixa e renda variável

(+) os juros sobre o capital próprio auferidos

(+) os valores recuperados, correspondentes a custos e despesas, inclusive com perdas no recebimento de créditos, salvo se a pessoa jurídica comprovar não os ter deduzido em período anterior no qual tenha se submetido ao regime de tributação com base no lucro real ou que se refiram a período no qual tenha se submetido ao regime de tributação com base no lucro presumido ou arbitrado

(+) o valor resultante da aplicação dos percentuais de que tratam os §§ 1º e 2º do art. 4º, sobre a parcela das receitas auferidas em cada atividade, no respectivo período de apuração, nas exportações às pessoas vinculadas ou aos países com tributação favorecida que exceder ao valor já apropriado na escrituração da empresa, na forma prevista na Instrução Normativa RFB nº 1.312, de 28 de dezembro de 2012

(+) a diferença de receita financeira calculada conforme disposto no Capítulo V e art. 58 da Instrução Normativa RFB nº 1.312, de 2012

(+) as multas ou qualquer outra vantagem paga ou creditada por pessoa jurídica, ainda que a título de indenização, em virtude de rescisão de contrato, observado o disposto nos §§ 1º e 2º do art. 30

(=) *Lucro Arbitrado*

b) Percentuais a serem aplicados para a determinação do lucro arbitrado *quando forem conhecidas as receitas brutas*

O art. 131 da Instrução Normativa RFB nº 1.515, de 24 de novembro de 2014, apresenta a forma de cálculo do lucro arbitrado quando for conhecida a receita bruta. O § 1º deste artigo trata dos percentuais a serem aplicados para a determinação do lucro arbitrado.

> *Art. 131. O **lucro arbitrado**, quando conhecida a receita bruta, será o montante determinado pela soma das seguintes parcelas:*
>
> *I – o valor resultante da aplicação dos percentuais estabelecidos no § 1º sobre a receita bruta definida pelo art. 3º, de cada atividade, auferida em cada período de apuração trimestral, deduzida das devoluções e vendas canceladas e dos descontos incondicionais concedidos;*
>
> *II – os ganhos de capital, demais receitas e resultados positivos decorrentes de receitas não abrangidas pelo inciso I, auferidos no mesmo período;*
>
> *III – os rendimentos e ganhos líquidos auferidos em aplicações financeiras de renda fixa e renda variável;*
>
> *IV – os juros sobre o capital próprio auferidos;*
>
> *V – os valores recuperados, correspondentes a custos e despesas, inclusive com perdas no recebimento de créditos, salvo se a pessoa jurídica comprovar não os ter deduzido em período anterior no qual tenha se submetido ao regime de tributação com base no lucro real ou que se refiram a período no qual tenha se submetido ao regime de tributação com base no lucro presumido ou arbitrado;*
>
> *VI – o valor resultante da aplicação dos percentuais de que trata o § 1º sobre a parcela das receitas auferidas em cada atividade, no respectivo período de apuração, nas exportações às pessoas vinculadas ou aos países com tributação favorecida que exceder ao valor já apropriado na escrituração da empresa, na forma prevista na Instrução Normativa RFB nº 1.312, de 2012;*
>
> *VII – a diferença de receita financeira calculada conforme disposto no Capítulo V e art. 58 da Instrução Normativa RFB nº 1.312, de 2012;*
>
> *VIII – as multas ou qualquer outra vantagem paga ou creditada por pessoa jurídica, ainda que a título de indenização, em virtude de rescisão de contrato, observado o disposto nos §§ 1º e 2º do art. 30.*
>
> *§ 1º **Nas seguintes atividades o percentual de que trata este artigo será de:***
>
> *I – 1,92% (um inteiro e noventa dois centésimos por cento) sobre a receita bruta auferida na revenda, para consumo, de combustível derivado de petróleo, álcool etílico carburante e gás natural;*

II – 9,6% (nove inteiros e seis décimos por cento) sobre a receita bruta auferida:

a) na prestação de serviços hospitalares e de auxílio diagnóstico e terapia, patologia clínica, imagenologia, anatomia patológica e citopatologia, medicina nuclear e análises e patologias clínicas, exames por métodos gráficos, procedimentos endoscópicos, radioterapia, quimioterapia, diálise e oxigenoterapia hiperbárica, desde que a prestadora destes serviços seja organizada sob a forma de sociedade empresária e atenda às normas da Agência Nacional de Vigilância Sanitária (Anvisa);

b) na prestação de serviços de transporte de carga;

c) nas atividades imobiliárias relativas a loteamento de terrenos, incorporação imobiliária, construção de prédios destinados à venda, bem como a venda de imóveis construídos ou adquiridos para revenda;

d) na atividade de construção por empreitada com emprego de todos os materiais indispensáveis à sua execução, sendo tais materiais incorporados à obra; e

e) nas demais atividades não mencionadas neste parágrafo;

III – 19,2% (dezenove inteiros e dois décimos por cento) sobre a receita bruta auferida na prestação dos demais serviços de transporte;

IV – 38,4% (trinta e oito inteiros e quatro décimos por cento) sobre a receita bruta auferida com as atividades de:

a) prestação de serviços relativos ao exercício de profissão legalmente regulamentada;

b) intermediação de negócios;

c) administração, locação ou cessão de bens imóveis, móveis e direitos de qualquer natureza;

d) construção por administração ou por empreitada unicamente de mão de obra ou com emprego parcial de materiais;

e) construção, recuperação, reforma, ampliação ou melhoramento de infraestrutura, no caso de contratos de concessão de serviços públicos, independentemente do emprego parcial ou total de materiais;

*f) prestação cumulativa e contínua de serviços de assessoria creditícia, mercadológica, gestão de crédito, seleção de riscos, administração de contas a pagar e a receber, compra de direitos creditórios resultantes de vendas mercantis a prazo ou de prestação de serviços (*factoring*);*

g) coleta e transporte de resíduos até aterros sanitários ou local de descarte;

h) prestação de qualquer outra espécie de serviço não mencionada neste parágrafo.

Quando se tratar de pessoa jurídica com atividades diversificadas serão adotados os percentuais específicos para cada uma das atividades econômicas, cujas receitas deverão ser apuradas separadamente.

Exemplo

A empresa ZenTex Comercial Ltda. apurou as seguintes receitas no trimestre corrente:

- Receita bruta proveniente de vendas de mercadorias = R$ 300.000,00
- Receita bruta proveniente do transporte de cargas = R$ 120.000,00
- Receita bruta proveniente da prestação de serviços = R$ 100.000,00

O contribuinte decidiu realizar arbitramento para fins de cálculo do IR e da CSLL devidos.

Cálculo do lucro arbitrado:

- Receita bruta proveniente de vendas de mercadorias = R$ 300.000,00 x 9,6% = R$ 28.800,00
- Receita bruta proveniente do transporte de cargas = R$ 120.000,00 x 9,6% = R$ 11.520,00
- Receita bruta proveniente da prestação de serviços = R$ 100.000,00 x 38,4% = R$ 38.400,00

→ Lucro arbitrado = R$ 28.800,00 + R$ 11.520,00 + R$ 38.400,00 = R$ 78.720,00

Cálculo do IR:

O imposto devido em cada trimestre será calculado mediante a aplicação da alíquota de 15% sobre a base de cálculo. A parcela do lucro arbitrado que exceder ao resultado da multiplicação de R$ 20.000,00 pelo número dos meses do respectivo período de apuração sujeita-se à incidência do adicional de 10%.

Alíquota do IR: R$ 78.720,00 x 15% = R$ 11.808,00

Adicional: 10% x (R$ 78.720,00 − 3 x R$ 20.000,00) = R$ 1.872,00

IR final = R$ 11.808,00 + R$ 1.872,00 = R$ 13.680,00 → *IR final = R$ 13.680,00*

13.23. As Participações de Terceiros nos Lucros

As participações de terceiros nos lucros da entidade, participações estas independentes do investimento dos acionistas, devem ser registradas como despesas, constando da Demonstração do Resultado do Exercício.

O Inciso VI do Art. 187 da Lei das Sociedades por Ações disciplina que *a Demonstração do Resultado do Exercício discriminará:*

I – *a receita bruta das vendas e serviços, as deduções das vendas, os abatimentos e os impostos;*

II – *a receita líquida das vendas e serviços, o custo das mercadorias e serviços vendidos e o lucro bruto;*

III – *as despesas com as vendas, as despesas financeiras, deduzidas das receitas, as despesas gerais e administrativas, e outras despesas operacionais;*

IV – *o lucro ou prejuízo operacional, as outras receitas e as outras despesas;*

V – *o resultado do exercício antes do Imposto sobre a Renda e a provisão para o imposto;*

VI – **as participações de debêntures, empregados, administradores e partes beneficiárias, mesmo na forma de instrumentos financeiros, e de instituições ou fundos de assistência ou previdência de empregados, que não se caracterizem como despesa;**

(continua)...

O Art. 187 da Lei nº 6.404/76 (Lei das Sociedades por Ações) define o tratamento das participações de terceiros nos lucros como despesas antes de se apurar o resultado líquido do exercício.

As participações e contribuições de terceiros nos lucros devem ser registradas na própria data de elaboração das demonstrações contábeis, debitando-se as respectivas contas das participações e creditando-se as obrigações correspondentes no Passivo Circulante.

Os Arts. 189 e 190 da Lei nº 6.404/76 tratam do cálculo das amortizações de prejuízos acumulados e das participações e contribuições de terceiros no lucro. Passamos, então, a comentar estes Artigos.

13.23.1. A dedução de Prejuízos Acumulados do resultado do exercício

O Art. 189 da Lei das Sociedades por Ações contém a seguinte redação:

> *Do resultado do exercício serão deduzidos, antes de qualquer participação, os prejuízos acumulados e a provisão para o Imposto sobre a Renda.*
>
> *Parágrafo único. O prejuízo do exercício será obrigatoriamente absorvido pelos lucros acumulados, pelas reservas de lucros e pela reserva legal, nessa ordem.*

Depreende-se do artigo ora apresentado que nenhuma participação será constituída sem que tenha sido constituída a Provisão para o Imposto de Renda e que tenham sido compensados Prejuízos Acumulados.

De acordo com os Arts. 189 e 190 (a seguir apresentados) da Lei das Sociedades por Ações, para o cálculo das participações e contribuições de terceiros nos lucros da entidade toma-se o lucro líquido depois do Imposto de Renda e da Contribuição Social sobre o Lucro Líquido, e antes das participações e contribuições de terceiros, deduzindo-se algum eventual saldo de prejuízos acumulados. O valor resultante dessa dedução será a base de cálculo das participações de terceiros nos lucros.

Conforme o Parágrafo Único do Art. 189, *caso seja apurado resultado negativo no exercício, ou seja, caso seja constatado prejuízo no exercício, tal prejuízo deverá ser obrigatoriamente absorvido pelos Lucros Acumulados, pelas Reservas de Lucros e pela Reserva Legal, nessa ordem*. *O que isto significa?! Em havendo prejuízo no exercício, não poderá haver no Patrimônio Líquido, ao mesmo tempo, as contas referentes a Prejuízos Acumulados e às Reservas de Lucros.*

O objetivo maior da Lei, ao disciplinar a obrigatória compensação de prejuízos, é proteger a saúde financeira da entidade, exigindo que haja a compensação de prejuízos antes de qualquer destinação de lucros.

Deve ser observado que o Art. 200 da Lei nº 6.404/76, ao tratar das possibilidades de uso das Reservas de Capital, afirma que estas reservas **poderão ser utilizadas** *para compensar os prejuízos de anos anteriores que ultrapassarem os Lucros Acumulados e as Reservas de Lucros, ou seja, trata-se de uma opção (algo facultativo).*

Exemplo

Certa empresa possuía as seguintes contas no Patrimônio Líquido antes da apuração do resultado do período:
- Capital Social – R$ 800.000,00
- Reserva Legal – R$ 100.000,00
- Reservas Estatutárias – R$ 180.000,00
- Reserva para Contingências – R$ 120.000,00
- Reserva de Lucros a Realizar – R$ 50.000,00
- Reservas de Capital – R$ 300.000,00

Ao final do exercício social, apresentou prejuízo em montante igual a R$ 500.000,00. Este prejuízo necessita ser compensado com as Reservas de Lucros. Observe que não há ordem prevista para a compensação de prejuízos, exceto em relação à Reserva Legal, que deverá ser a última a ser levada em consideração. Portanto:

1ª Opção

Se a empresa *optar por não utilizar* as Reservas de Capital, teremos as seguintes contas constantes do Patrimônio Líquido após a compensação obrigatória:

D – Reservas Estatutárias – R$ 180.000,00
D – Reserva para Contingências – R$ 120.000,00
D – Reserva de Lucros a Realizar – R$ 50.000,00
D – Reserva Legal – R$ 100.000,00
C – Prejuízos Acumulados – R$ 450.000,00

> **Observe que a utilização de Reservas de Capital para a compensação de prejuízos é opcional.**

E, neste caso, o Patrimônio Líquido conterá as seguintes contas:
- Capital Social – R$ 800.000,00
- Reservas de Capital – R$ 300.000,00
- Prejuízos Acumulados – (R$ 50.000,00)

2ª Opção

Por outro lado, *caso venha a optar pelo uso das Reservas de Capital*, teremos o seguinte lançamento adicional:

D – Reservas de Capital
C – Prejuízos Acumulados R$ 50.000,00

E, neste último caso, o Patrimônio Líquido conterá as seguintes contas:
- Capital Social – R$ 800.000,00
- Reservas de Capital – R$ 250.000,00

13.23.2. O cálculo das participações de terceiros nos lucros

Eis o conteúdo do Art. 190 da Lei das Sociedades por Ações:

> *As participações estatutárias de empregados, administradores e partes beneficiárias serão determinadas, sucessivamente e nessa ordem, com base nos lucros que remanescerem depois de deduzida a participação anteriormente calculada.*
>
> *Parágrafo único. Aplica-se ao pagamento das participações dos administradores e das partes beneficiárias o disposto nos parágrafos do Art. 201 (da Lei das Sociedades por Ações).*

Conforme consta dos Arts. 189 e 190 da Lei nº 6.404/76 (Lei das Sociedades por Ações), para o cálculo das participações e contribuições de terceiros nos lucros da entidade, toma-se o lucro líquido depois do Imposto de Renda e da Contribuição Social sobre o Lucro Líquido, e antes das participações e contribuições de terceiros, deduzindo-se algum eventual saldo de prejuízos acumulados. O valor resultante dessa dedução será a base de cálculo das participações de terceiros nos lucros.

Conforme vimos, o Inciso VI do Art. 187 da Lei das Sociedades por Ações disciplina que *a Demonstração do Resultado do Exercício discriminará*:

...

VI – *as participações de debêntures, empregados, administradores e partes beneficiárias, mesmo na forma de instrumentos financeiros, e de instituições ou fundos de assistência ou previdência de empregados, que não se caracterizem como despesa;*

(continua)...

O cálculo das participações será efetuado respeitando-se a seguinte orientação: em primeiro lugar, realiza-se o cálculo da participação dos debenturistas; em seguida, após abater o valor da participação dos debenturistas, ter-se-á nova base de cálculo para a determinação do valor da participação dos empregados; do lucro restante, após abater a participação dos empregados, ter-se-á nova base de cálculo para apuração do valor da participação dos administradores; do saldo remanescente, após ter sido diminuída a participação dos administradores, ter-se-á a base de cálculo e o consequente valor da participação das partes beneficiárias. Ao final, será calculada a participação referente às instituições ou aos fundos de assistência ou previdência de empregados.

Exemplo

A Companhia Xamajawata definiu, em seu estatuto social, que os debenturistas, os empregados, os administradores, os titulares de partes beneficiárias e os fundos de previdência de empregados têm direito, cada um deles, a 10% do lucro do exercício. Esta Companhia possui saldo de Prejuízos Acumulados no valor de R$ 70.000,00.

A Demonstração do Resultado do Exercício da Companhia Xamajawata indica:

Lucro antes do IR e da CSLL	500.000,00
(-) Provisão para CSLL e IR	(78.000,00)
(=) Lucro após IR e CSLL (antes das participações)	*422.000,00*

"Saímos" da Demonstração do Resultado do Exercício e calculamos os valores correspondentes às participações nos lucros da seguinte maneira:

Base de cálculo de cada participação nos lucros:

Lucro após IR e CSLL (antes das participações)	422.000,00
Prejuízos Acumulados	*(70.000,00)*
Base de cálculo inicial	352.000,00

Observe que o saldo de Prejuízos Acumulados prejudica os valores de constituição das participações nos lucros da entidade. **Os Prejuízos Acumulados são utilizados quando do cálculo das participações, porém não pertencem à Demonstração do Resultado do Exercício, já que não representam despesa do corrente exercício social.**

Cálculo das participações:

1) Debêntures = 10% x 352.000,00	(35.200,00)
Base de cálculo	316.800,00
2) Empregados = 10% x 316.800,00	(31.680,00)
Base de cálculo	285.120,00
3) Administradores = 10% x 285.120,00	(28.512,00)
Base de cálculo	256.608,00
4) Titulares de Partes Beneficiárias = 10% x 256.608,00	(25.660,80)
Base de Cálculo	230.947,20
5) Fundos de Previdência de Empregados 10% x 230.947,20	(23.094,72)
Saldo	207.852,48

> O saldo aqui apresentado NÃO É O RESULTADO APURADO NO EXERCÍCIO, já que levamos em consideração o saldo de Prejuízos Acumulados, que reduziu a base de cálculo das participações. Deve ser ressaltado que estamos "fora" da Demonstração do Resultado do Exercício, com a finalidade de efetuar os cálculos das participações levando em consideração o saldo de Prejuízos Acumulados.

Registros das participações nos lucros:

Participação dos debenturistas:

Participações – Debêntures	
a Juros e Participações – Debêntures a Pagar	35.200,00

Participação dos empregados:

Participações – Empregados	
a Gratificações e Participações a Empregados a Pagar	31.680,00

Capítulo 13 — A Demonstração do Resultado do Exercício e a Demonstração do Resultado Abrangente

Participação dos administradores:
Participações – Administradores
a Gratificações e Participações a Administradores a Pagar   28.512,00

Participação dos titulares de partes beneficiárias:
Participações – Partes Beneficiárias
a Participação de Titulares de Partes Beneficiárias a Pagar   25.660,80

Participação dos fundos de previdência de empregados:
Participações – Fundos de Previdência de Empregados
a Participação de Fundos de Previdência de Empregados a Pagar   23.094,72

A Demonstração do Resultado do Exercício será, então, disposta da seguinte maneira:

Lucro antes do IR e da CSLL	500.000,00
(-) Provisão para CSLL e IR	(78.000,00)
(=) Lucro após IR e CSLL (antes das participações)	422.000,00
(-) Participações	
Debenturistas	(35.200,00)
Empregados	(31.680,00)
Administradores	(28.512,00)
Titulares de Partes Beneficiárias	(25.660,80)
Fundos de Previdência de Empregados	(23.094,72)
(=) Lucro Líquido do Exercício	277.852,48

Os Prejuízos Acumulados não foram deduzidos do resultado. Permanecerão em conta própria – Lucros ou Prejuízos Acumulados ou, simplesmente, Prejuízos Acumulados – até a obtenção do Lucro Líquido do Exercício para a sua absorção:

Lucros ou Prejuízos Acumulados	
Saldo Inicial = 70.000,00	Lucro Líquido do Exercício = 277.852,48
	Saldo corrigido = 207.852,48 (saldo antes da formação de reservas)

Não se deve confundir o resultado de um exercício com o de outros.

13.24. O Resultado Líquido do Exercício

Dispõe o Inciso VII do Art. 187 da Lei das Sociedades por Ações que *a Demonstração do Resultado do Exercício discriminará:*

I – *a receita bruta das vendas e serviços, as deduções das vendas, os abatimentos e os impostos;*

II – *a receita líquida das vendas e serviços, o custo das mercadorias e serviços vendidos e o lucro bruto;*

III – *as despesas com as vendas, as despesas financeiras, deduzidas das receitas, as despesas gerais e administrativas, e outras despesas operacionais;*

IV – *o lucro ou prejuízo operacional, as outras receitas e as outras despesas;*

V – *o resultado do exercício antes do Imposto sobre a Renda e a provisão para o imposto;*

VI – *as participações de debêntures, empregados, administradores e partes beneficiárias, mesmo na forma de instrumentos financeiros, e de instituições ou fundos de assistência ou previdência de empregados, que não se caracterizem como despesa;*

VII – **o lucro ou prejuízo líquido do exercício** *e o seu montante por ação do capital social.*

(continua)...

Após levarmos em consideração todas as receitas e todas as despesas do corrente exercício social, será apresentado o lucro ou o prejuízo obtido no exercício. O resultado porventura obtido, a partir da utilização da conta transitória denominada Apuração do Resultado do Exercício (*muito conhecida como ARE*), será transferido para a conta Lucros ou Prejuízos Acumulados, conta esta a partir da qual ocorrerão todas as destinações do lucro porventura obtido.

Deve ter sido observado pelo nobre Leitor que os Incisos I a VII do Art. 187 da Lei das Sociedades por Ações disciplinam a apresentação qualitativa, de forma ordenada, daquilo que deva constar da Demonstração do Resultado do Exercício.

13.25. O Lucro por Ação

O Inciso VII do Art. 187 da Lei nº 6.404/76 determina a necessidade de divulgação do montante do lucro ou do prejuízo líquido por ação do capital social, aquilo que se conhece por "Lucro ou Prejuízo por Ação".

Dispõe o Inciso VII do Art. 187 da Lei das Sociedades por Ações que *a Demonstração do Resultado do Exercício discriminará:*

I – *a receita bruta das vendas e serviços, as deduções das vendas, os abatimentos e os impostos;*

II – *a receita líquida das vendas e serviços, o custo das mercadorias e serviços vendidos e o lucro bruto;*

III – *as despesas com as vendas, as despesas financeiras, deduzidas das receitas, as despesas gerais e administrativas, e outras despesas operacionais;*

Capítulo 13 — A Demonstração do Resultado do Exercício e a Demonstração do Resultado Abrangente

IV – *o lucro ou prejuízo operacional, as outras receitas e as outras despesas;*
V – *o resultado do exercício antes do Imposto sobre a Renda e a provisão para o imposto;*
VI – *as participações de debêntures, empregados, administradores e partes beneficiárias, mesmo na forma de instrumentos financeiros, e de instituições ou fundos de assistência ou previdência de empregados, que não se caracterizem como despesa;*
VII – *o lucro ou prejuízo líquido do exercício e* **o seu montante por ação do capital social***.*

§ 1º Na determinação do resultado do exercício serão computados:
a) as receitas e os rendimentos ganhos no período, independentemente da sua realização em moeda; e
b) os custos, despesas, encargos e perdas, pagos ou incorridos, correspondentes a essas receitas e rendimentos.
§ 2º (Revogado).

O lucro ou prejuízo do exercício por ação deve ser informado na Demonstração do Resultado do Exercício logo após a linha de Resultado Líquido do Exercício.

Deve ser aqui ressaltado que a apresentação do resultado por ação não se resume à divisão do resultado obtido pela quantidade de ações. O *Pronunciamento Técnico CPC 41 – Resultado por Ação* disciplina as formas de cálculo aqui citadas.

13.26. A EsAF E O IMPOSTO DE RENDA

Com a finalidade de facilitar o aprendizado, apresentaremos questões de Concursos Públicos, com o intuito de demonstrar as soluções a serem apresentadas quando formos resolver questões da ESAF que envolvam o cálculo da Provisão para o Imposto de Renda.

Exemplo
Questão 27 – (Auditor do Tesouro Municipal – Prefeitura de Natal – RN – EsAF – 2008)
A Empresa Mercearia Comercial S/A auferiu, no exercício, um lucro de R$ 600.000,00, antes de fazer qualquer destinação. Devendo pagar dividendo mínimo obrigatório de 30% sobre o lucro, conforme os estatutos, a empresa promoveu a seguinte distribuição:

Imposto de Renda	30%;
Participação de Empregados	R$ 40.000,00;
Participação de Diretores	10%;
Reserva Legal na forma da lei;	
Retenção de Lucros R$	30.000,00;
Dividendos a Pagar	30%.

Com a contabilização feita na forma indicada, caberá à empresa distribuir dividendos no valor de:
a) R$ 88.470,00.
b) R$ 91.548,00.
c) R$ 97.470,00.
d) R$ 100.548,00.
e) R$ 105.840,00.

Resolução e Comentários

Levaremos em consideração a Lei nº 6.404/76 para a solução das questões apresentadas. O Art. 187 da referida Lei trata da Demonstração do Resultado do Exercício.

Art. 187 da Lei nº 6.404/76 (Lei das Sociedades por Ações) – alterada pela Lei nº 11.941, de 27 de maio de 2009

SEÇÃO V
Demonstração do Resultado do Exercício
Art. 187. A demonstração do resultado do exercício discriminará:
I – a receita bruta das vendas e serviços, as deduções das vendas, os abatimentos e os impostos;
II – a receita líquida das vendas e serviços, o custo das mercadorias e serviços vendidos e o lucro bruto;
III – as despesas com as vendas, as despesas financeiras, deduzidas das receitas, as despesas gerais e administrativas, e outras despesas operacionais;
IV – o lucro ou prejuízo operacional, as outras receitas e as outras despesas; (Redação dada pela Lei nº 11.941, de 2009)
V – o resultado do exercício antes do Imposto sobre a Renda e a provisão para o imposto;
VI – as participações de debêntures, empregados, administradores e partes beneficiárias, mesmo na forma de instrumentos financeiros, e de instituições ou fundos de assistência ou previdência de empregados, que não se caracterizem como despesa; (Redação dada pela Lei nº 11.941, de 2009)
VII – o lucro ou prejuízo líquido do exercício e o seu montante por ação do capital social.
§ 1º Na determinação do resultado do exercício serão computados:
a) as receitas e os rendimentos ganhos no período, independentemente da sua realização em moeda; e
b) os custos, despesas, encargos e perdas, pagos ou incorridos, correspondentes a essas receitas e rendimentos.
§ 2º (Revogado).

Já o Art. 189 da Lei nº 6.404/76 trata da dedução de prejuízos e do Imposto de Renda.

Arts. 189 a 192 da Lei nº 6.404/76 (Lei das Sociedades por Ações) – alterada pela Lei nº 11.941, de 27 de maio de 2009

CAPÍTULO XVI
Lucro, Reservas e Dividendos
SEÇÃO I
Lucro
Dedução de Prejuízos e Imposto sobre a Renda
Art. 189. Do resultado do exercício serão deduzidos, antes de qualquer participação, os prejuízos acumulados e a provisão para o Imposto sobre a Renda.
Parágrafo único. O prejuízo do exercício será obrigatoriamente absorvido pelos lucros acumulados, pelas reservas de lucros e pela reserva legal, nessa ordem.
Participações
Art. 190. As participações estatutárias de empregados, administradores e partes beneficiárias serão determinadas, sucessivamente e nessa ordem, com base nos lucros que remanescerem depois de deduzida a participação anteriormente calculada.
Parágrafo único. Aplica-se ao pagamento das participações dos administradores e das partes beneficiárias o disposto nos parágrafos do art. 201.
Lucro Líquido
Art. 191. Lucro líquido do exercício é o resultado do exercício que remanescer depois de deduzidas as participações de que trata o art. 190.
Proposta de Destinação do Lucro
Art. 192. Juntamente com as demonstrações financeiras do exercício, os órgãos da administração da companhia apresentarão à assembleia geral ordinária, observado o disposto nos arts. 193 a 203 e no estatuto, proposta sobre a destinação a ser dada ao lucro líquido do exercício.

Portanto, de acordo com o acima exposto, tem-se, em parte da Demonstração do Resultado do Exercício:

...

Lucro antes do Imposto de Renda (LAIR)

(-) Provisão para o Imposto de Renda (PIR)

(=) Lucro após a PIR e antes das Participações

(-) Participações Diversas (Debenturistas, Empregados, Administradores, Titulares de Partes Beneficiárias e Fundos de Previdência de Empregados)

(=) Lucro Líquido do Exercício

Na presente questão, temos:

LAIR = R$ 600.000,00

PIR = 30%

Participação dos Empregados = R$ 40.000,00

Participação dos Diretores = 10%

Reserva Legal = Apurada na forma da Lei

Reserva de Retenção de Lucros = R$ 30.000,00

Dividendos a Pagar = 30%

As participações de debenturistas e de empregados são dedutíveis para o cálculo do Imposto de Renda. Logo, devem ser diminuídas da sua base de cálculo, caso sejam informadas em moeda.

DRE:

...

LAIR = R$ 600.000,00

(-) Participação dos Empregados = (R$ 40.000,00)

(=) Base de Cálculo ajustada para o Imposto de Renda = R$ 560.000,00

(-) PIR = 30% x R$ 560.000,00 = R$ 168.000,00

(=) Lucro após a PIR e antes das Participações = R$ 432.000,00

(-) Participação dos Empregados = (R$ 40.000,00)

(=) Base de cálculo para a Participação dos Diretores = R$ 392.000,00

(-) Participação dos Diretores = 10% x R$ 392.000,00 = (R$ 39.200,00)

(=) Lucro Líquido do Exercício = R$ 352.800,00

Logo, teremos:

Reserva Legal = 5% do LLE = 5% x R$ 352.800,00 = R$ 17.640,00

Lucro Ajustado para o cálculo dos dividendos:

Lucro Líquido do Exercício = R$ 352.800,00

(-) Reserva Legal = (R$ 17.640,00)

(=) Lucro Líquido Ajustado = R$ 335.160,00

Dividendos: 30% x R$ 335.160,00 = R$ 100.548,00

Gabarito – D

Exemplo

Questão 28 – (Analista de Finanças e Controle – Área: Contábil-Financeira – STN – EsAF – 2008)

O mercado de nossa praça é uma sociedade de capital aberto que, no exercício de 2007, apurou um lucro antes do imposto de renda e das participações no valor de R$ 100.000,00. Esse lucro, segundo as normas da empresa, deverá ser destinado ao pagamento de dividendos e de imposto de renda, no mesmo percentual de 30%, calculado nos termos da lei. Também deverão ser destinados 5% para reserva legal, 10% para reserva estatutária e 10% para participação de administradores.

Sabendo-se que os Estatutos da empresa mandam conceder uma participação de R$ 15.000,00 para os empregados e que o restante dos lucros, após a retirada dos percentuais acima, será segregado a uma conta de reservas de lucros, podemos afirmar que será lançado o valor de

a) R$ 2.677,50, em reserva legal.
b) R$ 4.950,00, em reserva estatutária.
c) R$ 5.500,00, em participação de administradores.
d) R$ 12.918,00, em dividendos distribuídos.
e) R$ 30.000,00, em provisão para Imposto de Renda.

Resolução e Comentários

DRE

...

Lucro antes do Imposto de Renda (LAIR)

(-) Provisão para o Imposto de Renda (PIR)

(=) Lucro após a PIR e antes das Participações

(-) Participações Diversas (Debenturistas, Empregados, Administradores, Partes Beneficiárias e Fundos de Previdência de Empregados)

(=) Lucro Líquido do Exercício

Na presente questão, temos:

LAIR = R$ 100.000,00

PIR = 30%

Participação dos Empregados = R$ 15.000,00

Participação dos Administradores = 10%

Reserva Legal = 5%

Reserva Estatutária = 10%

Dividendos = 30%

As participações de debenturistas e de empregados são dedutíveis para o cálculo do Imposto de Renda. Logo, devem ser diminuídas da base de cálculo do mesmo, caso sejam informadas em moeda.

DRE:

...

LAIR = R$ 100.000,00

(-) Participação dos Empregados = (R$ 15.000,00)

(=) Base de Cálculo ajustada para o Imposto de Renda = R$ 85.000,00

(-) PIR = 30% x R$ 85.000,00 = R$ 25.500,00

(=) Lucro após a PIR e antes das Participações = R$ 74.500,00

(-) Participação dos Empregados = (R$ 15.000,00)

(=) Base de cálculo para a Participação dos Diretores = R$ 59.500,00

(-) Participação dos Diretores = 10% x R$ 59.500,00 = (R$ 5.950,00)

(=) Lucro Líquido do Exercício = R$ 53.550,00

Reserva Legal = 5% do LLE = 5% x R$ 53.550,00 = R$ 2.677,50

Gabarito – A

Exemplo

Questão 29 – (Agente Tributário Estadual – MS – EsAF – 2001)

O Contador da Empresa Comércio Com S/A já havia contabilizado as operações de encerramento do exercício de 2000, inclusive a provisão para pagamento do imposto de renda, quando se apercebeu de que não havia calculado as participações estatutárias de empregados e de diretores, previstas nos Estatutos à alíquota de 10%, para cada tipo.

A provisão para o imposto de renda fora calculada à alíquota de 25% do lucro real, tendo o lucro líquido do exercício, no valor de R$ 27.000,00, sido creditado na conta Lucros (ou Prejuízos) Acumulados.

Após sanar a falha anterior, contabilizando as participações estatutárias corretamente e recalculando o imposto, a provisão para o imposto de renda deverá ir a balanço com o novo valor de:

a) R$ 6.075,00
b) R$ 7.650,00
c) R$ 7.717,50
d) R$ 8.325,00
e) R$ 8.730,00

Resolução e Comentários

DRE:

...

Lucro antes do Imposto de Renda (LAIR)

(-) Provisão para o Imposto de Renda (PIR)

(=) Lucro após a PIR e antes das Participações

(-) Participações Diversas (Debenturistas, Empregados, Administradores, Partes Beneficiárias e Fundos de Previdência de Empregados)

(=) Lucro Líquido do Exercício

Capítulo 13 — A Demonstração do Resultado do Exercício e a Demonstração do Resultado Abrangente

A participação de empregados foi fornecida em percentual. Quando as participações de debenturistas e/ou de empregados forem fornecidas em percentuais, deveremos criar a figura do IR "fictício", a fim de calcularmos, inicialmente, os valores dessas participações. Em seguida, retornaremos ao cálculo mostrado nas questões anteriores.

LAIR = "LAIR"

PIR = 25% x LAIR

Lucro após IR = R$ 27.000,00 = (75% x LAIR)

75% x LAIR = R$ 27.000,00 → LAIR = R$ 36.000,00

LAIR = "LAIR" = R$ 36.000,00

PIR = 25% x LAIR = R$ 9.000,00 (IR fictício)

Lucro após IR e antes das participações = R$ 27.000,00 = (75% x LAIR)

(-) Participação dos Empregados = 10% x R$ 27.000,00 = R$ 2.700,00

De posse da Participação dos Empregados, reinicia-se o cálculo do Imposto de Renda:

LAIR = R$ 36.000,00

(-) Participação dos Empregados = (R$ 2.700,00)

(=) Base de Cálculo ajustada para o Imposto de Renda = R$ 33.300,00

(-) PIR = 25% x R$ 33.300,00 = R$ 8.325,00

Gabarito – D

13.27. O EBITDA ou LAJIDA

Um método de análise organizacional utilizado é o *EBITDA (Earnings Before Interest, Taxes, Depreciation and Amortization)* ou *LAJIDA (Lucro Antes dos Juros, Impostos sobre o Lucro, Depreciação e Amortização)*.

> *O EBITDA mostra o potencial de geração de caixa (operacional) de um negócio, pois indica quanto dinheiro é gerado a partir dos ativos operacionais. O EBTIDA não considera os gastos financeiros. Indica apenas quanto dinheiro os ativos operacionais da empresa produzem.*

O EBITDA não é afetado por variáveis específicas de cada país, tais como taxas de juros, regras de depreciação e diferenças de aplicação de legislações tributárias. O EBITDA é uma variável operacional. Permite utilizar o passado para estimar o futuro.

O EBITDA é definido, de forma resumida, como sendo o resultado apurado no exercício somado aos juros, aos valores da CSLL e do IR, assim como à depreciação e à amortização.

Exemplo
Demonstração do Resultado do Exercício:
   Receita Bruta de Vendas – R$ 150.000,00
   Receita Bruta de Prestação de Serviços – R$ 60.000,00
(-) Devoluções de Vendas – (R$ 20.000,00)
(-) Descontos Incondicionais Concedidos – (R$ 10.000,00)
(-) PIS sobre o Faturamento – (R$ 2.970,00)
(-) Cofins sobre o Faturamento – (R$ 13.680,00)
(-) ICMS sobre Vendas – (R$ 18.000,00)
(-) Despesas com ISS – (R$ 3.000,00)
(-) Abatimentos sobre Vendas – (R$ 5.000,00)
(=) *Receita Líquida de Vendas e Serviços – R$ 137.350,00*
(-) Custo das Mercadorias Vendidas – (R$ 43.500,00)
(-) Custo dos Serviços Prestados = (R$ 22.000,00)
(=) *Lucro Operacional Bruto = R$ 71.850,00*
(-) Despesas com Vendas – (R$ 22.000,00)
(-) Despesas Gerais e Administrativas – (R$ 12.000,00)
(-) Despesas Financeiras – (R$ 13.000,00)
(-) Outras Despesas Operacionais – (R$ 5.000,00)
(+) Outras Receitas Operacionais – R$ 23.000,00
(=) *Lucro Operacional Líquido = R$ 42.850,00*
(±) Outras Receitas e Outras Despesas – (R$ 2.000,00)
(=) *Lucro antes da CSLL e do IR = R$ 40.850,00*
(-) IR e CSLL – (R$ 8.600,00)
(=) *Lucro Líquido do Exercício = R$ 32.250,00*

Cálculo do Ebitda:
   Lucro Líquido do Exercício = R$ 32.250,00
(+) Despesas Financeiras – R$ 13.000,00
(+) IR e CSLL – R$ 8.600,00
(+) Depreciação – R$ 1.500,00
(+) Amortização – R$ 1.000,00
(=) *Ebitda = R$ 56.350,00*

13.28. A Demonstração do Resultado Abrangente

O *Pronunciamento Técnico CPC 26 (R1) – Apresentação das Demonstrações Contábeis* determina a obrigatoriedade da elaboração da Demonstração do Resultado Abrangente do Exercício.

Conforme disposto no *Pronunciamento Técnico CPC 26 (R1) – Apresentação das Demonstrações Contábeis*, **outros resultados abrangentes** compreendem itens de receita e despesa (incluindo ajustes de reclassificação) que não são reconhecidos na Demonstração do Resultado do Exercício como requerido ou permitido pelos Pronunciamentos, Interpretações e Orientações emitidos pelo CPC. *Os componentes dos outros resultados abrangentes incluem:*

a) variações na reserva de reavaliação, quando permitidas legalmente (ver Pronunciamentos Técnicos CPC 27 – Ativo Imobilizado e CPC 04 – Ativo Intangível);

b) ganhos e perdas atuariais em planos de pensão com benefício definido, reconhecidos conforme item 93A do Pronunciamento Técnico CPC 33 – Benefícios a Empregados;

c) ganhos e perdas derivados de conversão de demonstrações contábeis de operações no exterior (ver Pronunciamento Técnico CPC 02 – Efeitos das Mudanças nas Taxas de Câmbio e Conversão de Demonstrações Contábeis);

d) ganhos e perdas na remensuração de ativos financeiros disponíveis para venda (ver Pronunciamento Técnico CPC 38 – Instrumentos Financeiros: Reconhecimento e Mensuração); e

e) parcela efetiva de ganhos ou perdas advindos de instrumentos de *hedge* em operação de *hedge* de fluxo de caixa (ver Pronunciamento Técnico CPC 38).

Resultado abrangente é a mutação que ocorre no Patrimônio Líquido durante um período que resulta de transações e outros eventos que não sejam derivados de transações com os sócios na sua qualidade de proprietários.

Resultado abrangente compreende todos os componentes da "demonstração do resultado" e da "demonstração dos outros resultados abrangentes".

A *Demonstração do Resultado do Exercício Abrangente* poderá ser apresentada incluída na Demonstração das Mutações do Patrimônio Líquido (DMPL) *ou por meio de relatório independente (próprio)*.

Outros resultados abrangentes devem apresentar rubricas para valores de:

a) outros resultados abrangentes (excluindo valores previstos na alínea "b"), classificados por natureza e agrupados naquelas que, de acordo com outros pronunciamentos:
   i) não serão reclassificados subsequentemente para o resultado do período; e
   ii) serão reclassificados subsequentemente para o resultado do período, quando condições específicas forem atendidas;
b) participação em outros resultados abrangentes de coligadas e empreendimentos controlados em conjunto contabilizados pelo método da equivalência patrimonial, separadas pela participação nas contas que, de acordo com outros pronunciamentos:
   i) não serão reclassificadas subsequentemente para o resultado do período; e
   ii) serão reclassificadas subsequentemente para o resultado do período, quando condições específicas forem atendidas.

A entidade deve divulgar o montante do efeito tributário relativo a cada componente dos outros resultados abrangentes, incluindo os ajustes de reclassificação na demonstração do resultado abrangente ou nas notas explicativas.

Os componentes dos outros resultados abrangentes podem ser apresentados:

a) líquidos dos seus respectivos efeitos tributários; ou
b) antes dos seus respectivos efeitos tributários, sendo apresentado em montante único o efeito tributário total relativo a esses componentes.

A entidade deve divulgar ajustes de reclassificação relativos a componentes dos outros resultados abrangentes.

Alguns Pronunciamentos Técnicos, Interpretações e Orientações do CPC especificam se e quando itens anteriormente registrados como outros resultados abrangentes devem ser reclassificados para o resultado do período. Tais ajustes de reclassificação são incluídos no respectivo componente dos outros resultados abrangentes no período em que o ajuste é reclassificado para o resultado líquido do período. Por exemplo, o ganho realizado na alienação de ativo financeiro disponível para venda é reconhecido no resultado quando de sua baixa. Esse ganho pode ter sido reconhecido como ganho não realizado nos outros resultados abrangentes do período corrente ou de períodos anteriores. Dessa forma, os ganhos não realizados devem ser deduzidos dos outros resultados abrangentes no período em que os ganhos realizados são reconhecidos no resultado líquido do período, evitando que esse mesmo ganho seja reconhecido em duplicidade.

Os ajustes de reclassificação podem ser apresentados na demonstração do resultado abrangente ou nas notas explicativas. A entidade que apresente os ajustes de reclassificação nas notas explicativas deve apresentar os componentes dos outros resultados abrangentes após os respectivos ajustes de reclassificação.

Os ajustes de reclassificação são cabíveis, por exemplo, na baixa de investimentos em entidade no exterior (ver Pronunciamento Técnico CPC 02 – Efeitos das Mudanças nas Taxas de Câmbio e Conversão de Demonstrações Contábeis), no desreconhecimento (baixa) de ativos financeiros disponíveis para a venda (ver Pronunciamento Técnico CPC 38 – Instrumentos Financeiros: Reconhecimento e Mensuração) e quando a transação anteriormente prevista e sujeita a *hedge* de fluxo de caixa afeta o resultado líquido do período (ver item 100 do Pronunciamento Técnico CPC 38 no tocante à contabilização de operações de *hedge* de fluxos de caixa).

Ajustes de reclassificação não decorrem de mutações na reserva de reavaliação (quando permitida pela legislação vigente) reconhecida de acordo com os Pronunciamentos Técnicos CPC 27 – Ativo Imobilizado e CPC 04 – Ativo Intangível ou de ganhos e perdas atuariais de planos de benefício definido, reconhecidos em consonância com o Pronunciamento Técnico CPC 33 – Benefícios a Empregados. Esses componentes são reconhecidos como outros resultados abrangentes e não são reclassificados para o resultado líquido em períodos subsequentes. As mutações na reserva de reavaliação podem ser transferidas para reserva de lucros retidos (ou prejuízos acumulados) na medida em que o ativo é utilizado ou quando é baixado (ver Pronunciamentos Técnicos CPC 27 e CPC 04). Ganhos e perdas atuariais devem ser reconhecidos na reserva de lucros retidos (ou nos prejuízos acumulados) no período em que forem reconhecidos como outros resultados abrangentes (ver o Pronunciamento Técnico CPC 33).

Resultado Abrangente = Resultado do Exercício + Outros Resultados Abrangentes

Exemplo

Demonstração do Resultado do Exercício:

Receita Bruta de Vendas	R$ 150.000,00
Receita Bruta de Prestação de Serviços	R$ 60.000,00
(-) Devoluções de Vendas	(R$ 20.000,00)
(-) Descontos Incondicionais Concedidos	(R$ 10.000,00)
(-) PIS sobre o Faturamento	(R$ 2.970,00)
(-) Cofins sobre o Faturamento	(R$ 13.680,00)
(-) ICMS sobre Vendas	(R$ 18.000,00)
(-) Despesas com ISS	(R$ 3.000,00)
(-) Abatimentos sobre Vendas	(R$ 5.000,00)
(=) Receita Líquida de Vendas e Serviços	*R$ 137.350,00*
(-) Custo das Mercadorias Vendidas	(R$ 43.500,00)
(-) Custo dos Serviços Prestados =	(R$ 22.000,00)
(=) Lucro Operacional Bruto =	*R$ 71.850,00*
(-) Despesas com Vendas	(R$ 22.000,00)

(-) Despesas Gerais e Administrativas	(R$ 12.000,00)
(-) Despesas Financeiras	(R$ 13.000,00)
(-) Outras Despesas Operacionais	(R$ 5.000,00)
(+) Outras Receitas Operacionais	R$ 23.000,00
(=) Lucro Operacional Líquido =	R$ 42.850,00
(±) Outras Receitas e Outras Despesas	(R$ 2.000,00)
(=) Lucro antes da CSLL e do IR =	R$ 40.850,00
(-) IR e CSLL	(R$ 8.600,00)
(=) Lucro Líquido do Exercício =	R$ 32.250,00

Demonstração do Resultado do Exercício Abrangente:

Lucro Líquido do Exercício		**R$ 32.250,00**
Parcela dos sócios da Controladora	R$ 25.000,00	
Parcela dos sócios não controladores	R$ 7.250,00	
(-) Ajustes de Instrumentos Financeiros		(R$ 15.000,00)
(+) Tributos sobre Ajustes de Instrumentos Financeiros		R$ 5.000,00
(+) Ajustes de Conversão do Período		R$ 24.000,00
(-) Tributos sobre Ajustes de Conversão do Período		(R$ 8.500,00)
Outros Resultados Abrangentes		**R$ 5.500,00**
Parcela dos sócios da Controladora	R$ 4.200,00	
Parcela dos sócios não controladores	R$ 1.300,00	
Resultado Abrangente Total		**R$ 37.750,00**
Parcela dos sócios da Controladora	R$ 29.200,00	
Parcela dos sócios não controladores	R$ 8.550,00	

13.29. Exercícios Resolvidos para a Fixação de Conteúdo

Questão 30 – (Contador Pleno – PETROBRAS – Fundação CESGRANRIO – Adaptada – 2005)

Segundo a Lei nº 6.404/76, as perdas estimadas constituídas para os créditos de liquidação duvidosa devem ser apresentadas, na Demonstração do Resultado do Exercício, em:
a) Dedução da Receita Bruta.
b) Custo das Mercadorias ou Produtos Vendidos.
c) Resultado não Operacional Negativo.
d) Despesa de Vendas.
e) Outras Despesas Operacionais.

Resolução e Comentários

As perdas estimadas em relação aos créditos de liquidação duvidosa são calculadas sobre o montante das operações de venda efetuadas a prazo. Logo, as despesas porventura ocorridas desta maneira serão reconhecidas como Despesas de Vendas.

Gabarito – D

Questão 31 – (Técnico de Contabilidade I – Refinaria Alberto Pasqualini – REFAP – CESGRANRIO – 2007)

A Empresa Aurora Boreal Ltda. realizou as seguintes operações num determinado período de tempo:
- vendeu mercadorias por R$ 20.000,00, sendo R$ 10.000,00 em dinheiro; R$ 2.000,00 em cheque e R$ 8.000,00 a prazo;
- incorreu numa despesa de R$ 7.000,00.

Pelo Regime de Caixa, qual o lucro da Aurora Boreal, em reais?

a) 20.000,00.
b) 13.000,00.
c) 12.000,00.
d) 5.000,00.
e) 3.000,00.

Resolução e Comentários

Se for observar o regime de caixa, então foram recebidos R$ 10.000,00 em dinheiro e R$ 2.000,00 em cheque, totalizando a entrada de recursos de R$ 12.000,00, já que os outros R$ 8.000,00 estão a prazo.

Por outro lado, a despesa foi apenas incorrida e não paga.

Logo, tem-se lucro igual a R$ 12.000,00.

Gabarito – C

Questão 32 – (Técnico de Contabilidade – Agência Nacional de Petróleo – ANP – CESGRANRIO – 2008)

Dados parciais, em reais, extraídos da Empresa Galegos & Filhos Ltda.:

Venda de Mercadorias	160.000,00
Deduções da Receita	20.000,00
CMV	96.000,00
Despesas de Vendas	23.000,00
Despesas Administrativas	37.500,00
Despesas Financeiras	22.000,00
Receitas Financeiras	35.000,00
Ganho na Venda de um Imobilizado	12.500,00

Considerando-se apenas os dados acima, e desconsiderando a incidência de qualquer tipo de imposto, o montante das despesas operacionais, na Demonstração do Resultado do Exercício, em reais, foi

a) 95.000,00.
b) 82.500,00.
c) 60.000,00.
d) 47.500,00.
e) 35.000,00.

Resolução e Comentários

As receitas operacionais devem ser diminuídas das despesas operacionais.

Despesas Operacionais = despesas secundárias

Despesas de Vendas (23.000,00)

Despesas Administrativas (37.500,00)

Despesas Financeiras (22.000,00)

Receitas Financeiras 35.000,00

Total = (47.500)

Gabarito – D

Questão 33 – (Técnico de Contabilidade Júnior – PETROBRAS Distribuidora S/A– CESGRANRIO – 2008)

A Empresa Irmãos Monteiro Ltda. apresentou, em 30.11.2007, o seguinte balancete:
Contas Saldos
Caixa 8.900,00
Banco Conta Movimento 32.000,00
Duplicatas a Receber 30.000,00
Estoque de Mercadorias 25.000,00
Móveis e Utensílios 5.000,00
Máquinas e Equipamentos 15.000,00
Instalações 12.000,00
Fornecedores 25.000,00
Duplicatas a Pagar 24.000,00
Capital 70.000,00
CMV 20.000,00
Despesa de Aluguel e Condomínio 500,00
Despesa de Energia Elétrica 250,00
Despesa de Material de Expediente 200,00
Despesa de Telefone, Fax e Telex 150,00
Receita de Vendas 30.000,00
Em dezembro de 2007, a empresa realizou as operações a seguir, com valores em reais.
- Venda de mercadorias a prazo, por 25.000,00, com baixa de estoque de 20.000,00.
- Compra de uma caminhonete usada, por 10.000,00, sendo 3.000,00 à vista, pagos em cheque, e o restante em 5 prestações de 1.400,00.
- Aquisição de mercadorias para revenda, a prazo: 30.000,00.
- Venda de mercadorias à vista, recebidos em cheque: 12.000,00. Baixa de estoque: 10.000,00.
- Pagamento de despesas, em dinheiro:
  - Aluguel e Condomínio 350,00
  - Energia elétrica 500,00
  - Transporte 250,00
- Provisão do salário do mês: 5.000,00.

Capítulo 13 — A Demonstração do Resultado do Exercício e a Demonstração do Resultado Abrangente

Considerando-se, exclusivamente, as informações acima, o lucro operacional da empresa, em reais, em 31.12.2007, foi

a) 9.900,00.
b) 9.800,00.
c) 8.750,00.
d) 7.900,00.
e) 7.850,00.

Resolução e Comentários

Em dezembro de 2007, a empresa realizou as operações a seguir, com valores em reais.

- Venda de mercadorias a prazo, por 25.000,00, com baixa de estoque de 20.000,00.

D – Duplicatas a Receber / Clientes
C – Receita de Vendas 25.000,00
D – Custo das Mercadorias Vendidas
C – Mercadorias 20.000,00

- Compra de uma caminhonete usada, por 10.000,00, sendo 3.000,00 à vista, pagos em cheque, e o restante em 5 prestações de 1.400,00.

D – Veículos 10.000,00
C – Bancos 3.000,00
C – Financiamentos a Pagar 7.000,00 (= 5 x 1.400,00)

- Aquisição de mercadorias para revenda, a prazo: 30.000,00.

D – Mercadorias
C – Fornecedores 30.000,00

- Venda de mercadorias à vista, recebidos em cheque: 12.000,00. Baixa de estoque: 10.000,00.

D – Caixa
C – Receita de Vendas 12.000,00
D – Custo das Mercadorias Vendidas
C – Mercadorias 10.000,00

- Pagamento de despesas, em dinheiro:
  - Aluguel e Condomínio 350,00
  - Energia elétrica 500,00
  - Transporte 250,00

D – Aluguel e Condomínio 350,00
D – Energia Elétrica 500,00
D – Transporte 250,00
C – Caixa 1.100,00

- Provisão do salário do mês: 5.000,00.
D – Despesas de Salários
C – Salários a Pagar 5.000,00

Apuração do lucro operacional:
   Receita de Vendas   30.000,00 + 25.000,00 + 12.000,00 = 67.000,00
(=) Receita Líquida de Vendas = 67.000,00
(-) CMV (20.000,00 + 20.000,00 + 10.000,00) = (50.000,00)
(=) Lucro Bruto = 17.000,00
(-) Despesa de Aluguel e Condomínio (500,00 + 350,00) = (850,00)
(-) Despesa de Energia Elétrica (250,00 + 500,00) = (750,00)
(-) Despesa de Material de Expediente (200,00)
(-) Despesa de Telefone, Fax e Telex (150,00)
(-) Transporte (250,00)
(-) Despesas de Salários (5.000,00)
(=) Lucro Operacional = 9.800,00

Gabarito – B

Questão 34 – (Analista de Nível Superior – Contabilidade – Casa da Moeda – Fundação CESGRANRIO – 2009)
   Uma empresa apresentou os saldos das contas a seguir, com valores em reais, quando do encerramento do exercício.

Abatimento sobre Vendas	6.000,00
Abatimentos sobre Compras	8.000,00
Comissões e Despesas Bancárias	5.000,00
Descontos Concedidos nos Pagamentos de Clientes	50.000,00
Descontos Obtidos nos Pagamentos a Fornecedores	60.000,00
Juros Auferidos	80.000,00
Juros Incorridos	250.000,00

Na elaboração da demonstração do resultado do exercício, o montante das despesas operacionais evidenciadas como resultado financeiro líquido (despesas financeiras líquidas) provocará, no resultado do exercício, uma redução, em reais, de
   a) 149.000,00.
   b) 165.000,00.
   c) 167.000,00.
   d) 170.000,00.
   e) 250.000,00.

Resolução e Comentários

Abatimentos sobre Vendas: dedução das vendas

Abatimento sobre Compras: Reduz o estoque ou o CMV

São despesas ou receitas financeiras:

Comissões e Despesas Bancárias (5.000,00)

Descontos Concedidos nos Pagamentos de Clientes (50.000,00)

Descontos Obtidos nos Pagamentos a Fornecedores 60.000,00

Juros Auferidos 80.000,00

Juros Incorridos (250.000,00)

Resultado financeiro líquido .... (165.000,00)

Gabarito – B

Questão 35 – (Auditor-Fiscal do Tesouro Estadual – RN – EsAF – 2005)
A Cia. Souto e Salto tinha prejuízos acumulados de R$ 40.000,00, mas durante o exercício social apurou lucro. Desse lucro, após destinar R$ 80.000,00 para imposto de renda e CSLL, a empresa distribuiu 10% em participação de debenturistas, no valor de R$ 4.000,00, 10% em participação de administradores, no valor de R$ 3.240,00 e 10% em participação de empregados.

De acordo com as informações acima e com as normas em vigor, podemos dizer que a Cia. Souto e Salto, no final da Demonstração de Resultado do Exercício, vai indicar o lucro líquido do exercício no valor de:
a) R$ 29.160,00.
b) R$ 29.520,00.
c) R$ 68.760,00.
d) R$ 69.160,00.
e) R$ 69.520,00.

Resolução e Comentários

Lucro antes do IR e da CSLL X

(-) IR e CSLL (80.000,00)

(=) Lucro antes das participações X – 80.000,00

(-) Participações:

Debenturistas = 10% (4.000,00)

Empregados = 10% ?

Administradores = 10% (3.420,00)

(=) Lucro líquido do exercício ?

Os prejuízos acumulados afetam o cálculo das participações. Logo:

Participação dos debenturistas = 10% [(X – 80.000,00) – *40.000,00*]

→ 4.000,00 = 10% [(X – 80.000,00) – 40.000,00]

→ X = 160.000,00

Logo:

Lucro antes do IR e da CSLL 160.000,00

(-) IR e CSLL (80.000,00)

(=) Lucro antes das participações 80.000,00

(-) Participações:

Debenturistas = 10% (4.000,00)

Empregados = 10% (3.600,00) = 10% x (80.000,00 − 40.000,00 − 4.000,00)

Administradores = 10% (3.420,00)

(=) Lucro líquido do exercício 69.160,00

Gabarito − D

Questão 36 − (Gestor Fazendário − MG − EsAF − 2005)
Em 31 de dezembro, antes dos ajustes para fechamento da conta corrente do ICMS, a empresa Comercial Beta S/A levantou os seguintes saldos, apresentados em ordem alfabética:

Caixa	R$ 9.600,00
Capital Social	R$ 30.000,00
Clientes	R$ 14.700,00
Cofins	R$ 57,00
Compras de Mercadorias	R$ 36.000,00
Fornecedores	R$ 12.000,00
ICMS sobre Vendas	R$ 10.200,00
Impostos e Taxas	R$ 690,00
Juros Ativos	R$ 330,00
Mercadorias	R$ 13.500,00
Móveis e Utensílios	R$ 9.000,00
PIS sobre Faturamento	R$ 63,00
Prêmio de Seguros	R$ 1.080,00
Reserva Legal	R$ 300,00
Salários e Encargos	R$ 2.400,00
Salários e Encargos a Pagar	R$ 360,00
Veículos	R$ 12.000,00
Vendas de Mercadorias	R$ 60.000,00

Observações:
- Ao fim do período, a empresa apresentou estoque de mercadorias avaliado em R$ 6.000,00.
- O imposto sobre circulação de mercadorias e serviços incide à mesma alíquota sobre as compras e sobre as vendas.
- No período não houve outras implicações tributárias nem distribuição de resultados.

Após contabilizar o ajuste do ICMS, as demonstrações contábeis apresentarão:
a) R$ 12.300,00 de lucro líquido do exercício.
b) R$ 22.500,00 de lucro operacional bruto.
c) R$ 37.380,00 de custo da mercadoria vendida.
d) R$ 43.500,00 de custo da mercadoria vendida.
e) R$ 49.680,00 de lucro operacional bruto.

Resolução e Comentários

O imposto sobre circulação de mercadorias e serviços incide à mesma alíquota sobre as compras e sobre as vendas. Portanto:

Alíquota do ICMS = ICMS sobre Vendas / Vendas de Mercadorias
→ Alíquota do ICMS = 10.200 / 60.000 = 17%
→ CMV = 13.500 + (36.000 − 6.120) − 6.000 = *37.380*

Vendas de Mercadorias	R$ 60.000,00
(-) Cofins	(R$ 57,00)
(-) PIS sobre Faturamento	(R$ 63,00)
(-) ICMS – 17%	(R$ 10.200,00)
(=) Vendas Líquidas	R$ 49.680,00
(-) CMV	(R$ 37.380,00)
(=) Lucro operacional bruto	R$ 12.300,00
(-) Impostos e Taxas	(R$ 690,00)
(-) Prêmio de Seguros	(R$ 1.080,00)
(-) Salários e Encargos	(R$ 2.400,00)
(+) Juros Ativos	(R$ 330,00)
(=) Lucro operacional líquido	R$ 8.460,00

Gabarito – C

Questão 37 – (Auditor-Fiscal da Receita Federal – SRF – EsAF – 2002 – Adaptada)
As contas abaixo representam um grupo de receitas e despesas e, embora distribuídas aqui aleatoriamente, compõem a demonstração do resultado do exercício da empresa Boapermuta S/A.

Receitas Não Operacionais	R$ 2.000,00
Provisão para Contribuição Social	10%
Juros Recebidos	R$ 1.500,00
Depreciação	R$ 700,00
Participação de Administradores	5%
Impostos e Taxas	R$ 500,00
Propaganda e Publicidade	R$ 1.800,00
Vendas Canceladas	R$ 20.000,00
PIS/Pasep	1%
Despesas Bancárias	R$ 800,00
Estoque Inicial	R$ 30.000,00
Comissões sobre Vendas de Mercadorias	R$ 3.000,00
Descontos Incondicionais Concedidos	R$ 20.000,00
Estoque Final	R$ 37.000,00
Descontos Condicionais Concedidos	R$ 2.000,00
Participação de Partes Beneficiárias	5%
Juros Pagos	R$ 500,00
Vendas de Mercadorias	R$ 100.000,00
Cofins	2%
Salários e Encargos	R$ 3.000,00
Água e Energia	R$ 200,00
Provisão para Imposto de Renda	15%
Compras de Mercadorias	R$ 50.000,00
ICMS s/ Compras e Vendas	12%
Descontos Obtidos	R$ 15.000,00

Ordenando-se as contas acima, adequadamente e em conformidade com as regras de elaboração da Demonstração do Resultado do Exercício, vamos encontrar:
a) Receita Líquida de Vendas de R$ 48.000,00.
b) Lucro Operacional Bruto de R$ 4.000,00.
c) Lucro Operacional Líquido de R$ 15.000,00.
d) Lucro Líquido antes da Contribuição Social e do Imposto de Renda de R$ 20.216,00.
e) Lucro Líquido do Exercício de R$ 13.500,00.

Resolução e Comentários

DRE – Empresa Boapermuta S/A

1) De acordo com a LC 87/1996, as vendas canceladas e os descontos incondicionais concedidos sobre vendas não entram na base de cálculo do ICMS; também não entram na base de cálculo do PIS nem da Cofins, conforme consta da Lei nº 9718/1998.

2) CMV = EI + CL – EF

   Compras Líquidas = 50.000 x 0,88 = 44.000

   Há ICMS incidindo sobre as compras à alíquota de 12% (imposto recuperável).

   Em 2002, ainda não havia PIS e Cofins não cumulativos, ou seja, recuperáveis.

   - EI = 30.000
   - Compras Líquidas = 44.000
   - EF = 37.000

   → CMV = EI + C – EF = 30.000 + 44.000 – 37.000 = 37.000

3) O Desconto Obtido foi considerado, nesta questão, condicional (ou seja, financeiro)!

   Desconto obtido incondicional → redutor das compras brutas para obtenção das compras líquidas

   Desconto obtido condicional → receita financeira (operacional)

DRE – Empresa Boapermuta S/A

	Vendas Brutas	100.000
(-)	Vendas Canceladas	(20.000)
(-)	Descontos Incondicionais Concedidos	(20.000)
(=)	**Base de Cálculo ICMS**	**60.000**
(-)	ICMS s/ Vendas = 12% x 60.000	(7.200)
(-)	Cofins = 2% x (60.000 – 7.200)	(1.056)
(-)	PIS/Pasep = 1% x (60.000 – 7.200)	(528)
(=)	**Vendas Líquidas**	**51.216**
(-)	CMV	(37.000)
(=)	**Lucro Bruto**	**14.216**
(+)	Juros Recebidos	1.500
(+)	Descontos Obtidos	15.000
(-)	Impostos e Taxas	(500)
(-)	Propaganda e Publicidade	(1.800)

(-)	Depreciação	(700)
(-)	Despesas Bancárias	(800)
(-)	Comissões sobre Vendas de Mercadorias	(3000)
(-)	Descontos Condicionais Concedidos	(2000)
(-)	Juros Pagos	(500)
(-)	Salários e Encargos	(3000)
(-)	Água e Energia	(200)
(=)	**Lucro Operacional Líquido**	**18.216**
(+)	Receitas Não Operacionais	2.000
(=)	**Lucro Antes do IR e da CSLL**	**20.216**

Gabarito – D

Questão 38 – (Auditor-Fiscal da Receita Federal – SRF – EsAF – 2002)
A empresa de Pedras & Pedrarias S/A. demonstrou no exercício de 2001 os valores como seguem:

Lucro bruto	R$ 90.000,00
Lucro operacional	R$ 70.000,00
Receitas operacionais	R$ 7.500,00
Despesas operacionais	R$ 27.500,00
Participação de Administradores	R$ 2.500,00
Participação de Debenturistas	R$ 3.500,00
Participação de Empregados	R$ 3.000,00

A tributação do lucro dessa empresa deverá ocorrer à alíquota de 30% para Imposto de Renda e Contribuição Social sobre Lucro Líquido, conjuntamente.

Assim, se forem calculados corretamente o IR e a CSLL, certamente o valor destinado, no exercício, à constituição da reserva legal deverá ser de:
a) R$ 2.000,00.
b) R$ 2.070,00.
c) R$ 2.090,00.
d) R$ 2.097,50.
e) R$ 2.135,00.

Resolução e Comentários

Cálculo do Imposto de Renda:
   Lucro operacional (líquido) – R$ 70.000,00
   (=) Lucro antes do IR (LAIR) – R$ 70.000,00

Capítulo 13 — *A Demonstração do Resultado do Exercício e a Demonstração do Resultado Abrangente*

→ Saindo da Demonstração do Resultado do Exercício:
 Lucro operacional (líquido) – R$ 70.000,00
(=) Lucro antes do IR (LAIR) – R$ 70.000,00
(-) Participação de Debenturistas – (R$ 3.500,00)
(-) Participação de Empregados – (R$ 3.000,00)
(=) Base de cálculo para a Provisão do IR e da CSLL = 63.500
 x 30%
(=) Provisão para Imposto de Renda e CSLL = 19.050
 → Voltando para a Demonstração do Resultado do Exercício:
 Lucro operacional (líquido) – R$ 70.000,00
(=) Lucro antes do IR (LAIR) – R$ 70.000,00
(-) Provisão para IR e CSLL = (R$ 19.050,00)
(=) Lucro após IR e antes das Participações – R$ 50.950,00
(-) Participação de Debenturistas – (R$ 3.500,00)
(-) Participação de Empregados – (R$ 3.000,00)
(-) Participação de Administradores – (R$ 2.500,00)
(=) Lucro Líquido do Exercício – R$ 41.950,00
→ Reserva Legal = 5% x LLE = 5% x R$ 41.950,00 = R$ 2.097,50

Gabarito – D

Questão 39 – (Analista Legislativo – Contabilidade – Senado Federal – FGV – 2008)
 Um estaleiro assina um contrato de longo prazo para a construção de um navio. O preço total é $ 520.000 e o custo estimado da obra é de $ 380.000. No primeiro ano, o estaleiro incorre em custos de $ 90.000 diretamente vinculados à produção do navio. O valor do lucro bruto a ser apresentado pelo estaleiro no primeiro ano, considerando as Normas Brasileiras de Contabilidade, é de:
 a) $ 430.000.
 b) $ 140.000.
 c) zero.
 d) $ 283.800.
 e) $ 33.158.

Resolução e Comentários

Se considerarmos as receitas e as despesas proporcionais ao que foi estimado, tem-se:
R$ 380.000,00 ------------- R$ 90.000,00
R$ 520.000,00 ------------- X → X = R$ 123.158,00
Lucro Bruto = R$ 123.158,00 – R$ 90.000,00 = R$ 33.158,00

Gabarito – E

Questão 40 – (Analista Legislativo – Contabilidade – Senado Federal – FGV – 2008)
A Companhia X realizou as seguintes operações no ano X1:

Vendas	526.000
Lucro na venda de imóvel	48.000
Despesa de aluguel	13.000
Despesa Financeira	22.000
Dividendos pagos	57.000
Despesas de salários	42.000
Imposto de Renda e Contribuição Social provisionados	80.000
Devolução de Vendas	50.000
Despesa de depreciação	32.000

De acordo com a estrutura prevista na Legislação Brasileira, o valor do Resultado Operacional e do Resultado Líquido, em 31/12/X1, foi de:
a) 310.000 e 278.000.
b) 415.000 e 278.000.
c) 417.000 e 385.000.
d) 367.000 e 335.000.
e) 469.000 e 278.000.

Resolução e Comentários

Demonstração do Resultado do Exercício:

Vendas	526.000
(-) Devolução de Vendas	(50.000)
(=) Receita Líquida de Vendas	476.000
(-) CMV	
(=) Lucro Bruto ou Lucro Operacional Bruto	476.000
(-) Despesa de aluguel	(13.000)
(-) Despesa financeira	(22.000)
(-) Despesas de salários	(42.000)
(-) Despesa de depreciação	(32.000)
(=) Lucro Operacional ou Lucro Operacional Líquido	**367.000**
(+) Lucro na venda de imóvel	48.000
(-) Imposto de Renda e Contribuição Social provisionados	(80.000)
(=) Lucro Líquido do Exercício	**335.000**

Gabarito – D

Capítulo 13 — A Demonstração do Resultado do Exercício e a Demonstração do Resultado Abrangente

Questão 41 – (Técnico de Suprimento de Bens e Serviços Júnior / Administração – PETROBRAS – Fundação CESGRANRIO – 2010)
Observe os dados, em reais, extraídos da contabilidade da Vaticano Ltda.
- Vendas de Mercadorias 120.000,00
- Despesas Operacionais 23.000,00
- Outras Despesas 11.000,00
- Lucro antes do IR 18.000,00

Considerando exclusivamente as informações acima e desconsiderando a incidência de impostos, o custo das mercadorias vendidas, em reais, será
a) 52.000,00.
b) 66.000,00.
c) 68.000,00.
d) 86.000,00.
e) 97.000,00.

Resolução e Comentários

Vendas de Mercadorias 120.000,00

(-) Deduções – 0,00

(=) Receita Líquida de Vendas – R$ 120.000,00

(-) Custo das Mercadorias Vendidas – CMV

(=) Lucro Bruto – "R$ 120.000,00 – CMV"

(-) Despesas Operacionais – (R$ 23.000,00)

(-) Outras Despesas – (R$ 11.000,00)

(=) Lucro Antes do IR (LAIR) – R$ 18.000,00

→ R$ 120.000,00 – CMV – R$ 23.000,00 – R$ 11.000,00 = R$ 18.000,00

→ CMV = R$ 68.000,00

Gabarito – C

Analise os dados abaixo e responda à questão 42:
Para a elaboração da Demonstração de Resultado do Exercício, a Cia. Comercial levantou as seguintes informações em 31/12/2011:

Venda de Mercadorias 360.000
Despesas de Salários 52.000
Depreciação 4.000
Devolução de Vendas 24.000
Receita de Aluguel 8.000
Juros Ativos 1.600
Provisão para Devedores Duvidosos 800
Comissão s/ Vendas 4.000
Frete s/ Vendas 2.000
Despesa de Aluguel 6.000
Mercadorias 9.200
Compra de Mercadorias 100.000

Descontos Comerciais Concedidos.............. 16.000
Pagamento de Impostos............................... 4.460
Juros Passivos 6.800
Compras Canceladas 20.000
Perda de Capital 26.400

Informações complementares:

I – No final do exercício, o inventário de mercadorias realizado indicou o montante de R$ 12.600;

II – O IR e CSLL foram calculados, com aplicação, respectivamente, dos percentuais de 15% e 10%;

III – Sobre as operações de compras e vendas de mercadorias incidiam o seguinte imposto e taxas: ICMS de 18%; PIS/Pasep de 1,65%; e Cofins de 7,6%.

Questão 42 – (Auditor Fiscal de Tributos Municipais – Prefeitura de Belo Horizonte – Fundação Dom Cintra – 2012 – Adaptada)

Em 31/12/2011, o lucro bruto apurado correspondia ao seguinte valor:
a) R$ 189.640.
b) R$ 181.996.
c) R$ 174.000.
d) R$ 173.640.
e) R$ 156.200.

Resolução e Comentários

CMV = EI + CL − EF = 9.200 + (100.000 − 20.000 − 18,00% x 80.000 − 1,65% x (80.000 − 18% x 80.000) − 7,60% x (80.000 − 18% x 80.000)) − 12.600

→ CMV = 56.132

Demonstração do Resultado do Exercício:

Venda de Mercadorias......................................360.000
(-) Devolução de Vendas................................. (24.000)
(-) Descontos Comerciais Concedidos.............. (16.000)
(-) ICMS sobre Vendas .... (57.600) (= 18,00% x R$ 320.000)
(-) PIS/Pasep sobre o Faturamento .... (4.329,60) [(R$ 320.000 − R$ 57.600) x 1,65%]
(-) Cofins sobre o Faturamento .... (19.942,40) [(R$ 320.000 − R$ 57.600) x 7,60%]
(=) Receita Líquida de Vendas 238.128
(-) CMV .... (56.132)
(=) Lucro Bruto 181.996

Gabarito – B

Capítulo 13 — *A Demonstração do Resultado do Exercício e a Demonstração do Resultado Abrangente* 1121

Questão 43 (Contador – MF – ESAF / 2013)

O Livro Razão da firma Afrescos & Molduras Ltda. demonstra as seguintes contas e respectivos saldos no fim do exercício social:

Contas	Saldos
Ações de Coligadas	860,00
Aluguéis Ativos	500,00
Bancos c/ Movimento	1.700,00
Caixa	300,00
Capital a Realizar	360,00
Capital Social	3.600,00
Clientes	2.400,00
Custo das Vendas	1.360,00
Depreciação	420,00
Depreciação Acumulada	580,00
Descontos Concedidos	640,00
Devedores Duvidosos	180,00
Duplicatas a Pagar	2.600,00
Duplicatas a Receber	2.800,00
Empréstimos Obtidos	1.200,00
Fornecedores	2.200,00
Juros Ativos	300,00
Mercadorias	1.000,00
Móveis e Utensílios	2.000,00
Provisão p/ Devedores Duvidosos	220,00
Provisão p/ Férias	700,00
Provisão p/ IR	200,00
Receitas de Vendas	3.300,00
Reserva Legal	1.260,00
Salários e Ordenados	840,00
Veículos	1.800,00

Elaborando o Balanço Patrimonial, após a apuração do resultado do exercício, cuja única distribuição foi 30% para o imposto de renda, deverá ser ostentado o valor de:
a) R$ 4.500,00 de patrimônio líquido;
b) R$ 4.660,00 de ativo não circulante;
c) R$ 4.962,00 de patrimônio líquido;
d) R$ 5.160,00 de patrimônio líquido;
e) R$ 6.900,00 de passivo circulante.

Resolução e Comentários

Provisão para Devedores Duvidosos = Perdas Estimadas com Devedores Duvidosos

Ativo Circulante:

Bancos c/ Movimento 1.700,00
Caixa 300,00
Clientes 2.400,00
Duplicatas a Receber 2.800,00
Mercadorias 1.000,00
Provisão p/ Devedores Duvidosos (220,00)
Total: 7.980,00

Ativo Não Circulante:

Ações de Coligadas 860,00
Móveis e Utensílios 2.000,00
Veículos 1.800,00
Depreciação Acumulada (580,00)
Total: 4.080,00

Passivo Circulante:

Duplicatas a Pagar 2.600,00
Empréstimos Obtidos 1.200,00
Fornecedores 2.200,00
Provisão p/ Férias 700,00
Provisão p/ IR 200,00 + 198,00 = 398,00
Total: 7.098,00

Provisão para IR aumentada conforme resultado apurado para o exercício, a seguir apresentado.

Apuração do Resultado do Exercício:

Receitas de Vendas 3.300,00
(–) Descontos Concedidos (640,00)
(–) Custo das Vendas (1.360,00)
(+) Aluguéis Ativos 500,00
(+) Juros Ativos 300,00
(–) Depreciação (420,00)

(–) Devedores Duvidosos (180,00)
(–) Salários e Ordenados (840,00)
(=) Lucro antes do IR (LAIR) 660,00
(–) IR = 30 x LAIR (198,00)
(=) Lucro Líquido do Exercício 462,00

D – Despesas com IR
C – Provisão p/ IR .... 198,00 (aumenta o Passivo Circulante)

Patrimônio Líquido:

Capital Social 3.600,00
Capital a Realizar (360,00)
Reserva Legal 1.260,00
Lucros Acumulados 462,00
Total: 4.962,00
Gabarito – C

Questão 44 (Analista de Gestão – Contabilidade – SABESP – FCC – 2014)
A Cia. Viena S.A. é uma empresa comercial e possuía, em 30/11/2013, a seguinte situação patrimonial:
Disponível .... R$ 50.000
Duplicatas a Receber de Clientes .... R$ 80.000
Estimativa para Perdas com Crédito de Liquidação Duvidosa .... R$ 3.000
Salários a Pagar .... R$ 20.000
Adiantamento de Clientes (cliente F).. R$ 17.000
Capital Social .... R$ 90.000
Durante o mês de dezembro de 2013, a Cia. Viena S.A. realizou as seguintes operações:

Data	Operação
02/12/13	Aquisição de Estoques no valor de R$ 35.000, a prazo, sem juros.
05/12/13	Pagamento dos salários dos funcionários do mês de novembro, no valor de R$ 20.000.
09/12/13	Entrega das mercadorias ao cliente F, cujo recebimento havia sido em novembro. O custo das mercadorias entregues foi de R$ 5.000.
13/12/13	Venda de R$ 60.000 à vista. O custo das mercadorias vendidas foi de R$ 21.000.
16/12/13	Recebimento de R$ 30.000 das duplicatas a receber de clientes.
18/12/13	Recebimento de uma perda com Duplicatas a Receber de Clientes no valor de R$ 2.000, pois um cliente foi considerado incobrável.
20/12/13	Pagamento antecipado ao Fornecedor DGT, no valor de R$ 10.000. O Fornecedor DGT entregará as mercadorias em janeiro de 2014.
30/12/13	Reconhecimento de uma Provisão, em função de um processo tributário no valor de R$ 40.000.

Após o registro das operações acima, o total do Ativo e do Patrimônio Líquido da Cia. Viena S.A., em 31/12/13, era, em reais, respectivamente:
a) 176.000 e 101.000;
b) 174.000 e 99.000;
c) 176.000 e 84.000;
d) 164.000 e 82.000;
e) 174.000 e 81.000.

Resolução e Comentários
Registros dos fatos ocorridos:

02/12/2013: Aquisição de Estoques no valor de R$ 35.000, a prazo, sem juros.

D – Mercadorias
C – Fornecedores .... R$ 35.000

05/12/2013: Pagamento dos salários dos funcionários do mês de novembro, no valor de R$ 20.000.

D – Salários a Pagar
C – Disponível .... R$ 20.000

09/12/2013: Entrega das mercadorias ao cliente F, cujo recebimento havia sido em novembro. O custo das mercadorias entregues foi de R$ 5.000.

D – Adiantamento de Clientes (cliente F)
C – Receita Bruta de Vendas .... R$ 17.000

D – Custo das Mercadorias Vendidas
C – Mercadorias .... R$ 5.000

13/12/2013: Venda de R$ 60.000 à vista. O custo das mercadorias vendidas foi de R$ 21.000.

D – Disponível
C – Receita Bruta de Vendas .... R$ 60.000

D – Custo das Mercadorias Vendidas
C – Mercadorias .... R$ 21.000

16/12/13: Recebimento de R$30.000 das duplicatas a receber de clientes.

D – Disponível
C – Duplicatas a Receber de Clientes .... R$ 30.000

18/12/2013: Reconhecimento de uma perda com Duplicatas a Receber de Clientes no valor de R$ 2.000, pois um cliente foi considerado incobrável.

D – Estimativa para Perdas com Crédito de Liquidação Duvidosa
C – Duplicatas a Receber de Clientes .... R$ 2.000

20/12/2013: Pagamento antecipado ao Fornecedor DGT, no valor de R$ 10.000. O Fornecedor DGT entregará as mercadorias em janeiro de 2014.

D – Adiantamento a Fornecedores (Fornecedor DGT)
C – Disponível .... R$ 10.000

30/12/2013: Reconhecimento de uma Provisão, em função de um processo tributário no valor de R$ 40.000.

D – Despesas com Provisão
C – Provisão .... R$ 40.000

Em consequência dos eventos aqui apresentados, temos:

Apuração do resultado:
Receita Bruta de Vendas: R$ 17.000 + R$ 60.000 = R$ 77.000
(–) Custo das Mercadorias Vendidas: (R$ 5.000 + R$ 21.000) = (R$ 26.000)
(–) Despesas com Provisão: (R$ 40.000)
(=) Lucro = R$ 11.000

Patrimônio Líquido:
Capital Social: R$ 90.000
Lucro: R$ 11.000
Total: R$ 101.000

Ativo:

Disponível: R$ 50.000 – R$ 20.000 + R$ 60.000 + R$ 30.000 = R$ 120.000
Duplicatas a Receber de Clientes: R$ 80.000 – R$ 30.000 – R$ 2.000 = R$ 78.000
Estimativa para Perdas com Crédito de Liquidação Duvidosa: (R$ 3.000) – (R$ 2.000) = (R$ 1.000)
Mercadorias: R$ 35.000 – R$ 5.000 – R$ 21.000 = R$ 9.000
Adiantamento a Fornecedores: R$ 10.000
Total: R$ 176.000
Gabarito – A

Questão 45 (Contador – Ministério do Turismo – ESAF/2013)
Observe a seguinte relação de contas e saldos extraída do Razão da firma Escoras e Andaimes S.A. em 31 de dezembro:
Ações de Coligadas R$ 1.100,00
Ações em Tesouraria R$ 200,00
Caixa R$ 1.300,00
Capital a Realizar R$ 3.000,00
Capital Social R$ 15.000,00
Clientes R$ 2.500,00
Custo das Mercadorias Vendidas R$ 2.890,00
Depreciação Acumulada R$ 900,00
Despesas do Exercício Seguinte R$ 600,00
Despesas Operacionais R$ 430,00
Despesas não Operacionais R$ 190,00
Duplicatas a Receber R$ 2.400,00
Fornecedores R$ 5.000,00
Imóveis R$ 11.000,00
Impostos a Recolher R$ 1.300,00
Impostos Faturados R$ 410,00
Mercadorias R$ 2.200,00
Móveis e Utensílios R$ 2.300,00
Receitas de Vendas R$ 4.000,00
Receitas não Operacionais R$ 70,00
Reserva de Capital R$ 300,00

Reserva Legal R$ 350,00
Salários a Pagar R$ 2.000,00
Títulos a Pagar R$ 2.100,00
Títulos a Receber LP R$ 500,00
O Balanço Patrimonial elaborado a partir do rol de contas acima vai evidenciar um Patrimônio Líquido no valor de:
a) R$ 12.450,00;
b) R$ 12.600,00;
c) R$ 12.650,00;
d) R$ 15.450,00;
e) R$ 15.600,00.

Resolução e Comentários

Apuração do Resultado do exercício:

Receitas de Vendas: R$ 4.000,00
(–) Custo das Mercadorias Vendidas: (R$ 2.890,00)
(–) Despesas Operacionais: (R$ 430,00)
(–) Impostos Faturados: (R$ 410,00)
(+) Receitas não Operacionais: R$ 70,00
(–) Despesas não Operacionais: (R$ 190,00)
(=) Resultado Líquido do Exercício: R$ 150,00

Transferência do resultado do exercício:

D – Apuração do Resultado do Exercício
C – Lucros ou Prejuízos Acumulados .... R$ 150,00

Valor total do Patrimônio Líquido:

Capital Social: R$ 15.000,00
(–) Capital a Realizar: (R$ 3.000,00)
(+) Reserva Legal: R$ 350,00
(+) Reserva de Capital: R$ 300,00
(–) Ações em Tesouraria: (R$ 200,00)
(+) Lucros Acumulados: R$ 150,00
(=) Total: R$ 12.600,00
Gabarito – B

Questão 46 (Contador – Ministério do Turismo – ESAF/2013)

O balanço tem por finalidade apresentar a posição financeira e patrimonial da empresa em determinada data. Assim fez a empresa Máxima S.A., em 31 de dezembro de 2012, com os elementos abaixo relacionados.

Receitas de Vendas R$ 5.500,00
Caixa R$ 900,00
Ações de Coligadas R$ 2.100,00
Capital Social R$ 14.000,00
Títulos a Pagar R$ 2.100,00
ICMS sobre Vendas R$ 600,00
Clientes R$ 2.200,00
Provisão p/ Perdas em Investimentos R$ 300,00
Capital a Realizar R$ 2.500,00
Fornecedores R$ 2.000,00
Custo das Mercadorias Vendidas R$ 2.720,00
Duplicatas a Receber R$ 2.000,00
Móveis e Utensílios R$ 2.300,00
Reserva Legal R$ 400,00
Impostos a Recolher R$ 1.100,00
Despesas de Aluguéis R$ 830,00
Mercadorias R$ 3.200,00
Máquinas e Equipamentos R$ 9.000,00
Reserva de Capital R$ 500,00
Provisão para o Imposto de Renda R$ 790,00
Comissões Passivas R$ 170,00
Despesas do Exercício Seguinte R$ 800,00
Depreciação Acumulada R$ 1.800,00
Ações em Tesouraria R$ 300,00
Contribuições a Recolher R$ 200,00
Receitas Financeiras R$ 110,00
Provisão para Devedores Duvidosos R$ 120,00
Salários a Pagar R$ 1.700,00
Títulos a Receber LP R$ 1.000,00

Na demonstração de contas e saldos acima, uma vez organizado corretamente o Balanço, vamos encontrar um:
a) resultado líquido do exercício de R$ 1.180,00;
b) passivo circulante de R$ 7.690,00;
c) ativo circulante de R$ 9.100,00;
d) patrimônio líquido de R$ 12.100,00;
e) ativo não circulante de R$ 12.300,00.

Capítulo 13 — *A Demonstração do Resultado do Exercício e a Demonstração do Resultado Abrangente*

Resolução e Comentários
Resolveremos todas as alternativas:

a) resultado líquido do exercício de R$ 1.180,00.

Receitas de Vendas: R$ 5.500,00

(–) ICMS sobre Vendas: (R$ 600,00)

(–) Custo das Mercadorias Vendidas (R$ 2.720,00)

(–) Despesas de Aluguéis (R$ 830,00)

(–) Comissões Passivas (R$ 170,00)

(+) Receitas Financeiras R$ 110,00

(=) Resultado Líquido do Exercício: R$ 1.290,00

Transferência para Lucros ou Prejuízos Acumulados:

D – Apuração do Resultado do Exercício
C – Lucros ou Prejuízos Acumulados .... R$ 1.290,00

b) passivo circulante de R$ 7.690,00.

Títulos a Pagar: R$ 2.100,00

Fornecedores: R$ 2.000,00

Impostos a Recolher: R$ 1.100,00

Provisão para o Imposto de Renda: R$ 790,00

Contribuições a Recolher: R$ 200,00

Salários a Pagar: R$ 1.700,00

Total: R$ 7.890,00

c) ativo circulante de R$ 9.100,00.

Caixa: R$ 900,00

Clientes: R$ 2.200,00

Duplicatas a Receber: R$ 2.000,00

Mercadorias: R$ 3.200,00

Despesas do Exercício Seguinte: R$ 800,00

Provisão para Devedores Duvidosos: (R$ 120,00)

Total: R$ 8.980,00

d) patrimônio líquido de R$ 12.100,00.

Capital Social: R$ 14.000,00
Capital a Realizar: (R$ 2.500,00)
Reserva Legal R$ 400,00
Reserva de Capital R$ 500,00
Ações em Tesouraria: (R$ 300,00)
Lucros ou Prejuízos Acumulados: R$ 1.290,00
Total: R$ 13.390,00

e) ativo não circulante de R$ 12.300,00.

Ações de Coligadas: R$ 2.100,00
Provisão p/ Perdas em Investimentos: (R$ 300,00)
Móveis e Utensílios: R$ 2.300,00
Máquinas e Equipamentos: R$ 9.000,00
Depreciação Acumulada: (R$ 1.800,00)
Títulos a Receber LP: R$ 1.000,00
Total: R$ 12.300,00

Gabarito – E

<u>Questão 47</u> (Analista de Gestão – Contabilidade – SABESP – FCC – 2014)
O balancete de verificação da *Empresa Comunicativa S.A.*, em 31/12/2012, era composto das seguintes contas:

	R$
Estoque	90.000
Contas a Pagar (que se vencem em até 180 dias)	38.000
Clientes (para receber em até 120 dias)	300.000
Empréstimos a pagar (vencimento durante 2013)	70.000
Caixa e Equivalentes de Caixa	176.000
Receita de Vendas	1.150.000
Capital Social	390.000
Empréstimos a pagar (vencimento após 31/12/2013)	100.000
Custo das Mercadorias Vendidas	460.000
Despesa com Salários	44.000
Reserva Legal	20.000
Seguros Pagos Antecipadamente (vigência por mais 4 meses)	28.000
Investimentos em Coligadas	86.000
Devoluções de vendas	56.000

Capítulo 13 — A Demonstração do Resultado do Exercício e a Demonstração do Resultado ■ 1131
Abrangente

Salários a Pagar	26.000
Impostos sobre vendas	150.000
Impostos a Recolher (que se vencem em até 60 dias)	14.000
Lucro na venda de Imóvel	24.000
Despesa de Depreciação	30.000
Máquinas e equipamentos	260.000
Despesa com Estimativa de Perdas com Crédito de Liquidação Duvidosa	4.000
Reserva de Lucros a Realizar	8.000
Resultado de Equivalência Patrimonial (negativo)	6.000
Estimativa de perdas com Crédito de Liquidação Duvidosa	12.000
Despesa com Imposto de Renda e CSLL	10.000
Despesas Financeiras	4.000
Intangíveis	48.000
Despesa com Vendas	30.000
Contas a Receber (para receber em 2015)	70.000

Assumindo-se que não houve proposta de distribuição de dividendos, o valor total do Patrimônio Líquido no Balanço Patrimonial de 31/12/2012 era, em R$:
a) 418.000;
b) 798.000;
c) 790.000;
d) 410.000;
e) 470.000.

Resolução e Comentários

Apuração do resultado do período:

Receita de Vendas: R$ 1.150.000
(–) Devoluções de Vendas: (R$ 56.000)
(–) Impostos sobre Vendas: (R$ 150.000)
(–) Custo das Mercadorias Vendidas: (460.000)
(=) Lucro Operacional Bruto: 484.000
(–) Despesa com Salários: (R$ 44.000)
(–) Despesas Financeiras: (R$ 4.000)
(–) Despesa com Vendas: (30.000)
(–) Despesa de Depreciação: (30.000)
(–) Despesa com Estimativa de Perdas com CLD: (R$ 4.000)
(–) Resultado de Equivalência Patrimonial: (R$ 6.000)
(+) Lucro na Venda de Imóvel: R$ 24.000
(–) Despesa com IR e CSLL: (R$ 10.000)
(=) Resultado Líquido do Exercício: R$ 380.000

Patrimônio Líquido:

Capital Social: R$ 390.000
Reserva Legal: 20.000
Reserva de Lucros a Realizar: R$ 8.000
Lucros Acumulados (a serem destinados): R$ 380.000
Gabarito – B

Questão 48 (Analista Judiciário – Contabilidade – TRT 19ª Região – FCC/2014)
A Cia. Negociante S.A. é uma empresa comercial e possuía, em 31/08/2013, a seguinte situação patrimonial:
Disponível: R$ 70.000,00
Estoques: R$ 40.000,00
Adiantamento de Clientes (cliente Antônio): R$ 30.000,00
Capital Social: R$ 80.000,00
Durante o mês de setembro de 2013, a Cia. Negociante S.A. realizou as seguintes operações:

Data	Operação
05/09/13	Pagamento antecipado ao Fornecedor Beto, no valor de R$ 25.000,00. O Fornecedor Beto entregará as mercadorias em 30/09/2013.
11/09/13	Venda de Estoque por R$ 75.000,00, para ser recebida em outubro de 2013. O custo das mercadorias entregues foi R$ 20.000,00 e os tributos incidentes sobre a venda foram R$ 15.000,00 e serão pagos em outubro de 2013.
19/09/13	Recebimento antecipado de R$ 16.000,00 do Cliente Pedro, para que a Cia. lhe entregue produtos em outubro.
20/09/13	Entrega das mercadorias para o cliente Antônio. O custo das mercadorias entregues foi de R$ 12.000,00
24/09/13	Compra de Estoque no valor de R$ 20.000,00, à vista.
30/09/13	Pagamento dos salários dos funcionários no valor de R$ 10.000,00, referentes aos serviços prestados em setembro de 2013.
30/09/13	Recebimento das mercadorias, pagas no dia 05/09/2013, do Fornecedor Beto.

Após o registro das operações acima, o total do Ativo da Cia Negociante S.A., em 30/09/13, era, em R$, de:
a) 144.000,00;
b) 134.000,00;
c) 159.000,00;
d) 119.000,00;
e) 184.000,00.

Capítulo 13 — A Demonstração do Resultado do Exercício e a Demonstração do Resultado Abrangente

Resolução e Comentários

Registros dos eventos ocorridos:

* Pagamento antecipado ao Fornecedor Beto, no valor de R$ 25.000,00. O Fornecedor Beto entregará as mercadorias em 30/09/2013.

D – Adiantamento a Fornecedores
C – Disponibilidades   R$ 25.000,00

* Venda de Estoque por R$ 75.000,00, para ser recebida em outubro de 2013. O custo das mercadorias entregues foi R$ 20.000,00 e os tributos incidentes sobre a venda foram R$ 15.000,00 e serão pagos em outubro de 2013.

D – Clientes
C – Receita de Vendas   R$ 75.000,00

D – Custo das Mercadorias Vendidas
C – Estoques   R$ 20.000,00

D – Impostos sobre as Vendas
C – Impostos a Recolher   R$ 15.000,00

* Recebimento antecipado de R$ 16.000,00 do Cliente Pedro, para que a Cia. lhe entregue produtos em outubro.

D – Disponibilidades
C – Adiantamento de Clientes   R$ 16.000,00

* Entrega das mercadorias para o cliente Antônio. O custo das mercadorias entregues foi de R$ 12.000,00.

D – Adiantamento de Clientes
C – Receita de Vendas   R$ 30.000,00

D – Custo das Mercadorias Vendidas
C – Estoques   R$ 12.000,00

* Compra de Estoque no valor de R$ 20.000,00, à vista.

D – Estoques
C – Disponibilidades   R$ 20.000,00

* Pagamento dos salários dos funcionários no valor de R$ 10.000,00, referentes aos serviços prestados em setembro de 2013.

D – Despesas de Salários
C – Disponibilidades   R$ 10.000,00

* Recebimento das mercadorias, pagas no dia 05/09/2013, do Fornecedor Beto.

D – Estoques
C – Adiantamento a Fornecedores   R$ 25.000,00

Valor do Ativo:

Disponibilidades: R$ 70.000,00 – R$ 25.000,00 + R$ 16.000,00 – R$ 20.000,00 – R$ 10.000,00 = R$ 31.000,00

Estoques: R$ 40.000,00 – R$ 20.000,00 – R$ 12.000,00 + R$ 20.000,00 + R$ 25.000,00 = R$ 53.000,00

Adiantamento a Fornecedores: R$ 25.000,00 – R$ 25.000,00 = R$ 0,00

Clientes: R$ 75.000,00

Valor Total do Ativo: R$ 159.000,00
Gabarito – C

Questão 49 (Contador – Agência de Desenvolvimento Paulista – Desenvolve SP – VUNESP/2014)

Assinale a alternativa que indica o valor do Patrimônio Líquido da empresa Acerta Quase Tudo S/A, em 31 de dezembro de 2013, após o encerramento do exercício, conforme balancete a seguir demonstrado:

Capítulo 13 — A Demonstração do Resultado do Exercício e a Demonstração do Resultado Abrangente

Estoque	26.000,00
Fornecedores	35.000,00
Reserva Legal	5.000,00
Despesas Gerais	30.000,00
Máquinas e Equipamentos	12.000,00
Contas a Pagar	8.000,00
Despesas de Salários	15.000,00
Aplicações Financeiras	14.000,00
Capital Social	45.000,00
Custo das Mercadorias Vendidas	23.000,00
Lucros a Distribuir	10.000,00
Receitas Financeiras	8.000,00
Despesas Financeiras	4.000,00
Financiamentos	17.000,00
Duplicatas a Receber	35.000,00
Vendas de Mercadorias	45.000,00
Bancos conta Movimento	14.000,00

a) 22.000,00;
b) 35.500,00;
c) 41.000,00;
d) 60.000,00;
e) 62.000,00.

Resolução e Comentários

Apuração do resultado do exercício:

Vendas de Mercadorias: R$ 45.000,00

(–) Custo das Mercadorias Vendidas: (R$ 23.000,00)

(–) Despesas Gerais: (R$ 30.000,00)

(–) Despesas de Salários: (R$ 15.000,00)

(+) Receitas Financeiras: R$ 8.000,00

(–) Despesas Financeiras: (R$ 4.000,00)

(=) Resultado do Exercício: (R$ 19.000,00) (prejuízo)

Um saldo inicial de lucro a ser distribuído passa a representar prejuízo acumulado:

R$ 10.000,00 – R$ 19.000,00 = (R$ 9.000,00)

Patrimônio Líquido:

Capital Social: R$ 45.000,00
Reserva Legal: R$ 5.000,00
Prejuízos Acumulados: (R$ 9.000,00)
(=) Total: R$ 41.000,00
Gabarito – C

Para responder às questões 50 e 51, utilize o elenco de contas extraídos do Balanço Patrimonial da Cia. Harmonia.

CONTAS	R$
Ações em Tesouraria	25.000
Ativos Intangíveis	175.800
Capital Social	290.000
Contas a Receber	180.100
Custo das Mercadorias Vendidas	385.700
Depreciação Acumulada	50.000
Despesas com Comissões de Vendas	42.000
Despesas de Salários	32.350
Despesas Financeiras	5.500
Disponível	50.000
Encargos Sociais a Recolher	32.400
Estoque	283.300
Financiamentos Bancários de Curto Prazo	230.000
Financiamentos Bancários Longo Prazo	188.280
Fornecedores	200.000
ICMS sobre Vendas	65.000
Impostos a Recuperar	5.200
Investimento em Controladas	199.230
Máquinas e Equipamentos	450.000
Provisão para Imposto de Renda	42.750
Receita de Equivalência Patrimonial	28.900
Receita Operacional Bruta	650.000
Receitas Financeiras	20.000
Reserva Legal	21.550
Reserva para Contingências	20.000
Salários a Pagar	220.000
Seguros Pagos Antecipadamente	15.200
Variações Monetárias Ativas	12.500
Variações Monetárias Passivas	6.500

Capítulo 13 — A Demonstração do Resultado do Exercício e a Demonstração do Resultado Abrangente ∎ 1137

Questão 50 (Auditor-Fiscal da Receita Estadual – SEFAZ/RS – FUNDATEC/2014)
De acordo com a tabela acima, calcule o resultado do exercício, assumindo que não ocorreu destinação de dividendos, e informe o valor do patrimônio líquido da Cia. Harmonia.
a) R$ 466.150,00.
b) R$ 483.150,00.
c) R$ 488.150,00.
d) R$ 463.150,00.
e) R$ 438.150,00.

Resolução e Comentários

Apuração do Resultado do Exercício:

Receita Operacional Bruta: R$ 650.000

ICMS sobre Vendas: (R$ 65.000)

Custo das Mercadorias Vendidas: (R$ 385.700)

Despesas com Comissões de Vendas: (R$ 42.000)

Despesas de Salários: (R$ 32.350)

Despesas Financeiras: (R$ 5.500)

Receitas Financeiras: R$ 20.000

Variações Monetárias Ativas: R$ 12.500

Variações Monetárias Passivas: (R$ 6.500)

Receita de Equivalência Patrimonial: R$ 28.900

Provisão para Imposto de Renda: (R$ 42.750)

Resultado Líquido do Exercício: R$ 131.600

Saldo do Patrimônio Líquido:

Capital Social: R$ 290.000

Reserva Legal: R$ 21.550

Reserva para Contingências: R$ 20.000

Ações em Tesouraria: (R$ 25.000)

Lucros ou Prejuízos Acumulados: R$ 131.600

Saldo: R$ 438.150,00

Gabarito – E

Questão 51 (Auditor-Fiscal da Receita Estadual – SEFAZ/RS – FUNDATEC/2014)
Qual o valor do ativo circulante e do passivo circulante, respectivamente?
a) R$ 708.800,00 – R$ 870.680,00.
b) R$ 583.300,00 – R$ 628.400,00.
c) R$ 533.800,00 – R$ 708.800,00.
d) R$ 533.800,00 – R$ 682.400,00.
e) R$ 583.300,00 – R$ 708.800,00.

Resolução e Comentários
Ativo Circulante:

Disponível: R$ 50.000
Contas a Receber: R$ 180.100
Estoques: R$ 283.300
Impostos a Recuperar: 5.200
Seguros Pagos Antecipadamente: R$ 15.200
Saldo: R$ 533.800

Passivo Circulante:

Fornecedores: R$ 200.000
Encargos Sociais a Recolher: 32.400
Financiamentos Bancários de Curto Prazo: 230.000
Salários a Pagar: R$ 220.000
Saldo: R$ 682.400
Gabarito – D

Questão 52 (Auditor do Estado – CGE MA – FGV/2014)
De acordo com o CPC 26, Apresentação das Demonstrações Contábeis, a Demonstração do Resultado Abrangente é parte do conjunto completo de demonstrações contábeis. Assinale a alternativa que apresenta exemplos de resultados abrangentes.
a) Efeito cambial sobre investimentos no exterior e reconhecimento do valor de mercado dos instrumentos financeiros disponíveis para venda.
b) Reconhecimento do valor de mercado dos instrumentos financeiros mantidos para negociação e disponíveis para venda.
c) Efeito cambial sobre investimentos no exterior e ganhos com equivalência patrimonial sobre o resultado.
d) Ganhos provenientes da alteração no valor justo de um ativo classificado como propriedade para investimento e reconhecimento do valor mercado dos instrumentos financeiros mantidos para negociação.
e) Efeito cambial sobre dívidas em moeda estrangeira e ganhos provenientes da alteração no valor justo de um ativo classificado como propriedade para investimento.

Capítulo 13 — *A Demonstração do Resultado do Exercício e a Demonstração do Resultado Abrangente* ■ **1139**

Resolução e Comentários

Eis o que apresenta o *Pronunciamento Técnico CPC 26 (R1) – Apresentação das Demonstrações Contábeis*:

> *Outros resultados abrangentes* compreendem itens de receita e despesa (incluindo ajustes de reclassificação) que não são reconhecidos na demonstração do resultado como requerido ou permitido pelos Pronunciamentos, Interpretações e Orientações emitidos pelo CPC. Os componentes dos outros resultados abrangentes incluem:
>
> (a) variações na reserva de reavaliação, quando permitidas legalmente (ver Pronunciamentos Técnicos CPC 27 – Ativo Imobilizado e CPC 04 – Ativo Intangível);
>
> (b) ganhos e perdas atuariais em planos de pensão com benefício definido reconhecidos conforme item 93A do Pronunciamento Técnico CPC 33 – Benefícios a Empregados;
>
> (c) ganhos e perdas derivados de conversão de demonstrações contábeis de operações no exterior (ver Pronunciamento Técnico CPC 02 – Efeitos das Mudanças nas Taxas de Câmbio e Conversão de Demonstrações Contábeis);
>
> (d) ganhos e perdas na remensuração de ativos financeiros disponíveis para venda (ver Pronunciamento Técnico CPC 38 – Instrumentos Financeiros: Reconhecimento e Mensuração);
>
> (e) parcela efetiva de ganhos ou perdas advindos de instrumentos de *hedge* em operação de *hedge* de fluxo de caixa (ver Pronunciamento Técnico CPC 38).

Gabarito – A

Questão 53 (Contador – CEFET – Fundação CESGRANRIO/2014)

O CPC 26 (R1) estabelece que "a entidade deve apresentar todos os itens de receita e despesa reconhecidos no período em duas demonstrações: demonstração do resultado do período e demonstração do resultado abrangente do período; esta última começa com o resultado líquido e inclui os outros resultados abrangentes".

Nesse contexto, se a entidade apresentar os componentes dos outros resultados abrangentes antes dos seus respectivos efeitos tributários, estes mesmos efeitos tributários devem ser apresentados em:

a) conjunto único formado pela soma do efeito tributário desses componentes mais os outros;

b) montante único do efeito tributário total referente somente a esses respectivos componentes;

c) separado em conta própria individual de cada efeito tributário provocado pelo componente;

d) separado, mas mostrando obrigatoriamente o efeito tributário como redutor de seu componente;

e) nota explicativa, sem a inclusão desses mesmos efeitos tributários no resultado abrangente.

Resolução e Comentários

Consta do *Pronunciamento Técnico CPC 26 (R1) – Apresentação das Demonstrações Contábeis* o que se segue:

> [...]
> Outros resultados abrangentes do período
> 90. A entidade deve divulgar o montante do efeito tributário relativo a cada componente dos outros resultados abrangentes, incluindo os ajustes de reclassificação na demonstração do resultado abrangente ou nas notas explicativas.
> 91. Os componentes dos outros resultados abrangentes podem ser apresentados:
> (a) líquidos dos seus respectivos efeitos tributários; ou
> (b) antes dos seus respectivos efeitos tributários, sendo apresentado em montante único o efeito tributário total relativo a esses componentes.
> [...]

Gabarito – B

Questão 54 (Analista Legislativo – Contador – UFG/CS – 2015)

A mutação que ocorre no patrimônio líquido durante um período que resulta de transações e outros eventos que não derivados de transações com os sócios na sua qualidade de proprietários é denominada:

a) valor adicionado;
b) ajuste patrimonial;
c) resultado abrangente;
d) fluxo de caixa.

Resolução e Comentários

O resultado abrangente consiste nas mudanças que ocorrem no patrimônio líquido, resultantes de transações e outros eventos não ocorridos com os sócios.

Gabarito – C

Questão 55 (Contador – MF – ESAF / 2013)

A Cia. das Compras emitiu nota fiscal de venda com valor a pagar de R$ 96.000,00, constando o preço de venda mais IPI de 20%. O ICMS foi computado à alíquota de 18%. O Custo das Mercadorias Vendidas foi calculado em R$ 45.000,00. Também ocorreram despesas com vendas de R$ 7.000,00 e Administrativas de R$ 8.000,00. Quando foram feitos os cálculos de apuração para elaborar a Demonstração do Resultado do Exercício, essa operação contribuiu com um resultado operacional bruto de:

a) R$ 26.176,00;
b) R$ 20.600,00;
c) R$ 17.976,00;
d) R$ 17.400,00;
e) R$ 14.520,00.

Resolução e Comentários

PV = Preço de Venda

IPI = 0,20 x PV (informação da questão)

PV + 0,20 x PV = R$ 96.000,00 → 1,20 x PV = R$ 96.000,00 →

PV = R$ 80.000,00

ICMS = 18% x R$ 80.000,00 = R$ 14.400,00

DRE:

    Faturamento Bruto = R$ 96.000,00
(–) IPI sobre o Faturamento = (R$ 16.000,00)
(=) Receita Bruta de Vendas = R$ 80.000,00
(–) Tributos sobre as Vendas: ICMS = (R$ 14.400,00)
(=) Receita Líquida de Vendas = R$ 65.600,00
(–) Custo das Mercadorias Vendidas = (R$ 45.000,00)
(=) Lucro Operacional Bruto = R$ 20.600,00

Gabarito – B

Questão 56 (Contador – MF – ESAF / 2013)
A relação seguinte trata dos saldos do Livro Razão da sociedade comercial Ostra Cisma apresentada com vistas à elaboração das demonstrações financeiras do exercício de 2012:

Contas	Saldos
Caixa	1.200,00
Fornecedores	8.800,00
Custo das Vendas	5.440,00
Capital Social	14.400,00
Bancos c/ Movimento	6.800,00
Duplicatas a Pagar	10.400,00
ICMS sobre Vendas	1.400,00
Receitas de Vendas	13.200,00
Clientes	9.600,00
Provisão p/ Férias	1.900,00
Salários e Ordenados	3.360,00
Aluguéis Ativos	2.000,00
Duplicatas a Receber	11.200,00

Empréstimos Obtidos	4.800,00
Juros Ativos	1.200,00
Descontos Concedidos	1.160,00
Mercadorias	4.000,00
ICMS a Recolher	1.700,00
Depreciação	1.680,00
Ações de Coligadas	3.440,00
Provisão p/ Devedores Duvidosos	880,00
Móveis e Utensílios	8.000,00
Reserva Legal	5.040,00
Capital a Realizar	1.440,00
Veículos	7.200,00
Depreciação Acumulada	2.320,00
Devedores Duvidosos	720,00

Calculando o resultado do exercício, vamos encontrar:
a) R$ 9.560,00 de lucro operacional bruto;
b) R$ 7.760,00 de lucro operacional bruto;
c) R$ 6.060,00 de lucro operacional líquido;
d) R$ 2.640,00 de lucro líquido do exercício;
e) R$ 2.340,00 de lucro líquido do exercício.

Resolução e Comentários

Constam da DRE as seguintes rubricas:

Receitas de Vendas	13.200,00
(–) Descontos Concedidos	(1.160,00)
(–) ICMS sobre Vendas	(1.400,00)
(=) Receita Líquida de Vendas	10.640,00
(–) Custo das Vendas	(5.440,00)
(=) Lucro Operacional Bruto	5.200,00
(–) Salários e Ordenados	(3.360,00)
(+) Aluguéis Ativos	2.000,00
(+) Juros Ativos	1.200,00
(–) Depreciação	(1.680,00)
(–) Devedores Duvidosos	(720,00)
(=) Lucro Operacional Líquido	2.640,00
(=) Lucro Líquido do Exercício	2.640,00

Gabarito – D

Capítulo 13 — A Demonstração do Resultado do Exercício e a Demonstração do Resultado Abrangente

Questão 57 (Analista de Gestão – Contabilidade – SABESP – FCC – 2014)
O balancete de verificação da *Empresa Comunicativa S.A.*, em 31/12/2012, era composto das seguintes contas:

	R$
Estoque	90.000
Contas a Pagar (que se vencem em até 180 dias)	38.000
Clientes (para receber em até 120 dias)	300.000
Empréstimos a pagar (vencimento durante 2013)	70.000
Caixa e Equivalentes de Caixa	176.000
Receita de Vendas	1.150.000
Capital Social	390.000
Empréstimos a pagar (vencimento após 31/12/2013)	100.000
Custo das Mercadorias Vendidas	460.000
Despesa com Salários	44.000
Reserva Legal	20.000
Seguros Pagos Antecipadamente (vigência por mais 4 meses)	28.000
Investimentos em Coligadas	86.000
Devoluções de vendas	56.000
Salários a Pagar	26.000
Impostos sobre vendas	150.000
Impostos a Recolher (que se vencem em até 60 dias)	14.000
Lucro na venda de Imóvel	24.000
Despesa de Depreciação	30.000
Máquinas e equipamentos	260.000
Despesa com Estimativa de Perdas com Crédito de Liquidação Duvidosa	4.000
Reserva de Lucros a Realizar	8.000
Resultado de Equivalência Patrimonial (**negativo**)	6.000
Estimativa de perdas com Crédito de Liquidação Duvidosa	12.000
Despesa com Imposto de Renda e CSLL	10.000
Despesas Financeiras	4.000
Intangíveis	48.000
Despesa com Vendas	30.000
Contas a Receber (para receber em 2015)	70.000

O Resultado Bruto com Mercadorias apurado pela Empresa Comunicativa S.A., em 2012, foi, em R$:
a) 484.000;
b) 690.000;
c) 634.000;
d) 540.000;
e) 454.000.

Resolução e Comentários
   Elaborando a DRE:

Receita de Vendas: R$ 1.150.000
(–) Devoluções de Vendas: (R$ 56.000)
(–) Impostos sobre Vendas: (R$ 150.000)
(–) Custo das Mercadorias Vendidas: (460.000)
(=) Lucro Operacional Bruto: 484.000
Gabarito – A

Questão 58 (Analista Desenvolvimento Gestão Júnior – Economia – Metrô SP – FCC/2014)
O Balancete de Verificação de uma empresa, em 31/12/2013, apresentava o saldo das seguintes contas:

Nome da conta	Saldo em R$	Nome da conta	Saldo em R$
Veículos	3.000,00	Receitas de Vendas	7.500,00
Fornecedores	900,00	Caixa e Equivalentes de Caixa	300,00
Depreciação Acumulada	1.200,00	Despesas Comerciais	600,00
Máquinas e Equipamentos	6.000,00	Despesas Administrativas	1.500,00
Receitas Antecipadas	300,00	Despesa com Imposto de Renda	300,00
Capital	9.000,00	Custo das Mercadorias Vendidas	4.500,00
Impostos a Pagar	300,00	Despesas Antecipadas	2.400,00
Reserva de Lucros	900,00	Estoques	1.500,00

Os valores correspondentes ao Lucro Bruto e ao Lucro Líquido apresentados na Demonstração do Resultado do ano de 2013 são, respectivamente:
a) R$ 3.000,00 (positivo) e R$ 600,00 (positivo);
b) R$ 1.200,00 (positivo) e R$ 1.500,00 (negativo);
c) R$ 900,00 (positivo) e R$ 600,00 (positivo);
d) R$ 3.000,00 (positivo) e R$ 1.800,00 (negativo);
e) R$ 3.000,00 (positivo) e R$ 900,00 (positivo).

Resolução e Comentários
   Constam da DRE as seguintes rubricas:

Receitas de Vendas	7.500,00
(–) Custo das Mercadorias Vendidas	(4.500,00)
(=) Lucro Operacional Bruto	3.000,00
(–) Despesas Comerciais	(600,00)
(–) Despesas Administrativas	(1.500,00)
(–) Despesa com IR	(300,00)
(=) Lucro Líquido do Exercício	600,00

Gabarito – A

Capítulo 13 — A Demonstração do Resultado do Exercício e a Demonstração do Resultado Abrangente

Questão 59 (Ciências Contábeis – Defensoria Pública RJ – FGV/2014)
Considere os dados abaixo:

Custo das mercadorias vendidas	50.000,00
Despesas administrativas	20.000,00
Despesas comerciais	30.000,00
Devoluções de vendas	5.000,00
Imposto de renda e contribuição social	7.000,00
Outras despesas operacionais	10.000,00
Receita de equivalência patrimonial	15,000,00
Receita financeira	10.000,00
Receitas líquidas de vendas	100.000,00

O resultado antes dos tributos sobre lucro é:
a) 15.000;
b) 10.000;
c) 8.000;
d) 3.000;
e) (5.000).

Resolução e Comentários

Elaborando a Demonstração do Resultado do Exercício:

Receita Bruta de Vendas (RBV): não informada

(–) Deduções sobre a RBV:

(–) Devoluções de Vendas: (5.000,00)

(=) Receita Líquida de Vendas: 100.000,00

(–) Custo das Mercadorias Vendidas: (50.000,00)

(=) Lucro Operacional Bruto: 50.000,00

(–) Despesas Administrativas: (20.000,00)

(–) Despesas Comerciais: (30.000,00)

(–) Outras Despesas Operacionais: (10.000,00)

(+) Receita de Equivalência Patrimonial: 15.000,00

(+) Receita Financeira: 10.000,00

(=) Resultado antes dos tributos sobre o lucro: 15.000,00

Gabarito – A

Questão 60 (Ciências Contábeis – Defensoria Pública RJ – FGV/2014)
O funcionário João fez um inventário físico de imobilizado. Primeiramente, ele imprimiu um relatório auxiliar com a listagem contendo a descrição e o valor de cada item do imobilizado. Em seguida, verificou que os valores estavam iguais aos saldos do balancete da empresa. Ao tentar identificar fisicamente todos os itens, constatou que faltava um computador. Ao questionar os funcionários do departamento de informática, João descobriu que o computador havia sido levado para o conserto, mas como o custo para voltar a funcionar seria muito alto, o responsável do departamento de informática resolveu descartá-lo.

Os saldos contabilizados em relação ao computador em questão eram:

Imobilizado – Computador – R$ 2.000,00

Depreciação acumulada – Computador – R$ 1.300,00

Considerando as práticas contábeis atuais, João deverá efetuar os seguintes lançamentos contábeis:

a) D – outras despesas operacionais (DRE) – R$ 700,00
   D – depreciação acumulada (Ativo) – R$ 1.300,00
   C – imobilizado (Ativo) – R$ 2.000,00;

b) D – resultado não operacional (DRE) – R$ 700,00
   D – depreciação acumulada (Ativo) – R$ 1.300,00
   C – imobilizado (Ativo) – R$ 2.000,00;

c) D – despesa não operacional (DRE) – R$ 700,00
   D – depreciação acumulada (Ativo) – R$ 1.300,00
   C – imobilizado (Ativo) – R$ 2.000,00;

d) D – lucros acumulados (Patrimônio Líquido) – R$ 700,00
   D – depreciação acumulada (Ativo) – R$ 1.300,00
   C – imobilizado (Ativo) – R$ 2.000,00;

e) D – operações descontinuadas (DRE) – R$ 700,00
   D – depreciação acumulada (Ativo) – R$ 1.300,00
   C – imobilizado (Ativo) – R$ 2.000,00.

Resolução e Comentários

O *Pronunciamento Técnico CPC 26 (R1) – Apresentação das Demonstrações Contábeis* apresenta a estrutura da Demonstração do Resultado do Exercício, conforme a seguir reproduzido:

> 82. A demonstração do resultado do período deve, no mínimo, incluir as seguintes rubricas, obedecidas também as determinações legais:
> (a) receitas;
> (b) custo dos produtos, das mercadorias ou dos serviços vendidos;
> (c) lucro bruto;
> (d) despesas com vendas, gerais, administrativas e outras despesas e receitas operacionais;
> (e) parcela dos resultados de empresas investidas reconhecida por meio do método de equivalência patrimonial;
> (f) resultado antes das receitas e despesas financeiras;

Capítulo 13 — *A Demonstração do Resultado do Exercício e a Demonstração do Resultado Abrangente*

(g) despesas e receitas financeiras;
(h) resultado antes dos tributos sobre o lucro;
(i) despesa com tributos sobre o lucro;
(j) resultado líquido das operações continuadas;
(k) valor líquido dos seguintes itens:
(i) resultado líquido após tributos das operações descontinuadas;
(ii) resultado após os tributos decorrente da mensuração ao valor justo menos despesas de venda ou na baixa dos ativos ou do grupo de ativos à disposição para venda que constituem a unidade operacional descontinuada.
(l) resultado líquido do período.

O item "(d)" descreve "despesas com vendas, gerais, administrativas e outras despesas e receitas operacionais".

A questão pede o registro contábil de baixa do imobilizado conforme as práticas contábeis atuais. Diante disto, quando da baixa do imobilizado, temos:

D – outras despesas operacionais (DRE) – R$ 700,00
D – depreciação acumulada (Ativo) – R$ 1.300,00
C – imobilizado (Ativo) – R$ 2.000,00
Gabarito – A

Questão 61 (Contador – Agência de Desenvolvimento Paulista – Desenvolve SP – VUNESP/2014 – Adaptada)
Considere os dados fornecidos a seguir, bem como as informações das operações da companhia.
• Total das receitas líquidas de serviços = R$ 250.000,00.
• Impostos sobre vendas = PIS 1,65%, COFINS 7,6% e ISS 5%.
• Custos dos serviços prestados equivalem a 80% do total da receita bruta diminuída apenas dos impostos.
• O IR e o CSL são calculados à base de 34% sobre o lucro antes dos impostos sobre a renda.
• Despesas com vendas – R$ 12.000,00.
• Despesas administrativas brutas = R$ 9.800,00.
• Demais despesas R$ 1.025,00.
Calcule os custos dos serviços prestados e o lucro líquido, respectivamente:
a) 214.000,00; 12.800,00;
b) 200.000,00; 17.935,00;
c) 267.968,75; 12.800,00;
d) 312.000,00; 9.600,00;
e) 267.968,75; 8.448,00.

Resolução e Comentários

* Custo dos Serviços Prestados: 80% da Receita Líquida
* Custo dos Serviços Prestados: 0,80 x R$ 250.000,00 = R$ 200.000,00

* Receita líquida = R$ 250.000,00

Apuração do Resultado do Exercício:

Receita Líquida = R$ 250.000,00
(–) Custo dos Serviços Prestados = (R$ 200.000,00)
(=) Lucro Bruto = R$ 50.000,00
(–) Despesas com Vendas = (R$ 12.000,00)
(–) Despesas Administrativas = (R$ 9.800,00)
(–) Demais Despesas = (R$ 1.025,00)
(=) Lucro Antes do IR e da CSLL = R$ 27.175,00
(–) IR e CSLL = (0,34 x R$ 27.175,00) = (R$ 9.239,50)
(=) Resultado do Exercício = R$ 17.935,50

Gabarito – B

Questão 62 (Contador – CEFET – Fundação CESGRANRIO/2014)
A sociedade anônima K apresentou as seguintes informações, em ordem alfabética, dos resultados apurados no exercício findo em dezembro de 2013:

Nomenclatura das Contas	Saldos Devedor	Saldos Credor
Custo das Mercadorias Vendidas	55.000,00	
Despesas Administrativas	15.000,00	
Despesas com Vendas	8.000,00	
(–) Despesas (+) Receitas Financeiras		6.000,00
Operações Descontinuadas		12.000,00
Receita de Vendas		100.000,00

Considerando somente as informações recebidas e as orientações do CPC 26 (R1), o resultado, antes dos tributos sobre os lucros da sociedade anônima K, apresenta um lucro, em reais, de:
a) 10.000,00;
b) 16.000,00;
c) 22.000,00;
d) 28.000,00;
e) 30.000,00.

Resolução e Comentários

Eis a Demonstração do Resultado do Exercício da sociedade anônima "K":

Receita de Vendas: R$ 100.000,00
(–) Custo das Mercadorias Vendidas: (R$ 55.000,00)
(=) Lucro Operacional Bruto: R$ 45.000,00
(–) Despesas Administrativas: (R$ 15.000,00)
(–) Despesas com Vendas: (R$ 8.000,00)
(–) Despesas (+) Receitas Financeiras: R$ 6.000,00
(=) Resultado antes dos tributos sobre o lucro: R$ 28.000,00

Gabarito – D

Questão 63 (Analista Judiciário – Contabilidade – TRT 13ª Região – FCC/2014)
O balancete de verificação da Empresa Vende Tudo S.A., em 31/12/2012, era composto das seguintes contas:

	R$
Estoques	45.000,00
Contas a Pagar (que se vencem em até 180 dias)	19.000,00
Clientes (para receber em até 120 dias)	150.000,00
Empréstimos a Pagar	85.000,00
Caixa e Equivalentes de Caixa	88.000,00
Receita Bruta de Vendas	585.000,00
Capital Social	195.000,00
Custo das Mercadorias Vendidas	230.000,00
Despesas com Salários	22.000,00
Reservas de Lucros	14.000,00
Despesas Antecipadas	14.000,00
Investimentos em Coligadas	43.000,00
Devoluções de Vendas	28.000,00
Salários a Pagar	13.000,00
Despesas com Impostos sobre Vendas	75.000,00
Impostos a Recolher (que se vencem em até 60 dias)	7.000,00
Lucro na Venda de Imóvel	9.000,00
Despesa de Depreciação	15.000,00
Máquinas e Equipamentos	130.000,00
Despesas com Estimativa de Perdas com Créditos de Liquidação Duvidosa	2.000,00
Estimativa de perdas com Créditos de Liquidação Duvidosa	6.000,00

Despesas com Imposto de Renda e Contribuição Social 5.000,00
Despesa Financeira 2.000,00
Intangíveis 24.000,00
Despesas com Comissão sobre Vendas 15.000,00
Contas a Receber (para receber em 2015) 35.000,00
Despesas com Propaganda e Publicidade 10.000,00

O Resultado Bruto com Vendas e o Resultado antes dos Impostos e Participações, apurado pela Empresa Vende Tudo S.A., em 2012, foram, respectivamente, em reais:

a) 235.000,00 e 195.000,00;
b) 237.000,00 e 190.000,00;
c) 252.000,00 e 195.000,00;
d) 237.000,00 e 195.000,00;
e) 252.000,00 e 190.000,00.

Resolução e Comentários

Eis a Demonstração do Resultado do Exercício da Empresa Vende Tudo S/A:

Receita Bruta de Vendas 585.000,00
(–) Devoluções de Vendas 28.000,00
(–) Despesas com Impostos sobre Vendas 75.000,00
(=) Receita Líquida de Vendas: R$ 482.000,00
(–) Custo das Mercadorias Vendidas 230.000,00
(=) Lucro Operacional Bruto: R$ 252.000,00
(–) Despesas com Salários 22.000,00
(–) Despesas com Comissão sobre Vendas 15.000,00
(–) Despesas com Propaganda e Publicidade 10.000,00
(–) Despesa de Depreciação 15.000,00
(–) Despesas com Estimativa de Perdas com Créditos de Liquidação Duvidosa .. 2.000,00
(–) Despesa Financeira 2.000,00
(+) Lucro na Venda de Imóvel 9.000,00
(=) Lucro antes dos Impostos e das Participações: R$ 195.000,00
(–) Despesas com Imposto de Renda e Contribuição Social 5.000,00
(=) Resultado Líquido do Exercício: R$ 190.000,00

Gabarito – C

Capítulo 13 — A Demonstração do Resultado do Exercício e a Demonstração do Resultado Abrangente ■ **1151**

Questão 64 (Auditor Público Externo – TCE RS – FCC/2014)
A empresa Genipabu S.A. possui os seguintes valores registrados nas contas de resultado de um determinado período:
– Custo das Mercadorias Vendidas: R$ 9.178,00
– Devolução de Vendas: R$ 1.330,00
– Frete sobre Vendas: R$ 350,00
– Descontos Financeiros concedidos: R$ 300,00
– Receita de Vendas: R$ 15.030,00
– Despesas com Salários: R$ 2.300,00
– Abatimento sobre Vendas: R$ 110,00
– Despesas Gerais: R$ 550,00
O valor do Resultado Bruto com Vendas no período foi, em reais:
a) 4.412,00;
b) 4.522,00;
c) 1.112,00;
d) 13.590,00;
e) 4.062,00.

Resolução e Comentários
De acordo com a Demonstração do Resultado do Exercício, temos:

Receita de Vendas: R$ 15.030,00
(–) Devolução de Vendas: R$ 1.330,00
(–) Abatimento sobre Vendas: R$ 110,00
(=) Receita Líquida de Vendas: R$ 13.590,00
(–) Custo das Mercadorias Vendidas: R$ 9.178,00
(=) Lucro Operacional Bruto: R$ 4.412,00
Gabarito – A

Questão 65 (Auditor do Tesouro Municipal – Prefeitura da Cidade do Recife – FGV/2014)
De acordo com a Lei nº 6.404/76, a Demonstração do Resultado do Exercício deve discriminar as informações listadas a seguir, *à exceção de uma*. Assinale-a.
a) Participações de debêntures, empregados, administradores e partes beneficiárias.
b) Lucro ou prejuízo líquido do exercício e seu montante por ação do capital social.
c) Receita bruta das vendas e serviços, deduções das vendas, abatimentos e impostos.
d) Receita líquida das vendas e serviços, custo das mercadorias e serviços vendidos e lucro bruto.
e) Dividendo mínimo obrigatório e adicional proposto.

Resolução e Comentários

De acordo com a Lei das Sociedades por Ações (Lei nº 6.404/76), temos:

Demonstração do Resultado do Exercício

Art. 187. A demonstração do resultado do exercício discriminará:

I – a receita bruta das vendas e serviços, as deduções das vendas, os abatimentos e os impostos;

II – a receita líquida das vendas e serviços, o custo das mercadorias e serviços vendidos e o lucro bruto;

III – as despesas com as vendas, as despesas financeiras, deduzidas das receitas, as despesas gerais e administrativas, e outras despesas operacionais;

IV – o lucro ou prejuízo operacional, as outras receitas e as outras despesas; (Redação dada pela Lei nº 11.941, de 2009)

V – o resultado do exercício antes do Imposto sobre a Renda e a provisão para o imposto;

VI – as participações de debêntures, empregados, administradores e partes beneficiárias, mesmo na forma de instrumentos financeiros, e de instituições ou fundos de assistência ou previdência de empregados, que não se caracterizem como despesa; (Redação dada pela Lei nº 11.941, de 2009)

VII – o lucro ou prejuízo líquido do exercício e o seu montante por ação do capital social.

§ 1º Na determinação do resultado do exercício serão computados:

a) as receitas e os rendimentos ganhos no período, independentemente da sua realização em moeda; e

b) os custos, despesas, encargos e perdas, pagos ou incorridos, correspondentes a essas receitas e rendimentos.

§ 2º (Revogado pela Lei nº 11.638,de 2007)

Gabarito – E

Questão 66 (Analista de Controle Externo – TCE Goiás – FCC/2014)

A empresa Robalo S.A. realizou a venda de um automóvel utilizado pela sua diretoria. A venda foi realizada com lucro. Dessa forma, esse evento deve ser apresentado, na Demonstração do Resultado de Exercícios, em:

a) Receitas Não Operacionais;
b) Receitas Operacionais;
c) Receitas Financeiras;
d) Outras Receitas Operacionais;
e) Resultado Não Operacional.

Resolução e Comentários

De acordo com o *Manual de Contabilidade Societária* (2ª edição), a partir da edição da Lei nº 11.941/2009, o art. 187 da Lei das Sociedades por Ações (Lei nº 6.404/76) deixou de prever a segregação dos resultados em operacionais e não operacionais. A partir do exercício de 2008, os normativos fazem referência apenas à segregação das atividades em continuadas e descontinuadas. Assim, passam a ser reconhecidas como outras receitas e despesas operacionais os ganhos ou perdas que decorram de transações que não constituíam as atividades ordinárias de uma entidade. Em outras palavras, o conceito de lucro operacional engloba os resultados das atividades principais e acessórias, e essas outras receitas e despesas operacionais são atividades acessórias do objeto da empresa.

Convém ser ressaltado que todas as atividades e transações realizadas por uma entidade contribuem para o incremento de sua operação ou de seu negócio.

Gabarito – D

Questão 67 (Analista Previdenciário – Contabilidade – Manaus Previdência – FCC/2015)
Durante o segundo trimestre de 2014, a Cia. Campos Verdes realizou algumas transações, após as quais o Balancete da Cia. apresentava as seguintes contas com os respectivos saldos em reais:

Receita Bruta de Vendas 200.000,00
Devolução de Vendas 5.000,00
Impostos sobre Vendas 20.000,00
Descontos Financeiros Concedidos 3.000,00
Comissões sobre Vendas 7.000,00
Abatimentos sobre Vendas 4.000,00
Fretes sobre Vendas 6.000,00

Sabendo-se que, no segundo trimestre de 2014, o valor das compras reconhecido como estoque foi R$ 70.000,00, o estoque inicial de produtos para comercialização era R$ 60.000,00 e o estoque final era R$ 20.000,00, o Lucro Bruto apurado pela Cia. Campos Verdes no segundo trimestre de 2014 foi, em reais:
a) 58.000,00;
b) 90.000,00;
c) 70.000,00;
d) 61.000,00;
e) 45.000,00.

Resolução e Comentários

Estoque Inicial = R$ 60.000,00
Compras = R$ 70.000,00
Estoque Final = R$ 20.000,00

EI + C – EF = CMV
60.000,00 + 70.000,00 – 20.000,00 = CMV
Custo das Mercadorias Vendidas (CMV) = 110.000,00

Estrutura da DRE:

Receita Bruta de Vendas 200.000,00

(–) Devolução de Vendas .... (5.000,00)

(–) Impostos sobre Vendas .... (20.000,00)

(–) Abatimentos sobre Vendas .... (4.000,00)

(=) Receita Líquida de Vendas = 171.000,00

(–) Custo das Mercadorias Vendidas (110.000,00)

(=) Lucro Bruto = 61.000,00

Gabarito – D

Questão 68 (Auditor de Tributos – Prefeitura de Goiânia – UFG/2016)
No final do exercício de 2014, a empresa Beta Ltda. apresentou os seguintes resultados em R$:
Receitas Brutas 145.000,00
Custo dos Serviços Prestados 95.250,00
Despesas Gerais 29.000,00
Despesas Financeiras 28.750,00
Receitas Financeiras 17.250,00
Com base nos dados apresentados, conclui-se que o resultado do exercício foi um:
a) prejuízo líquido de R$ 8.000,00;
b) lucro líquido de R$ 20.750,00;
c) prejuízo líquido de R$ 11.500,00;
d) lucro líquido de R$ 9.250,00.

Resolução e Comentários
Estrutura da Demonstração do Resultado do Exercício:

Receitas Brutas 145.000,00

(–) Custo dos Serviços Prestados: (95.250,00)

(=) Lucro Operacional Bruto: 49.750,00

(–) Despesas Gerais (29.000,00)

(–) Despesas Financeiras (28.750,00)

(+) Receitas Financeiras 17.250,00

(=) Resultado Líquido do Exercício: 9.250,00

Gabarito – D

Capítulo 13 — *A Demonstração do Resultado do Exercício e a Demonstração do Resultado Abrangente* ■ **1155**

Questão 69 (Auditor-Fiscal da Receita Estadual – SEFAZ/RS – FUNDATEC/2014)
A J&J Cia. Ltda. apresentou o seguinte resumo das movimentações contábeis ocorridas no ano de 2013:
* Ativo Total em 31/dez./2012 era de R$ 600.000,00.
* Dívidas de curto prazo em 31/dez./2012 eram de R$ 350.000,00.
* No ano de 2013, ocorreram as seguintes movimentações: compra de estoques pagos à vista e em dinheiro no valor de R$ 60.000,00; vendas de mercadorias (valor total do estoque) com um lucro de R$ 70.000,00, todas à vista; compra de veículo no valor de R$ 40.000,00, 100% financiado, com a primeira parcela vencendo em 31/jan./2014.
A partir dessas movimentações, podemos afirmar que:
I.   as dívidas de curto prazo aumentaram em R$ 50.000,00 no ano de 2013;
II. o imobilizado aumentou em R$ 40.000,00 em 31/dez./2013;
III. o patrimônio líquido em dez./2013 era de R$ 320.000,00;
IV. o patrimônio líquido em 31/dez./2013 era de R$ 175.000,00.
Quais estão corretas?
a) Apenas I.
b) Apenas IV.
c) Apenas II e III.
d) Apenas II e IV.
e) I, II, III e IV.

Resolução e Comentários

* No ano de 2013, ocorreram as seguintes movimentações: compra de estoques pagos à vista e em dinheiro no valor de R$ 60.000,00; vendas de mercadorias (valor total do estoque) com um lucro de R$ 70.000,00, todas à vista; compra de veículo no valor de R$ 40.000,00, 100% financiado, com a primeira parcela vencendo em 31/jan./2014.

Compra de estoques:

D – Estoques de Mercadorias
C – Caixa R$ 60.000,00

Trata-se de uma permuta no Ativo.

Venda de mercadorias:

D – Caixa
D – Receita de Vendas R$ 130.000,00

D – Custo das Mercadorias Vendidas
C – Estoques de Mercadorias R$ 60.000,00

Esta operação gerou aumento no Ativo Circulante e no Patrimônio Líquido no valor de R$ 70.000,00.

Compra de imobilizado:

D – Veículos
C – Financiamentos (curto prazo) R$ 40.000,00

Portanto, após as operações ora apresentadas, temos a seguinte apresentação do Balanço Patrimonial:

* Ativo total: R$ 600.000,00
* Ativo Circulante: aumentou em R$ 70.000,00
* Ativo Imobilizado: aumentou em R$ 40.000,00

* Passivo Circulante: R$ 350.000,00
   O Passivo Circulante aumentou em R$ 40.000,00

* Patrimônio Líquido:
   Assumindo que o PL inicial era igual a:
   R$ 600.000,00 – R$ 350.000,00 = R$ 250.000,00
   Aumentou em R$ 70.000,00

Analisando as assertivas:
I. As dívidas de curto prazo aumentaram em R$ 50.000,00 no ano de 2013.
   Errado. Aumentaram em R$ 40.000,00.

II. O imobilizado aumentou em R$ 40.000,00 em 31/dez./2013.
   Correto.

III. O patrimônio líquido em dez./2013 era de R$ 320.000,00.
   Correto.

Capítulo 13 — A Demonstração do Resultado do Exercício e a Demonstração do Resultado Abrangente | 1157

IV. O patrimônio líquido em 31/dez./2013 era de R$ 175.000,00.
Errado.

Gabarito – C

Questão 70 (ICMS – PR – COPS UEL – 2012)
A receita e as despesas relacionadas à mesma transação são reconhecidas simultaneamente. Esse processo está vinculado ao princípio da confrontação das despesas com as receitas (regime de competência). Porém, quando as despesas não podem ser mensuradas confiavelmente, a receita fica impossibilitada de ser reconhecida.
Em tais circunstâncias, quaisquer valores já recebidos pela venda dos bens serão reconhecidos como:
a) um ativo;
b) um custo;
c) um passivo;
d) uma perda;
e) uma receita.

Resolução e Comentários

Valores recebidos antecipadamente em função da venda de bens representam a necessidade de contraprestação futura por parte do vendedor. Logo, geram obrigação.

D – Disponibilidades
C – Receitas Antecipadas
Gabarito – C

Questão 71 (Analista Desenvolvimento Gestão Júnior – Economia – Metrô SP – FCC/2014)
Em 1º/08/2012 uma empresa recebeu R$ 24.000,00 de um cliente para a entrega de mercadorias até 31/07/2013. A empresa entregou, até 31/12/2012, mercadorias que correspondiam a 70% do total negociado. O valor da Receita de Vendas apresentado na Demonstração do Resultado do ano de 2012 correspondente a esta operação foi, em reais, de:
a) 10.000,00;
b) 12.000,00;
c) 24.000,00;
d) 16.800,00;
e) zero.

Resolução e Comentários

Valores recebidos antecipadamente em função da venda de bens representam a necessidade de contraprestação futura por parte do vendedor. Logo, geram obrigação.

D – Disponibilidades
C – Receitas Antecipadas .... R$ 24.000,00

Em 31/12/2012:

A empresa entregou até esta data 70% do total negociado. Logo, cumpriu parcialmente a obrigação, gerando receita.

D – Receitas Antecipadas
C – Receita Bruta de Vendas .... 70% x R$ 24.000,00 = R$ 16.800,00
Gabarito – D

Questão 72 (Analista Legislativo – Contador – UFG/CS – 2015)

Considere os valores dos saldos para as seguintes contas do balancete do período, em R$:

Mercadorias	975,00
Prejuízos acumulados	200,00
Promissórias a pagar	675,00
Clientes	600,00
Caixa	550,00
Dívidas a pagar	900,00
Descontos obtidos	500,00
Capital	650,00

Sabendo-se que não foram anotadas as despesas incorridas no período, considerando-se o método das partidas dobradas e com base nos elementos apresentados, o valor dessas despesas, em real, será de:

a) 2.350,00;
b) 1.000,00;
c) 600,00;
d) 400,00.

Capítulo 13 — A Demonstração do Resultado do Exercício e a Demonstração do Resultado Abrangente   1159

Resolução e Comentários

Conta	Saldo	
	Devedor	Credor
Mercadorias	975,00	
Prejuízos Acumulados	200,00	
Promissórias a Pagar		675,00
Clientes	600,00	
Caixa	550,00	
Dívidas a Pagar		900,00
Descontos Obtidos		500,00
Capital		650,00
Despesas	????????	
Saldos	2.325,00 + Despesas	2.725,00

Se o Método das Partidas Dobradas foi corretamente aplicado, então o total de saldos devedores é igual ao total de saldos credores.

2.325,00 + Despesas = 2.725,00 .... Despesas = 400,00

Gabarito – D

CAPÍTULO 14

As Reservas de Lucros

14.1. CONSIDERAÇÕES INICIAIS

O lucro líquido do exercício, uma vez apurado, deve ser transferido da conta *Apuração do Resultado do Exercício* para a conta *Lucros ou Prejuízos Acumulados*. É a partir da conta **Lucros ou Prejuízos Acumulados** que são efetuadas as destinações do lucro então apurado.

Os lucros apurados podem ser utilizados para:

- Compensar prejuízos de exercícios anteriores (os denominados **Prejuízos Acumulados**);
- Aumentar o Capital Social;
- Constituir reservas (as chamadas **Reservas de Lucros**); ou
- Destinar dividendos aos acionistas.

Neste capítulo, faremos abrangente estudo das Reservas de Lucros, apresentando suas respectivas definições, formas de constituição e exemplos.

De acordo com o § 4º do Art. 182 da Lei das Sociedades por Ações, serão classificadas como **Reservas de Lucros** *as contas constituídas pela apropriação de lucros da entidade*. Cada reserva possui uma finalidade específica. As Reservas de Lucros têm o propósito principal de garantir a "saúde financeira e patrimonial" da entidade.

> *Deve restar claro para o nobre leitor que a cada Reserva de Lucros constituída, uma parcela dos lucros é separada para um determinado fim e deixa de ser destinada aos acionistas na forma de dividendos. Nunca é demais ressaltar que os dividendos constituem a parcela dos lucros destinada aos acionistas.*

Deve ser ressaltado que as Reservas de Lucros poderão originar-se de uma determinação da Lei (Reserva Legal), de uma norma estatutária (Reservas Estatutárias) ou de uma deliberação em assembleia ("reservas livres").

As **Reservas de Lucros** também podem ser denominadas **Reservas de Crédito** ou **Reservas de Poupança**.

São *Reservas de Lucros*:
- Reserva Legal;
- Reservas Estatutárias;
- Reservas para Contingências;
- Reservas de Incentivos Fiscais;
- Reservas de Retenção de Lucros;
- Reservas de Lucros a Realizar;
- Reserva Especial para Dividendos Obrigatórios Não Distribuídos;

A *Reserva Legal* é de constituição obrigatória, pois está expressamente determinada na Lei das Sociedades por Ações; todas as demais reservas são de caráter facultativo, pois dependem de previsão estatutária (caso das Reservas Estatutárias) ou de deliberação da assembleia geral (demais reservas ora apresentadas, quais sejam: Reservas para Contingências, Reservas de Incentivos Fiscais, Reservas de Retenção de Lucros, Reservas de Lucros a Realizar e Reserva Especial para Dividendos Obrigatórios Não Distribuídos).

Feita esta breve introdução, daremos início à apresentação das diversas *Reservas de Lucros* existentes.

14.2. A RESERVA LEGAL

A primeira Reserva de Lucros a ser estudada é a **Reserva Legal**. *Trata-se de uma **reserva de constituição obrigatória**, conforme prescreve o caput do Art. 193 da Lei das Sociedades por Ações: do lucro líquido do exercício, 5% (cinco por cento) serão aplicados, antes de qualquer outra destinação, na constituição da Reserva Legal, que não excederá 20% (vinte por cento) do Capital Social.*

Disciplina o Art. 193 da Lei das Sociedades por Ações o que está a seguir exposto em relação à constituição da Reserva Legal:

"Do lucro líquido do exercício, 5% (cinco por cento) serão aplicados, antes de qualquer outra destinação, na constituição da Reserva Legal, que não excederá de 20% (vinte por cento) do Capital Social.

§ 1º A companhia poderá deixar de constituir a Reserva Legal no exercício em que o saldo dessa reserva, acrescido do montante das Reservas de Capital de que trata o § 1º do art. 182, exceder de 30% (trinta por cento) do Capital Social.

§ 2º A Reserva Legal tem por fim assegurar a integridade do Capital Social e somente poderá ser utilizada para compensar prejuízos ou aumentar o capital."

Há um limite máximo para a constituição da Reserva Legal: não pode ultrapassar 20% do Capital Social. Por que existe um limite desta natureza?! Tal limite visa a proteger os acionistas minoritários da retenção indiscriminada de lucros, fazendo com que não sejam prejudicados quando da destinação de dividendos pela entidade. Este limite é denominado *limite obrigatório*. No caso de ser atingido o limite de 20% do Capital Social, a entidade fica impedida de destinar nova parcela dos lucros para a constituição da Reserva Legal.

Se houver Prejuízos Acumulados, estes deverão ser compensados antes da constituição da Reserva Legal, pois tal compensação acarretará diminuição do lucro líquido disponível para as destinações previstas, dentre elas a correspondente à Reserva Legal.

Já o § 1º do Art. 193 da Lei das Sociedades por Ações trata do denominado *limite opcional* ou *limite facultativo*. Assim prevê a Lei: *A companhia poderá deixar de constituir a Reserva Legal no exercício em que o saldo dessa reserva, acrescido do montante das Reservas de Capital de que trata o § 1º do Art. 182, exceder de 30% (trinta por cento) do Capital Social.* Observe que a Reserva Legal **poderá** deixar de ser constituída nos exercícios em que seu saldo, acrescido do montante das Reservas de Capital, exceda 30% (trinta por cento) do valor do Capital Social. Tal limite também visa a proteger os acionistas minoritários da retenção indiscriminada de lucros, fazendo com que não sejam prejudicados quando da destinação de dividendos pela entidade. Neste caso, as Reservas de Capital já contribuem como parcela de reforço do Capital Social junto aos credores.

Convém ser ressaltado que o disposto no § 1º do Art. 193 faculta a constituição da Reserva Legal pela destinação de parcela dos lucros (até 5% do lucro líquido do exercício) para este fim; por outro lado, o *caput* deste Artigo constitui norma de caráter impositivo, devendo o limite de 20% do Capital Social ser estritamente observado.

A Reserva Legal tem por finalidade assegurar a integridade do Capital Social. Trata-se de reserva criada para dar proteção aos credores, evitando que eventuais perdas em exercícios posteriores venham a ser necessariamente absorvidas pelo Capital Social.

De acordo com a Lei das Sociedades por Ações, **a Reserva Legal tem por fim assegurar a integridade do Capital Social e somente poderá ser utilizada para compensar prejuízos ou aumentar o Capital**.

Observe que a Lei proíbe a utilização do montante constituído como Reserva Legal para destinação como dividendos aos acionistas, disciplinando que somente poderá ser utilizada para compensar prejuízos ou aumentar o Capital Social. Quanto ao prejuízo do exercício, este deve ser obrigatoriamente absorvido pelas Reservas de Lucros, sendo a Reserva Legal a última a ser utilizada, conforme o que está contido no Art. 189 da Lei das Sociedades por Ações: *o prejuízo do exercício será obrigatoriamente absorvido pelos Lucros Acumulados, pelas Reservas de Lucros e pela Reserva Legal,* **nessa ordem.**

> *No caso de a Reserva Legal ser utilizada para compensar prejuízos ou aumentar o Capital, inicia-se novamente a dedução de parcela do lucro líquido para a sua reconstituição, até que venha a atingir novamente os limites legais exigidos.*

14.2.1. Exemplos de Constituição e Utilização da Reserva Legal

A Reserva Legal é constituída mediante o seguinte registro contábil:

D – Lucros ou Prejuízos Acumulados
C – Reserva Legal

A partir de agora apresentaremos exemplos que esclarecem como constituir a Reserva Legal levando em consideração os limites obrigatório e opcional.

Exemplo

A Companhia WERTY S/A iniciou suas atividades em 2000. Apurou lucro líquido no exercício de 2007 no valor de R$ 126.000,00. Possuía Prejuízos Acumulados no valor de R$ 12.000,00. Considere, neste exemplo inicial, que nenhum dos limites (obrigatório e opcional) foi atingido.

A Reserva Legal a constituir em 2007 será igual a:

Lucro Líquido do Exercício = R$ 126.000,00
(-) Prejuízos Acumulados = (R$ 12.000,00)
(=) Base de Cálculo para a constituição da Reserva Legal = R$ 114.000,00

R$ 114.000,00 x 5% = R$ 5.700,00   →   Reserva Legal = R$ 5.700,00

Exemplo

São a seguir apresentadas as destinações para a Reserva Legal, de acordo com os lucros líquidos apurados pela empresa DRIAN S/A, para os anos de 2004 a 2007.

Exercício Social	Reserva Legal				
	Lucro Líquido do Exercício (LLE) (R$)	Destinação no Exercício Social (R$)	Saldo Acumulado (R$)	Capital Social Subscrito (R$)	Lucro Líquido Após a Destinação para a Reserva Legal
2004	1.500.000,00	75.000,00	75.000,00	1.000.000,00	1.425.000,00
2005	2.100.000,00	105.000,00	180.000,00	1.680.000,00	1.995.000,00
2006	2.900.000,00	145.000,00	325.000,00	1.900.000,00	2.755.000,00
2007	4.000.000,00	75.000,00	400.000,00	2.000.000,00	3.925.000,00

Foram destinados, até o ano de 2006, 5% do valor do lucro líquido de cada exercício social para a constituição da Reserva Legal, sempre observando o limite obrigatório de 20% do Capital Social para a constituição de tal reserva, já que o limite opcional em nenhum momento foi atingido.

Em 2007, chegou-se ao limite de 20% do Capital Social. Por isso, ao invés de destinar 5% do lucro líquido de 2007 para a Reserva Legal, foram destinados apenas R$ 75.000,00 para ela, pois:

- R$ 4.000.000,00 x 5% = R$ 200.000,00
- R$ 200.000,00 + R$ 325.000,00 = R$ 525.000,00 > R$ 2.000.000,00 x 20% = R$ 400.000,00
- Logo: R$ 400.000,00 − R$ 325.000,00 = R$ 75.000,00 (saldo a destinar para a Reserva Legal respeitando o limite obrigatório).

→ Reserva Legal = R$ 75.000,00

Exemplo

A Companhia WERTAQ S/A apresenta, dentre outras, as seguintes contas no Patrimônio Líquido antes da apuração do resultado de 2010:

Capital Social	R$ 1.100.000,00
(-) Capital a Realizar	(R$ 369.000,00)
(=) Capital Realizado	R$ 731.000,00
Reserva Legal	R$ 127.000,00

Em 2010, apurou resultado líquido do exercício igual a R$ 192.000,00.
Reserva Legal (máxima) a constituir no período: 5% x R$ 192.000,00 = R$ 9.600,00

Limite obrigatório da Reserva Legal:

> *Reserva Legal (acumulada) + Reserva Legal (exercício) ≤ 20% do Capital Social*

→ R$ 127.000,00 + R$ 9.600,00 = R$ 136.600,00 ≤ 20% x R$ 1.100.000,00 = R$ 220.000,00

Portanto, deve ser destinado para a Reserva Legal em 2010 o valor de R$ 9.600,00, já que o limite obrigatório de 20% do Capital Social não foi atingido.

→ Reserva Legal = R$ 9.600,00

> *Deve ser ressaltado que a Lei das Sociedades por Ações faz menção ao Capital Social, ou seja, ao Capital Subscrito. Quando o legislador quer mencionar o Capital Social Realizado, ele assim o faz! Portanto, muito cuidado com questões que tragam os valores do Capital Social e do Capital Social Realizado. Sugerimos ao leitor a resolução de questões de concursos anteriores da Banca que realizará o concurso por ele almejado, a fim de verificar qual a sua cultura em relação ao parâmetro a utilizar (capital subscrito ou capital social realizado).*

Exemplo

A Companhia FASTQI S/A apresenta, dentre outras, as seguintes contas no Patrimônio Líquido antes da apuração do resultado de 2010:

Capital Social	R$ 1.100.000,00
(-) Capital a Realizar	(R$ 369.000,00)
(=) Capital Realizado	R$ 731.000,00
Reserva Legal	R$ 207.000,00

Em 2010, apurou resultado líquido do exercício igual a R$ 392.000,00 (positivo). Reserva Legal (máxima) a constituir: 5% x R$ 392.000,00 = R$ 19.600,00

Limite obrigatório da Reserva Legal:

> Reserva Legal (acumulada) + Reserva Legal (exercício) ≤ 20% do Capital Social

→ R$ 207.000,00 + R$ 19.600,00 = R$ 226.600,00 > 20% x R$ 1.100.000,00 = R$ 220.000,00

R$ 226.600,00 − R$ 220.000,00 = R$ 6.600,00 (valor excedente dos 20% do Capital Social)

Logo, deve ser destinado para a Reserva Legal em 2010 o valor de R$ 13.000,00 (= R$ 19.600,00 − R$ 6.600,00), já que o limite obrigatório de 20% do Capital Social foi atingido com apenas R$ 13.000,00.

→ Reserva Legal = R$ 13.000,00

Exemplo

A Companhia MAETERRA S/A apresenta, dentre outras, as seguintes contas no Patrimônio Líquido antes da apuração do resultado de 2003:

Capital Social	R$ 1.200.000,00
(-) Capital a Realizar	(R$ 335.000,00)
(=) Capital Realizado	R$ 865.000,00
Reserva Legal	R$ 154.000,00
Reservas de Capital	R$ 220.000,00

Em 2003, apurou resultado líquido do exercício igual a R$ 421.000,00 (positivo). Reserva Legal (máxima) a constituir: 5% x R$ 421.000,00 = R$ 21.050,00

Limite obrigatório da Reserva Legal:

> Reserva Legal (acumulada) + Reserva Legal (exercício) ≤ 20% do Capital Social

→ R$ 154.000,00 + R$ 21.050,00 = R$ 175.050,00 < 20% x R$ 1.200.000,00 = R$ 240.000,00

Portanto, **verificando-se apenas o limite obrigatório**, deverá ser destinado para a Reserva Legal em 2003 o valor de R$ 21.050,00, já que o limite obrigatório de 20% do Capital Social não foi atingido. *Todavia, tal obrigação deixará de existir se tiver sido ultrapassado o limite opcional.* Passemos, então, à análise do limite opcional.

Limite opcional (ou facultativo) da Reserva Legal:

Reserva Legal (acumulada) + Reserva Legal (exercício) + $\sum$ (Reservas de Capital) $\leq$ 30% x Capital Social

---

→ R$ 154.000,00 + RL (ano) + R$ 220.000,00 = R$ 374.000,00 + RL (ano) > 30% x R$ 1.200.000,00 = R$ 360.000,00

Levando-se em consideração apenas a soma do valor acumulado na Reserva Legal e dos valores das Reservas de Capital já foi atingido o limite opcional. Portanto, no ano de 2003, a Companhia MAETERRA S/A *poderá deixar de constituir a Reserva Legal*, por já ter atingido o limite facultativo (ou opcional) apresentado. *Porém, caso queira constituir a Reserva Legal, deverá estar vinculada aos limites de 5% do Lucro Líquido do Exercício e dos 20% do Capital Social*, constantes do Art. 193 da Lei das Sociedades por Ações.

→ *Poderá* constituir Reserva Legal com qualquer valor compreendido no intervalo R$ 0,00 $\leq$ RL (exercício) $\leq$ R$ 21.050,00.

| *Poderá* | → | **Limite Facultativo** | (e) | *Deverá* | → | **Limite Obrigatório** |

Exemplo

A Companhia MAETERRA S/A apresenta, dentre outras, as seguintes contas no Patrimônio Líquido antes da apuração do resultado de 2003:

Capital Social   R$ 1.200.000,00
(-) Capital a Realizar   (R$ 335.000,00)
(=) Capital Realizado   R$ 865.000,00
    Reserva Legal   R$ 154.000,00
    Reservas de Capital   R$ 200.000,00

Em 2003, apurou resultado líquido do exercício igual a R$ 421.000,00 (positivo). Reserva Legal (máxima) a constituir: 5% x R$ 421.000,00 = R$ 21.050,00

Limite obrigatório da Reserva Legal:

> Reserva Legal (acumulada) + Reserva Legal (exercício) ≤ 20% do Capital Social

→ R$ 154.000,00 + R$ 21.050,00 = R$ 175.050,00 < 20% x R$ 1.200.000,00 = R$ 240.000,00

Portanto, **verificando-se apenas o limite obrigatório**, deverá ser destinado para a Reserva Legal em 2003 o valor de R$ 21.050,00, já que o limite obrigatório de 20% do Capital Social não foi atingido. *Todavia, tal obrigação deixará de existir se tiver sido ultrapassado o limite opcional.* Passemos, então, à análise do limite opcional.

Limite opcional (facultativo) da Reserva Legal:

> Reserva Legal (acumulada) + Reserva Legal (exercício) + ∑ (Reservas de Capital) ≤ 30% x Capital Social

→ R$ 154.000,00 + RL (exercício) + R$ 200.000,00 = R$ 354.000,00 < 30% x R$ 1.200.000,00 = R$ 360.000,00

Levando-se em consideração apenas a soma do valor acumulado na Reserva Legal e dos valores das Reservas de Capital não foi atingido o limite opcional. Portanto, no ano de 2003, a Companhia MAETERRA S/A *deverá constituir a Reserva Legal no valor de, no mínimo, R$ 6.000,00*, atingindo, então, o limite facultativo (ou opcional) apresentado. *Porém, deverá estar vinculada aos limites de 5% do Lucro Líquido do Exercício e dos 20% do Capital Social*, constantes do Art. 193 da Lei das Sociedades por Ações.

→ *Poderá* constituir Reserva Legal em qualquer valor compreendido no intervalo R$ 6.000,00 < RL (exercício) ≤ R$ 21.050,00.

Poderá → **Limite Facultativo** (e) **Deverá** → **Limite Obrigatório**

> *Observe que, até alcançar o limite facultativo, a empresa tem a __obrigação__ de constituir o valor destinado à Reserva Legal, passando a ser opcional a sua constituição após o atingimento deste limite. Porém, o teto, ou seja, o máximo valor a destinar para a constituição da Reserva Legal no período deve ser o limite obrigatório.*

Exemplo

Questão 01 – (Técnico de Contabilidade – Petrobras – CESGRANRIO – 2011)
O art. 193 da Lei nº 6.404/1976 trata da Reserva Legal e delimita que:
- o Limite Obrigatório ocorre quando o saldo da conta atingir 20% do valor do Capital Social.
- o Limite Facultativo ocorre quando o saldo da conta, antes da constituição referente ao exercício em curso, somado ao montante das reservas de capital, atingir 30% do Capital Social.

No que diz respeito à reserva legal, atendem plenamente à legislação societária as afirmativas abaixo, EXCETO:
a) Quando nenhum dos dois limites for atingido, a empresa será obrigada a constituir a reserva.
b) Se o limite obrigatório for atingido antes de calculado o valor da reserva legal do exercício, a empresa não poderá constituir a reserva.
c) Se o limite obrigatório for atingido no processo de constituição da reserva, a empresa não poderá constituí-la em valor superior a 20% do Capital Social.
d) Se o limite obrigatório não for atingido, mas o facultativo sim, a empresa poderá decidir por constituir ou não a reserva.
e) Se o limite obrigatório não for atingido, mas o facultativo sim, a empresa não poderá constituir a reserva.

Resolução e Comentários

A lógica aplicada em relação à constituição da Reserva Legal é a seguinte:
- Se nenhum dos dois limites for atingido, deverá ser utilizado o valor "5% x LLE" para a constituição desta reserva;
- Se o limite obrigatório for atingido antes de calculado o valor da reserva legal do exercício, a empresa não poderá constituir a reserva;
- Atingido o limite obrigatório, não poderá haver constituição da Reserva Legal em valor superior a 20% do Capital Social;
- Se o limite obrigatório não for atingido, mas o facultativo sim, a empresa poderá decidir por constituir ou não a reserva;
- Se o limite obrigatório não for atingido, mas o facultativo sim, a empresa *poderá* constituir a reserva. Daí o fato de o limite ser considerado facultativo.

Gabarito – E

Em resumo:

> *A lógica aplicada em relação à constituição da Reserva Legal é a seguinte:*
> *Se nenhum dos dois limites for atingido, deverá ser utilizado o valor "5% x LLE" para a constituição desta reserva;*
> *Se o limite obrigatório for atingido antes de calculado o valor da reserva legal do exercício, a empresa não poderá constituir a reserva;*
> *Atingido o limite obrigatório, não poderá haver constituição da Reserva Legal em valor superior a 20% do Capital Social;*
> *Se o limite obrigatório não for atingido, mas o facultativo sim, a empresa poderá decidir por constituir ou não a reserva;*
> *Se o limite obrigatório não for atingido, mas o facultativo sim, a empresa poderá constituir a reserva. Daí o fato de o limite ser considerado facultativo.*

14.3. AS RESERVAS ESTATUTÁRIAS

O Art. 194 da Lei das Sociedades por Ações autoriza a criação das **Reservas Estatutárias** a partir do estatuto social. As Reservas Estatutárias *podem ser criadas* conforme as características e necessidades específicas da entidade. Logo, *possuem caráter facultativo, porém de acordo com os termos regulados pela Lei das Sociedades por Ações*. Se estivermos tratando da constituição de reservas desta natureza em relação às sociedades limitadas, criando estas reservas nos contratos sociais, tais reservas serão denominadas **Reservas Contratuais**.

Exemplo

A título meramente ilustrativo, constituem exemplos de criação de Reservas Estatutárias:

- Reservas para Resgate de Partes Beneficiárias;
- Reserva para o Aumento do Capital Social;
- Reservas para Amortização de Debêntures; e
- Reservas para Resgate ou Amortização de Ações.

As Reservas Estatutárias constituem reservas reguladas pela Lei das Sociedades por Ações, cuja previsão deve constar do estatuto social para que possam ser constituídas. Deste modo, uma assembleia geral não possui poder para destinar parcela dos lucros à criação de Reserva Estatutária que não esteja prevista em estatuto social.

O Art. 194 da Lei das Sociedades por Ações regula a criação de Reservas Estatutárias de acordo com o que é a seguir apresentado:

> *"O estatuto poderá criar reservas desde que, para cada uma:*
> *I – indique, de modo preciso e completo, a sua finalidade;*
> *II – fixe os critérios para determinar a parcela anual dos lucros líquidos que serão destinados à sua constituição; e*
> *III – estabeleça o limite máximo da reserva."*

Os requisitos ora apresentados para a criação de Reservas Estatutárias visam a proteger os acionistas minoritários em relação à destinação excessiva dos lucros da entidade para tais reservas, deixando de destinar dividendos aos acionistas.

Convém ser ressaltado que, de acordo com o que prescreve o Art. 198 da Lei das Sociedades por Ações, *a entidade somente poderá constituir Reservas Estatutárias após calcular o dividendo obrigatório.* Além disto, há outra regra para a criação de Reservas Estatutárias, constante do Art. 199 da Lei das SA, que será adiante apresentada.

As Reservas Estatutárias devem possuir indicação em estatuto social, de modo preciso e completo, de suas respectivas finalidades. Em consequência, jamais poderão ser criadas com objetivo vago ou indeterminado ou amplo. Deve ser ressaltado que não há permissão para a criação de Reservas Estatutárias cujas finalidades já estejam sendo atendidas por outras Reservas de Lucros.

Com relação à fixação de critérios para determinação da parcela anual dos lucros líquidos a ser destinada para a constituição de Reservas Estatutárias, é *interessante* definir via estatuto social um percentual fixo do lucro do exercício para a constituição das Reservas Estatutárias. Nada impede, porém, que, anualmente, a assembleia geral delibere um percentual fixo dentro de uma faixa percentual variável prevista no estatuto social.

A assembleia geral tem liberdade para alterar o estatuto social e nele incluir a previsão para a constituição de novas Reservas Estatutárias, desde que atenda ao que está regulado pela Lei das SA. Conforme Eizirik nos ensina, é licita a realização de assembleia geral extraordinária para alterar o estatuto social e criar uma reserva estatutária seguida de uma assembleia geral ordinária, na mesma data, para *deliberar sobre a destinação de parcela do lucro líquido para a constituição de tal reserva. No entanto, nessa hipótese, a proposta de destinação dos resultados da administração, elaborada de acordo com o Art. 192 (da Lei das SA), não poderá contemplar a alocação de parcela do lucro do exercício social para essa reserva ainda inexistente. Assim, caberá à assembleia geral ordinária aprovar uma alteração da proposta apresentada pelos órgãos de administração, a fim de destinar parte do lucro do exercício para a formação da nova reserva estatutária.*

14.3.1. Exemplos de Constituição e Utilização das Reservas Estatutárias

As Reservas Estatutárias são constituídas mediante o seguinte registro contábil:

D – Lucros ou Prejuízos Acumulados
C – Reservas Estatutárias – Reserva para Resgate de Partes Beneficiárias (por exemplo)

Reserva de Capital – Produto da Alienação de Partes Beneficiárias – é a reserva formada pela alienação a terceiros de Títulos de Partes Beneficiárias (*títulos negociáveis*, que não possuem valor nominal e dão direito à participação nos lucros de até 10% ao ano). A emissão de Títulos de Partes Beneficiárias deverá constar das Notas Explicativas às demonstrações contábeis, justificando o evento, informando o prazo de validade (máximo 10 anos), as vantagens do beneficiado e as condições de resgate.

Registros efetuados quando da emissão de partes beneficiárias:

D – Caixa ou Bancos Conta Movimento
C – Reserva de Capital – Produto da Alienação de Partes Beneficiárias

Os títulos que forem gratuitamente cedidos devem constar das Notas Explicativas às demonstrações financeiras, não havendo, no caso, qualquer contabilização.

Exemplo

Uma sociedade por ações emitiu Partes Beneficiárias em 2005, no valor de R$ 200.000,00. Em 2009, a entidade resolveu constituir uma Reserva Estatutária destinada ao *Resgate de Partes Beneficiárias*. O valor percentual destinado em estatuto social para o fim ora proposto, devidamente aprovado em assembleia geral, foi igual a, no máximo, 3% do Lucro Líquido do Exercício. No exercício de 2010 obteve lucro líquido igual a R$ 10.000.000,00.

Registro efetuado quando da emissão de Títulos de Partes Beneficiárias em 2005:

D – Caixa ou Bancos Conta Movimento
C – Reserva de Capital – Produto da Alienação de Partes Beneficiárias   200.000,00

Registros efetuados quando da constituição da Reserva Estatutária em 2010:
Valor da Reserva Estatutária a ser constituída em 2010: 2% x R$ 10.000.000,00 = R$ 200.000,00 (foi utilizado apenas o percentual igual a 2%)

Observação:

Sabemos que há uma ordem para a constituição das Reservas de Lucros em relação aos dividendos, o que será apresentado em tópico posterior deste capítulo. Estamos, neste exemplo, constituindo esta Reserva Estatutária por seu valor integral, ou seja, 2% de todo o lucro previsto. *Trata-se de algo apenas exemplificativo, pois deveríamos estar constituindo tal reserva tendo por base de cálculo o lucro remanescente, isto é, após o cálculo da Reserva Legal e de outras reservas, assim como do Dividendo Mínimo Obrigatório.*

D – Lucros ou Prejuízos Acumulados
C – Reservas Estatutárias – Reserva para Resgate de Partes Beneficiárias   200.000,00

Em 2011, quando os Títulos de Partes Beneficiárias forem resgatados, será efetuado o seguinte registro:

D – Reserva de Capital – Produto da Alienação de Partes Beneficiárias
C – Caixa ou Bancos Conta Movimento   200.000,00

No final de 2011, a administração da sociedade propôs à assembleia geral a incorporação do valor da reserva estatutária então criada ao Capital Social, o que foi prontamente aceito.

Registros efetuados ao final do exercício social de 2011:

D – Reservas Estatutárias – Reserva para Resgate de Partes Beneficiárias
C – Capital Social   200.000,00

14.4. As Reservas para Contingências

A *permissão* para a constituição de **Reservas para Contingências** consta do Art. 195 da Lei das Sociedades por Ações, assim apresentado:

> "A assembleia geral poderá, por proposta dos órgãos da administração, destinar parte do lucro líquido à formação de reserva com a finalidade de compensar, em exercício futuro, a diminuição do lucro decorrente de perda julgada provável, cujo valor possa ser estimado.
> § 1º A proposta dos órgãos da administração deverá indicar a causa da perda prevista e justificar, com as razões de prudência que a recomendem, a constituição da reserva.
> § 2º A reserva será revertida no exercício em que deixarem de existir as razões que justificaram a sua constituição ou em que ocorrer a perda."

As **Reservas para Contingências** são de constituição opcional (facultativa) e são destinadas a compensar, em exercício futuro, a diminuição do lucro decorrente de perda julgada provável, cujo valor possa ser estimado.

A administração da entidade poderá propor a criação de uma Reserva para Contingências e a assembleia geral poderá aprovar a criação de tal reserva.

> *A constituição de Reservas para Contingências independe de previsão no estatuto social.*

Uma entidade poderá apresentar perda ou prejuízo futuro, decorrente de razões previamente conhecidas por seus administradores. ***Convém ser observado que o fato gerador ora citado ainda não ocorreu!*** Suponhamos haver razões plenamente justificadas para a constituição de uma Reserva para Contingências, visando a cobrir tal perda provável ou prejuízo futuro, algo que poderá ou não ser confirmado. Uma parcela dos lucros da entidade poderá ser separada para a constituição da reserva aqui citada, evitando que tal perda provável seja levada em consideração apenas no resultado do exercício em que vier a ocorrer.

> *A criação de Reservas para Contingências visa à redistribuição do efeito da perda sobre a capacidade da entidade de pagar dividendos por mais de um exercício social.*

Se a entidade destinasse lucros para o pagamento de dividendos em um determinado ano e, no ano seguinte, viesse a incorrer em perdas ou prejuízos, poderia ocorrer situação de desequilíbrio financeiro. Por isso, aconselha-se a constituição de Reservas para Contingências, evitando que tais situações de desequilíbrio financeiro aflorem. A perda deve ser considerada provável e deve haver condição de estimar seu valor.

Exemplo

Constitui exemplo comum de constituição de Reserva para Contingências aquele em que o ramo de negócios está diretamente sujeito a fenômenos naturais cíclicos, tais como geadas, secas, cheias, inundações, vendavais etc.

Exemplo

Pode ser criada Reserva para Contingências quando um ramo de negócios apresenta períodos muito lucrativos seguidos de outros com baixa lucratividade. Para que a citada reserva seja constituída, deve haver possibilidade de previsão de tal situação.

Exemplo

Como outro exemplo, pode ser constituída Reserva para Contingências em uma das seguintes hipóteses:
- há perdas decorrentes de suspensão temporária e não recorrente de produção;
- ocorrem substituições ou reformas de equipamentos;
- há greves;
- há falta de suprimentos ou matérias-primas; etc.

A proposta dos órgãos da administração deverá indicar a causa da perda prevista e justificar, com as razões de prudência que a recomendem, a constituição da reserva. *A perda deverá ser considerada provável.* A reserva em tela deverá ter sua constituição muito bem justificada. Deverá ser apresentada a identificação da causa e as justificativas necessárias deverão ser expostas pelos órgãos da administração.

> *A Reserva para Contingências será revertida no exercício em que deixarem de existir as razões que justificaram a sua constituição ou em que ocorrer a perda.* Quando a administração da entidade entender que não existem mais razões para deixar registrada tal reserva, esta deverá ser revertida contra a conta Lucros ou Prejuízos Acumulados, o que significa dizer que seu montante será colocado em disponibilidade como lucro a ser destinado aos acionistas. Já se ocorrer a perda prevista, tal perda será computada no resultado do exercício em que ocorrer.

O cuidado de se reverter a Reserva para Contingências no exercício em que não houver mais necessidade de mantê-la no Patrimônio Líquido está diretamente ligado ao fato de a constituição desta reserva diminuir substancialmente o valor do dividendo mínimo obrigatório, destinado aos acionistas. Neste momento, apenas para esclarecimento, apresentamos a maneira de se calcular o resultado líquido ajustado para o pagamento do dividendo mínimo obrigatório.

Resultado Líquido do Exercício *(lucro ou prejuízo)*
(-) Valor destinado à Reserva Legal
(-) Valor destinado à Reserva para Contingências
(-) Valor destinado à Reserva de Incentivos Fiscais *(opcional)*
(+) Reversão da Reserva para Contingências *(constituída em exercícios anteriores e não mais necessária)*
(=) Resultado Líquido do Exercício ajustado para o cálculo do dividendo mínimo obrigatório

Obtido tal resultado líquido ajustado, aplica-se o percentual definido ou determinado para o pagamento de dividendo mínimo obrigatório aos acionistas.

14.4.1. Reserva para Contingências X Provisão para Contingências

Reservas para Contingências jamais podem ser confundidas com Provisões para Contingências.

As **provisões para contingências** são utilizadas para registrar contabilmente efeitos prováveis de *eventos cujos fatos geradores já ocorreram*, mas que ainda não acarretaram desembolso financeiro. Podem, ainda, ser utilizadas para registrar perdas ainda não definitivamente determinadas ou de valor apenas estimado.

Exemplo

Um funcionário trabalhou em uma empresa por cerca de dois anos e foi dispensado. Realizou, então, reclamação trabalhista no Ministério do Trabalho e Emprego, alegando não ter recebido férias, 13º salário, horas extras etc.

Neste caso, a empresa deverá, por prudência, criar uma *Provisão para Contingências Trabalhistas*, cuja perda poderá ou não ser confirmada em juízo. Trata-se de fato gerador já ocorrido ("trabalhou" na empresa por cerca de dois anos...).

Registros a serem efetuados:

D – Despesas com Provisões para Contingências Trabalhistas
C – Provisões para Contingências Trabalhistas

Já as Reservas para Contingências são registradas em relação a eventos previsíveis, que poderão ou não ser futuramente confirmados. *Trata-se de fato gerador futuro e incerto.*

> As Reservas para Contingências são registradas no Patrimônio Líquido; por outro lado, as Provisões para Contingências têm, como contrapartida, contas de resultado, registradas quando ocorrem seus respectivos fatos geradores, de acordo com o regime de competência.

14.4.2. Exemplos de Constituição e Utilização das Reservas para Contingências

As Reservas para Contingências são constituídas mediante o seguinte registro contábil:

D – Lucros ou Prejuízos Acumulados
C – Reserva para Contingências

A Reserva para Contingências será revertida no exercício em que deixarem de existir as razões que justificaram a sua constituição ou em que ocorrer a perda.

D – Reservas para Contingências
C – Lucros ou Prejuízos Acumulados

Por outro lado, se ocorrer a perda prevista, *tal perda será computada no resultado do exercício em que ocorrer.*

Exemplo

Uma empresa solicitou a elaboração de estudos a respeito do clima da região em que está instalada contemplando o período correspondente aos últimos 30 anos. Constatou-se que a cada dois anos as geadas acarretam perda de seus estoques, em percentual equivalente a 50%, o que reduz os resultados apurados no período nesta mesma proporção.

Suponha que em 2009 esta empresa tenha apresentado lucro líquido igual a R$ 4.000.000,00. Devidamente ajustado, visando ao pagamento de dividendos, o *lucro líquido ajustado* apresentou valor igual a R$ 3.600.000,00. O estatuto social determina a aplicação do percentual de 40% para destinação como dividendo mínimo obrigatório aos acionistas.

Logo:

40% x R$ 3.600.000,00 = R$ 1.440.000,00 (valor definido para o pagamento do dividendo mínimo obrigatório aos acionistas)

Como há a previsão de redução nos lucros no período seguinte (2010), na proporção de 50%, entende-se ser razoável constituir uma Reserva para Contingências, pelos motivos anteriormente explicados.

Estima-se que o lucro líquido ajustado também será reduzido em 50%. Em consequência:

50% x R$ 3.600.000,00 = R$ 1.800.000,00

Como a Reserva para Contingências tem por propósito uniformizar o pagamento de dividendos aos acionistas, deverá ser constituída tal reserva no valor de:

50% x (40% x R$ 1.800.000,00) = R$ 360.000,00

Registros a serem efetuados quando da constituição da Reserva para Contingências:

D – Lucros ou Prejuízos Acumulados
C – Reserva para Contingências   360.000,00

Devido à constituição desta reserva, os acionistas deixarão de receber na forma de dividendos o equivalente a R$ 360.000,00 no corrente exercício (2009).

Ocorrendo ou não a perda prevista em 2009, ao final do exercício de 2010 ocorrerá a reversão da Reserva para Contingências.

Suponhamos ter ocorrido a perda então prevista de estoques da empresa. Neste caso:

Registros efetuados quando do reconhecimento da perda, por exemplo, em julho de 2010:

D – Perdas com Mercadorias
C – Estoques de Mercadorias   2.300.000,00 (valor reconhecido à época)

Registros a serem efetuados quando da reversão da Reserva para Contingências ao final de 2010:

D – Reservas para Contingências
C – Lucros ou Prejuízos Acumulados   360.000,00

Tal valor ora revertido deverá ser destinado aos acionistas na forma de dividendos ao final de 2010, juntamente com a parcela destinada aos acionistas correspondente ao próprio ano 2010. Suponhamos ter sido apurado em 2010 *lucro líquido ajustado* igual a R$ 2.000.000,00. Neste caso:

Valor dos dividendos correspondentes ao ano 2010: 40% x R$ 2.000.000,00 = R$ 800.000,00

Valor total a ser destinado aos acionistas em 2010:

- R$ 360.000,00 (decorrentes da reversão, em 2010, da Reserva para Contingências criada em 2009)
- R$ 800.000,00 (valor correspondente aos dividendos de 2010)
- *R$ 1.160.000,00* (total a ser destinado em 2010)

Destinação aos acionistas na forma de dividendos:

D – Lucros ou Prejuízos Acumulados
C – Dividendos a Pagar   1.160.000,00

Conforme a constituição e posterior reversão da Reserva para Contingências, uniformizou-se o valor dos dividendos a ser destinado aos acionistas nos anos 2009 e 2010.

14.5. AS RESERVAS DE INCENTIVOS FISCAIS

As doações e subvenções para investimento deixaram de ser tratadas como Reserva de Capital. Atualmente, de acordo com o Art. 195-A da Lei das Sociedades por Ações, a assembleia geral *poderá*, via proposta dos órgãos de administração, destinar para a *Reserva de Incentivos Fiscais* a parcela do lucro líquido decorrente de doações e subvenções governamentais para investimentos.

O Art. 195-A foi criado pela Lei nº 11.638/07, que alterou a Lei nº 6.404/76. Eis o enunciado desse Artigo:

> *"A assembleia geral poderá, por proposta dos órgãos de administração, destinar para a reserva de incentivos fiscais a parcela do lucro líquido decorrente de doações ou subvenções governamentais para investimentos, que poderá ser excluída da base de cálculo do dividendo obrigatório (inciso I do* caput *do art. 202 da Lei nº 6.404/76)."*

Observe que a criação desta reserva é *facultativa*, pois cabe à assembleia geral decidir pela sua constituição ou não.

Os valores decorrentes de doações e subvenções governamentais para investimento deverão transitar pela conta de apuração do resultado do exercício. Após ser apurado o resultado do exercício e transferido para a conta Lucros ou Prejuízos Acumulados é que poderá ser constituída a Reserva de Incentivos Fiscais, pela destinação de parcela dos lucros para este fim.

Os seguintes termos foram extraídos do *Pronunciamento Técnico CPC 07 (R1) Subvenção e Assistência Governamentais*:

- *Governo* refere-se a Governo federal, estadual ou municipal, agências governamentais e órgãos semelhantes, sejam locais, nacionais ou internacionais.
- *Assistência governamental* é a ação de um governo destinada a fornecer benefício econômico específico a uma entidade ou a um grupo de entidades que atendam a critérios estabelecidos. Não inclui os benefícios proporcionados única e indiretamente por meio de ações que afetam as condições comerciais gerais, tais como o fornecimento de infraestruturas em áreas em desenvolvimento ou a imposição de restrições comerciais sobre concorrentes.
- *Subvenção governamental* é uma assistência governamental geralmente na forma de contribuição de natureza pecuniária, mas não só restrita a ela, concedida a uma entidade normalmente em troca do cumprimento passado ou futuro de certas condições relacionadas às atividades operacionais da

entidade. Não são subvenções governamentais aquelas que não podem ser razoavelmente quantificadas em dinheiro e as transações com o governo que não podem ser distinguidas das transações comerciais normais da entidade.

- ***Subvenções relacionadas a ativos*** são subvenções governamentais cuja condição principal para que a entidade se qualifique é a de que ela compre, construa ou de outra forma adquira ativos de longo prazo. Também podem ser incluídas condições acessórias que restrinjam o tipo ou a localização dos ativos, ou os períodos durante os quais devem ser adquiridos ou mantidos.
- ***Subvenções relacionadas a resultado*** são as outras subvenções governamentais que não aquelas relacionadas a ativos.
- ***Valor justo*** é o preço que seria recebido pela venda de um ativo ou que seria pago pela transferência de um passivo em uma transação não forçada entre participantes do mercado na data de mensuração.
- ***A subvenção governamental é também designada por: subsídio, incentivo fiscal, doação, prêmio, etc.***

As doações e as subvenções governamentais para investimento constituem recebimentos realizados pela sociedade a partir de terceiros, distintos de seus acionistas; por isso, não é razoável termos tais recursos diretamente contabilizados no Patrimônio Líquido da entidade.

Doação – Contrato pelo qual uma das partes se obriga a transferir gratuitamente um bem de sua propriedade para o patrimônio da outra. Pode ter por objeto bens móveis ou imóveis, bens corpóreos e incorpóreos, presentes e futuros, direitos reais e pessoais e vantagens de quaisquer espécie. (Modesto Carvalhosa)

A assembleia geral poderá deliberar (decidir) no sentido de excluir da base de cálculo do dividendo mínimo obrigatório a parcela referente à Reserva de Incentivos Fiscais, contemplando valores referentes às doações e subvenções governamentais para investimentos. Tal análise deve ser realizada da seguinte maneira:

a) a destinação como dividendos de valores provenientes de doações e subvenções governamentais para investimentos *poderá ser realizada* desde que não acarrete risco para as atividades da entidade, não estejam condicionadas ao cumprimento de qualquer obrigação, e não afetem a sua solvabilidade (capacidade de honrar obrigações); e

b) a destinação como dividendos de valores provenientes de doações e subvenções governamentais para investimentos *não deverá ser realizada* se colocar em risco as operações da entidade, por reduzir sua liquidez ou por poder forçar a captação de recursos no mercado em condições desfavoráveis.

Resultado Líquido do Exercício *(lucro ou prejuízo)*
(-) Valor destinado à Reserva Legal
(-) Valor destinado à Reserva para Contingências
(-) Valor destinado à Reserva de Incentivos Fiscais *(opcional)*
(+) Reversão da Reserva para Contingências *(constituída em exercícios anteriores e não mais necessária)*
(=) *Resultado Líquido do Exercício ajustado para o cálculo do dividendo mínimo obrigatório*

Obtido tal resultado líquido ajustado, aplica-se o percentual definido ou determinado para o pagamento de dividendo mínimo obrigatório aos acionistas.

14.5.1. Exemplos de Constituição e Utilização das Reservas de Incentivos Fiscais

As doações e subvenções governamentais para investimento terão seus registros contábeis realizados de acordo com as condições previamente estabelecidas para o seu recebimento.

A conta Receitas a Apropriar de Doações e Subvenções Governamentais para Investimento representa *receitas diferidas*, que deverão ser transferidas para o resultado do exercício à medida que ocorrerem seus respectivos fatos geradores.

A doação ou subvenção poderá ser condicional ou não condicional.

Se a ***doação ou subvenção for condicional***, ou seja, se houver contraprestação a ser realizada pela entidade, inicialmente as condições previamente estabelecidas deverão ser satisfeitas (cumpridas) para que possa ocorrer o reconhecimento da receita no resultado da citada entidade.

Exemplo

Uma empresa recebe de uma prefeitura uma doação na forma de um terreno. Como contrapartida, deve esta empresa construir no terreno doado uma fábrica, que gere, pelo menos, 200 novos empregos. A empresa terá prazo de cinco anos para construir a fábrica e gerar os empregos; somente após atendidas estas condições poderá adquirir a propriedade do terreno. Considere o valor justo do terreno igual a R$ 100.000,00.

Assim que receber o terreno na forma de doação, a empresa deverá registrá-lo em seu Ativo Não Circulante Imobilizado, já que detém a posse e o controle, podendo utilizá-lo para os fins previstos. Tal terreno deverá ser avaliado a valor justo. A contrapartida deste registro será uma conta do Passivo, que somente poderá ser transferida para o resultado do exercício quando forem atendidas todas as condições previamente estabelecidas (construção da fábrica no prazo de cinco anos e consequente geração de 200 novos empregos).

D – Terrenos (ANC Imobilizado)
C – Receitas a Apropriar de Doações e Subvenções Governamentais para Investimento (PNC)   100.000,00

Quando ocorrer o reconhecimento da receita propriamente dita, o seguinte lançamento deverá ser elaborado:

D – Receitas a Apropriar de Doações e Subvenções Governamentais para Investimento
C – Receitas de Doações e Subvenções Governamentais para Investimento (Receita)   100.000,00

Suponhamos ter sido apurado lucro no exercício corrente de R$ 600.000,00. Contemplados no valor deste lucro estão os R$ 100.000,00 correspondentes à receita proveniente da doação.

D – Apuração do Resultado do Exercício
C – Lucros ou Prejuízos Acumulados   600.000,00

Supondo ter sido aprovada a destinação para a Reserva de Incentivos Fiscais do valor de R$ 100.000,00, tem-se o seguinte lançamento a ser efetuado:

D – Lucros ou Prejuízos Acumulados
C – Reserva de Incentivos Fiscais   100.000,00

Exemplo

Em janeiro de 2010, uma empresa recebe de uma prefeitura uma doação na forma de máquinas para uso em suas atividades operacionais. Como contrapartida, tal empresa deverá gerar 100 novos empregos, o que prontamente o faz. Considere as máquinas tendo vida útil igual a dez anos e valor de registro igual a R$ 200.000,00.

Assim que receber as máquinas na forma de doação, a empresa deverá registrá-las em seu Ativo Não Circulante Imobilizado, já que detém a posse e o controle delas, podendo utilizá-las para os fins previstos. A contrapartida deste registro será uma conta do Passivo, que somente poderá ser transferida para o resultado do exercício à medida que for sendo reconhecida a depreciação das máquinas pelo seu efetivo uso para os fins propostos. Considere não haver valor residual para as máquinas.

Registro efetuado quando do recebimento das máquinas por meio da doação:

D – Máquinas e Equipamentos (ANC Imobilizado) – 200.000,00

C – Receitas a Apropriar de Doações e Subvenções Governamentais para Investimento (PC) – 20.000,00

C – Receitas a Apropriar de Doações e Subvenções Governamentais para Investimento (PNC) – 180.000,00

Considere:
Taxa percentual anual de depreciação: 100% / 10 anos = 10% a.a.
Taxa percentual mensal de depreciação: 10% / 12 meses = 0,83% a.a.
Quota mensal de depreciação: 0,83% x R$ 200.000,00 = R$ 1.660,00

Registros mensais a serem efetuados quando do registro dos encargos de depreciação das máquinas:

D – Encargos de Depreciação
C – Depreciação Acumulada   1.660,00

(e)

D – Receitas a Apropriar de Doações e Subvenções Governamentais para Investimento (PC)
C – Receitas de Doações e Subvenções Governamentais para Investimento (Receita)
                                1.660,00

(e)

D – Receitas a Apropriar de Doações e Subvenções Governamentais para Investimento (PNC)
C – Receitas a Apropriar de Doações e Subvenções Governamentais para Investimento (PC)   1.660,00

Este último registro contábil corresponde à transferência de uma obrigação de longo prazo para o curto prazo, pelo decurso de prazo.

Ao final do exercício social, será apurado o resultado do exercício. Suponhamos ter sido apurado lucro no exercício corrente de R$ 900.000,00. Contemplado neste lucro está o valor de R$ 20.000,00, valor este correspondente à receita proveniente da doação, reconhecida ao longo dos 12 meses de 2010.

D – Apuração do Resultado do Exercício
C – Lucros ou Prejuízos Acumulados   900.000,00

Supondo ter sido aprovada a destinação para a Reserva de Incentivos Fiscais do valor da receita correspondente à doação, tem-se o seguinte lançamento a ser efetuado ao final de 2010:

D – Lucros ou Prejuízos Acumulados
C – Reserva de Incentivos Fiscais   20.000,00

Se a **doação ou subvenção não for condicional**, ou seja, se não houver contraprestação a ser realizada pela entidade, o reconhecimento da receita correspondente será *imediato*.

Exemplo
Determinadas entidades sujeitas ao pagamento do imposto de renda podem aplicar parte do imposto devido em **fundos de investimento regionais**, criados pelo Governo Federal com o objetivo de estimular o desenvolvimento de determinadas regiões.

Essa destinação de parcela do imposto ao fundo representa uma subvenção governamental para a entidade, pois, em face da opção exercida, o Tesouro Nacional abre mão de parte da receita tributária e a entidade torna-se investidora do fundo beneficiário de sua opção.

Essas subvenções devem ser registradas pelo seu valor justo no momento do fato gerador, desde que atendidas as condições para o seu reconhecimento. No caso em questão, o fato gerador da subvenção ocorre no pagamento da parcela do Imposto de Renda. Nesse momento, cabe à administração registrar a subvenção pelo seu valor justo, pela melhor estimativa, lembrando que pode existir deságio desse valor justo com relação ao valor nominal, mesmo nos casos em que a beneficiária da subvenção esteja investindo outros recursos nessas entidades em regiões incentivadas.

Exemplo
Determinada empresa calculou o Imposto de Renda, sendo constituída provisão no valor de R$ 400.000,00.

D – Apuração do Resultado do Exercício
C – Provisão para o Imposto de Renda (PC)   400.000,00

Considere ter havido incentivo fiscal no valor de R$ 50.000,00. Este valor deve ser baixado da Provisão para o IR, conforme a seguir apresentado:

D – Provisão para o Imposto de Renda (PC)
C – Incentivos Fiscais a Recolher (PC)   50.000,00

Ao ser efetuado o pagamento correspondente ao IR, as duas parcelas devem ser quitadas, a saber:

D – Provisão para o Imposto de Renda (PC) – 350.000,00
D – Incentivos Fiscais a Recolher (PC) – 50.000,00
C – Caixa ou Bancos Conta Movimento – 400.000,00

O Art. 603 do Regulamento do Imposto de Renda (Decreto nº 3.000/99) disciplina que *a Secretaria da Receita Federal, com base nas opções exercidas pelos contribuintes e no controle dos recolhimentos, encaminhará, para cada ano-calendário, aos Fundos de Investimentos (referidos no Art. 595), registros de processamento eletrônico de dados que constituirão ordens de emissão de **certificados de investimentos**, em favor das pessoas jurídicas optantes.*

Estes *certificados de investimento* demoram razoável tempo para emissão. Em consequência disto, a empresa deve registrar o depósito efetuado para incentivo fiscal, correspondente ao valor debitado em Incentivos Fiscais a Recolher, em conta do Ativo Não Circulante Ativo Realizável a Longo Prazo. Logo:

D – Depósitos com Incentivos Fiscais (ANC ARLP)
C – Receita de Incentivos Fiscais (receita)   50.000,00

Esta receita (Receita de Incentivos Fiscais) comporá o resultado do exercício em que houver seu respectivo registro. Tendo sido apurado o resultado do exercício e transferido para a conta Lucros ou Prejuízos Acumulados, o valor correspondente a esta receita poderá ser transferido para Reserva de Incentivos Fiscais.

Quando for recebido o *certificado de investimento* correspondente, deverá ser dada baixa no valor depositado, reconhecendo o investimento então efetuado:

D – Investimentos com Incentivos Fiscais
C – Depósitos com Incentivos Fiscais (ANC ARLP)   50.000,00

A conta Investimentos com Incentivos Fiscais será classificada de acordo com a intenção da empresa em alienar tal investimento a curto ou longo prazo (classificando-o no Ativo Circulante ou no Ativo Não Circulante Ativo Realizável a Longo Prazo). Se a intenção da empresa for a de manter o investimento, então tal conta deverá ser classificada no Ativo Não Circulante Investimentos.

14.6. AS RESERVAS DE RETENÇÃO DE LUCROS

A *Reserva de Retenção de Lucros* também é conhecida como *Reserva para Expansão*, *Reserva para Investimentos* ou *Reserva Orçamentária*.

A possibilidade de constituição de **Reservas de Retenção de Lucros** está prevista no Art. 196 da Lei das Sociedades por Ações, assim apresentado:

> *"A assembleia geral poderá, por proposta dos órgãos da administração, deliberar reter parcela do lucro líquido do exercício prevista em orçamento de capital por ela previamente aprovado.*
>
> *§ 1º O orçamento, submetido pelos órgãos da administração com a justificação da retenção de lucros proposta, deverá compreender todas as fontes de recursos e aplicações de capital, fixo ou circulante, e poderá ter a duração de até 5 (cinco) exercícios, salvo no caso de execução, por prazo maior, de projeto de investimento.*
>
> *§ 2º O orçamento poderá ser aprovado pela assembleia geral ordinária que deliberar sobre o balanço do exercício e revisado anualmente, quando tiver duração superior a um exercício social."*

Trata-se de uma reserva cuja constituição é **facultativa** e não necessita de previsão em estatuto social, decorrendo de deliberação da assembleia geral. Para que possa ser constituída, retendo parcela adicional do lucro líquido do exercício, a Reserva de Retenção de Lucros não poderá estar enquadrada no conteúdo de nenhuma outra reserva específica.

Para que possa ser criada esta Reserva de Lucros, deve haver um **orçamento de capital** que fundamente a criação da citada reserva, devendo tal orçamento ser aprovado em assembleia geral. Deverá, então, haver um **projeto de investimento na empresa, embasado por um orçamento de capital**, que fundamente a constituição de uma Reserva de Retenção de Lucros.

O *orçamento*, submetido pelos órgãos da administração com a justificativa da retenção de lucros proposta, deverá compreender todas as fontes de recursos (próprios ou de terceiros) e aplicações de capital, fixo ou circulante, e poderá ter a duração de até 5 (cinco) exercícios, salvo no caso de execução, por prazo maior, de projeto de investimento. Entenda-se por *orçamento* o documento que apresente a previsão das receitas a serem auferidas, as despesas a serem incorridas e os investimentos que venham a ser realizados pela entidade ao longo de certo período. O *orçamento* deverá contemplar todos os recursos previstos para serem utilizados pela entidade na aquisição, formação e construção de ativos imobilizados, assim como em investimentos que contribuirão para a melhoria de suas atividades empresariais. Os recursos poderão compreender valores retidos dos lucros da empresa, assim como contribuições de acionistas, empréstimos obtidos pela entidade, o produto de eventual lançamento de debêntures no mercado etc. As aplicações de recursos poderão ser efetuadas em capital fixo e/ou em capital circulante.

> *Entenda a retenção de lucros como um autofinanciamento visando ao desenvolvimento da entidade.*

O orçamento poderá ser aprovado pela assembleia geral ordinária que deliberar sobre o balanço do exercício e (deverá ser) *revisado anualmente*, quando tiver duração superior a um exercício social. Ao longo do período de execução do projeto de investimento, este deverá ser periodicamente revisado, tendo em vista a possibilidade de ocorrência de eventos econômicos que possam modificá-lo. Além disso, não é razoável reter parcela de lucros maior que a necessária à execução do projeto de investimento, em detrimento da destinação de dividendos aos acionistas. Se houver sobras orçamentárias, atestadas quando da revisão do orçamento de capital, desaparecerá a justificativa para a retenção do lucro em relação a tais sobras, passando a ser obrigatória a destinação de tal parcela na forma de dividendos aos acionistas. *Não pode haver retenção de lucros de modo indefinido.*

A retenção de lucros não pode ser efetuada antes da definição do dividendo mínimo obrigatório a constituir, ou seja, primeiro define-se o valor do dividendo mínimo obrigatório e, após isto, poderá ser constituída a Reserva de Retenção de Lucros.

14.6.1. Exemplos de Constituição e Utilização das Reservas de Retenção de Lucros

As Reservas de Retenção de Lucros são constituídas mediante o seguinte registro contábil:

D – Lucros ou Prejuízos Acumulados
C – Reserva de Retenção de Lucros

Exemplo

Em 2010, a administração de uma sociedade por ações resolveu propor à assembleia geral a criação de uma Reserva de Lucros para Expansão, com a intenção de ampliar as instalações da empresa. Para tal fim apresentou um orçamento de capital, além das especificações técnicas e das justificativas necessárias para a realização da referida expansão. A assembleia geral aprovou a constituição da Reserva de Lucros para Expansão, que receberá valores provenientes dos lucros por até três exercícios sociais. Foi definido o percentual de 8% do Lucro Líquido do Exercício para esta finalidade.

Suponhamos que, em 2011, a Reserva de Lucros para Expansão tenha recebido R$ 800.000,00.

Registros efetuados quando da destinação de lucros acumulados para a reserva em 2011:

D – Lucros ou Prejuízos Acumulados
C – Reserva de Lucros para Expansão   800.000,00

Em 2012 teve início a construção da edificação proposta. Ao longo de 2012 houve vários registros, como, por exemplo, o seguinte:

D – Construções em Andamento
C – Caixa ou Bancos Conta Movimento   120.000,00

Ao final do exercício social de 2012 a administração da empresa revisou o orçamento de capital e destinou, a partir dos lucros acumulados de 2012, R$ 1.000.000,00 para a Reserva de Lucros para Expansão, conforme percentual aprovado pela assembleia geral. Logo:

Registros efetuados quando da destinação de lucros acumulados para a reserva em 2012:

D – Lucros ou Prejuízos Acumulados
C – Reserva de Lucros para Expansão   1.000.000,00

Com isto, o saldo da conta Reserva de Lucros para Expansão atingiu o montante de R$ 1.800.000,00 ao final de 2012.

Ao longo de 2013 houve, novamente, vários registros, como o seguinte:

D – Construções em Andamento
C – Caixa ou Bancos Conta Movimento   170.000,00

Ao final de 2013 a construção foi declarada concluída pela administração da empresa. Em consequência, houve o reconhecimento do novo ativo como a mais nova edificação concluída pela empresa. Portanto:

D – Edificações
C – Construções em Andamento   1.800.000,00

O que fazer com o saldo da Reserva de Lucros para Expansão, no valor de R$ 1.800.000,00?!

Como a Reserva de Lucros para Expansão não foi absorvida por prejuízos acumulados de anos posteriores, a administração da empresa propôs à assembleia geral e teve sua aceitação referente à incorporação do saldo desta reserva ao Capital Social, efetuando o aumento do saldo deste. Logo:

D – Reserva de Lucros para Expansão
C – Capital Social   1.800.000,00

14.7. As Reservas de Lucros a Realizar

Entenda como *lucros a realizar* a parcela dos lucros auferidos pela entidade, porém ainda não recebidos por ela, isto é, *a parcela dos lucros ainda não realizada em moeda*. Costumamos dizer que os recursos adicionais foram reconhecidos pela sociedade via aplicação do regime de competência, mas ainda não foram financeiramente reconhecidos. Para que a entidade possa pagar dividendos aos acionistas, deverá haver recursos em espécie (moeda) para este fim.

O Art. 197 da Lei das Sociedades por Ações, que trata da **Reserva de Lucros a Realizar**, tem por objetivo evitar que a entidade pague dividendos aos acionistas em montante superior à parcela dos lucros que foi efetivamente transformada em moeda. Eis a íntegra do Art. 197 da Lei das SA:

"No exercício em que o montante do dividendo obrigatório, calculado nos termos do estatuto ou do art. 202 (da Lei nº 6.404/76), ultrapassar a parcela realizada do lucro líquido do exercício, a assembleia geral poderá, por proposta dos órgãos de administração, destinar o excesso à constituição de reserva de lucros a realizar.

> *§ 1º Para os efeitos deste artigo, considera-se realizada a parcela do lucro líquido do exercício que exceder da soma dos seguintes valores:*
>
> *I – o resultado líquido positivo da equivalência patrimonial (art. 248 da Lei nº 6.404/76); e*
>
> *II – o lucro, rendimento ou ganho líquidos em operações ou contabilização de ativo e passivo pelo valor de mercado, cujo prazo de realização financeira ocorra após o término do exercício social seguinte.*
>
> *§ 2º A reserva de lucros a realizar somente poderá ser utilizada para pagamento do dividendo obrigatório e, para efeito do inciso III do art. 202 (da Lei nº 6.404/76), serão considerados como integrantes da reserva os lucros a realizar de cada exercício que forem os primeiros a serem realizados em dinheiro."*

Este Artigo foi criado no intuito de desobrigar a entidade de pagar dividendos obrigatórios se não houver recursos financeiros para este fim, evitando que sejam criados problemas de ordem financeira para ela. Convém ser ressaltado que, como a entidade reconhece todos os eventos mediante respeito ao regime de competência, resta claro que nem sempre todo o lucro reconhecido pode ter sido realizado em moeda. Pode ocorrer o fato de a empresa ter apurado lucro líquido no exercício e não ter condições financeiras para destiná-lo. **Os lucros são contábil e economicamente reconhecidos, porém financeiramente nem sempre imediatamente o são.**

Se observarmos o conteúdo dos Incisos II e III do Art. 202 da Lei das SA, verificaremos que *o pagamento do dividendo obrigatório poderá ser limitado ao montante do lucro líquido do exercício que tiver sido realizado, desde que a diferença seja registrada como Reserva de Lucros a Realizar. Além disto, os lucros registrados na Reserva de Lucros a Realizar, quando realizados e se não tiverem sido absorvidos por prejuízos em exercícios subsequentes, deverão ser acrescidos ao primeiro dividendo declarado após a realização.* Traduzindo o conteúdo dos incisos ora citados, tendo sido constituída a Reserva de Lucros a Realizar, poderá ser utilizada para a compensação de prejuízos ou será destinada na forma de dividendos aos acionistas.

A constituição da Reserva de Lucros a Realizar é *facultativa*. Explicando melhor: se a entidade possuir recursos anteriormente obtidos para o pagamento dos dividendos obrigatórios, independentemente da parcela dos lucros do exercício realizada em moeda, poderá fazer o referido pagamento e, com isso, não terá necessidade da criação de uma Reserva de Lucros a Realizar; por outro lado, se houver dividendos obrigatórios a destinar e se não tiver recursos financeiros suficientes para realizar tal pagamento, então deverá constituir a Reserva de Lucros a Realizar.

Como calcular o montante da Reserva de Lucros a Realizar que *poderá* ser constituída?! Primeiro, calculamos o valor do dividendo mínimo obrigatório. Em seguida, confrontamos tal valor com a parcela dos lucros realizada em moeda, ou seja, financeiramente realizada. Se o valor do dividendo mínimo obrigatório for menor que a parcela do lucro realizada em moeda, então, *regra geral*, deverá ser pago o dividendo mínimo obrigatório sem maiores problemas; por outro lado, se a parcela a ser paga em termos de dividendos obrigatórios for maior que a parcela do lucro realizada em moeda, então poderá ser criada a Reserva de Lucros a Realizar, conforme anteriormente explicado. Mencionamos a expressão "regra geral" neste parágrafo devido à possibilidade de ocorrência do problema dos dividendos obrigatórios não distribuídos, conforme adiante apresentado.

Neste momento, apenas a título de comentário, informamos que consta do Art. 203 da Lei nº 6.404/76 que a constituição da Reserva de Lucros a Realizar não prejudicará o direito dos acionistas preferenciais de receber os dividendos fixos ou mínimos a que tenham prioridade, inclusive os atrasados, se cumulativos.

Conforme consta do Art. 197, considera-se realizada a parcela do lucro líquido do exercício que *exceder* da soma dos seguintes valores:

I – o resultado líquido positivo da equivalência patrimonial (Art. 248 da Lei nº 6.404/76); e

II – o lucro, rendimento ou ganho líquidos em operações ou contabilização de ativo e passivo pelo valor de mercado, cujo prazo de realização financeira ocorra após o término do exercício social seguinte.

Trata-se de listagem taxativa esta que ora é apresentada. Entendemos, em consequência, que somente os valores correspondentes ao resultado líquido positivo da equivalência patrimonial e ao lucro, rendimento ou ganho líquidos em operações ou contabilização de ativo e passivo pelo valor de mercado, cujo prazo de realização financeira ocorra após o término do exercício social seguinte, podem ser destinados à criação da Reserva de Lucros a Realizar, pois são os valores disciplinados pela Lei que correspondem à parcela do lucro não realizada em moeda.

De acordo com o § 2º do Art. 197, se não tiver sido utilizado para a compensação de prejuízos em exercícios posteriores, o montante da Reserva de Lucros a Realizar somente poderá ser utilizado para pagamento do dividendo obrigatório. Serão considerados integrantes da Reserva de Lucros a Realizar os lucros a realizar de cada exercício que forem os primeiros a serem realizados em dinheiro. Tal montante (não utilizado para a compensação de prejuízos de exercícios posteriores) deverá ser adicionado ao primeiro dividendo declarado após a realização em moeda desta reserva.

Quando a parcela dos lucros que deu origem à constituição da Reserva de Lucros a Realizar for realizada em moeda, então será obrigatória a reversão desta reserva, visando ao pagamento dos dividendos. Não há limite máximo de prazo para reversão da Reserva de Lucros a Realizar. À medida que os lucros a realizar forem sendo efetivamente recebidos, então a Reserva de Lucros a Realizar será proporcionalmente revertida.

14.7.1. Exemplos de Constituição e Utilização das Reservas de Lucros a Realizar

As Reservas de Lucros a Realizar são constituídas mediante o seguinte registro contábil:

D – Lucros ou Prejuízos Acumulados
C – Reserva de Lucros a Realizar

Exemplo

Uma companhia apresentou os seguintes dados referentes ao exercício social de 2009:
- Lucro líquido referente ao exercício de 2009: R$ 610.000,00
- Receita de Equivalência Patrimonial: R$ 270.000,00
- Lucro obtido em vendas a prazo, cujas duplicatas somente deverão ser recebidas em 2012: R$ 290.000,00

A administração da companhia propôs a seguinte destinação de lucros:
- Reserva Legal: R$ 10.000,00
- Reserva para Contingências: R$ 250.000,00
- Reserva para Expansão: R$ 100.000,00
- Reserva Estatutária – Resgate de Partes Beneficiárias: R$ 20.000,00
- Reserva Estatutária – Amortização de Debêntures: R$ 80.000,00

Foi revertida uma Reserva para Contingências no valor de R$ 100.000,00.

O estatuto social da companhia prevê destinação de 20% do lucro líquido ajustado para dividendos obrigatórios.

Cálculo do dividendo mínimo obrigatório:
Resultado Líquido do Exercício *(lucro ou prejuízo)*
(-) Valor destinado à Reserva Legal
(-) Valor destinado à Reserva para Contingências
(-) Valor destinado à Reserva de Incentivos Fiscais *(opcional)*
(+) Reversão da Reserva para Contingências *(constituída em exercícios anteriores e não mais necessária)*
(=) Resultado Líquido do Exercício ajustado para o cálculo do dividendo mínimo obrigatório

Obtido tal resultado líquido ajustado, aplica-se o percentual definido ou determinado para o pagamento de dividendo mínimo obrigatório aos acionistas. Logo:
Resultado Líquido do Exercício: R$ 610.000,00
(-) Valor destinado à Reserva Legal: (R$ 10.000,00)
(-) Valor destinado à Reserva para Contingências: (R$ 250.000,00)
(-) Valor destinado à Reserva de Incentivos Fiscais: (R$ 0,00)
(+) Reversão da Reserva para Contingências: R$ 100.000,00
(=) Resultado Líquido do Exercício ajustado para o cálculo do dividendo mínimo obrigatório: R$ 450.000,00

Dividendos obrigatórios: 20% x R$ 450.000,00 = R$ 90.000,00

Lucro financeiramente realizado:
Lucro líquido referente ao exercício de 2009: R$ 610.000,00
(-) Receita de Equivalência Patrimonial: (R$ 270.000,00)
(-) Lucro obtido em vendas a prazo, cujas duplicatas somente deverão ser recebidas em 2012: (R$ 290.000,00)
(=) Lucro financeiramente realizado: R$ 50.000,00

Como o lucro financeiramente realizado é menor que o valor mínimo a ser obrigatoriamente pago como dividendos, a companhia poderá constituir Reserva de Lucros a Realizar.

R$ 50.000,00 < R$ 90.000,00 → R$ 90.000,00 – R$ 50.000,00 = R$ 40.000,00

A administração da companhia propôs a criação da Reserva de Lucros a Realizar no valor de R$ 40.000,00, o que foi prontamente aceito pela assembleia geral.

A Reserva de Lucros a Realizar, neste caso, será criada pelo valor correspondente à diferença entre o valor a pagar em termos de dividendos obrigatórios e o lucro financeiramente realizado. ***Não há permissão para criar esta reserva em valor menor que a diferença ora citada. Ou é constituída pela "diferença total" ou não se constitui a reserva, pagando-se aos acionistas o que lhes é devido.***

Registro efetuado quando da constituição da Reserva de Lucros a Realizar:

D – Lucros ou Prejuízos Acumulados
C – Reserva de Lucros a Realizar   40.000,00

Se não tiver sido utilizado para a compensação de prejuízos em exercícios posteriores, o montante da Reserva de Lucros a Realizar somente poderá ser utilizado para pagamento do dividendo obrigatório. Serão considerados integrantes da Reserva de Lucros a Realizar os lucros a realizar de cada exercício que forem os primeiros a serem realizados em dinheiro. Tal montante (não utilizado para a compensação de prejuízos de exercícios posteriores) deverá ser adicionado ao primeiro dividendo declarado após a realização em moeda desta reserva.

Considere que o primeiro dividendo declarado no exercício seguinte teve valor de R$ 30.000,00 e que ocorreu a realização em moeda de R$ 20.000,00 que estavam lançados como reserva. Neste caso, o total a ser destinado aos acionistas como dividendos corresponde a R$ 50.000,00.

Registros efetuados quando da reversão da Reserva de Lucros a Realizar:

D – Reserva de Lucros a Realizar
C – Lucros ou Prejuízos Acumulados   20.000,00

(e)

D – Lucros ou Prejuízos Acumulados
C – Dividendos a Pagar   50.000,00

Convém ser ressaltado que a parcela realizada da Reserva de Lucros a Realizar será transferida para a conta Lucros ou Prejuízos Acumulados e, em seguida, diretamente para a conta Dividendos a Pagar. Adiciona-se aos dividendos obrigatórios do período corrente a parcela da Reserva de Lucros a Realizar que tiver sido realizada.

14.8. As Reservas Especiais para Dividendos Obrigatórios Não Distribuídos

Os §§ 4º e 5º do Art. 202 da Lei das Sociedades por Ações tratam de uma hipótese que pode inviabilizar, pelo menos momentaneamente, o pagamento do dividendo mínimo obrigatório. Eis o texto dos parágrafos aqui citados:

> "§ 4º O dividendo previsto neste artigo (202) não será obrigatório no exercício social em que os órgãos da administração informarem à assembleia geral ordinária ser ele incompatível com a situação financeira da companhia. O conselho fiscal, se em funcionamento, deverá dar parecer sobre essa informação e, na companhia aberta, seus administradores encaminharão à Comissão de Valores Mobiliários, dentro de 5 (cinco) dias da realização da assembleia geral, exposição justificativa da informação transmitida à assembleia.
> § 5º Os lucros que deixarem de ser distribuídos nos termos do § 4º serão registrados como **reserva especial** e, se não absorvidos por prejuízos em exercícios subsequentes, deverão ser pagos como dividendo assim que o permitir a situação financeira da companhia."

A administração da entidade poderá informar à assembleia geral ordinária que tal entidade não se encontra em condições financeiras compatíveis com o pagamento do dividendo mínimo obrigatório. Para explicar este procedimento da administração, que resulta na informação aqui citada, apresentamos a seguinte sequência lógica de atividades: calcula-se o valor do dividendo mínimo obrigatório; compara-se o valor ora obtido com a parcela do lucro efetivamente realizada e conclui-se que aquela é menor e, portanto, pode ser paga; porém, *há um problema de caixa*, o que faz com que a administração da entidade entenda não ser razoável efetuar tal pagamento, tendo em vista a necessidade de honrar outros compromissos, tais como os firmados com credores.

A administração da entidade deverá elaborar parecer pormenorizado, apresentando os motivos que a levaram a não pagar o dividendo mínimo obrigatório, ressaltando haver incompatibilidade entre a situação financeira da entidade e o pagamento do referido dividendo a seus acionistas. Se for sociedade por ações de capital aberto, deverá ser encaminhada exposição justificativa da <u>informação transmitida à assembleia geral ordinária</u> à Comissão de Valores Mobiliários dentro do prazo de 05 (cinco) dias da realização desta assembleia.

Os lucros que deixarem de ser distribuídos nos termos aqui apresentados serão registrados como **reserva especial** e, se não absorvidos por prejuízos em exercícios subsequentes, deverão ser pagos como dividendo assim que o permitir a situação financeira da companhia. Portanto, as únicas destinações que podem ser dadas à reserva especial então criada são: compensação de prejuízos em exercícios subsequentes ou reversão e consequente pagamento de dividendos aos acionistas.

14.8.1. Exemplos de Constituição e Utilização das Reservas Especiais para Dividendos Obrigatórios Não Distribuídos

As Reservas Especiais para Dividendos Obrigatórios Não Distribuídos são constituídas mediante o seguinte registro contábil:

D – Lucros ou Prejuízos Acumulados

C – Reserva Especial para Dividendos Obrigatórios Não Distribuídos

Exemplo

Uma sociedade por ações apurou dividendos obrigatórios a destinar aos acionistas no valor de R$ 100.000,00. Ocorre, porém, que a administração da companhia informou à assembleia geral ordinária que não teria condições de honrar tal compromisso financeiro, por ser ele incompatível com a situação financeira da empresa naquele momento. Neste caso, deve ser constituída uma Reserva Especial para Dividendos Obrigatórios Não Distribuídos.

Registros efetuados quando da criação da Reserva Especial para Dividendos Obrigatórios Não Distribuídos:

D – Lucros ou Prejuízos Acumulados

C – Reserva Especial para Dividendos Obrigatórios Não Distribuídos   100.000,00

Se, no exercício seguinte, a situação da empresa já estiver compatível com o pagamento dos dividendos aos acionistas, os seguintes registros deverão ser efetuados:

D – Reserva Especial para Dividendos Obrigatórios Não Distribuídos
C – Lucros ou Prejuízos Acumulados   100.000,00

(e)

D – Lucros ou Prejuízos Acumulados
C – Dividendos a Pagar (PC)   100.000,00

(e)

D – Dividendos a Pagar (PC)
C – Caixa ou Bancos Conta Movimento   100.000,00

14.9. O Limite da Constituição de Reservas e Retenção de Lucros

Trataremos agora do exposto no Art. 198 da Lei das Sociedades por Ações, cujo conteúdo está a seguir apresentado:

> *"A destinação dos lucros para constituição das reservas de que trata o Art. 194 e a retenção nos termos do Art. 196 não poderão ser aprovadas, em cada exercício, em prejuízo da distribuição do dividendo obrigatório (Art. 202)."*

De acordo com o que consta do Art. 109 da Lei das SA, o direito de participar dos lucros e, em consequência, receber dividendos constitui direito essencial dos acionistas. Deve ser frisado que para que possa haver destinação na forma de dividendos aos acionistas, deve haver lucro no exercício.

Afinal, como podemos interpretar o Art. 198?!

> *A constituição de Reservas Estatutárias e de Reservas de Retenção de Lucros não pode prejudicar a destinação de lucros na forma de dividendos obrigatórios aos acionistas.*

Isto se deve ao fato de que tanto as Reservas Estatutárias, quanto as Reservas de Retenção de Lucros, constituem duas ferramentas de enorme importância para a retenção de parcela maior dos lucros, uma vez que as demais reservas possuem limites impostos pela Lei ou atendem a finalidades específicas compreendidas no estatuto social ou em orçamento de capital.

14.10. O Limite do Saldo das Reservas de Lucros

Eis aqui apresentado o texto correspondente ao Art. 199 da Lei nº 6.404/76, que trata do limite do saldo das Reservas de Lucros:

> *"O saldo das reservas de lucros, exceto as para contingências, de incentivos fiscais e de lucros a realizar, não poderá ultrapassar o Capital Social. Atingindo esse limite, a assembleia deliberará sobre aplicação do excesso na integralização ou no aumento do Capital Social ou na distribuição de dividendos."*

Analisemos as Reservas de Lucros citadas no Artigo em tela:

- As *Reservas para Contingências* atendem a um propósito específico e devem ser revertidas quando forem cessadas as causas que determinaram sua constituição;
- Se não houver risco para as atividades da entidade, assim como se não houver obrigações a cumprir e se não for afetada a solvabilidade da empresa, nada impedirá a destinação na forma de dividendos de valores registrados como *Reservas de Incentivos Fiscais*; e
- À medida que o dinheiro ingresse na empresa, parcelas das *Reservas de Lucros a Realizar* serão revertidas, visando ao pagamento de dividendos aos acionistas.

Devido ao anteriormente exposto, as Reservas para Contingências, as Reservas de Incentivos Fiscais e as Reservas de Lucros a Realizar foram retiradas da soma, cujo limite é o valor do Capital Social. Quanto às demais Reservas de Lucros, uma vez somadas, se for ultrapassado o valor do Capital Social, o excesso referente à soma deverá ser aplicado no aumento do Capital Social ou será destinado como dividendos aos acionistas.

A finalidade desta limitação é resguardar o direito dos acionistas, principalmente os minoritários, no que se refere ao recebimento de dividendos. Ao se estabelecer um limite tal qual este apresentado, o que se deseja é constituir Reservas de Lucros em montantes razoáveis, sem que haja acumulação excessiva e desnecessária dessas reservas.

Exemplo

Em 2011, uma sociedade por ações apresentou os seguintes saldos quando do término do exercício social:
- Capital Social: R$ 1.500.000,00
- Reserva Legal: R$ 200.000,00
- Reserva Estatutária – Amortização de Debentures: R$ 350.000,00
- Reserva Estatutária – Resgate de Partes Beneficiárias: R$ 250.000,00
- Reservas para Contingências: R$ 380.000,00
- Reserva de Lucros a Realizar: R$ 240.000,00
- Reservas para Expansão: R$ 900.000,00

Limite: Reserva Legal + Reservas Estatutárias + Reservas para Expansão ≤ Capital Social

Cálculo: R$ 200.000,00 + R$ 350.000,00 + R$ 250.000,00 + R$ 900.000,00 = R$ 1.700.000,00 > R$ 1.500.000,00

Diante desta situação, a administração da empresa propôs à assembleia geral um aumento do Capital Social utilizando parte dos recursos destinados à expansão das atividades da empresa. Transferência proposta: diminuir em R$ 200.000,00 as Reservas para Expansão, aumentando, então, o Capital Social com este valor. A assembleia geral acatou a proposta da administração.

Registros efetuados:

D – Reservas para Expansão
C – Lucros ou Prejuízos Acumulados   200.000,00

(e)

D – Lucros ou Prejuízos Acumulados
C – Capital Social   200.000,00

14.11. Proposta de Destinação Hierárquica dos Lucros

A título ilustrativo, o Manual de Contabilidade Societária apresenta a seguinte proposta de destinação hierárquica de lucros, que aqui reproduzimos com a referida menção aos autores:

Número de Ordem	Destinação dos Lucros	Artigo da Lei das Sociedades por Ações
1º	Prejuízos Acumulados	189
2º	Reserva Legal	193
3º	Dividendos fixo/mínimo prioritários para acionistas preferenciais, inclusive cumulativos	203
4º	Reserva para Contingências	195
5º	Reserva Especial para Dividendos Obrigatórios Não Distribuídos	202 (§§ 4º e 5º)
6º	Reserva de Lucros a Realizar	197 e 202, Inciso II
7º	Dividendo Obrigatório	202
8º	Reserva de Retenção de Lucros e Reservas Estatutárias	194, 196 e 198

14.12. Exercícios Resolvidos para a Fixação de Conteúdo

Questão 02 – (Técnico de Contabilidade – INFRAERO – FCC – 2009)

O percentual do lucro líquido do exercício que deve, antes de qualquer outra destinação, constituir ou acrescer a Reserva Legal da companhia, em obediência ao preceituado na Lei das Sociedades por Ações, é de

a) 10%.
b) 8%.
c) 7%.
d) 5%.
e) 3%.

Resolução e Comentários

De acordo com o Art. 193 da Lei das Sociedades por Ações, tem-se:

> "Do lucro líquido do exercício, **5% (cinco por cento)** serão aplicados, antes de qualquer outra destinação, na constituição da Reserva Legal, que não excederá de 20% (vinte por cento) do Capital Social.
> § 1º A companhia poderá deixar de constituir a Reserva Legal no exercício em que o saldo dessa reserva, acrescido do montante das Reservas de Capital de que trata o § 1º do art. 182, exceder de 30% (trinta por cento) do Capital Social.
> § 2º A Reserva Legal tem por fim assegurar a integridade do Capital Social e somente poderá ser utilizada para compensar prejuízos ou aumentar o capital."

Gabarito – D

Questão 03 – (Técnico de Contabilidade – INFRAERO – FCC – 2009)

É uma reserva de capital a reserva

a) para o pagamento do dividendo obrigatório.
b) para expansão de investimentos.
c) estatutária.
d) de ágio na emissão de ações.
e) para contingências.

Resolução e Comentários

A classificação das Reservas de Capital consta do Art. 182 da Lei nº 6.404/76.

*Serão classificadas como **Reservas de Capital** as contas que registrarem:*

a) a contribuição do subscritor de ações que ultrapassar o valor nominal e a parte do preço de emissão das ações sem valor nominal que ultrapassar a importância destinada à formação do Capital Social, inclusive nos casos de conversão em ações de debêntures ou partes beneficiárias. Trata-se do ágio *(ou valor excedente) na emissão de ações;*
b) o produto da alienação de partes beneficiárias; e
c) o produto da alienação de bônus de subscrição.

Será ainda registrado como **Reserva de Capital** o resultado da correção monetária do capital realizado, enquanto não capitalizado.

As demais reservas (alternativas "a)", "b)", "c)" e "e)") são Reservas de Lucros.

Gabarito – D

Questão 04 – (Analista Judiciário – Área Administrativa – TRF – 4ª Região – FCC – 2010)
O saldo inicial da conta de Prejuízos Acumulados da Cia. Maringá em 01/01/2009 era R$ 80.000,00. No exercício de 2009, foram registrados os seguintes valores na escrituração contábil da empresa, em R$:
Aumento de capital em dinheiro 130.000,00
Aumento de capital com incorporação de reservas 150.000,00
Lucro Líquido do Exercício 240.000,00
Dividendos Obrigatórios Propostos 90.000,00
Sabendo-se que o saldo final da conta de Lucros Acumulados em 31/12/2009 era nulo, foram constituídas reservas de lucros no valor, em R$, de
a) 110.000,00.
b) 90.000,00.
c) 180.000,00.
d) 160.000,00.
e) 70.000,00.

Resolução e Comentários

É a partir da conta Lucros ou Prejuízos Acumulados que são realizadas as destinações dos lucros obtidos.

Se há prejuízos acumulados, então, inicialmente, tais prejuízos são compensados com o lucro ora obtido (Lucro Líquido do Exercício) e transferido para a conta Lucros ou Prejuízos Acumulados.

D – Apuração do Resultado do Exercício
C – Lucros ou Prejuízos Acumulados

Apuração do Resultado do Exercício

(1) 240.000,00	240.000,00

Lucros ou Prejuízos Acumulados	
Saldo Inicial: 80.000,00	240.000,00 (1)
	160.000,00

Em seguida, são efetuadas as diversas destinações do lucro. Neste caso, temos apenas o seguinte registro:

- Dividendos obrigatórios propostos

D – Lucros ou Prejuízos Acumulados
C – Dividendos Propostos (PC)   90.000,00

Lucros ou Prejuízos Acumulados	
Saldo Inicial: 80.000,00	240.000,00 (1)
(2) 90.000,00	160.000,00
	70.000,00

Dividendos Propostos	
	90.000,00 (2)

Quanto aos demais eventos, podemos assim registrá-los:
- Aumento de capital em dinheiro 130.000,00

D – Caixa
C – Capital Social   130.000,00

- Aumento de capital com incorporação de reservas 150.000,00

D – Reservas

C – Capital Social   150.000,00

Gabarito – E

Questão 05 – (Contador Júnior – PETROBRAS – Fundação CESGRANRIO – 2010)
A reserva de lucro cujo saldo não pode exceder a 20% do capital social é a denominada Reserva
a) legal.
b) para contingências.
c) de capital.
d) de incentivos fiscais.
e) de lucros a realizar.

Resolução e Comentários

De acordo com o Art. 193 da Lei das Sociedades por Ações, tem-se:

"Do lucro líquido do exercício, 5% (cinco por cento) serão aplicados, antes de qualquer outra destinação, na constituição da Reserva Legal, *que não excederá de 20% (vinte por cento) do Capital Social.*

§ 1º A companhia poderá deixar de constituir a Reserva Legal no exercício em que o saldo dessa reserva, acrescido do montante das Reservas de Capital de que trata o § 1º do art. 182, exceder de 30% (trinta por cento) do Capital Social.

§ 2º A Reserva Legal tem por fim assegurar a integridade do Capital Social e somente poderá ser utilizada para compensar prejuízos ou aumentar o capital."

Gabarito – A

Questão 06 – (Contador Júnior – PETROBRAS – Fundação CESGRANRIO – 2010)
Poderá ser constituída reserva de lucros a realizar
a) por proposta da administração e com aprovação da assembleia geral, desde que tenha havido prejuízo no exercício.
b) se for apurado prejuízo no resultado do exercício, mas existir a obrigação de pagar dividendos fixos.
c) quando existirem resultados positivos da aplicação do método de equivalência patrimonial dentro do lucro do exercício.
d) no exercício em que os lucros não realizados ultrapassarem o total já destinado à constituição da reserva legal e de contingências.
e) no exercício em que o montante do dividendo obrigatório ultrapassar a parcela realizada do lucro líquido do exercício.

Resolução e Comentários

Conforme o Art. 197 da Lei das Sociedades por Ações, tem-se:

> *"No exercício em que o montante do dividendo obrigatório, calculado nos termos do estatuto ou do art. 202 (da Lei nº 6.404/76), ultrapassar a parcela realizada do lucro líquido do exercício, a assembleia geral poderá, por proposta dos órgãos de administração, destinar o excesso à constituição de reserva de lucros a realizar.*
>
> *§ 1º Para os efeitos deste artigo, considera-se realizada a parcela do lucro líquido do exercício que exceder da soma dos seguintes valores:*
>
> *I – o resultado líquido positivo da equivalência patrimonial (art. 248 da Lei nº 6.404/76); e*
>
> *II – o lucro, rendimento ou ganho líquidos em operações ou contabilização de ativo e passivo pelo valor de mercado, cujo prazo de realização financeira ocorra após o término do exercício social seguinte.*
>
> *§ 2º A reserva de lucros a realizar somente poderá ser utilizada para pagamento do dividendo obrigatório e, para efeito do inciso III do art. 202 (da Lei nº 6.404/76), serão considerados como integrantes da reserva os lucros a realizar de cada exercício que forem os primeiros a serem realizados em dinheiro."*

Gabarito – E

Questão 07 – (Técnico de Contabilidade Júnior – PETROBRAS – Fundação CESGRANRIO – 2010)

A destinação que tem por objetivo compensar, em ano futuro, a diminuição do lucro em função de perda julgada provável e cujo valor pode ser estimado é a reserva

a) de alienação de parte beneficiária.
b) de lucros a realizar.
c) estatutária.
d) legal.
e) para contingências.

Resolução e Comentários

De acordo com o Art. 195 da Lei das Sociedades por Ações, tem-se:

> *"A assembleia geral poderá, por proposta dos órgãos da administração, destinar parte do lucro líquido à formação de reserva com a finalidade de compensar, em exercício futuro, a diminuição do lucro decorrente de perda julgada provável, cujo valor possa ser estimado.*
>
> *§ 1º A proposta dos órgãos da administração deverá indicar a causa da perda prevista e justificar, com as razões de prudência que a recomendem, a constituição da reserva.*
>
> *§ 2º A reserva será revertida no exercício em que deixarem de existir as razões que justificaram a sua constituição ou em que ocorrer a perda."*

Gabarito – E

Questão 08 – (Técnico de Contabilidade I – TRANSPETRO – CESGRANRIO – 2006)
A reserva de lucros a realizar tem como finalidade exclusiva:
a) cobrir perdas ou despesas já incorridas, mas ainda não realizadas financeiramente.
b) postergar o pagamento de dividendos relativos a lucros existentes economicamente, contabilmente realizados, mas financeiramente não auferidos.
c) segregar, no lucro do exercício, o lucro financeiro, identificado pela demonstração do fluxo de caixa do lucro econômico, que só será realizado em exercícios futuros.
d) identificar o lucro não realizado financeiramente que, necessariamente, precisará ser lançado como aplicação de recursos na Demonstração de Origem e Aplicação de Recursos.
e) identificar o montante de recursos que a empresa deverá auferir, em exercícios futuros, proveniente de operações ainda não realizadas, mas já contratadas pela empresa.

Resolução e Comentários

O objetivo da Reserva de Lucros a Realizar é evidenciar a parcela dos lucros ainda não realizada financeiramente pela empresa (apesar de contábil e economicamente realizada). Sua constituição é facultativa.

Deverão ser computados os lucros líquidos (deduzidos prejuízos, gastos ou despesas necessárias à obtenção de tais lucros).

Para a constituição da reserva de lucros a realizar, são considerados lucros:

- O resultado líquido positivo da equivalência patrimonial; e
- O lucro, rendimento ou ganho líquido em operações ou contabilização de ativo e passivo pelo valor de mercado, cujo prazo de realização financeira ocorra após o término do exercício social seguinte.

Registros:

D – Lucros Acumulados
C – Reservas de Lucros – Reservas de Lucros a Realizar

> Art. 197 da Lei nº 6.404/76 (Lei das Sociedades por Ações) – Alterada pela Lei nº 11.941, de 27 de maio de 2009
> Reserva de Lucros a Realizar
> Art. 197. No exercício em que o montante do dividendo obrigatório, calculado nos termos do estatuto ou do art. 202, ultrapassar a parcela realizada do lucro líquido do exercício, a assembleia geral poderá, por proposta dos órgãos de administração, destinar o excesso à constituição de reserva de lucros a realizar. (Redação dada pela Lei nº 10.303, de 2001)
> § 1º Para os efeitos deste artigo, considera-se realizada a parcela do lucro líquido do exercício que exceder da soma dos seguintes valores: (Redação dada pela Lei nº 10.303, de 2001)

I – o resultado líquido positivo da equivalência patrimonial (art. 248); e (Incluído pela Lei nº 10.303, de 2001)

II – o lucro, rendimento ou ganho líquidos em operações ou contabilização de ativo e passivo pelo valor de mercado, cujo prazo de realização financeira ocorra após o término do exercício social seguinte. (Redação dada pela Lei nº 11.638,de 2007)

§ 2º A reserva de lucros a realizar somente poderá ser utilizada para pagamento do dividendo obrigatório e, para efeito do inciso III do art. 202, serão considerados como integrantes da reserva os lucros a realizar de cada exercício que forem os primeiros a serem realizados em dinheiro. (Incluído pela Lei nº 10.303, de 2001)

Gabarito – B

Questão 09 – (Técnico de Contabilidade I – PETROBRAS – CESGRANRIO – 2008)
De acordo com o Art. 199 da Lei das Sociedades Anônimas, após alterações introduzidas pela Lei nº 11.638/2007, o limite do saldo das reservas de lucros, excetuando-se as reservas para contingências, incentivos fiscais e lucros a realizar, NÃO poderá ultrapassar o valor do(a)
a) Capital Autorizado.
b) Capital a Realizar.
c) Capital Social.
d) Ajuste de Variação Patrimonial.
e) Reserva Legal.

Resolução e Comentários

Art. 199 da Lei nº 6.404/76 (Lei das Sociedades por Ações) – Alterada pela Lei nº 11.941, de 27 de maio de 2009

Limite do Saldo das Reservas de Lucro (Redação dada pela Lei nº 11.638, de 2007)

Art. 199. O saldo das reservas de lucros, exceto as para contingências, de incentivos fiscais e de lucros a realizar, não poderá ultrapassar o capital social. Atingindo esse limite, a assembleia deliberará sobre aplicação do excesso na integralização ou no aumento do capital social ou na distribuição de dividendos. (Redação dada pela Lei nº 11.638, de 2007)

Gabarito – C

Questão 10 – (Analista Judiciário – Área Técnico-Administrativa – Ciências Contábeis – TJ/CE – CESPE/UnB – 2008)

Ao final do exercício social, as sociedades anônimas devem apurar o dividendo a ser distribuído aos acionistas e constituir as reservas necessárias. Acerca desse tópico, julgue os itens subsequentes.

Com o intuito de preservar-se financeira e economicamente, a empresa deve constituir reserva de lucros a realizar. A assembleia geral poderá destinar para essa reserva o montante do dividendo obrigatório, previsto em lei ou no estatuto da empresa, que ultrapassar a parcela realizada do lucro líquido do exercício.

Resolução e Comentários

O objetivo da Reserva de Lucros a Realizar é evidenciar a parcela dos lucros ainda não realizada financeiramente pela empresa (apesar de contábil e economicamente realizada). Sua constituição é facultativa.

Deverão ser computados os lucros líquidos (deduzidos prejuízos, gastos ou despesas necessárias à obtenção de tais lucros).

Para a constituição da reserva de lucros a realizar, são considerados lucros:

- O resultado líquido positivo da equivalência patrimonial; e
- O lucro, rendimento ou ganho líquido em operações ou contabilização de ativo e passivo pelo valor de mercado, cujo prazo de realização financeira ocorra após o término do exercício social seguinte.

Registros:

D – Lucros Acumulados
C – Reservas de Lucros – Reservas de Lucros a Realizar

> Art. 197 da Lei nº 6.404/76 (Lei das Sociedades por Ações) – Alterada pela Lei nº 11.941, de 27 de maio de 2009
>
> Reserva de Lucros a Realizar
>
> Art. 197. No exercício em que o montante do dividendo obrigatório, calculado nos termos do estatuto ou do art. 202, ultrapassar a parcela realizada do lucro líquido do exercício, a assembleia geral poderá, por proposta dos órgãos de administração, destinar o excesso à constituição de reserva de lucros a realizar. (Redação dada pela Lei nº 10.303, de 2001)
>
> § 1º Para os efeitos deste artigo, considera-se realizada a parcela do lucro líquido do exercício que exceder da soma dos seguintes valores: (Redação dada pela Lei nº 10.303, de 2001)
>
> I – o resultado líquido positivo da equivalência patrimonial (art. 248); e (Incluído pela Lei nº 10.303, de 2001)

II – o lucro, rendimento ou ganho líquidos em operações ou contabilização de ativo e passivo pelo valor de mercado, cujo prazo de realização financeira ocorra após o término do exercício social seguinte. (Redação dada pela Lei nº 11.638,de 2007)

§ 2º A reserva de lucros a realizar somente poderá ser utilizada para pagamento do dividendo obrigatório e, para efeito do inciso III do art. 202, serão considerados como integrantes da reserva os lucros a realizar de cada exercício que forem os primeiros a serem realizados em dinheiro. (Incluído pela Lei nº 10.303, de 2001)

Gabarito – Certo

Questão 11 – (Analista Judiciário – Área Técnico-Administrativa – Ciências Contábeis – TJ/CE – CESPE/UnB – 2008)

Considere que, após a apuração do dividendo mínimo obrigatório, uma empresa apresente, em reais, os seguintes valores.

dividendo obrigatório calculado de acordo com o art. 202 da Lei nº 6.404/1976 e alterações	2.900
resultado credor líquido do exercício (antes da constituição da reserva de lucros a realizar)	12.000
aquisição de ações da própria empresa	2.600
resultado líquido credor de equivalência patrimonial	1.200
ganho líquido advindo de operações com derivativos a valor de mercado com realização em longo prazo	1.100
deságio na emissão de debêntures de longo prazo	1.400
acréscimo de ativos advindo de ajustes a valor de mercado	8.000
custo da mercadoria vendida	5.600

Nessa situação hipotética, já consideradas as modificações advindas da Lei nº 11.638/2007, o valor a ser destinado para a reserva de lucros a realizar será de R$ 1.200.

Resolução e Comentários

Vamos, inicialmente, apurar o valor do lucro financeiramente realizado de acordo com a Lei das Sociedades por Ações.

Segundo o Art. 197 da Lei nº 6.404/76, temos:

> Art. 197 da Lei nº 6.404/76 (Lei das Sociedades por Ações) – Alterada pela Lei nº 11.941, de 27 de maio de 2009
>
> Reserva de Lucros a Realizar
>
> Art. 197. No exercício em que o montante do dividendo obrigatório, calculado nos termos do estatuto ou do art. 202, ultrapassar a parcela realizada do lucro líquido do exercício, a assembleia geral poderá, por proposta dos órgãos de administração, destinar o excesso à constituição de reserva de lucros a realizar. (Redação dada pela Lei nº 10.303, de 2001)

§ 1º **Para os efeitos deste artigo, considera-se realizada a parcela do lucro líquido do exercício que exceder da soma dos seguintes valores:** (Redação dada pela Lei nº 10.303, de 2001)

I – o resultado líquido positivo da equivalência patrimonial (art. 248); e (Incluído pela Lei nº 10.303, de 2001)

II – o lucro, rendimento ou ganho líquidos em operações ou contabilização de ativo e passivo pelo valor de mercado, cujo prazo de realização financeira ocorra após o término do exercício social seguinte. (Redação dada pela Lei nº 11.638, de 2007)

§ 2º A reserva de lucros a realizar somente poderá ser utilizada para pagamento do dividendo obrigatório e, para efeito do inciso III do art. 202, serão considerados como integrantes da reserva os lucros a realizar de cada exercício que forem os primeiros a serem realizados em dinheiro. (Incluído pela Lei nº 10.303, de 2001)

Logo, conforme o previsto no artigo ora citado, temos o seguinte resultado financeiramente realizado:

Lucro Líquido do Exercício – R$ 12.000,00

(-) Ganho de Equivalência Patrimonial – (R$ 1.200,00)

(-) Ganho líquido advindo de operações com derivativos a valor de mercado com realização em longo prazo – (R$ 1.100,00)

(-) Acréscimo de ativos advindo de ajustes a valor de mercado – (R$ 8.000,00)

(=) Lucro líquido financeiramente realizado – R$ 1.700,00

Deve ser ressaltado que o "Acréscimo de ativos advindo de ajustes a valor de mercado – (R$ 8.000,00)" foi excluído da parcela financeiramente realizada do lucro por se tratar apenas de um ajuste contábil, não tendo representado efetiva entrada de recursos para a entidade.

O enunciado da questão apresenta o valor do dividendo mínimo obrigatório a destinar: R$ 2.900,00. Em consequência disto, observamos que não há lucro financeiramente realizado em montante suficiente para imediatamente quitar o dividendo mínimo obrigatório. Portanto, deverá ser constituída Reserva de Lucros a Realizar em valor igual a:

R$ 2.900,00 – R$ 1.700,00 = R$ 1.200,00

Gabarito – Certo

Questão 12 – (Analista Judiciário – Área Técnico-Administrativa – Ciências Contábeis – TJ/CE – CESPE/UnB – 2008)

A reserva legal e a reserva de capital deverão ser constituídas para assegurar a integridade do capital social. A primeira poderá ser utilizada para resgate de partes beneficiárias, enquanto a segunda, não.

Resolução e Comentários

A Reserva Legal é constituída para assegurar a integridade do Capital Social. Quanto às Reservas de Capital, a Lei das Sociedades por Ações não se pronuncia neste sentido.

A Reserva Legal somente poderá ser utilizada para aumentar o Capital Social ou para compensar prejuízos. Já as Reservas de Capital poderão ser utilizadas para o resgate de partes beneficiárias, conforme o determinado pelo Art. 200 da Lei das Sociedades por Ações, aqui reproduzido:

> *"As Reservas de Capital **somente poderão ser utilizadas** para:*
> *I – absorção de prejuízos que ultrapassarem os lucros acumulados e as Reservas de Lucros;*
> *II – resgate, reembolso ou compra de ações;*
> *III – resgate de partes beneficiárias;*
> *IV – incorporação ao Capital Social;*
> *V – pagamento de dividendo a ações preferenciais, quando essa vantagem lhes for assegurada, de acordo com o § 5º do Art. 17 da Lei das Sociedades por Ações.*
> *A reserva constituída com o produto da venda de partes beneficiárias poderá ser destinada ao resgate desses títulos."*

Gabarito – Errado

Questão 13 – (Petrobras – Contador Júnior – CESPE/UnB – 2007)

Sobre a destinação do resultado obtido após a elaboração da DRE e a movimentação das contas do patrimônio líquido, julgue o item a seguir.

A retenção de resultados deve ser suportada em orçamento de capital que justifique tal posicionamento dos gestores.

Resolução e Comentários

De acordo com o Art. 196 da Lei nº 6.404/76, temos:

> *"A assembleia geral poderá, por proposta dos órgãos da administração, deliberar reter parcela do lucro líquido do exercício prevista em orçamento de capital por ela previamente aprovado.*
> *§ 1º O orçamento, submetido pelos órgãos da administração com a justificação da retenção de lucros proposta, deverá compreender todas as*

fontes de recursos e aplicações de capital, fixo ou circulante, e poderá ter a duração de até 5 (cinco) exercícios, salvo no caso de execução, por prazo maior, de projeto de investimento.

§ 2º O orçamento poderá ser aprovado pela assembleia geral ordinária que deliberar sobre o balanço do exercício e revisado anualmente, quando tiver duração superior a um exercício social."

Gabarito – Certo

Questão 14 – (Petrobras – Contador Júnior – CESPE/UnB – 2007)
Sobre a destinação do resultado obtido após a elaboração da DRE e a movimentação das contas do patrimônio líquido, julgue o item a seguir.
As reservas de lucro para expansão podem ser revertidas se a empresa julgar que reteve parcela maior que a necessária ao investimento. A empresa não pode distribuir o excesso incorporado por meio da reversão.

Resolução e Comentários
De acordo com o Art. 196 da Lei nº 6.404/76, temos:

"A assembleia geral poderá, por proposta dos órgãos da administração, deliberar reter parcela do lucro líquido do exercício prevista em orçamento de capital por ela previamente aprovado.

§ 1º O orçamento, submetido pelos órgãos da administração com a justificação da retenção de lucros proposta, deverá compreender todas as fontes de recursos e aplicações de capital, fixo ou circulante, e poderá ter a duração de até 5 (cinco) exercícios, salvo no caso de execução, por prazo maior, de projeto de investimento.

§ 2º O orçamento poderá ser aprovado pela assembleia geral ordinária que deliberar sobre o balanço do exercício e revisado anualmente, quando tiver duração superior a um exercício social."

As Reservas de Lucro para Expansão podem ser revertidas se a empresa julgar que reteve parcela maior que a necessária ao investimento. *A empresa poderá destinar o excesso incorporado por meio da reversão.*
Gabarito – Errado

Questão 15 – (Contador Júnior – Petrobras – CESPE/UnB – 2007 – Adaptada)
Sobre a destinação do resultado obtido após a elaboração da DRE e a movimentação das contas do patrimônio líquido, julgue o item a seguir.
As reservas especiais de lucros são irreversíveis.

Resolução e Comentários

Observe o texto do Art. 202 da Lei das Sociedades por Ações ora reproduzido:

Dividendo Obrigatório

Art. 202. Os acionistas têm direito de receber como dividendo obrigatório, em cada exercício, a parcela dos lucros estabelecida no estatuto ou, se este for omisso, a importância determinada de acordo com as seguintes normas: (Redação dada pela Lei nº 10.303, de 2001)

I – metade do lucro líquido do exercício diminuído ou acrescido dos seguintes valores: (Redação dada pela Lei nº 10.303, de 2001)

a) importância destinada à constituição da reserva legal (art. 193); e (Incluída pela Lei nº 10.303, de 2001)

b) importância destinada à formação da reserva para contingências (art. 195) e reversão da mesma reserva formada em exercícios anteriores; (Incluída pela Lei nº 10.303, de 2001)

II – o pagamento do dividendo determinado nos termos do inciso I poderá ser limitado ao montante do lucro líquido do exercício que tiver sido realizado, desde que a diferença seja registrada como reserva de lucros a realizar (art. 197); (Redação dada pela Lei nº 10.303, de 2001)

III – os lucros registrados na reserva de lucros a realizar, quando realizados e se não tiverem sido absorvidos por prejuízos em exercícios subsequentes, deverão ser acrescidos ao primeiro dividendo declarado após a realização. (Redação dada pela Lei nº 10.303, de 2001)

§ 1º O estatuto poderá estabelecer o dividendo como porcentagem do lucro ou do capital social, ou fixar outros critérios para determiná-lo, desde que sejam regulados com precisão e minúcia e não sujeitem os acionistas minoritários ao arbítrio dos órgãos de administração ou da maioria.

§ 2º Quando o estatuto for omisso e a assembleia geral deliberar alterá-lo para introduzir norma sobre a matéria, o dividendo obrigatório não poderá ser inferior a 25% (vinte e cinco por cento) do lucro líquido ajustado nos termos do inciso I deste artigo. (Redação dada pela Lei nº 10.303, de 2001)

§ 3º A assembleia geral pode, desde que não haja oposição de qualquer acionista presente, deliberar a distribuição de dividendo inferior ao obrigatório, nos termos deste artigo, ou a retenção de todo o lucro líquido, nas seguintes sociedades: (Redação dada pela Lei nº 10.303, de 2001)

I – companhias abertas exclusivamente para a captação de recursos por debêntures não conversíveis em ações; (Incluído pela Lei nº 10.303, de 2001)

II – companhias fechadas, exceto nas controladas por companhias abertas que não se enquadrem na condição prevista no inciso I. (Incluído pela Lei nº 10.303, de 2001)

§ 4º O dividendo previsto neste artigo não será obrigatório no exercício social em que os órgãos da administração informarem à assembleia geral ordinária ser ele incompatível com a situação financeira da companhia. O conselho fiscal, se em funcionamento, deverá dar parecer sobre essa informação e, na companhia aberta, seus administradores encaminharão à Comissão de Valores Mobiliários, dentro de 5 (cinco) dias da realização da assembleia geral, exposição justificativa da informação transmitida à assembleia.

§ 5º *Os lucros que deixarem de ser distribuídos nos termos do § 4º serão registrados como reserva especial e, se não absorvidos por prejuízos em exercícios subsequentes, deverão ser pagos como dividendo assim que o permitir a situação financeira da companhia.*

§ 6º Os lucros não destinados nos termos dos arts. 193 a 197 deverão ser distribuídos como dividendos. (Incluído pela Lei nº 10.303, de 2001)

Observe que os lucros que deixarem de ser destinados conforme o § 4º constituirão uma reserva especial que, se não forem absorvidos por prejuízos em exercícios subsequentes, deverão ser pagos como dividendo assim que o permitir a situação financeira da companhia. Além disto, poderão ser revertidas se houver erro em sua constituição.

Gabarito – Errado

Questão 16 – (Analista Judiciário – Área Administrativa – Contabilidade – TST – CESPE/UnB – 2008)

Considere que uma empresa apresente, ao final do exercício, os saldos a seguir.

lucro líquido do exercício: R$ 500.000,00
capital social: R$ 800.000,00
reserva legal: R$ 140.000,00
reservas de capital: R$ 100.000,00.

Nesse caso, o valor mínimo da reserva a ser calculada obrigatoriamente sobre o resultado do exercício será igual a zero.

Resolução e Comentários

Reserva Legal (máxima) a constituir no período: 5% x R$ 500.000,00 = R$ 25.000,00

Limite obrigatório da Reserva Legal:

Reserva Legal (acumulada) + Reserva Legal (exercício) ≤ 20% do Capital Social

→ R$ 140.000,00 + *R$ 20.000,00* = R$ 160.000,00 ≤ 20% x R$ 800.000,00 = R$ 160.000,00

Observe que, de acordo com o limite obrigatório, apenas R$ 20.000,00 devem ser constituídos.

Limite opcional (ou facultativo) da Reserva Legal:

> Reserva Legal (acumulada) + Reserva Legal (exercício) + $\sum$ (Reservas de Capital) ≤ 30% x Capital Social

→ R$ 140.000,00 + RL (ano) + R$ 100.000,00 = R$ 240.000,00 + RL (ano) = 30% x R$ 800.000,00 = R$ 240.000,00

O limite facultativo foi atingido sem que o limite obrigatório também o fosse. A banca (CESPE/UnB) considerou a igualdade válida para aplicação do limite opcional, da mesma maneira que a EsAF o considera. Portanto, não há necessidade de constituir Reserva Legal, já que o limite opcional foi atingido.

→ *Poderá* constituir Reserva Legal em qualquer valor compreendido no intervalo R$ 0,00 < RL (exercício) ≤ R$ 20.000,00.

Gabarito – Certo

Questão 17 – (Auditor-Fiscal da Receita Federal – EsAF – 2001)
Indique a opção correta, levando em conta os seguintes dados:

Capital	200
Reserva Legal	30
Reservas de Capital	25
Resultado antes do imposto de renda	400
Participações	20
Provisão para imposto de renda	80

O valor a ser destacado para constituição da Reserva Legal
a) Deverá ser de 15.
b) Pode ser de 5.
c) Pode ser de 15.
d) Deve ser de 20.
e) Deve ser de 5.

Resolução e Comentários
Obtenção do Lucro Líquido do Exercício:

Resultado antes do imposto de renda	400
(-) Provisão para imposto de renda	(80)
(-) Participações	(20)
(=) Lucro Líquido do Exercício	300

→ Reserva Legal (máxima) a constituir no período: 5% x 300 = 15

Limite obrigatório da Reserva Legal:

> Reserva Legal (acumulada) + Reserva Legal (exercício) ≤ 20% do Capital Social

→ 30 + 15 = 45 > 20% x 200 = 40

Observe que, de acordo com o limite obrigatório, apenas 10 devem ser constituídos. Logo, de acordo com o limite obrigatório, a resposta deve ser "deverá ser de 10".

Limite opcional (ou facultativo) da Reserva Legal:

> Reserva Legal (acumulada) + Reserva Legal (exercício) + Σ (Reservas de Capital) ≤ 30% x Capital Social

→ 30 + RL (ano) + 25 = 55 + RL (ano) > 30% x 200 = 60
→ *Poderá* constituir Reserva Legal em qualquer valor compreendido no intervalo 5 ≤ RL (exercício) ≤ 10. → "pode ser de 5".

Gabarito – B

Questão 18 – (Auditor-Fiscal da Receita Federal – EsAF – 2002)
A Cia. Faunix & Florix, ao fim do ano de 2001, demonstrava o seguinte Patrimônio Líquido:

Capital Social	R$ 50.000,00
Reserva de Subvenção para Investimentos	R$ 2.000,00
Reserva de Reavaliação	R$ 3.000,00
Reserva Estatutária	R$ 4.000,00
Reserva Legal	R$ 8.000,00

O lucro líquido apurado no exercício foi de R$ 60.000,00, após a destinação planejada, exceto a constituição de reservas.

Agora, para seguir as regras e preceitos atinentes à espécie, a Contabilidade deverá contabilizar uma Reserva Legal de
a) R$ 3.000,00.
b) R$ 2.500,00.
c) R$ 2.000,00.
d) R$ 1.000,00.
e) R$ 0,00.

Resolução e Comentários

Reserva Legal (máxima) a constituir no período: 5% x R$ 60.000,00 = R$ 3.000,00

Limite obrigatório da Reserva Legal:

> *Reserva Legal (acumulada) + Reserva Legal (exercício) ≤ 20% do Capital Social*

→ R$ 8.000,00 + RL (ano) ≤ 20% x R$ 50.000,00 = R$ 10.000,00 → RL(ano) = R$ 2.000,00

Observe que, de acordo com o limite obrigatório, apenas R$ 2.000,00 devem ser constituídos. Logo, de acordo com o limite obrigatório, a resposta deve ser "deverá ser de R$ 2.000,00".

Gabarito – C

Questão 19 – (Analista – Área Pericial – Contabilidade – MPU – EsAF – 2004)

A Indústria & Comércio S/A tem um capital registrado composto de quarenta mil ações a valor unitário de R$ 2,50.

No exercício de 2003 a empresa apurou um lucro líquido de R$ 90.000,00.

No encerramento do exercício, antes da destinação desse lucro, a empresa apresentava no patrimônio líquido, além do capital social, as seguintes contas:

Capital a Integralizar	R$ 10.000,00
Reservas de Capital	R$ 9.000,00
Reservas de Reavaliação	R$ 8.000,00
Reservas Estatutárias	R$ 5.000,00
Reserva Legal	R$ 17.000,00

A destinação do lucro do exercício será feita para reservas estatutárias em 10%, para dividendos e para reserva legal nos limites permitidos ou fixados.

Neste caso, o valor a ser destinado à formação da reserva legal deverá ser de

a) R$ zero.
b) R$ 3.000,00.
c) R$ 4.000,00.
d) R$ 4.050,00.
e) R$ 4.500,00.

Resolução e Comentários

Capital Social = 40.000 x R$ 2,50 = R$ 100.000,00

Valor base para a Reserva Legal: 5% x R$ 90.000,00 = R$ 4.500,00

Limite obrigatório:

Reserva Legal ≤ **20% do Capital Social (capital subscrito)** = 20% x R$ 100.000,00 = R$ 20.000,00

→ R$ 17.000,00 + RL (ano) ≤ R$ 20.000,00 → Reserva Legal = R$ 3.000,00

→ **Conforme o limite obrigatório = R$ 3.000,00**

Gabarito – B

Questão 20 – (Analista de Finanças e Controle – STN – EsAF – 2005)

A Cia. Comercial SST terminou o exercício social com lucro líquido de R$ 120.000,00, devendo constituir a reserva legal nos termos da lei, para fins de elaboração de suas Demonstrações Financeiras.

O Patrimônio Líquido da referida empresa tem o valor de R$ 224.000,00, e é composto das seguintes contas:

Capital Social	R$ 200.000,00
Capital a Integralizar	R$ 50.000,00
Reservas de Capital	R$ 21.000,00
Reservas de Reavaliação	R$ 6.000,00
Reserva Legal R$	35.000,00
Reservas Estatutárias	R$ 1.000,00
Lucros Acumulados	R$ 11.000,00

Com base na situação supra descrita, a empresa deverá contabilizar na conta Reserva Legal

a) R$ 6.000,00, pois deverá ser constituída com destinação de 5% do lucro líquido do exercício.
b) R$ 5.000,00, pois não deverá ultrapassar 20% do capital social.
c) R$ 4.000,00, pois somada às reservas de capital, não deverá ultrapassar 30% do capital social.
d) R$ 3.000,00, pois somada às outras reservas de lucro e às reservas de capital, não deverá ultrapassar 30% do capital social.
e) R$ 0,00, pois a reserva legal não deverá ultrapassar 20% do capital social realizado.

Resolução e Comentários

Reserva Legal (máxima) a constituir no período: 5% x R$ 120.000,00 = R$ 6.000,00

Limite obrigatório da Reserva Legal:

> *Reserva Legal (acumulada) + Reserva Legal (exercício) ≤ 20% do Capital Social*

→ R$ 35.000,00 + RL (ano) = ≤ 20% x R$ 200.000,00 (capital subscrito) = R$ 40.000,00

Observe que, de acordo com o limite obrigatório, apenas R$ 5.000,00 devem ser constituídos. Logo, de acordo com o limite obrigatório, a resposta deve ser "deverá ser de R$ 5.000,00, pois não poderá ultrapassar 20% do Capital Social".

Limite opcional (ou facultativo) da Reserva Legal:

> Reserva Legal (acumulada) + Reserva Legal (exercício) + $\sum$ (Reservas de Capital) ≤ 30% x Capital Social

→ R$ 35.000,00 + RL (ano) + R$ 21.000,00 = R$ 56.000,00 + RL (ano) > 30% x R$ 200.000,00 = R$ 60.000,00
→ *Poderá* constituir Reserva Legal em qualquer valor compreendido no intervalo R$ 4.000,00 ≤ RL (exercício) ≤ R$ 5.000,00.

Gabarito – B

Questão 21 – (Analista de Finanças e Controle – Área: Contábil-Financeira – STN – EsAF – 2008)

O mercado de nossa praça é uma sociedade de capital aberto que, no exercício de 2007, apurou um lucro antes do imposto de renda e das participações no valor de R$ 100.000,00. Esse lucro, segundo as normas da empresa, deverá ser destinado ao pagamento de dividendos e de imposto de renda, no mesmo percentual de 30%, calculado nos termos da lei. Também deverão ser destinados 5% para reserva legal, 10% para reserva estatutária e 10% para participação de administradores.

Sabendo-se que os Estatutos da empresa mandam conceder uma participação de R$ 15.000,00 para os empregados e que o restante dos lucros, após a retirada dos percentuais acima, será segregado a uma conta de reservas de lucros, podemos afirmar que será lançado o valor de

a) R$ 2.677,50, em reserva legal.
b) R$ 4.950,00, em reserva estatutária.
c) R$ 5.500,00, em participação de administradores.
d) R$ 12.918,00, em dividendos distribuídos.
e) R$ 30.000,00, em provisão para Imposto de Renda.

Resolução e Comentários
DRE:
...
Lucro antes do Imposto de Renda (LAIR)
(-) Provisão para o Imposto de Renda (PIR)
(=) Lucro após a PIR e antes das Participações
(-) Participações Diversas (Debenturistas, Empregados, Administradores, Partes Beneficiárias e Fundos de Previdência de Empregados)
(=) Lucro Líquido do Exercício

Na presente questão, temos:
LAIR = R$ 100.000,00
PIR = 30%
Participação dos Empregados = R$ 15.000,00
Participação dos Administradores = 10%
Reserva Legal = 5%
Reserva Estatutária = 10%
Dividendos = 30%

As participações de debenturistas e de empregados são dedutíveis para o cálculo do Imposto de Renda. Logo, devem ser diminuídas de sua base de cálculo, caso sejam informadas em moeda.

LAIR = R$ 100.000,00
(-) Participação dos Empregados = (R$ 15.000,00)
(=) Base de Cálculo ajustada para o Imposto de Renda = R$ 85.000,00
(-) PIR = 30% x R$ 85.000,00 = **R$ 25.500,00**
(=) Lucro após a PIR e antes das Participações = R$ 74.500,00
(-) Participação dos Empregados = (R$ 15.000,00)
(=) Base de cálculo para a Participação dos Diretores = R$ 59.500,00
(-) Participação dos Diretores = 10% x R$ 59.500,00 = **(R$ 5.950,00)**
(=) Lucro Líquido do Exercício = R$ 53.550,00

Reserva Legal = 5% do LLE = 5% x R$ 53.550,00 = **R$ 2.677,50**

Lucro Líquido do Exercício = R$ 53.550,00
(-) Reserva Legal – (2.677,50)
(=) Base de Cálculo para Dividendos – 50.872,50
x 30%
Dividendos = R$ 15.261,75

→ R$ 53.550,00 – R$ 2.677,50 – R$ 15.261,75 = R$ 35.610,75

Reserva Estatutária: 10% x R$ 35.610,75 = **R$ 3.561,08**
Gabarito – A

Questão 22 – (Fiscal de Tributos Estaduais – Universidade de Santa Catarina – 1998)

A Cia. Alfa situa-se em um país sem inflação e sem qualquer tipo de tributação. Ela encerra seus exercícios sociais em 31 de dezembro de cada ano quando, então, elabora as demonstrações financeiras (contábeis) previstas na Lei nº 6.404/76.

Em 31/dez./95, havia sido constituída uma "Reserva para Contingências" no valor de $ 1.300 a qual foi *revertida* em 31/dez./96, pois nesta data deixaram de existir as razões que justificaram sua constituição.

Em 31/dez./96, a Diretoria autorizou a constituição de quaisquer "Reserva(s) para Contingências" que fossem necessárias.

O Contador entende já ser possível proceder o *"encerramento do exercício social"* (ou seja, *"apurar o resultado"* e *"destinar o resultado"*).

Se tal ocorrer neste momento, do confronto das receitas com as despesas já contabilizadas (e relativas a 1996), será apurado um lucro de $ 8.700.

O Contador efetuará os lançamentos de *apuração do resultado de 1996*, obtendo um lucro líquido de $ 8.700. Depois disso, efetuará os lançamentos de *destinação do resultado*, dentre os quais estará o da constituição de uma "Reserva para Contingências" no valor de $ 1.100, em virtude do seguinte fato *(o que a seguir narrado realmente ocorreu)*:

> *Em 31/dez./96, a Cia. Alfa efetuou à vista, a venda de um lote de equipamentos por ela produzidos e que estavam registrados no seu estoque de produtos prontos. Fugindo totalmente das regras da empresa, a Diretoria garantiu ao comprador que até 31/dez./97 a Cia. Alfa arcaria com qualquer conserto nos equipamentos caso apresentassem defeitos. Quando tomou tal decisão singular, a Diretoria o fez baseada em profundo estudo técnico de diversas áreas da empresa. Tal estudo apontava o valor de $ 1.100 como sendo o mais provável que ela desembolsaria até 31/dez./97, em função da decisão.*

Diante do acima exposto, escolha a alternativa que aprecia adequadamente o que está contido no enunciado:

a) Está correta a posição assumida pelo Contador. O lucro líquido é de $ 8.700 e deveria ser constituída a "Reserva para Contingências" de $ 1.100.

b) Está incorreta a posição assumida pelo Contador. O lucro líquido é de $ 7.600, deveria ser constituída a "Reserva para Contingências" de $ 1.100 e, complementarmente, deveria ser constituída uma "Provisão para Contingências" de $ 1.100.

c) Está incorreta a posição assumida pelo Contador. O lucro líquido é de $ 7.600 e não deveria ser constituída uma "Reserva para Contingências" de $ 1.100.

d) Está incorreta a posição assumida pelo Contador. O lucro líquido é de $ 8.900 ($ 8.700 *mais* $ 1.300 da *reversão* da "reserva para contingências" que existia *menos* $ 1.100 decorrentes da garantia dada em 31/dez./96). Não deveria ser constituída a "Reserva para Contingências" de $ 1.100.

e) Está incorreta a posição assumida pelo Contador. O lucro líquido é de $ 8.900 ($ 8.700 *mais* $ 1.300 da *reversão* da "reserva para contingências" que existia *menos* $ 1.100 decorrentes da garantia dada em 31/dez./96). Complementarmente, deveria ser constituída uma "Reserva para Contingências" de $ 1.100.

Resolução e Comentários

Cuidado com questões desta natureza! Trata-se de um longo texto e a tentativa de induzir o candidato a erro.

Observe que ocorreu uma venda de equipamentos e, referente a esta, foi oferecida garantia dos referidos equipamentos. Trata-se de fato gerador ocorrido! Em consequência, deveria ter sido registrada Provisão para Garantias e não uma Reserva para Contingências, como induziu o texto da questão.

Em consequência disto, deveria ter sido reconhecida uma Provisão para Garantias, conforme os seguintes registros:

D – Despesas com Provisão para Garantias
C – Provisão para Garantias   R$ 1.100,00

Efetuando-se o reconhecimento da provisão, o lucro seria diminuído em R$ 1.100,00, passando a valer R$ 7.600,00.

Gabarito – C

Questão 23 – (Perito Criminal Federal – Ciências Contábeis – PF – CESPE/UnB – 2002)
Considerando a Lei das S.A. e as alterações nela recentemente introduzidas, julgue os itens a seguir.
O resultado líquido positivo da equivalência patrimonial não é base para a formação da reserva de lucros a realizar.

Resolução e Comentários

Segundo o Art. 197 da Lei nº 6.404/76, temos:

> Art. 197 da Lei nº 6.404/76 (Lei das Sociedades por Ações) – Alterada pela Lei nº 11.941, de 27 de maio de 2009
>
> Reserva de Lucros a Realizar
>
> Art. 197. No exercício em que o montante do dividendo obrigatório, calculado nos termos do estatuto ou do art. 202, ultrapassar a parcela realizada do lucro líquido do exercício, a assembleia geral poderá, por proposta dos órgãos de administração, destinar o excesso à constituição de reserva de lucros a realizar. (Redação dada pela Lei nº 10.303, de 2001)
>
> § 1º *Para os efeitos deste artigo, considera-se realizada a parcela do lucro líquido do exercício que exceder da soma dos seguintes valores:* (Redação dada pela Lei nº 10.303, de 2001)
>
> I – o resultado líquido positivo da equivalência patrimonial (art. 248); e (Incluído pela Lei nº 10.303, de 2001)

II – o lucro, rendimento ou ganho líquidos em operações ou contabilização de ativo e passivo pelo valor de mercado, cujo prazo de realização financeira ocorra após o término do exercício social seguinte. (Redação dada pela Lei nº 11.638, de 2007)

§ 2º A reserva de lucros a realizar somente poderá ser utilizada para pagamento do dividendo obrigatório e, para efeito do inciso III do art. 202, serão considerados como integrantes da reserva os lucros a realizar de cada exercício que forem os primeiros a serem realizados em dinheiro. (Incluído pela Lei nº 10.303, de 2001)

Logo, conforme o previsto no artigo ora citado, o resultado líquido positivo da equivalência patrimonial é base para a formação da reserva de lucros a realizar.

Gabarito – Errado

Questão 24 – (Perito Criminal Federal – Ciências Contábeis – PF – CESPE/UnB – 2002)
Considerando a Lei das S.A. e as alterações nela recentemente introduzidas, julgue os itens a seguir.
A reserva de contingências objetiva compensar, em exercício futuro, a diminuição do lucro decorrente de perda julgada provável, cujo valor possa ser estimado.

Resolução e Comentários

De acordo com o Art. 195 da Lei das Sociedades por Ações, tem-se:

"A assembleia geral poderá, por proposta dos órgãos da administração, destinar parte do lucro líquido à formação de reserva com a finalidade de compensar, em exercício futuro, a diminuição do lucro decorrente de perda julgada provável, cujo valor possa ser estimado.

§ 1º A proposta dos órgãos da administração deverá indicar a causa da perda prevista e justificar, com as razões de prudência que a recomendem, a constituição da reserva.

§ 2º A reserva será revertida no exercício em que deixarem de existir as razões que justificaram a sua constituição ou em que ocorrer a perda."

Gabarito – Certo

Questão 25 – (Auditor-Fiscal da Receita Federal – AFRF – 2002)
A empresa Companhia Especial de Comércio, em 31.12.2001, apresenta o seguinte patrimônio líquido:

Capital Social	R$ 200.000,00
Reservas de Capital	R$ 30.000,00
Reserva Legal	R$ 40.000,00
Reservas Estatutárias	R$ 90.000,00
Reserva de Lucros a Realizar	R$ 55.000,00
Lucros Acumulados	R$ 25.000,00

A empresa verificou que não houve a contabilização da reserva para uma contingência prevista no valor de R$ 20.000,00, o que se faria com parcela dos lucros do exercício, ora acumulados.

Examinando-se o fato e as circunstâncias, à luz dos preceitos legais, pode-se dizer que a empresa

a) pode contabilizar a reserva de contingências no valor total de R$ 20.000,00, mesmo ultrapassando o capital social, pois a reserva de contingências está fora do referido limite.
b) não pode contabilizar a reserva de contingências, pois o saldo das reservas de lucros já ultrapassa 30% do capital social.
c) não pode contabilizar a reserva de contingências. Ao contrário, deve deliberar a distribuição de dividendos ou o aumento do capital, com o excesso de reservas já verificado.
d) pode contabilizar, no máximo, R$ 15.000,00 para a reserva de contingências, para que o saldo das reservas de lucros não ultrapasse o capital social.
e) não pode contabilizar a reserva de contingências, pois o saldo das reservas já ultrapassa o capital social.

Resolução e Comentários

Eis o texto correspondente ao Art. 199 da Lei nº 6.404/76, que trata do limite do saldo das Reservas de Lucros:

> *"O saldo das reservas de lucros, exceto as para contingências, de incentivos fiscais e de lucros a realizar, não poderá ultrapassar o Capital Social. Atingindo esse limite, a assembleia deliberará sobre aplicação do excesso na integralização ou no aumento do Capital Social ou na distribuição de dividendos."*

Devido ao anteriormente exposto, **as Reservas para Contingências, as Reservas de Incentivos Fiscais e as Reservas de Lucros a Realizar foram retiradas da soma, cujo limite é o valor do Capital Social.** Quanto às demais Reservas de Lucros, uma vez somadas, se for ultrapassado o valor do Capital Social, o excesso referente à soma deverá ser aplicado no aumento do Capital Social ou será destinado como dividendos aos acionistas.

→ Limite: Reserva Legal + Reservas Estatutárias + Reservas para Expansão ≤ Capital Social

Se há montante acumulado suficiente para a criação da reserva solicitada, devido ao fato de esta não estar contida na limitação apresentada, então poderá ser constituída pelo valor de R$ 20.000,00.

Gabarito – A

Questão 26 – (Analista Judiciário – Área Administrativa – Contabilidade – TRT/2ª Região – FCC – 2008)

Sobre reservas contábeis, é correto afirmar:

a) Significam o mesmo que provisões, pois ambas reduzem o valor dos lucros da entidade.
b) Todas representam destinação de lucros retidos, ou seja, aquela parcela do lucro líquido do exercício que não foi distribuída aos sócios ou aos acionistas.
c) As reservas de capital não podem ser utilizadas para absorver prejuízos contábeis, somente para aumentar o valor do capital.
d) A constituição de reservas de reavaliação foi proibida para as sociedades por ações a partir de 1º de janeiro de 2008.
e) A reserva legal não pode exceder 15% do capital social da entidade.

Resolução e Comentários

Analisando as alternativas:

a) Significam o mesmo que provisões, pois ambas reduzem o valor dos lucros da entidade.

Errado! Reservas não são iguais às provisões. Além disto, as provisões, quando constituídas, diminuem os lucros da entidade; já as Reservas de Lucros, por sua vez, representam destinações dos lucros. Se estivermos falando das Reservas de Capital, estas não transitam pelo resultado.

b) Todas representam destinação de lucros retidos, ou seja, aquela parcela do lucro líquido do exercício que não foi distribuída aos sócios ou aos acionistas.

Errado! As Reservas de Capital não transitam pelo resultado.

c) As reservas de capital não podem ser utilizadas para absorver prejuízos contábeis, somente para aumentar o valor do capital.

Errado! Eis o conteúdo do Art. 200 da Lei das Sociedades por Ações:

> "As Reservas de Capital **somente poderão ser utilizadas** para:
> I – **absorção de prejuízos que ultrapassarem os lucros acumulados e as Reservas de Lucros;**
> II – resgate, reembolso ou compra de ações;
> III – resgate de partes beneficiárias;
> IV – incorporação ao Capital Social;
> V – pagamento de dividendo a ações preferenciais, quando essa vantagem lhes for assegurada, de acordo com o § 5º do Art. 17 da Lei das Sociedades por Ações.
> A reserva constituída com o produto da venda de partes beneficiárias poderá ser destinada ao resgate desses títulos."

d) A constituição de reservas de reavaliação foi proibida para as sociedades por ações a partir de 1º de janeiro de 2008.

Certo!

e) A reserva legal não pode exceder 15% do capital social da entidade.

Errado! A Reserva Legal não pode exceder 20% do capital social da entidade.

Gabarito – D

Questão 27 – (Auditor Fiscal de Tributos Municipais – Prefeitura de Belo Horizonte – Fundação Dom Cintra – 2012)

O balanço patrimonial da Cia. Alvorada S/A, elaborado em 31/12/2010, apresentava o patrimônio líquido com a seguinte composição (valores em R$):

Capital Social 1.000.000
Capital a Integralizar 200.000
Ações em Tesouraria 100.000
Prejuízos Acumulados 50.000

No final do exercício de 2011, apurou um lucro líquido, antes das participações, de R$ 100.000. No estatuto, estava especificado que, para os administradores e empregados, essas participações seriam de 6% e 10%, respectivamente. Após a contabilização dessas participações, o valor que será destinado à Reserva Legal, de acordo com a legislação vigente, deverá ser de:

a) R$ 2.115,00.
b) R$ 2.137,50.
c) R$ 4.250,00.
d) R$ 4.615,00.
e) R$ 4.637,50.

Resolução e Comentários

Quando do cálculo das participações, devemos levar em consideração os Prejuízos Acumulados, que prejudicam esta distribuição de lucros. Portanto:

Lucro Líquido antes das Participações = R$ 100.000,00

(-) Prejuízos Acumulados = (R$ 50.000,00)

(=) Base de cálculo da Participação de Empregados = R$ 50.000,00

x 10%

(=) Participação de Empregados = R$ 5.000,00

Lucro Líquido antes das Participações = R$ 100.000,00

(-) Prejuízos Acumulados = (R$ 50.000,00)

(-) Participação de Empregados = (R$ 5.000,00)

(=) Base de cálculo da Participação de Administradores = R$ 45.000,00

x 6%

(=) Participação de Administradores = R$ 2.700,00

Demonstração do Resultado do Exercício:

Lucro Líquido antes das Participações = R$ 100.000,00

(-) Participação de Empregados = (R$ 5.000,00)

(-) Participação de Administradores = (R$ 2.700,00)

(=) Lucro Líquido do Exercício = R$ 92.300,00

O resultado obtido no exercício deve ser transferido para a conta Lucros ou Prejuízos Acumulados. É a partir da conta Lucros ou Prejuízos Acumulados que ocorrem as destinações. Em consequência disto, como há saldo inicial negativo na conta Lucros ou Prejuízos Acumulados, tal saldo deve ser compensado antes de qualquer destinação.

Constituição da Reserva Legal:

5% x (LLE – Prejuízos Acumulados) = 5% x (R$ 92.300,00 – R$ 50.000,00) = 5% x R$ 42.300,00 = R$ 2.115,00

Gabarito – A

<u>Questão 28</u> – (Auditor Fiscal de Tributos Municipais – Prefeitura de Belo Horizonte – Fundação Dom Cintra – 2012)

Em 31/12/2011, por ocasião do balanço patrimonial da Cia. Industrial do Planalto, o patrimônio líquido apresenta, na sua composição, as seguintes contas e respectivos valores em R$:

Capital Social 300.000
Capital a Integralizar 20.000
Ajustes de Avaliação Patrimonial 12.500
Reserva de Ágio na Emissão de Ações 3.500
Reserva Legal 10.000
Reserva de Incentivos Fiscais 2.000
Reserva de Alienação de Bônus de Subscrição 4.000
Reserva Estatutária 5.000
Ações em Tesouraria 6.000
Reserva para Contingências 6.500

Com base no conceito apresentado na Lei Societária vigente, agregando as contas que são previstas como Reservas de Lucros, o somatório dos valores das contas indicava o montante de:
a) R$ 17.500.
b) R$ 21.500.
c) R$ 23.500.
d) R$ 29.000.
e) R$ 34.000.

Resolução e Comentários

São Reservas de Lucros:

Reserva Legal.................................10.000

Reserva de Incentivos Fiscais 2.000

Reserva Estatutária 5.000

Reserva para Contingências................6.500

Total: R$ 23.500,00

Gabarito – C

Questão 29 – (Auditor Fiscal de Tributos Municipais – Prefeitura de Belo Horizonte – Fundação Dom Cintra – 2012)

Conforme preconizam as normas vigentes, uma das reservas de lucros que pode ser prevista é a Reserva de Lucros a Realizar. A sua constituição é facultativa e tem como finalidade evitar que a companhia pague dividendos sobre lucros que ainda não foram realizados em termos financeiros. Será considerado Lucros a Realizar o seguinte item:
a) prêmios recebidos na emissão de debêntures.
b) dividendos recebidos de companhias controladas.
c) ganho de capital sobre alienação de bens imobilizados.
d) resultado líquido positivo da equivalência patrimonial.
e) reversão de reservas constituídas em exercícios anteriores.

Resolução e Comentários

Segundo o Art. 197 da Lei nº 6.404/76, temos:

> Art. 197 da Lei nº 6.404/76 (Lei das Sociedades por Ações) – Alterada pela Lei nº 11.941, de 27 de maio de 2009
>
> Reserva de Lucros a Realizar
>
> Art. 197. No exercício em que o montante do dividendo obrigatório, calculado nos termos do estatuto ou do art. 202, ultrapassar a parcela realizada do lucro líquido do exercício, a assembleia geral poderá, por proposta dos órgãos de administração, destinar o excesso à constituição de reserva de lucros a realizar. (Redação dada pela Lei nº 10.303, de 2001)

§ 1º Para os efeitos deste artigo, considera-se realizada a parcela do lucro líquido do exercício que exceder da soma dos seguintes valores: (Redação dada pela Lei nº 10.303, de 2001)

I – *o resultado líquido positivo da equivalência patrimonial* (art. 248); e (Incluído pela Lei nº 10.303, de 2001)

II – o lucro, rendimento ou ganho líquidos em operações ou contabilização de ativo e passivo pelo valor de mercado, cujo prazo de realização financeira ocorra após o término do exercício social seguinte. (Redação dada pela Lei nº 11.638, de 2007)

§ 2º A reserva de lucros a realizar somente poderá ser utilizada para pagamento do dividendo obrigatório e, para efeito do inciso III do art. 202, serão considerados como integrantes da reserva os lucros a realizar de cada exercício que forem os primeiros a serem realizados em dinheiro. (Incluído pela Lei nº 10.303, de 2001)

Gabarito – D

Questão 30 – (Auditor Fiscal de Tributos Municipais – Prefeitura de Belo Horizonte – Fundação Dom Cintra – 2012)

Em 31/12/2011, constava no livro Razão da Cia. ABC, entre outras, as seguintes contas e respectivos saldos (em R$):

Capital Subscrito...................................... 80.000
Capital a Realizar 15.000
Reserva de Capital 5.000
Reserva Legal.. 12.000
Reserva para Contingências..................... 2.500
Reservas Estatutárias 3.000

No final do exercício, foi apurado um lucro líquido no montante de R$ 25.000.

Considere as seguintes informações complementares:

I – o resultado líquido positivo da equivalência patrimonial foi igual a R$ 7.500;

II – o ganho em operações de ativo, realizável a longo prazo, importou em R$ 9.500;

III – o saldo, indicado na conta Reserva para Contingências, correspondeu ao valor constituído em 2010 e não utilizado em 2011;

IV – a Diretoria propôs, à Assembleia Geral, a constituição de uma Reserva para Contingências correspondente a 15% do lucro líquido do exercício;

V – de acordo com o estatuto da companhia, o dividendo mínimo obrigatório corresponde a 40% do lucro líquido ajustado.

O valor que a Companhia poderá registrar como Reserva de Lucros a Realizar é de:

a) R$ 500.
b) R$ 1.000.
c) R$ 1.100.
d) R$ 4.100.
e) R$ 5.500.

Resolução e Comentários

Segundo o Art. 197 da Lei nº 6.404/76, temos:

<u>Art. 197 da Lei nº 6.404/76 (Lei das Sociedades por Ações) – Alterada pela Lei nº 11.941, de 27 de maio de 2009</u>

Reserva de Lucros a Realizar

Art. 197. No exercício em que o montante do dividendo obrigatório, calculado nos termos do estatuto ou do art. 202, ultrapassar a parcela realizada do lucro líquido do exercício, a assembleia geral poderá, por proposta dos órgãos de administração, destinar o excesso à constituição de reserva de lucros a realizar. (Redação dada pela Lei nº 10.303, de 2001)

§ 1º Para os efeitos deste artigo, considera-se realizada a parcela do lucro líquido do exercício que exceder da soma dos seguintes valores: (Redação dada pela Lei nº 10.303, de 2001)

I – o resultado líquido positivo da equivalência patrimonial (art. 248); e (Incluído pela Lei nº 10.303, de 2001)

II – o lucro, rendimento ou ganho líquidos em operações ou contabilização de ativo e passivo pelo valor de mercado, cujo prazo de realização financeira ocorra após o término do exercício social seguinte. (Redação dada pela Lei nº 11.638, de 2007)

§ 2º A reserva de lucros a realizar somente poderá ser utilizada para pagamento do dividendo obrigatório e, para efeito do inciso III do art. 202, serão considerados como integrantes da reserva os lucros a realizar de cada exercício que forem os primeiros a serem realizados em dinheiro. (Incluído pela Lei nº 10.303, de 2001)

São consideradas não realizadas as seguintes parcelas:

I – o resultado líquido positivo da equivalência patrimonial foi igual a R$ 7.500;

II – o ganho em operações de ativo, realizável a longo prazo, importou em R$ 9.500;

Total considerado não realizado: R$ 17.000,00

→ Parcela realizada dos lucros: R$ 25.000,00 – R$ 17.000,00 = R$ 8.000,00

<u>Cálculo da Reserva Legal:</u>

Reserva Legal (máxima) a constituir no período: 5% x R$ 25.000,00 = R$ 1.250,00

<u>Limite obrigatório da Reserva Legal:</u>

Reserva Legal (acumulada) + Reserva Legal (exercício) ≤ 20% do Capital Social (**neste caso, *Capital Social Realizado*)**

→ R$ 12.000,00 + RL (ano) = ≤ 20% x R$ 65.000,00 = R$ 13.000,00

Observe que, de acordo com o limite obrigatório, apenas R$ 1.000,00 devem ser constituídos.

Limite opcional (ou facultativo) da Reserva Legal:

> Reserva Legal (acumulada) + Reserva Legal (exercício) + ∑ (Reservas de Capital) ≤ 30% x Capital Social

→ R$ 12.000,00 + RL (ano) + R$ 5.000,00 = R$ 17.000,00 + RL (ano) > 30% x R$ 65.000,00 = R$ 19.500,00
→ O Limite Opcional não foi atingido.
→ Reserva Legal a constituir: R$ 1.000,00.

Lucro Líquido Ajustado:
Lucro Líquido do Exercício = R$ 25.000,00
(-) Reserva Legal = (R$ 1.000,00)
(-) Reserva para Contingências = (R$ 3.750,00) (= 15% x R$ 25.000,00)
(+) Reversão da Reserva para Contingências = R$ 2.500,00
(=) Lucro Líquido Ajustado = R$ 22.750,00

Deve ser ressaltado que:
"III – o saldo, indicado na conta Reserva para Contingências, correspondeu ao valor constituído em 2010 e não utilizado em 2011." Logo, entendemos que deva ser revertido.

Cálculo do dividendo mínimo obrigatório:
40% x R$ 22.750,00 = R$ 9.100,00

Constituição da Reserva de Lucros a Realizar:
R$ 9.100,00 – R$ 8.000,00 = R$ 1.100,00
Gabarito – C

Questão 31 (Contador – Procuradoria-Geral do Município RJ – FJG/2013)
No final do exercício foram levantados os seguintes dados referentes à Cia. ABC:
Capital Autorizado...................................R$ 150.000
Capital Subscrito......................................R$ 130.000
Capital Integralizado...............................R$ 90.000
Reservas para Contingências.....................R$ 17.000
Reservas de Ágio na Emissão de Ações........R$ 16.000
Reservas Estatutárias................................R$ 15.000
Reservas de Bônus de Subscrição................R$ 14.000
Reserva Legal..R$ 15.000
Ações em Tesouraria.................................R$ 2.000
Ajuste de Avaliação Patrimonial (saldo formado em contrapartida de aumento de valor atribuído a elementos do passivo)...R$ 12.000
Com base nesses dados e respeitando o agrupamento das contas, pode-se afirmar que o montante:
a) do Capital Social é de R$ 150.000,00;
b) das Reservas de Capital é R$ 42.000,00;
c) das Reservas de Lucros é de R$ 47.000,00;
d) do Patrimônio Líquido é credor de R$ 170.000,00.

Resolução e Comentários
 * Capital Social:

Capital Autorizado: R$ 150.000
(–) Capital a Subscrever: (R$ 20.000,00)
(=) Capital Subscrito = Capital Social = Capital Nominal: R$ 130.000
(–) Capital a Integralizar: (R$ 40.000,00)
(=) Capital Integralizado: R$ 90.000

 * Reservas de Capital:

Reservas de Ágio na Emissão de Ações: R$ 16.000
Reservas de Bônus de Subscrição: R$ 14.000
Total: R$ 30.000

 * Reservas de Lucros:

Reservas para Contingências: R$ 17.000
Reservas Estatutárias: R$ 15.000
Reserva Legal: R$ 15.000
Total: R$ 47.000

* Saldo do Patrimônio Líquido:

Capital Autorizado: R$ 150.000

(–) Capital a Subscrever: (R$ 20.000,00)

(=) Capital Subscrito = Capital Social = Capital Nominal: R$ 130.000

(–) Capital a Integralizar: (R$ 40.000,00)

(=) Capital Integralizado: R$ 90.000

(+) Reservas de Ágio na Emissão de Ações: R$ 16.000

(+) Reservas de Bônus de Subscrição: R$ 14.000

(+) Reservas para Contingências: R$ 17.000

(+) Reservas Estatutárias: R$ 15.000

(+) Reserva Legal: R$ 15.000

(–) Ações em Tesouraria: (R$ 2.000)

(–) Ajuste de Avaliação Patrimonial (saldo formado em contrapartida de aumento de valor atribuído a elementos do passivo): (R$ 12.000)

(=) Patrimônio Líquido: R$ 153.000

Gabarito – C

Questão 32 (Contador – Procuradoria-Geral do Município RJ – FJG/2013)
No final do exercício foram levantados os seguintes dados referentes à Cia. ABC:

Capital Autorizado.....................R$ 150.000
Capital Subscrito........................R$ 130.000
Capital Integralizado..................R$ 90.000
Reservas para Contingências......................R$ 17.000
Reservas de Ágio na Emissão de Ações.......R$ 16.000
Reservas Estatutárias............................R$ 15.000
Reservas de Bônus de Subscrição...............R$ 14.000
Reserva Legal..................................R$ 15.000
Ações em Tesouraria.........................R$ 2.000
Ajuste de Avaliação Patrimonial (saldo formado em contrapartida de aumento de valor atribuído a elementos do passivo)..............................R$ 12.000

Na elaboração do balanço patrimonial, com base nos dados apresentados, o somatório das contas de natureza devedora do agrupamento do patrimônio líquido foi igual a:

a) R$ 54.000,00;
b) R$ 42.000,00;
c) R$ 40.000,00;
d) R$ 14.000,00.

Resolução e Comentários
* Saldo do Patrimônio Líquido:

   Capital Autorizado: R$ 150.000
(–) Capital a Subscrever: (R$ 20.000,00)
(=) Capital Subscrito = Capital Social = Capital Nominal: R$ 130.000
(–) Capital a Integralizar: (R$ 40.000,00)
(=) Capital Integralizado: R$ 90.000
(+) Reservas de Ágio na Emissão de Ações: R$ 16.000
(+) Reservas de Bônus de Subscrição: R$ 14.000
(+) Reservas para Contingências: R$ 17.000
(+) Reservas Estatutárias: R$ 15.000
(+) Reserva Legal: R$ 15.000
(–) Ações em Tesouraria: (R$ 2.000)
(–) Ajuste de Avaliação Patrimonial (saldo formado em contrapartida de aumento de valor atribuído a elementos do passivo): (R$ 12.000)
(=) Patrimônio Líquido: R$ 153.000

   São contas de saldo devedor na presente questão:

* Capital a Integralizar: R$ 40.000,00
* Ações em Tesouraria: R$ 2.000
* Ajuste de Avaliação Patrimonial (saldo formado em contrapartida de aumento de valor atribuído a elementos do passivo): R$ 12.000
Total: R$ 54.000
Gabarito – A

Questão 33 (Contador – Procuradoria-Geral do Município RJ – FJG/2013)
Uma determinada sociedade por ações apurou, em 31/12/2012, um lucro antes das participações no montante de R$ 100.000,00. No seu estatuto constava que, para os administradores e empregados, essas participações seriam, respectivamente, iguais a 5% e 10%. Sabendo-se que o balanço de 2011 indicava um prejuízo acumulado no montante de R$ 20.000,00, o valor destinado a Reserva Legal, referente ao exercício de 2012, foi igual a:
a) R$ 4.420,00;
b) R$ 4.400,00;
c) R$ 4.275,00;
d) R$ 3.420,00.

Resolução e Comentários

* Lucro antes das participações: R$ 100.000,00
* Participação de Empregados: 10%
* Prejuízos Acumulados: R$ 20.000,00

Participação de empregados: 10% x (R$ 100.000,00 – R$ 20.000,00) = R$ 8.000,00

* Saldo remanescente do lucro antes das participações:
  (R$ 100.000,00 – R$ 20.000,00) – R$ 8.000,00 = R$ 72.000,00

* Participação de Administradores: 5%

Participação de administradores: 5% x R$ 72.000,00 = R$ 3.600,00

* Apuração do resultado do exercício:

  Lucro Antes das Participações: R$ 100.000,00
  (–) Participação de Empregados: (R$ 8.000,00)
  (–) Participação de Administradores: (R$ 3.600,00)
  (=) Lucro Líquido do Exercício: R$ 88.400,00

* Transferência do resultado do exercício para a conta Lucros ou Prejuízos Acumulados:

D – Apuração do Resultado do Exercício
C – Lucros ou Prejuízos Acumulados .... R$ 88.400,00

Como o saldo inicial da conta Lucros ou Prejuízos Acumulados era devedor e igual a R$ 20.000,00, temos seu saldo, após a compensação de prejuízos acumulados, igual a:

R$ 88.400,00 – R$ 20.000,00 = R$ 68.400,00 (credor)

* Destinação do lucro para a Reserva Legal:

5% x R$ 68.400,00 = R$ 3.420,00
Gabarito – D

Questão 34 (Analista Judiciário – Contabilidade – TRT 13ª Região – FCC/2014)
A Cia. Capital apresentava, em 31/12/2012, um Patrimônio Líquido composto pelas seguintes contas:
Capital Social:... R$ 2.000.000,00
Reserva Legal: .... R$ 400.000,00
Reserva Estatutária: .... R$ 200.000,00
Reserva para Expansão: .... R$ 500.000,00
Durante 2013, a Cia. Capital apurou um lucro líquido de R$ 500.000,00 e seu estatuto determina a seguinte destinação desse lucro:
– Reserva Estatutária: 10% do lucro líquido.
– Reserva para Expansão: até 50% do lucro líquido.
– Dividendos mínimos obrigatórios: 40% do lucro líquido ajustado de acordo com a Lei nº 6.404/76.
Com base nestas informações e sabendo que a Reserva Legal é constituída nos termos da Lei nº 6.404/76, o valor total do Patrimônio Líquido que a Cia. Capital apresentou em 31/12/2013 foi, em reais:
a) 3.600.000,00;
b) 3.400.000,00;
c) 3.385.000,00;
d) 3.425.000,00;
e) 3.410.000,00.

Resolução e Comentários

* Cálculo da Reserva Legal:

5% x Lucro Líquido do Exercício = 5% x R$ 500.000,00 = R$ 25.000,00

Limite obrigatório:

Reserva Legal (acum.) + Reserva Legal (ano) ≤ 20% x Capital Social
R$ 400.000,00 + Reserva Legal (ano) ≤ 20% x R$ 2.000.000,00 = R$ 400.000,00

Pelo limite obrigatório, não deve ser constituída Reserva Legal.

Limite Facultativo:

Reserva Legal (acum.) + Reserva Legal (ano) + Reservas de Capital ≤ 30% x Capital Social
R$ 400.000,00 + Reserva Legal (ano) + R$ 0,00 ≤ 30% x R$ 2.000.000,00
R$ 400.000,00 + Reserva Legal (ano) ≤ R$ 600.000,00

Entendemos que o limite facultativo não foi alcançado.
Logo, não deverá ser constituída Reserva Legal.

* Cálculo dos dividendos obrigatórios a destinar:

Lucro Líquido Ajustado:

Lucro Líquido do Exercício: R$ 500.000,00
(–) Reserva Legal: (R$ 0,00)
(–) Reserva de Contingências
(+) Reversão de Reserva de Contingências
(=) Lucro Líquido Ajustado = R$ 500.000,00

40% x R$ 500.000,00 = R$ 200.000,00

* Cálculo da Reserva Estatutária:

10% x R$ 500.000,00 = R$ 50.000,00

* Cálculo da Reserva para Expansão:

50% x R$ 500.000,00 = R$ 250.000,00

* Saldo do Patrimônio Líquido:

Capital Social: R$ 2.000.000,00
Reserva Legal: R$ 400.000,00
Reserva Estatutária: R$ 250.000,00
Reserva para Expansão: R$ 750.000,00
Saldo: R$ 3.400.000,00
Gabarito – B

Questão 35 (Analista Previdenciário – Contabilidade – MANAUSPREV – FCC/2015)
Considere os dados, abaixo, extraídos do Balanço Patrimonial de 31/12/2013 da empresa Guerra S.A, em reais:
Capital Social Realizado.. 600.000,00
Reserva de Capital 55.000,00
Reserva Legal 115.000,00

O **Lucro Líquido** referente a 2014 foi R$ 130.000,00, neste caso, a empresa deve constituir Reserva Legal no valor de, em reais:
a) 6.500,00;
b) 5.000,00;
c) 10.000,00;
d) 13.000,00;
e) 30.000,00.

Resolução e Comentários

A questão pede para ser identificado o valor que *deve ser* constituído em termos de Reserva Legal. Logo, estamos tratando do limite obrigatório.

* Cálculo do máximo valor de Reserva Legal passível de registro em 2014:

5% x Lucro Líquido do Exercício = 5% x R$ 130.000,00 = R$ 6.500,00

Limite obrigatório:

Reserva Legal (acum.) + Reserva Legal (ano) ≤ 20% x Capital Social
R$ 115.000,00 + Reserva Legal (ano) ≤ 20% x R$ 600.000,00 = R$ 120.000,00

Pelo limite obrigatório, deve ser constituída Reserva Legal no valor de R$ 5.000,00.
Gabarito – B

Questão 36 (Contador – Ministério do Turismo – ESAF/2013)

Analise as cinco assertivas a seguir, a respeito de reservas de lucros, e assinale a opção que indica uma informação incorreta.

a) Na Demonstração do Resultado do Exercício, apura-se o Lucro (ou Prejuízo) do ano. Assim, a demonstração termina com o resultado líquido (lucro ou prejuízo), já deduzidos o imposto de renda e as participações, que será transferido para a conta Lucros ou Prejuízos Acumulados.

b) A Reserva Legal tem por fim assegurar a integridade do Capital Social e somente poderá ser utilizada para compensar Prejuízos ou aumentar Capital.

c) O estatuto poderá criar reservas desde que, para cada uma, indique a sua finalidade; fixe os critérios para determinar a parcela dos lucros líquidos que serão destinados à sua constituição e estabeleça o limite máximo de Reservas.

d) A parte do lucro não distribuída aos proprietários e não utilizada para aumento de Capital, reservas e outros fins, será acumulada na conta denominada Lucros ou Prejuízos Acumulados. Essa prática só é possível para as sociedades anônimas.

e) A Reserva de Lucros a Realizar é optativa, mas poderá ser deduzida do lucro líquido do exercício para cálculo do lucro que servirá de base para distribuição de dividendos.

Resolução e Comentários

Analisaremos as alternativas tendo por base a Lei das Sociedades por Ações (Lei nº 6.404/76).

a) Na Demonstração do Resultado do Exercício, apura-se o Lucro (ou Prejuízo) do ano. Assim, a demonstração termina com o resultado líquido (lucro ou prejuízo), já deduzidos o imposto de renda e as participações, que será transferido para a conta Lucros ou Prejuízos Acumulados.

    Correta.

* No caso de apuração de lucro, teremos a seguinte transferência:

D – Apuração do Resultado do Exercício
C – Lucros ou Prejuízos Acumulados

* No caso de prejuízo, teremos a seguinte transferência:

D – Lucros ou Prejuízos Acumulados
C – Apuração do Resultado do Exercício

b) A Reserva Legal tem por fim assegurar a integridade do Capital Social e somente poderá ser utilizada para compensar Prejuízos ou aumentar Capital.

    Correta.

> Art. 193. Do lucro líquido do exercício, 5% (cinco por cento) serão aplicados, antes de qualquer outra destinação, na constituição da reserva legal, que não excederá de 20% (vinte por cento) do capital social.
> § 1º A companhia poderá deixar de constituir a reserva legal no exercício em que o saldo dessa reserva, acrescido do montante das reservas de capital de que trata o § 1º do artigo 182, exceder de 30% (trinta por cento) do capital social.
> § 2º A reserva legal tem por fim assegurar a integridade do capital social e somente poderá ser utilizada para compensar prejuízos ou aumentar o capital.

c) O estatuto poderá criar reservas desde que, para cada uma, indique a sua finalidade; fixe os critérios para determinar a parcela dos lucros líquidos que serão destinados à sua constituição e estabeleça o limite máximo de Reservas.

    Correta.

> Reservas Estatutárias
> Art. 194. O estatuto poderá criar reservas desde que, para cada uma:
> I – indique, de modo preciso e completo, a sua finalidade;
> II – fixe os critérios para determinar a parcela anual dos lucros líquidos que serão destinados à sua constituição; e
> III – estabeleça o limite máximo da reserva.

d) A parte do lucro não distribuída aos proprietários e não utilizada para aumento de Capital, reservas e outros fins, será acumulada na conta denominada Lucros ou Prejuízos Acumulados. Essa prática só é possível para as sociedades anônimas.

Incorreta!

> Art. 202. Os acionistas têm direito de receber como dividendo obrigatório, em cada exercício, a parcela dos lucros estabelecida no estatuto ou, se este for omisso, a importância determinada de acordo com as seguintes normas: (Redação dada pela Lei nº 10.303, de 2001) (Vide Medida Provisória nº 608, de 2013) (Vide Lei nº 12.838, de 2013)
> I – metade do lucro líquido do exercício diminuído ou acrescido dos seguintes valores: (Redação dada pela Lei nº 10.303, de 2001)
> a) importância destinada à constituição da reserva legal (art. 193); e (Incluída pela Lei nº 10.303, de 2001)
> b) importância destinada à formação da reserva para contingências (art. 195) e reversão da mesma reserva formada em exercícios anteriores; (Incluída pela Lei nº 10.303, de 2001)
> II – o pagamento do dividendo determinado nos termos do inciso I poderá ser limitado ao montante do lucro líquido do exercício que tiver sido realizado, desde que a diferença seja registrada como reserva de lucros a realizar (art. 197); (Redação dada pela Lei nº 10.303, de 2001)
> III – os lucros registrados na reserva de lucros a realizar, quando realizados e se não tiverem sido absorvidos por prejuízos em exercícios subsequentes, deverão ser acrescidos ao primeiro dividendo declarado após a realização. (Redação dada pela Lei nº 10.303, de 2001)
> § 1º O estatuto poderá estabelecer o dividendo como porcentagem do lucro ou do capital social, ou fixar outros critérios para determiná-lo, desde que sejam regulados com precisão e minúcia e não sujeitem os acionistas minoritários ao arbítrio dos órgãos de administração ou da maioria.
> § 2º Quando o estatuto for omisso e a assembleia-geral deliberar alterá-lo para introduzir norma sobre a matéria, o dividendo obrigatório não poderá ser inferior a 25% (vinte e cinco por cento) do lucro líquido ajustado nos termos do inciso I deste artigo. (Redação dada pela Lei nº 10.303, de 2001)
> § 3º A assembleia-geral pode, desde que não haja oposição de qualquer acionista presente, deliberar a distribuição de dividendo inferior ao obrigatório, nos termos deste artigo, ou a retenção de todo o lucro líquido, nas seguintes sociedades: (Redação dada pela Lei nº 10.303, de 2001)
> I – companhias abertas exclusivamente para a captação de recursos por debêntures não conversíveis em ações; (Incluído pela Lei nº 10.303, de 2001)
> II – companhias fechadas, exceto nas controladas por companhias abertas que não se enquadrem na condição prevista no inciso I. (Incluído pela Lei nº 10.303, de 2001)

§ 4º O dividendo previsto neste artigo não será obrigatório no exercício social em que os órgãos da administração informarem à assembleia-geral ordinária ser ele incompatível com a situação financeira da companhia. O conselho fiscal, se em funcionamento, deverá dar parecer sobre essa informação e, na companhia aberta, seus administradores encaminharão à Comissão de Valores Mobiliários, dentro de 5 (cinco) dias da realização da assembleia-geral, exposição justificativa da informação transmitida à assembleia.

§ 5º Os lucros que deixarem de ser distribuídos nos termos do § 4º serão registrados como reserva especial e, se não absorvidos por prejuízos em exercícios subsequentes, deverão ser pagos como dividendo assim que o permitir a situação financeira da companhia.

§ 6º Os lucros não destinados nos termos dos arts. 193 a 197 deverão ser distribuídos como dividendos. (Incluído pela Lei nº 10.303, de 2001)

Portanto, a parte do lucro não distribuída aos proprietários e não utilizada para aumento de Capital, reservas e outros fins, será destinada na forma de dividendos aos acionistas.

e) A Reserva de Lucros a Realizar é optativa, mas poderá ser deduzida do lucro líquido do exercício para cálculo do lucro que servirá de base para distribuição de dividendos.

Correta.

Art. 197. No exercício em que o montante do dividendo obrigatório, calculado nos termos do estatuto ou do art. 202, ultrapassar a parcela realizada do lucro líquido do exercício, a assembleia-geral **poderá**, por proposta dos órgãos de administração, destinar o excesso à constituição de reserva de lucros a realizar (Redação dada pela Lei nº 10.303, de 2001)

§ 1º Para os efeitos deste artigo, considera-se realizada a parcela do lucro líquido do exercício que exceder da soma dos seguintes valores: (Redação dada pela Lei nº 10.303, de 2001)

I – o resultado líquido positivo da equivalência patrimonial (art. 248); e (Incluído pela Lei nº 10.303, de 2001)

II – o lucro, rendimento ou ganho líquidos em operações ou contabilização de ativo e passivo pelo valor de mercado, cujo prazo de realização financeira ocorra após o término do exercício social seguinte. (Redação dada pela Lei nº 11.638, de 2007)

§ 2º A reserva de lucros a realizar somente poderá ser utilizada para pagamento do dividendo obrigatório e, para efeito do inciso III do art. 202, serão considerados como integrantes da reserva os lucros a realizar de cada exercício que forem os primeiros a serem realizados em dinheiro. (Incluído pela Lei nº 10.303, de 2001)

Gabarito – D

Questão 37 (Contador – Procuradoria-Geral do Município RJ – FJG/2013)
Quando se deseja registrar o excedente entre o preço de subscrição e o valor nominal das ações que os acionistas pagam à Companhia, o valor deve ser registrado em conta de:
a) reserva de capital;
b) capital social;
c) capital subscrito;
d) ajustes de avaliação patrimonial.

Resolução e Comentários

De acordo com a Lei das Sociedades por Ações (Lei nº 6.404/76), temos:
> [...]
> Art. 182. A conta do capital social discriminará o montante subscrito e, por dedução, a parcela ainda não realizada.
> § 1º Serão classificadas como reservas de capital as contas que registrarem:
> a) a contribuição do subscritor de ações que ultrapassar o valor nominal e a parte do preço de emissão das ações sem valor nominal que ultrapassar a importância destinada à formação do capital social, inclusive nos casos de conversão em ações de debêntures ou partes beneficiárias;
> b) o produto da alienação de partes beneficiárias e bônus de subscrição;
> [...]

Gabarito – A

Questão 38 (AFRFB – RFB – ESAF/2014)
No tratamento contábil das contas de Reservas, são classificadas como Reservas de Lucros as:
a) Reserva de Reavaliação de Ativos Próprios e a Reserva Legal;
b) Reserva para Contingências e a Reserva de Incentivos Fiscais;
c) Reserva de Lucros para Expansão e a Reserva de Ágio na Emissão de Ações;
d) Reserva de Contingência e a Reserva de Reavaliação de Ativos de Coligadas;
e) Reserva Especial de Ágio na Incorporação e a Reserva Legal.

Resolução e Comentários

Estamos aqui tratando das reservas destacadas nos arts. 193 a 197 da Lei nº 6.404/76 (Lei das Sociedades por Ações).

Gabarito – B

Questão 39 (Contador – CEFET – Fundação CESGRANRIO/2014)
Nos termos das normas contábeis em vigor e da lei societária, as reservas de lucros representam, preferencialmente, a destinação de uma parte do lucro apurado pela sociedade anônima, para um determinado fim específico.

Nesse contexto, a reserva constituída pela parcela de lucro, prevista em orçamento de capital aprovado pela assembleia geral para atender a projeto de investimento da companhia, é a reserva:

a) legal;
b) especial;
c) para contingências;
d) de lucros a realizar;
e) de retenção de lucros.

Resolução e Comentários

De acordo com a Lei das Sociedades por Ações (Lei nº 6.404/76), temos:

Retenção de Lucros

Art. 196. A assembleia-geral poderá, por proposta dos órgãos da administração, deliberar reter parcela do lucro líquido do exercício prevista em orçamento de capital por ela previamente aprovado.

§ 1º O orçamento, submetido pelos órgãos da administração com a justificação da retenção de lucros proposta, deverá compreender todas as fontes de recursos e aplicações de capital, fixo ou circulante, e poderá ter a duração de até 5 (cinco) exercícios, salvo no caso de execução, por prazo maior, de projeto de investimento.

§ 2º O orçamento poderá ser aprovado pela assembleia-geral ordinária que deliberar sobre o balanço do exercício e revisado anualmente, quando tiver duração superior a um exercício social. (Redação dada pela Lei nº 10.303, de 2001)

Gabarito – E

No início de 2013, o Patrimônio Líquido da Cia. Madeira era composto pelos seguintes saldos:

Contas de PL	Valores R$
Capital Social	1.000.000
Capital a Integralizar	(550.000)
Reserva Legal	87.500
Reservas de Lucros	57.500
Lucros Retidos	170.000

Ao final do período de 2013, a empresa apurou um Lucro antes do Imposto sobre a Renda e Contribuições no valor de R$ 400.000.

De acordo com a política contábil da empresa, ao final do exercício, no caso da existência de lucros, os estatutos da empresa determinam que a mesma deve observar os percentuais abaixo para os cálculos das Participações e Contribuições, apuração do Lucro Líquido e sua distribuição.

Dividendos a Pagar	50%
Participações da Administração nos Lucros da Sociedade	20%
Participações de Debêntures	25%
Participação dos Empregados nos Lucros da Sociedade	25%
Provisão para IR e Contribuições	20%
Reserva de Lucros	20%
Reserva Legal	5%

O restante do Lucro Líquido deverá ser mantido em Lucros Retidos conforme decisão da Assembleia Geral Ordinária (AGO) até o final do exercício de 2014, conforme Orçamento de Capital aprovado em AGO de 2012.

Com base nas informações anteriores, responda às questões de nº 40 a 42.

Questão 40 (AFRFB – RFB – ESAF/2014)
O valor a ser registrado como Reserva Legal é:
a) R$ 2.000;
b) R$ 2.500;
c) R$ 3.500;
d) R$ 7.200;
e) R$ 7.500.

Resolução e Comentários
* Cálculo do IR e das participações nos lucros segundo a ESAF:

Lucro antes do IR e das Contribuições: R$ 400.000
IR e Contribuição iniciais: 20% x R$ 400.000 = R$ 80.000
Lucro após IR e Contribuição iniciais: R$ 320.000

Participação de debenturistas:
25% x R$ 320.000 = R$ 80.000

Participação dos empregados:
25% x (R$ 320.000 – R$ 80.000) = R$ 60.000

Participação dos administradores:
20% x (R$ 320.000 – R$ 80.000 – R$ 60.000) = R$ 36.000

Cálculo do IR:

Lucro antes do IR: R$ 400.000

Base de cálculo do IR:

R$ 400.000 − R$ 80.000 − R$ 60.000 = R$ 260.000

IR e Contribuições: 20% x R$ 260.000 = R$ 52.000

Cálculo do resultado líquido do exercício:

Lucro antes do IR e das Contribuições: R$ 400.000
(−) IR e Contribuições: (R$ 52.000)
(=) Lucro após IR e antes das participações: R$ 348.000
(−) Participação de Debenturistas: (R$ 80.000)
(−) Participação de Empregados: (R$ 60.000)
(−) Participação de Administradores: (R$ 36.000)
(=) Lucro Líquido do Exercício: R$ 172.000

Teto da Reserva Legal:
5% x R$ 172.000 = R$ 8.600

Limite obrigatório da Reserva Legal:

Reserva Legal (acumulada) + Reserva Legal (ano) ≤ 20% x Capital Social
R$ 87.500 + RL (ano) ≤ 20% x R$ 1.000.000 = R$ 200.000
RL (ano) = R$ 8.600 (não há resposta!)

Façamos o cálculo da Reserva Legal levando em consideração no limite obrigatório o valor do capital social integralizado:

Reserva Legal (acumulada) + Reserva Legal (ano) ≤ 20% x Capital Social
R$ 87.500 + RL (ano) ≤ 20% x (R$ 1.000.000 − R$ 550.000) = R$ 90.000
RL (ano) = R$ 2.500

Cuidado! Nesta questão, a ESAF levou em consideração o valor do capital social realizado para o cálculo da reserva legal. Como vimos, em outras questões levou em consideração o capital subscrito.
Gabarito − B

Questão 41 (AFRFB – RFB – ESAF/2014)
O valor distribuído a título de dividendo é:
a) R$ 160.000;
b) R$ 124.800;
c) R$ 96.000;
d) R$ 72.000;
e) R$ 68.400.

Resolução e Comentários

Lucro antes do IR e das Contribuições: R$ 400.000
(–) IR e Contribuições: (20% x R$ 400.000 = R$ 80.000)
(=) Lucro após IR e antes das participações: R$ 320.000
(–) Participação de Debenturistas: (R$ 80.000)
(–) Participação de Empregados: (R$ 60.000)
(–) Participação de Administradores: (R$ 36.000)
(=) Lucro Líquido do Exercício: R$ 144.000

Cálculo do dividendo: 50% x R$ 144.000 = R$ 72.000
Gabarito – D

Questão 42 (AFRFB – RFB – ESAF/2014)
O Valor das Participações dos Debenturistas nos Lucros da Sociedade é:
a) R$ 80.000;
b) R$ 72.000;
c) R$ 64.000;
d) R$ 48.000;
e) R$ 36.000.

Resolução e Comentários

Lucro antes do IR e das Contribuições: R$ 400.000
IR e Contribuição iniciais: 20% x R$ 400.000 = R$ 80.000
Lucro após IR e Contribuição iniciais: R$ 320.000

Participação de debenturistas:
25% x R$ 320.000 = R$ 80.000
Gabarito – A

Bibliografia

ACQUAVIVA, Marcus Cláudio. *Dicionário jurídico Acquaviva*. 3. ed. São Paulo: Rideel, 2009.

ALMEIDA, Amador Paes de. *Teoria e prática dos títulos de crédito*. 27. ed. São Paulo: Saraiva, 2008.

ALMEIDA, Marcelo Cavalcanti. *Curso básico de contabilidade*. 5. ed. São Paulo: Atlas, 2005.

_____. *Manual prático de interpretação contábil da lei societária*. 1. ed. São Paulo: Atlas, 2010.

ARAÚJO, Inaldo da Paixão Santos. *Introdução à contabilidade*. 3. ed. São Paulo: Saraiva, 2009.

BARROS, Sidney Ferro. *Contabilidade básica*. 3. ed. São Paulo: IOB, 2007.

_____; SANTOS, Cleônimo dos. *Imposto de renda pessoa jurídica para contadores*. 5. ED. São Paulo: IOB, 2010.

BASSO, Irani Paulo. *Contabilidade geral básica*. 3. ed. Ijuí: Unijuí, 2005.

BORBA, José Edwaldo Tavares. *Direito societário*. 11. ed. Rio de Janeiro: Renovar, 2008.

BORINELLI, Márcio Luiz; PIMENTEL, Renê Coppe. *Curso de contabilidade para gestores, analistas e outros profissionais*. 1. ed. São Paulo: Atlas, 2010.

CARLIN, Everson. L. B.; HOOG, Wilson A. Z. *Normas nacionais e internacionais de contabilidade*. 1. ed. Curitiba: Juruá, 2009.

CARVALHOSA, Modesto. *Comentários à lei de sociedades anônimas – Volume 1*. 5. ed. São Paulo: Saraiva, 2009.

CARVALHOSA, Modesto. *Comentários à lei de sociedades anônimas – Volume 2*. 4. ed. São Paulo: Saraiva, 2009.

CESAR, Antonio. *Contabilidade avançada*. 1. ed. Rio de Janeiro: Impetus, 2004.

COELHO, Fábio Ulhoa. *Manual de direito comercial – direito de empresa*. 20. ed. São Paulo: Saraiva, 2008.

CRUZ, June Alisson Westarb et al. *Contabilidade introdutória descomplicada*. Curitiba: Juruá, 2008.

DINIZ, Maria Helena. *Curso de direito civil brasileiro*. 24. ed. São Paulo: Saraiva, 2007. vol. 1.

EIZIRIK, Nelson. *A Lei das S/A comentada*. 1. ed. São Paulo: Quartier Latin, 2011.

FABRETTI, Láudio Camargo. *Contabilidade tributária*. 10. ed. São Paulo: Atlas, 2007.

FERRARI, Ed Luiz. *Contabilidade geral*. 9. ed. Rio de Janeiro: Elsevier, 2009.

FERRARI, Ed Luiz. *Contabilidade geral*. 10. ed. Rio de Janeiro: Elsevier, 2010.

FERREIRA, Ricardo J. *Contabilidade básica*. 7. ed. Rio de Janeiro: Ed. Ferreira, 2009.

_____. *Contabilidade avançada*. 4. ed. Rio de Janeiro: Ed. Ferreira, 2011.

_____. *Contabilidade de custos*. 5. ed. Rio de Janeiro: Ed. Ferreira, 2009.

_____. *Contabilidade bancária*. 1. ed. Rio de Janeiro: Ed. Ferreira, 2002.

FILHO, Alfredo Lamy; PEDREIRA, José Luiz Bulhões. *Direito das companhias – Volumes I e II*. 1. ed. Rio de Janeiro: Ed. Forense, 2009.

FILHO, José Francisco Ribeiro; LOPES, Jorge; PEDERNEIRAS, Marcleide. *Estudando teoria da contabilidade*. 1. ed. São Paulo. Atlas. 2009

FRANCO, Hilário. *Contabilidade geral*. 23. ed. São Paulo: Atlas, 2006.

GARCEZ, Christianne. *Direito civil – parte geral*. Niterói: Impetus, 2003.

GARCIA, Edino Ribeiro; MENDES, Wagner. *Enciclopédia de lançamentos contábeis*. 1. ed. São Paulo: IOB, 2011.

GOMES, Carlos Roberto. *Contabilidade básica*. 3. ed. São Paulo: Ed. Viena, 2008.

GONÇALVES, Gilson. *Resumo prático de folha de pagamento*. 5. ed. Curitiba: Juruá, 2010.

GOUVEIA, Nelson. *Contabilidade básica*. 2. ed. São Paulo: Harbra, 2001.

GRECO, Alvísio; AREND, Lauro; GÄRTNER, Günther. *Contabilidade – teoria e prática básicas*. 1. ed. São Paulo: Saraiva, 2006.

GUIMARÃES, Deocleciano Torrieri. *Dicionário técnico jurídico*. 12. ed. São Paulo: Rideel, 2009.

GUSMÃO, Mônica. *Direito empresarial*. Niterói: Impetus, 2003.

_____. _____. 4. ed. Niterói: Impetus, 2005.

HASTINGS, David F. *Bases da contabilidade – uma discussão introdutória*. São Paulo: Saraiva, 2007.

HOOG, Wilson Alberto Zappa. *Dicionário de direito empresarial*. 3. ed. Curitiba: Juruá, 2009.

_____. *Lei das sociedades anônimas comentada*. 1. ed. Curitiba: Juruá, 2008.

IMBASSAHY, João. *Contabilidade geral*. Rio de Janeiro: Ed. Ferreira, 2008.

IUDÍCIBUS, Sérgio de; MARION, José Carlos; PEREIRA, Elias. *Dicionário de termos de contabilidade*. 2. ed. São Paulo: Atlas, 2003.

IUDÍCIBUS, Sérgio de; MARTINS, Eliseu; GELBCKE, Ernesto Rubens. *Manual de contabilidade das sociedades por ações – FIPECAFI*. 7. ed. São Paulo: Atlas, 2007.

_____; SANTOS, Ariovaldo dos. *Manual de contabilidade societária*. 1. Ed. São Paulo: Atlas, 2010.

IUDÍCIBUS, Sérgio de et al. *Contabilidade introdutória*. 10. ed. São Paulo: Atlas, 2007.

_____; MARION, José Carlos. *Contabilidade Comercial*. 8. ed. São Paulo: Atlas, 2009.

JUND, Sérgio. *Auditoria*. Rio de Janeiro: Elsevier, 2007.

KLAUSER, Ludwig J. M. *Custo industrial*. 2. ed. São Paulo: Atlas, 1964.

LAMY FILHO, Alfredo et al. *Direito das companhias*. 1. ed. Rio de Janeiro: Forense, 2009. vol. I e II.

LEMES, Sirlei. *Contabilidade Internacional para Graduação*. 1. ed. São Paulo: Atlas, 2010.

LOUREIRO, Luiz Guilherme. *Curso completo de direito civil*. 2. ed. São Paulo: Método, 2009.

LUCENA, José Waldecy. *Das sociedades anônimas – comentários à lei*. Rio de Janeiro: Renovar, 2009. vol. I, II e III.

MADEIRA, Libânio. Notas de aula do Curso Gabarito. 2003 a 2005.

MARION, José Carlos. *O ensino da contabilidade*. 2. ed. São Paulo: Atlas, 2001.

_____. *Contabilidade empresarial*. 14. ed. São Paulo: Atlas, 2009.

MARTINS, Eliseu. *Contabilidade de custos*. 9. ed. São Paulo: Atlas, 2006.

MARTINS, Fran. *Títulos de crédito*. 14. ed. Rio de Janeiro: Forense, 2009.

_____. *Comentários à lei das sociedades anônimas*. 4. ed. Rio de Janeiro: Forense, 2010.

MONTOTO, Eugênio. *Contabilidade geral esquematizado*. 1. ed. São Paulo: Saraiva, 2011.

MORAES JÚNIOR, José Jayme. *Contabilidade geral*. Rio de Janeiro: Elsevier, 2009.

NEVES, Silvério das; VICECONTI, Paulo. *Contabilidade básica*. 13. ed. São Paulo: Frase, 2006.

_____; _____. *Contabilidade básica*. 14. ed. São Paulo: Frase, 2009.

_____; _____. *Contabilidade de custos*. 7. ed. São Paulo: Frase, 2003.

_____; _____. *Imposto de renda – pessoa jurídica e tributos conexos*. 13. ed. São Paulo: Frase, 2003.

NIYAMA, Jorge Katsumi; SILVA, César Augusto Tibúrcio. *Teoria da contabilidade*. São Paulo: Atlas, 2008.

OLIVEIRA, Eversio Donizete de; BARBOSA, Magno Luiz. *Manual prático do protesto extrajudicial*. 2. ed. São Paulo: Lemos & Cruz, 2009.

OLIVEIRA, Gustavo Pedro de. *Contabilidade tributária*. 3. ed. São Paulo: Saraiva, 2009.

PADOVEZE, Clóvis Luís. *Manual de contabilidade básica*. 6. ed. São Paulo: Atlas, 2008.

PÊGAS, Paulo Henrique. *Manual de contabilidade tributária*. 5. ed. Rio de Janeiro: Freitas Bastos, 2008.

PERES, Adriana Manni; MARIANO, Paulo Antonio. *ICMS e IPI no dia a dia das empresas*. 5. ed. São Paulo: IOB, 2010.

_____; ALMEIDA, Cristina Beatriz de Sousa; VIANA, Ivo Ribeiro; DINIZ, Marianita Ribeiro. *Como planejar e resgatar créditos fiscais do IPI, PIS/Cofins e ICMS/SP*. 2. ed. São Paulo: IOB, 2009.

PINTO, Leonardo José Seixas. *Contabilidade introdutória*. São Paulo: Editora Fundo de Cultura, 2005.

RAMOS, André Luiz Santa Cruz. *Curso de direito empresarial*. 2. ed. Salvador: Jus Podivm, 2008.

REQUIÃO, Rubens. *Curso de direito comercial*. 28. ed. São Paulo: Saraiva, 2009. 2 vol.

REIS, Luciano Gomes dos; GALLO, Mauro Fernando; PEREIRA, Carlos Alberto. *Manual de contabilização de tributos e contribuições sociais*. 1. ed. São Paulo: Atlas, 2010.

REZENDE, Amaury José; PEREIRA, Carlos Alberto; ALENCAR, Roberta Carvalho de. *Contabilidade tributária*. 1. ed. São Paulo: Atlas, 2010.

RIBEIRO, Osni Moura. *Contabilidade básica*. 2. ed. São Paulo: Saraiva, 2009.

_____. *Contabilidade intermediária*. 2. ed. São Paulo: Saraiva, 2009.

_____. *Contabilidade avançada*. 2. ed. São Paulo: Saraiva, 2009.

_____. *Contabilidade de custos*. São Paulo: Saraiva, 2009.

_____. *Contabilidade geral fácil*. 4. ed. São Paulo: Saraiva, 2002.

RODRIGUES, Silvio. *Direito civil*. 32. ed. São Paulo: Saraiva, 2002. vol. 1.

RODRIGUES, Aldenir Ortiz; BUSCH, Cleber Marcel; GARCIA, Edino Ribeiro; TODA, William Haruo. *IRPJ/CSLL 2008*. 2. ed. São Paulo: IOB, 2008.

ROSA JÚNIOR, Luiz Emydio F. da. *Títulos de crédito*. 6. ed. Rio de Janeiro: Renovar, 2009.

SÁ, Antônio Lopes de. *A evolução da contabilidade*. 1. ed. São Paulo: Thomson IOB, 2006.

SÁ, Antônio Lopes de; SÁ, Ana Maria Lopes de. *Dicionário de contabilidade*. 11. ed. São Paulo: Atlas, 2009.

SALAZAR, José Nicolás Albuja; BENEDICTO, Gideon Carvalho de. *Contabilidade financeira*. São Paulo: Thomson, 2004.

SANTOS, Luiz Eduardo. *Notas de aula de contabilidade do curso Ponto dos Concursos.* 2009.

SANTOS, Cleônimo dos. *Plano de contas – uma abordagem prática.* 2. ed. São Paulo: IOB, 2011.

_____. *Depreciação de bens do ativo imobilizado – aspectos práticos.* 3. ed. São Paulo: IOB, 2008.

_____. *Como calcular e recolher PIS/Pasep e Cofins.* 6. ed. São Paulo: IOB, 2009.

SCHIMIDT, Paulo; SANTOS, José Luiz dos. *História da contabilidade – foco na evolução das escolas do pensamento contábil.* São Paulo: Atlas, 2008.

SILVA, Antonio Carlos Ribeiro da; MARTINS, Wilson Thomé Sardinha. *História do pensamento contábil.* 1. ed. Curitiba: Juruá, 2006.

SILVA, De Plácido e. *Vocabulário jurídico.* 27. ed. Rio de Janeiro: Forense, 2006.

STICKNEY, Clyde P.; WEIL, Roman L. *Contabilidade financeira.* 12. ed. São Paulo: Cengage Learning, 2009.

SZUSTER, Natan et al. *Contabilidade geral.* São Paulo: Atlas, 2007.

TEIXEIRA, Odelmir Bilhalva et al. *Teoria e prática do protesto.* 1. ed. Campinas: Russel Editores, 2009.

TENÓRIO, Igor; ALMEIDA, Carlos dos Santos. *Dicionário de direito tributário.* 4. ed. São Paulo: IOB Thomson, 2004.

VELTER, Francisco; MISSAGIA, Luiz Roberto. *Manual de contabilidade.* 5. ed. Rio de Janeiro: Campus/Elsevier, 2007.

VENOSA, Sílvio de Salvo. *Direito civil.* 3. ed. São Paulo: Atlas, 2003. vol. 1.

WARREN, Carl S.; REEVE, James M.; DUCHAC, Jonathan E.; PADOVEZE, Clóvis Luís. *Fundamentos de contabilidade.* 1. ed. São Paulo: Cengage Learning, 2009.

WEYGANDT, Jerry J.; KIESO, Donald E.; KIMMEL, Paul D. *Contabilidade financeira.* 3. ed. Rio de Janeiro: LTC, 2005.

Sites Consultados na Internet:

www.acheiconcursos.com.br – Pesquisa de Provas para Concursos Públicos

www.cfc.org.br – Conselho Federal de Contabilidade

www.cvm.gov.br – Comissão de Valores Mobiliários

www.questoesdeconcursos.com.br – Pesquisa de provas para Concursos Públicos

www.pciconcursos.com.br – PCI Concursos (Pesquisa de Provas para Concursos Públicos)

www.planalto.gov.br – Planalto

www.pontodosconcursos.com.br – Curso On Line Ponto dos Concursos

www.portaldecontabilidade.com.br – Portal de Contabilidade

EDITORA IMPETUS

Rua Alexandre Moura, 51
24210-200 – Gragoatá – Niterói – RJ
Telefax: (21) 2621-7007

www.impetus.com.br